ultur	Naturwissenschaften, Technik, Medien
arolingische Renaissance:** Pflege antiker Bildung m Hofe Karls des Großen (Alkuin); Klöster als Kultur- und ildungsträger; **ildung einer höfischen** (Ritter-)**Kultur;** niversitäten Heidelberg (1368), Köln (1388); ante: Göttl. Komödie (1336); Petrarca (1304–1374); **erausbildung einer bürgerlichen Kultur** (Anfänge in Oberitalien, enedig)	 **1452 Johann** Bibel; **1492 Christo** 1497/98 Vas Indien (um Afrika)
achiavelli: „Der Fürst" (1513); 517 Paracelsus Stadtarzt in Basel; **aler:** Hieronymus Bosch, Leonardo da Vinci, T. Riemenschneider, lbrecht Dürer, L. Cranach, Michelangelo	1514 **Kopernikus** behauptet, dass sich die Erde um die Sonne dreht; Flugschriften (des Bauernkrieges)
h. Hobbes (1588–1679); Descartes (1596–1650): **„Cogito ergo sum"**; ervantes: Don Quijote (1605/15); P. P. Rubens (1577–1640) 623 Shakespeares Werke erstmals in London erschienen; embrandts „Nachtwache" (1642); C. Thomasius hält 1687 erste niversitätsvorlesung in deutscher Sprache; olière leitet ab 1689 das Théâtre de la Comédie Française S. Bach (1685–1750): Fuge; G. F. Händel (1685–1759)	1633 Inquisitionsprozess gegen **Galileo Galilei;** 1650 erste deutsche Tageszeitung (Leipzig); 1656 Erfindung der Pendeluhr; 1667 entwickelt **Newton** die Differenzial- und Integralrechnung (Streit mit dem deutschen Philosophen **Leibniz** um die Urheberschaft)
llmähliche Durchsetzung der **allgemeinen Schulpflicht;** omponisten: Joseph Haydn (1732–1809); olfgang Amadeus Mozart (1756–1791); efoe: „Robinson Crusoe" (1719); Rousseau: „Émile"(1762); **Freier Schriftsteller" als Beruf** (Lessing); 787 malt J. H. W. Tischbein „Goethe in der Campagna"; er Philosoph **Immanuel Kant** (1724–1804) als Vollender und berwinder der Aufklärung; Voltaire als französischer Aufklärer am ofe Friedrichs des Großen	1768 **James Watt** erfindet die **Dampfmaschine,** die wesentlich zur industriellen Revolution beiträgt; 1770 entdeckt James Cook erneut Australien; 1771 Galvani entdeckt die galvanische Elektrizität; 1775 erste Nähmaschine in England gebaut; 5.6.1783 Heißluftballon der **Brüder Montgolfier;** 1791/92 C. Chappe erfindet den optischen Flügeltelegrafen (bewegliche Flügel an einem Mast); 1796 Erfindung der Lithografie
810 Gründung der Universität Berlin (Bildungskonzeption W. v. umboldts; der Philosoph Fichte wird erster Rektor); Fichte, Schelling . Hegel formulieren die **klass. idealistische deutsche Philosophie;** chopenhauer schreibt dagegen 1818 „Die Welt als Wille und orstellung" → Nietzsche: „Wille zur Macht", → Freud: Das Unbewusste); ohann Gottfried Schadow (1764–1850): Luther-Denkmal, Plastik riedrich der Große (1821); **aspar David Friedrich** (1774–1840) als Maler der Romantik; arl Friedrich Schinkel als klassischer Baumeister und Maler 1781–1841): Berlin, Schauspielhaus; usiker: **Ludwig van Beethoven** (1770–1827) vertont im Schlusschor einer 9. Symphonie Schillers „Ode an die Freude" (1823); chubert (1797–1828); Schumann (1810–1856); Chopin (1810–1849)	1807 erste Straßengasbeleuchtung in London; 1809 beschreibt T. Sömmening einen elektr. Telegrafen; 1811 Friedr. Krupp gründet ein Stahlwerk in Essen; 1812 F. Koenig erfindet die **Buchdruck-Schnellpresse,** mit der ab 1814 die Londoner „Times" gedruckt wird; 1817 K. F. Drais entwickelt das Laufrad (→ Fahrrad); 1819 der Raddampfer „Savannah" überquert als erstes Dampfschiff den Atlantik in 26 Tagen; 1821 M. Faraday erfindet das Grundprinzip des Elektromotors; ab 1824 Druck einer Berliner Zeitung auf einer Schnellpresse (von Koenig); 1827 Ohm'sches Gesetz entdeckt
830 Delacroix malt „Die Freiheit auf der Barrikade"; 831 **Darwin** beginnt seine Weltreise; 835 Johann Strauß (Vater) wird Hofballmusikdirektor in Wien; 836 Gogol schreibt „Der Revisor"; **ournalist als Beruf;** harles Dickens: „Oliver Twist" (1838/39); pitzweg (1808–1885): „Der arme Poet", auch Gedichte; eine und Marx treffen sich 1843 in Paris; **Kommunistisches Manifest"** von Marx/Engels (1848); Bogardus baut ab 1848 „Wolkenkratzer" in New York	1832 C. F. Gauß benutzt den Elektromagnetismus für Fernverständigung; 1835 optischer Telegraf von Koblenz nach Berlin; 1835 **Erfindung der Fotografie** (Daguerre) bis 1841 (Talbot); 7.12.1835 Eröffnung der Eisenbahnstrecke Nürnberg–Fürth; ab 1837 entwickelt Morse den elektromagnetischen Schreibtelegrafen (Morseapparat); 1843 Telegrafenlinie Washington–Baltimore (Morse-Technik)

Fortsetzung auf den letzten Seiten

Deutschbuch für die Oberstufe

Texte, Themen und Strukturen

Herausgegeben von
Margret Fingerhut und Bernd Schurf

Erarbeitet von
Karlheinz Fingerhut, Margret Fingerhut,
Peter Imhof, Frank Jürgens,
Detlev-Richard Kilian, Christoph Kunz,
Reinhard Lindenhahn, Ulrich Munz
und Claudia Mutter

B Literarische Gattungen, Film, Textsorten

Patrick Süskind
Das Parfum
Die Geschichte eines Mörders
Diogenes

C Epochen der deutschen Literatur

C 1 Vom Mittelalter zum Barock __184

C 2 Aufklärung – Sturm und Drang __206

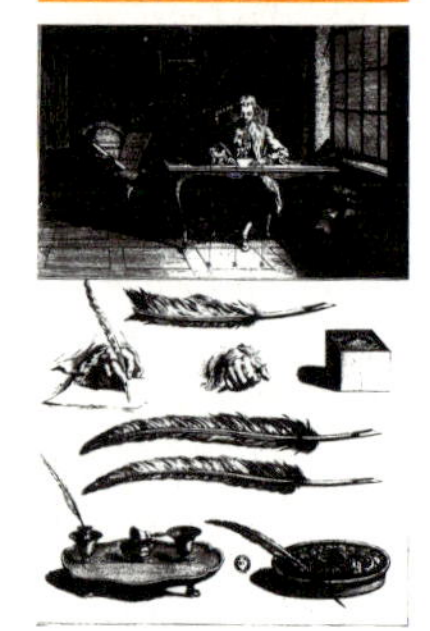

C6 Literatur von 1945 bis zur Gegenwart __402

D Sprachbetrachtung

D1 Kommunikation und Sprache __460

Sprechen und Schreiben

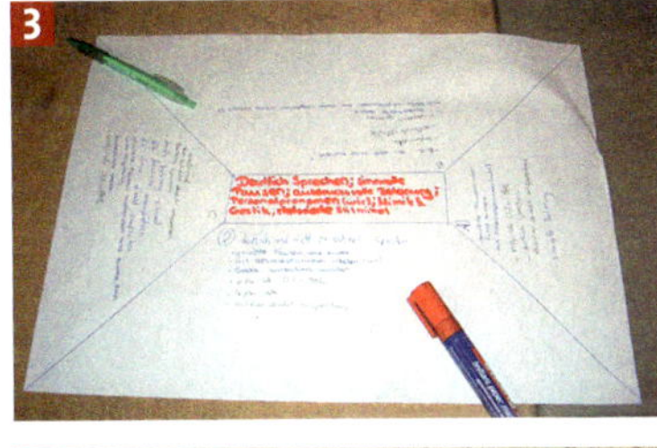

1 **a** Entsprechen die Bilder Ihren Erfahrungen vom Deutschunterricht? Tauschen Sie sich mit Ihrer Tischnachbarin oder Ihrem Nachbarn aus: Wo sehen Sie Ihre Stärken im Deutschunterricht? Welche Kompetenzen lassen sich in den unterschiedlichen Unterrichtssituationen erwerben?

b Bild 6 zeigt eine Stuhlordnung, wie sie insbesondere bei der **Fishbowl-Methode** (► S. 27) eingesetzt wird. Erläutern Sie, welche Absicht mit dieser Methode verbunden wird.

2 Was sind Ihre Erwartungen an den Deutschunterricht in der Oberstufe? Wenden Sie zu dieser Frage die **Placemat-Methode** (siehe Abb. 3) an. Gehen Sie dazu wie folgt vor:

a Ideensammlung: Notieren Sie jeweils für sich in eins der vier äußeren Felder auf einem DIN-A3-Papier, welche Erwartungen Sie an den Deutschunterricht der Oberstufe haben.

b Vergleich der Ergebnisse und Einigung in der Gruppe: Lesen Sie kurz die Ergebnisse Ihrer Mitschülerinnen und Mitschüler durch. Drehen Sie dabei das Placemat im Uhrzeigersinn. Einigen Sie sich anschließend auf der Grundlage Ihrer Ideen begründet auf Erwartungen an den Deutschunterricht und tragen Sie diese in das mittlere Feld ein.

c **Präsentation:** Bereiten Sie sich auf die Präsentation Ihrer Ergebnisse vor. Organisieren und strukturieren Sie dazu einen Kurzvortrag. Halten Sie Ihre Ergebnisse auf Folie fest.

1 Gesprächsformen – Praktische Rhetorik

1 Beschreiben Sie eine der mit den Karikaturen dargestellten Situationen, die Ihnen besonders bekannt vorkommt. Welche Gesprächsform wird hier gezeigt und was wird falsch gemacht?

2 Welche Erfahrungen haben Sie mit entsprechen Fehlern gemacht und wie haben Sie diese behoben?

1.1 Referate und Kurzvorträge erarbeiten und präsentieren

In diesem Kapitel erwerben Sie folgende Kenntnisse und Kompetenzen:

- den Arbeitsprozess im Vorfeld eines Vortrags sinnvoll organisieren,
- Vortragsweise und Visualisierungen kennen und gezielt auswählen,
- Zuhörerinnen und Zuhörer einbeziehen und aktivieren,
- Video-Feedback einsetzen.

Information **Referat und Kurzvortrag**

- Von einem **Referat** wird erwartet, dass ein **abgegrenztes fachliches Thema** in einer Zeit zwischen 15 und 45 Minuten **adressatengerecht** dargestellt wird. Dabei steht die sachliche Vermittlung von Informationen im Vordergrund, zum Schluss kann aber durchaus eine eigene Einschätzung der Fakten formuliert werden. Die Informationsaufnahme kann den Zuhörerinnen und Zuhörern mit Hilfe von **Visualisierungstechniken** und auch mit einem **Thesenpapier** erleichtert werden.
- Ein **Kurzvortrag** behandelt ebenfalls ein **abgegrenztes Thema,** sollte jedoch **nicht länger als 7 bis 10 Minuten** dauern. Da der Kurzvortrag weniger Zeit als ein Referat zugesprochen bekommt und entsprechend weniger Erläuterungen gegeben sowie kaum mediale Hilfen eingesetzt werden können, gilt diese Vortragsweise aus **sprachlicher** und **körpersprachlicher** Sicht als **ausgefeilter und anspruchsvoller.** Zudem wird eine persönliche Stellungnahme von der/dem Vortragenden erwartet, wobei – wie beim Referat und im Unterschied zur Rede – die sachliche und methodische Korrektheit der Präsentation ein besonderes Gewicht erhält.

Das Thema benennen – Informationen recherchieren und verarbeiten

1 **a** Sprechen Sie das Thema Ihres Referats oder Kurzvortrags und den Vortragstermin mit Ihrer Lehrerin/Ihrem Lehrer genau ab. Dabei geht es besonders darum, das Thema abzugrenzen und festzulegen, welche Aspekte aufgenommen und welche ausgeklammert bleiben sollen.
b Planen Sie, abhängig von diesem Gespräch und Ihren Vorkenntnissen, Ihre **Arbeitszeit** (▶ S. 566).

2 Recherchieren Sie möglichst vielschichtig: Suchen Sie in Bibliotheken nach verschiedenen Medien zum Thema, prüfen Sie Informationen aus dem Internet und befragen Sie ggf. Experten. Nutzen Sie zur Informationssuche entsprechende **Lesestrategien** (▶ S. 556–563).

3 Gliedern Sie das recherchierte Material (▶ S. 569–570).

Mediengestützt referieren I – Auswahl der Vortragsweise

Methode **Vortragsweisen**

- Wer sich im Referieren noch nicht ganz sicher fühlt, möchte sich meist auf einen **ausformulierten Text** stützen. In diesem Fall sollten in diesem Text **Schlüsselwörter markiert** werden, damit man öfters vom Textblatt aufschauen und den Zwischentext freier formulieren kann.
- Eine Alternative für Fortgeschrittene ist die Präsentation des Stoffs mit Hilfe von **Karteikarten.** Auf diesen notiert man in **Stichworten** nur die zentralen Aussagen sowie alle Informationen, die man leicht vergessen könnte (Zahlen, Daten, schwierige Namen, wichtige Zitate etc.). Für jeden Abschnitt des Referats wird eine eigene Karteikarte angelegt und mit einer Überschrift versehen. Die zugehörigen Daten und Informationen werden darunter notiert. Alles Übrige formuliert man während des Referats frei. Die Karteikarten werden durchnummeriert und in der richtigen Reihenfolge sortiert.

1 **a** Legen Sie zu Ihrer Übung in dem folgenden ausformulierten Text mit biografischen Angaben zu Christa Wolf die für Sie wichtigsten Informationen zum Thema „Leben und Werden einer Schriftstellerin“ fest. Wählen Sie Ihre Schlüsselwörter so aus, dass sie einen möglichst freien Vortrag stützen könnten.
b Übertragen Sie die Informationen des Textes auf einige Karteikarten mit wenigen Notizen. Versehen Sie jede Karteikarte mit einer Überschrift.

Christa Wolf gilt als die bekannteste Schriftstellerin der ehemaligen Deutschen Demokratischen Republik (DDR). Sie wurde 1929 in Landsberg an der Warthe (heute: Górzow 5 Wielkopolski, Polen), also in den ehemaligen deutschen Ostgebieten geboren. Während der Hitlerzeit wuchs sie in geordneten und behüteten Verhältnissen auf; denn ihr Vater hatte in Landsberg einen kleinen Laden, der von 10 den Schrecken des 2. Weltkriegs zunächst verschont blieb. Dann aber geriet die Familie in die Turbulenzen des Kriegsendes; sie schloss sich nach dem Zusammenbruch des Naziregimes einem Flüchtlingstreck nach Westen an und ließ sich in Mecklenburg nieder. Dort 15 machte Christa Wolf 1949 ihr Abitur; sie engagierte sich früh politisch und trat bereits als Abiturientin der Sozialistischen Deutschen Einheitspartei (SED) bei, weil sie zunächst große Hoffnungen in die neu entstandene 20 Deutsche Demokratische Republik setzte. Sie studierte Germanistik, heiratete 1951 Gerhard

Wolf – aus dieser Ehe gehen zwei Kinder hervor – und arbeitete nach Abschluss ihres Studiums im Jahr 1953 als Lektorin in verschiedenen Verlagen der DDR. Nach ersten eigenen Publikationen gehörte sie schon bald zum kulturellen Establishment der jungen DDR ...

2 **a** Überlegen Sie, aus welchen Gründen ein freier Vortrag in der Regel bevorzugt wird.
b Legen Sie nach Prüfung der nachstehenden Tabelle für Ihr Referat eine Vortragsweise fest.

Vortragsweise	Vorteile	Nachteile
ausformulierter Text mit Markierungen	■ gibt Sicherheit ■ Textaufbau bleibt abgesichert	■ behindert den freien Vortrag ■ man bleibt eher im Schreibstil und redet oft schneller
Karteikarten	■ unterstützt den freien Vortrag ■ Blickkontakt zum Publikum fällt leichter ■ man formuliert (in der Regel langsamer) im Redestil	■ Formulierungen könnten einem nicht einfallen ■ Karten können durcheinandergeraten

Mediengestützt referieren II – Visualisierungstechniken auswählen und einsetzen

Methode **Visuelle Unterstützung von Referaten**

Bei Referaten und Vorträgen können Sie die Aufmerksamkeit der Zuhörenden durch mediale Einspielungen stützen. Dazu eignen sich z. B. Zeichnungen oder Grafiken an der Tafel, Tageslicht- bzw. Overheadprojektionen bzw. Folien. Es ist bekannt, dass Präsentationen wirkungsvoller sind, wenn das Publikum außer über den akustischen auch noch über den optischen Kanal Informationen aufnehmen kann. Es gibt u. a. die folgenden Möglichkeiten visueller Unterstützung:

- **Abschnittsüberschriften:** Diese werden vor Beginn des Referats oder nach und nach an die Tafel geschrieben oder über Folie und Tageslicht- bzw. Overheadprojektor vorgestellt.
- **Thesen:** Wenige zentrale Aussagen des Referats werden in Form von Thesen präsentiert (vgl. auch Information zum **Thesenpapier**, ▸ S. 19). An der Tafel oder auf Folien geschrieben, können die Thesen nach und nach aufgedeckt werden.
- **Tabelle:** Werden in einem Referat Sachverhalte systematisch einander gegenübergestellt, können sie nach und nach stichpunktartig in eine Tabelle eingetragen werden.
- **Diagramme:** Grundbegriffe des Referats werden in Diagrammform präsentiert. Dazu stehen u. a. die folgenden Diagrammtypen zu Verfügung:

Zweigdiagramm
eignet sich z. B. für die Erschließung eines Zitats

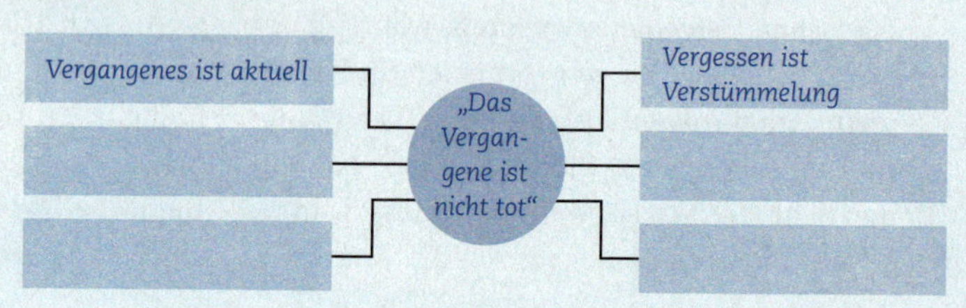

Netzdiagramm
eignet sich für die Zuordnung von Sachverhalten zu einem zentralen Aspekt, z. B. Hauptphasen der Biografie oder des Schaffens von Christa Wolf

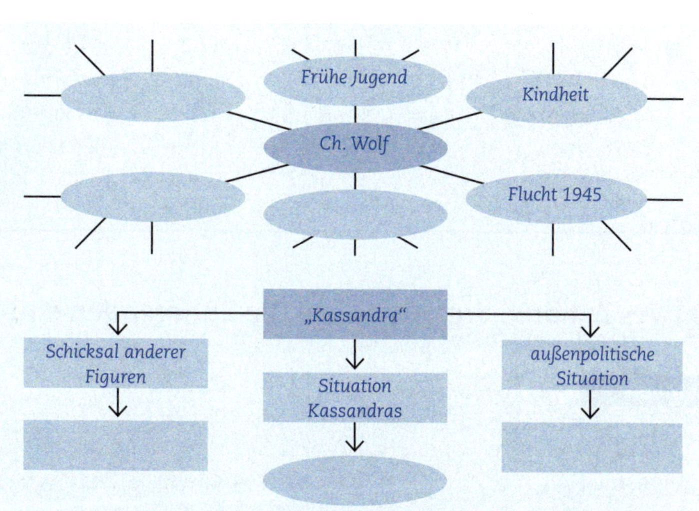

Flussdiagramm
eignet sich z. B. für die Wiedergabe des Handlungsverlaufs eines Schauspiels, eines Romans oder einer Erzählung

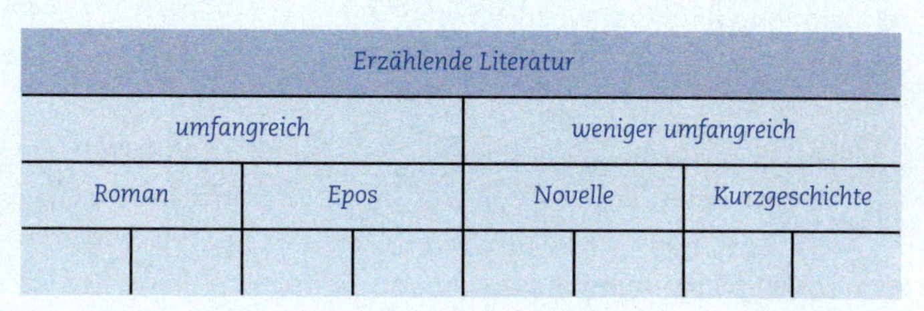

Baumdiagramm
eignet sich z. B. zur Hierarchisierung von Informationen oder Begriffen, z. B. auch von Fachbegriffen zur Analyse eines literarischen Werks

Erzählende Literatur							
umfangreich				weniger umfangreich			
Roman		Epos		Novelle		Kurzgeschichte	

1 Vergleichen und erläutern Sie die Diagrammtypen mit eigenen Worten. Was stellen Sie jeweils wie dar? Was wird in einem Zweigdiagramm im Unterschied zu einem Flussdiagramm deutlich?

2 **a** Wählen Sie für Ihr Referat die Visualisierungsmöglichkeiten aus, die Ihnen passend erscheinen.

b Überlegen Sie mit Hilfe der folgenden Methode (Prinzipien medialer Einspielungen), wie Sie Ihre Visualisierungsmedien einsetzen wollen.

c Machen Sie sich Notizen, wie Sie Ihre Medien sprachlich in das Referat einbauen können, z. B.: *Dazu werde ich euch/Ihnen nach und nach an der Tafel …; Zur Erläuterung will ich diese … ergänzen.*

3 Befragen Sie im Anschluss an das Referat die Zuhörenden, welche visuellen Angebote die Informationsaufnahme besonders gestützt haben und ob sie an passender Stelle eingesetzt wurden.

Methode **Prinzipien medialer Einspielungen**

Ihre mündliche Präsentation können Sie auf verschiedene Weise mit Ihren Medien kombinieren:

- **Echoprinzip:** Die eingesetzten Medien wiederholen bzw. verdoppeln das Gesagte bei Konzentration auf zentrale Aussagen. Die Zuhörenden können das Gezeigte nutzen, um einzelne Äußerungen im Referat in größere Zusammenhänge einzuordnen, die sich ihnen optisch präsentieren.
- **Reißverschlussprinzip:** Vortragstext und mediale Einspielungen ergänzen sich. Das, was gezeigt wird, wird im Referat ausgespart. Den Zuhörenden werden kleine Pausen gegeben, in denen sie die visuell präsentierten Zusatzinformationen aufnehmen können, bevor es mit dem Referat weitergeht.

- **Ergänzungsprinzip:** Während des Vortrags wird eine nicht komplett ausgestaltete Folie von der/dem Vortragenden per Hand mit Stichworten, Zuordnungspfeilen oder sonstigen grafischen Elementen ergänzt. Sie/er spricht dabei nicht. Das Referat wird so insgesamt aufgelockert. Eine Variante stellt die Folien-Präsentationen dar, bei der sich die Folien-Elemente nach und nach aufbauen.

Aktives Zuhören organisieren – Die Zuhörenden einbeziehen

Methode **Das Zuhören aktivieren**

Die Aufmerksamkeit eines Publikums lässt sich nicht nur durch Einsatz visueller Medien, sondern auch durch bestimmte Abläufe und Handlungsaufforderungen sichern und steigern:

- Beim **Impulsreferat** wechseln die Zuhörenden zwischen Zuhören und Eigenaktivität hin und her.
  Der Ablauf: Die Referentin/der Referent präsentiert einen überschaubaren ersten Teil des Referats (ca. 5 Min.). Anschließend erhalten die Zuhörenden in Gruppen (arbeitsteilig) einige ergänzende visuelle Materialien zu demselben Sachbereich (Grafiken, Diagramme, Statistiken etc.), die sie kurz bearbeiten sollen. Die Ergebnisse werden im Plenum vorgestellt, bevor das Referat weitergeht. Vortrag und vertiefende Phase mit visuellen Zusatzinformationen können einander mehrfach abwechseln.

- Der **Sandwichvortrag** ist ein Verfahren, das die Zuhörenden aktiv mit einbezieht, indem vorweg einen Fragehorizont zu dem Thema des Referats aufgebaut und eine Nachbetrachtung organisiert wird.
  Der Ablauf: Vor dem Referat erhalten alle Zuhörer/innen eine Liste von Fragen zum Gegenstand der Präsentation, die sie in Partnerarbeit oder in Gruppen kurz besprechen sollen. Die Antworten auf die Fragen hält jede Kleingruppe in Stichworten schriftlich fest. Dann folgt das Referat. Anschließend setzen sich die Zuhörenden in ihren Ursprungsgruppen wieder zusammen, lesen noch einmal die Ausgangsfragen und reflektieren ihre ursprünglichen Antworten im Lichte des Referatinhalts.

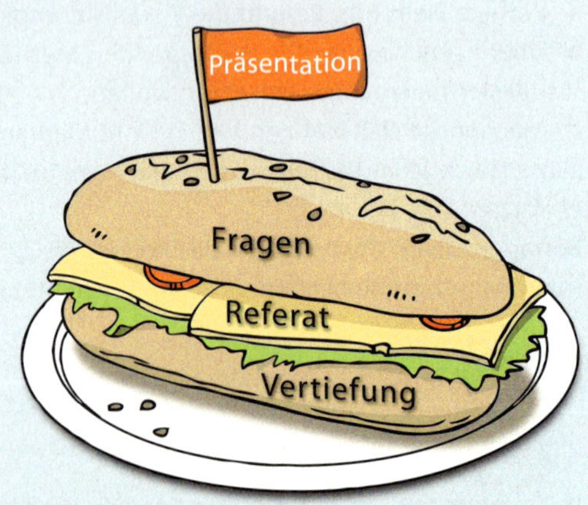

1. Überlegen Sie, ob eine dieser Aktivierungsmöglichkeiten im Hinblick auf den Referatgegenstand und für die Lerngruppe, vor der Sie referieren werden, geeignet wäre.
2. Prüfen Sie außerdem, welches Verfahren an Sie als Referenten die größten Herausforderungen stellt.
3. Wählen Sie eines der Verfahren aus, führen Sie es durch und werten Sie Ihre Durchführung bzw. Ihre Erfahrung mit diesem Verfahren zusammen mit Ihrem Kurs aus.

Information **Das Thesenpapier**

Ein Thesenpapier (auch „Handout") führt die **wichtigsten Informationen des Referats** auf und dient dem Publikum zur Orientierung während des Vortrags bzw. ermöglicht dessen Rekapitulation. Aufbau:

- Das Thesenpapier sollte eine **DIN-A4-Seite** lang, **übersichtlich** und **gut lesbar** gestaltet sein.
- Im Kopf enthält es **Angaben zum Vortragsthema, zum/zur Verfasser/in des Referats** und **das Datum.**
- **Zentral** sind die für das Referat **wichtigsten Kernaussagen,** die in der Reihenfolge des mündlichen Vortags aufzuführen sind. Vortrag und Thesenpapier müssen entsprechend **klar gegliedert** sein.
- Zum Text des Thesenpapiers können zu erläuternde **Tabellen, Grafiken** und **Bilder** hinzugefügt werden.
- Abschließend sollten Sie Ihre **Quellen** bzw. die von Ihnen genutzte Literatur auflisten (► S. 72).

Video-Feedback – Einen Vortrag bewerten

1. Lassen Sie Ihren Kurzvortrag bzw. Ihr Referat mit einer Videokamera aufnehmen.
2. Bitten Sie Ihr Publikum unmittelbar nach dessen Ende, Ihr Referat mit Hilfe der folgenden Fragen zu beurteilen. Machen Sie sich während des Feedbacks Notizen zu den Anmerkungen Ihres Publikums.
3. Schauen Sie sich zu Hause die Videoaufzeichnung Ihres Referats an und vollziehen Sie nach, wie die Zuhörenden zu ihrer Beurteilung gekommen sein könnten.

Methode **Einen Vortrag bewerten – Checkliste**

Vorbereitung: Inwieweit ...
- war der Vortragstext inhaltlich klar und gut strukturiert?
- war alles verständlich und adressatengerecht formuliert?
- konnte die/der Vortragende am Ende auf Nachfragen konkret eingehen?

Vortragsweise: Inwieweit ...
- wurde das Material möglichst frei vorgetragen?
- wurde laut und deutlich gesprochen, sodass auch in der letzten Reihe alles gut zu verstehen war?
- wurde die Lautstärke variiert, um z. B. Wichtiges hervorzuheben?
- hat sie/er ein angemessenes Redetempo gewählt und das Tempo ab und zu variiert, um insgesamt nicht zu monoton zu klingen?
- hat sie/er kleine Denkpausen gemacht?
- hat sie/er den Vortrag an bestimmten Stellen zur Unterstreichung bestimmter Aussagen körpersprachlich (Gestik und Mimik) begleitet? „Versteckte" sie/er sich hinter Tisch oder Projektor?

Einbeziehung der Zuhörenden: Inwieweit ...
- wurde Blickkontakt zum Publikum gesucht, um sich zum einen dessen Aufmerksamkeit zu versichern und zum anderen auf etwaige mimische Reaktionen zu reagieren?
- hat sie/er den Zuhörenden mit Hilfe von Medien die Informationsaufnahme erleichtert?

Die mündliche Abiturprüfung – Den Vortrag vorbereiten und halten

Unmittelbar vor der Prüfung müssen Sie in einer festgelegten Vorbereitungszeit – meist materialgestützt – Aufgaben wie die folgenden erarbeiten. Ihre Ergebnisse stellen Sie dann im ersten Prüfungsteil in einem zusammenhängenden etwa 10-minütigen Vortrag vor, gefolgt von einem auf dem Vortrag basierenden Prüfungsgespräch, in dem auch Fragen über den Text und das Thema hinaus gestellt werden können bzw. weiterentwickelt werden müssen.

Aufgabenstellung
1. Interpretieren Sie das Gedicht „Gedanken über die Dauer des Exils" von Bertolt Brecht (▸ S. 397).
2. Gehen Sie ausführlicher auf die Frage ein, wie im Gedicht das Thema der Exilerfahrung behandelt wird.

1 Lesen Sie das Brecht-Gedicht „Gedanken über die Dauer des Exils" auf S. 397, bearbeiten Sie die Aufgaben und bereiten Sie Ihren Vortrag vor. Strukturieren Sie Ihre Ergebnisse so, dass Ihr Vortrag übersichtlich gegliedert ist. Sie können sich an dem nachstehenden Schülerbeispiel orientieren.

Einleitung
- Nennung von Aufgabenstellung, Autor, Textsorte, Titel, Erscheinungsjahr, Thema des Gedichts, zentrale Interpretationsthese, z. B.:
  Bertolt Brecht ist vor allem als Dramatiker bekannt. Seine Gedichte sind jedoch von ebenso großer Bedeutung. Wenn man die Überschrift „Gedanken über die Dauer des Exils" dieses Gedichts aus dem Jahr 1937 liest, dann kann erwartet werden, dass sich ein Künstler, ein Schriftsteller, der auf die deutsche Sprache angewiesen ist, in einer besonderen, vielleicht sogar zwiespältigen Exilsituation befindet: Sicherlich empfindet er Freude über die Rettung, dann aber auch Angst, dass man das Publikum, das in einer anderen Sprache spricht, nicht erreichen kann …

Hauptteil
- Aspekte der Analyse und Interpretation:
  - Aufbau/Struktur/Gedankengang
  - Metrik? + Reim? → *Metrik und Reime fehlen, reflektierendes Sprechen, mühsames Ringen um Verständnis der neuartigen, belastenden Situation*
  - Besonderheiten Form/Sprache:
    → *Konzentration auf konkrete Dinge, vermeintliche Nebensächlichkeiten* → *Versuch, sich in einer ungewohnten Situation über Fokussierung auf konkrete Dinge Sicherheit zu verschaffen*
    → *Imperative, die das lyrische Ich an sich selbst richtet* → *Einsamkeit, keine Freunde*
    Syntax („kurzatmiger" Satzbau, Fragen) → …
  - Rolle und Haltung des lyrischen Ichs

Schluss
- Zusammenfassung der wichtigsten Ergebnisse im Hinblick auf die Aufgabenstellung,
  – Zusammenfassung der Beobachtungen zur Darstellung der Exilerfahrung im Gedicht
- Fazit/Ausblick
  – Einordnung in moderne Lyrik als Auseinandersetzung mit dem Thema „Wahrnehmung von Wirklichkeit in einer Welt, die als brüchig erfahren wird"

Eine mündliche Prüfung simulieren – Ein Beobachtungsbogen

Prüfungen zu simulieren, ist eine gute Möglichkeit, sich der Anforderungen der realen Prüfung bewusst zu werden und den freien mündlichen Vortrag weiter einzuüben, aber auch, um nach dem Vortrag flexibel und dennoch strukturiert auf im Gespräch sich ergebende Zusatzfragen eingehen zu können.

1 Simulieren Sie – mit Freunden oder Verwandten – eine mündliche Prüfung:

a Kopieren und verteilen Sie folgenden Beobachtungsbogen, wobei Sie einzelne Beobachtungsaspekte unter den Zuhörenden aufteilen sollten, sodass sie sich jeweils auf einen Bereich konzentrieren können.

b Halten Sie Ihren Vortrag z.B. zu der oben angeführten Aufgabenstellung.

c Bitten Sie die Zuhörenden im Hinblick auf den zweiten Prüfungsteil, das weiterführende Prüfungsgespräch, um Nachfragen, z.B.:

- zu weiteren Werken einer Autorin/eines Autors,
- zu vergleichbaren oder unterschiedlichen literarischen Darstellungen eines Motivs,
- zur eigenen Wertung.

2 a Äußern Sie nach Vortrag und Gespräch zunächst eine eigene Einschätzung Ihrer Leistung.

b Reflektieren Sie anschließend auf Grundlage der Ergebnisse des Beobachtunsbogens, welche Verbesserungsmöglichkeiten gegebenenfalls bestehen.

Tipp: Sie können die Simulation auf Video aufnehmen, um sie sich anschließend nochmals anzusehen.

Beobachtungsbogen

Teilbereiche	Der Prüfling ...	++	+	–	– –
Verstehensleistung	... hat die Aufgabenstellung richtig verstanden.				
	... zeigt ein sicheres Textverständnis (inhaltlich).				
	... zeigt ein sicheres Textverständnis (Textstruktur).				
	... benennt thematische Zusammenhänge.				
Argumentationsleistung	... belegt seine Aussagen am Text.				
	... stellt sachliche und logische Zusammenhänge her.				
	... begründet Deutungen und eigene Bewertungen.				
	... bezieht mögliche Gegenargumente ein.				
Darstellungsleistung	... gliedert die Ausführungen sinnvoll und präsentiert diese entsprechend.				
	... verwendet fachliche Methoden.				
	... verwendet die korrekten Fachbegriffe.				
	... verwendet ein angemessenes Vokabular und vollständige Sätze.				
Kommunikationsleistung (v.a. im Prüfungsgespräch)	... erfasst die gestellten Fragen richtig.				
	... beantwortet die Fragen präzise und vom Umfang her angemessen.				
	... erkennt ggf. Schwierigkeiten im Gespräch und trägt zur Klärung bei.				

3 Unabhängig vom inhaltlichen Gehalt Ihres Prüfungsgesprächs kann das nonverbale (Gestik, Mimik, Körperhaltung) Verhalten die Prüfungskommission positiv beeinflussen.
Überlegen Sie, in welcher Weise das durch die folgenden Ratschläge gelingen könnte:

- Sitzen Sie bequem, aber aufrecht.
- Halten Sie Blickkontakt (bei mehreren Prüferinnen und Prüfern auch abwechselnd).
- Halten Sie Ihre Hände auf dem Tisch.

1.2 Die freie Rede

1 Beschreiben und vergleichen Sie die drei Redesituationen. Benennen Sie dabei Unterschiede und Gemeinsamkeiten im Hinblick auf Situation, Raum, Publikum und möglichen Zweck der Rede.

2 Berichten Sie über Ihre Rede-Erfahrungen. Wie ist es Ihnen aus welchen Gründen bei einer eigenen und einer gehörten Rede ergangen? Wie haben Sie z. B. Ihr Lampenfieber in den Griff bekommen?

In diesem Kapitel erwerben Sie folgende Kenntnisse und Kompetenzen:

- einen Redeanlass analysieren,
- Anforderungen einer Redesituation erkennen und gezielt darauf reagieren,
- in fünf Schritten eine Rede vorbereiten und durchführen,
- Vortragsweisen gezielt auswählen.

Redegattungen – Redeanlässe

Information **Redegattungen** (► S. 495)

Während ein Vortrag in erster Linie auf Wissensvermittlung abzielt, wird dagegen mit einer Rede eher die Beeinflussung der Zuhörenden bezweckt. Der griechische Philosoph **Aristoteles** (384–322 v. Chr.) unterschied dabei drei Redegattungen:

- die **Gerichtsrede,** die vor allem die Vergangenheit aufbereiten und ein Urteil vorbereiten soll,
- die **politische Beratungsrede,** in der es um eine Entscheidung geht, die für die Zukunft wichtig ist,
- die **Lob- und Festrede,** in der vor allem der Gemeinschaftsgeist beschworen wird.

Heute unterscheidet man **weitere Redegattungen.** Ein Rede-Handbuch (Thilo von Trotha: Reden professionell vorbereiten) nennt z. B. die Motivationsrede, die Laudatio, den Umgang mit Lob und Tadel, die Jubiläumsrede, die Trauerrede, die Rede im Familienkreis oder die Ad-hoc-Minutenrede.

1 **a** Sehen Sie sich erneut die drei Bilder an. Ordnen Sie sie jeweils einer Redegattung begründet zu.
b Überlegen Sie, welche Anforderungen in den einzelnen Situationen an eine Rednerin oder einen Redner gestellt werden und mit Hilfe welcher Maßnahmen sie/er die größtmögliche Wirkung erreichen könnte. Legen Sie sich dazu eine Tabelle z. B. wie folgt an.

Redesituation	Anforderungen	Hilfreiche Maßnahmen
1. Bundestag	*– „Nachrichtentauglichkeit“* *– …*	*– Überschaubare Satzlänge, Prägnanz der Formulierungen*
2. Sektempfang	*– Kommunikation* *– …*	*– …* *– …*
3. Pausenansprache	*– …*	*– …*

Redefaktoren – Erfolg mit der IDEMA-Methode

„Dichter werden geboren, Redner werden gemacht.“ Dieser Aphorismus des römischen Politikers und Redners **Marcus Tullius Cicero** (106–43 v. Chr.) kann folgende Beobachtung erklären: Oft hört man schlechte Rednerinnen und Redner; meist sind diese Reden umso schlechter, je seltener die- oder derjenige spricht. Eine gelungene Rede ist meistens das Ergebnis einer gründlichen und systematischen Vorbereitung. Dies sollte umso mehr gelten, je weniger Übung man im freien Vortrag hat. Das bedeutet aber auch, und darauf verweist Cicero, dass man Reden im Sinne von „eine Rede halten“ erlernen kann. Zunächst sollte eine Analyse der Faktoren erfolgen, die eine Redesituation ausmachen:

Redefaktoren	Konkrete Fragen
Redeabsicht bzw. Ziel	Was will ich erreichen: Will ich belehren? Gewinnen? Bewegen? Unterhalten?
Zuhörende und ihre Erwartungen bzw. Wünsche, Vorurteile, Kenntnisse	Was bringt das Publikum mit? Handelt es sich um ein einheitliches oder uneinheitliches Publikum?
Thema und Gegenstand der Rede	Was ist der Anlass? Worüber soll geredet werden? Gegen welche anderen Themen muss abgegrenzt werden?
Zeitlicher und räumlicher Rahmen	Wie viel Zeit steht mir zur Verfügung? Handelt es sich um einen kleinen oder großen Raum oder findet die Veranstaltung im Freien statt?
Einsatz von Medien	Können Medien zur Verfügung gestellt bzw. eingesetzt werden? Welche Medien können genutzt werden? Bin ich auf mich allein angewiesen oder habe ich eine Hilfe?

1 Im schulischen Rahmen gibt es unterschiedliche Anlässe für Schülerreden. Konkretisieren Sie die Tabelle z. B. durch eine angefügte dritte Spalte für folgende Anlässe:
- Abiturrede,
- Abschiedsrede für den pensionierten Hausmeister,
- Einführungsvortrag zur Präsentation von Projektergebnissen im Rahmen eines Schulfestes,
- Antrag auf der Schulkonferenz zur Einrichtung eines Raumes für die Schülervertreterinnen und -vertreter bzw. für den Schülerrat.

2 Schreiben Sie eine Rede zu einem dieser Anlässe. Nutzen Sie dazu die **IDEMA-Methode.** (▶ S. 24)

Methode **IDEMA – Fünf Schritte zur Vorbereitung und Durchführung einer Rede**

Ein Modell, das bereits die antiken Rhetoriker verwendeten, bietet auch heute noch eine ausgezeichnete Hilfe, um den Anforderungen beim Planen und Halten einer Rede gerecht zu werden:

1. Inventio: Das Sammeln von Gedanken und Einfällen zum Thema der Rede
Das Thema der Rede ist klar – doch was kann man im Einzelnen dazu sagen? Die alten Redner waren überzeugt, dass alle geeigneten Gedanken für eine Rede in unserem Gedächtnis aufbewahrt werden und dort nur aufgefunden werden müssen. Eine moderne Methode, die die Suche nach passenden Gedanken und Ideen erleichtert, ist z. B. das **Mindmapping** (▸ S. 549).

2. Dispositio: Die Gliederung des gesammelten Materials
Mit der klassischen Dreiteilung Einleitung – Hauptteil – Schluss und der entsprechenden Gewichtung bzw. Länge (kurz – ausführlich – kurz) liegt man immer richtig. Wichtig bei aller Kürze: Suchen Sie nach einem publikumswirksamen „Aufhänger" für den Einstieg und nach einem markanten Schlusssatz für einen ebenso gelungenen Abgang. Für eine über die Dreiteilung hinausgehende Gliederung bieten sich je nach Thema und beabsichtigter Wirkung unterschiedliche Möglichkeiten an: Chronologie, Ursache-Wirkung-Prinzip, Argumentationskette, Prinzip der Steigerung, Leitmotive etc.

3. Elocutio: Die sprachliche Gestaltung und Ausschmückung der Rede
Vom dem römischen Geschichtsschreiber Tacitus (um 55 – ca. 116) stammt das Zitat: „Oh, seltenes Glück der Zeiten, in denen du sagen darfst, was du willst, und sagen kannst, was du denkst." Den richtigen Ausdruck für die zurechtgelegten Gedanken zu finden, ist ein besonders wichtiger Schritt auf dem Weg zur Rede. Dazu gehört die Wahl einer zu Publikum und Situation passenden **Stillage** (▸ S. 45), Wortwahl und Länge der Sätze (keine verschachtelten Satzgefüge) sowie der bewusste Einsatz **rhetorischer Mittel** (▸ S. 144–146, 498), die den „Schmuck" der Rede darstellen.

4. Memoria: Das Einprägen der Rede
Ziel jeder Rednerin oder jedes Redners sollte es sein, den Vortag so frei wie möglich zu halten. Nur wenn man nicht die Augen ständig auf die eigene Vorlage heftet, kann man den Kontakt zum Publikum herstellen und auf mögliche Reaktionen eingehen. Freies Sprechen verringert außerdem die Gefahr der Monotonie, des zu schnellen Redens sowie überfrachteter Sätze. Voraussetzung dafür: Man muss die Rede weitgehend im Kopf haben. Sie sollten von vornherein nur mit Stichworten auf Karteikarten arbeiten und Ihre Rede mehrmals in freier Form einüben oder aber Ihr ausgearbeitetes Redekonzept in mehreren Arbeitsgängen auf ganz wesentliche Stichpunkte und einige kurze Hinweise zu deren Zusammenhang reduzieren (**Vortragsweisen,** ▸ S. 15). Sie nehmen dann zum Rednerpult im Sinne einer Gedächtnisstütze nur diese Stichworte mit.

5. Actio: Der Redevortrag und seine Gestaltung
Achten Sie auf Ihr Sprechtempo, auf Variationen in der Tonlage und Lautstärke, Beschleunigungen und Pausen. Probieren Sie (kleine) Gesten, die Ihre Aussagen unterstützen, kontrollieren Sie Ihre Mimik. Falls Sie Medien einsetzen wollen, müssen Sie diese auf ihre Funktionstüchtigkeit prüfen. Üben Sie Ihre Rede möglichst zu Hause (vor dem Spiegel, vor der Familie) und mit Aufnahmegerät. Verbessern Sie dabei gegebenenfalls Mängel, die die Wirkung der Rede beeinträchtigen.

3 Halten Sie die Reden zur Probe vor der Gruppe, dann vor Ihrem Kurs (**Video-Feedback,** ▶ S. 19).

4 Informieren Sie sich über verschiedene Memoriertechniken. Stellen Sie diese im Kurs vor.
Tipp: Für ein rhetorisches Training sind kurze Stegreifreden in der Kleingruppe besonders geeignet. Sammeln Sie hierzu Themen-Stichworte aus Ihren Alltagsgruppen, z. B. Musik, Fantasieberufe, größte Erfindungen der Menschheit, Sport.

1.3 Gesprächsformen – Diskussionen vorbereiten, durchführen und auswerten

In diesem Kapitel erwerben Sie folgende Kenntnisse und Kompetenzen:

- Diskussionsformen und deren Anforderungen an die Teilnehmer/innen unterscheiden,
- Rolle einer Diskussionsteilnehmerin/eines Diskussionsteilnehmers wahrnehmen,
- Funktion der Moderation in einer Diskussion beschreiben sowie selbst moderieren,
- eigene Argumentationstechniken einsetzen und fremde zurückweisen.

Johan Schloemann: Dampfmaschinenpauker (Süddeutsche Zeitung, 26./27.01.2007)

Vorlesungen von Professoren für junge Schüler boomen: Warum aber kann die Schule nicht, was die „Kinder-Uni" kann?

[...] Das Phänomen nennt sich „Kinder-Uni". 5 Die Kleinen gehen außerhalb der Schulzeit, in Schulklassen, viel aber auch ganz freiwillig, in die Räume der höheren Bildung, um sich dort ihre notorischen Kinderfragen beantworten zu lassen. [...] In Potsdam gilt eine Vorlesung der 10 Frage: „Wie fliegen Vögel und Flugzeuge?", in Saarbrücken heißt es: „Warum malen Menschen Bilder?" Die Universität Jena bietet „Was sind Grundrechte?", und im schönen Heidelberg will man wissen: „Warum sind Blumen 15 bunt?" Dazu gibt es auch eine erfolgreiche Buchreihe. Und die Veranstaltungen sind voll – selbst am Samstag, dem Tag, an dem für Studenten mit Abitur seit einiger Zeit schon kein Kolleg[1] mehr gehalten wird.

20 Kurzum: Die Kinder-Uni ist gerade dabei, sich vom Event zur Institution zu entwickeln. Wenn man fragt, was daraus zu lernen ist, dann stehen zumeist die Folgen für die Universitäten im Mittelpunkt: allerlei heilsame Wirkungen wie die, dass Kinder im frühen Alter für Wissen- 25 schaft und Technik begeistert und so in ihnen lauter Keime künftiger Spitzenforschung gepflanzt werden. [...]

Aber ist es nicht viel wichtiger, was umgekehrt die flächendeckende Kinder-Uni für die Schule 30 bedeutet? Die teilnehmenden Kinder sind ja alle schulpflichtig. Sie haben auch sonst jeden Tag jemanden vor sich stehen, der ihnen etwas erklären will. [...]

Eltern und Bildungspolitiker könnten nämlich 35 fragen: Was sind denn das für Lehrer, die nicht mehr selber auf begeisterte Art Fragen beantworten können wie die, warum die Glühbirne leuchtet, oder die, warum der Himmel blau ist? Wozu haben sie in ihren Fächern ein jahrelan- 40 ges Lehramtsstudium mit staatlichem Zertifikat absolviert, wenn sie ihre wissbegierigen Zöglinge zur Beantwortung solcher Fragen dann gleich wieder zu jenen Professoren abschieben, von denen sie selbst, die Lehrer, das Erklärte 45 und das Erklären hätten lernen sollen? Oder

1 **Kolleg:** lat. Collegium für „Gemeinschaft"; (veraltend) Vorlesung an einer Hochschule

man könnte unseren Schulen schematisch vorrechnen: Früher hatten Abiturienten eine breite Allgemeinbildung, und es gab keine Kinder-Uni. Heute jedoch gibt es überall die Kinder-Uni, aber die Schüler wissen trotzdem weniger. Also ist an der Schule etwas falsch.
Das wäre wohl eine Meinung, die sich Lehrer einmal durch den Kopf gehen lassen sollten. Aber so einfach ist es nicht. Spricht man mit Lehrern und Didaktikern, dann finden sie diesen Vergleich und den damit suggerierten[2] Anspruch unfair. Natürlich. Aber sie haben für diese Rechtfertigung auch einleuchtende Argumente. Es ist ja Vorzug und Risiko des Lehrer-Schüler-Verhältnisses zugleich, dass es teils über Jahre auf dieselbe Lehrerpersönlichkeit ausgerichtet ist. Das kann prägen und furchtbar sein; aber je mehr die Schüler den Zwang und nicht den Wunsch spüren, zur Schule zu gehen, desto dankbarer werden sie für jeden temporären Austausch der Nase sein, die man ihnen vorgesetzt hat. Jeder kennt diesen Reiz der Abwechslung aus der eigenen Schulzeit: Da kann der Referendar noch so unfähig sein, eine Zeit lang wird man dem neuen Gesicht gewogener sein als dem Klassenlehrer. [...]
Ein weiterer Grund, weswegen man die Lehrer nicht leichtfertig für das Defizit verantwortlich machen kann, das die Kinder-Uni anzuzeigen scheint, ist dieser: Viele Schüler sind tatsächlich von Haus aus, durch welche kulturellen und medialen Faktoren auch immer, zu weniger Konzentration in der Lage, sind abgelenkter und im Sinne einer Konsumentenhaltung blasierter[3]. Der Kampf um ihr Interesse, ihre Aufmerksamkeit ist härter geworden. Ereignishaftigkeit muss her – aber zugleich können die Lehrer nicht in jeder Schulstunde ein Feuerwerk veranstalten: erstens, weil das kaum leistbar ist, und zweitens, weil man den Schülern auch nicht dauerhaft vorgaukeln sollte, Lernen sei ohne Anstrengung zu haben.
Heißt das, dass das Versagen der Schule unausweichlich ist? Keineswegs. Und einen Beitrag

zur Lösung ihrer Schwierigkeiten kann just der Modus liefern, nach dem die Kinder-Uni funktioniert: Das ist der Modus des Fragens.
Die Frage ist ja recht eigentlich die Urszene der Didaktik. [...] Und längst hat sich die moderne Didaktik besonnen, dass jeder Lernstoff Antworten auf eine leitende Unterrichtsfrage geben sollte. Im Idealfall wird diese Frage zusammen mit den Schülern so entwickelt, dass sie die Frage für ihre eigene halten. Dann blieben sie auch besser bei der Stange, die Schule wird „spannender".
Dies aber kann nur richtig funktionieren, wenn man für solche Frage-Antwort-Zyklen in der Schule genug Zeit hat. Dreißigmal pro Woche kann eine solche pädagogische Situation nicht erzeugt werden, ohne sich totzulaufen und zu kurzatmig zu werden. Das wiederum heißt, dass bei den heutigen Bedingungen die 45-Minuten-Stunde zu Gunsten von längeren Lerneinheiten abgeschafft werden muss. [...] Hätte man in der Schule mehr Zeit, dann bräuchte man keine Kinder-Uni. [...]

2 suggerieren: unterstellen, einreden
3 blasiert: überheblich, eingebildet, hochnäsig, hochmütig

1 Haben Sie selbst schon einmal von der Kinder-Uni gehört oder sogar Erfahrungen damit gemacht? Berichten Sie darüber.

2 Geben Sie wieder, wie Schloemann die Kinder-Uni betrachtet. Was zeigt sie seiner Ansicht nach?

3 Führen Sie in der Klasse eine **Fishbowl-Diskussion** (Methode) durch zu dem Thema: „Ist der Erfolg der Kinder-Uni ein Zeichen für das Versagen der Schule?" Bereiten Sie sich wie folgt vor:

a Notieren Sie Schloemanns Argumente und ergänzen oder widerlegen Sie sie durch eigene Erfahrungen.

b Formulieren Sie Ihre These zum Thema. Begründen Sie diese durch eigene Argumente und Beispiele.

c Orden Sie Ihre Argumente nach ihrer für Sie entscheidenden Schlagkräftigkeit.

Methode Diskussionsformen – Funktion der Moderation

Diskussionen sind in unterschiedlichen Formen möglich, z. B. im Anschluss an ein Referat. Hier haben die Zuhörer/innen meist die Gelegenheit, spontan nachzufragen, vorgestellte Thesen zu kritisieren und eigene entgegenzusetzen.

- Bei einer **Diskussion am runden Tisch** sind in der Regel alle Teilnehmer/innen inhaltlich vorbereitet. Man sitzt so, dass sich alle gut sehen und hören können. Fachliche Kompetenz ist genauso erforderlich wie kommunikative Fähigkeiten: Habe ich der/dem anderen zugehört und kann ich deren/dessen Argumentation entkräften? Wie reagiere ich auf Provokationen?

- **Podiums- bzw. Forumsdiskussionen** finden meist vor einer größeren Öffentlichkeit statt. Dabei werden Problemstellungen von Expertinnen und Experten vor einem Publikum erörtert, das im Anschluss an die Expertenrunde Gelegenheit bekommen kann, Fragen zu stellen oder mitzudiskutieren.

- Bei der didaktischen Form der **Fishbowl-Diskussion,** die insbesondere die Verbesserung der Diskussionsfähigkeiten zum Ziel hat, sitzt die Gruppe der Diskutierenden in einem Innenkreis, eine zweite Gruppe von Beobachtenden bildet den Außenkreis. Diese zweite Gruppe verfolgt das Gesprächsverhalten der Diskussionsgruppe z. B. mit Hilfe eines Beobachtungsbogens.

Beobachtungsbogen zum Diskussionsverhalten

Der/die Diskutierende XY ...

formuliert stichhaltige Argumente:	trifft zu	1	2	3	4	5	trifft nicht zu
bezieht sich auf seine/n Vorredner/in:	trifft zu	1	2	3	4	5	trifft nicht zu
formuliert sachlich konstruktiv:	trifft zu	1	2	3	4	5	trifft nicht zu
reagiert zu emotional, unsachlich:	trifft zu	1	2	3	4	5	trifft nicht zu
macht Zwischenrufe (stört):	trifft zu	1	2	3	4	5	trifft nicht zu
spricht mit passender Mimik und Gestik:	trifft zu	1	2	3	4	5	trifft nicht zu
lässt andere ausreden:	trifft zu	1	2	3	4	5	trifft nicht zu
lässt sich unterbrechen:	trifft zu	1	2	3	4	5	trifft nicht zu

Beim Austausch konträrer Meinungen ist es sinnvoll, dass ein/e Diskussionsleiter/in als Moderator/in eine vermittelnde Rolle übernimmt oder zumindest die Abfolge der Beiträge koordiniert. Die folgende Abbildung zeigt, wo und wie die **Moderation** entscheidende Setzungen für den Fortgang bzw. die Beendigung der Diskussion nehmen kann.

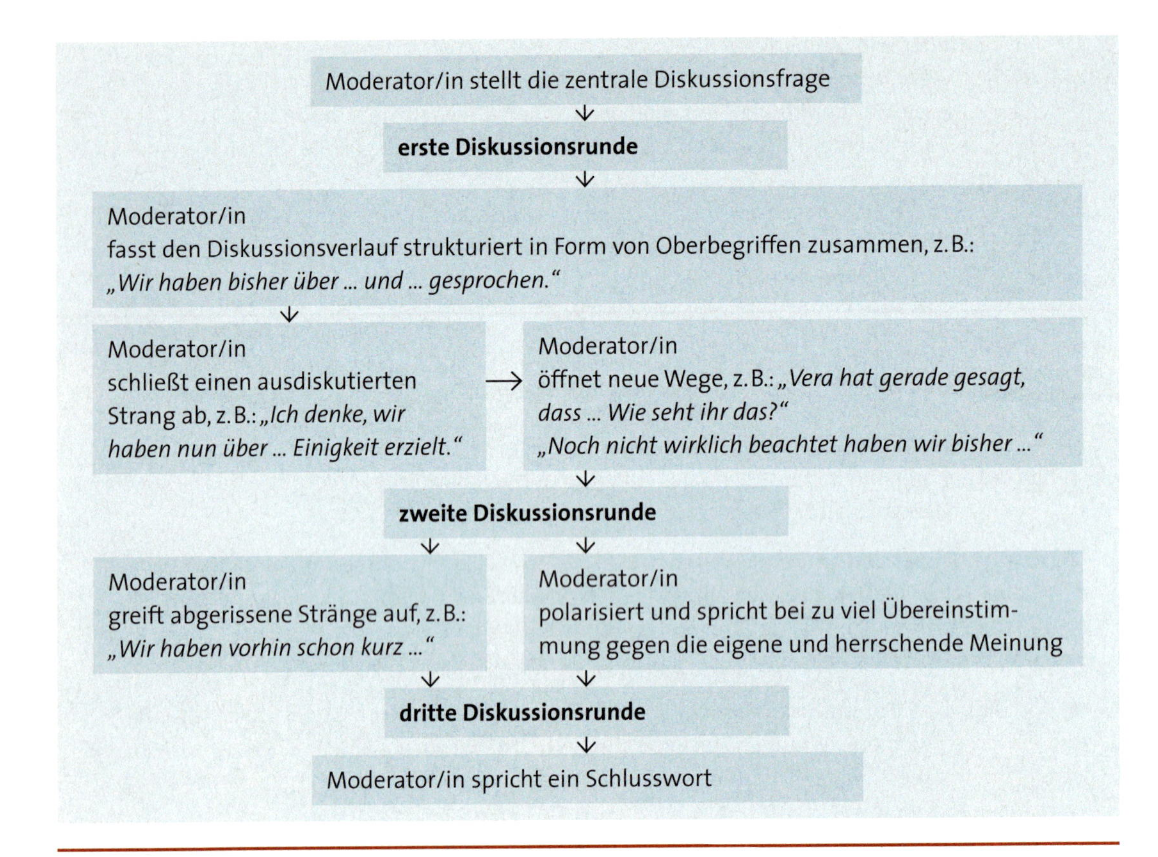

1 Untersuchen Sie mit Hilfe der Methode (▸ S. 27–28) eine Fernsehdiskussion Ihrer Wahl und notieren Sie, welche Beiträge zur Diskussion die/der Moderator/in geleistet hat.

2 Stellen Sie sich vor, dass in einer Versammlung aller angehenden Abiturientinnen und Abiturienten über das diesjährige Abiturmotto der Abi-Zeitung gestritten wird.

a Simulieren Sie diese Diskussion in Kleingruppenarbeit:
Bestimmen Sie jeweils vier Diskutanten, eine/n Moderator/in und zwei, die das Auftreten von Diskutanten und Moderator/in protokollieren.

b Werten Sie im Anschluss daran die Beobachtungen gemeinsam aus und zeigen Sie gelungene und misslungene Passagen der Diskussion und der Moderation auf.

Information **Die Debatte**

Die **Debatte ist eine genau geregelte Form der Diskussion.** Sie kommt vor allem im politischen, parlamentarischen Bereich vor. Es stehen sich **klar abgegrenzte Pro- und Kontra-Positionen** gegenüber, die in Form kurzer Reden ausgetauscht werden. Die Debatte kann von einer neutralen Person geleitet werden. Die formalen Vorgaben beziehen sich z. B. auf die Reihenfolge der Beiträge und die Redezeit. Ziel einer Debatte ist es in der Regel, eine Entscheidung in einer strittigen Frage zu erlangen. In einer Debatte werden deshalb Anträge gestellt, über die am Ende abgestimmt wird.

Wie in Debatten werden Pro- und Kontra-Argumente auch in Fernsehtalkshows und -diskussionen ausgetauscht. Häufig werden dabei bestimmte Argumentationstechniken eingesetzt.

Methode **Argumentationstechniken**

Angriffstechniken

- **Bestreittechnik:** Die Gültigkeit der Argumente bestreiten: *„Sie haben behauptet, dass ...; Damit unterstellen Sie ...; Sie übersehen, dass ...“*
- **Übertreibungstechnik:** *„Wollen Sie mit Ihrer Behauptung andeuten, dass alle ...?“*
- **Gegenfragentechnik:** *„Wieso sagen Sie ...?“*
- **Umkehrungstechnik:** Umkehrung des Arguments durch Umkehrung des Argumentkerns: *„Das wäre richtig, wenn die Annahme stimmen würde ... Dazu möchte ich ...“*
- **Vorfragetechnik:** Mit einer Frage den Standpunkt der/des anderen ermitteln und sie/ihn darauf festlegen, um dann argumentativ anzugreifen: *„Habe ich Sie richtig verstanden, dass Sie ... behaupten wollen? Ich aber ...“*
- **Vorwegnahmetechnik:** *„Sie werden wohl einwenden, dass ...; Dem halte ich entgegen ...“*

Verteidigungstechniken

- **Relativierungstechnik:** *„Das kann man auch anders sehen: ...; Sie sehen das zu dramatisch!“*
- **Kehrseitentechnik:** *„Ihr Standpunkt ist in einigen Aspekten richtig [oder: nicht falsch]. Sie übersehen dabei jedoch die Nachteile, dass ...“*
- **Einschränkungstechnik:** *„So problematisch, wie Sie es darstellen, ist die Sache gar nicht ...; Welche Wirkung hat denn ... überhaupt?“*
- **Polstertechnik:** Zeit gewinnen durch Ausbauen von Aussagen: *„Sehen wir uns einmal ... genauer an: ...; Sie haben eine Reihe von Punkten aufgeführt. Gehen wir sie einmal durch: ...“*
- **Umformungstechnik:** Sachverhalte und Standpunkte werden zu Problemen oder Fragen: *„Sie haben eben das Problem ... angeführt.“*
- **Leerlauftechnik:** Durch Zusammenfassen der Redebeiträge anderer Zeit gewinnen: *„Zur besseren Übersicht fasse ich noch einmal zusammen: Sie sind der Auffassung, dass ...“*

1 Untersuchen Sie eine Fernsehdiskussion Ihrer Wahl und notieren Sie, welche Argumentationstechniken angewandt wurden. Beachten Sie dabei auch Situation und Wirkung.

2 Reflektieren und prüfen Sie durch weitere Untersuchungen von Diskussionen in Schule und Alltag die Einsatzmöglichkeiten der genannten Argumentationstechniken. Legen Sie dazu eine Tabelle an:

Besondere Eignung der Technik für ...	Diskussion	Debatte	Fernsehdiskussion/ Talkshow
Bestreittechnik			
Übertreibungstechnik			
...			

3 In Ihrer Schule ist beschlossen worden, eine Nachhilfebörse einzurichten: Ältere Schüler/innen sollen jüngeren aus der Unter- und Mittelstufe Nachhilfe erteilen. Simulieren Sie eine **Debatte** (Information, ▸ S. 28): Soll die Nachhilfe kostenlos sein bzw. wer soll für die Kosten aufkommen?

2 Erörterndes Schreiben

1 Überlegen Sie jeweils für sich, mit welchen Begriffen (Adjektiven, Substantiven/Nomen) Sie die dargestellten Schreibsituationen belegen würden. Tauschen Sie sich anschließend darüber aus.

2 **a** Welche Adressatenerwartung liegt Ihrer Ansicht nach der jeweiligen Schreibsituation zu Grunde?

b Beschreiben Sie, wie Sie die Situation des Schreibens einer Erörterung bildlich darstellen würden.

2.1 Die textgebundene Erörterung

In diesem Kapitel erwerben Sie folgende Kenntnisse und Kompetenzen:

- Aufgabenstellungen verstehen und für die Arbeitsplanung nutzen,
- Methoden der Texterschließung überblicken und gezielt einsetzen,
- unter Verwendung des Konjunktivs der indirekten Rede eine Textparaphrase anfertigen,
- den Aufbau einer Argumentation mit These, Argument, Beispiel, Beleg und Erläuterung analysieren, dabei Grundtypen der kritischen Texterörterung kennen und einer eigenen Erörterung zu Grunde legen,
- einen Schreibplan für eine Erörterung entwickeln und Formulierungsmöglichkeiten nutzen,
- eine Erörterung gezielt überarbeiten.

Information **Die textgebundene Erörterung – Analyse und Erörterung**

Eine Erörterung ist eine Textform, die der Meinungsbildung und Entscheidungsfindung dient. Erörtert werden strittige Wertungsfragen oder noch nicht hinreichend geklärte Sachfragen. Sowohl für Alltagsdiskussionen als auch für die wissenschaftliche und journalistische Arbeit ist die mündliche und schriftliche Erörterung von grundlegender Bedeutung. Die **textgebundene Erörterung** klärt, auf welche Weise ein wissenschaftlicher oder journalistischer (► S. 168–180) Text ein Problem reflektiert. In Klausuren besteht die Erörterung meist aus zwei Teilen:

- **Der analytische Teil als Grundlage für die Erörterung:** Erfasst werden zunächst die zentrale Problemstellung der Textvorlage, der gedankliche Zusammenhang der Thesen, Argumente, Erläuterungen und Beispiele, außerdem die Strukturierung des Textes und seine sprachlich-rhetorische Gestaltung (Argumentationsstruktur). Geklärt wird also, mit welchen Positionen eine Autorin/ein Autor in einen Meinungsstreit eingreift und welche Mittel sie/er dabei nutzt.
- **Erörtern heißt planvoll argumentieren:** An die Analyse der Textvorlage schließt sich in der Regel eine zweite Aufgabe an, die dazu auffordert, auf der Grundlage eigener Kenntnisse (z. B. aus dem Unterricht) zu einer aus dem Text abgeleiteten Problemstellung argumentativ eine eigene Stellungnahme zu entwickeln.

Aufgabenstellung

1. Geben Sie den Gedankengang Gerhard Matzigs knapp wieder und analysieren Sie ausführlich seine Argumentation. Gehen Sie dabei besonders auf die Bedeutung ein, die der Autor dem Wohnungsbau der Moderne und der Gegenwart zuschreibt.
2. Setzen Sie sich vor dem Hintergrund Ihrer Kenntnisse zu aktuellen und vergangenen Unruhen in Vorstädten mit den Thesen des Textes auseinander.

Gerhard Matzig: **Formen des Zorns** (Süddeutsche Zeitung, 12. 11. 2005)

Licht, Luft und Randale: Welche Verantwortung tragen Architekten und Stadtplaner für die exzessive Gewalt in den französischen Vorstädten?

Die Berichte über die Unruhen in der Banlieue[1] werden von vier Bildmotiven dominiert. Erstens: das brennende Auto. Zweitens: der Jugendliche mit dem Stein in der einen Hand. Drittens: der Polizist mit dem Schlagstock in der anderen Hand. Und viertens: das stockwerksweise sich in den rußigen Himmel perpetuierende, hässliche, aus Beton, Satellitenschüsseln, Zorn und Drogen zusammengeschraubte Haus.

Das Haus ist ein Hausgerippe. [...] Kein Erker, kein Risalit[2], kein Pilaster[3], kein Stuck oder Ornament: Nichts aus dem Fundus der Bautradition tauchte bisher in den ubiquitären[4] Sondersendungen auf. Aber auch kein Zubehör zukünftiger Architektur: kein strahlendes Stahlblechweiß, keine Medienfassaden und keine raumhohen Glas-Feiern der Transparenz. Es sind ausschließlich die allerbilligsten und einfältigsten Form- und Versatzstücke der internationalen Nachkriegsmoderne, die jetzt den eindrucksvollen Hintergrund für Wut und Wahnsinn abgeben: vorgehängte Balkone, endlose Klingelschilder, schmucklose Lochfassaden, dünnste Fassadenapplikationen, raumlose Eingänge, flache Dächer und sockellose Kuben. [...]

„Erst bauen Menschen Häuser", so liest sich das bei Albert Schweitzer[5], „dann bauen Häuser Menschen." Unbestritten: Räume prägen uns. Der Mensch lebt nicht nur vom garantierten Arbeitsplatz allein, vom sicheren Zugang zu Schulen und der Anerkennung in der Gemeinschaft. Es ist notwendigerweise immer der Raum, in dem sich letztlich Soll und Haben des Lebens konstituieren. [...] Überall auf der Welt lässt sich der Zustand der Gesellschaft aus dem Stadtbild herauslesen. Häuser sind nichts ande-

1 **Banlieue:** franz., wörtlich für „Bannmeile"; Bezeichnung für die Gesamtheit der Vororte einer Großstadt
2 **Risalit:** ital. für „Vorsprung"; ein auf ganzer Höhe hervorspringender Gebäudeteil
3 **Pilaster:** lat. für „Pfeiler"; ein in den Mauerverbund eingearbeiteter Teilpfeiler
4 **ubiquitär:** überall verbreitet, allgegenwärtig
5 **Albert Schweitzer** (1875–1965): ev. Theologe, Missionsarzt, Philosoph und Musiker. Im Mittelpunkt seines Denkens steht die „Ehrfurcht vor dem Leben"; erhielt 1952 den Friedensnobelpreis.

res als Lebensbedingungen hinter Fenstern. Nur steht nicht immer eine Kamera vor dem 45 Fenster.
Auch deshalb sind die suburbanen Räume von Paris, in Argenteuil, St. Denis oder Noisy-le-Sec, oder abseits davon und doch genauso im Zentrum der Ereignisse, in Lyon, Blois, Colmar 50 oder Rouen, die idealen Kulissen für die Frage nach der aktuellen Verantwortung von Stadtplanung und Architektur. Was war zuerst da? Die gebauten Brutstätten der Gewalt? Oder die Gewalt, die aus Wohnungen so etwas wie Ban- 55 denlager, aus Häusern Ghettos und aus Stadtvierteln Kriegszonen macht? [...]
Dabei geht es nicht nur um Identitäten und Integration, für die sich Politik und Soziologie zu interessieren haben, sondern auch um jenen 60 Mangel an identitätsstiftender Architektur, für die auch Planer verantwortlich sind. [...]
Zwar gibt es keine monokausalen Zusammenhänge von Städtebau und Kriminalität. Unstrittig und von vielen Studien bestätigt ist aber, 65 „dass Architektur und Wohnungswesen eine Mitverantwortung an der Förderung von Gewaltproblemen haben". Das zielt auf ein räumliches Umfeld, das von den Bewohnern nicht als „eigener Lebensraum" identifiziert und ver- 70 antwortet wird. [...]
Noch sind es vor allem Autos, die auf der Bühne brennen. Wenn sich die auch räumlich begründeten Identifikationsprobleme der großen, bald schon ins Gigantische wuchernden Stadtgesell- 75 schaften nicht lösen lassen, dann wird eines Tages auch die Bühne selbst brennen. Auch Waschbeton ist auf Dauer nicht feuerfest. Das werden dann auch deutsche Städte erfahren, die jetzt noch beruhigend darauf verweisen, 80 dass in ihnen andere Verhältnisse herrschen, andere Kulturen und eine andere Integrationspolitik. Seltsam nur: Die Stadtansicht von Köln-Chorweiler gleicht bis auf das letzte Stückchen Fugenkitt jener aus französischen Orten, die jetzt ständig im Fernsehen zu sehen sind. 85 Räumlich verursachte Integrationsprobleme sind durchaus vergleichbar in einer Welt standardisierter Wohnmaschinen.
Das Problem hat einen Namen: Massenwohnungsbau, der so billig wie möglich sein muss. 90 Es ist seit vielen Jahrzehnten, ja Jahrhunderten ungelöst. Schon der Sturm auf die Bastille, der jetzt so gerne zitiert wird und am 14. Juli 1789 zum Symbol der Französischen Revolution wurde, speiste sich nicht zuletzt aus der drang- 95 vollen Realität der Pariser Elendsviertel [...].
Man muss sich dieses totale Scheitern der entsprechenden Stadtraum-Utopien eingestehen. Unter anderem auch das Scheitern der „funktionalen Stadt", die sich der auf dem CIAM-Kon- 100 gress (Congrès Internationaux d'Architecture Moderne, 1933) verabschiedeten „Charta von Athen" verdankt. Sie besteht noch immer aus spezifischen, streng getrennten Räumen für Arbeit, Wohnen und Verkehr und übersieht, 105 dass sich der kultur- und gemeinschaftsstiftende Raum gerade aus den Überschneidungen dieser zu „Funktionszonen" reduzierten Lebensbereiche ergibt. [...]
Stadtplaner haben an solchen Gehegen mitge- 110 baut. Die Moderne, die immer nur den „besseren Menschen durch eine bessere Architektur" im Sinn hatte, mag uns glänzende Architekturen errichtet haben. Aber stadträumlich ist sie gescheitert und durchaus mitverantwortlich für 115 die Kriege, die in ihren Räumen nicht nur wie auf Bühnen geführt werden. [...] Städte der Zukunft sind in Paris und Umgebung zu besichtigen: Sie gehen gerade in Rauch auf.

Arbeitsvorbereitung – Die Aufgabenstellung verstehen

1 Die Aufgabenstellung enthält zwei Anforderungen: Zum einen soll der Text untersucht und erschlossen werden (Aufgabe 1), zum anderen soll eine Auseinandersetzung mit Matzigs Auffassung erfolgen (Aufgabe 2). Wählen Sie für Ihre Weiterarbeit zu der jeweiligen Anforderung eine für Sie passende Methode aus (Typische Aufgabenstellungen verstehen, ▶ S. 33).

Methode: Typische Aufgabenstellungen verstehen

Anforderung der Aufgabe	Methoden der Erarbeitung
■ **Erschließung und Gewichtung:** in Texten Grundaussagen ermitteln und dabei Wichtiges von weniger Wichtigem unterscheiden	■ **Schlüsselwörter:** Sie schreiben aus dem Text Wörter heraus, die Ihres Erachtens die gedanklichen Schwerpunkte der Gesamtaussage enthalten (i.d.R. Substantive). ■ **Leitfragen:** Sie unterteilen den Text in Sinnabschnitte und formulieren je Abschnitt eine Frage, die für die Autorin/den Autor beim Schreiben dieses Textabschnitts leitend gewesen sein könnte. ■ **Abschnittüberschriften/Marginalien:** Sie formulieren zu jedem Abschnitt eine Teilüberschrift. ■ **Herausgestellte Zitate:** Sie halten möglichst knapp die für Sie aussagekräftigsten Formulierungen fest und stellen diese als Zitate in einer Übersicht zusammen.
■ **Begründung und Urteil:** sich nach Abwägung von Argumenten für oder gegen etwas entscheiden	■ **Argumentationsbausteine:** Sie bereiten eine Argumentation vor, indem Sie entsprechende Notizen hierarchisch anordnen (vgl. die Argumentation Matzigs: Muster I). ■ **Argumentationszirkel:** Sie notieren Stichworte in einer zirkulären Ordnung (vgl. Argumentation: Muster II).

Methode: Argumentationsbausteine und Argumentationszirkel

Muster I: Argumentationsbausteine

Für eine durchdachte Argumentation ist es wichtig, dass eine These argumentativ gestützt und schließlich weiter untermauert wird:

These
(Behauptung, Werturteil, Empfehlung bzw. Forderung)
z. B.: *„Räume prägen uns." (Z. 34–35)*
↓
Argumente
(Begründungen für eine These in Form von Fakten, Grundsätzen)
z. B.: ... *denn Häuser stellen „Lebensbedingungen hinter Fenstern" (Z. 42–43) dar.*
↓ ↓ ↓

Beispiele *oder*	**Belege** *oder*	**Erläuterungen**
veranschaulichende Fälle	z. B. Zitate aus Text	verdeutlichende Zusätze

↓
z. B.: *Dafür geben die Banlieues von Paris ein Beispiel: Ihre Bauweise zeigt das soziale Elend.*

Muster II: Argumentationszirkel

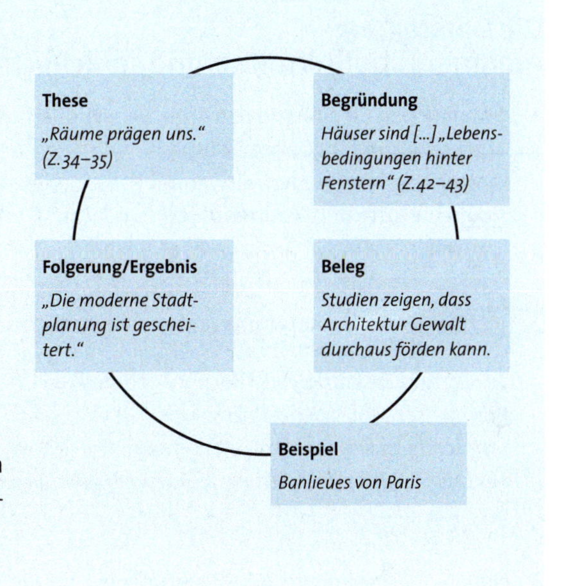

Von der zentralen These ausgehen – Aussagen paraphrasieren

1 Legen Sie die für Sie wichtigste These des Textes von Matzig fest.
Schreiben Sie diese z. B. heraus.

2 **a** Prüfen Sie, inwieweit der Autor seine These ausführt. Unterteilen Sie dazu den Text in Sinnabschnitte (nur in eigenen Büchern mit Querstrichen).
b Nutzen Sie dann eine Erarbeitungsmethode aus der Methode S. 33 oben, um den gedanklichen Zusammenhang des Textes herauszuarbeiten.

3 Geben Sie den gedanklichen Zusammenhang des Textes schriftlich mit eigenen Worten wieder, indem Sie eine **Paraphrase** (Information) des Textes anfertigen. Verwenden Sie darin den Konjunktiv der indirekten Rede (► S. 535–536).

Information **Paraphrase**

Die Paraphrase ist die **Umschreibung einer Textaussage mit eigenen Worten**. Anders als beim Zitat, das einen Text wörtlich wiedergibt, löst sich die Paraphrase vom Wortlaut des Textes; dennoch versucht sie, die Aussage des Ausgangstextes so genau wie möglich zu treffen. In einer Paraphrase wird erkennbar, inwieweit eine Textaussage genau verstanden worden ist. Positionen des Ausgangstextes werden in indirekter Rede oder mit entsprechenden sprachlichen Signalen wiedergegeben wie: *Der Autor fordert …; Er begründet dies mit …; Er unterstreicht die Aussage durch …; Mit Beispielen wie … untermauert er seine These zur …; Seiner Auffassung nach ist …*

Tipp: Ein Beispiel finden Sie auf S. 61, Formulierungsbausteine „Wiedergabe von Sachtexten".

Die Darstellung – Argumentationsstruktur und sprachliche Gestaltung untersuchen

1 Untersuchen Sie anhand des Argumentationsmusters I (Methode, ► S. 33, unten), wie Matzig seine Argumentation im Ganzen aufbaut.
Welche Argumenttypen verwendet er?
Tipp: Eine Liste der Argumenttypen und ihrer Funktion finden Sie auf S. 43–44.

2 Beurteilen Sie die Gewichtung des Aufbaus.

Methode **Argumentationsanalyse durch prüfenden Einsatz von Verben in den Originaltext**

Zur Unterscheidung von Thesen, Argumenten und Beispielen, Belegen bzw. Erläuterungen ist es hilfreich, entsprechende Verben des Denkens, Sagens und Meinens in den Originaltext nachträglich einzusetzen, um zu erkennen, wie je Textstelle argumentiert wird, z. B.: *Ich stelle fest, ich behaupte, ich fordere, ich denke, ich gebe dazu folgendes Beispiel, ich zitiere dazu … Räume prägen uns.*

3 Neben der Argumentationsstruktur spielt für die Wirkung eines Textes auch die Art, wie etwas gesagt oder dargestellt wird, eine große Rolle: Benennen Sie die sprachlichen Besonderheiten des Textes.

4 Fassen Sie Ihre Ergebnisse zu Textaufbau und Sprache schriftlich zusammen. Nutzen Sie dazu folgende Formulierungsbausteine. Wählen Sie die für Sie passenden Formulierungen aus.

Formulierungsbausteine: Struktur und Sprache einer Argumentation beschreiben

- *Seine Position entwickelt der Autor Schritt für Schritt/teilt der Autor einleitend sofort mit.*
- *Gegenpositionen werden ausführlich/gar nicht/(nur) in Ansätzen vorgestellt/referiert/zur Sprache gebracht/mitgeteilt.*
- *Die Argumentation erscheint zunächst nicht eindeutig zu sein/von vornherein klar/zielgerichtet.*
- *Der Text enthält/umfasst hauptsächlich/viele/kaum thetische Aussagen/behauptende Sätze.*
- *Insgesamt verfügt der Text über eine eher geringe/hohe/auffällige Argumentdichte.*
- *Aufschlussreich ist, welche Argumenttypen vorzugsweise gewählt wurden: Mit einer ganzen Reihe von Autoritätsargumenten wird der Zweck verfolgt, ...*
- *Die Argumente sind so angeordnet, dass ...*
- *Plausibilität versucht die Autorin insbesondere auch mit Hilfe von Beispielen/Belegen herzustellen.*
- *Verifizierbare Tatsachenaussagen kommen in dem Text gar nicht/kaum/häufig vor.*
- *Sprachlich ist der Text anspruchsvoll/allgemeinverständlich/betont schlicht gehalten.*
- *Der Autor nutzt sprachliche Besonderheiten wie Redensarten und Sprichwörter, um ...*
- *Die Gedanken werden in Form unfangreicher Hypotaxen entwickelt. Das bewirkt ...*
- *Im Text wechseln sich parataktische und hypotaktische Satzkonstruktionen ab. Das bewirkt beim Lesen...*

Eine Erörterung vorbereiten – Grundtypen der Texterörterung

1 Aktivieren Sie Ihr Vorwissen zur Baugeschichte der Moderne und zu den Migrationsbewegungen nach dem Zweiten Weltkrieg. Stellen Sie diese für Ihre Übersicht in einer Mindmap zusammen.

2 Lesen Sie den Text von Matzig erneut gründlich durch. Notieren Sie dann stichpunktartig bestätigende Zusatzargumente, mögliche Gegenpositionen, gedankliche Erweiterungen.

3 Wählen Sie mit Hilfe folgender Übersicht einen Grundtyp für Ihre Texterörterung aus.

Information **Grundtypen kritischer Texterörterung**

In einer Erörterung können Sie mit einem vorgelegten Text auf unterschiedliche Weise umgehen, um einen eigenständigen Gedankengang zu entwickeln. Am anspruchsvollsten sind ein begründeter Widerspruch (Grundtyp I) und eine weiterführende Problematisierung (Grundtyp IV).

Grundtyp I: Begründeter Widerspruch/kritische Distanzierung

Stimmen Sie mit zentralen Aussagen eines Textes nicht überein, sollte es Ihr Ziel sein, die Argumentation zu entkräften und eine Gegenargumentation aufzubauen.

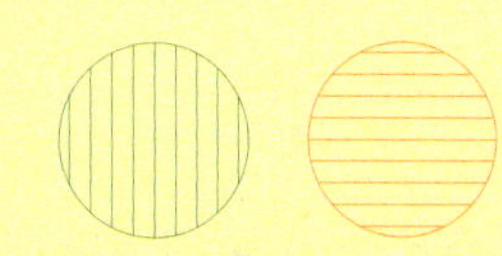

Das kann wie folgt gelingen:

- Sie ziehen die Stichhaltigkeit einer These im Text durch **Gegenargumente** und/oder **Gegenbeispiele** in Zweifel. Dazu können Sie z. B. die Ihnen bekannte **Gegenpositionen** anderer Autoren referieren oder eigene **Gegenerfahrungen** anführen.

- Weniger weitreichend ist das Verfahren, Thesen im Text nur teilweise gelten zu lassen, indem Sie deren **Geltungsbereich eingrenzen** und so die Position differenzieren („Sowohl-als-auch-Methode").
- Sie setzen sich kritisch mit dem **Begründungsverfahren** auseinander, indem Sie z.B. den behaupteten Zusammenhang zwischen einer These und einem zugehörigen Argument oder Beispiel in Zweifel ziehen. Sie können z. B. den logischen Schritt von einem Einzelfall oder einzelnen Argument zu einer These mit allgemeinem Anspruch als nicht zureichend problematisieren.
- Sie können **Prämissen** der Autorin/des Autors (also weltanschauliche Prägungen, eine wissenschaftliche Denkschule oder persönliche Interessenlage) offenlegen und so die im Text vertretene Position kritisch einordnen.

Grundtyp II: Teilweise Übereinstimmung
Dieses Verfahren stellt eine Mischung der Grundtypen I und III dar. Es eignet sich dann, wenn Sie mit einigen der im Text vertretenen Positionen übereinstimmen, mit anderen aber nicht.

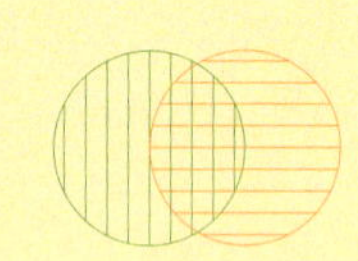

Grundtyp III: Begründete Zustimmung
Falls Sie keine stichhaltigen Gegenargumente zu der im Text vertretenen Position finden, können Sie den darin dargestellten Gedankengang argumentativ erweitern. Das kann wie folgt gelingen:

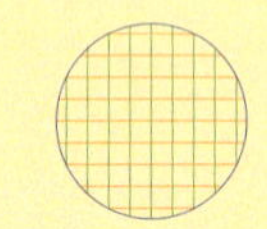

- Sie unterstützen die Positionen mit **weiteren Argumenten** und **eigenen (Erfahrungs-)Beispielen.**
- Sie benennen mögliche **Gegenpositionen** und **entkräften** diese mit Argumenten und Beispielen.
- Sie weisen die Folgerichtigkeit der im Text vertretenen Position durch eine **persönliche Rekonstruktion der Hauptgedanken** nach.

Grundtyp IV: Weiterführende Problematisierung
Oft sollen Sie eine Textaussage erörtern, die in ein Ihnen gut bekanntes Sachgebiet fällt. In diesem Fall können Sie die im Text vertretene Position in einen größeren gedanklichen Zusammenhang einordnen, indem Sie die Fragen, die der Text aufwirft, auf eine neue Ebene heben und so den Blick weiten. Dieses Verfahren setzt einen souveränen Umgang mit einem Thema voraus.
Das kann wie folgt gelingen:

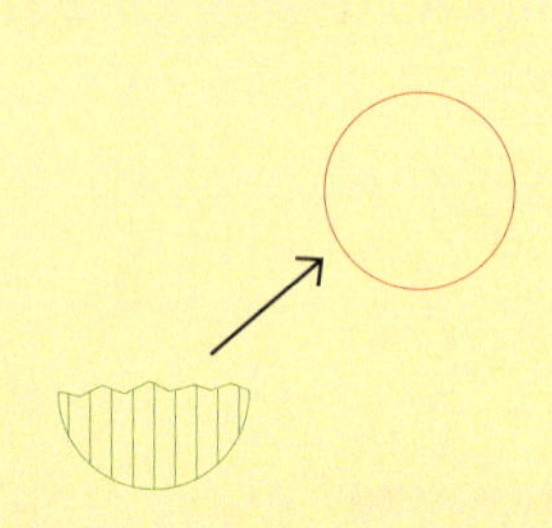

- Sie sehen den Text als einen Beitrag zu einer **vertiefenden Problemstellung**. Sie umreißen dieses Problemfeld und machen deutlich, was der Text evtl. zu Klärung beitragen kann.
- Zu dem im Text aufgeworfenen Problem bringen Sie **zusätzliche Problemstellungen** zur Sprache, die im Text nicht formuliert sind. Schweifen Sie jedoch nicht vom Thema des Textes ab.
- Sie stellen **nicht mitgedachte Konsequenzen** der im Text vertretenen Position dar.

Den erörternden Teil strukturieren – Einen Schreibplan entwickeln

1 Nachdem Sie den zu Ihrer Position passenden Grundtyp für Ihre Erörterung festgelegt haben, gilt es, sich in im Hinblick auf die Lösung der zweiten Aufgabenstellung zu entscheiden, wie Sie Ihren Erörterungsaufsatz insgesamt strukturieren wollen. Wählen Sie dazu ein Aufbauschema aus:

Methode **Strukturierung einer Erörterung – Steigernd oder dialektisch (Pro und Kontra)**

Modell I: Steigernder (linearer) Aufbau

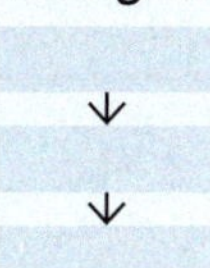

Sie reihen die Argumente für Ihre Position aneinander, sodass sich eine Steigerung ergibt, d. h., das stichhaltigste Argument steht am Ende Ihrer Argumentationskette, bevor Sie ein Fazit ziehen.

Modell II: Dialektischer (Pro-und-Kontra-)Aufbau („Sanduhr-Prinzip")

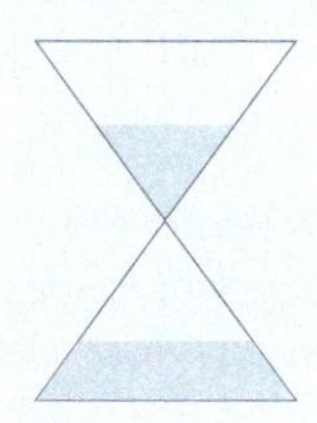

Bei diesem Modell werden zwei sich widersprechende Positionen systematisch aufgearbeitet und einander gegenübergestellt: Zuerst führen Sie Argumente, Beispiele etc. auf, die Ihrer eigenen Position widersprechen. Es folgen Argumente etc., die die Gegenposition entkräften und die eigene Position bestärken. Auch herbei sollte das in Ihrem Sinne stärkste Argument am Schluss Ihrer Argumentation stehen. Gegenüber Modell III ist es übersichtlicher, kann jedoch weniger lebendig wirken.

Mögliche Formulierungsbausteine:

■ *Ich vertrete die Ansicht, dass ...*	These
■ *Zwar ...*	Gegenargument
■ *Ich gebe aber zu bedenken, dass ...*	Entkräftung des Gegenarguments
■ *Ich berufe mich hier auf den Wissenschaftler ...*	Autoritätsargument
■ *Im Übrigen gibt es keinen Zweifel daran, dass ...*	Faktenargument
■ *Hinzu kommt, dass ...; Erinnert sei auch an ...*	Beispiele/Belege
■ *Am wichtigsten ist sicherlich das Argument, dass ...*	Schlussargument
■ *Alles in allem kann man sagen, dass ...*	Fazit/Bestätigung der These

Modell III: Dialektischer (Pro-und-Kontra-)Aufbau („Pingpong-Prinzip")

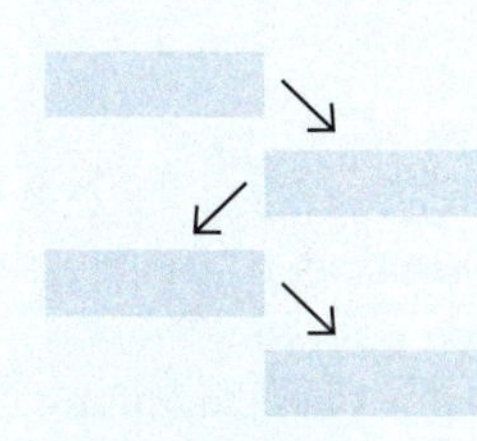

Bei diesem Modell führen Sie die Argumente, Beispiele etc. gegen und für Ihre Position in laufendem Wechsel auf, wobei die Gegenpositionen sofort entkräftet werden. Auch hier steht das für Sie stichhaltigste Argument, das die eigene Position stützt, am Schluss. Dieses Verfahren kommt der Alltagskommunikation mit ihrer Abfolge von Rede und Gegenrede nahe und wirkt daher in der Regel besonders lebendig. Es ist jedoch oft schwierig, passende gedankliche Übergänge zu finden.

Mögliche Formulierungsbausteine:

■ *Ich bin der Überzeugung, dass ...*	These
■ *Unumstritten ist eine solche Position nicht: ...*	Gegenargument
■ *Allerdings muss man auch hier fragen, ...*	Entkräftung
■ *Ich stütze mich hier auf die Tatsache, dass ...*	Faktenargument
■ *Eingewendet werden könnte auch, dass ...*	weiteres Gegenargument
■ *Dem steht jedoch gegenüber ...*	Entkräftung
■ *Allerdings sollte auch bedacht werden, dass ...*	Gegenbeispiel/Gegenbeleg
■ *Dennoch findet sich der Umstand, dass ...*	Beispiel zur Entkräftung
■ *Bleibt noch der Einwand, dass ...*	letztes Gegenargument
■ *Abschließend komme ich zu dem Ergebnis, dass ...*	Fazit

2 Verfassen Sie nach Ihrer Wahl eine schriftliche Erörterung, indem Sie:
- **a** noch einmal die zu erörternde Fragestellung umreißen,
- **b** dann mit Hilfe der Formulierungsbausteine die eigene Argumentation aufbauen und
- **c** abschließend Pro und Kontra abwägen und ein Fazit ziehen.

Eine Erörterung überarbeiten – Häufige Fehler, Arbeitsplan

1 Überprüfen Sie die Qualität Ihres Aufsatzes anhand der folgenden Fehlerliste:

Information **Häufige Fehler in Erörterungsaufsätzen**

- **sachliche Fehler:** Im Aufsatz werden z. B. Aussagen oder Fakten falsch wiedergegeben.
- **zu wenig analytische Substanz:** Ihr Aufsatz stellt mehr oder weniger eine Paraphrase des vorgelegten Textes dar und weist weitgehend keine eigene gedankliche Anstrengung auf.
- **mangelnde Stringenz:** Die Gedankenführung im Aufsatz ist sprunghaft.
- **mangelnde Kohärenz:** Ihre Aussagen sind sprachlich kaum miteinander verknüpft.
- **Redundanz:** Aussagen werden im Aufsatz in unnötiger Weise wiederholt.
- **mangelnde Prägnanz:** Ihr Aufsatz enthält Ungenauigkeiten im Ausdruck.
- **unangemessener Stil:** Ihr Aufsatz weist ab und zu einen nicht angemessenen Stil auf (► S. 45).

2 Stellen Sie abschließend fest, ob Sie alle notwendigen Arbeitsschritte in der richtigen Reihenfolge vollzogen haben. Nutzen Sie dazu die folgende Übersicht:

Methode **Arbeitsplan: Textgebundene Erörterung**

Arbeitsschritte	**Besondere Anforderungen**
Vorbereitung	
1. Phase: Klärung der Aufgabenstellung	
■ die thematischen Schwerpunkte der gestellten Aufgaben nachvollziehen ■ die mit den Operatoren (z. B. „analysieren", „beurteilen", „erörtern") verbundenen Anforderungen erfassen und abgrenzen ■ die evtl. genannte Aufgabengewichtung (z. B. 30 % für Aufgabe 1 und 70 % für Aufgabe 2) entsprechend berücksichtigen	■ mit einer ersten stichwortartigen Schreibplanung Vorsorge treffen, dass vom Thema nicht abgewichen wird und dass die Aufgabenteile entsprechend gewichtet werden ■ durch eine genaue Beachtung der angegebenen Operatoren verhindern, dass nicht verlangte Arbeitsschwerpunkte gesetzt werden
2. Phase: Gedankliche Erschließung des vorgelegten Textes	
■ gemäß Titel, Textsorte und Autor/in Vorwissen zu Text und Thema aktivieren ■ den Text mehrmals aktiv lesen (Thesen und Argumente mit verschiedenem Farben markieren; am Rand möglichst viele Notizen machen, z. B. zu Argumenttypen)	■ evtl. die Überschrift nutzen, um das Thema abzustecken ■ sich kurz eigene Gedanken zum Thema machen ■ Text distanziert und intensiv im Hinblick auf die Aufgabenstellung lesen

- durch intensives Lesen erste Analyseergebnisse prüfen und durch Zitatmarkierung absichern
- Notizen zur kritischen Auseinandersetzung mit dem Text machen

- überblicken, wie das Thema entfaltet wird: Welche Aspekte werden hervorgehoben, welche eher am Rande behandelt oder ausgeklammert?
- Bei der Textlektüre zwischen wichtigen und weniger wichtigen Aussagen unterscheiden
- sich schnell eine gedankliche Übersicht über die Kernaussagen verschaffen (z. B. durch Klärung zentraler Begriffe des Textes)
- dem gedanklichen Zusammenhang zwischen zentralen Aussagen nachspüren
- Aussageabsichten und Leseransprache ermitteln

3. Phase: Gedankliche Vorbereitung der Erörterung

- mit geeigneten Verfahren (z. B. einer Mindmap oder einer Tabelle) Gesichtspunkte zur Lösung der Aufgabe übersichtlich zusammenstellen
- Vorwissen aus Unterricht und Alltag vergegenwärtigen (z. B. in Stichwortlisten)
- einen Grundtyp der Erörterung festlegen (z. B. begründete Zustimmung, Ablehnung oder weiterführende Problematisierung) und das Material entsprechend gliedern
- Schreibplan/Gliederung festlegen

- das Vorwissen nicht in voller Breite abrufen, sondern aufgabenspezifisch auswählen, um die Aufgabenstellung nicht zu verfehlen
- Vorwissen und Textaussagen miteinander konfrontieren, um weiterführende Reflexionen für die eigene Erörterung anzustoßen
- die Vorbereitungen noch einmal gründlich prüfen, bevor der Aufsatz begonnen wird
- das gesamte Material zur Orientierung für den Schreibprozess sinnvoll gliedern

Schreibphase

4. Phase: Einleitung des Aufsatzes

- im Einleitungssatz Autor/in, Titel, Textsorte, Thema und evtl. das Erscheinungsjahr angeben
- kurz in die Problemstellung einführen (z. B. mit einer Reihe von Fragen, der Definition eines zentralen Begriffs aus dem Text, einem interessanten Zitat oder durch Anbindung an eine aktuelle Diskussion/an ein aktuelles Ereignis)

- das Thema weder zu weit noch zu eng fassen
- die im Text erfolgte Themenerschließung auch in ihrer Begrenzung umreißen
- Scheinaktualisierungen vermeiden

5. Phase: Analyse der Argumentation, von der These über die (auch unausgesprochenen) Prämissen und Begründungen bis hin zu den Beispielen und Belegen (Hauptteil I)

- die im Text vorgestellte Problemsicht zunächst umreißen

- dem Text gegenüber eine sachlich-distanzierte Haltung einnehmen

- die Thesen und Argumente in ihrem gedanklichen Zusammenhang klar darstellen
- wichtige Aussagen paraphrasieren (▶ S. 34) und dabei den Konjunktiv der indirekten Rede verwenden (▶ S. 535–536)

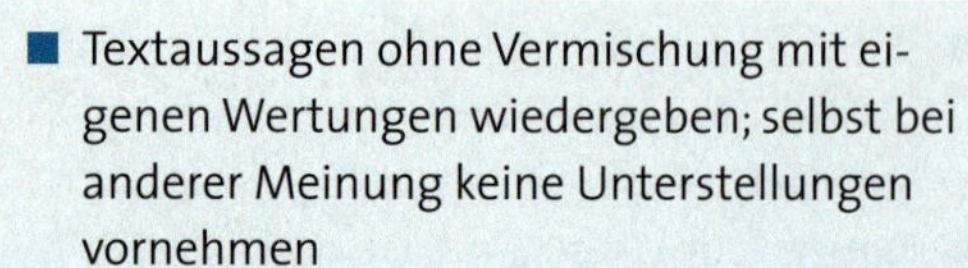

- Textaussagen ohne Vermischung mit eigenen Wertungen wiedergeben; selbst bei anderer Meinung keine Unterstellungen vornehmen

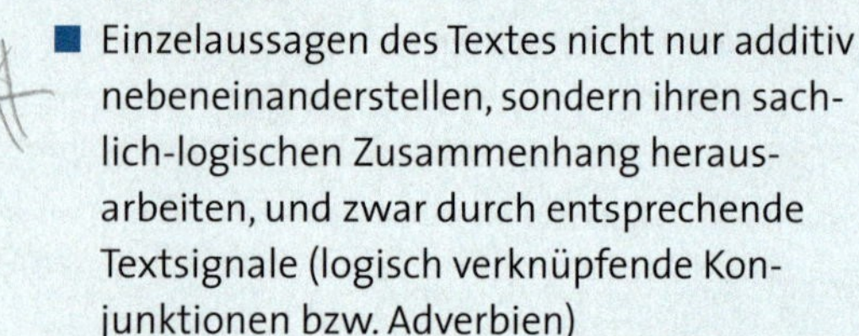

- Einzelaussagen des Textes nicht nur additiv nebeneinanderstellen, sondern ihren sachlich-logischen Zusammenhang herausarbeiten, und zwar durch entsprechende Textsignale (logisch verknüpfende Konjunktionen bzw. Adverbien)
- Gedankensprünge vermeiden, die sich aus der Reduktion des Textes auf Kernaussagen ergeben könnten

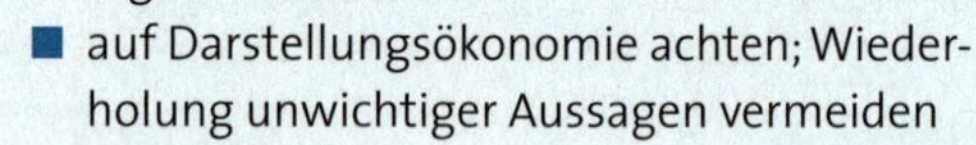

- auf Darstellungsökonomie achten; Wiederholung unwichtiger Aussagen vermeiden

6. Phase: Analyse der sprachlichen Darstellungsweise (Hauptteil II)

- die spezifische Textstruktur darstellen und evtl. an Beispielen nachweisen
- die sprachlichen Besonderheiten herausarbeiten
- in der Beschreibung ein differenziertes Darstellungsvokabular verwenden
- Fachbegriffe überlegt einsetzen

7. Phase: Erörterungsteil (Hauptteil III)

- zu dem in der Aufgabenstellung aufgeworfenen Thema eine klar strukturierte Stellungnahme abgeben (in der Regel dialektisch, ▶ S. 37)
- zur Orientierung das in der Vorbereitungsphase gewählte Gliederungsprinzip und die Materialgliederung nutzen
- sich entscheiden zwischen einer deduktiven, entfaltenden Argumentation (ein Standpunkt wird sofort mitgeteilt und dann untermauert) oder einem induktiven, hinführenden Verfahren (die Argumentation wird Schritt für Schritt über Beispiele und Argumente aufgebaut, um in einer zusammenfassenden These zu münden)
- eigene Thesen, Argumente, Beispiele, Belege und Erläuterungen schlüssig einander zuordnen
- bei fortlaufender Antithetik die Argumente so formulieren, dass sie aufeinander Bezug nehmen und nicht unvermittelt nebeneinanderstehen
- die Hauptargumente am Schluss konzentrieren
- verschiedene Konjunktionen verwenden

8. Phase: Textkontrolle/Textüberarbeitung

- den Aufsatz insbesondere im Hinblick auf Ausdruck, Rechtschreibung und Zeichensetzung überprüfen
- um einem Aufmerksamkeitsverlust entgegenzuwirken, die Ausführungen Satz für Satz vom Ende her überprüfen

Information **Allgemeine Hinweise – Textwiedergabe, Tempus, Zitate, Konjunktionen**

- Bei der Textwiedergabe wird das Präsens verwendet.
- Zitate werden in die eigene Syntax integriert; es sollten sich vollständige Sätze ergeben.
- Wird bei der Wiedergabe von Textäußerungen keine indirekte Rede mit Konjunktiv verwendet, sollte mit Redewendungen wie „Nach Ansicht der Autorin ist ...“ klargestellt werden, dass es sich um die Wiedergabe einer Fremdposition handelt.
- Erörternde Texte sind u.a. von Kohärenzsignalen geprägt; dazu zählen insbesondere unter- und nebenordnende Konjunktionen sowie Adverbien, die eine bestimmte Logik beinhalten:
  - additive (aneinanderreihende), z.B.: *außerdem, ferner, darüber hinaus, schließlich;*
  - kausale (drücken eine/n Grund/Ursache aus), z.B.: *weil, da, denn, deshalb;*
  - konsekutive (drücken eine Folge aus), z.B.: *sodass (auch: so dass), folglich, infolgedessen;*
  - konditionale (drücken eine Bedingung aus), z.B.: *wenn, falls;*
  - konzessive (drücken eine Einräumung aus), z.B.: *obgleich, obwohl, obzwar, ungeachtet;*
  - finale (drücken eine/n Absicht/Zweck aus), z.B.: *damit, (auf) dass;*
  - adversative (drücken einen Gegensatz aus), z.B.: *aber, jedoch, wohingegen, dagegen, ...*

2.2 Die freie Erörterung

In diesem Kapitel erwerben Sie folgende Kenntnisse und Kompetenzen:

- einen Begriff aus der Aufgabenstellung prüfen und verstehen,
- die Erörterung eines Problems durch Recherchen vorbereiten,
- Methoden der Aspekte- und Stoffsammlung erproben,
- einen Erörterungsaufsatz planvoll strukturieren,
- Argumenttypen und ihre Funktionen kennen.

Information **Die freie Erörterung**

Erörterungen, die **nicht an Texte gebunden** sind und damit keine Analyse eines vorgegebenen Textes verlangen, werden auch **Problemerörterungen** genannt. In der Schule wird das Thema in diesem Fall „frei“ gestellt, es bezieht sich jedoch, damit Sie auf Hintergrundwissen zurückgreifen können, meist auf Themenschwerpunkte Ihres Deutschunterrichts. Das freie Erörtern wie z.B. in einem Leserbrief ist der Alltagskommunikation näher als eine textgebundene Arbeitsweise. Alle diese Textformen bestehen in ihrem Kern aus Argumentationen. In ihnen nehmen Sie zu einer strittigen Frage Stellung. Während sich Pro und Kontra in mündlichen Formen der Erörterung jedoch meist auf verschiedene Kommunikationspartnerinnen und -partner verteilen, wird in einer schriftlichen Problemerörterung von Ihnen erwartet, dass Sie kontroverse Standpunkte zum Thema miteinander verbinden und dann eine begründete Entscheidung treffen.

Aufgabenstellung

Erörtern Sie, ob das Internet geeignet ist, im Sinne der Aufklärung die Mündigkeit seiner Nutzer/innen zu befördern. Beziehen Sie sich dabei auf zentrale Texte der Aufklärungsepoche.

Arbeitsvorbereitung – Die Aufgabenstellung verstehen

1 Die Aufgabenstellung führt den Begriff der Aufklärung an. Frischen Sie Ihre Kenntnisse auf, indem Sie wesentliche Aspekte dieser Epoche (► S. 206–219) in einer Mindmap zusammenstellen. Greifen Sie insbesondere zurück auf Kants Text zur „Beantwortung der Frage: Was ist Aufklärung?" (► S. 208–209) und Lichtenbergs Aphorismen aus den „Sudelbüchern" (► S. 215).

2 Definieren und erläutern Sie den für die Epoche der Aufklärung bedeutsamen Begriff der Mündigkeit mit eigenen Worten. Beziehen Sie sich dabei auf die genannten Texte von Kant und Lichtenberg, z. B.:
Unter Mündigkeit versteht Kant, dass man selbst seine Angelegenheiten in die Hand nimmt und damit bereit ist, Verantwortung zu übernehmen. Kant zeigt, dass – zumindest seit der Epoche der so genannten Aufklärung – niemand sich damit herausreden darf, dass er mit Verweis auf politische oder soziale Verhältnisse gar nicht selbstständig entscheiden und handeln kann …
Nach Lichtenberg macht insbesondere auch … die Mündigkeit eines Menschen aus.

Ideen sammeln und ordnen – Argumenttypen

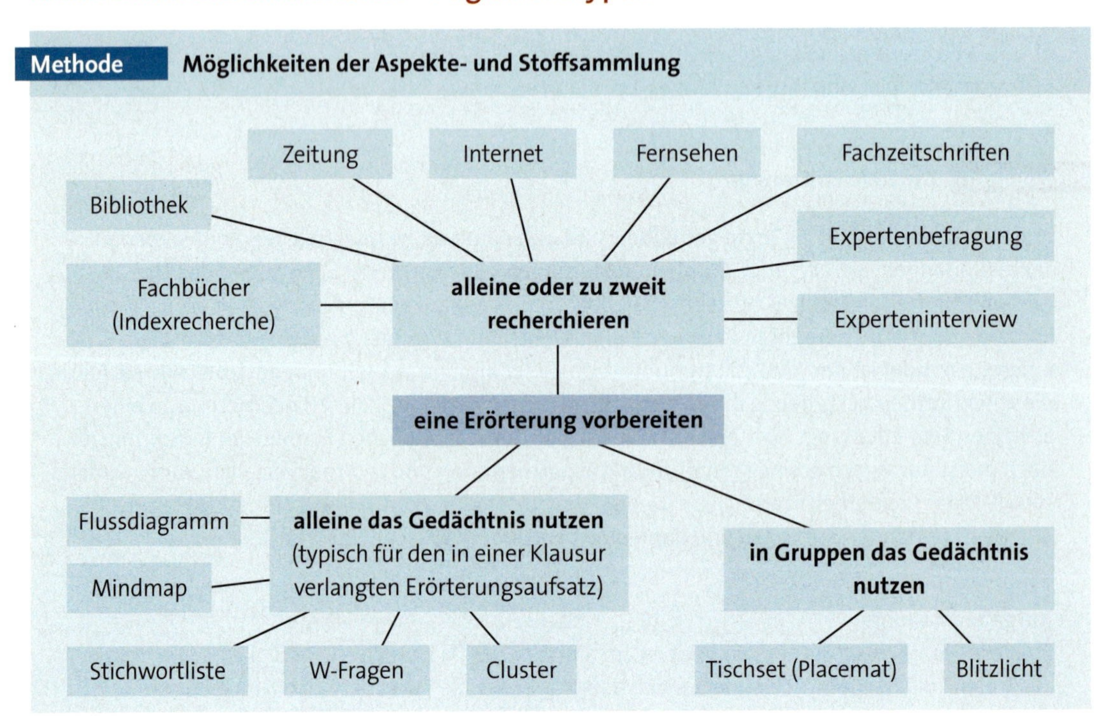

1 Wählen Sie eine der Möglichkeiten aus, mit der Sie Ihre Erörterung vorbereiten wollen, und sammeln Sie möglichst viele Gesichtspunkte. Beachten Sie dabei den Akzent der Aufgabenstellung (mündig im Sinne der Aufklärungsepoche).
Tipp: Für die Simulierung des „Klausurernstfalls" sollten auch Sie nur „alleine das Gedächtnis nutzen".

2 Entscheiden Sie sich durch Erstellung einer Tabelle (am PC), ob Sie die zu erörternde Frage positiv, negativ oder mit einer „Sowohl-als-auch-Position" beantworten wollen.
In dieser Tabelle sollten Sie zu einer etwaigen positiven oder negativen Beantwortung auch stets mögliche Gegenargumente aufführen, um sie später in Ihrer Erörterung zu entkräften. Lassen Sie die Beispiel-Spalte zunächst frei.

Mündig im Sinne der Aufklärung per Internet?

Pro-Argumente	Beispiel	Kontra-Argumente	Beispiel
Manche entwickeln bei einer Internetrecherche selbstständig Fragestrategien.		...	
aktiver Wissenserwerb mancher Internetnutzerinnen und -nutzer		*viele ungeprüfte und daher (teilweise) falsche Informationen*	
...		...	
...		*mehr Konsumangebote als Information*	

3 Prüfen Sie anhand der folgenden Aufstellung, welche Argumenttypen (Information, ▶ S. 43–44) Sie bisher verwendet haben und welches Gewicht Ihre Argumente haben:

Information **Argumenttypen und ihre Funktionen – Beschreibungsvokabular**

Tipp: Die folgenden fett hervorgehobenen sowie die kursiv gesetzten Wörter können Sie bei der Analyse von Argumentationen als Beschreibungsvokabular nutzen.

Argumente sollen Zuhörende oder Lesende dazu bewegen, den **Geltungsanspruch einer These** anzuerkennen. Eine These gewinnt besonderes Gewicht, wenn sie von *stichhaltigen,* möglichst *unstrittigen* Argumenten *untermauert* wird. Man unterscheidet folgende Argumenttypen:

- **Faktenargument:** Dieses Argument bringt eine These in Beziehung mit *unstrittigen, verifizierbaren (nachprüfbaren)* **Tatsachenaussagen.** Faktenargumente gelten in der überwiegenden Mehrzahl der Fälle als *überzeugend.* Handelt es sich dabei allerdings um einen Hinweis auf einen **Einzelfall,** so ist ein solches Argument *nicht* besonders *beweiskräftig,* da ein *Einzelfall* oft durch andere Einzelfälle *widerlegt* werden kann.
- **Autoritätsargument:** Dieser Argumenttyp *stützt* eine These dadurch, dass die ähnlich lautende **Position einer weithin akzeptierten Autorität** hinzugezogen wird. Dabei kann es sich z. B. um eine Wissenschaftlerin/einen Wissenschaftler handeln. *Zwingend* muss ein solches Argument jedoch nicht sein, da ebenso andere Autoritäten mit gegenteiligen Positionen angeführt werden können.

- **Normatives Argument:** Die These soll *fundiert* werden, indem sie mit **weithin akzeptierten Wertmaßstäben** (Normen) verknüpft wird. In Gesellschaften, in denen auch fundamentale Normen stetig an Gültigkeit verlieren, ist ein solches Argument allerdings nicht mehr für jeden *einleuchtend.*
- **Analogisierendes Argument:** Eine These soll damit *abgesichert* werden, dass ein **Beispiel aus einem anderen Bereich** als dem gerade diskutierten hinzugezogen wird. Das möglichst *glaubwürdig* gewählte Beispiel wird genutzt, um die zu vertretende These durch eine **Parallelisierung** von Sachverhalten zu *bekräftigen.* Es lässt sich *entkräften,* indem man deutlich macht, dass das Beispiel einige andere Begleitumstände aufweist und daher als Argument nicht *hieb- und stichfest* ist.
- **Indirektes Argument:** Dieses Argument soll eine These dadurch *plausibel erscheinen lassen,* dass die **gegenteilige Meinung als unstimmig,** *in sich widersprüchlich, logisch nicht zwingend* oder *realitätsfern* vorgeführt wird. Obwohl sie auf den ersten Blick *schlüssig* erscheinen, lassen sich mit diesem Argumenttyp Thesen oft nicht *stützen,* da sich aus dem Widerspruch einer gegenteiligen Meinung nicht zwangsläufig die Logik oder Richtigkeit der eigenen Meinung ergibt.
- **Argumentum ad populum** (Berufung auf die Menge): Mit diesem lateinischen Ausdruck werden solche Argumente bezeichnet, mit denen Adressatinnen und Adressaten eher überredet als überzeugt werden sollen. Sie gelten als unseriös, weil sie eher **an Gefühle** als an die Vernunft **appellieren.** Bereits in der Antike wurden sie genutzt, um bei politischen Entscheidungen größere Volksmengen daran zu hindern, sich ein nüchternes Urteil zu bilden; Manipulationen wurden so leichter.
  Folgende Verfahren gehören zu diesem Argumenttyp:
  - **Argumentum ad baculum:** Begründung, die sich auf *Befürchtungen und Ängste* stützt, die bei den Adressatinnen und Adressaten vermutet werden.
  - **Argumentum ad misericordiam:** Begründung, die auf das *Mitleid* oder ähnliche Gefühle *abzielt.*

4 Wählen Sie zur Übung einen argumentierenden Text Ihrer Wahl aus, z.B. aus diesem Lehrbuch, und versuchen Sie z.B. in Form einer Tabelle, einzelnen Aussagen Argumenttypen zuzuordnen.

5 Suchen Sie in dem Kapitel D 2.1 („Fernsehen und Computer", ▸ S.480–484) einige Aussagen, die Sie in Ihrer Erörterung als Autoritäts- bzw. Faktenargumente verwenden können.

6 Ergänzen Sie Ihre Tabelle (Aufgabe 2) durch Hinzufügung von Beispielen zu Ihren Argumenten.

Eine freie Erörterung schriftlich ausarbeiten – Selbst argumentieren

1 Legen Sie eine zentrale These fest, die Sie in Ihrer Erörterung vertreten wollen und der Sie die gesammelten Argumente und Beispiele logisch zuordnen können.

2 Wählen Sie für Ihren Erörterungsaufsatz ein Strukturierungsmodell. Entscheiden Sie sich entweder für einen **steigernden** (linearen) oder einen **dialektischen (Pro-und-Kontra-)Aufbau** (▸ S.37).

3 Schreiben Sie einen Erörterungsaufsatz, in dem Sie Ihre zentralen Thesen möglichst durch verschiedene Argumenttypen, Beispiele etc. untermauern.
Tipp: Greifen Sie für Ihren Aufsatz auf die Methoden zum Aufbau eines **Argumentationsbausteins** (▸ S.33) und den Arbeitsplan zum Schreiben einer Erörterung zurück (▸ S.38–40).

Den Text überarbeiten – Das Haus der Stile

1 Kontrollieren Sie, ob Sie in Ihrem eigenen Text Fachbegriffe korrekt verwendet haben. Schlagen Sie in diesem Band oder in einem Fachlexikon nach, wenn Sie in einigen Fällen unsicher sind.
Tipp: Besonders wichtig ist es, dass Sie diejenigen Fachbegriffe verwenden, die in den letzten Unterrichtsreihen erarbeitet worden sind.

2 Prüfen Sie die stilistische Qualität Ihres Aufsatzes:
a Legen Sie zunächst im nachfolgenden „Haus der Stile" die Stilebenen fest, die Sie in einem Erörterungsaufsatz Ihrer Meinung nach verwenden sollten.
b Markieren Sie dann in Ihrem Text Formulierungen, die den stilistischen Anforderungen eines solchen Aufsatzes evtl. nicht entsprechen könnten. Welchen Stilebenen wären diese zuzuordnen?
c Nennen Sie Schreib- und Sprechsituationen, in denen die von Ihnen gestrichenen Stilebenen zum Einsatz kommen könnten.
d Prüfen Sie ferner Ihren Text mit Hilfe der Information zu häufigen Fehlern in Erörterungen (▸ S. 38).

Information **Haus der Stile**

dichterisch: sehr gewählte, bisweilen feierlich wirkende, oft bildhafte Ausdrucksweise; z. B.: *Odem (für Atem), Lenz (für Frühling), Himmelsleuchten (für Sterne)*

bildungssprachlich: gebildete, gewisse Kenntnisse voraussetzende Ausdrucksweise; z. B.: *fundieren* (statt: mit Argumenten untermauern), *postulieren* (statt: fordern, verlangen), *Resümee* (statt: Ergebnis), *evaluieren* (statt: bewerten oder beurteilen)

gehoben: gepflegt wirkende, in Alltagsgesprächen oft überheblich klingende, in anspruchsvollen Textsorten verwendete Ausdrucksweise; z. B.: *wandeln* (für spazieren gehen), *etwas verhehlen* (etwas verschweigen)

amtssprachlich: unpersönlich wirkende, steif-offizielle Ausdrucksweise; z. B.: *Indienststellung* (für Einstellung), *Verausgabung* (für Ausgabe)

normalsprachlich: allgemein verwendete Ausdrucksweise, die in den meisten Kommunikationssituationen am wenigsten auffällt; z. B.: *behaupten, Ergebnis, Beispiel*

umgangssprachlich: locker wirkende, in Alltagsgesprächen verwendete Ausdrucksweise, die jedoch in offizielleren Gesprächssituationen bereits unangemessen wirkt und in den meisten Textformen vermieden wird; z. B.: *meckern* (für kritisieren), *am Streiten sein* (statt: sich mit anderen auseinandersetzen), *es geregelt kriegen* (statt: etwas bewältigen)

salopp: stark emotional gefärbter, metaphernreicher Stil des Alltags, der in der Regel in vielen Gesprächssituationen und in geschriebenen Texten nicht verwendet werden kann und nur in bestimmten Funktionen (z. B. ironisch) vorkommt; z. B.: *sich kloppen* (für sich prügeln, raufen), *Zaster, Schotter, Kröten* (für Geld)

jargonhaft: Ausdrucksweise, die an eine bestimmte soziale oder eine Altersgruppe gebunden ist (z. B. Jugendsprache); z. B.: *supergeil, fett* (für sehr gut)

derb/vulgär: drastische und grob wirkende Ausdrucksweise, die von sehr vielen Gesprächspartnern für unangemessen gehalten wird; z. B.: *Fresse* (für Gesicht)

3 Führen Sie für die von Ihnen unterstrichenen Formulierungen einige Ersatzproben durch. Nutzen Sie dabei evtl. ein Stil-, Synonym- oder Bedeutungswörterbuch bzw. den Thesaurus in Ihrem Computer.

Methode **Wörterbücher nutzen**

- **Stilwörterbuch:** Nachschlagewerk zur stilsicheren und idiomatischen Verwendung der Wörter im Satzzusammenhang
- **Synonymwörterbuch:** stellt zu Wörtern Ausdrucksvarianten und -differenzierungen vor, die einzelnen Stilebenen zugeordnet werden; besonders hilfreich, wenn man Wortwiederholungen vermeiden möchte oder eine treffendere Formulierung sucht
- **Bedeutungswörterbuch:** bietet Definitionen von Wörtern mit Angaben zu stilistischen Varianten auf verschiedenen Stilebenen

2.3 Die literarische Erörterung

In diesem Kapitel erwerben Sie folgende Kenntnisse und Kompetenzen:

- eine konkrete Aufgabe zum Verfassen einer literarischen Erörterung verstehen und strukturiert durchführen,
- schulische und private Erfahrungen mit Literatur abrufen und mit Blick auf eine konkrete Themenstellung reflektieren.

Information **Literarische Erörterung**

Die literarische Erörterung befasst sich speziell mit einer **Problemstellung der Literatur bzw. der Literaturwissenschaft.** Textbezogen, z. B. im Hinblick auf eine Ihnen aus dem Unterricht konkret bekannte Lektüre, oder ohne ausdrücklich genannte Textgrundlage werden Sachverhalte, Probleme, Figuren, Formen und literarische Wertungen reflektiert. Dementsprechend kann das Spektrum möglicher Aufgabenstellungen sehr breit sein: von eng gestellten Aufgaben, die sich auf einen Aspekt eines literarischen Werkes beziehen, über Aufgaben, die die Erörterung einer Rezension/Kritik zu einem Werk einfordern, bis hin zu Fragen, die den Horizont in Richtung auf eine allgemeine Literaturerfahrung öffnen. Oft dient der Aufgabenstellung ein Zitat als „Aufhänger". Sie kann durch eine Arbeitsanweisung ergänzt werden, die auf eine Erläuterung des Zitats hinzielt.

Aufgabenstellung

Franz Kafka, Autor dreier Romanfragmente und zahlreicher Erzählungen, schreibt in einem Brief vom 27. Januar 1904 an seinen Freund, den Kunsthistoriker Oskar Pollak, über die Funktion literarischer Werke:
„Ein Buch muss die Axt sein für das gefrorene Meer in uns."
Erläutern Sie, welche Funktion Franz Kafka literarischen Werken – möglicherweise dem Lesen *und* Schreiben solcher Werke – zuweist, und setzen Sie sich vor dem Hintergrund selbst gewählter Beispiele mit dieser Auffassung auseinander.

Methode **Arbeitsschritte – Literarisches Erörtern**

Folgende methodische Schritte sollten Sie gehen. Die ersten beiden Schritte werden durch die nachstehenden Arbeitsaufträge aufgegriffen und weiter eingeübt:

- Die Aufgabenstellung einschließlich des Zitats verstehen,
- Gedanken entwickeln und strukturieren,
- die Argumentation ausarbeiten: zentrale These beachten, Strukturierung vornehmen – entweder steigernde (lineare) oder dialektische (Pro-und-Kontra-)Erörterung,
- den eigenen Text überarbeiten.

1 **a** Untersuchen Sie die Aufgabenstellung und klären Sie, was von Ihnen verlangt wird. Nennen Sie dazu die für Sie wichtigsten Begriffe der Aufgabe und erläutern Sie diese mit eigenen Worten.
b Notieren Sie Ihr Verständnis des Zitats.

2 Überlegen Sie, ob Sie bei dem Thema detailliert auf einen Ihnen bekannten Text verweisen können.

3 Ein Schüler hat zur Aufgabenstellung als Stoffsammlung folgende Mindmap erstellt:
a Untersuchen Sie, ob darin die für Sie wesentlichen Aspekte des Themas genannt wurden.
b Leiten Sie aus dieser Mindmap eine Gliederung ab und überarbeiten Sie diese gegebenenfalls.

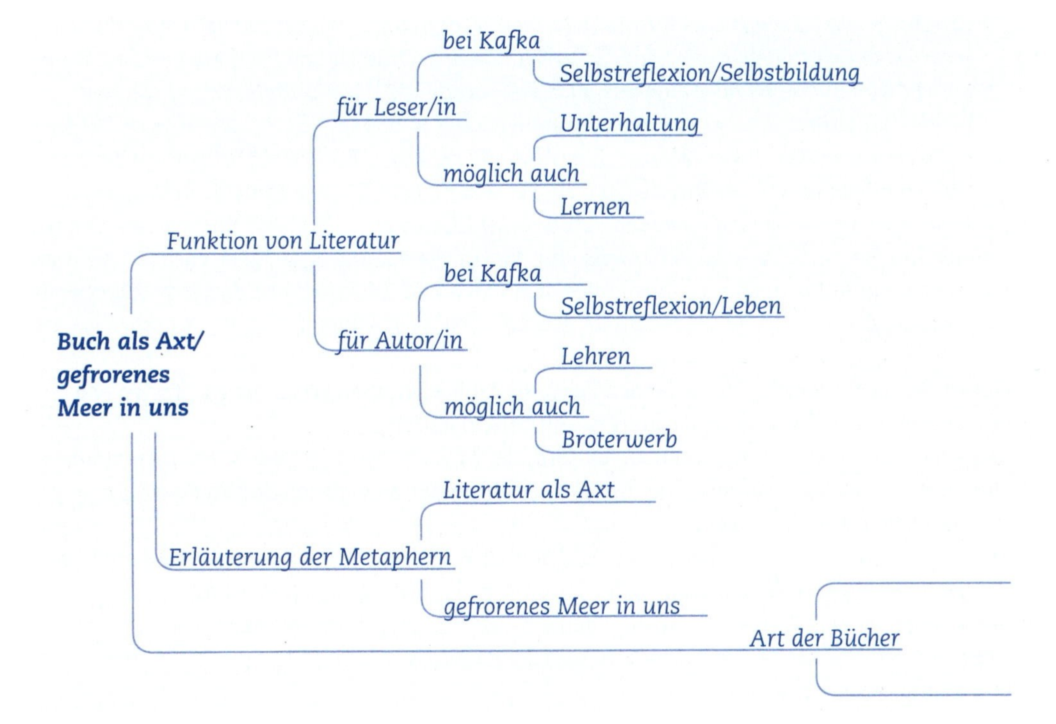

Methode **Die abschließende Stellungnahme**

Gegen Ende einer literarischen Erörterung sollte die eigene Meinung zum Thema noch einmal auf den Punkt gebracht werden. Oft ist es sinnvoll, mit einer solchen abschließenden Stellungnahme zu beginnen, damit man stets genau vor Augen hat, worauf man hinauswill.

Gegen Ende seiner Arbeit hat der Schüler eine eigene Stellungnahme formuliert:

Allzu oft lesen wir in unserem Leben, um den Anforderungen des Alltags zu entfliehen, vielleicht sogar, um Zeit totzuschlagen. Literatur verkommt dabei zu einem Mittel der Zerstreuung, zu einer Beruhigungspille. Franz Kafka verweist uns – mit dem martialischen Bild der Axt – darauf, dass Literatur eine ganz andere Funktion haben kann, gerade in der modernen Welt, in der wir vor lauter Betriebsamkeit und Hektik manchmal meinen, in der Routine Zuflucht finden zu müssen, und dann darin „erstarren", um die Welt zu ertragen. Literatur kann aufbrechen, kann Leben erwecken, das unter der erstarrten, gefrorenen Oberfläche darauf wartet, neu zu wachsen. Und was für den Leser gilt, trifft auch auf den Autor zu – zumindest auf Franz Kafka.

4 Überlegen Sie, ob Sie dieser Einschätzung zustimmen. Diskutieren Sie dann diese Stellungnahme im Kurs.

5 Überprüfen Sie, ob sich der Abschnitt gedanklich noch präzisieren lässt: Wo wären z. B. Verweise auf ein konkretes Literaturbeispiel sinnvoll?

Ein Schüler hat zum Thema diese Einleitung geschrieben:

„Ein Buch muss die Axt sein für das gefrorene Meer in uns." Welche Bücher meint Kafka hier? Da er Schriftsteller war, sind sicherlich Romane, Dramen und Gedichte gemeint. Kafka spricht dem Buch eine hohe Aggressivität zu – es soll wie eine Axt sein, es soll spalten, teilen, aufbrechen. Was ist mit dem gefrorenen Meer in uns gemeint? Jeder Mensch hat für
5 *Kafka offensichtlich etwas Weites, Unbestimmtes in sich, z. B. Gefühle, Wünsche, Fantasie. Zu diesen wollen wir uns nicht bekennen, sie sind verödet bzw. gefroren. Durch Literatur können sie wieder lebendig werden. Literatur ist also so etwas Ähnliches wie eine Therapie, eine Kur für die Seele – möglicherweise für die Leserinnen und Leser, aber auch für die Autorinnen und Autoren. Es geht ihnen nach dem Lesen und Schreiben besser. Diese Möglichkeit*
10 *von Literatur will ich im Folgenden an drei Beispielen aufzeigen.*

6 Geben Sie wieder, welche These der Schüler in seiner literarischen Erörterung vertreten will. Diskutieren Sie, ob Sie sein Verständnis für zutreffend halten.

7 Beurteilen Sie die Einleitung in sprachlich-formaler Hinsicht. Wo sind Verbesserungen möglich?

8 Überlegen Sie vor dem Hintergrund Ihrer Leseerfahrungen, an welchen drei Werken Sie die Themenstellung erörtern würden.

9 Verfassen Sie anhand Ihrer Gliederung (Aufgabe 3 b, ► S. 47) sowie auf Grund Ihrer Erkenntnisse aus den beiden Schülerbeispielen Ihre eigene literarische Erörterung zum Satz Kafkas.

10 Zur weiteren Übung können Sie auch folgende mögliche Aufgabenstellungen bearbeiten.
Tipp: Nutzen Sie dazu auch die Hinweise zum Schreibprozess beim Anfertigen einer freien Erörterung (► S. 41–46).

Weitere mögliche Aufgabenstellungen

(1) In Joseph von Eichendorffs 1815 erschienenem Roman „Ahnung und Gegenwart" findet sich im 10. Kapitel folgende Aussage:
„Und das sind die rechten Leser, die mit und über dem Buche dichten."
Erläutern Sie, welchen Umgang mit Büchern diese Aussage nahelegt, und diskutieren Sie diese Auffassung vor dem Hintergrund Ihrer Leseerfahrung.

(2) In Peter Handkes Journal „Das Gewicht der Welt. (November 1975–März 1977)“ heißt es in einer Notiz aus dem November 1976:
„Literatur: die noch nicht von Sinn besetzten Orte ausfindig machen“.
Setzen Sie sich im Rahmen Ihrer Leseerfahrung mit dieser These auseinander.

(3) Der Literaturwissenschaftler Gerhard Kaiser (*1927) äußert:
„Mögen viele zeitgenössische Autoren, Christen oder nicht, noch in einigem Rückbezug auf die Bibel und die christliche Tradition schreiben – etwa Bertolt Brecht, Günter Grass, Max Frisch und Friedrich Dürrenmatt –, so könnten doch die literarischen Texte unserer europäischen Überlieferung bald auf ein Publikum treffen, das, wie die Einäugigen, dreidimensionale Gegenstände nur noch zweidimensional erfasst, weil biblische oder mythologische Anspielungen nicht mehr verstanden oder gar nicht bemerkt werden.“
Erläutern Sie an Ihnen bekannten Beispielen aus der deutschsprachigen Literatur des 20. Jahrhunderts, inwiefern biblische und mythologische Kenntnisse für das Verständnis der Werke von Bedeutung sind.

2.4 Der Essay

Die von dem Literaturkritiker **Marcel Reich-Ranicki** (*1920) seit dem Jahr 2002 herausgegebene Sammlung „Der Kanon“ umfasst neben Romanen auch Gedichte, Erzählungen, Dramen und Essays.
Die abgebildete Kassette enthält die 20 folgenden Romane:

Johann Wolfgang Goethe: Die Leiden des jungen Werthers, Die Wahlverwandtschaften
E.T.A. Hoffmann: Die Elixiere des Teufels
Gottfried Keller: Der grüne Heinrich
Theodor Fontane: Frau Jenny Treibel, Effi Briest
Thomas Mann: Buddenbrooks, Der Zauberberg
Heinrich Mann: Professor Unrat
Hermann Hesse: Unterm Rad
Robert Musil: Die Verwirrungen des Zöglings Törleß
Franz Kafka: Der Prozess
Alfred Döblin: Berlin Alexanderplatz
Joseph Roth: Radetzkymarsch
Anna Seghers: Das siebte Kreuz
Heimito von Doderer: Die Strudlhofstiege
Wolfgang Koeppen: Tauben im Gras
Günter Grass: Die Blechtrommel
Max Frisch: Montauk
Thomas Bernhard: Holzfällen

›DER KANON‹
Die deutsche Literatur
Romane

Herausgegeben von Marcel Reich-Ranicki

1 Tauschen Sie sich mit Ihrer Tischnachbarin/Ihrem Tischnachbarn darüber aus, welche der oben genannten Bücher und Autoren Sie kennen.

Information **Kanon**

„Kanon“ hieß ursprünglich die unabänderliche Liste heiliger Texte, die innerhalb einer Religionsgemeinschaft allgemein verbindlich waren. Auf die Literatur bezogen, werden in einem Kanon diejenigen Werke zusammengefasst, die „man gelesen haben muss“, und zwar deshalb, weil sie eine hohe Qualität aufweisen und auf andere Werke einen bedeutenden Einfluss haben.

2 Recherchieren Sie, z. B. im Internet, welche Werke, Autorinnen und Autoren in den einzelnen Bundesländern zum Lektürekanon der Schulen gehören. Suchen Sie nach Gemeinsamkeiten und Unterschieden mit Blick auf Inhalt und Umfang.

In diesem Kapitel erwerben Sie folgende Kenntnisse und Kompetenzen:

- die erörternde, aber recht freie Form des Essays gegenüber anderen Formen der Erörterung abgrenzen,
- einen Schreibplan für einen Essay aufstellen,
- professionelle Schreibanregungen für das eigene Schreiben kennen und einen Essay verfassen.

Was soll gelesen werden? – Die Kanonfrage als kontroverses Thema

Wer bestimmt, was gute Literatur ist? Welche Kriterien werden jeweils angelegt? Wer kann heute sagen, was auch in 100 Jahren noch lesenswert sein wird? Ob eine große Wochenzeitschrift „ihre“ 100 Bücher präsentiert, ob Lernende und Lehrende einen Vorschlag machen oder das Fernsehpublikum per Internet 100 Lieblingsbücher wählt – die Ergebnisse gleichen sich selten. Sicher ist nur eines: Die Frage nach dem „literarischen Kanon“ führt stets zu provozierenden Äußerungen.

Aufgabenstellung
„Wir brauchen (k)einen literarischen Kanon“. Schreiben Sie einen Essay.

---

1 Informieren Sie sich auf S. 177, um was für eine Textsorte es sich bei einem Essay handelt.
2 Geben Sie mit eigenen Worten wieder, worin sich Erörterung und Essay ähneln und unterscheiden.

Das Dossier – Der Essay und seine inhaltliche Vorbereitung

Zur Aufgabenstellung einer Klausur kann Ihnen eine vorbereitete Textsammlung vorgelegt werden. Diese **themenbezogenene Materialsammlung** bezeichnet man als **Dossier.**
Entsprechend finden Sie im Folgenden zur Kanonfrage „Was soll gelesen werden?“ drei Textauszüge, an die sich dann konkrete Erörterungs- und Schreibaufträge anschließen. Bei diesen Texten handelt es sich um Überlegungen des Literaturwissenschaftlers Heinz Schlaffer und der Literaturkritiker Ulrich Greiner und Marcel Reich-Ranicki, wobei Greiners Äußerungen sich insbesondere auf die Veröffentlichung der ZEIT-Schülerbibliothek beziehen.

Heinz Schlaffer: **Die kurze Geschichte der deutschen Literatur** (2002)

Literarische Werke unterliegen, je mehr Zeit seit ihrer Entstehung vergangen ist, einer desto strengeren Auswahl. Zunächst entscheiden sich die zeitgenössischen Leser für das offenbar Zeitgemäße unter den Neuerscheinungen, dann die späteren Leser für die erinnernswerten unter den einst erschienenen Büchern. Literaturhistoriker sind die spätesten Leser, die einem nachgeborenen Publikum vergegenwärtigen, was von früheren Werken noch lesenswert sei. In diesem zeitlich gestaffelten Auswahlverfahren werden die Kriterien nicht nur strenger, sondern auch anders, sodass sich die Nachwelt oft gerade jener Werke erinnert, die die Mitwelt übersah. Über das, was Gegenstand einer Literaturgeschichte ist, entscheidet also nicht die Mitwelt, sondern die Nachwelt [...]. Was eine Literaturgeschichte beachtet oder nicht beachtet, hängt davon ab, wie sie es bewertet (auch wenn sie sich dieser Voraussetzung gar nicht bewusst ist). Die Bewertung wiederum kann sich nur auf ein ästhetisches Urteil berufen: auf das künstlerische Niveau der Werke, wie es sich später kompetenten, d. h. im Umgang mit der Literatur verschiedener Epochen erfahrenen Lesern zeigt.

Ulrich Greiner: **Weshalb wir einen literarischen Kanon brauchen** (2002)

Friedrich Schiller zeigt in seiner berühmten Rede „Was heißt und zu welchem Ende studiert man Universalgeschichte?" (26. Mai 1789 in Jena), wie wir alle auf den Schultern unserer Vorfahren stehen. „Selbst in den alltäglichsten Verrichtungen des bürgerlichen Lebens können wir es nicht vermeiden, die Schuldner vergangener Jahrhunderte zu werden." Daraus leitet er nicht allein die Notwendigkeit ab, die Geschichte zu kennen, deren vorläufiges Endprodukt wir sind, sondern auch die Verpflichtung, unseren Nachkommen diese Kenntnis zu überliefern.

Zu seinen Studenten, also zu uns, sagt Schiller: „Aus der Geschichte erst werden Sie lernen, einen Wert auf die Güter zu legen, denen Gewohnheit und unangefochtener Besitz so gern unsre Dankbarkeit rauben. Und welcher unter Ihnen könnte dieser hohen Verpflichtung eingedenk sein, ohne dass sich ein stiller Wunsch in ihm regte, an das kommende Geschlecht die Schuld zu entrichten, die er dem vergangenen nicht mehr abtragen kann? Ein edles Verlangen muss in uns entglühen, zu dem reichen Vermächtnis von Wahrheit, Sittlichkeit und Freiheit, das wir von der Vorwelt überkamen und reich vermehrt an die Folgewelt wieder abgeben müssen, auch aus unsern Mitteln einen Beitrag zu legen, und an dieser unvergänglichen Kette, die durch alle Menschengeschlechter sich windet, unser fliehendes Dasein zu befestigen."

Die wirkliche Katastrophe der gegenwärtigen, durch die Pisa-Studie neu entfachten Bildungsdebatte liegt darin, dass sich alle Energie auf die Steigerung von Leistung und Effizienz richtet, dergestalt, dass Fächer, die keinen unmittelbaren Nutzen für den Wirtschaftsstandort Deutschland zu haben scheinen, ins Hintertreffen geraten. Das gilt für Musik, Literatur, Kunst und Geschichte, und für die alten Sprachen sowieso.

Wenn aber der Begriff „Bildung" überhaupt einen Sinn hat, dann verknüpft er sich mit der Idee, den ganzen Menschen in all seinen Fähigkeiten auszubilden; und dazu gehört zweifellos die Fähigkeit, Schmerz ebenso zu empfinden wie Glück; die Fähigkeit, zwischen schön und hässlich, zwischen gut und böse unterscheiden zu können; schließlich die Fähigkeit, ein gutes, ein richtiges, ein verantwortliches Leben zu führen.

Das ist nicht schwer, aber es ist nicht leicht. Denn Voraussetzung dafür ist etwas wie Selbstbewusstsein, Selbstkenntnis. Sich selber kann man nur kennen, wenn man annähernd weiß, wer man ist, wo man herkommt. Ohne die Kenntnis der Herkunft gibt es keine Zukunft, und das wiederum heißt, dass es gelingen muss, „unser fliehendes Dasein an der unvergänglichen Kette der Überlieferung zu befestigen".

Das Medium dieser Überlieferung ist die Historiografie, und die umfasst nicht allein die wissenschaftlichen Werke, sondern vor allem die Mythen, die Märchen, die Dramen und die Epen. Der Schriftsteller Ludwig Harig hat einmal gesagt: Nur der erzählende Mensch ist ein Mensch. Und nur der erzählte Mensch ist ein Mensch. Die Literatur ist die Geschichte des erzählenden und des erzählten Menschen.

Marcel Reich-Ranicki: **Brauchen wir einen Kanon?** (Ein Interview) (2001)

Der Spiegel: Herr Reich-Ranicki, Sie haben für den „Spiegel" Ihren persönlichen literarischen Kanon zusammengestellt. Gibt es überhaupt einen Bedarf für eine solche Liste literarischer Pflichtlektüre?

Reich-Ranicki: Die Frage ist mir unverständlich, denn der Verzicht auf einen Kanon würde den Rückfall in die Barbarei bedeuten.

Der Spiegel: Was soll denn die Schule bei der Vermittlung von Literatur leisten?

Reich-Ranicki: Dem Schüler soll gezeigt und bewiesen werden, welche Aufgabe Literatur vor allem hat: Sie soll den Menschen Freude, Vergnügen und Spaß bereiten und sogar Glück.

Der Spiegel: Und der gewaltige Goethe – was sollte davon in den Unterricht gelangen?

Reich-Ranicki: Da muss man rigoros und konsequent sein. Man muss Zeit haben vor allem für „Faust I" und für die Lyrik aus den verschiedenen Zeitabschnitten, insgesamt nicht weniger als 20 bis 30 Gedichte. Ferner sollte man auch den „Werther" gründlich behandeln und Auszüge aus „Dichtung und Wahrheit". Ob man die heutigen Schüler für den „Tasso" oder ein so herrliches Stück wie die „Iphigenie" begeistern kann, weiß ich nicht. Nebenbei: Es ist das erste deutsche Rundfunk-Hörspiel.

Der Spiegel: Goethe und der Rundfunk – vielleicht bringen Sie hier was durcheinander?

Reich-Ranicki: Durchaus nicht. Hier haben wir es mit einem Werk zu tun, in dem es nur auf das Akustische ankommt.

Der Spiegel: Erotische Motive in der Literatur spielen in Ihrer Kritik stets eine besonders große Rolle. Sollte etwa die Schule in dieser Hinsicht ähnlich verfahren?

Reich-Ranicki: Ja, ich widme der Liebe in der Literatur viel Platz. Das geht auf einen einfachen Umstand zurück: Die Liebe ist das zentrale Thema der deutschen Literatur – von Walther von der Vogelweide bis zu Ingeborg Bachmann und Sarah Kirsch. Zu den größten Erotikern der europäischen Literatur gehören zwei deutsche Autoren: Goethe und Heine. Gut beraten ist der Lehrer, der immer wieder auf Erotisches eingeht. [...]

Der Spiegel: Und was ist mit den typischen deutschen Nachkriegsautoren, mit denen Sie sich als Kritiker zeitlebens beschäftigt haben – bleibt davon für Ihren Kanon nichts übrig?

Reich-Ranicki: Ja, hier muss man sehr vorsichtig sein – und da bleibt in der Tat nur wenig. Ich habe [...] so gut wie nie die deutsche Literatur der Gegenwart vernachlässigt oder gar ignoriert. Darunter waren nicht wenige gute oder zumindest brauchbare Bücher, die zu Recht viel diskutiert und 10 oder vielleicht sogar 20 Jahre lang gelesen wurden. Aber sie haben sich überlebt. Vom literaturhistorischen Standpunkt gesehen, waren es Eintagsfliegen, nützliche Eintagsfliegen [...]. Aber es wäre falsch und auch schädlich, wollten wir diese Werke in den Kanon aufnehmen.

Der Spiegel: Könnten Sie zehn oder zwölf Bücher nennen, die ein Abiturient unbedingt kennen sollte?

Reich-Ranicki: Sehr ungern, aber meinetwegen: „Werther“, „Effi Briest“, „Buddenbrooks“, „Der Prozess“, „Faust I“, je ein Band mit ausgewählten Dramen von Schiller und Kleist, je ein Band mit ausgewählten Gedichten von Goethe, Heine und Brecht. Und wenn Sie mir noch zwei Titel genehmigen sollten, schlage ich einen Band mit den Werken von Büchner vor und einen Auswahlband mit der Lyrik der deutschen Romantiker. [...]

---

1 **a** Machen Sie sich Notizen zu Ihrem ersten Eindruck von den drei Texten.
b Verfassen Sie zu jedem Text ein Abstract (Beispiel, Information, ▸ S. 53). Rekonstruieren Sie zur Vorbereitung den Gedankengang der Texte, indem Sie ihn zu Ihrer besseren Übersicht visualisieren.
Tipp: Sie können z. B. Schlaffers Aussagen über den Prozess der Selektion in einem **Schaubild** (▸ S. 16–17) darstellen, Greiners Ausführungen in einem **Argumentationsschema** (▸ S. 33, 37) veranschaulichen und Reich-Ranickis Thesen in einer Mindmap präsentieren.

Beispiel: Abstract zu Marcel Reich-Ranicki: Brauchen wir einen Kanon?
Der Verzicht auf einen literarischen Kanon ist für Reich-Ranicki mit dem Rückfall in die Barbarei gleichzusetzen. Als zentrales Thema der deutschen Literatur seit dem Mittelalter bis zur Gegenwart macht Reich-Ranicki die Liebe aus. Nur geringe kanonische Bedeutung spricht Reich-Ranicki der deutschen Nachkriegsliteratur zu.

2 Schreiben Sie Textstellen heraus, die Sie in einem Essay zustimmend oder ablehnend aufgreifen könnten.

3 Diskutieren Sie – zur Übung in Partnerarbeit – die drei Texte. Argumentieren Sie für Ihre eigene Haltung zum Thema „Kanon“. Notieren Sie in Stichworten die wichtigsten Argumente der Diskussion.

Information **Abstract**

Unter einem Abstract versteht man eine **prägnante Inhaltsangabe** ohne Interpretation und Wertung, die einem **umfangreichen Fachaufsatz oder Text** zumeist **vorangestellt** ist. Als eine gekürzte präzise Darstellung des Textinhalts führt es Intention, Thesen und Ergebnisse bzw. Schlussfolgerungen auf, wobei auch Fachbegriffe Verwendung finden. Mit Hilfe des Abstracts kann man sich schnell Informationen beschaffen und entscheiden, ob der ganze Text für die Fragestellung relevant ist.

Darstellung der Ergebnisse – Ideen zum Verfassen eines Essays

1 Legen Sie in Stichworten einen Schreibplan für Ihren Essay an.
Tipp: Gehen Sie immer von Ihrer eigenen Haltung bzw. Ihren eigenen Erfahrungen aus. Beziehen Sie dabei die Argumente der drei Ausgangstexte mit ein. Sie können diese entweder zusammenfassend darstellen, ehe Sie Ihre eigene Argumentation entfalten (siehe Beispiel unten), oder Sie binden die Argumente der Ausgangstexte jeweils an geeigneter Stelle zustimmend oder ablehnend in Ihren eigenen Gedankengang mit ein.

Schreibplan zu einem Essay:

- *eigene Grundhaltung: Wir brauchen (k)einen literarischen Kanon (Beispiele von Kanonlisten)*
- *Darstellung eigener Lese-Erfahrungen*
- *Definition „Kanon"*
- *Schlaffers, Greiners und Reich-Ranickis Argumente für einen Kanon*
- *eigene Argumente: Warum wir dennoch (k)einen Kanon brauchen*

2 Lassen Sie sich beim Verfassen Ihres eigenen Essays vom Stil professioneller Schreiber anregen. Lesen und bearbeiten Sie dazu die folgenden Textausschnitte in drei Schritten:
a Benennen Sie für jeden Absatz kurz das Thema.
b Überlegen Sie, wie der Autor sprachlich vorgeht. Wie erzielt er Wirkung? (Methode; ▸ S. 55)
c Versuchen Sie, in kurzen Absätzen eigene Überlegungen in ähnlichem Stil zu formulieren.

Willi Winkler: **Lasst die Zuchtmeister ihre Rute schwingen. Kein Kanon ist der beste Kanon: Kinder, lest doch, was ihr wollt!** (2002) – Drei Zitate

1 Goethe, dann Schiller, Lessing, ein bisschen Kleist und Thomas Mann, immer wieder Thomas Mann – das ist Standard, oder war es doch lange. Ohne eine gründliche Dröhnung mit dem „Faust" 5 und den Schiller'schen Dramen, ohne die Friedensbotschaft im „Nathan" und den Heldenmut vor Königsthronen im „Prinz von Homburg" gab es bis vor Kurzem kein Zeugnis der Reife.

2 Werte müssen wieder her, Schuluniformen, 10 die Prügelstrafe und unbedingt auch ein, zwei, viele Klassiker. Das erklärt den Erfolg der Zuchtmeister Dietrich Schwanitz[1] und Marcel Reich-Ranicki. Sie versorgen das halb- und viertelgebildete Land mit Listen und Titeln, ohne die es 15 angeblich nicht sein kann.

3 Wenn ich mal für einen Moment persönlich werden darf: Ich bin groß geworden, auch ohne Lauflernschuhe, Kindergarten und Kanon. Mitte der 1970er Jahre war's, da […] flehten [wir] den Deutschlehrer an, doch auch mal was ande- 20 res zu lesen außer „Wallensteins Lager" und vielleicht „Des Teufels General" […]. Handke zum Beispiel wollten wir lesen oder, unglaubliche Kühnheit, Thomas Bernhard. Der Lehrer gab nicht nach, der ganze „Wallenstein" wurde 25 durchgewalkt. Ganz bestimmt habe ich daraus auch was fürs Leben gelernt, nämlich dass mich das Soldatenleben auch in Versform nicht interessiert. Dennoch bin ich dem Deutschlehrer immer noch dankbar für seine Strenge. 30

1 **Dietrich Schwanitz (1940–2004):** deutscher Anglist und Literaturwissenschaftler, Verfasser des Sachbuch-Bestsellers „Bildung. Alles, was man wissen muss" (1999)

Walter Hinderer: Zum Thema „Kanon" (DIE ZEIT, 1997) – Zwei Zitate

1 Vorab: „Kanon" klingt nach Kirchendogmatik und päpstlicher Bulle. Wer dagegen verstößt, der gehört dann höchstens noch zur Ketzergeschichte. Kanon reduziert; authentische Literatur erweitert; gewünscht sind mündige Leser, die auf eigene Verantwortung diese Erweiterung suchen.

2 Trotzdem: Wertung und Unterscheidung muss sein. Doch wie lässt sich über Literatur ohne Leser und mit Lesern ohne Literaturkenntnisse reden? Gewiss: Wir brauchen keine Gebote, aber Angebote, und zwar Angebote, die wie im Eiskunstlauf zum Pflichtprogramm gehören. Erst die Pflicht ermöglicht die Kür, denn auch kulturelle Identität lässt sich nur über eine solide Basis herstellen. Statt weiterer Fragmentarisierung brauchen wir verlässliche Ausgangs- und Mittelpunkte, auf denen sich aufbauen lässt – gerade auch in Sachen Literatur.

3 Verfassen Sie einen Essay zur These: „Wir brauchen (k)einen literarischen Kanon".
Greifen Sie dazu die Argumente der Dossiertexte auf, entwickeln Sie aber vor allem Ihre eigene Sichtweise.
Tipp: „Starthilfen" zum Verfassen eines Essays finden Sie unter den folgenden Schreibideen.

Methode **Einen Essay verfassen – Schreibideen**

Mag ein Essay auch in der Regel pointiert formuliert sein und ironisch-satirische Elemente enthalten, so sollte doch mit entsprechenden Formulierungen nicht kokettiert werden. Auch die folgenden Möglichkeiten sind daher eher sparsam und gezielt einzusetzen, um die Wirkung nicht zu verfehlen.

- Spielen Sie Expertin oder Experte: Sie wissen alles! Schreiben Sie jetzt schnell einen kurzen Text, der Ihr Urteil enthält.
- Schreiben Sie einen kurzen „Aufsatz der Vorurteile". Wählen Sie dazu Thesen, die sicher unbegründbar sind, die aber von vielen geglaubt werden könnten, z.B.: „Schülerinnen und Schüler sollten heute in der Schule gar keine Literatur mehr lesen müssen".
- Arbeiten Sie mit den verschiedenen Bedeutungen eines Wortes. „Kanon" ist nicht nur eine Richtschnur, sondern auch ein mehrstimmiges Tonstück oder als Gebet Teil der katholischen Messe.
- Lassen Sie Assoziationen zu: Was fällt Ihnen ein, wenn Sie z.B. an den Begriff „Buch" denken?
- Suchen Sie Wörter desselben Wortstamms: Leser/in – Lesesucht – Leseflucht ...; Lehren – Lehrstuhl – Lehranstalt ...
- Spielen Sie mit dem Klang von Wörtern: Aus „Literatur" kann man z.B. „Litera-Tour" heraushören.
- Sie können mit **Metaphern** (▶ S.145) witzige Zusammenhänge stiften, wenn Sie spielerisch bei der eigentlichen Bedeutung bleiben. Wer z.B. vor dem „Berg der jährlichen Neuerscheinungen" steht, braucht vielleicht eine anständige Ausrüstung, um diese sportliche Prüfung gut zu überstehen.
- Wortspiele erlaubt! Probieren Sie ungewöhnliche Wortverbindungen. Ist ein Kritiker vielleicht ein „Buchstabendribbler"?
- Erzielen Sie mit ironisch verwendeten Beschönigungen (**Euphemismen**, ▶ S.145) Wirkung, z.B.: „Entrümpelung von literarischen Altbeständen".

Überarbeitung des Aufsatzes – Aus Fehlern lernen

Im Folgenden finden Sie drei Beispiele aus Essays, geschrieben von Schülern und Schülerinnen, zu dem Thema „Wir brauchen (k)einen literarischen Kanon":

Beispiel 1: *Fachleute wie der Literaturkritiker Marcel Reich-Ranicki plädieren dafür, dass Schülerinnen und Schüler ganz bestimmte Bücher lesen müssen. Die Argumente, die sie anführen, leuchten ein. Für Heinz Schlaffer sind es die „kompetenten, d.h. im Umgang mit der Literatur verschiedener Epochen erfahrenen Leser" (Z. 24–26), die entscheiden, welche Texte zum Kanon gehören. Ulrich Greiner sieht Literatur als einen wichtigen Bestandteil der Selbsterkenntnis und argumentiert insofern ebenfalls für einen Kanon.*
Trotzdem ist ein Kanon kein Muss: Wer lässt sich schon gerne Vorschriften machen? …

Beispiel 2: *„Das musst du unbedingt lesen!" Mit diesem Ausruf stürmte mein Freund Max letztens wieder einmal auf mich zu. Er ist ein Bücherfresser. Das gibt es in unserer Computerinformationswelt immer noch. Aber ich habe ein Problem damit: Zwar schmökere auch ich ab und zu in einem Buch, aber ich möchte mir verdammt noch mal nicht vorschreiben lassen, welches ich zu lesen habe. Es ist ja nicht nur Max, der mich mit seinen impertinenten Vorschlägen ohne Unterbrechung traktiert. Es ist der dauernervende Deutschlehrer, der mit erhobenem Pädagogenzeigefinger die Notwendigkeit der Lektüre bestimmter Werke der angeblichen Weltliteratur vermitteln will, vor allem dann, wenn die Klasse wieder einmal mault, weil sie mit Goethes „Werther" oder Fontanes „Effi" oder Thomas Manns „Buddenbrooks" (800 Seiten!) nicht ganz einverstanden ist. Es sind aber auch die „Spiegel"- und „Zeit"-Pflichtlektürelisten, die mir die Zuchtrute der Notwendigkeit zeigen. Bei all diesem Listenwahnsinn fragt man sich doch, ob es überhaupt jemanden gibt, der das alles gelesen hat.*

Beispiel 3: *Die Lektüre bestimmter Werke der Weltliteratur dient dem besseren Verständnis der kulturellen Traditionen. Wer diese nicht kennt, wird auch seine eigene Gegenwart nicht verstehen. In der Literatur werden die Erfahrungen einer Generation aufgehoben. Deshalb ist es dringend geboten, die Bücher zu lesen. Wer nichts liest, muss alle Erfahrungen selber machen.*

---

1 Im ersten Beispiel ist weder die Wiedergabe der Argumentation in den drei Ausgangstexten noch die Überleitung zur Darstellung der eigenen Ansicht überzeugend. Schreiben Sie eine verbesserte Variante.

2 Im zweiten Beispiel wird der Umgang mit stilistischen Mitteln übertrieben, wie z.B. durch die Verwendung von Wortneuschöpfungen oder den Einsatz von Umgangssprache. Verfassen Sie eine verbesserte Version dieses Textausschnitts.

3 Im dritten Beispiel überzeugt in ihrer Kürze weder die Logik der Argumentation noch die sprachliche Gestaltung. Formulieren Sie die angedeuteten Gedanken in schlüssiger und ansprechender Form.

4 Überarbeiten Sie Ihren eigenen Essay. Klären Sie dazu folgende Fragen:
- Habe ich die Aufgabenstellung genau beachtet und nach meinem Verständnis vollständig umgesetzt?
- Verfolge ich einen „roten Faden"? Entspricht mein Essay den Überlegungen meines Schreibplans?
- Habe ich für mich wichtige Argumente ausführlicher behandelt als solche, die ich nur andeuten wollte, d.h.: Stehen Umfang und Wichtigkeit von Textpassagen in einem angemessenen Verhältnis?
- Welche Textstellen erscheinen mir selbst noch nicht pointiert, anschaulich oder sprachlich interessant genug formuliert? Täte meinem Essay umgekehrt etwas mehr nüchternes Abwägen gut?
- Sind Rechtschreibung, Zeichensetzung, Grammatik und ggf. Zitierweise korrekt?

2.5 Analyse einer journalistischen Textsorte (Glosse) mit anschließender Stellungnahme

In diesem Kapitel erwerben Sie folgende Kenntnisse und Kompetenzen:

- den Inhalt eines journalistischen Textes gedanklich erschließen,
- Typen von Sachtexten und ihnen zugeordnete Sprachfunktionen erkennen und darstellen,
- überzeugende bzw. überredende Textsignale erkennen und benennen,
- eine Sachtextanalyse einschließlich Stellungnahme richtig aufbauen.

Aufgabenstellung

1. Analysieren Sie den Text „Lebhafter Grenzverkehr" und bewerten Sie dessen Gestaltungs- und Wirkungsweise.
2. Nehmen Sie anschließend Stellung zu der Frage, welche besonderen Chancen und Schwierigkeiten Sie für zweisprachige bzw. von zwei verschiedenen Kulturen geprägte Schriftsteller/innen sehen, die in deutscher Sprache schreiben.

Ulrich Greiner: **Lebhafter Grenzverkehr. Wie deutsch ist unsere Literatur?** (DIE ZEIT, 14.12.2006)

Kaum etwas bringt verständige Leser mehr auf die Palme als die unbedachte Einordnung etwa von Peter Handke oder Max Frisch in die Kategorie „deutsche Literatur". Natürlich weiß man, dass Handke ein Österreicher ist und Frisch ein Schweizer war. Aber es gibt keine österreichische oder schweizerische Sprache, sondern Frisch und Handke schreiben oder schrieben deutsch.

Navid Kermani, 1967 als Sohn iranischer Eltern in Siegen geboren, hat dieser Tage einen Vortrag für die Konrad-Adenauer-Stiftung über das Thema „Was ist deutsch an der deutschen Literatur?" verfasst und gleich zu Beginn erwähnt er jenen Schriftsteller, der ihn als Schüler am meisten beeindruckt hat: Franz Kafka.

Ist Kafka ein deutscher Schriftsteller? Er lebte in Prag, das bis 1918 zu Österreich-Ungarn gehörte. Seine Muttersprache war Deutsch, aber mit den Dienstboten redete er tschechisch. Wir könnten ihn also einen österreichischen Schriftsteller nennen, zumal ihn, wie Kermani zeigt, mit Deutschland wenig oder nichts verband.

Es ist klar, dass die Bezeichnung „deutsch" im Fall der Literatur etwas anderes meint als die nationale Zuschreibung. Der deutsche Nationalstaat ist bekanntlich eine späte Erfindung. Als Schiller und Goethe schrieben, gab es ihn noch nicht. Von Wolfram von Eschenbach oder Hartmann von Aue ganz zu schweigen. Heute ist Deutsch die in Europa am häufigsten gesprochene Sprache, aber wir würden einen deutsch sprechenden Luxemburger oder Dänen oder Norditaliener niemals einen Deutschen nennen. Was aber, wenn er großartige Gedichte schriebe? Kermani jedenfalls sagt in schöner Unbefangenheit, für ihn seien Robert Walser oder Heimito von Doderer Deutsche, „aber nicht im politischen Sinn, sondern als Angehörige der deutschen Literatur, die nicht identisch ist mit der deutschen Nation". Es ist nicht sicher, dass sich jeder Österreicher oder Schweizer über diese Bemerkung freut. Kermani will darauf hinaus, dass die Besonderheit der deutschen Literatur gerade darin besteht, solche Grenzen zu überschreiten. Zugespitzt könnte man sogar sagen: Die deutsche Literatur ist mehrheitlich gar nicht von Deutschen geschrieben worden, jedenfalls nicht von denen, die sich für besonders deutsch gehalten haben. [...]

Die Etymologie[1] lehrt uns, dass „deutsch" vom althochdeutschen „diutisc" herkommt,

[1] **Etymologie:** Wissenschaft vom Ursprung und von der Geschichte der Wörter

was „zum Volke gehörig" heißt. Die Harmlosigkeit dieser Bedeutung ist nicht wiederherstellbar und deshalb werden wir ohne die hässliche, aber exakte Bezeichnung „deutschsprachig" vermutlich auch in Zukunft nicht auskommen.

Das Textverständnis sichern – Fragen und Antworten formulieren

1 **a** Notieren Sie, welche Tätigkeiten Sie mit den in der Aufgabenstellung genannten Operatoren „analysieren", „bewerten" und „Stellung nehmen" verbinden.

b Prüfen Sie Ihre Notizen anhand einer Ihnen bekannten aktuellen Operatorenliste.

2 **a** Zur Sicherung des Textverständnisses ist es sinnvoll, sich die Fragen, die sich der Autor in dem Text gestellt hat, zu vergegenwärtigen. Formulieren Sie diese Fragen schriftlich.

b Notieren Sie anschließend zentrale Aussagen, die Antworten auf diese Fragen geben.

c Vertiefen Sie Ihr Verständnis, indem Sie die Fragen und Antworten mit eigenen Worten schriftlich im gedanklichen Zusammenhang darstellen. Nutzen Sie dabei evtl. die folgenden Formulierungsbausteine:

Tipp: Prüfen Sie Ihre Verwendung des Konjunktivs bei der indirekten Rede (► S. 535–536).

Formulierungsbausteine: Aussagen mit eigenen Worten wiedergeben

- *Ulrich Greiner stellt in seiner Glosse die Frage, was eigentlich das „Deutsche" an der deutschen Literatur ausmache.*
- *Zunächst erörtert er, ob ein Autor deutscher Staatsbürger sein müsse, um der deutschen Literatur zugerechnet zu werden. Greiner sieht die Literatur, die auf deutschem Boden verfasst wird, seit je in einem lebhaften Austausch mit Autoren, die ...*

Die Textsorte untersuchen und beschreiben – Intention und Wirkung

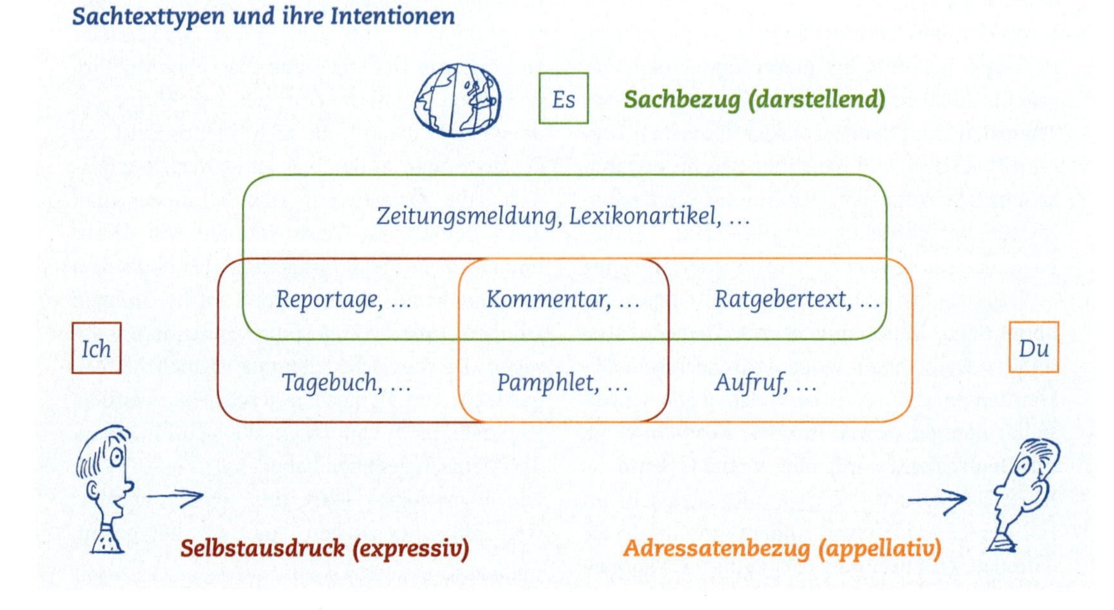

1 **a** Die Wirkung eines Textes, seine Intention und die Erwartung, die Lesende an ihn stellen, wird insbesondere durch die Art seiner Präsentation gesteuert.
Erläutern Sie, welche Intentionen (► S. 170) in der Grafik einer Glosse in welcher Gewichtung zugeschrieben werden.
b Überprüfen Sie diese Einordnung, indem Sie Sinnbezüge in der Glosse von Ulrich Greiner aufzeigen und den drei Sprachfunktionen Sachbezug, Selbstausdruck und Adressatenbezug zuordnen.

2 Überprüfen Sie anhand der folgenden Information, auf welche persuasiven (überzeugenden bzw. überredenden) Textsignale Greiner in seiner Glosse hauptsächlich setzt.

3 Fassen Sie Ihre Ergebnisse zusammen, indem Sie darlegen, in welchem Maß es sich bei Greiners Text um eine Glosse handelt.
Nutzen Sie dazu das Fachvokabular der Grafik sowie Ihre Kenntnisse über rhetorische Mittel (► S. 144–146, 498).

Information **Persuasive (überzeugende bzw. überredende) Textsignale**

Persuasive Kommunikation ist eine Art der Verständigung, durch die das Meinungsbild anderer dem eigenen angepasst werden soll. Beim Versuch zu **überzeugen,** wird vornehmlich **der Verstand** der Adressaten angesprochen, und zwar durch eine sachliche Formulierung von **Argumenten** und Beispielen. Das **Überreden** hingegen gilt als ein **unfreiwilliges Zustimmen** auf Grund eines fachlichen, hierarchischen, politischen oder sprachlichen Unterlegenheitsgefühls. Wer überredet wurde, empfindet in der Regel einen Verlust des Selbstwerts.

Ausdrucksform	Besonderheit und Wirkung
Humor	von Gelassenheit, Heiterkeit und Wohlwollen geprägte Kritik ohne Schärfe, mit der man sich ebenso distanziert wie verständnisvoll über die Unzulänglichkeiten anderer oder die der eigenen Person erheben kann
Ironie	Redeweise, bei der etwas geäußert, jedoch das Gegenteil gemeint wird. Die Ironie als Selbstironie ist eine kritische, spielerisch-überlegene Haltung sich selbst gegenüber.
Spott	bewusstes Aufdecken von Schwächen anderer, beißende und verletzende Herabsetzung mit einem Gestus der eigenen Überlegenheit
Polemik	Herabsetzung anderer durch verzerrte Wiedergabe ihrer Ansichten, abwertende Metaphern und Vergleiche, Suggestivfragen etc., geprägt durch eine besondere Schärfe des Tonfalls bis hin zum Hass
Argumentation	Überzeugungsversuch mit Hilfe sachlicher Begründungen, Bemühen um Ausgewogenheit und Fairness auch bei kritischen Äußerungen (► S. 33–37)
Appell	direkte Handlungsaufforderung (► S. 170, 468)

Die Stellungnahme vorbereiten – Ideen sammeln

1 Sammeln Sie z. B. durch Brainstorming in Form eines Clusters oder bereits geordneter in Form einer Mindmap Aspekte zu dem in der zweiten Aufgabenstellung (► S. 50) genannten Thema. Sie können auch andere Verfahren der Stoffsammlung erproben (► S. 568).

2 Entwickeln Sie Ihre Stellungnahme stichpunktartig, z. B. in Form mehrerer Argumentationsbausteine (▶ S. 33), und nummerieren Sie diese nach ihrem Gewicht innerhalb einer knappen Argumentation.

Eine schriftliche Analyse planen und umsetzen – Gewichtung und Aufbau

1 Analysen und Stellungnahmen werden in Klausuren und auch im Abitur jeweils unterschiedlich stark gewichtet. Meist wird das mit der Aufgabe angegeben. Bei dieser Aufgabe hat die Analyse das größte Gewicht. Planen Sie mehr Schreibzeit für diesen Aufgabenteil ein.

2 Orientieren Sie sich beim Verfassen Ihrer Sachtextanalyse an dem folgenden Muster:

Methode **Aufbau einer schriftlichen Analyse – einschließlich Stellungnahme**

Einleitung

- **Einleitungssatz:** Angaben zu Autor/in, Titel, Textsorte, Erscheinungsdatum, ggf. Publikationsorgan, Thema und zentrale These des Textes, ggf. Hinweis zum methodischen Vorgehen
- **kurze Einführung in die Problematik**, die Gegenstand des Textes ist, z. B. mit Hilfe
  - von Fragen zum Thema, mit denen sich die Autorin/der Autor auseinandersetzt,
  - einer Anknüpfung an ein aktuelles Ereignis,
  - der Definition eines Begriffs, der in dem Text eine zentrale Rolle spielt.

Hauptteil

- **Wiedergabe der zentralen Aussagen** des Textes in ihrem gedanklichen Zusammenhang, und zwar mit eigenen Worten (insbesondere unter Verwendung des Konjunktivs der indirekten Rede, ▶ S. 535–536)
- **Analyse** der Textsorte und der verwendeten sprachlichen Mittel
- **zusammenfassende Darstellung und Bewertung der Wirkung** des Textes
- **Überleitung zur zweiten Aufgabenstellung**, z. B.: *Das von Greiner erfasste Problem soll nun auf die Frage hin bezogen werden, …*
- **Stellungnahme** zu der in der Aufgabe genannten Fragestellung im Hinblick auf den Text

Schluss

- **kurzes Fazit** der Stellungnahme, wenn möglich mit Bezug zum Ausgangstext

Eine Analyse überarbeiten – Abwechslungsreich formulieren

1 Prüfen Sie in Ihren letzten Klausurtexten bzw. Hausaufgaben, ob Sie bei der Wiedergabe von Sachtexten (Aufgaben 1, 2, ▶ S. 58) Verben variantenreich verwendet haben. Ersetzen Sie evtl. einige Ihrer Ausdrücke durch eine Auswahl der folgenden kursiv gesetzten Formulierungsbausteine.

2 Überprüfen Sie außerdem, ob Sie Markierungen der Gedankenfolge wie „danach" oder „außerdem" logisch schlüssig und in angemessener Variation eingesetzt haben. Sie können auch einige der halbfett gekennzeichneten Ausdrücke nutzen, um Ihren Text weiterzuentwickeln.
3 Überarbeiten Sie Ihren Aufsatz auch gemäß der Hinweise auf S. 56.

Formulierungsbausteine: Wiedergabe von Sachtexttypen und ihren Intentionen (► S. 170)

- **Hervorhebung der darstellend-sachbezogenen Intention**
  Im Text wird die Thematik ... *behandelt*.
  Der Autor *stellt* **zunächst** ... *vor*.
  Die Autorin *präsentiert* **zudem** eine Reihe von Informationen zu ...
  Der Text *thematisiert* **auch** ...
  Außerdem *finden sich darin* einige *Angaben zu* ...
  Weiterhin *geht* der Autor *auf* den Aspekt des ... *ein*.
  In diesem Zusammenhang *führt* er einen weiteren Sachverhalt *an*: ...
  In diesem Kontext *spricht* die Autorin auch *von* ...
  Im Anschluss daran *zählt* sie eine Reihe von ... *auf*.
  Im weiteren Fortgang des Textes wird *ausgeführt*, dass ...
  Schließlich *weist* der Autor *darauf hin, dass* ...
- **Hervorhebung der darstellend-adressatenbezogenen Intention**
  Der Autor *setzt sich* mit der Frage *auseinander*, ob/wann/wie ...
  Er *vertritt die Ansicht*, dass ...
  Die Autorin *wendet* sich entschieden/dezidiert/im Prinzip/in vorsichtiger Weise *dagegen*, ...
  Vielmehr *spricht* sie *sich dafür* aus, ...
  Daraus *ergibt sich* ihre *Kernthese*, dass ...
  Dazu *stellt* der Autor *klar*, dass ...
  Damit *widerspricht* er ...
  Die Autorin *bemängelt/kritisiert/beanstandet/zeigt sich befremdet darüber*, dass ...
  Ferner *attackiert* sie ...
  Daneben *weist* sie die Ansicht *zurück*, dass ...
  Sie *befürwortet/unterstützt/begrüßt* **darüber hinaus** ...
  Anders als ... *bestreitet* der Autor vehement/energisch, dass ...
  Zusätzlich *wird scharf* mit ... *ins Gericht gegangen*.
  Dabei *gibt* er *zu bedenken*, dass ...
  Die *zentrale These* der Autorin *ist*, dass ...
  Im nächsten Absatz *kritisiert* sie, dass ...
  Weiterhin wird *klargestellt*, dass ...
  Im Weiteren *argumentiert/begründet/belegt/rechtfertigt* der Autor, dass ...
  Gegen Ende des Textes *wird* ... als ... *bezeichnet*.
  Sie *schließt* ihre *Ausführungen mit dem Vorwurf an die Adresse von* ..., dass ...
- **Hervorhebung der appellativen/adressatenbezogenen Intention**
  Der Autor *warnt* offen/eindringlich/mit Nachdruck *vor* ...
  Letztlich *legt* der Text einem *ans Herz*, ...
  Dadurch *wird* dazu *aufgerufen*, ...
  Der Autor *appelliert* ...
  Er *redet* dem Leser *ins Gewissen* ...
  Die Autorin *versucht*, ihr Publikum dazu *zu bewegen*, ...

1 Erläutern Sie die Pointe des Cartoons. Was hat Lucy falsch verstanden?

2 Umschreiben Sie mit eigenen Worten Ihr Verständnis der Metapher „zwischen den Zeilen lesen". Nennen Sie auch die Tätigkeiten, die Sie damit verbinden.

Information **Interpretieren**

Im Unterschied zu Texterörterungen (► S. 30–41), die auf eine (Er)Klärung eines Problems durch eine überzeugende bzw. stimmige Argumentation ausgerichtet sind, sollen Sie mit einer Interpretation Ihre **Deutung eines literarischen Textes** darlegen. Um einen literarischen Text in seiner Komplexität zu erschließen bzw. um ein vertieftes Textverständnis zu erlangen, sind die durch die **persönliche Lektüre und durch eine systematische Analyse von Inhalt, Sprache und Form gewonnenen Einsichten in Beziehung zueinander zu setzen** (werkimmanentes Vorgehen). Dabei sollten werkübergreifend (► S. 70–71) auch Informationen einbezogen werden, die jenseits des Textes liegen, wie z. B. Informationen zur Autorin/zum Autor, zur Realgeschichte, zu einer literarischen Epoche etc.

3.1 Interpretation eines epischen Textes – Beispiel: Christa Wolf: „Kassandra"

In diesem Kapitel erwerben Sie folgende Kenntnisse und Kompetenzen:

- abitur- und klausurrelevante Aufgabenstellungen kennen,
- den Aufbau und die Elemente eines Interpretationsaufsatzes (z. B. Einleitungssatz, Interpretationsthesen) erarbeiten,
- einen Analyse-/Interpretationsbaustein sprachlich ausgestalten,
- einen Erzähltext auf außertextliche Informationen beziehen und so eine vertiefende Deutung entwickeln,
- Möglichkeiten verschiedener Verfahren der Literaturinterpretation reflektiert nutzen,
- den Problemgehalt eines literarischen Textes weiterführend aspektorientiert erörtern.

Aufgabenstellung
1. Interpretieren Sie den Auszug aus Christa Wolfs Erzählung „Kassandra".
2. Setzen Sie sich anschließend mit der Frage auseinander, inwiefern literarische Texte dieser Art eine politische Wirkung entfalten können.
Berücksichtigen Sie dabei den zeitgeschichtlichen Hintergrund der Entstehung des Textes sowie Aussagen der Autorin, die Ihnen bekannt sind.

Christa Wolf: **Kassandra. Erzählung** (1983) – Auszug

*Christa Wolf (*1929) schrieb ihre Erzählung „Kassandra" in Zeiten des Kalten Krieges (▶ S. 69). Sie wollte mit der Darstellung des Trojanischen Krieges in die politischen Auseinandersetzungen ihrer Zeit eingreifen und vertrat dabei einen feministisch-pazifistischen Ansatz.*
Zur Handlung: Kassandra, Tochter des trojanischen Herrschers Priamos, bereitet sich auf das Amt einer Priesterin des Gottes Apollon vor. Gleichzeitig erlebt sie den Krieg mit den Stadtstaaten Griechenlands, die Troja angreifen. In einer Schlacht beobachtet sie ihre Brüder Hektor und Troilos. Letzterer ist mit Briseis, der Tochter des Sehers Kalchas, befreundet. Beide Brüder kämpfen gegen die Griechen rund um den Kriegshelden Achill. Begleitet wird Kassandra von Marpessa, ihrer Dienerin. In ihrer Not ruft Kassandra die Mutter- und Fruchtbarkeitsgöttin Kybele an.

Im Frühjahr, wie erwartet, begann dann der Krieg.
Krieg durfte er nicht heißen. Die Sprachregelung lautete, zutreffend: Überfall. Auf den wir sonderbarerweise gar nicht vorbereitet waren. Da wir nicht wußten, was wir wollten, haben wir uns nicht bemüht, der Griechen Absicht wirklich zu ergründen. Ich sage „wir", seit vielen Jahren wieder „wir", im Unglück hab ich meine Eltern wieder angenommen. Damals, als die griechische Flotte gegen den Horizont aufstieg, ein gräßlicher Anblick. Als unsre Herzen sanken. Als unsre jungen Männer, nur durch ihren Lederschild geschützt, lachend dem Feind entgegengingen, in den sicheren Tod, da habe ich sie alle, die das verantworteten, inbrünstig verflucht. Ein Verteidigungsring! Eine vorgeschobne Linie hinter einer Schutzwehr! Gräben! Nichts von alledem. Wahrhaftig, ich war kein Stratege, aber jeder konnte sehn, wie unsre Krieger auf dem flachen Uferrand dem Feinde zugetrieben wurden, damit er sie niedermetzle. Das Bild bin ich nie wieder losgeworden.
Und dann, am ersten Tag, mein Bruder Troilos.
Immer hab ich mich bemüht, die Art, wie er zu Tode kam, nicht zu behalten. Und doch hat nichts aus diesem ganzen Krieg sich schärfer eingeritzt. Jetzt noch, kurz eh ich selbst geschlachtet werde und die Angst die Angst die Angst mich zwingt zu denken – jetzt noch weiß ich jede verfluchte Einzelheit vom Tod des Bruders Troilos und hätte keinen andern Toten in diesem ganzen Krieg gebraucht. Stolz, königstreu, verwegen, Hektors Schwur vertrauend, kein Grieche werde unsern Strand betreten, blieb ich im Apollon-Tempel vor der Stadt, von dem aus man bis hin zur Küste blickte. „Blickte" denk ich, doch es sollte heißen: „Blickt". Der Tempel ist verschont. Kein Grieche vergriff sich an Apollons Heiligtum. Wer immer jetzt dort steht, sieht auf die Küste, mit Trümmern, Leichen, Kriegsgerät bedeckt, die Troia einst beherrschte, und, wenn er sich umdreht, sieht er die zerstörte Stadt. Kybele hilf.
Marpessa schläft. Die Kinder schlafen.
Kybele hilf.
Damals begann, was dann Gewohnheit wurde: Ich stand und sah. Stand, als die andern Priester, unter ihnen Panthoos, in Panik gegen Troia fortgelaufen waren. Als Herophile, die alte standhafte Priesterin mit den Lederwangen, vor Grauen sich ins Innere des Tempels flüchtete. Ich stand. Sah, wie Bruder Hektor, dunkle Wolke, ach, in seinem Lederwams!, die ersten Grie-

chen schlug, die von den Schiffen kamen, die, durch das flache Wasser watend, die Küste Troias zu gewinnen suchten. Auch die den ersten folgten, machten meine Troer nieder. Sollte 60 Hektor recht behalten? Lautlos und entfernt genug, sah ich, sanken die Menschenpuppen um. Kein Fünkchen von Triumph in meinem Herzen. Dann freilich ging etwas ganz andres los, ich habe es gesehn.

65 Ein Pulk von Griechen, dicht bei dicht sich haltend, gepanzert und die Schilde um sich herum wie eine lückenlose Wand, stürmte, einem einzigen Organismus gleich, mit Kopf und Gliedern, unter nie vernommenem Geheul an Land. 70 Die äußersten, so war es wohl gemeint, wurden von den schon erschöpften Troern bald erschlagen. Die der Mitte zu erschlugen eine viel zu hohe Zahl der unsern. Der Kern, so sollte es sein, erreichte das Ufer, und der Kern des Kerns: 75 der Griechenheld Achill. Der sollte durchkommen, selbst wenn alle fielen. Der kam auch durch. So macht man das, hörte ich mich fiebrig zu mir selber sagen, alle für einen. Was jetzt. Schlau ging er nicht auf Hektor los, den die an- 80 dern Griechen übernahmen. Er holte sich den Knaben Troilos, der ihm von gut dressierten Leuten zugetrieben wurde wie das Wild dem Jäger. So macht man das. Mein Herz begann zu hämmern. Troilos stand, stellte sich dem Geg- 85 ner, kämpfte. Und zwar regelrecht, so wie er es gelernt, wenn Edele mit Edlen kämpfen. Treulich hielt er sich an die Gesetze der Kampfspiele, in denen er seit Kindheit glänzte. Troilos! Ich bebte. Jeden seiner Schritte wußte ich voraus, 90 jede Wendung seines Halses, jede Figur, die er mit seinem Leib beschrieb. Aber Achill. Achill das Vieh ließ sich auf des Knaben Angebot nicht ein. Vielleicht verstand ers nicht. Achill erhob sein Schwert, das er mit beiden Händen packte, 95 hoch über den Kopf und ließ es auf den Bruder niedersausen. Für immer fielen alle Regeln in den Staub. So macht man das.

Troilos der Bruder fiel. Achill das Vieh war über ihm. Ich wollte es nicht glauben, glaubte es so- 100 fort, wie schon oft war ich mir dabei selbst zuwider. Wenn ich recht sah, würgte er den Liegenden. Etwas ging vor, was über meine, unsere

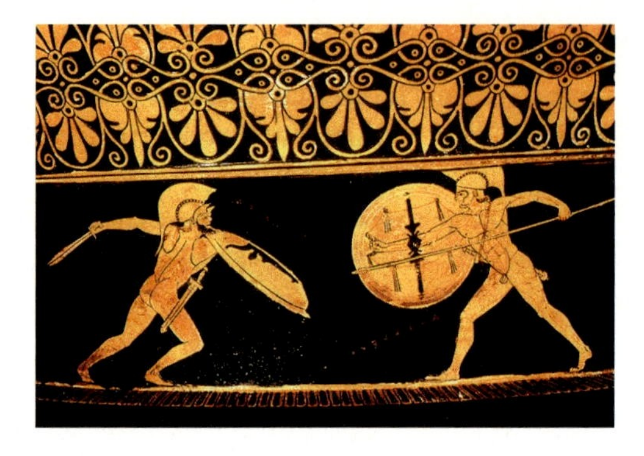

Begriffe war. Wer sehen konnte, sah am ersten Tag: Diesen Krieg verlieren wir. Diesmal schrie ich nicht. Wurde nicht wahnsinnig. Blieb stehn. 105 Zerbrach, ohne es zu merken, den Tonbecher in meiner Hand.

Das Schlimmste kam noch, kommt noch. Troilos, leicht gepanzert, war noch einmal hochgekommen, hatte sich den Händen des Achill 110 entwunden, lief – ihr Götter! Wie er laufen konnte! – zuerst ziellos davon, dann – ich winkte, schrie – fand er die Richtung, lief auf mich, lief auf den Tempel zu. Gerettet. Den Krieg verliern wir, aber dieser Bruder, der mir in dieser 115 Stunde als der liebste schien, der war gerettet. Ich lief ihm entgegen, packte ihn am Arm, zog den Röchelnden, Zusammenbrechenden herein, ins Innere des Tempels, vor das Bild des Gottes, wo er sicher war. Abgeschlagen keuchte 120 Achill heran, den ich nicht mehr beachten mußte. Dem Bruder, der um Luft rang, mußte ich den Helm abbinden, den Brustpanzer lösen, wobei Herophile die alte Priesterin mir half, die ich nie vorher und nie nachher weinen sah. 125 Meine Hände flogen. Wer lebt, ist nicht verloren. Auch mir nicht verloren. Dich werd ich pflegen, Bruder, lieben, endlich kennenlernen. Briseis wird froh sein, sagt ich ihm ins Ohr.

Dann kam Achill das Vieh. Des Mörders Eintritt 130 in den Tempel, der, als er im Eingang stand, verdunkelt wurde. Was wollte dieser Mensch. Was suchte er bewaffnet hier im Tempel. Gräßlichster Augenblick: Ich wußt es schon. Dann lachte er. Jedes Haar auf meinem Kopf stand mir zu 135 Berge, und in die Augen meines Bruders trat der reine Schrecken. R

Methode **Interpretation eines literarischen Textes – Aufbau**

Der überwiegende Anteil der Dichtung wird der Epik, also den erzählenden Texten zugeordnet (► S. 94–113). Sowohl bei der Interpretation eines epischen Textes als auch bei allen anderen Gattungen ist ein gegliedertes Vorgehen zur Darlegung eines vertieften Textverständnisses sinnvoll. Nach einer genauen Lektüre, bei der man einen persönlichen Leseeindruck gewinnt, und folgender Textanalyse z. B. hinsichtlich der Erzählstrategie (► S. 110–111) oder mit Blick auf die Besonderheiten der sprachlichen Gestaltung sind diese Analyseergebnisse in Form der üblichen Aufsatzdreiteilung vorzustellen.

- **Einleitung:** Angaben zu Autor/in, Titel des Textes, Textsorte, Thema und evtl. Erscheinungsjahr in einem kurzen Einleitungssatz, dann zentrale Interpretationsthese/eigenes Textverständnis (► S. 66, 67)
- **Hauptteil:** knappe Zusammenfassung des Inhalts, dann aspektorientierte Interpretation, wobei beschreibende und deutende Teile aufeinander bezogen werden müssen
- **Schlussteil:** Fazit, kurze Stellungnahme zum Text. Häufig wird auch eine Wertung erwartet.

Schwerpunkte festlegen – Interpretationsthesen ausführen

1 Analysieren Sie den Auszug aus „Kassandra" systematisch nach bestimmten Aspekten, die Ihnen bei Ihrer Lektüre besonders auffallen. Diese können sich u. a. auf den Inhalt des Textauszugs oder auf seine Gestaltung beziehen. Konzentrieren Sie sich zunächst auf den Inhalt. Schreiben Sie sich inhaltliche Schwerpunkte heraus.

2 Entscheiden Sie sich nach einer weiteren aktiven Textlektüre für einen dieser inhaltlichen Schwerpunkte und fassen Sie ihn in einen Begriff, z. B.: *Krieg, Männlichkeit, Gewalt, Frauenrolle …*

3 Formulieren Sie mit Hilfe eines dieser Schwerpunktbegriffe Ihre zentrale Interpretationsthese zur inhaltlichen Aussage des Textes.
Diese These kann auch zwei bis drei Sätze umfassen.

Ein Interpretationsaufsatz enthält neben der maßgeblichen zentralen Interpretationsthese in seinem Hauptteil meist weitere Interpretationsthesen zu Inhalt sowie Form. Mit Hilfe dieser Thesen kann man den Aufsatz aspektorientiert oder linear gliedern. (Methode)

Methode **Verfahren der Interpretation – Linear oder aspektorientiert**

- **Das aspektorientierte Verfahren** zielt auf eine Deutung des Textes, die an Interpretationsschwerpunkten orientiert ist und das Material gedanklich-systematisch gliedert. Nachdem der Text inhaltlich erfasst, mehrmals mit einem sich vertiefenden Verständnis gelesen und mit Notizen versehen worden ist, werden zentrale Einsichten in einer oder mehreren Interpretationsthesen formuliert. Die Details der Analyse werden diesen, z. B. mit Hilfe unterschiedlicher Farbmarkierungen, zugeordnet. Erst dann beginnt die schriftliche Ausarbeitung der Analyse/Interpretation. Der Vorteil des aspektorientierten Verfahrens liegt darin, dass der Leserin oder dem Leser des Aufsatzes eine klare Gliederung und gedankliche Bündelung von Interpretationsdetails geboten werden kann. Außerdem führt die Zusammenschau von Einzelheiten unter leitenden Gesichtspunkten zu einer besonderen gedanklichen Dynamik und zu vertieften Einsichten der Deutung.

Das lineare Verfahren wird meist in der Sekundarstufe I für die ersten Versuche der Textinterpretation bevorzugt. Dabei folgt der Gedankengang dem zu deutenden Text Zeile für Zeile und Abschnitt für Abschnitt. Ein solches Verfahren unterstützt das gründliche Lesen eines Textes, es erlaubt jedoch oft nicht, eine systematische Gesamtdeutung zu entwickeln, da man einzelnen Textaussagen zu sehr verhaftet bleibt. Eine distanzierte Einordnung von Interpretationsdetails fällt schwer. Im Schreibprozess werden so Einzelheiten meist gedanklich ungeordnet aneinandergereiht. Eine weitere Gefahr dieses Verfahrens besteht darin, dass man auf der Ebene der paraphrasierenden Inhaltswiedergabe verbleibt und eine eigentliche Deutung gar nicht zu Stande bringt. Für Interpretationsaufsätze der Oberstufe ist das Verfahren daher wenig geeignet.

4 Begründen Sie Ihre Interpretationsthesen zum Inhalt. Nutzen Sie die folgenden Hilfen:

Interpretationsthese
Mit einer oder mehreren Interpretationsthesen benennen Sie Ihr persönliches, vertieftes Textverständnis, das Sie auf Grundlage Ihrer mehrfachen Lektüre, Ihres Leseeindrucks und der daran orientierten systematischen Analyse gewonnen haben. Mit Hilfe von Interpretationsthesen deuten Sie einen Text aspektorientiert, wobei diese Deutung zu belegen und zu erläutern ist.

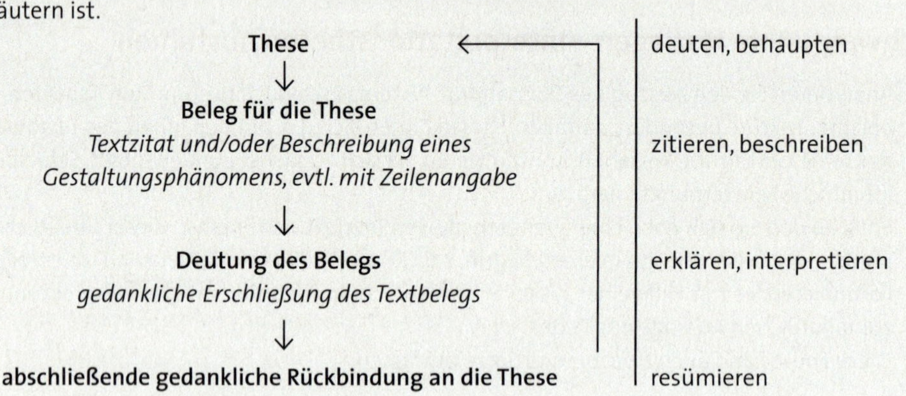

Formulierungsbausteine: Verknüpfungssätze

- **Gelenkstelle These – Textbeleg:** *Ein Beleg für diese Deutung ist z. B. in Zeile ... zu finden. Hier wird ... als ... bezeichnet; Die Formulierung „...“ (Z. ...) lässt z. B. eine solche Deutung zu; Auch die Wortwahl/der Hinweis/das Detail in Z. ... stützt diese Deutung; dort heißt es nämlich: „...“.*
- **Gelenkstelle Textbeleg – Deutung des Belegs:** *Diese Textstelle lässt erkennen, dass ...; Damit wird hervorgehoben, dass ...; Diese Formulierung kann im Textzusammenhang als Kritik an .../Hinweis auf .../Kommentar zu ... verstanden werden; sie besagt, dass ...*
- **Gelenkstelle gedankliche Erschließung – Rückbindung an die These:** *Die zitierten Textstellen belegen beispielhaft, dass ...; Auch diese Formulierungen/Gestaltungsphänomene/inhaltlichen Akzentuierungen untermauern/stützen die Ausgangsthese, dass ...*

5 Eine besondere Herausforderung ist es, inhaltliche und gestalterische Besonderheiten eines Textes gedanklich aufeinander zu beziehen. Wählen Sie je eine inhaltliche und eine erzählerische Besonderheit des Textes von Christa Wolf aus, die Ihrer Meinung nach einen gedanklichen Bezug zueinander aufweisen (Interpretationsthesen zum Inhalt-Form-Bezug, ▶ S. 67).

Interpretationsthesen zum Inhalt-Form-Bezug

- **Inhalt-Form-Bezug:**
  inhaltlicher Schwerpunkt des Textes → Gestaltung des Textes (Form) z. B. durch Einsatz einer bestimmten Erzählstrategie (▶ S. 110–111), Raum- und Zeitkonstruktion (▶ S. 112), Absätze etc.
  ↓
  Steigerung der Aussagekraft/Wirkung des Textes

Formulierungsbausteine:
In der Erzählung wird durch ... dargestellt, wie ...; Formal wird diese Aussage unterstrichen durch ...; Bei der Darstellung der ... herrscht die ... Erzählform vor. Dadurch entsteht ein/e ..., der/die plausibel erscheint, denn ...; Eine formale Besonderheit, die in der Erzählung auffällt, ist ...; Diese formale Eigenheit des Textes korrespondiert auf der inhaltlichen Ebene mit ...

6 Formulieren Sie eine Interpretationsthese zu dem von Ihnen ausgewählten Inhalt-Form-Bezug. Sie können dabei die oben zusammengestellten Formulierungsbausteine nutzen.

7 Beschreiben Sie einen weiteren Inhalt-Form-Bezug, indem Sie z. B. die **Erzählform** und **Erzählhaltung** (▶ S. 110–111), die **Darbietungsformen des Erzählens** (▶ S. 110–111) oder die **Symbolik des dargestellten Raumes** (▶ S. 112) in den Blick nehmen.

8 Untersuchen Sie den Einsatz sprachlicher Mittel (▶ S. 144–146). Beschreiben Sie deren Funktion und Wirkung.

Den Aufsatz eröffnen – Von der Einleitung zum Hauptteil

1 Schreiben Sie zur Interpretation des Auszugs aus Christa Wolfs „Kassandra" eine Einleitung (Methode, ▶ S. 65). Versuchen Sie, das Thema möglichst genau zu erfassen. (Vermeiden Sie eine zu allgemein gehaltene Themenangabe.) Formulieren Sie auch Ihre zentrale Interpretationsthese zum Inhalt.

2 **a** Schließen Sie an die Einleitung eine Einordnung des Textauszugs in die Gesamthandlung und eine knappe Inhaltswiedergabe an.

Formulierungsbausteine: Einleitungssätze
Im Jahr ... erschien ...s Erzählung ..., in der thematisch ... im Mittelpunkt steht/es thematisch um ... geht. Im vorliegenden Textauszug wird insbesondere dargestellt, wie ...

Methode **Einordnung – Zusammenfassung**

- Bei Romanauszügen oder Auszügen aus längeren Erzählungen kurze Einordnung in die Gesamthandlung durch Vorstellung der im Auszug vorkommenden Figuren, Stand der Handlung;
- dann: knappe Inhaltsangabe des Textes (bzw. des Textauszugs), wobei wichtige Figurenäußerungen in indirekter Rede wiederzugeben sind (▶ S. 535–536).

b Verfassen Sie Ihren Hauptteil. Sie können ihn mit Hilfe Ihrer jeweiligen Interpretationsthesen zu Ihren Analyseergebnissen strukturieren.

Das Fazit – Ein Resümee ziehen

1 Fassen Sie, nachdem Sie die erste Aufgabenstellung (► S. 63) bearbeitet haben, Ihre Interpretationsergebnisse in einem zentralen Gedanken prägnant zusammen. Orientieren Sie sich z. B. an einem der folgenden Formulierungsbausteine:

Formulierungsbausteine: Schlussgedanken
- *Meine zentrale Interpretationsthese, dass ..., konnte insbesondere durch ... belegt werden ...*
- *Alles in allem ergibt die werkimmanente Betrachtung des Textauszugs, dass ...*
- *Als Resümee der Analyse ergibt sich, dass ...*

Einen weiterführenden Gedanken entwickeln – Kontextwissen einbeziehen

In der Aufgabenstellung einer Klausur erhalten Sie oft einen Hinweis, welches Kontextwissen (Wissen über Zusammenhänge, in denen ein Text steht) Sie nutzen sollen, um einen besonderen weiterführenden Gedanken zu entwickeln. So fordert Sie z. B. die zweite Aufgabenstellung (► S. 63) dazu auf, die Frage nach der politischen Wirksamkeit von Texten dieser Art zu erörtern.

1 Christa Wolf schrieb ihren Roman „Kassandra" unter der Annahme einer Parallele zwischen dem antiken Geschehen des Trojanischen Krieges und dem, was sie selbst im **Kalten Krieg** (► S. 69) erlebte. Formulieren Sie eine These, die den Textauszug aus „Kassandra" und das folgende Material miteinander verknüpft. Nutzen Sie evtl. die anschließenden Formulierungsbausteine (► S. 69).

Christa Wolf: **Arbeitstagebuch zu „Kassandra"** (1980/81)

Meteln, 8. Juli 1980
[...] Zweimal hat in der vergangenen Woche der Computer in den USA Alarm geschlagen: Sowjetische Raketen im Anflug auf die Vereinigten Staaten. Fünfundzwanzig Minuten Zeit habe der Präsident in einem solchen Fall für eine Entscheidung. Der Computer sei nun abgeschaltet. – Der wahnhafte Irrtum: Sicherheit von einer Maschine abhängig zu machen anstatt von der Analyse der historischen Situation, die nur Menschen mit historischem Verständnis (das heißt auch: mit Verständnis der historischen Situation der anderen Seite) leisten könnten.
Nie sei die Gefahr eines Atomkriegs in Europa so groß gewesen wie heute, erklärt das schwedische Institut für Friedensforschung in seinem Jahresbericht. 60 000 Atomsprengkörper seien auf der Welt gelagert. In den letzten Jahren, der Zeit der Entspannung, hätten die beiden Großmächte ihre Rüstungen ungeheuer aneinander hochgeschaukelt.
Während wir darüber reden, zu dem Schluß kommen, daß man dies nicht mehr reflektieren kann. Und es doch reflektieren müssen. Was meine ich eigentlich, wenn ich „Wahndenken" sage? Ich meine die Absurdität der Behauptung, eine exzessive atomare Aufrüstung beider Seiten mindere als „Gleichgewicht des Schreckens" die Kriegsgefahr; biete auf die Dauer auch nur ein Minimum an Sicherheit. Ich meine die groteske Kalkulation mit Strategien, die schon auf die konventionellen Waffenarten bezogen verheerend waren, auf Atomwaffen bezogen sinnlos, irrational geworden sind, wie es der zynische Satz ausdrückt: Wer als erster zuschlägt, wird als zweiter sterben. [...]

Meteln, 22. Februar 1981
Die Nachrichten beider Seiten bombardieren uns mit der Notwendigkeit von Kriegsvorbereitungen, die auf beiden Seiten Verteidigungsvorbereitungen heißen. Sich den wirklichen Zustand der Welt vor Augen zu halten, ist psychisch unerträglich. In rasender Eile, die etwa der Geschwindigkeit der Raketenproduktion beider Seiten entspricht, verfällt die Schreibmotivation, jede Hoffnung, „etwas zu bewirken" [...]. R

Hanno Drechsler, Wolfgang Hilligen, Franz Neumann: **Kalter Krieg** (1992)

Historische Bezeichnung für die potenzielle militärische Konfrontation zwischen den atomaren Supermächten USA und UdSSR einschließlich ihrer jeweiligen Bündnissysteme („Ost-West-Konflikt"). Die bipolare Spaltung der Weltgesellschaft [...] bildete sich nach dem 2. Weltkrieg aus und wurde national wie international bis in die 80er Jahre durch die Politik des Kalten Krieges bestimmt. [...] Das wichtigste Mittel des Kalten Krieges war die „ideologische Kriegsführung", die in Verbindung mit wirtschaftlichem und militärischem Druck und einer entsprechenden Bündnispolitik die Isolierung und Schwächung des Gegners anstrebte. Die Freund-Feind-Logik des Kalten Krieges begünstigte in beiden Bündnissystemen eine paranoide „Festungsmentalität" [...].
Der Kalte Krieg versetzte insbesondere während der Suez-Krise (1956) und während der Kuba-Krise (1962) die Welt in Furcht und Schrecken, weil die Möglichkeit eines atomaren Dritten Weltkrieges in greifbare Nähe gerückt war.

Formulierungsbausteine: Werkübergreifende Interpretationsthese
Die Aussage dieses Textes/Textauszugs kann auf dem Hintergrund ... betrachtet werden; Die Autorin/Der Autor sah sich zur Entstehungszeit des Textes mit ... konfrontiert. Diese Erfahrungen haben sich in dem Text offensichtlich niedergeschlagen; denn ...; Leben und Werk der Autorin stehen offensichtlich in einem Zusammenhang. Es gibt biografische Äußerungen der Autorin, die ...

---

1 Bereiten Sie eine detaillierte Ausführung Ihrer These vor. Übertragen und ergänzen Sie dazu die unten stehende Tabelle in Ihr Heft:
a Notieren Sie in der ersten Spalte der Tabelle einige Gesichtspunkte, die Parallelen zwischen dem Trojanischen und Kalten Krieg zulassen. Nutzen Sie Formulierungen aus dem Text „Kalter Krieg".
b Ergänzen Sie Belegstellen aus Christa Wolfs „Arbeitstagebuch".
c Erläutern Sie Ihre These, indem Sie auf Ihre Stichworte zurückgreifen.

Aspekte des Kalten Krieges	Zitate aus „Arbeitstagebuch"	Parallelen zu „Kassandra"
ideologische Kriegsführung	*„Kriegsvorbereitungen, die auf beiden Seiten Verteidigungsvorbereitungen heißen" (Z. 40–42)*	*„... begann dann der Krieg. Krieg durfte er nicht heißen" (Z. 1–3)*
paranoide „Festungsmentalität"	*„‚Wahndenken' [...], eine exzessive atomare Aufrüstung beider Seiten mindere als ‚Gleichgewicht des Schreckens' die Kriegsgefahr" (Z. 26–30)*	*eher passiv (z. B. „Ich stand und sah", Z. 49)*
Freund-Feind-Logik		

2 Beurteilen Sie Christa Wolfs Versuch der politischen Bewusstseinsbildung: Bereiten Sie eine kritische Stellungnahme vor, indem Sie in entsprechenden Kapiteln dieses Bandes (z. B. ► S. 234 ff., 309 ff., 403 ff., 417 ff.) Hinweise auf andere Beispiele gesellschaftlich bzw. politisch engagierter Literatur sammeln. Entwickeln Sie aus einer Sichtung dieser Beispiele Kriterien, mit deren Hilfe Sie Christa Wolfs Versuch der politischen Bewusstseinsbildung beurteilen können.

Den Schreibprozess reflektieren – Den Interpretationsaufsatz zusammenstellen

1 Bei der Interpretation von Literatur sind verschiedene, z. T. sich ergänzende Methoden möglich. Ermitteln Sie anhand der folgenden Information, welche Verfahren Sie umgesetzt haben.

Information **Verfahren der literarischen Analyse/Interpretation**

Folgende Methoden der Interpretation literarischer Texte werden als grundsätzlich berechtigt angesehen:

Werkimmanente Methode
Die Deutung bleibt bei der Analyse/Interpretation eines Textes und stellt keine über den Text hinausreichenden Fragen, z. B. die, welche Lebenserfahrungen der Autorin/des Autors sich darin niedergeschlagen haben könnten. Der Text wird ausschließlich aus sich selbst heraus verstanden, wobei zu berücksichtigen ist, dass verschiedene Leser/innen zu unterschiedlichen Deutungen gelangen können. Die werkimmanente Methode umfasst eine Reihe von Denkschritten:

- Unterschieden wird zunächst zwischen Inhalt und Form des Textes, wobei unter Form sowohl die Struktur (z. B. Erzählstrategie, Versmaß, Dialogform) als auch die sprachliche Gestaltung (z. B. Wortwahl, Bilder, rhetorische Figuren) verstanden werden.
- Man betrachtet weiterhin das Verhältnis von Inhalt und Form. Beide können sich in ihren Botschaften unterstützen oder in einem Spannungsverhältnis zueinander stehen.
- Grundsätzlich wird angenommen, dass die Unendlichkeit der Welt mit den vorhandenen Wörtern nicht darzustellen ist. Ein Text bietet so von vornherein Leerstellen. Entsprechend ist es den Lesenden aufgegeben, für das Textverständnis relevante Unbestimmtheitsstellen zu finden und dann zu entscheiden, welche davon auszufüllen und welche zu belassen sind. Diese Leerstellen können von einer Autorin/einem Autor bewusst gesetzt worden sein oder sich aus der jeweils individuellen Art des Lesens ergeben. Wichtig ist, dass die Deutung am Material des Textes nachgewiesen wird.
- Der/die Deutende versucht, zunächst möglichst viele Einzelaspekte des Textes auf der inhaltlichen und formalen Ebene zu erschließen und diese dann intensiv verstehend aufeinander zu beziehen, um so zu einer breit abgesicherten Deutung zu gelangen. Die werkimmanente Methode sollte die Basis für jede weiterführende Interpretation sein.

Werkübergreifende Methoden

- **Literaturgeschichtliche Methode**
  Hierbei richtet man das Augenmerk auf Epochenzusammenhänge (z. B. Barock, Aufklärung) und Epochenumbrüche, in die ein literarischer Text eingeordnet werden kann. Geprüft wird, ob literaturprogrammatische Äußerungen anderer eine Autorin oder einen Autor im eigenen Schaffen beeinflusst haben. Die Methode erlaubt es, Aussagen darüber zu machen, ob ein

Werk für eine Epoche stilbildend und richtungsweisend war, ob es seiner Zeit voraus war oder andererseits eher als epigonal (andere nachahmend) bezeichnet werden kann. Dazu müssen literarische Werke in ihrer zeitlichen Abfolge betrachtet werden.

- **Mentalitätsgeschichtliche Methode**
  Ein Werk wird – über die Literatur hinausgehend – als Phänomen einer geschichtlichen Entwicklung von Stoffen, Denk- und Formmustern betrachtet, zu der im Laufe der Zeit viele Werke v. a. aus den Bereichen Literatur, Philosophie, Kunst, Musik, Gesellschaftslehre etc. beigetragen haben. Aber auch epochale naturwissenschaftliche Durchbrüche und architektonische Meilensteine werden in die Betrachtung mit einbezogen. Geprüft wird, ob und wie solche kulturellen Trends und Traditionen einen Text in seiner Entstehung beeinflusst haben.
- **Rezeptionsästhetische und rezeptionsgeschichtliche Methode**
  Mit dieser Methode wird das Verhältnis zwischen Text und Leser/in untersucht. Die Grundannahme ist die, dass literarische Texte mit ihren tendenziell offenen, nicht festgelegten Aussagen auf Leserdeutung angewiesen sind. Geprüft wird auch, wie Leserinnen und Leser unterschiedlicher sozialer Herkunft auf ein und denselben Text reagieren. Auf der Basis rezeptionsästhetischer Grundannahmen geht die Rezeptionsgeschichte der Frage nach, wie sich Leserreaktionen auf einen Text über längere Zeiträume entwickelt haben und inwiefern solche Erfahrungen zeitgeschichtlich bedingt sind.
- **Biografische/psychoanalytische Methode**
  Die biografische Methode zieht die Lebensgeschichte der Autorin/des Autors – und besonders eigene Lebenszeugnisse wie Tagebücher, Briefe etc. – für die Textdeutung heran. Geprüft wird, ob und in welcher Weise sich bestimmte Lebenserfahrungen von Autorinnen und Autoren auf die Themenwahl, die inhaltliche Akzentuierung und die Darstellungsweise ihrer Werke ausgewirkt haben. Dabei kann die persönliche Verarbeitung realgeschichtlicher Ereignisse im Zentrum stehen, aber auch die literarische Darstellung privater Erfahrungen; diese können auch mit Begriffen der Psychoanalyse untersucht werden.
- **Literatursoziologische Methode**
  Dieses Verfahren geht davon aus, dass es nicht reicht, die geistigen Einflüsse zu betrachten, die auf eine Autorin/einen Autor gewirkt haben können (**Mentalitäts- und Literaturgeschichte**). Vielmehr werden Fakten aus der Realgeschichte (der politischen und der Sozialgeschichte) herangezogen. Untersucht wird das Verhältnis von Literatur und Gesellschaft. Es wird überprüft, wie die Autorin/der Autor die gesellschaftliche Wirklichkeit verarbeitet und mit ihren/seinen Texten in die geistigen und politischen Auseinandersetzungen der Zeit eingegriffen hat (**biografische Methode**). Einige Richtungen der Literatursoziologie betrachten literarische Texte als Beiträge zur ideologischen Auseinandersetzung zwischen gesellschaftlichen Kräften und als Instrumente gesellschaftlicher Herrschaft bzw. Befreiung.

2 Benennen Sie schriftlich Ihren methodischen Zugriff auf „Kassandra". (Formulierungsbausteine)
3 Verfassen Sie den Aufsatz bzw. stellen Sie ihn auf der Grundlage Ihrer Vorbereitung zusammen.

Formulierungsbausteine: Benennung der Interpretationsmethode

- *Bei einer werkübergreifenden Betrachtung des Textes/Textauszugs können ... im Mittelpunkt stehen.*
- *Zu einer umfassenderen Deutung des Textes gelangt man bei einer ... (z. B. mentalitätsgeschichtlichen) Betrachtung ...*

Den Aufsatz überarbeiten – Denk- und Formulierungsfehler verbessern

1 Prüfen Sie, ob Ihnen in Ihrem Aufsatz Denk- und Formulierungsfehler unterlaufen sind:

Information **Typische Denk- und Formulierungsfehler**

falsch	**richtig**
In Christa Wolfs *Buch* „Kassandra" wird eine Kriegssituation dargestellt.	In Christa Wolfs *Erzählung* „Kassandra" wird eine Kriegssituation dargestellt. = *Beachtung der gattungsspezifischen Terminologie*
Wolf präsentiert den griechischen Kriegshelden Achill als einen ...	Die *Ich-Erzählerin* präsentiert den griechischen Kriegshelden Achill als einen ... = *Unterscheidung zwischen Autor/in und Erzähler als einer Textinstanz*
Er stürzt sich auf ihn, *trotzdem* er wehrlos ist.	Er stürzt sich auf ihn, *obwohl* er wehrlos ist. = *Grammatik, Gelenkwörter*
Vermutlich kommt er aus dieser Lage nicht mehr *raus.*	Vermutlich kommt er aus dieser Lage nicht mehr *heraus.* = *Stil*

2 Kontrollieren Sie Ihren Aufsatz auch auf Rechtschreibung und Zeichensetzung (▸ S.530–534).

3.2 Interpretation eines Dramentextes – Beispiel: Johann Wolfgang Goethe: „Iphigenie auf Tauris"

In diesem Kapitel erwerben Sie folgende Kenntnisse und Kompetenzen:

- eine Dramenszene beschreiben, analysieren und interpretieren,
- sie dabei in den Handlungszusammenhang des Dramas einordnen,
- zu einer Dramenszene eine werkimmanente und aspektorientierte Interpretation erarbeiten,
- eine epochenbezogene Deutung einer Dramenszene verfassen,
- werkübergreifend zwei literarische Figuren miteinander vergleichen.

Aufgabenstellung

1. Interpretieren Sie die Szene IV,1 aus Johann Wolfgang Goethes Drama „Iphigenie auf Tauris" unter Berücksichtigung des Epochenzusammenhangs.
2. Vergleichen Sie Goethes Iphigenie-Darstellung mit Christa Wolfs Figur der Kassandra (▸ S.63–64).

Johann Wolfgang Goethe: **Iphigenie auf Tauris** (1787) – Vierter Aufzug. Erster Auftritt

[Iphigenie, Priesterin im Tempel der Göttin Diana auf Tauris (▸ S.122–124), befindet sich in einem tiefen inneren Konflikt. Als Tochter des mykenischen Königs Agamemnon ist sie ins Reich des Skythenkönigs Thoas verschlagen worden. Der gilt als barbarisch; Iphigenie kann ihn jedoch zunehmend auf Grund ihrer Humani-

tätsideale beeindrucken. Zugleich sehnt sie sich in ihre Heimat zurück, während Thoas sie zur Frau haben möchte. Auf Iphigenies Familie lastet ein Fluch, nachdem ihr Bruder Orest seine Mutter Klytämnestra ermordet hat, weil diese zuvor den Vater Agamemnon getötet hatte. Die Verwicklungen haben ihren Höhepunkt erreicht, nachdem Orest mit seinem Freund Pylades auf Tauris eingetroffen ist. Dort wollen sie – einem Orakelspruch des Gottes Apoll folgend – „die Schwester" holen. Orest hat dabei die Schwester des Apoll, die Göttin Diana, im Sinn, deren Statue er aus dem Tempel auf Tauris rauben will, um den Fluch, der auf ihm lastet, zu lösen und die Furien (Rachegöttinnen) zu vertreiben, die ihn verfolgen. Doch mit dem Orakelspruch ist eigentlich seine eigene Schwester Iphigenie gemeint, von deren Aufenthalt auf Tauris er nichts weiß und die er zuletzt als Kind gesehen hat. Nach Thoas' Willen soll es Iphigenie sein, die als Priesterin aufgegriffene Fremde nach altem Brauch der Göttin Diana als Menschenopfer darbringt.]

Iphigenie:
Denken die Himmlischen
Einem der Erdgebornen
Viele Verwirrungen zu,
5 Und bereiten sie ihm
Von der Freude zu Schmerzen
Und von Schmerzen zur Freude
Tief erschütternden Übergang;
Dann erziehen sie ihm
10 In der Nähe der Stadt,
Oder am fernen Gestade,
Dass in Stunden der Not
Auch die Hülfe bereit sei,
Einen ruhigen Freund.
15 O segnet, Götter, unsern Pylades
Und was er immer unternehmen mag!
Er ist der Arm des Jünglings in der Schlacht,
Des Greises leuchtend Aug in der
Versammlung,
20 Denn seine Seel ist stille, sie bewahrt
Der Ruhe heil'ges unerschöpftes Gut,
Und den Umhergetriebnen reichet er
Aus ihren Tiefen Rat und Hülfe. Mich
Riss er vom Bruder los, den staunt ich an
25 Und immer wieder an, und konnte mir
Das Glück nicht eigen machen, ließ ihn nicht
Aus meinen Armen los, und fühlte nicht
Die Nähe der Gefahr, die uns umgibt.
Jetzt gehn sie ihren Anschlag auszuführen
30 Der See zu, wo das Schiff mit den Gefährten
In einer Bucht versteckt aufs Zeichen lauert,
Und haben kluges Wort mir in den Mund
Gegeben, mich gelehrt, was ich dem König
Antworte, wenn er sendet und das Opfer
35 Mir dringender gebietet. Ach! ich sehe wohl,
Ich muss mich leiten lassen wie ein Kind.

Georg Melchior Kraus: Goethe als Orest und Corinna Schröter als Iphigenie (1779)

Ich habe nicht gelernt zu hinterhalten,
Noch jemand etwas abzulisten. Weh!
O weh der Lüge! Sie befreiet nicht
40 Wie jedes andre wahrgesprochne Wort
Die Brust, sie macht uns nicht getrost, sie
ängstet
Den, der sie heimlich schmiedet, und sie
kehrt,
45 Ein losgedruckter Pfeil von einem Gotte
Gewendet und versagend, sich zurück
Und trifft den Schützen. Sorg auf Sorge
schwankt
Mir durch die Brust. Es greift die Furie
50 Vielleicht den Bruder auf dem Boden wieder
Des ungeweihten Ufers grimmig an?
Entdeckt man sie vielleicht? Mich dünkt, ich
höre
Gewaffnete sich nahen! Hier! Der Bote
55 Kommt von dem Könige mit schnellem
Schritt.
Es schlägt mein Herz, es trübt sich meine
Seele,
Da ich des Mannes Angesicht erblicke,
60 Dem ich mit falschem Wort begegnen soll.

Den Aufsatz eröffnen – Von der Einleitung zum Hauptteil

1 Klären Sie, worum es in dieser Szene geht. In welchem inneren Konflikt befindet sich Iphigenie? Tragen Sie Ihre Ergebnisse stichpunktartig in eine Tabelle ein, z. B.:

Iphigenies Konflikt	
familiäre Bindung →	← Aufrichtigkeit Thoas gegenüber
Rückkehrwunsch	...
...	

2 Verfassen Sie eine Einleitung für einen Interpretationsaufsatz, in der Sie u. a. Iphigenies Konfliktsituation angeben. Orientieren Sie sich am Formulierungsbaustein „Einleitungssätze" (▶ S. 67).

3 **a** Setzen Sie zur besseren Übersicht und zum Zweck der Einordnung der Szene in das Drama die Informationen zu Goethes „Iphigenie auf Tauris" auf ▶ S. 72–73 zunächst grafisch um. Tragen Sie die Angaben zu den Figuren, die für die Szene relevant sind, in ein **Soziogramm** (Methode) ein und skizzieren Sie die Handlungsfolge bis zu Szene IV,1 in einem **Flussdiagramm** (▶ S. 17).

Methode **Soziogramm**

Grafische Darstellung, die der Visualisierung bzw. Veranschaulichung von Figurenkonstellationen in literarischen Texten dient. Die Figuren werden zeichnerisch miteinander in Beziehung gebracht. Nähe und Ferne zwischen den Figuren, aber auch ihre wechselseitige Abneigung und Zuneigung werden durch unterschiedliche Abstände zwischen ihnen, durch Pfeile → und Gegensatzpfeile ↔ in unterschiedlicher Stärke, durch Einkreisungen, Barrierestriche | etc. ausgedrückt.

b Leiten Sie aus Iphigenies Gedankengang ab, um welche Art von Monolog (Information) es sich handelt. (Es können Mischformen auftreten.)

Information **Arten des Monologs**

Der **Monolog** (griech.: *monos:* allein; *logos:* Rede) ist im Gegensatz zum Dialog ein Selbstgespräch und findet vor allem im Drama Verwendung. Er richtet sich nicht direkt an jemanden, sondern an eine imaginäre Person. Faktisch ist das Publikum Adressat des Monologisierenden. Zweck ist, Gedanken und seelische Vorgänge einer Figur für andere hörbar oder lesbar zu machen. In vielen Theaterstücken bilden Monologe einen dramatischen Höhepunkt oder bezeichnen einen Wendepunkt der Handlung.

- **Reflexionsmonolog**
  Nachdenken über vergangene Ereignisse oder Erlebnisse
- **epischer Monolog**
  Erzählen bzw. Mitteilen von Vorgängen (besonders von solchen, die auf der Bühne kaum darstellbar sind)
- **dramatischer Monolog (Konfliktmonolog)**
  Abwägen von Handlungsmöglichkeiten; Entscheidungsvorbereitungen
- **lyrischer Monolog**
  Ausdruck der seelischen Situation einer Figur

4 Formulieren Sie zum Abschluss der Einleitung Ihre zentrale **Interpretationsthese** (► S. 66).
5 Arbeiten Sie für den Beginn Ihres Hauptteils die Einordnung des Monologs schriftlich aus. Setzen Sie dazu die ersten beiden Punkte der folgenden Information um. Stützen Sie sich auf Ihr Soziogramm und Ihr Flussdiagramm.

Methode **Dramenanalyse/-interpretation – Den Hauptteil beginnen**

- Angaben zur szenischen Form (Dialog, Art der Dialogführung, Monolog etc., ► S. 120–121)
- Einordnung der Szene/n in den Handlungszusammenhang (u.a. kurze Vorstellung der in der Szene handelnden und erwähnten Figur/en, Entwicklungsstand der Handlung/des Konflikts in knapper Form)
  Tipp: Beachten Sie die Darstellung des **„pyramidalen Baus klassischer Dramen"** (► S. 128).
- kurze Wiedergabe des Szeneninhalts (Reflexionen, Argumentationen, Wendepunkt etc.).
  Tipp: Verwenden Sie bei Ihrer Darstellung den **Konjunktiv der indirekten Rede** (► S. 535–536).

6 Verfassen Sie eine Inhaltsangabe der Szene IV,1. Konzentrieren Sie sich dabei, orientiert an Ihrer tabellarischen Gegenüberstellung (► S. 74), auf solche Aussagen Iphigenies, die sich auf wesentliche Konfliktsituationen beziehen. Stellen Sie insbesondere etwaige Wendepunkte im Monolog heraus.
Tipp: Berücksichtigen Sie bei Ihrer Darstellung die Anforderungen an eine **Paraphrase** (► S. 34).

Schwerpunkte festlegen – Interpretationsthesen ausführen und Dialoge analysieren

1 Bereiten Sie eine Interpretation der Szene vor. Erarbeiten Sie zunächst eine **aspektorientierte werkimmanente** (► S. 65, 70) Deutung, die Sie mit Hilfe mehrerer Interpretationsthesen gliedern:
a Beschreiben Sie, wie Iphigenie mit ihrem inneren Konflikt umgeht, und ziehen Sie begründete Schlussfolgerungen hinsichtlich ihres Charakters. Formulieren Sie dazu Thesen und belegen Sie diese mit Hilfe von Textzitaten, die Sie erläutern.
b Stellen Sie eine weitere Interpretationsthese auf, die einen Bezug zwischen Inhalt und Form herstellt (► S. 67).
Tipp: Nutzen Sie für Ihre Thesen die Formulierungsbausteine auf ► S. 66 und S. 67.
2 a Ein Drama besteht ganz wesentlich aus der Rede der Figuren. Untersuchen Sie entsprechend den Monolog im Hinblick auf verschiedene **Sprechhandlungen** (Information). Klären Sie deren Funktionen.

Information **Sprechhandlungen**

Zum Beispiel: Behauptung, Feststellung, Beschuldigung, Vermutung, Frage, Aufforderung, Versprechen, Bitte, Befehl, Reflexion, Erinnerung, Ausdruck einer Empfindung, Klage, Gewissenserforschung, Argumentation, Entschluss, Beschuldigung, Rechtfertigung

b Erläutern Sie, auf welchem **Sprachniveau** („Haus der Stile", ► S. 45) Iphigenie ihre Gedanken entwickelt. Machen Sie dabei Angaben zu Wortwahl und Syntax.
c Überlegen Sie, wie **rhetorische Figuren** (► S. 144–146) und sonstige sprachliche Besonderheiten die intensive Reflexion Iphigenies in einer belastenden Entscheidungssituation zum Ausdruck bringen. Legen Sie dazu eine Tabelle an, in der Sie Zitate und dazu passende Fachbegriffe aufeinander beziehen. Beachten Sie, dass ein Vers durchaus mehrere rhetorische Figuren aufweisen kann, z. B.:

kurzes Zitat (Zeilenangabe)	**rhetorische Figur/ sprachliche Besonderheit**	**Funktion im Szenenkontext**
– „Er ist der Arm des Jünglings in der Schlacht“ (Z. 17)	…	…
– „Arm des Jünglings“ – „Des Greises leuchtend Aug’“ (Z. 18)	Antithese	zeigt, dass Pylades über ganz unterschiedliche Tugenden verfügt
– „leuchtend Aug’“ (Z. 18)	Pars pro Toto	…
– „Ich muss mich leiten lassen“ (Z. 36)	Alliteration	…
– „wie ein Kind“ (Z. 36)	…	…
– …	…	…

d Formulieren Sie eine weitere Interpretationsthese und erläutern Sie diese unter Rückgriff auf Ihre Notizen in der Tabelle. Nutzen Sie dabei z. B. folgende Formulierungsbausteine.
Tipp: Greifen Sie auch auf die Formulierungsbausteine zur Interpretationsmethode zurück (▸ S. 71).

Formulierungsbausteine: Analyse und Deutung

- *Nach der zermürbenden Reflexion ihrer schwierigen Situation kommt Iphigenie zu dem Schluss: „Ich muss mich leiten lassen wie ein Kind“ (Z. 36). Unterstrichen wird die Bedeutung dieses Satzes durch zwei rhetorische Figuren: ... und .... Der Vergleich mit einem Kind signalisiert, dass ...*
- *Als Iphigenie über Pylades spricht, macht sie mit einer antithetischen Konstruktion deutlich, wie sie den Freund des Bruders sieht: ...*
- *Das „leuchtend Aug’“ (Z. 18) steht dabei als Pars pro Toto für ... Iphigenie lässt damit erkennen, dass sie in Pylades einen ... sieht.*

Werkübergreifende Deutung – Kontextwissen zur Epoche einbeziehen

1 Beschreiben Sie die formale Gestaltung der Szene und überprüfen Sie, inwiefern diese der Balance zwischen Freiheit und Gesetzmäßigkeit entspricht, wie sie in der Epoche der Weimarer Klassik (▸ S. 253 ff.) gefordert wird.
Tipp: Greifen Sie auch auf die Anregungen zum Inhalt-Form-Bezug auf S. 67 zurück.

2 Prüfen Sie, ob die Szene einen typisch klassischen Sprachgestus aufweist:

a Beschreiben Sie das Versmaß (das **metrische Schema der Verse,** ▸ S. 142) im Mittel- und Schlussteil der Szene und setzen Sie es in Bezug zum Inhalt, z. B. in Form einer Tabelle (▸ S. 77).

Iphigenie auf Tauris. Berliner Theater, 1929. Regie: Ernst Bröckl

Anfang der Szene		*Mittelteil und Schluss der Szene*	
Metrische Gestaltung	*Bezug zum Inhalt*	*Metrische Gestaltung*	*Bezug zum Inhalt*
...	...	*– regelmäßiges Versmaß*	...
...	...	*– Blankvers (fünfhebiger jambischer Vers)*	...

b Begründen Sie von der Gedankenführung der Szene her, wieso der Anfang des Monologs eine beschleunigte Redeweise in kürzeren Versen aufweist.

c Fassen Sie Ihre Ergebnisse in einer Interpretationsthese zusammen, die Inhalt und Form miteinander verknüpft und die auch den Epochenkontext einbindet. Führen Sie diese These aus, indem Sie Textverweise und Erläuterungen anfügen.

3 Reflektieren Sie, inwiefern die Darstellung der Hauptfigur Iphigenie dem klassischen Literaturkonzept entspricht (► S. 266–267). Formulieren Sie dazu eine **werkübergreifende Interpretationsthese** (► S. 69).
Tipp: Anregungen zur Interpretation von Dramenszenen erhalten Sie auf S. 120–135.

Einen Vergleich planen und ausführen – Figuren verschiedener Werke

Um einen Figurenvergleich sachgerecht vorzunehmen, sollten Sie sich zunächst klarmachen, wie Sie die Lösung einer solchen Aufgabenstellung am besten methodisch vorbereiten (Typische Aufgabenstellungen und deren Erschließung, ► S. 33, 85). Außerdem sollten Sie auf Methoden der Aspekte- und Stoffsammlung zurückgreifen (► S. 42).

1 **a** In Klausuren werden Sie oft aufgefordert, zwei Texte bzw. zwei literarische Figuren miteinander zu vergleichen. Dabei können Sie sowohl Gemeinsamkeiten als auch Unterschiede herausarbeiten. Stellen Sie dafür vorbereitend in einer Liste zunächst die Gemeinsamkeiten beider Figuren (Iphigenie und Kassandra) zusammen.
Tipp: Nutzen Sie die Einführungen in beide Texte auf S. 63 und S. 72–73.

Iphigenie und Kassandra – Gemeinsamkeiten

- *bangen um ihre Brüder,*
- *haben dieselbe gesellschaftliche Rolle inne, sie sind ...*
- *...*

Zwei Priesterinnen bereiten zwei Stiere zum Opfer vor. Griechische Vasenmalerei (5. Jh. vor Chr.)

b Arbeiten Sie anschließend in einer Tabelle die Unterschiede zwischen beiden Figuren heraus, z. B.:

Iphigenie ...	*Kassandra ...*
– kann den Tod des Bruders verhindern	– ...
– kann mit ihrem Humanitätsideal andere beeindrucken	– ...
– ...	– ...

2 Gestalten Sie Ihren Figurenvergleich schriftlich aus.
3 Fügen Sie Ihre schriftlich ausgearbeiteten Interpretationsergebnisse dieses Teilkapitels zusammen. Verfassen Sie Ihren Aufsatz, indem Sie Lücken schließen und passende Überleitungen formulieren.

Den Interpretationsaufsatz überarbeiten – Strukturproblemen vorbeugen

1 Prüfen Sie, ob Ihr Aufsatz in Struktur und Qualität mit anderen Aufsätzen übereinstimmt, die Sie in letzter Zeit – evtl. in Klausuren – geschrieben haben.
2 Lässt einer Ihrer Aufsätze die in der folgenden Methode aufgeführten Schreibprobleme erkennen? Setzen Sie gegebenenfalls die Hinweise zur Verbesserung Ihrer Schreibkompetenz um.

Methode **Interpretationsaufsatz – Grundlegende Probleme lösen**

Probleme ...	... und wie man sie lösen kann
■ wichtige Sachverhalte vergessen	■ **Gliederung:** vor der Niederschrift eines Aufsatzes alle wichtigen Aspekte in einer Gliederung zusammenstellen und die Gliederungspunkte bei der Niederschrift nach und nach abhaken
■ sich in nicht beweisbaren Spekulationen verlieren	■ **aktives Lesen:** nach der Festlegung von Interpretationsthesen den Text erneut gründlich lesen; die Interpretationsthesen dabei auf den Gesamttext beziehen und nicht nur auf eine einzige passende Stelle
■ die Gedanken ungeordnet wiedergeben und vieles nachträglich ergänzen	■ **Schreibplanung:** den Text beim aktiven Lesen mit Notizen versehen; die Notate den einzelnen Gliederungspunkten (s.o.) mit verschiedenfarbigen Markern zuordnen und sie so bündeln; jedes „Bündel" abarbeiten, bevor der nächste Gliederungsaspekt in Angriff genommen wird
■ beschreibende und deutende Aussagen ohne Bezug zueinander lassen	■ **Schreibplanung:** nach gründlichem Durcharbeiten des Textes Interpretationsthesen formulieren und Teilergebnisse immer auf diese übergreifenden Thesen beziehen

Tipp: Weitere Hinweise zur Vorbereitung und Gestaltung eines Interpretationsaufsatzes finden Sie in der Methode „Arbeitsplan: Interpretationsaufsatz" auf S. 84–86.

3.3 Interpretation von Gedichten – Gedichtvergleich: Goethe/Brecht

In diesem Kapitel erwerben Sie folgende Kenntnisse und Kompetenzen:

- in einem Aufsatz eine/n Leser/in fachgerecht mit dem Untersuchungsgegenstand vertraut machen,
- eine Deutung zu einem Gedicht erarbeiten,
- eine Gedichtaussage auf eine literarische Epoche beziehen,
- einen Gedichtvergleich erarbeiten,
- den Aufbau eines Interpretationsaufsatzes kennen.

In Klausuren der Oberstufe und in schriftlichen Abiturprüfungen erhalten Sie oft den Auftrag, ein Gedicht zu analysieren und zu interpretieren. Besonders in schriftlichen Abiturprüfungen wird ein Gedicht in der Regel meist auf einen anderen lyrischen Text oder einen anderen literarischen Kontext (z. B. eine Epoche) bezogen.

Tipp: Weitere Informationen und Übungen dazu finden Sie auf den S. 137–147, 199–203 oder 379–383.

Aufgabenstellung

1. Analysieren und interpretieren Sie das Gedicht „Maifest" von Johann Wolfgang Goethe unter Berücksichtigung seiner Epochenzugehörigkeit.
2. Vergleichen Sie anschließend die Thematik, wie sie in Goethes Gedicht gestaltet ist, mit der Darstellung in Bertolt Brechts Gedicht „Erinnerung an die Marie A.".

Johann Wolfgang Goethe: **Maifest** (auch bekannt als **Mailied,** 1775)

Wie herrlich leuchtet
Mir die Natur!
Wie glänzt die Sonne!
Wie lacht die Flur!

5 Es dringen Blüten
Aus jedem Zweig
Und tausend Stimmen
Aus dem Gesträuch

Und Freud und Wonne
10 Aus jeder Brust.
O Erd', o Sonne,
O Glück, o Lust,

O Lieb', o Liebe,
So golden schön
15 Wie Morgenwolken
Auf jenen Höhn,

Du segnest herrlich
Das frische Feld,
Im Blütendampfe
20 Die volle Welt!

O Mädchen, Mädchen,
Wie lieb' ich dich!
Wie blinkt dein Auge,
Wie liebst du mich!

25 So liebt die Lerche
Gesang und Luft,
Und Morgenblumen
Den Himmelsduft,

Wie ich dich liebe
30 Mit warmem Blut,
Die du mir Jugend
Und Freud' und Mut

Zu neuen Liedern
Und Tänzen gibst.
35 Sei ewig glücklich,
Wie du mich liebst.

Bertolt Brecht: Erinnerung an die Marie A. (1924)

1.
An jenem Tag im blauen Mond September
Still unter einem jungen Pflaumenbaum
Da hielt ich sie, die stille bleiche Liebe
5 In meinem Arm wie einen holden Traum.
Und über uns im schönen Sommerhimmel
War eine Wolke, die ich lange sah
Sie war sehr weiß und ungeheuer oben
Und als ich aufsah, war sie nimmer da.

10 2.
Seit jenem Tag sind viele, viele Monde
Geschwommen still hinunter und vorbei.
Die Pflaumenbäume sind wohl abgehauen
Und fragst du mich, was mit der Liebe sei?
15 So sag ich dir: ich kann mich nicht erinnern
Und doch, gewiß, ich weiß schon, was du meinst.
Doch ihr Gesicht, das weiß ich wirklich nimmer
20 Ich weiß nur mehr: ich küßte es dereinst.

3.
Und auch den Kuß, ich hätt ihn längst vergessen
Wenn nicht die Wolke dagewesen wär
25 Die weiß ich noch und werd ich immer wissen
Sie war sehr weiß und kam von oben her.
Die Pflaumenbäume blühn vielleicht noch immer
Und jene Frau hat jetzt vielleicht das siebte
30 Kind
Doch jene Wolke blühte nur Minuten
Und als ich aufsah, schwand sie schon im Wind.

R

Arbeitsvorbereitung – Die Aufgabenstellung verstehen

1 Nennen Sie Schlüsselbegriffe, die Sie in der Aufgabenstellung auf S. 79 finden.
2 Geben Sie an, welche der folgenden Einzeloperationen mit dem Operator „analysieren" auf jeden Fall gemeint sind.
3 Klären Sie, welche der folgenden Operationen/Tätigkeiten (Information) nur dann erforderlich sind, wenn sie in der Aufgabenstellung ausdrücklich genannt werden.

Information **Operationen/Tätigkeiten in Deutschklausuren**

- die Aussage eines Textes erschließen
- die Struktur eines Textes untersuchen
- stilistisch-rhetorische Elemente eines Textes untersuchen
- die Intention eines Textes benennen
- eine Textaussage in einen Epochen- oder Genre-Zusammenhang einordnen
- einen Text bewerten
- einen Text mit anderen bekannten oder unbekannten Texten vergleichen
- Analyseergebnisse in einen angegebenen fachlichen Zusammenhang einordnen
- kritisch zu einem im Text angesprochenen Sachverhalt oder Problem Stellung nehmen
- eine eigene Stellungnahme zum Thema verfassen
- auf Basis der Textvorlage nach konkreten Arbeitsanweisungen einen eigenen Text produktiv gestalten bzw. selbst verfassen

4 Die Aufgabenstellung verlangt, einen Vergleich durchzuführen. Wie lässt sich diese Aufgabe methodisch bewältigen? Legen Sie sich zur weiteren Vervollständigung auch für spätere Aufgaben (evtl. am Computer) eine Tabelle an, in der Sie zunächst nur die beiden Kopfzeilen ausfüllen.

Methode **Typische Aufgabenstellungen verstehen**

Anforderung der Aufgabe

Vergleich: Bezüge herstellen, d. h.:
- Textaussagen und -gestaltungen auf andere Texte beziehen,
- Ebenen bzw. Elemente von Texten deutend aufeinander beziehen,
- Textaussagen auf Vorwissen oder eigene Erfahrungen beziehen.

Methoden der Texterarbeitung

- **Zweispaltige Übersicht:**
  Sie übertragen die möglichen Bezüge knapp in eine übersichtliche zweispaltige Tabelle. In der Kopfzeile der Tabelle notieren Sie die Titel der beiden zu vergleichenden Texte. Dann tragen Sie zum ersten Text in der ersten Spalte wichtige Analyseergebnisse ein. Diesen ordnen Sie anschließend in der zweiten Spalte Analyseergebnisse zum zweiten Text zu.
- **Dreispaltige Tabelle:**
  Um zwei Texte miteinander zu vergleichen, erweitern die Sie die Tabelle auf drei Spalten (Beispiel ► S. 82 unten). Sie verfahren wie oben, ergänzen jedoch in der Zusatzspalte einige Vergleichsaspekte.

Tipp: Weitere typische Aufgabenstellungen und Methoden der Texterarbeitung finden Sie auf S. 33.

Schwerpunkte festlegen – Interpretationsthesen ausführen

1 Bereiten Sie Gesichtspunkte für eine **aspektorientierte Interpretation** (► S. 65) des Goethe-Gedichts vor. Nach Ihrer Lektüre sollten Sie zum einen die Ihrem Textverständnis nach wichtigsten Aspekte näher untersuchen, zum anderen können Sie auch aus der folgenden Information Aspekte auswählen, die Ihnen für eine Deutung dieses Textes zusätzlich lohnenswert erscheinen:

Information **Aspekte einer Gedichtanalyse/-interpretation**

- besondere Akzentuierung des Themas im vorliegenden Gedicht
- evozierte Stimmung
- Darstellung von Figuren, ihrer Eigenschaften, Verhaltensweisen und ihrer Beziehungen zueinander bzw. zum lyrischen Ich
- Darstellung von (Natur-)Räumen und deren Funktionen
- Einstellung und Stimmungslage des lyrischen Ichs
- Strophengliederung, Reimschema, Versmaß, rhythmischer Aufbau (► S. 140–143)
- sprachliche Bilder und ihr Beitrag zum Thema bzw. zur Gedichtaussage
- rhetorische Figuren, sonstige sprachliche Mittel und ihre Funktion im Gedicht (► S. 144–146)
- Zusammenspiel von Inhalt und Form

2 Formulieren Sie zu Ihrem Textverständnis und evtl. zu einigen dieser Aspekte Interpretationsthesen. Tipp: Greifen Sie evtl. auf den Formulierungsbaustein auf S. 67 zurück.

3 Belegen und deuten Sie Ihre Thesen, indem Sie zu jeder These ein Zitat notieren, dieses kurz erklären und an die These rückbinden (► S. 66 und 537).
Tipp: Nutzen Sie die Bausteine „Interpretationsthese" und „Verknüpfungssätze" auf S. 66, 67.

Werkübergreifende Deutung – Kontextwissen zur Epoche einbeziehen

1 Goethes Gedicht ist auf das Jahr 1775 datiert und fällt damit in die Epoche des Sturm und Drang (► S. 237). Stellen Sie in einer Mindmap Aspekte der Sturm-und-Drang-Epoche zusammen, die Sie in dem Goethe-Gedicht erkennen können, z. B.:

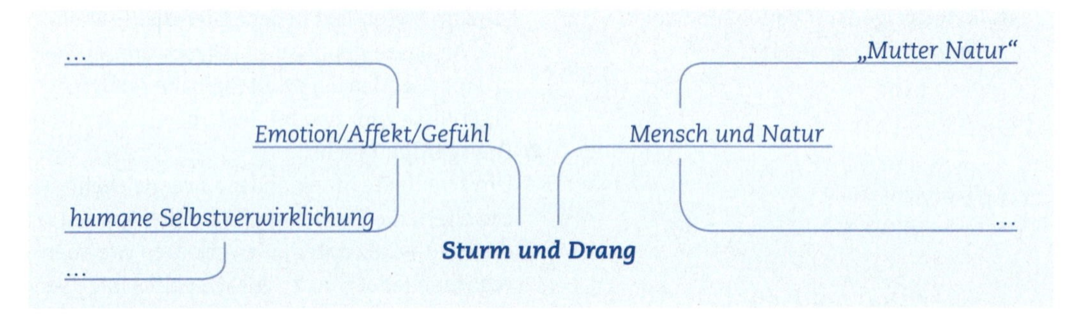

2 Formulieren Sie anschließend eine werkübergreifende Interpretationsthese (► S. 69).

3 Entwickeln Sie zu dieser These einen Beweisgang. Nennen Sie dabei auch das angewandte Verfahren Ihrer literarischen Interpretation (► S. 70–71).

Den Aufsatz eröffnen – Von der Einleitung zum Hauptteil

1 Beginnen Sie mit dem Eröffnungsteil eines Interpretationsaufsatzes zu Goethes Gedicht. Schreiben Sie nach Ihrer Textanalyse einen Einleitungssatz und Ihre zentrale Interpretationsthese auf.
Tipp: Greifen Sie auf den Formulierungsbaustein „Einleitungssätze" auf S. 67 zurück.

2 a Erarbeiten Sie für den Beginn des Hauptteils Ihres Aufsatzes einen inhaltlichen und formalen Überblick über das Gedicht. Übernehmen Sie dazu z. B. die folgende dreispaltige Tabelle in Ihr Kursheft und ergänzen Sie sie durch Ihre Ergebnisse zu Goethes Gedicht.

Vergleichsaspekte	***„Maifest"***	***„Erinnerung an die Marie A."***
Gedichtform und Strophengliederung	...	...
Inhalt 1. Strophe	*Das lyrische Ich ist von der Schönheit der Natur ergriffen. ...*	
...	...	

b Verfassen Sie den Beginn Ihres Hauptteils zu Goethes Gedicht.

Methode **Erste Aspekte des Hauptteils – Form und Inhalt beachten**

- Angaben zur Gedichtform und zum Aufbau (**Strophengliederung** etc., ►S. 142–143)
- gegliederte Wiedergabe des Inhalts mit eigenen Worten (z. B. ein Satz zu jeder Strophe mit Angaben zur Stimmung des lyrischen Ichs oder zur jeweiligen Variation des Themas)
- Anmerkungen zur Haltung des lyrischen Ichs/des Sprechers (z. B. distanziert, ironisch, nüchtern, unbeteiligt, stark emotional beteiligt etc.)

Einen Vergleich planen und ausführen – Verschiedene Aspekte bedenken

1 Füllen Sie Ihre dreispaltige Tabelle (►S. 82) weiter aus, indem Sie sie durch entsprechende Angaben zum Brecht-Gedicht „Erinnerung an die Marie A." ergänzen.

2 Klären Sie, um den Vergleich der beiden Gedichte zu vertiefen, weitere Fragen wie die folgenden und tragen Sie Ihre Ergebnisse dazu ebenfalls in Ihre Tabelle ein:
- Welchen literarischen Epochen sind die beiden Gedichte zuzuordnen?
- Variiert die Gestaltung des Themas im Gedicht und lassen sich die Besonderheiten der Themengestaltung in diese Epochen einordnen?
- Wie nah rückt das lyrische Ich jeweils an das Dargestellte heran? Wie sehr identifiziert es sich damit?
- Wird dadurch das Naturerleben variiert?
- Inwieweit bewegen sich beide Gedichte zwischen Pathos und Nüchternheit?
- Wie sind beide Gedichte sprachlich gestaltet (Wortwahl, rhetorische Mittel etc.)?
- In welcher Weise nimmt Brechts Gedicht auf das von Goethe Bezug? (Intertextualität, ►S. 112).

3 Führen Sie nach entsprechender Untersuchung zum Vergleich der beiden Gedichte aspektorientiert Ihre Interpretationsthesen aus. Nutzen Sie die folgenden Formulierungshilfen:

Formulierungsbausteine: Vergleich
- *Die Texte weisen einige Gemeinsamkeiten auf. In beiden steht das Thema .../die Erfahrung des/der ... im Mittelpunkt.*
- *Die Texte stimmen überein in ...; Parallele Aussagen sind ...; Zudem ist/sind ... (nahezu) identisch.*
- *Die beiden Texte ... weisen aber auch deutliche/markante Unterschiede auf.*
- *Bei näherer Betrachtung fallen aber auch einige Unterschiede auf. Zunächst/Erstens ... Zweitens ...*
- *Während ..., ist der zweite Text ...; Der erste Text ..., der zweite dagegen ...; Ganz anders angelegt ist ...*
- *Unterschiedliche Schwerpunkte setzen die beiden Autoren/Autorinnen auch bei/in ...*
- *Ein wesentlicher Unterschied ist auch im Bereich ... erkennbar, denn ...*
- *Auch bei ... sind ... und ... verschiedene Wege gegangen.*
- *Alles in allem kann man sagen, dass ...; Als Resümee des Textvergleichs ergibt sich: ...*

4 Stellen Sie den von Ihnen verfassten Einleitungssatz (Aufgabe 1, ►S. 82), Ihre ersten Ausführungen zum Goethe-Gedicht sowie zum Vergleich bzw. alle Ihre Interpretationsbausteine zu einem Aufsatz zusammen. Runden Sie diesen mit einigen resümierenden Schlusssätzen ab, in denen Sie Schlussfolgerungen aus Ihren Analyseergebnissen formulieren.

Den Interpretationsaufsatz überarbeiten – Ein Arbeitsplan

1 Prüfen Sie anhand des folgenden Arbeitsplans und der daran anschließenden Information, ob Sie alle Arbeitsschritte sinnvoll angelegt und angemessen vollzogen haben:

Methode **Arbeitsplan: Interpretationsaufsatz**

Arbeitsschritte	Besondere Anforderungen
Vorbereitung	
1. Phase: Klärung der Aufgabenstellung	
■ die thematischen Schwerpunkte der gestellten Aufgaben nachvollziehen ■ Anforderungen der in den Aufgaben genannten Operatoren (z.B. analysieren, interpretieren, vergleichen etc.) erfassen und abgrenzen ■ die in Aufgabenteilen evtl. genannte Gewichtung (z.B. 30 % zu 70 %) berücksichtigen und die Arbeitsschwerpunkte daran ausrichten	■ mit einer ersten stichwortartigen Schreibplanung Vorsorge treffen, dass vom Thema nicht abgewichen wird und dass die Aufgabenteile entsprechend gewichtet werden ■ durch eine genaue Prüfung der angegebenen Operatoren verhindern, dass gar nicht verlangte Arbeitsschwerpunkte gesetzt werden, die bei der Benotung unberücksichtigt bleiben
2. Phase: Gedankliche Erschließung des vorgelegten Textes	
■ gemäß Titel, Textsorte und Autornennung Vorwissen zu Text und Thema aktivieren ■ den vorgelegten Text mehrfach gründlich lesen ■ werkimmanente und werkübergreifende Aspekte mit Hilfe von Markierungen (z.B. Textgliederungslinien, Unterstreichungen, Einkreisungen) und am Blattrand (z.B. Kürzel für Metaphern, rhetorische Figuren, Reimschema etc.) kennzeichnen ■ die ersten analytischen Ergebnisse durch erneutes gezieltes Lesen ausbauen und absichern	■ dem Drang zum sofortigen Beginn der Niederschrift ohne eine vorherige gedankliche Klärung aller Aspekte widerstehen, um so eine völlig ungeordnete Ausführung zu vermeiden ■ die Analyse sprachlicher und struktureller Besonderheiten eines Textes nicht vergessen ■ auf Bezüge zwischen Inhalt und Form eingehen ■ nicht nur Einzelheiten verstehen, sondern diese in ihrem Zusammenhang reflektieren ■ um Unübersichtlichkeit zu vermeiden, den Text nicht mit Markierungen überladen
3. Phase: Gliederung der Analyseergebnisse mit Hilfe von Interpretationsthesen	
■ Interpretationsthesen formulieren, die geeignet sind, analytische Ergebnisse zum eigenen Textverständnis zusammenzufassen ■ die Textmarkierungen und Randnotizen mit Hilfe verschiedenfarbiger Marker den Thesen zuordnen und damit überschaubarer machen	■ Interpretationsthesen als „Wegweiser" für die Niederschrift nicht zu umfassend anlegen ■ Interpretationsthesen so anlegen, dass sie sich inhaltlich nicht überschneiden ■ die Thesen so anlegen, dass sie zentrale Aussagen und gestalterische Besonderheiten des Textes abdecken

4. Phase: Gedankliche Erschließung einer weiterführenden Aufgabe

- beim Textvergleich die Lösung dieser weiterführenden Aufgabe z.B. mit Hilfe einer Tabelle methodisch vorbereiten
- bei einer gestalterischen Weiterführung die Lösung durch eine Ideensammlung (Mindmap, Strukturdiagramm) vorbereiten
- in der gedanklichen Entwicklung einer weiterführenden Aufgabe immer den Ausgangstext im Blick behalten, damit der inhaltliche Rahmen der Aufgabe nicht gesprengt wird

Schreibphase

5. Phase: Einleitung des Aufsatzes und Eröffnung des Hauptteils

- die Niederschrift des Aufsatzes mit einem Einleitungssatz beginnen, in dem Angaben zu Autor/in, Titel, Textsorte, Thema und evtl. dem Erscheinungsjahr gemacht werden
- die zentrale Interpretationsthese nennen
- bei Textauszügen (z.B. aus Dramen oder Romanen) zum Beginn des Hauptteils kurz die im Auszug vorkommenden Figuren vorstellen und den Handlungszusammenhang erklären
- den Inhalt der Textvorlage gegliedert wiedergeben (bei Gedichten z.B. ein Satz zu jeder Strophe mit Angaben zur Stimmung oder Thema)
- das Thema weder zu weit noch zu eng fassen
- keine textbezogenen Informationen einfach voraussetzen
- bei der Inhaltswiedergabe das Präsens als Basiszeit verwenden (bei Vorzeitigkeit das Perfekt)
- sich bei der Inhaltswiedergabe von der Wörtlichkeit des Textes lösen und die Aussagen möglichst prägnant mit eigenen Worten formulieren (daher möglichst im eröffnenden Teil des Aufsatzes auf Zitate verzichten)

6. Phase: Werkimmanente Analyse/Interpretation

- die Ergebnisse der werkimmanenten Analyse aspektorientiert mit Hilfe von Thesen strukturiert darstellen
- jede Interpretationsthese ausführen (mit beschreibenden Ausführungen und Textbelegen, darauf bezogenen interpretierenden Erläuterungen und einer resümierenden gedanklichen Rückbindungen an die Ausgangsthese)
- im Aufsatz sinnvoll Fachbegriffe und ihr analytisches Potenzial nutzen
- interpretatorische Behauptungen nicht unbewiesen lassen, sondern mit Zitaten stützen
- im Rahmen der Aufgabenstellung nicht nur beschreiben, sondern zu jedem festgestellten Phänomen eine Deutungsidee vorstellen
- die eigenständigen Erläuterungen umfangreicher anlegen als die Zitate
- nicht mit der Länge des Aufsatzes beeindrucken wollen, sondern mit gedanklicher Präzision und Dichte, Stichhaltigkeit und gründlicher Entfaltung des eigenen Analyse-/Interpretationsgedankens

7. Phase: Werkübergreifende Kontextuierung

- die Ergebnisse der werkübergreifenden Analyse aspektorientiert darstellen und dabei je nach Aufgabe z. B. Wissen über die Autorin/den Autor, die literatur- und geistesgeschichtlichen Hintergründe, politisch-soziale Zusammenhänge oder Aspekte der Textgattung nutzen
- einen resümierenden Schlusssatz verfassen
- Wissen aus dem Unterricht nicht nur einfach nennen, sondern dieses Wissen nutzen, um für den Text zusätzliche Deutungsebenen zu erschließen
- spekulativ-voreilige Parallelisierungen zwischen Textaussagen und Kontext-Fakten vermeiden

8. Phase: (evtl.) Lösung einer weiterführenden Aufgabe und Schluss

- die Lösung zur möglichen zweiten Aufgabe, z. B. eine gestalterische oder erörternde Weiterführung, als zweiten Text anlegen
- wortwörtliche Wiederholungen von Ausführungen aus den Phasen 6 und 7 vermeiden; Wichtiges vielmehr noch einmal knapp neu auf den Punkt bringen

9. Phase: Textkontrolle/Textüberarbeitung

- den gesamten Aufsatz v. a. im Hinblick auf Ausdruck, Rechtschreibung, Zeichensetzung und angemessenes Zitieren prüfen
- um einem Aufmerksamkeitsverlust entgegenzuwirken, die Ausführungen Satz für Satz vom Ende her überprüfen

3.4 Gestaltendes Interpretieren

Information Gestaltendes Interpretieren

Nicht nur im Unterricht, sondern auch in zentralen Prüfungen werden Ihnen produktionsorientierte Aufgaben gestellt. Hierzu gehört auch das gestaltende Interpretieren. Bei diesem Aufgabentyp beweisen Sie Ihr Textverständnis dadurch, dass Sie selbst einen fiktionalen Text schreiben, der einen literarischen Ausgangstext auf sinnvolle Weise ergänzt oder weiterführt. Das gestaltende Interpretieren hat also nichts mit freiem Schreiben oder freier Umgestaltung literarischer Vorlagen zu tun. Oft geht man dabei von so genannten Leerstellen (Information, ► S. 70) aus, die von den Leserinnen und Lesern aus dem Textzusammenhang erschlossen werden müssen. Das literarische Produkt, etwa ein Brief, den z. B. die Hauptfigur an einen Freund in der Ferne schreibt, muss inhaltlich und formal mit der Textvorlage verträglich sein, setzt also eine auf Analyse basierende gute Textkenntnis und ein vertieftes Textverständnis voraus.

In diesem Kapitel erwerben Sie folgende Kenntnisse und Kompetenzen:

- die besonderen Herausforderungen des gestaltenden Interpretierens erkennen,
- Leerstellen in literarischen Texten füllen,
- die interpretierende Weiterführung eines literarischen Textes strukturieren,
- eigene Texte bewerten.

Aufgabenstellung

1. Analysieren Sie die Kurzgeschichte „Flitterwochen, dritter Tag“ von Gabriele Wohmann.
2. Am Abend desselben Tages schreibt die Ich-Erzählerin einer Freundin einen Brief, in dem sie ihr ausführlich aus den Flitterwochen berichtet. Gestalten Sie einen solchen Brief.
3. Erläutern Sie an ausgewählten Beispielen Ihre Überlegungen zur inhaltlichen und sprachlichen Gestaltung des Briefes.

Gabriele Wohmann: **Flitterwochen, dritter Tag** (1968)

Gabriele Wohmann (geb. 1932) studierte Literaturwissenschaften und schrieb schon in jungen Jahren eigene Texte. Für ihr Werk erhielt sie mehrfach hohe Auszeichnungen, darunter 1980 das Bundesverdienstkreuz 1. Klasse.

Reinhard am dritten Tag gegen fünf, auf der Bierkneipenterrasse: du wirst deine Arbeit aufgeben. Du wirst einfach kündigen. Es war fast windstill, die Luft feucht. Ich kam aber nicht ganz dahinter, ob es mir richtig behagte. Ich starrte immer weiter den Mann mit der Warze an. Reinhard hob sein Glas, trank mir zu, mit irgendeinem Trinkspruch auf unsere Zukunft. Die Warze sah wie ein Polyp aus. Reinhard schlug vor, so wie jetzt an der See auch später regelmäßig abends spazieren zu gehen. Ja. Warum nicht? Schließlich: die Wohnung mit ihrer günstigen Lage. Unterm Hemd würde die Warze sich auch bemerkbar machen. Sie war mehr als einen Zentimeter lang. Seitlich vom Schlüsselbein stand sie senkrecht ab. Prost, Schatz, cheerio! Vielleicht, bei diesem Unmaß, hieß das nicht mehr Warze, was ich immer noch anstarrte. Liebling, he! Wir sind getraut! Du und ich, wir zwei – was man sich so zunuschelt kurz nach der Hochzeit. Reinhards Lieblingsgerichte, dann meine. Durch die Fangarme sah die Warze einer Narrenkappe ähnlich. Die Wohnung werden wir nach deinem Geschmack einrichten; der Garten – bloß Wildnis. Tee von Reinhards Teegroßhändler. Nett, so einig zu sein. Abwegiges Grau der See, und mein zweites Glas leer. Die Oberfläche der Warze war körnig, wie die Haut auf Hühnerbeinen. Reinhard hat noch zwei Stella Artois[1] bestellt, ich fühlte nun doch ziemlich genau, daß es mir zusagte, das Ganze, Bier, diese Witterung, dies bemerkenswerte Meer und unser Gerede über alles, zum Beispiel: Hauptsache, du bist dein blödes Büro los. Das schrundige Ding auf der Schulter, erstarrtes Feuerwerk, stand nicht zur Debatte. Reinhard schützte wieder mal ein Schiff vor und starrte durchs Fernglas runter auf den Strand. Gewitter stand unmittelbar bevor, unser Zusammenleben auch, auch Abendspaziergänge, Teebestellungen, Leibgerichte, die Warze immer noch sichtbar nun unterm Hemd, das der Mann anzog. Antonio Gaudi[2] hätte sie geträumt haben können. Reinhard redete, und ich habe eine Zeitlang nicht zugehört, weil ich – ich hätte schon ganz gern gewußt, ob das nicht weh tat, wenn mehr als nur ein Hemd auf die Warze Druck ausübte. Organisation, Schatz, sagte Reinhard, und er ist nicht nur billiger beim Großhändler, es ist einfach besserer Tee. Weitere Stella Artois, die Schwüle war mir recht, das Meer lieb und wert, egal Reinhards Seitensprünge durchs Fernglas. Der leicht bekleidete Krake, der vertrauliche Vielfuß, Verruca[3] die Warze. Freust du dich, Schatz? Reinhard war mir jetzt näher. Auf alles, Schatz? Und was man so sagt. Es war nett.

Der Mann mit der neukatalanischen[4] Warze bezahlte. Dann verstaute er sein Fernglas in einem etwas abgeschabten Lederetui. Er stand

1 Stella Artois: belgische Biermarke
2 Antonio Gaudi (1852–1926): spanischer Architekt, der eine persönliche und originelle Form des Jugendstils entwickelte, den neukatalanischen Baustil. Bekanntes Werk: Kirche der Sagrada Familia in Barcelona
3 Verruca: Warze
4 (neu)katalanisch: Adjektiv zu Katalonien (spanische Provinz im Nordosten der Iberischen Halbinsel)

auf. Da stand auch ich auf. Der Mann mit der Warze bahnte sich den besten Weg zwischen den Korbsesseln. Ich hinterher. Er brauchte nicht weiter auf mich zu warten, ich habe kaum gezögert, er wartete, wieder mir zugekehrt, die Warze, das Wappen, er wartete, Reinhard wartete, mein Mann mit der Warze. 65

R

Arbeitsvorbereitung – Die Aufgabenstellung verstehen

1 Geben Sie die entscheidenden Schlüsselbegriffe aus der Aufgabenstellung auf S. 87 an.

2 Die Aufgabenstellung enthält mehrere Anforderungen. Sie müssen in der Textvorlage eine Situation (hier: die der Hauptfigur) und einen Prozess (hier: einen Handlungsverlauf) erkennen und auf Grund dieser Analyse dann eine gestaltende Übertragung vornehmen (hier: in die Briefform).

a Prüfen Sie, welche der folgenden Methoden der Erarbeitung Sie in letzter Zeit schon einmal genutzt haben, um Aufgaben dieser Art vorzubereiten.

b Reflektieren Sie, wie hilfreich diese Methode gewesen ist.

Methode **Typische Aufgabenstellungen verstehen** (► S. 33)

Anforderung der Aufgabe	**Methoden der Erarbeitung**
Die Situation erkennen ■ die in einem literarischen Text entworfene Situation strukturieren	**Mindmap:** Die in einem literarischen Text dargestellten Elemente einer Situation (z. B. einer Urlaubssituation) stellen Sie in einer Mindmap systematisch gegliedert dar. Auf deren Hauptäste schreiben Sie die Faktoren, welche die Situation hauptsächlich ausmachen. Den Nebenästen ordnen Sie Einzelheiten bzw. Beispiele zu. **Strukturdiagramm:** Sie stellen grafisch dar, welche Faktoren in der Situation wie wirken. Neben Stichworten können Sie auch Elemente wie Pfeile, Gegensatzpfeile, Umkreisungen, Barrieren etc. verwenden (Beispiel ► S. 89 unten).
Den Prozess nachvollziehen ■ Handlungsabläufe bzw. gedankliche Entwicklungen in Texten beschreiben	**Flussdiagramm:** Sie drücken in Stichworten den dargestellten Handlungsverlauf in einer vertikalen grafischen Anordnung aus, die zeitliche und/oder logische Zusammenhänge klarmacht (Beispiel ► S. 17). **Zeitleiste:** Sie stellen Handlungsabläufe in horizontaler Anordnung linear dar, indem Sie den im Text behandelten Zeitraum auf einer Leiste eintragen, ihn unterteilen und die Hauptereignisse stichwortartig den verschiedenen Zeitpunkten zuordnen.
Die Gestaltung übertragen ■ aus einem Text gewonnene Einsichten zur Gestaltung eines Parallel- bzw. Fortsetzungstextes verwenden	**Tabelle:** In der ersten Spalte einer Tabelle notieren Sie zunächst stichwortartig wichtige Ergebnisse der Textanalyse. In der zweiten Spalte ordnen Sie dann in jeder Zeile Ideen zu, mit denen Sie diese im Text vorgefundene Ausgangslage in dem Parallel- bzw. Fortsetzungstext aufgreifen und fortentwickeln könnten.

Literarisches Erzählen – Strategien und Elemente erkennen und beschreiben

1 Formulieren Sie einen **Einleitungssatz** (► S. 65,67) für einen Aufsatz, in dem die Geschichte von Gabriele Wohmann kurz vorgestellt wird. Machen Sie darin Angaben zu Autorin, Textsorte, Titel, Erscheinungsjahr und Thema.

2 Fertigen Sie zur Situation, die in der Kurzgeschichte entworfen wird, eine Mindmap an. Notieren Sie Informationen zur Figurenkonstellation, zu Ort, Milieu, Zeit und Atmosphäre/Stimmung.
Tipp: Zu grundlegenden Fragen der Analyse/Interpretation von Kurzprosa siehe auch S.100.

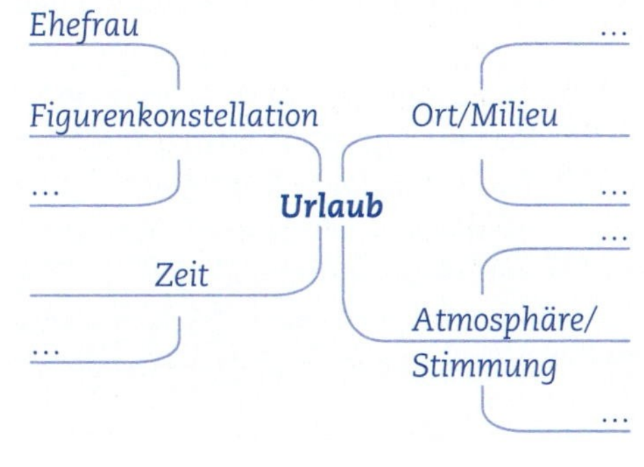

3 Stellen Sie in einer Zeitleiste dar, welche Handlungsschritte die Kurzgeschichte umfasst, z. B.:

4 Machen Sie in einer Stichwortliste detaillierte Angaben zur Erzählerin und der **Erzählstrategie** (► S. 110–111). Prüfen Sie insbesondere, wie intensiv die Außen- und die Innensicht auf die beiden Hauptfiguren entwickelt werden und wie sich das Geschehen für das Lesepublikum somit darstellt.

5 Beschreiben Sie die Kommunikation zwischen den Figuren in einer weiteren Mindmap:
Tipp: Informationen zum Thema „Aspekte der Kommunikation" finden Sie auf den S. 472–475.

6 Reflektieren Sie, welche Elemente des Erzählens sich wechselseitig in ihrer Funktion und Wirkung unterstützen. Stellen Sie diese Bezüge in einem Strukturdiagramm dar, z. B.:

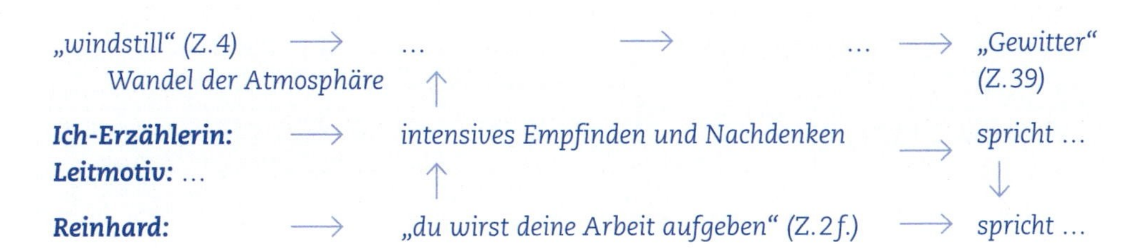

7 **a** Fassen Sie Ihre Untersuchungsergebnisse zusammen: Formulieren Sie Ihre zentrale Interpretationsthese zur Aussage und zum Aspekt der Wechselwirkung von Inhalt und Form (▶ S. 67).
b Betrachten Sie erneut Textanfang sowie -ende und machen Sie klar, dass es sich bei diesem Text um eine **Kurzgeschichte** (▶ S. 99–100) handelt. Formulieren Sie auch dazu eine These.

8 Führen Sie Ihre Thesen dann schriftlich in Aufsatzform aus, indem Sie jeweils Textbelege bzw. Textverweise und entsprechende Erläuterungen hinzufügen.

Formulierungsbausteine: Analyse einer Kurzgeschichte
- *Die 1968 publizierte Kurzgeschichte ... von ... behandelt das Thema ...*
- *In dieser Kurzgeschichte wird eine Urlaubssituation entworfen. Dieser Situation entsprechend hat das dargestellte Paar sehr viel Zeit, einander wahrzunehmen. Allerdings dominiert die Innensicht auf ...*
- *Zentrale Passagen der Geschichte geben Wahrnehmungen und Reflexionen der ... wieder. Besonders intensiv sind diese inneren Prozesse im Abschnitt von Z. ... bis Z. ... dargestellt. Dort ...*

Das gestaltende Interpretieren vorbereiten und ausführen – Methoden der Ideenfindung

1 Finden Sie in der Geschichte (gemäß der zweiten Aufgabenstellung, ▶ S. 87) Anknüpfungspunkte für einen Brief der Ich-Erzählerin und stellen Sie diese in einer Tabelle zusammen.
a Tragen Sie solche Äußerungen der zweiten Hauptfigur ein, die bei der Ich-Erzählerin starke Empfindungen und Reflexionen ausgelösen.
b Listen Sie äußere Gegebenheiten in der Geschichte auf (Raum, Zeit, Gegenstände etc.), an die Sie in Ihrer eigenen Textgestaltung anknüpfen könnten.
c Versuchen Sie, sich in die Situation der Ich-Erzählerin hineinzuversetzen. Entscheiden Sie, welche in der Geschichte mitgeteilten Reflexionen der Figur für ihre Freundin von besonderer Bedeutung sein könnten. Ergänzen Sie entsprechend in der ersten Spalte Ihrer Tabelle.
d Wenden Sie sich weiteren Aspekten der Kurzgeschichte zu, die in dem Brief aufgegriffen werden könnten, und notieren Sie diese in der ersten Spalte.

Anknüpfungsmöglichkeiten	***Ideen für den Anschlusstext (Brief)***
Äußerungen des Mannes:	
...	*Mir wurde schlagartig klar, was mir in dieser Ehe bevorstand: ...*
äußere Gegebenheiten:	
„Bierkneipenterrasse“ (Z. 2)	*...*
...	*...*
„Abwegiges Grau der See“ (Z. 27)	*Das triste, graue Meer hatte meine Stimmung zusätzlich eingetrübt.*
Reflexionen der Figur:	
...	*...*
„Die Warze sah wie ein Polyp aus“ (Z. 9)	*...*
...	*...*

2 Es gibt viele Möglichkeiten, Gedanken und Empfindungen einer Figur fortzuführen. Welche der folgenden Optionen erscheinen Ihnen im gegebenen Fall besonders sinnvoll? Tragen Sie in der zweiten Spalte Ihrer Tabelle entsprechend ein. Bedenken Sie dabei, dass die Figur nun einige Stunden später etwas Abstand zu den Ereignissen gewonnen hat, sodass in ihrem Brief weitere Sichtweisen möglich sind, die den in der Geschichte mitgeteilten Reflexionsstand überschreiten.

Methode **Gestaltendes Interpretieren – Gedanken und Äußerungen einer Figur fortführen**

- Die Figur **reagiert** mit ihren Gedanken **auf** die **Äußerung einer anderen Figur.**
- Die Figur **denkt über Beobachtungen** nach, die sie gemacht hat.
- Sie **ruft sich** eigene **emotionale Reaktionen in Erinnerung** und kommentiert sie.
- Sie **denkt über** ihre **eigene Vergangenheit und Zukunft nach.**
- Sie **reflektiert** die **Beziehungen** zu anderen Menschen.
- Sie **macht** sich oder anderen **Vorwürfe.**
- Sie **äußert** einem Adressaten gegenüber eine **Bitte.**
- Sie **erkundigt sich nach** der **Vergangenheit einer anderen Figur,** um diese besser zu begreifen.

3 Gestalten Sie gemäß der zweiten Aufgabenstellung Ihren Brief:
a Denken Sie an die Situation der Ich-Erzählerin in der Geschichte und entscheiden Sie, mit welchem Gedanken der Brief einsetzen könnte. Formulieren Sie diesen Eröffnungssatz.
b Legen Sie die übrigen Gedanken stichwortartig fest. Überlegen Sie dabei, ob Sie den Brief evtl. mit einer interessanten Pointe enden lassen wollen. Nummerieren Sie die Eintragungen in Ihrer Tabelle entsprechend durch und gestalten Sie Ihren Brief dann schriftlich aus.

4 Erläutern Sie, weshalb Sie z. B. einen besonderen Gedanken formuliert, eine bestimme **Stilebene** (► S. 45) gewählt, einem Gefühl deutlichen Ausdruck verliehen oder jene Beobachtung weiter ausgeführt haben.

5 Vergleichen Sie den Figurenbrief mit anderen Optionen (Methode), die in Klausuren ebenfalls vorkommen können. Welche Vor- und Nachteile bietet der Figurenbrief Ihrer Meinung nach?

Methode **Gestaltendes Interpretieren – Gedanken und Äußerungen einer Figur fortführen**

Nach der Analyse eines Ausgangstextes weisen Sie mit seiner **gezielten Umgestaltung bzw. Weiterführung** nach, dass Sie wesentliche Aspekte des Textes erkannt haben und entsprechend in Ihre produktive Gestaltung aufnehmen können. Wesentliche Gestaltungsaufgaben sind:

- **(Innerer) Monolog:** Ähnlich wie in einem Brief schreiben Sie einer literarischen Figur – oder auch einer Filmfigur – Gefühlsäußerungen und Reflexionen zu. Dazu wählen Sie eine bestimmte Situation aus einer Erzählung bzw. aus einem Film aus, versuchen, sich so intensiv wie möglich in die Figur hineinzuversetzen, und schreiben dann in Ich-Form und im Präsens als Basiszeit alles auf, was der Figur in diesem Moment durch den Kopf gehen könnte. Anders als im Brief sind diese Gedanken nicht an eine zweite Figur adressiert; vielmehr redet die Figur mit sich selbst.
- **Tagebucheintrag:** Auch diese Form der gestaltenden Weiterarbeit ist monologisch angelegt. Sie schlüpfen in eine literarische Figur hinein und äußern sich in deren Reflexionshorizont. Das Tagebuch ist dabei der stumme Gesprächspartner. Anders als im inneren Monolog werden meist größere Zeiträume geistig verarbeitet (also nicht nur ein bestimmter Moment, sondern z. B. ein ganzer Tag). In einem Tagebucheintrag sollten Aspekte der Selbstreflexion nicht fehlen, d. h., die Figur, deren Rolle Sie einnehmen, sollte über sich selbst und ihr Verhalten nachdenken, auf die Vergangenheit zurückblicken oder Zukunftspläne schmieden.

- **Dialog:** Als in erster Linie mündlich geführte Rede und Gegenrede zwischen zwei oder mehreren Figuren ist der Dialog wesentlich für das Drama und ein Gestaltungsmittel in erzählenden Texten. Dialoge charakterisieren Figuren und entwickeln bzw. beeinflussen die Handlung (Konflikte). Im Unterschied zur Mündlichkeit des Alltags wird bei der literarischen Ausgestaltung eines Dialogs in der Regel auf Füllwörter oder einfache Satzstrukturen entweder verzichtet oder sie werden bewusst eingesetzt.

Den Text überarbeiten – Stimmigkeit, Entfaltungsgrad, Prägnanz

1 Nutzen Sie die folgende Prüfliste, um Ihren Text zu überarbeiten.

2 Korrigieren Sie auch Grammatik, Rechtschreibung und Zeichensetzung (► S. 530–536).

Methode **Prüfliste „Weiterführendes gestaltendes Schreiben"**

Stimmigkeit
- Setzen meine Ausführungen die Machart des Ausgangstextes fort? Sind die prägenden Elemente des Textes, die ich analysiert und notiert habe, von mir berücksichtigt worden?
- Passt das Denken und Handeln meiner Figur zur Figur des Ausgangstextes?
- Passen meine Ausführungen in Inhalt und Form zu der Textsorte, der Aufgabenstellung?

Entfaltungsgrad
- Habe ich meinen Text an den für mich wichtigen Stellen detailliert ausgestaltet oder bleibt alles oberflächlich, da ich eigentlich keine weiterführenden Aspekte finden konnte?
- Habe ich gemäß meinen Voruntersuchungen einen zur Figur passenden Schreibstil gewählt? Konnte ich Empfindungen der Figur der Situation gemäß ausdrücken?

Prägnanz
- Stimmt mein Text mit der Stillage des Ausgangstextes überein („Haus der Stile", ► S. 45)? Kann ich etwaige Abweichungen vom Ausgangstil im Hinblick auf die Wirkung begründen?
- Habe ich Formulierungen gewählt, die zum Denken und Handeln der Figur passen?
- Inwiefern habe ich die von mir untersuchte Atmosphäre und die Stimmungslage des Ausgangstextes aufgegriffen und gegebenenfalls weiter fortgeführt?

3 Nachfolgend finden Sie einen Ausschnitt aus einer gestaltenden Interpretation eines Schülers zur Kurzgeschichte „Flitterwochen, dritter Tag". Begründen Sie, inwieweit dieses Schülerbeispiel zum Ausgangstext passt. Beachten Sie dazu Aspekte wie Inhalt, Sprache, Aufbau, Textsortenbezug.

Liebste Freundin,
ich frage mich, wie lange ich Reinhard eigentlich schon kenne. Lange genug, wirst du sagen, und dass mich eigentlich nichts mehr überraschen sollte. Und doch kam er mir heute so fremd vor. Beim Bier – es war nicht das erste –, die Luft war feucht, riet er mir, nein, er befahl mir, dass ich meine Arbeit aufgeben solle. Selbst wenn ich mit diesem Gedanken einmal geliebäugelt haben sollte, gesprochen haben wir darüber ernsthaft noch nie. So, wie Reinhard über mich nun bestimmen will, gefällt es mir überhaupt nicht.
Du wirst fragen, ob ich heftig widersprochen habe? Nein, und ich weiß nicht, warum!

B Literarische Gattungen, Film und Textsorten

Ilia Kabakow

Lovis Corinth: Lesende Frau (1888)

1 **a** Betrachten Sie die Abbildungen und notieren Sie Ihre Assoziationen.
b Welchen Gattungen, welchen Medien würden Sie die Abbildungen zuordnen?
c Tauschen Sie sich in Ihrem Kurs über Ihre Erfahrungen mit den Gattungen bzw. Medien aus. Wo liegen Ihre Vorlieben, wozu haben Sie noch keinen Zugang gefunden?

1 Epik

Matthias Stom: Lesender junger Mann (ca. 1630)

Gerhard Richter: Lesende (1994)

„Ich schreibe, um meinen Lebensunterhalt zu verdienen.“
William Faulkner

„Ich schreibe, weil ich eigentlich nur in meinen Texten existiere.“
Joyce Carol Oates

„Ich schreibe, um etwas festzuhalten, das ich miterlebt habe; sonst wäre es verloren.“ *Max Frisch*

„Ich schreibe, um mich an Dinge zu erinnern, die nie geschehen sind.“
Harry Mulisch

„Ich schreibe, weil nur die nicht schreiben, die keine Krise haben.“ *Herbert Achternbusch*

„Ich schreibe, um meine Welt wenigstens für eine Weile unter Kontrolle zu halten.“
T. C. Boyle

„Ich schreibe, um Freude zu bereiten.“
Thomas Mann

---

1 Wählen Sie ein Zitat aus und kommentieren Sie es.
2 Diskutieren Sie, welche Sichtweisen auf das Schreiben in den Zitaten zum Ausdruck kommen.
3 a Verständigen Sie sich über Ihre Motive für das Lesen. Stellen Sie auch Bezüge zu den Gemälden her.
  b Berichten Sie, welche Art von Literatur Sie bevorzugen.
4 Zählen Sie auf, welche Formen erzählender Literatur Sie aus eigener Leseerfahrung kennen.
5 a Die Großgattung Epik zeichnet sich durch vielerlei Arten und Formen fiktiver Erzählungen aus. Man kann z. B. folgende Untergattungen unterscheiden:

Epos Kurzgeschichte Schauerroman Novelle Volksmärchen Anekdote Fabel
Sage Legende Bildungsroman Kalendergeschichte Volksbuch Kriminalroman
Parabel Schwank Tierepos Kunstmärchen Erzählung Gesellschaftsroman
Märchen Heldenepos Briefroman

Prüfen Sie Ihr Vorwissen: Versuchen Sie, in Kleingruppen diese Untergattungen mit Hilfe einer Mindmap auf einem Plakat zu ordnen. Ergänzen Sie die Untergattungen durch Ihnen bekannte Textmerkmale oder Beispiele und fügen Sie evtl. weitere Ihnen bekannte Untergattungen hinzu.
  b Stellen Sie Ihre Plakatergebnisse vor.

In diesem Kapitel erwerben Sie folgende Kenntnisse und Kompetenzen:

- gattungsspezifische Aspekte verschiedener Formen von Prosa beschreiben, unterscheiden und problematisieren,
- Prosatexte vergleichen und interpretieren,
- grundlegende Kategorien der Erzähltheorie in ihrer Funktion erfassen und reflektieren,
- die erzählstrategischen Muster bei der Interpretation von Erzähltexten nutzen,
- Positionen zur Literaturkritik und Kanonbildung bewerten und eigene Positionen vertreten.

Information **Epik**

Im Mittelpunkt des heutigen Leseinteresses auf dem Gebiet der Belletristik, also der so genannten schönen Literatur, des literarischen Lebens und des literarischen Marktes steht eindeutig die Gattung Epik. Ihr Name leitet sich her vom antiken griechischen **Epos**, der in **Versform** verfassten und mündlich vorgetragenen Geschichte um Götter und Helden, wie sie z. B. in der „Ilias" und „Odyssee" des **Homer** (vermutlich Ende 8. Jh. v. Chr.) überliefert sind. Mit der Wende zur Schriftkultur, besonders seit dem Buchdruck in der zweiten Hälfte des 15. Jh.s (▶ S. 192) und der damit verbundenen Literaturrezeption durch Einzelleserinnen und -leser setzte sich die **Prosa** in allen Verzweigungen der Gattung Epik durch.

1.1 Kurzprosa – Kurzgeschichten und Parabeln

Wolfgang Borchert: **Das Brot** (1946)

Plötzlich wachte sie auf. Es war halb drei. Sie überlegte, warum sie aufgewacht war. Ach so! In der Küche hatte jemand gegen einen Stuhl gestoßen. Sie horchte nach der Küche. Es war still. Es war zu still, und als sie mit der Hand über das Bett neben sich fuhr, fand sie es leer. Das war es, was es so besonders still gemacht hatte: Sein Atem fehlte. Sie stand auf und tappte durch die dunkle Wohnung zur Küche. In der Küche trafen sie sich. Die Uhr war halb drei. Sie sah etwas Weißes am Küchenschrank stehen. Sie machte Licht. Sie standen sich im Hemd gegenüber. Nachts. Um halb drei. In der Küche.

Auf dem Küchentisch stand der Brotteller. Sie sah, dass er sich Brot abgeschnitten hatte. Das Messer lag noch neben dem Teller. Und auf der Decke lagen Brotkrümel. Wenn sie abends zu Bett gingen, machte sie immer das Tischtuch sauber. Jeden Abend. Aber nun lagen Krümel auf dem Tuch. Und das Messer lag da. Sie fühlte, wie die Kälte der Fliesen langsam an ihr hochkroch. Und sie sah von dem Teller weg.

„Ich dachte, hier wär was", sagte er und sah in der Küche umher.

„Ich habe auch was gehört", antwortete sie, und dabei fand sie, dass er nachts im Hemd doch schon recht alt aussah. So alt, wie er war. Dreiundsechzig. Tagsüber sah er manchmal jünger aus. Sie sieht doch schon alt aus, dachte er, im Hemd sieht sie doch ziemlich alt aus. Aber das liegt vielleicht an den Haaren. Bei den Frauen liegt das nachts immer an den Haaren. Die machen dann auf einmal so alt.

„Du hättest Schuhe anziehen sollen. So barfuß auf den kalten Fliesen. Du erkältest dich noch." Sie sah ihn nicht an, weil sie nicht ertragen konnte, dass er log. Dass er log, nachdem sie neununddreißig Jahre verheiratet waren.

„Ich dachte, hier wäre was", sagte er noch ein-

mal und sah wieder so sinnlos von einer Ecke in die andere, „ich hörte hier was. Da dachte ich, hier wäre was."
„Ich habe auch was gehört. Aber es war wohl nichts." Sie stellte den Teller vom Tisch und schnippte die Krümel von der Decke.
„Nein, es war wohl nichts", echote er unsicher.
Sie kam ihm zu Hilfe: „Komm man. Das war wohl draußen. Komm man zu Bett. Du erkältest dich noch. Auf den kalten Fliesen."
Er sah zum Fenster hin. „Ja, das muss wohl draußen gewesen sein. Ich dachte, es wäre hier."
Sie hob die Hand zum Lichtschalter. Ich muss das Licht jetzt ausmachen, sonst muss ich nach dem Teller sehen, dachte sie. Ich darf doch nicht nach dem Teller sehen. „Komm man", sagte sie und machte das Licht aus, „das war wohl draußen. Die Dachrinne schlägt immer bei Wind gegen die Wand. Es war sicher die Dachrinne. Bei Wind klappert sie immer."
Sie tappten sich beide über den dunklen Korridor zum Schlafzimmer. Ihre nackten Füße platschten auf den Fußboden.
„Wind ist ja", meinte er. „Wind war schon die ganze Nacht."
Als sie im Bett lagen, sagte sie: „Ja, Wind war schon die ganze Nacht. Es war wohl die Dachrinne."
„Ja, ich dachte, es wäre in der Küche. Es war wohl die Dachrinne." Er sagte das, als ob er schon halb im Schlaf wäre.
Aber sie merkte, wie unecht seine Stimme klang, wenn er log. „Es ist kalt", sagte sie und gähnte leise, „ich krieche unter die Decke. Gute Nacht."
„Nacht", antwortete er und noch: „ja, kalt ist es schon ganz schön."
Dann war es still. Nach vielen Minuten hörte sie, dass er leise und vorsichtig kaute. Sie atmete absichtlich tief und gleichmäßig, damit er nicht merken sollte, dass sie noch wach war. Aber sein Kauen war so regelmäßig, dass sie davon langsam einschlief.
Als er am nächsten Abend nach Hause kam, schob sie ihm vier Scheiben Brot hin. Sonst hatte er immer nur drei essen können.
„Du kannst ruhig vier essen", sagte sie und ging von der Lampe weg. „Ich kann dieses Brot nicht so recht vertragen. Iss du man eine mehr. Ich vertrage es nicht so gut."
Sie sah, wie er sich tief über den Teller beugte. Er sah nicht auf. In diesem Augenblick tat er ihr leid.
„Du kannst doch nicht nur zwei Scheiben essen", sagte er auf seinen Teller.
„Doch. Abends vertrag ich das Brot nicht gut. Iss man. Iss man."
Erst nach einer Weile setzte sie sich unter die Lampe an den Tisch.

1 a Fassen Sie den Inhalt des Textes kurz zusammen.
b Klären Sie, welche Rückschlüsse man aus dem Text über das Verhältnis der Protagonisten ziehen kann.
2 Arbeiten Sie die formalen Gestaltungsmerkmale dieses Textes heraus.

Gabriele Wohmann: **Die Klavierstunde** (1966)

Das hatte jetzt alles keine Beziehung zu ihm: die flackernden Sonnenkleckse auf dem Kiesweg, das Zittern des Birkenlaubs; die schläfrige Hitze zwischen den Hauswänden im breiten Schacht der Straße. Er ging da hindurch (es war höchstens eine feindselige Beziehung) mit hartnäckigen kleinen Schritten. Ab und zu blieb er stehen und fand in sich die fürchterliche Möglichkeit, umzukehren, nicht hinzugehen. Sein Mund trocken vor Angst: er könnte wirklich so etwas tun. Er war allein; niemand, der ihn bewachte. Er könnte es tun. Gleichgültig, was daraus entstünde. Er hielt still, sah finster geradeaus und saugte Spucke tief aus der Kehle. Er brauchte nicht hinzugehen, er könnte sich widersetzen. Die eine Stunde möglicher Freiheit wog schwerer als die mögliche Unfreiheit eines ganzen Nachmittags. Erstrebenswert: der ungleiche Tauschhandel; das einzig Erstrebenswerte jetzt in dieser Minute. Er tat so, als bemerke er nichts davon, daß er weiterging, stellte sich überrascht, ungläubig. Die Beine trugen ihn fort, und er leugnete vor sich selbst den Befehl ab, der das bewirkte und den er gegeben hatte.

Henri Matisse: Die Klavierstunde (1916)

Gähnend, seufzend, streckte sie die knochigen Arme, ballte die sehr dünnen Hände zu Fäusten; sie lag auf der Chaiselongue[1]. Dann griff die rechte Hand tastend an die Wand, fand den Bilderrahmen, in dem der Stundenplan steckte; holte ihn, hielt ihn vor die tränenden Augen. Owehowehoweh. Die Hand bewahrte den sauber geschriebenen Plan wieder zwischen Bild und Rahmen auf: müde, renitent[2] hob sich der Oberkörper von den warmen Kissenmulden. Owehowehoweh. Sie stand auf; empfand leichten Schwindel, hämmernde Leere hinter der faltigen Stirnwand; setzte sich wieder, den nassen Blick starr, freudlos auf das schwarze Klavier gerichtet. Auf einem imaginären Bildschirm hinter den Augen sah sie den Deckel hochklappen, Notenhefte sich voreinanderschieben auf dem Ständer; verschwitzte Knabenfinger drückten fest und gefühllos auf die gelblichen Tasten, die abgegriffenen; erzeugten keinen Ton. Eins zwei drei vier, eins zwei drei vier. Der glitzernde Zeiger des Metronoms pendelte beharrlich und stumm von einer auf die andere Seite seines düsteren Gehäuses. Sie stand auf, löschte das ungerufene Bild. Mit der Handfläche stemmte sie das Gewicht ihres Arms gegen die Stirn und schob die lappige lose Haut in die Höhe bis zum Haaransatz. Owehoweh. Sie entzifferte die verworrene Schrift auf dem Reklameband, das sich durchs Halbdunkel ihres Bewußtseins schob: Kopfschmerzen. Unerträgliche. Ihn wegschicken. Etwas Lebendigkeit kehrte in sie zurück. Im Schlafzimmer fuhr sie mit dem kalten Waschlappen über ihr Gesicht.

Brauchte nicht hinzugehen. Einfach wegbleiben. Die Umgebung wurde vertraut: ein Platz für Aktivität. Er blieb stehen, stellte die schwere Mappe mit den Noten zwischen die Beine, die Schuhe klemmten sie fest. Ein Kind rollerte vorbei; die kleinen Räder quietschten; die abstoßende Ledersohle kratzte den Kies. Nicht hingehen, die Mappe loswerden und nicht hingehen. Er wußte, daß er nur die Mappe loszuwerden brauchte. Das glatte warme Holz einer Rollerlenkstange in den Händen haben. Die Mappe ins Gebüsch schleudern und einen Stein in die Hand nehmen oder einen Zweig abreißen und ihn tragen, ein Baumblatt mit den Fingern zerpflücken und den Geruch von Seife wegbekommen.

Sie deckte den einmal gefalteten Waschlappen auf die Stirn und legte den Kopf, auf dem Bettrand saß sie, weit zurück, bog den Hals. Noch mal von vorne. Und eins und zwei und eins. Die schwarze Taste, b, mein Junge. Das hellbeschriftete Reklameband erleuchtete die dämmrigen Bewußtseinskammern: Kopfschmerzen. Ihn wegschicken. Sie saß ganz still, das nasse Tuch beschwichtigte die Stirn: sie las den hoffnungsweckenden Slogan.

Feucht und hart der Lederhenkel in seiner Hand. Schwer zerrte das Gewicht der Hefte: jede einzelne Note hemmte seine kurzen Vorwärtsbewegungen. Fremde Wirklichkeit der Sonne, die aus den Wolkenflocken zuckte, durch die Laubdächer flackerte, abstrakte Muster auf den Kies warf, zitterndes Gesprenkel. Ein Kind; eine Frau, die bunte Päckchen im tiefhängenden Netz trug; ein Mann auf dem Fahrrad. Er lebte nicht mit ihnen.

Der Lappen hatte sich an der Glut ihrer Stirn erwärmt: und nicht mehr tropfig hörte er auf,

1 **Chaiselongue:** frz. „langer Stuhl"; Liege mit Kopflehne, entstanden im 18. Jh.
2 **renitent:** widerspenstig

wohlzutun. Sie stellte sich vor den Spiegel, ordnete die grauen Haarfetzen. Im Ohr hämmerte der jetzt auch akustisch wirkende Slogan.
Die Mappe loswerden. Einfach nicht hingehen.
110 Seine Beine trugen ihn langsam, mechanisch in die Nähe der efeubekleckten Villa.
Kopfschmerzen, unerträgliche. Sie klappte den schwarzen Deckel hoch; rückte ein verblichenes Foto auf dem Klaviersims zurecht; kratzte mit
115 dem Zeigefingernagel ein trübes Klümpchen unter dem Daumennagel hervor.
Hinter dem verschnörkelten Eisengitter gediehen unfarbige leblose Blumen auf winzigen Rondellen, akkuraten Rabatten[3]. Er begriff, daß
120 er sie nie wie wirkliche Pflanzen sehen würde.
Auf den dunklen steifen Stuhl mit dem Lederpolster legte sie das grüne, schwachgemusterte Kissen, das harte, platte. Sah auf dem imaginären Bildschirm die länglichen Dellen, die seine
125 nackten Beine zurückließen.
Einfach nicht hingehen. Das Eisentor öffnete sich mit jammerndem Kreischlaut in den Angeln.
Kopfschmerzen, unerträgliche. Wegschicken. Widerlicher kleiner Kerl.
Die Mappe loswerden, nicht hingehen. Wider- 130 liche alte Tante.
Sie strich mit den Fingern über die Stirn. Die Klingel zerriß die Leuchtschrift, übertönte die Lockworte.
„Guten Tag", sagte er. „Guten Tag", sagte sie. 135
Seine (von wem nur gelenkten?) Beine tappten über den dunklen Gang; seine Hand fand den messingnen Türgriff. Sie folgte ihm und sah die nackten braunen Beine platt und breit werden auf dem grünen Kissen; sah die geschrubbten 140
Hände Hefte aus der Mappe holen, sie auf dem Ständer übereinanderschieben. Schrecken in den Augen, Angst vibrierte im Hals. Sie öffnete das Aufgabenbuch, las: erinnerte mit dem (von wem nur gelöschten?) Bewußtsein. Eins zwei 145
drei vier. Töne erzeugten seine steifen Finger; das Metronom tickte laut und humorlos. R

3 **Rondell, Rabatte:** rundes, schmales Beet bzw. kleinere Pflanzung

---

1 **a** Zum tieferen Verständnis des Textes ist es wichtig, die Erzählweise zu untersuchen. Charakterisieren Sie dazu vor allem die Erzählperspektive und stellen Sie zur besseren Veranschaulichung Ihr Untersuchungsergebnis grafisch dar.
b Analysieren Sie auch Wortwahl und Metaphorik und deuten Sie deren Wirkung im Kontext.
2 Schüler und Lehrerin durchleben jeweils einen inneren Konflikt. Entwerfen Sie Dialoge, welche die widerstreitenden Stimmen in den beiden Figuren zum Ausdruck bringen.
3 Stellen Sie Bezüge her zwischen dem Gemälde von Matisse und der Kurzgeschichte: Mit welchen gestalterischen Mitteln wird die Beziehung der Figuren dargestellt (Raum, Farbe, Komposition/Bildaufbau, abstrakte Elemente)?

Martin Suter: **Weidmanns Nachtgespräche** (2002)

„Wie findest du mich eigentlich?" Regula Weidmann liest beim Licht der Nachttischlampe *Ein leidenschaftliches Leben*, die Biografie von Frida Kahlo. Die Art der Lektüre verbietet ihr, sich
5 schlafend zu stellen und die Frage zu überhören. Sie antwortet ohne aufzuschauen. „Hm?"
„Wie du mich findest."
Jetzt schaut Regula Weidmann von ihrem Buch auf. Kurt liegt mit offenen Augen auf dem
10 Rücken, knapp außerhalb des Lichtkegels ihrer Lampe. Er sollte das Nasenhaarscherchen, das ich ihm geschenkt habe, öfter benützen, denkt sie. Sie versucht Zeit zu gewinnen. „Wie meinst du das?"
„So, wie ich es sage. Wie findest du mich?" 15
Regula Weidmann lässt das Buch auf die Bettdecke sinken.
„Warum fragst du das?"
„Einfach so. Es interessiert mich halt. Also: Wie findest du mich?" 20

„Du bist mein Mann."
Einen Moment scheint er sich mit der Antwort zufriedenzugeben. Aber gerade als Regula ihr Buch wieder hochnimmt, sagt er: „Ich meine, objektiv."
„Wir sind seit achtzehn Jahren verheiratet, da ist es schwer, objektiv zu sein."
„Versuch es."
Sie lässt das Buch wieder sinken und überlegt.
„Musst du da so lange überlegen?", fragt Weidmann nach ein paar Sekunden. Er klingt etwas beleidigt.
„Du meinst so als Mensch? Ganz allgemein?"
„Nein, nicht als Mensch. Als Mann."
Regula Weidmann schließt das Buch, behält aber einen Finger als Buchzeichen zwischen den Seiten. „Du meinst, so vom Aussehen?"
„Auch, ja."
„Auch?"
„Und was so dazugehört: Ausstrahlung, Anziehungskraft, so Sachen."
Weidmann dreht den Kopf zur Seite und schaut seine Frau an. Sein Gesicht liegt jetzt knapp innerhalb des Lichtkegels. Keine günstige Beleuchtung.
Regula Weidmann legt Frida Kahlo aufs Nachttischchen und dreht sich zu Kurt. Vielleicht ist jetzt der Moment, das Gespräch zu führen, das sie schon so lange führen will. Über die letzten paar Jahre, die letzten vier, fünf – ach, seien wir ehrlich: acht Jahre. Seit „Mitglied des Direktoriums", genau genommen. Als die Abende mit „Privatbewirtungen" zu Hause begannen. Stundenlang ovolactovegetarisch kochen für Gattinnen von Männern mit Einfluss auf niedrige Entscheidungen. Und später Damenprogramme mit Zoo- und Museumsbesuchen in Gesellschaft von Gattinnen von Männern mit Einfluss auf höhere Entscheidungen. Kurt, dem die Karriere immer wichtiger wurde und sie immer gleichgültiger. Vielleicht ist jetzt der Moment, über all das zu reden.
„Ich bin froh, dass du das fragst", beginnt sie behutsam. „Ich wollte auch schon lange darüber reden."
„Die Frage lässt mich nicht mehr los", gesteht Weidmann erleichtert. „Seit neue Untersuchungen bewiesen haben, dass attraktive Männer bessere Karrierechancen besitzen. Sei bitte ganz ehrlich."
Regula Weidmann greift sich ihr Buch vom Nachttisch. „Du bist sehr attraktiv, Kurt. Ganz ehrlich."

---

1 Erläutern Sie die Dramaturgie des Textes. Machen Sie dabei deutlich, welche Funktion die Beschreibung des Umgangs mit der Biografie der mexikanischen Künstlerin Frida Kahlo hat.
2 Verfassen Sie einen **inneren Monolog** (▸ S. 111), in dem Regula Weidmann das Gespräch reflektiert.
3 **a** Zeigen Sie anhand von Suters „Weidmanns Nachtgespräche" typische Merkmale der Gattung Kurzgeschichte auf.
b Stellen Sie einen Vergleich mit den vorangehenden Kurzgeschichten an und arbeiten Sie die unterschiedlichen Ausgestaltungsmöglichkeiten der Gattung und ihrer Merkmale heraus.

Information **Merkmale der Kurzgeschichte**

Die Kurzgeschichte wurde nach dem Vorbild der amerikanischen Short Story zu einer wichtigen Gattung der deutschen Nachkriegsliteratur (▸ S. 414–416). Mit neuen Akzenten und Variationen der modernen Erzähltechnik ist sie bis heute populär. Kennzeichnend sind folgende Merkmale:
- äußere Umfangsbegrenzung/Kürze,
- Verdichtung des Geschehens auf einen Augenblick, der für die dargestellten Figuren von besonderer Bedeutung ist,
- Wiedergabe des inneren Geschehens durch erlebte Rede, inneren Monolog usw.,

- unvermittelter Beginn und offenes Ende,
- Alltäglichkeit von Thematik und Sprache,
- sprachliche Technik der Andeutungen, Mehrdeutigkeiten und Metaphern.

Thomas Bernhard: Der junge Mann (1969)

Der junge Mann versucht einem alten Mann zu beweisen, daß er, der junge Mann, allein ist. Er sagt ihm, er sei in die Stadt gekommen, um Menschen kennenzulernen, aber es sei ihm bis 5 jetzt noch nicht gelungen, auch nur einen Menschen zu finden. Er habe verschiedene Mittel angewendet, um das Vertrauen der Menschen zu gewinnen. Aber er habe sie abgestoßen. Sie ließen ihn zwar ausreden und hörten ihm auch 10 zu, aber sie wollten ihn nicht verstehen. Er habe ihnen Geschenke mitgebracht, denn mit Geschenken könne man Menschen zur Freundschaft und zur Anhänglichkeit verführen. Aber sie nähmen die Geschenke nicht an und setzten 15 ihn vor die Tür. Er habe tagelang darüber nachgedacht, warum sie ihn nicht haben wollten. Aber er sei nicht darauf gekommen. Er habe sich sogar verwandelt, um Menschen zu gewinnen, er sei bald der und bald jener gewesen, und es sei ihm gelungen, sich zu verstellen, 20 aber auch auf diese Weise habe er nicht einen Menschen gewonnen. Er redet auf den alten Mann, der neben seiner Haustüre sitzt, mit einer solchen Gewalttätigkeit ein, daß er sich plötzlich schämt. Er tritt einen Schritt zurück 25 und stellt fest, daß in dem alten Mann nichts vorgeht. In dem alten Mann ist nichts, das er wahrnehmen könnte. Jetzt läuft der junge Mann in sein Zimmer und deckt sich zu. R

1 Spielen Sie den Text spontan nach.
2 Formulieren Sie in wenigen Sätzen, worin das Problem des jungen Mannes besteht.

Methode **Interpretation von Kurzprosa – Grundlegende Fragen zur Analyse**

- Was ist das **Thema** des Textes (z. B. Liebe in Notzeiten) und welches sind zentrale **Motive** (z. B. Teller, Brotkrumen)?
- Welche **Figuren** kommen vor und in welcher **Beziehung** stehen sie zueinander?
- Was sind die entscheidenden **Handlungen** oder **Ereignisse?** Wie ist der Handlungsablauf? Wie ist der **Aufbau** der Erzählung? Gibt es z. B. einen unvermittelten Anfang und ein offenes Ende?
- Wie sind **Ort, Zeit** und **Atmosphäre** der Geschichte gestaltet? Gibt es Besonderheiten in der **Zeitstruktur,** z. B. Rückblenden oder Vorausdeutungen? Wie sind verschiedene Zeitebenen miteinander verbunden, z. B. durch Assoziationen oder durch „Schnitt" wie im Film?
- Wer ist der **Erzähler**/die **Erzählerin** der Geschichte? Handelt es sich um eine **Ich-Erzählung** oder um eine **Er-/Sie-Erzählung?**
- Welches **Erzählverhalten** liegt vor, z. B. auktorial (kommentierend, bewertend), personal (an eine Figur gebunden) oder neutral (▸ S. 110–111)?
- Wie werden Äußerungen und Gedanken einer Figur wiedergegeben, z. B. durch **direkte** oder **indirekte Rede,** durch **inneren Monolog** oder **erlebte Rede?**
- Gibt es Besonderheiten in der **Sprache,** z. B. verschiedene Stilebenen, Metaphern und Vergleiche, Wiederholungen etc.? Wie wirken sie?

Franz Kafka: **Ein Kommentar** (1922)

Es war sehr früh am Morgen, die Straßen rein und leer, ich ging zum Bahnhof. Als ich eine Turmuhr mit meiner Uhr verglich, sah ich, dass es schon viel später war, als ich geglaubt hatte, ich musste mich sehr beeilen, der Schrecken über diese Entdeckung ließ mich im Weg unsicher werden, ich kannte mich in dieser Stadt noch nicht sehr gut aus, glücklicherweise war ein Schutzmann in der Nähe, ich lief zu ihm und fragte ihn atemlos nach dem Weg. Er lächelte und sagte: „Von mir willst du den Weg erfahren?" „Ja", sagte ich, „da ich ihn selbst nicht finden kann." „Gibs auf, gibs auf", sagte er und wandte sich mit einem großen Schwunge ab, so wie Leute, die mit ihrem Lachen allein sein wollen.

1 Dieser Text wurde auch unter einem anderen Titel veröffentlicht.
   a Formulieren Sie selbst einen alternativen Titel, der Ihr Verständnis des Textes zum Ausdruck bringt.
   b Diskutieren Sie Ihre Ergebnisse. Setzen Sie sich dabei auch mit Kafkas Titel auseinander.
2 Fassen Sie die Diskussionsergebnisse knapp schriftlich zusammen.
3 Verfassen Sie eine Parallelgeschichte.

Bertolt Brecht: **Maßnahmen gegen die Gewalt** (1932)

Als Herr Keuner, der Denkende, sich in einem Saale vor vielen gegen die Gewalt aussprach, merkte er, wie die Leute vor ihm zurückwichen und weggingen. Er blickte sich um und sah hinter sich stehen – die Gewalt.

„Was sagtest du?" fragte ihn die Gewalt. „Ich sprach mich für die Gewalt aus", antwortete Herr Keuner.

Als Herr Keuner weggegangen war, fragten ihn seine Schüler nach seinem Rückgrat.

Herr Keuner antwortete: „Ich habe kein Rückgrat zum Zerschlagen. Gerade ich muß länger leben als die Gewalt."

Und Herr Keuner erzählte folgende Geschichte: In die Wohnung des Herrn Egge, der gelernt hatte, nein zu sagen, kam eines Tages in der Zeit der Illegalität ein Agent, der zeigte einen Schein vor, welcher ausgestellt war im Namen derer, die die Stadt beherrschten, und auf dem stand, daß ihm gehören soll jede Wohnung, in die er seinen Fuß setzte, ebenso sollte ihm auch jedes Essen gehören, das er verlange; ebenso sollte ihm auch jeder Mann dienen, den er sähe. Der Agent setzte sich in einen Stuhl, verlangte Essen, wusch sich, legte sich nieder und fragte mit dem Gesicht zur Wand vor dem Einschlafen: „Wirst du mir dienen?" Herr Egge deckte ihn mit einer Decke zu, vertrieb die Fliegen, bewachte seinen Schlaf, und wie an diesem Tage gehorchte er ihm sieben Jahre lang. Aber was immer er für ihn tat, eines zu tun hütete er sich wohl: das war, ein Wort zu sagen. Als nun die sieben Jahre herum waren und der Agent dick geworden war vom vielen Essen, Schlafen und Befehlen, starb der Agent. Da wickelte ihn Herr Egge in die verdorbene Decke, schleifte ihn aus dem Haus, wusch das Lager, tünchte die Wände, atmete auf und antwortete: „Nein." R

1 a Wie verstehen Sie den Titel „Maßnahmen gegen die Gewalt"?
   b Klären Sie die Struktur der Geschichte.
2 Diskutieren Sie, ob die Geschichte über Herrn Egge als Rechtfertigung für Keuners Verhalten gesehen werden kann.

Franz Kafka: **Vor dem Gesetz** (1914)

Vor dem Gesetz steht ein Türhüter. Zu diesem Türhüter kommt ein Mann vom Lande und bittet um Eintritt in das Gesetz. Aber der Türhüter sagt, dass er ihm jetzt den Eintritt nicht gewähren könne. Der Mann überlegt und fragt dann, ob er also später werde eintreten dürfen. „Es ist möglich", sagt der Türhüter, „jetzt aber nicht." Da das Tor zum Gesetz offen steht wie immer und der Türhüter beiseitetritt, bückt sich der Mann, um durch das Tor in das Innere zu sehn. Als der Türhüter das merkt, lacht er und sagt: „Wenn es dich so lockt, versuche es doch, trotz meines Verbotes hineinzugehn. Merke aber: Ich bin mächtig. Und ich bin nur der unterste Türhüter. Von Saal zu Saal stehn aber Türhüter, einer mächtiger als der andere. Schon den Anblick des dritten kann nicht einmal ich mehr ertragen." Solche Schwierigkeiten hat der Mann vom Lande nicht erwartet; das Gesetz soll doch jedem und immer zugänglich sein, denkt er, aber als er jetzt den Türhüter in seinem Pelzmantel genauer ansieht, seine große Spitznase, den langen, dünnen, schwarzen tatarischen Bart, entschließt er sich doch, lieber zu warten, bis er die Erlaubnis zum Eintritt bekommt. Der Türhüter gibt ihm einen Schemel und lässt ihn seitwärts von der Tür sich niedersetzen. Dort sitzt er Tage und Jahre. Er macht viele Versuche, eingelassen zu werden, und ermüdet den Türhüter durch seine Bitten. Der Türhüter stellt öfters kleine Verhöre mit ihm an, fragt ihn über seine Heimat aus und nach vielem andern, es sind aber teilnahmslose Fragen, wie sie große Herren stellen, und zum Schlusse sagt er ihm immer wieder, dass er ihn noch nicht einlassen könne. Der Mann, der sich für seine Reise mit vielem ausgerüstet hat, verwendet alles, und sei es noch so wertvoll, um den Türhüter zu bestechen. Dieser nimmt zwar alles an, aber sagt dabei: „Ich nehme es nur an, damit du nicht glaubst, etwas versäumt zu haben." Während der vielen Jahre beobachtet der Mann den Türhüter fast ununterbrochen. Er vergisst die andern Türhüter, und dieser erste scheint ihm das einzige Hindernis für den Eintritt in das Gesetz. Er verflucht den unglücklichen Zufall, in

M.C. Escher: Relativität (1953)

den ersten Jahren rücksichtslos und laut, später, als er alt wird, brummt er nur noch vor sich hin. Er wird kindisch, und da er in dem jahrelangen Studium des Türhüters auch die Flöhe in seinem Pelzkragen erkannt hat, bittet er auch die Flöhe, ihm zu helfen und den Türhüter umzustimmen. Schließlich wird sein Augenlicht schwach, und er weiß nicht, ob es um ihn wirklich dunkler wird oder ob ihn nur seine Augen täuschen. Wohl aber erkennt er jetzt im Dunkel einen Glanz, der unverlöschlich aus der Türe des Gesetzes bricht. Nun lebt er nicht mehr lange. Vor seinem Tode sammeln sich in seinem Kopfe alle Erfahrungen der ganzen Zeit zu einer Frage, die er bisher an den Türhüter noch nicht gestellt hat. Er winkt ihm zu, da er seinen erstarrenden Körper nicht mehr aufrichten kann. Der Türhüter muss sich tief zu ihm hinunterneigen, denn der Größenunterschied hat sich sehr zu Ungunsten des Mannes verändert. „Was willst du denn jetzt noch wissen?", fragt der Türhüter. „Du bist unersättlich." – „Alle streben doch nach dem Gesetz", sagt der Mann, „wieso kommt es, dass in den vielen Jahren niemand außer mir Einlass verlangt hat?" Der Türhüter erkennt, dass der Mann schon an seinem Ende ist, und um sein vergehendes Gehör noch zu erreichen, brüllt er ihn an: „Hier konnte niemand sonst Einlass erhalten, denn dieser Eingang war nur für dich bestimmt. Ich gehe jetzt und schließe ihn."

1 Klären Sie die Bedeutung des Begriffs „Gesetz“ im Text und vergleichen Sie diese mit Ihrem Alltagsverständnis.
2 Beschreiben Sie das Verhalten des Türhüters und des Mannes vom Lande.
3 a Analysieren Sie erzählerische Mittel und sprachliche Besonderheiten (Motive, Metaphorik, Satzbau) des Textes.
b Kommen Sie zu einer persönlichen Gesamtdeutung und besprechen Sie diese im Plenum.
4 Diskutieren Sie Aspekte, die einen Vergleich mit Bernhards „Der junge Mann“ erlauben.
5 Weiterführende Aufgabe: „Vor dem Gesetz“ ist auch Teil von Kafkas Roman „Der Prozess“ (▸ S. 105–107).
Stellen Sie den Roman vor und erklären Sie die Funktion des Textes in seinem Kontext.

Information **Merkmale der Parabel**

Die literarische Gattung der Parabel (von griech. parabole = Nebeneinandergeworfenes) gehört wie das Gleichnis zur lehrhaften Dichtung und steht in einer alten Tradition des **veranschaulichenden Erzählens**.
Die Parabel versteht sich als eine Aufforderung zum Denken. Sie regt den Leser anhand eines bildhaften Beispiels an, einen entsprechenden allgemeinen Sachverhalt zu finden. Im Denkvorgang der Analogie wird der **Bildteil** (Gesagtes, metaphorischer Bereich) der Parabel mit dem **Sachteil** (Gemeintes, thematischer Bereich/Deutungsebene) verknüpft. Die Suche nach der Wahrheit, d. h. die Erkenntnis des sinnvollen Handelns, ist wesentliche Intention der Textsorte. Der Leser ist aufgefordert, verschiedene Auslegungen zu erwägen.
Der **Appellcharakter** der Texte wird oft durch eine Einkleidung der Parabelerzählung in eine Gesprächssituation (situative, kommunikative Ebene) unterstützt.

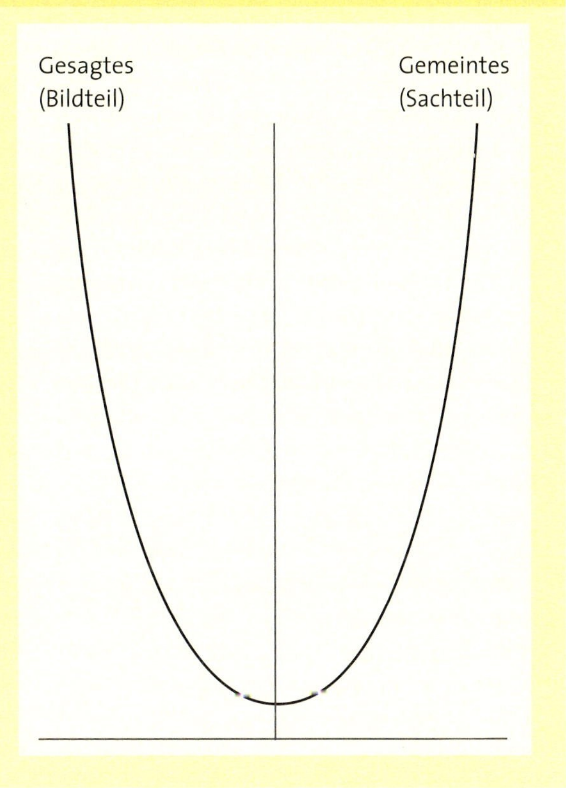

6 a Erläutern Sie, inwiefern es sich bei den vorangehenden Texten um Parabeln handelt; verwenden Sie dabei die Begriffe aus der Information.
b Prüfen Sie, inwiefern die oben stehende Parabel-Definition bei Kafkas Parabeln an ihre Grenzen stößt.
7 Diskutieren Sie, welcher Textsorte Bernhards Text „Der junge Mann“ (▸ S. 100) zugeordnet werden kann.
8 Verfassen Sie eine schriftliche Interpretation zu einer der Parabeln.

1.2 Vier Romananfänge und ein Modell literarischen Erzählens

Theodor Fontane: **Frau Jenny Treibel** (1893)

An einem der letzten Maitage, das Wetter war schon sommerlich, bog ein zurückgeschlagener Landauer[1] vom Spittelmarkt her in die Kur- und dann in die Adlerstraße ein und hielt gleich danach vor einem trotz seiner Front von nur fünf Fenstern ziemlich ansehnlichen, im Übrigen aber altmodischen Hause, dem ein neuer, gelbbrauner Ölfarbenanstrich wohl etwas mehr Sauberkeit, aber keine Spur von gesteigerter Schönheit gegeben hatte, beinahe das Gegenteil. Im Fond des Wagens saßen zwei Damen mit einem Bologneserhündchen, das sich der hell und warm scheinenden Sonne zu freuen schien. Die links sitzende Dame von etwa dreißig, augenscheinlich eine Erzieherin oder Gesellschafterin, öffnete, von ihrem Platz aus, zunächst den Wagenschlag, und war dann der anderen, mit Geschmack und Sorglichkeit gekleideten und trotz ihrer hohen fünfzig noch sehr gut aussehenden Dame beim Aussteigen behilflich. Gleich danach aber nahm die Gesellschafterin ihren Platz wieder ein, während die ältere Dame auf eine Vortreppe zuschritt und nach Passierung derselben in den Hausflur eintrat. Von diesem aus stieg sie, so schnell ihre Korpulenz es zuließ, eine Holzstiege mit abgelaufenen Stufen hinauf, unten von sehr wenig Licht, weiter oben aber von einer schweren Luft umgeben, die man füglich als eine Doppelluft bezeichnen konnte. Gerade der Stelle gegenüber, wo die Treppe mündete, befand sich eine Entreetür[2] mit Guckloch und neben diesem ein grünes, knittriges Blechschild, darauf „Professor Wilibald Schmidt" ziemlich undeutlich zu lesen war. Die ein wenig asthmatische Dame fühlte zunächst das Bedürfnis, sich auszuruhen, und musterte bei der Gelegenheit den ihr übrigens von langer Zeit her bekannten Vorflur, der vier gelb gestrichene Wände mit etlichen Haken und Riegeln und dazwischen einen hölzernen Halbmond zum Bürsten und Ausklopfen der Röcke zeigte. Dazu wehte, der ganzen Atmosphäre auch hier den Charakter gebend, von einem nach hinten zu führenden Korridor her ein sonderbarer Küchengeruch heran, der, wenn nicht alles täuschte, nur auf Rührkartoffeln und Karbonade[3] gedeutet werden konnte, beides mit Seifenwrasen[4] untermischt. „Also kleine Wäsche", sagte die von dem allen wieder ganz eigentümlich berührte stattliche Dame still vor sich hin, während sie zugleich weit zurückliegender Tage gedachte, wo sie selbst hier, in eben dieser Adlerstraße, gewohnt und in dem gerade gegenübergelegenen Materialwarenladen ihres Vaters mit im Geschäft geholfen und auf einem über zwei Kaffeesäcke gelegten Brett kleine und große Düten geklebt hatte, was ihr jedes Mal mit „zwei Pfennig fürs Hundert" gut getan worden war. „Eigentlich viel zu viel, Jenny", pflegte dann der Alte zu sagen, „aber du sollst mit Geld umgehen lernen." Ach, waren das Zeiten gewesen! Mittags, Schlag zwölf, wenn man zu Tisch ging, saß sie zwischen dem Kommis[5] Herrn Mielke und dem Lehrling Louis, die beide, so verschieden sie sonst waren, dieselbe hochstehende Kammtolle und dieselben erfrorenen Hände hatten. Und Louis schielte bewundernd nach ihr hinüber, aber wurde jedes Mal verlegen, wenn er sich auf seinen Blicken ertappt sah. Denn er war zu niedrigen Standes, aus einem Obstkeller in der Spreegasse. Ja, das alles stand jetzt wieder vor ihrer Seele, während sie sich auf dem Flur umsah und endlich die Klingel neben der Tür zog. Der überall verbogene Draht raschelte denn auch, aber kein Anschlag ließ sich hören, und so fasste sie schließlich den Klingelgriff noch einmal und zog stärker. Jetzt klang auch ein Bimmelton von der Küche her bis auf den Flur herüber, und ein paar Augenblicke später ließ sich erkennen, dass eine hinter dem Guckloch befindliche kleine Holzklappe beiseitegeschoben wurde. Sehr wahrscheinlich war es des Professors

1 **Landauer:** viersitzige Kutsche mit klappbarem Verdeck
2 **Entrée:** (frz.) Eingang
3 **Karbonade:** Rippenstück vom Schwein, Kotelett
4 **Wrasen:** Ausdünstung, Dunst
5 **Kommis:** Handelsgehilfe

Wirtschafterin, die jetzt, von ihrem Beobachtungsposten aus, nach Freund oder Feind aussah, und als diese Beobachtung ergeben hatte, dass es „gut Freund" sei, wurde der Türriegel ziemlich geräuschvoll zurückgeschoben, und eine ramassierte[6] Frau von ausgangs vierzig, mit einem ansehnlichen Haubenbau auf ihrem vom Herdfeuer geröteten Gesicht, stand vor ihr.

„Ach, Frau Treibel ... Frau Kommerzienrätin ... Welche Ehre ..."

„Guten Tag, liebe Frau Schmolke. Was macht der Professor? Und was macht Fräulein Corinna? Ist das Fräulein zu Hause?"

„Ja, Frau Kommerzienrätin. Eben wieder nach Hause gekommen aus der Philharmonie. Wie wird sie sich freuen."

Und dabei trat Frau Schmolke zur Seite, um den Weg nach dem einfenstrigen, zwischen den zwei Vorderstuben gelegenen und mit einem schmalen Leinwandläufer belegten Entree frei zu geben. Aber ehe die Kommerzienrätin noch eintreten konnte, kam ihr Fräulein Corinna schon entgegen und führte die „mütterliche Freundin", wie sich die Rätin gern selber nannte, nach rechts hin, in das eine Vorderzimmer.

6 ramassiert: untersetzt

Franz Kafka: **Der Prozess** (1914/15)

Jemand musste Josef K. verleumdet haben, denn ohne dass er etwas Böses getan hätte, wurde er eines Morgens verhaftet. Die Köchin der Frau Grubach, seiner Zimmervermieterin, die ihm jeden Tag gegen acht Uhr früh das Frühstück brachte, kam diesmal nicht. Das war noch niemals geschehen. K. wartete noch ein Weilchen, sah von seinem Kopfkissen aus die alte Frau, die ihm gegenüber wohnte und die ihn mit einer an ihr ganz ungewöhnlichen Neugierde beobachtete, dann aber, gleichzeitig befremdet und hungrig, läutete er. Sofort klopfte es und ein Mann, den er in dieser Wohnung noch niemals gesehen hatte, trat ein. Er war schlank und doch fest gebaut, er trug ein anliegendes schwarzes Kleid, das, ähnlich den Reiseanzügen, mit verschiedenen Falten, Taschen, Schnallen, Knöpfen und einem Gürtel versehen war und infolgedessen, ohne dass man sich darüber klar wurde, wozu es dienen sollte, besonders praktisch erschien. „Wer sind Sie?", fragte K. und saß gleich halb aufrecht im Bett. Der Mann aber ging über die Frage hinweg, als müsse man seine Erscheinung hinnehmen, und sagte bloß seinerseits: „Sie haben geläutet?" „Anna soll mir das Frühstück bringen", sagte K. und versuchte, zunächst stillschweigend, durch Aufmerksamkeit und Überlegung festzustellen, wer der Mann eigentlich war. Aber dieser setzte sich nicht allzu lange seinen Blicken aus, sondern wandte sich zur Tür, die er ein wenig öffnete, um jemandem, der offenbar knapp hinter der Tür stand, zu sagen: „Er will, dass Anna ihm das Frühstück bringt." Ein kleines Gelächter im Nebenzimmer folgte, es war nach dem Klang nicht sicher, ob nicht mehrere Personen daran beteiligt waren. Obwohl der fremde Mann dadurch nichts erfahren haben konnte, was er nicht schon früher gewusst hätte, sagte er nun doch zu K. im Tone einer Meldung: „Es ist unmöglich." „Das wäre neu", sagte K., sprang aus dem Bett und zog rasch seine Hosen an. „Ich will doch sehen, was für Leute im Nebenzimmer sind und wie Frau Grubach diese Störung mir gegenüber verantworten wird." Es fiel ihm zwar gleich ein, dass er das nicht hätte laut sagen müssen und dass er dadurch gewissermaßen ein Beaufsichtigungsrecht des Fremden anerkannte, aber es schien ihm jetzt nicht wichtig. Immerhin fasste es der Fremde so auf, denn er sagte: „Wollen Sie nicht lieber hierbleiben?" „Ich will weder hierbleiben noch von Ihnen angesprochen werden, solange Sie sich mir nicht vorstellen." „Es war gut gemeint", sagte der Fremde und öffnete nun freiwillig die Tür. Im Nebenzimmer, in das K. langsamer eintrat, als er wollte, sah es auf den ersten Blick fast genau so aus wie am Abend vorher. Es war das Wohnzimmer der Frau Grubach, vielleicht war in diesem mit Möbeln, Decken, Porzellan und Fotografien überfüllten Zimmer heute ein wenig mehr Raum als sonst, man erkannte das nicht gleich, umso weniger, als die Hauptveränderung in der Anwesenheit eines Mannes bestand, der beim offenen Fenster mit einem Buch saß, von dem er jetzt aufblickte. „Sie hätten in Ihrem Zimmer bleiben sollen! Hat es Ihnen denn Franz nicht gesagt?“ „Ja, was wollen Sie denn?“, sagte K. und sah von der neuen Bekanntschaft zu dem mit Franz Benannten, der in der Tür stehen geblieben war, und dann wieder zurück. Durch das offene Fenster erblickte man wieder die alte Frau, die mit wahrhaft greisenhafter Neugierde zu dem jetzt gegenüberliegenden Fenster getreten war, um auch weiterhin alles zu sehen. „Ich will doch Frau Grubach –“, sagte K., machte eine Bewegung, als reiße er sich von den zwei Männern los, die aber weit von ihm entfernt standen, und wollte weitergehen. „Nein“, sagte der Mann beim Fenster, warf das Buch auf ein Tischchen und stand auf. „Sie dürfen nicht weggehen, Sie sind ja verhaftet.“ „Es sieht so aus“, sagte K. „Und warum denn?“, fragte er dann. „Wir sind nicht dazu bestellt, Ihnen das zu sagen. Gehen Sie in Ihr Zimmer und warten Sie. Das Verfahren ist nun einmal eingeleitet, und Sie werden alles zur richtigen Zeit erfahren. Ich gehe über meinen Auftrag hinaus, wenn ich Ihnen so freundschaftlich zurede. Aber ich hoffe, es hört es niemand sonst als Franz, und der ist selbst gegen alle Vorschrift freundlich zu Ihnen. Wenn Sie auch weiterhin so viel Glück haben wie bei der Bestimmung Ihrer Wächter, dann können Sie zuversichtlich sein.“ K. wollte sich setzen, aber nun sah er, dass im ganzen Zimmer keine Sitzgelegenheit war, außer dem Sessel beim Fenster. „Sie werden noch einsehen, wie wahr das alles ist“, sagte Franz und ging gleichzeitig mit dem andern Mann auf ihn zu. Besonders der Letztere überragte K. bedeutend und klopfte ihm öfters auf die Schulter. Beide prüften K.s Nachthemd und sagten, dass er jetzt ein viel schlechteres Hemd werde anziehen müssen, dass sie aber dieses Hemd wie auch seine übrige Wäsche aufbewahren und, wenn seine Sache günstig ausfallen sollte, ihm wieder zurückgeben würden. „Es ist besser, Sie geben die Sachen uns als ins Depot“, sagten sie, „denn im Depot kommen öfters Unterschleife vor und außerdem verkauft man dort alle Sachen nach einer gewissen Zeit, ohne Rücksicht, ob das betreffende Verfahren zu Ende ist oder nicht. Und wie lange dauern doch derartige Prozesse, besonders in letzter Zeit! Sie bekämen dann schließlich allerdings vom Depot den Erlös, aber dieser Erlös ist erstens an sich schon gering, denn beim Verkauf entscheidet nicht die Höhe des Angebotes, sondern die Höhe der Bestechung, und weiter verringern sich solche Erlöse erfahrungsgemäß, wenn sie von Hand zu Hand und von Jahr zu Jahr weitergegeben werden.“ K. achtete auf diese Reden kaum, das Verfügungsrecht über seine Sachen, das er vielleicht noch besaß, schätzte er nicht hoch ein, viel wichtiger war es ihm, Klarheit über seine Lage zu bekommen; in Gegenwart dieser Leute konnte er aber nicht einmal nachdenken, immer wieder stieß der Bauch des zweiten Wächters – es konnten ja nur Wächter sein – förmlich freundschaftlich an ihn, sah er aber auf, dann erblickte er ein zu diesem dicken Körper gar nicht passendes trockenes, knochiges Gesicht mit starker, seitlich gedrehter Nase, das sich über ihn hinweg mit dem anderen Wächter verständigte. Was waren denn das für Menschen? Wovon sprachen sie? Welcher Behörde gehörten sie an? K. lebte doch in einem Rechtsstaat, überall herrschte Friede, alle Gesetze bestanden aufrecht, wer wagte, ihn in seiner Wohnung zu überfallen? Er neigte stets dazu, alles möglichst leichtzunehmen, das Schlimmste erst beim Eintritt des Schlimmsten zu glauben, keine Vorsorge für die Zukunft zu treffen, selbst wenn alles drohte. Hier schien ihm das aber nicht richtig, man konnte zwar das Ganze als Spaß ansehen, als einen groben Spaß, den ihm aus unbekannten Gründen, vielleicht weil heute sein dreißigster Geburtstag war, die Kollegen in der Bank veranstaltet hatten, es war natürlich möglich, vielleicht brauchte er nur auf irgendeine Weise den Wächtern ins Gesicht zu lachen, und sie würden mitlachen, vielleicht waren es Dienstmänner von der Straßenecke, sie sahen ihnen nicht unähnlich – trotzdem war er diesmal, förmlich schon seit dem ersten Anblick des Wächters Franz, entschlossen, nicht den geringsten Vorteil, den er vielleicht gegenüber diesen Leuten besaß, aus der Hand zu geben. Darin, dass man später sagen würde, er habe keinen Spaß verstanden, sah K. eine ganz geringe Gefahr, wohl aber erinnerte er sich – ohne dass es sonst seine Gewohnheit gewesen wäre, aus Erfahrungen zu lernen – an einige, an sich unbedeutende Fälle, in denen er zum Unterschied von seinen Freunden mit Bewusstsein, ohne das geringste Gefühl für die möglichen Folgen, sich unvorsichtig benommen hatte und dafür durch das Ergebnis gestraft worden war. Es sollte nicht wieder geschehen, zumindest nicht diesmal; war es eine Komödie, so wollte er mitspielen.

Juli Zeh: **Adler und Engel** (2001)

Sogar durch das Holz der Tür erkenne ich ihre Stimme, diesen halb eingeschnappten Tonfall, der immer klingt, als hätte man ihr gerade einen Herzenswunsch abgeschlagen. Ich nähere ein Auge dem Türspion und sehe direkt in einen übergroßen, weitwinklig verbogenen Augapfel, als läge im Treppenhaus ein Walfisch vor meiner Tür und versuchte, in die Wohnung hereinzuschauen. Ich fahre zurück und drücke vor Schreck auf die Klinke.

Ich war sicher, dass sie schwarzhaarig ist. Aber sie ist blond. Sie steht auf meiner Fußmatte, das linke Auge zugekniffen, den Oberkörper leicht vorgebeugt zu der Stelle, an der sich eben noch, bei geschlossener Tür, die Linse des Spions befand. Ohne Eile richtet sie sich auf.

Oh Scheiße, sage ich. Komm rein. Wie geht's.

Gut, sagt sie, hast du vielleicht Orangensaft da?

Habe ich nicht. Sie guckt mich an, als müsste ich jetzt sofort losrennen und im Supermarkt an der Ecke drei Flaschen von dem Zeug erstehen. Wahrscheinlich wäre es dann die falsche Marke und sie würde mich noch einmal losschicken. Ich sehe sie zum ersten Mal, und soweit ich es erkennen kann, während sie in meine Wohnung hineinspaziert, hängt an ihr keine Gebrauchsanweisung dran. Sie hat geklingelt, ich habe geöffnet.

Drei Sekunden später sitzt sie am Küchentisch und wartet auf gastgeberische Aktionen meinerseits. Ich bin wie gelähmt von der Erkenntnis, dass es sie erstens wirklich gibt und dass sie zweitens tatsächlich hier auftaucht. Sie macht sich nicht die Mühe, ihren Namen zu nennen. Offenbar geht sie davon aus, dass zu einer Stimme wie ihrer nur ein Mädchen wie sie gehören kann, und irgendwie ärgert es mich, dass sie Recht hat damit, trotz der langen blonden Haare, die sie jetzt zurückwirft, damit sie hinter der Stuhllehne herunterhängen. Schon nach den ersten zwei Minuten mit ihr wird es schwierig, mich daran zu erinnern, wie ich sie mir vorgestellt habe, während ich ihrer dämlichen Sendung zuhörte. Ein bisschen wie Mata Hari[1], glaube ich. Sie wirkt definitiv zu jung, sie sieht aus wie ihre eigene kleine Schwester. Aber sie hat diese unverkennbare Stimme, deren beleidigter Klang sich immer auf die Ungerechtigkeit der Welt im Ganzen zu beziehen scheint, während sie den albernen Geschichten ihrer Anrufer zuhört. Es sind vor allem Männer. Sie hört sie an und macht ab und zu Hmhm-hmhm, dasselbe tiefe, brummende Hmhm, mit dem ihre Mütter sie in den Armen gewiegt haben. Manche fangen an zu heulen. Ich nicht. Dafür begeisterte mich von Anfang an die unglaubliche Kälte, mit der sie ihre schluchzenden Anrufer mitten im Satz abwürgt, wenn sie die vorgeschriebenen drei Minuten Sprechzeit überschritten haben. Sie muss grausamer sein als die Inquisition. Schon vor Monaten, lange bevor ich selbst eine alberne Story zu erzählen hatte, habe ich mir angewöhnt, sie Mittwoch- und Sonntagnacht einzuschalten.

Wahrscheinlich notieren sie im Sender die Nummern aller Anschlüsse, von denen aus an-

1 **Mata Hari:** Künstlername einer niederländischen Tänzerin, die als Doppelspionin für Frankreich und Deutschland arbeitete. Sie wurde 1917 enttarnt und hingerichtet.

gerufen wird. Ich nannte einen Vornamen und der war auch nicht echt. Aber über eine Telefonnummer lässt sich die Adresse herausfinden, wenn man unbedingt will. Das habe ich jetzt davon.
Draußen vor dem Fenster klebt der Mond am Himmel, rot, viel zu groß und mit zerfleischtem Rand an einer Seite. Er sieht nicht aus wie ein gutes Zeichen, auf einmal kriege ich Angst. Ich habe seit Wochen keine Angst mehr gehabt, warum jetzt plötzlich. Ich benehme mich komisch. Ich muss ihr etwas anbieten.
Orangensaft ist alle, sage ich, aber du könntest Apfelsaft haben.
Nein danke, sagt sie, wenn es keinen Orangensaft gibt, dann will ich gar nichts.
Sie schaut mich verächtlich an. Ich bin Max-der-Orangensaftvernichter und werde erleben müssen, wie sie unter meinen Augen verdurstet. Ich schütte Kaffee in die Espressomaschine, um mich in Bewegung zu halten. Dann steht die Tasse vor ihr, sie schnuppert daran und verzieht angeekelt das Gesicht, als handelte es sich um Schweineblut.
Apropos Blut, sagt sie.
Ich habe nichts von Blut gesagt. Vielleicht gehört Gedankenlesen zu ihrem Job.
Wo ist es passiert?

Bernhard Schlink: **Der Vorleser** (1995)

Als ich fünfzehn war, hatte ich Gelbsucht. Die Krankheit begann im Herbst und endete im Frühjahr. Je kälter und dunkler das alte Jahr wurde, desto schwächer wurde ich. Erst mit dem neuen Jahr ging es aufwärts. Der Januar war warm, und meine Mutter richtete mir das Bett auf dem Balkon. Ich sah den Himmel, die Sonne, die Wolken und hörte die Kinder im Hof spielen. Eines frühen Abends im Februar hörte ich eine Amsel singen.
Mein erster Weg führte mich von der Blumenstraße, in der wir im zweiten Stock eines um die Jahrhundertwende gebauten, wuchtigen Hauses wohnten, in die Bahnhofstraße. Dort hatte ich mich an einem Montag im Oktober auf dem Weg von der Schule nach Hause übergeben. Schon seit Tagen war ich schwach gewesen, so schwach wie noch nie in meinem Leben. Jeder Schritt kostete mich Kraft. Wenn ich zu Hause oder in der Schule Treppen stieg, trugen mich meine Beine kaum. Ich mochte auch nicht essen. Selbst wenn ich mich hungrig an den Tisch setzte, stellte sich bald Widerwillen ein. Morgens wachte ich mit trockenem Mund und dem Gefühl auf, meine Organe lägen schwer und falsch in meinem Leib. Ich schämte mich, so schwach zu sein. Ich schämte mich besonders, als ich mich übergab. Auch das war mir noch nie in meinem Leben passiert. Mein Mund füllte sich, ich versuchte, es hinunterzuschlucken, presste die Lippen aufeinander, die Hand vor den Mund, aber es brach aus dem Mund und durch die Finger. Dann stützte ich mich an die Hauswand, sah auf das Erbrochene zu meinen Füßen und würgte hellen Schleim.
Die Frau, die sich meiner annahm, tat es fast grob. Sie nahm meinen Arm und führte mich durch den dunklen Hausgang in den Hof. Oben waren von Fenster zu Fenster Leinen gespannt und hing Wäsche. Im Hof lagerte Holz; in einer offen stehenden Werkstatt kreischte eine Säge und flogen die Späne. Neben der Tür zum Hof war ein Wasserhahn. Die Frau drehte den Hahn auf, wusch zuerst meine Hand und klatschte mir dann das Wasser, das sie in ihren hohlen Händen auffing, ins Gesicht. Ich trocknete mein Gesicht mit dem Taschentuch.
„Nimm den anderen!" Neben dem Wasserhahn standen zwei Eimer, sie griff einen und füllte ihn. Ich nahm und füllte den anderen und folgte ihr durch den Gang. Sie holte weit aus, das Wasser platschte auf den Gehweg und schwemmte das Erbrochene in den Rinnstein. Sie nahm mir den Eimer aus der Hand und schickte einen weiteren Wasserschwall über den Gehweg.
Sie richtete sich auf und sah, dass ich weinte. „Jungchen", sagte sie verwundert, „Jungchen." Sie nahm mich in die Arme. Ich war kaum größer als sie, spürte ihre Brüste an meiner

Brust, roch in der Enge der Umarmung meinen schlechten Atem und ihren frischen Schweiß und wusste nicht, was ich mit meinen Armen machen sollte. Ich hörte auf zu weinen.
65 Sie fragte mich, wo ich wohnte, stellte die Eimer in den Gang und brachte mich nach Hause. Sie lief neben mir, in der einen Hand meine Schultasche und die andere an meinem Arm. Es ist nicht weit von der Bahnhofstraße in die Blu-
70 menstraße. Sie ging schnell und mit einer Entschlossenheit, die es mir leicht machte, Schritt zu halten. Vor unserem Haus verabschiedete sie sich.
Am selben Tag holte meine Mutter den Arzt, der Gelbsucht diagnostizierte. Irgendwann er- 75 zählte ich meiner Mutter von der Frau. Ich glaube nicht, dass ich sie sonst besucht hätte. Aber für meine Mutter war selbstverständlich, dass ich, sobald ich könnte, von meinem Taschengeld einen Blumenstrauß kaufen, mich vorstel- 80 len und bedanken würde. So ging ich Ende Februar in die Bahnhofstraße.

1 **a** Formulieren Sie Ihre ersten Leseeindrücke der vier Romananfänge in jeweils einem Satz.
b Vergleichen Sie Ihre Ergebnisse im Plenum und führen Sie erste Interpretationsgespräche.

2 **a** Analysieren Sie die Romananfänge arbeitsteilig; orientieren Sie sich dabei an folgenden Kriterien:
- Rahmen: Welche Informationen über Ort, Milieu, Zeit und Stimmung sind enthalten?
- Figuren: Welche Figuren treten auf und welchen Eindruck gewinnen Sie von ihnen?
- Handlung: Wie beginnt die Geschichte und welche Entwicklungen sind bereits angedeutet? Beachten Sie in diesem Zusammenhang auch den Titel.
- Erzählerin/Erzähler: Wer erzählt die Geschichte und aus welcher Perspektive wird erzählt? Über welches Wissen, welchen Kenntnisstand verfügt die Erzählerin/der Erzähler (▸ S. 110–111)?
- Sprachliche Gestaltung: Gibt es Auffälligkeiten? Achten Sie z. B. auf Verständlichkeit, Sprachebene(n), Stilmittel, Tempusgebrauch, Satzbau.

b Präsentieren und vergleichen Sie Ihre Ergebnisse im Plenum.

3 **a** Skizzieren Sie Ihre Erwartungen an einen Romananfang, der zum Weiterlesen anregt.
b Diskutieren Sie, welcher der vier Romananfänge diese Erwartungen erfüllt, und belegen Sie Ihre Einschätzungen anhand konkreter Textbeispiele.

4 **Weiterführende Aufgaben:**
a Recherchieren Sie Informationen über die Autoren und den Inhalt der vier Romane sowie, wenn möglich, verschiedene Deutungsansätze. Welche **Interpretationsmethode** (▸ S. 70–71) wurde bei der Deutung jeweils angewandt?
b Bereiten Sie eine kurze Buchvorstellung (Titel, Inhalt, Leseeindruck und Leseprobe, gestalterische Mittel, Deutungsansätze) zu weiteren Romanen vor, z. B. von Peter Handke, Elfriede Jelinek, Bodo Kirchhoff, Andreas Steinhöfel, Benjamin von Stuckrad-Barre, Julia Franck.

Ein Modell literarischen Erzählens

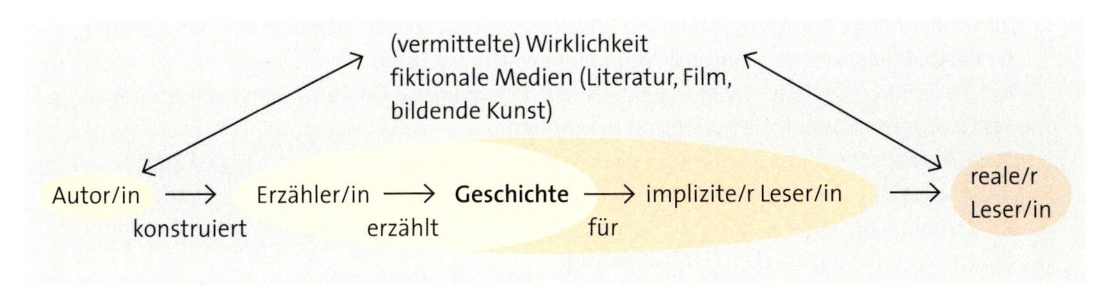

1 Setzen Sie das Schaubild in einen erläuternden Text um. Beginnen Sie z. B. so:
Das Grundmodell literarischen Erzählens besagt, dass eine Autorin oder ein Autor eine Geschichte konstruiert, wobei auch … zur Fiktion bzw. Konstruktion gehört.

2 Vergleichen Sie in Kleingruppen Ihr Verständnis des Schaubildes und einigen Sie sich auf eine Beschreibung, die Sie dem Kurs vorstellen.

Information **Der Erzähler/die Erzählerin**

Das entscheidende gattungsspezifische Merkmal, das die Epik von anderen literarischen Gattungen trennt, ist die **Erzählerin** oder der **Erzähler.** Der Erzähler ist, wie das Modell oben verdeutlicht, von der Autorin/dem Autor zu unterscheiden. So kann z. B. ein erwachsener Autor die Geschichte von einem Kind erzählen lassen. Die Erzählerin oder der Erzähler ist somit eine **fiktive Figur,** die als **vermittelnde Instanz** erfunden worden ist, um die Geschichte zu präsentieren. Bei der Vermittlung der Geschichte kann der Erzähler auf ganz unterschiedliche Weise vorgehen. Er kann verschiedene **Erzählstrategien** (s. u.) wählen. Da diese Erzählstrategien außerordentlich komplex sind und dabei viele Komponenten zu beachten sind, lassen sie sich in all ihren Spielarten nicht systematisch in einem Überblick darstellen. Bis heute ist es der Literaturwissenschaft nicht gelungen, ein allgemein anerkanntes Erzählmodell zu entwickeln. Alle Modelle bleiben Konstrukte bzw. Hilfsmittel zur Orientierung, um der Wirkung individueller Erzählstrategien nachzuspüren.

Erzählstrategien – Eine Idealtypik

Der folgende Versuch, die Fülle der bekannten erzählerischen Möglichkeiten auf drei idealtypische Erzählstrategien zu reduzieren, erhebt keinen Anspruch auf eine verbindliche Vollständigkeit. Es handelt sich um Konstrukte, die drei Grundmöglichkeiten erzählerischen Vorgehens zusammenfassen. Vor allem bei längeren Erzählgattungen wie Romanen oder Novellen kann die Erzählstrategie in einem Text wechseln oder es können Kombinationen auftauchen. Als Ansatz der Konstruktion dient die Kategorie des Erzählverhaltens, das auktorial, personal oder neutral sein kann.

Information **Die Erzählstrategien**

- **auktorial**
  Beim auktorialen Erzählen erscheint der Erzähler/die Erzählerin als souveräner Schöpfer (lat. auctor: Urheber) der erzählten Welt, durch die er oder sie die Lesenden sicher leitet. Häufig wählt der Erzähler einen **Erzählstandort,** der als „olympisch" bezeichnet wird, d. h. er thront göttergleich über der erzählten Welt, ist prinzipiell allwissend und allgegenwärtig, kennt alle Zusammenhänge und kann jederzeit in die Köpfe und Herzen der Figuren schauen, also bei der **Perspektive** zwischen **Außensicht** und **Innensicht** wechseln.
  Von dieser Allwissenheit macht er jedoch nicht durchgehend Gebrauch, um nicht immer zu viel zu verraten und um die Spannung zu erhöhen.
  Der auktoriale Erzähler gibt den Lesenden dadurch Orientierung, dass er z. B. die Figuren direkt charakterisiert, Vorausdeutungen und Rückblenden einfügt und das Geschehen oder das Verhalten der Figuren kommentiert. Dabei kann er Zustimmung und Wohlwollen oder kritische Distanz ausdrücken **(Erzählhaltung).**

Da der Erzähler nicht zu den Handlungsträgern der Geschichte gehört, also nicht primär von sich selbst erzählt, bedient er sich in der Regel der **Er-/Sie-Erzählform.**
Dabei herrscht als **Darbietungsform** der **Erzählbericht** vor, in dem der Erzähler das Wort behält und Beschreibungen, Reflexionen und Kommentare einwebt.
Er lässt aber auch die Figuren zu Wort kommen: Diese **Figurenrede** kann in Form der direkten oder indirekten Rede, des Redeberichts oder der zusammenfassenden Gedankenwiedergabe erfolgen.

- **personal**
  Beim personalen Erzählen schlüpft der Erzähler/die Erzählerin in die Rolle einer der Figuren der erzählten Welt, aus deren Sicht er oder sie dann in diese Welt blickt. Der **Erzählstandort** liegt häufig in einer relativ geringen Distanz zum erzählten Geschehen, was den Überblick einschränkt. Der Erzähler sieht und hört nichts anderes als die Perspektivfigur und weiß auch nicht mehr als diese. So kann er die Gedanken und Gefühle anderer Figuren auch nicht unmittelbar wiedergeben, sondern muss sie aus deren Verhalten und deren Äußerungen schließen. Dennoch ist das personale Erzählen weitgehend von der **Perspektive** der **Innensicht** geprägt, nämlich von der Innensicht der Erzählfigur, ihren Gedanken und Gefühlen.
  In der **Erzählhaltung** ergibt sich dieselbe Bandbreite wie beim auktorialen Erzählen.
  Sehr häufig ist die personale Erzählstrategie mit der **Ich-Erzählform** verbunden. Das Ich erzählt dabei von eigenen Erlebnissen und gehört somit zu den Handlungsträgern der Geschichte. In einer im modernen Erzählen nicht seltenen Variante kann der Erzähler jedoch auch die **Er-/Sie-Erzählform** wählen und gleichwohl aus der Sicht einer Figur erzählen. Der Erzähler nimmt dann trotz der Er-/Sie-Erzählform ganz die Position einer Figur ein und erlebt die erzählte Welt mit den Gedanken und Empfindungen dieser Figur. Es handelt sich um die **Darbietungsform der erlebten Rede** (z.B.: *Er wusste nicht mehr, was er machen sollte. Sollte er sich getäuscht haben?)* Werden die Gedanken, Wahrnehmungen und Gefühle (Bewusstseinsstrom) dagegen in der Ich-Erzählform dargeboten, spricht man von einem **inneren Monolog.**

- **neutral**
  Beim neutralen Erzählen steht die Erzählerin oder der Erzähler wie beim auktorialen Erzählen außerhalb der Figurenwelt. Im Gegensatz zum auktorialen Erzählen fehlen aber die Kommentare und Reflexionen sowie die direkten Figurencharakterisierungen und Erläuterungen von Zusammenhängen zur Orientierung.
  Der **Erzählstandort** liegt in der Distanz, in der ein um Objektivität bemühtes Registrieren der Vorgänge möglich ist. Eine Form der neutralen Erzählstrategie ist es auch, die Geschehnisse **multiperspektivisch** darzubieten, d.h., sie aus Sicht verschiedener Figuren unvermittelt und unkommentiert aneinanderzureihen. Im Übrigen dominiert als **Perspektive** die **Außensicht** auf die Figuren.
  Die **Erzählhaltung** ist neutral, also weder affirmativ noch kritisch. Es herrscht die **Er-/Sie-Erzählform** vor, unterbrochen von Passagen, in denen die Figuren zu Wort kommen und dann natürlich in der Ich-Form über sich sprechen.
  Überhaupt nimmt unter den **Darbietungsformen** neben dem referierend-sachlichen **Erzählbericht** die **Figurenrede** einen breiten Raum ein, da der neutrale Erzähler es vorzieht, dass sich die Figuren selbst präsentieren.
  Daher ist die favorisierte Darbietungsform neben dem unkommentierten Referieren der Geschehnisse **das szenische Erzählen,** die Wiedergabe der **Wechselrede der Figuren** ohne erläuternde Zwischenbemerkungen.

1 Versuchen Sie, die Darstellung der drei Erzählstrategien in Schaubilder umzusetzen. Zeichnen Sie diese auf Folie und stellen Sie die Erzählstrategien dann Ihrem Kurs im freien Vortrag vor.
2 Untersuchen Sie die vier Erzählbeispiele auf den Seiten 104–109 mit Hilfe der idealtypischen Modelle auf ihre Erzählstrategie hin. Welchen Text bzw. welche Passagen würden Sie welcher Strategie zuordnen?
3 **Weiterführende Aufgabe:** Informieren Sie sich über die zentralen Aspekte der erzähltheoretischen Modelle von Franz K. Stanzel und Jürgen H. Petersen. Stellen Sie Ihre Ergebnisse vor.

Information **Die Geschichte – Elemente ihrer Konstruktion und Struktur**

- Die Autorin oder der Autor eines epischen Textes erzählt nicht irgendetwas, was fertig vorzufinden ist. Vielmehr wird die Geschichte im Akt des Erzählens erschaffen, sie ist eine **Fiktion.** Dabei ist es gleichgültig, woher die Autorin oder der Autor das **Geschehen** mit seinen Schauplätzen und Figuren nimmt. Das Material, der so genannte **Stoff,** kann aus der eigenen Wirklichkeitserfahrung der Verfasserin oder des Verfassers stammen, aus angelesenen, gehörten oder angeschauten Informationen über die Welt oder auch aus literarischen, filmischen oder bildnerischen Fiktionen. Wird dabei (ob bewusst oder unbewusst) auf Texte zurückgegriffen, regen also Texte ihrerseits zur Produktion von Literatur an, spricht man von **Intertextualität.** Doch gleichgültig, welcher Stoff die Fantasie der Autorin oder des Autors speist und welches Material die Basis für die Errichtung der fiktionalen Welt durch den eingesetzten Erzähler bildet, sie darf nicht mit der realen Welt verwechselt werden. Die Sätze des Erzählers unterliegen somit nicht dem Maßstab der Nachprüfbarkeit bzw. Widerlegbarkeit. Das Geschehen, also die Kette der aufgegriffenen und erdachten Ereignisse, wird zur **Geschichte (Story)** erst dadurch, dass vom Erzähler im Erzählvorgang ein Sinnzusammenhang hergestellt wird. Von der **Fabel** (oder dem **Plot**) eines epischen Textes spricht man, wenn die oft in Nebenhandlungen sich auffächernde oder zeitlich kompliziert verschachtelte Geschichte auf das chronologisch geordnete Handlungsgerüst z. B. in Form einer Inhaltsangabe reduziert wird.
- Eine wichtige Rolle im Aufbau einer Geschichte spielen die **Figuren** mit ihrem Aussehen, ihrer Herkunft, ihrer Bildung, ihrer beruflichen und sozialen Stellung, ihrem Charakter, ihrem Weltbild, ihren Fähigkeiten und Schwächen, ihren Wünschen und Zielen sowie die **Figurenkonstellation,** in der sich das Verhältnis der Figuren zueinander im Sinne eines durchaus wechselnden Beziehungsgeflechts abbildet.

Weiterhin bedeutsam für die Konstruktion einer Geschichte sind die Kategorien Raum und Zeit.

- Der **Raum** in einem Erzähltext ist nicht einfach der zufällige Ereignisort. Er erhält z. B. über seine reine Gegenständlichkeit hinaus Bedeutung, indem er mit den Gefühlslagen und Stimmungen der Figuren oder mit dem Handlungsverlauf korrespondieren kann. So kann eine Landschaft mit ihrer Atmosphäre zur Dramatik der Handlung beitragen oder im Extremfall auch reine „Seelenlandschaft" sein, das nach außen projizierte Augenblicks- oder Lebensgefühl einer Figur.
- Im Hinblick auf die **Zeit** ist zu fragen, ob und inwieweit die Geschichte historisch verortet ist, ob sie sich also klar erkennbar einer historischen Situation zuordnen lässt und welche Bedeutung diese Situation für das erzählte Geschehen hat. Darüber hinaus ist unter erzähltechnischem Aspekt zu beachten, wie das Verhältnis von **Erzählzeit** (die Zeit, in der die Geschichte erzählt bzw. gelesen werden kann) und **erzählter Zeit** (der Zeitraum, in dem sich das erzählte Geschehen abspielt) gestaltet ist.

Drei Möglichkeiten sind zu unterscheiden:
- **Zeitdeckung:** Erzählzeit und erzählte Zeit decken sich in etwa, z. B. beim szenischen Erzählen.
- **Zeitraffung:** Die Erzählzeit ist kürzer als die erzählte Zeit, z. B. im Erzählbericht, wenn Zeitspannen übersprungen oder Vorgänge stark zusammengefasst wiedergegeben werden.
- **Zeitdehnung:** Die Erzählzeit ist länger als die erzählte Zeit, z. B. wenn Gedanken und Gefühle einer Figur in einem kurzen Handlungsmoment ausführlich wiedergegeben werden, z. B. im inneren Monolog oder in der erlebten Rede oder wenn der Erzähler Kommentare und Reflexionen einfügt, die die Erzählung länger erscheinen lassen als das Geschehen.

Zur Zeitgestaltung gehört auch der Umgang des Erzählers mit der zeitlichen Abfolge, der **Chronologie.** Es kann kontinuierlich (linear) erzählt werden oder diskontinuierlich in Form von **Vorausdeutungen** und **Rückblenden.** Die zeitliche Ebene zu Beginn einer Erzählung kann auch dadurch verlassen werden, dass eine Figur dieser Ebene ihrerseits eine Geschichte erzählt, nach der die Erzählung dann wieder auf die erste Ebene zurückkehrt; in diesem Fall handelt es sich um eine **Rahmenerzählung**, in die eine **Binnenerzählung** eingeschlossen ist. Schließlich können auch mehrere **Parallelhandlungen** in einer Art **Montagetechnik** ineinander verschachtelt werden, wobei manchmal komplizierte, schwer zu überblickende Erzählstrukturen entstehen.

1 a Erfassen Sie die Information zur Konstruktion und Struktur der „Geschichte", indem Sie in Ihrem Kursheft den Inhalt in einer Mindmap anschaulich ordnen, z. B.:

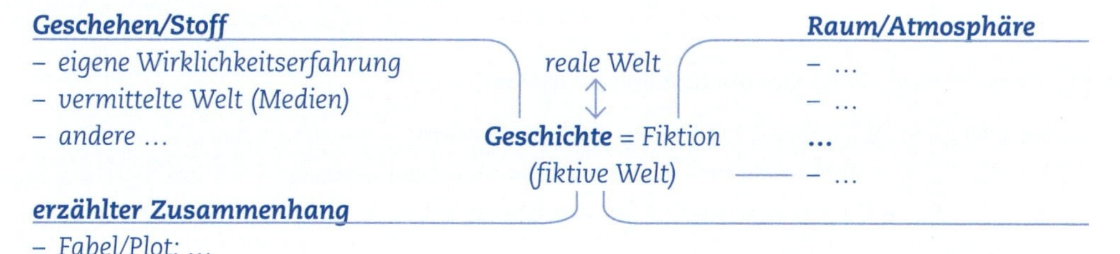

b Ergänzen Sie Ihre Mindmap durch den Inhalt der folgenden Information zur Leserin/zum Leser literarischer Texte.

Information **Die Leserin/der Leser**

Im Hinblick auf das Lesepublikum ist zu unterscheiden zwischen dem/der **impliziten Leser/in** und dem/der **realen Leser/in.** Die Autorin oder der Autor stellt sich mehr oder minder bewusst eine Leserschaft vor und lässt auf dieser Basis den Erzähler/die Erzählerin mit einem in die Erzählung eingehenden fiktiven Lesepublikum korrespondieren. Der Erzähler kann es ausdrücklich ansprechen, aber auch ohne solche Ansprachen ist der implizite Leser im Text präsent, z. B. in der Hinsicht, was der Erzähler ihm inhaltlich oder sprachlich glaubt zumuten zu können. Real ist demgegenüber die Person, die den Erzähltext in einer ganz bestimmten konkreten Situation liest. Dabei füllt sie in ihrer Vorstellung die **Leerstellen** des Textes, die der Erzähler in der Darstellung der Außenwelt (Orte, Situationen, Gegenstände, Aussehen der Figuren), der Innenwelt (Gedanken und Gefühle der Figuren) und in der Verknüpfung der Handlungsmomente offenlässt. Dementsprechend wird das Lesen zu einer teilkreativen Tätigkeit.

1.3 Literaturkritik und Kanonbildung – Wertungsfragen

Walter Hanel: Der Buchkritiker (1983)

1 Beschreiben und kommentieren Sie die Karikatur.
2 Wozu Literaturkritik? Notieren Sie Ihre Antworten und tauschen Sie sich darüber im Kurs aus.

Marcel Reich-Ranicki: **Zehn Gebote für Literaturkritiker** (2003)

- Du sollst nichts Wichtigeres haben neben dir als die Kritik.
- Du sollst keinem anderen dienen als der Literatur und ihren Lesern.
- Du sollst keinen Dichter anbeten und keinem gefällig sein.
- Du sollst nicht langweilen.
- Du sollst deiner Lust oder Unlust beim Lesen gehorchen und die Gründe für sie finden.
- Du sollst Mut haben, dich deiner eigenen Urteilskraft zu bedienen, entschieden zu loben oder zu tadeln und in deiner Entscheidung zu fehlen, sollst Übertreibungen nicht meiden, Provokationen nicht scheuen und Feinde nicht fürchten.
- Du sollst nicht unklares Zeugnis ablegen über ein Buch.
- Du sollst das Verständnis für Literatur und das Vergnügen an ihr befördern.
- Du sollst die Namen großer Dichter nicht missbrauchen, indem du kleine mit ihnen vergleichst.
- Du sollst nicht begehren, selbst zu dichten.

Peter Handke: **Über Reich-Ranicki** (1972)

[...] Reich-Ranicki fühlt sich als Sprecher des Lesers, so wie etwa das Bürgerliche Gesetzbuch der Sprecher des ordentlichen Durchschnittsmenschen ist. Bei diesem Leser ist Reich-Ranicki sicher: wenn er etwa schreibt (in fast jeder Besprechung), es gehe in der Literatur nicht darum, Wirklichkeit mitzuteilen, sondern sie zu „vergegenwärtigen“; wenn er (in fast jeder Besprechung) zur Beurteilung eines Autors Sätze dieses Autors entweder über eine seiner Personen oder über einen anderen Autor auf den Autor selber anwendet, dann kann er der Zustimmung des ordentlichen Durchschnittslesers sicher sein: „Das habe ich mir auch schon gedacht!“ sagt dieser. Richtiger würde er freilich sagen: „Das habe ich mir auch schon nicht gedacht!“ Reich-Ranicki verläßt sich auf den Leser mit dem „unbestimmten Gefühl“, der dann „Aha!“ sagen kann: da er selber, aufgrund eines völlig indiskutablen, schon seit langem mechanischen Vokabulars statt mit Urteilen nur mit Vorurteilen arbeitet, kann er sich auf die Vorurteile aller Welt getrost verlassen. In seiner Manier: er vergegenwärtigt nicht das Ergebnis seiner kritischen Arbeit, er teilt es mit, zumindest temperamentvoll. Jeder seiner Sätze ist schon fertig da, beliebig verfügbar, ist ein Kernsatz, der am Kern seines Gegensatzes vorbeigeht. Kein Satz argumentiert, etwa um zu einem Kommuniqué als Endsatz zu kommen: seine Sätze sind alle schon Endsätze, sind Kommuniqués.

Reich-Ranicki stellt sich schon lange keine Frage über sich selbst mehr. Er, der unwichtigste, am wenigsten anregende, dabei am meisten selbstgerechte deutsche Literaturkritiker seit langem, kann freilich alle Angriffe mit seinem Kommuniquésatz abwehren: „Ein Literaturkritiker, der etwas taugt, ist immer eine umstrittene Figur.“ Von mir aus ist Reich-Ranicki unumstritten. R

1 Erläutern Sie die Maßstäbe, die Reich-Ranicki für die Literaturkritik und die Literaturkritiker postuliert.
2 Schon 30 Jahre vor der Formulierung der „Zehn Gebote für Literaturkritiker“ setzte sich der Autor Handke mit Reich-Ranicki auseinander. Fassen Sie Handkes Kritik an Reich-Ranicki und seiner Position zusammen.

Brauchen wir einen Literaturkanon?

Frank Berzbach: Die alten Herren und der Kanon (2002) – Auszug

Alle Jahre wieder glauben alte, gebildete Männer zu wissen, was alle Deutschen lesen müssen – sie machen dann Vorschläge für einen „Kanon deutscher Literatur“. In den überregionalen Blättern werden diese Leselisten heftig diskutiert, differenziert, verworfen oder gelobt. Derzeit präsentieren die Zeitungen selbst ihren Kanon [...], weil sie weder ausgebildeten Deutschlehrern noch anderen trauen. Auch schöngeistige Verlage engagieren sich und haben den bekanntesten Literaturkritiker des Landes 20 Romane auswählen lassen, die jetzt in einer Box mit der Aufschrift „Der Kanon“ in den Buchläden steht.

Die Listen beginnen meist mit Johann Wolfgang Goethe, also relativ spät. Der Literaturwissenschaftler Heinz Schlaffer scheint mit seiner provozierenden These Recht zu behalten: Die deutsche Literatur hat nur eine kurze Geschichte. Die älteren, mittelalterlichen Texte seien hingegen eine Erfindung der Germanistik und lägen völlig außerhalb der Interessen selbst ambitionierter Leser.

1 Sammeln Sie eigene Argumente für und gegen einen literarischen Kanon.
2 Organisieren Sie eine **Podiumsdiskussion** (▸ S. 27) zum Thema: Welchen Sinn hat klassische Literatur ohne Erfahrungsanbindung an die Welt der Leserinnen und Leser?
3 Verfassen Sie einen **Essay** (▸ S. 49–56) zur Frage: Brauchen wir einen Literaturkanon? Stützen Sie sich dabei auch auf die Ergebnisse der Podiumsdiskussion.

2 Drama

Iphigenie auf Tauris, Schauspiel Frankfurt/Main, 1980.
Regie: Hans Neuenfels

Der gute Mensch von Sezuan, Maxim Gorki Theater, Berlin, 2007.
Regie: Uta Koschel

1 **a** Beschreiben und vergleichen Sie die beiden Szenenfotos. Was fällt Ihnen im Hinblick auf das Bühnenbild und die Figuren auf?

b Welche eigenen Theatererfahrungen haben Sie gemacht? Setzen Sie sie in Beziehung zu den Szenenfotos und berichten Sie darüber.

2 Notieren Sie in Stichpunkten, welche Elemente nach Ihrem Wissen die Gattung „Drama" von den Gattungen „Epik" und „Lyrik" unterscheiden.
Sie können auch versuchen, eine kurze Definition zur Gattung „Drama" zu verfassen, z. B.:
Das griechische Wort „Drama" bedeutet „Handlung". Diese Handlung wird aber nicht wie in epischen Texten durch eine Erzählerin oder einen Erzähler …

In diesem Kapitel erwerben Sie folgende Kenntnisse und Kompetenzen:

- Dramenszenen systematisch analysieren und vergleichen,
- Möglichkeiten des szenischen Interpretierens erproben,
- anhand von Inhaltsübersichten unterschiedliche Dramenstrukturen erfassen,
- Grundmuster des geschlossenen und des offenen Dramas erkennen und unterscheiden,
- sich mit literaturtheoretischen Positionen zu Wirkungsabsicht und Wirkungsweise des Theaters auseinandersetzen.

2.1 Goethes „Iphigenie auf Tauris", Brechts „Der gute Mensch von Sezuan" – Eingangsszenen im Vergleich

Johann Wolfgang Goethe: **Iphigenie auf Tauris** (1787)

Erster Auftritt.

IPHIGENIE:

Heraus in eure Schatten, rege Wipfel
Des alten, heil'gen, dicht belaubten Haines,
5 Wie in der Göttin stilles Heiligtum[1]
Tret' ich noch jetzt mit schauderndem Gefühl,
Als wenn ich sie zum ersten Mal beträte,
Und es gewöhnt sich nicht mein Geist hierher.
So manches Jahr bewahrt mich hier verborgen
10 Ein hoher Wille, dem ich mich ergebe;
Doch immer bin ich, wie im ersten, fremd.[2]
Denn ach! mich trennt das Meer von den
Geliebten,
Und an dem Ufer steh' ich lange Tage,
15 Das Land der Griechen mit der Seele suchend;
Und gegen meine Seufzer bringt die Welle
Nur dumpfe Töne brausend mir herüber.
Weh dem, der fern von Eltern und
Geschwistern
20 Ein einsam Leben führt! Ihm zehrt der Gram
Das nächste Glück vor seinen Lippen weg;
Ihm schwärmen abwärts immer die Gedanken
Nach seines Vaters Hallen, wo die Sonne
Zuerst den Himmel vor ihm aufschloss, wo
25 Sich Mitgeborne spielend fest und fester
Mit sanften Banden aneinanderknüpften.
[...]
O wie beschämt gesteh' ich, dass ich dir
Mit stillem Widerwillen diene, Göttin,
30 Dir, meiner Retterin! Mein Leben sollte
Zu freiem Dienste dir gewidmet sein.
Auch hab' ich stets auf dich gehofft und hoffe
Noch jetzt auf dich, Diana, die du mich,
Des größten Königes verstoßne Tochter,
35 In deinen heil'gen, sanften Arm genommen.
[...]
So gib auch mich den Meinen endlich wieder,
Und rette mich, die du vom Tod errettet,
Auch von dem Leben hier, dem zweiten Tode.

40 **Zweiter Auftritt:** *Iphigenie. Arkas*[3]

ARKAS:

Der König sendet mich hieher und beut
Der Priesterin Dianens Gruß und Heil.
Dies ist der Tag, da Tauris seiner Göttin
45 Für wunderbare neue Siege dankt.
Ich eile vor dem König und dem Heer,
Zu melden, dass er kommt und dass es naht.

IPHIGENIE:

Wir sind bereit, sie würdig zu empfangen,
50 Und unsre Göttin sieht willkommnem Opfer
Von Thoas' Hand mit Gnadenblick entgegen.

ARKAS:

O fänd' ich auch den Blick der Priesterin,
Der werten, viel geehrten, deinen Blick,
55 O heil'ge Jungfrau, heller, leuchtender,
Uns allen gutes Zeichen! Noch bedeckt
Der Gram geheimnisvoll dein Innerstes;
Vergebens harren wir schon jahrelang
Auf ein vertraulich Wort aus deiner Brust.
60 Solang' ich dich an dieser Stätte kenne,
Ist dies der Blick, vor dem ich immer
schaudre;
Und wie mit Eisenbanden bleibt die Seele
Ins Innerste des Busens dir geschmiedet.

65 IPHIGENIE:

Wie's der Vertriebnen, der Verwaisten ziemt.

ARKAS:

Scheinst du dir hier vertrieben und verwaist?

IPHIGENIE:

70 Kann uns zum Vaterland die Fremde werden?
[...]

1 Heiligtum: Iphigenie befindet sich in einem kleinen Wald, der den Tempel der Göttin Diana umgibt.
2 Sie, die Griechin, ist fremd an der Küste des Königreiches Tauris auf der Halbinsel Krim am Schwarzen Meer. Es ist Dianas Wille, dass sie dort ist. Die Göttin hat Iphigenie einst entführt, als diese als junges Mädchen bewusstlos auf dem Opferaltar lag, den ihr Vater, König Agamemnon, errichtet hatte. Als Anführer der Griechen bei der Ausfahrt zum Krieg gegen Troja wollte er seine Tochter opfern, um die Götter dem Unternehmen günstig zu stimmen. Iphigenie sind die Umstände, wie sie nach Tauris gelangte, nicht bekannt.
3 Arkas: Diener des Königs Thoas von Tauris

Arkas: [...]
Wenn heut' der König mit dir redet, so
Erleichtr' ihm, was er dir zu sagen denkt.

75 **Iphigenie:**
Du ängstest mich mit jedem guten Worte;
Oft wich ich seinem Antrag mühsam aus.
[...]

Arkas:
80 Gib ihm für seine Neigung nur Vertraun.

Iphigenie:
Wenn er von Furcht erst meine Seele löst.

Arkas:
Warum verschweigst du deine Herkunft ihm?

85 **Iphigenie:**
Weil einer Priesterin Geheimnis ziemt.

Arkas:
Dem König sollte nichts Geheimnis sein.
Und ob er's gleich nicht fordert, fühlt er's doch
90 Und fühlt es tief in seiner großen Seele,
Dass du sorgfältig dich vor ihm verwahrst.

Iphigenie:
Nährt er Verdruss und Unmut gegen mich?

Arkas:
95 So scheint es fast. Zwar schweigt er auch von dir,
Doch haben hingeworfne Worte mich
Belehrt, dass seine Seele fest den Wunsch
Ergriffen hat, dich zu besitzen. Lass,
100 O überlass ihn nicht sich selbst! damit
In seinem Busen nicht der Unmut reife
Und dir Entsetzen bringe, du zu spät
An meinen treuen Rat mit Reue denkest.

Iphigenie:
105 Wie? Sinnt der König, was kein edler Mann,
Der seinen Namen liebt, und dem Verehrung
Der Himmlischen den Busen bändiget,
Je denken sollte? Sinnt er, vom Altar
Mich in sein Bette mit Gewalt zu ziehn?
110 So ruf' ich alle Götter und vor allen
Dianen, die entschlossne Göttin, an,
Die ihren Schutz der Priesterin gewiss
Und Jungfrau einer Jungfrau gern gewährt.

Arkas:
115 Sei ruhig! Ein gewaltsam neues Blut
Treibt nicht den König, solche Jünglingstat
Verwegen auszuüben. Wie er sinnt,
Befürcht' ich andern, harten Schluss von ihm,
Den unaufhaltbar er vollenden wird,
120 Denn seine Seel' ist fest und unbeweglich.
Drum bitt' ich dich, vertrau' ihm, sei ihm dankbar,
Wenn du ihm weiter nichts gewähren kannst.

Iphigenie:
125 O sage, was dir weiter noch bekannt ist.

Arkas:
Erfahr's von ihm. Ich seh' den König kommen.
Du ehrst ihn, und dich heißt dein eigen Herz,
Ihm freundlich und vertraulich zu begegnen.
130 Ein edler Mann wird durch ein gutes Wort
Der Frauen weit geführt. [...]

Bertolt Brecht: **Der gute Mensch von Sezuan** (1943)

Vorspiel
Eine Straße in der Hauptstadt von Sezuan
Es ist Abend. Wang, der Wasserverkäufer, stellt sich dem Publikum vor.

5 **Wang:** Ich bin Wasserverkäufer hier in der Hauptstadt von Sezuan. Mein Geschäft ist mühselig. Wenn es wenig Wasser gibt, muß ich weit danach laufen. Und gibt es viel, bin ich ohne Verdienst. Aber in unserer Provinz herrscht überhaupt große Armut. Es heißt allgemein, 10 daß uns nur noch die Götter helfen könnten. Zu meiner unaussprechlichen Freude erfahre

ich von einem Viehverkäufer, der viel herumkommt, daß einige der höchsten Götter schon 15 unterwegs sind und auch hier in Sezuan erwartet werden dürften. Der Himmel soll sehr beunruhigt sein wegen der vielen Klagen, die zu ihm aufsteigen. Seit drei Tagen warte ich hier am Eingang der Stadt, besonders gegen Abend, da- 20 mit ich sie als erster begrüßen kann. Später hätte ich ja dazu wohl kaum mehr Gelegenheit, sie werden von Hochgestellten umgeben sein und überhaupt stark überlaufen werden. Wenn ich sie nur erkenne! Sie müssen ja nicht zusam- 25 men kommen. Vielleicht kommen sie einzeln, damit sie nicht so auffallen. Die dort können es nicht sein, die kommen von der Arbeit. *Er betrachtet vorübergehende Arbeiter.* Ihre Schultern sind ganz eingedrückt vom Lastentragen. Der 30 dort ist auch ganz unmöglich ein Gott, er hat Tinte an den Fingern. Das ist höchstens ein Büroangestellter in einer Zementfabrik. Nicht einmal diese Herren dort – *zwei Herren gehen vorüber* – kommen mir wie Götter vor, sie haben 35 einen brutalen Ausdruck wie Leute, die viel prügeln, und das haben die Götter nicht nötig. Aber dort, diese drei! Mit denen sieht es schon ganz anders aus. Sie sind wohlgenährt, weisen kein Zeichen irgendeiner Beschäftigung auf und ha- 40 ben Staub auf den Schuhen, kommen also von weit her. Das sind sie! Verfügt über mich, Erleuchtete! *Er wirft sich zu Boden.*

Der erste Gott *erfreut:* Werden wir hier erwartet?

Wang *gibt ihnen zu trinken:* Seit langem. Aber 45 nur ich wußte, daß ihr kommt.

Der erste Gott: Da benötigen wir also für heute Nacht ein Quartier. Weißt du eines?

Wang: Eines? Unzählige! Die Stadt steht zu euren Diensten, o Erleuchtete! Wo wünscht ihr zu 50 wohnen?

Die Götter sehen einander vielsagend an.

Der erste Gott: Nimm das nächste Haus, mein Sohn! Versuch es zunächst mit dem allernächsten! 55

Wang: Ich habe nur die Sorge, daß ich mir die Feindschaft der Mächtigen zuziehe, wenn ich einen von ihnen besonders bevorzuge.

Der erste Gott: Da befehlen wir dir eben: nimm den nächsten! 60

Wang: Das ist der Herr Fo dort drüben! Geduldet euch einen Augenblick! *Er läuft zu einem Haus und schlägt an die Tür. Sie wird geöffnet, aber man sieht, er wird abgewiesen. Er kommt zögernd zurück.* 65

Wang: Das ist dumm. Der Herr Fo ist gerade nicht zu Hause, und seine Dienerschaft wagt nichts ohne seinen Befehl zu tun, da er sehr streng ist. Er wird nicht wenig toben, wenn er erfährt, wen man ihm da abgewiesen hat, wie? 70

Die Götter *lächelnd:* Sicher.

Wang: Also noch einen Augenblick! Das Haus nebenan gehört der Witwe Su. Sie wird außer sich sein vor Freude. *Er läuft hin, wird aber anscheinend auch dort abgewiesen.* 75

Wang: Ich muß dort drüben nachfragen. Sie sagt, sie hat nur ein kleines Zimmerchen, das nicht instand gesetzt ist. Ich wende mich sofort an Herrn Tscheng.

Der zweite Gott: Aber ein kleines Zimmer ge- 80 nügt uns. Sag, wir kommen.

Wang: Auch wenn es nicht aufgeräumt ist? Vielleicht wimmelt es von Spinnen.

Der zweite Gott: Das macht nichts. Wo Spinnen sind, gibt's wenig Fliegen. 85

Der dritte Gott *freundlich zu Wang:* Geh zu Herrn Tscheng oder sonstwohin, mein Sohn, ich ekle mich vor Spinnen doch ein wenig.

Wang klopft wieder wo an und wird eingelassen.

Stimme aus dem Hause: Verschone uns mit 90 deinen Göttern! Wir haben andere Sorgen! [...]

Wang *schimpft ihm nach:* Du schieläugiger Schieber! Hast du keine Gottesfurcht? Ihr werdet in siedendem Pech braten für eure Gleichgültigkeit! Die Götter scheißen auf euch! Aber ihr werdet es noch bereuen! Bis ins vierte Glied werdet ihr daran abzuzahlen haben! Ihr habt ganz Sezuan mit Schmach bedeckt! *Pause.* Jetzt bleibt nur noch die Prostituierte Shen Te, die kann nicht nein sagen. *Er ruft „Shen Te". Oben im Fenster schaut Shen Te heraus.*

Wang: Sie sind da, ich kann kein Obdach für sie finden. Kannst du sie nicht aufnehmen für eine Nacht?

Shen Te: Ich glaube nicht, Wang. Ich erwarte einen Freier. Aber wie kann denn das sein, daß du für sie kein Obdach findest?!

Wang: Das kann ich jetzt nicht sagen. Ganz Sezuan ist ein einziger Dreckhaufen.

Shen Te: Ich müßte, wenn er kommt, mich versteckt halten. Dann ginge er vielleicht wieder weg. Er will mich noch ausführen.

Wang: Können wir nicht inzwischen schon hinauf?

Shen Te: Aber ihr dürft nicht laut reden. Kann man mit ihnen offen sprechen?

Wang: Nein! Sie dürfen von deinem Gewerbe nichts erfahren! Wir warten lieber unten. Aber du gehst nicht weg mit ihm?

Shen Te: Es geht mir nicht gut, und wenn ich bis morgen früh meine Miete nicht zusammen habe, werde ich hinausgeworfen.

Wang: In solch einem Augenblick darf man nicht rechnen.

Shen Te: Ich weiß nicht, der Magen knurrt leider auch, wenn der Kaiser Geburtstag hat. Aber gut, ich will sie aufnehmen. *Man sieht sie das Licht löschen.* [...] R

1 Erarbeiten Sie eine vergleichende Analyse der Szenen, die zur **Exposition** (Einführung in Ort, Zeit und Atmosphäre; Vorstellung der Hauptfiguren; Anbahnung des Konflikts) der beiden Dramen gehören.

a Untersuchen Sie dazu die Eingangsszenen nach den unten genannten Aspekten und stellen Sie die Ergebnisse tabellarisch zusammen.

Methode **Dramenanalyse – Gesprächsanalyse**

Bei der Dramenanalyse sollten folgende Aspekte untersucht werden:

- **Kontextuierung der Szene:** Stellung im Dramenzusammenhang und -aufbau, Vorgeschichte, Bedeutung der Szene für den weiteren Verlauf, Vorerwartungen des Publikums, ...
- **Gesprächssituation:** Ort, Zeit, Atmosphäre, ...
- **Figuren:** Motive, persönliche Situation, Weltanschauung, Verhaltenweisen und Eigenschaften, ...
- **Figurenkonstellation:** Verhältnis zueinander, gesellschaftlicher Kontext, ...
- **Gesprächsgegenstand:** Inhalt des Gesprächs, Position, Argumente, ...
- **Gesprächsverlauf:** Art des Beginns und des Endes, dramatische Zuspitzung, Wendepunkt; Entwicklung des Konflikts, ...
- **Gesprächsart:** Diskussion, Verhör, Streit, Entscheidungssuche, Plauderei, ...

- **Redeorganisation:** Redeanteil, Sprecherwechsel, Gesprächsbeteiligung, Redeinitiative, symmetrisch (gleichberechtigt), komplementär (sich ergänzend), überlegen (superior), unterlegen (inferior), ...
- **Gesprächsstörung:** Missverständnisse, Widersprüche, Täuschungen, ...
- **Sprachstil:** normiert, geschlechtsspezifisch, zeittypisch, ...
- **Verben sprachlichen Handelns:** fragen, informieren, bekennen, vorwerfen, bitten, bewerten, ...
- **Rhetorische Figuren/Sprechweise:** Antithesen, Ellipsen, Euphemismen, Hyperbeln, Ironie, Vergleiche, Metaphern, ...
- **Formaler Aufbau:** Unterteilung, Nebentexte bzw. Regieanweisungen, ...

b Fassen Sie die für Sie wesentlichen Unterschiede zusammen. Reflektieren Sie dabei insbesondere die Wirkung der jeweiligen Dramenanfänge.

2 a Entscheiden Sie sich für eine Eingangsszene und probieren Sie in Kleingruppen jeweils eines der folgenden szenischen Verfahren aus. Stellen Sie es anschließend den anderen Gruppen vor.

b Vergleichen Sie Ihre szenischen Interpretationen mit einer professionellen Aufführung, z. B. auf DVD.

Methode Möglichkeiten des szenischen Interpretierens

Dramen sind von ihrer Anlage her für eine Inszenierung auf der Bühne bestimmt. Es ist also ratsam, eine textanalytische Lektüre durch ein **szenisches Interpretieren** zu ergänzen. Durch das anschauliche und lebendige Bild oder Spiel erweitert und vertieft sich Ihr Textverständnis. Es gibt folgende Möglichkeiten:

Haltungen und Sprechweise einer Figur entwickeln

a Wählen Sie eine Figur aus und stellen Sie gemäß dem Bild, das Sie sich von ihr machen, dar, wie sie steht, geht, sitzt und einfache Tätigkeiten ausführt. Studieren Sie dieses Verhalten ein.

b Lernen Sie einige Sätze der Figur auswendig und sprechen Sie diese so, wie Sie sich die Sprechweise der Figur sowie ihre Mimik und Gestik vorstellen.

c Präsentieren Sie Ihre Figur in einem kurzen Auftritt vor Ihrem Kurs.

d Vergleichen Sie die Auftritte einer Figur und tauschen Sie sich über Ihre Figurenbilder aus.

Wenn Sie diese szenische Übung gründlich vorbereiten wollen, können Sie
Rollenprofile/Rollenbiografien schreiben
Schreiben Sie auf der Grundlage einer Figurenanalyse (▸ S. 120, 1 a) in der Ich-Form ein Selbstporträt zu einer Figur. Dabei müssen Sie über den Szenentext hinaus Vorstellungen zur Persönlichkeit dieser Figur entwickeln (Herkunft, Erziehung und Bildung, Lebensweg, Beruf, Beziehungen, Einstellungen, Wünsche, Befürchtungen und Ängste etc.).

Standbilder bauen

a Wählen Sie einen Szenenmoment aus. Bestimmen Sie dann je Figur ein Kursmitglied und lassen Sie die Mitglieder vor dem Kurs die von Ihnen geplanten Positionen zueinander einnehmen. Dabei müssen sich diese wie Gliederpuppen bewegen lassen, das heißt, sie lassen sich ohne Kommentar und passiv in die gewünschte Position sowie Haltung bringen. Machen Sie auch den Gesichtsausdruck vor. Ist das Standbild fertig, verharren die Figuren eine Minute wie eingefroren in ihren Haltungen. Während des Standbildbauens sollte möglichst nicht gesprochen werden, damit bereits der Arbeitsprozess auf den Kurs wirken kann.

b Das fertige Standbild wird zuerst von den Außenstehenden beschrieben und mit Bezug auf den Dramentext interpretiert. Anschließend geben die Darstellenden ihren Kommentar ab.
c Möglich ist auch, dass einzelne Kursmitglieder hinter die Figuren des Standbilds treten, ihnen eine Hand auf die Schulter legen und in der Ich-Form als Alter Ego der Figur sagen, was sie in diesem Augenblick denken, fühlen, sehen etc.
d Zuletzt können die Kursmitglieder das Standbild nach ihren Vorstellungen verändern, um ihre Interpretation des Szenenmoments zu verdeutlichen.

Eine szenische Lesung durchführen
a Üben Sie in Kleingruppen das Lesen einzelner Szenen oder Szenenabschnitte. Auch Profis studieren ihre Szenen zunächst mit dem Textbuch ein. Proben Sie wie diese mit dem Text in der Hand beim Lesen Sprechweisen, Haltungen, Bewegungen, Gebärden etc.
b Tragen Sie die Szenen in Ihrem Kurs vor und lassen Sie sich Rückmeldungen geben.

Szenen improvisiert spielen
a Spielen Sie ohne Textbuch vor Augen Szenen oder Szenenausschnitte. Achten Sie dabei auf Ihre Haltung, Ihre Gestik und Mimik und sprechen Sie den Text in freier Improvisation.
b Das Publikum teilt seine Beobachtungen mit und vergleicht das Spiel der Figuren mit seinem Textverständnis. Dieses Verständnis sollte möglichst auch spielend demonstriert werden.

Ein Regieheft (Nebentext) zu einer Szene schreiben
In der Regel besteht ein Drama aus einem Haupttext, also dem, was die Figuren sagen, und einem Nebentext, das sind Anweisungen zum Verhalten der Figuren, zu Bühnenbild und Requisiten. Schreiben Sie diese Regieanweisungen zu einem umfassenden Paralleltext um, in dem Sie Ihre Sicht des Szenenverlaufs ausdrücken. Bedenken Sie Bühnenbild, Beleuchtung, Geräusche, Musik, Kostüme, Masken, Figurenpositionen und -bewegungen, Sprechweisen, Mimik etc.

2.2 Strukturen des klassischen und modernen Dramas – Zwei Beispiele im Vergleich

Johann Wolfgang Goethes **Iphigenie auf Tauris** (1787)

I. Aufzug, 1.–4. Auftritt
Ort: Hain vor dem Tempel der Diana auf Tauris (Halbinsel Krim)
Nach dem Eingangsmonolog der Iphigenie (▸ S. 117) versucht Arkas, ihr Heimweh nach Griechenland zu zerstreuen, indem er auf ihr wohltätiges Wirken in ihrer neuen Heimat hinweist. Ihr sei es zu verdanken, dass der Brauch, jeden Fremden der Göttin Diana zu opfern, aufgegeben worden sei. Er betont auch ihren guten Einfluss auf König Thoas, dessen Herrschaft milder geworden sei. Kurz darauf erscheint Thoas selbst, um seinen Heiratsantrag, den Arkas schon überbracht hat, zu wiederholen. Iphigenie weist ihn zurück und enthüllt ihm, um den König von seinem Werben abzubringen, ihre bisher verschwiegene Herkunft. Ihr Ahnherr ist der wegen seiner Gräueltaten von den Göttern gestrafte Tantalus, auf dessen Nachkommen ein Fluch lastet. Thoas lässt sich jedoch davon nicht abschrecken. Als Iphigenie bei ihrer Weigerung bleibt und darum bittet, heimkehren zu dürfen, versucht der König, Zwang auf sie auszuüben, indem er anordnet, das Menschenopfer am Altar Dianas wieder einzuführen. Das erste Opfer sollen zwei Fremde sein, die man am Strand entdeckt hat.

II. Aufzug, 1.–2. Auftritt
Ort: s. o.
Die beiden Fremden, Orest und Pylades, betreten die Szene. Orest ist der Bruder Iphigenies, den sie aber nicht erkennt, da er bei ihrer Entführung nach Tauris durch Diana noch ein Kind war. Pylades ist sein Freund. Orests Gemüt ist von schwerem psychischem Leid zerrüttet. Er fühlt sich von den Erinnyen, antiken Rachegöttinnen, verfolgt, da er seine Mutter Klytämnestra erschlagen hat, weil diese wiederum zusammen mit ihrem Liebhaber ihren Mann, König Agamemnon, nach dessen Rückkehr aus Troja ermordet hatte. Nachdem der völlig verzweifelte Orest, dem der drohende Opfertod an Dianas Altar gerade recht kommt, Pylades verlassen hat, trifft Letztgenannter auf Iphigenie. Pylades verheimlicht ihr seine und Orests Identität, berichtet ihr aber von den schrecklichen Geschehnissen in ihrem Elternhaus.

III. Aufzug, 1.–3. Auftritt
Ort: s. o.
Als Orest und Iphigenie aufeinandertreffen, gibt sich Orest zu erkennen, gesteht seine furchtbare Tat und schildert sein qualvolles Umherirren in der Welt. Da gibt sich auch Iphigenie zu erkennen, nimmt Anteil an seinem Schicksal und wendet sich ihm voller Mitleid und Freundlichkeit zu. Orest, des Lebens überdrüssig, fleht sie zunächst an, das Opfer an ihm zu vollziehen, gewinnt jedoch durch ihren heilsamen Einfluss neuen Lebensmut und fühlt sich von der Verfolgung durch die Rachegöttinnen befreit.

IV. Aufzug, 1.–5. Auftritt
Ort: s. o.
Orest ist nun in der Lage, mit Pylades an die Ausführung des Plans zu gehen, der sie nach Tauris geführt hat. Das Orakel des Gottes Apoll hatte prophezeit, dass der Fluch von Orest genommen werde, wenn er „die Schwester, die an Tauris' Ufer im Heiligtume wider Willen" lebe, nach Griechenland zurückbringe. Beide hatten das als Auftrag Apolls verstanden, dessen Schwester Diana bzw. deren Statue aus ihrem Tempel auf Tauris zu entführen. Pylades überredet Iphigenie, König Thoas glauben zu machen, das Götterbild müsse im Meer gereinigt und neu geweiht werden, da es durch die Anwesenheit des fluchbeladenen Orest entheiligt sei. Dort würde dann ein Schiff bereitliegen, um Iphigenie und das Götterbild an Bord zu nehmen. Iphigenies Bedenken, das Bild der Göttin zu rauben und den König, der ihr Schutz geboten hat, zu hintergehen, zerstreut Pylades rhetorisch geschickt, indem er ihr ausmalt, wie heilsam ihre Rückkehr in die Heimat für die Familie sei.

V. Aufzug, 1.–6. Auftritt
Ort: s. o.
Von Thoas wegen der Verzögerung der Opferhandlung zur Rede gestellt, wendet sich Iphigenie von List und Lüge ab und der bedingungslosen Wahrheit zu. Sie deckt den Plan der Freunde auf und schildert Thoas, dessen Menschlichkeit vertrauend, das Schicksal ihres Bruders. Der König bleibt nicht nur skep-

tisch, sondern es kommt beinahe, als Orest mit Pylades erscheint, zu einem Kampf. Iphigenie jedoch gelingt es, Thoas von der Wahrheit ihrer Aussagen zu überzeugen. Als dieser dennoch einen Kampf für unvermeidlich hält, da er die Statue der Diana nicht hergeben will, verweist Orest auf seine Fehlinterpretation von Apolls Orakel: Bei der Heimholung der Schwester nach Griechenland sei nicht Apolls Schwester Diana gemeint, sondern Orests Schwester Iphigenie. Die Geschwister bitten nun um die Heimkehr. Dabei rührt Iphigenie Thoas' Herz mit ihrem Appell an seinen Edelmut und seine Gastfreundschaft. Mit dem erbetenen Abschiedsgruß „Lebt wohl" lässt er sie ziehen.

Bertolt Brechts **„Der gute Mensch von Sezuan"** (1943)

Vorspiel
Ort: Eine Straße in der Hauptstadt von Sezuan
Der Wasserverkäufer Wang berichtet dem Publikum, er habe gehört, einige Götter seien zur Erde herabgestiegen, um nach dem Rechten zu sehen. Er erwartet sie am Abend am Eingang der Stadt. Die drei Götter, die schließlich auftauchen, wollen beweisen, dass es gute Menschen gibt und dass trotz aller Klagen die Welt so bleiben kann, wie sie ist. Sie sind fürs Erste damit zufrieden, wenigstens einen guten Menschen gefunden zu haben: die Prostituierte Shen Te, die bei Wangs Suche nach einem Nachtlager für die Fremden als Einzige bereit ist, sie aufzunehmen. Zwar hält sie sich nicht immer an die Gebote der Götter, doch sie rechtfertigt das damit, dass sie anders ihre Miete nicht bezahlen könne. Daraufhin geben ihr die Götter als Dank für das Nachtquartier 1000 Silberdollar.

1 *Ort: Ein kleiner Tabakladen*
Mit dem Geld der Götter hat sich Shen Te einen Tabakladen gekauft, um mit ihm Gutes zu tun. Doch sie versorgt bald so viele Arme, die in ihren Laden kommen, dass ihr der Bankrott droht. Auch wird sie vom Schreiner, der ihr die Ladenregale baute, und der Vermieterin unter Druck gesetzt. In ihrer Not erfindet sie auf Rat einer armen Frau hin einen Vetter Shui Ta, der ihre Schulden übernähme.

Zwischenspiel
Ort: Unter einer Brücke
Die Götter beauftragen Wang, nach Shen Te zu sehen und ihnen von ihr zu berichten.

2 *Ort: Der Tabakladen*
Am nächsten Morgen werden die im Laden schlafenden Leute von einem jungen Herrn geweckt, der sich als Shui Ta vorstellt. Er beschimpft die Armen als Schmarotzer und Diebe und lässt sie durch die Polizei hinauswerfen. Den Schreiner speist er mit einer geringen Summe für dessen Regale ab, und die Vermieterin beruhigt er dadurch, dass er eine Heiratsannonce für Shen Te aufgibt.

3 *Ort: Abendlicher Stadtpark*
Der arbeitslose Flieger Sun will sich im Park erhängen. Shen Te kommt herbei und hält ihn davon ab.

Zwischenspiel
Ort: Wangs Nachtlager in einem Kanalrohr
Wang berichtet den erbosten Göttern von Shui Tas Vorgehen.

4 *Ort: Platz vor Shen Tes Tabakladen*
Shen Te wendet sich an das Publikum und schildert begeistert die morgendliche Stadt. Einige Arme haben sich erneut vor ihrem Laden eingefunden. Glück hat sie, weil ein altes Teppichhändlerpaar ihr 200 Silberdollar für die Halbjahresmiete leiht. Sie gibt dieses Geld jedoch weiter an Suns Mutter, da der Sohn Aussicht hat, für 500 Silberdollar eine Postfliegerstelle zu erhalten.

Zwischenspiel
Ort: Vor dem Vorhang
Shen Te tritt auf, in den Händen die Maske und den Anzug Shui Tas. Sie singt das „Lied von der Wehrlosigkeit der Götter und Guten". Während des Liedes setzt sie Shui Tas Maske auf und singt mit dessen Stimme weiter.

5 *Ort: Der Tabakladen*
Shui Ta steht im Laden, als Sun erscheint. Er versichert Shui Ta, dass er Shen Te heiraten und mit ihr in Peking eine neue Existenz aufbauen wolle. Der Laden soll an die Vermieterin verkauft werden, die 300 Silberdollar dafür zahlen würde, genau das Geld, das Sun für die Fliegerstelle noch fehlt. Als Sun jedoch eröffnet, dass er zunächst allein nach Peking gehen wolle, wird Shui Ta misstrauisch und jagt ihn davon. Um den Laden zu retten, verspricht er dem reichen Barbier Shu Fu seine Kusine. Da kommt Sun zurück, und als Shen Te erscheint, gewinnt er wieder ihr Herz. Sie verlässt mit Sun den Laden.

Zwischenspiel
Ort: Vor dem Vorhang
Shen Te erzählt dem Publikum, dass sie dem alten Paar die geliehenen 200 Silberdollar zurückzahlen und den Laden weiterführen will. Sun würde aus Liebe zu ihr sicher auf die Fliegerstelle verzichten.

6 *Ort: Nebenzimmer eines billigen Restaurants in der Vorstadt*
Shen Te und Sun befinden sich im Kreis ihrer Hochzeitsgesellschaft. Sun wartet auf Shui Ta und auf die 300 Silberdollar aus dem Verkauf des Ladens für seine Fliegerstelle. Er hat zwei Fahrkarten nach Peking gekauft im Glauben, er könne damit Shui Tas Widerstand gegen die Verbindung brechen. Mit der Trauung will er warten, bis Shui Ta mit dem Geld kommt. Dabei hört er nicht auf Shen Te, die Shui Tas Kommen bezweifelt. Zudem brauche sie 200 Silberdollar für das alte Paar. Die Hochzeit fällt aus.

Zwischenspiel
Ort: Wangs Nachtlager
Wang fordert die Götter auf, Shen Te zu helfen, was diese aber ablehnen.

7 *Ort: Hof hinter Shen Tes Tabakladen*
Shen Te muss den Laden endgültig verkaufen. Selbst den Wagen mit ein wenig Hausrat, den sie noch besitzt, würde sie verschenken, um dem verletzten Wasserverkäufer Wang zu helfen. Dem Publikum verrät sie ihre Schwangerschaft; das Kind solle wie der Vater Flieger werden. Den Blankoscheck, den ihr der Barbier Shu Fu, beeindruckt von ihrer Güte, anbietet, zögert sie anzunehmen. Erneut greift Shui Ta ein. Er trägt in den Scheck 10.000 Silberdollar ein und eröffnet eine Tabakfabrik in den Baracken, die der Barbier den Armen als Bleibe angeboten hatte. Die Armen dienen ihm als billige Arbeitskräfte.

Zwischenspiel
Ort: Wangs Nachtlager
Wang bittet die Götter, ihre Erwartungen an Shen Te zu verringern. Dies verweigern sie.

8 *Ort: Shui Tas Tabakfabrik*
In Shui Tas Fabrik werden die Arbeiter rücksichtslos ausgebeutet. Auch Sun stellt er ein, dem er gleich die von Shen Te erhaltenen 200 Silberdollar vom Lohn abzieht. Sun schmeichelt sich jedoch bei Shui Ta ein und wird Aufseher, der die Arbeiter gnadenlos antreibt.

9 *Ort: Shen Tes Tabakladen*
Der dick gewordene Shui Ta kann die Nachfragen von Wang und anderen über Shen Tes Verbleib kaum mehr beantworten. Als Sun erfährt, dass Shen Te bei ihrem Weggang schwanger war, stellt er sich auf die Seite der Frager. Wegen des Verdachts, Shen Te ermordet zu haben, wird Shui Ta verhaftet.

Zwischenspiel
Ort: Wangs Nachtlager
Die Götter finden keine weiteren guten Menschen. Alle ihre Hoffnungen ruhen auf Shen Te.

10 *Ort: Gerichtslokal*
Richter sind die drei Götter. Der von den Zeugen in die Enge getriebene Shui Ta bittet darum, den Saal räumen zu lassen, woraufhin er sich als Shen Te zu erkennen gibt. Sie erklärt, dass man in einer schlechten Welt nicht gut sein könne, wenn man überleben will. Die Götter wollen jedoch in ihr weiter nur das Gute sehen und schweben mit Gesang auf einer rosa Wolke empor zum Himmel.

Epilog
Ein Schauspieler tritt vor den Vorhang und entschuldigt sich beim Publikum, dass man keinen rechten Schluss gefunden habe. So sei der Vorhang nun zu und alle Fragen offen. Vielleicht brauche man andere Götter oder gar keine, um etwas zu ändern. Das Publikum solle sich selbst einen Schluss ausdenken.

1 Arbeiten Sie in einer Gegenüberstellung anhand der Inhaltsangaben die Unterschiede in der Struktur der beiden Stücke heraus. Berücksichtigen Sie dabei folgende Vergleichsaspekte:

Vergleichsaspekte	*„Iphigenie auf Tauris"*	*„Der gute Mensch von Sezuan"*
Äußerer Aufbau/Gliederung		
Handlungsführung und Spannungsaufbau		
Gestaltung von Anfang und Schluss		
Orte und Zeiträume/zeitliche Zusammenhänge		
Figuren (Herkunft und Stand, Lebensumstände, Leitlinien des Handelns, Eigenschaften) und ihre Konstellation		

2 **a** Zeichnen Sie zur besseren Veranschaulichung eine Verlaufsübersicht zur „Iphigenie" mit den für Sie wesentlichen Handlungsmomenten.
b Beschreiben Sie anhand dieser Verlaufsübersicht die für Sie wichtigsten Unterschiede zum Aufbau bei Brecht.
c Erläutern Sie, welche mögliche Wirkung auf das Publikum sich aus den jeweiligen Strukturen ergibt.

3 Begründen Sie, welches der beiden Stücke Sie für einen Theaterbesuch auswählen würden.

Das klassische Drama

Das europäische Drama hat seinen Ursprung im antiken Griechenland. Das zeigen schon einige gattungsspezifische Bezeichnungen, die aus dem Griechischen stammen: **Drama** (Handlung, Schauspiel), **Theater** (Zuschauerraum, Schauspielhaus), **Szene** (Bühne, Teil der Bühnenhandlung), **Dialog** (Wechselrede der Figuren) und **Monolog** (Selbstgespräch), **Tragödie** (Trauerspiel) und **Komödie** (Lustspiel).
Das Drama hat religiöse Wurzeln und entwickelte sich aus kultischen Handlungen mit Umzügen, Verkleidungen, Gesang und Tanz. Aus diesen volkstümlichen Traditionen schufen die attischen Dichter wie die drei berühmtesten, **Aischylos** (ca. 525–456 v. Chr.), **Sophokles** (497/96–406/405 v. Chr.) und **Euripides** (480–406 v. Chr.), eine künstlerische Ausdrucksform, die als „klassische" Tragödie oder Komödie Eingang in die Literatur des Abendlandes gefunden hat.
Inhalte der griechischen **Tragödien** waren Mythen (Geschichten von Göttern und Heroen) und historische Ereignisse. Als Thema stand die Beschränktheit des menschlichen Wollens und Könnens im Hinblick auf ethische Maßstäbe und göttliche Schicksalsmächte im Mittelpunkt.
Die **Komödien** beschäftigten sich dagegen hauptsächlich mit gesellschaftlichen Themen, die auch Raum zur persönlichen Auseinandersetzung boten. **Aristophanes** (ca. 445–385 v. Chr.) ist der einzige attische Dichter, von dem einige Komödien vollständig erhalten sind.
Der Erste, von dem eine Theorie des Dramas überliefert wurde und der dabei Grundsätzliches zu dessen Funktion und Struktur beschrieb und festlegte, war der griechische Philosoph **Aristoteles** (384–321 v. Chr.). Seine nur in Bruchstücken erhaltene **„Poetik"** (Lehre von Wesen, Form und Wirkung der Dichtung) führt Maßstäbe und Regeln auf, die in der Geschichte des europäischen Theaters lange Zeit als verbindlich galten. Auch moderne Theaterschriftsteller, wie z. B. **Bertolt Brecht** (1898–1956), setzten ihre theoretischen Überlegungen meist bei Aristoteles an, um das Neue und Andersartige ihrer Stücke aufzuzeigen.

Aristoteles: **Kennzeichen der Tragödie** (um 335 v. Chr.)

- Die Tragödie ist die Nachahmung einer edlen und abgeschlossenen Handlung von einer bestimmten Größe in gewählter Rede, derart, dass jede Form solcher Rede in gesonderten 5 Teilen erscheint, und dass gehandelt und nicht berichtet wird, und dass mit Hilfe von Mitleid und Furcht eine Reinigung (Katharsis) von eben derartigen Affekten bewerkstelligt wird.
- Es dürfen also Handlungen, die gut aufgebaut sind, 10 weder an einem beliebigen Punkte beginnen noch an einem beliebigen Punkte aufhören.
- Die Teile der Handlungen müssen so zusammengesetzt sein, dass das Ganze sich verändert und in Bewegung gerät, wenn ein 15 einziger Teil umgestellt oder weggenommen wird. Wo aber Vorhandensein oder Fehlen eines Stückes keine sichtbare Wirkung hat, da handelt es sich gar nicht um einen Teil des Ganzen. 20
- Die Tragödie versucht so weit wie möglich, sich in einem einzigen Sonnendurchlauf oder doch nur wenig darüber hinaus abzuwickeln.

1 **a** Verfassen Sie zu zweit einen Dialog, in dem durch Frage und Antwort die für Sie wesentlichen Merkmale der aristotelischen Poetik wiedergegeben, erläutert und ggf. auch begründet werden.
b Vergleichen Sie im Kurs Ihre Dialoge. Welches sind die Kernbegriffe von Aristoteles' Poetik?

2 Weiterführende Aufgabe: Stellen Sie ein antikes griechisches Drama mit Bezug auf die „Poetik" vor. Vergleichen Sie ein antikes griechisches Drama mit einer modernen Bearbeitung (z. B.: **Sophokles:** „Antigone", **Jean Anouilh:** „Antigone" oder **Rolf Hochhuth:** „Berliner Antigone"; **Euripides:** „Medea", **Heiner Müller:** „Verkommenes Ufer. Medeamaterial"; **Aristophanes:** „Lysistrata", **Rolf Hochhuth:** „Lysistrata und die NATO").

Die geschlossene und die offene Form des Dramas

Information **Drama**

Das Drama, das den Regeln des **Aristoteles** folgt (▸ S. 127), wird als **Drama der geschlossenen Form** bezeichnet. Die Tragödie als Hauptform des Dramas besteht in der Regel **aus fünf Akten:**

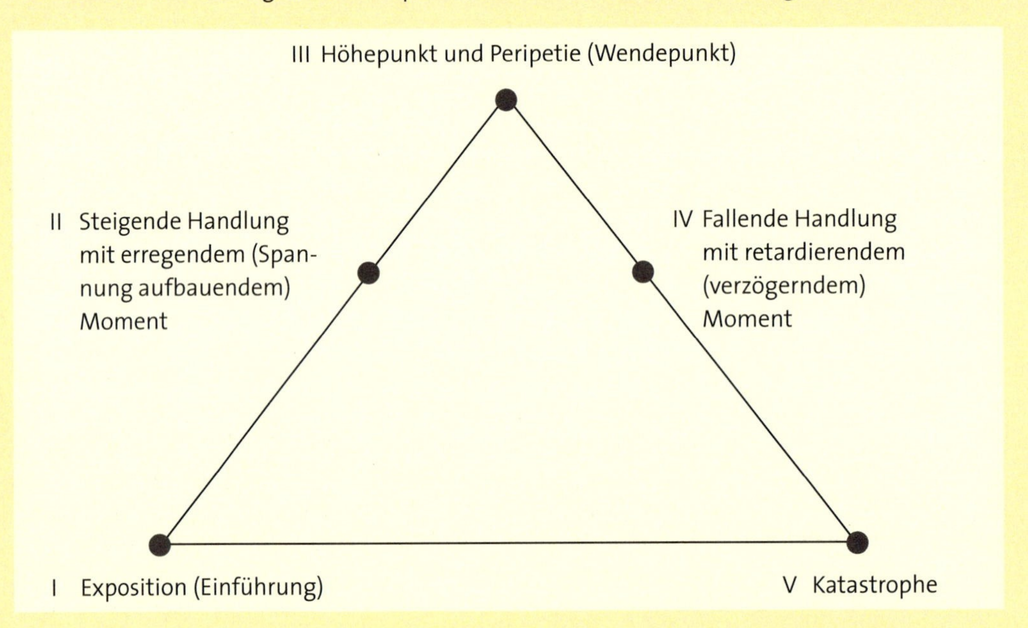

Durch dieses pyramidale Schema veranschaulicht der Schriftsteller und Literaturwissenschaftler **Gustav Freytag** (1816–1895) die Theorie des klassischen, aristotelisch geprägten Dramas in idealtypischer Weise. In seiner Abhandlung „Die Technik des Dramas" betont Freytag die ebenso auf Aristoteles zurückgehenden drei Einheiten: **die Einheit der Handlung, der Zeit und des Ortes.** Als idealtypisches Aufbauschema lässt es sich jedoch nur in unterschiedlich deutlichen Ausprägungen in Dramentexten finden. Am deutlichsten erkennbar ist die Einheit der Handlung im **Prinzip der durchgängigen Kausalität in der Handlungsführung.** Das bedeutet, dass sich jede Szene zwingend aus der vorherigen ergeben muss und die Ursache für das Geschehen der nächsten bildet, d. h. nichts geschieht zufällig.

Erst im 20. Jahrhundert gewannen demgegenüber Spielarten eines nicht aristotelischen **Dramas der offenen** Form an Bedeutung und entfalteten eine immer größer werdende Wirkungsgeschichte. Vorläufer dieser Dramenform fand man in den szenischen Bilderbogen des Mittelalters zur Darstellung biblischer Geschichten, aber auch in formal eigenwilligen Theaterstücken des Epochenumbruchs um 1800, wie z. B. in **Goethes** „Faust" (▸ S. 268–276) oder **Büchners** „Woyzeck" (▸ S. 324–329).

1 Versuchen Sie, die im Folgenden ungeordnet aufgelisteten Merkmale der geschlossenen und offenen Dramenform in eine kontrastive Übersicht einzuordnen.
Nutzen Sie dazu die Szenenausschnitte und die Inhaltsübersichten zu „Iphigenie auf Tauris" (Beispiel geschlossene Form) und „Der gute Mensch von Sezuan" (Beispiel offene Form). Führen Sie Belege zu den einzelnen Merkmalen an.

	geschlossene Form – offene Form
Handlung	*mehrsträngig, aufgefächert – linear – in Kurven – einheitlich, in sich abgeschlossen – eng verknüpfte, psychologisch konsequente Abfolge (nicht austauschbar) – sprunghaft, mit vielen Aussparungen – relative Eigenständigkeit einzelner Episoden (austauschbar) – keine Sprünge und Lücken*
Aufbau	*lose Folge von Bildern oder Stationen – Gliederung in Akte und Szenen, die sich zu den Akten zusammenfügen – Szenen bilden eigenen Schwerpunkt – Szenen funktional für größeren Zusammenhang – Komposition – Reihung*
Zeit	*große Ausdehnung – Szenen schließen aneinander an – große Distanz zwischen Szenen möglich – geringe Ausdehnung*
Ort	*viele – eingeschränkter bzw. gar kein Wechsel – uneingeschränkter Wechsel – wenige*
Figuren	*Motive häufig im Kreatürlichen, Unbewussten oder Sozialen – einheitlich hoher gesellschaftlicher Stand der Protagonisten – Motive im Geistigen oder abgeklärt Seelischen – keine ständischen oder sozialen Beschränkungen bei Handlungsträgern*
Sprache	*Vielfalt der Sprechweisen (Alltagssprache, Dialekte) – Vorherrschen des aktionistischen Dialogs, der die Handlung vorantreibt – verschiedene Gesprächsformen, auch stockende, zerfahrene, sprunghafte Gespräche und Geplauder – einheitliche, rhetorisch geformte Hochsprache, häufig in Versform (Blankvers)*

2 Untersuchen Sie Ihnen bekannte Theaterstücke mit Hilfe der kontrastiven Übersicht und ordnen Sie sie der geschlossenen oder offenen Form zu.

3 Diskutieren Sie den Sinn und Zweck der Konstruktion solcher idealtypischen Schemata wie jener von der geschlossenen und offenen Dramenform und ihre Grenzen.

Bertolt Brechts episches Theater

Die wohl wichtigste Variante der offenen Dramenform entwickelte seit Ende der 1920er Jahre **Bertolt Brecht** (1898–1956) mit seinem **epischen Theater.** Er vermied für seine szenischen Werke den Begriff „Drama" und nannte sie einfach **Stücke** und sich „Stückeschreiber".
Der „dramatischen Form" des aristotelischen Theaters setzte Brecht seine „epische Form" entgegen. Unter „episch" verstand er eine Art der Darbietung des Geschehens, wie sie der Erzähler in der epischen Gattung verwendet. Dem Publikum sollte die Illusion genommen werden, es verfolge ein unmittelbares Geschehen. Die so genannte „vierte Wand", die sich im klassischen Theater fiktiv zwischen Bühnen- und Zuschauerraum befindet und die suggeriert, man erlebe unbemerkt von den Akteuren die Bühnenhandlung mit, sollte aufgebrochen werden, indem das Publikum z. B. direkt angesprochen wird (Publikumsanrede im „Guten Menschen von Sezuan" durch die Figur des Wang, ▸ S. 118–120). Damit verfolgte Brecht eine ganz andere Wirkungsabsicht als die, die er dem traditionellen, aristotelischen Drama (▸ S. 128) zuschrieb.

Bertolt Brecht Die Bühne begann zu erzählen (1936)

Zum Verständnis der Vorgänge war es nötig geworden, die *Umwelt*, in der die Menschen lebten, „groß“ und „bedeutend“ zur Geltung zu bringen.
5 Diese Umwelt war natürlich auch im bisherigen Drama gezeigt worden, jedoch nicht als selbständiges Element, sondern nur von der Mittelpunktsfigur des Dramas aus. Sie erstand aus der Reaktion des Helden auf sie. Sie wurde 10 gesehen, wie der Sturm gesehen werden kann, wenn man auf einer Wasserfläche die Schiffe ihre Segel entfalten und die Segel sich biegen sieht. Im epischen Theater sollte sie aber nun selbständig in Erscheinung treten.
15 Die Bühne begann zu erzählen. Nicht mehr fehlte mit der vierten Wand zugleich der Erzähler. Nicht nur der Hintergrund nahm Stellung zu den Vorgängen auf der Bühne, indem er auf großen Tafeln gleichzeitig andere Vorgänge an 20 andern Orten in die Erinnerung rief, Aussprüche von Personen durch projizierte Dokumente belegte oder widerlegte, zu abstrakten Gesprächen sinnlich faßbare, konkrete Zahlen lieferte, zu plastischen, aber in ihrem Sinn undeutlichen Vorgängen Zahlen und Sätze zur Verfü- 25 gung stellte – auch die Schauspieler vollzogen die Verwandlung nicht vollständig, sondern hielten Abstand zu der von ihnen dargestellten Figur, ja forderten deutlich zur Kritik auf.
Von keiner Seite wurde es dem Zuschauer wei- 30 terhin ermöglicht, durch einfache Einfühlung in dramatische Personen sich kritiklos (und praktisch folgenlos) Erlebnissen hinzugeben. Die Darstellung setzte die Stoffe und Vorgänge einem Entfremdungsprozeß aus. Es war die 35 Entfremdung, welche nötig ist, damit verstanden werden kann. Bei allem „Selbstverständlichen“ wird auf das Verstehen einfach verzichtet. Das „Natürliche“ muß das Moment des *Auffälligen* bekommen. Nur so konnten die Ge- 40 setze von Ursache und Wirkung zutage treten. Das Handeln der Menschen mußte zugleich so sein und mußte zugleich anders sein können.

R

1 **a** Erläutern Sie anhand des Textes, welche Folgen nach Brecht die Episierung des Theaters für Inhalt und Handlungsaufbau der Stücke, für die Einrichtung der Bühne und das Bühnenbild sowie für die Schauspielerinnen und Schauspieler hat.
b Formulieren Sie den folgenden Satz zu Ende: *In Brechts epischem Theater sollte es nicht mehr wie im aristotelischen Theater um Gefühlserlebnisse, um Furcht und Mitleid, gehen, sondern …*

2 Zum Zweck der „Entfremdung“ der Stoffe und Vorgänge (vgl. Z. 34 ff.) setzte Brecht für sein Theater den **Verfremdungseffekt (V-Effekt)** ein.
Suchen Sie zu den folgenden Verfremdungstechniken Beispiele aus „Der gute Mensch von Sezuan“ (▸ S. 118–120; S. 124–126) und erläutern Sie deren Funktion im Zusammenhang der Szene bzw. des Stücks.

Information **Verfremdungseffekt**

- **Prinzip der Historisierung:** Die Handlung, an der gegenwärtige und vertraute gesellschaftliche Verhältnisse gezeigt werden sollen, wird in andere historische und/oder geografische Räume verlegt.
- **Dialektisches Prinzip:** Das Publikum stößt immer wieder auf Widersprüche im
  a Aufbau der Handlung, indem Szenen mit gegensätzlichen Aussagen einander folgen;
  b Verhalten der Figuren, deren Sagen und Handeln nicht übereinstimmen oder die als gespaltene Persönlichkeiten dargestellt werden.
- **Prinzip der Demonstration und Desillusionierung:**
  a Die Darstellerinnen und Darsteller identifizieren sich nicht mit ihren Rollen, sondern treten

aus diesen Rollen heraus, indem sie sich plötzlich an das Publikum wenden. Sie treten dabei an die Rampe, um einen Text, z. B. ein Lied, vorzutragen, der die Handlung kommentiert, oder sie legen erst auf der Bühne ihre Kostüme an. Sie *sind* nicht die darzustellende Figur, gehen also nicht völlig in ihr auf, sondern sie *zeigen* sie.

b Das Bühnenbild bietet keinen vermeintlich realen Schauplatz bzw. eine stimmungsvolle Kulisse, sondern durch Tafeln, Projektionen und andere Mittel der Bühnentechnik werden zusätzliche Informationen zur Handlung sowie Kommentare abgegeben.

- **Prinzip verschiedener „Sprachebenen":** Die Sprache ist weder die gehobene literarische Sprache des traditionellen Theaters noch eine gebräuchliche Alltagssprache, sondern eine eigene Kunstsprache mit verschiedenen Sprachebenen. Dabei wechseln die Figuren z. T. sprunghaft ihre Sprachebene und verwenden, häufig unangemessen, Sprichwörter oder Zitate.

3 Nehmen Sie eine Umarbeitung der Eingangsszene von Goethes „Iphigenie auf Tauris" (▸ S. 117–118) im Sinne des epischen Theaters vor.
- Was würde sich am Auftritt der Iphigenie und ihrem Eingangsmonolog ändern?
- Wie würde die Bühne eingerichtet sein und das Bühnenbild aussehen?

2.3 Wirkungsabsichten – Was will das Theater?

Gotthold Ephraim Lessing: **Brief an Friedrich Nicolai über das Trauerspiel** (1756)

Wenn es also wahr ist, dass die ganze Kunst des tragischen Dichters auf die sichere Erregung und Dauer des einzigen Mitleidens geht, so sage ich nunmehr, die Bestimmung der Tragödie ist diese: Sie soll *unsere Fähigkeit, Mitleid zu fühlen,* erweitern. Sie soll uns nicht bloß lehren, gegen diesen oder jenen Unglücklichen Mitleid zu fühlen, sondern sie soll uns so weit fühlbar machen, dass uns der Unglückliche zu allen Zeiten und unter allen Gestalten rühren und für sich einnehmen muss. Und nun berufe ich mich auf einen Satz, den Ihnen Herr Moses[1] vorläufig demonstrieren mag, wenn Sie, Ihrem eignen Gefühl zum Trotz, daran zweifeln wollen. *Der mitleidigste Mensch ist der beste Mensch,* zu allen gesellschaftlichen Tugenden, zu allen Arten der Großmut der aufgelegteste. Wer uns also mitleidig macht, macht uns besser und tugendhafter, und das Trauerspiel, das jenes tut, tut auch dieses, oder – es tut jenes, um dieses tun zu können. Bitten Sie es dem Aristoteles ab, oder widerlegen Sie mich. (▸ S. 127)

1 **Moses Mendelssohn (1729–1786):** Publizist und Philosoph; gilt als Wegbereiter der jüdischen Aufklärung

Friedrich Schiller: **Die Schaubühne als moralische Anstalt betrachtet** (1784)

Die Gerichtsbarkeit der Bühne fängt an, wo das Gebiet der weltlichen Gesetze sich endigt. Wenn die Gerechtigkeit für Gold verblindet und im Solde der Laster schwelgt, wenn die Frevel der Mächtigen ihrer Ohnmacht spotten und Menschenfurcht den Arm der Obrigkeit bindet, übernimmt die Schaubühne Schwert und Waage und reißt die Laster vor einen schrecklichen Richterstuhl. Das ganze Reich der Fantasie und Geschichte, Vergangenheit und Zukunft stehen ihrem Wink zu Gebot. Kühne Verbrecher, die längst schon im Staub vermodern, werden durch den allmächtigen Ruf der Dichtkunst jetzt vorgeladen und wiederholen zum schauervollen Unterricht der Nachwelt ein schändliches Leben. Ohnmächtig, gleich den Schatten in ei-

nem Hohlspiegel, wandeln die Schrecken ihres Jahrhunderts vor unsern Augen vorbei, und mit wollüstigem Entsetzen verfluchen wir ihr Gedächtnis. [...]
So gewiss sichtbare Darstellung mächtiger wirkt als toter Buchstabe und kalte Erzählung, so gewiss wirkt die Schaubühne tiefer und dauernder als Moral und Gesetze.
Aber hier unterstützt sie die weltliche Gerechtigkeit nur – ihr ist noch ein weiteres Feld geöffnet. Tausend Laster, die jene ungestraft duldet, straft sie; tausend Tugenden, wovon jene schweigt, werden von der Bühne empfohlen. Hier begleitet sie die Weisheit und die Religion. Aus dieser reinen Quelle schöpft sie ihre Lehren und Muster und kleidet die strenge Pflicht in ein reizendes, lockendes Gewand. Mit welch herrlichen Empfindungen, Entschlüssen, Leidenschaften schwellt sie unsere Seele, welche göttliche Ideale stellt sie uns zur Nacheiferung aus! [...]
Nicht bloß auf Menschen und Menschencharakter, auch auf Schicksale macht uns die Schaubühne aufmerksam und lehrt uns die große Kunst, sie zu ertragen. [...]
Die Schaubühne ist die Stiftung, wo sich Vergnügen mit Unterricht, Ruhe mit Anstrengung, Kurzweil mit Bildung gattet, wo keine Kraft der Seele zum Nachteil der andern gespannt, kein Vergnügen auf Unkosten des Ganzen genossen wird. Wenn Gram an dem Herzen nagt, wenn trübe Laune unsre einsame Stunden vergiftet, wenn uns Welt und Geschäfte anekeln, wenn tausend Lasten unsre Seele drücken und unsre Reizbarkeit unter Arbeiten des Berufs zu ersticken droht, so empfängt uns die Bühne – in dieser künstlichen Welt träumen wir die wirkliche hinweg, wir werden uns selbst wiedergegeben, unsre Empfindung erwacht, heilsame Leidenschaften erschüttern unsre schlummernde Natur und treiben das Blut in frischeren Wallungen. Der Unglückliche weint hier mit fremdem Kummer seinen eigenen aus – der Glückliche wird nüchtern und der Sichere besorgt. Der empfindsame Weichling härtet sich zum Manne, der rohe Unmensch fängt hier zum ersten Mal zu empfinden an. Und dann endlich – welch ein Triumph für dich, Natur! – so oft zu Boden getretene, so oft wieder auferstehende Natur! – wenn Menschen aus allen Kreisen und Zonen und Ständen, abgeworfen jede Fessel der Künstelei und der Mode, herausgerissen aus jedem Drange des Schicksals, durch *eine* allwebende Sympathie verbrüdert, in *ein* Geschlecht wieder aufgelöst, ihrer selbst und der Welt vergessen und ihrem himmlischen Ursprung sich nähern. Jeder Einzelne genießt die Entzückungen aller, die verstärkt und verschönert aus hundert Augen auf ihn zurückfallen, und seine Brust gibt jetzt nur *einer* Empfindung Raum – es ist diese: ein Mensch zu sein.

Bertolt Brecht: **Was ist mit dem epischen Theater gewonnen?** (1939)

Damit ist gewonnen, daß der Zuschauer die Menschen auf der Bühne nicht mehr als ganz unveränderbare, unbeeinflußbare, ihrem Schicksal hilflos ausgelieferte dargestellt sieht. Er sieht: dieser Mensch ist so und so, weil die Verhältnisse so und so sind. Und die Verhältnisse sind so und so, weil der Mensch so und so ist. Er ist aber nicht nur so vorstellbar, wie er ist, sondern auch anders, so wie er sein könnte, und auch die Verhältnisse sind anders vorstellbar, als sie sind. Damit ist gewonnen, daß der Zuschauer im Theater eine neue Haltung bekommt. Er bekommt den Abbildern der Menschenwelt auf der Bühne gegenüber jetzt dieselbe Haltung, die er als Mensch dieses Jahrhunderts der Natur gegenüber hat. Er wird auch im Theater empfangen als der große Änderer, der in die Naturprozesse und die gesellschaftlichen Prozesse einzugreifen vermag, der die Welt nicht mehr nur hinnimmt, sondern sie meistert. Das Theater versucht nicht mehr, ihn besoffen zu machen, ihn mit Illusionen auszustatten, ihn die Welt vergessen zu machen, ihn mit seinem Schicksal auszusöhnen. Das Theater legt ihm nunmehr die Welt vor zum Zugriff. R

1 Was soll das Theater zeigen und was soll es bewirken? Geben Sie die Antworten der Autoren mit eigenen Worten wieder. Nennen Sie Übereinstimmungen und Unterschiede.

2 **a** Begründen Sie, welche Wirkungsabsicht Sie mehr anspricht. Welches Theater bevorzugen Sie?
b Inwieweit wollen heutige Spielfilme oder Fernsehserien gemäß diesen Theorien wirken? Vergleichen Sie Ihre diesbezüglichen Rezeptionserfahrungen.

Friedrich Dürrenmatt: **Uns kommt nur noch die Komödie bei** (1955)

Die Tragödie setzt Schuld, Not, Maß, Übersicht, Verantwortung voraus. In der Wurstelei unseres Jahrhunderts, in diesem Kehraus der weißen Rasse, gibt es keine Schuldigen und auch keine Verantwortlichen mehr. Alle können nichts dafür und haben es nicht gewollt. Es geht wirklich ohne jeden. Alles wird mitgerissen und bleibt in irgendeinem Rechen hängen. Wir sind zu kollektiv schuldig, zu kollektiv gebettet in die Sünden unserer Väter und Vorväter. Wir sind nur noch Kindeskinder. Das ist unser Pech, nicht unsere Schuld: Schuld gibt es nur noch als persönliche Leistung, als religiöse Tat. Uns kommt nur noch die Komödie bei. Unsere Welt hat ebenso zur Groteske geführt wie zur Atombombe, wie ja die apokalyptischen Bilder des Hieronymus Bosch[1] auch grotesk sind. Doch das Groteske ist nur ein simpler Ausdruck, ein sinnliches Paradox, die Gestalt nämlich einer Ungestalt, das Gesicht einer gesichtslosen Welt, und genauso wie unser Denken ohne den Begriff des Paradoxen nicht mehr auszukommen scheint, so auch die Kunst, unsere Welt, die nur noch ist, weil die Atombombe existiert: aus Furcht vor ihr.

Doch ist das Tragische immer noch möglich, auch wenn die reine Tragödie nicht mehr möglich ist. Wir können das Tragische aus der Komödie herausziehen, hervorbringen als einen schrecklichen Moment, als einen sich öffnenden Abgrund, so sind ja schon viele Tragödien Shakespeares Komödien, aus denen heraus das Tragische aufsteigt.

Nun liegt der Schluß nahe, die Komödie sei der Ausdruck der Verzweiflung, doch ist dieser Schluß nicht zwingend. Gewiß, wer das Sinnlose, das Hoffnungslose dieser Welt sieht, kann verzweifeln, doch ist diese Verzweiflung nicht eine Folge dieser Welt, sondern eine Antwort, die er auf diese Welt gibt, und eine andere Antwort wäre sein Nichtverzweifeln, sein Entschluß etwa, die Welt zu bestehen, in der wir oft leben wie Gulliver unter den Riesen. Auch der nimmt Distanz, auch der tritt einen Schritt zurück, der seinen Gegner einschätzen will, der sich bereit macht, mit ihm zu kämpfen oder ihm zu entgehen. Es ist immer noch möglich, den mutigen Menschen zu zeigen.

Dies ist denn auch eines meiner Hauptanliegen. Der Blinde, Romulus, Übelohe, Akki[2] sind mutige Menschen. Die verlorene Weltordnung wird in ihrer Brust wiederhergestellt, das Allgemeine entgeht meinem Zugriff. Ich lehne es ab, das Allgemeine in einer Doktrin[3] zu finden, ich nehme es als Chaos hin. Die Welt (die Bühne somit, die diese Welt bedeutet) steht für mich als ein Ungeheures da, als ein Rätsel an Unheil, das hingenommen werden muß, vor dem es jedoch kein Kapitulieren geben darf. R

1 **Hieronymus Bosch** (um 1450–1516): niederländischer Maler
2 **der Blinde, Romulus, Übelohe, Akki:** Figuren in Dürrenmatts Dramen
3 **Doktrin:** Lehrsatz; auch: zum Glaubenssatz verhärtete Meinung; programmatische Festlegung

1 Vergleichen Sie Dürrenmatts Theorie des grotesken Theaters mit den Theorien Lessings, Schillers und Brechts. Was hat sich für ihn grundlegend geändert und wie reagiert er darauf?

Peter Weiss: **Notizen zum dokumentarischen Theater** (1981)

1. Das dokumentarische Theater ist ein Theater der Berichterstattung. Protokolle, Akten, Briefe, statistische Tabellen, Börsenmeldungen, Abschlussberichte von Bankunternehmen und Industriegesellschaften, Regierungserklärungen, Ansprachen, Interviews, Äußerungen bekannter Persönlichkeiten, Zeitungs- und Rundfunkreportagen, Fotos, Journalfilme und andere Zeugnisse der Gegenwart bilden die Grundlage der Aufführung. [...]

2. Das dokumentarische Theater ist Bestandteil des öffentlichen Lebens, wie es uns durch die Massenmedien nahegebracht wird. Die Arbeit des dokumentarischen Theaters wird hierbei durch eine Kritik verschiedener Grade bestimmt.

a) Kritik an der Verschleierung. Werden die Meldungen in Presse, Rundfunk und Fernsehen nach Gesichtspunkten dominierender Interessengruppen gelenkt? [...]

b) Kritik an Wirklichkeitsfälschungen. Warum wird eine historische Person, eine Periode oder Epoche aus dem Bewusstsein gestrichen? [...]

c) Kritik an Lügen. Welches sind die Auswirkungen eines geschichtlichen Betrugs? Wie zeigt sich eine gegenwärtige Situation, die auf Lügen aufgebaut ist? [...]

6. Das dokumentarische Theater, soweit es nicht selbst die Form des Schauspiels auf offener Straße wählt, kann sich nicht messen mit dem Wirklichkeitsgehalt einer authentischen politischen Manifestation. Es reicht nie an die dynamischen Meinungsäußerungen heran, die sich auf der Bühne der Öffentlichkeit abspielen. Es kann vom Theaterraum her die Autoritäten in Staat und Verwaltung nicht in der gleichen Weise herausfordern, wie es der Fall ist beim Marsch auf Regierungsgebäude und wirtschaftliche und militärische Zentren. [...]

7. Denn ein dokumentarisches Theater, das in erster Hand politisches Forum sein will und auf künstlerische Leistung verzichtet, stellt sich selbst in Frage. In einem solchen Fall wäre die praktische politische Handlung in der Außenwelt effektiver. Erst wenn es durch seine sondierende, kontrollierende, kritisierende Tätigkeit erfahrenen Wirklichkeitsstoff zum künstlerischen Mittel umfunktioniert hat, kann es volle Gültigkeit in der Auseinandersetzung mit der Realität gewinnen. Auf einer solchen Bühne kann das dramatische Werk zu einem Instrument politischer Meinungsbildung werden. [...]

8. Die Stärke des dokumentarischen Theaters liegt darin, dass es aus den Fragmenten der Wirklichkeit ein verwendbares Muster, ein Modell der aktuellen Vorgänge, zusammenzustellen vermag. Es befindet sich nicht im Zentrum des Ereignisses, sondern nimmt die Stellung des Beobachtenden und Analysierenden ein. Mit seiner Schnitttechnik hebt es deutliche Einzelheiten aus dem chaotischen Material der äußeren Realität hervor. [...]

11. Das dokumentarische Theater kann die Form eines Tribunals annehmen. Auch hier hat es nicht Anspruch darauf, der Authentizität eines Gerichtshofs von Nürnberg, eines Auschwitzprozesses in Frankfurt, eines Verhörs im amerikanischen Senat, einer Sitzung des Russell-Tribunals[1] nahezukommen, doch kann es die im wirklichen Verhandlungsraum zur Sprache gekommenen Fragen und Angriffspunkte zu einer neuartigen Aussage bringen. Es kann, durch den Abstand, den es gewonnen hat, die Auseinandersetzung von Gesichtspunkten her nachvollziehen, die sich im ursprünglichen Fall nicht stellten. Die auftretenden Figuren werden in einen geschichtlichen Zusammenhang versetzt. Gleichzeitig mit der Darlegung ihrer Handlungen wird die Entwicklung gezeigt, deren Ausschlag sie sind, und es wird aufmerksam gemacht auf noch bestehende Folgeerscheinungen. Anhand ihrer Tätigkeiten wird der Mechanismus demonstriert, der weiterhin in die Wirklichkeit eingreift. Alles Unwesentliche, alle Abschweifungen können weggeschnitten werden zu Gunsten der eigentlichen Problemstellung. [...]

1 **Russell-Tribunal:** nach dem engl. Philosophen Bertrand Russell (1872–1970) benannte Jury, die als private Institution Menschenrechtsverletzungen ins öffentliche Bewusstsein rufen will

1 **a** Nennen Sie die wesentlichen Entscheidungen, die Peter Weiss als kennzeichnend für das dokumentarische Theater sieht.
b Lesen Sie den Auszug aus Weiss' Drama „Die Ermittlung" (► S. 117–118). Welche der unter Punkt 2 genannten Kritikpunkte sehen Sie hier umgesetzt?
2 Welche Grenzen und welche Möglichkeiten politischer Wirksamkeit macht Weiss aus?
3 Weiterführende Aufgabe: Stellen Sie eines der im Folgenden genannten Werke vor:
- **Peter Weiss:** „Die Ermittlung. Oratorium in 11 Gesängen",
- **Rolf Hochhuth:** „Der Stellvertreter",
- **Heinar Kipphardt:** „Bruder Eichmann" oder „In der Sache J. Robert Oppenheimer".

Patrick Primavesi: **Die Ablösung des Literaturtheaters** (2004)

Auch unter dem wachsenden Druck von Sparzwängen und kulturpolitischer Pragmatik kann es für die Theater nicht mehr nur darum gehen, den „Bestand" der Institution zu sichern, am alten Theatermodell von Guckkasten und Rollenspiel festzuhalten und in diesem Rahmen allenfalls durch gelegentliche Uraufführungen von „Gegenwarts-Dramatik" Aktualität und Zeitbezug zu suggerieren. Die schon um 1900 geforderte Öffnung der Theaterarbeit gegenüber anderen Kunstformen, eine völlig neue Auffassung des Körpers im Theater, die zunehmende Bedeutung technischer Medien und schließlich eine allgemeine Veränderung des gesellschaftlichen Lebens in Richtung Spektakel, Festival und Event – alle diese Tendenzen haben dazu beigetragen, dass sich auch die Ästhetik des Schauspieltheaters grundlegend gewandelt hat. Dabei hat der beliebte Streit um mehr oder weniger „werktreue" Inszenierungsweisen immer wieder die Tatsache verdeckt, dass das dramatische, eine Handlung zwischen Rollenfiguren fixierende Werk längst nicht mehr der Hauptzweck und -gegenstand des Theaters ist. Jenseits der Auseinandersetzung mit Texten aller Art haben sich ganz andere Formen theatraler Prozesse entwickelt, die eher an der Ausstellung des Körpers arbeiten und dabei auf Tanz, Performance und Happening oder auf Elemente von Zirkus und Sport zurückgreifen. Darüber hinaus gibt es eine Vielzahl von Performance-Aktivitäten im städtischen Raum, die bereits auf die Krisen oder das Verschwinden der traditionellen Institutionen reagieren und weder belehren noch bloß unterhalten wollen.

1 Fassen Sie die Merkmale eines neuen Theaters, wie es Primavesi beschreibt, zusammen.
2 Arbeiten Sie heraus, worin sich dieses Theater von den weiter oben vorgestellten Theaterkonzepten unterscheidet.
3 Referat: Recherchieren Sie weitere Theaterkonzepte wie z. B. das „absurde Theater" (z. B.: **Samuel Beckett:** „Warten auf Godot", **Eugène Ionesco:** „Die Nashörner", **Harald Müller:** „Totenfloß"), und stellen Sie diese Konzepte vor. Welche neuen Akzentsetzungen im Hinblick auf die Wirkungsabsicht und die Auseinandersetzung mit der Welt können Sie entdecken?
4 Weiterführende Aufgaben:
- Veranstalten Sie eine **Podiumsdiskussion** (► S. 27) zu Aufgabe und Bedeutung des Theaters. Beziehen Sie dabei zunächst Stellung zu den Positionen, die Sie auf den Seiten 131–135 kennen gelernt haben, und entwickeln Sie in der Auseinandersetzung damit eigene Standpunkte.
- Stellen Sie die Entwicklung der Theatertheorie von Lessing (► S. 131) bis Primavesi in einem Schaubild dar.

3 Lyrik

Claude Monet: Impression (1872)

Paul Klee: Über ein Motiv aus Hammamet (1914)

Eine mir befreundete Dame [...] schrieb mir vor einiger Zeit, „ich mache mir nichts aus Gedichten, aber schon gar nichts aus Lyrik. [...]“ Ich antwortete ihr, „ich verstehe Sie durchaus, mir zum Beispiel sagt Tosca mehr als die Kunst der Fuge.“

Gottfried Benn: Probleme der Lyrik

1 Benn kontrastiert in diesem Zitat Puccinis Oper „Tosca“, ein eher populäres Werk der Musik, mit der sehr komplexen „Kunst der Fuge“ von Bach.

a Erläutern Sie davon ausgehend, welche Sichtweisen von Gedichten bzw. Lyrik Benn dadurch zum Ausdruck bringt.

b Stellen Sie einen Bezug zu den Bildern her.

2 Tauschen Sie sich über Ihre eigenen Erfahrungen mit Lyrik aus.

In diesem Kapitel erwerben Sie folgende Kenntnisse und Kompetenzen:

- Gedichte formal und inhaltlich analysieren und dabei die entsprechende Fachterminologie verwenden,
- intertextuelle Bezüge zwischen Gedichten erkennen,
- Bezüge zwischen Inhalt und Form eines Gedichts erfassen und zur Interpretation nutzen,
- unterschiedliche Positionen zum Umgang mit Lyrik vergleichen und erörtern.

3.1 Zwischen Tag und Nacht – Zwischenzeiten

1 Auf dieser und der folgenden Seite finden Sie Gedichte, die Zeiten zwischen Tag und Nacht thematisieren. Stellen Sie Ihre Assoziationen zu diesen „Zwischenzeiten" in einer Mindmap zusammen.

Wizlaw von Rügen: **Der Weckruf** (Fragment) (um 1300)

[...]
„Wie schön die Nacht der Liebe war,
Doch nun kommt uns der Morgen nah,
Die Vög'lein singen, der Tag ist da."

5 Der Weckruf klang von Ferne,
Der Ritter sprach zur Braut:
„Du weißt, ich bliebe gerne.
Doch ruft der Wächter laut."
Sie nahm ihn zärtlich in den Arm,
10 Und spürte, wie die Sorge kam,
Weil ihr der Tag den Liebsten nahm.

So blieb's ein leidvoll Scheiden,
Und manche Träne floss.
Er schwor's mit tausend Eiden:
15 „Ich komm zurück ins Schloss."
Sie flehte leise: „Bleib bei mir."
Er drehte sich noch um zu ihr
Und sprach: „Bald bin ich ja wieder hier ..."

Manessische Liederhandschrift (um 1300)

Karin Kiwus: **Im ersten Licht** (1976)

Wenn wir uns gedankenlos getrunken haben
aus einem langen Sommerabend
in eine kurze heiße Nacht
wenn die Vögel dann früh
5 davonjagen aus gedämpften Färbungen
in den hellen tönenden frischgespannten Himmel

wenn ich dann über mir in den Lüften
weit und feierlich mich dehne
in den mächtigen Armen meiner Toccata[1]

10 wenn du dann neben mir im Bett
deinen ausladenden Klangkörper bewegst
dich dumpf aufrichtest und zur Tür gehst

und wenn ich dann im ersten Licht
deinen fetten Arsch sehe
15 deinen Arsch
verstehst du
deinen trüben verstimmten ausgeleierten Arsch
dann weiß ich wieder
daß ich dich nicht liebe
20 wirklich
daß ich dich einfach nicht liebe [R]

1 **Toccata:** Musikstück für Tasteninstrumente zur freien Improvisation

2 Ein Aspekt des Themas „Zwischenzeiten" ist die Trennung der Liebenden nach gemeinsam verbrachter Nacht. Beschreiben Sie den unterschiedlichen Umgang mit diesem poetischen Motiv in den Gedichten von Wizlaw, Kiwus und Brecht (► S. 138).

Bertolt Brecht: Entdeckung an einer jungen Frau (ca. 1925/26)

Des Morgens nüchterner Abschied, eine Frau
Kühl zwischen Tür und Angel, kühl besehn.
Da sah ich: eine Strähn in ihrem Haar war grau
Ich konnt mich nicht entschließen mehr zu gehn.

5 Stumm nahm ich ihre Brust, und als sie fragte
Warum ich Nachtgast nach Verlauf der Nacht
Nicht gehen wolle, denn so war's gedacht
Sah ich sie unumwunden an und sagte:

Ist's nur noch eine Nacht, will ich noch bleiben
10 Doch nütze deine Zeit; das ist das Schlimme
Daß du so zwischen Tür und Angel stehst.

Und laß uns die Gespräche rascher treiben
Denn wir vergaßen ganz, daß du vergehst.
Und es verschlug Begierde mir die Stimme. R

George Grosz: Dämmerung (1921)

Eduard Mörike: In der Frühe (1828)

Kein Schlaf noch kühlt das Auge mir,
Dort gehet schon der Tag herfür
An meinem Kammerfenster.
Es wühlet mein verstörter Sinn
5 Noch zwischen Zweifeln her und hin
Und schaffet Nachtgespenster.
– Ängste, quäle
Dich nicht länger, meine Seele!
Freu dich! schon sind da und dorten
10 Morgenglocken wach geworden.

Andreas Gryphius: Abend (1657)

Der schnelle Tag ist hin, die Nacht schwingt ihre Fahn
Und führt die Sterne auf. Der Menschen müde Scharen
Verlassen Feld und Werk; wo Tier' und Vögel waren,
Traurt itzt die Einsamkeit. Wie ist die Zeit vertan!

5 Der Port naht mehr und mehr sich zu der Glieder Kahn.
Gleichwie dies Licht verfiel, so wird in wenig Jahren
Ich, du, und was man hat und was man sieht, hinfahren.
Dies Leben kommt mir vor als eine Rennebahn.

Lass, höchster Gott, mich doch nicht auf dem Laufplatz gleiten,
10 Lass mich nicht Ach, nicht Pracht, nicht Lust, nicht Angst verleiten!
Dein ewig heller Glanz sei vor und neben mir!

Lass, wenn der müde Leib entschläft, die Seele wachen,
Und wenn der letzte Tag wird mit mir Abend machen,
So reiß mich aus dem Tal der Finsternis zu dir.

Klaus Vogelgesang: Dämmerung (1982)

1 **a** Erläutern Sie die Funktion, die das Motiv der Tageszeiten in den Gedichten von Gryphius und Mörike jeweils hat.
b Suchen Sie in Anthologien oder im Internet nach Gedichten, in denen Tageszeiten thematisiert und ausschließlich positiv besetzt werden.
c Tragen Sie die gefundenen Gedichte und die Gedichte der vorhergehenden Seite im Wechsel vor und beschreiben Sie die unterschiedliche Wirkung.

2 **a** Wählen Sie eines der Gedichte aus diesem Teilkapitel und lernen Sie es auswendig.
b Gestalten Sie einen Gedichtvortrag und präsentieren Sie diesen dem Kurs.

3.2 Zur Struktur lyrischer Texte – Von der Beobachtung zur Interpretation

Gedichte sind Texte, die sich durch ein hohes Maß an Strukturiertheit auszeichnen. Zu den typischen Strukturmerkmalen gehören der Vers, Klang, Reim und Rhythmus, verschiedene Strophen und Gedichtformen, sprachliche Bilder sowie eine Fülle von Stilmitteln bzw. rhetorischer Figuren. Die folgenden Aufgaben und Informationen bieten einen Einblick in die typischen Gestaltungselemente der Lyrik und liefern Analysehilfen für die Gedichtinterpretation.

Der Vers: Grundelement des Gedichts

Lyrische Texte sind in der Regel in Versen abgefasst – das heißt, die Zeilen brechen an einer von der Dichterin oder dem Dichter bestimmten Stelle. Durch diese Brechung des Sprachflusses in Verse erhalten bestimmte Wörter z.B. am Versanfang oder -ende eine besondere Akzentuierung. Neben den sprachlichen Korrespondenzen, die sich durch die Wort- und Satzfolge ergeben, zeigen sich auch durch die vertikale Anordnung der Verse Korrespondenzen, die durch klangliche oder optische Mittel verstärkt werden können.

Roman Ritter: **Zeilenbruch und Wortsalat** (1982)

Es gab Zeiten, in denen man meinte, ein Gedicht sei das, was sich reimt. Es gab Zeiten, in denen man meinte, ein Gedicht sei das, was unverstanden bleiben muss. Heute weiß man: Ein
5 Gedicht ist das, was die Zeilen bricht. Moment mal – warum eigentlich die perlenden Einfälle vor die Prosa werfen?

Es gab Zeiten,
in denen man meinte,
10 ein Gedicht sei das,
was sich reimt.

Es gab Zeiten,
in denen man meinte,
ein Gedicht sei das,
15 was unverstanden bleiben muss.

Heute
weiß man:
Ein Gedicht ist das,
was die Zeilen bricht.

20 Dieser Text spricht aus, warum er sich zum Gedicht erhebt: Weil die Zeilen brechen.

Erich Kästner: Sachliche Romanze (1928)

Als sie einander acht Jahre kannten
(und man darf sagen: sie kannten sich gut),
kam ihre Liebe plötzlich abhanden.
Wie andern Leuten ein Stock oder Hut.

5 Sie waren traurig, betrugen sich heiter,
versuchten Küsse, als ob nichts sei,
und sahen sich an und wussten nicht weiter.
Da weinte sie schließlich. Und er stand dabei.

Vom Fenster aus konnte man Schiffen winken.
10 Er sagte, es wäre schon Viertel nach vier
und Zeit, irgendwo Kaffee zu trinken.
Nebenan übte ein Mensch Klavier.

Sie gingen ins kleinste Café am Ort
und rührten in ihren Tassen.
15 Am Abend saßen sie immer noch dort.
Sie saßen allein, und sie sprachen kein Wort
und konnten es einfach nicht fassen.

Ulla Hahn: Angeschaut (1984)

Du hast mich angeschaut jetzt
hab ich plötzlich zwei Augen mindestens
einen Mund die schönste Nase
mitten im Gesicht.

5 Du hast mich angefasst jetzt
wächst mir Engelsfell wo
du mich beschwertest.

Du hast mich geküsst jetzt
fliegen mir die gebratenen
10 Tauben Rebhühner und Kapaunen
nur so ausm Maul ach
und du tatest dich gütlich.

Du hast mich vergessen jetzt
steh ich da
15 frag ich was
fang ich allein
mit all dem Plunder an?

---

1 Setzen Sie sich mit Ritters (▶ S. 139) Verständnis von Gedichten auseinander.

2 **a** Vergleichen Sie die Gedichte von Erich Kästner und Ulla Hahn hinsichtlich des Verhältnisses von Satz und Vers.

b Beschreiben Sie die Wirkung des jeweiligen Versaufbaus auf den Inhalt bzw. auf dessen Deutung. Beziehen Sie die nachfolgenden Informationen mit ein.

Information **Verhältnis von Vers und Satz im Gedicht**

Zeilenstil: Satzende und Versende stimmen überein; der Vers schließt mit einer Pause.
Enjambement (frz. Zeilensprung): Der Satz überspringt das Versende und setzt sich im folgenden Vers fort. Am Versende entsteht keine Pause.
Hakenstil: In einer Folge von Enjambements erscheinen die Verse durch die übergreifenden Satzbögen gleichsam verhakt.

Klang, Reim und Rhythmus

Wichtig für die Wirkung eines Gedichts ist die lautliche Ebene. In einigen Extremformen lyrischer Gestaltung, z. B. in der **Romantik** (▶ S. 281–296), im Dadaismus oder in der **konkreten Poesie** (▶ S. 413), wird sie sogar zum Hauptbedeutungsträger. Dann dient die Sprache als Klang- bzw. Bildmaterial. Doch auch in weniger von Wortmusik und Buchstabencollagen bestimmten Gedichten sind End- und Binnenreime, Alliterationen und Lautmalereien an der Sinnkonstitution beteiligt.
Dasselbe gilt für die metrisch-rhythmische Ausgestaltung der Gedichte. Fallende und steigende Versmaße beeinflussen durch ihre Rhythmisierung (fließend, wogend, schreitend, drängend, abgehackt etc.) den Hör- bzw. Leseprozess und damit das Verständnis.

Rainer Maria Rilke: Das Karussell (1906)

Jardin du Luxembourg

Mit einem Dach und seinem Schatten dreht
sich eine kleine Weile der Bestand
von bunten Pferden, alle aus dem Land,
5 das lange zögert, eh es untergeht.
Zwar manche sind an Wagen angespannt,
doch alle haben Mut in ihren Mienen;
ein böser roter Löwe geht mit ihnen
und dann und wann ein weißer Elefant.

10 Sogar ein Hirsch ist da ganz wie im Wald,
nur dass er einen Sattel trägt und drüber
ein kleines blaues Mädchen aufgeschnallt.

Und auf dem Löwen reitet weiß ein Junge
und hält sich mit der kleinen heißen Hand,
15 dieweil der Löwe Zähne zeigt und Zunge.

Und dann und wann ein weißer Elefant.

Und auf den Pferden kommen sie vorüber,
auch Mädchen, helle, diesem Pferdesprunge
fast schon entwachsen; mitten in dem
20 Schwunge
schauen sie auf, irgendwohin, herüber –

Und dann und wann ein weißer Elefant.

Und das geht hin und eilt sich, dass es endet,
und kreist und dreht sich nur und hat kein
25 Ziel.
Ein Rot, ein Grün, ein Grau vorbeigesendet,
ein kleines, kaum begonnenes Profil –.
Und manches Mal ein Lächeln, hergewendet,
ein seliges, das blendet und verschwendet
30 an dieses atemlose blinde Spiel ...

---

1 **a** Zählen Sie gestalterische Mittel wie Vers- und Reimarten, sprachliche Klänge und Metren, die Sie kennen, auf.
b Zeigen Sie, welche dieser Mittel Rilke in seinem Gedicht nutzt und wie er es tut. Achten Sie dabei vor allem auf das Zusammenspiel von Form und Inhalt.

2 Tragen Sie das Gedicht unter Berücksichtigung Ihrer Ergebnisse laut vor.

Information **Reim und Metrum**

Reim

- **Endreim:** Der genaue Gleichklang der Versenden vom letzten betonten Vokal an („See" – „Schnee"; „Wasser" – „blasser") heißt Endreim.
  Endreimschemata:
  - Paarreim: aa
  - Kreuzreim: abab
  - umarmender Reim: abba
  - Schweifreim: aabccb
  - dreifache Reimreihe: abcabc
  - Haufenreim: aaa...
- **Binnenreim:** Zwei oder mehr Wörter in ein und demselben Vers reimen sich.
- **Anfangsreim:** Die ersten Wörter zweier Verse klingen gleich.
- **Schlagreim:** Zwei unmittelbar aufeinanderfolgende Wörter reimen sich.
- **Unreiner Reim:** unvollkommene vokalische oder konsonantische Übereinstimmung („mir" – „herfür", „da und dorten" – „wach geworden", Mörike, ► S.138)
  Eine besondere Form ist die **Assonanz:** Nur die Vokale, nicht aber die Konsonanten stimmen überein („Ängste" – „quäle", Mörike, ► S.138).
- **Stabreim:** Mehrere Wörter beginnen mit demselben Buchstaben (auch: Alliteration).
- **Kadenz:** Abschluss eines Verses; man unterscheidet:
  - männlich/stumpf xx́ („Wie ist die Zeit vertán", Gryphius, ► S.138)
  - weiblich/klingend x́x („Der Menschen müde Scháren", Gryphius, ► S.138)

Metrum (Versmaß)
Die Lehre vom Versmaß nennt man Metrik. Die Metrik orientiert sich an den Grundprinzipien der Sprache, die sie beschreibt. Für die antiken Sprachen war das die Länge/Kürze der Silben, für die deutsche Sprache ist dies vor allem das Prinzip von betonten (x́ = Hebung) und unbetonten (x = Senkung) Silben. Stehen Hebung und Senkung im unmittelbaren Wechsel, spricht man von alternierenden Metren. Die Versmaße deutscher Lyrik werden in der Regel mit den alten griechischen Begriffen bezeichnet. Kleinste Einheit eines Metrums ist der so genannte Versfuß:
- **Jambus** (alternierend-steigend): xx́, z. B. „Gedícht"
- **Trochäus** (alternierend-fallend): x́x, z. B. „Díchter"
- **Anapäst** (steigend): xxx́, z. B. „Anapä́st"
- **Daktylus** (fallend): x́xx, z. B. „Dáktylus"

Strophen- und Gedichtformen

Johann Wolfgang Goethe: **Freundliches Begegnen** (1807/08)

Im weiten Mantel bis ans Kinn verhüllet,
Ging ich den Felsenweg, den schroffen, grauen,
Hernieder dann zu winterhaften Auen,
Unruh'gen Sinns, zur nahen Flucht gewillet.

5 Auf einmal schien der neue Tag enthüllet:
Ein Mädchen kam, ein Himmel anzuschauen,
So musterhaft wie jene lieben Frauen
Der Dichterwelt. Mein Sehnen war gestillet.

Doch wandt' ich mich hinweg und ließ sie gehen
10 Und wickelte mich enger in die Falten,
Als wollt' ich trutzend in mir selbst erwarmen;

Und folgt' ihr doch. Sie stand. Da war's geschehen!
In meiner Hülle konnt' ich mich nicht halten,
Die warf ich weg, sie lag in meinen Armen.

---

1 **a** Beschreiben und bestimmen Sie die Gedichtform von Goethes „Freundliches Begegnen". Nehmen Sie die nachfolgenden Informationen zu Hilfe.
b Prüfen Sie, ob es auch inhaltlich der hier genannten Definition entspricht.
2 **a** Recherchieren Sie zu jeder der nachfolgend aufgeführten Gedichtformen ein Beispiel.
b Präsentieren Sie die Beispiele und erläutern Sie die formtypischen Merkmale.

Information **Strophen- und Gedichtformen**

Strophenformen
Distichon: Das Distichon (Plural: Distichen) besteht aus zwei meist daktylischen Versen mit jeweils sechs Hebungen. Im zweiten Vers folgen die dritte und die vierte Hebung unmittelbar aufeinander.

„Ím Hexámeter stéigt des Spríngquells flüssige Säule,
Ím Pentámeter dráuf fällt sie melódisch heráb." (Friedrich Schiller)

- **Einfache Liedstrophe:** Darunter versteht man vierzeilige Strophen mit der Tendenz zu alternierendem Metrum (regelmäßiger Wechsel von betonten und unbetonten Silben, also Jambus oder Trochäus) und Reimbindung von mindestens zwei Versen (abac o. Ä.).

Gedichtformen

- **Ballade:** Strophisch regelmäßig gegliederte längere Gedichtform mit Reim und Tendenz zu festem Metrum. Es ist charakteristisch für die Ballade, dass in ihr handlungsreiche Geschichten erzählt werden, meist in dramatischer Form. Wegen dieser Verknüpfung von Epischem, Dramatischem und Lyrischem nennt **Goethe** die Ballade das „Ur-Ei" der Dichtung.
- **Elegie:** Inhaltlich meist eine resignierend-wehmütige Stimmung ausdrückend, in der Form elegischer → Distichen.
- **Hymne:** Ein der Ode verwandter feierlicher Preis- und Lobgesang, Ausdruck hoher Begeisterung. Entsprechend dem ekstatischen Ausdruck kennt die Hymne oft keine formalen Regelmäßigkeiten: Sie kann ohne Reim, ohne festen Strophenbau in freien Rhythmen verfasst sein.
- **Lied:** Strophisch gebaute Gedichtform mit relativ kurzen Versen und Reimbindung. Reim und Metrum werden oft nicht streng durchgehalten. Zuweilen ist ein Refrain (Kehrreim) zu finden, d. h. die regelmäßige Wiederholung eines oder mehrerer Verse an einer bestimmten Stelle jeder Strophe.
- **Ode:** Oft reimlose, strophisch gegliederte lange Gedichtform, die einem festen Metrum folgen kann, aber nicht muss. Typisch für die Ode ist der hohe und pathetische Sprachstil, der zur Würde und Größe der behandelten Themen passt.
- **Sonett:** Zwei vierzeiligen Strophen (Quartetten), häufig mit dem Reimschema abba/abba, folgen zwei dreizeilige Strophen (Terzette), wobei letztere in der Regel im Reimschema verbunden sind, z. B. cdc/dcd oder cde/cde oder ccd/eed. Mit der formalen Zäsur (Einschnitt) zwischen Quartetten und Terzetten korrespondiert in der Regel auch ein inhaltlicher Kontrast.

Rhetorische Figuren

Die nachfolgend aufgeführten rhetorischen Figuren (▸ S. 144–146) werden keineswegs nur in der Lyrik, sondern in Texten aller Gattungen eingesetzt. Besonders bedeutend ist ihr Gebrauch zum Beispiel in der öffentlichen Rede (bei Gericht, in der Politik) oder in der Werbung. Hier wie dort werden diese Mittel gezielt eingesetzt, um eine bestimmte Wirkung zu erzielen.

Ein Großteil der Stilmittel ist seit der Antike bekannt, was sich noch heute an den meist griechischen Fachbegriffen ablesen lässt. Wichtiger als die Kenntnis dieser „Vokabeln" ist es für Sie zunächst, ein Gespür für den bewussten Umgang mit sprachlichen Mitteln zu entwickeln. Bei einem Vers wie „Kein Schlaf noch kühlt das Auge mir" (Mörike, ▸ S. 138) sollten Sie z. B. auf die ungewöhnliche Stellung der Satzglieder aufmerksam werden. Diese Besonderheit kann man umschreiben, man kann sich darüber aber auch mit dem Fachbegriff „Inversion" verständigen – das ist bei manchen rhetorischen Figuren unkomplizierter und kürzer. Es impliziert zudem das Verständnis dafür, dass von solch einem Stilmittel auch immer eine vom Kontext bestimmte Wirkung ausgeht. Für eine kompetente Verständigung über die sprachlichen Strategien von Lyrik und anderen Texten ist die Kenntnis rhetorischer Termini also hilfreich.

1 Rhetorische Mittel entfalten ihre Wirkung auf unterschiedlichen sprachlichen Ebenen. Man kann unterschieden zwischen
- Klangfiguren,
- Wortfiguren,
- Satzfiguren,
- Gedankenfiguren.

a Ordnen Sie die rhetorischen Mittel aus der folgenden Zusammenstellung diesen unterschiedlichen Bereichen zu (Mehrfachzuordnungen sind möglich).

b Definieren Sie dann die oben genannten Begriffe (Klangfigur etc.).

2 Das Benennen von rhetorischen Mitteln ist kaum um seiner selbst willen von Interesse, sondern hauptsächlich für die Erkenntnis ihrer Funktion und Wirkung, die z.B. liegen können in einem Zugewinn von
- Anschaulichkeit, Vorstellbarkeit,
- Nachdruck, Betonung, Eindringlichkeit,
- Sinnlichkeit, ästhetischem Reiz,
- Kommunikation, Einbezug des Adressaten,
- Spannung, Erwartung.

Bestimmen Sie, welches Wirkungspotenzial in den folgenden rhetorischen Mitteln jeweils hauptsächlich vorhanden ist. Beachten Sie: Endgültige Aussagen über die Wirkung bestimmter sprachlicher Mittel können nur unter Berücksichtigung des jeweiligen Kontextes getroffen werden!

Information

Rhetorische Figur	**Beispiel**	**Definition**
Akkumulation	„Ein Rot, ein Grün, ein Grau“ (Rilke, ▸ S.141)	Reihung von Begriffen zu einem – genannten oder nicht genannten – Oberbegriff
Allegorie	„Gott Amor“ für „Liebe“	konkrete Darstellung abstrakter Begriffe, oft durch Personifikation
Anapher	„Lass, höchster Gott, [...] / Lass mich nicht [...]“ (Gryphius, ▸ S.138)	Wiederholung eines oder mehrerer Wörter an Satz- oder Versanfängen
Antithese	„Lass, wenn der müde Leib entschläft, die Seele wachen“ (Gryphius, ▸ S.138)	Entgegenstellung von Gedanken oder Begriffen
Apostrophe	„Ängste, quäle / Dich nicht länger, meine Seele!“ (Mörike, ▸ S.138)	feierliche oder betonte Anrede, Anruf
Chiasmus	„Ich schlafe am Tag, in der Nacht wache ich“	symmetrische Überkreuzstellung von semantisch oder syntaktisch einander entsprechenden Satzgliedern
Correctio	„daß ich dich nicht liebe / wirklich / daß ich dich einfach nicht liebe“ [R] (Kiwus, ▸ S.137)	unmittelbare Berichtigung eines (zu schwachen) Ausdrucks

Rhetorische Figur	Beispiel	Definition
Ellipse	„[...], eine Frau [stand] / Kühl zwischen Tür und Angel, [von mir] kühl besehn." (Brecht, ▸ S.138)	unvollständiger Satz; Auslassung eines Satzteils/Wortes, der/das leicht ergänzbar ist
Epipher	„Du hast mich angeschaut jetzt / [...] / Du hast mich angefasst jetzt" (Hahn, ▸ S.140)	Wiederholung gleicher Wörter am Satz- oder Versende
Euphemismus	„entschlafen" statt „sterben"	Beschönigung
Hyperbel	„ein Meer von Tränen"	starke Übertreibung
Inversion	„Kein Schlaf noch kühlt das Auge mir" (Mörike, ▸ S.138)	Umkehrung der geläufigen Wortstellung im Satz
Ironie	„Heute / weiß man: / Ein Gedicht ist das, / was die Zeilen bricht." (Ritter, ▸ S.139)	unwahre Behauptung, die durchblicken lässt, dass das Gegenteil gemeint ist
Klimax	„Veni, vidi, vici" (Ich kam, sah und siegte; Julius Caesar)	Steigerung (häufig dreigliedrig)
Litotes	„Sie hat nicht wenig darunter gelitten"	Bejahung durch Verneinung des Gegenteils
Metapher	„Ein Mädchen kam, ein Himmel anzuschauen" (Goethe, ▸ S.142)	Bedeutungsübertragung; sprachliche Verknüpfung zweier semantischer Bereiche, die gewöhnlich unverbunden sind, ohne Vergleichspartikel (z.B. „wie")
Metonymie	„Goethe lesen"	Ersetzung eines gebräuchlichen Wortes durch ein anderes, das zu ihm in unmittelbarer Beziehung steht: z.B. Autor für Werk, Ort für Person
Neologismus	„Engelsfell" (Hahn, ▸ S.140) „Knabenmorgen-/Blütenträume" (Goethe, ▸ S.231)	Wortneuschöpfung
Onomatopoesie	„So jubelnd recht in die hellen, / Klingenden, singenden Wellen" (Eichendorff, ▸ S.284); „zwitschern und tirilieren"	Lautmalerei
Oxymoron	„schwarze Milch" (Celan, ▸ S.407–408)	Verbindung zweier Vorstellungen, die sich ausschließen
Paradoxon	„Wenn man's im Leben zu etwas bringen will, muß man's zu etwas gebracht haben – !" R (Tucholsky, ▸ S.387)	Scheinwiderspruch

Rhetorische Figur	Beispiel	Definition
Parallelismus	„Der schnelle Tag ist hin, die Nacht schwingt ihre Fahn" (Gryphius, ▸ S. 138)	Wiederholung gleicher syntaktischer Fügungen
Paronomasie	„Lieber arm dran als Arm ab"	Wortspiel durch Verbindung klangähnlicher Wörter
Periphrase	„Der den Tod auf Hiroshima warf / Ging ins Kloster" (Kaschnitz)	Umschreibung
Personifikation	„wo Tier und Vögel waren, / Traurt itzt die Einsamkeit" (Gryphius, ▸ S. 138)	Vermenschlichung
Pleonasmus	„nasser Regen", „schwarzer Rappe"	Wiederholung eines charakteristischen Merkmals des Bezugswortes
Rhetorische Frage	„Wer ist schon perfekt?"	scheinbare Frage, bei der jeder die Antwort kennt
Symbol	„Taube" als Symbol des Friedens; „Ring" als Symbol der Treue und der Ewigkeit	Sinnbild, das über sich hinaus auf etwas Allgemeines verweist; meist ein konkreter Gegenstand, in dem ein allgemeiner Sinnzusammenhang sichtbar wird
Synästhesie	„in den hellen tönenden frischgespannten Himmel" (Kiwus, ▸ S. 137)	Verbindung unterschiedlicher Sinneseindrücke
Synekdoche	„Und wickelte mich enger in die Falten" (Goethe, ▸ S. 142)	ein Teil steht für das Ganze („Pars pro Toto") oder umgekehrt
Tautologie	„Tier' und Vögel" (Gryphius, ▸ S. 138); „in Reih und Glied"; „nie und nimmer"	Wiederholung eines Begriffs bzw. Ersetzung durch ein sinnverwandtes Wort („Zwillingsformeln")
Vergleich	„Gleichwie dies Licht verfiel, so wird in wenig Jahren / Ich, du, und was man hat und was man sieht, hinfahren." (Gryphius, ▸ S. 138)	Verknüpfung zweier semantischer Bereiche durch einen Vergleichspartikel („wie", „gleich" oder veraltet „als") zur Hervorhebung des genannten oder nicht genannten Gemeinsamen (des sog. Tertium Comparationis)
Zeugma	„Er saß ganze Nächte und Sessel durch." (Jean Paul)	ungewohnte Beziehung eines Satzteils auf mehrere andere, meist des Prädikats auf ungleichartige Objekte

Sprachliche Bilder

Das vielleicht wichtigste Merkmal lyrischer Texte ist die Bildlichkeit.

Christa Reinig: **Der Enkel trinkt** (1961)

wir küssen den stahl der die brücken spannt
wir haben ins herz der atome geschaut
wir pulvern die wuchtigen städte zu sand
und trommeln auf menschenhaut

5 wir überdämmern die peripetie
der menschheit im u-bahnschacht
versunken im rhythmus der geometrie
befällt uns erotische nacht

wir schleudern ins all unsern amoklauf
10 das hirn zerstäubt – der schädel blinkt
ein grauer enkel hebt ihn auf
geht an den bach und trinkt

Bernd Schwarzer: Apokalypse (1977)

1 Halten Sie nach dem ersten Lesen des Gedichtes Eindrücke und Fragen fest.
- **a** Beschreiben Sie die sprachlichen Bilder des Textes.
- **b** Übertragen Sie die sprachlichen Bilder in eine alltagssprachliche Formulierung.
- **c** Erläutern Sie nun die Wirkungsweise der sprachlichen Bilder und deuten Sie diese.

Information **Vergleich – Metapher – Chiffre**

Die Kombination und Konstruktion sprachlicher Bilder bestimmt weitgehend die Aussage eines Gedichtes. Ein Modell sprachlicher Bilder baut auf die Unterscheidung zwischen Bildspender und Bildempfänger auf: Einem Bildempfänger (z. B. „Schweigen“) werden durch einen Bildgeber (z. B. „Mauer“) bestimmte Eigenschaften wie z. B. Undurchdringlichkeit zugeschrieben. Beide Bestandteile verschmelzen zu einer neuen Bedeutungseinheit: „Mauer des Schweigens“.

Unterschieden werden können
- Übertragungsvorgänge zwischen Bildempfänger und Bildspender in Form von Wie-**Vergleichen,** z. B. „[...] kam ihre Liebe plötzlich abhanden. / Wie andern Leuten ein Stock oder Hut“ (Kästner, ▶ S. 140),
- Verschmelzungen von Bildempfänger und Bildspender zu neuen Bildern, wie sie für viele **Metaphern** bezeichnend sind, z. B. „Tränenmeer“,
- die von allem alltäglichen Sprachgebrauch abgelösten, Bildempfänger und Bildspender scheinbar willkürlich zusammenzwingenden **Chiffren.** Man spricht hier auch von „absoluten Metaphern“. Ihr Sinn ist nur aus dem Zusammenhang eines Gedichts oder aller Gedichte eines Autors zu deuten, z. B. „in den mächtigen Armen meiner Toccata“ (Kiwus, ▶ S. 137).

2 Verfassen Sie eine schriftliche Interpretation von Christa Reinigs „Der Enkel trinkt“ auf der Grundlage der in diesem Teilkapitel vorgestellten Aspekte der Analyse.

3.3 Wozu Gedichte? – Reflexionen zum Umgang mit Lyrik

Gottfried Benn: **Probleme der Lyrik** (1951)

Meine Damen und Herren,
wenn Sie am Sonntag morgen Ihre Zeitung aufschlagen, und manchmal sogar auch mitten in der Woche, finden Sie in einer Beilage meistens rechts oben oder links unten etwas, das durch gesperrten Druck und besondere Umrahmung auffällt, es ist ein Gedicht. Es ist meistens kein langes Gedicht, und sein Thema nimmt die Fragen der Jahreszeit auf, im Herbst werden die Novembernebel in die Verse verwoben, im Frühling die Krokusse als Bringer des Lichts begrüßt, [...]. Mit diesen Gedichten der Gelegenheit und der Jahreszeiten wollen wir uns nicht befassen, obschon es durchaus möglich ist, daß sich gelegentlich ein hübsches Poem darunter befindet. Aber ich gehe hiervon aus, weil dieser Vorgang einen kollektiven Hintergrund hat, die Öffentlichkeit lebt nämlich vielfach der Meinung: da ist eine Heidelandschaft oder ein Sonnenuntergang, und da steht ein junger Mann oder ein Fräulein, hat eine melancholische Stimmung, und nun entsteht ein Gedicht. Nein, so entsteht kein Gedicht. Ein Gedicht entsteht überhaupt sehr selten – ein Gedicht wird gemacht. Wenn Sie vom Gereimten das Stimmungsmäßige abziehen, was dann übrigbleibt, wenn dann noch etwas übrigbleibt, das ist dann vielleicht ein Gedicht. [R]

Ernst Jandl: **Gehören Gedichte in den Unterricht?** (1975)

[...] Ein Begriff von Kunst ist anhand des Gedichts sozusagen spielend zu erlangen, und zwar aus dem Grund, dass das Gedicht aus einem Material besteht, das alle denkend, redend, lesend und schreibend unausgesetzt benützen, das Gedicht dieses Material jedoch in einer auffallend anderen Weise und zu einem auffallend anderen Zweck verwendet, als es in der Alltagssprache geschieht. Es demonstriert ganz auffällig seine Künstlichkeit und tut dies unentwegt im Kontrast zu etwas anderem, das wir als gar nicht künstlich zu sehen gewohnt sind, nämlich die Alltagssprache. Dieser Kontrast, um es durch ein Beispiel zu verdeutlichen, fehlt bei der Musik fast gänzlich.
Die Beschäftigung mit Gedichten bleibt unvollständig, und die Erfahrung, was es bedeutet, aus einem unentwegt von allen verwendeten Material, das nur dem einen Zweck zu dienen scheint, zu dem alle es unentwegt verwenden, plötzlich etwas auffallend anderes hergestellt zu sehen, das nicht ohne Weiteres auf einen bestimmten Zweck festzulegen ist, bleibt eine unvollkommene Erfahrung, wenn der zu Unterrichtende nicht so früh als möglich, und es kann gar nicht früh genug geschehen, selbst zur Anfertigung solcher künstlichen Gebilde aus Alltagsmaterial angeleitet und ermutigt wird, wie es in den angelsächsischen Ländern bereits in der Grundschule geschieht. Wie viel weniger Aufwand ist erforderlich als etwa beim Malen; das ohnehin ständig bereitgehaltene Schreibzeug genügt, um auf einem Blatt Papier dieses Spiel zu beginnen, aus dem sich so außerordentlich viel lernen lässt, über die Natur des Menschen und über seine Sprache und über das von Dichtern hergestellte Gedicht. In dieser Übung, diesem Spiel, und nicht im zu Recht verhassten Memorieren, besteht das „Erlernen von Gedichten".
Natürlich wird es für dieses Spiel Modelle geben müssen, und als solche werden Gedichte von Dichtern dienen, und es wird unter den Möglichkeiten, sie nutzbar zu machen, eine der besten sein.

---

1 Arbeiten Sie in Partnerarbeit die Positionen von Benn und Jandl heraus und diskutieren Sie sie.

Hans Magnus Enzensberger: **Bescheidener Vorschlag zum Schutze der Jugend vor den Erzeugnissen der Poesie** (1998)

[...] Auch der harmloseste Gegenstand nämlich kann, das ist klar, gemeingefährlich werden, wenn er, um nur ein Beispiel zu nennen, in verbrecherische Hände fällt: so das friedliche Zwiebelmesser in der Faust des Amokläufers, der gutmütige Bleistift in den Fingern des Bürokraten, der hilfreiche Sicherheitsstecker in der Hand des Psychiaters, der wieder mal einem aufsässigen Patienten einen Elektroschock verpaßt – und, so möchte ich fortfahren, das harmlose Gedicht in der Aktentasche des Deutschlehrers. [...]

Wer von uns ist sich schon der Tatsache bewußt, daß er mit seinen Handkanten [...] Mord und Totschlag begehen könnte? Dazu bedarf es allerdings einer ausgebildeten Technik. Sie heißt Karate, und an jeder dritten Straßenecke gibt es in Deutschland eine Schule, wo man sie erlernen kann. Die analoge Fertigkeit, die es erlaubt, aus einem Gedicht eine Keule zu machen, nennt man Interpretation. [...] In ihrer Anwendung auf die Kunst geht die Interpretation zunächst so vor, daß sie aus dem Werk im ganzen eine Reihe von einzelnen Elementen (X, Y, Z und so weiter) isoliert und sich dann an eine Art Übersetzungsarbeit macht. Der Interpret sagt: Sehen Sie denn nicht, daß X eigentlich A ist (oder bedeutet)? Daß Y eigentlich für B und Z für C steht? ... Der Eifer, mit dem das Projekt der Interpretation gegenwärtig verfolgt wird, speist sich weniger aus Achtung vor dem widerspenstigen Text (in der sich durchaus auch Angriffslust verbergen kann) als aus offener Aggressivität. [...] Während die traditionelle Interpretation sich damit begnügte, über der wörtlichen Bedeutung einen Überbau von weiteren Bedeutungen zu errichten, bedient sich die moderne der Methode der Ausgrabung. Indem sie ausgräbt, zerstört sie. [...]

Alles halb so schlimm, könnte man sagen. Diese Gedichtinterpretationen nimmt ohnehin kein Mensch zur Kenntnis, der nicht aus Gründen seines Broterwerbs dazu gezwungen ist. [...] Nur für die Minderjährigen unter unsern Mitbürgern hat das Recht auf freie Lektüre keine Geltung. Sie, die ohnehin täglich in Betonbunkern gefangengehalten werden, welche das Gemeinwesen eigens zu diesem Zweck errichtet hat, zwingt man fortgesetzt, Gedichte zu lesen, und was noch viel entsetzlicher ist, zu interpretieren, Gedichte, an denen sie in den meisten Fällen keinerlei Interesse bekundet haben. R

Barbara Sichtermann/Joachim Scholl: **Überall und nirgends. Wo das Gedicht geblieben ist** (2004)

Unsere Epoche hat nur scheinbar mit Poesie nichts im Sinn. Es sind die alten Themen – Natur, Liebe, Aufruhr, Sinnsuche – die [in der Popmusik] in populärer Version angeschlagen werden. Beim Rap ist sogar das gereimte Gedicht in hochgradig rhythmisierter Form zurückgekehrt. Werbesprüche sind (oft) Verse – mit allem, was dazu gehört: Metrum, Melodie, Message. Und Millionen von SMS erhalten nicht selten eine Versgestalt und sind erst in ihr so richtig verführerisch. Mit einem Wort: Unsere Alltagswelt vibriert vor Poesie. Es ist eine kleine, lose, versprengte und zufällige Poesie, aber sie erfüllt ihre Aufgabe: mit Worten eine Musik zu erzeugen, die den Verstand aufmerken und das Herz mitsingen lässt. Und weil wir alle von Reimen und Gedichtfragmenten umspült sind, sollten wir auch wissen, was ein Dichter eigentlich macht und was es mit dem Gedicht als Produkt der Fantasie und der bildhauerischen Arbeit am Wort auf sich hat. Gerade weil die Alltagspoesie in sämtlichen Medien präsent ist, sollte die „echte" Lyrik, die kein Verfallsdatum kennt, gelesen und begriffen werden. Unsere „lyriklastige" Zeit drängt zu einer Wiederbegegnung mit ihrer großen Tradition.

---

1 Vergleichen Sie Sichtermanns/Scholls Thesen mit Enzensbergers Aussagen.

4 Patrick Süskind/Tom Tykwer: „Das Parfum“ – Literaturverfilmung

Der Roman

Patrick Süskind schrieb den Roman 1985. Er wurde in über 40 Sprachen übersetzt und war ein Welterfolg.

Die Geschichte spielt im Frankreich des 18. Jahrhunderts. Jean-Baptiste Grenouille, ein typischer Außenseiter, wächst unter widrigen Umständen auf, ist extrem hässlich und kann keine Liebe empfinden. Sein außerordentliches Talent, ein ausgeprägter Geruchssinn, treibt ihn wie besessen an, ein absolutes Parfum herzustellen, um damit einen Makel zu beheben: Er hat keinen Eigengeruch. Das Parfum gewinnt das Geruchsgenie aus den Körpern schöner, junger Mädchen, die es mordet.

Der Roman wurde lange für unverfilmbar gehalten; Süskind gab die Rechte erst 2001 frei.

Der Film

Regie: Tom Tykwer
Drehbuch: Andrew Birkin, Bernd Eichinger, Tom Tykwer, Caroline Thompson, nach dem Roman von Patrick Süskind
Kamera: Frank Griebe, Schnitt: Alexander Berner,
Musik: Reinhold Heil, Johnny Klimek, Tom Tykwer, eingespielt von den Berliner Philharmonikern unter Sir Simon Rattle
Erzähler: Otto Sander Darsteller: Ben Whishaw, Dustin Hoffman, Alan Rickman, Rachel Hurd-Wood, Corinna Harfouch, Carlos Gramaje, Karoline Herfurth, Birgit Minichmayr, Jessica Schwarz
2006, 145 Minuten FSK: ab 12 Jahre

1 **a** Beschreiben Sie Buchcover und Filmplakat in ihren Übereinstimmungen und Unterschieden.
b Stellen Sie begründete Vermutungen darüber an, wie eng sich wohl der Film an den Roman hält.

2 Was kennzeichnet Ihrer Meinung nach einen guten Film, was eine gute Literaturverfilmung?

3 Diskutieren Sie anhand der Romanskizze, wie Sie den „unverfilmbaren“ Stoff verfilmen würden.

In diesem Kapitel erwerben Sie folgende Kenntnisse und Kompetenzen:

- über wesentliche Kategorien der Analyse von Expositionen in Roman und Film verfügen: erkennen, wie eine Figur mit spezifischen sprachlichen und filmischen Mitteln eingeführt wird, wie Atmosphäre erzeugt wird, wie Motive entfaltet werden etc.,
- im konkreten Vergleich von Film und Roman erfassen, wie beide Medien Handlung und Thematik sowie die Erzählweise gestalten,
- die filmsprachlichen Mittel bei der Analyse konkreter Einstellungen beschreiben und bewerten: Kamera, Mise-en-scène, Schnitt und Montage, Ton und Musik,
- Sequenzplan und Einstellungsprotokoll als grundlegende Methoden der Filmanalyse nutzen,
- die filmische Adaption analysieren und Filmrezensionen bewerten,
- grundlegende Arten der Literaturfilmung kennen und diese in der Analyse anwenden.

4.1 Roman und Film – Szenen im Vergleich

Der Romananfang – Der Held wird geboren

Im achtzehnten Jahrhundert lebte in Frankreich ein Mann, der zu den genialsten und abscheulichsten Gestalten dieser an genialen und abscheulichen Gestalten nicht armen Epoche gehörte. Seine Geschichte soll hier erzählt werden. Er hieß Jean-Baptiste Grenouille, und wenn sein Name im Gegensatz zu den Namen anderer genialer Scheusale, wie etwa de Sades, Saint-Justs, Fouchés, Bonapartes usw., heute in Vergessenheit geraten ist, so sicher nicht deshalb, weil Grenouille diesen berühmteren Finstermännern an Selbstüberhebung, Menschenverachtung, Immoralität, kurz an Gottlosigkeit nachgestanden hätte, sondern weil sich sein Genie und sein einziger Ehrgeiz auf ein Gebiet beschränkte, welches in der Geschichte keine Spuren hinterläßt: auf das flüchtige Reich der Gerüche.

Zu der Zeit, von der wir reden, herrschte in den Städten ein für uns moderne Menschen kaum vorstellbarer Gestank. Es stanken die Straßen nach Mist, es stanken die Hinterhöfe nach Urin, es stanken die Treppenhäuser nach fauligem Holz und nach Rattendreck, die Küchen nach verdorbenem Kohl und Hammelfett; die ungelüfteten Stuben stanken nach muffigem Staub, die Schlafzimmer nach fettigen Laken, nach feuchten Federbetten und nach dem stechend süßen Duft der Nachttöpfe. Aus den Kaminen stank der Schwefel, aus den Gerbereien stanken die ätzenden Laugen, aus den Schlachthöfen stank das geronnene Blut. Die Menschen stanken nach Schweiß und nach ungewaschenen Kleidern; aus dem Mund stanken sie nach verrotteten Zähnen, aus ihren Mägen nach Zwiebelsaft und an den Körpern, wenn sie nicht mehr ganz jung waren, nach altem Käse und nach saurer Milch und nach Geschwulstkrankheiten. Es stanken die Flüsse, es stanken die Plätze, es stanken die Kirchen, es stank unter den Brücken und in den Palästen. Der Bauer stank wie der Priester, der Handwerksgeselle wie die Meistersfrau, es stank der gesamte Adel, ja sogar der König stank, wie ein Raubtier stank er, und die Königin wie eine alte Ziege, sommers wie winters. Denn der zersetzenden Aktivität der Bakterien war im achtzehnten Jahrhundert noch keine Grenze gesetzt, und so gab es keine menschliche Tätigkeit, keine aufbauende und keine zerstörende, keine Äußerung des aufkeimenden oder verfallenden Lebens, die nicht von Gestank begleitet gewesen wäre.

Und natürlich war in Paris der Gestank am größten, denn Paris war die größte Stadt Frankreichs. Und innerhalb von Paris wiederum gab es einen Ort, an dem der Gestank ganz besonders infernalisch herrschte, zwischen der Rue aux Fers und der Rue de la Ferronnerie, nämlich den Cimetière des Innocents. Achthundert Jahre lang hatte man hierher die Toten des Krankenhauses Hôtel-Dieu und der umliegenden Pfarrgemeinden verbracht, achthundert Jahre lang Tag für Tag die Kadaver zu Dutzenden herbeigekarrt und in lange Gräben geschüttet, achthundert Jahre lang in den Grüften und Beinhäusern Knöchelchen auf Knöchelchen geschichtet. Und erst später, am Vorabend der Französischen Revolution, nachdem einige der Leichengräben gefährlich eingestürzt waren und der Gestank des überquellenden Friedhofs die Anwohner nicht mehr zu bloßen Protesten, sondern zu wahren Aufständen trieb, wurde er endlich geschlossen und aufgelassen, wurden die Millionen Knochen und Schädel in die Katakomben von Montmartre geschaufelt, und man errichtete an seiner Stelle einen Marktplatz für Viktualien.

Hier nun, am allerstinkendsten Ort des gesamten Königreichs, wurde am 17. Juli 1738 Jean-Baptiste Grenouille geboren. Es war einer der heißesten Tage des Jahres. Die Hitze lag wie Blei über dem Friedhof und quetschte den nach einer Mischung aus fauligen Melonen und verbranntem Horn riechenden Verwesungsbrodem in die benachbarten Gassen. Grenouilles Mutter stand, als die Wehen einsetzten, an einer Fischbude in der Rue aux Fers und schuppte Weißlinge, die sie zuvor ausgenommen hatte. Die Fische, angeblich erst am Morgen aus der Seine gezogen, stanken bereits so sehr, daß ihr Geruch den Leichengeruch überdeckte. Grenouilles Mutter aber nahm weder den Fisch- noch den Leichengeruch wahr, denn ihre Nase war gegen Gerüche im höchsten Maße abgestumpft, und außerdem schmerzte ihr Leib, und der Schmerz tötete alle Empfänglichkeit für äußere Sinneseindrücke. Sie wollte nur noch, daß der Schmerz aufhöre, sie wollte die eklige Geburt so rasch als möglich hinter sich bringen. Es war ihre fünfte. Alle vorhergehenden hatte sie hier an der Fischbude absolviert, und alle waren Totgeburten oder Halbtotgeburten gewesen, denn das blutige Fleisch, das da herauskam, unterschied sich nicht viel von dem Fischgekröse, das da schon lag, und lebte auch nicht viel mehr, und abends wurde alles mitsammen weggeschaufelt und hinübergekarrt zum Friedhof oder hinunter zum Fluß. So sollte es auch heute sein, und Grenouilles Mutter, die noch eine junge Frau war, gerade Mitte zwanzig, die noch ganz hübsch aussah und noch fast alle Zähne im Munde hatte und auf dem Kopf noch etwas Haar und außer der Gicht und der Syphilis und einer leichten Schwindsucht keine ernsthafte Krankheit; die noch hoffte, lange zu leben, vielleicht fünf oder zehn Jahre lang, und vielleicht sogar einmal zu heiraten und wirkliche Kinder zu bekommen als ehrenwerte Frau eines verwitweten Handwerkers oder so ... Grenouilles Mutter wünschte, daß alles schon vorüber wäre. Und als die Preßwehen einsetzten, hockte sie sich unter ihren Schlachttisch und gebar dort, wie schon vier Mal zuvor und nabelte mit dem Fischmesser das neugeborene Ding ab. Dann aber, wegen der Hitze und des Gestanks, den sie als solchen nicht wahrnahm, sondern nur als etwas Unerträgliches, Betäubendes – wie ein Feld von Lilien oder wie ein enges Zimmer, in dem zuviel Narzissen stehen –, wurde sie ohnmächtig, kippte zur Seite, fiel unter dem Tisch hervor mitten auf die Straße und blieb dort liegen, das Messer in der Hand.

Geschrei, Gerenne, im Kreis steht die glotzende Menge, man holt die Polizei. Immer noch liegt die Frau mit dem Messer in der Hand auf der Straße, langsam kommt sie zu sich.

Was ihr geschehen sei?

„Nichts."

Was sie mit dem Messer tue?

„Nichts."

Woher das Blut an ihren Röcken komme?

„Von den Fischen."

Sie steht auf, wirft das Messer weg und geht davon, um sich zu waschen.

Da fängt, wider Erwarten, die Geburt unter dem Schlachttisch zu schreien an. Man schaut nach, entdeckt unter einem Schwarm von Fliegen und zwischen Gekröse und abgeschlagenen

Fischköpfen das Neugeborene, zerrt es heraus. 150 Von Amts wegen wird es einer Amme gegeben, die Mutter festgenommen. Und weil sie geständig ist und ohne weiteres zugibt, daß sie das Ding bestimmt würde haben verrecken lassen, wie sie es im übrigen schon mit vier anderen getan habe, macht man ihr den Prozeß, verur- 155 teilt sie wegen mehrfachen Kindermords und schlägt ihr ein paar Wochen später auf der Place de Grève den Kopf ab. R

---

1 **a** Äußern Sie in Form eines Brainstormings erste Leseeindrücke.
b Stellen Sie begründete Vermutungen darüber an, wie der Lebensweg des Kindes Grenouille im Romananfang vorgezeichnet wird. Berücksichtigen Sie dabei, wie die Figuren eingeführt werden.

2 Der Roman ist besonders für seine sprachliche Qualität gelobt worden. Schreiben Sie unter Verwendung von Zeilenangaben die rhetorischen Mittel heraus, mit denen der Erzähler das zentrale Thema einführt. Notieren Sie auch, wie er die Welt der Gerüche sinnlich lebendig werden lässt.

Die filmische Exposition – Annäherung an eine schwierige Figur

Andrew Birkin, Bernd Eichinger, Tom Tykwer: Das Drehbuch (2005)

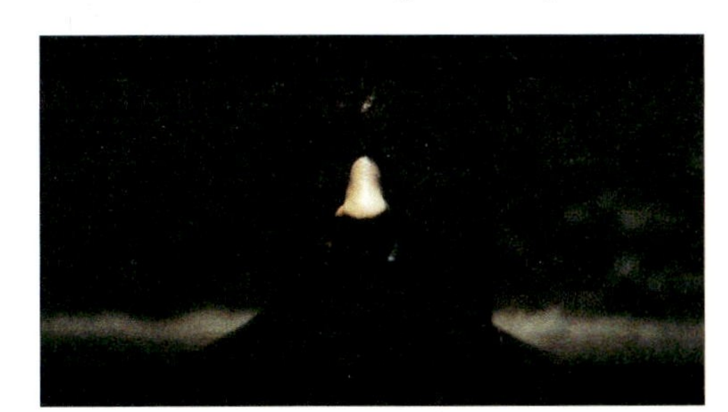

Richter: Das Urteil des Gerichts lautet: Der Parfümeurgeselle Jean-Baptiste Grenouille soll binnen zwei Tagen auf ein hölzernes Kreuz gebunden werden – mit dem Gesicht dem Him- 5 mel zugewandt.

Infernalisches Gebrüll der Zustimmung fegt wie eine Welle quer über den Platz.

Richter: Er erhält bei lebendigem Leibe zwölf Schläge mit einer eisernen Stange ...

Wiederaufbrandender Jubel. [...] Während das wütende Geschrei allmählich verebbt, bewegen wir uns auf Grenouilles Gesicht zu.

Erzählerstimme: Im 18. Jahrhundert lebte in Frankreich ein Mann, der zu den genialsten und zugleich berüchtigtsten Gestalten jener Epoche gehörte ...

Wir nähern uns dem Gesicht des Verurteilten ...

Erzählerstimme: Er hieß Jean-Baptiste Grenouille, und wenn sein Name heute in Vergessenheit geraten ist, so nur aus dem einen Grund, weil sich sein Genie und sein einziger Ehrgeiz auf ein Gebiet beschränkte, welches in der Geschichte keine Spuren hinterlässt ...

... und werden in den dunklen Tunnel seines Nasenloches hineingesogen ...

Erzählerstimme: ... das flüchtige Reich der Gerüche.

Haupttitel auf schwarzem Grund:
DAS PARFUM
Die Geschichte eines Mörders

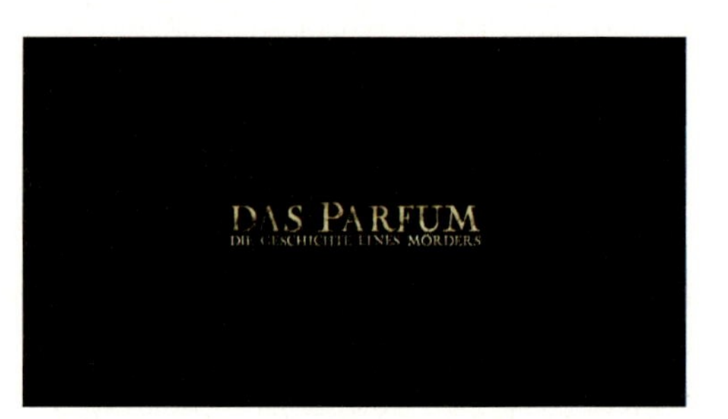

1 Beschreiben Sie, welche Wirkung das erste Filmbild auf Sie ausübt.

2 Lesen Sie im Drehbuch nur die kursiv gesetzten Hinweise für die Kamera und vollziehen Sie deren Bewegung nach:
Welche Einstellungsgrößen spielen eine Rolle?
Was passiert mit dem Betrachter?

3 a Sehen Sie sich den Filmanfang an und erläutern Sie das Zusammenspiel von Bild, Bewegung, Musik und Sprache in Hinblick auf die Wirkung.
b Welche Funktion hat diese – vom Roman abweichende – Exposition?

Information **Filmisches Erzählen** (▸ S. 162–163)

Die Kamera übernimmt im Film die **Funktion der Erzählerin;** ihre Sprache ist die Bildsprache, die sich aus **Kameraeinstellungen** (z. B. *Panorama, Halbtotale, Detail*), **-perspektiven** *(Normalsicht, Vogel- oder Froschperspektive)* und **-bewegungen** *(Bewegung der Objekte vor der Kamera, Bewegung der Kamera selbst, z. B. in Form von Schwenken, Neigen, Fahrt)* zusammensetzt. Diese bestimmen die Haltung zum gezeigten Geschehen und zu den Filmfiguren.

Die Einstellungsgröße ist der **Bildausschnitt,** den die Kamera zeigt. Mit ihr kann unsere emotionale **Beziehung zum Gezeigten** beeinflusst werden. Extreme Nähe zwingt in der Regel zu Teilnahme, genauer Beobachtung und zu gesteigerter Aufmerksamkeit, während zunehmende Entfernung auch emotional distanziert.

Beim **Voice Over** kommentiert eine **Erzählstimme** aus dem **Off** die Bilder, die zu sehen sind. Der Erzähler wendet sich aus seiner subjektiven Ich-Perspektive unmittelbar an das Publikum. Was zu sehen ist, wird als Sicht des Erzählenden wahrgenommen.

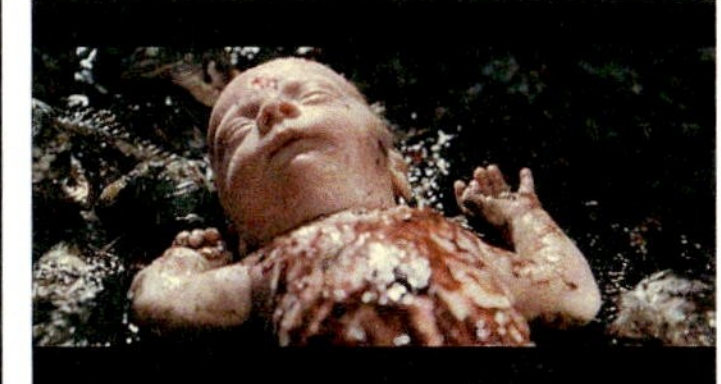

Fischmarkt – Paris

Ein Fischer trägt einen Korb Heringe zu einem lebhaften Markt, wo Männer und Frauen schreiend ihre Waren feilbieten, während sie von Fliegen umschwirrte Fische aufschlitzen. Die Fischhändler werfen die Innereien achtlos zu Boden und waten förmlich in Blut und Dreck. Hunde, Katzen und Möwen reißen sich um die Reste.

Erzählerstimme: Zu der Zeit, von der wir reden, herrschte in den Städten ein für uns moderne Menschen kaum vorstellbarer Gestank. Und natürlich war in Paris der Gestank am größten, denn Paris war die größte Stadt Europas. Und nirgendwo in Paris war dieser Gestank so über alle Maßen widerlich wie auf dem Fischmarkt der Stadt.

Der Fischer bringt seinen Korb zu einem Stand, wo eine stämmige, ungepflegte Frau Fische ausnimmt. Dies ist Grenouilles Mutter: Sie ist hochschwanger und steht kurz vor der Niederkunft.

Erzählerstimme: Hier nun, am allerstinkendsten Ort des ganzen Königreichs, wurde am 17. Juli 1738 Jean-Baptiste Grenouille geboren.

Grenouilles Mutter wird von Presswehen überwältigt. Sie bricht hinter ihrem Stand zusammen und versteckt sich unter einem hohen Schlachtertisch. Während sie die Beine anzieht, presst sie ihr Kind heraus. Dann durchtrennt sie die Nabelschnur mit ihrem Fischmesser. Anschließend kommt sie erschöpft hinter dem Tisch zum Vorschein. Ein Kunde schaut sie an.

Erzählerstimme: Für seine Mutter war es bereits die fünfte Geburt. Alle hatte sie hier an der Fischbude absolviert, und alle waren Totgeburten oder Halbtotgeburten gewesen.

Kunde: Was ist denn?

Grenouilles Mutter reagiert nicht auf ihn.

Erzählerstimme: Abends war alles zusammengeschaufelt und mit den Fischabfällen in den Fluss geworfen worden. So sollte es auch heute sein ...

Das Neugeborene liegt atmend inmitten von Fischabfällen.

Erzählerstimme: ... doch Jean-Baptiste entschied anders.

Kurze Schnitte auf: Innereien, Fleisch, ein Korb Fische, ein fressender Hund, Ratten, fallende Schlachterbeile, ein Messer mit Innereien, ein herabhängendes Schwein, ein Mann, der sich übergibt.

Die Nasenflügel des Babys weiten sich. Sein Geschrei

dringt unter dem Tisch hervor, während Grenouilles Mutter schwer atmend vor sich hinstarrt.
Passanten werden auf das Schreien aufmerksam, bleiben stehen und nehmen den Fischstand in Augenschein. 55
Eine Frau schaut unter den Schlachtertisch, wo sich die Fischabfälle türmen. Zwischen all dem Gedärm und dem Dreck lässt sich das Gesicht des Neugeborenen ausmachen. Ein Polizeioffizier kommt näher.
60 **FRAU 1:** Was ist das für ein Geschrei? Ein Kindchen! Ein Neugeborenes!
POLIZEIOFFIZIER: Wo ist die Mutter?
Sie schauen sich um, aber Grenouilles Mutter ist verschwunden.
65 **KUNDE:** Sie war eben noch da.
FRAU 2: Sie lässt es einfach liegen – ihr eigenes Kind!
FRAU 1: Sie wollte ihr eigenes Kind umbringen!!
Der Kunde entdeckt Grenouilles Mutter, die versucht, in der Menge zu verschwinden. 70
KUNDE: Da ist sie! Da ist die Mutter!
Die Frau zeigt anklagend auf Grenouilles Mutter.
POLIZEIOFFIZIER: Halt!! Bleib stehen!
FRAU 2 *schreiend:* Mörderin!!
Grenouilles Mutter dreht sich zu uns, sie wirkt noch immer verwirrt. Das Baby-Geschrei geht durch Mark und Bein. 75
ERZÄHLERSTIMME: So brachte Grenouilles erster Schrei ...
80

Place de Grève – Paris
Ein Galgenstrick legt sich um ihren Hals.
ERZÄHLERSTIMME: ... seine Mutter an den Galgen ...
Sie fällt nach unten aus dem Bild. Der Strick strafft sich. 85

---

1 Mit dieser Szene beginnt auch der Roman.
a Betrachten Sie die Filmbilder aufmerksam und beschreiben Sie, wie historischer Ort und Atmosphäre gestaltet werden. Welche Wirkung wird durch das Zusammenspiel unterschiedlicher Einstellungsgrößen erzielt?
b Sehen Sie sich den Filmausschnitt mehrfach hintereinander an und notieren Sie, wie sinnliche Wahrnehmung – insbesondere das Riechen – inszeniert wird.

2 Vergleichen Sie die Szene „Fischmarkt", wie sie im Drehbuch entfaltet wird, mit dem Romananfang (► S. 151–153). Zeigen Sie Analogien auf und untersuchen Sie, inwieweit sich epische und filmische Sprache unterscheiden.

Information Formen des Filmanfangs – Die Exposition

Der Filmanfang, die **Exposition,** ist aus Sicht der Wahrnehmungspsychologie von außerordentlicher Bedeutung, da hier die Aufmerksamkeit des Publikums besonders hoch ist. Die Exposition stimmt emotional auf den Film ein und gibt Informationen zu Figuren, Motivationen und Situationen. Oft ist mit den ersten Bildern schon das Genre des Films präsent.
Im Film sind (wie auch in der Literatur) als Extremformen die deduktive und die induktive Exposition zu unterscheiden. Die **deduktive** Informationsvermittlung führt vom Allgemeinen zum Besonderen, von der Weit-Einstellung zu immer kleiner werdenden Bildausschnitten. Die Zuschauer/innen erhalten so einen genauen Überblick, wo sie sich in der erzählten Welt befinden. Die **induktive** Informationsvermittlung führt vom Besonderen zum Allgemeinen. Dabei nimmt die Kamera den entgegengesetzten Weg. Sie beginnt mit einer Detail-/Großaufnahme und entfernt sich zunehmend vom Protagonisten und seiner (seelischen) Verfassung. Die Kamera verschafft dem Publikum erst langsam einen Überblick über die größeren Zusammenhänge. Die subjektive Wahrnehmung der Figur steht im Vordergrund und bindet das Publikum an sie. Häufig gibt es Mischformen zwischen beiden Typen der Exposition.

Das Mirabellenmädchen – Der erste Mord in Film, Drehbuch und Roman

Film

Drehbuch

Nur Zentimeter hinter ihr steht Grenouille und blickt sie an. Einen Moment ist sie fassungslos, dann öffnet sie die Lippen, um zu schreien, aber Grenouille legt seine Hand auf ihren Mund. Grenouille wendet 5 den Kopf zu einer Treppe, von der Schritte kommen, begleitet von Gelächter. Nach Luft ringend, versucht das Mädchen Grenouilles Hand zu entfernen, die sich über Nase und Mund geschoben hat. Sie wehrt sich – er drückt fester und zieht sie mit 10 sich in den Schatten einer Mauer.

Ein Liebespaar kommt die Treppe hinab in den Innenhof. Sie verharren in einem innigen Kuss. Grenouille beobachtet die beiden und hält das rothaarige Mädchen umklammert. Schließlich geht das Pärchen weiter in Richtung Gasse und verschwindet. Gre- 15 nouille wendet sich dem Mädchen in seinem Arm zu und schaut in ihre leblosen Augen. Er nimmt die Hand von ihrem Mund. Sie atmet nicht mehr.

Völlig fassungslos lässt er sie langsam zu Boden sinken. Einen Moment lang steht er nur da und ver- 20 sucht zu begreifen, was geschehen ist [...], dann kniet er neben ihr und atmet ihren Duft ...

Roman

Hunderttausend Düfte schienen nichts mehr wert vor diesem einen Duft. Dieser eine war das höhere Prinzip, nach dessen Vorbild sich die andern ordnen mußten. Er war die reine Schönheit.

5 Für Grenouille stand fest, daß ohne den Besitz des Duftes sein Leben keinen Sinn mehr hatte. Bis in die kleinste Einzelheit, bis in die letzte zarteste Verästelung mußte er ihn kennenlernen; die bloße komplexe Erinnerung an ihn genügte nicht. Er wollte wie mit einem 10

Prägestempel das apotheotische[1] Parfum ins Kuddelmuddel seiner schwarzen Seele pressen, es haargenau erforschen und fortan nur noch nach den inneren Strukturen dieser Zauberformel denken, leben, riechen.

Er ging langsam auf das Mädchen zu, immer näher, trat unter das Vordach und blieb einen Schritt hinter ihr stehen. Sie hörte ihn nicht.

Sie hatte rote Haare und trug ein graues Kleid ohne Ärmel. Ihre Arme waren sehr weiß und ihre Hände gelb vom Saft der aufgeschnittenen Mirabellen. Grenouille stand über sie gebeugt und sog ihren Duft jetzt völlig unvermischt ein, so wie er aufstieg von ihrem Nacken, ihren Haaren, aus dem Ausschnitt ihres Kleides, und ließ ihn in sich hineinströmen wie einen sanften Wind. Ihm war noch nie so wohl gewesen. Dem Mädchen aber wurde es kühl.

Sie sah Grenouille nicht. Aber sie bekam ein banges Gefühl, ein sonderbares Frösteln, wie man es bekommt, wenn einen plötzlich eine alte abgelegte Angst befällt. Ihr war, als herrsche da ein kalter Zug in ihrem Rücken, als habe jemand eine Türe aufgestoßen, die in einen riesengroßen kalten Keller führt. Und sie legte ihr Küchenmesser weg, zog die Arme an die Brust und wandte sich um.

Sie war so starr vor Schreck, als sie ihn sah, daß er viel Zeit hatte, ihr seine Hände um den Hals zu legen. Sie versuchte keinen Schrei, rührte sich nicht, tat keine abwehrende Bewegung. Er seinerseits sah sie nicht an. Ihr feines sommersprossenübersprenkeltes Gesicht, den roten Mund, die großen funkelndgrünen Augen sah er nicht, denn er hielt seine Augen fest geschlossen, während er sie würgte, und hatte nur die eine Sorge, von ihrem Duft nicht das geringste zu verlieren.

Als sie tot war, legte er sie auf den Boden mitten in die Mirabellenkerne, riß ihr Kleid auf, und der Duftstrom wurde zur Flut, sie überschwemmte ihn mit ihrem Wohlgeruch. Er stürzte sein Gesicht auf ihre Haut und fuhr mit weitgeblähten Nüstern von ihrem Bauch zur Brust, zum Hals, in ihr Gesicht und durch die Haare und zurück zum Bauch, hinab an ihr Geschlecht, an ihre Schenkel, an ihre weißen Beine. Er roch sie ab vom Kopf bis an die Zehen, er sammelte die letzten Reste ihres Dufts am Kinn, im Nabel und in den Falten ihrer Armbeuge.

Als er sie welkgerochen hatte, blieb er noch eine Weile neben ihr hocken, um sich zu versammeln, denn er war übervoll von ihr. Er wollte nichts von ihrem Duft verschütten. Erst mußte er die innern Schotten dicht verschließen. Dann stand er auf und blies die Kerze aus. R

1 **apotheotisch:** zum Göttlichen erhoben

---

1 Vergleichen Sie die Szene in den verschiedenen Medien:

a Untersuchen Sie besonders die Gestaltung der Figuren und ihrer Beziehung. Welche Motivation lenkt jeweils Grenouilles Handeln?

b Inwieweit nehmen Film und Roman unterschiedliche Bewertungen der Figur vor? Beziehen Sie dazu den folgenden Kommentar mit in Ihre Überlegungen ein:

> Das Kino folgt anderen Regeln als die Literatur, und eine von ihnen heißt, dass etwas geschehen muss. Im [Roman] „Parfum“ aber geschieht nicht viel. Der Held ist, der er ist, von Anfang an.
>
> *Verena Lueken*

c Erläutern Sie, ob die Szene als Schlüsselszene in Film und Roman betrachtet werden kann.

2 Sehen Sie sich die gesamte Sequenz mehrfach an, in der Grenouille auf das Mirabellenmädchen stößt (ab 17. Minute), und analysieren Sie die filmsprachlichen Mittel, mit denen der Film neue/andere Akzente setzt als der Roman. Achten Sie auf Thema und Motiv, Mimik und Gestik der Figuren, Musik, Kamerabewegungen, -einstellungen und -perspektiven, Farben und Beleuchtung, Schärfe.

Der Film als Ganzes – Handlungsgefüge und Gesamtvergleich

Methode **Sequenzplan**

Um sich einen Gesamtüberblick des Films zu verschaffen, mit dem man analytisch arbeiten kann, ist es hilfreich, einen **Sequenzplan** zu erstellen. Eine Sequenz ist eine Handlungseinheit, die durch Ortswechsel oder Veränderung der Figurenkonstellation von anderen inhaltlichen Einheiten abgrenzt ist. Handlungsführung und Figurenkonstellation werden dabei in ihrer Abfolge festgehalten.

1 Sehen Sie sich den gesamten Film an und erfassen Sie seine Handlungsstruktur:
a Erstellen Sie einen Sequenzplan zum Film – am besten arbeitsteilig in Gruppen zu jeweils 30 Filmminuten. Gestalten Sie Ihren Plan so, dass rechts eine Spalte für Kommentare steht, z. B.:

Sequenz	*Dauer*	*Inhalt*	*Kommentar*
...	...	...	...
Baldinis Scheitern	*29.–31. Minute*	*Baldini allein im Büro: Versuch, Duft zu entschlüsseln*	*groteske Überzeichnung, Karikatur*

b Vergleichen Sie Ihre Notizen und erstellen Sie einen endgültigen Plan.
2 Besorgen Sie sich eine Übersicht des Romaninhalts. Setzen Sie den Handlungsverlauf in Beziehung zum Sequenzplan:
a Halten Sie fest, welche Szenen der Film übernimmt, reduziert, erweitert, auslässt, neu hinzufügt.
b Erklären Sie an ausgewählten Szenen, warum der Film andere Akzente setzt bzw. setzen muss.
c Nutzen Sie die unten aufgeführten „Fachaspekte", die sich sowohl auf literarische Texte als auch auf Filme anwenden lassen, um ihre Vergleiche zwischen Text und Film begrifflich zu präzisieren.
3 Setzen Sie Ihre Ergebnisse zur Handlungsmotivation der Filmfigur Grenouille in der Szene „Mirabellenmädchen" in Beziehung zu Ihrem Gesamtüberblick von Film und Roman.
4 a Diskutieren Sie, inwieweit die filmische Umsetzung des Romans gelungen ist.
b Halten Sie die wichtigsten Argumente auf Pro- und Kontrakarten fest und prüfen Sie die Argumente:
– Überlegen Sie, welche filmischen Notwendigkeiten hinter bestimmten Entscheidungen stehen.
– Berücksichtigen Sie die unterschiedlichen Rezeptionsweisen von Roman und Film.

Information **Fachspezifische Aspekte, die sich auf das Medium Film anwenden lassen**

- Handlungsdramaturgie (geschlossene, offene Form), Handlungsstränge, Vor- und Rückblenden
- Erzählerische Funktion der Kamera (Erzählperspektive, Erzählhaltung)
- Stoff (Story, Plot, Thema, Genre)
- Leitmotive und ihre Konnotation
- Figuren (Rolle, Verhalten, Motivation, Entwicklung, Konstellation, Konflikt)
- Zeitgestaltung (Verhältnis von Erzählzeit und erzählter Zeit: z. B. Dehnung und Raffung des Erzählten durch Schnitt, Zeitlupe und Zeitraffer)
- Raumgestaltung (z. B. Handlungsraum, Stimmungsraum, Symbolraum)
- Sprache im Film (z. B. Dialoge) sowie Texte zum Film (z. B. Drehbuch, Filmkritik)

4.2 Die Grammatik der Bilder – Elemente der Filmsprache

Der Film im Detail – Inszenierte Bilder

Durch eine detaillierte Analyse ausgewählter Einstellungen oder Sequenzen wird das inszenierte Zusammenwirken der einzelnen filmischen Gestaltungsmittel, die Grammatik der Bilder, erkennbar. Die Detailanalyse der filmsprachlichen Struktur schärft die Wahrnehmung der mehrdimensionalen Beziehungen zwischen den verschiedenen Zeichensystemen Bild, Bewegung und Ton.

Mise-en-scène (In-Szene-Setzen)

1 **a** Wie werden je Bild Figuren und Objekte in Szene gesetzt?
Untersuchen Sie dazu die Filmbilder auf die Farb- und Lichtgestaltung sowie auf die Komposition hin. Verwenden Sie Begriffe, die Sie aus dem Kunstunterricht kennen (z. B. Farbkontraste, Goldener Schnitt, Raumgestaltung).
b Sehen Sie sich die Filmszenen an, aus denen die Einstellungen stammen (im Anwesen von Richis, Lavendelfelder, bei Madame Arnulfi). Beurteilen Sie die ästhetische Qualität der Einstellungen in ihrem unmittelbaren szenischen Kontext.

2 **a** Vergleichen Sie die Einstellungen mit denen aus der Exposition und der Szene „Mirabellenmädchen" (▸ S. 157–158). Notieren Sie, auf welche Weise diese Filmbilder gestaltet wurden.
b Ordnen Sie die Bilder in die Handlungsfolge des Films ein: Inwieweit markiert der Wechsel in der Bildästhetik eine inhaltliche Veränderung?

Information **Die Bildinszenierung – Mise-en-scène**

Der französische Begriff **„Mise-en-scène"** wird für die filmische Bildinszenierung verwendet. Figuren und Objekte werden wie in der Kunst auf einem Gemälde oder Foto für den Blick des Betrachters bzw. für die Kamera im Raum inszeniert. Neben Perspektive, Achsenverhältnissen und Kameraführung sind Kategorien der **Bildästhetik** hilfreich: statischer (vertikale, horizontale Strukturen) und dynamischer (diagonale Strukturen) Bildaufbau, offene und geschlossene Form, Symmetrie und Asymmetrie, Flächeneinteilung, Lichtführung, Farbe, Raumgestaltung, Tiefenwirkung, Schärfegrad. Diese **Mittel der Malerei** weisen dem Geschehen über die erzählte Geschichte hinaus weitere Bedeutungsebenen zu. Zur Bildgestaltung gehören auch die Wahl des Drehorts (Location), die Ausstattung, Requisiten und Kostüme.

Schnitt und Montage

Schnitt und Montage (Information, ▶ S. 162) sind die wichtigsten filmischen Gestaltungsmittel. Bei Filmproduktion und Filmanalyse ist es daher entscheidend, sich ihre Wirkungsweise „vor Augen zu führen".

1 a Sehen Sie sich die Filmsequenz an, die mit Lauras Versteckspiel beginnt und mit der vermeintlichen Gefangennahme des Mörders (Predigt des Bischofs) endet (82.–92. Filmminute).
b Untersuchen und beschreiben Sie die Montagetechnik, die Abfolge und Kombination der Bilder. Achten Sie auch auf den Ton (Sprache und Musik).
Welche Wirkung wird erziehlt?

2 a Laura in Gefahr: Sehen Sie sich die ersten sechs Filmbilder vom Beginn der Sequenz in ihrer Abfolge an. Erklären Sie die Funktion der Montageform.
b Die letzten drei Bilder gegen Ende der Sequenz haben eine besondere Funktion. Erläutern Sie die Funktion, indem Sie sich auf den Kontext des gesamten Films beziehen.

Information **Die Montage**

Die Montage, die „Organisation der Bilder in der Zeit" (André Bazin), manipuliert Zeit und Raum. Sie schafft Sinnzusammenhänge und steuert die Bedeutung der Filmbilder. Die Filmsprache kennt verschiedene Formen der Bildverknüpfung. Sie können durch **harten Schnitt** (das übliche Verfahren) oder durch **weichen Schnitt** (z. B. Überblendung) erzeugt werden.

Man unterscheidet:

- **Erzählende Montage:** Die Einstellungen sind inhaltlich so aufeinander bezogen, dass die erzählerische Kontinuität gewahrt wird. Die Schnitte sind kaum wahrnehmbar.
- **Parallelmontage:** Getrennt verlaufende Handlungen werden zur Erzeugung von Spannung wechselnd zusammengeschnitten. Das Publikum weiß mehr als die Filmfiguren.
- **Analogmontage:** Kontraste in Raum, Zeit oder Gesellschaft werden überbrückt, indem eine gemeinsame Form/Handlung aus unterschiedlichen Zusammenhängen übernommen wird.
- **Kontrastmontage:** Die Kombination konträrer Bilder fordert zu einer Stellungnahme auf, z. B. das prunkvolle Leben am Hof im Gegensatz zum Elend der übrigen Bevölkerung.
- **Assoziationsmontage:** Die Folge von zwei verschiedenen Bildern erzeugt ein drittes, eine Assoziation, z. B.: Gesicht + Messer = Mörder.
- **Schuss-Gegenschuss:** Mit dem Wechsel der Kameraposition zwischen miteinander sprechenden Figuren wird die unmittelbare Teilnahme des Publikums suggeriert.

3 **a** Betrachten Sie erneut die letzten beiden Filmbilder aus der Exposition (Fischmarkt, ▶ S. 155). Welche Funktion hat die Montage der Bilder hier?
b Welche weiteren Montageformen konnten Sie im Film entdecken? Beschreiben Sie Art und Wirkung.

Information **Filmsprache – Fachbegriffe und Funktionen im Überblick**

Die Filmsprache ist ein **komplexes Zeichengefüge** aus Bild, Bewegung, Sprache und Musik, das die Sinne simultan und intensiv anspricht; gleichzeitig können die Schauspieler/innen, Drehort und Story unmittelbar zur Identifikation einladen.
Die **Kamera als Erzählerin** bestimmt die Haltung zum Geschehen und zu den Filmfiguren (▶ S. 154). Der gestaltete Raum im Film wird mit dem Begriff **„Mise-en-scène"** (▶ S. 160–161) bezeichnet.

Filmisches Erzählverhalten

- **Allwissende Kamera:** verfügt über das Geschehen und kommentiert, z. B. durch die Perspektive
- **Subjektive Kamera:** Der Kamerablick deckt sich mit dem der Figuren, z. B. Point-of-View-Shot.
- **Mindscreen:** innere Bilder der Filmfigur, wie z. B. Erinnerungen, Teilnahme an deren Wahrnehmung
- **Neutrale Kamera:** sachlich-objektive Distanz auf Augenhöhe, Beobachtung der handelnden Figuren

Einstellungsgrößen

- **Panorama/Weit:** Überblick über den Ort des Geschehens → Vermittlung von Atmosphäre
- **Totale:** Übersicht über den Schauplatz → räumliche Orientierung
- **Halbtotale:** Figuren in ihrer gesamten Körperlänge → Wahrnehmung der unmittelbaren Umgebung
- **Halbnah/Amerikanisch:** Figuren in kommunikativen Situationen etwa vom Knie an aufwärts
- **Nah:** Figuren von der Brust an, häufig in Sprechsituationen → Gestik und Mimik im Vordergrund
- **Groß:** z.B. nur das Gesicht → Nähe und genaue Beobachtung des mimischen Ausdrucks
- **Detail:** extremste Nähe → Steigerung der Aufmerksamkeit, besondere Bedeutung der Dinge

Kameraperspektiven

- **Normalsicht:** normale menschliche Perspektive in Augenhöhe → Objektivität und Authentizität
- **Vogelperspektive:** Blick von einem erhöhten Punkt → Distanz, häufig Gefühl der Verlorenheit
- **Froschperspektive:** niedriger Standpunkt → Figuren bzw. Objekte wirken mächtig, bedrohlich

Kamerabewegung

- **Handlungsachse:** Bewegung der Objekte vor der stehenden Kamera → distanzierte Beobachtung
- **Kameraachse:** Bewegung der Kamera → Nachahmung der menschlichen Bewegung, Authentizität; horizontales **Schwenken,** vertikales **Neigen,** sich von der Stelle bewegende **Kamerafahrt**
  Die gemeinsame Bewegung von Objekt und Kamera bietet eine hohe Identifikationsmöglichkeit.

Schnitt, Montage (▸ S.162), **Zeitgestaltung**

Schnitt und Montage beeinflussen das **Zeitgefühl** des Zuschauers.

- **Zeitraffung:** Die **Ellipse** (Auslassung von Handlungsteilen) lässt Unwichtiges zu Gunsten des Bedeutsamen aus; auch der **Zeitraffer** und die **Analogmontage** raffen bzw. verkürzen die Zeit.
- **Zeitdehnung:** Bedeutsames wird wiederholt, aus unterschiedlichen Perspektiven oder in der **Zeitlupe** gezeigt; auch die **Parallelmontage** dehnt bzw. verlängert die Zeit.
- **Zeitdeckung (Plansequenz):** Identität von Filmzeit und real verstreichender Zeit ohne Schnitt

Ton: Filmmusik und Geräusche

- **Musik:** ein unterschwellig im **Unbewussten** wirkendes Gestaltungsmittel; sie erzeugt und verdichtet **Emotionen.** Bestimmte Klänge können Gefühlslagen erzeugen (z.B. sinfonische Streichmusik: Liebe; Popmusik: Lebensfreude; atonale Musik: Gefahr; hallende Musik: Träume). Figuren, Gegenständen oder Situationen wird durch **musikalische Leitmotive** eine besondere Bedeutung zugewiesen. Filmmusik kann atmosphärisch **historische, soziale oder kulturelle Authentizität** suggerieren. Sie rhythmisiert und strukturiert Filmbilder und beeinflusst das **Zeitempfinden** des Zuhörers und Zuschauers.
- **Geräusche** sind meistens unmittelbar präsent und steigern die **Wirklichkeitsillusion. Geräuschverstärkung** oder Plötzlichkeit können alarmieren und schockieren.
- **On-Ton/Synchronton:** Die Quelle des Tons ist sichtbar oder ergibt sich aus dem Zusammenhang.
- **Off-Ton:** Die Quelle des Tons ist im Bild nicht sichtbar (z.B. Voice Over, ▸ S.154).

4.3 Verfilmung von Literatur – Filmkritik

Gefühlskino? – Zwei Filmrezensionen

Peter Körte: **Du spürst kaum einen Hauch** (2006)

Bernd Eichinger, unser größter und mutigster Produzent, hat „Das Parfum" verfilmt – an der Unsterblichkeit muss er aber noch arbeiten.

[…] Es gibt eine ungeschriebene Regel, ein Buch nicht gegen seine Verfilmung auszuspielen. Doch leider hat man hier ganz schnell das Gefühl, die Filmemacher selbst hätten diese Regel umgangen, weil sie zu sehr am Buch kleben, weil schon in den ersten Minuten Otto Sander aus dem Off Süskinds Sätze rezitiert, weil es Momente gibt, in denen der Film den Roman auf groteske Weise wörtlich nimmt. Wenn es etwa am Ende bei Süskind heißt, Grenouille sei „von Schönheit übergossen gewesen wie von strahlendem Feuer", umgibt ihn der Film allen Ernstes mit einer kleinen Aura. […]
Wer fünfzig Millionen Euro investiert, der muss halt Rücksichten nehmen. Der kann zwar Süskind gelegentlich wörtlich nehmen, aber keine Bilder machen, wie man sie bei Süskinds Prosa vor Augen hat. Wo aus Satzfolgen Sequenzen für eine Mainstream-Produktion werden, denkt man an andere Dinge. Wo liegt die Ekelgrenze? Wie viel Schmutz und Blut und Grausamkeit darf es sein? Wie hässlich darf ein Hauptdarsteller sein, der den amoralischen Grenouille spielt? Wie lassen sich Morde an unschuldigen Mädchen inszenieren?
Ben Whishaw als Grenouille ist keine schlechte Wahl: kein Schönling, nicht zu derb – und leider ohne den leisesten Anflug von Dämonie. Er beschwört sie eher hilflos, wie überhaupt „Das Parfum" von Anfang an eine Abfolge beschwörender Gesten ist. Es ist nicht nur die Off-Stimme, es sind auch die Bilder all der geruchsintensiven Dinge, die der Film wie ein Leporello ausbreitet. Grenouille riecht an einer toten Ratte – und die Kamera zoomt durchs Rattenfell auf die Würmer, die ihre Arbeit tun. Und doch wirkt alles chemisch gereinigt. […]
Und dann tut der Film etwas, was ein Verrat an seinem Helden ist, dessen Weg von Paris nach Grasse, vom Gerbergehilfen zum Duftgenie, von Mord zu Mord er fast zweieinhalb Stunden lang ziemlich schleppend nachbuchstabiert hat: Grenouille vergießt ein paar Tränen, als er auf dem Höhepunkt seiner Macht die Bilder seines ersten Opfers, des „Mirabellenmädchens", vor sich sieht, und diese Regung bringt eine klebrige Sentimentalität ins Spiel, die alles, was man bis dahin gesehen hat, dementiert. Mit solchen Einfällen kann man einen Film ruinieren; man kann sie auch verstehen als ein Zeichen tiefster Verunsicherung: Trotz aufwendigen Produktionsdesigns, trotz leuchtender Lavendelfelder und optischer Tricks sind Eichinger und Tykwer gegen die Faszination des genialisch Bösen immun. Sie dämpfen den Schrecken, und sie filmen, als müsste ständig beglaubigt werden, dass es sich tatsächlich um Süskinds Romanvorlage handelt. Nicht weil das Buch unverfilmbar ist, ist „Das Parfum" gescheitert, sondern weil es den Roman zu sehr verfilmt.

Michael Althen: **Ich will doch nur, dass ihr mich liebt** (2006)

Tom Tykwer entlockt Patrick Süskinds „Parfum" in atemberaubenden Bildern einen ganz eigenen Duft.

Identifikation ist zwar nicht alles im Kino, aber es war klar, dass es um mehr gehen müsste als nur einen Serienmörder, der seiner schönen Kunst grausige Opfer darbringt. Wenn man so will, dann mussten sie hinter seinem blutigen Weg den verzweifelten Aufschrei hörbar machen: „Ich will doch nur, dass ihr mich liebt!"

Dazu mussten sie die Temperatur des Romans ein paar Grad hochfahren [...]. In einem Gerangel ohnegleichen um die ersten Plätze im Meinungsstreit wurde dem Film schon Wochen vor dem Start vorgeworfen, er rücke dauernd die Nase des Helden ins Bild. [...] Darum geht es doch, und die stets behände und lyrische Kamera von Frank Griebe fährt natürlich immer wieder darauf zu, lässt sich geradezu aufsaugen, um sich dann davontragen zu lassen wie die Düfte im Wind. Und natürlich ist es eine Augenweide zu sehen, wie die Gerüche in leuchtenden Farben ins Bild gesetzt werden, wie der Lavendel auf den Feldern blüht und die Mirabellen golden leuchten. Einmal rast die Kamera im Flug über die südfranzösische Landschaft dem Duft einer Rothaarigen hinterher, die auf dem Pferde flieht, ein andermal lässt sie sich vom Geruchswirrwarr einer Pariser Straße von einer Sensation zur nächsten tragen. Man ist jedenfalls im Nu sensibilisiert für die Perspektive eines Wesens, das die Welt immer nur durch die Nase wahrnimmt und blind ist für jede andere Form von Schönheit.

In einer der schönsten Szenen tastet sich Grenouille als kleiner Junge mit dem Geruchssinn aus dem Hof des Waisenhauses hinaus in die Welt, erschnüffelt Gras und Holz und Apfel und schnuppert sich später über einen warmen Flusskiesel in Gedanken in ein Flüsschen, wo er unter Wasser sogar noch die Frösche und ihren Laich wahrzunehmen glaubt.

Wie im Roman wechselt die Geschichte geschickt zwischen dieser mikroskopischen Annäherung an die Dinge und einem Erzählerton aus großer Höhe, und der Kontrast zwischen des Helden Sensibilität und seiner Herzenskälte ist ihr unwiderstehlicher Motor. Dass ihr Autor Patrick Süskind vor dem Erfolg in die Unsichtbarkeit geflohen ist, lädt natürlich dazu ein, die wilde Lust eines Mannes, der sich nur in seinen Duftwerken materialisieren kann, mit ihm zu identifizieren. Und auch wenn Tom Tykwer auf ganz andere Weise im Rampenlicht steht und es auch genießt, ist genau dies der Punkt, wo seine Identifikation mit dem Stoff womöglich beginnt. Als wahrhaft obsessiver Filmfan, der seine Jugend nächtelang nur im Kino verbracht hat, ist ihm jenes Bedürfnis vertraut, man möge an seinen filmischen Vorlieben erkannt werden, mit denen man sich wie mit Spiegeln umstellt, und als Regisseur lebt er ohnehin von dem Traum, seine Filme könnten zum einen dem Leben auf dieselbe Weise ihre Essenz abringen, wie das dem Parfümeur mit den Blüten gelingt, und zum anderen tatsächlich als Spiegel taugen, der sichtbar macht, was sonst nur blinder Fleck bleibt. [...]

Und so sucht nun eben auch Jean-Baptiste Grenouille nach dem einen Duft, in den er dann schlüpfen kann, um zu verbergen, dass dahinter nur Leere herrscht. Oder zumindest eine gewaltige Angst, emotional nicht zu genügen.

Tykwer inszeniert den Moment der Erkenntnis als furioses Finale, bei dem der Held wie ein Popstar sich die Massen gefügig macht, sie mit seinem Dufthauch in Verzückung stößt, um dann ernüchtert festzustellen, dass all die Liebe nicht ihm gilt und er daran niemals teilhaben wird. Die Erinnerung an den verpassten Moment durchfährt ihn, an das Mädchen mit den Mirabellen, und die Idiotie seines Strebens wird ihm bewusst, dass er glauben konnte, für die wahre Liebe gebe es einen Ersatz. Als Filmregisseur und Kinobesessener bewegt sich Tykwer da auf Messers Schneide, weil dieser Augenblick natürlich auch mit dem Missverständnis, das Kino könne ein Ersatz fürs wahre Leben sein, Ernst macht.

---

1 **a** Untersuchen Sie, wie Körte und Althen identische Filmszenen und Filmbilder bewerten.

b Vergleichen Sie: Welche Aspekte werden bei der Filmbesprechung jeweils berücksichtigt?

c Stimmen Sie mit einem der Kritiker überein? Welche Argumente überzeugen Sie?

2 Verfassen Sie selbst eine Rezension zum „Parfum". Gehen Sie darin sowohl auf die filmische Umsetzung der Romanvorlage ein als auch auf die rein medienspezifischen Qualitäten des Films.

Theorie der Literaturverfilmung

Ralf Schnell: **Literarischer Film** (2000)

Die Bilder, die eine Literaturverfilmung zeigt, sind jene, die ein Drehbuchautor oder ein Regisseur aus der Lektüre eines Textes entwickelt haben. Die Umsetzung einer Romanvorlage, beispielsweise, in den Erzählzusammenhang eines Films legt die Optionen der Fantasie auf die individuelle Ausgestaltung von Vorstellungswelten fest. Figuren bekommen Stimme, Gestalt und Gesicht, Räume erhalten ein Interieur, Handlungsfäden werden gebündelt oder gekappt. Zeitschichten umgebaut oder kanalisiert, Offenheiten vereindeutigt und optisch festgeschrieben. Innenansichten von Figuren werden ans Licht gezerrt, ganze Reflexionspassagen entfallen, der „plot“ rückt in den Vordergrund. Der Film reicht an die Vorlage nicht heran, zumindest nicht an die durch Lektüre geweckten Fantasien der Leserinnen und Leser, und diese, soweit sie liebende sind, erfahren eine narzisstische Kränkung. Noch einmal in den anschaulichen Worten Barbara Sichtermanns: „Der Film [...] veräußerlicht und objektiviert, was zuvor eine inwendige und höchst persönliche Angelegenheit war. Er raubt der Fantasie ein Spielfeld und dem individuellen Zugriff ein Objekt. Wer eine Romanverfilmung sieht, nachdem er zuvor das Buch gelesen hat, kennt diese nur schwer zu bestimmende Enttäuschung, die häufig daher rührt, dass die äußeren Filmbilder an die inneren nicht heranreichen, vielleicht aber auch nur daher, dass sie mit ihnen nicht übereinstimmen. Die Vorstellungskraft fühlt sich durch den Kinofilm über den Haufen gerannt und spielt beleidigt, so was ergreift das ganze Gemüt.“ Verhalten optimistisch fügt die Kritikerin hinzu: „Aber es muss nicht so sein. Es gibt ja auch das Gefühl der Erfüllung nach dem Anschauen einer Romanverfilmung: dann, wenn der ‚äußere‘ Film Bilder aufgeboten hat, die den inneren ähnlich oder überlegen sind.“ Doch hier ist Skepsis geboten, denn wann wäre das je der Fall gewesen? Luchino Viscontis vielgelobtes Ausstattungsstück „Der Tod in Venedig“ (1971) – ein Äquivalent für „innere Bilder“, die Thomas Manns Novelle hervorruft? Das Anschauen von „Der Name der Rose“ (1985/86) mit dem facettenreichen einstigen James-Bond-Darsteller Sean Connery – verbunden mit einem „Gefühl der Erfüllung“? [...] „Literaturverfilmung“ ist immer und zuerst Film, Literatur nur in abgeleiteter Form. Deshalb bedarf verfilmte Literatur der Analyse als Film eher als des Vergleichs mit dem Text. Der Text ist immer nur Vorlage für den Film – was dieser aus dem Text macht, wenn er etwas genuin Filmisches aus ihm macht, besitzt immer eine eigenständige kinematografische Qualität, die nicht den Gesetzen der Literatur, sondern denen des Films gehorchen muss. Es kann nicht verwundern, wenn der Vergleich von Filmen mit ihren literarischen Vorlagen so häufig zu Ungunsten der kinematografischen Adaption ausfällt. Das Übertragen von Erzähltstrukturen, wie die Literatur sie bietet, in die Erzählformen, die dem Film eigen sind, wirkt fast notwendig defizitär, vergleicht man die filmische Adaption mit dem literarischen Original. Dort aber, wo der Film die Vorlage filmästhetisch, mit seinen eigenen Mitteln, aufnimmt, kann er auch eine eigene Qualität gewinnen. Alfred Hitchcocks „Die Vögel“ (1963) nach der Vorlage von Daphne du Maurier bietet hierfür ein ebenso treffendes Beispiel wie Francis Ford Coppolas „Apocalypse Now“ (1976/79) nach dem Roman „Heart of Darkness“ von Joseph Conrad. Das heißt: Es geht bei der Verfilmung von Literatur nicht allein, nicht einmal in erster Linie um das Problem „Literaturverfilmung“, sondern es geht um die Frage nach der Äquivalenz von Texten und Bildern, Schreibweisen und Ansichten, literarischen und filmischen Wahrnehmungsweisen, darum, ob die filmischen Bilder den literarischen Texten gewachsen sind, ihnen standhalten oder sie gar überbieten können. Und auch die Gegenprobe lässt sich machen: Die Literarisierung von Filmen, die sich inzwischen zu einem eigenen Genre ausgebildet hat, muss dann misslingen, wenn sie sich, wie meist, ihrerseits auf die sprachlich illustrierende Wiedergabe des „plots“ beschränkt, anstatt eigenständige literarische Ansprüche zu realisieren.

Knut Hickethier: **Der Film nach der Literatur ist Film** (1989)

Von „Literaturverfilmung" zu reden, heißt, den ersten Schritt in die falsche Richtung tun: denn im Begriff der Verfilmung steckt bereits die erlittene Verformung des Kunstwerks, eines Originals, das dabei seine Originalität verliert. Das Ergebnis kann nur eine schlechte Kopie, ein unvollständiger Ersatz im anderen Medium sein. [...]

Der Film aber ist immer zuerst Film, und dass seinem Drehbuch, ohnehin nur eine Zwischenstufe im Arbeitsprozess, einmal ein Roman zu Grunde gelegen hat, ist für das Filmische an ihm von peripherer[1] Bedeutung. Wir verstehen den Film, auch ohne den Roman zuvor gelesen zu haben.

Zwar kann, wer wollte das bestreiten, die vorangegangene Romanlektüre dem Filmesehen zusätzlichen Genuss (oder Enttäuschung) im Wiedererkennen von Erzähltem verleihen. Und ein Film, der sich von Titel, Handlungsstruktur und Figuren explizit auf einen Roman bezieht, fordert dazu auch in besonderer Weise heraus. Aber das rechtfertigt noch keine Sonderstellung literarisch fixierter Betrachtungsweise, die zwangsläufig das Erzählen in den Vordergrund stellt und darüber die präsentativen Aspekte des Films vernachlässigt. Wie jeder Text nur vor dem Hintergrund des gesamten bisherigen Geschriebenen zu denken ist, steht auch jeder Film im Kontext anderer Filme und enthält ungleich mehr Anspielungen und Verweise, unbewusst entlehnte Motive, Metaphern und assoziiert visuelle Erinnerungen, als sich in der Textvorlage erkennen lässt. Genrezusammenhänge, Verweise der Darsteller auf andere Rollen, die sie in anderen Filmen verkörpert haben, Kamera-, Regie- und Lichtstile, Architekturbedeutungen. Kleidungsstile etc. eröffnen eine Fülle anderer Bezugsebenen. Der spezielle Vergleich mit der literarischen Vorlage (noch nicht einmal mit dem Drehbuch) erscheint deshalb als eine unzulässige Verengung des Blicks.

1 **peripher:** am Rande liegend

1 Kennen Sie das Gefühl, dass Ihre „Vorstellungskraft beleidigt spielt" (vgl. Schnell, Z. 31 f.), wenn Sie die Verfilmung eines von Ihnen gelesenen Romans sehen? Berichten Sie davon.
2 Erarbeiten und vergleichen Sie die Positionen Schnells und Hickethiers zur Literaturverfilmung.
3 Beurteilen Sie die beiden Rezensionen zum „Parfum" (▶ S. 164–165) vor dem Hintergrund der filmtheoretischen Thesen Schnells und Hickethiers und der drei Arten der Literaturverfilmung (Information).

Information Literaturverfilmungen – Drei Arten der Adaption

- Die **stofforientierte Adaption** übernimmt nur einzelne Motive oder Handlungselemente einer literarischen Vorlage. Der Film steht als eigenständiges Werk im Vordergrund.
- Die **illustrierende Adaption** ist im Gegensatz zur stofforientierten bemüht, den Text möglichst genau in filmische Bilder umzusetzen. Hier steht die Literatur im Vordergrund.
- Die **interpretierende Adaption** möchte Literatur durch filmspezifische Mittel auslegen. Sie befreit sich durch die Eigenständigkeit der filmischen Möglichkeiten einerseits von der literarischen Vorlage, ist aber dennoch eine konkrete Interpretation des Textes. Film und Text stehen auf einer Ebene. Mögliche Formen: die historische Aktualisierung, die Umsetzung des Geschehens in ein anderes soziales Umfeld, die Darstellung der persönlichen Rezeption des Textes durch die Regisseurin oder durch den Regisseur.

4 Diskutieren Sie, welche Art von Literaturverfilmung Ihnen am ehesten zusagt: Welche Funktion kann und soll die Verfilmung von Literatur Ihrer Ansicht nach haben? Was leistet sie für das Verständnis der Vorlage?

5 Sachtexte

1 **a** Unserer Informations- und Wissensgesellschaft entsprechend spielt der Umgang mit Sachtexten in Schule, Beruf und Alltag eine wichtige Rolle. Schreiben Sie spontan auf, was Sie unter dem Begriff „Sachtexte" verstehen. Nennen Sie auch Beispiele und geben Sie an, welche Intention dem jeweiligen Sachtextbeispiel zu Grunde liegt.

b Vergleichen Sie Ihre Ergebnisse. Ordnen Sie dabei gemeinsam an der Tafel Ihren Beispielen die entsprechenden Intentionen zu.

In diesem Kapitel erwerben Sie folgende Kenntnisse und Kompetenzen:

- Sachtexte nach Typen und Intentionen unterscheiden,
- Sachtexte am Beispiel von Rede, Kommentar und Essay analysieren,
- einen Analyseaufsatz zu einem Sachtext verfassen,
- Strategien einer popularisierenden Vermittlung von Wissen erkennen und anwenden.

5.1 Sachtexttypen – Intentionen unterscheiden

1992 veröffentlichte der österreichische Schriftsteller Robert Schneider (*1961) den Roman „Schlafes Bruder". Durch eine vergleichende Untersuchung der beiden folgenden Texte über den Roman werden Sie mit zwei grundsätzlichen Intentionen von Sachtexten vertraut gemacht.

Herbert Ohrlinger: **Ein Neuer aus Österreich** (1992)

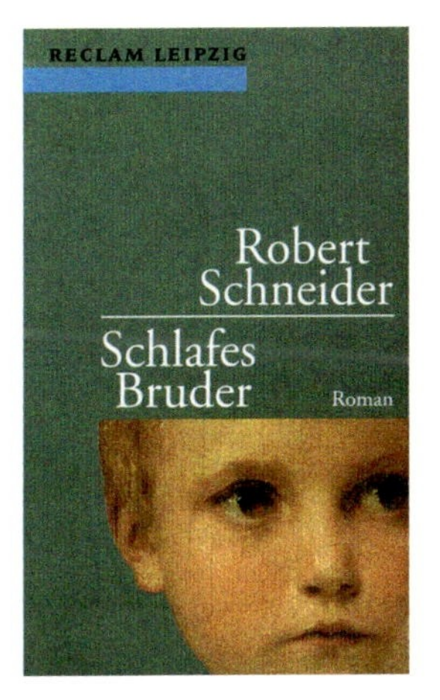

Robert Schneider erzählt diese abenteuerliche Geschichte mit spielerischer Präzision: Mit scheinbar unerschöpflichem Ein- 5 fallsreichtum versteht er, aus jeder Episode kleine Erzählungen zu gestalten, die aufs Natürlichste in den Fluss des Ganzen eingebettet sind. Der Stoff ent- 10 gleitet ihm ebenso wenig wie seine skurrilen Figuren, die, ungeachtet aller Empörung, nie denunziert werden. Wie leicht hätte da ein rustikales Rührstück 15 entstehen können! Allein, Schneider ist dieser Versuchung nicht erlegen. Als leidenschaftlich könnte man seine Schreibhaltung charakterisieren, wobei diese Leidenschaftlichkeit allerdings einem kühlen Kopf entspringt.

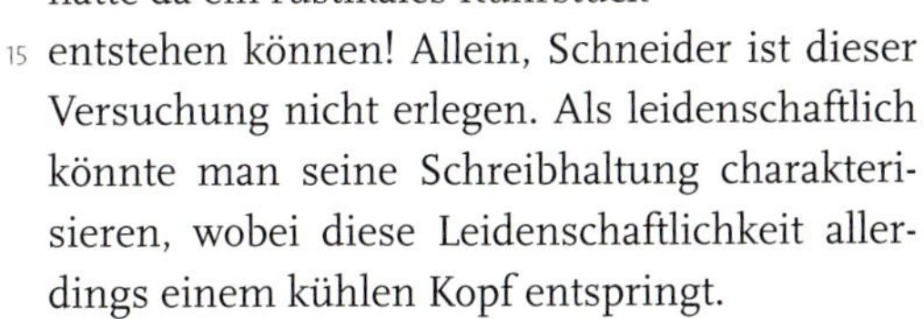

20 Man weiß von Anfang an Bescheid über das Ende, weiß, dass dieser von Gott verlassene Musiker Johannes Elias Alder vergeblich auf einen Fingerzeig der Gnade hofft, und dennoch hält die Spannung. Ja, sie nimmt noch einmal 25 zu und verdichtet sich, indem Schneider bereits gelöste Handlungsstränge erneut verknüpft, zum wahrhaft furiosen[1] Finale.

Nach der endlosen Kette von Demütigungen, die Johannes Elias Alder, diesem „Zerrbild 30 göttlicher Verfehlung", widerfuhren, nach der Hochzeit der einzig herzensverwandten Cousine Elsbeth mit einem anderen, wird er durch Zufall zum alljährlichen Orgelfest in das Städtchen Feldberg einge- 35 laden. Angekündigt als „kurioses Naturtalent", extemporiert[2] der anfangs belächelte, barfüßige, des Notenlesens unkundige Bauernbub über das Lied „Kömm, o 40 Tod, du Schlafes Bruder", wie es die versammelten Honoratioren[3] niemals noch vernommen haben.

Und der ausgebildete Musiker Robert Schnei- 45 der vermag dieses Hörerlebnis in ein Spracherlebnis zu verwandeln, das die Erschütterung seines der Schwarzen Romantik[4] entlehnten Helden auf den Leser überträgt. Verzweiflung und Euphorie finden erneut zu einem „Wunder 50 des Hörens", das dieses Mal nicht geschieht, sondern durch das Orgelspiel evoziert[5] wird. [...]

1 **furios:** mitreißend
2 **extemporieren:** ohne Notenvorlage, aus dem Stegreif spielen
3 **Honoratioren:** die Würdenträger der Stadt, höhere Vertreter der Stadt
4 **Schwarze Romantik:** Strömung der romantischen Literatur, die Elemente des Schauerlichen ins Zentrum rückt; auch „Schauerromantik" genannt
5 **evozieren:** (einen Eindruck) hervorrufen

Peter J. Brenner: **Über Robert Schneider, „Schlafes Bruder"** (1996)

An mehreren Beispielen zeigt Brenner eine „aktuelle Tendenz der Literaturentwicklung" auf, die er in einer „langsamen Aufweichung sowohl der Gattungs- wie der traditionellen Stil- und Niveaugrenzen" sieht; die besprochenen Romane stünden auf der „Grenzlinie zwischen Unterhaltungs- und Hochliteratur".

Einem vergleichbaren Konzept folgt der Österreicher Robert Schneider mit seinem Roman „Schlafes Bruder" von 1992, der sofort nach seinem Erscheinen ein großer Publikumserfolg wurde; der Roman wurde in über zwanzig Spra- 5 chen übersetzt und auch verfilmt. Wieder steht eine an die Romantik erinnernde Figur im Mittelpunkt. Der Musiker Elias Alder bezahlt seine Genialität mit körperlicher Deformation und wird zum Außenseiter in seiner österreichischen Dorfgemeinde. Seine absolute Liebe bleibt unerwidert und er beschließt, sich durch Schlafentzug umzubringen. Der Roman scheut die Nähe zu kitschiger Sentimentalität nicht, birgt aber genügend literarische Fantasie und Gestaltungskraft, gepaart mit einem Moment von Gesellschaftskritik, um sich in der Reihe dieser neuen historischen Romane behaupten zu können. Die Hinwendung zu fingierten oder authentischen historischen Stoffen, die nach konventionellen, wenn auch manchmal ironisch gebrochenen Erzählmustern dargeboten werden, bleibt eines der charakteristischen Kennzeichen des Erfolgsromans der achtziger und neunziger Jahre. Tatsächlich lässt sich wohl von einer Renaissance des „historischen Romans“ sprechen [...].

1 Verschaffen Sie sich einen Überblick über beide Texte. Lesen Sie die Texte zügig durch und notieren Sie Ihre ersten Eindrücke. Berücksichtigen Sie vor allem die Haltung des Autors gegenüber seinem Gegenstand: Wer ist eher sachlich-distanziert, wer schreibt wertend?

2 Bestimmen Sie die Textsorte und ordnen Sie den Texten jeweils eine Intention zu. Orientieren Sie sich dabei an folgender Information.

Information **Sachtexttypen und ihre Intentionen im Überblick**

Sachtexte haben im Gegensatz zu fiktionalen Texten einen pragmatischen Zweck. Autorinnen und Autoren verfolgen in der Regel eine sehr bestimmte **Intention**: Sie wollen z. B. belehren, informieren, dokumentieren, überzeugen oder beeinflussen. Für das Lesepublikum hat ein Sachtext ebenso eine Funktion: Es will z. B. Zusammenhänge verstehen, Fähigkeiten erwerben, Tatsachen dokumentieren oder die eigene Meinung bestätigt sehen. Wegen ihrer Zweckorientierung nennt man Sachtexte auch **„Gebrauchstexte“** oder **„pragmatische Texte“**. Die Geburtsurkunde gehört ebenso zu dieser Gattung wie das Pamphlet, der Essay oder der Aufsatz in einer Fachzeitschrift.
Sachtexte kann man am besten nach ihrer Intention unterscheiden (entsprechend den Sprachfunktionen in **Karl Bühlers** Organon-Modell, ▸ S. 468).
Die wichtigsten Sachtextkategorien sind:

Sachtexttyp	Intention	Textsorte/Beispiel
informativ-instruktiv	darstellend/sachbezogen	Bericht, fachwissenschaftlicher Artikel, ...
argumentativ-problemlösend →	darstellend/sachbezogen	Erörterung, Essay, ...
→	appellativ/adressatenbezogen	Glosse, Leserbrief, ...
persuasiv-beeinflussend	appellativ/adressatenbezogen	politische Rede, Werbung, ...
ausdrucksbetont	expressiv/ichbezogen	Tagebuch, persönlicher Brief, ...

Im konkreten Sachtext kommen **die verschiedenen Intentionen häufig gemischt** vor. Auch eine Wahlkampfrede, die die Zuhörerschaft für eine bestimmte politische Position gewinnen will, enthält informative, darstellende Passagen. In der Regel ist der intentionale Schwerpunkt aber eindeutig.

2 **a** Zeigen Sie an konkreten Textstellen auf, wodurch die von Ihnen bestimmte Intention deutlich wird, z.B. durch Wertungen, die in einem ausdrücklichen Urteil, mitunter aber auch in einem einzelnen Wort liegen können (aufwertende/abwertende Wortwahl).
b Wo weist der tendenziell eher darstellende Text Wertungen auf und an welchen Stellen ist der tendenziell eher wertende Text darstellend?

3 **a** Vergleichen Sie die Übersicht der Sachtexttypen mit Karl Bühlers Organon-Modell über die „Funktionen der Sprache" (▶ S.468). Erläutern Sie das Modell mit eigenen Worten und reflektieren Sie, was es für die Ordnung von Sachtexten leistet.
b Vergleichen Sie die Beispiele und Zuordnungen der Information (▶ S.170) mit Ihrer Liste von Beispielen und Intentionen (Aufgabe 1, ▶ S.168) im Hinblick auf Gemeinsamkeiten und Unterschiede.
c Bei welchen Beispielen ergeben sich Einordnungsprobleme? Begründen Sie unterschiedliche Möglichkeiten der Zuordnung.

4 Wählen Sie ein Ihnen gut bekanntes literarisches Werk und verfassen Sie entweder
- einen informativen Text mit primär darstellender Intention oder
- eine Rezension, d.h. einen argumentativen Text mit appellativer Intention. Entscheiden Sie sich für eine positive oder kritisch-ablehnende Wertung.

5.2 Sachtexte analysieren – Rede, Kommentar, Essay

In diesem Teilkapitel werden Sie mit drei besonders wichtigen Sachtextsorten vertraut gemacht. Dabei lernen Sie, nach welchen Gesichtspunkten man sie analysieren kann.

Die Rede

Die Rede ist – im Unterschied zum rein informierenden Vortrag – zuvorderst eine persuasiv-beeinflussende Textsorte mit appellativer Intention. Die folgende Rede hat Bundespräsident Horst Köhler am 21. September 2006 in der Kepler-Oberschule in Berlin-Neukölln gehalten.

Horst Köhler: Bildung für alle (2006)

Im vergangenen Jahr erreichten in Deutschland 80 000 Jungen und Mädchen keinen Schulabschluss. Es fehlen Ausbildungsplätze – in diesem Herbst wahrscheinlich 30 000. Klingt Ihnen das zu abstrakt? Dann nehmen Sie das (5) Beispiel dieser Schule, der Kepler-Oberschule in Berlin-Neukölln: Am 4. Juli haben hier 51 Schüler ihr Abschlusszeugnis bekommen. Nur einer von ihnen – ich wiederhole: EINER – hatte zu diesem Zeitpunkt eine Lehrstelle gefunden. (10)
Weiter: In Deutschland erwerben vergleichsweise wenig junge Menschen die Hochschulreife und zu wenige schließen ein Studium ab. Andere Nationen wandeln sich mit Begeisterung zu Wissensgesellschaften, in denen Lernen und Können als Auszeichnung gelten – (15) Deutschland tut sich schwer damit.
Wir hören von Schulen, in denen Gleichgültigkeit, Disziplinlosigkeit, ja Gewalt den Alltag bestimmen. Auch dadurch verliert unser Land intellektuell und sozial jedes Jahr einen Teil seiner jungen Generation. (20)
Und: Ein Kind aus einer Facharbeiterfamilie hat im Vergleich zu dem Kind eines Akademikerpaares nur ein Viertel der Chancen, aufs (25)

Gymnasium zu kommen. Die Ursachen dafür mögen vielschichtig sein; der Befund ist beschämend. Bildungschancen sind Lebenschan- 30 cen. Sie dürfen nicht von der Herkunft abhängen. Darum werde ich immer auf der Seite derer sein, die leidenschaftlich eintreten für eine Gesellschaft, die offen und durchlässig ist und dem Ziel gerecht wird: Bildung für alle.

35 Auf dieses Ziel müssen wir hinarbeiten. Und es gibt ja viel Gutes, an das wir anknüpfen können. Engagierte Pädagogen machen immer noch das Beste auch aus schwierigen Bedingungen, und deutsche Schulen, Universitäten 40 und Forschungseinrichtungen bringen immer noch Spitzenleistungen hervor. Aber mit „immer noch" dürfen wir uns nicht länger zufriedengeben. Gerade in Sachen Bildung müssen wir im Interesse aller viel ehrgeiziger sein. Kon- 45 zentrieren wir uns also auf das Wesentliche. Konzentrieren wir uns auf Bildung. [...]

Bildung bedeutet nicht nur Wissen und Qualifikation, sondern auch Orientierung und Urteilskraft. Bildung gibt uns einen inneren Kompass. 50 Sie befähigt uns, zwischen wichtig und unwichtig und zwischen Gut und Böse zu unterscheiden. Bildung hilft, die Welt und sich selbst darin kennen zu lernen. Aus dem Wissen um das Eigene kann der Respekt für das Andere, das 55 Fremde wachsen. Und sich im Nächsten selbst erkennen heißt auch: fähig sein zu Empathie und Solidarität. Bildung ohne Herzensbildung ist keine Bildung. Erst wenn Wissen und Wertebewusstsein zusammenkommen, erst dann ist der Mensch fähig, verantwortungsbewusst zu 60 handeln. Und das ist vielleicht das höchste Ziel von Bildung. [...]

Auch darum ist das Bildungswesen Sache des ganzen Volkes. In den Familien, im Kindergarten, in der Schule, der Lehrwerkstatt und der 65 Universität entscheidet sich, in welcher Gesellschaft wir künftig zusammenleben: Wir wünschen uns doch eine offene und tolerante Gesellschaft. Wir wollen doch unter Mitbürgern leben, die gerechtigkeitsliebend, wissbegierig 70 und kreativ sind, die Ideen haben und bereit sind, Verantwortung zu übernehmen. Es liegt zu einem großen Teil an uns selbst, ob sich dieser Wunsch erfüllt. [...]

Ich bin in unserem Land vielen Menschen be- 75 gegnet, die lernen und etwas aus sich machen wollen. Ich habe mit Schülern und Lehrern, mit Studenten und Professoren, mit Azubis und Handwerksmeistern gesprochen, die eine genaue Vorstellung davon haben, was sie sich von 80 Bildung erhoffen, was sie persönlich dafür leisten wollen und wo es in unserem Bildungswesen noch hakt. Alle diese Menschen haben Anspruch darauf, dass unser Land die besten Voraussetzungen für Bildung schafft. 85

Dafür kommt es auf uns alle an, auf unsere Einstellung, auf unsere Anstrengung, auf unser Vorbild. Bildung für alle – das gelingt am besten, wenn sich alle dafür einsetzen, wenn wir alle uns bewegen. Was hindert uns? Auf geht's! 90

---

1 Worum geht es in der Rede und was ist ihr Ziel? Arbeiten Sie den Inhalt der Rede und die konkrete Intention des Redners heraus (Methode der **Redeanalyse**, ▸ S. 498):

a Gliedern Sie die Rede in größere Sinnabschnitte.

b Fassen Sie die verschiedenen Aspekte des Themas, hier Köhlers Bildungsbegriff, zusammen.

c Formulieren Sie die Intention des Redners in Form einer Forderung.

2 Wie geht Köhler vor, um seine Zuhörerinnen und Zuhörer für sein Anliegen zu gewinnen?

a Untersuchen Sie unter diesem Aspekt den gedanklichen Aufbau und die Argumentation (▸ S. 35–37, 43–44).

b Benennen Sie die verschiedenen sprachlichen und rhetorischen Strategien der Beeinflussung (Methode, ▸ S. 173) und beschreiben Sie jeweils ihre Wirkung.

Tipp: Achten Sie vor allem auf Bildhaftigkeit, Formen der Wiederholung, Steigerungen, Gegenüberstellungen, Ich-/Wir-Aussagen, Satzbau.

Methode **Eine Rede analysieren**

Schon in der Antike sind sehr differenzierte **Redestrategien** entwickelt worden, die unter dem Begriff **Rhetorik** („Redekunst") zusammengefasst werden. Diese Redestrategien im Bezug zum Inhalt herauszuarbeiten, ihre Funktion und ihre Wirkung zu beschreiben, ist die wesentliche Aufgabe einer Redeanalyse.
Hinsichtlich der Redestrategien kann man zwischen Gedankenführung und sprachlich-rhetorischen Mitteln unterscheiden, wobei es z. T. Überschneidungen gibt.

Inhalt und Argumentationsaufbau/Gedankenführung untersuchen
Der **Redeaufbau** oder die **Gedankenführung** spielt eine wesentliche Rolle als strategisches Mittel der persuasiven Beeinflussung (Überzeugung bzw. Überredung, ▸ S. 59).

- In der **Einleitung** muss die Rednerin oder der Redner versuchen, die Aufmerksamkeit des Publikums zu erringen. Das kann z. B. durch den (provozierenden) Hinweis auf auffallende – evtl. Besorgnis erregende oder schockierende – Fakten erreicht werden.
- Im **Hauptteil** wird das Thema der Rede argumentativ entfaltet. Hier gibt es vielfältige Strategien des gedanklichen Aufbaus und der Verknüpfung der Argumente (▸ S. 37, 66).
- Im **Schlussteil** wird in der Regel noch einmal alles darangesetzt, die Zuhörenden für die vorgestellte Sicht zu gewinnen und gegebenenfalls zu einem entsprechenden Handeln zu bewegen. Daher findet sich am Ende oft ein direkter Appell.

Rhetorische Strategien der Beeinflussung
Die rhetorischen Beeinflussungsstrategien gelingen durch besondere sprachliche Gestaltungsweisen:

- Eine beliebte Strategie ist die **Aufwertung** des eigenen und die **Abwertung** eines gegnerischen Standpunkts. Das kann durch ausdrückliches Lob bzw. Kritik geschehen, aber auch – weniger auffällig und dadurch oft besonders wirkungsvoll – durch eine entsprechende Wortwahl, z. B: „Ich konnte durchsetzen, ..." „Sie entfachen einen neuen Konflikt."
- Die Verwendung von **Personalpronomen** entscheidet über Nähe und Distanz zum Adressaten und ist besonders geeignet, die Solidarität von Redner/in und Publikum zu aktivieren bzw. um ein **Wir-Gefühl** zu erzeugen, z. B.: „Was hindert uns?" (Z. 90), (▸ S. 506)
- Indem man Ängste weckt, Fehler anderer maßlos übertreibt oder Metaphern aus Bereichen wie Krieg („Front", „Schlacht") oder Krankheit („Krebsgeschwür") verwendet, kann eine **Dramatisierung** der dargestellten Situation erreicht werden. Ebenso lässt sich die Situation durch Beschönigungen (z. B.: „Begleitschaden" für „zivile Kriegstote") oder Floskeln („Wir alle müssen Lasten tragen") und Relativierungen („zwar – aber", „sowohl – als auch") verharmlosen. Auf diese Weise ist eine **Beschwichtigung** des Publikums intendiert.
- Von den **sprachlich-rhetorischen Mitteln** (▸ S. 144–146) kommen einige in Reden besonders oft vor:
  - Gegenüberstellung (Antithese, oft verbunden mit Auf-/Abwertung)
  - Correctio (Korrektur eines zu schwachen Ausdrucks, z. B.: „Es ist *gut*, es ist viel *besser* ...")
  - Klimax (Steigerung, z. B.: „Ich kam, sah und siegte!")
  - Metaphern und Vergleiche als Mittel der Veranschaulichung
  - Anaphern und andere Formen der Wiederholung als Mittel der Bekräftigung, z. B.: „Wir hören von ... Wir hören ebenso von ... Wir hören aber auch von ..."
- Zu den sprachlichen Mitteln gehört auch der **Satzbau**: Kurze, evtl. parallel gebaute Sätze wirken z. B. besonders nachdrücklich.

Der Kommentar

Ein Plan, die Fernsehwerbung zu liberalisieren, sorgte im Dezember 2005 für Aufmerksamkeit. Auf diesen Plan bezieht sich der folgende Kommentar.

Götz Hamann: **Fernsehen ohne Grenzen** (2005)

Brüssel opfert die künstlerische Freiheit zu Gunsten der Werbung

Im Namen der Freiheit ist schon viel geschehen. Jetzt beruft sich Viviane Reding darauf, die EU-Kommissarin für Informationsgesellschaft und Medien. Sie hat eine Richtlinie entworfen, die es erlaubt, Filme, TV-Serien und sogar Ratgebersendungen mit Werbung zu vermischen. Seifen, Luxusautos oder etwa Reisebüros sollen gegen Bares ins Drehbuch eingebaut werden dürfen. Ein Skandal wie in der ARD-Serie „Marienhof"[1] wäre keiner mehr, solange ein Sender im Vorspann ausweist, wer gerade zahlt. So macht man aus „Schleichwerbung" ein legales „Product-Placement" und aus dubiosen Geschäftemachern ehrbare Kaufleute. Nur Nachrichten, Sendungen übers Zeitgeschehen und das Kinderprogramm will Reding schonen.

Die Kommissarin nennt das zeitgemäße „Flexibilität". Aber wie viel Unabhängigkeit und Glaubwürdigkeit bleibt Journalisten, die in Ratgebersendungen über Wirtschaftsthemen berichten, wenn sie demnächst von diversen Industrien finanziert werden? Angenommen, ein Pharmakonzern bezahlte einen Beitrag. Und im Anschluss wären die Journalisten frei genug, um ein Medikament oder eine Therapie desselben Unternehmens zu kritisieren? Viviane Reding war selbst Journalistin. Dass ihr da nichts aufstößt, lässt einen schon erschauern.

Natürlich gibt es einen Grund für ihren Vorschlag. Überall in Europa leiden die werbefinanzierten Fernsehsender darunter, dass ihre Einnahmen aus normalen Werbespots zurückgehen. Erstens verlieren die Werbungtreibenden ein Stück weit den Glauben an ihre Wirkung. Zweitens können die Zuschauer die normale Werbung mit einem digitalen Videorekorder überspringen. Und drittens entstehen derzeit mehr und mehr Pay-per-View-Angebote[2] und Abo-Fernsehsender.

Um Sendern wie RTL oder ProSieben zu helfen, verübt Reding jetzt aber einen Anschlag auf die künstlerische Freiheit von Drehbuchautoren und Produzenten, Schauspielern und Regisseuren. Sie sagt, sie folge dem Vorbild der USA, wo sich die TV-Industrie in großem Umfang mit Product-Placement finanziere. Sie hat ja Recht. Nur zieht sie die falschen Schlüsse.

Gerade wegen der Erfahrung mit Product-Placement wächst in den USA die Kritik. Zuletzt hat der Verband der amerikanischen Drehbuchautoren ein dramatisches Weißbuch verfasst. Darin klagen die Autoren: Sie seien degradiert. Gute Drehbücher seien heute solche, in denen „kaum auffällt, wenn dem Zuschauer etwas verkauft wird". Die Einnahmen aus Product-Placement sind im vergangenen Jahr um 84 Prozent gestiegen, und in gleichem Maße wächst der Druck. „Wir werden genötigt, als Werbetexter zu arbeiten, aber so zu tun, als würden wir Geschichten erzählen." Das wünscht sich Kommissarin Reding auch für Europa. Dabei fällt ihr gar nicht auf, dass sie die Kreativen im Namen der Freiheit in Freiwild verwandelt.

1 **Skandal wie in der ARD-Serie „Marienhof":** Im Sommer 2005 kam heraus, dass in der genannten Sendung seit Jahren verdeckte Werbung für Produkte (sog. Schleichwerbung) platziert worden war.

2 **Pay-per-View-Angebote:** Angebote, bei denen man nur die tatsächlich angeschauten Sendungen bezahlt, die entsprechend dafür freigeschaltet worden sind

1 a Suchen Sie die rein informativen Passagen heraus, die es auch in einem argumentativen Text gibt.

b Fassen Sie Hamanns Standpunkt knapp zusammen und bestimmen Sie die Intention (▸ S. 170).

c Wie wird diese Intention erreicht? Arbeiten Sie dazu die Gedankenführung heraus. Notieren Sie den Gedankengang (Thesen, Argumente) stichwortartig in Form eines Flussdiagramms.

Methode **Ein Flussdiagramm erstellen**

- Teilen Sie ein DIN-A4-Blatt senkrecht in zwei Hälften und notieren Sie die Aussagen, mit denen etwas eingeräumt wird, auf der rechten Seite, sodass sie gewissermaßen „räumlich“ deutlich werden. Ordnen Sie alle Stichworte so untereinander, dass der Gedankenfluss deutlich wird.
- Ziehen Sie Striche oder Pfeile zwischen den Stichworten, um logische Zusammenhänge zu veranschaulichen. Striche können dabei eine bloße Gedankenfolge symbolisieren, Pfeile dagegen Zusammenhänge wie Ursache, Folge, Schlussfolgerung.

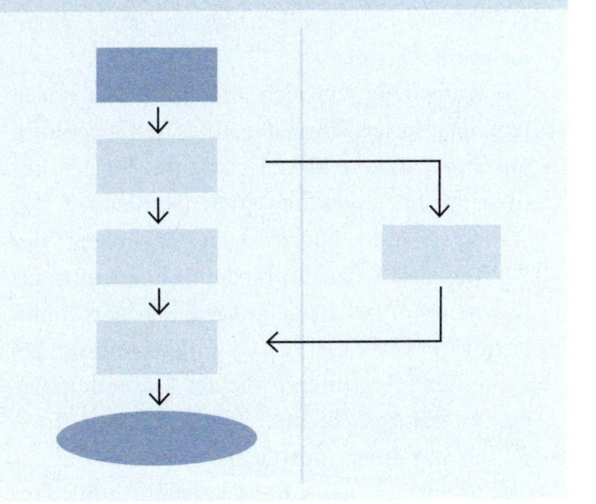

2 Untersuchen Sie die Argumentationsstruktur im Hinblick auf ihre Wirkung:
a Bestimmen Sie die Argumenttypen, die Hamann verwendet (▶ S. 43–44).
b Überlegen Sie, welche Rolle die Wortwahl im Rahmen der Argumentation spielt.

Information **Kommentar**

Ein Kommentar ist ein **namentlich gekennzeichneter, subjektiv wertender Text,** in dem mit Blick auf ein größeres Publikum zu einem aktuellen Thema öffentlich Stellung bezogen wird mit dem Ziel, die Meinungsbildung zu beeinflussen. Er ist also überwiegend appellativ.
Zur Unterstützung des eigenen Standpunkts werden im Kommentar Nachrichtenmeldungen häufig in Zusammenhänge eingeordnet und es werden die Hintergründe beleuchtet (darstellende Intention). Oft wird die Meinungsäußerung auch in Form von Aufforderungen oder Wünschen zum Ausdruck gebracht (appellative Intention). Als persönliche Meinungsäußerung hat der Kommentar darüber hinaus auch eine expressive Intention.

Der Essay

Den Roman „Schlafes Bruder“ von Robert Schneider (▶ S. 169–170) nahm Iris Radisch, Literaturredakteurin der Wochenzeitung „Die ZEIT“, zum Anlass für einige grundsätzliche Überlegungen zur deutschen Literatur Anfang der neunziger Jahre. Daraus stammt der folgende Auszug.

Iris Radisch: **Tendenzen der zeitgenössischen Literatur** (1992)

Einen Literaturstreit kann man das nicht nennen. Kaum eine Debatte. Ein paar nicht mehr ganz junge Männer verbreiten im „Spiegel“, auf der Buchmesse und in „Tempo“[1] ihre
5 Ansichten über eine bessere, neuere, modernere Literatur. Maxim Biller, Rainald Goetz, Matthias Altenburg[2] – der kleine Trupp wächst langsam, aber zuverlässig. Sie wollen das Echte,

1 **Tempo:** erste deutsche sog. „Lifestyle-Zeitschrift“; erschien von 1986 bis 1996
2 **M. Biller (*1960), R. Goetz (*1954), M. Altenburg (*1958):** deutschsprachige Schriftsteller

das Reale, das Richtige, ausgerechnet in der Literatur (und meinen wenig überraschend die eigene), sie richten die schlechte (und meinen die der Kollegen).
Die Aufregung legt sich augenblicklich, misst man die großen Worte der Biller und Altenburg an ihren Werken. Trotzdem ist der Furor[3], mit dem in den jugendbewegten Feuilletons[4] das staubigste und älteste Literaturkonzept der Nachkriegsära, das des biederen Realismus, als das neueste und beste ausgegeben wird, einigermaßen verblüffend. Die jungen Autoren beziehen ihre Argumente aus der Klamottenkiste der Literaturgeschichte. Verglichen mit ihren Reden von einer „normalen" Literatur, die das „Menschliche anzurühren versteht" und dem „epochenadäquaten Drive" immer hart auf der Spur ist, nehmen sich die literaturkritischen Überzeugungen Marcel Reich-Ranickis[5] avantgardistisch[6] aus. Der Hass der jungen Autoren auf komplizierte literarische Formen, ihre stramme Häme gegen die „ungangbaren Ausflüge in die unwichtigen Seelenqualen unwichtiger Wohlstandsgesellschafts-Autoren" klingen prachtvoll jung, dröhnen völkisch empfindsam. Normale Literatur für normale Menschen. Und der normale Mensch will, dass „es knallt". Was soll er sonst wollen. Darum ist Literatur, wenn es „knallt", schrieb Rainald Goetz neulich im „Spiegel". Und das heißt: Literatur ist, wenn es keine ist. Die radikale realistische Literatur braucht kein Werk. Das Werk stört den Realismus, stellt sich ganz unnötig zwischen Autor und Leser. Weshalb Jürg Laederach[7] einen „Literatur-Umgehungspreis" für junge Neorealisten stiftet.

Das ist alles nicht weiter der Rede wert und doch ein Zeichen. Denn was hinter dem Geschrei nach Normalität und epochenadäquatem Drive steckt, ist das Verlangen nach einer neuen literarischen Autorität. Die alte ist hin, seit Langem und mit gutem Grund. Die Freiheit ist vielen zu beschwerlich. [...]
Bodo Kirchhoff[8] beschreibt seine „hoffnungslos aufgeklärte" Lage als selbstentmachteter Autor. Es geht ihm gut. Er trinkt italienischen Weißwein, atmet deutsche Luft. Ganz wie sein Leser. Was soll man davon erzählen? [...]
Bodo Kirchhoff entkommt der bundesdeutschen Erfahrungsarmut bekanntlich durch Fernreisen. Doch der fernreisende Schriftsteller (dessen Helden in den meisten Fällen fernreisende Schriftsteller sind [...]) ist eine strapazierte literarische Figur. Auf der empfindsamen Auslandsreise in noch unbeschriebenes Terrain ist des Deutschen „Sehnsucht nach Authentizität", von der Kirchhoff berichtet, seit Goethe am richtigen Ort. Aber der technische Kniff, dem Helden per Lufthansa zu Erfahrung und Kontur zu verhelfen, löst das Problem nicht, das einfach darin besteht, dass viele Autoren den Autoritätsschwund der Literatur nicht als Chance, sondern als Last erfahren. [...]

3 **Furor:** eigentlich „Wut"; hier etwa „zorniges Engagement"
4 **„jugendbewegte Feuilletons":** Kulturteile einer Zeitung mit Themen, Redeweisen und Wertungen, die als „jugendlich" gelten
5 **M. Reich-Ranicki (*1920):** einer der ältesten und einflussreichsten deutschen Literaturkritiker (▸ S. 498–499)
6 **avantgardistisch:** vorwärtsgewandt, fortschrittlich
7 **Jürg Laederach (*1945):** schweizerischer Schriftsteller
8 **Bodo Kirchhoff (*1948):** deutscher Schriftsteller

1 **a** Stellen Sie zur Sicherung Ihrer Textkenntnis vergleichend einander gegenüber: die Forderungen der im Text genannten Schriftsteller an die Literatur und Radischs Urteil über diese Forderungen.
b Erläutern Sie in diesem Zusammenhang das Textzitat: „Die radikale realistische Literatur braucht kein Werk. Das Werk stört den Realismus, stellt sich ganz unnötig zwischen Autor und Leser" (Z. 39–40). Was könnte hier mit dem Begriff „Werk" gemeint sein?

2 **a** Untersuchen Sie den Text von Iris Radisch unter dem Aspekt der Textsorte: Zeigen Sie auf, inwiefern er Merkmale des Essays erfüllt.
b Überlegen Sie, was einen Essay von einem Kommentar (Information, ▸ S. 175) unterscheidet.
c Weisen Sie dem Text begründet eine vorherrschende Intention zu (Information, ▸ S. 170).

Information **Essay**

Essay (der oder das; frz. *essai*, dt. Versuch) ist die Bezeichnung für einen **subjektiv reflektierenden Text** über ein Thema, das aus den unterschiedlichsten Bereichen stammen kann. Eine genaue Definition ist auf Grund der kreativen und offenen Schreibform schwierig. So enthält der Essay neben erörternden Passagen oft auch beschreibende, schildernde oder erzählende Elemente. Wie die **Erörterung** (▸ S. 30 ff.) stellt der Essay die begründete Haltung der Verfasserin/des Verfassers zu einem Thema dar, von der auch das Lesepublikum überzeugt werden soll. Anders als die Erörterung ist der Essay jedoch eher durch eine lockere Art der Themenbehandlung gekennzeichnet, die sich in einer **aspekthaften und assoziativen**, oft sprunghaften Gedankenführung, in einem variationsartigen Umkreisen des Gegenstandes und durch den **Verzicht auf wissenschaftliche Systematik und Vollständigkeit** der Problembehandlung ausdrückt. Es geht um das Durchspielen von Möglichkeiten und um das **Schaffen von Denkanstößen**. Der Eigenart der Gedankenführung entspricht die der Sprache, d. h.: Die Aussagen sind z. T. zugespitzt und dürfen provozieren oder gar paradox sein. Entsprechend ist der Essay in der Regel **pointiert**, mitunter auch ironisch-satirisch und verzichtet oft auf eine eher sachliche (Wissenschafts-)Sprache.

Eine Sachtextanalyse verfassen

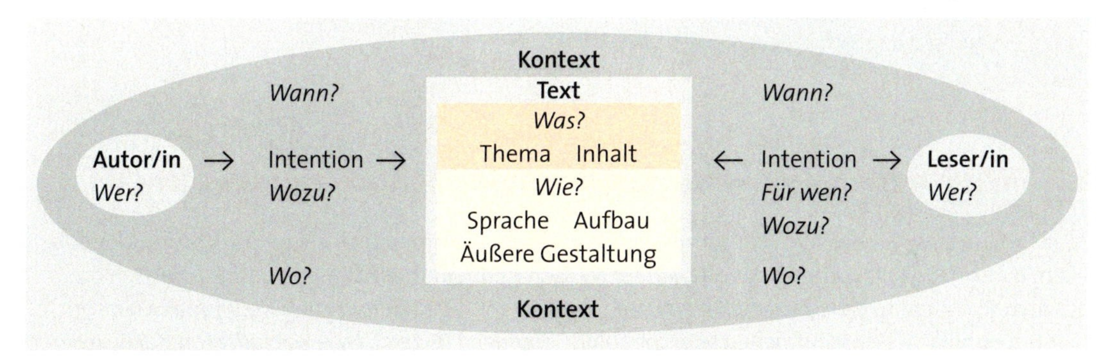

1 **a** Wählen Sie einen der von Ihnen in diesem Kapitel bearbeiteten Sachtexte aus und überlegen Sie anhand der obigen Grafik, welche Aspekte der Sachtextanalyse noch zu klären sind. Dazu müssten Sie möglichst alle W-Fragen, die in der Grafik gestellt werden, beantworten können.

b Klären Sie Ihr Textverständnis auch mit Hilfe geeigneter **Lesestrategien** (▸ S. 556 ff.).

2 Verfassen Sie einen Analyseaufsatz zu dem von Ihnen gewählten Sachtext. Legen Sie dazu einen strukturierten Schreibplan nach folgendem Aufbauschema (Methode) an:

Methode **Einen Sachtext analysieren**

Aufbau: Der Analyseaufsatz weist die klassischen drei Teile auf:

- **Einleitung:** Autor/in, Titel, Textsorte, Erscheinungsjahr und – sofern möglich – Publikationsorgan (Buch, Zeitschrift etc.) sowie Thema, Sachtexttyp, vorherrschende Intention, (mutmaßlicher) Adressatenkreis und zentrale These/Aussage; evtl. Hinweise zum methodischen Vorgehen

- **Hauptteil:** strukturierte, aspektorientierte Darstellung der Analyseergebnisse: Inhalt – Gedankenführung – Argumentationsstruktur – Sprache; äußere Gestaltung (z. B. kontinuierlicher/diskontinuierlicher Text, Textdesign); Zusammenhang von Intention und vermuteter Wirkung auf Adressatenkreis, Rolle des Kontextes (bei einer Rede z. B. die historische Situation, Standort und Interessen der Rednerin/des Redners bzw. des Publikums)
- **Schluss:** Schlussfolgerung bzw. Einschätzung/Bewertung
- **Darstellungsweise**
  - Machen Sie die Gelenkstellen Ihres Aufsatzes deutlich (Kohärenzsignale wie z. B.: *Nachdem ich die wesentlichen inhaltlichen Schwerpunkte dargestellt habe, geht es nun um ...; Im folgenden Abschnitt untersuche ich ...*). Dadurch geben Sie eine Orientierung vor, die zugleich Ihren analytischen Zugriff verdeutlicht.
  - Verwenden Sie Zitate, um wichtige Aussagen Ihrerseits zu belegen. Vorsicht: Kein Zitat spricht für sich, erläutern Sie es stets (**Zitieren** ► S. 571–572).
  - Setzen Sie Absätze insbesondere zwischen den drei Aufsatzteilen, aber auch wenn Sie beginnen, einen neuen Gedanken anzuführen. Dadurch wird Ihr Aufsatz übersichtlicher bzw. lesefreundlicher.
  - Vermeiden Sie bloßes Paraphrasieren, also die reine Wiedergabe eines Textes mit eigenen Worten, ohne auf seinen Aufbau, seine Argumentation oder seine Sprache genauer einzugehen. Dieser Fehler kann vor allem dann passieren, wenn Sie die Analyse streng am Text entlang schreiben (statt nach Aspekten gegliedert) und nicht die Gelenkstellen Ihrer Analyse deutlich machen (s. o.).

5.3 Wissen für Laien – Popularisierende Sachtexte untersuchen

In allen Medien spielt die Vermittlung wissenschaftlicher Erkenntnisse an ein interessiertes Laienpublikum eine große Rolle: Zeitungen beschäftigen Wissenschaftsjournalistinnen und -journalisten und auf dem Buchmarkt ist die Zahl der Sachbücher, die sich an Laien richten, unüberschaubar. Man spricht hier von populärwissenschaftlichen oder „popularisierenden" Texten bzw. insgesamt von „fachexterner Wissensvermittlung". Diese unterliegt anderen Bedingungen als die „fachinterne", und zwar sowohl inhaltlich als auch sprachlich.

1 Als popularisierende Zeitschriften oder Magazine gelten z. B. „Geo" und „Bild der Wissenschaft". Kennen Sie noch andere? Informieren Sie sich an einem Zeitschriftenstand.
2 Überlegen Sie, worin die wesentlichen Unterschiede zwischen einer fachinternen und einer fachexternen Wissensvermittlung bestehen könnten. Unterscheiden Sie zwischen: Inhalt, Sprache und Gestaltung bzw. Druck/Layout.

Luigi Luca Cavalli-Sforza: Stammbäume von Völkern und Sprachen (2000)

Aus Genanalysen lässt sich auf einen Stammbaum menschlicher Populationen schließen, der frappierend mit neueren Systematiken der Sprache zusammenstimmt. Für beide liegt demnach der Ursprung in Afrika, von wo sie 5 **sich dann in verschiedenen Schüben über die übrige Welt verbreitet haben.**

Die Arbeitsatmosphäre um den britischen Biologen Sir Ronald A. Fisher (1890 bis 1962) war sehr dazu angetan, Mitarbeiter auf ausgefallene Ideen zu bringen. Als ich um 1950 zu ihm an die Universität Cambridge kam, wollte ich mich eigentlich mit Bakteriengenetik beschäftigen. Doch im Umfeld Fishers, der die Populationsgenetik mitbegründet hat, brodelte es geradezu vor mathematisch geprägten Forschungen und Theoretisierungen. So begann ich über ein Projekt nachzudenken, das mir selber absurd ehrgeizig vorkam: den Ursprung der menschlichen Populationen zu rekonstruieren und ihre Verbreitungswege über die Welt nachzuvollziehen. Meine Idee war, den Verwandtschaftsgrad heutiger Bevölkerungen zu messen und mit diesen Daten einen umfassenden Stammbaum aufzustellen.

Diesem Ziel sind wir jetzt greifbar nahe. [...] Dieser Stammbaum passt gut zu einem weiteren, den andere Wissenschaftler – namentlich Allan C. Wilson von der Universität von Kalifornien in Berkeley – unabhängig von uns mit einem eigenen genetischen Ansatz rekonstruiert haben. Und besonders bedeutsam scheint uns, dass beide wiederum in weiten Zügen einer neueren Klassifikation der Sprachen ähneln: Diesen Befunden zufolge haben sich die menschlichen Populationen und ihre Sprachen gemeinsam verbreitet und verändert. Ihr Ur-

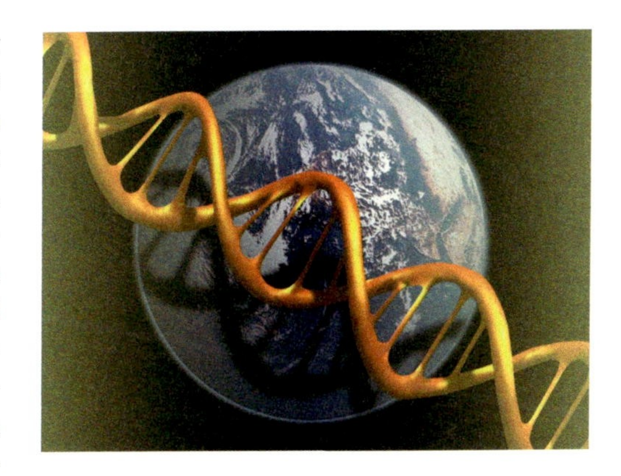

sprung wäre in Afrika zu suchen, von wo sie zunächst nach Asien kamen und von dort in mehreren Schüben einerseits nach Europa, andererseits in die Neue Welt und den pazifischen Raum vordrangen. [...]

Mit einem plausiblen Konzept von einem Stammbaum lassen sich die Ereignisse chronologisch ordnen. Gesetzt, alle anderen Faktoren blieben unverändert, müssen zwei Populationen sich genetisch umso mehr unterscheiden, je länger es her ist, dass die gemeinsame Ursprungspopulation sich in die beiden fortan getrennten Linien aufgespalten hat – man nennt diesen Unterschied die genetische Distanz. Entsprechendes gilt, nur eben in etwas komplexerer Weise, wenn es sich um drei oder mehr Populationen handelt. [...]

1 Umschreiben Sie das wissenschaftliche Thema, um das es in dem Text geht, und beurteilen Sie den Schwierigkeitsgrad des Textes. Unterscheiden Sie dazu zwischen verschiedenen Passagen.

2 Der Autor des Artikels ist Professor für Genetik in Kalifornien, also Wissenschaftler, schreibt aber hier für interessierte Laien. Wie bewältigt er die Aufgabe?

a Notieren Sie mit eigenen Worten, wie er inhaltlich vorgeht bzw. welche Strategien er anwendet, um einem Laien das Thema nahezubringen.

b In diesem Text macht die Sprache besonders deutlich, dass der Autor sich in erster Linie an ein Laienpublikum wendet. Gehen Sie dieser Aussage nach. Untersuchen Sie dazu die Sprache. Ordnen Sie dazu in Ihrem Kursheft in einer Tabelle einzelne Begriffe oder Wendungen den beiden Ebenen zu:

Die beiden Sprachebenen

Wissenschaftliche Sprache	*Wörter und Wendungen, die eher den Laien ansprechen*
– Fachbegriffe wie „Population“ (Z. 29) *– …*	*– „ausgefallene Ideen“ (Z. 3–4)* *– …*

Information **Strategien der Popularisierung** (nach Jürg Niederhauser, 1999)

inhaltlich

- **Reduktion** der **Informationsfülle:** Einzelheiten, die nur für Fachleute von Interesse sind, werden weggelassen.
- **Reduktion** der **Informationsdichte:** Die Informationen folgen nicht „Schlag auf Schlag", sondern werden mehr oder weniger ausführlich erläutert, mit Beispielen veranschaulicht usw.
- **Visualisierung:** häufiger Einsatz von Bildern und grafischen Darstellungen
- **Personalisierung:** Ein komplexes Sachgebiet wird z. B. dadurch vorgestellt, dass
  - ein typischer Tagesablauf einer Forscherin/eines Forschers geschildert wird,
  - eine Entdeckungsszene dramatisiert wird oder
  - Gefühle beschrieben werden.
- **Historisierung:** Der Verlauf eines Falls wird erzählerisch in die Forschungsgeschichte eingebettet, auch im Hinblick auf spätere Auswirkungen bzw. Nutzen.

sprachlich

- Wortwahl:
  - einfache bzw. allgemeinverständliche Wörter; Fachbegriffe werden vermieden oder erklärt.
  - aufwertende Wortwahl (Niederhauser: „Rhetorik der Wichtigkeit");
    dazu passen:
  - Komparative, Superlative
  - mehr Metaphern und Vergleiche
  - Wörter, die die „menschliche" Seite von Forschung nahebringen
  - einfacher Satzbau
- Zitate von mündlichen Aussagen

3 Prüfen Sie Ihre Notizen (Aufgabe 2, ▸ S. 179) und gleichen Sie diese mit der Information zu den „Strategien der Popularisierung" ab. Welche davon finden sich im Text von Cavalli-Sforza?

4 Die inhaltlichen Strategien ähneln z. T. der journalistischen Textsorte der Reportage (Information). Benennen Sie Parallelen.

Information **Reportage**

Eine Reportage ist ein namentlich gekennzeichneter journalistischer Text, der in **besonders lebendiger und anschaulicher** Weise über ein **Ereignis** oder eine **Person informiert.** Das entscheidende Merkmal ist, dass zwei Ebenen einander abwechseln und durchgängig miteinander verknüpft sind:

- die Ebene der **Schilderung einzelner Szenen und Situationen,** auf der auch Befragungen von Beteiligten oder Fachleuten angesiedelt sind. Diese Befragungen werden oft in wörtlicher Rede wiedergegeben;
- die Ebene der **Darstellung von Hintergründen und größeren Zusammenhängen,** zu denen die geschilderten Szenen hinführen und für die sie typisch sind.

Begonnen wird in der Regel mit der Schilderung einer Szene, durch die auch das persönliche Erleben der Autorin/des Autors deutlich wird und die das Lesepublikum emotional mit einbeziehen soll. Bei der Szenenschilderung wird in der Regel das Präsens verwendet, um es als quasi gegenwärtiges Geschehen lebendig werden zu lassen. Auf der Ebene der Darstellung von Hintergründen herrscht dagegen das normale Tempus für einen Bericht, das Präteritum, vor.

5 Wenden Sie Ihr Wissen analytisch wie produktiv an:

a Untersuchen Sie zur Übung weitere Texte in populärwissenschaftlichen Magazinen (Aufgabe 1, ▸ S. 178) hinsichtlich ihrer inhaltlichen und sprachlichen Popularisierungsstrategien.

b Wählen Sie einen eher „trockenen", fachlichen Text und schreiben Sie ihn popularisierend um.

C Epochen der deutschen Literatur

Frauen Literatur Geschichte
Herausgegeben von Hiltrud Gnüg und Renate Möhrmann

1. Betrachten Sie Titel, Untertitel sowie Layout der abgebildeten Literaturgeschichten genau: Grenzen Sie die verschiedenen Ansprüche, die daraus zu ersehen sind, und die Erwartungen, die geweckt werden, voneinander ab.
2. Was verbinden Sie selbst mit den Stichworten „Literaturgeschichte" und „Epochen"? Halten Sie in einer – individuellen und/oder gemeinsam entworfenen – Mindmap Ihr Wissen in diesen Bereichen fest.

Epochen | Autor/Autorin | Kunst | Literaturwissenschaft | Weltliteratur | Musik

Philosophie | Literaturbetrieb | Poetik | Sprache | Geistesgeschichte | Strömung

In diesem Kapitel erwerben Sie folgende Kenntnisse und Kompetenzen:

- literarische Texte lesen, interpretieren und in Kontexte stellen,
- literarische Texte zueinander und zu anderen Aussageformen (z. B. der Kunst, Philosophie, Wissenschaft) in Gesprächen, Texten und visuellen Darstellungsformen in Beziehung setzen,
- dabei geschichtliche Bezüge (Sozial-, Kultur-, politische Geschichte etc.) berücksichtigen,
- literaturgeschichtliches Überblickswissen auf Texte anwenden,
- Epochenbegriffe problematisieren und reflektiert verwenden,
- erkennen, wie literarische Werke unterschiedlicher Epochen und Gattungen Fragen des menschlichen Lebens thematisieren, und Texte unter diesen Fragestellungen vergleichen.

Geschichtsschreibung ist Aufklärung – Aufklärung über historische Entwicklungen, welche die Gegenwart prägen. In diesem Sinne versteht sich auch die Beschreibung der sechs Jahrhunderte neuerer deutscher Literaturgeschichte [...]: Sie will die literarischen Entwicklungslinien vergegenwärtigen, die in die heutige Zeit hineinführen. *Peter J. Brenner, Neue deutsche Literaturgeschichte, 1996*

Der oberste Zweck einer Literaturgeschichte besteht in der Anregung und Wegeweisung für den Leser zum eigenen Genuss der Literaturwerke. [...] Wer weder das Nibelungenlied noch die wichtigsten Dramen Lessings, Goethes und Schillers kennt, der tut wohl, erst diese zu lesen, ehe er nach geschichtlicher Belehrung über sie sucht.
Eduard Engel, Geschichte der Deutschen Literatur von den Anfängen bis in die Gegenwart, 1907

Auf den kleinsten Nenner gebracht, stellt die Geschichtsschreibung der Literatur zwischen verschiedenen Texten einen Zusammenhang her: entweder durch äußere Reihung, deren Sinn im Erfassen der Gegenstände liegt, oder durch das Aufzeigen einer inneren Logik in ihrer zeitlichen Abfolge. [...] Immer aber kommt zu diesen Aufgaben die dritte hinzu: die Kenntnisse oder Erkenntnisse an andere zu vermitteln und ihnen eine sachgerechte Darstellung zu geben.
Albert Meier, Literaturgeschichtsschreibung, 1996

Auf Grund der Interpretation des Literaturhistorikers soll dem Leser ermöglicht werden, sich eine subjektiv begrenzte, fragmentarische, aber kritisch abgesicherte Erfahrung der Vergangenheit zu erarbeiten. *Ehrhard Bahr, Geschichte der deutschen Literatur, 1987*

Die Literaturgeschichte ist die große Morgue[1], wo jeder seine Toten aufsucht, die er liebt und womit er verwandt ist.
Heinrich Heine, Die romantische Schule, 1833

1 **Morgue:** Leichenschauhaus (in Paris)

1 **a** Welche Funktionen kann bzw. soll eine Literaturgeschichte erfüllen, welche nicht? Formulieren Sie, ausgehend von den oben stehenden Aussagen, verschiedene Positionen und diskutieren Sie sie.
b Erweitern Sie Ihre Diskussion um die Frage, welche Erwartungen Sie als Schülerinnen und Schüler an ein literaturgeschichtliches (Lehr-)Werk haben.
c Erläutern Sie, wie sich die Perspektive des Schriftstellers und Journalisten Heine von den Sichtweisen der Literaturhistoriker unterscheidet.

literarisches Werk | Kulturgeschichte | Medien | Wertvorstellungen | Sozialgeschichte | Nationalliteraturen | Mentalitätsgeschichte | Lebensverhältnisse | politische Geschichte

Karl Otto Conrady: Von der Verführung durch vertraute Epochenbegriffe (1983)

Es muss zu einem Urbedürfnis des Menschen, zumal des Wissenschaftlers, gehören, ungeordnete Vielfalt zu ordnen und lange zeitliche Abläufe zu gliedern. Anders ist die hingebungs- 5 volle Mühe nicht zu begreifen, die Literaturwissenschaftler aufwenden, um Epochen aufzubauen. Und obgleich längst jeder noch so sorgfältig ausgeführten Konzeption einer Epoche mit triftigen Argumenten widersprochen 10 werden kann, lassen wir von dem geistvoll-nutzlosen Spiel nicht ab. [...]
Offensichtlich bezeichnen Epochenbegriffe etwas, was es so in der Realität überhaupt nicht gibt. Sie sind nachträglich gestanzte Spielmar- 15 ken kluger Konstrukteure. Epochenbezeichnungen, die mit qualifizierenden Bedeutungen belastet sind (die wir ihnen auch nicht austreiben können), können der realen Fülle und Vielgestaltigkeit des im betreffenden Zeitraum Her- 20 vorgebrachten nicht gerecht werden. Immer herrscht die Gleichzeitigkeit des Verschiedenen, der eine Epochenbezeichnung nicht entspricht. [...]
Öffnet eigentlich die Bemühung um Epochen- 25 bestimmungen besser begehbare Wege zu den einzelnen Werken, die der Leser dann gern beschreitet? Geht von Epochengliederungen und den Diskussionen über sie Motivation für den Leser aus? Die Frage stellen heißt, sie nicht einfach bejahen zu können. Wenn in bildungs- 30 politischen Erklärungen vom Deutschunterricht gefordert wird, er müsse endlich wieder (wie es heißt) den Schülern die Kenntnis etwa der deutschen Klassik und der anderen wichtigen Epochen der Geschichte der deutschen Literatur 35 beibringen, dann müsste zugleich ernsthaft erwogen werden, wozu solche Kenntnis gut ist, welche Einsichten sie fördert oder vielleicht verstellt und ob sie die Freude am Lesen (für uns etwas allzu Selbstverständliches), die Motiva- 40 tion, sich auf Fernes und Fremdes einzulassen, verstärkt oder vermindert. [...]
Um auf unsere Epochen zurückzukommen: Wenn die geläufigen Kennmarken schon nicht durch schlichte Zahlen ersetzt werden können 45 (damit kein Text von vornherein in einem bestimmten Fach abgelegt wird), müsste die Beschäftigung mit ihnen nicht tradierbares Wissen vermitteln wollen, sondern die Implikationen und Konsequenzen aufzuspüren suchen, die 50 mit Herausbildung, Durchsetzung und Gebrauch der Epochennamen verbunden sind.

1 **a** Zeigen Sie mit Hilfe des Textes auf, welcher Nutzen und welche Gefahren in der Verwendung von Epochenbegriffen liegen.
b Literaturgeschichte als Spiel, Epochenbegriffe als Spielmarken, Literaturhistoriker als Konstrukteure: Erläutern Sie diese vom Autor verwendeten Metaphern.

2 Sicherlich kennen und benutzen Sie Schüler-Lektürehilfen zu literarischen Werken, die Sie im Deutschunterricht lesen: Überprüfen Sie vor dem Hintergrund der Aussagen Conradys kritisch die Verwendung von Epochenbegriffen und Epochenzuordnungen in solchen Angeboten (exemplarisch).

3 Sich mit Literaturgeschichte zu beschäftigen, schließt viele Aspekte und Fassetten ein: Diskutieren Sie, in welchem Verhältnis die oben auf dieser Doppelseite genannten Begriffe zum Gegenstand „Literaturgeschichte" stehen. Für eine umfassendere Erkundung der Begriffe und ihrer Beziehungen können Sie in Gruppen arbeiten. Halten Sie Ihre Ergebnisse auf einer Wandzeitung fest, die Sie im Laufe Ihres Kurses um weitere Einsichten und veranschaulichende Beispiele ergänzen können.

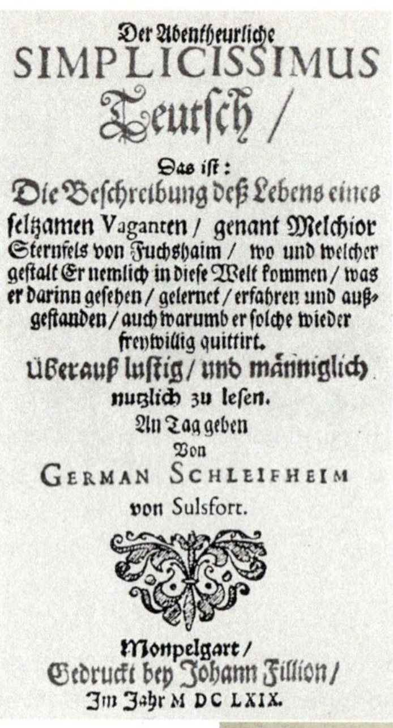

Der Abentheurliche
SIMPLICISSIMUS
Teutsch /
Das ist:
Die Beschreibung deß Lebens eines
seltzamen Vaganten / genant Melchior
Sternfels von Fuchshaim / wo und welcher
gestalt Er nemlich in diese Welt kommen / was
er darinn gesehen / gelernet / erfahren und auß-
gestanden / auch warumb er solche wieder
freywillig quittirt.
Überauß lustig / und männiglich
nutzlich zu lesen.
An Tag geben
Von
GERMAN SCHLEIFHEIM
von Sulsfort.
Mompelgart /
Gedruckt bey Johann Fillion /
Im Jahr M DC LXIX.

Biblia / das ist / die
gantze Heilige Sch-
rifft Deudsch.
Mart. Luth.
Wittemberg.
Begnadet mit Kür-
furstlicher zu Sachsen
freiheit.
Gedruckt durch Hans Lufft.
M. D. XXXIIII.

1 **a** Beschreiben Sie präzise die drei Abbildungen. Entziffern Sie, soweit möglich, auch die Textanteile.
b Die abgebildeten Buchseiten stammen aus dem 12., dem 16. und dem 17. Jahrhundert und werden dem Mittelalter, der frühen Neuzeit und dem Barock zugeordnet. Vergleichen Sie ihre Machart. Bedenken Sie deren Auswirkungen auf die Verbreitung und Leserschaft, Beschaffenheit der Texte, Aktualität der Themen etc.

2 Wie haben Sie eine Vorstellung vom Mittelalter, der frühen Neuzeit oder dem Barock entwickelt? Denken Sie z. B. an Kinderbücher, Spielzeug, Spielfilme, Fernsehserien, Ausstellungen, Mittelalterfeste, Geschichtsunterricht u. Ä. Erstellen Sie auf dieser Grundlage eine Wandzeitung.

3 „Neuzeit“: Welche Ansprüche, Erwartungen, Behauptungen, Urteile etc. stehen hinter diesem Begriff? Stellen Sie ein Bedeutungsfeld zusammen.

1.1 Mittelalter

Die Literatur des frühen und hohen Mittelalters (8.–13. Jh.) lässt sich aus unserer heutigen Perspektive in zwei große Bereiche teilen: **geistliche Literatur** und **höfisch-ritterliche Literatur**. In der adligen Gesellschaft dienten vor allem **Ritterepen** (z.B. Tristan und Isolde, ▶ S. 188–190) sowie eine spezielle Form von Liebeslyrik, der **Minnesang** (▶ S. 187–188), der Unterhaltung. Verglichen mit diesen hochfiktionalen Literaturformen war die so genannte **Spruchdichtung** wirklichkeitsnäher und pragmatischer. Sie vermittelte nicht nur religiöse Unterweisung und praktische Lebenserfahrung, sondern setzte durch Lob und Tadel von Herrschern, die auch als Gönner und Förderer der Autoren auftraten, politische Akzente.

Walther von der Vogelweide – Ein mittelalterlicher Autor

Walther von der Vogelweide: **Ich hân mîn lêhen** (um 1220)

Ich hân mîn lêhen, al die werlt, ich hân
mîn lêhen.
nû entfürhte ich niht den hornunc an die
zêhen,
5 und wil alle boese hêrren dester minre
flêhen.
Der edel künec, der milte künec hât mich
berâten,
daz ich den sumer luft und in dem winter
10 hitze hân.
mîn nâhgebûren dunke ich verre baz
getân:
sie sehent mich niht mêr an in butzen wîs
als sî wîlent tâten.
15 ich bin ze lange arm gewesen ân mînen
danc.
ich was sô voller scheltens daz mîn âten
stanc:
daz hât der künec gemachet reine, und
20 dar zuo mînen sanc.

Ich hab mein Lehen, in alle Welt ruf ich's
hinein: Ich hab mein Lehen!
Nun fürchte ich nicht mehr den Februarfrost
an den Füßen
5 und werde künftig die geizigen Herren nicht
mehr anflehen.
Der edelmütige König, der großmütige König,
hat mich versorgt,
sodass ich im Sommer kühlende Luft und im
10 Winter Wärme habe.
Meiner Umwelt komme ich jetzt sehr viel
feiner vor:
Sie sehen mich nicht mehr an als ein Hausgespenst, wie sie bisher taten.
15 Ich bin zu lange arm gewesen, ohne dafür zu
können.
Ich war so voller Scheltworte, dass mein Atem
stank.
All dies hat der König rein gemacht und mein
20 Singen dazu.

Aus dem Reiserechnungsbuch des Bischofs Wolfger von Passau (1203):

sequenti die apud Zei [zemurum] Walthero cantori de Vogelweide pro pellicio. V. sol. longos

Am folgenden Tag [der Tag nach St. Martin, der 12. November 1203] bei Zeiselmauer [an der Donau, kurz vor Wien] an den Sänger Walther von der Vogelweide 5 Schillinge für einen Pelzrock.

---

1 Lesen Sie den Spruch Walthers von der Vogelweide zunächst in der mittelhochdeutschen Sprache. Welche Unterschiede zum heutigen Deutsch fallen auf? Vergleichen Sie dann mit der Übersetzung.

2 **a** Beschreiben Sie, wie der Sprecher im Spruch sich selbst und den König charakterisiert.
b Setzen Sie die Aussagen des Spruchs und den Eintrag aus dem Reiserechnungsbuch in Beziehung.

c **Referat:** Die Miniatur Walthers stammt aus der so genannten Manessischen Liederhandschrift. Das Bild nimmt Bezug auf einen besonders berühmt gewordenen Spruch Walthers: „Ich saz ûf eime steine". Informieren Sie sich und Ihren Kurs über die Handschrift und den Spruch.

Gerhard Hahn: **Walther von der Vogelweide** (1986)

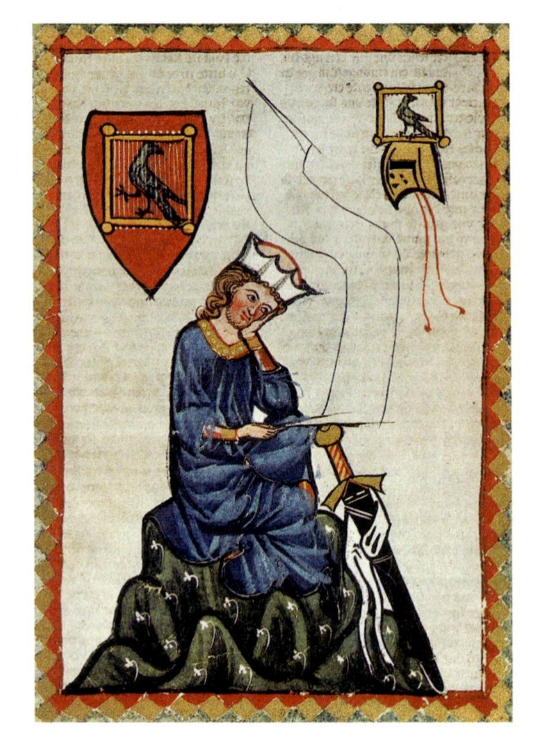

Walther kann nicht nach dem Muster dargestellt werden, das für neuere Autoren das übliche und vertraute ist: das Werk als literarische Ausdrucks- und Verarbeitungsform eines wechselnden äußeren Lebensganges und sich entwickelnder innerer Erfahrungen und Erkenntnisse über sich und die Welt unter den Bedingungen der Zeit, vielleicht in einem inneren Dreischritt von Früh-, Reife- und Spätphase.

Dazu fehlt es nicht nur an entsprechenden biografischen Zeugnissen. Es ist uns eine einzige Erwähnung Walthers in einem schriftlichen Dokument, das nicht selbst wieder Literatur ist, erhalten: ein Posten in den Reiserechnungen des Passauer Bischofs. Ansonsten sind wir [...] auf biografische Selbstbezeugungen Walthers [...] angewiesen. Diese aber sind, wenn auch kaum ein Autor der Zeit so oft und so nachdrücklich „ich" gesagt hat, lückenhaft-punktuell und vor allem häufig topisch[1]-allgemein oder situationsbezogen polemisch und strategisch.

Wichtiger, weil von grundsätzlicher Bedeutung ist, dass wir für das Mittelalter mit einem anderen Begriff von Literatur als dem angedeuteten arbeiten müssen. [...] Mittelalterliche Literatur ist keine eigenständige Institution. Man kann nicht von „der mittelalterlichen Literatur" in dem Sinne sprechen, in dem man von „der neueren Literatur" ab dem 18. Jahrhundert sprechen kann. Verschiedene Gattungen, lateinisch und deutsch, geistlich und weltlich, schriftlich und mündlich, sind verschiedenen Institutionen zugeordnet, in ihnen begründet und übernehmen in ihnen, häufig zu geregelten Gelegenheiten und in geregelten Formen, Aufgaben, sie werden dafür verfasst.

1 **topisch:** von griech. Topos. Unter einem Topos versteht man ein Beschreibungsmuster oder ein verbreitetes literarisches Motiv.

3 **a** Beziehen Sie die Aussagen Gerhard Hahns auf den Spruch Walthers (▶ S.185).
b Erläutern Sie präzise den letzten Satz des literaturwissenschaftlichen Textes: Welche Institutionen sind gemeint, welche Gelegenheiten, welche Aufgaben?
c **Weiterführende Aufgabe:** Stellen Sie arbeitsteilig Beispiele für die genannten Literaturen vor. Dafür können Sie folgende Literaturgeschichte zu Grunde legen: Bumke/Cramer/Kartschoke: Geschichte der deutschen Literatur im Mittelalter. 3 Bände. dtv, München 1990.

Walther von der Vogelweide (um 1198)

Si wunderwol gemachet wîp,
daz mir noch werde ir habedanc!
Ich setze ir minneclîchen lîp
vil werde in mînen hôhen sanc.
5 Gern ich in allen dienen sol,
doch hân ich mir dise ûz erkorn.
ein ander weiz die sînen wol:
die lob er âne mînen zorn;
hab ime wîs unde wort
10 mit mir gemeine: lob ich hie, sô lob er dort.

Ir houbet ist sô wünnenrîch,
als ez mîn himel welle sîn.
Wem solde ez anders sîn gelîch?
15 es hât ouch himeleschen schîn:
Dâ liuhtent zwêne sternen abe,
dâ müeze ich mich noch inne ersehen,
daz si mirs alsô nâhen habe!
sô mac ein wunder wol geschehen:
20 ich junge, und tuot si daz,
und wirt mir gernden siechen seneder sühte baz.

Got hât ir wengel hôhen flîz,
er streich sô tiure varwe dar,
25 Sô reine rôt, sô reine wîz,
hie roeseloht, dort liljenvar.
Ob ichz vor sünden tar gesagen,
sô saehe ichs iemer gerner an
dan himel oder himelwagen.
30 owê waz lob ich tumber man?
mach ich si mir ze hêr,
vil lîhte wirt mîns mundes lop mîns herzen sêr.

Sie hât ein küssen, daz ist rôt.
35 gewünne ich daz für mînen munt,
Sô stüende ich ûf von dirre nôt
unt waere ouch iemer mê gesunt.
Swâ si daz an ir wengel legt,
dâ waere ich gerne nâhen bî:
40 ez smecket, sô manz iender regt,
alsam ez vollez balsmen sî:
daz sol si lîhen mir.
swie dicke sô siz wider wil, sô gibe ichz ir.

Sie vollkommenste Frau, –
möge mir noch Dank und Lohn von ihr zufallen!
Denn ihrer Schönheit räume ich ja
den Ehrenplatz in meinem Lobgesang ein.
5 Wohl wünscht ich, ihnen allen zu dienen, –
doch hab ich mir diese auserwählt.
Ein andrer wird die Seine kennen:
Er rühme sie, und mir sei's recht;
mögen wir sogar Melodie und Wort
10 gemeinsam haben: Sing ich hier den Lobgesang, so soll er's dort tun.

Ihr Haupt ist so schön,
als sei es mein Himmel.
Wem anders sollte es auch gleichen?
15 Es strahlt ja himmlischen Glanz aus:
Zwei Sterne leuchten aus ihm,
in ihnen möchte ich mich wohl noch spiegeln –
ach, brächte sie sie mir so nahe!
Dann könnte ein Wunder geschehn:
20 Tut sie das, werde ich wieder jung,
und mir, dem Sehnsuchtskranken, wird Heilung von Sehnsuchtsnot.

Gott hat große Sorgfalt auf ihre Wangen verwandt,
mit so kostbarer Farbe malte er sie,
25 so reines Rot, so reines Weiß,
hier rosenleuchtend, dort lilienfarben.
Wär es nicht Sünde, so wagte ich zu sagen,
dass ich inniger sie anzusehen begehre
als den richtigen Himmel und seinen Sternen-Wagen.
30 Ach, wohin versteig ich mich mit meinem Lob, ich Narr?
Erhebe ich sie zu hoch über mich hinaus,
wie leicht wird dann die Loblust meines Mundes der Schmerz meines Herzens.

Sie hat ein Kissen, das ist rot.
35 Dürft ich das an meinen Mund führen,
dann stünd ich auf von meinem Krankenlager
und wäre gesundet für alle Zeit.
Dort, wo sie es an ihre Wange legt,
wünschte ich ganz nahe zu sein.
40 Es duftet, wenn man es irgend berührt,
als sei es lauter Balsam:
Das soll sie mir leihen.
Sooft sie es zurückhaben will, geb ich's ihr.

45 Ir kel, ir hende, ietweder fuoz,	45 Ihr Hals, ihre Hände, ihre Füße –
daz ist ze wunsche wol getân.	das alles ist bezaubernd schön.
Ob ich da enzwischen loben muoz,	Soll ich preisen, was dazwischen ist,
sô waene ich mê beschouwet hân.	so meine ich freilich, mehr noch gesehen zu haben.
Ich hete ungerne „decke blôz!“	Ich hatte wenig Neigung, warnend „Bedeck dich!“
50 gerüefet, do ich si nacket sach.	50 zu rufen, als ich sie nackend sah.
si sach mich niht, dô si mich schôz,	Sie sah mich nicht, als sie mich ins Herz traf,
daz mich noch sticht als ez dô stach,	dass es mich heute noch schmerzt wie damals,
swann ich der lieben stat	sooft ich der lieben Stätte gedenke, da sie, die Reine,
gedenke, dâ si reine ûz einem bade trat.	aus dem Bade stieg.

1 **a** Was thematisiert der Sprecher im Gedicht?
b Welche Informationen gibt das Minnelied über das Verhältnis des Sprechers zu der beschriebenen Frau, zur Gesellschaft und zu anderen Sängern? Belegen Sie Ihre Aussagen am Text.
c Vergleichen Sie Ihre Ergebnisse mit den Informationen, die Sie in einem Literaturlexikon zum Stichwort „Minnesang“ finden.
d Analysieren Sie das fragmentarisch überlieferte Gedicht Wizlaws von Rügen (▸ S. 137). Um welchen Typ Minnelied handelt es sich hier?

2 **a** Analysieren Sie Walters Minnelied. Welche sprachlichen Bilder werden verwendet?
b Walther benutzt in diesem Lied den Topos (d. h. ein Beschreibungsmuster) der schönen Frau. Leiten Sie aus dem Lied ab, welche Elemente zu diesem Topos gehören können.

3 **a** Das Minnelied Walthers ist in mehreren Handschriften überliefert, in denen die Reihenfolge der Strophen teilweise verschieden ist.
Probieren Sie verschiedene Strophenfolgen aus und beschreiben Sie die unterschiedliche Wirkung. Für welche Reihenfolge würden Sie sich entscheiden?
b Ziehen Sie aus der Überlieferungssituation Schlüsse auf das Literaturverständnis des Mittelalters.

Tristan und Isolde – Eine mittelalterliche Liebesgeschichte

Während im Minnesang die fiktive Konstellation von Sänger, Dame und Gesellschaft immer wieder neu gestaltet wird, stehen im höfischen Epos die Abenteuer und Heldentaten von Rittern im Mittelpunkt. Vor allem die „Matière de Bretagne“, keltische Erzählungen um König Artus und die Ritter der Tafelrunde, war bei den Dichtern und beim höfischen Publikum sehr beliebt. Der Widerstreit von gesellschaftlichen Verpflichtungen und persönlichen Interessen oder von Fehlverhalten und Schuld einerseits, Erkenntnis und Sühne andererseits bildet hier häufig den Ausgangspunkt für eine Kette von Bewährungsproben, denen die literarischen Figuren ausgesetzt sind.

Tristan trinkt den Liebestrank. Frz. Buchmalerei (1470)

Gottfried von Straßburg: **Tristan** (vermutlich 1200–1210)

Der junge Adlige Tristan ist am Hof seines Onkels, König Marke, aufgewachsen. Für diesen soll er um Isolde von Irland werben. Indem er einen Drachen besiegt, erlangt er die Hand der Prinzessin für seinen Onkel. Auf der Rückreise trinken Tristan und Isolde einen Liebestrank, der für Marke und seine zukünftige Frau bestimmt war.

Nu daz diu maget unde der man,
Îsôt unde Tristan,
den tranc getrunken beide, sâ
was ouch der werlde unmuoze dâ,
Minne, aller herzen lâgaerin,
und sleich z'ir beider herzen în.
ê sî's ie wurden gewar,
dô stiez s'ir sigevanen dar
und zôch si beide in ir gewalt.

Dieter Kühn: **Tristan und Isolde des Gottfried von Straßburg** (1991)

Als nun das Mädchen und der Mann,
Isolde und Tristan, *beide*
den Trank getrunken hatten – schon
war der Menschheit Unrast da,
5 LIEBE, Fallenstellerin der Herzen,
stahl sich hinein in beider Herzen.
Bevor sie etwas davon merkten,
hisste sie die Siegesfahne,
unterwarf sie ihrer Macht.
10 Die vorher zwei und zwiegeteilt,
sie wurden *eins* und ungeteilt.
Zwischen beiden gab es *nichts* mehr,
das sie voneinander abstieß,
Isoldes Feindschaft war dahin.
15 Die Friedensstifterin, Frau LIEBE,
hatte ihrer beider Sinne
von Feindschaft so gereinigt,
mit Liebe so vereinigt,
dass einer für den anderen
20 durchklart war wie das Spiegelglas.
In beiden schlug *ein* Herz.
[...]
Tristan, als er Liebe spürte,
dachte er sofort
25 ans Ehrenwort, das er gegeben,
und wollte sich entziehn.
Er dachte unablässig: „Nein,
Tristan, lass es sein, besinn dich,
nimm es gar nicht erst zur Kenntnis!"
30 Doch sein Herz, es wollte halt zu ihr ...
Er kämpfte gegen sein Verlangen,
begehrte gegen sein Begehren auf.
Er wollte zu ihr hin und fort von ihr.
Der Mann, der in der Falle war,
35 er machte in der Schlinge wiederholt,
sehr oft vergebliche Versuche
und setzte das noch lang so fort.
Der loyale Mann empfand
sehr stark die Qual, die doppelt war:
40 Schaute er Isolde ins Gesicht,
und begann die süße LIEBE
sein Herz und seine Sinne
mit ihrer Hilfe zu verstören,
so dachte er sehr stark an EHRE,
45 die zog ihn weg von dort;
[...].
Seine Treue, seine Ehre,
sie forderten ihn sehr;
LIEBE forderte noch mehr,
50 sie tat ihm mehr als weh:
sie quälte ihn noch stärker
als beide: Treue und die Ehre.
[...]
Auch Isolde ging es so:
55 Sie machte gleichfalls oft Versuche,
dies Leben wurde ihr zur Plage.
Als sie den Vogelleim der LIEBE,
der Verführerin, entdeckte
und merkte, dass die Sinne
60 tief schon darin steckten,
da wollte sie auf festen Grund,
sie wollte raus und weg. Jedoch
es klebte schon der Leim an ihr,
zog sie zurück, hinab.

1 **a** Arbeiten Sie die zentralen Wertbegriffe aus der in Kühns Übertragung wiedergegebenen Textstelle heraus und erläutern Sie das Dilemma, in dem Tristan und Isolde stecken.
b Wie könnte die Geschichte von Tristan und Isolde weitergehen? Vergleichen Sie Ihre Ideen mit den verschiedenen Versionen, die es in der literarischen Überlieferung gibt.
2 Mit welchen sprachlichen Mitteln veranschaulicht Gottfried den Zustand des Verliebtseins?
3 Beschreiben Sie anhand der Verse 1 bis 9, wie Dieter Kühn bei seiner Übertragung vorgegangen ist.

Jacques Le Goff: **Tristan und Isolde** (2005)

Der Mythos von Tristan und Isolde hat die europäische Bildwelt zutiefst geprägt. Eindeutig beeinflusst hat er das Bild des Paares, das Bild der Liebe. Der berühmte Liebestrank wurde zum 5 Symbol des „coup de foudre“[1] und der verhängnisvollen Liebe, wie auch die Dreierkonstellation dazu verleitete, amour passion[2] und Ehebruch in enger Verbindung zu sehen. Und schließlich hat der Mythos den Gedanken der 10 fatalen Beziehung zwischen Liebe und Tod in der abendländischen Bildwelt fest verankert. Schon Gottfried von Straßburg schrieb im 13. Jahrhundert: „Und sind sie auch schon lange tot, ihr süßer Name lebet fort, und soll ihr Tod 15 der Welt zum Wohl noch lange und immer leben: [...] ihr Tod muss für uns immer lebendig und neu bleiben. [...] Wir lesen ihr Leben, wir lesen ihren Tod, und das ist uns süßer als Brot.“ Nicht übersehen sollte man auch das relativ blasse Bild des relativ machtlosen Marke, so- 20 wohl als Gatte wie als König. An Tristan und Isolde wird die Begrenztheit der ehelichen, aber auch der königlichen Macht deutlich. Dieser Mythos rückt die Liebe in die Nähe des Außenseitertums, wenn nicht gar des Aufbegehrens 25 gegen jegliche Macht.

1 **coup de foudre:** (frz. Blitzschlag) Liebe auf den ersten Blick
2 **amour passion:** (frz.) Liebe als Leidenschaft, oft der gesellschaftlich begründeten ehelichen Liebe entgegengesetzt

4 **a** Welche die europäische Tradition prägenden Konstellationen sieht Le Goff in der Geschichte von Tristan und Isolde angelegt?
b Weiterführende Aufgabe: Suchen Sie Beispiele in der Literatur, die diese Konstellationen aufgreifen, und stellen Sie sie vor.

Information **Anfänge der deutschen Literatur (ca. 750 – ca. 1470)**

Allgemeingeschichtlicher Hintergrund: Das frühe Mittelalter war geprägt von der **Christianisierung** der germanischen Stämme. Um 800 einte **Karl der Große** in seinem Frankenreich das heutige Frankreich und weite Teile Deutschlands und Italiens. Zugleich entstand die das ganze Mittelalter bestimmende Spannung zwischen **Kaisertum** und **Papsttum**. Im hohen Mittelalter (ca. 900–1200) wuchs unter der Herrschaft der Staufer eine zentrale **höfische Kultur** des selbstbewussten Ritterstandes. Im späten Mittelalter wurde der Einfluss der **Städte** auf wirtschaftlichem und politischem Gebiet immer bedeutsamer. In der mittelalterlichen feudalen Ordnung der Gesellschaft lagen die politische Macht und die gesellschaftlichen Privilegien beim Adel; zwar gab es im Hoch- und Spätmittelalter (ca. 1200–1470) einige Verschiebungen, das **Feudalsystem** als solches wurde indes nicht aufgehoben.
Weltbild und Lebensauffassung: Alle Lebensbereiche, vom politisch-gesellschaftlichen System

bis zum Familienleben, waren geprägt durch die christliche Religion, den Glauben an eine göttliche Ordnung, in der jeder Einzelne seinen festen Platz hatte. Eingebunden in diese Weltauffassung entwickelte sich im hohen Mittelalter im Adel ein Tugendsystem mit feststehenden gesellschaftlichen Leitbildern des höfischen Ritters und der höfischen Dame. Diese Verhaltensnormen wurden viel stärker von der Literatur als von der Realität getragen.
Literatur: Entsprechend der historischen Entwicklung lagen auch die **literarischen Zentren** im Mittelalter zunächst ausschließlich in den **Klöstern und Kirchen** (8.–12. Jahrhundert), dann vor allem auch an den **Höfen** (12.–13. Jahrhundert), schließlich kamen die **Städte** hinzu (14.–16. Jahrhundert). Dabei meint der Begriff **„Literatur“** in einem weiten Sinne alles Geschriebene, also auch Wörterbücher, Geschichtsschreibung, Gebete etc. Insbesondere ist für die frühen Jahrhunderte neben der schriftlichen Literatur (zunächst nur der geistlich Gebildeten) auch an die **mündlich** realisierte und tradierte Literatur zu denken. Neben dem **Lateinischen** musste sich die **deutsche Volkssprache** erst **als Literatursprache** behaupten. In den ersten Jahrhunderten blieben die Dichter bis auf wenige Ausnahmen anonym. Erst mit der Hochschätzung der volkssprachlichen Literatur an den Höfen manifestierte sich ein neues Selbstbewusstsein der Autoren in der Nennung und Überlieferung ihrer Namen. Der Wert ihrer Werke maß sich im Mittelalter allerdings nicht an Kriterien wie Individualität und Originalität, sondern an der souveränen und effektvollen Handhabung **überlieferter Stoffe** und **tradierter Formen** sowie an der Erfüllung ihres häufig außerhalb der Literatur selbst liegenden **Zwecks**, z. B. religiöse Unterweisung, Glorifizierung eines Herrschers oder Idealisierung des Ritterstandes.

Wichtige Autorinnen/Autoren und Werke
„Merseburger Zaubersprüche“ (entstanden spätestens Anfang des 8. Jahrhunderts)
„Hildebrandslied“ (entstanden ca. Mitte des 8. Jahrhunderts)
Otfried von Weißenburg: Evangelienharmonie (um 870)
Roswitha von Gandersheim (um 935 – nach 973): Heiligenlegenden
Friedrich von Hausen, Heinrich von Morungen, Reinmar der Alte (um 1190/1200): Minnelieder
Walther von der Vogelweide (um 1200): Minnelieder; Spruchdichtung
Hartmann von Aue (um 1200): „Erec“, „Iwein“, „Der arme Heinrich“, „Gregorius“ (Epen); Lieder
Wolfram von Eschenbach (um 1200/1210): „Parzival“, „Willehalm“, „Titurel“ (Epen)
Gottfried von Straßburg (um 1200/1210): „Tristan“ (Epos)
„Nibelungenlied“ (1190–1200)
Der Stricker (erste Hälfte des 13. Jahrhunderts): Schwänke, Fabeln, Bîspeln
Wernher der Gartenaere: „Meier Helmbrecht“ (zweite Hälfte des 13. Jahrhunderts)
Mechthild von Magdeburg (1250–1282): „Das fließende Licht der Gottheit“ (mystische Dichtung)
Meister Eckhart (vor 1260–1328): mystische Literatur
Johannes von Tepl (um 1350 – ca. 1415): „Der Ackermann aus Böhmen“ (lit. Streitgespräch)
Oswald von Wolkenstein (um 1376–1445): Lieder

1 „Höfischer Ritter“ – „Höfische Dame“: Bauen Sie Standbilder, mit denen Sie Ihre Vorstellungen von diesen mittelalterlichen Leitbildern ausdrücken. Fotografieren Sie Ihre Standbilder und vergleichen Sie sie mit Abbildungen von Skulpturen höfischer Figuren aus der mittelalterlichen Zeit.

2 a Wie wurde Literatur vor der Erfindung des Buchdrucks überliefert, wie wurde sie rezipiert? Stellen Sie Hypothesen auf, die Sie anhand von literaturgeschichtlichen Werken überprüfen können.
b Erörtern Sie möglichst aspektreich, welchen Unterschied es macht, ob der Autor eines literarischen Werkes bekannt ist oder ein Werk anonym überliefert ist.

1.2 Epochenumbruch um 1500: Frühe Neuzeit

Johannes Gutenberg und der Buchdruck – Die erste Medienrevolution

Zwischen 1440 und 1450 entwickelte Gutenberg den Buchdruck mit beweglichen Lettern, der von Anfang an als Meilenstein für die Entwicklung der modernen Zivilisation gewürdigt wurde.

Die hohen Wohltaten der Buchdruckerei sind mit Worten nicht auszusprechen. Durch sie wird die Heilige Schrift in allen Zungen und Sprachen eröffnet und ausgebreitet, durch sie werden alle Künste und Wissenschaften erhalten, gemehrt und auf unsere Nachkommen fortgepflanzt. Die Truckerey ist summum et postremum donum[1], durch welches Gott die Sache der Evangelii forttreibet. Es ist die letzte Flamme vor dem Auslöschen der Welt [...].

Martin Luther, 1566

1 **summum et postremum donum:** (lat.) höchste und äußerste Gabe

Jüngst hat der Geiste und die Kunst im rheinischen Lande Bücher zum Lichte gebracht, höchst beträchtlich an Zahl. Was früher nur der Reiche und der König zu eigen besitzen konnte, selbst im bescheidenen Haus trifft man es jetzt: ein Buch. Dank sei den Göttern zunächst, doch sofort auch den Druckern, die durch ihr rastloses Mühen die treffliche Kunst meistern. Was den Gelehrten von Hellas und römischer Technik verborgen geblieben ist, diese neue Erfindung stammt aus deutschem Geist.

Sebastian Brant, 1498

Der menschliche Geist entdeckte im 15. Jahrhundert, um sich Dauer zu verleihen, ein Mittel, das widerstandsfähiger und beständiger ist als die Baukunst. Der steinernen Schrift folgte die bleierne Letter Gutenbergs. Die Erfindung der Buchdruckerkunst ist [...] die Mutter allen Umsturzes, eine Erneuerung menschlicher Ausdrucksmittel von Grund auf. Die gedruckten Gedanken sind unvergänglich, beflügelt, ungreifbar und unzerstörbar. Sie fliegen wie eine Vogelschar auf, schwirren nach allen vier Winden auseinander und sind zur selben Zeit überall.

Victor Hugo, 1831

Gutenberg (zögernd): Vielleicht ist das Buch, wie Gott, eine Idee, an der einige Menschen festhalten werden. [...] Die elektronische Flut, die ihr beschreibt, kennt keine Ufer. Sie überschwemmt alles, aber womit, und für wen? Ihre Inhalte wirken so klein, gemessen am Genius ihrer Technologie. [...] Ihr sprecht von diesem weltumspannenden Internet, als reiche es über das menschliche Gehirn hinaus. Aber der Mensch ist noch immer das Maß aller Dinge.
Bill Gates: Jeder Fehler wird irgendwann behoben. (Er sinkt mit einem Zischen in sich zusammen.)

John Updike, Dialog im Cyberspace, 1996

1 Die Aussagen der Autoren setzen bei der Bewertung von Gutenbergs Erfindung unterschiedliche Akzente. Arbeiten Sie diese heraus und nehmen Sie Stellung dazu.

2 a Erläutern Sie Updikes kritische Intention in dem Dialog zwischen Gutenberg und Bill Gates.
b Diskutieren Sie, ob man heute vom „Ende des Gutenberg-Zeitalters" sprechen kann.

3 **Referat:** Geben Sie einen Überblick über einschneidende Ereignisse und Veränderungen, die es gerechtfertigt erscheinen lassen, von einem „Epochenumbruch um 1500" zu sprechen.

Sebastian Brants „Narrenschiff“ – Der erste deutsche „Bestseller“

„Daß Narrenschyff ad Narragoniam“ – so der vollständige Titel des Buchs von Sebastian Brant (1457–1521) – wurde 1494 in Basel gedruckt. Es handelt sich um eine Moralsatire, wie sie im Spätmittelalter verbreitet war. Brant platziert in seinem Werk eine Vielzahl von Narren auf einem Schiff, das nach Narragonien unterwegs ist. In 112 Kapiteln, die jeweils Bild (Holzschnitte) und Text vereinen, stellt er Laster und Untugenden als Ausdruck einer verkehrten Welt vor.

Sebastian Brant: **Eine Vorrede zu dem Narrenschiff** (1494)

Zů nutz vnd heylsamer ler / vermanung
vnd ervolgung der wyßheit / vernunfft vnd
gůter sytten: Ouch zů verachtung vnd straff
der narheyt / blintheyt yrrsal vnd dorheit /
aller ståt / vnd geschlecht der menschen:
mit besunderem flyß ernst vnd arbeyt /
gesamlet zů Basell: durch Sebastianum
Brant. in beyden rechten[1] doctor.

[1] **in beyden rechten:** in kirchlichem und weltlichem Recht

---

1 **a** Geben Sie mit eigenen Worten wieder, welche Intentionen der Autor mit seinem „Narrenschiff“ verfolgt.
b Benennen Sie Unterschiede zu unserem heutigen Sprachgebrauch.

2 Beschreiben Sie den Holzschnitt in seinen Details und interpretieren Sie das Bild.

Sebastian Brant: **Das Narrenschiff** (1494)

I.
Im Narrentanz voran ich gehe,
Da ich viel Bücher um mich sehe,
Die ich nicht lese und verstehe.

5 **Von unnützen Büchern**
Dass ich im Schiffe vornan sitz,
Das hat fürwahr besondern Witz;
Nicht ohne Ursache ist das:
Auf Bücher ich mich stets verlass,
10 Von Büchern hab ich großen Hort,
Versteh ich selten auch ein Wort,
So halt ich sie doch hoch in Ehren:
Will ihnen gern die Fliegen wehren.
Wo man von Künsten reden tut,
15 Sprech ich: „*Daheim* hab ich sie gut!“
Denn es genügt schon meinem Sinn,
Wenn ich umringt von Büchern bin.

Von Ptolemäus wird erzählt,
Er hatte die Bücher der ganzen Welt
Und hielt das für den größten Schatz,
Doch manches füllte nur den Platz,
Er zog daraus sich keine Lehr.
Ich hab viel Bücher gleich wie er
Und lese doch nur wenig drin.
Zerbrechen sollt ich mir den Sinn,
Und mir mit Lernen machen Last?
Wer viel studiert, wird ein Fantast!
Ich gleiche sonst doch einem Herrn,
Kann zahlen einem, der für mich lern'!
Zwar hab ich einen groben Sinn,
Doch wenn ich bei Gelehrten bin,
So kann ich sprechen: „Ita! – So!"
Des *deutschen* Ordens[1] bin ich froh,
Dieweil ich wenig kann Latein.
Ich weiß, dass *vinum* heißet „Wein",
Gucklus ein Gauch[2], *stultus* ein Tor.
Und dass ich heiß': *„domine doctor*[3]!"
Die Ohren sind verborgen mir,
Sonst säh man bald des Müllers Tier.

1 **deutscher Orden:** Gemeint ist die Gemeinschaft derer, die Deutsch verstehen.
2 **Gauch:** Narr
3 **domine doctor:** (lat.) Herr Doktor

---

3 **a** Erläutern Sie den Gegenstand und die Mittel von Brants Kritik in diesem ersten Kapitel des „Narrenschiffs".
b Kommentieren Sie das erste Kapitel des „Narrenschiffs" unter Beachtung der Daten: nach 1440 Erfindung des Buchdrucks mit beweglichen Lettern – 1494 Erscheinen des Buches.

4 Schreiben Sie nach dem Muster von Brant eine auf unsere Zeit bezogene Kritik am Umgang mit Büchern oder mit dem Internet.

5 **Weiterführende Aufgabe**
a „Narren": Sammeln Sie heutige Redewendungen und Assoziationen zu diesem Begriff.
b Beschaffen Sie sich eine Ausgabe von Brants „Narrenschiff". Legen Sie eine Liste der kritisierten menschlichen Eigenschaften und Charaktere an und überprüfen Sie diese auf Aktualität.

6 „Das Narrenschiff" wurde in mehrere Sprachen übersetzt, in Raubdrucken veröffentlicht und von einem Theologen sogar in einem Predigtzyklus ausgelegt. Suchen Sie mögliche Gründe für diesen ungeheuren Erfolg.

Luthers Bibelübersetzungen – Auf dem Weg zur einheitlichen deutschen Schriftsprache

Martin Luther: **Sendbrief vom Dolmetschen** (1530)

Ich hab mich des geflissen ym dolmetzschen, das ich rein und klar teutsch geben moͤchte. Und ist uns wol offt begegnet, das wir viertzehen tage, drey, vier wochen haben ein einiges wort gesuͤcht und gefragt, habens dennoch zu weilen nicht funden. Im Hiob erbeiten wir also, M. Philips, Aurogallus und ich, das wir yn vier tagen zu weilen kaum drey zeilen kundten fertigen. Lieber, nu es verdeutscht und bereit ist, kans ein yeder lesen und meistern, Laufft einer ytzt mit den augen durch drey, vier bletter und stost nicht ein mal an, wird aber nicht gewar, welche wacken und kloͤtze da gelegen sind, da er ytzt uber hin gehet, wie uber ein gehoffelt bret, da wir haben muͤssen schwitzen und uns engsten, ehe den wir solche wacken und klotze aus dem wege reümeten, auff das man kuͤndte so fein daher gehen. [...] man mus nicht die buchstaben inn der lateinischen sprachen fragen, wie man sol Deutsch reden, wie diese esel thun, sondern, man mus die mutter jhm hause, die kinder auff der gassen, den gemeinen man auff dem marckt drumb fragen, und den selbigen auff das maul sehen, wie sie reden, und darnach dolmetzschen, so verstehen sie es den und mercken, das man Deutsch mit jn redet.

Als wenn Christus spricht: Ex abundantia cordis os loquitur. Wenn ich den Eseln soll folgen, die werden mir die buchstaben furlegen und also dolmetzschen: Auß dem uberflus des hertzen redet der mund. Sage mir, ist das deutsch geredt? Welcher deutscher verstehet solchs? Was ist uberflus des hertzen fur ein ding? Das kann kein deutscher sagen, Er wolt denn sagen, es sey das einer allzu ein gros hertz habe oder zu vil hertzes habe, wie wol das auch noch nicht recht ist: denn uberflus des hertzen ist kein deutsch, so wenig, als das deutsch ist, Uberflus des hauses, uberflus des kacheloffens, uberflus der banck, sondern also redet die můtter ym haus und der gemeine man: Wes das hertz vol ist, des gehet der mund uber. [...]

1 Informieren Sie sich über die Umstände, unter denen Luther seine Bibelübersetzungen erarbeitet hat.

2 Luther antwortet in seinem „Sendbrief" auf Kritiker seiner Bibelübersetzung. Welche Mittel setzt er zur Rechtfertigung seiner Arbeit ein?

3 **a** Erläutern Sie mit eigenen Worten die Ansprüche, die Luther an seine Übersetzung gestellt hat.
b Veranschaulichen und überprüfen Sie diese Ansprüche an den Beispielen der Redewendung „Wes das hertz vol ist, des gehet der Mund uber" (Z. 41–42).

Information **Epochenumbruch um 1500: Renaissance und Humanismus**

Allgemeingeschichtlicher Hintergrund: Verschiedene historische Ereignisse lassen es im Rückblick gerechtfertigt erscheinen, für die Zeit um 1500 von einer Zeitenwende, einem Epochenumbruch zu sprechen: 1453 endet mit der Eroberung Konstantinopels durch die Türken das Oströmische Reich; 1492 entdeckt Kolumbus Amerika, 1497/98 Vasco da Gama den Seeweg nach Indien; durch Nikolaus Kopernikus wird 1514 das geozentrische Weltbild von einem heliozentrischen abgelöst; ab 1517 verbinden sich in der Reformation neue theologische Ansätze mit politischen, sozialen und kirchlichen Konfliktfeldern und führen über gewaltsame Auseinandersetzungen zur Spaltung der Kirche; 1524/1525 artikulieren sich im Bauernkrieg erstmals die materiellen und rechtlichen Forderungen eines bislang untergeordneten und massiv benachteiligten Standes.
Weltbild und Lebensauffassung: All diese Ereignisse blieben nicht ohne Einfluss auf die Welt- und Selbstwahrnehmung der Menschen. Die italienische **Renaissance**, die Vorstellung von einer religiösen, politischen und kulturellen „Wiedergeburt", läutet mit der Wiederentdeckung der römischen Antike eine Hinwendung zum Menschen als einem autonomen Individuum, das sich frei entfalten können soll, ein und hat damit in Deutschland großen Einfluss auf Philosophie und Wissenschaft, Kunst und Kultur. Der **Humanismus** setzt auf die Bildungsfähigkeit des Menschen, vor allem durch die Beschäftigung mit den Zeugnissen der Antike. In diesem Sinne werden Schulen und Universitäten neu strukturiert oder auch neu gegründet. Der Humanismus

hatte damit einen wichtigen Anteil an der wachsenden Bedeutung der Städte nicht nur als wirtschaftliche, sondern auch als kulturelle Zentren. Während die **Reformation** mit ihren kirchenkritischen Vorstellungen einerseits auf Zustimmung bei den Humanisten traf, zeichneten sich andererseits Unterschiede im Menschenbild (freier oder unfreier Wille des Menschen) ab.
Literatur: Für die Literatur bedeuteten die **Erfindung des Buchdrucks** mit beweglichen Lettern sowie die Einführung des in China erfundenen **Papiers** als preiswerter Schreibgrund zwei epochale Neuerungen mit weit reichenden Auswirkungen auf den gesamten Literaturbetrieb. Erstmals werden **Flugschriften** in den politischen und theologischen Auseinandersetzungen der Zeit massenhaft eingesetzt. Je nach Intention und Anlass bedienen sich die Autoren ganz unterschiedlicher **literarischer Formen:** Es gibt religiös-erbauliche, moralisch-politisch ermahnende, sachlich-belehrende, historiografische, polemisierende, satirische, komödiantische Texte.
Lyrische Formen begegnen vor allem in den **Kirchenliedern** sowie im **Meistergesang**, d.h. Liedern von Handwerkern, die sich zu Dichtergesellschaften zusammengeschlossen hatten und ihren mittelalterlichen Vorbildern wie z.B. **Walther von der Vogelweide** nacheiferten. Das Drama bekam einerseits in Form des humanistischen, dann auch reformatorischen und gegenreformatorischen **Schuldramas** neue Impulse, andererseits erlebten die geistlichen Spiele, insbesondere aber die **Fastnachtsspiele** in den Städten einen neuen Aufschwung. Im Bereich der Epik verbreitet sich die Prosaform vor allem durch das **Volksbuch** und die **Schwankliteratur**. Spannung und Unterhaltungswert erzielen die Schwänke, indem hier markante zwischenmenschliche Konflikte durch List und/oder Gewalt und damit häufig durch eklatante Normverstöße pointiert gelöst werden. Mit dem anonymen „Fortunatus"-Roman und den späteren Werken von **Jörg Wickram** beginnt schließlich der von literarischen Vorlagen unabhängige bürgerliche Roman in Deutschland.

Wichtige Autoren und Werke:
Hermann Bote (ca. 1450 – ca. 1520): „Till Eulenspiegel" (Volksbuch)
Sebastian Brant (1457–1521): „Das Narrenschiff" (Moralsatire)
Erasmus von Rotterdam (1465 oder 1469–1536): „Lob der Torheit" (ironische Lehrrede)
Martin Luther (1483–1546): Bibelübersetzungen; Kirchenlieder; Fabeln
Hans Sachs (1494–1576): Meisterlieder; Fastnachtsspiele
„Fortunatus" (Roman, 1509)
Jörg Wickram (ca. 1505 – ca. 1560): „Der Jungen Knaben Spiegel", „Von Guoten vnd Bösen Nachbaurn" (Romane)
„Historia von D. Johann Fausten" (Volksbuch, um 1580)

1 Literatur in der Stadt – zum Beispiel Nürnberg: Sammeln Sie auf einer Wandzeitung Namen, Werke, Einrichtungen, Ereignisse etc., die den Status von Nürnberg als „Literaturstadt" im 15./16. Jahrhundert verdeutlichen. Recherchieren Sie, wie die Stadt Nürnberg heute mit ihrer literarischen Tradition umgeht.
2 Der Begriff des „Humanismus" ist nicht allein an den Epochenumbruch um 1500 gebunden. Stellen Sie Nachforschungen an, in welchen anderen Zeiten der Kultur-, Philosophie- und Literaturgeschichte der Begriff eine zentrale Rolle spielt.
3 Informieren Sie sich genauer über das „Schuldrama" um 1500. Vergleichen Sie dann die damalige Praxis mit dem Stellenwert von Theaterarbeit an Schulen heute.
4 Referat: Der Bauernkrieg in der Literatur: Goethe, „Götz von Berlichingen" und Hauptmann, „Florian Geyer."

1.3 Barock

Jacques Callot: Radierung aus der Serie „Misères de la guerre" (1632–33)

Die Erfahrung des Dreißigjährigen Krieges (1618–1648) und die Erinnerungen daran prägten das Denken und Handeln der Menschen im 17. Jahrhundert. Die Schrecknisse des Krieges, dem durch direkte Kampfhandlungen oder indirekte Folgen (z. B. Seuchen, Hungersnöte) durchschnittlich 30 % der Bevölkerung zum Opfer fielen, waren überall in Deutschland zu bemerken. Der Wiederaufbau nach dem Krieg dauerte lang und bedurfte großer Anstrengung und straffer Organisation.

Hans Jakob Christoffel von Grimmelshausen: **Der Abenteuerliche Simplicissimus Teutsch** (1669)

Im Zentrum von Grimmelshausens Roman steht der Dreißigjährige Krieg. In fünf Büchern erzählt der Protagonist seinen überaus abwechslungsreichen Lebensweg. Den Namen „Simplex" (lat. der Einfältige) erhält er von einem Einsiedler, bei dem er kurze Zeit lebt. Im folgenden Textausschnitt erzählt Simplex, wie er als 10-Jähriger den Überfall eines Trupps marodierender Soldaten auf den Bauernhof seiner Eltern miterlebte.

Das Erste, das diese Reuter taten, war, dass sie ihre Pferd einstelleten, hernach hatte jeglicher seine sonderbare Arbeit zu verrichten, deren jede lauter Untergang und Verderben anzeigte, 5 denn obzwar etliche anfingen zu metzgen, zu sieden und zu braten, dass es sah, als sollte ein lustig Bankett gehalten werden, so waren hingegen andere, die durchstürmten das Haus unten und oben, ja das heimlich Gemach war 10 nicht sicher, gleichsam ob wäre das gülden Fell von Kolchis[1] darinnen verborgen; andere machten von Tuch, Kleidungen und allerlei Hausrat große Päck zusammen, als ob sie irgends ein Krempelmarkt anrichten wollten, was sie aber 15 nicht mitzunehmen gedachten, wurde zerschlagen, etliche durchstachen Heu und Stroh mit ihren Degen, als ob sie nicht Schaf und Schwein genug zu stechen gehabt hätten, etliche schütteten die Federn aus den Betten, und fülleten hingegen Speck, andere dürr Fleisch und sonst 20 Gerät hinein, als ob alsdann besser darauf zu schlafen gewesen wäre; andere schlugen Ofen und Fenster ein, gleichsam als hätten sie ein ewigen Sommer zu verkündigen, Kupfer und Zinnengeschirr schlugen sie zusammen, und 25 packten die gebogenen und verderbten Stück ein, Bettladen, Tisch, Stühl und Bänk verbrannten sie, da doch viel Klafter dürr Holz im Hof lag, Hafen[2] und Schüsseln musste endlich alles entzwei, entweder weil sie lieber Gebraten 30 aßen, oder weil sie bedacht waren, nur ein einzige Mahlzeit allda zu halten; unser Magd ward im Stall dermaßen traktiert, dass sie nicht mehr daraus gehen konnte, welches zwar eine Schand ist zu melden! den Knecht legten sie gebunden 35 auf die Erd, stecketen ihm ein Sperrholz ins Maul, und schütteten ihm einen Melkkübel voll garstig Mistlachenwasser in Leib, das nannten sie ein Schwedischen Trunk, wodurch sie ihn

1 gülden Fell von Kolchis: das Goldene Vlies, das in der griech. Sage die Argonauten aus Kolchis holen
2 Hafen: Behälter, Töpfe

40 zwangen, eine Partei[3] anderwärts zu führen, allda sie Menschen und Vieh hinwegnahmen, und in unsern Hof brachten, unter welchen mein Knan[4], mein Meuder und unser Ursele auch waren. Da fing man erst an, die Stein[5] von 45 den Pistolen, und hingegen an deren Statt der Bauren Daumen aufzuschrauben, und die armen Schelmen so zu foltern, als wenn man hätt Hexen brennen wollen, maßen sie auch einen von den gefangenen Bauren bereits in Backofen 50 steckten und mit Feuer hinter ihm her waren, ohnangesehen er noch nichts bekannt hatte; einem andern machten sie ein Seil um den Kopf, und reitelten[6] es mit einem Bengel[7] zusammen, dass ihm das Blut zu Mund, Nas und Ohren heraussprang. In summa, es hatte jeder 55 seine eigene Invention, die Bauren zu peinigen, und also auch jeder Bauer seine sonderbare Marter [...].

3 Partei: Gruppe
4 Knan: Vater
5 die Stein: Feuersteine
6 reiteln: drehen
7 Bengel: Stock

1 Die Radierung und der Romanauszug sind dem alles überschattenden, zentralen Ereignis der Barockzeit, dem Dreißigjährigen Krieg, gewidmet. Vergleichen Sie deren Wirkungen.
- Welche Empfindungen und Gedanken löst das Bild, welche der Text aus?
- Mit welchen Mitteln werden diese Wirkungen erreicht?

„Memento mori", „carpe diem" und „vanitas" – Schlüsselmotive der Barocklyrik

Die im Zeitalter der **Renaissance** (▸ S. 195) und des **Humanismus** (▸ S. 195) wiederentdeckte Antike war eine der prägenden Kräfte für die Barockkultur. So entwickelten sich die drei in der Überschrift genannten Schlagworte aus der Tradition der römischen Philosophie zu Leitvorstellungen in dieser Kultur. Aus dem Motto „memento mori" (frei übersetzt: „bedenke, dass du sterben musst") ergab sich die „vanitas" („Eitelkeit" im Sinne von „Nichtigkeit") alles Irdischen. Das Bewusstsein dieser „Eitelkeit" konnte einerseits dazu führen, das Leben ganz auf das Jenseits auszurichten, andererseits und im Gegensatz dazu aber auch zum „carpe diem" (lat. „pflücke den Tag", d. h. „nutze/genieße den Tag").

Ex maximo minimum (um 1609)

Dies sind die Überreste des Tempels, in dem
Das lebendige Bild Gottes gewesen sein soll.
Dies ist auch die Ruine jenes Hauses,
In dem einst die Vernunft residierte.
Und nun ist es das schreckliche Bild des Todes.
Ein luftiges Haupt ohne Hirn.

Theodor Kornfeld: Eine Sand=Uhr (1686)

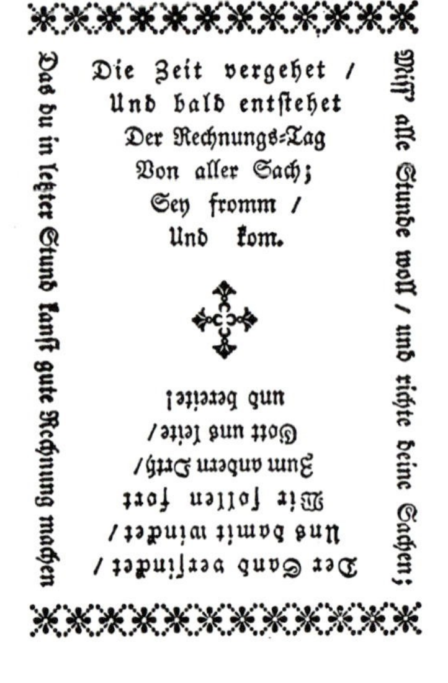

Die Zeit vergehet /
Und bald entstehet
Der Rechnungs=Tag
Von aller Sach;
Sey fromm /
Und kom.

Der Sand versincket /
Uns damit wincket /
Wir sollen fort
Zum andern Orth/
Gott uns leite /
und bereite!

Wiß alle Stunde wol / und richte deine Sachen;
Daß du in letzter Stund kanst gute Rechnung machen

1 Beschreiben Sie die Komposition der beiden Bild-Texte.
2 Geben Sie die Aussage des Emblems (Ex maximo minimum) und des Figurengedichts (Sanduhr) wieder und vergleichen Sie die Wirkung der beiden Kunstgebilde.
3 **a** Suchen Sie Beispiele für die so genannte „konkrete Poesie" (▸ S. 413, 415) und vergleichen Sie sie mit den barocken Figurengedichten.
b Versuchen Sie selbst, solche Figurengedichte bzw. Texte konkreter Poesie zu entwerfen.

Information **Emblem und Figurengedicht**

Beim **Emblem** handelt es sich um eine in der Barockzeit beliebte Kunstform, die aus einem Makrozeichen, einer Kombination aus Bild und Text, besteht.
Im Zentrum steht ein Bild, das Motive aus der Natur, dem menschlichen Leben, der Geschichte, der Bibel oder Mythologie mit meist symbolhafter Bedeutung zeigt. Darüber befindet sich eine Überschrift (Motto oder Inscriptio), häufig in lat. oder griech. Sprache. Den dritten Teil bildet die Erklärung unter dem Bild (Subscriptio), die den Gehalt des Bildes in Versen, seltener auch in Prosa erläutert. In späterer Zeit verstand man unter einem Emblem allgemein ein Sinnbild.

Das **Figurengedicht** ist eine aus der Antike übernommene Gedichtform, bei der das Schriftbild des Textes einen Gegenstand nachahmt, der in direkter oder symbolischer Beziehung zum Inhalt steht.
Das Figurengedicht, das sich in der Barockzeit besonderer Beliebtheit erfreute, fand in der Moderne, z. B. in den Formen der **konkreten Poesie** (▸ S. 413, 415), seine Fortsetzung.

Simon Dach: **Letzte Rede Einer vormals stoltzen und gleich jetzt sterbenden Jungfrawen** (1638)

Ich armer Madensack! Der ich vor wenig Wochen
Belebt / gerad vnd schön gleich einem Hirsche gieng /
Vnd hoch geehret ward, vnd manchen Gruß empfieng /
Lieg hie nun hergestreckt vnd bin nur Haut vnd Knochen:
5 Die Glieder sterben mir, die Augen sind gebrochen.
War dieses / dass ich mich mit Golde so behieng?
Jhr Freunde / haltet Mund vnd Nase zu / ich stinck.
Ach Gott! So wird mein Pracht vnd Vbermuth gerochen[1]!
Ihr Jung- vnd Frawen kompt, kompt spiegelt euch in mir!
10 Lernt hie / was Hochmuth sey / was Stand / Gestalt vnd Zier!
Ihr seht / ich muß davon / mein Leben will sich schliessen.
Lebt alle wol / vnd habt euch stets in guter acht!
Gedenckt / wie mich der Todt so scheußlich hat gemacht!
Ich tantze nur voran / jhr werdet folgen müssen.

1 **gerochen:** alte Form für „gerächt"

Hans Baldung, genannt Grien:
Die drei Lebensalter des Weibes und der Tod (um 1510)

Johann Christian Günther: Als er der Phillis einen Ring mit einem Totenkopf überreichte (1724)

Erschrick nicht vor dem Liebeszeichen,
Es träget unser künftig Bild,
Vor dem nur die allein erbleichen,
Bei welchen die Vernunft nichts gilt.
5 Wie schickt sich aber Eis und Flammen?
Wie reimt sich Lieb und Tod zusammen?
Es schickt und reimt sich gar zu schön,
Denn beide sind von gleicher Stärke
Und spielen ihre Wunderwerke
10 Mit allen, die auf Erden gehn.

Ich gebe dir dies Pfand zur Lehre:
Das Gold bedeutet feste Treu,
Der Ring, dass uns die Zeit verehre,
Die Täubchen, wie vergnügt man sei;
15 Der Kopf erinnert dich des Lebens,
Im Grab ist aller Wunsch vergebens,
Drum lieb und lebe, weil man kann.
Wer weiß, wie bald wir wandern müssen!
Das Leben steckt im treuen Küssen,
20 Ach, fang den Augenblick noch an!

---

1 Im Gegensatz zu den Emblemen und Figurengedichten, die mit den Augen wahrgenommen werden, wenden sich diese Gedichte mit ihren Klangmitteln Reim und Metrum an das Gehör. Simon Dachs Sonett ist in einer ursprünglichen Fassung abgedruckt. Lesen Sie es laut und versuchen Sie, herauszufinden, welche Funktion die Virgeln (die Schrägstriche) haben.
   a Üben Sie eine Rezitation ein und tragen Sie beide Gedichte möglichst wirkungsvoll vor.
   b Welchen Eindruck haben Sie beim Hören der Barockgedichte gewonnen?

2 Lesen Sie auch das Sonett „Vergänglichkeit der Schönheit“ (▸ S. 382). Alle drei Gedichte haben einen appellativen Charakter.
   Untersuchen Sie, wer in den einzelnen Gedichten spricht, an welchen Adressaten es sich mit welchem direkten oder indirekten Appell wendet und welche Wirkungsabsicht im Hinblick auf den Leser damit verbunden ist.

3 Beschreiben Sie den formalen und inhaltlichen Aufbau der Gedichte und vergleichen Sie.

4 Welche Bezüge können Sie zwischen den einzelnen Gedichten und Baldungs Bild herstellen?

5 a Suchen Sie in den Gedichttexten auffällige Metaphern und versuchen Sie, deren Bedeutung zu entschlüsseln.
   b Nutzen Sie den Merkkasten unten und im Epochenüberblick (▸ S. 204–205) den Abschnitt über die Literatur und erläutern Sie unter Bezugnahme darauf Konstruktion und Wirkungsweise barocker Metaphern.

Information **Metapher**

Barocke Metaphern sind im Grunde verkürzte Vergleiche. Sie beruhen auf einem tertium comparationis, einer Gemeinsamkeit zwischen Sach- und Bildbereich, nur das „wie“, das im Vergleich sprachlich die Brücke zwischen den beiden Bereichen schlägt, wird weggelassen. Diese Metaphern wenden sich an die intellektuelle Findigkeit des Lesers, seinen „Witz“, wie es in der Barockzeit hieß, um ihren Sinn zu entschlüsseln. „Der schultern warmer schnee“ (Vers 4 in „Vergänglichkeit der Schönheit“, ▸ S. 382) bedeutet:
Die Schultern der angesprochenen Dame sind so weiß wie Schnee (eine weiße Haut galt als besonderes Schönheitsideal). Da die Haut warm ist, wird die Metapher noch kunstreich durch das **Oxymoron** (▸ S. 145) „warmer schnee“ verziert. „Ich armer Madensack“ (Vers 1 in „Letzte Rede ...“, ▸ S. 199) ist eine in der theologischen Literatur des 16. Jh.s verbreitete Metapher für den sterblichen menschlichen Körper.

Friedrich von Logau: **Das Beste der Welt** (1654)

Weißt du, was in dieser Welt
Mir am meisten wohl gefällt?
Dass die Zeit sich selbst verzehret
Und die Welt nicht ewig währet.

Georg Philipp Harsdörffer: **Das Leben ist** (1659) – Anfang

Ein *Laub*, das grünt und falbt[1] geschwind.
Ein *Staub*, den leicht vertreibt der Wind.
Ein *Schnee*, der in dem Nu vergehet.
Ein *See*, der niemals stille stehet.
Die *Blum*, so nach der Blüt verfällt.
Der *Ruhm*, auf kurze Zeit gestellt.
Ein *Gras*, so leichtlich wird verdrücket.
Ein *Glas*, so leichter wird zerstücket.
Ein *Traum*, der mit dem Schlaf aufhört.
Ein *Schaum* [...].
Ein *Heu*, das kurze Zeite bleibet.
Die *Spreu* [...].
Ein *Kauf*, den man am End bereut.
[...]

1 falben: gelb werden

Andreas Gryphius: **Es ist alles eitel** (1636)

Du siehst, wohin du siehst, nur Eitelkeit auf Erden.
Was dieser heute baut, reißt jener morgen ein,
Wo jetzund Städte stehn, wird eine Wiese sein,
Auf der ein Schäferskind wird spielen mit den Herden;

Was jetzund prächtig blüht, soll bald zertreten werden;
Was jetzt so pocht und trotzt, ist morgen Asch und Bein;
Nichts ist, das ewig sei, kein Erz, kein Marmorstein.
Itzt lacht das Glück uns an, bald donnern die Beschwerden.

Der hohen Taten Ruhm muss wie ein Traum vergehn.
Soll denn das Spiel der Zeit, der leichte Mensch, bestehn?
Ach, was ist alles dies, was wir für köstlich achten,

Als schlechte Nichtigkeit, als Schatten, Staub und Wind,
Als eine Wiesenblum, die man nicht wiederfind't!
Noch will, was ewig ist, kein einzig Mensch betrachten.

---

1 Beschreiben Sie das Bild von der Welt und vom Leben darin, das die drei Texte vermitteln, und vergleichen Sie die Schlussfolgerungen, die die Sprecher in Logaus und in Gryphius' Gedicht daraus ziehen.

2 Erläutern Sie unter Heranziehung von Wörterbüchern und Lexika den Begriff „Eitelkeit", wie er in Gryphius' Text verstanden wird.

3 Veranschaulichen Sie die Struktur des Gedichtes von Gryphius in einem Schaubild. Berücksichtigen Sie dabei folgende Konstruktionselemente: Strophenbau, Bau des Alexandriner-Verses (sechshebige Jamben, Zäsur in der Mitte und meist antithetische Aussage), Parallelismus, Klimax, gedanklicher Aufbau von These – Argumentation/Belege – Schlussfolgerung.

4 **a** Setzen Sie die Metaphernkette des Gedichts von Harsdörffer in der vorgegebenen Struktur und inhaltlichen Tendenz fort und finden Sie einen Abschluss für das Gedicht.

b Schreiben Sie ein Gegengedicht mit Metaphern, die das Leben mit ganz anderen, positiven Erscheinungen gleichsetzen.

5 Verfassen Sie ein Resümee, in dem Sie anhand der Gedichte das Verhältnis der drei barocken Schlüsselmotive (▶ S. 198) zueinander und die Bedeutung, die ihnen hier gegeben wird, zusammenfassen.

Barocke Naturlyrik – Drei Frühlingsgedichte

Sigmund von Birken: **Willkommen Lenz** (1645)

Willkommen, Lenz! Du Freuden-Wiederbringer,
des Jahres Mann / du Blumen-Vater du,
du der Natur ihr Pinsel und ihr Finger,
mit dem sie malt die schöne Erden-Zwinger[1],
5 der du zerschmelzst des Winters Eise-Schuh,
willkommen, Lenz! durch den die Erde jünger
und schöner wird, du warmer Kältbezwinger,
du Auen-Freund, du Geber neuer Ruh,
der Flora Buhl[2], du Leid- und Schnee-Verschlinger!
10 Nimm an die Ehr, die ich dir hier antu /
du unsrer Lust und Schäferspiel bezünger.
Willkommen, Lenz!

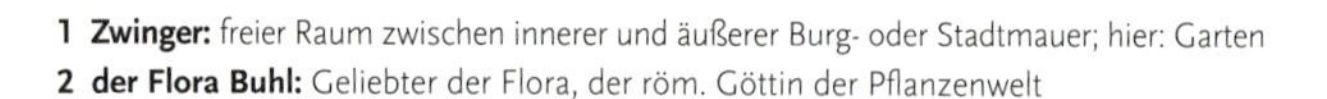
1 **Zwinger:** freier Raum zwischen innerer und äußerer Burg- oder Stadtmauer; hier: Garten
2 **der Flora Buhl:** Geliebter der Flora, der röm. Göttin der Pflanzenwelt

Giuseppe Arcimboldo: Der Frühling (1563)

Georg Philipp Harsdörffer: **Der Frühling** (1644) – Auszug

1.
Der froh Frühling kommet an,
der Schnee dem Klee entweichet:
Der Lenz, der bunte Blumen-Mann,
5 mit linden Winden häuchet:
Die Erd' eröffnet ihre Brust,
mit Saft und Kraft erfüllet:
der zarte West, der Felderlust,
hat nun den Nord gestillet.

10 2.
Es hat der silberklare Bach
den Harnisch ausgezogen:
es jagt die Flut der Flute nach,
durch bunten Kieß gesogen.
15 Das Tauen nun die Auen frischt
die weiße Wollen-Herde
auf neubegrüntem Tepich tischt
und tanzet auf der Erde.
[...]

20 6.
Ach Gott, der du mit so viel Gut
bekrönst des Jahres Zeiten,
lass uns auch mit erfreutem Mut
zum Paradis bereiten:
25 Da wir dich werden für und für
die schönste Schönheit finden,
dagegen diese schnöde Zier
ist eitler Kot der Sünden.

Barthold Hinrich Brockes: Frühlingsbetrachtungen (1738)

Mich erquicken,
Mich entzücken
In der holden Frühlingszeit
Alle Dinge, die ich sehe,
5 Da ja, wo ich geh und stehe,
Alles voller Lieblichkeit.

Durch der grünen Erde Pracht,
Durch die Blumen, durch die Blüte
Wird durchs Auge mein Gemüte
10 Recht bezaubernd angelacht.
Die gelinden lauen Lüfte
Voller balsamreicher Düfte
Treibt des holden Zephirs[1] Spiel
Zum Geruch und zum Gefühl.
15 Auf den glatten Wellen wallen
Wie auf glänzenden Kristallen
Im beständig regen Licht
Tausend Strahlen, tausend Blitze
Und ergetzen das Gesicht[2].

20 Sonderlich wenn selbe zwischen
Noch nicht dick bewachsnen Büschen
Und durch junge Weiden glimmen.
Kleine Lichter, welche schwimmen
Auf dem Laub und auf der Flut
25 Bald in weiß, bald blauer Glut,
Treffen mit gefärbtem Scherz
Durch die Augen unser Herz.
Seht die leichten Vögel fliegen;
Höret, wie sie sich vergnügen;
30 Seht, wie die beblümten Hecken
Ihr geflochtnes Nest verstecken!
Schlupfet dort nach seinem Neste.
Ein verliebt und emsigs Paar,
Hüpfet hier durch Laub und Äste
35 Eine buntgefärbte Schar.
Seht, wie sie die Köpfchen drehn
Und des Frühlings Pracht besehn;
Hört, wie gurgeln sie so schön!
Höret, wie sie musizieren!

40 Lass dich doch ihr Beispiel rühren,
Liebster Mensch, lass Dem zu Ehren,
Der die Welt so schön geschmückt
Und durch sie dich fast[3] entzückt,
Auch ein frohes Danklied hören.

1 **Zephir:** sanfter Wind
2 **Gesicht:** Gesichtssinn, Sehvermögen
3 **fast:** hier: sehr

1 Arbeiten Sie in einer vergleichenden Interpretation heraus, wie das Thema „Frühling" in den drei Gedichten der Barockzeit abgehandelt wird.
Beachten Sie dabei,
- wie der Frühling dargestellt wird,
- welche Reaktionen er im Denken oder Fühlen des Sprechers hervorruft,
- welche Wirkungsabsicht im Hinblick auf den Leser verfolgt wird.

2 Welchem der Gedichte würden das Bild von Arcimboldo am ehesten zuordnen? Begründen Sie.

3 Analysieren Sie in arbeitsteiliger Kleingruppenarbeit die Form der Gedichte (Strophen- und Versbau, Reimschemata, Metaphorik und andere sprachliche Mittel) und setzen Sie diese zum inhaltlichen Aufbau und zur Gesamtaussage in Beziehung.

4 Verfassen Sie zu einem der Barockgedichte auf den Seiten 198–202 eine möglichst vollständige **Interpretation** (▸ S. 79–86). Schließen Sie Ihre Interpretation mit einer Zusammenfassung der epochentypischen Merkmale und einer Reflexion der Wirkungsabsicht ab.

Information **Barock (ca. 1600 bis ca. 1750)**

Allgemeingeschichtlicher Hintergrund: Das zentrale Ereignis in Deutschland war der **Dreißigjährige Krieg** (1618–1648). Er hinterließ verödete Landstriche und zerstörte Städte. Im Durchschnitt fiel ihm ein Drittel der Bevölkerung zum Opfer, in manchen Landstrichen mehr als die Hälfte. Der Wiederaufbau, bei dem die gesellschaftlichen Kräfte gebündelt werden mussten, förderte in den einzelnen deutschen Fürstentümern die Entwicklung zum **Absolutismus**, einer Staatsverfassung, die im Frankreich Ludwigs XIV. ihre perfekteste Ausprägung erfahren hatte. Der Hof von Versailles, von dem aus das Land zentralistisch verwaltet wurde, galt mit seiner ausladenden Architektur und prunkvollen Einrichtung, die die Macht des „Sonnenkönigs“ demonstrativ zur Schau stellte, als Vorbild für die deutschen Fürsten. Obwohl rechtlich betrachtet jeder Fürst als Souverän über einen einheitlichen Untertanenverband regierte, blieb die Gesellschaft weiterhin in **Stände** gegliedert, unter denen der Adel weit reichende Privilegien genoss.

Weltbild und Lebensauffassung: Die religiöse Einheit des Mittelalters war durch Reformation und Gegenreformation zerstört. Die Glaubensspaltung, der Dreißigjährige Krieg, der zunächst einmal ein Religionskrieg war, und die Bestimmung der Konfession der Bevölkerung eines Landes durch den absolutistischen Fürsten hatten die Macht der Kirche erschüttert. Zwar spielte die Religion im Bewusstsein und im Leben der Menschen weiterhin eine dominierende Rolle, musste jedoch auch mit einer genussvollen Hinwendung zum Irdischen konkurrieren. So ist immer wieder auf die **Widersprüchlichkeit und Zerrissenheit** im Denken und Fühlen der Menschen jener Zeit hingewiesen worden: Neben strikter Jenseitsorientierung und Flucht aus dem irdischen Jammertal steht eine unverblümte Diesseitszugewandtheit bis hin zu praller Lebensgier. Diese Weltfreude zeigt sich beispielhaft auch in der **barocken Mode** mit ihren auf Repräsentation hin angelegten, reich ausgestatteten Gewändern und riesigen Allonge- und Fontangeperücken sowie in der **barocken Kunst** mit ihrem Schwelgen in muskulösen bzw. fettleibigen Körpern, die in krassem Gegensatz zu den vielen Todesdarstellungen mit Totenschädeln und -gerippen stehen. Getragen wird die neue Hinwendung zur Welt auch von dem Aufschwung, den Mathematik und Naturwissenschaften nehmen. Der Rationalismus René Descartes' (1596–1650) und Isaac Newtons (1642–1727) Grundlagen der neuzeitlichen Physik beginnen, das Weltbild der Zeit zu prägen. Die Natur wird primär als alles umfassender Mechanismus gesehen, der klaren, in Formeln fassbaren Gesetzen folgt. Der Geist der Geometrie ergreift die Herrschaft und man erfreut sich an Gartenanlagen, in denen die Natur auf ihre geometrischen Grundformen zurechtgestutzt wird, was gleichermaßen dem rationalistischen Zeitgeist wie dem absolutistischen Herrschaftsgedanken, der sich auch die Natur unterwirft, entspricht.

Literatur: In der Barockzeit fand die deutsche Literatur Anschluss an den in der Renaissance (14./15. Jh.) entwickelten hohen kulturellen Standard der west- und südeuropäischen Länder, deren Autoren den deutschen Dichtern zunächst als Vorbilder dienten. Literarische Zentren bildeten zum einen die Fürstenhöfe mit ihrem glanzvollen geselligen Leben, zu dessen Personal häufig auch ein Hofpoet gehörte, zum anderen die Städte mit ihren Schulen und Universitäten. Hier fanden die adligen und bürgerlichen Verwaltungsbeamten und Gelehrten, die in ihren Mußestunden literarische Texte schrieben, ihr Publikum. Die Leistung der barocken Dichtergenerationen bestand in der Entwicklung und reichen Entfaltung der neuhochdeutschen Literatursprache und darin, die Grundlagen für die meisten bis heute wichtigen literarischen Gattungen und Formen geschaffen zu haben. In einer Reihe von Poetiken, einer Art Anleitungen zum Dichten, wurden diese Formen ebenso normativ festgelegt wie die Themen und Stoffe, die ihnen zuzuordnen waren (z. B. der dramatischen Dichtung die Standhaftigkeit christlicher Märtyrer oder die vorbildlichen Taten antiker und ritterlicher Helden, der Epik die Darstellung ländlicher Idyllen und Schäferspiele, der Lyrik Frauenpreis oder die tradierten Lebensmottos von „memento mori", „vanitas" und „carpe diem"; in allen Gattungen finden sich Huldigungen an Herrscher und hochgestellte Persönlichkeiten). Die wirkungsmächtigsten dieser Poetiken waren das **„Buch von der Deutschen Poeterey"** (1624) des **Martin Opitz** und der **„Poetische Trichter"** (1647–53) des **Georg Philipp Harsdörffer**, der beanspruchte, den Köpfen seiner Leser in sechs Stunden die deutsche Dichtkunst eintrichtern zu können. Deutlich wird daran, dass Kunst hier als erlernbar begriffen wird. Es handelt sich um ein höchst formalistisches Kunstverständnis, nach dem Kunst nicht in einem originären Schaffensprozess zur Hervorbringung einer individuellen Aussage besteht, sondern in der gekonnten Variation tradierter formaler Schemata (z. B. Sonett) zu einem ebenso tradierten Thema. Die so geschaffene Poesie wendet sich primär an den (Kunst-)Verstand, nicht an das Gefühl. Die Natur ist nicht Erlebnisraum, sondern ein Kosmos an Zeichen und Sinnbildern („mundus symbolicus"), sodass **Dichtung zu einem Spiel des Verschlüsselns** (auf Seiten des Dichters) **und Entschlüsselns** (auf Seiten des Lesers) wird. Die Vorliebe für Metaphern, Allegorien und Embleme als Darstellungsmittel führte zu dem so genannten barocken „Schwulst", der heute vielfach als typisch für das Zeitalter angesehen wird.

Wichtige Autorinnen/Autoren und Werke
Martin Opitz (1597–1639): „Buch von der Deutschen Poeterey" (normative Poetik); Gedichte
Friedrich von Logau (1605–1655): Gedichte
Simon Dach (1605–1659): Gedichte
Georg Philip Harsdörffer (1607–1658): „Poetischer Trichter" (normative Poetik); Gedichte
Andreas Gryphius (1616–1664): „Sonn- und Feiertags-Sonette"
Christian Hofmann von Hofmannswaldau (1617–1679): Gedichte
Sibylla Schwarz (1621–1638): Gedichte
Hans Jakob Christoffel von Grimmelshausen (1622–1676): „Der abenteuerliche Simplicissimus Teutsch" (Roman)
Johann Christian Günther (1695–1723): Gedichte

1 Das Gedicht von Barthold Hinrich Brockes wird literaturgeschichtlich in die Übergangszeit zwischen Barock und Frühaufklärung eingeordnet. Worin erkennen Sie Elemente des Barock, worin solche der **Aufklärung** (► S. 218–219)?
2 **Referate:** Stellen Sie einzelne bedeutende Barockdichter mit ihrer Biografie und mit Beispielen aus ihrem Werk vor (z. B. Martin Opitz, Andreas Gryphius, Christian Hofmann von Hofmannswaldau, Johann Christian Günther).
3 **Fächerverbindendes Projekt:**
   - Stellen Sie eine Sammlung von Fotos barocker Schloss- und Gartenanlagen, Kirchen und Gemälde zusammen.
   - Sammeln Sie Texte aus Anthologien barocker Literatur, die zu den Bildern passen oder auch mit ihnen kontrastieren.
   - Nehmen Sie auf Tonträger Beispiele barocker Musik auf.
   - Vereinigen Sie das gesamte Material zu einer Ton-Text-Bild-Collage und präsentieren Sie sie.

2 Aufklärung – Sturm und Drang

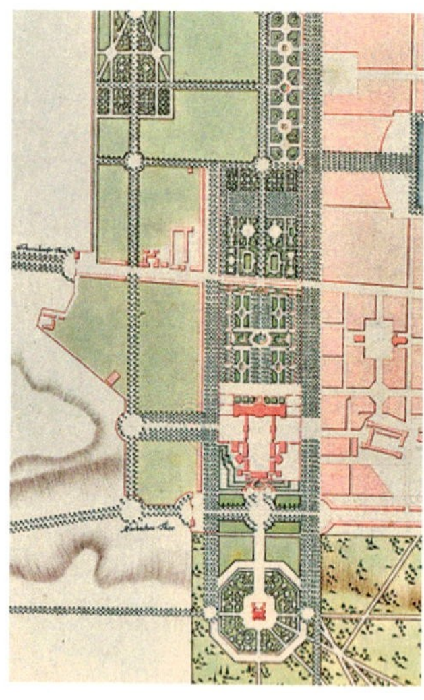

Ludwigsburg, Schlossgarten (um 1760)

München, Englischer Garten (1803)

Stichwörter der Epoche zu Themen der Zeit um 1770–1780

Ich bin **der erste Diener** meines Staates.
Friedrich II., preußischer König (1712–1786)

Freiheit ist die Autonomie des Willens, sich selbst ein Gesetz zu sein.
Immanuel Kant (1724–1804)

Die unwiderstehliche Gewalt der **Liebe**, uns durch einen Gegenstand entweder höchst glücklich oder höchst unglücklich zu machen, ist poetische Faselei junger Leute, bei denen der Kopf noch im Wachsen begriffen ist.
Georg Christoph Lichtenberg (1742–1799)

Die Natur hat gewollt, dass der Mensch [...] keiner anderen Glückseligkeit oder Vollkommenheit teilhaftig werde, als die er sich selbst, frei von Instinkt, durch eigene Vernunft, verschafft hat.
Kant

In **tyrannos** *Friedrich Schiller (1759–1805)*, Motto des Dramas „Die Räuber"

O **Freyheit**, Silberton dem Ohre!/Licht dem Verstande!/Dem Herzen groß Gefühl/Und freier Flug zu denken!
Friedrich Gottlieb Klopstock (1724–1803)
Christian Friedrich Schubart (1739–1791)

Du gingst, ich stund und sah zur Erden,
Und sah dir nach mit nassem Blick.
Und doch, welch Glück, geliebt zu werden;
Und **lieben, Götter, welch ein Glück!**
Johann Wolfgang Goethe (1749–1832)

Schön ist, **Mutter Natur**, deiner Erfindungen Pracht./Auf den Fluren verstreut, schöner ein froh Gesicht,/Das den großen Gedanken/Deiner Schöpfung noch einmal denkt. *Klopstock*

1 Schlagen Sie in einem literarischen Lexikon die Begriffe „Aufklärung" und „Sturm und Drang" nach. Stellen Sie die Kernbegriffe der Artikel einander tabellarisch gegenüber.
2 Beschreiben Sie die beiden Parkanlagen. Ordnen Sie den Bildern einige der Zitate zu. Welche Text-Bild-Gruppe passt eher zu „Aufklärung", welche eher zu „Sturm und Drang" (soweit Sie diese über die Lexikonartikel kennen gelernt haben)?

2.1 Aufklärung

Das Denken der Aufklärung nimmt seinen Ausgang von Frankreich. Dort entsteht das groß angelegte Projekt der „Enzyklopädie", in der das gesamte damals bekannte Wissen in 35 Bänden gesammelt und vorgestellt wird.
Die Enzyklopädie propagiert, manchmal an versteckten Stellen, das Denken der Aufklärung. In „harmlosen" Artikeln wie z.B. **Diderots** „L'art d'écrire" geht es nicht nur um die technische Seite des Schreibens, sondern auch um Inhalte und Prinzipien der in Schriften geführten Auseinandersetzung mit der gesellschaftlichen Wirklichkeit der Zeit.

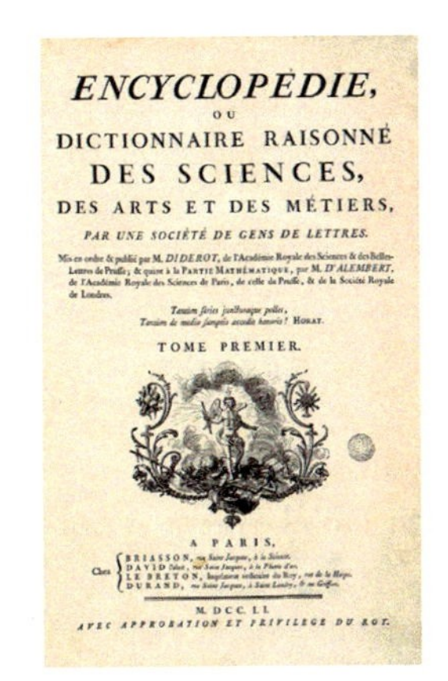
ENCYCLOPÉDIE,
OU
DICTIONNAIRE RAISONNÉ
DES SCIENCES,
DES ARTS ET DES MÉTIERS,
PAR UNE SOCIÉTÉ DE GENS DE LETTRES.
Mis en ordre & publié par M. DIDEROT, de l'Académie Royale des Sciences & des Belles-Lettres de Prusse; & quant à la PARTIE MATHÉMATIQUE, par M. D'ALEMBERT, de l'Académie Royale des Sciences de Paris, de celle de Prusse, & de la Société Royale de Londres.
HORAT.
TOME PREMIER.
A PARIS,
Chez BRIASSON, DAVID, LE BRETON, DURAND,
M. DCC. LI.
AVEC APPROBATION ET PRIVILEGE DU ROY.

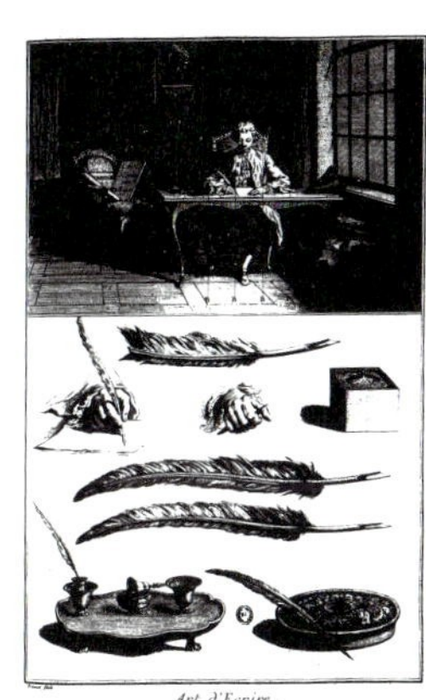
Art d'Ecrire

1 Machen Sie sich sachkundig über das Projekt der „Enzyklopädie". Klären Sie,
- warum der Untertitel sie ein „Dictionnaire raisonné des Sciences, des Arts et des Métiers" nennt,
- wie die Unternehmung der Enzyklopädie aufgenommen wurde und welchen Erfolg sie hatte.

Dieses Werk wird sicher mit der Zeit eine Umwandlung der Geister mit sich bringen, und ich hoffe, dass die Tyrannen, die Unterdrücker, die Fanatiker und die Intoleranten dabei nicht gewinnen werden. Wir werden der Menschheit gedient haben.

D'Alembert, verantwortlicher Redakteur des Werkes

2 Nehmen Sie Stellung zu dieser Selbsteinschätzung der „Enzyklopädisten".

Die Verstandeskultur – Eine Hoffnung damals und heute?

1784 schrieb die Preußische Akademie der Wissenschaften einen Wettbewerb aus. Die Preisfrage lautete: „Was ist Aufklärung?" Zahlreiche Intellektuelle der Zeit reichten ihre Antworten ein.

Christoph Martin Wieland: **Sechs Antworten auf sechs Fragen zur Aufklärung** (1784)

Christoph Martin Wieland, geboren 1733 in Oberholzheim bei Biberach, starb 1813 in Weimar. 1750 begann eine lebenslange Freundschaft mit Sophie von La Roche (► S. 227). 1772 wurde Wieland als Prinzenerzieher an den Weimarer Hof berufen. 1773 gründete er die Zeitschrift „Der Teutsche Merkur". Von 1775 an lebte er als freier Schriftsteller.

I Was ist Aufklärung?
Antwort: Das weiß jedermann, der vermittelst eines Paars sehender Augen erkennen gelernt hat, worin der Unterschied zwischen Hell und Dunkel, Licht und Finsternis besteht. Im Dunkeln sieht man entweder gar nichts oder wenigstens nicht so klar, dass man die Gegenstände recht erkennen und

voneinander unterscheiden kann; sobald Licht gebracht wird, klären sich die Sachen auf, werden sichtbar und können voneinander unterschieden werden – doch wird dazu zweierlei notwendig erfordert: 1) dass Licht genug vorhanden sei und 2) dass diejenigen, welche dabei sehen sollen, weder blind noch gelbsüchtig seien noch durch irgendeine andere Ursache verhindert werden, sehen zu können oder sehen zu wollen.

4 Durch welche sicheren Mittel wird sie befördert?

Antwort: [...] Alle Gegenstände unsrer Erkenntnis sind entweder geschehene Dinge oder Vorstellungen, Begriffe, Urteile und Meinungen. Geschehene Dinge werden aufgeklärt, wenn man bis zur Befriedigung eines jeden unparteiischen Forschers untersucht, ob und wie sie geschehen sind. Die Vorstellungen, Begriffe, Urteile und Meinungen der Menschen werden aufgeklärt, wenn das Wahre vom Falschen daran abgesondert, das Verwickelte entwickelt, das Zusammengesetzte in seine einfachern Bestandteile aufgelöst, das Einfache bis zu seinem Ursprunge verfolgt und überhaupt keiner Vorstellung oder Behauptung, die jemals von Menschen für Wahrheit ausgegeben worden ist, ein Freibrief gegen die uneingeschränkteste Untersuchung gestattet wird. Es gibt kein anderes Mittel, die Masse der Irrtümer und schädlichen Täuschungen, die den menschlichen Verstand verfinstert, zu vermindern, als dieses, und es kann kein anderes geben.

---

1 **a** Untersuchen Sie die sprachliche Gestaltung des Textes: Wie versucht Wieland, seinen Lesern eine Vorstellung von „Aufklärung" zu geben?
b Wie bringt man Ihrer Meinung nach Klarheit in dunkle „Vorstellungen, Begriffe, Urteile und Meinungen der Menschen"? Suchen Sie Beispiele und erklären Sie sie.

Immanuel Kant: **Beantwortung der Frage: Was ist Aufklärung?** (1784)

Immanuel Kant (1724–1804), geboren in Königsberg, dort Professor für Philosophie. Seine Hauptwerke „Kritik der reinen Vernunft" (1781) und „Kritik der praktischen Vernunft" (1788) untersuchen die Grenzen der vernunftgeleiteten Erkenntnis und die Prinzipien des vernunftgeleiteten Handelns.

Aufklärung ist der Ausgang des Menschen aus seiner selbst verschuldeten Unmündigkeit. Unmündigkeit ist das Unvermögen, sich seines Verstandes ohne Leitung eines anderen zu bedienen. *Selbstverschuldet* ist diese Unmündigkeit, wenn die Ursache derselben nicht am Mangel des Verstandes, sondern der Entschließung und des Mutes liegt, sich seiner ohne Leitung eines andern zu bedienen! Sapere aude! Habe Mut, dich deines *eigenen* Verstandes zu bedienen!, ist also der Wahlspruch der Aufklärung.

Faulheit und Feigheit sind die Ursachen, warum ein so großer Teil der Menschen, nachdem sie die Natur längst von fremder Leitung freigesprochen (naturaliter majorennes[1]), dennoch gerne zeitlebens unmündig bleiben; und warum es anderen so leicht wird, sich zu deren Vormündern aufzuwerfen. Es ist so bequem, unmündig zu sein. Habe ich ein Buch, das für mich Verstand hat, einen Seelsorger, der für mich Gewissen hat, einen Arzt, der für mich die Diät beurteilt usw., so brauche ich mich ja nicht selbst zu bemühen. Ich habe nicht nötig zu denken, wenn ich nur bezahlen kann; andere werden das verdrießliche Geschäft

1 naturaliter majorennes: lat. von Natur aus volljährig/mündig; erwachsen

schon für mich übernehmen. Dass der bei Weitem größte Teil der Menschen (darunter das ganze schöne Geschlecht) den Schritt zur Mündigkeit außer dem, dass er beschwerlich ist, auch für sehr gefährlich halte: Dafür sorgen schon jene Vormünder, die die Oberaufsicht über sie gütigst auf sich genommen haben […].
Zu dieser Aufklärung aber wird nichts erfordert als *Freiheit;* und zwar die unschädlichste unter allem, was nur Freiheit heißen mag, nämlich die: von seiner Vernunft in allen Stücken *öffentlichen Gebrauch* zu machen. Nun höre ich aber von allen Seiten rufen: *Räsoniert*[2] *nicht!* Der Offizier sagt: Räsoniert nicht, sondern exerziert! Der Finanzrat: Räsoniert nicht, sondern bezahlt! Der Geistliche: Räsoniert nicht, sondern glaubt! (Nur ein einziger Herr in der Welt sagt: *Räsoniert,* so viel ihr wollt und worüber ihr wollt; *aber gehorcht!*[3])
Hier ist überall Einschränkung der Freiheit. Welche Einschränkung aber ist der Aufklärung hinderlich? Welche nicht, sondern ihr wohl gar beförderlich? – Ich antworte: Der *öffentliche* Gebrauch seiner Vernunft muss jederzeit frei sein, und der allein kann Aufklärung unter Menschen zu Stande bringen; der *Privatgebrauch* derselben aber darf öfters sehr enge eingeschränkt sein, ohne doch darum den Fortschritt der Aufklärung sonderlich zu hindern. Ich verstehe aber unter dem öffentlichen Gebrauche seiner eigenen Vernunft denjenigen, den jemand als Gelehrter von ihr vor dem ganzen Publikum der Leserwelt macht. Den Privatgebrauch nenne ich denjenigen, den er in einem gewissen ihm anvertrauten *bürgerlichen Posten* oder Amte von seiner Vernunft machen darf. […]
Wenn denn nun gefragt wird: Leben wir jetzt in einem *aufgeklärten Zeitalter?* So ist die Antwort: Nein, aber wohl in einem Zeitalter der *Aufklärung.* Dass die Menschen, wie die Sachen jetzt stehen, im Ganzen genommen, schon im Stande wären oder darin auch nur gesetzt werden könnten, in Religionsdingen sich ihres eigenen Verstandes ohne Leitung eines andern sicher und gut zu bedienen, daran fehlt noch sehr viel. Allein, dass jetzt ihnen doch das Feld geöffnet wird, sich dahin frei zu bearbeiten und die Hindernisse der allgemeinen Aufklärung oder des Ausganges aus ihrer selbst verschuldeten Unmündigkeit allmählich weniger werden, davon haben wir doch deutliche Anzeigen.

2 räsonieren: franz. nachdenken, seinen Verstand gebrauchen (und das öffentlich und kritisch bekunden); negativ: nörgeln
3 Anspielung auf den „aufgeklärten" preußischen König Friedrich II.

Max Horkheimer/Theodor W. Adorno: **Dialektik der Aufklärung** (1947) – Gedankensplitter zum Begriff der Aufklärung

Seit je hat Aufklärung im umfassendsten Sinn fortschreitenden Denkens das Ziel verfolgt, von den Menschen die Furcht zu nehmen und sie als Herren einzusetzen. Aber die vollends aufgeklärte Erde strahlt im Zeichen triumphalen Unheils. Das Programm der Aufklärung war die Entzauberung der Welt. Sie wolle die Mythen auflösen und Einbildung durch Wissen stürzen. […] Leichtgläubigkeit jedoch, Widerwille gegen den Zweifel, Unbesonnenheit im Antworten, Prahlerei mit Bildung, Scheu zu widersprechen, Interessiertheit, Lässigkeit in eigener Forschung, Wortfetischismus, Stehenbleiben bei bloßen Teilerkenntnissen: Dies und Ähnliches hat die glückliche Ehe des menschlichen Verstandes mit der Natur der Dinge verhindert, und ihn stattdessen an eitle Begriffe und planlose Experimente verkuppelt: Die Frucht und Nachkommenschaft einer so rühmlichen Verbindung kann man sich leicht vorstellen. Die Druckerpresse, eine grobe Erfindung; die Kanone, eine, die schon nahelag: der Kompass, in gewissem Grad schon früher bekannt: Welche Veränderung haben nicht diese drei hervorgebracht – die eine im Zustand der Wissenschaft, die andere in dem des Krieges, die dritte in dem der Finanzen, des Handels und der Schifffahrt! Und auf diese, sage ich, ist man nur zufällig gestolpert und gestoßen. Also die Überlegenheit des Menschen liegt im Wissen, das duldet keinen Zweifel. Darin sind viele Dinge aufbewahrt, welche Könige mit allen Schätzen nicht kaufen können, über die ihr Befehl nicht gebietet, von denen ihre Kundschafter und Zuträger keine Nachricht bringen, zu deren Ursprungsländern ihre Seefahrer und Entdecker nicht segeln können. [...]

Die glückliche Ehe zwischen dem menschlichen Verstand und der Natur der Dinge, die er im Sinne hat, ist patriarchal: Der Verstand, der den Aberglauben besiegt, soll über die entzauberte Natur gebieten. Das Wissen, das Macht ist, kennt keine Schranken, weder in der Versklavung der Kreatur noch in der Willfährigkeit gegen die Herren der Welt. Wie allen Zwecken der bürgerlichen Wirtschaft in der Fabrik und auf dem Schlachtfeld, so steht es den Unternehmenden ohne Ansehen der Herkunft zu Gebot. Die Könige verfügen über die Technik nicht unmittelbarer als die Kaufleute: Sie ist so demokratisch wie das Wirtschaftssystem, mit dem sie sich entfaltet. Technik ist das Wesen dieses Wissens. Es zielt nicht auf Begriffe und Bilder, nicht auf das Glück der Einsicht, sondern auf Methode, Ausnutzung der Arbeit anderer, Kapital. [...]

Was die Menschen von der Natur lernen wollen, ist, sie anzuwenden, um sie und die Menschen vollends zu beherrschen. Nichts anderes gilt. Rücksichtslos gegen sich selbst hat die Aufklärung noch den letzten Rest ihres eigenen Selbstbewusstseins ausgebrannt. [...] Von nun an soll die Materie endlich ohne Illusion waltender oder innewohnender Kräfte, verborgener Eigenschaften beherrscht werden. Was dem Maß von Berechenbarkeit und Nützlichkeit sich nicht fügen will, gilt der Aufklärung für verdächtig. Darf sie sich einmal ungestört von auswendiger Unterdrückung entfalten, so ist kein Halten mehr. Ihren eigenen Ideen von Menschenrecht

F. Goya: El sueño de la razon produce monstruos (1797)

ergeht es dabei nicht anders als den älteren Universalien. An jedem geistigen Widerstand, den sie findet, vermehrt sich bloß ihre Stärke. [...]

Die Menschen bezahlen die Vermehrung ihrer Macht mit der Entfremdung von dem, worüber sie die Macht ausüben. Die Aufklärung verhält sich zu den Dingen wie der Diktator zu den Menschen. Er kennt sie, insofern er sie manipulieren kann. Der Mann der Wissenschaft kennt die Dinge, insofern er sie machen kann. Dadurch wird ihr An sich Für ihn. In der Verwandlung enthüllt sich das Wesen der Dinge immer als je dasselbe, als Substrat von Herrschaft.

1 Welches sind die allgemeinen Merkmale der „Aufklärung im umfassenden Sinn", die Horkheimer/Adorno anführen? Legen Sie eine Liste in zwei Spalten an, in denen Sie Positiva und Negativa einander gegenüberstellen.

2 Erklären Sie an einem selbst gewählten Beispiel, was Kant unter dem öffentlichen und dem privaten Gebrauch der Vernunft versteht.

3 Arbeiten Sie die wesentlichen Informationen aus Kants und Horkheimers/Adornos Aussagen zum Begriff der Aufklärung in ein Schaubild um. Benutzen Sie dazu das nachstehende Muster.

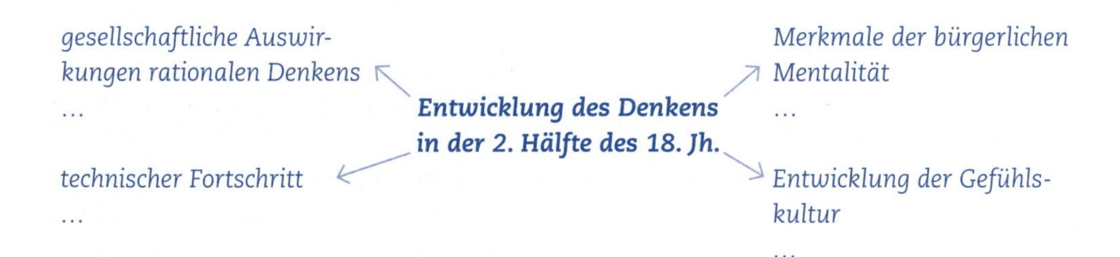

4 a Nennen Sie Gründe, die für die These „Aufklärung ist die Entzauberung der Welt" sprechen.
b Nehmen Sie selbst Stellung zu dieser These.

5 Beantworten Sie die Frage Kants „Leben wir jetzt in einem aufgeklärten Zeitalter?" für unsere Zeit in Form eines Essays (▸ S. 49–56), in dem Sie auch auf die Argumentation Horkheimers/Adornos eingehen.

6 Vergleichen Sie den Argumentationsstil von Kant und Horkheimer/Adorno miteinander.
- Welche rhetorischen Mittel werden eingesetzt?
- Welche Rolle spielen Vergleiche, Bilder, Metaphern?
- Wie werden Begriffe, Bewertungen, Formeln benutzt oder eingesetzt?

7 Wie würden Sie Goyas Bild „El sueño de la razon produce monstruos" (span. „Der Schlaf/Traum der Vernunft gebiert Ungeheuer") aus den Jahren 1797/98 im Sinne Horkheimers/Adornos deuten? Überlegen Sie, wie Sie diese „dialektische" Aussage über wache und schlafende Vernunft mit Beispielen belegen könnten.

Die Wahrheit durch ein Bild sagen – Fabeln über die beste Staatsform

Die öffentliche Diskussion um die beste Staatsform – absolute Monarchie, konstitutionelle Monarchie, Republik, Diktatur – war in der „Aufklärung" ein wichtiges Thema. Die griechisch-römische Antike lieferte die unterschiedlichsten Beispiele. Man konnte aber, da die Fürsten energisch den Machterhalt der Monarchie betrieben, nicht wirklich offen diskutieren. Fabeln boten die Möglichkeit, in literarischer Verfremdung einzelne Modelle zu kommentieren und den Wert und die Position des Einzelnen in der Gesellschaft zu erörtern.

Gotthold Ephraim Lessing: **Der Rangstreit der Tiere** (1759)

Gotthold Ephraim Lessing (1729–1781) war als Autor von Theaterstücken geschätzt und als Literaturkritiker gefürchtet. Seine Fabeln enthalten oftmals neben einer „Moral" auch eine politische Botschaft.

1. Es entstand ein hitziger Rangstreit unter den Tieren. Ihn zu schlichten, sprach das Pferd: „Lasset uns den Menschen zu Rate ziehen; er ist keiner von den streitenden Teilen und kann desto unparteiischer sein." (5)

„Aber hat er auch den Verstand dazu?", ließ sich ein Maulwurf hören. „Er braucht wirklich den allerfeinsten, unsere oft tief versteckten Vollkommenheiten zu erkennen." (10)

„Das war sehr weislich erinnert!", sprach der Hamster.

„Jawohl!", rief auch der Igel. „Ich glaube es nimmermehr, dass der Mensch Scharfsichtigkeit genug besitzt." (15)

„Schweigt ihr!", befahl das Pferd. „Wir wissen es schon: Wer sich auf die Güte seiner Sache am wenigsten zu verlassen hat, ist immer am fertigsten, die Einsicht seines Richters in Zweifel zu ziehen.“

2. Der Mensch ward Richter. „Noch ein Wort“, rief ihm der majestätische Löwe zu, „bevor du den Ausspruch tust! Nach welcher Regel, Mensch, willst du unsern Wert bestimmen?“
„Nach welcher Regel? Nach dem Grade, ohne Zweifel“, antwortete der Mensch, „in welchem ihr mir mehr oder weniger nützlich seid.“
„Vortrefflich!“, versetzte der beleidigte Löwe. „Wie weit würde ich alsdann unter dem Esel zu stehen kommen! Du kannst unser Richter nicht sein, Mensch! Verlass die Versammlung!“

3. Der Mensch entfernte sich. „Nun“, sprach der höhnische Maulwurf – und ihm stimmten der Hamster und der Igel wieder bei –, „siehst du, Pferd? Der Löwe meint es auch, dass der Mensch unser Richter nicht sein kann. Der Löwe denkt wie wir.“
„Aber aus besseren Gründen als ihr!“, sagte der Löwe und warf ihnen einen verächtlichen Blick zu.

4. Der Löwe fuhr weiter fort: „Der Rangstreit, wenn ich es recht überlege, ist ein nichtswürdiger Streit! Haltet mich für den Vornehmsten oder für den Geringsten, es gilt mir gleich viel. Genug, ich kenne mich!“ Und so ging er aus der Versammlung.
Ihm folgte der weise Elefant, der kühne Tiger, der ernsthafte Bär, der kluge Fuchs, das edle Pferd; kurz, alle, die ihren Wert fühlten oder zu fühlen glaubten.
Die sich am Letzten wegbegaben und über die zerrissene Versammlung am meisten murrten, waren – der Affe und der Esel.

---

1 In der Versammlung der Tiere existiert bereits eine Hierarchie. Wie macht der Erzähler der Fabel klar, dass Pferd oder Löwe einen höheren Rang einnehmen als Maulwurf, Igel, Affe und Esel?

2 Deuten Sie den vierten Abschnitt der Fabel: Weshalb halten der Löwe, danach Elefant, Tiger und Bär den „Rangstreit“ für eine überflüssige Sache?

3 **a** In Fabeln werden hinter den Tiermasken menschliche Angelegenheiten verhandelt. Benennen Sie das „menschliche“ Problem, das Ihrer Ansicht nach in der Fabel „Der Rangstreit der Tiere“ zur Sprache kommt. Begründen Sie Ihre Meinung.
b Ersetzen Sie die von Lessing genannten Tierfiguren durch menschliche, und wiederholen Sie die Diskussionen in der Versammlung. Vergleichen Sie. Was stellen Sie fest?

Friedrich Schiller: **Die Verschwörung des Fiesco zu Genua** (1783) – II/8

Friedrich Schiller (1759–1805) floh 1783, nachdem ihm sein Landesherr jede schriftstellerische Tätigkeit untersagt hatte, aus Stuttgart nach Mannheim. Schon vorher war sein „republikanisches Trauerspiel“ entstanden, das 1783 erschien.
Fiesco setzt sich darin an die Spitze einer Verschwörung Genueser Adeliger gegen die tyrannische Herrschaft des Dogen Doria. Als Fiesco selbst versucht, Herzog von Genua zu werden, wird er von Verrina, einem engagierten Republikaner, umgebracht.

Fiesco *(der sich niedersetzt)*: Genueser – Das Reich der Tiere kam einst in bürgerliche Gärung, Parteien schlugen mit Parteien, und ein Fleischerhund bemächtigte sich des Throns. Dieser, gewohnt, das Schlachtvieh an das Messer zu hetzen, hauste hündisch im Reich, klaffte, biss und nagte die Knochen seines Volks. Die Nation murrte, die Kühnsten traten zusammen, und erwürgten den fürstlichen Bullen. Itzt ward ein Reichstag gehalten, die große Frage zu entscheiden, welche Regierung die glücklichste sei? Die Stimmen teilten sich dreifach. Genueser, für welche hättet ihr entschieden?
Erster Bürger: Fürs Volk. Alle fürs Volk.
Fiesco: Das Volk gewanns. Die Regierung ward demokratisch. Jeder Bürger gab seine Stimme. Mehrheit setzte sich durch. Wenige Wochen vergingen, so kündigte der Mensch dem neugebackenen Freistaat den Krieg an. Das Reich kam

Christian Müller (nach Georg Emanuel Opiz): Die Verschwörung des Fiesco zu Genua, V.12. Colorierte Radierung (1810)

zusammen. Ross, Löwe, Tiger, Bär, Elefant und Rhinozeros traten auf und brüllten laut: Zu den Waffen! Itzt kam die Reih an die Übrigen. Lamm, Hase, Hirsch, Esel, das ganze Reich der Insekten, der Vögel, der Fische ganzes menschenscheues Heer – alle traten dazwischen und wimmerten: Friede! Seht, Genueser! Der Feigen waren mehr denn der Streitbaren, der Dummen mehr denn der Klugen – Mehrheit setzte sich durch. Das Tierreich streckte die Waffen, und der Mensch brandschatzte sein Gebiet. Dieses Staatssystem ward also verworfen. Genueser, wozu wäret ihr itzt geneigt gewesen?

Erster und Zweiter: Zum Ausschuss[1]! Freilich, zum Ausschuss!

Fiesco: Diese Meinung gefiel! Die Staatsgeschäfte teilten sich in mehrere Kammern. Wölfe besorgten die Finanzen, Füchse waren ihre Sekretäre. Tauben führten das Kriminalgericht, Tiger die gütlichen Vergleiche, Böcke schlichteten Heuratsprozesse. Soldaten waren die Hasen, Löwe und Elefant blieben bei der Bagage[2], der Esel war Gesandter des Reichs, und der Maulwurf Oberaufseher über die Verwaltung der Ämter. Genueser, was hofft ihr von dieser weisen Verteilung? Wen der Wolf nicht zeriss, den prellte der Fuchs. Wer diesem entrann, den tölpelte der Esel nieder. Tiger erwürgten die Unschuld; Diebe und Mörder begnadigte die Taube, und am Ende, wenn die Ämter niedergelegt wurden, fand sie der Maulwurf alle unsträflich verwaltet. – Die Tiere empörten sich. Lasst uns einen Monarchen wählen, riefen sie einstimmig, der Klauen und Hirn und nur einen Magen hat – und einem Oberhaupt huldigten alle – einem, Genueser – aber *(indem er mit Hoheit unter sie tritt)* es war der Löwe.

Alle *(klatschen, werfen die Mützen in die Höh):* Bravo! Bravo! Das haben sie schlau gemacht!

Erster: Und Genua soll's nachmachen, und Genua hat seinen Mann schon.

Fiesco: Ich will ihn nicht wissen. Gehet heim. Denkt auf den Löwen.

1 **Ausschuss:** Gemeint ist die Staatsform der Republik (nach dem Muster der Stadtstaaten Venedig oder Genua).
2 **Bagage:** Versorgungseinheiten der Truppe (im Gegensatz zu den kämpfenden Soldaten)

1 Untersuchen Sie Fiescos rhetorische Strategie: Wie setzt er in seiner Rede die Tiernamen ein? Was setzt er bei seinem Publikum als Fabel-Vorwissen über einzelne Tiere voraus?

2 **a** Fiesco spielt in seiner Rede verschiedene Staatsformen durch. Benennen Sie sie.
b Übersetzen Sie Fiescos Charakteristik dieser Staatsformen in eine politische Rede, die auf Tiervergleiche verzichtet.

Gottlieb Konrad Pfeffel: **Die Reichsgeschichte der Tiere** (1783)

Die Tiere lebten viele Jahre
in friedlicher Demokratie;
doch endlich kamen sie einander in die Haare,
und ihre Republik versank in Anarchie.
5 Der Löwe machte sich den innern Streit zu Nutze
und bot sich ohne Sold dem kleinern Vieh,
als dem gedrückten Teil, zum Schutze,
zum Retter seiner Freiheit an.
Er wollte bloß des Volkes Diener heißen,
10 und brauchte weislich seinen Zahn
im Anfang nur, die Räuber zu zerreißen.
Als dies die frohen Bürger sahn,
ernannten sie zum wohlverdienten Lohne
den Diener feierlich zum Chan[1],
15 versicherten die Würde seinem Sohne
und gaben ihm die Macht, die Ämter zu verleihn,
um kräftiger beschützt zu sein.
Nun sprach der neue Fürst aus einem andern Tone:
Er gürtete sein Haupt mit einer Eisenkrone,
20 erhob Tribut, und wer ihm widerstand,
fiel als Rebell in seine Pranke.
Der Tiger und der Fuchs, der Wolf, der Elefant
ergaben sich aus List, und jeder ward zum Danke
zum königlichen Rat ernannt.
25 Itzt halfen sie dem Chan die schwächern Tiere hetzen,
bekamen ihren Teil an den erpressten Schätzen,
und raubten endlich trotz dem Chan.
„Ha“, rief das arme Volk mit tief gesenkten Ohren
und mit geschundner Haut, „was haben wir getan!“
30 Allein der Freiheit Kranz war nun einmal verloren,
der Löwe war und blieb Tyrann;
er ließ von jedem Tier sich stolz die Pfote lecken,
und wer nicht kroch, der musste sich verstecken.

W. v. Kaulbach, Illustrationen zu Goethe, Reineke Fuchs (1846)

1 **Chan:** Oberhaupt eines Klans

1 Zeichnen Sie „Die Reichsgeschichte der Tiere“ in eigenen Worten nach und erläutern Sie, wie Pfeffel diese Entwicklung eines Staates bewertet.

2 Überlegen Sie, welche Menschen(typen) sich bei den drei Fabeln hinter den Tieren verbergen. Entwickeln Sie dann für eine der Fabeln eine Deutung, die sich auf die Zustände der Epoche bezieht.

3 Lessing hat in seiner „Abhandlung“ zur Fabel (1759) vorgeschlagen, dass der Erzähler alte Fabeln umarbeiten soll, um andere Prioritäten zu setzen. Verändern Sie die Diskussion der Tiere in einer der Fabeln so, dass sie am Ende eine demokratische Staatsform fordern.

4 Setzen Sie W. v. Kaulbachs Illustrationen von Goethes Tierepos „Reineke Fuchs“ aus dem Jahre 1846 zu Pfeffels Fabel in Beziehung:
Welche Bewertung der Fürstenherrschaft wird im Text, welche in den Bildern sichtbar?

Kurz und pointiert: Maximen des richtigen Denkens und Empfindens

Immanuel Kant: **Kritik der praktischen Vernunft** (1778) – Der kategorische Imperativ

Handle stets so, dass die Maxime[1] deines Willens jederzeit zugleich als Prinzip einer allgemeinen Gesetzgebung gelten könnte.

1 **Maxime:** Leitsatz, hier Grundsätze, Regeln, nach denen das eigene Handeln ausgerichtet wird

Georg Christoph Lichtenberg: **Aus den „Sudelbüchern"** (1765–1799) – Aphorismen

Georg Christoph Lichtenberg (1742–1799) war Naturwissenschaftler und Professor für Philosophie in Göttingen. In seinen „Aphorismen" zeigt er sich als scharfsinniger (zumeist satirischer) Beobachter und als Vertreter der Aufklärung. Lichtenberg schrieb vor allem gegen religiöse Intoleranz, aber auch gegen den Geniekult des Sturm und Drang. Die Prinzipien des aufgeklärten Denkens waren für ihn die des Wissenschaftlers: Rationalität, Beweisbarkeit der Beobachtungen, Logik der Schlussfolgerungen, Zweifel gegenüber allen einfachen Behauptungen und gegenüber der einfachen Berufung auf Autoritäten (der Antike, der Kirche).

1. *[Selbstständig denken – beobachten]* Lasst euch euer Ich nicht stehlen, das euch Gott gegeben hat, nichts vordenken und nichts vormeinen, aber untersucht euch auch erst selbst recht und widersprecht nicht aus Neuerungssucht. Hierzu ist Gelegenheit überall, ohne Griechisch und ohne Latein und ohne Englisch. Die Natur steht euch allen offen, mehr als irgendein Buch, wozu ihr die Sprache 25 Jahre getrieben habt. Ihr seid's selbst. Dieses hat man so oft gesagt, dass es jetzt fast so gut ist, als wäre es niemals gesagt worden ...
2. *[Der Zweifel als Methode – offen und frei Meinungen handeln]* Seine Zweifel zu sagen, ist einem frei geborenen Menschen erlaubt; er darf mit seinen Meinungen handeln, [...] nur biete er sie solchen Leuten an, die sie brauchen können, zwinge sie niemandem auf [...]. Offen und frei getragen, wer Augen hat zu sehen, der sieht, und wer Ohren hat zu hören, der hört. Es ist heutzutage Mode geworden, das Bücherschreiben als den Endzweck des Studierens anzusehen, daher studieren so viele, um zu schreiben, anstatt dass sie studieren sollten, um zu wissen. Was man nur ankauft, um es bei der ersten Gelegenheit wieder anzubringen, vermischt sich nie recht mit uns und war nie recht unser.
3. *[Auf die Stimme der Erfahrung hören]* Man soll seinem Gefühl folgen und den ersten Eindruck, den eine Sache auf uns macht, zu Wort bringen. Nicht als wenn ich Wahrheit so zu suchen riete, sondern weil es die unverfälschte Stimme unserer Erfahrung ist, das Resultat unserer besten Bemerkungen, da wir leicht in pflichtmäßiges Gewäsch verfallen, wenn wir erst nachsinnen.
4. *[Erziehung ist: Vernunft in Stufen aufbauen]* Sogar aus den Hunden lässt sich etwas machen, wenn man sie recht erzieht; man muss sie nur nicht mit vernünftigen Leuten, sondern mit Kindern umgehen lassen, so werden sie menschlich. Dieses ist eine Bestätigung von meinem Satz, dass man Kinder immer zu Leuten halten müsse, die nur *um ein Weniges weiser* sind als sie selbst.

---

1 Welche Grundsätze des Denkens, Schreibens, Lernens, Handelns können Sie Lichtenbergs Aphorismen entnehmen? Prüfen Sie, ob Kants „kategorischer Imperativ" auf sie anzuwenden wäre.

2 Kants „kategorischer Imperativ" ist nicht nur eine konkrete Handlungsanweisung, aus ihm lässt sich auch eine rational und vernunftmäßig zu begründende Lebenseinstellung ableiten. Entwerfen Sie eine solche Begründung.

Matthias Claudius: Motett (1782)

Der Mensch lebt und bestehet
Nur eine kleine Zeit,
Und alle Welt vergehet
Mit ihrer Herrlichkeit.
Es ist nur Einer ewig und an allen Enden,
Und wir in seinen Händen.

Matthias Claudius: Die Liebe (1797)

Die Liebe hemmet nichts; sie kennt nicht Tür noch Riegel
Und dringt durch alles sich;
Sie ist ohn Anbeginn, schlug ewig ihre Flügel;
Und schlägt sie ewiglich.

---

3 Analysieren Sie diese beiden kurzen Gedichte des „empfindsamen" Dichters Matthias Claudius: Was ist hier der „Motor" der Welt und des menschlichen Handelns?

4 Fassen Sie die Abweichungen von der Sichtweise der Aufklärung, wie sie bei Lichtenberg und Kant zum Ausdruck kommen, zusammen.

Gotthold Ephraim Lessing: Die Ringparabel (aus: Nathan der Weise, 1779)

Die letzten elf Jahre seines Lebens war Lessing Bibliothekar des Herzogs von Braunschweig in der berühmten Bibliothek in Wolfenbüttel. In dieser Eigenschaft gab er die aufklärerischen Schriften des Hamburger Gymnasialprofessors Hermann Samuel Reimarus heraus, geriet dadurch in einen theologischen Streit mit dem Hamburger Hauptpastor (= Bischof) Götze, wurde mit Publikationsverbot belegt und verfasste daraufhin sein programmatisches Drama „Nathan der Weise", in dessen Zentrum die „Ringparabel" mit ihrer Botschaft der grundsätzlichen Gleichwertigkeit der drei monotheistischen Weltreligionen steht.

NATHAN:
Vor grauen Jahren lebt' ein Mann in Osten,
Der einen Ring von unschätzbarem Wert'
Aus lieber Hand besaß. Der Stein war ein
5 Opal, der hundert schöne Farben spielte,
Und hatte die geheime Kraft, vor Gott
Und Menschen angenehm zu machen, wer
In dieser Zuversicht ihn trug. Was Wunder,
Dass ihn der Mann in Osten darum nie
10 Vom Finger ließ und die Verfügung traf,
Auf ewig ihn bei seinem Hause zu
Erhalten? Nämlich so: Er ließ den Ring
Von seinen Söhnen dem geliebtesten;
Und setzte fest, dass dieser wiederum
15 Den Ring von seinen Söhnen dem vermache,
Der ihm der liebste sei; und stets der liebste,
Ohn' Ansehn der Geburt, in Kraft allein
Des Rings, das Haupt, der Fürst des Hauses werde. –
20 Versteh mich, Sultan.

SALADIN:
Ich versteh dich. Weiter!

NATHAN:
So kam nun dieser Ring, von Sohn zu Sohn,
25 Auf einen Vater endlich von drei Söhnen;
Die alle drei ihm gleich gehorsam waren,
Die alle drei er folglich gleich zu lieben
Sich nicht entbrechen konnte. Nur von Zeit
Zu Zeit schien ihm bald der, bald dieser, bald
30 Der dritte – so wie jeder sich mit ihm
Allein befand, und sein ergießend Herz
Die andern zwei nicht teilten – würdiger
Des Ringes; den er denn auch einem jeden
Die fromme Schwachheit hatte, zu versprechen.
35 Das ging nun so, so lang es ging. – Allein
Es kam zum Sterben, und der gute Vater
Kömmt in Verlegenheit. Es schmerzt ihn, zwei
Von seinen Söhnen, die sich auf sein Wort
Verlassen, so zu kränken. – Was zu tun? –
40 Er sendet in geheim zu einem Künstler,
Bei dem er, nach dem Muster seines Ringes,
Zwei andere bestellt, und weder Kosten
Noch Mühe sparen heißt, sie jenem gleich,
Vollkommen gleich zu machen. Das gelingt
45 Dem Künstler. Da er ihm die Ringe bringt,
Kann selbst der Vater seinen Musterring

Nicht unterscheiden. Froh und freudig ruft
Er seine Söhne, jeden insbesondre;
Gibt jedem insbesondre seinen Segen –
50 Und seinen Ring – und stirbt. – Du hörst
doch, Sultan?

SALADIN *(der sich betroffen von ihm gewandt):*
Ich hör, ich höre! – Komm mit deinem Märchen
Nur bald zu Ende. – Wirds?

55 **NATHAN:**
Ich bin zu Ende.
Denn was noch folgt, versteht sich ja von
selbst. –
Kaum war der Vater tot, so kömmt ein jeder
60 Mit seinem Ring, und jeder will der Fürst
Des Hauses sein. Man untersucht, man zankt,
[...] die Söhne
Verklagten sich; und jeder schwur dem Richter,
Unmittelbar aus seines Vaters Hand
65 Den Ring zu haben. – Wie auch wahr! –
Nachdem
Er von ihm lange das Versprechen schon
Gehabt, des Ringes Vorrecht einmal zu
Genießen. – Wie nicht minder wahr! – Der
70 Vater,
Beteu'rte jeder, könne gegen ihn
Nicht falsch gewesen sein; und eh' er dieses
Von ihm, von einem solchen lieben Vater,
Argwohnen lass': eh' müss' er seine Brüder,
75 So gern er sonst von ihnen nur das Beste
Bereit zu glauben sei, des falschen Spiels
Bezeihen; und er wolle die Verräter
Schon auszufinden wissen; sich schon rächen.

SALADIN:
80 Und nun, der Richter? Mich verlangt zu
hören,
Was du den Richter sagen lässest. Sprich!

NATHAN:
Der Richter sprach: Wenn ihr mir nun den Vater
85 Nicht bald zur Stelle schafft, so weis' ich euch
Von meinem Stuhle. Denkt ihr, dass ich Rätsel
Zu lösen da bin? Oder harret ihr,
Bis dass der rechte Ring den Mund eröffne? –
Doch halt! Ich höre ja, der rechte Ring
90 Besitzt die Wunderkraft, beliebt zu machen,
Vor Gott und Menschen angenehm. Das muss
Entscheiden! Denn die falschen Ringe werden
Doch das nicht können! – Nun; wen lieben zwei
Von euch am meisten? – Macht, sagt an! Ihr
95 schweigt?
Die Ringe wirken nur zurück? und nicht
Nach außen? Jeder liebt sich selber nur
Am meisten? – O so seid ihr alle drei
Betrogene Betrüger! Eure Ringe
100 Sind alle drei nicht echt. Der echte Ring
Vermutlich ging verloren. Den Verlust
Zu bergen, zu ersetzen, ließ der Vater
Die drei für einen machen.

SALADIN:
105 Herrlich! herrlich!

NATHAN:
Und also, fuhr der Richter fort, wenn ihr
Nicht meinen Rat, statt meines Spruches, wollt,
Geht nur! – Mein Rat ist aber der: Ihr nehmt
110 Die Sache völlig, wie sie liegt. Hat von
Euch jeder seinen Ring von seinem Vater,
So glaube jeder sicher seinen Ring
Den echten. – Möglich, dass der Vater nun
Die Tyrannei des einen Rings nicht länger
115 In seinem Hause dulden wollen! – Und ge-
wiss,
Dass er euch alle drei geliebt, und gleich
Geliebt: indem er zwei nicht drücken mögen,
Um einen zu begünstigen. – Wohlan!
120 Es eifre jeder seiner unbestochnen,
Von Vorurteilen freien Liebe nach!
Es strebe von euch jeder um die Wette,
Die Kraft des Steins in seinem Ring an Tag
Zu legen! komme dieser Kraft mit Sanftmut,
125 Mit herzlicher Verträglichkeit, mit Wohltun,
Mit innigster Ergebenheit in Gott,
Zu Hülf'! Und wenn sich dann der Steine
Kräfte
Bei euern Kindes-Kindeskindern äußern,
130 So lad' ich über tausend tausend Jahre
Sie wiederum vor diesen Stuhl. Da wird
Ein weisrer Mann auf diesem Stuhle sitzen
Als ich und sprechen. Geht! – So sagte der
Bescheidne Richter.

1 a Erläutern Sie mit eigenen Worten die Botschaft, die Nathan mit seiner Parabel dem Sultan vermitteln will.

b Schreiben Sie die Szene in ein Plädoyer um, das Lessing gegen die orthodoxen christlichen Eiferer seiner Zeit hätte halten können.

c Vergleichen Sie Ihr Plädoyer mit der Textvorlage: Wodurch unterscheidet sich Ihre Lösung von der Lessing'schen?

2 Diskutieren Sie darüber, ob und inwieweit das von Nathans Richter empfohlene Verhalten dem von Kant im „kategorischen Imperativ" verlangten Verhalten entspricht.

Über den Menschen und seinen Geist

Eine goldene Regel: Man muss die Menschen nicht nach ihren Meinungen beurteilen, sondern nach dem, was diese Meinungen aus ihnen machen. *Georg Christoph Lichtenberg*

3 Wenden Sie den Aphorismus Lichtenbergs auf Lessings „Ringparabel" an.

4 Lesen Sie den Text mit verteilten Rollen. Achten Sie vor allem darauf, wie Nathan als Erzähler seine Geschichte modelliert und seinen Zuhörer „mitnimmt" und wie Saladin als Zuhörer ganz unterschiedlich auf das Erzählte reagiert.

Information **Aufklärung (ca. 1720–1800) und Empfindsamkeit (ca. 1740–1780)**

Allgemeingeschichtlicher Hintergrund:
Nach dem Ende des Dreißigjährigen Krieges galt es in Deutschland, Aufbauarbeit zu leisten. Diese wurde zum Großteil durch die erstarkten Territorialfürsten organisiert und betrieben. Gleichzeitig bauten sie ihre Macht aus (**Absolutismus**): Alle staatliche Gewalt war auf diese Herrscher konzentriert, sowohl das Militär als auch der Beamtenapparat hingen direkt von ihnen ab. Den absoluten Herrschern ging es darum, ihre Macht öffentlich zu demonstrieren. Sie ließen prächtige Schlossanlagen bauen und gaben dadurch einer ganzen Generation von Künstlern, Bauleuten und Handwerkern Arbeit. Durch die Bautätigkeit kamen Handel und Produktion (Manufakturen) in Schwung, die Einführung des Wirtschaftssystems des **Merkantilismus** unterstützte diese Entwicklung. Vorbild der neu entstehenden Schlösser war Versailles, das Schloss des französischen „Sonnenkönigs". Adel und Klerus waren Nutznießer und Stützen der überkommenen ständischen Gesellschaftsordnung. Nur Adelige konnten als Diplomaten oder Offiziere Karriere machen. Am Hof sprach man französisch.

Weltbild und Lebensauffassung:
Von Frankreichs Hauptstadt Paris gingen aber auch Impulse eines neuen Denkens aus. Dessen Träger waren bürgerliche Intellektuelle. Zu ihnen gehörten z. B. die Herausgeber der großen Enzyklopädie, **Diderot** und **D'Alembert**. Im Zentrum ihrer Reflexionen stand das Individuum, sein Begehren nach Freiheit im Denken und im wirtschaftlichen Handeln. Das Bürgertum erstarkte sowohl in den großen Städten (Hamburg, Berlin, Frankfurt) wie in den Residenzen an den Fürstenhöfen. Dem absolutistischen Staat gegenüber werden die (Menschen-)Rechte des Einzelnen gefordert, gegenüber dem Machtanspruch der Kirche Toleranz. In Philosophie und Wissenschaft berief man sich auf Erfahrung (**Empirismus**) und Verstand (**Rationalismus**). Beide Richtungen des Denkens stimmten darin überein, dass es allein die Fähigkeiten und Talente des Einzelnen sind, die dessen Rang in der Gesellschaft bestimmen, nicht aber Geburt und Stand.
In den bürgerlichen Wertvorstellungen galt, dass alle Menschen als vernunftbegabte Wesen von Natur aus einander gleich seien, unterschieden nur durch Verstand und Bildung. Hinzu kam die **Empfindungsfähigkeit.** Sie umfasste das Gefühl für die Natur, für Liebe und Freundschaft, auch

das moralische Gewissen und das Freiheitsbewusstsein jedes Einzelnen. Die Betonung des Verstandes hat ihren Ursprung in der französischen rationalistischen Philosophie. Die Betonung der Empfindungsfähigkeit als Grundelement jedes Menschen ist religiösen Ursprungs (vor allem auf die protestantische Bewegung des **Pietismus** zurückzuführen). **Lessing** schlug den Begriff **„Empfindsamkeit"** vor. Die Sprache wurde um Wörter wie „zärtlich", „lieblich", „Gemüt", „Gefühl", „Gewissen" und um metaphorische Wendungen wie „Sturm der Begeisterung", „Mutter Natur", „Meer der Empfindungen" bereichert.

Entwicklungstendenzen in der Literatur:

Literatur sollte unterhalten (was schon immer ihre Hauptaufgabe an den Höfen war), sie sollte aber auch belehren (was als ihre vornehmste Aufgabe bei der Bildung des bürgerlichen Individuums galt). Schließlich sollte sie das Nacherleben eines fremden Schicksals ermöglichen. **Lessings** „Mitleidstheorie" ist Ausfluss dieser Literaturauffassung: Das Publikum des **bürgerlichen Trauerspiels** (► S. 238) leidet mit den Heldinnen und Helden. Gleichzeitig bietet das bürgerliche Trauerspiel, wie **Lessings** „Emilia Galotti" (► S. 243–244), als wichtigste literarische Neuerung der Zeit die Möglichkeit, die bürgerliche Weltauffassung ins Zentrum der Handlung zu rücken und Standeskonflikte zwischen Adel und Hof einerseits und dem Bürgertum andererseits auf die Bühne zu bringen.

Einfache, vorwiegend **belehrende Formen** waren die **Fabeln** (► S. 211–214), komplexere, den Verstand ansprechende Formen waren die **Parabel** und Dramen wie „Nathan der Weise" (► S. 216).

Vor allem Frauen der „gebildeten Stände" lasen viel. In Lese- und Gesprächszirkeln, den so genannten „Salons", trafen sich überwiegend bürgerliche Intellektuelle, Künstler, Literaten. Einzelnen Frauen gelang es auch, als Autorinnen Erfolg zu haben.

1771 erschien **Sophie von La Roches** Roman „Die Geschichte des Fräuleins von Sternheim" (► S. 227). Es war der erste bedeutende Frauen- und Bildungsroman.

Wichtige Autorinnen/Autoren und Werke siehe Grafik (► S. 220).

---

1 Stellen Sie die Informationen des Epochenüberblicks („Allgemeingeschichtlicher Hintergrund" und „Weltbild") in einem Poster dar. Sie können sich an dem unten begonnenen Muster orientieren.
- Gesellschaftsmodell des Absolutismus ↔ Gesellschaftsmodell einer bürgerlichen Gesellschaft,
- Vernunftsorientierung (der Mensch als denkendes Wesen) ↔ Gefühlsorientierung (der Mensch als empfindendes Wesen),
- Literatur als Medium einer rationalen Aufklärung ↔ Literatur als Medium des Gefühlsausdrucks.

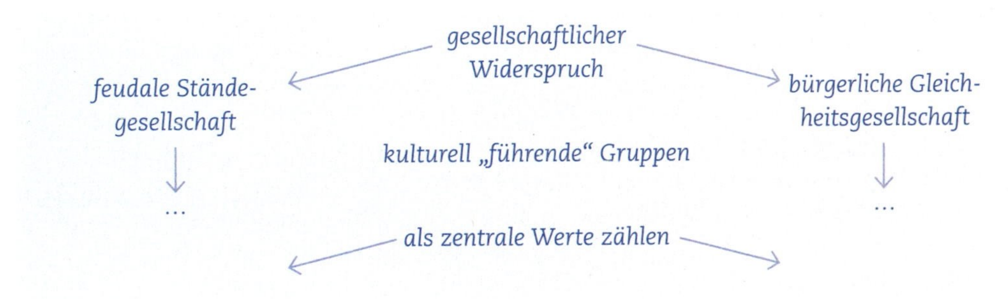

2 <u>**Referat:**</u> Zeigen Sie, wie in dem kurzen satirischen Roman „Candide oder der Optimismus" (1759) des französischen Aufklärers Voltaire die Ideen der Aufklärung zur Diskussion gestellt werden.

2.2 Zum Verstand tritt das Gefühl – Empfindsamkeit, Sturm und Drang

Die generelle Ausrichtung der bürgerlichen Gesellschaft auf Vernunft und Rationalität führte nicht geradlinig in eine humanere Zukunft. Im Gegenteil. Rationales Planen und Entscheiden wurden auch zum Ausbau von Herrschaftssystemen eingesetzt. Gegen die Verwandlung von Menschen in Karrieren als Verwaltungsfachleute, Soldaten, Ökonomen, Höflinge richtete sich die bürgerliche Gefühlskultur. Sie hatte starke religiöse Wurzeln (Pietismus, Empfindsamkeit). Im Zentrum der „Jugendbewegung" des „Sturm und Drang" stand das zu großen Gefühlen fähige menschliche Individuum.

Information **Die Ausbildung einer bürgerlichen Kultur in der zweiten Hälfte des 18. Jahrhunderts**

	Aufbruch der bürgerlichen Gesellschaft durch Verstandeskultur (**Aufklärung**)	Entfaltung der bürgerlichen Familien/Freundschaft durch Gefühlskultur (**Empfindsamkeit**)	Geistige und politische Emanzipation des bürgerlichen Ich-Bewusstseins (**Sturm und Drang**)
1730	 *Gotthold Ephraim Lessing* (1729–1781) *Johann Christoph Gottsched* (1700–1766): Sterbender Cato (1732) *Christian Fürchtegott Gellert* (1715–1769):	*Johann Wolfgang Goethe* (1749–1832)	
1750	Fabeln und Erzählungen (1746/48) *Gotthold Ephraim Lessing*: Hamburgische Dramaturgie (1767–69) Minna von Barnhelm (1767)	*Friedrich Gottlieb Klopstock* (1724–1803): Der Messias (1748–1773) Der Zürchersee. Ode (1750) *Sophie von La Roche* (1730–1807): Die Geschichte des Fräuleins von Sternheim. Briefroman (1771)	*Friedrich Schiller* (1759–1805)
1770	*Gotthold Ephraim Lessing*: Emilia Galotti (1772)	*Johann Wolfgang Goethe*: Götz von Berlichingen (1773) Prometheus (1774), Ganymed (1774) Die Leiden des jungen Werthers (1774)	
1775	*Friedrich Nicolai* (1733–1811): Die Freuden des jungen Werthers (1775)	*Matthias Claudius* (1740–1815): Der Wandsbecker Bote (1771–1775)	*Jakob Michael Reinhold Lenz* (1751–1792): Der Hofmeister (1774) Die Soldaten (1776) *Friedrich Leopold Graf zu Stolberg* (1750–1819): Über die Fülle des Herzens (1778)
1780	*Gotthold Ephraim Lessing:* Nathan der Weise (1779) *Christoph Martin Wieland* (1733–1813): Die Abderiten (1774/80) *Immanuel Kant* (1724–1804): Beantwortung der Frage: Was ist Aufklärung? (1784)		*Christian Friedrich Daniel Schubart* (1739–1791): Die Fürstengruft (1780) *Friedrich Schiller*: Die Räuber (1781) Kabale und Liebe (1784)
1785		*Karl Philipp Moritz* (1756–1893): Anton Reiser (1785/90)	

1 Goethe hat in seiner „Farbenlehre“ (1810) den Farben Gelb den Verstand, Orange das Engagement, Rot die Leidenschaft, Blauviolett die Fantasie und Grün, der Mischung aus Gelb und Blau, die der Vorstellungskraft entspringende Tatkraft zugeordnet.
a Erklären Sie anhand der hier abgedruckten Grafik (▶ S. 220) die Zuordnung der Werke und Autoren zu den Farben.
b Benutzen Sie die Zeitleiste, um eine Ordnung in die „Epochen“ Aufklärung, Empfindsamkeit sowie Sturm und Drang zu bringen. Erklären Sie dann, warum man heute von einem „Epochenumbruch“ spricht.
2 **Referat:** Wählen Sie eines der in der Tabelle genannten Werke und recherchieren Sie dessen Entstehungshintergrund.

Natur als Spiegel der Seele

Johann Wolfgang Goethe: **Die Leiden des jungen Werthers** (1774) – Briefe vom 10. Mai und 18. August

Johann Wolfgang Goethe (1749–1832) sollte in Straßburg sein juristisches Studium abschließen, interessierte sich aber mehr für Literatur und Philosophie, sammelte Gleichgesinnte um sich (Herder, Lenz), verliebte sich in die Pfarrerstochter Friederike Brion, verarbeitete später diese und andere Liebeserfahrungen im Briefroman „Die Leiden des jungen Werthers“. Er traf die Stimmung weiter Kreise der Jugend und wurde berühmt. Der junge Herzog von Weimar, Anhänger der Ideen des „Sturm und Drang“, holte ihn an seinen Hof.
Der „Held“ des Romans, Werther, berichtet in Briefen an seinen Freund Wilhelm über seinen Aufenthalt in dem kleinen Ort Walheim. Die Briefe beginnen im Mai. Im Juni lernt er auf einem Ball Lotte kennen. Er verliebt sich, muss aber im Laufe des Sommers erkennen, dass Lotte nicht für ihn frei ist. Sie ist mit Albert verlobt und wird ihn heiraten.

am 10. Mai.

Eine wunderbare Heiterkeit hat meine ganze Seele eingenommen, gleich denen süßen Frühlingsmorgen, die ich mit ganzem Herzen genieße. Ich bin so allein und freue mich so meines Lebens, in dieser Gegend, die für solche Seelen geschaffen ist, wie die meine. Ich bin so glücklich, mein Bester, so ganz in dem Gefühl von ruhigem Dasein versunken, dass meine Kunst darunter leidet. Ich könnte jetzo nicht zeichnen, nicht einen Strich, und bin niemalen ein größerer Maler gewesen als in diesen Augenblicken. Wenn das liebe Tal um mich dampft, und die hohe Sonne an der Oberfläche der undurchdringlichen Finsternis meines Waldes ruht, und nur einzelne Strahlen sich in das innere Heiligtum stehlen, und ich dann im hohen Grase am fallenden Bache liege, und näher an der Erde tausend mannigfaltige Gräsgen mir merkwürdig werden. Wenn ich das Wimmeln der kleinen Welt zwischen Halmen, die unzähligen, unergründlichen Gestalten, all der Würmgen, der Mückgen, näher an meinem Herzen fühle, und fühle die Gegenwart des Allmächtigen, der uns all nach seinem Bilde schuf, das Wehen des Allliebenden, der uns in ewiger Wonne schwebend trägt und erhält. Mein Freund, wenn's denn um meine Augen dämmert, und die Welt um mich her und Himmel ganz in meiner Seele ruht, wie die Gestalt einer Geliebten; dann sehn ich mich oft und denke: Ach könntest du das wieder ausdrücken, könntest du dem Papier das einhauchen, was so voll, so warm in dir lebt, dass es würde der Spiegel deiner Seele, wie deine Seele ist der Spiegel des unendlichen Gottes. Mein Freund – Aber ich gehe darüber zu Grunde, ich erliege unter der Gewalt der Herrlichkeit dieser Erscheinungen.

am 18. Aug.

Musste denn das so sein? dass das, was des Menschen Glückseligkeit macht, wieder die Quelle seines Elends würde. Das volle warme Gefühl meines Herzens an der lebendigen Natur, das mich mit so viel Wonne überströmte, das ringsumher die Welt mir zu einem Paradiese schuf, wird mir jetzt zu einem unerträglichen Peiniger, zu einem quälenden Geiste, der mich auf allen Wegen verfolgt. Wenn ich sonst vom Fels über den Fluss bis zu jenen Hügeln das fruchtbare Tal überschaute, und alles um mich her keimen und quellen sah, wenn ich jene Berge, vom Fuße bis auf zum Gipfel, mit hohen, dichten Bäumen bekleidet, all jene Täler in ihren mannigfaltigen Krümmungen von den lieblichsten Wäldern beschattet sah, und der sanfte Fluss zwischen den lispelnden Rohren dahingleitete, und die lieben Wolken abspiegelte, die der sanfte Abendwind am Himmel herüberwiegte, wenn ich denn die Vögel um mich, den Wald beleben hörte, und die Millionen Mückenschwärme im letzten roten Strahle der Sonne mutig tanzten, und ihr letzter zuckender Blick den summenden Käfer aus seinem Grase befreite und das Gewebere um mich her mich auf den Boden aufmerksam machte und das Moos, das meinem harten Felsen seine Nahrung abzwingt, und das Geniste, das den dürren Sandhügel hinunterwächst, mir alles das innere glühende heilige Leben der Natur eröffnete, wie umfasst' ich das all mit warmem Herzen, verlor mich in der unendlichen Fülle, und die herrlichen Gestalten der unendlichen Welt bewegten sich alllebend in meiner Seele. Ungeheure Berge umgaben mich, Abgründe lagen vor mir, und Wetterbäche stürzten herunter, die Flüsse strömten unter mir, und Wald und Gebürg erklang. Und ich sah sie würken und schaffen ineinander in den Tiefen der Erde, all die Kräfte unergründlich. [...]

Friedrich Leopold Graf zu Stolberg: **Über die Fülle des Herzens** (1778)

Friedrich Leopold Graf zu Stolberg (1750–1819) war Schriftsteller, Diplomat und Verwaltungsbeamter. Mit ihm (und seinem Bruder) unternahm Goethe die erste Reise in die Schweiz. Alle drei jungen Männer trugen dabei Werthers charakteristische Kleidung (blauer Frack mit Messingknöpfen, gelbe Weste, braune Stulpenstiefel, runder Filzhut).

O Natur! Natur! Gott rief dir zu, als du in bräutlicher Schönheit aus dem Schoße der Schöpfung hervorgingst: Sei schön! Verkünde meine Herrlichkeit und bilde des Menschen Herz! Dir dank ich, Natur, die seligsten Augenblicke meines Lebens! Du zeigtest mir deine erhabnen Schönheiten am Ufer deines Rheins und im Schatten deiner Alpen, wo du einem glücklichen Volke Freiheit schenktest und Einfalt der Sitte.

Groß und hehr erscheinest du mir auch hier am Gestade des Meeres. Oh, wie gern hebt und senkt sich mein Blick mit der krummen Woge, indem mein Ohr lauschet dem Geräusch seiner Wellen! Wenn im feierlichen Anblicke des unermesslichen Ozeans mein Auge sich verliert, dann umschweben mich Gedanken vom Unendlichen, von der Ewigkeit und meiner eignen Unsterblichkeit. Meine Seele entfleucht dieser Welt. Ich werfe dann einen Blick auf das grüne Ufer, die ruhenden Haine, die Saaten, die Triften mit hin und her irrendem Vieh, und vergnügt kehrt mein Geist zur mütterlichen Erde wieder zurück. Die ganze Natur ist Harmonie, und wir sind geschaffen, mit ihr zu harmonieren. Jede einzelne Schönheit der Natur, alle verschiedne Schönheiten der Natur in ihren mannigfaltigen Zusammensetzungen wurden vom Schöpfer bestimmt, die Saiten des menschlichen Herzens zu berühren und erklingen zu machen. Wie entzücken den Schössling der Natur diese Seelenmelodien! Wie sanft sind sie! Wie kühn! Wie erheben sie das Herz zum Himmel! Wie tauchen sie es in die süßesten Empfindungen!

Friedrich Gottlieb Klopstock: Der Zürchersee (1750) – 1. Strophe

Schön ist, Mutter Natur, deiner Erfindung Pracht
Auf die Fluren verstreut, schöner ein froh Gesicht,
Das den großen Gedanken
Deiner Schöpfung noch einmal denkt.

---

1 **a** Vergleichen Sie das Bild der Natur und das Bild des Menschen in Werthers Briefen vom 10. Mai und 18. August (▸ S. 221–222). Wie spiegelt sich der Stimmungsumschwung Werthers in seiner Naturbeschreibung?
b Suchen Sie Bilder, die Werthers Naturbeschreibungen illustrieren könnten, und stellen Sie eine Text-Bild-Collage her.

2 Untersuchen Sie die Sprache, mit der das Bild der Natur in Werthers Briefen und in Stolbergs Text entworfen wird.
a Wie erlebt Stolberg die Natur? Formulieren Sie mit eigenen (nüchternen) Worten, was er am Rhein, in den Alpen und am Meer sieht und wie er das Gesehene versteht.
b Vergleichen Sie Ihren Text mit dem Stolbergs und beschreiben Sie dessen Sprechweise.
c Welche Beziehungen sehen Sie zwischen der Sprache Werthers und der Sprache Stolbergs? Halten Sie Gemeinsamkeiten und Unterschiede fest.

3 Klopstock gilt als Vorbild und Wegbereiter der „Stürmer und Dränger". Untersuchen Sie, wie in der ersten Strophe seiner Ode die Begriffe „Natur", „Schöpfung" und „Mensch" aufeinander bezogen sind.

4 **a** Erläutern Sie ausgehend von der unten stehenden Grafik epochentypische Gemeinsamkeiten des Naturbilds in Klopstocks Ode, Goethes Briefroman und Stolbergs Hymnus.
b Schreiben Sie diesen diskontinuierlichen Text in einen kontinuierlichen (z. B. einen Lexikonartikel zum Thema „Naturauffassungen in der zweiten Hälfte des 18. Jahrhunderts") um. Ergänzen Sie den Aspekt „Begeisterung für die Natur" (in den genannten Texten) durch Hinweise auf die neu entstehende Norm der Natürlichkeit (z. B. keine Perücke tragen, stattdessen die eigenen Haare zeigen). Ziehen Sie weitere Quellen hinzu. Vergessen Sie nicht, diese auch anzugeben.

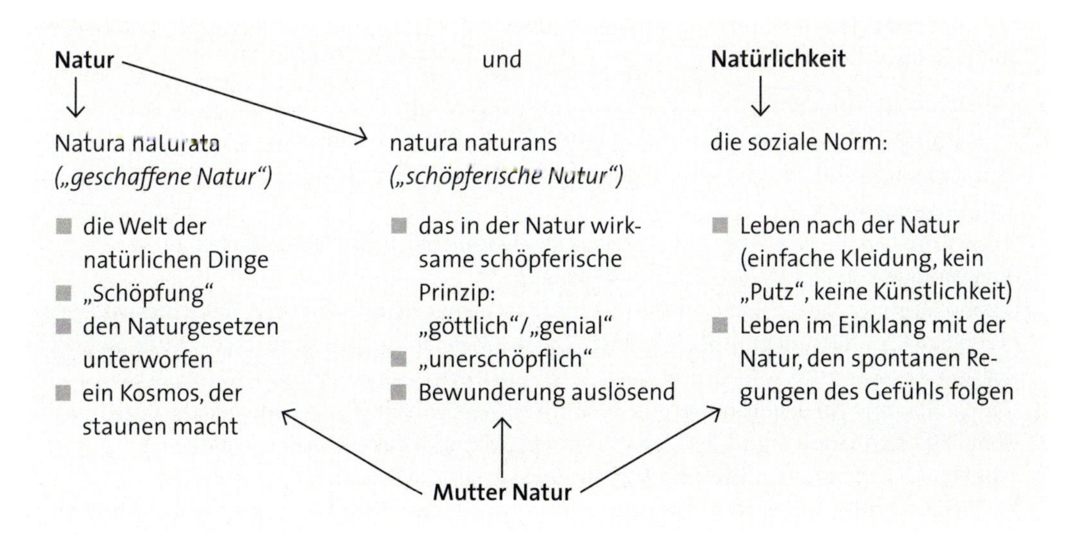

Johann Wolfgang Goethe: **Ganymed** (1774)

Wie im Morgenrot
Du rings mich anglühst,
Frühling, Geliebter!
Mit tausendfacher Liebeswonne
5 Sich an mein Herz drängt
Deiner ewigen Wärme
Heilig Gefühl,
Unendliche Schöne!

Dass ich dich fassen möcht'
10 In diesen Arm!

Ach, an deinem Busen
Lieg' ich, schmachte,
Und deine Blumen, dein Gras
Drängen sich an mein Herz.
15 Du kühlst den brennenden
Durst meines Busens,
Lieblicher Morgenwind!
Ruft drein die Nachtigall
Liebend nach mir aus dem Nebeltal.

20 Ich komme! Ich komme!
Wohin? Ach, wohin?
Hinauf, hinauf strebt's.
Es schweben die Wolken
Abwärts, die Wolken
25 Neigen sich der sehnenden Liebe.
Mir, mir!
In eurem Schoße
Aufwärts,
Umfangend umfangen!
30 Aufwärts
An deinem Busen,
Allliebender Vater!

Anton Raphael Mengs: Jupiter und Ganymed (1758)

Information **Ganymed**

Ganymedes, dt. Ganymed, in der griech. Sage Schönster der Sterblichen. Sohn des Königs **Tros;** von **Zeus** auf den Olymp entführt, damit er dort Mundschenk für die Götter sei. Nach späteren Versionen ließ Zeus ihn durch seinen Adler rauben (oder raubte ihn in Adlergestalt) und machte ihn zu seinem Geliebten.

1 **a** Klären Sie Ihr Verständnis des Gedichts: Wer ist der Sprecher? Zu wem spricht er?
b Arbeiten Sie heraus, was dieser Sprecher über die frühlingshafte Natur, was über die eigenen Empfindungen sagt.
c Beschreiben Sie, wie die Beziehung zwischen lyrischem Ich und Natur dargestellt wird. Wie verändert sie sich im Verlaufe des Gedichts?

2 Charakterisieren Sie die Sprechweise und die Sprache der Hymne. Ersetzen Sie zu diesem Zweck auffällige Formulierungen (z. B. „anglühst“ Z. 2) durch geläufige (z. B. „anblickst“ ...) und vergleichen Sie.

3 Beschreiben Sie vor dem Hintergrund der antiken Sage von Zeus und Ganymed die Beziehung des Jünglings zum Schöpfergott in Goethes Hymne. Gehen Sie dabei von den irritierenden Widersprüchen zwischen Titel und Text aus und suchen Sie zu klären:
- Welche Ähnlichkeit besteht zwischen der Ganymed-Zeus-Beziehung (des alten Mythos) und der Beziehung des Sprechers zum Frühling (in Goethes Hymne)?

- Was bedeutet Liebe in der Ganymed-Geschichte, was im Kontext des Naturgefühls, das den Sprecher der Hymne bewegt?
- Wo sehen Sie in der Hymne Goethes pantheistische Gedanken ausgesprochen?

4 Auch Goethes „Werther" wurde als pantheistisches Werk gepriesen und verdammt. Untersuchen Sie die einzelnen auf die Natur bezogenen Aussagen auf ihre mögliche „pantheistische" Sichtweise hin.

Information **Pantheismus**

Pantheismus (gr. = überall ist Gott): die Auffassung der Einheit von Gott und (der schöpferischen) Natur, am konsequentesten vertreten von dem jüdisch-niederländischen Philosophen **Spinoza** (1632–1677) und dem Dominikanermönch **Giordano Bruno** (1548–1600). Bruno wurde deshalb als Häretiker verbrannt. Spinozas Formel „Deus sive natura" (Gott ist Natur) wird von Goethe mit einem All-Einheitsgefühl verknüpft.

Johann Wolfgang Goethe: **An den Mond** (1777/89)

Goethe schrieb die erste Fassung dieses Gedichts 1777 kurz nach seiner Übersiedlung nach Weimar. Er überarbeitete es zwölf Jahre später, als er in seinem „Gartenhaus" am Ufer der Ilm wohnte. Hier ist die überarbeitete Fassung abgedruckt.

Füllest wieder Busch und Tal
Still mit Nebelglanz,
Lösest endlich auch einmal
Meine Seele ganz;

5 Breitest über mein Gefild
Lindernd deinen Blick,
Wie des Freundes Auge mild
Über mein Geschick.

Jeden Nachklang fühlt mein Herz
10 Froh' und trüber Zeit,
Wandle zwischen Freud' und Schmerz
In der Einsamkeit.

Fließe, fließe, lieber Fluss!
Nimmer werd' ich froh,
15 So verrauschte Scherz und Kuss,
Und die Treue so.

Ich besaß es doch einmal,
Was so köstlich ist!
Dass man doch zu seiner Qual
20 Nimmer es vergisst!

Rausche, Fluss, das Tal entlang,
Ohne Rast und Ruh,
Rausche, flüstre meinem Sang
Melodien zu,

25 Wenn du in der Winternacht
Wütend überschwillst
Oder um die Frühlingspracht
Junger Knospen quillst.

Selig, wer sich vor der Welt
30 Ohne Hass verschließt,
Einen Freund am Busen hält
Und mit dem genießt,

Was, von Menschen nicht gewusst
Oder nicht bedacht,
35 Durch das Labyrinth der Brust
Wandelt in der Nacht.

1 Untersuchen Sie in Goethes Gedicht die Beziehung zwischen der seelischen Gestimmtheit des Sprechers, seinen sozialen Erfahrungen und seinem Naturerleben.

2 **Weiterführende Aufgabe:** Besorgen Sie sich die erste Fassung des Gedichts und vergleichen Sie sie mit der vorliegenden.
Recherchieren Sie in einem Nachschlagewerk, z.B. dem Goethe-Handbuch oder einem Goethe-Lexikon, wie man dort die Veränderungen erklärt, die Goethe an seinem ursprünglichen Gedicht vorgenommen hat.

Volker Braun: Im Ilmtal (1976)

Den Himmel verwildert der Sturm
Voll Wolken grau, das Feld
Ist dunkel am Tag, mein Sinn.

In der gebauten Natur
5 Geh ich allein, und den Wald schüttelt er,
Wie meine Fäuste möchten die steife Welt!

Einmal lebte ich so, freudig
Mit den Genossen. Gebraucht
Zu ändern Flüsse und Städte allmählich
10 Und die ich brauchte.

Auf die Wiese schwärzer tritt, *lieber Fluß*
Schlage, wie einst einem andern hier
Die Worte aus meiner Brust!

Und ich kannte sie lange, die Tage
15 Füllte Arbeit zum Rand
In die Nacht ging das laute Gespräch.

Aufwälze, Fluß, den dunklen Grund:
Ich kann nicht leben ohne die Freunde
Und lebe und lebe hin!

20 Und nicht langt mir, nicht ruhig
Macht nun der eine mich;
Nicht glücklich kann ich verschließen
Mich mit ihm vor der Welt.

Bäume dich, in den befestigten
25 Ufern, reiß dich los
Flüßchen, gib so, gib den Gefühlen deinen
Raum!

Zu den verstreuten, tätigen
Gefährten, wer es auch sei, muß ich kommen,
30 und nie
Verlassen den großen Kreis

Und was ich beginne, mit ihnen
Bin ich erst ich
Und kann leben, und fühle wieder
35 Mich selber in meiner Brust. R

Johann Wolfgang Goethe: Aufgehender Mond am Fluss (1779)

3 **a** Volker Braun bezieht sich ausdrücklich auf Goethes Gedicht.
Vergleichen Sie die beiden „Spaziergänge" in der Natur und die beiden Gedankengänge, die sie auslösen, miteinander.
b Überlegen Sie, warum der „moderne" Dichter sich das Goethe-Gedicht zur Vorlage genommen haben mag.

4 Schreiben Sie selbst einen lyrischen Text über einen abendlichen Gang am Fluss.

Die Sprache der Vernunft und Sprache der (verwirrten) Herzen

Sophie von La Roche: **Geschichte des Fräuleins von Sternheim** (1771)

Sophie von La Roche (1731–1807), Jugendgeliebte Christoph Martin Wielands und Großmutter von Clemens und Bettine Brentano, gilt als erste Vertreterin des Unterhaltungsromans in Deutschland. Ihre „Geschichte des Fräuleins von Sternheim" ist ein empfindsamer Briefroman um eine vorbildlich erzogene, tugendhafte junge Frau, die in die Kabalen des Hofes verwickelt wird und erst am Ende eines langen Leidensweges die Gattin des von Anfang an geliebten Lord Seymours wird.

Wenn ich den Auftrag bekäme, den Edelmut und die Menschenliebe, mit einem aufgeklärten Geist vereinigt, in einem Bilde vorzustellen, so nähme ich ganz allein die Person und Züge des Mylord Seymour; und alle, welche nur jemals eine Idee von diesen drei Eigenschaften hätten, würden jede ganz deutlich in seiner Bildung und in seinen Augen gezeichnet sehen. Ich übergehe den sanften männlichen Ton seiner Stimme, die gänzlich für den Ausdruck der Empfindungen seiner edeln Seele gemacht zu sein scheint; das durch etwas Melancholisches gedämpfte Feuer seiner schönen Augen, den unnachahmlich angenehmen und mit Größe vermengten Anstand aller seiner Bewegungen, und, was ihn von allen Männern, deren ich in den wenigen Wochen, die ich hier bin, eine Menge gesehen habe, unterscheidet, ist (wenn ich mich schicklich ausdrücken kann) der tugendliche Blick seiner Augen, welche die einzigen sind, die mich nicht beleidigten, und keine widrige antipathetische Bewegung in meiner Seele verursachten.

Der Wunsch des Fräuleins C*, mich immer um sich zu sehen, verursachte bei ihm die Frage: ob ich denn nicht in D. bleiben würde?

„Es scheint mir unmöglich", sagte er, „dass ein lebhafter Geist, wie der Ihrige, bei den immer gleichen Szenen des Landlebens sollte vergnügt sein können." [...]

„Ich bekenne, Mylord, dass ich seit meinem Aufenthalt in der Stadt, bei den Vergleichungen beider Lebensarten, gefunden habe, dass man auf dem Lande die nämliche Sorge trägt, seine Beschäftigungen und Ergötzlichkeiten abzuändern, wie ich hier sehe; nur mit dem Unterschied, dass bei den Arbeiten und Belustigungen der Landleute eine Ruhe in dem Grunde der Seele bleibt, die ich hier nicht bemerkt habe; und diese Ruhe dünkt mich etwas sehr Vorzügliches zu sein."

„Ich halte es auch dafür, und ich glaube dabei" (sagte er gegen dem Fräulein von C*) „nach dem entschlossnen Ton Ihrer verehrungswürdigen Freundin, dass sie diese Ruhe behalten wird, wenn auch hier Tausende durch sie in Unruh gesetzt würden."

Da er mich nicht ansah, als er dies sagte, und das Fräulein nur lächelte, so blieb ich auch stille; denn einmal fühlte ich bei dieser seiner Höflichkeit eine Verwirrung, die ich ungern möchte gezeigt haben; und dann wollte ich ihn nicht länger mit mir in einem Gespräche halten, sondern seiner ältern Freundin den billigen Vorzug lassen; zumal, da er sich ganz beflissen gegen sie gewendet hatte. [...]

Ich fuhr fort und sagte, ich könnte das Wort Zeitvertreib nicht leiden, einmal, weil mir in meinem Leben die Zeit nicht einen Augenblick zu lang worden wäre („auf dem Lande", raunte ich ihr ins Ohr); und dann, weil es mir ein Zeichen einer unwürdigen Bewegung der Seele zu sein scheine. Unser Leben ist so kurz, wir haben so viel zu betrachten, wenn wir unsre Wohnung, die Erde, kennen, und so viel zu lernen, wenn wir alle Kräfte unsers Geistes (die uns nicht umsonst gegeben sind) gebrauchen wollen; wir können so viel Gutes tun, dass es mir einen Abscheu gibt, wenn ich von einer Sache reden höre, um welche man sich selbst zu betrügen sucht.

„Meine Liebe, Ihre Ernsthaftigkeit setzt mich in Erstaunen, und dennoch höre ich Sie mit Vergnügen. Sie sind in Wahrheit, wie die Prinzessin sagte, eine außerordentliche Person.“

Ich weiß nicht, Emilia, wie mir war. – Ich merkte wohl, dass dieser Ton meiner Gedanken gar nicht der wäre, der sich in diese Gesellschaft schickte; aber ich konnte mir nicht helfen. Es hatte mich eine Bangigkeit befallen, eine Begierde, weit weg zu sein, eine innerliche Unruh; ich hätte sogar weinen mögen, ohne eine bestimmte Ursache angeben zu können.

---

1 **a** Analysieren Sie das im Brief geschilderte Verhalten der beiden „edlen“ jungen Leute am Hof: Welche Rolle spielen für sie Konventionen, Regeln, gesellschaftliche Vorgaben des angemessenen Verhaltens?

b Bewerten Sie ihre Argumente: Welche erscheinen Ihnen auch heute plausibel, welche nur aus der Zeit heraus verständlich?

2 Schreiben Sie einen Briefbericht Lord Seymours an seine Familie in England, in dem er seine Beobachtungen am Hof des Fürsten (und auch sein Interesse für das Fräulein) zum Ausdruck bringt.

Johann Wolfgang Goethe: **Die Leiden des jungen Werthers** (1774)

[Lotte vertritt als älteste Tochter bei den zahlreichen Geschwistern die Stelle der Mutter. Aber Werthers Glückstaumel verwandelt sich in Qual, als ihr Verlobter Albert hinzukommt, der kein Schwärmer, sondern ein eher vernünftiger und lebenspraktischer Charakter ist. Werther verlässt Walheim. Nach einer enttäuschenden Erfahrung in einer adeligen Delegation kehrt er jedoch zurück. Er ist sicher, dass Lotte um seine unglückliche Liebe zu ihr weiß. Für alle Beteiligten wird die Situation immer unerträglicher (ihre Gemüter „verhetzen sich immer mehr“). Werther sucht Lotte in Alberts Abwesenheit auf.]

François Marie Isodore Quéverdo: Werther kniet zu Füßen Lottes (1793)

Er warf sich vor Lotten nieder in der vollen Verzweiflung, fasste ihre Hände, drückte sie in seine Augen, wider seine Stirn, und ihr schien eine Ahndung seines schröcklichen Vorhabens durch die Seele zu fliegen. Ihre Sinne verwirrten sich, sie drückte seine Hände, drückte sie wider ihre Brust, neigte sich mit einer wehmütigen Bewegung zu ihm, und ihre glühenden Wangen berührten sich. Die Welt verging ihnen, er schlang seine Arme um sie her, presste sie an seine Brust und deckte ihre zitternden, stammelnden Lippen mit wütenden Küssen. – Werther!, rief sie mit erstickter Stimme, sich abwendend, Werther!, und drückte mit schwacher Hand seine Brust von der ihrigen! Werther!, rief sie mit dem gefassten Tone des edelsten Gefühls; er widerstand nicht, ließ sie aus seinen Armen und warf sich unsinnig vor sie hin. – Sie riss sich auf, und in ängstlicher Verwirrung, bebend zwischen Liebe und Zorn, sagte sie: Das ist das letzte Mal! Werther! Sie sehn mich nicht wieder. Und mit dem vollsten Blick der Liebe auf den Elenden eilte sie ins Nebenzimmer und schloss hinter sich zu. Werther streckte ihr die Arme nach, getraute sich nicht, sie zu halten. Er lag an der Erde, den Kopf auf dem Kanapee, und in dieser Stellung blieb er über eine halbe Stunde, bis ihn ein Geräusch zu sich selbst rief.

[Lotte wird durch Werthers Gefühlsausbruch in tiefe seelische Konflikte gestürzt. Der Erzähler (und Herausgeber von Werthers Briefen) beschreibt, was Goethe selbst in Wetzlar im Falle des Legationssekretärs Jerusalem erlebt hatte: Der unglücklich Liebende leiht sich bei Kästner, dem „Albert" des Romans, Pistolen, angeblich für eine Reise, in Wirklichkeit aber, um sich damit zu erschießen.]
Gegen eilfe fragte Werther seinen Bedienten, ob wohl Albert zurückgekommen sei. Der Bediente sagte: ja, er habe dessen Pferd dahinführen sehn. Drauf gibt ihm der Herr ein offenes Zettelgen des Inhalts: Wollten Sie mir wohl zu einer vorhabenden Reise Ihre Pistolen leihen? Leben Sie recht wohl. Die liebe Frau hatte die letzte Nacht wenig geschlafen, ihr Blut war in einer fieberhaften Empörung, und tausenderlei Empfindungen zerrütteten ihr Herz. Wider ihren Willen fühlte sie tief in ihrer Brust das Feuer von Werthers Umarmungen, und zugleich stellten sich ihr die Tage ihrer unbefangenen Unschuld, des sorglosen Zutrauens auf sich selbst in doppelter Schöne dar, es ängstigten sie schon zum Voraus die Blicke ihres Manns, und seine halb verdrüsslich halb spöttische Fragen, wenn er Werthers Besuch erfahren würde; sie hatte sich nie verstellt, sie hatte nie gelogen, und nun sah sie sich zum ersten Mal in der unvermeidlichen Notwendigkeit; der Widerwillen, die Verlegenheit, die sie dabei empfand, machte die Schuld in ihren Augen größer, und doch konnte sie den Urheber davon weder hassen, noch sich versprechen, ihn nie wieder zu sehn. Sie weinte bis gegen Morgen, da sie in einen matten Schlaf versank, aus dem sie sich kaum aufgerafft und angekleidet hatte.

[Werther verfasst einen Abschiedsbrief an Lotte, versichert ihr, dass er sicher wisse, dass sie ihn liebt.]
Zum letzten Male denn, zum letzten Male schlag ich diese Augen auf, sie sollen, ach, die Sonne nicht mehr sehn, ein trüber, neblichter Tag hält sie bedeckt. So traure denn, Natur,

Sohn, dein Freund, dein Geliebter naht sich seinem Ende. Lotte, das ist ein Gefühl ohnegleichen, und doch kommt's dem dämmernden Traume am nächsten, zu sich zu sagen: Das ist der letzte Morgen. Der letzte!
[...]
O vergib mir! Vergib mir! Gestern! Es hätte der letzte Augenblick meines Lebens sein sollen. O du Engel! Zum ersten Male, zum ersten Male ganz ohne Zweifel durch mein innig Innerstes durchglühte mich das Wonnegefühl: Sie liebt mich! Sie liebt mich. Es brennt noch auf meinen Lippen das heilige Feuer, das von den deinigen strömte, neue, warme Wonne ist in meinem Herzen. Vergib mir, vergib mir.
Ach, ich wusste, dass du mich liebtest, wusste es an den ersten seelenvollen Blicken, an dem ersten Händedruck, und doch, wenn ich wieder weg war, wenn ich Alberten an deiner Seite sah, verzagt' ich wieder in fieberhaften Zweifeln.
[...]
Alles das ist vergänglich, keine Ewigkeit soll das glühende Leben auslöschen, das ich gestern auf deinen Lippen genoss, das ich in mir fühle. Sie liebt mich! Dieser Arm hat sie umfasst, diese Lippen haben auf ihren Lippen gezittert, dieser Mund am ihrigen gestammelt. Sie ist mein! Du bist mein! Ja, Lotte, auf ewig.
Und was ist das? Dass Albert dein Mann ist! Mann? – Das wäre denn für diese Welt – und für diese Welt Sünde, dass ich dich liebe, dass ich dich aus seinen Armen in die meinigen reißen möchte? Sünde? Gut! Und ich strafe mich davor: Ich habe sie in ihrer ganzen Himmelswonne geschmeckt, diese Sünde, habe Lebensbalsam und Kraft in mein Herz gesaugt, du bist von diesem Augenblicke mein! Mein, o Lotte!

Ich gehe voran! Gehe zu meinem Vater, zu deinem Vater. Dem will ich's klagen, und er wird mich trösten, bis du kommst, und ich fliege dir entgegen und fasse dich und bleibe bei dir vor dem Angesicht des Unendlichen in ewigen Umarmungen. 110

---

1 Lotte überlegt, ob und wie sie Albert von Werthers Gefühlsausbruch in Kenntnis setzen soll (Z. 1–26). Erklären Sie den „Widerwillen", den sie empfindet.

2 Lotte weist Werthers Erklärung „mit dem gefassten Ton des edelsten Gefühls" zurück (Z. 22 f.). Was für ein Gefühl ist das Ihrer Meinung nach? Stellen Sie Belege aus dem Text zusammen.

3 Die hier abgedruckten Textauszüge aus dem Roman „Die Leiden des jungen Werthers" stammen aus der ersten Fassung von 1774. Sechs Jahre später bearbeitete Goethe seinen Roman, insbesondere schreibt er Lottes inneren Monolog ganz neu. Besorgen Sie sich die zweite Fassung (1781) und untersuchen Sie vergleichend die beiden Darstellungen der Gefühle, die die junge Frau „zerrütten". Untersuchen Sie den Textauszug ab „Gegen eilfe fragte Werther seinen Bedienten, ob wohl Albert zurückgekommen sei ..." (hier Z. 37–64).

4 Werther ist sich sicher, dass Lotte seine Gefühle erwidert. Tragen Sie die Ausdrücke des Gefühls, die er und der Herausgeber in seinem Bericht verwenden, zu einem Begriffsfeld zusammen und überlegen Sie, wo die Wirklichkeit erfasst wird, wo Werther fantasiert.

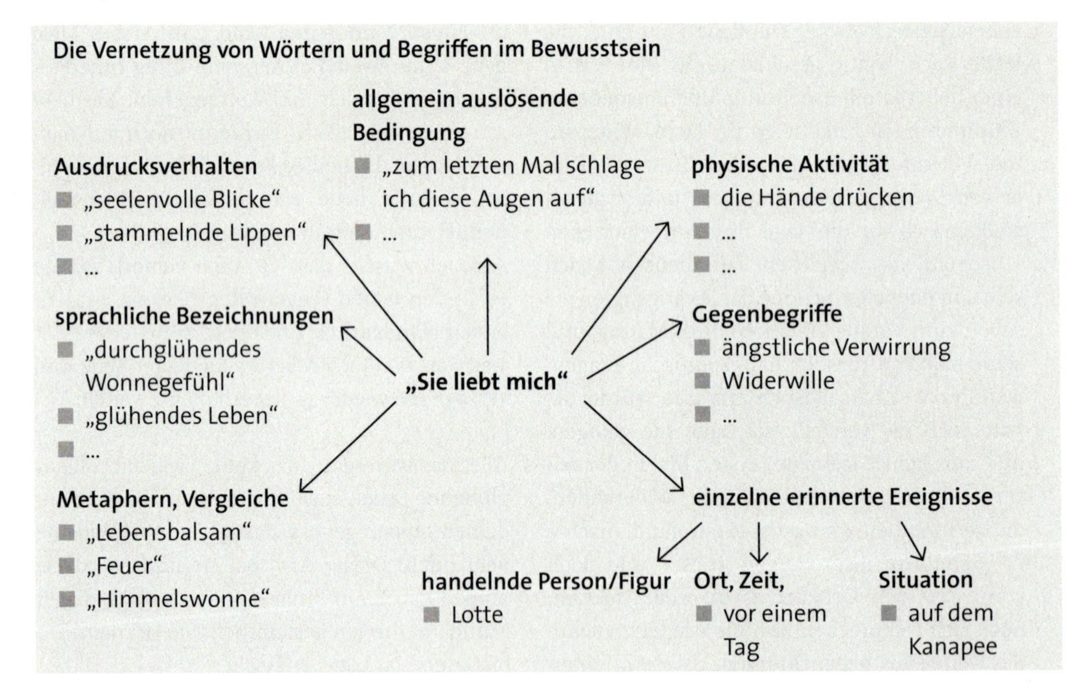

5 **a** Untersuchen Sie den Bericht des Herausgebers über Werthers Liebeserklärung und Werthers Abschiedsbrief auf sprachliche Besonderheiten hin. Wie wird über Gefühle geschrieben, wie über Liebe und Tod?

b Können Sie Unterschiede oder Gemeinsamkeiten zwischen Werther als Briefschreiber und dem Herausgeber als Erzählendem feststellen? Legen Sie eine Tabelle an.

6 Informieren Sie sich in einer Literaturgeschichte über die Folgen des „Wertherfiebers" und verfassen Sie aus der Sicht eines nüchternen Vertreters der Aufklärung (z. B. Lichtenberg oder Lessing) eine Stellungnahme, z. B. einen offenen Brief in einer der Literaturzeitschriften der Zeit.

Rebellion: Das schöpferische Genie und der edle Verbrecher

Johann Wolfgang Goethe: **Prometheus** (1773)

Bedecke deinen Himmel, Zeus,
Mit Wolkendunst!
Und übe, Knaben gleich,
Der Disteln köpft,
5 An Eichen dich und Bergeshöhn!
Musst mir meine Erde
Doch lassen stehn,
Und meine Hütte,
Die du nicht gebaut,
10 Und meinen Herd,
Um dessen Glut
Du mich beneidest.

Piero di Cosimo: Prometheus schafft Menschen (1515)

Ich kenne nichts Ärmer's
Unter der Sonn' als euch Götter.
15 Ihr nähret kümmerlich
Von Opfersteuern
Und Gebetshauch
Eure Majestät
Und darbtet, wären
20 Nicht Kinder und Bettler
Hoffnungsvolle Toren.

Da ich ein Kind war,
Nicht wusst', wo aus, wo ein,
Kehrte mein verirrtes Aug'
25 Zur Sonne, als wenn drüber wär'
Ein Ohr, zu hören meine Klage,
Ein Herz wie meins,
Sich des Bedrängten zu erbarmen.

Wer half mir wider
30 Der Titanen Übermut?
Wer rettete vom Tode mich,
Von Sklaverei?
Hast du's nicht alles selbst vollendet,
Heilig glühend Herz?
35 Und glühtest, jung und gut,
Betrogen, Rettungsdank
Dem Schlafenden da droben?

Ich dich ehren? Wofür?
Hast du die Schmerzen gelindert
40 Je des Beladenen?
Hast du die Tränen gestillet
Je des Geängsteten?
Hat nicht mich zum Manne geschmiedet
Die allmächtige Zeit
45 Und das ewige Schicksal,
Meine Herrn und deine?

Wähntest du etwa,
Ich sollte das Leben hassen,
In Wüsten fliehn,
50 Weil nicht alle Knabenmorgen-
Blütenträume reiften?

Hier sitz' ich, forme Menschen
Nach meinem Bilde,
Ein Geschlecht, das mir gleich sei,
55 Zu leiden, weinen,
Genießen und zu freuen sich,
Und dein nicht zu achten,
Wie ich.

1 Fassen Sie das Gedicht „Prometheus" (▶ S. 231) in eigenen Worten zusammen. Wie stellt der Sprecher den Göttervater Zeus, wie sich selbst dar?
2 Erkennen Sie Bezüge zum Autor Goethe? Erläutern Sie sie.
3 Informieren Sie sich über den Mythos von Prometheus und suchen Sie Erklärungen für die Veränderungen, die Goethe an der Geschichte vornimmt.
4 „Prometheus" und „Ganymed" (▶ S. 224) sind immer wieder als Belege für zwei sich wechselseitig ergänzende Haltungen Goethes beschrieben worden. Wo sehen Sie Verbindungspunkte, wo Trennungslinien? Diskutieren Sie.
5 Vergleichen Sie Goethes Prometheus-Hymne mit den biblischen Berichten über die Erschaffung des Menschen in der „Genesis" (1. Buch Mose). Arbeiten Sie die Unterschiede im Gottes- und im Menschenbild heraus.

Friedrich Schiller: **Die Räuber** (1781) – I. Akt, 2. Szene

Schillers „Erstlingswerk" führt an zwei feindlichen Brüdern die beiden in seiner Zeit vorherrschenden Denkrichtungen vor: Karl, der ältere der beiden, wird als edel denkender, seinem Gefühl folgender Mensch dargestellt (Bedürfnis nach Freiheit, Gefühl für Gerechtigkeit, enthusiastische Liebe, Freundschaft). Franz, der jüngere, ist ein kalter Rationalist, ein Machtmensch ohne Glauben und moralische Skrupel. Schillers Sympathie gehört eindeutig seinem „edlen Verbrecher" und Rebellen gegen die Gesellschaft, Karl Moor.

Schänke an den Grenzen von Sachsen. Karl von Moor in ein Buch vertieft. Spiegelberg trinkend am Tisch.

KARL VON MOOR *legt das Buch weg:* Mir ekelt vor
5 diesem tintenklecksenden Säkulum[1], wenn ich in meinem Plutarch[2] lese von großen Menschen.

SPIEGELBERG *stellt ihm ein Glas hin und trinkt:* Den Josephus[3] musst du lesen.

10 MOOR: Der lohe Lichtfunke Prometheus' ist ausgebrannt, dafür nimmt man itzt die Flamme von Bärlappenmehl – Theaterfeuer, das keine Pfeife Tabak anzündet. Da krabbeln sie nun wie die Ratten auf der Keule des Herkules und stu-
15 dieren sich das Mark aus dem Schädel, was das für ein Ding sei, das er in seinen Hoden geführt hat? Ein französischer Abbé[4] doziert, Alexander sei ein Hasenfuß gewesen, ein schwindsüchtiger Professor hält sich bei jedem Wort ein
20 Fläschchen Salmiakgeist vor die Nase und liest ein Kollegium über die *Kraft*. Kerls, die in Ohnmacht fallen, wenn sie einen Buben gemacht haben, kritteln über die Taktik des Hannibals – feuchtohrige Buben fischen Phrases aus der
25 Schlacht bei Cannä und greinen über die Siege des Scipio, weil sie sie exponieren[5] müssen. [...] Da verrammeln sie sich die gesunde Natur mit abgeschmackten Konventionen, haben das Herz nicht, ein Glas zu leeren, weil sie Gesund-
30 heit dazu trinken müssen – belecken den Schuhputzer, dass er sie vertrete bei Ihro Gnaden, und hudeln[6] den armen Schelm, den sie nicht fürchten. Vergöttern sich um ein Mittagessen und möchten einander vergiften um ein
35 Unterbett, das ihnen beim Aufstreich[7] überboten wird. – Verdammen den Sadduzäer[8], der nicht fleißig genug in die Kirche kommt, und berechnen ihren Judenzins am Altare – fallen auf die Knie, damit sie ja ihren Schlamp[9] aus-
40 breiten können – wenden kein Aug von dem Pfarrer, damit sie sehen, wie seine Perücke frisiert ist. – Fallen in Ohnmacht, wenn sie eine

1 **Säkulum:** Jahrhundert
2 **Plutarch** (ca. 40–120 n. Chr.): griech. Schriftsteller
3 **Josephus** (37–100 n. Chr.): jüd. Geschichtsschreiber
4 **Abbé:** Titel der weltlichen Geistlichen in Frankreich
5 **exponieren:** grammatisch erklären und übersetzen
6 **hudeln:** quälen, plagen
7 **Aufstreich:** Versteigerung, Auktion
8 **Sadduzäer:** Angehöriger einer altjüdischen Partei
9 **Schlamp:** Schleppe

Gans bluten sehen, und klatschen in die Hände, wenn ihr Nebenbuhler bankerott von der Börse geht – – So warm ich ihnen die Hand drückte: – Nur noch einen Tag! – Umsonst! – Ins Loch mit dem Hund! – Bitten! Schwüre! Tränen! *Auf den Boden stampfend:* Hölle und Teufel! [...]

SCHWARZ: Komm mit uns in die böhmischen Wälder! Wir wollen eine Räuberbande sammeln, und du – *Moor stiert ihn an.*

SCHWEIZER: Du sollst unser Hauptmann sein! Du musst unser Hauptmann sein!

SPIEGELBERG *wirft sich wild in einen Sessel:* Sklaven und Memmen!

MOOR: Wer blies dir das Wort ein? Höre, Kerl! *Indem er Schwarzen hart ergreift:* Das hast du nicht aus deiner Menschenseele hervorgeholt! Wer blies dir das Wort ein? Ja, bei dem tausendarmigen Tod! Das wollen wir, das müssen wir! Der Gedanke verdient Vergötterung – *Räuber und Mörder!* – So wahr meine Seele lebt, ich bin euer Hauptmann!

ALLE *mit lärmendem Geschrei:* Es lebe der Hauptmann!

SPIEGELBERG *aufspringend, vor sich:* Bis ich ihm hinhelfe!

MOOR: Siehe, da fällt's wie der Star von meinen Augen! Was für ein Tor ich war, dass ich in den Käfig zurückwollte! – Mein Geist dürstet nach Taten, mein Atem nach Freiheit. – *Mörder, Räuber!* – mit diesem Wort war das Gesetz unter meine Füße gerollt. – Menschen haben Menschheit vor mir verborgen, da ich an Menschheit appellierte, weg dann von mir Sympathie und menschliche Schonung! – Ich habe keinen Vater mehr, ich habe keine Liebe mehr, und Blut und Tod soll mich vergessen lehren, dass mir jemals etwas teuer war! Kommt, kommt! – Oh ich will mir eine fürchterliche Zerstreuung machen – es bleibt dabei, ich bin euer Hauptmann! Und Glück zu dem Meister unter euch, der am wildesten sengt, am grässlichsten mordet, denn ich sage euch, er soll königlich belohnet werden – tretet her um mich ein jeder und schwöret mir Treu und Gehorsam zu bis in den Tod! – Schwört mir das bei dieser männlichen Rechte.

Victor von Heideloff: Schiller liest Freunden aus den „Räubern" vor (1856)

1 **a** Karl Moor und seine Freunde diskutieren über menschliche Größe in Vergangenheit und Gegenwart. Welches sind ihre Urteile, und wie begründen sie sie?

b Formulieren Sie die Einwände Moors gegen das eigene Jahrhundert in Form von Thesen.

2 Charakterisieren Sie Karl von Moor und seine Mitstudenten durch ihre Sprache/Sprechweise.

3 Karl Moor sagt von sich selbst: „Mein Geist dürstet nach Taten, mein Atem nach Freiheit" (Z. 71 f.). Welche Vorstellung von Freiheit hat er?

4 **Weiterführende Aufgabe:** Lesen Sie Schillers Erzählung „Der Verbrecher aus verlorener Ehre" und vergleichen Sie die Hauptfigur mit der aus dem Drama „Die Räuber".
Zeigen Sie Parallelen zwischen den Protagonisten Christian Wolf und Karl Moor auf.

Der Protest wird politisch

Gottfried August Bürger: **Für wen, du gutes deutsches Volk** (1793)

Gottfried August Bürger (1747–1794) studierte Jura in Göttingen, kam dort in Kontakt mit den Dichtern des Hainbundes, einer Gruppe junger, von Klopstock begeisterter Dichter, der auch die Brüder Stolberg angehörten, wurde 1772 Amtmann in einem kleinen Ort bei Göttingen, durch Vermittlung Lichtenbergs 1784 dort auch Professor. Seine Gedichte waren populär, Schiller verfasste eine scharfe Rezension, in der er Bürger vorwarf, dem Geschmack des breiten Publikums zu sehr nachzugeben.

Die folgenden Verse wagte Gottfried August Bürger nicht zu veröffentlichen. Sie wurden erst achtzig Jahre nach seinem Tode bekannt. Bürger verlieh darin der Ansicht vieler Deutscher Ausdruck, als sich eine preußisch-österreichische Koalitions-Armee im Sommer 1791 anschickte, der Revolution in Frankreich ein gewaltsames Ende zu bereiten. Goethe berichtet darüber in der „Campagne in Frankreich".

Für wen, du gutes deutsches Volk
Behängt man dich mit Waffen?
Für wen lässt du von Weib und Kind
Und Herd hinweg dich raffen?
5 Für Fürsten- und für Adelsbrut
Und fürs Geschmeiß der Pfaffen.

War's nicht genug, ihr Sklavenjoch
Mit stillem Sinn zu tragen?
Für sie im Schweiß des Angesichts
10 Mit Fronen dich zu plagen?
Für ihre Geißel sollst du nun
Auch Blut und Leben wagen?

Sie nennen's Streit fürs Vaterland,
In welchen sie dich treiben.
15 O Volk, wie lange wirst du blind
Beim Spiel der Gaukler bleiben?
Sie selber sind das Vaterland
Und wollen gern bekleiben[1].

Was ging uns Frankreichs Wesen an,
20 Die wir in Deutschland wohnen?
Es mochte dort nun ein Bourbon,
Ein Ohnehose[2] thronen.
– – – – – – – – – – – – – – – – – –
– – – – – – – – – – – – – – – – – –

1 **bekleiben:** haften bleiben, fortdauern
2 **Ohnehose:** Übersetzung von „Sansculottes", der spottenden Bezeichnung für die französischen Revolutionäre, die keine „culottes", Kniebundhosen der Adeligen und Vornehmen, trugen.

1 Interpretieren Sie das Gedicht Gottfried August Bürgers zur „Campagne in Frankreich" als politische Stellungnahme eines deutschen Bürgers zum Krieg der Fürsten gegen das (französische) Volk.

Christian Friedrich Daniel Schubart: **Die Fürstengruft** (1780)

Christian Friedrich Daniel Schubart (1739–1791), Sohn eines Pfarrers, wurde 1769 Organist am württembergischen Hof in Ludwigsburg. Auf Grund seines anstößigen Lebenswandels sowie seiner scharfen Kritik an Aristokratie und Klerus wurde er des Landes verwiesen. In Augsburg, dann in Ulm gab er die sehr erfolgreiche Zeitung „Teutsche Chronik" heraus. 1777 lockte ihn der Herzog Karl Eugen auf württembergisches Territorium und ließ ihn verhaften. Zehn Jahre wurde er auf dem Hohenasperg gefangen gehalten, wo er „umerzogen" werden sollte. Seine Gedichte sind Klage und Protest gegen dieses Schicksal. 1787 ließ der Herzog ihn frei und machte ihn zum Theaterdirektor in Stuttgart, wo er die Herausgabe seiner Zeitschrift (unter mehrfach verändertem Titel) fortführen konnte. Schubart überlebte seine Haft nur wenige Jahre.

Da liegen sie, die stolzen Fürstentrümmer
Ehmals die Götzen ihrer Welt!
Da liegen sie, vom fürchterlichen Schimmer
Des blassen Tags erhellt!

5 Die alten Särge leuchten in der dunklen
Verwesungsgruft wie faules Holz,
Wie matt die großen Silberschilde funkeln!
Der Fürsten letzter Stolz.

Entsetzen packt den Wandrer hier am Haare,
10 Geußt Schauer über seine Haut,
Wo Eitelkeit, gelehnt an eine Bahre,
Aus hohlen Augen schaut.
[...]

Denn ach! Hier liegt der edle Fürst! Der Gute!
15 Zum Völkersegen einst gesandt,
Wie der, den Gott zur Nationenrute
Im Zorn zusammenband.

An ihren Urnen weinen Marmorgeister[1];
Doch kalte Tränen nur von Stein,
20 Und lachend grub vielleicht ein welscher[2]
Meister,
Sie einst dem Marmor ein.

Da liegen Schädel mit verloschnen Blicken,
Die ehmals hoch herabgedroht,
25 Der Menschheit Schrecken! – Denn an ihrem
Nicken
Hing Leben oder Tod.

Nun ist die Hand herabgefault zum Knochen,
Die oft mit kaltem Federzug
30 Den Weisen, der am Thron zu laut gesprochen,
In harte Fesseln schlug.
[...]

Vertrocknet und verschrumpft sind die Kanäle,
Drin geiles Blut wie Feuer floss,
35 Das schäumend Gift der Unschuld in die
Seele,
Wie in den Körper goss.
[...]

Die liegen nun in dieser Schauergrotte,
40 Mit Staub und Würmern zugedeckt,
So stumm! So ruhmlos! – Noch von keinem
Gotte
Ins Leben aufgeweckt.

1 Marmorgeister: in Marmor gemeißelte Engel (Verzierungen der Sarkophage)
2 welsch: französisch, italienisch

Weckt sie nur nicht mit eurem bangen Ächzen,
45 Ihr Scharen, die sie arm gemacht!
Verscheucht die Raben, dass von ihrem
Krächzen
Kein Wütrich hier erwacht!

Hier klatsche nicht des armen Landmanns
50 Peitsche,
Die nachts das Wild vom Acker scheucht!
An diesem Gitter weile nicht der Deutsche,
Der siech vorüberkeucht!

Hier heule nicht der bleiche Waisenknabe,
55 Dem ein Tyrann den Vater nahm;
Nie fluche hier der Krüppel an dem Stabe,
Von fremdem Solde lahm.

Damit die Quäler nicht zu früh erwachen;
Seid menschlicher, erweckt sie nicht.
60 Ha! Früh genug wird über ihnen krachen
Der Donner am Gericht.

Wo Todesengel nach Tyrannen greifen,
Wenn sie im Grimm der Richter weckt,
Und ihre Gräul zu einem Berge häufen,
65 Der flammend sie bedeckt.

Ihr aber, bessre Fürsten, schlummert süße
Im Nachtgewölbe dieser Gruft!
Schon wandelt euer Geist im Paradiese,
Gehüllt in Blütenduft.

Festung Hohenasperg (Stahlstich 19. Jh.)

70 Jauchzt nur entgegen jenem großen Tage,
Der aller Fürsten Taten wiegt,
Wie Sternenklang tönt euch des Richters
Waage,
Drauf eure Tugend liegt.

75 Ach, unterm Lispel[3] eurer frohen Brüder –
Ihr habt sie satt und froh gemacht –
Wird eure volle Schale sinken nieder,
Wenn ihr zum Lohn erwacht.

Wie wird's euch sein, wenn ihr vom Sonnen-
80 throne
Des Richters Stimme wandeln hört:
„Ihr Brüder, nehmt auf ewig hin die Krone,
Ihr seid zu herrschen wert."

3 Lispel: Lobgesang

1 a Das Gedicht lässt sich als „Fürstenspiegel" lesen, also als Schrift, die zur Mahnung und Erziehung des Herrschers dient. Untersuchen Sie:
- Welches sind die Vorwürfe, die der Besucher der Fürstengruft in Schubarts Gedicht den absolutistischen Fürsten gegenüber erhebt?
- Welches Bild des idealen Herrschers wird entworfen?

b Informieren Sie sich (z. B. in einer Biografie Schillers) über Schubarts und Schillers „Landesvater" Karl Eugen von Württemberg und über dessen Regierungsweise vor der Französischen Revolution.

c Stellen Sie eine Anklageschrift für ein „Fürstentribunal" zusammen.

2 Vergleichen Sie die unterschiedlichen Formen des „Protests" gegen die eigene Zeit, die Sie in Goethes „Prometheus" (▸ S. 231), in der Szene aus Schillers „Räubern" (▸ S. 232 f.) einerseits sowie in Bürgers „Für wen, du gutes deutsches Volk" (▸ S. 234) und Schubarts „Fürstengruft" (▸ S. 235 f.) andererseits beobachten können.

Information **Sturm und Drang (1770–1785)**

Der „Sturm und Drang" ist eine literarische Bewegung innerhalb der Epoche der Aufklärung (zum **Allgemeinen geschichtlichen Hintergrund** und zu **Weltbild und Lebensauffassung** vgl. die Information zur **Aufklärung** (▶ S. 218–219). Der Begriff „Sturm und Drang" stammt vom Titel eines Dramas des Goethe-Freunds **Maximilian Klinger** (1752–1831), in dem sich ein tugendhafter junger Mann kraftgenialisch gegen die Vätergeneration auflehnt. Einige der am Sturm und Drang beteiligten Autoren (z. B. **Jakob Michael Reinhold Lenz** [1751–1792]) verfechten in ihren Werken aufklärerische Gedanken, aber Emotion, Affekt, Gefühl gelten ihnen als Grundlage „humaner" Selbstverwirklichung. Am deutlichsten kommt dieser neue Humanismus in der Philosophie des Pantheismus zum Ausdruck. Gott wird nicht mehr, wie in der christlichen Tradition, als ein personaler Gott und Weltenlenker vorgestellt, sondern als die überall in der Natur wirkende schöpferische Kraft. Der Mensch erfährt das Göttliche über sein Gefühl für die Wunder der Natur im unendlich Großen und unendlich Kleinen. Diese gefühlsbetonte Weltsicht und Selbstwahrnehmung speisen den Protest der jungen Autoren gegen die verkrustete Welt der vernünftigen Väter. Sie sind auch die Grundlage einer neuen Sprache mit neuen Wörtern und Metaphern. Das Pathos des Natur- und Freundschaftsenthusiasmus hat religiöse Wurzeln im Pietismus und der Empfindsamkeit.

Die wesentlichen Charakteristika der **Sturm-und-Drang-Literatur** sind

- der **Geniegedanke:**
  Der schöpferische Mensch ist ein Kind der Natur, wie diese folgt er Regeln, die er in sich spürt, er hält sich nicht an Autoritäten, er rebelliert gegen Dogmatismus, Zwang und Reglement (vgl. Goethes Prometheus),
- der **Naturenthusiasmus:**
  Die „Mutter Natur" gilt als schöpferisches und göttliches Prinzip (Pantheismus), das Leben nach und in der Natur (Kleidung, Wandern, Bergbesteigung, Schwimmen) gilt als Lebensideal und gesellschaftliche Norm (z. B. Goethes Wanderungen über die Alpen = Schweizer Reisen, Besteigung des Brocken, des Vesuv),
- der **Liebes- und Freundschaftskult**
  (vgl. z. B. **Schiller**: „Die Räuber", „Die Bürgschaft"),
- das **Freiheitspathos**
  (vgl. z. B. **Schiller**: „Don Karlos"),
- **gefühlsbetonter Patriotismus,**
  gemischt mit scharfer Polemik gegen „Mode" und „französisches (= höfisches) Wesen".

Wichtige Autorinnen/Autoren und Werke siehe Grafik (▶ S. 220).

1 Bereiten Sie ein Referat über den „Sturm und Drang" vor.

a Fassen Sie die zentralen Merkmale der Sturm-und-Drang-Literatur in einer Mindmap übersichtlich zusammen. Sehen Sie zu diesem Zweck das Kapitel C2.1 und C2.2 (▶ S. 206–237) noch einmal durch. Denken Sie daran, Ihre Thesen durch Beispiele zu belegen.

b Ergänzen Sie die Mindmap durch weitergehende Aspekte: Was denken z. B. die Aufklärer wie Lessing oder Lichtenberg über die „Empfindsamen"?

c Arbeiten Sie auf der Grundlage Ihrer Recherche einen foliengestützten Vortrag aus, in dem Sie auch Ihre Mindmap einsetzen können.

Themenfeld: Ohnmächtige Väter, liebende Töchter – Familienverhältnisse im bürgerlichen Trauerspiel

In der Tragödie geht es um große Leidenschaften, Macht, Ehrgeiz, Verrat. Immer steht viel auf dem Spiel. Das Publikum bewundert menschliche Größe der gesellschaftlich hochstehenden Helden und Könige und erschrickt über schicksalhaft über diese hereinbrechende und über selbst verschuldete Katastrophen.

Im bürgerlichen Trauerspiel geht es dagegen eher um den menschlichen Nahbereich der Familie, darum, wie Menschen miteinander und mit ihren Gefühlen füreinander umgehen. Liebe ist das, was die Familie zusammenhält. Liebe ist aber auch das Gefühl, das die Kinder aus diesem Verbund löst. Sie ist daher Ursache von Konflikten, und sie führt Individuen in paradoxe Situationen.

Information **Zur Theorie des bürgerlichen Trauerspiels**

Gotthold Ephraim Lessing hat – durch eine Neuinterpretation des Aristoteles (▶ S. 127, 131) – die theoretische Begründung dafür geliefert, dass das Theater zur sich neu entwickelnden bürgerlichen Gefühlskultur passte. Es ist die **Katharsis- oder Mitleidstheorie.** Aristoteles hatte die Wirkung der Tragödie auf das Publikum als „Katharsis" (Reinigung der Leidenschaft[en]) durch „Phobos" (Furcht/Schrecken) und „Eleos" (Mitleid) beschrieben. Lessing deutet das so, dass er „Furcht" als eine spezifische Form des Mitempfindens sieht, die das Publikum mit den Heldinnen und Helden auf der Bühne emotional verbindet. Es lag nahe, dem bürgerlichen Publikum Konflikte aus dem Nahbereich der bürgerlichen Familie vorzustellen.

I Väter und Töchter oder die Geltungsansprüche der Familie und der Gefühle

Friedrich Schiller: Kabale und Liebe (1784) – I/1–3

Friedrich Schiller (1759–1805), vom württembergischen Herzog Karl Eugen an seine „Pflanzschule", die Karlsakademie, geholt und zum Arzt ausgebildet, schrieb sein erstes Stück „Die Räuber" (1781) noch als Karlsschüler und junger Militärarzt. Als ihm das „Komödienschreiben" verboten wurde, floh er außer Landes. Am Theater in Mannheim verfasste er als Bühnenautor „Kabale und Liebe" (1784). Das Stück machte politische Zustände in seiner Heimat zum Thema.

[Luise Miller, Tochter eines Musikers, und Ferdinand von Walter, Sohn des Präsidenten, haben sich ineinander verliebt.]

Zimmer beim Musikus. Miller steht eben vom Sessel auf und stellt sein Violoncell auf die Seite. An einem Tisch sitzt Frau Millerin noch im Nachtgewand und trinkt ihren Kaffee.

MILLER: *schnell auf und ab gehend* Einmal für alle Mal. Der Handel wird ernsthaft. Meine Tochter kommt mit dem Baron ins Geschrei. Mein Haus wird verrufen. Der Präsident bekommt 5

Wind, und – kurz und gut, ich biete dem Junker aus[1].

FRAU: Du hast ihn nicht in dein Haus geschwatzt – hast ihm deine Tochter nicht nachgeworfen. [...]

MILLER: Hab ihn nicht in mein Haus geschwatzt – hab ihms Mädel nicht nachgeworfen; wer nimmt Notiz davon? – Ich war Herr im Haus. Ich hätt meine Tochter mehr koram nehmen[2] sollen. Ich hätt dem Major besser auftrumpfen sollen – [...] Was wird bei dem ganzen Kommerz auch herauskommen? – Nehmen[3] kann er das Mädel nicht – [...] Darum, just eben darum, muss die Sach noch heut auseinander. Der Präsident muss es mir Dank wissen, wenn er ein rechtschaffener Vater ist. Du wirst mir meinen roten plüschenen Rock ausbürsten, und ich werde mich bei Seiner Exzellenz anmelden lassen. Ich werde sprechen zu Seiner Exzellenz: Dero Herr Sohn haben ein Aug auf meine Tochter; meine Tochter ist zu schlecht zu Dero Herrn Sohnes Frau, zu Dero Herrn Sohnes Hure ist meine Tochter zu kostbar, und damit basta! – Ich heiße *Miller.*

[Luise kehrt aus der Kirche heim]

LUISE: War er da, Mutter?

FRAU: Wer, mein Kind?

LUISE: Ah! Ich vergaß, dass es noch außer ihm Menschen gibt – Mein Kopf ist so wüste – Er war nicht da? Walter?

MILLER: *traurig und ernsthaft* Ich dachte, meine Luise hätte den Namen in der Kirche gelassen?

LUISE: *nachdem sie ihn eine Zeit lang starr angesehen* Ich versteh Ihn, Vater – fühle das Messer, das Er in mein Gewissen stößt; aber es kommt zu spät. – Ich hab keine Andacht mehr, Vater – der Himmel und Ferdinand reißen an meiner blutenden Seele, und ich fürchte – ich fürchte – *Nach einer Pause* Doch nein, guter Vater. Wenn wir ihn über dem Gemälde vernachlässigen, findet sich ja der Künstler am feinsten gelobt. – Wenn meine Freude über sein Meisterstück mich ihn selbst übersehen macht, Vater, muss das Gott nicht ergötzen?

MILLER: *wirft sich unmutig in den Stuhl* Da haben wir's! Das ist die Frucht von dem gottlosen Lesen.

LUISE: *tritt unruhig an ein Fenster* Wo er wohl jetzt ist? – Die vornehmen Fräulein, die ihn sehen – ihn hören – ich bin ein schlechtes vergessenes Mädchen. *Erschrickt an dem Wort und stürzt ihrem Vater zu.* Doch nein! Nein! Verzeih Er mir. Ich beweine mein Schicksal nicht. Ich will ja nur wenig – an ihn denken – das kostet ja nichts. Dies bisschen Leben – dürft' ich es hinhauchen in ein leises schmeichelndes Lüftchen, sein Gesicht abzukühlen! – Dies Blümchen Jugend – wär' es ein Veilchen, und er träte drauf, und es dürfte bescheiden unter ihm sterben! – Damit genügte mir, Vater. Wenn die Mücke in ihren Strahlen sich sonnt – kann sie das strafen, die stolze majestätische Sonne?

MILLER: *beugt sich gerührt an die Lehne des Stuhls und bedeckt das Gesicht* Höre, Luise – Das bissel Bodensatz meiner Jahre, ich gäb' es hin, hättest du den Major nie gesehen.

LUISE: *erschrocken* Was sagt Er da? Was? – Nein! Er meint es anders, der gute Vater. Er wird nicht wissen, dass Ferdinand mein ist, mir geschaffen, mir zur Freude vom Vater der Liebenden. *Sie steht nachdenkend.* Als ich ihn das erste Mal sah – *rascher* und mir das Blut in die Wangen stieg, froher jagten alle Pulse, jede Wallung sprach, jeder Atem lispelte: Er ist's, – und mein Herz den Immermangelnden erkannte, bekräftigte: Er ist's, und wie das widerklang durch die ganze mitfreuende Welt. Damals – o damals ging in meiner Seele der erste Morgen auf. Tausend junge Gefühle schossen aus meinem Herzen, wie die Blumen aus dem Erdreich, wenn's Frühling wird. Ich sah keine Welt mehr, und doch besinn ich mich, dass sie niemals so schön war. Ich wusste von keinem Gott mehr, und doch hatt' ich ihn nie so geliebt.

MILLER: *eilt auf sie zu, drückt sie wider seine Brust* Luise – teures – herrliches Kind – Nimm meinen alten mürben Kopf – nimm alles – alles! – den Major – Gott ist mein Zeuge – ich kann dir ihn nimmer geben. *Er geht ab.*

1 **ich biete dem Junker aus:** „Ich verbiete dem Junker das Haus."
2 **koram nehmen:** zur Rede stellen, Gehorsam forden
3 **nehmen:** zur Frau nehmen, heiraten

Luise: Auch will ich ihn ja jetzt nicht, mein Vater. Dieser karge Tautropfe Zeit – schon ein 100 Traum von Ferdinand trinkt ihn wollüstig auf. Ich entsag ihm für dieses Leben. Dann, Mutter – dann, wenn die Schranken des Unterschieds einstürzen – wenn von uns abspringen all die verhasste Hülsen des Standes – Menschen nur 105 Menschen sind – Ich bringe nichts mit mir als meine Unschuld, aber der Vater hat ja so oft gesagt, dass der Schmuck und die prächtigen Titel wohlfeil werden, wenn Gott kommt, und die Herzen im Preise steigen. Ich werde dann reich sein. Dort rechnet man Tränen für Triumphe 110 und schöne Gedanken für Ahnen an. Ich werde dann vornehm sein, Mutter – Was hätte er dann noch für seinem Mädchen voraus?

Frau: *fährt in die Höhe* Luise! Der Major! Er springt über die Planke. Wo verberg ich mich 115 doch?

Luise: *fängt an zu zittern* Bleib Sie doch, Mutter.

Frau: Mein Gott! Wie seh ich aus! Ich muss mich ja schämen. Ich darf mich nicht vor Sei- 120 ner Gnaden so sehen lassen. *Ab*

---

1 Wie stellt sich der Vater Miller in den Zeilen 5–32, im Gespräch mit seiner Frau und im (nur geplanten Gespräch) mit dem Präsidenten dar? Charakterisieren Sie ihn.

2 **a** Analysieren Sie die Sprechweise, in der Miller und seine 16-jährige (!) Tochter miteinander reden. Stellen Sie dazu alle Auffälligkeiten in einer Liste nach folgendem Muster zusammen.

Zitat	Auffälligkeit
Ich versteh Ihn, Vater (Z. 42)	*Die Tochter spricht in einer Höflichkeitsform mit ihrem Vater.*
Der Himmel und Ferdinand reißen an meiner blutenden Seele (Z. 44 f.)	…

b Untersuchen Sie die Regieanweisungen: Was können Sie aus der Körpersprache über die Gefühle der Figuren erkennen?

3 **a** Machen Sie sich die Ausgangslage des Dramas klar: „Den Major – Gott ist mein Zeuge – ich kann dir ihn nimmer geben" (Z. 96 f.). Erläutern Sie den Konflikt Luises und den ihres Vaters in eigenen Worten.

b Diskutieren Sie: Wie würde im Vergleich dazu die Konfliktlage in einer heutigen Familie besprochen?

Friedrich Schiller: Kabale und Liebe (1784) – V/1

[Durch eine Intrige gelingt es dem Vater Ferdinands, die Liebenden auseinanderzubringen: Um ihren Vater vor dem Gefängnis zu retten, wird Luise gezwungen, einen Liebesbrief an einen Höfling zu schreiben. Dieser Brief wird Ferdinand zugespielt. Luise denkt an einen gemeinsamen Liebestod mit Ferdinand. Ihr Vater kann das nicht billigen.]

Luise: *geht auf ihn zu und hält ihn* Nur ein heulender Sünder konnte den Tod ein Gerippe schelten; es ist ein holder niedlicher Knabe, blühend, wie sie den Liebesgott malen, aber so tückisch nicht – ein stiller dienstbarer Genius, der 5 der erschöpften Pilgerin Seele den Arm bietet über den Graben der Zeit, das Feenschloss der ewigen Herrlichkeit aufschließt, freundlich nickt und verschwindet.

Miller: Was hast du vor, meine Tochter? – Du 10 willst eigenmächtig Hand an dich legen.

Luise: Nenn Er es nicht so, mein Vater. Eine Gesellschaft räumen, wo ich nicht wohlgelitten bin – An einen Ort vorausspringen, den ich nicht länger missen kann – Ist denn das Sünde?

Miller: Selbstmord ist die abscheulichste, mein Kind – die einzige, die man nicht mehr bereuen kann, weil Tod und Missetat zusammenfallen.

Luise: *bleibt erstarrt stehen* Entsetzlich! – Aber so rasch wird es doch nicht gehn. Ich will in den Fluss springen, Vater, und im Hinuntersinken Gott den Allmächtigen um Erbarmen bitten. […]

Tochter! Tochter! gib acht daß du Gottes nicht spottest, wenn du seiner am meisten von Nöthen hast. V. Aufz. 1. Auftr.

Miller: Wenn du Gott liebst, wirst du nie bis zum Frevel lieben – Du hast mich tief gebeugt, meine Einzige! Tief, tief, vielleicht zur Grube gebeugt. – […] Du warst mein Abgott. Höre, Luise, wenn du noch Platz für das Gefühl eines Vaters hast – Du warst mein Alles. Jetzt vertust du nicht mehr von deinem Eigentum. Auch ich hab alles zu verlieren. Du siehst, mein Haar fängt an, grau zu werden. Die Zeit meldet sich allgemach bei mir, wo uns Vätern die Kapitale zustatten kommen, die wir im Herzen unsrer Kinder anlegten. – Wirst du mich darum betrügen, Luise? Wirst du dich mit dem Hab und Gut deines Vaters auf und davon machen?

Luise: *küsst seine Hand mit der heftigsten Rührung* Nein, mein Vater. Ich gehe als Seine große Schuldnerin aus der Welt und werde in der Ewigkeit mit Wucher bezahlen.

Miller: Gib Acht, ob du dich da nicht verrechnest, mein Kind? *Sehr ernst und feierlich* Werden wir uns dort wohl noch finden? – Sieh! Wie du blass wirst! – Meine Luise begreift es von selbst, dass ich sie in jener Welt nicht wohl mehr einholen kann, weil ich nicht so früh dahin eile wie sie – *Luise stürzt ihm in den Arm, von Schauern ergriffen. – Er drückt sie mit Feuer an seine Brust und fährt fort mit beschwörender Stimme.* O Tochter! Tochter! Gefallene, vielleicht schon verlorene Tochter! Beherzige das ernsthafte Vaterwort! […] *Nachdrücklicher, lauter* Tu, was du willst. Bring deinem schlanken Jüngling ein Opfer, dass deine Teufel jauchzen und deine guten Engel zurücktreten – Zieh hin! Lade alle deine Sünden auf, lade auch diese, die letzte, die entsetzlichste auf, und wenn die Last noch zu leicht ist, so mache mein Fluch das Gewicht vollkommen – Hier ist ein Messer – durchstich dein Herz, und *indem er laut weinend fortstürzen will* das Vaterherz!

Luise: *springt auf und eilt ihm nach* Halt! Halt! O mein Vater! – Dass die Zärtlichkeit noch barbarischer zwingt als Tyrannenwut! – Was soll ich? Ich kann nicht! Was muss ich tun?

Miller: Wenn die Küsse deines Majors heißer brennen als die Tränen deines Vaters – stirb!

Luise: *nach einem qualvollen Kampf mit einiger Festigkeit* Vater! Hier ist meine Hand! Ich will – Gott! Gott! Was tu ich? Was will ich? – Vater, ich schwöre. – Wehe mir, wehe! Verbrecherin, wohin ich mich neige! – Vater, es sei!

---

1 Miller setzt seine Tochter gehörig unter Druck. Welches sind seine Argumente? Verwandeln Sie seine dramatische Rede in einen Erziehungsbrief, den der besorgte Vater Miller an seine „gefährdete" Tochter schickt, und prüfen Sie, wie stichhaltig seine Argumente aus heutiger Sicht wären.

2 Luise Miller glaubt daran, dass sich die Liebenden im Jenseits wiedertreffen können. Sie denkt daher an den Tod als Möglichkeit, die Liebe zu bewahren. Dieser Gedanke spielt auch in Werthers Abschiedsbrief an Lotte (▶ S. 229) und in Kellers „Romeo und Julia auf dem Dorfe" (▶ S. 338–340) eine wesentliche Rolle.
Untersuchen Sie die drei Texte auf Argumente hin, die für den freiwilligen Liebestod vorgebracht werden.

Eine autonome Entscheidung oder: Der Tod bewahrt die Unschuld?

Schiller hatte für sein bürgerliches Trauerspiel ein großes Vorbild, **Lessings** Drama „Emilia Galotti". Er übernahm das Thema der Standesschranken und das Motiv des Familienkonflikts. Die „Liebestragödie" ist indes bei Lessing in ganz anderer Weise entwickelt.

Gotthold Ephraim Lessing: **Emilia Galotti** (1772) – V/7

[Der Fürst von Guastalla hat sich in Emilia Galotti verliebt. Sein Helfer am Hof, Marinelli, lässt die Kutsche, in der Emilia und ihr Verlobter Appiani fahren, überfallen. Appiani wird ermordet und Emilia auf das Schloss des Fürsten „gerettet". Der Vater Odoardo durchschaut das Spiel. Er erhält von Orsina, der verlassenen Geliebten des Fürsten, einen Dolch, um diesen zu töten. Er trifft auf seine Tochter.]

Odoardo: Ich meine, du bist ruhig, mein Kind.
Emilia: Das bin ich. Aber was nennen Sie ruhig sein? Die Hände in den Schoß legen? Leiden, 5 was man nicht sollte? Dulden, was man nicht dürfte?
Odoardo: Ha! Wenn du so denkest! – Lass dich umarmen, meine Tochter! – Ich hab es immer gesagt: Das Weib wollte die Natur zu ihrem 10 Meisterstücke machen. Aber sie vergriff sich im Tone, sie nahm ihn zu fein. Sonst ist alles besser an euch als an uns. – Ha, wenn das deine Ruhe ist, so habe ich meine in ihr wiedergefunden! Lass dich umarmen, meine Tochter! – 15 Denke nur: Unter dem Vorwande einer gerichtlichen Untersuchung – o des höllischen Gaukelspieles! – reißt er dich aus unsern Armen und bringt dich zur Grimaldi[1].
Emilia: Reißt mich? Bringt mich? – Will mich 20 reißen, will mich bringen: will! will! – Als ob wir, wir keinen Willen hätten, mein Vater!
Odoardo: Ich ward auch so wütend, dass ich schon nach diesem Dolche griff *ihn herausziehend,* um einem von beiden – beiden! – das 25 Herz zu durchstoßen.
Emilia: Um des Himmels willen nicht, mein Vater! – Dieses Leben ist alles, was die Lasterhaften haben. – Mir, mein Vater, mir geben Sie diesen Dolch.
Odoardo: Kind, es ist keine Haarnadel. 30
Emilia: So werde die Haarnadel zum Dolche! – Gleichviel.
Odoardo: Was? Dahin wäre es gekommen? Nicht doch; nicht doch! Besinne dich. – Auch du hast nur ein Leben zu verlieren. 35
Emilia: Und nur eine Unschuld!
Odoardo: Die über alle Gewalt erhaben ist.
Emilia: Aber nicht über alle Verführung. – Gewalt! Gewalt! Wer kann der Gewalt nicht trotzen? Was Gewalt heißt, ist nichts: Verführung 40 ist die wahre Gewalt. – Ich habe Blut, mein Vater, so jugendliches, so warmes Blut als eine. Auch meine Sinne sind Sinne. Ich stehe für nichts. Ich bin für nichts gut. Ich kenne das Haus der Grimaldi. Es ist das Haus der Freude. 45 Eine Stunde da, unter den Augen meiner Mutter – und es erhob sich so mancher Tumult in meiner Seele, den die strengsten Übungen der Religion kaum in Wochen besänftigen konnten! – Der Religion! Und welcher Religion? – Nichts 50 Schlimmers zu vermeiden, sprangen Tausende in die Fluten und sind Heilige! – Geben Sie mir, mein Vater, geben Sie mir diesen Dolch.
[...]
Odoardo: Sieh, wie rasch! – Nein, das ist nicht 55 für deine Hand.
Emilia: Es ist wahr, mit einer Haarnadel soll ich – *Sie fährt mit der Hand nach dem Haare, eine zu suchen, und bekommt die Rose zu fassen.* Du noch hier? – Herunter mit dir! Du gehörest nicht in 60 das Haar einer – wie mein Vater will, dass ich werden soll!
Odoardo: Oh, meine Tochter!
Emilia: Oh, mein Vater, wenn ich Sie erriete! – Doch nein, das wollen Sie auch nicht. Warum 65 zauderten Sie sonst? – *In einem bittern Tone,*

1 **Grimaldi:** eine Familie der Stadt, bei der der Fürst seine Bälle und Feste feiert

während dass sie die Rose zerpflückt Ehedem wohl gab es einen Vater, der seine Tochter von der Schande zu retten, ihr den ersten, den besten 70 Stahl in das Herz senkte – ihr zum zweiten Male das Leben gab[2]. Aber alle solche Taten sind von ehedem! Solcher Väter gibt es keinen mehr!

ODOARDO: Doch, meine Tochter, doch! *Indem er sie durchsticht* – Gott, was hab ich getan! *Sie will* 75 *sinken, und er fasst sie in seine Arme.*

EMILIA: Eine Rose gebrochen, ehe der Sturm sie entblättert. – Lassen Sie mich sie küssen, diese väterliche Hand.

2 Emilia erinnert hier an die Geschichte der Römerin Verginia, die von ihrem Vater erstochen wurde, um ihre Unschuld und ihren guten Namen zu bewahren.

1 Vergleichen Sie den Dialog zwischen Odoardo und Emilia mit dem zwischen Vater und Tochter Miller (▸ S. 240–241). Achten Sie vor allem auf die Gefühle, die geäußert werden, und auf das Identifikationsangebot, das daraus für heutige Leser oder Zuschauer entstehen könnte. Wo ist Mitleid im Spiel, wo Bewunderung, wo müssen Sie den Kopf schütteln?

Die bürgerliche Kleinfamilie – Muster patriarchalischer Herrschaft

Friedrich Hebbel greift im Jahre 1844 Schillers Themen aus „Kabale und Liebe“ neu auf. Er will im „bürgerlichen Trauerspiel“ die Verkrustungen im patriarchalischen System am Beispiel der kleinbürgerlichen Kleinfamilie aufzeigen.

Friedrich Hebbel: **Maria Magdalene** (1844) – I/7

[Protagonistin des Dramas „Maria Magdalene“ ist Klara, Tochter eines völlig verhärteten Vaters (Meister Anton). Klara ist verlobt mit dem Kassierer Leonhard und von ihm schwanger, aber niemand weiß darum. Ihr Bruder hat als angeblicher Dieb die Norm bürgerlicher Anständigkeit verletzt, die Mutter stirbt, als der Gerichtsdiener Adam die Nachricht überbringt, und der Vater verflucht den Sohn. Der Tochter droht er an, er werde sich selbst töten, wenn auch sie nicht „anständig“ bleibt.]

ADAM: So hör Er! Sein Sohn hat Juwelen gestohlen. Den Dieb haben wir schon. Nun wollen wir Haussuchung halten!

MUTTER: Jesus! *Fällt um und stirbt*

5 **KLARA:** Mutter! Mutter! Was sie für Augen macht!

LEONHARD: Ich will einen Arzt holen!

MEISTER ANTON: Nicht nötig! Das ist das letzte Gesicht! Sahs hundert Mal. Gute Nacht, Therese! Du starbst, als dus hörtest! Das 10 soll man dir aufs Grab setzen!

LEONHARD: Es ist doch vielleicht – *Abgehend.* Schrecklich! Aber gut für mich! *Ab.*

[...] 15

MEISTER ANTON: Unschuldig, und ein Mutter-Mörder? *Lacht.*

EINE MAGD: *tritt ein mit einem Brief, zu Klara* Von Herrn Kassierer Leonhard! 20

MEISTER ANTON: Du brauchst ihn nicht zu lesen! Er sagt sich von dir los! *Schlägt in die Hände.* Bravo, Lump!

KLARA: *hat gelesen* Ja! Ja! O mein Gott!

MEISTER ANTON: Lass ihn! 25

KLARA: Vater, Vater, ich kann nicht!

MEISTER ANTON: Kannst nicht? Kannst nicht? Was ist das? Bist du –

Beide Gerichtsdiener kommen zurück.

ADAM: *hämisch* Suchet, so werdet ihr finden! 30

ZWEITER GERICHTSDIENER: *zu Adam* Was fällt Ihm ein? Trafs denn heute zu?

ADAM: Halt Ers Maul! *Beide ab*

MEISTER ANTON: Er ist unschuldig, und du – du –

KLARA: Vater, Er ist schrecklich!

MEISTER ANTON: *fasst sie bei der Hand, sehr sanft* Liebe Tochter, der Karl ist doch nur ein Stümper, er hat die Mutter umgebracht, was wills heißen? Der Vater blieb am Leben! Komm ihm zu Hülfe, du kannst nicht verlangen, dass er alles allein tun soll, gib du mir den Rest, der alte Stamm sieht noch so knorrig aus, nicht wahr, aber er wackelt schon, es wird dir nicht zu viel Mühe kosten, ihn zu fällen! Du brauchst nicht nach der Axt zu greifen, du hast ein hübsches Gesicht, ich hab dich noch nie gelobt, aber heute will ichs dir sagen, damit du Mut und Vertrauen bekommst, Augen, Nase und Mund finden gewiss Beifall, werde – du verstehst mich wohl, oder sag mir, es kommt mir so vor, dass dus schon bist!

KLARA: *fast wahnsinnig, stürzt der Toten mit aufgehobenen Armen zu Füßen und ruft, wie ein Kind* Mutter! Mutter!

MEISTER ANTON: Fass die Hand der Toten und schwöre mir, dass du bist, was du sein sollst!

KLARA: Ich – schwöre – dir – dass – ich – dir – nie – Schande – machen – will!

MEISTER ANTON: Gut! *Er setzt seinen Hut auf.* Es ist schönes Wetter! Wir wollen Spießruten laufen, straßauf, straßab! *Ab*

---

1 Charakterisieren Sie den Meister Anton als Vertreter sozialer Normen, die er seinen Kindern gegenüber durchsetzt.

2 Gehen Sie von der Annahme aus, dass Schiller und Hebbel bei der Gestaltung ihrer Dramen typische Familienkonstellationen ihrer Zeit vor Augen hatten. Vergleichen Sie Vater Miller und Meister Anton miteinander. Welche Veränderungen in der bürgerlichen Kleinfamilie zwischen 1780 und 1840 können Sie erkennen?

3 Hebbel konstatiert im Vorwort zu „Maria Magdalene", dass das Trauerspiel die Aufgabe habe, den Status der menschlichen Gesellschaft in historischen Umbruchsituationen in einer symbolischen Handlung darzustellen. Was könnte Ihrer Meinung nach als symbolisch im Verhältnis von Meister Anton und seiner Tochter Klara gelten, was im Verhältnis von Miller und seiner Tochter Luise?

II Die Paradoxien der bürgerlichen Liebe

Im bürgerlichen Trauerspiel findet Liebe sich in unendlichen Varianten. Es stehen gegeneinander die Liebe als Bindeglied zwischen den Generationen und zwischen den Geschlechtern. Der oder die Einzelne ringt um Selbstständigkeit und gleichzeitig um Einfluss auf den oder die anderen. Die Liebe wird zu einem Drama im Kopf der Beteiligten, über das sie nicht sprechen können. Alles läuft auf die Paradoxie hinaus, dass das liebende Individuum ganz es selbst sein möchte und zugleich sich ganz auf einen andern einlässt.

Friedrich Schiller: **Kabale und Liebe** (1784) – I/4

[Die Verbindung zwischen dem adligen Ferdinand und der bürgerlichen Luise wird von den Vätern der beiden abgelehnt. Ferdinand setzt sich gegen seinen despotischen und intriganten Vater zur Wehr, während Luise in dem ihren den Repräsentanten der göttlichen Ordnung sieht. Diese Rücksicht missdeutet Ferdinand als Mangel an Liebe.]

Ferdinand von Walter. Luise.

(Er fliegt auf sie zu – sie sinkt entfärbt und matt auf einen Sessel – er bleibt vor ihr stehn – sie sehen sich eine Zeit lang stillschweigend an. Pause.)

FERDINAND: Du bist blass, Luise?

LUISE: *steht auf und fällt ihm um den Hals* Es ist nichts. Nichts. Du bist ja da. Es ist vorüber.

Ferdinand: *ihre Hand nehmend und zum Munde führend* Und liebt mich meine Luise noch? Mein Herz ist das gestrige, ist's auch das deine noch? Ich fliege nur her, will sehn, ob du heiter bist, und gehn und es auch sein – Du bist's nicht.

Luise: Doch, doch, mein Geliebter.

Ferdinand: Rede mir Wahrheit. Du bist's nicht. Ich schaue durch deine Seele wie durch das klare Wasser dieses Brillanten. *Er zeigt auf seinen Ring.* Hier wirft sich kein Bläschen auf, das ich nicht merkte – kein Gedanke tritt in dies Angesicht, der mir entwischte. Was hast du? Geschwind! Weiß ich nur diesen Spiegel helle, so läuft keine Wolke über die Welt. Was bekümmert dich?

Luise: *sieht ihn eine Weile stumm und bedeutend an, dann mit Wehmut* Ferdinand! Ferdinand! Dass du doch wüsstest, wie schön in dieser Sprache das bürgerliche Mädchen sich ausnimmt.

Ferdinand: Was ist das? *befremdet* Mädchen! Höre! Wie kommst du auf das? – Du bist meine Luise. Wer sagt dir, dass du noch etwas sein solltest? Siehst du, Falsche, auf welchem Kaltsinn ich dir begegnen muss? Wärest du ganz nur Liebe für mich, wann hättest du Zeit gehabt, eine Vergleichung zu machen? Wenn ich bei dir bin, zerschmilzt meine Vernunft in einen Blick – in einen Traum von dir, wenn ich weg bin, und du hast noch eine Klugheit neben deiner Liebe? – Schäme dich! Jeder Augenblick, den du an diesen Kummer verlorst, war deinem Jüngling gestohlen.

1 Wie spricht Ferdinand über seine Liebe, wie über Luises Liebe? Stellen Sie typische Äußerungen zusammen und charakterisieren Sie diese Sprache.

Friedrich Schiller **Kabale und Liebe** (1784) – V/7

[Die Intrige des Vaters (Luises unter Zwang geschriebener Liebesbrief) hat zur Folge, dass Ferdinand an Luises Liebe zweifelt, sie gar der Untreue und des Verrats beschuldigt. In rachsüchtiger Verzweiflung beschließt er, sie zu töten. Er gießt Gift in die Limonade, die sie zur Erfrischung bringt, und veranlasst sie, davon zu trinken.]

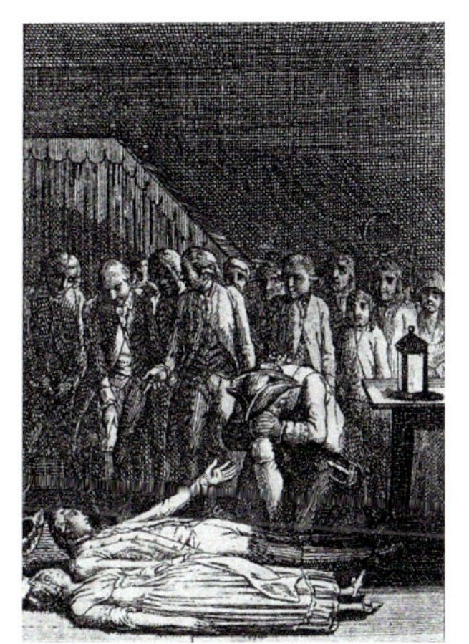

Ferdinand: Die Limonade ist matt, wie deine Seele – Versuche! [...]

Luise: Die Limonade ist gut.

Ferdinand: *ohne sich umzukehren, von Schauer geschüttelt* Wohl bekomm's!

Luise: *nachdem sie es niedergesetzt* O wenn Sie wüssten, Walter, wie ungeheuer Sie meine Seele beleidigen. [...] O! Dass es so weit kommen musste!

Ferdinand: *sie von der Seite betrachtend* Dieses schöne Werk des himmlischen Bildners – Wer kann das glauben? – Wer sollte das glauben? *Ihre Hand fassend und emporhaltend* Ich will dich nicht zur Rede stellen, Gott Schöpfer – aber warum denn dein Gift in so schönen Gefäßen? – Kann das Laster in diesem milden Himmelstrich fortkommen? – O es ist seltsam. [...]

Luise: Das anzuhören und schweigen zu müssen!

Ferdinand: Und die süße, melodische Stimme – Wie kann so viel Wohlklang kommen aus zerrissenen Saiten? *Mit trunkenem Aug auf ihrem Anblick verweilend* Alles so schön – so voll Ebenmaß – so göttlich vollkommen! – Überall das Werk seiner himmlischen Schäferstunde! Bei Gott! Als wäre die große Welt nur entstanden,

den Schöpfer für dieses Meisterstück in Laune zu setzen! – Und nur in der Seele sollte Gott sich vergriffen haben? Ist es möglich, dass diese empörende Missgeburt in die Natur ohne Tadel kam? *Indem er sie schnell verlässt* Oder sah er einen Engel unter dem Meißel hervorgehen und half diesem Irrtum in der Eile mit einem desto schlechteren Herzen ab?

LUISE: O des frevelhaften Eigensinns! Ehe er sich eine Übereilung gestände, greift er lieber den Himmel an.

FERDINAND: *stürzt ihr heftig weinend an den Hals* Noch einmal, Luise – Noch einmal, wie am Tag unsers ersten Kusses, da du Ferdinand stammeltest und das erste Du auf deine brennenden Lippen trat – O eine Saat unendlicher unaussprechlicher Freuden schien in dem Augenblick wie in der Knospe zu liegen – Da lag die Ewigkeit wie ein schöner Maitag vor unsern Augen; goldne Jahrtausende hüpften, wie Bräute, vor unsrer Seele vorbei – Da war ich der Glückliche! – O Luise! Luise! Luise! Warum hast du mir das getan?

LUISE: Weinen Sie, weinen Sie, Walter. Ihre Wehmut wird gerechter gegen mich sein als Ihre Entrüstung.

FERDINAND: Du betrügst dich. Das sind ihre Tränen nicht – Nicht jener warme, wollüstige Tau, der in die Wunde der Seele balsamisch fließt und das starre Rad der Empfindung wieder in Gang bringt. Es sind einzelne – kalte Tropfen – das schauerliche ewige Lebewohl meiner Liebe. *Furchtbar feierlich, indem er die Hand auf ihren Kopf sinken lässt* Tränen um deine Seele, Luise – Tränen um die Gottheit, die ihres unendlichen Wohlwollens hier verfehlte, die so mutwillig um das herrlichste ihrer Werke kommt – O mich deucht, die ganze Schöpfung sollte den Flor anlegen und über das Beispiel betreten sein, das in ihrer Mitte geschieht – Es ist was Gemeines, dass Menschen fallen und Paradiese verloren werden; aber wenn die Pest unter Engel wütet, so rufe man Trauer aus durch die ganze Natur.

LUISE: Treiben Sie mich nicht aufs Äußerste, Walter. Ich habe Seelenstärke so gut wie eine – aber sie muss auf eine menschliche Probe kommen. Walter, das Wort noch und dann geschieden. – Ein entsetzliches Schicksal hat die Sprache unsrer Herzen verwirrt. Dürft' ich den Mund auftun, Walter, ich könnte dir Dinge sagen – ich könnte –– aber das harte Verhängnis band meine Zunge wie meine Liebe, und dulden muss ich's, wenn du mich wie eine gemeine Metze[1] misshandelst.

FERDINAND: Fühlst du dich wohl, Luise?

LUISE: Wozu diese Frage?

FERDINAND: Sonst sollte mir's leid um dich tun, wenn du mit dieser Lüge von hinnen müsstest.

1 **Metze:** Prostituierte, Hure

2 Tragen Sie Textstellen zusammen, an denen Ferdinand Ihrer Meinung nach „übertreibt".

3 Untersuchen Sie Luises und Ferdinands Auffassung von Liebe. Stellen Sie deren wesentliche Merkmale in einer Tabelle gegenüber.

4 Interpretieren Sie die beiden Auszüge aus dem ersten und dem letzten Akt von „Kabale und Liebe" (► S. 244–246). Setzten Sie sich dabei mit der Deutung des Regisseurs Martin Kusej auseinander.

Da sind zwei und trinken Limonade/der harmlose Tod/Limonadentod/weiß eh schon jeder/was trinken sie eigentlich genau? CAPPY/ISO STAR/RED BULL/oder nur HIMBEERSAFT ... und während sie das tun, reden sie von Liebe – Moment/das ist schon das Ende/aber der Anfang? In den ersten Worten des Stückes ist die ganze Misere schon enthalten: „Du bist blass, Luise" und „Kein Gedanke, der mir entwischte"/keine friedliche Idylle, sondern graue Stimmung und Machtanspruch ... der Anfang ist schon das Ende.

Martin Kusej, 1993

5 <u>**Weiterführende Aufgabe:**</u> Luise und Ferdinand sind nicht die einzigen Liebenden, die mit ihren Gefühlen gegen eine Welt von Hindernissen kämpfen müssen.
Recherchieren Sie andere konfliktträchtige Liebesbeziehungen in der Literatur der Zeit (z.B. Faust und Gretchen; Werther und Lotte; Don Karlos und Elisabeth ...). Untersuchen Sie vergleichend die Bedingungen und die Entwicklung(en) der Liebesbeziehungen. Fragen Sie nach den Gründen der Konflikte und Katastrophen.

6 <u>**Weiterführende Aufgabe:**</u> Oft stehen die Liebenden sich selbst im Weg. Eifersucht, mangelndes Vertrauen oder die Unfähigkeit, über Gefühle zu sprechen, können das Verhältnis belasten. Suchen Sie in Ihnen bekannten literarischen Werken (auch Gegenwartsliteratur) Szenen oder Dialoge, in denen solche Störfaktoren zum Tragen kommen, und vergleichen Sie sie mit den Dialogen zwischen Ferdinand und Luise.

Friedrich Hebbel: **Maria Magdalene** (1844) – aus II/6 und III/2–4

[Um den Vater vor der angedrohten Verzweiflungstat zu retten, unternimmt Klara einen letzten Versuch, Leonhard, den Vater ihres Kindes, zur Heirat zu bewegen. Leonhard hat inzwischen andere Heiratspläne, mit denen er seine gesellschaftliche Stellung aufwerten kann. Sie muss erkennen, dass ihm sein Fortkommen wichtiger ist als Liebe.]

KLARA *allein:* Zu! Zu, mein Herz! Quetsch dich in dich ein, dass auch kein Blutstropfe mehr herauskann, der in den Adern das gefrierende Leben wieder entzünden will. [...] Nun, Klara? Ja, Vater, ich gehe, ich gehe! Deine Tochter wird dich nicht zum Selbstmord treiben! Ich bin bald das Weib des Menschen, oder – Gott, nein! Ich bettle ja nicht um ein Glück, ich bettle um mein Elend, um mein tiefstes Elend – mein Elend wirst du mir geben! Fort – wo ist der Brief? *Sie nimmt ihn.* Drei Brunnen triffst du auf dem Weg zu ihm – Dass du mir an keinem stehen bleibst! Noch hast du nicht das Recht dazu! *Ab.* [...]

KLARA *tritt ein:* Guten Abend, Leonhard! [...]

LEONHARD: Und du willst?

KLARA: Du kannst fragen? O, dass ich wieder gehen dürfte! Mein Vater schneidet sich die Kehle ab, wenn ich – heirate mich!

LEONHARD: Dein Vater –

KLARA: Er hats geschworen! Heirate mich!

LEONHARD: Hand und Hals sind nahe Vettern. Sie tun einander nichts zu Leide! Mach dir keine Gedanken!

Goldenes A.B.C. für Jungfrauen. Bilderbogen (1850)

KLARA: Er hats geschworen – heirate mich, nachher bring mich um, ich will dir für das eine noch dankbarer sein wie für das andere!

LEONHARD: Liebst du mich? Kommst du, weil dich dein Herz treibt? Bin ich der Mensch, ohne den du nicht leben und sterben kannst?

KLARA: Antworte dir selbst!

LEONHARD: Kannst du schwören, dass du mich liebst? Dass du mich so liebst, wie ein Mädchen den Mann lieben muss, der sich auf ewig mit ihr verbinden soll?

KLARA: Nein, das kann ich nicht schwören! Aber dies kann ich schwören: Ob ich dich liebe, ob ich dich nicht liebe, nie sollst dus erfahren! Ich will dir dienen, ich will für dich arbeiten, und zu essen sollst du mir nichts geben, ich will mich selbst ernähren, ich will bei Nachtzeit nähen und spinnen für andere Leute, ich will hungern, wenn ich nichts zu tun habe, ich will lieber in meinen eignen Arm hineinbeißen, als zu meinem Vater gehen, damit er nichts merkt. Wenn du mich schlägst, weil dein Hund nicht bei der Hand ist, oder weil du ihn abgeschafft hast, so will ich eher meine Zunge verschlucken, als ein Geschrei ausstoßen, das den Nachbarn verraten könnte, was vorfällt. Ich kann nicht versprechen, dass meine Haut die Striemen deiner Geißel nicht zeigen soll, denn das hängt nicht von mir ab, aber ich will lügen, ich will sagen, dass ich mit dem Kopf gegen den Schrank gefahren, oder dass ich auf dem Estrich, weil er zu glatt war, ausgeglitten bin, ich wills tun, bevor noch einer fragen kann, woher die blauen Flecke rühren. Heirate mich – ich lebe nicht lange. [...]

Leonhard: Ein Mensch, von dem du dies alles erwartest, überrascht dich doch nicht, wenn er nein sagt? [...] Und was deinen Vater betrifft, so kannst du ihm keck ins Gesicht sagen, dass er allein schuld ist! Starre mich nicht so an, schüttle nicht den Kopf, es ist so, Mädchen, es ist so! Sags ihm nur, er wirds schon verstehen und in sich gehen, ich bürge dir dafür!

[...]

Klara: Ich danke dir, wie ich einer Schlange danken würde, die mich umknotet hätte und mich von selbst wieder ließe und fortspränge, weil eine andere Beute sie lockte. Ich weiß, dass ich gebissen bin, ich weiß, dass sie mich nur lässt, weil es ihr nicht der Mühe wert scheint, mir das bisschen Mark aus den Gebeinen zu saugen, aber ich danke ihr doch, denn nun hab ich einen ruhigen Tod. Ja, Mensch, es ist kein Hohn, ich danke dir, mir ist, als hätt ich durch deine Brust bis in den Abgrund der Hölle hinuntergesehen [...].

1 Klara wird sich nach diesem Gespräch in einem der Brunnen, von denen sie eingangs spricht, ertränken. Charakterisieren Sie Klara und Leonhard ausgehend von der Szene I, 7 (▶ S. 243) und der hier vorstehenden. Welchen Einfluss hat die Tatsache, dass Klaras Bruder des Diebstahls beschuldigt wurde, auf das Verhältnis? Welchen Einfluss hat das Verhältnis Klaras zu Leonhard auf ihren Entschluss, sich selbst zu töten?

2 Der Autor Hebbel hat eine sehr ausführliche Einleitung zu seinem Trauerspiel verfasst. Darin schreibt er, dass das individuelle tragische Schicksal eines Menschen von einem „inneren Schwerpunkt" ausgehe, welcher mit den „Principien-Fragen der Zeit in engster Verbindung" stehe. Als diese sieht er z. B. die „Gebundenheit des Lebens" an die „sittlichen Mächte der Familie, der Ehre und der Moral".

a Erörtern Sie, wie Leonhard, wie Klara mit den „Principien-Fragen" der Zeit – Familie, Ehre und Moral – umgehen.

b Bestimmen Sie aus den beiden Gesprächen Klaras mit ihrem Vater und dem Vater ihres Kindes den „inneren Schwerpunkt" (die Schnittstelle zwischen individueller und gesellschaftlicher Konfliktzone) von Hebbels bürgerlichem Trauerspiel.

3 Weiterführende Aufgabe: Im Jahre 1972 hat der Dramatiker Franz Xaver Kroetz Hebbels Trauerspiel in eine (Volks-)Komödie umgeschrieben, also die Textsorte geändert. Stellen Sie in einem Referat die vorgenommenen Textveränderungen zusammen und versuchen Sie, Gründe dafür zu finden. Untersuchen Sie v. a.

- die Einstellung der Menschen zur Liebe, zur Ehe, zum Verhältnis der Geschlechter und Generationen,
- ihre Einstellung zu Religion und sozialen Regeln.

III Das bürgerliche Trauerspiel und immer noch „Mitleid"? – Textverstehen aus dem Abstand von 200 Jahren

Am Ende der drei bürgerlichen Trauerspiele, die Sie kennen gelernt haben, sind die drei jungen Frauen tot. Sie sind nicht einmal 20 Jahre alt. Emilia stirbt durch die Hand ihres Vaters, Luise durch die ihres vergötterten Ferdinand, Klara durch eigene Hand.

1 Überprüfen Sie, ob Lessings Anspruch an die Wirkung des bürgerlichen Trauerspiels bei Ihnen als (Lese-)Publikum eingelöst wurde.

a Mit welcher der drei Figuren empfinden Sie Mitleid?
Welche anderen Gefühle löst die Lektüre der Dramen oder Dramenszenen in Ihnen aus, z. B. Trauer und Enttäuschung, Entrüstung und Wut, Verachtung (z. B. für die Männer, die der Situation nicht gewachsen sind)?

b Überlegen Sie, wie in heutiger Zeit das Bühnengeschehen um die drei verunglückten Liebesbeziehungen inszeniert werden müsste, um mit den Liebenden mitleiden zu können.

Die „Lebendigkeit" eines Theaterstückes zeigt sich in seinen Inszenierungen. Schillers Trauerspiel „Kabale und Liebe" wurde bis heute immer wieder neu inszeniert. Dabei setzten die Regisseure ganz unterschiedliche Interpretationen des Textes in Bühnenhandlungen, Bühnenbilder und schauspielerische Interaktionen um. Welches der Probleme ins Zentrum der Aufmerksamkeit rückt, hängt entscheidend von dem gedanklichen Kontext ab, in den der inszenierte Text gestellt wird.

Die Rezensenten ihrerseits verdeutlichen ihrem Publikum, was sie in diesen Inszenierungen an Neuem gesehen und verstanden haben. Im Folgenden lesen Sie einige Rezensionen, aus denen Sie erkennen können, dass auch der „Zeitgeist" sich in die Inszenierungen wie in die Rezensionen einschreibt.

Franz Mehring über eine Inszenierung von Schillers „Kabale und Liebe" an der Neuen Volksbühne Berlin in „Die Volksbühne" (1894)

Nächst und neben Lessings „Emilia Galotti" ist Schillers „Kabale und Liebe" das revolutionärste Drama unserer klassischen Literatur. Es erschien fünf Jahre vor Ausbruch der Französischen Revolution, im Jahre 1784, als auf Deutschland noch der Druck und die Schmach eines Despotismus lastete, der von mehreren Hundert kleinen Despoten mit raffinierter Grausamkeit gehandhabt wurde. Eher noch als Schillers Erstling „Die Räuber" hätte dies bürgerliche Trauerspiel das Motto tragen dürfen: In tyrannos! Gegen die Tyrannen.

[...] Vieles in seinem Trauerspiele erscheint heute allzu grotesk, allzu krass, allzu übertrieben, aber deshalb enthält es doch echte, historische Wahrheit. Dieser Präsident von Walter, dieser Hofmarschall von Kalb, dieser Sekretär Wurm sind einmal lebendige Gestalten gewesen [...]. Ebenso wahr sind auch die bürgerlichen Figuren des Trauerspiels. Es gärte damals in den kleinbürgerlichen Klassen, wie es in dem Stadtmusikanten Müller gärt. [...] Endlich das Liebespaar, dessen überstiegene Sprache uns heute wohl am seltsamsten in Schillers Trauerspiel anmutet, war auch einmal wirklich. Was in Deutschland von dem Geist einer neuen Zeit angeweht wurde, schwärmte in den Wolken mit den Winden; der ganze Emanzipationskampf des deutschen Bürgertums vollzog sich schließlich in den Ätherhöhen der Idee, weil es zu schwach war, auf ebener Erde mit derben Fäusten und blanken Waffen zu kämpfen.

Botho Strauß über die Bremer Inszenierung von Peter Stein (1967)

Als eigentliche Mitte des Stücks erscheint die geschädigte Beziehung zweier Menschen. [...] Er [der Regisseur Peter Stein] stellt fest: In „Kabale und Liebe" ist das Traurigste die Liebe. Liebe, die – aus was für Gründen immer, wahrscheinlich aus einem verquälten Absolutheitswahn – nicht mehr eins ist mit sich, im Zweifel und Verdachte auseinanderfiel, die ein gefährliches Prüfspiel geworden ist.

Benjamin Henrichs über die Frankfurter Inszenierung von Christof Nel (1977)

Widersprochen wird der idyllischen Betrachtung des Stücks: dass Luise und Ferdinand, die Bürgerin und der Aristokrat, unter anderen als feudalen Verhältnissen ein glückliches Paar 5 werden könnten. Nel glaubt es nicht. Am Scheitern ihrer großen, unbedingten, ewigen Liebe ist nicht so sehr ein sozialer Missstand schuld, sondern vielmehr die Eigenart dieser Liebe selber. Die beiden (das klingt verstiegen, wird aber 10 durch ihr verstiegenes Reden glaubhaft) sind gerade in die Unmöglichkeit ihrer Liebe verliebt. Eine Liebesgeschichte, die nur im Himmel (oder an einem anderen abstrakten Ort) wirklich werden kann, weil ihr auf Erden nicht 15 zu helfen ist. Indem die Aufführung davon erzählt, ist sie sehr wohl ein Beitrag zur deutschen Geschichte, Gefühlsgeschichte. [...]
[Ferdinand und Luise] haben diese bleichen, ewig angespannten, überspannten Gesichter – 20 Zeugen eines Gefühls, in dem es nur Qualen gibt, gar keine Heiterkeit: Etwas anderes als ihr Unglück können sie sich gar nicht vorstellen.

Nikolaus Merck über die Berliner Inszenierung von Florian Fiedler im Maxim-Gorki-Theater (2007)

Berlin, 24. Mai 2007. Luise Miller wartet schon. Wenn die Zuschauer ihre Plätze einnehmen, sitzt sie auf einem weißen Abstelltisch. Wandert auf der Bühne umher. Schaut beseelt. Ein 5 bescheidenes Mädchen im Jeanskleid, arm, gottesfürchtig, gar nicht anspruchsvoll. Ihr Pech, dass sie sich mit Ferdinand wirklich den Falschen ausgesucht hat. [...]
Florian Fiedler erzählt „Kabale und Liebe" ganz 10 und gar aus der Perspektive Luises, die als Zeugin der Anklage dauernd auf der Spielstatt präsent bleibt. Die Bühne ist ein schwarzes See-

len- und Traumloch, das von einem Baustellen-Schwingtor verschlossen wird. Alles, was dahinter geschieht, lässt sich hoch oben an der verspiegelten Decke beobachten. [...] Am Ende heißt es: Alle Spotlights und Blicke auf Luise!, die den Doppelselbstmord mit vergifteter Limonade im Alleingang vollzieht. Vielleicht hat alles nur in Luises Einbildung stattgefunden, und wir waren zu Gast in einem blühende Fantasien ausbrütenden, spätpubertären Hirn- und Seelenkasterl? Die ziemlich laue Geschichte, die Fiedler und die Seinen erzählt haben, war jedenfalls danach.

1 **a** Verschaffen Sie sich einen Überblick über die Deutungen, die Schillers Drama auf der Bühne erfahren hat. Setzen Sie dazu die nachstehende Grafik in Ihrem Heft fort.
b Wählen Sie zwei dieser Deutungen aus. Suchen Sie in den in diesem Kapitel abgedruckten Szenen Belege, die für die von Ihnen gewählten Deutungen sprechen, und ergänzen Sie sie in der Grafik.

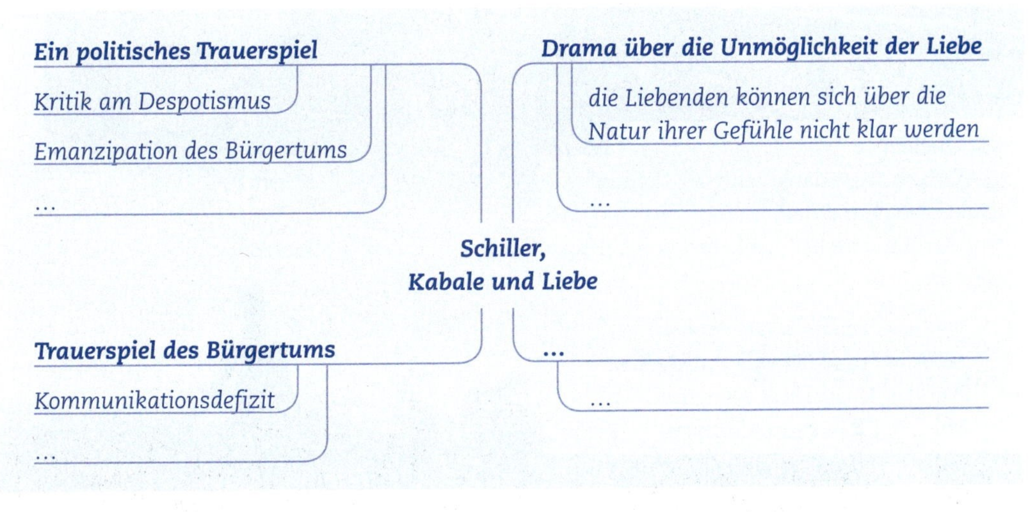

c Schreiben Sie – ausgehend von dem gesammelten Material – eine Rezension der Rezensionen: „Schillers 220-jähriges Trauerspiel in den Köpfen seiner Rezensenten." Ziehen Sie möglichst auch weitere Berichte über Inszenierungen aus dem Internet oder dem Schiller-Handbuch (Metzler 2005) heran.

2 **Weiterführende Aufgabe:** Im Drama der Aufklärung und des Sturm und Drang stehen sehr oft Töchter und ihre Väter im Mittelpunkt. Recherchieren Sie andere Theaterstücke der Zeit, in denen dieses Verhältnis thematisiert wird, und zeigen Sie mentale Entwicklungslinien auf:
Wie entwickelt sich in den 50 Jahren von etwa 1735 bis 1785 das innerfämiliäre Klima zwischen Vätern und Töchtern, wie es uns in den Dramen begegnet?
Dabei können Sie von folgenden Dramen ausgehen:
- Gottsched: „Sterbender Cato" (Szene V/1, 1731 [der Römer Cato und seine Tochter Portia, die den politischen Gegner Catos, Julius Cäsar, liebt])
- Lessing: „Miss Sara Sampson" (Szene V/9, 1755 [Der Vater, Sir William, will seine Tochter zurückgewinnen, die mit ihrem Liebhaber Mellefont geflohen ist.])
- Jakob Michael Reinhold Lenz: „Die Soldaten" (Szenen I/5 und 6; V/4, 1773 [Der Vater sucht, nachdem er fürchterlich getobt hat, seine Tochter, um sie vor dem Selbstmord zu bewahren.])

3 Klassik und Romantik

Indem ich dem Gemeinen einen hohen Sinn, dem Gewöhnlichen ein geheimnisvolles Aussehen, dem Bekannten die Würde des Unbekannten, dem Endlichen einen unendlichen Schein gebe, romantisiere ich es.

Die Quellen
Treffliche Künste dankt man der Not und dankt man dem Zufall,
Nur zur Wissenschaft hat keines von beiden geführt.

Wer das Dichten will verstehen,
Muss ins Land der Dichtung gehen;
Wer den Dichter will verstehen,
Muss in Dichters Lande gehen.

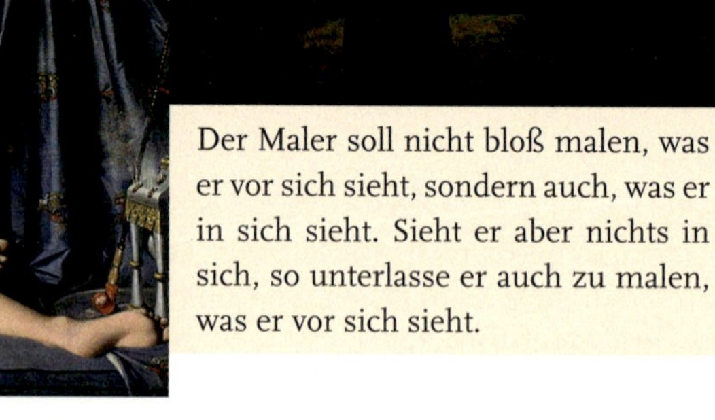

Der Maler soll nicht bloß malen, was er vor sich sieht, sondern auch, was er in sich sieht. Sieht er aber nichts in sich, so unterlasse er auch zu malen, was er vor sich sieht.

1 **a** Betrachten Sie die Gemälde und prüfen Sie Ihr Vorverständnis und Ihre Erwartungshaltung: Was verbinden Sie mit den Begriffen „klassisch“ und „romantisch“? Ordnen Sie Gemälde und Texte einander zu.

b Wie sind Sie vorgegangen? Halten Sie Ihre Kriterien schriftlich fest.

c Überprüfen und korrigieren Sie Ihr Vorverständnis, wenn Sie sich ein Bild der Epochen erarbeitet haben.

3.1 Die Klassik

Während in der europäischen Kunst, Musik und Architektur vom Klassizismus gesprochen wird und Dichter jeglicher Epochen gerne als „Klassiker" bezeichnet werden, wenn sie berühmt geworden sind, wird in der deutschen Literaturwissenschaft präzisierend von der „Weimarer Klassik" gesprochen.
Die wichtigsten Vertreter der Epoche (Goethe und Schiller) waren nicht nur Dichter. **Goethe** war auch Naturforscher und Politiker und Beamter, **Schiller** Geschichtsprofessor. Sie wollten mit und in ihrer Literatur Vorbilder zeigen in der Hoffnung, damit einen Weg zu weisen für eine bessere und gerechtere Gesellschaft.

Joseph Wright: Sir Brooke Boothby (1781)

Johann Heinrich Wilhelm Tischbein: Goethe in der Campagna di Roma (1786/87)

1 Betrachten Sie die beiden Bilder und versuchen Sie, sie zu deuten. Wie wirken sie auf Sie und was vermitteln sie Ihnen?

2 Vergleichen Sie die beiden Bilder in Bezug auf die Inszenierung der beiden Personen (z. B. Haltung, Kleidung, Gestaltung des Hintergrunds).

Das Schöne blüht nur im Gesang ... – Die Weimarer Klassik und die Politik

Friedrich Schiller: Der Antritt des neuen Jahrhunderts (1800)

Edler Freund! Wo öffnet sich dem Frieden,
Wo der Freiheit sich ein Zufluchtsort?
Das Jahrhundert ist im Sturm geschieden,
Und das neue öffnet sich mit Mord.

5 Und das Band der Länder ist gehoben,
Und die alten Formen stürzen ein;
Nicht das Weltmeer hemmt des Krieges Toben,
Nicht der Nilgott und der alte Rhein.

Zwo gewaltge Nationen ringen
10 Um der Welt alleinigen Besitz,
Aller Länder Freiheit zu verschlingen,
Schwingen sie den Dreizack und den Blitz.

Gold muss ihnen jede Landschaft wägen,
Und wie Brennus[1] in der rohen Zeit
15 Legt der Franke seinen ehrnen Degen
In die Waage der Gerechtigkeit.

Seine Handelsflotten streckt der Brite
Gierig wie Polypenarme aus,
Und das Reich der freien Amphitrite[2]
20 Will er schließen wie sein eignes Haus.

1 **Brennus:** gallischer Heerführer, der 388 v. Chr. beim Abwiegen des Lösegeldes auf Beschwerde der besiegten Römer, falsche Gewichte verwendet zu haben, sein Schwert in die Waagschale geworfen haben soll mit den Worten „Vae victis" (Wehe den Besiegten)
2 **Amphitrite:** Gemahlin des Poseidon und Königin des Meeres

Zu des Südpols nie erblickten Sternen
Dringt sein rastlos ungehemmter Lauf,
Alle Inseln spürt er, alle fernen
Küsten – nur das Paradies nicht auf.

25 Ach umsonst auf allen Länderkarten
Spähst du nach dem seligen Gebiet,
Wo der Freiheit ewig grüner Garten,
Wo der Menschheit schöne Jugend blüht.

Endlos liegt die Welt vor deinen Blicken,
30 Und die Schifffahrt selbst ermisst sie kaum,
Doch auf ihrem unermessnen Rücken
Ist für zehen Glückliche nicht Raum.

In des Herzens heilig stille Räume
Musst du fliehen aus des Lebens Drang,
35 Freiheit ist nur in dem Reich der Träume,
Und das Schöne blüht nur im Gesang.

1 **a** Vergleichen Sie die Darstellung der Jahrhundertwende durch Schiller mit jener Johannes Schlafs (▸ S. 357) und Günter Kunerts (▸ S. 439).
Welche Ängste und Sorgen, aber auch welche Ideale und Hoffnungen bringen die Dichter zum Ausdruck?
b Arbeiten Sie heraus, welche Aufgabe Schiller in diesem Zusammenhang der Dichtung zuschreibt. Wie beurteilen Sie diese Haltung?

Zeitgen. Karikatur: Napoleon und der engl. Minister Pitt teilen sich die Erdkugel

Friedrich Schiller: Aus einem Brief an Herzog Friedrich Christian von Augustenburg vom 13.7.1793

Seit 1789 lehrte Schiller in Jena als Geschichtsprofessor. Im Jahr 1792 wurde er zum Ehrenbürger der französischen Republik ernannt. Grund für diese Ehrung war nicht seine Haltung zur Französischen Revolution und zur Republik, sondern eher sein Ruf als Rebell, den er durch die Dramen der Sturm-und-Drang-Zeit erworben hatte.
Der Herzog von Augustenburg war ein Verehrer und Mäzen Schillers. Als er 1791 von Schillers schwerer Erkrankung erfuhr, setzte er ihm ein Legat aus, das den Dichter für mehrere Jahre von finanziellen Sorgen befreite.

Der Versuch des französischen Volks, sich in seine heiligen Menschenrechte einzusetzen und eine politische Freiheit zu erringen, hat bloß das Unvermögen und die Unwürdigkeit desselben an den Tag gebracht, und nicht nur dieses unglückliche Volk, sondern mit ihm auch einen beträchtlichen Teil Europens und ein ganzes Jahrhundert, in Barbarei und Knechtschaft zurückgeschleudert. Der Moment war der günstigste, aber er fand eine verderbte Generation, die ihn nicht wert war, und weder zu würdigen noch zu benutzen wusste. Der Gebrauch, den sie von diesem großen Geschenk des Zufalls macht und gemacht hat, beweist unwidersprechlich, dass das Menschengeschlecht der vormundschaftlichen Gewalt noch nicht entwachsen ist, dass das liberale Regiment der Vernunft da noch zu frühe kommt, wo man kaum damit fertig wird, sich der brutalen Gewalt der Tierheit zu erwehren, und dass derjenige noch nicht reif ist zur bürgerlichen Freiheit, dem noch so vieles zur menschlichen fehlt.
In seinen Taten malt sich der Mensch – und was für ein Bild ist das, das sich im Spiegel der jetzigen Zeit uns darstellt? Hier die empörendste Verwilderung, dort das entgegengesetzte Extrem

der Erschlaffung: die zwei traurigsten Verirrungen, in die der Menschencharakter versinken kann, in einer Epoche vereint.
In den niedern Klassen sehen wir nichts als rohe gesetzlose Triebe, die sich nach aufgehobenem Band der bürgerlichen Ordnung entfesseln und mit unlenksamer Wut ihrer tierischen Befriedigung zueilen. Es war also nicht der moralische Widerstand von innen, bloß die Zwangsgewalt von außen, was bisher ihren Ausbruch zurückhielt. Es waren also nicht freie Menschen, die der Staat unterdrückt hatte, nein, es waren bloß wilde Tiere, die er an heilsame Ketten legte. Hätte der Staat die Menschheit wirklich unterdrückt, wie man ihm Schuld gibt, so müsste man Menschheit sehen, nachdem er zertrümmert worden ist. Aber der Nachlass der äußern Unterdrückung macht nur die innere sichtbar, und der wilde Despotismus der Triebe heckt alle jene Untaten aus, die uns in gleichem Grad anekeln und schaudern machen.
Auf der andern Seite geben uns die zivilisierten Klassen den noch widrigeren Anblick der Erschlaffung, der Geistesschwäche und einer Versunkenheit des Charakters, die umso empörender ist, je mehr die Kultur selbst daran teilhat. Ich erinnere mich nicht mehr, welcher alte oder neue Philosoph die Bemerkung machte, dass das Edlere in seiner Verderbnis das Abscheulichere sei, aber die Erfahrung bestätigt sie auch hier. Wenn die Kultur ausartet, so geht sie in eine weit bösartigere Verderbnis über, als die Barbarei je erfahren kann. Der sinnliche Mensch kann nicht tiefer als zum Tier herabstürzen; fällt aber der aufgeklärte, so fällt er bis zum Teuflischen herab und treibt ein ruchloses Spiel mit dem Heiligsten der Menschheit.
Die Aufklärung, deren sich die höhern Stände unsers Zeitalters nicht mit Unrecht rühmen, ist bloß theoretische Kultur und zeigt, im Ganzen genommen, so wenig einen veredelnden Einfluss auf die Gesinnung, dass sie vielmehr bloß dazu hilft, die Verderbnis in ein System zu bringen und unheilbarer zu machen. [...]

Johann Peter Eckermann: **Gespräche mit Goethe** (1836/48) – Goethe am 4. Januar 1824

1794 begann ein gedanklicher und literarischer Austausch zwischen Goethe und Schiller, der sich zur Freundschaft entwickelte, die 1805 durch Schillers Tod ihr Ende fand.
1824 blickt Goethe im Gespräch mit seinem Sekretär Eckermann zurück, dieser hat das Gespräch aufgezeichnet und veröffentlicht.

Man beliebt [...] mich nicht so sehen zu wollen, wie ich bin, und wendet die Blicke von allem hinweg, was mich in meinem wahren Lichte zeigen könnte. Dagegen hat Schiller, der, unter uns, weit mehr ein Aristokrat war als ich, der aber weit mehr bedachte, was er sagte als ich, das merkwürdige Glück, als besonderer Freund des Volkes zu gelten. Ich gönne es ihm von Herzen und tröste mich damit, dass es anderen vor mir nicht besser gegangen.
Es ist wahr, ich konnte kein Freund der Französischen Revolution sein, denn ihre Gräuel standen mir zu nahe und empörten mich täglich und stündlich, während ihre wohltätigen Folgen damals noch nicht zu ersehen waren. Auch konnte ich nicht gleichgültig dabei sein, dass man in Deutschland *künstlicherweise* ähnliche Szenen herbeizuführen trachtete, die in Frankreich Folge einer großen Notwendigkeit waren.
Ebenso wenig aber war ich ein Freund herrischer Willkür. Auch war ich vollkommen überzeugt, dass irgendeine große Revolution nie Schuld des Volkes ist, sondern der Regierung. Revolutionen sind ganz unmöglich, sobald die Regierungen fortwährend gerecht und fortwährend wach sind, sodass sie ihnen durch zeitgemäße Verbesserungen entgegenkommen und sich nicht so lange sträuben, bis das Notwendige von unten her erzwungen wird. [...]

2 Zeigen Sie, wie Schiller und Goethe ihre Zeit und die Französische Revolution sehen.
a Fassen Sie Schillers Brief in möglichst prägnanter Form zusammen. Wie verträgt sich der Brief mit Schillers Ernennung zum Ehrenbürger der französischen Nation?
b Reduzieren Sie Goethes Aussagen zur Französischen Revolution auf drei markante Grundaussagen (Ich-Form und Präsens).
c Goethe äußert sich in der Rückschau auch über seinen Freund Schiller. Welche Rückschlüsse auf das Freundschaftsverhältnis können Sie aus der Äußerung über den 1805 Verstorbenen ziehen?
3 Welche politische Zielsetzung wird in den beiden folgenden Epigrammen „Deutscher Nationalcharakter" und „Das Deutsche Reich" von Friedrich Schiller und Johann Wolfgang Goethe deutlich?

Friedrich Schiller/Johann Wolfgang Goethe: **Xenien** (1796)

Deutscher Nationalcharakter
Zur Nation euch zu bilden, ihr hoffet es, Deutsche, vergebens;
Bildet, ihr könnt es, dafür freier zu Menschen euch aus.

Das Deutsche Reich
Deutschland? aber wo liegt es? Ich weiß das Land nicht zu finden.
Wo das gelehrte beginnt, hört das politische auf.

Natur, Antike, Kunst – Der klassische Dreiklang

Johann Joachim Winckelmann: **Gedanken über die Nachahmung der griechischen Werke in der Malerei und Bildhauerkunst** (1755)

Winckelmann (1717–1768) gilt als einer der Begründer wissenschaftlicher Kunstgeschichte und Archäologie. Er entwickelte eine neue Sichtweise der antiken Kunst, die er dem Überladenen und Verspielten des Barock bzw. Rokoko entgegenstellte.

Der einzige Weg für uns, groß, ja, wenn es möglich ist, unnachahmlich zu werden, ist die Nachahmung der Alten, und was jemand vom Homer gesagt, dass derjenige ihn bewundern lernt, der ihn wohl verstehen gelernt, gilt auch von den Kunstwerken der Alten, sonderlich der Griechen. [...] Die Kenner und Nachahmer der griechischen Werke finden in ihren Meisterstücken nicht allein die schönste Natur, sondern noch mehr als Natur, das ist, gewisse idealische Schönheiten derselben, die, wie uns ein alter Ausleger des Plato lehrt, von Bildern, bloß im Verstande entworfen, gemacht sind. [...] Das allgemeine vorzügliche Kennzeichen der griechischen Meisterstücke ist endlich eine edle Einfalt und eine stille Größe, sowohl in der Stellung als im Ausdruck. So wie die Tiefe des Meeres allezeit ruhig bleibt, die Oberfläche mag noch so wüten, ebenso zeigt der Ausdruck in den Figuren der Griechen bei allen Leidenschaften eine große und gesetzte Seele.

Johann Wolfgang Goethe: **Italienische Reise – Den 20. Dezember** (1786/1829)

1786 reiste Goethe für eineinhalb Jahre nach Italien. Dort gab er sich als Maler aus und lebte in der römischen Kolonie deutscher Künstler. Der Aufenthalt diente ihm zur Selbstfindung als Künstler, Wissenschaftler, Mensch. Aus den Tagebuchaufzeichnungen und Briefen dieser Zeit stellte er später seinen Reisebericht „Italienische Reise" zusammen. Der Bericht enthält auch grundsätzliche Reflexionen über die Kunst.

Und doch ist das alles mehr Mühe und Sorge als Genuss. Die Wiedergeburt, die mich von innen heraus umarbeitet, wirkt immer fort. Ich dachte wohl, hier was Rechts zu lernen; dass ich 5 aber so weit in die Schule zurückgehen, dass ich so viel verlernen, ja durchaus umlernen müsste, dachte ich nicht. Nun bin ich aber einmal überzeugt und habe mich ganz hingegeben, und je mehr ich mich selbst verleugnen muss, desto mehr freut es mich. Ich bin wie ein 10 Baumeister, der einen Turm aufführen wollte und ein schlechtes Fundament gelegt hatte; er wird es noch beizeiten gewahr und bricht gern wieder ab, was er schon aus der Erde gebracht hat, seinen Grundriss sucht er zu erweitern, zu 15 veredeln, sich seines Grundes mehr zu versichern und freut sich schon im Voraus der gewissern Festigkeit des künftigen Baues. Gebe der Himmel, dass bei meiner Rückkehr [nach Weimar] auch die moralischen Folgen an mir 20 zu fühlen sein möchten, die mir das Leben in einer weitern Welt gebracht hat.

1 **a** Versuchen Sie, aus dem Text heraus zu klären, was Winckelmann unter „Natur" versteht.
b Fassen Sie zusammen, welche Merkmale er den Kunstwerken der griechischen Antike zuschreibt.
c Diskutieren Sie seine These, dass nur aus der Nachahmung großer Kunst wieder große Kunst entstehen könne.

Information **Italienbegeisterung**

Neue Wege und Erkenntnisse in der Wissenschaft führen immer auch zu Veränderungen in Weltanschauungen und -darstellungen und natürlich auch zu Veränderungen dichterischer Ausdrucksformen und bevorzugter literarischer Inhalte.

Seit Mitte des 18. Jahrhunderts entstand in Deutschland **eine Begeisterung für Italien.** Diese Begeisterung erstreckte sich nicht nur auf die Schönheit der Landschaft, sondern auch auf die dortige Kultur. In den Kunstwerken der italienischen Antike war das **griechisch-römische Kunst- und Geistesleben** noch greifbar. Spuren der Wiederbelebung der antiken Kunst und Wissenschaft in der Renaissance waren in Werken von Michelangelo, da Vinci oder Tizian zu finden. Der Blick über die Alpen galt als Blick in die Wiege der europäischen Kultur.

Goethe war, wie schon vor ihm die Vertreter der Aufklärung und mit ihm **Schiller**, in der Rezeption der Antike von den Schriften des Kunsthistorikers **Johann Joachim Winckelmann** beeinflusst, der Mitte des Jahrhunderts in Rom als erster Ausländer mit der Aufsicht über die antiken Denkmäler beauftragt worden war.

2 In dem Auszug aus der „Italienischen Reise" reflektiert Goethe seine Wiedergeburt als Künstler in Italien. Übersetzen Sie das Bild, das er dafür gebraucht, in eine direkte Beschreibung.

3 Weiterführende Aufgabe: Über Goethes Italien-Erfahrungen als Beginn der Weimarer Klassik ist viel geschrieben worden. Sammeln Sie Informationen, die diese Entwicklung belegen (z. B. Naturauffassung, Kunstauffassung, Neuentdeckung antiker/klassischer Formen ect.)

Johann Wolfgang Goethe: **Natur und Kunst** (um 1800)

Natur und Kunst, sie scheinen sich zu fliehen
Und haben sich, eh' man es denkt, gefunden;
Der Widerwille ist auch mir verschwunden,
Und beide scheinen gleich mich anzuziehen.

5 Es gilt wohl nur ein redliches Bemühen!
Und wenn wir erst in abgemessnen Stunden
Mit Geist und Fleiß uns an die Kunst gebunden,
Mag frei Natur im Herzen wieder glühen.

So ist's mit aller Bildung auch beschaffen:
10 Vergebens werden ungebundne Geister
Nach der Vollendung reiner Höhe streben.

Wer Großes will, muss sich zusammenraffen;
In der Beschränkung zeigt sich erst der Meister,
Und das Gesetz nur kann uns Freiheit geben.

Die Nachahmung der Natur durch die Kunst ist umso glücklicher, je tiefer das Objekt in den Künstler eingedrungen und je größer und tüchtiger seine Individualität selbst ist. Ehe man andern etwas darstellt, muss man den Gegenstand erst in sich selbst neu produziert haben.
Johann Peter Eckermann: Gespräche mit Goethe (1836/48) – Goethe am 3. April 1824

1 In „Natur und Kunst" fasst Goethe seine kunsttheoretischen Überlegungen in die Form eines Sonetts. Interpretieren Sie das Gedicht. Arbeiten Sie den Zusammenhang des Inhalts mit der Form heraus.

2 **a** Vergleichen Sie die verschiedenen Äußerungen Goethes zur Kunst und halten Sie Gemeinsamkeiten und Unterschiede fest.
b Natur und Kunst – erläutern Sie die Beziehung beider Bereiche auf dem Hintergrund der Goethe-Texte.

3 Wählen Sie eine Ihnen einleuchtend erscheinende Aussage zur Kunst. Erörtern Sie, von dem gewählten Zitat ausgehend, Ihr eigenes Kunstverständnis.

Hilfreich und gut – Das Menschenbild der Weimarer Klassik

Friedrich Schiller/Johann Wolfgang Goethe: **Xenien** (1796)

Der Name „Xenien" nimmt Bezug auf die „Xenia" des römischen Dichters Martial aus dem Jahr 85 n. Chr. Martials „Xenia" waren Begleitverse zu Gastgeschenken u. Ä. Goethe gebrauchte die Bezeichnung für kurze Gedichte, die er und Schiller gemeinsam entwarfen und in denen sie häufig mit Fehlentwicklungen der Literatur ins Gericht gingen. Formal übernahmen Goethe und Schiller Martials ***Distichen*** *(▸ S. 142), also daktylische Doppelverse.*

Würde des Menschen
Nichts mehr davon, ich bitt euch. Zu essen gebt ihm, zu wohnen,
Habt ihr die Blöße bedeckt, gibt sich die Würde von selbst.

Das Höchste
Suchst du das Höchste, das Größte? Die Pflanze kann es dich lehren:
Was sie willenlos ist, sei du es wollend – das ists!

Aufgabe
Keiner sei gleich dem andern, doch gleich sei jeder dem Höchsten.
Wie ist das zu machen? Es sei jeder vollendet in sich.

Schöne Individualität
Einig sollst du zwar sein, doch *eines* nicht mit dem Ganzen,
Durch die Vernunft bist du eins, einig mit ihm durch das Herz.
Stimme des Ganzen ist deine Vernunft, dein Herz bist du selber,
Wohl dir, wenn die Vernunft immer im Herzen dir wohnt.

---

1 Wählen Sie zwei der Xenien aus und schreiben Sie sie in kurze Prosatexte um. Begründen Sie Ihre Auswahl.

2 a Setzen Sie die vier hier abgedruckten Xenien zueinander in Beziehung: Welches Gesamtbild ergibt sich daraus?
b Welche Themenkreise werden in der vorliegenden Auswahl angesprochen und wie werden sie gefüllt?

Johann Wolfgang Goethe: **Das Göttliche** (1783)

Edel sei der Mensch,
Hilfreich und gut!
Denn das allein
Unterscheidet ihn
5 Von allen Wesen,
Die wir kennen.

Heil den unbekannten
Höhern Wesen,
Die wir ahnen!
10 Ihnen gleiche der Mensch!
Sein Beispiel lehr' uns
Jene glauben.

Denn unfühlend
Ist die Natur:
15 Es leuchtet die Sonne
Über Bös' und Gute,
Und dem Verbrecher
Glänzen wie dem Besten
Der Mond und die Sterne.

20 Wind und Ströme,
Donner und Hagel
Rauschen ihren Weg
Und ergreifen
Vorübereilend
25 Einen um den andern.

Auch so das Glück
Tappt unter die Menge,
Fasst bald des Knaben
Lockige Unschuld,
30 Bald auch den kahlen
Schuldigen Scheitel.

Nach ewigen, ehrnen,
Großen Gesetzen
Müssen wir alle
35 Unseres Daseins
Kreise vollenden.

Nur allein der Mensch
Vermag das Unmögliche:
Er unterscheidet,
40 Wählet und richtet;
Er kann dem Augenblick
Dauer verleihen.

Er allein darf
Den Guten lohnen,
45 Den Bösen strafen,
Heilen und retten,
Alles Irrende, Schweifende
Nützlich verbinden.

Und wir verehren
50 Die Unsterblichen,
Als wären sie Menschen,
Täten im Großen,
Was der Beste im Kleinen
Tut oder möchte.

55 Der edle Mensch
Sei hilfreich und gut!
Unermüdet schaff' er
Das Nützliche, Rechte,
Sei uns ein Vorbild
60 Jener geahneten Wesen!

1 Analysieren Sie die Hymne „Das Göttliche" (▸ S. 259): Wie hängen göttliches und menschliches Prinzip zusammen? Welches Menschenbild kommt zum Ausdruck? Welche Rolle spielt die Natur?
2 Setzen Sie das Gedicht in Bezug zu Goethes Drama „Iphigenie auf Tauris" (▸ S. 117–124).
3 Vergleichen Sie die letzte Strophe von „Das Göttliche" mit dem Schluss der Ringparabel aus Lessings Drama „Nathan der Weise" (▸ S. 216–217). Leiten Sie aus diesem Vergleich eine zentrale Forderung der Aufklärung/der Weimarer Klassik an das Menschsein ab.

Friedrich Schiller: **Wallenstein** (1799) – Teil II: Wallensteins Tod, 4. Akt

Die einzigen durchweg positiv gezeichneten Gestalten aus Schillers „Wallenstein" sind Thekla, die empfindsame, liebenswürdige Tochter des großen Feldherrn, und Max Piccolomini, der aufrechte, ehrliche Sohn des Octavio Piccolomini. Im nachfolgenden Textauszug hat Thekla eben vom Tod ihres geliebten Max erfahren. Max hat sich aus Verzweiflung über die aussichtslose Situation der Liebenden wie der politischen Verhältnisse in eine von Beginn an verlorene Schlacht gestürzt. Im Kampfgetümmel ist er von Pferdehufen erschlagen worden.

ZWÖLFTER AUFTRITT

THEKLA:
Sein Geist ists, der mich ruft. Es ist die Schar
Der Treuen, die sich rächend ihm geopfert.
5 Unedler Säumnis klagen sie mich an.
Sie wollten auch im Tod nicht von ihm lassen,
Der ihres Lebens Führer war – Das taten
Die rohen Herzen, und *ich* sollte leben!
– Nein! Auch für mich ward jener Lorbeerkranz,
10 Der deine Totenbahre schmückt, gewunden.
Was ist das Leben ohne Liebesglanz?
Ich werf es hin, da sein Gehalt verschwunden.
Ja, da ich dich, den Liebenden gefunden,
Da war das Leben etwas. Glänzend lag
15 Vor mir der neue goldne Tag!
Mir träumte von zwei himmelschönen Stunden.
Du standest an dem Eingang in die Welt,
Die ich betrat mit klösterlichem Zagen,
Sie war von tausend Sonnen aufgehellt,
20 Ein guter Engel schienst du hingestellt,
Mich aus der Kindheit fabelhaften Tagen
Schnell auf des Lebens Gipfel hinzutragen,
Mein erst Empfinden war des Himmels Glück,
In dein Herz fiel mein erster Blick! *(Sie sinkt*
25 *hier in Nachdenken und fährt dann mit*
Zeichen des Grauens auf.)
– Da kommt das Schicksal – Roh und kalt
Fasst es des Freundes zärtliche Gestalt
Und wirft ihn unter den Hufschlag seiner Pferde –
30 – Das ist das Los des Schönen auf der Erde!

DREIZEHNTER AUFTRITT

Thekla. Fräulein Neubrunn mit dem Stallmeister.

NEUBRUNN:
35 Hier ist er, Fräulein, und er will es tun.
THEKLA:
Willst du uns Pferde schaffen, Rosenberg?
STALLMEISTER:
Ich will sie schaffen.
40 **THEKLA:**
Willst du uns begleiten?
STALLMEISTER:
Mein Fräulein, bis ans End der Welt.
THEKLA:
45 Du kannst
Zum Herzog aber nicht zurück mehr kehren.
STALLMEISTER:
Ich bleib bei Ihnen.
THEKLA:
50 Ich will dich belohnen.
Und einem andern Herrn empfehlen. Kannst du
Uns aus der Festung bringen unentdeckt?
STALLMEISTER:
Ich kanns.
55 **THEKLA:**
Wann kann ich gehn?
STALLMEISTER:
In dieser Stunde.
– Wo geht die Reise hin?

60 **THEKLA:**
Nach – sag's ihm, Neubrunn!
NEUBRUNN:
Nach Neustadt.
STALLMEISTER:
65 Wohl, ich geh, es zu besorgen. *(Ab.)*
NEUBRUNN:
Ach, da kommt Ihre Mutter, Fräulein.
THEKLA:
Gott!

70 **VIERZEHNTER AUFTRITT**

Thekla. Neubrunn. Die Herzogin.
HERZOGIN:
Er ist hinweg, ich finde dich gefasster.
THEKLA:
75 Ich bin es, Mutter – Lassen Sie mich jetzt
Bald schlafen gehen und die Neubrunn um mich sein.
Ich brauche Ruh.
HERZOGIN:
80 Du sollst sie haben, Thekla.
Ich geh getröstet weg, da ich den Vater
Beruhigen kann.
THEKLA:
Gut Nacht denn, liebe Mutter.
85 *(Sie fällt ihr um den Hals und umarmt sie in großer Bewegung.)*
HERZOGIN:
Du bist noch nicht ganz ruhig, meine Tochter.
Du zitterst ja so heftig und dein Herz
90 Klopft hörbar an dem meinen.
THEKLA:
Schlaf wird es
Besänftigen – Gut Nacht, geliebte Mutter!
(Indem sie aus den Armen der Mutter sich los-
95 *macht, fällt der Vorhang.)*

---

1 Erschließen Sie sich die drei Szenen, indem Sie verschiedene Arten des Sprechens und Inszenierens erproben: Wie stehen die Figuren da, wie bewegen sie sich, wie verhält sich eine Figur, die gerade nicht spricht, etc.

2 **a** Stellen Sie diese Szenen aus „Wallenstein" neben die Szenen aus „Kabale und Liebe", in denen Luise Millerin über die Unmöglichkeit ihrer Liebe spricht (▸ S. 238–241). Vergleichen Sie
- die Kommunikation zwischen Eltern und Tochter,
- die Sprache der Töchter (auch unter formalem Aspekt).

b Überlegen Sie, wie die Szenen aus „Wallenstein" und wie jene aus „Kabale und Liebe" auf das Theaterpublikum der Zeit gewirkt haben könnten.

3 **a** Thekla beklagt in ihrem Monolog nicht nur das individuelle Schicksal des Mannes, den sie liebt, sondern fasst ihre Klage allgemeiner. Erläutern Sie, was ihr als „das Los des Schönen auf der Erde" erscheint.

b Vergleichen Sie die Aussagen Schillers über das „Schöne" mit jenen aus „Nänie" (▸ S. 382) und „Der Antritt des neuen Jahrhunderts" (▸ S. 253 f.). Was könnte mit dem „Schönen" jeweils gemeint sein?

Johann Wolfgang Goethe: **Grenzen der Menschheit** (1781)

Wenn der uralte
Heilige Vater
Mit gelassener Hand
Aus rollenden Wolken
5 Segnende Blitze
Über die Erde sät,
Küss ich den letzten
Saum seines Kleides,
Kindliche Schauer
10 Treu in der Brust.

Denn mit Göttern
Soll sich nicht messen
Irgendein Mensch.
Hebt er sich aufwärts
15 Und berührt
Mit dem Scheitel die Sterne,
Nirgends haften dann
Die unsichern Sohlen,
Und mit ihm spielen
20 Wolken und Winde.

Steht er mit festen,
Markigen Knochen
Auf der wohlgegründeten
Dauernden Erde,
25 Reicht er nicht auf,
Nur mit der Eiche
Oder der Rebe
Sich zu vergleichen.

Was unterscheidet
30 Götter von Menschen?
Dass viele Wellen
Vor jenen wandeln,
Ein ewiger Strom:
Uns hebt die Welle,
35 Verschlingt die Welle,
Und wir versinken.

Ein kleiner Ring
Begrenzt unser Leben,
Und viele Geschlechter
40 Reihen sie dauernd
An ihres Daseins
Unendliche Kette.

1 **a** Wie zeigen sich die „Grenzen der Menschheit"? Stellen Sie den Gedankengang in eigenen Worten dar.
b Die hier abgedruckte Fassung entspricht jener in der Handschrift Goethes; in der ersten Druckfassung des Gedichts von 1789 steht in Zeile 40 „sich" an der Stelle von „sie". Erläutern Sie, welchen Unterschied dies für die Aussage des Textes bedeutet.
2 Erörtern Sie, welche religiöse Grundauffassung diesem Gedicht zu Grunde liegen könnte.

Friedrich Hölderlin: **Hyperions Schicksalslied** (1799)

Johann Christian Friedrich Hölderlin (1770–1843) studierte Theologie und war anschließend Hofmeister (Hauslehrer und Erzieher) in wohlhabenden Familien. Hölderlin begeisterte sich früh für die Französische Revolution und hielt an deren Idealen fest, andererseits sehnte er sich zeitlebens nach dem idealisierten Griechenland. Das folgende Gedicht stammt aus seinem Briefroman „Hyperion".

Ihr wandelt droben im Licht
Auf weichem Boden, selige Genien[1]!
Glänzende Götterlüfte
Rühren euch leicht,
5 Wie die Finger der Künstlerin
Heilige Saiten.

Schicksallos, wie der schlafende
Säugling, atmen die Himmlischen;
Keusch bewahrt
10 In bescheidener Knospe,
Blühet ewig
Ihnen der Geist,
Und die seligen Augen
Blicken in stiller
15 Ewiger Klarheit.

Doch uns ist gegeben,
Auf keiner Stätte zu ruhn,
Es schwinden, es fallen
Die leidenden Menschen
20 Blindlings von einer
Stunde zur andern,
Wie Wasser von Klippe
Zu Klippe geworfen,
Jahrlang ins Ungewisse hinab.

1 Genien: (röm., Sing.: Genius) Schutzgeister für einzelne Menschen, hier wohl als Synonym für die griechischen Götter

1 Vergleichen Sie Hölderlins Gedicht mit Goethes Gedicht „Das Göttliche“ (▶ S. 259). Legen Sie dazu ein Schaubild an. Sie können sich an folgendem Muster orientieren.

Vergleichsaspekt	**Goethe**		**Hölderlin**	
	Götter	**Menschen**	**Götter**	**Menschen**
Wortwahl	*„Hochwertwörter“ (z. B. „höhern Wesen“, Z. 8)*			
Verhalten			*eher passiv (z. B. wandeln, Z. 1, atmen, Z. 8, blicken, Z. 14)*	
Einstellung/ Bewertung des Sprechers				

2 **a** Informieren Sie sich in der Sekundärliteratur und im Internet über diese beiden Gedichte und vergleichen Sie die Aussagen, die Sie gefunden haben.
b Diskutieren Sie die aufgefundenen Interpretationsthesen.

3 Weiterführende Aufgabe: Hölderlin kannte Goethes Drama „Iphigenie auf Tauris“ als Werk, in dem die Werte des klassischen Humanismus Geltung haben. In diesem Stück erinnert sich Iphigenie an ein altes Parzenlied. Suchen Sie dieses Gedicht und vergleichen Sie es mit „Hyperions Schicksalslied“.

Johann Wolfgang Goethe: **Bedenken und Ergebung** (1820)

Beim folgenden Text handelt es sich um den Anfang des Artikels „Bedenken und Ergebung“. Er erschien 1820 erstmals in den „Heften zur Morphologie“, einer Zeitschrift für Botanik und Zoologie, die Goethe seit 1817 herausgab. Morphologie ist nach Goethes Definition die „Lehre von der Gestalt, der Bildung und der Umbildung organischer Körper“.

Wir können bei Betrachtung des Weltgebäudes, in seiner weitesten Ausdehnung, in seiner letzten Teilbarkeit, uns der Vorstellung nicht erwehren, dass dem Ganzen eine Idee zum Grund 5 liege, wonach Gott in der Natur, die Natur in Gott, von Ewigkeit zu Ewigkeit, schaffen und wirken möge. Anschauung, Betrachtung, Nachdenken führen uns näher an jene Geheimnisse. Wir erdreisten uns und wagen auch Ideen, wir bescheiden uns und bilden Begriffe, die analog 10 jenen Uranfängen sein möchten. Hier treffen wir nun auf die eigene Schwierigkeit, die nicht immer klar ins Bewusstsein tritt, dass zwischen Idee und Erfahrung eine gewisse Kluft befestigt scheint, die zu überschreiten unsere ganze 15 Kraft sich vergeblich bemüht. Demohngeachtet bleibt unser ewiges Bestreben, diesen Hiatus mit Vernunft, Verstand, Einbildungskraft, Glauben, Gefühl, Wahn und, wenn wir sonst nichts vermögen, mit Albernheit zu überwinden. End- 20 lich finden wir, bei redlich fortgesetzten Bemühungen, dass der Philosoph wohl möchte Recht haben, welcher behauptet, dass keine Idee der Erfahrung völlig kongruiere, aber wohl zugibt, dass Idee und Erfahrung analog sein können, 25 ja müssen.[1] Die Schwierigkeit, Idee und Erfahrung miteinander zu verbinden, erscheint sehr hinderlich bei aller Naturforschung: die Idee ist unabhängig von Raum und Zeit, die Naturforschung ist in Raum und Zeit beschränkt, daher ist in der Idee Simultanes und Sukzessives innigst verbunden, auf dem Standpunkt der Erfahrung hingegen immer getrennt, und eine Naturwirkung, die wir der Idee gemäß als simultan und sukzessiv zugleich denken sollen, scheint uns in eine Art Wahnsinn zu versetzen. Der Verstand kann nicht vereinigt denken, was die Sinnlichkeit ihm gesondert überlieferte, und so bleibt der Widerstreit zwischen Aufgefasstem und Ideiertem immerfort unaufgelöst.

1 **der Philosoph [...] müssen:** gemeint ist Kant, der Begriff und Anschauung trennt. Sinneseindrücke (Anschauung) müssen kategorial verortet werden (Raum/Zeit/Kausalität). Das leistet der Verstand durch Sprache/Begriffe. So nähert sich der menschliche Geist durch eigene Arbeit der Wirklichkeit an, indem er durchdachte Abbilder der Wirklichkeit schafft.

1 Goethe stellt hier die These auf, dass der Welt eine Idee, ein göttlicher Plan, zu Grunde liege, den die Menschen durch ihre „Ideen" nachzubilden suchen. Vollziehen Sie seinen Gedankengang nach:
- Durch welche wissenschaftlichen Betätigungen versucht der Mensch, sich dem göttlichen Wirken anzunähern?
- Wie sucht der Mensch die Grenzen seiner Erkenntnis zu überbrücken?
- Weshalb kommt dieser Versuch nie zu einem endgültigen Ergebnis?

Johann Wolfgang Goethe: **Prooemion**[1] (1812/13) – Auszug

Was wär' ein Gott, der nur von außen stieße,
Im Kreis das All am Finger laufen ließe!
Ihm ziemt's, die Welt im Innern zu bewegen,
Natur in Sich, Sich in Natur zu hegen,
Sodass, was in Ihm lebt und webt und ist,
Nie Seine Kraft, nie Seinen Geist vermisst.

Wer Wissenschaft und Kunst besitzt,
Hat auch Religion;
Wer jene beiden nicht besitzt,
Der habe Religion. *Johann Wolfgang Goethe*

1 **Prooemion:** griech. Vorrede

Alexander von Humboldt: **Brief an Karoline von Wolzogen,** 14.05.1806 – Auszug

Alexander Freiherr von Humboldt (1769–1859) war Naturforscher, vor allem Geograf. Er bereiste und erforschte von 1799 bis 1804 die „Neue Welt" und war auf Grund moderner Messinstrumente als Erster in der Lage, den amerikanischen Kontinent exakt zu vermessen.

In den Wäldern des Amazonenflusses wie auf dem Rücken der hohen Anden erkannte ich, wie von einem Hauche beseelt von Pol zu Pol nur *ein* Leben ausgegossen ist in Steinen, Pflanzen und Tieren und in des Menschen schwellender Brust. Überall ward ich von dem Gefühle durchdrungen, wie mächtig jene Jenaer Verhältnisse auf mich gewirkt, wie ich, durch Goethes Naturansichten gehoben, gleichsam mit neuen Organen ausgerüstet worden war.

2 Deuten Sie Goethes Aphorismus „Wer Wissenschaft und Kunst besitzt [...]". Welches Religionsverständnis wird hier deutlich?

3 Erläutern Sie das Menschen- und Gottesbild, wie es Ihnen in den Texten auf S. 258–264 begegnet. Grenzen Sie es von Positionen der **Aufklärung** (▶ S. 216 ff.) und der **Romantik** (▶ S. 295 f.) ab.

4 Weisen Sie in den Texten auf S. 263–264 Textstellen nach, an denen auf Ideen des **Pantheismus** (▶ S. 225) Bezug genommen wird.

5 **Weiterführende Aufgabe** für naturwissenschaftlich Interessierte:
In der Folge von Isaac Newtons Schrift „Philosophiae Naturalis Principia Mathematica" (1687) wird die „Betrachtung des Weltgebäudes" zunehmend nicht mehr durch Begriffe, sondern durch Formeln beschrieben.
Referieren Sie darüber, wie sich heutige Naturwissenschaftler das Zusammenspiel von „Idee" „Begriff" und „Erfahrung" vorstellen.

Die Weimarer Klassik heute – Zwei Gedichte

Günter Kunert: **Schillers Bett** (1970)

Schillers Bett steht im Schillerhaus
der Goethestadt[1]. Vor dem Bett stehen Touristen:
Wir wollen sein, wissen nicht was, ehrfürchtig
zumindest oder wenigstens verschämten Gähnens Herr,
müde vor der winzigen Ruhestätte: zu klein
für meinen Freund Reinhard[2],
sein magerer Leib liegt, der leinenen Jacke,
der Brille entkleidet,
jetzt
sich räkelnd im Grunewald[3] und
wuchert der Erde zu, Schiller
hierin folgend.

Ein einig etwas wollen wir sein, nicht eineiig.
Keine Zwillinge. Keine deutschen Siamesen.

Vor dem Bettchen, der fahlen Decke, entfärbten
Kränzchen, dem Schleifchen, stellt sich
nicht her, was wir nie waren: ein einig Volk.[4]

Ein Volk von einigen Herrschaften, vielen
Knechtschaften, versippt nur wie Habicht und Huhn.

Brüder aber
sind Lettau in Berlin und ich in Berlin
und alle,
verdammt zum Erwachen aus Tellschen Träumen.

Heinz Piontek: **Um 1800** (1982)

Zierlich der Kratzfuß
der Landeskinder,

während wer fürstlich
aufstampft.

Gedichtzeilen.
Stockschläge.

Viele träumen,
dass man sie verkauft.

Die Tinte leuchtet.

Deutschlands
klassische Zeit.

1 **Goethestadt:** Weimar in Thüringen
2 **Reinhard Lettau** (1929–1996): deutscher Schriftsteller, 1950 aus Erfurt in die USA emigriert, von wo aus er immer wieder nach Deutschland kam
3 **Grunewald:** Forst in (West-)Berlin
4 „Wir wollen sein ein einig Volk von Brüdern" und: „Wir sind ein Volk, und einig wollen wir handeln" (Schiller, Wilhelm Tell, III,1)

1 **a** Lesen Sie Pionteks Text langsam und laut. Achten Sie auf die **Enjambements** (▶ S. 140).
b Wählen Sie einen Vers oder eine Strophe, von dem oder der ausgehend Sie das Gedicht interpretieren würden.

2 a Analysieren Sie Kunerts Gedicht. Wie werden hier die deutsche Geschichte und Gegenwart zur Entstehungszeit dargestellt? – Kunert lebte damals in Ostberlin.
b Interpretieren Sie das Gedicht als politische Aussage. Stellen Sie Vermutungen darüber an, welche Funktion die Anspielungen auf Schillers und Goethes Ideen von der deutschen Kulturnation haben.
c Ziehen Sie einen Vergleich zur Behandlung der „klassischen Zeit" in Pionteks Gedicht.

Information **Weimarer Klassik (ca. 1786 – ca. 1805)**

Allgemeingeschichtlicher Hintergrund:
Das herausragende, den gesamten Zeitabschnitt prägende Ereignis ist die **Französische Revolution** von 1789 mit ihren weit reichenden Folgen wie den Kriegen der europäischen Monarchien gegen das republikanische Frankreich, dem Aufstieg und der Kaiserkrönung Napoleons und dem Zusammenbruch der alten politischen und territorialen Ordnung in Deutschland durch Napoleons imperiale Politik. Zunächst begrüßten fortschrittlich gesinnte Kreise des deutschen Bürgertums die Revolution – es kam 1792/93 sogar zum Experiment einer Mainzer Republik. Nach der Hinrichtung Ludwigs XVI. und der Schreckensherrschaft unter Führung Robespierres verloren jedoch viele den Glauben an die Verwirklichung der revolutionären Ziele „Freiheit, Gleichheit, Brüderlichkeit".
Weltbild und Lebensauffassung:
Der **Begriff „Klassik"** hat in Deutschland eine andere Bedeutung als im Kontext der Literaturgeschichte anderer Länder. Dort wird unter Klassik die Epoche verstanden, in der in dichter Fülle Werke von hohem Rang erschienen, die entscheidende Bedeutung für das kulturelle Selbstverständnis des Landes haben. Diese Epochen fallen in den einzelnen Ländern in ganz unterschiedliche historische Perioden. Die **deutsche Klassik** weicht von diesem Muster auf zweifache Weise ab: Sie umfasst nur eine sehr kurze Zeitspanne und wird im Ausland häufig gar nicht als eigene Epoche wahrgenommen, sondern der Romantik zugeordnet, und sie bleibt auf die Werke zweier Autoren, **Goethe** und **Schiller,** beschränkt. Zeitgleich entstandene Werke anderer Autoren (**Wieland, Hölderlin, Jean Paul, Kleist**) werden in der Regel der **Aufklärung** (▸ S. 263 f.) oder der **Romantik** (▸ S. 295 f.) zugerechnet. Da es im politisch zersplitterten Deutschland kein hauptstädtisches Zentrum gab und die Künste am **„Musenhof" in Weimar** gefördert wurden, entwickelte sich die kleine Residenzstadt mit den Dichtern **Johann Wolfgang Goethe, Johann Gottfried Herder** (1744–1803) und **Christoph Martin Wieland** (1733–1813), zu denen in den 1790er Jahren noch **Friedrich Schiller** kam, zu einer Kulturmetropole, die die Intellektuellen aus ganz Europa anzog. 1794 schlossen **Goethe** und **Schiller** nähere Bekanntschaft, aus der eine enge literarische Zusammenarbeit und Freundschaft erwuchsen.
Schiller begeisterte sich anfangs für die Französische Revolution, später stand er ihr, wie auch **Goethe**, mit Skepsis und Ablehnung gegenüber. Nicht dass die beiden Dichter als apolitisch zu bezeichnen wären: Sie hielten ihre Zeit und die Zustände in Deutschland für nicht reif für eine grundlegende gesellschaftliche Umwälzung gemäß den Ideen der Aufklärung. Vielmehr sahen sie die Notwendigkeit, zunächst einmal den einzelnen Menschen zu erziehen und zu bilden, um ihn zu einer auf Freiheit und Gleichberechtigung basierenden Ordnung zu befähigen. Bereits 1786 war **Goethe** zu einer eineinhalbjährigen **Italienreise** aufgebrochen. Der **Kontakt mit der Kunst und den Bauwerken der Antike,** das Gefühl von Erhabenheit und Allgültigkeit, das sie ihm vermittelten, hatten sein künstlerisches und wissenschaftliches Bewusstsein (s. u.) verändert. Seine **Antikenbegeisterung,** die v. a. durch die Schriften **Johann Joachim Winckelmanns**

(1717–1768) geweckt und vermittelt wurde, teilte er mit zahlreichen Intellektuellen seiner Zeit. Werte der antiken Philosophie lagen auch **Schillers** und **Goethes** **Menschenbild** zu Grunde: Durch die Ausbildung von Vernunft und Selbstkontrolle sowie durch sittliche Läuterung sollte eine allseits gebildete, alle humanen Kräfte und Fähigkeiten harmonisch in Einklang bringende Persönlichkeit geformt werden. Die Werke **Goethes** und **Schillers**, die diese „Erziehungsarbeit" vollbringen sollten, machen die deutsche Klassik aus, die damit eine Weimarer Klassik war.

Literatur:

Das neue, an der Antike geschulte Kunst- und Menschenbild führt zu einer Abkehr vom Gefühlskult des Sturm und Drang, der Naturschwärmerei und der Verehrung der großen Genies und Rebellen. Die nur dem individuellen Ausdruck verpflichtete Prosa des Dramas und die liedhaft einfachen Strophen und freien Rhythmen der Lyrik des Sturm und Drang wichen einer **metrisch regelmäßig gebundenen, kunstvoll durchformten Verssprache,** die sich formal an antiken Vorbildern orientierte. Einige ältere Texte wurden entsprechend überarbeitet, „Iphigenie" und „Egmont" von **Goethe**, „Don Karlos" von **Schiller**. Durch Maß, Gesetz und Formstrenge wollten beide Klassiker das vollendet Schöne formen. Die Anschauung des Schönen sollte den Menschen zum **Wahren und Guten,** zur Veredelung seines Denkens und seines Charakters führen. Schönheit wird dabei als Harmonie zwischen dem Sinnlichen, das dem Bereich der Triebe zugehört, und dem Gesetz der Vernunft, das Freiheit bedeutet, verstanden. Es geht also in den Werken der Klassik nicht um eine möglichst naturgetreue Abbildung der Wirklichkeit oder die Wiedergabe eines gefühlsstarken Erlebnisses, auch nicht um die kunstreiche Einkleidung eines Lehrsatzes oder einer Moral, sondern um die **Wahrheit.** Wahrheit erreicht der Künstler nach klassischer Theorie **im Weg über die Schönheit.** Wenn er Einzelerscheinungen der Wirklichkeit, die er mit seinen Sinnen wahrnimmt, in seiner ästhetischen Gestaltung so bearbeitet, dass ein Betrachter „hinter" ihnen das Allgemeine, also eine Idee, erkennen kann, und wenn er andererseits dem Allgemeinen, der Idee, die er in sich selbst trägt, durch die individuelle Gestaltung seines Werks die Lebendigkeit des sinnlich Erfahrbaren verleiht, so wird sein Kunstwerk „klassisch", weil es wirklicher und schöner ist als die Wirklichkeit selbst. Schiller nennt diesen Vorgang der ästhetischen Durchformung von Wirklichkeit **„Idealisieren",** **Goethe** spricht vom „Herausheben des Gegenstands aus einer beschränkten Wirklichkeit", um ihm „in einer idealen Welt Maß, Grenze, Realität und Würde zu geben" (**Winckelmann**). Vorbilder für eine solchermaßen vollendete künstlerische Gestaltung sahen die deutschen Klassiker in den Werken der Antike.

Wichtige Autoren und Werke:

Johann Wolfgang Goethe (1749–1832): „Egmont", „Iphigenie auf Tauris", „Torquato Tasso", „Faust. Erster und zweiter Teil" (Dramen); „Wilhelm Meisters Lehrjahre", „Wilhelm Meisters Wanderjahre", „Die Wahlverwandtschaften" (Romane); „Reineke Fuchs" (Tierepos in Versen); „Italienische Reise" (auf Grundlage der Tagebücher und Briefe aus Italien herausgegebene autobiografische Schrift); Gedichte

Friedrich Schiller (1759–1805): „Don Karlos, Infant von Spanien", „Wallenstein"-Trilogie, „Maria Stuart", „Die Jungfrau von Orleans", „Wilhelm Tell" (Dramen); „Über die ästhetische Erziehung des Menschen in einer Reihe von Briefen" (philosophische Abhandlung); Gedichte

---

1 Schlagen Sie in Lexika und Literaturgeschichten die Epochendarstellungen zur Weimarer Klassik nach und vergleichen Sie diese. Welche Abweichungen finden Sie?
Tragen Sie Ihre Ergebnisse zusammen und formulieren Sie eine eigene Stellungnahme.

2 Stellen Sie ein Werk Schillers oder Goethes vor, das in den Literaturgeschichten als beispielhaft für die Weimarer Klassik angeführt wird.

Themenfeld: Was die Welt / Im Innersten zusammenhält

Goethes „Faust" gilt als eins der wichtigsten Werke der deutschen Literatur.

1 Viele Zitate daraus oder Anspielungen darauf sind sprichwörtlich geworden, z.B. „Grau, teurer Freund, ist alle Theorie, / Doch grün des Lebens goldner Baum".
- **a** Versuchen Sie, die Aussage dieses Zitates zu klären.
- **b** Welche Vorerwartungen haben Sie an ein Drama, aus dem diese Zeilen stammen?

Johann Wolfgang Goethe: **Faust I** (1808) – Prolog im Himmel

Die Titelfigur in Goethes Drama ist der Universalgelehrte Doktor Heinrich Faust, ein nach absoluter Erkenntnis strebender Wissenschaftler. Die Einführung in die eigentliche Handlung erfolgt über den „Prolog im Himmel", in dem sich Mephistopheles (oder Mephisto), eine Teufelsgestalt, bei Gott, dem Herrn, über die Zustände auf Erden beklagt.

DER HERR: Hast du mir weiter nichts zu sagen?
Kommst du nur immer anzuklagen?
Ist auf der Erde ewig dir nichts recht?
MEPHISTOPHELES:
5 Nein Herr! ich find es dort, wie immer, herzlich schlecht.
Die Menschen dauern mich in ihren Jammertagen,
Ich mag die armen selbst nicht plagen.
DER HERR:
10 Kennst du den Faust?
MEPHISTOPHELES: Den Doktor?
DER HERR: Meinen Knecht!
MEPHISTOPHELES:
Fürwahr! er dient Euch auf besondre Weise.
15 Nicht irdisch ist des Toren Trank noch Speise.
Ihn treibt die Gärung in die Ferne,
Er ist sich seiner Tollheit halb bewusst;
Vom Himmel fordert er die schönsten Sterne
Und von der Erde jede höchste Lust,
20 Und alle Näh' und alle Ferne
Befriedigt nicht die tiefbewegte Brust.
DER HERR:
Wenn er mir jetzt auch nur verworren dient,
So werd' ich ihn bald in die Klarheit führen.
25 Weiß doch der Gärtner, wenn das Bäumchen grünt,
Dass Blüt' und Frucht die künft'gen Jahre zieren.
MEPHISTOPHELES:
Was wettet Ihr? den sollt Ihr noch verlieren,
Wenn Ihr mir die Erlaubnis gebt,
30 Ihn meine Straße sacht zu führen!
DER HERR: Solang' er auf der Erde lebt,
So lange sei dir's nicht verboten.
Es irrt der Mensch, solang' er strebt.
MEPHISTOPHELES:
35 Da dank' ich Euch; denn mit den Toten
Hab' ich mich niemals gern befangen.
Am meisten lieb' ich mir die vollen, frischen Wangen.
Für einen Leichnam bin ich nicht zu Haus,
Mir geht es wie der Katze mit der Maus.
40 **DER HERR:** Nun gut, es sei dir überlassen!
Zieh diesen Geist von seinem Urquell ab,
Und führ' ihn, kannst du ihn erfassen,
Auf deinem Wege mit herab,
Und steh beschämt, wenn du bekennen musst:
45 Ein guter Mensch in seinem dunklen Drange
Ist sich des rechten Weges wohl bewusst.

2
- **a** Charakterisieren Sie diesen Auszug aus dem Dialog zwischen Gott und Mephisto. Wie gehen die beiden Figuren miteinander um? Wer dominiert das Gespräch?
- **b** Was erfährt das Publikum aus dem Prolog über die Figur des Dr. Faust?
- **c** Faust wird zum Gegenstand einer Wette zwischen dem Herrn und Mephisto. Fassen Sie zusammen, worum es bei dieser Wette geht.
- **d** Suchen Sie Textstellen, die als Hinweise auf den Ausgang der Wette verstanden werden können.

I Wissenschaft und Erkenntnis – Die Gelehrtentragödie

Johann Wolfgang Goethe: **Faust I** (1808) – Nacht

In der ersten Szene „Nacht" begegnet der Leser Faust in dessen Studierzimmer.

FAUST:
Habe nun, ach! Philosophie,
Juristerei und Medizin,
Und leider auch Theologie
5 Durchaus studiert, mit heißem Bemühn.
Da steh' ich nun, ich armer Tor,
Und bin so klug als wie zuvor!
Heiße Magister, heiße Doktor gar,
Und ziehe schon an die zehen Jahr'
10 Herauf, herab und quer und krumm
Meine Schüler an der Nase herum –
Und sehe, dass wir nichts wissen können!
Das will mir schier das Herz verbrennen.
Zwar bin ich gescheiter als alle die Laffen,
15 Doktoren, Magister, Schreiber und Pfaffen;
Mich plagen keine Skrupel noch Zweifel,
Fürchte mich weder vor Hölle noch Teufel –
Dafür ist mir auch alle Freud' entrissen,
Bilde mir nicht ein, was Rechts zu wissen,
20 Bilde mir nicht ein, ich könnte was lehren,
Die Menschen zu bessern und zu bekehren.
Auch hab' ich weder Gut noch Geld,
Noch Ehr' und Herrlichkeit der Welt;
Es möchte kein Hund so länger leben!
25 Drum hab' ich mich der Magie ergeben,
Ob mir durch Geistes Kraft und Mund
Nicht manch Geheimnis würde kund;
Dass ich nicht mehr mit sauerm Schweiß
Zu sagen brauche, was ich nicht weiß;
30 Dass ich erkenne, was die Welt
Im Innersten zusammenhält [...].

---

1 a In welcher Ausgangssituation und in welcher Stimmung begegnen wir der Titelfigur? Was ist ihr Ziel als Wissenschaftler?
b Verfassen Sie auf der Grundlage dieses Monologs eine erste vorläufige Figurencharakteristik von Faust.

Johann Wolfgang Goethe: **Faust I** (1808) – Studierzimmer II

[Verzweifelt darüber, dass er unfähig ist, dem Weltgeheimnis auf die Spur zu kommen, erhält Faust Unterstützung von Mephistopheles, der dem Gelehrten ein Angebot macht.]

MEPHISTOPHELES:
Hör auf, mit deinem Gram zu spielen,
Der, wie ein Geier, dir am Leben frisst;
Die schlechteste Gesellschaft lässt dich fühlen,
5 Dass du ein Mensch mit Menschen bist.
Doch so ist's nicht gemeint,
Dich unter das Pack zu stoßen.
Ich bin keiner von den Großen;
Doch willst du mit mir vereint
10 Deine Schritte durchs Leben nehmen,
So will ich mich gern bequemen,
Dein zu sein, auf der Stelle.
Ich bin dein Geselle,
Und mach' ich dir's recht,
15 Bin ich dein Diener, bin dein Knecht!
FAUST: Und was soll ich dagegen dir erfüllen?
MEPHISTOPHELES:
Dazu hast du noch eine lange Frist.
FAUST:
20 Nein, nein! der Teufel ist ein Egoist
Und tut nicht leicht um Gottes willen,
Was einem andern nützlich ist.
Sprich die Bedingung deutlich aus;
Ein solcher Diener bringt Gefahr ins Haus.
25 MEPHISTOPHELES:
Ich will mich hier zu deinem Dienst verbinden,
Auf deinen Wink nicht rasten und nicht ruhn;
Wenn wir uns drüben wiederfinden,
So sollst du mir das Gleiche tun.

Friedrich August Moritz Retzsch: Faust I – Studierzimmer. Federzeichnung (1820)

30 **FAUST:**
Das Drüben kann mich wenig kümmern;
Schlägst du erst diese Welt zu Trümmern,
Die andre mag darnach entstehn.
Aus dieser Erde quillen meine Freuden,
35 Und diese Sonne scheinet meinen Leiden;
Kann ich mich erst von ihnen scheiden,
Dann mag, was will und kann, geschehn.
Davon will ich nichts weiter hören,
Ob man auch künftig hasst und liebt,
40 Und ob es auch in jenen Sphären
Ein Oben oder Unten gibt.
MEPHISTOPHELES:
In diesem Sinne kannst du's wagen.
Verbinde dich; du sollst, in diesen Tagen,
45 Mit Freuden meine Künste sehn,
Ich gebe dir, was noch kein Mensch gesehn.
FAUST:
Was willst du armer Teufel geben?
Ward eines Menschen Geist, in seinem hohen
50 Streben,
Von deinesgleichen je gefasst?
Doch hast du Speise, die nicht sättigt, hast
Du rotes Gold, das ohne Rast,
Quecksilber gleich, dir in der Hand zerrinnt,
55 Ein Spiel, bei dem man nie gewinnt,
Ein Mädchen, das an meiner Brust
Mit Äugeln schon dem Nachbar sich verbindet,
Der Ehre schöne Götterlust,
Die, wie ein Meteor, verschwindet.
60 Zeig mir die Frucht, die fault, eh' man sie
bricht,
Und Bäume, die sich täglich neu begrünen!
MEPHISTOPHELES:
Ein solcher Auftrag schreckt mich nicht,
65 Mit solchen Schätzen kann ich dienen.
Doch, guter Freund, die Zeit kommt auch
heran,
Wo wir was Guts in Ruhe schmausen mögen.
FAUST:
70 Werd' ich beruhigt je mich auf ein Faulbett
legen,
So sei es gleich um mich getan!
Kannst du mich schmeichelnd je belügen,
Dass ich mir selbst gefallen mag,
75 Kannst du mich mit Genuss betrügen,
Das sei für mich der letzte Tag!
Die Wette biet' ich!
MEPHISTOPHELES: Topp!
FAUST: Und Schlag auf Schlag!
80 Werd' ich zum Augenblicke sagen:
Verweile doch! du bist so schön!
Dann magst du mich in Fesseln schlagen,
Dann will ich gern zu Grunde gehn!
Dann mag die Totenglocke schallen,
85 Dann bist du deines Dienstes frei,
Die Uhr mag stehn, der Zeiger fallen,
Es sei die Zeit für mich vorbei!
MEPHISTOPHELES:
Bedenk es wohl, wir werden's nicht vergessen.
90 **FAUST:** Dazu hast du ein volles Recht;
Ich habe mich nicht freventlich vermessen.
Wie ich beharre, bin ich Knecht,
Ob dein, was frag' ich, oder wessen.

---

2 a Arbeiten Sie heraus, welche Erwartungen Faust in das Bündnis mit Mephistopheles setzt.
b Die literaturwissenschaftliche Diskussion zu dieser Szene beschäftigt sich mit der Frage, ob es sich bei der Übereinkunft zwischen Faust und Mephistopheles um einen Pakt oder um eine Wette handelt. Nehmen Sie Stellung zu dieser Frage und belegen Sie Ihre Meinung am Text.

Das Motiv des nach Erkenntnis strebenden Wissenschaftlers thematisieren auch **Brechts** Stück „Leben des Galilei" und **Dürrenmatts** Komödie „Die Physiker". In beiden Fällen geht es um Gelehrte, deren Erkenntnisse – im Unterschied zu Faust – große Auswirkungen auf die Menschheit haben können.

Bertolt Brecht: **Leben des Galilei** (1938) – Bild 3

[Galilei im Gespräch mit seinem Freund Andrea Sagredo. Beide schauen durch das Fernrohr auf den Sternenhimmel und finden durch empirische Studien den Beweis für die Richtigkeit des kopernikanischen Weltsystems.]

GALILEI: Es ist bewiesen. Der vierte kann nur hinter den Jupiter gegangen sein, wo man ihn nicht sieht. Da hast du ein Gestirn, um das ein anderes sich dreht.
5 **SAGREDO:** Aber die Kristallschale, an die der Jupiter angeheftet ist?
GALILEI: Ja, wo ist sie jetzt? Wie kann der Jupiter angeheftet sein, wenn andere Sterne um ihn kreisen? Da ist keine Stütze im Himmel, da ist
10 kein Halt im Weltall! Da ist eine andere Sonne!
SAGREDO: Beruhige dich. Du denkst zu schnell.
GALILEI: Was, schnell! Mensch, reg dich auf! Was du siehst, hat noch keiner gesehen. Sie hatten recht!
15 **SAGREDO:** Wer? Die Kopernikaner?
GALILEI: Und der andere! Die ganze Welt war gegen sie, und sie hatten recht. Das ist was für Andrea!
[...]
20 **SAGREDO:** Galilei, du sollst dich beruhigen! [...] Willst du aufhören, wie ein Narr herumzubrüllen?
GALILEI: Willst du aufhören, wie ein Stockfisch dazustehen, wenn, die Wahrheit entdeckt ist?
25 **SAGREDO:** Ich stehe nicht wie ein Stockfisch, sondern ich zittere, es könnte die Wahrheit sein.
GALILEI: Was?
SAGREDO: Hast du allen Verstand verloren? Weißt du wirklich nicht mehr, in was für eine
30 Sache du kommst, wenn das wahr ist, was du da siehst? Und du es auf allen Märkten herumschreist: daß die Erde ein Stern ist und nicht der Mittelpunkt des Universums.
GALILEI: Ja, und daß nicht das ganze riesige
35 Weltall mit allen Gestirnen sich um unsere winzige Erde dreht, wie jeder sich denken konnte!
SAGREDO: Daß da also nur Gestirne sind! – Und wo ist dann Gott?
GALILEI: Was meinst du damit?
40 **SAGREDO:** Gott! Wo ist Gott?
GALILEI *zornig:* Dort nicht! So wenig wie er hier auf der Erde zu finden ist, wenn dort Wesen sind und ihn hier suchen sollten!
SAGREDO: Und wo ist also Gott?
45 **GALILEI:** Bin ich Theologe? Ich bin Mathematiker.
SAGREDO: Vor allem bist du ein Mensch. Und ich frage dich, wo ist Gott in deinem Weltsystem?
GALILEI: In uns oder nirgends.
SAGREDO *schreiend:* Wie der Verbrannte[1] gesagt
50 hat?
GALILEI: Wie der Verbrannte gesagt hat!
SAGREDO: Darum ist er verbrannt worden! Vor noch nicht zehn Jahren!
GALILEI: Weil er nichts beweisen konnte. Weil
55 er es nur behauptet hat! [...]
SAGREDO: Galilei, ich habe dich immer als einen schlauen Mann gekannt. Siebzehn Jahre in Padua und drei Jahre in Pisa hast du Hunderte von Schülern geduldig das Ptolemäische Sys-
60 tem gelehrt, das die Kirche verkündet und die Schrift bestätigt, auf der die Kirche ruht. Du hast es für falsch gehalten mit dem Kopernikus, aber du hast es gelehrt.
GALILEI: Weil ich nichts beweisen konnte. R

1 der Verbrannte: Gemeint ist der italienische Naturphilosoph Giordano Bruno, der am 17. Februar 1600 in Rom auf dem Scheiterhaufen starb, den Flammen übergeben von der Inquisition der katholischen Kirche, weil er die Lehre des Kopernikus verbreitet hatte.

3 a Informieren Sie sich über die Situation der Wissenschaft zu Lebzeiten Galileis (1564–1642) und über dessen wissenschaftliche Leistungen.

b Arbeiten Sie aus dem Dramenauszug heraus, worum es bei dem Streit zwischen Galilei und Sagredo geht.

c Warum ist Sagredo so bestürzt über Galileis Erkenntnisse? Fassen Sie thesenhaft zusammen, in welchen Punkten Galileis Entdeckung das Weltbild seiner Zeit angreift.

4 Lesen Sie den Auszug aus dem 14. (dem vorletzten) Bild des Dramas (▶ S. 327). Welche Entwicklung hat der Wissenschaftler Galilei genommen?

Friedrich Dürrenmatt: **Die Physiker** (1962)

[Der geniale Physiker Möbius ist Insasse eines Schweizer Irrenhauses. Allerdings hat er seine Geisteskrankheit nur vorgetäuscht, weil er mit seinen Forschungen Theorien entwickelt hat, deren Anwendung für die Welt verheerende Folgen hätte. Nur in einer Irrenanstalt meint er, seine Entdeckungen sicher bewahren und so die Welt vor ihnen schützen zu können. Auch zwei andere Physiker (Eisler und Kilton, die sich die Namen „Einstein" und „Newton" gegeben haben) haben ihre Krankheit nur vorgetäuscht. In Wahrheit sind sie von den Geheimdiensten ihrer Länder auf Möbius angesetzt worden, den beide Länder in ihren Diensten sehen möchten.
Nachdem die Agenten Möbius über ihre Identität und ihren Auftrag aufgeklärt haben, kommt es zu folgendem Gespräch.]

NEWTON: [...] Ihre persönlichen Gefühle in Ehren, aber Sie sind ein Genie und als solches Allgemeingut. Sie drangen in neue Gebiete der Physik vor. Aber Sie haben die Wissenschaft nicht gepachtet. Sie haben die Pflicht, die Türe auch uns aufzuschließen, den Nicht-Genialen. Kommen Sie mit mir, in einem Jahr stecken wir Sie in einen Frack, transportieren Sie nach Stockholm, und Sie erhalten den Nobelpreis.
MÖBIUS: Ihr Geheimdienst ist uneigennützig.
NEWTON: Ich gebe zu, Möbius, daß ihn vor allem die Vermutung beeindruckt, Sie hätten das Problem der Gravitation gelöst.
MÖBIUS: Stimmt.
Stille.
EINSTEIN: Das sagen Sie so seelenruhig?
MÖBIUS: Wie soll ich es denn sonst sagen?
EINSTEIN: Mein Geheimdienst glaubte, Sie würden die einheitliche Theorie der Elementarteilchen –
MÖBIUS: Auch Ihren Geheimdienst kann ich beruhigen. Die einheitliche Feldtheorie ist gefunden.
NEWTON *wischt sich mit der Serviette den Schweiß von der Stirne:* Die Weltformel.
EINSTEIN: Zum Lachen. Da versuchen Horden gut besoldeter Physiker in riesigen staatlichen Laboratorien seit Jahren vergeblich in der Physik weiterzukommen, und Sie erledigen das en passant[1] im Irrenhaus am Schreibtisch. *Er wischt sich ebenfalls mit der Serviette den Schweiß von der Stirne.*
NEWTON: Und das System aller möglichen Erfindungen, Möbius?
MÖBIUS: Gibt es auch. Ich stellte es aus Neugierde auf, als praktisches Kompendium zu meinen theoretischen Arbeiten. Soll ich den Unschuldigen spielen? Was wir denken, hat seine Folgen. Es war meine Pflicht, die Auswirkungen zu studieren, die meine Feldtheorie und meine Gravitationslehre haben würden. Das Resultat ist verheerend. Neue, unvorstellbare Energien würden freigesetzt und eine Technik ermöglicht, die jeder Phantasie spottet, falls meine Untersuchung in die Hände der Menschen fiele.
EINSTEIN: Das wird sich kaum vermeiden lassen.
NEWTON: Die Frage ist nur, wer zuerst an sie herankommt.
MÖBIUS *lacht:* Sie wünschen dieses Glück wohl Ihrem Geheimdienst, Kilton, und dem Generalstab, der dahintersteht?
NEWTON: Warum nicht. Um den größten Physiker aller Zeiten in die Gemeinschaft der Physiker zurückzuführen, ist mir jeder Generalstab gleich heilig.

1 **en passant:** nebenbei

Einstein: Mir ist bloß mein Generalstab heilig. Wir liefern der Menschheit gewaltige Machtmittel. Das gibt uns das Recht, Bedingungen zu stellen. Wir müssen entscheiden, zu wessen Gunsten wir unsere Wissenschaft anwenden, und ich habe mich entschieden.

Newton: Unsinn, Eisler. Es geht um die Freiheit unserer Wissenschaft und um nichts weiter. Wir haben Pionierarbeit zu leisten und nichts außerdem. Ob die Menschheit den Weg zu gehen versteht, den wir ihr bahnen, ist ihre Sache, nicht die unsrige.

Einstein: Sie sind ein jämmerlicher Ästhet, Kilton. Warum kommen Sie nicht zu uns, wenn Ihnen nur an der Freiheit der Wissenschaft gelegen ist? Auch wir können es uns schon längst nicht mehr leisten, die Physiker zu bevormunden. Auch wir brauchen Resultate. Auch unser politisches System muß der Wissenschaft aus der Hand fressen.

Newton: Unsere beiden politischen Systeme, Eisler, müssen jetzt vor allem Möbius aus der Hand fressen.

Einstein: Im Gegenteil. Er wird uns gehorchen müssen. Wir beide halten ihn schließlich in Schach.

Newton: Wirklich? Wir beide halten wohl mehr uns in Schach. Unsere Geheimdienste sind leider auf die gleiche Idee gekommen. Geht Möbius mit Ihnen, kann ich nichts dagegen tun, weil Sie es verhindern würden. Und Sie wären hilflos, wenn sich Möbius zu meinen Gunsten entschlösse. Er kann hier wählen, nicht wir. [...] R

---

5 **a** Warum will Möbius verhindern, dass seine „Untersuchung in die Hände der Menschen" fällt?
b Wie bewerten Sie Möbius' Idee, sich und die Menschheit durch den Rückzug in die Irrenanstalt zu schützen?

6 **a** Diskutieren Sie am Beispiel der drei vorliegenden Textauszüge, wie die Wissenschaftler mit ihrer Verantwortung umgehen.
b Weiten Sie nunmehr Ihren Blick: Welche Verantwortung haben Wissenschaftler, z. B. Genforscher, heute? Welche Institutionen gibt es, die über diese Verantwortung wachen sollen?

7 **a** Umreißen Sie das im folgenden Gedicht von Franz Werfel gezeichnete Bild des „guten Menschen".
b Inwiefern entspricht die Figur des Faust, soweit sie Ihnen aus Goethes Drama bekannt ist, diesem Bild?

Franz Werfel: **Der gute Mensch** (1913)

Sein ist die Kraft, das Regiment der Sterne,
Er hält die Welt, wie eine Nuss in Fäusten,
Unsterblich schlingt sich Lachen um sein
Antlitz,
Krieg ist sein Wesen und Triumph sein Schritt.

Und wo er ist und seine Hände breitet,
Und wo sein Ruf tyrannisch niederdonnert,
Zerbricht das Ungerechte aller Schöpfung,
Und alle Dinge werden Gott und eins.

Unüberwindlich sind des Guten Tränen,
Baustoff der Welt und Wasser der Gebilde.
Wo seine guten Tränen niedersinken,
Verzehrt sich jede Form und kommt zu sich.

Gar keine Wut ist seiner zu vergleichen.
Er steht im Scheiterhaufen seines Lebens,
Und ihm zu Füßen ringelt sich verloren
Der Teufel, ein zertretner Feuerwurm.

Und fährt er hin, dann bleiben ihm zur Seite,
Zwei Engel, die das Haupt in Sphären tauchen,
Und brüllen jubelnd unter Gold und Feuer,
Und schlagen donnernd ihre Schilde an.

II Liebe und Schuld – Die Gretchentragödie

Johann Wolfgang Goethe: **Faust I** (1808) – Garten

[Mephistopheles versucht im weiteren Verlauf des Dramas, seine Wette mit Gott und zugleich die mit Faust zu gewinnen, indem er Faust durch die Genüsse des Lebens vom Streben nach Erkenntnis abbringt. Dieser, inzwischen durch einen Hexentrank deutlich verjüngt, begegnet auf der Straße dem jungen Gretchen und ist von ihrer Schönheit so fasziniert, dass er Mephistopheles gleich damit beauftragt, ein zweites Treffen zu arrangieren.]

FAUST:
Du kanntest mich, o kleiner Engel, wieder,
Gleich als ich in den Garten kam?
MARGARETE:
5 Saht Ihr es nicht? ich schlug die Augen nieder.
FAUST:
Und du verzeihst die Freiheit, die ich nahm?
Was sich die Frechheit unterfangen,
Als du jüngst aus dem Dom gegangen?
10 MARGARETE:
Ich war bestürzt, mir war das nie geschehn;
Es konnte niemand von mir Übels sagen.
Ach, dacht ich, hat er in deinem Betragen
Was Freches, Unanständiges gesehn?
15 Es schien ihn gleich nur anzuwandeln,
Mit dieser Dirne gradehin zu handeln.
Gesteh ich's doch! Ich wusste nicht, was sich
Zu Eurem Vorteil hier zu regen gleich begonnte;
Allein gewiss, ich war recht bös' auf mich,
20 Dass ich auf Euch nicht böser werden konnte. [...]
Sie pflückt eine Sternblume und zupft die Blätter ab, eins nach dem andern.
[...]
Er liebt mich!
25 FAUST:
Ja, mein Kind! Lass dieses Blumenwort
Dir Götterausspruch sein. Er liebt dich!
Verstehst du, was das heißt? Er liebt dich!

Johann Wolfgang Goethe: **Faust I** (1808) – Wald und Höhle

FAUST:
O dass dem Menschen nichts Vollkommnes
wird,
Empfind' ich nun. Du gabst zu dieser Wonne,
5 Die mich den Göttern nah und näher bringt,
Mir den Gefährten, den ich schon nicht mehr
Entbehren kann, wenn er gleich, kalt und frech,
Mich vor mir selbst erniedrigt, und zu Nichts,
Mit einem Worthauch, deine Gaben wandelt.
10 Er facht in meiner Brust ein wildes Feuer
Nach jenem schönen Bild geschäftig an.
So tauml' ich von Begierde zu Genuss,
Und im Genuss verschmacht' ich nach Begierde.
[...]
15 MEPHISTOPHELES:
Schön! Ihr schimpft, und ich muss lachen.
Der Gott, der Bub und Mädchen schuf,
Erkannte gleich den edelsten Beruf,
Auch selbst Gelegenheit zu machen.
20 Nur fort, es ist ein großer Jammer!
Ihr sollt in Eures Liebchens Kammer,
Nicht etwa in den Tod.
FAUST:
Was ist die Himmelsfreud' in ihren Armen?
25 Lass mich an ihrer Brust erwarmen!
Fühl ich nicht immer ihre Not?
Bin ich der Flüchtling nicht? der Unbehauste?
Der Unmensch ohne Zweck und Ruh',
Der wie ein Wassersturz von Fels zu Felsen brauste
30 Begierig wütend nach dem Abgrund zu?
Und seitwärts sie, mit kindlich dumpfen Sinnen,
Im Hüttchen auf dem kleinen Alpenfeld,
Und all ihr häusliches Beginnen
Umfangen in der kleinen Welt.
35 Und ich, der Gottverhasste,
Hatte nicht genug,
Dass ich die Felsen fasste
Und sie zu Trümmern schlug!
Sie, ihren Frieden musst' ich untergraben!
40 Du, Hölle, musstest dieses Opfer haben!
Hilf, Teufel, mir die Zeit der Angst verkürzen!
Was muss geschehn, mag's gleich geschehn!
Mag ihr Geschick auf mich zusammenstürzen
Und sie mit mir zu Grunde gehn!

1 **a** Welchen Eindruck gewinnen Sie in der Szene „Garten" von Gretchen?
b Beschreiben Sie, wie Faust Gretchen sieht und wie er um sie wirbt.
2 **a** In der Szene „Wald und Höhle" ist Faust in seinen Gefühlen hin und her gerissen. Arbeiten Sie heraus, zu welcher Entscheidung er kommt und wie er diese zu rechtfertigen sucht.
b Vergleichen Sie Gretchens Gefühlswelt in der folgenden Szene mit der Fausts in „Wald und Höhle".

Johann Wolfgang Goethe: **Faust I** (1808) – Gretchens Stube

GRETCHEN *am Spinnrade allein.*

Meine Ruh' ist hin,
Mein Herz ist schwer;
Ich finde sie nimmer
Und nimmermehr.

5 Wo ich ihn nicht hab',
Ist mir das Grab,
Die ganze Welt
Ist mir vergällt.

Mein armer Kopf
10 Ist mir verrückt,
Meiner armer Sinn
Ist mir zerstückt.

Meine Ruh' ist hin,
Mein Herz ist schwer,
15 Ich finde sie nimmer
Und nimmermehr.

Nach ihm nur schau' ich
Zum Fenster hinaus,
Nach ihm nur geh' ich
20 Aus dem Haus.

Sein hoher Gang,
Sein' edle Gestalt,
Seines Mundes Lächeln,
Seiner Augen Gewalt,

25 Und seiner Rede
Zauberfluss,
Sein Händedruck,
Und ach sein Kuss!

Meine Ruh' ist hin,
30 Mein Herz ist schwer,
Ich finde sie nimmer
Und nimmermehr.

Mein Busen drängt
Sich nach ihm hin.
35 Ach dürft' ich fassen
Und halten ihn,

Und küssen ihn,
So wie ich wollt',
An seinen Küssen
40 Vergehen sollt'!

Johann Wolfgang Goethe: **Faust I** (1808) – Nacht. Straße vor Gretchens Türe

[Bald darauf kommt es zur Liebesnacht, ermöglicht durch einen Schlaftrunk, den Faust Gretchen übergibt, damit sie diesen am Abend ihrer Mutter verabreicht. Die Mutter stirbt daran, Gretchen wird schwanger. Gretchens Bruder Valentin wird im Kampf von Faust niedergestochen.]

VALENTIN:
[...]
Mein Gretchen, sieh! du bist noch jung,
Bist gar noch nicht gescheit genung,
5 Machst deine Sachen schlecht.
Ich sag' dir's im Vertrauen nur:
Du bist doch nun einmal eine Hur';
So sei's auch eben recht!

GRETCHEN:
10 Mein Bruder! Gott! Was soll mir das?
VALENTIN.
Lass unsern Herrgott aus dem Spaß.
Geschehn ist leider nun geschehn,
Und wie es gehn kann, so wird's gehn.
15 Du fingst mit einem heimlich an,
Bald kommen ihrer mehre dran,
Und wenn dich erst ein Dutzend hat,
So hat dich auch die ganze Stadt.
Wenn erst die Schande wird geboren,
20 Wird sie heimlich zur Welt gebracht,
Und man zieht den Schleier der Nacht
Ihr über Kopf und Ohren;
Ja, man möchte sie gern ermorden.

Wächst sie aber und macht sich groß,
25 Dann geht sie auch bei Tage bloß,
Und ist doch nicht schöner geworden.
Je hässlicher wird ihr Gesicht,
Je mehr sucht sie des Tages Licht.
Ich seh' wahrhaftig schon die Zeit,
30 Dass alle brave Bürgersleut',
Wie von einer angesteckten Leichen,
Von dir, du Metze! seitab weichen.
Dir soll das Herz im Leib verzagen,
Wenn sie dir in die Augen sehn!
35 Sollst keine goldne Kette mehr tragen!
In der Kirche nicht mehr am Altar stehn!
In einem schönen Spitzenkragen
Dich nicht beim Tanze wohlbehagen!
In eine finstre Jammerecken
40 Unter Bettler und Krüppel dich verstecken
Und, wenn dir dann auch Gott verzeiht,
Auf Erden sein vermaledeit!

3 **a** Welche Vorwürfe erhebt Valentin gegen seine Schwester? Welche Erwartungen äußert er in Bezug auf das Kind, das Gretchen zur Welt bringen wird?
b Versuchen Sie, sich in Gretchens Lage zu versetzen, und verfassen Sie einen Brief an Faust, der sich inzwischen längst nicht mehr um Gretchen und ihr Schicksal kümmert.

4 Gretchen wird im weiteren Verlauf des Dramas tatsächlich zur Mörderin an ihrem Kind. Erörtern Sie in diesem Zusammenhang, inwiefern der Kindsmord als Konsequenz aus Fausts Verhalten gesehen werden kann. Beziehen Sie in Ihre Überlegungen auch die folgenden Thesen zu den Szenen „Wald und Höhle" und „Gretchens Stube" (▸ S. 274–275) mit ein.

Erdmute Pickerodt-Uthleb/Gerhart Pickerodt: **Johann Wolfgang Goethe – Faust I**

Ihre Liebe wird tödlich sein, das wissen beide Liebenden bereits hier, bevor sie allererst vollzogen wurde. Lediglich der Teil der Zukunftsvision, dass sie mit ihm zu Grunde gehen werde, wird 5 sich nicht erfüllen. Für Faust gibt es ein Leben danach, während für Margarete ihre Liebe ihr Leben ist. Nicht also erst durch den Kindsmord und die ihm vorangegangenen Tötungsakte an der Mutter und an Valentin kommt ein tragi-10 scher Zug in das Geschehen, sondern dieser ist bereits in der Ungleichartigkeit der Liebesbeziehung selbst vorgegeben. Hier der auf Menschheitserfahrung ins Große und Allumfassende zielende Faust, dort die um Fassung ringende, den Verlust ihres häuslichen Seelenfriedens be- 15 klagende Margarete, deren Hingabe an Faust ihre Selbstauflösung bedeutet. Größer könnte der Gegensatz nicht sein, der zwischen den Liebenden besteht und der das Ende bereits vor dem Anfang als notwendiges erkennen lässt. 20

Eine wichtige Anregung für sein Faust-Drama erhielt Goethe aus eigener Anschauung, als er in seiner Heimatstadt Frankfurt den Prozess gegen die Kindsmörderin Susanna Margarethe Brandt verfolgte. Diese wurde wegen ihrer Tat 1772 enthauptet.

Ruth Berger: **Gretchen. Ein Frankfurter Kriminalfall** (2007)

Das damalige Geschehen um Susanna Margarethe Brandt hat Ruth Berger in einem historischen Roman verarbeitet, in dem sie auch historisch authentisch den Bezug zum jungen Goethe herstellt, der sich nach seinem Jura-Examen in Frankfurt aufhält, wo der Prozess natürlich Stadtgespräch ist. Johann Georg Schlosser, der Verlobte und spätere Ehemann von Goethes jüngerer Schwester, erzählt, dass ein Urteil unmittelbar bevorstehe, Goethe antwortet ihm.

„Ich wüsst ja, wie ich sie verteidigen würde."
„Ach. Wie denn? Willst du behaupten, dass es tatsächlich der Satan war, der ihr die Hand geführt hat? Oh, ich sehe, wir kommen hier in dichterische Gefilde. Vielleicht war der Schwängerer mit dem Mephistopheles im Bunde und hat die Brandin mit Hilfe von Höllenmächten zum Beischlaf verführt."
Du lieber Gott, jetzt wurde der ernste Georg sogar humorig, und das auf Wolfgangs Kosten. Wolfgang ärgerte sich etwas über diese unerwartete Stichelei. Es galt wohl inzwischen schon als ausgemachte Sache unter den Schlosser-Brüdern, dass seine Plädoyers sich zu literarisch anhörten und die rechte juristische Langweilerei vermissen ließen.
„Unsinn", schoss er zurück, „noch kann ich Dichtung und Wahrheit auseinanderhalten. Nein, auf Unzurechnungsfähigkeit würd ich plädieren im Moment der Tat. Dass der Verlust der Stellung zu viel für sie war, nach all den Sorgen, und als ausgerechnet dann auch noch die Wehen einsetzten ... die war doch wirklich nicht mehr Herr ihrer Sinne, als das Kind kam. Dafür spricht vieles. Zum Beispiel, dass sie das Gefühl hatte, vom Satan Einflüsterungen zu bekommen. Und dass sie mit dem toten Kind auf dem Schoß ausgeruht hat. Ist das nicht das Verhalten einer Wahnsinnigen?" [...]
„Ja, ich glaube ja", antwortet Georg. „Doch, das wäre eine brauchbare Verteidigung. Mit etwas gutem Willen, ohne den geht es freilich nicht in diesem Fall. Sollten die Syndiker[1] von der Todesstrafe abraten, dann werden sie zweifellos noch ein auswärtiges Gutachten zur Bestätigung verlangen. So eine Entscheidung wagt man nicht allein zu fällen. Die Todesstrafe nicht zu verhängen bei so einer Tat, nach vollem Geständnis. So ist es in der Juristerei, die ehrlichen, reumütigen Leute haben das Nachsehen."
Wolfgang hörte nicht mehr zu.
Der Verführer im Bund mit Mephisto. Einflüsterungen vom Satan. Wie war das noch, was hatte die Brandin erzählt:
Der Satan hat ihr den Mund zugehalten, dass sie nicht sagen konnte, sie sei schwanger. [...]
Du lieber Gott. Da hat er's. Das ist es doch, wonach er so lange gesucht hat: Ein hochdramatischer, wirklich bewegender Stoff, mit dem er im Faust die Episödchen ersetzen kann. Die Kindsmord-Tragödie ließ sich ja wunderbar einbauen! Gretchen, verführt von Faust mit mephistophelischer Hilfe, bringt ihr Kind um und landet im Kerker. Den Faust reut es, doch es ist zu spät. Besser ging es nicht.
Dieser „Faust" würde sein Durchbruch werden! Jawohl, dieses Drama würde ihm endlich einmal gelingen – nachdem er mit seinem Götz, kaum und in Windeseile zu Papier gebracht, schon wieder unglücklich war. Von Herders herber Kritik gar nicht zu reden. Er traute sich gar nicht, das einem Verleger zu schicken.

1 **Syndiker:** Rechtsbevollmächtigter einer Stadt

5 a Informieren Sie sich über die Situation „lediger Kindsmütter" zur Zeit Goethes und darüber, welche Einstellung der historische Goethe zur deren Verurteilung hatte.
b Wie beurteilen Sie die Idee Ruth Bergers, die möglichen Bezüge zu Goethes „Faust" und dessen Entstehungsgeschichte so konkret in ihren historischen Roman einzubinden?

Kindstötung als literarisches Motiv

Das Motiv der verführten Kindsmörderin taucht in der Literatur häufig auf, etwa im Sturm und Drang. Hier thematisieren die Autoren zumeist die seelischen Nöte von Kindsmörderinnen, so z. B. **Gottfried August Bürger** oder auch **Friedrich Schiller** in den Balladen „Des Pfarrers Tochter von Taubenhain" bzw. „Die Kindsmörderin".

Heinrich Leopold Wagner: **Die Kindermörderin** (1776)

Goethe kannte Heinrich Leopold Wagners Tragödie „Die Kindermörderin".

[Evchen, verführt und geschwängert von Leutnant von Gröningseck, hofft darauf, dass dieser sie heiratet. Auf Grund einer Intrige des Leutnants von Hasenpoth, der nicht möchte, dass Gröningseck wegen einer bürgerlichen Frau seine Karriere aufgibt, erhält Evchen einen Brief, aus dem hervorgeht, dass Gröningseck sie nicht heiraten werde. Evchen taucht bei der Frau Marthan unter, wo sie auch ihr Kind zur Welt bringt.]

FRAU MARTHAN: Na denn, dem armen Kind zu gefallen will ich geschwind hinten herum springen; in weniger als nichts bin ich wieder zurück, und bring' ihm ein Stück Zuckerdorsch mit. 5

EVCHEN: Das tu' Sie, Frau Marthan: komm' Sie ja bald wieder, sonst möcht's zu spät sein.

FRAU MARTHAN *(im Abgehn.)*: Zu spät? –

EVCHEN: Es wird ja so schon dunkel – *(Frau* 10 *Marthan vollends ab.)* – mir vor den Augen! war mir's schon lang'. – Fast war mir bang, ich brächte sie mir nicht vom Hals. – Ja! was *wollt'* ich doch? – warum schickt' ich sie aus? – Mein armes bisschen Verstand hat, glaub' ich, voll- 15 ends den Herzstoß bekommen! – *(Das Kind schreit wieder.)* Singst du? singst? singst unsern Schwanengesang? – sing, Gröningseckchen! sing' – Gröningseck! so hieß ja dein Vater! *(Nimmt's vom Bett wieder auf und liebkost's.)* – 20 Ein böser Vater! der dir und mir nichts sein will, gar nichts! und mir's doch so oft schwur, uns alles zu sein! – ha! im Bordell sogar es schwur! – *(Zum Kind.)* Schreist? schreist immer? lass mich schrein, *ich* bin die Hure, die Muttermörderin; *du* bist noch nichts! – ein kleiner Bastard, 25 sonst gar nichts; – *(mit verbissner Wut)* – sollst auch nie werden, was *ich* bin, nie ausstehn, was *ich* ausstehn muss – *(Nimmt eine Stecknadel, und drückt sie dem Kind in Schlaf*[1]*; das Kind schreit ärger; es gleichsam zu überschrein singt sie* 30 *erst sehr laut, hernach immer schwächer.)*

Eia Pupeia!
Schlaf', Kindlein! schlaf' wohl!
Schlaf' ewig wohl!
Ha ha ha, ha ha! *(Wiegt's auf dem Arm.)* 35
Dein Vater war ein Bösewicht,
Hat deine Mutter zur Hure gemacht;
Eia Pupeia!
Schlaf', Kindlein! schlaf' wohl!
Schlaf' ewig wohl! 40
Ha ha ha, ha ha!

Schläfst du, mein Liebchen, schläfst? – wie sanft! Bald beneid' ich dich Bastard, *so* schlafen Engel nur! – Was mein Liedchen nicht konnte! – säng' mich doch auch jemand in Schlaf so! – 45 Ha! ein Blutstropfen! den muss ich wegküssen, – noch *einer*! – auch *den*! *(Küsst das Kind an dem verwundeten Schlaf.)* – Was ist das? – süß! sehr süß! aber hintennach bitter – ha, jetzt merk' ich's – Blut meines eignen Kinds! – und das 50 trink' ich? – *(Wirft's Kind aufs Bett.)* Da schlaf', Gröningseck! schlaf'! schlaf' ewig! – bald werd' ich auch schlafen – schwerlich so sanft als du einschlafen, aber wenn's einmal geschehn ist, ist's gleichviel. – *(Man hört jemand.)* Gott! wer 55 kommt? *(Sie deckt das Kind zu, setzt sich daneben, und fällt, da sie ihren Vater kommen sieht, mit dem Gesicht aufs Kopfkissen.)*

1 **Schlaf:** Schläfe

---

1 **a** Welchen Eindruck haben Sie von der Verfassung Evchens und von der Bindung zu ihrem Kind?
b Welche Beweggründe führen Evchen dazu, ihr Kind zu töten?
c Vergleichen Sie die Situation Evchens mit der von Gretchen im „Faust".

2 Stellen Sie die Gründe, die im folgenden Gedicht Eva Strittmatters aus dem Jahr 1970 gegen das junge Leben angeführt werden, denen gegenüber, die zu Goethes und Wagners Zeiten zum Kindsmord führten.

Eva Strittmatter: Interruptio (1970)

Ich muss meine Trauer begraben
Um das ungeborene Kind.
Das werde ich niemals haben.
Dämonen pfeifen im Wind
5 Und flüstern im Regen und speien
Mir grade ins Gesicht.
Und mag auch Gott mir verzeihen.
Ich verzeihe mir nicht.
Es hat mich angerufen,
10 Es hat mich angefleht,
Ich sollt es kommen lassen.
Ich habe mich weggedreht.
Es gab mir kleine Zeichen:
Eine Vision von Haar.
15 Und zwei, drei Vogellaute
Eine Stimme von übers Jahr.
Ich hätte es sehen können,
Hätt ich es sehen gewollt.
Es war ja in mir entworfen.
20 Ich aber habe gegrollt
Über die Tage und Jahre,
Die es mir nehmen wird,
Und um meine grauen Haare,
Die Krankheit. Und, wahnwitzverwirrt,
25 Hab ich mich darauf berufen,
Ich sei zum Schreiben bestellt.
Dabei war vielleicht diese Hoffnung
Viel wichtiger für die Welt
Als all meine Selbstverzweiflung
30 Und die kleinen Siege in Grün,
Die ich dem Leben abringe
Und den Dingen, die dauern und fliehn.
Das schwere Recht der Freiheit
Hab ich für mich missbraucht.
35 Und hab mich für immer gefesselt.
In Tiefen bin ich getaucht,
In Trauer bis zum Irrsinn.
Es brodelt noch neben mir.
Die unsühnbare Sünde
40 Unterscheidet mich vom Tier.

III Faust im 21. Jahrhundert

1 **a** Können Sie den Schauspielern auf dem Foto ihre Rollen (Faust/Mephisto/Gretchen) zuordnen?
b Beschreiben Sie die äußeren Merkmale der Figuren.

Goethes „Faust" in einer modernen Inszenierung am Deutschen Theater Berlin

Dramen von Johann Wolfgang Goethe gehören auch heute noch zu den meistgespielten Stücken in Deutschland, so z.B. auch der „Faust" am Deutschen Theater in Berlin. Nach der Premiere am 16.10.2004 war in den Medien eine Reihe von Rezensionen zu finden.

Jetzt, vielleicht zum ersten Mal, steht auf der Bühne zu allgemeiner Verblüffung: Faust ohne Füllung. Der nackte Mensch. Die wahre Leerstelle. Ein Rahmen aus Blut, Nerven und blankem Seelenfleisch. Ingo Hülsmann steht minutenlang da in Hemd und Hose, guckt erstaunt ins Licht [...]. Hülsmanns Faust, groß, hochfahrend, fiebrig, bis hin zu Tränen erschüttert, krümmt sich unter allem, was jenseits des Lebensgrabesrandes an Katastrophen auf ihn zukommt, wie unter Peitschenhieben ... Der Regisseur Michael Thalheimer, der [...] Stücke, Figuren und Sprache kaltstellt, auskühlt und abnagt bis auf die Knochen, sodass es einen gelangweilt schaudert, gibt dem Faust in Berlin furios und aufregend das, was andere ihm bisher verweigern: die Ursubstanz. In ganzen zwei Spielstunden das Faustische: bestehend aus einem nackten, bloßen, armseligen, kriminellen Ego. *Frankfurter Allgemeine Zeitung*

Die Inszenierung wirkt wie ein Film, der sich in [Fausts] Innerem abspielt. Mephisto ist kein böser Geist, der Faust zu neuen Taten aufstachelt, sondern eher ein anderer Teil seines Ichs. Gnadenloser kann man die Titelfigur nicht demontieren. *RBB Inforadio*

Thalheimer schießt seine Akteure wie Raketen in den Untergang und trifft damit den Nerv unserer von Zerstörungen und Katastrophen erschütterten Zeit.

Der Standard, Wien

So hat man Faust noch nie gesehen, aber man kennt das. Man weiß nur nicht woher. Bis es plötzlich klick macht und man begreift: Ingo Hülsmann spricht Goethe und spielt Jim Carrey. Das ist ganz außerordentlich. Der Theaterbesucher reibt sich die Augen und wundert sich, wie schnell das wie gut funktioniert. [...] Kinder würden quieken vor Vergnügen und wir haben Mühe, es nicht auch zu tun. Wir wissen natürlich um die Qual, die sich in den Fratzen des Clowns ausdrückt, aber ein Gutteil ihrer Komik verdanken sie ja – so unkorrekt geht es in der Welt und also auch beim Theater zu – gerade dem Schmerz, der Angst und dem Lebensekel. Das macht Ingo Hülsmann sehr deutlich. Damit ist er näher am Faust, als manche Hochamtspfleger der Klassik das sehen wollen. *Arno Widmann*

Der Regisseur Michael Thalheimer verdankt seine Popularität der stupenden Fähigkeit, ältere Dramatik ins Heute zu übersetzen, indem er die Konflikte – mit ihnen die Figuren – aus ihren angestammten Bindungen an Ort, Zeit und deren Kausalität herauslöst. Doch was sonst die besondere Leistung ausmacht, gerät beim Faust-Stoff zum besonderen Problem, weil die Tragödie zum Trauerspiel, das faustische Dilemma zur Charakterstudie wird. Der Fall Faust beginnt, wenn Deep Purples „Child in time" vom Band ertönt und grelles Licht aus den Ritzen des rotierenden Zylinders dringt: Nicht Hexen, Zauberspiegel und Verjüngungstrank, sondern Popmusik, Luftgitarre und Discokugel markieren den Beginn von Fausts „neuem Lebenslauf", aus dem mit allem Übersinnlichen auch viel Sinnliches gestrichen ist. Entsprechend profan gerät die erste Begegnung mit Margarete (Regine Zimmermann), die Fausts Zuruf erwidert, ohne sich umzusehen.

Rudolf Mast

2 **a** Wie wird die Inszenierung in den einzelnen Rezensionen bewertet? Benennen Sie die Textstellen, in denen die Meinung der Verfasser besonders deutlich wird.

b In allen Rezensionen wird das Neuartige der Inszenierung hervorgehoben. Was ist nach Meinung der Rezensenten so modern an der Inszenierung?

c Oft wird modernen Inszenierungen vorgeworfen, sie seien, u. a. durch Kürzungen oder eingearbeitete Aktualitätsbezüge, nicht ausreichend werkgetreu und verfremdeten damit die Dramen. Wie stehen Sie zu dieser Kritik? Was bevorzugen Sie – moderne oder eher traditionelle Inszenierungen? Begründen Sie Ihre Meinung.

3 **Weiterführende Aufgabe:** Recherchieren Sie zu bedeutenden Inszenierungen des Goethe'schen „Faust". Versuchen Sie z. B. Materialien über die Inszenierungen von Gustaf Gründgens, Dieter Dorn oder Peter Stein zu finden, und stellen Sie diese Ihrem Kurs vor.

4 **Weiterführende Aufgabe:** Der Faust-Stoff hat eine lange Tradition, die bereits vor Goethe ansetzt und auch mit Goethe nicht endet. Erarbeiten Sie einen Überblick
- über die Stoffgeschichte oder
- über die Weiterführung des Faust-Stoffes in der Prosa des 20. Jahrhunderts, etwa bei **Thomas Mann** („Doktor Faustus") oder bei **Michail Bulgakow** („Der Meister und Margarita").

3.2 Die Romantik

1 **a** Welche Assoziationen rufen das Bild und sein Titel bei Ihnen hervor? Legen Sie ein **Cluster** an.

b Beschreiben Sie die Bildkomposition. Achten Sie dabei auf den Bildaufbau, die Farbgebung und die Gestaltung des Wanderers.

c Schreiben Sie einen inneren Monolog in der Rolle des Wanderers.

2 „Es wird doch immer der wesentliche Charakter des Romantischen bleiben, dass die Abgeschlossenheit fehlt und dass immer noch auf ein Weiteres, auf ein Fortschreiten gedeutet wird" (Carl Gustav Carus, 1789–1869, Maler und Mediziner).
Deuten Sie das Gemälde vor dem Hintergrund der Aussage von Carl Gustav Carus, die als programmatisch für die Kunst der Romantik gelten kann.

Caspar David Friedrich: Der Wanderer über dem Nebelmeer (um 1818)

Unterwegs – Nach nirgendwo?

Ludwig Tieck: **Franz Sternbalds Wanderungen** (1797)

In dem Fragment gebliebenen Roman „Franz Sternbalds Wanderungen“ verbindet Tieck (1773–1853) ein idealisierendes Bild des deutschen Mittelalters mit einem ebenso idealen Bild Italiens.

Franz Sternbald, ein begabter Maler und Schüler Albrecht Dürers, beabsichtigt, wie sein Meister es auch getan hat, nach Italien zu wandern, um dort wichtige Künstler zu besuchen und die italienische Kunst zu studieren. Auf seiner Wanderung dorthin kehrt er in seinem Elternhaus ein, und es kommt zu einem Gespräch mit seiner Mutter.

Seine Mutter kam ihm entgegen, die sich in der ungewohnten Einsamkeit nicht zu lassen wusste. Sie setzten sich beide auf eine Bank, die vor dem Hause stand, und unterredeten sich von mancherlei Dingen. Franz ward durch jeden Gegenstand, den er sah, durch jedes Wort, das er hörte, niedergeschlagen, die weidenden Herden, die ziehenden Töne des Windes durch die Bäume, das frische Gras und die sanften Hügel weckten keine Poesie in seiner Seele auf. Er hatte Vater und Mutter verloren, seine Freunde verlassen, er kam sich so verwaist und verachtet vor, besonders hier auf dem Lande, wo er mit niemand über die Kunst sprechen konnte, dass ihn fast aller Mut zum Leben verließ. Seine Mutter nahm seine Hand und sagte: „Lieber Sohn, du willst jetzt in die weite Welt hineingehn, wenn ich dir raten soll, tu es nicht, denn es bringt dir doch keinen Gewinn. Die Fremde tut keinem Menschen gut; wo er zu Hause gehört, da blüht auch seine Wohlfahrt; fremde Menschen werden es nie ehrlich mit dir meinen, das Vaterland ist gut, und warum willst du so weit weg und Deutschland verlassen, und was soll ich indessen anfangen? Dein Malen ist auch ein unsicheres Brot, wie du mir schon selber gesagt hast, du wirst darüber alt und grau; deine Jugend vergeht, und musst noch obenein wie ein Flüchtling aus deinem Lande wandern. Bleib hier bei mir, mein Sohn, sieh, die Felder sind alle im besten Zustande, die Gärten sind gut eingerichtet, wenn du dich des Hauswesens und des Ackerbaues annehmen willst, so ist uns beiden geholfen, und du führst doch ein sichres und ruhiges Leben, du weißt doch dann, wo du deinen Unterhalt hernimmst. Du kannst hier heiraten, es findet sich wohl eine Gelegenheit; du lernst dich bald ein, und die Arbeit des Vaters wird dann von dir fortgesetzt. Was sagst du zu dem allen, mein Sohn?“

Franz schwieg eine Weile still, nicht weil er den Vorschlag bei sich überlegte, sondern weil an diesem Tage alle Vorstellungen so schwer in seine Seele fielen, dass sie lange hafteten. [...]

„Es kann nicht sein, liebe Mutter“, sagte er endlich, „ich habe so lange auf die Gelegenheit zum Reisen gewartet, jetzt ist sie gekommen, und ich kann sie nicht wieder aus den Händen gehen lassen. Ich habe mir ängstlich und sorgsam all mein Geld, dessen ich habhaft werden konnte, dazu gesammelt; was würde Dürer sagen, wenn ich jetzt alles aufgäbe?“

Die Mutter wurde über diese Antwort sehr betrübt, sie sagte sehr weichherzig: „Was aber suchst du in der Welt, lieber Sohn? Was kann dich so heftig antreiben, ein ungewisses Glück zu erproben? Ist denn der Feldbau nicht auch etwas Schönes, und immer in Gottes freier Welt zu hantieren und stark und gesund zu sein? Mir zuliebe könntest du auch etwas tun, und wenn du noch so glücklich bist, kömmst du doch nicht weiter, als dass du dich satt essen kannst und eine Frau ernährst und Kinder großziehst, die dich lieben und ehren. Alles dies zeitliche Wesen kannst du nun hier schon haben, hier hast du es gewiss, und deine Zukunft ist noch ungewiss. Ach lieber Franz, und es ist denn doch auch eine herzliche Freude, das Brot zu essen, das man selber gezogen hat, seinen eigenen Wein zu trinken, mit den Pferden und Kühen im Hause bekannt zu sein, in der Woche zu arbeiten und des Sonntags zu rasten. Aber dein Sinn steht dir nach der Ferne, du liebst deine Eltern nicht, du gehst in dein Unglück und verlierst gewiss deine Zeit, vielleicht noch deine Gesundheit.“

„Es ist nicht das, liebe Mutter!“, rief Franz aus, „und Ihr werdet mich auch gar nicht verstehn, wenn ich es Euch sage. Es ist mir gar nicht darum zu tun, Leinwand zu nehmen und die Farben mit mehr oder minder Geschicklichkeit aufzutragen, um damit meinen täglichen Unterhalt zu erwerben, denn seht, in manchen Stunden kömmt es mir sogar sündhaft vor, wenn ich es so beginnen wollte. Ich denke an meinen Erwerb niemals, wenn ich an die Kunst denke, ja ich kann mich selber hassen, wenn ich zuweilen darauf verfalle. Ihr seid so gut, Ihr seid so zärtlich gegen mich, aber noch weit mehr als Ihr mich liebt, liebe ich meine Hantierung. Nun ist es mir vergönnt, alle die Meister wirklich zu sehn, die ich bisher nur in der Ferne verehrt habe. Wenn ich dies erleben kann, und beständig neue Bilder sehn, und lernen, und die Meister hören; wenn ich durch ungekannte Gegenden mit frischem Herzen streifen kann, so mag ich keines ruhigen Lebens genießen. Tausend Stimmen rufen mir herzstärkend aus der Ferne zu, die ziehenden Vögel, die über meinem Haupte wegfliegen, scheinen mir Boten aus der Ferne, alle Wolken erinnern mich

Friedrich Overbeck: Germania und Italia

an meine Reise, jeder Gedanke, jeder Pulsschlag treibt mich vorwärts, wie könnt ich da wohl in meinen jungen Jahren ruhig hier sitzen und den Wachstum des Getreides abwarten, die Einzäunung des Gartens besorgen und Rüben pflanzen! Nein, lasst mir meinen Sinn, ich bitte Euch darum, und redet mir nicht weiter zu, denn Ihr quält mich nur damit.“
„Nun so magst du es haben“, sagte Brigitte in halbem Unwillen, „aber ich weiß, dass es dich noch einmal gereut, dass du dich wieder hierherwünschest, und dann ist's zu spät, dass du dann das hoch und teuer schätzest, was du jetzt schmähst und verachtest.“

1 Stellen Sie die Argumente, die Franz und seine Mutter für bzw. gegen die Wanderung nach Italien vorbringen, einander gegenüber. Welcher Position würden Sie sich anschließen?

2 a Zeigen Sie am Text,
- welche Folgen für Franz Sternbalds Leben die Beschäftigung mit der Kunst hat,
- was „Kunst“ für ihn bedeutet.

b Was an seiner Kunstauffassung ist „romantisch“?

3 Schreiben Sie den Dialog so um, wie er heute hätte stattfinden können, und nehmen Sie persönlich Stellung zu beiden Positionen.

Information **Mittelalterbegeisterung**

Das Denken vieler Romantiker war geprägt von der Suche nach den Wurzeln der deutschen Geschichte und Kultur. Das führte zu einer Wiederentdeckung des Mittelalters und seiner Interpretation als einer Zeit der Einheit, Ordnung und kulturellen Blüte. Zugleich wurde die Reformation, die den Übergang vom Mittelalter (▸ S. 190 f.) zur frühen Neuzeit (▸ S. 195 f.) markiert, als ein für die deutsche Kultur wichtiges Ereignis empfunden, das sie bis in die Gegenwart hinein bestimmte. Der Nürnberger Maler Albrecht Dürer (1471–1528) steht zwischen den beiden Epochen. Die Romantiker verherrlichten in ihm den mittelalterlichen Maler und zugleich den Repräsentanten einer europäischen Kultur, die von der Antike bis in die Gegenwart reichte. Dürer war in seinem Leben zweimal nach Venedig gereist, um sich an der zeitgenössischen italienischen Renaissance-Kunst zu schulen.

4 Lesen Sie die Information zur **Italienbegeisterung** des ausgehenden 18. und frühen 19. Jahrhunderts (▸ S. 257). Stellen Sie Vermutungen darüber an, weshalb Tieck die Italienreise seines Protagonisten ins Spätmittelalter verlegt.

Joseph von Eichendorff: **Die zwei Gesellen** (1814)

Eichendorff (1788–1857) wuchs als Sohn einer katholischen Adelsfamilie auf dem elterlichen Gut in Schlesien auf, studierte Jura und Geisteswissenschaften. Nach seiner Teilnahme an den Befreiungskriegen trat er in den preußischen Staatsdienst ein. Eichendorff verfasste Lyrik, Prosa und Dramen.

Es zogen zwei rüst'ge Gesellen
Zum ersten Mal von Haus,
So jubelnd recht in die hellen,
Klingenden, singenden Wellen
5 Des vollen Frühlings hinaus.

Die strebten nach hohen Dingen,
Die wollten, trotz Lust und Schmerz,
Was Recht's in der Welt vollbringen,
Und wem sie vorübergingen,
10 Dem lachten Sinnen und Herz. –

Der erste, der fand ein Liebchen,
Die Schwieger kauft' Hof und Haus;
Der wiegte gar bald ein Bübchen,
Und sah aus heimlichem Stübchen;
15 Behaglich ins Feld hinaus.

Dem zweiten sangen und logen
Die tausend Stimmen im Grund,
Verlockend' Sirenen, und zogen
Ihn in der buhlenden Wogen
20 Farbig klingenden Schlund.

Und wie er auftaucht' vom Schlunde,
Da war er müde und alt,
Sein Schifflein das lag im Grunde,
So still war's rings in die Runde,
25 Und über die Wasser weht's kalt.

Es singen und klingen die Wellen
Des Frühlings wohl über mir;
Und seh' ich so kecke Gesellen,
Die Tränen im Auge mir schwellen –
30 Ach Gott, führ uns liebreich zu Dir!

Joseph von Eichendorff: **Sehnsucht** (1830/31)

Es schienen so golden die Sterne,
Am Fenster ich einsam stand
Und hörte aus weiter Ferne
Ein Posthorn im stillen Land.
5 Das Herz mir im Leib entbrennte,
Da hab ich mir heimlich gedacht:
Ach wer da mitreisen könnte
In der prächtigen Sommernacht!

Zwei junge Gesellen gingen
10 Vorüber am Bergeshang,
Ich hörte im Wandern sie singen
Die stille Gegend entlang:
Von schwindelnden Felsenschlüften,
Wo die Wälder rauschen so sacht,
15 Von Quellen, die von den Klüften
Sich stürzen in die Waldesnacht.

Sie sangen von Marmorbildern,
Von Gärten, die überm Gestein
In dämmernden Lauben verwildern,
20 Palästen im Mondenschein,
Wo die Mädchen am Fenster lauschen,
Wann der Lauten Klang erwacht
Und die Brunnen verschlafen rauschen
In der prächtigen Sommernacht. –

1 **a** In Eichendorffs bekanntem Gedicht „Die zwei Gesellen" werden zwei Lebensläufe miteinander verglichen: Charakterisieren Sie diese.
b Bewerten Sie die Lebensläufe:
– Welchem gehört Ihre Sympathie?
– Wo sehen Sie die Sympathie des Sprechers im Gedicht?

2 **a** Wie steht das lyrische Ich in „Sehnsucht" wohl zu den Lebensläufen der zwei Gesellen? – Beachten und deuten Sie in diesem Zusammenhang das in der Literatur der Epoche häufig auftauchende Motiv des Fensters, aus dem jemand in die Ferne blickt.
b „Die zwei Gesellen" ist ein frühes, „Sehnsucht" ein spätes Gedicht Eichendorffs. Nehmen Sie Stellung zu der These, dass das spätere Gedicht eine Fortführung und Ergänzung des ersten sei.

3 Bereiten Sie beide Gedichte für eine Präsentation vor. Wie können Sie den Gedichtvortrag akustisch und visuell unterlegen?

4 **Weiterführende Aufgabe:** Verfassen Sie auf Grundlage der Gedichte ein Drehbuch zu einem Film. Wählen Sie ein Genre, Schauspielertypen etc.

Wilhelm Müller: **Gute Nacht** (1823)

Fremd bin ich eingezogen,
Fremd zieh ich wieder aus.
Der Mai war mir gewogen
Mit manchem Blumenstrauß.
5 Das Mädchen sprach von Liebe,
Die Mutter gar von Eh –
Nun ist die Welt so trübe,
Der Weg gehüllt in Schnee.

Ich kann zu meiner Reisen
10 Nicht wählen mit der Zeit:
Muss selbst den Weg mir weisen
In dieser Dunkelheit.
Es zieht ein Mondenschatten
Als mein Gefährte mit,
15 Und auf den weißen Matten
Such ich des Wildes Tritt.

Was soll ich länger weilen,
Bis man mich trieb hinaus?
Lass irre Hunde heulen
20 Vor ihres Herren Haus!
Die Liebe liebt das Wandern, –
Gott hat sie so gemacht –
Von Einem zu dem Andern –
Fein Liebchen, gute Nacht!

25 Will dich im Traum nicht stören,
Wär' schad' um deine Ruh',
Sollst meinen Tritt nicht hören –
Sacht, sacht die Türe zu!
Ich schreibe nur im Gehen
30 Ans Tor noch gute Nacht,
Damit du mögest sehen,
Ich hab' an dich gedacht.

5 Zeigen Sie, wie das lyrische Ich sich in Müllers Gedicht selbst darstellt. Weshalb macht es sich auf die Reise?

6 **Weiterführende Aufgabe:** „Gute Nacht" ist der Auftakt eines Gedichtzyklus, der von Franz Schubert 1827/1828 unter dem Titel „Die Winterreise" vertont wurde.
Besorgen Sie sich die Texte der 24 Gedichte und stellen Sie die fiktive Biografie des lyrischen Ich vor. Was könnte Schubert zur Vertonung veranlasst haben?

7 Sie haben in den Texten auf S. 282–284 verschiedene literarische Figuren kennen gelernt. Charakterisieren Sie diese und leiten Sie daraus typische Figuren der romantischen Literatur ab, z. B. der wandernde Musiker etc.

Die Unvollendete – Kunstauffassungen der Romantik

Friedrich Schlegel: **116. Athenäum-Fragment** (1798) – Auszug

Der Pfarrerssohn Friedrich Schlegel (1772–1829) bildete zusammen mit seiner Frau Dorothea Veit, seinem Bruder August Wilhelm und seiner Schwägerin Caroline das Zentrum eines intellektuellen Zirkels in Jena, der später als „romantischer Kreis" bezeichnet wurde. Schlegel gilt, gemeinsam mit seinem Bruder, als Begründer der modernen Geisteswissenschaften.

Die romantische Poesie ist eine progressive Universalpoesie. Ihre Bestimmung ist nicht bloß, alle getrennten Gattungen der Poesie wieder zu vereinigen und die Poesie mit der Philosophie und Rhetorik in Berührung zu setzen. Sie will und soll auch Poesie und Prosa, Genialität und Kritik, Kunstpoesie und Naturpoesie bald mischen, bald verschmelzen, die Poesie lebendig und gesellig und das Leben und die Gesellschaft poetisch machen, den Witz poetisieren und die Formen der Kunst mit gediegnem Bildungsstoff jeder Art anfüllen und sättigen und durch die Schwingungen des Humors beseelen. Sie umfasst alles, was nur poetisch ist, vom größten wieder mehrere Systeme in sich enthaltenden Systeme der Kunst bis zu dem Seufzer, dem Kuss, den das dichtende Kind aushaucht in kunstlosen Gesang. Sie kann sich so in das Dargestellte verlieren, dass man glauben möchte, poetische Individuen jeder Art zu charakterisieren, sei ihr Eins und Alles; und doch gibt es noch keine Form, die so dazu gemacht wäre, den Geist des Autors vollständig auszudrücken: sodass manche Künstler, die nur auch einen Roman schreiben wollten, von ungefähr sich selbst dargestellt haben. Nur sie kann gleich dem Epos ein Spiegel der ganzen umgebenden Welt, ein Bild des Zeitalters werden. Und doch kann auch sie am meisten zwischen dem Dargestellten und dem Darstellenden, frei von allem realen und idealen Interesse auf den Flügeln der poetischen Reflexion in der Mitte schweben, diese Reflexion immer wieder potenzieren und wie in einer endlosen Reihe von Spiegeln vervielfachen. Sie ist der höchsten und der allseitigsten Bildung fähig; nicht bloß von innen heraus, sondern auch von außen hinein; indem sie jedem, was ein Ganzes in ihren Produkten sein soll, alle Teile ähnlich organisiert, wodurch ihr die Aussicht auf eine grenzenlos wachsende Klassizität eröffnet wird. Die romantische Poesie ist unter den Künsten, was der Witz der Philosophie, und die Gesellschaft, Umgang, Freundschaft und Liebe im Leben ist. Andre Dichtarten sind fertig und können nun vollständig zergliedert werden. Die romantische Dichtart ist noch im Werden; ja das ist ihr eigentliches Wesen, dass sie ewig nur werden, nie vollendet sein kann. Sie kann durch keine Theorie erschöpft werden, und nur eine divinatorische Kritik dürfte es wagen, ihr Ideal charakterisieren zu wollen. Sie allein ist unendlich, wie sie allein frei ist und das als ihr erstes Gesetz anerkennt, dass die Willkür des Dichters kein Gesetz über sich leide. Die romantische Dichtart ist die einzige, die mehr als Art und gleichsam die Dichtkunst selbst ist: denn in einem gewissen Sinn ist oder soll alle Poesie romantisch sein.

1 a Markieren Sie auf einer Folie in Schlegels Text jene Sätze, die Sie für besonders wichtig halten, und vergleichen Sie anschließend Ihre Auswahl.
  b Notieren Sie Fragen zu dem Text und versuchen Sie sich diese gegenseitig zu beantworten.
2 Verfassen Sie für ein Schülerlexikon knappe Artikel zu folgenden Stichwörtern:
- Universalität (Allumfassendheit) der Poesie,
- Poetische Reflexion und ihre Funktion,
- Unvollendetheit der Poesie.
3 Die Romantiker etablieren das Fragment, das bislang unvollständige oder unvollständig überlieferte Werke bezeichnete, als eigene literarische Textsorte. Erklären Sie diese Neuerung.
4 Auf welche Abschnitte aus Schlegels Fragment lässt sich der folgende Romanauszug beziehen?

Sophie Mereau: **Amanda und Eduard** (1803)

Und sieh! das ist die Gewalt des Dichters, dass er durch eine wahre Empfindung, die er in das Zauberkleid der Dichtung hüllt und an ein fremdes Schicksal knüpft, in dem ähnlich empfindenden Gemüte, eine schöne Kette von Bildern, ein magisches Gemisch von Wahn und Wirklichkeit hervorrufen kann.

Heinrich von Kleist: **Brief an Otto August Rühle von Lilienstern,** Nov. 1805

Heinrich von Kleist (1777–1811) hat ein reiches episches und dramatisches Werk hinterlassen. In einem Brief an seinen Jugendfreund Rühle von Lilienstern (1780–1847), der den nahezu mittellosen Autor finanziell unterstützte, äußert Kleist sich über die Kunst.

Für die Kunst, siehst Du wohl ein, war vielleicht der Zeitpunkt noch niemals günstig; man hat immer gesagt, dass sie betteln geht; aber jetzt lässt sie die Zeit verhungern. Wo soll die Unbefangenheit des Gemüts herkommen, die schlechthin zu ihrem Genuss nötig ist, in Augenblicken, wo das Elend jeden [...] in den Nacken schlägt. Übrigens versichre ich Dich, bei meiner *Wahrheit,* dass ich auf Dich für die Kunst rechne, wenn die Welt einmal wieder, früh oder spät, frei atmet.

5 a Benennen Sie die Voraussetzung für die Kunst, die Kleist darlegt.
  b Sehen Sie einen gedanklichen Zusammenhang zwischen den Texten von Kleist und Schlegel?

Caspar David Friedrich: Der Mönch am Meer (1810)

Romantische Gemälde haben häufig eine religiöse Komponente. Es geht dabei aber weniger um Religiosität im orthodoxen Sinn als vielmehr um eine Verbindung aus Naturerlebnis, Religion und individueller Empfindung, in der sich das Göttliche offenbart. „Poesie ist religiöse Handlung" – so der romantische Philosoph **Friedrich Schleiermacher**. Man nennt diese Religion einen christlichen **Pantheismus** (► S. 225).

Heinrich von Kleist: aus: **Berliner Abendblätter** (1810)

Herrlich ist es, in einer unendlichen Einsamkeit am Meeresufer, unter trübem Himmel, auf eine unbegrenzte Wasserwüste, hinauszuschauen. Dazu gehört gleichwohl, dass man dahin gegangen sei, dass man zurückmuss, dass man hinübermöchte, dass man es nicht kann, dass man alles zum Leben vermisst, und die Stimme des Lebens dennoch im Rauschen der Flut, im Wehen der Luft, im Ziehen der Wolken, dem einsamen Geschrei der Vögel, vernimmt. Dazu gehört ein Anspruch, den das Herz macht, und ein Abbruch, um mich so auszudrücken, den einem die Natur tut. Dies aber ist vor dem Bilde unmöglich, und das, was ich in dem Bilde selbst finden sollte, fand ich erst zwischen mir und dem Bilde, nämlich einen Anspruch, den mein Herz an das Bild machte, und einen Abbruch, den mir das Bild tat; und so ward ich selbst der Kapuziner, das Bild ward die Düne, das aber, wohinaus ich mit Sehnsucht blicken sollte, die See, fehlte ganz. Nichts kann trauriger und unbehaglicher sein, als diese Stellung in der Welt: der einzige Lebensfunke im weiten Reiche des Todes, der einsame Mittelpunkt im einsamen Kreis. Das Bild liegt, mit seinen zwei oder drei geheimnisvollen Gegenständen, wie die Apokalypse da, [...] und da es, in seiner Einförmigkeit und Uferlosigkeit, nichts als den Rahmen zum Vordergrund hat, so ist es, wenn man es betrachtet, als ob einem die Augenlider weggeschnitten wären.

Caspar David Friedrich: Abtei im Eichwald (1810)

1 **a** Erläutern Sie das Verfahren, mit dem sich Kleist dem Gemälde „Der Mönch am Meer" annähert.
b Prüfen Sie, ob Kleists Urteil über die menschliche Figur (Z. 23 ff.) auch Ihren Eindruck trifft.

2 Die beiden Gemälde Caspar David Friedrichs (jeweils ca. 110 x 171 cm groß) sind Komplementärwerke und müssen deshalb im Zusammenhang gesehen werden. Betrachten und beschreiben Sie sie genau. Verfassen Sie dann nach dem Vorbild Kleists eine Würdigung der „Abtei im Eichwald".

3 Beschaffen Sie sich Informationen zu den beiden Gemälden und erläutern Sie, weshalb sie heute mit als Hauptwerke der Romantik gelten: Welche Gehalte transportieren sie, was macht sie typisch für die Epoche?

4 Vergleichen Sie Ihre Erkenntnisse nun mit dem ersten Bild, das Sie sich von „Romantik" gemacht haben (▶ S. 252): Inwiefern stoßen Sie auf Abweichungen?

Die blaue Blume der Poesie

Novalis: **Heinrich von Ofterdingen** (1802)

Georg Friedrich Freiherr von Hardenberg (1772–1801) studierte Bergbau. Als Dichter verwendete er das Pseudonym „Novalis".

Das Romanfragment „Heinrich von Ofterdingen" schildert die Lebens- und Bildungsgeschichte eines (fiktiven) mittelalterlichen Sängers und Dichters. Zu Beginn des Romans hört Heinrich von einem Fremden Geschichten über ferne Länder und eine wundervolle blaue Blume. Diese erscheint ihm bald darauf im Traum.

Endlich gegen Morgen, wie draußen die Dämmerung anbrach, wurde es stiller in seiner Seele, klarer und bleibender wurden die Bilder. Es kam ihm vor, als ginge er in einem dunkeln Walde allein. Nur selten schimmerte der Tag 5 durch das grüne Netz. Bald kam er vor eine Felsenschlucht, die bergan stieg. Er musste über bemooste Steine klettern, die ein ehemaliger Strom heruntergerissen hatte. Je höher er kam, desto lichter wurde der Wald. Endlich gelangte er zu einer kleinen Wiese, die am Hange des Berges lag. Hinter der Wiese erhob sich eine hohe Klippe, an deren Fuß er eine Öffnung erblickte, die der Anfang eines in den Felsen gehauenen Ganges zu sein schien. Der Gang führte ihn gemächlich eine Zeit lang eben fort, bis zu einer großen Weitung, aus der ihm schon von fern ein helles Licht entgegenglänzte. Wie er hineintrat, ward er einen mächtigen Strahl gewahr, der wie aus einem Springquell bis an die Decke des Gewölbes stieg und oben in unzählige Funken zerstäubte, die sich unten in einem großen Becken sammelten; der Strahl glänzte wie entzündetes Gold; nicht das mindeste Geräusch war zu hören, eine heilige Stille umgab das herrliche Schauspiel. Er näherte sich dem Becken, das mit unendlichen Farben wogte und zitterte. Die Wände der Höhle waren mit dieser Flüssigkeit überzogen, die nicht heiß, sondern kühl war und an den Wänden nur ein mattes, bläuliches Licht von sich warf. Er tauchte seine Hand in das Becken und benetzte seine Lippen. Es war, als durchdränge ihn ein geistiger Hauch, und er fühlte sich innigst gestärkt und erfrischt. Ein unwiderstehliches Verlangen ergriff ihn, sich zu baden, er entkleidete sich und stieg in das Becken. Es dünkte ihn, als umflösse ihn eine Wolke des Abendrots; eine himmlische Empfindung überströmte sein Inneres; mit inniger Wollust strebten unzählbare Gedanken in ihm sich zu vermischen; neue, nie gesehene Bilder entstanden, die auch ineinanderflossen und zu sichtbaren Wesen um ihn wurden, und jede Welle des lieblichen Elements schmiegte sich wie ein zarter Busen an ihn. Die Flut schien eine Auflösung reizender Mädchen, die an dem Jünglinge sich augenblicklich verkörperten.

Berauscht von Entzücken und doch jedes Eindrucks bewusst, schwamm er gemach dem leuchtenden Strome nach, der aus dem Becken in den Felsen hineinfloss. Eine Art von süßem Schlummer befiel ihn, in welchem er unbeschreibliche Begebenheiten träumte und woraus ihn eine andere Erleuchtung weckte. Er fand sich auf einem weichen Rasen am Rande einer Quelle, die in die Luft hinausquoll und sich darin zu verzehren schien. Dunkelblaue Felsen mit bunten Adern erhoben sich in einiger Entfernung; das Tageslicht, das ihn umgab, war heller und milder als das gewöhnliche, der Himmel war schwarzblau und völlig rein. Was ihn aber mit voller Macht anzog, war eine hohe lichtblaue Blume, die zunächst an der Quelle stand und ihn mit ihren breiten, glänzenden Blättern berührte. Rund um sie her standen unzählige Blumen von allen Farben und der köstlichste Geruch erfüllte die Luft. Er sah nichts als die blaue Blume und betrachtete sie lange mit unnennbarer Zärtlichkeit. Endlich wollte er sich ihr nähern, als sie auf einmal sich zu bewegen und zu verändern anfing; die Blätter wurden glänzender und schmiegten sich an den wachsenden Stängel, die Blume neigte sich nach ihm zu und die Blütenblätter zeigten einen blauen ausgebreiteten Kragen, in welchem ein zartes Gesicht schwebte.

---

1 **a** Lesen Sie den Text möglichst effektvoll vor: Achten Sie dabei auf die Sprechgeschwindigkeit, die Lautstärke, die Modulation der Stimme usw. Wählen Sie außerdem eine zu Ihrem Vortrag passende Hintergrundmusik aus der Zeit der Romantik.

b Benennen Sie einzelne Stationen des Traums. Welche Erfahrungen macht Heinrich jeweils?

c Wie würden Sie den Textausschnitt verfilmen? Überlegen Sie, wie Sie die verschiedenen Wahrnehmungsebenen und Sinneseindrücke darstellen könnten. Diskutieren Sie Möglichkeiten der Einstellung von Ton und Licht, der Kameraführung und Schnitttechniken.

2 Die „blaue Blume" wird zum bekanntesten Symbol der deutschen Romantik. Suchen Sie mögliche Deutungen für dieses Symbol.

Novalis:
Wenn nicht mehr Zahlen und Figuren (1800)

Wenn nicht mehr Zahlen und Figuren
Sind Schlüssel aller Kreaturen,
Wenn die, so singen oder küssen,
Mehr als die Tiefgelehrten wissen,
Wenn sich die Welt ins freie Leben
Und in die Welt wird zurückbegeben,
Wenn dann sich wieder Licht und Schatten
Zu echter Klarheit werden gatten,
Und man in Märchen und Gedichten
Erkennt die ew'gen Weltgeschichten,
Dann fliegt vor *einem* geheimen Wort
Das ganze verkehrte Wesen fort.

Clemens Brentano: Wiegenlied (1811)

Brentano (1778–1842) ist gemeinsam mit Achim von Arnim v. a. als Herausgeber von „Des Knaben Wunderhorn“ bekannt, einer Sammlung deutscher Gedichte und Lieder seit dem Mittelalter.

Singet leise, leise, leise,
Singt ein flüsternd Wiegenlied,
Von dem Monde lernt die Weise,
Der so still am Himmel zieht.

Singt ein Lied so süß gelinde,
Wie die Quellen auf den Kieseln,
Wie die Bienen um die Linde
Summen, murmeln, flüstern, rieseln.

Ludwig Tieck:
Kaiser Octavianus (1804) – Prolog (Auszug)

Die folgenden Verse beenden den Prolog von Tiecks Lustspiel „Kaiser Octavianus“, das alle literarischen Gattungen vereinigt.

Mondbeglänzte Zaubernacht,
Die den Sinn gefangen hält,
Wundervolle Märchenwelt,
Steig' auf in der alten Pracht!

Joseph von Eichendorff: Wünschelrute (1835)

Schläft ein Lied in allen Dingen,
Die da träumen fort und fort,
Und die Welt hebt an zu singen,
Triffst du nur das Zauberwort.

Frontispiz der Erstausgabe von „Des Knaben Wunderhorn“. Kupferstich (1808)

3 **a** Erläutern Sie den Titel „Wünschelrute“ von Eichendorffs Gedicht.
b Analysieren Sie den Aufbau und die Satzstruktur des Gedichts von Novalis. Gegen welche Haltung bezieht es Position?
c Sehen Sie eine Verbindung zwischen den beiden Texten?

4 **a** Tragen Sie die Gedichte laut vor. Achten Sie auf ihren Klang und die verwendeten sprachlichen Bilder. Welche Wirkung wird hervorgerufen?
b Die vier vorliegenden Gedichte werden mitunter als „poetische Grundformeln“ der Romantik betrachtet. Welche Gründe kann es dafür geben?

5 Weiterführende Aufgabe: „Und man in Märchen und Gedichten / Erkennt die ew'gen Weltgeschichten“ – Stellen Sie die „Kinder- und Hausmärchen“ der Brüder Grimm im Kontext der romantischen Kunstauffassung vor. Grenzen Sie die Kunstmärchen einzelner romantischer Autoren (z. B. **Wilhelm Hauff**) gegen den Typus des Grimm'schen Volksmärchen ab.

E.T.A. Hoffmann: **Nachrichten von den neuesten Schicksalen des Hundes Berganza** (1814)

Ernst Theodor Amadeus Hoffmann (1776–1822) war Jurist, zugleich Musiker, Musikkritiker, Zeichner und Karikaturist. Seine Versuche, als Kapellmeister Fuß zu fassen, verliefen allerdings erfolglos. Der Erzähler dieser Geschichte trifft auf seinem Heimweg aus dem Wirtshaus den sprechenden Hund Berganza, der ursprünglich aus einer Novelle des spanischen Dichters Miguel de Cervantes stammt. Der Hund berichtet von seinem abenteuerlichen Leben bei „unmenschlichen Menschen", aber auch von seinen poetischen Studien bei dem Kapellmeister Kreisler.

BERGANZA: Ihr Deutsche kommt mir vor wie jener Mathematiker, der, nachdem er Glucks „Iphigenia in Tauris"[1] gehört hatte, den entzückten Nachbar sanft auf die Achsel klopfte 5 und lächelnd fragte: „Aber was ist dadurch nun bewiesen?" – Alles soll noch außer dem, was es ist, was anderes bedeuten, alles soll zu einem außerhalb liegenden Zweck führen, den man gleich vor Augen hat, ja selbst jede Lust soll zu 10 etwas anderm werden, als zur Lust und so noch irgendeinem andern leiblichen oder moralischen Nutzen dienen, damit nach der alten Küchenregel immer das Angenehme mit dem Nützlichen verbunden[2] bleibe.

15 ICH: Aber der Zweck der bloßen vorübergehenden Belustigung ist so kleinlich, dass du doch der Bühne gewiss einen höheren einräumen wirst?

BERGANZA: Es gibt keinen höheren Zweck der Kunst, als in dem Menschen diejenige Lust zu entzünden, welche sein ganzes Wesen von aller 20 irdischen Qual, von allem niederbeugenden Druck des Alltagslebens wie von unsaubern Schlacken befreit und ihn so erhebt, dass er, sein Haupt stolz und froh emporrichtend, das Göttliche schaut, ja mit ihm in Berührung 25 kommt. – Die Erregung dieser Lust, diese Erhebung zu dem poetischen Standpunkte, auf dem man an die herrlichen Wunder des Rein-Idealen willig glaubt, ja mit ihnen vertraut wird und auch das gemeine Leben mit seinen mannigfal- 30 tigen bunten Erscheinungen durch den Glanz der Poesie in allen seinen Tendenzen verklärt und verherrlicht erblickt – das nur allein ist nach meiner Überzeugung der wahre Zweck des Theaters. 35

1 **Christoph W. Gluck** (1714–1787): Reformer der Oper. „Iphigenie auf Tauris" ist eines der bedeutendsten Bühnenwerke. Hoffmanns erste Novelle heißt „Ritter Gluck".
2 **die alte Küchenregel:** Anspielung auf ein Zitat des antiken römischen Dichters Horaz: „Aut prodesse volunt aut delectare poetae / aut simul et iucunda et idonea dicere vitae." zu deutsch: „Die Dichter wollen entweder nützen oder erfreuen / oder zugleich Erfreuliches und Nützliches über das Leben sagen." (De arte poetica, V. 333)

6 a Arbeiten Sie heraus, was für den Hund Berganza der „Zweck der Kunst" ist.
b Untersuchen Sie die hier vorgetragenen Gedanken zur Aufgabe der Kunst auf romantische Ironie hin. Bedenken Sie, dass ein Hund (und Spanier) mit einem Deutschen (und Romantiker) spricht.

Information **Romantische Ironie**

Romantische Ironie unterscheidet sich von alltäglicher ironischer Rede (man meint das Gegenteil von dem, was man sagt, und macht durch die Sprechweise darauf aufmerksam) dadurch, dass das Kunstwerk sich selbst (seine Entstehung, seine Machart) thematisiert. Die Paradoxie dabei besteht in der Tatsache, dass das eigentlich unmöglich ist, denn das Wesen der Kunst ist nicht einfach in Worten zu erfassen. Indem der Leser das Scheitern dieser Bemühung sieht, erhält er eine Vorstellung von dem, was die Aufgabe der Kunst ist, nämlich die Darstellung des Unsagbaren.

7 Rekapitulieren Sie Schlegels Ausführungen zur romantischen Poesie (▸ S. 286 f.) und stellen Sie Bezüge zu einem oder mehreren Texten der Seiten 287–292 her.

Autorinnen zwischen Klassik und Romantik

Die Romantik ist jene literarische Epoche, in der sich Frauen in einem größeren Umfang literarisch zu emanzipieren begannen und mit eigenen Werken auf den literarischen Markt kamen – wenngleich zum Teil noch unter einem Pseudonym.

Karoline von Günderode: **Tendenz des Künstlers** (1799/1802)

Karoline von Günderode (1780–1806) trat als Siebzehnjährige in ein evangelisches Damenstift für unverheiratete Töchter wohlhabender Familien ein. Dort studierte sie Geisteswissenschaften und begann, Gedichte zu schreiben, die sie unter Pseudonym veröffentlichte. Sie strebte ein unabhängiges Leben an und litt zugleich an einer unglücklichen Liebe. 1806 nahm sie sich das Leben.

Sage! was treibt doch den Künstler, sein Ideal aus dem Lande
Der Ideen zu ziehn, und es dem Stoff[1] zu vertraun?
Schöner wird ihm sein Bilden gelingen im Reich der Gedanken,
Wäre es flüchtiger zwar, dennoch auch freier dafür,
5 Und sein Eigentum mehr, und nicht dem Stoff untertänig.

Frager! der du so fragst, du verstehst nicht des Geistes Beginnen,
Siehst nicht was er erstrebt, nicht was der Künstler ersehnt.
Alle! sie wollen Unsterbliches tun, die sterblichen Menschen.
Leben im Himmel die Frommen, in guten Taten die Guten,
10 Bleibend will sein der Künstler im Reiche der Schönheit,
Darum in dauernder Form stellt den Gedanken er dar.

1 **Ideen […] Stoff:** Mit dem Gegensatzpaar Idee – Stoff meinte man in der Philosophie der Zeit den Gegensatz von Gedanke/Konzept einerseits und konkreter Wirklichkeit andererseits.

1 a Fassen Sie die Aussageabsicht des Gedichts in einem Satz zusammen.
b Versuchen Sie, es der Klassik oder der Romantik zuzuordnen.

Sophie Mereau: **Erinnerung und Fantasie** (1796)

Sophie Mereau (1770–1806), geb. Schubart, lebte mit ihrem ersten Mann, dem Juraprofessor Mereau, in Jena, wo sie Schiller kennen lernte. Von diesem gefördert, war sie erfolgreich als Schriftstellerin, Herausgeberin und Übersetzerin tätig. Nach ihrer Scheidung heiratete sie den romantischen Dichter Clemens Brentano.

Warum ergießt sich nur der Schwermut Schauer
aus deiner Schale mir, Erinnerung?
Warum bewölkt der Sehnsucht stille Trauer
der Seele Blick mit trüber Dämmerung?

5 Sie flattert ängstlich mit gelähmtem Flügel
um Blüten der Vergangenheit, enteilt
auf ewig, wie bei seinem Grabeshügel
ein armer unversöhnter Schatten weilt.

Und wie nach Edens seligen Gefilden
10 zu späte Reu', mit nassem Blicke dringt,
schaut sie zurück nach luftigen Gebilden,
die keine Hoffnung je ihr wiederbringt.

Ist dies dein Glück, o du, im Mondenglanze,
Erinnerung? dies deine Seligkeit?
15 O, fleuch von mir mit deinem welken Kranze,
und überlass mich der Vergessenheit.

Entführe du auf deinen muntern Schwingen,
o Fantasie, mich diesem finstern Harm!
Schon fühl' ich Kraft durch jeden Nerven dringen,
20 und fliehe leichter aus der Schwermut Arm.

Du, Göttliche, du schwelgst im Wesenkranze,
nicht ängstlich an die Gegenwart gebannt,
entzückt umher; dir strahlt im Sonnenglanze
die Unermesslichkeit, dein Vaterland.

25 Der armen Notdurft kärglichem Gebiete
entschwingst du, Allumfassende, dich kühn,
und stürzest dich, berauscht vom Sphärenliede,
ins Flammenmeer der Ideale hin.

Dich fesselt nicht das ird'sche Maß der Zeiten,
30 des Raumes nicht; mit Himmlischen verwandt,
genießest du im Reich der Möglichkeiten
ein Glück, das keine Wirklichkeit umspannt.

Vergebens hüllt ein unauflösbar Siegel
den Sterblichen die ferne Zukunft ein;
35 zurückgestrahlt aus deinem Zauberspiegel,
geht sie hervor in schönem Dämmerschein.

Als Mitgenossin teilest du die Schätze,
die tief im Schoß der fernen Nachwelt blühn,
und lösest kühn der Endlichkeit Gesetze,
40 dass von Unsterblichkeit die Seelen glühn.

Beflügle mich! schon bricht aus schwarzer Hülle
der Hoffnung lichtes Morgenrot hervor.
Die Welt ist schön, und schön're Lebenshülle
schäumt mir aus deinem Zauberkelch empor.

---

1 **a** Zeigen Sie, in welcher Beziehung Erinnerung und Fantasie in Mereaus Gedicht zueinander stehen.
b Suchen Sie Hinweise, die eine Zuordnung des Gedichts zur Romantik erlauben. Was kommt Ihnen eher untypisch vor?

2 Vergleichen Sie „Erinnerung und Fantasie" mit Günderodes „Tendenz des Künstlers" (▶ S. 293). Achten Sie besonders auf die Bewegung zwischen Stoff (Wirklichkeit) und Ideal (Fantasie).

Rahel Varnhagen: **An August Varnhagen in Prag** (1810)

Rahel Levin (1771–1833) wurde als älteste Tochter des jüdischen Kaufmanns Markus Levin in Berlin geboren. 1790 bis 1806 führte sie einen literarischen Salon, in dem sich bürgerliche und adlige Intellektuelle, aber auch Mitglieder des preußischen Hofs trafen und gleichberechtigt diskutierten. 1814 heiratete sie den Diplomaten und Schriftsteller August Varnhagen von Ense. Berühmt wurde sie unter dem Namen Rahel Varnhagen.

Donnerstag, den 22. Februar 1810

[...] Ich weiß, welche Freude, welches Behagen mir ein Fünkchen Wahrheit in einer Schrift aufbewahrt macht! Nur davon bekommt die Vergangenheit Leben, die Gegenwart Festigkeit 5 und einen künstlerischen Standpunkt, betrachtet zu werden; nur Empfindungen, Betrachtungen durch eine Historie erregt, schaffen Muße, Götterzeit, und Freiheit; wo sonst nur allein Stoßen und Dringen und Drängen und schwind- 10 liches Sehen und Tun möglich ist; im wirklichen Leben des bedingten beschränkten Tages, wie er vor uns steht! Nicht, weil es mein Leben ist, aber weil es ein wahres ist; weil ich auch vieles um mich her oft, mit kleinen unbeabsichtig- 15 ten Zügen, für Forscher, wie zum Exempel ich einer bin, wahr und sogar geschichtergänzend aussprach. [...]

---

1 **a** Skizzieren Sie die Grundgedanken dieses Briefausschnitts: Welche Forderung an Literatur tritt darin zu Tage? Wie wird sie begründet?
b Vergleichen Sie den Briefausschnitt mit Günderodes Gedicht.

2 Antworten Sie Rahel Varnhagen aus Ihrer persönlichen Sicht.

3 <u>Weiterführende Aufgabe:</u>
- Recherchieren Sie in der Bibliothek bzw. im Internet und erarbeiten Sie sich Informationen zu einer weiteren wichtigen Frauengestalt der Romantik, z. B. Caroline Schlegel, Bettina von Arnim oder Dorothea Veit-Schlegel. Stellen Sie ihr Leben und Werk bzw. Wirken vor.
- Gehen Sie von folgender Annahme aus: Sie sollen für das Feuilleton einer Zeitung einen Artikel über einen Abend in Rahel Varnhagens Salon schreiben. Recherchieren Sie, wem Sie dort begegnet sein könnten, wie die Gespräche verlaufen sind, was wohl die Themen waren.

Information **Epochenüberblick: Romantik (ca. 1795 – ca. 1835)**

Allgemeingeschichtlicher Hintergrund: Bestimmt wird die Zeit durch die **Revolutions- und die napoleonischen Kriege.** Zunächst sind die Volksarmeen des neuen Frankreich siegreich und ermöglichen es Napoleon, West- und Mitteleuropa unter französischer Vormacht weitgehend umzugestalten. Das gilt besonders für Deutschland, das mit dem Ende des Heiligen Römischen Reiches Deutscher Nation und der Niederlage Preußens 1806 von Frankreich aus (z. B. nach den Gesetzen des „Code Napoléon“) regiert wurde. Infolge der Niederlage der Grande Armée in Russland und infolge der größten Schlachten der Militärgeschichte bei Leipzig (1813) und Waterloo (1815) brach das Imperium Napoleons zusammen. Mit dem **Wiener Kongress** (1815) begann eine Epoche der **Restauration,** die die alte Staatenordnung neu etablierte. Das bedeutete, dass in die deutschen Fürstentümer das absolutistische Regime zurückkehrte, zwar abgemildert durch einzelne Reformen wie die Aufhebung der Leibeigenschaft in Preußen, jedoch mit dem Bemühen, alle freiheitlichen Bestrebungen zu unterdrücken. Viele patriotisch gesinnte Bürger und Studenten hatten sich an den „Befreiungskriegen“ beteiligt. Ihre Hoffnungen auf die Bildung eines deutschen Nationalstaates mit liberaler Verfassung wurden bitter enttäuscht.
Weltbild und Lebensauffassung: Die fortschrittlichen Kräfte in der Gesellschaft erlebten die gesamte Epoche als Krisenzeit. Alle Hoffnungen auf eine Umgestaltung der politischen Verhältnisse gemäß den Ideen der Aufklärung zerschlugen sich. Hinzu kam die Erfahrung, dass in der fortschreitenden Industrialisierung der Mensch zunehmend in seinem ökonomischen Nutzwert gesehen wurde. Die Utopie der Selbstverwirklichung des Individuums in der Gesellschaft, die die Klassik propagiert hatte, verblasste angesichts der Verhältnisse. Das romantische Ich suchte den Weg nach innen. Es schuf sich Fluchträume in einer idyllisch verklärten Natur, in der Fiktion eines ursprünglichen Lebens in der geordneten, heilen Welt des Mittelalters. Die Beschäftigung mit mittelalterlicher Dichtung (▶ S. 283) wie dem Minnesang und dem Nibelungenlied ließ die philologische Erforschung der deutschen Sprache und Literatur entstehen, die Germanistik trat neben den Philologien der klassischen Sprachen auf den Plan. Sehnsucht war das bestimmende Gefühl der Epoche. **Romantische Sehnsucht** hatte kein konkret benennbares Motiv, wollte eigentlich auch nie an ein Ziel kommen, sondern speiste sich sozusagen aus sich selbst und konnte hingebungsvoll dauerhaft genossen werden.
Literatur: Das Heilmittel gegen das Leiden an der Zeit sahen die Dichter in der **Poetisierung** oder, mit einem anderen Wort, **Romantisierung** der Welt. **Novalis** beschrieb das Verfahren so: „Indem ich dem Gemeinen einen hohen Sinn, dem Gewöhnlichen ein geheimnisvolles Aussehen, dem Bekannten die Würde des Unbekannten, dem Endlichen einen unendlichen Schein gebe, so romantisiere ich es.“ Von daher erklärt sich die Vorliebe der Romantiker für Märchen (Sammlung der „Kinder- und Hausmärchen“ durch die **Brüder Grimm**; Produktion von Kunstmärchen) und fantastische Erzählungen. Daneben war die Lyrik mit ihrer Tendenz zur Innerlichkeit und zum Gefühlsausdruck die bevorzugte Gattung. Zum literarischen Repertoire der Romantik, besonders

der Frühromantik, gehörten durchaus auch scharfsinnig-kritische und geistreich-witzige, von Ironie und Selbstironie geprägte Texte. Der Versuch der Romantiker, **die Welt ganzheitlich zu erfassen** – oft durch die Verbindung von Kunst, Musik und Literatur – scheiterte. Viele Werke blieben Fragmente, ja, das Fragmentarische erschien vielen als die Kunstform schlechthin. Romantische Kunst ist der Versuch, das Nicht-Abbildbare darzustellen bzw. erfühlbar zu machen.
In der Romantik beginnen Frauen eine wichtige Rolle im literarischen Leben zu spielen. Seit dem Mittelalter hatten sie zwar als Leserinnen von Belletristik einen nicht zu unterschätzenden Beitrag dazu geleistet, dass sich überhaupt so etwas wie ein literarisches Leben entwickeln konnte, und waren vereinzelt auch als Schriftstellerinnen tätig gewesen, doch traten sie nun als **Vermittlerinnen und Produzentinnen von Literatur** hervor. In den Lese- und Gesprächszirkeln der so genannten **Salons** intellektueller Bürgerinnen wie **Rahel Levin**, verheiratete **Varnhagen**, trafen sich Philosophen, Künstler, Schriftsteller und Verleger. Einigen Frauen gelang es auch als Autorinnen die Aufmerksamkeit der literarischen Öffentlichkeit zu gewinnen.
Die Abgrenzung der Romantik als Epoche ist aus mehreren Gründen schwierig: Zum einen ist die Romantik eine gesamteuropäische Bewegung, die in den verschiedenen Nationalkulturen unterschiedliche Zeiträume umfasst. In der Betrachtungsweise der europäischen Nachbarländer werden der deutschen Romantik zudem auch die Epochen der Empfindsamkeit bzw. des Sturm und Drang und der Weimarer Klassik zugerechnet. Zum anderen deckt sich die literarische Romantik nicht mit der gleichnamigen Epoche in den anderen Künsten. In der Musik beispielsweise umfasst die Romantik nahezu das ganze 19. Jahrhundert.
Wichtige Autorinnen/Autoren und Werke:
Jean Paul, d. i. Johann Paul Friedrich Richter (1763–1825): „Siebenkäs", „Flegeljahre" (Romane)
Friedrich Hölderlin (1770–1843): „Hyperion" (Briefroman); Hymnen und Gedichte
Rahel Varnhagen von Ense (1771–1833): „Rahel, ein Buch des Andenkens für ihre Freunde" (Briefe und Tagebuchaufzeichnungen)
Novalis, d. i. Georg Friedrich Philipp von Hardenberg (1772–1801): „Heinrich von Ofterdingen" (Roman); „Hymnen an die Nacht" (Gedichte und rhythmische Prosa)
Ernst Theodor Amadeus Hoffmann (1776–1822): „Die Elixiere des Teufels", „Lebensansichten des Katers Murr" (Romane); „Nachtstücke", „Die Serapionsbrüder" (Erzählsammlungen)
Heinrich von Kleist (1777–1811): „Amphitryon", „Der zerbrochene Krug" (Komödien); „Penthesilea", „Prinz Friedrich von Homburg" (Dramen); „Michael Kohlhaas" (Novelle)
Clemens Brentano (1778–1842) und **Achim von Arnim** (1781–1831): „Des Knaben Wunderhorn" (Volksliedersammlung)
Karoline von Günderode (1780–1806): „Gedichte und Fantasien" (Gedichtsammlung)
Bettina von Arnim (1785–1859): „Goethes Briefwechsel mit einem Kinde", „Die Günderode" (Briefsammlungen)
Jacob Grimm (1785–1863) und **Wilhelm Grimm** (1786–1859): „Kinder- und Hausmärchen" (Volksmärchensammlung)
Joseph Freiherr von Eichendorff (1788–1857): „Aus dem Leben eines Taugenichts", „Das Schloss Dürande", „Das Marmorbild" (Novellen); „Ahnung und Gegenwart" (Roman); Gedichte
Heinrich Heine (1797–1856): „Das Buch der Lieder" (Gedichte)

1 Weiterführende Aufgabe: Gestalten Sie ausgehend von der Epochenübersicht eine digitale Präsentation. Sie können mit dem Material dieses Kapitels arbeiten oder weiteres heranziehen.
- Wie bauen Sie die Hauptseite auf? Welche Informationen gehören dorthin?
- Wo setzen Sie Links zu Zusatzinformationen, Definitionen, Bildern oder Grafiken?

Themenfeld: Himmelhoch jauchzend, zu Tode betrübt – Liebesgedichte

Johann Wolfgang Goethe: Lesebuch (1819)

Wunderlichstes Buch der Bücher
Ist das Buch der Liebe;
Aufmerksam hab ich's gelesen:
Wenig Blätter Freuden,
5 Ganze Hefte Leiden;
Einen Abschnitt macht die Trennung.
Wiedersehn – ein klein Kapitel,
Fragmentarisch! Bände Kummers,
Mit Erklärungen verlängert,
10 Endlos, ohne Maß. […]

1819, also zur Blütezeit der Romantik, betitelt **Goethe** ein nachdenkliches Gedicht über die Liebe mit „Lesebuch". Es umreißt das thematische Spektrum, das die Liebeslyrik auch der Romantik bestimmt. Dementsprechend werden hier die Schwerpunkte gesetzt: weniger Freuden als Leiden, mehr Melancholie und Sehnsucht als Jubel und Euphorie. Und überall stehen die Gedichte der Romantik in einer von der europäischen Renaissance bis in die Gegenwart reichenden Tradition.

I Liebende in der mitfühlenden Natur

Von **Francesco Petrarca** (1304–1374), dem italienischen Liebeslyriker der Renaissance, stammt das folgende fast 700 Jahre alte Sonett, in dem der liebende Sprecher bekennt, allein und in Gedanken verlassene Felder zu durchwandern, die Menschen zu meiden – ohne seiner Liebesleidenschaft Herr zu werden. Die Dichterinnen und Dichter der romantischen Bewegung kennen diese Tradition.

Francesco Petrarca: Canzoniere 35 (um 1330)

Allein und in Gedanken durchstreif ich verlassne Fluren
Mit langsam-zögerlichem Schritt
Und späh umher, um gleich zu fliehen,
Wenn eines Menschen Spur ich in dem Sand entdecke.

5 Ich sehe keine Mittel, mich davor zu schützen,
Dass alle Menschen mich sofort durchschauen.
Aus dem Gesicht ist alle Munterkeit gewichen.
Man kann in meinen Zügen lesen, wie ich im Innern brenne.

Schon glaub ich, dass Berge, Strände,
10 Flüss' und Wälder wissen, wie hart mein Leben ist. –
Was indes einer, die ich meine, verborgen bleibt.

Und doch, so raue Wege und so wilde Pfade
Kann ich gar nicht suchen, dass Amor[1] mich nicht fände
Und käme, sich mit mir zu streiten und ich mit ihm.

Petrarca wird von Amors Pfeil getroffen, von Laura zum Dichter gekrönt.
(Biblioteca Medicea Laurenziana Firenze)

1 **Amor:** antiker Liebesgott

1 Versuchen Sie, die Situation und Gefühlslage des Sprechers nachzuvollziehen.
- **a** Beschreiben Sie in eigenen Worten den seelischen Zustand des Sprechers dieses Gedichts.
- **b** Welches Verhältnis zur Geliebten liegt vor und kann als Anlass für die Liebes(an)klage gelten?
- **c** Amor scheint Liebende wie Wild zu verfolgen. Worüber wird der Sprecher wohl mit ihm streiten?

Johann Wolfgang Goethe: **Rastlose Liebe** (1776)

Dem Schnee, dem Regen,
Dem Wind entgegen,
Im Dampf der Klüfte,
Durch Nebeldüfte,
5 Immer zu! Immer zu!
Ohne Rast und Ruh!

Lieber durch Leiden
Möcht' ich mich schlagen,
Als so viel Freuden
10 Des Lebens ertragen.

Alle das Neigen
Von Herzen zu Herzen,
Ach wie so eigen
Schaffet das Schmerzen!

15 Wie soll ich fliehen?
Wälderwärts ziehen?
Alles vergebens!
Krone des Lebens,
Glück ohne Ruh,
20 Liebe, bist du!

---

1 Auch „Rastlose Liebe" lässt sich als Gang durch die Natur deuten. Vergleichen Sie es mit Petrarcas Canzoniere (▶ S. 297).
- Welche Beziehung sehen Sie jeweils zwischen Naturbildern und Liebesempfindungen?
- Welche Besonderheiten der Liebe stehen im Mittelpunkt des Interesses? Wählen Sie je eine Deutungsthese aus und begründen Sie:
  - Faszination durch die Liebesempfindung, Scheu, sich darauf einzulassen, oder Liebe als Krieg gegen Amor,
  - Glück, Begeisterung, Unruhe oder Trauer des Sprechers,
  - Liebe als Begehren und als Erotik oder Liebe als Empfindung von Nähe und Vertrautheit.

2 Wie entsteht in Goethe Gedicht auch von der Form her „Glück ohne Ruh"? Untersuchen Sie „Rastlose Liebe" auf **Reimschema** und **Kadenzen** (▶ S. 141), Formeln („Rast und Ruh") sowie wechselndes **Metrum** (▶ S. 142).

Joseph von Eichendorff: **Der stille Grund** (1837)

Der Mondenschein verwirret
Die Täler weit und breit,
Die Bächlein, wie verirret,
Gehn durch die Einsamkeit.

5 Da drüben sah ich stehen
Den Wald auf steiler Höh',
Die finstern Tannen sehen
In einen tiefen See.

Ein Kahn wohl sah ich ragen,
10 Doch niemand, der ihn lenkt,
Das Ruder war zerschlagen,
Das Schifflein halb versenkt.

Eine Nixe auf dem Steine
Flocht dort ihr goldnes Haar,
15 Sie meint', sie wär' alleine,
Und sang so wunderbar.

Sie sang und sang, in den Bäumen
Und Quellen rauscht' es sacht,
Und flüsterte wie in Träumen
20 Die mondbeglänzte Nacht.

Ich aber stand erschrocken,
Denn über Wald und Kluft
Klangen die Morgenglocken
Schon ferne durch die Luft.

25 Und hätt' ich nicht vernommen
Den Klang zu guter Stund',
Wär' nimmermehr gekommen
Aus diesem stillen Grund.

Caspar David Friedrich: Kreuz im Gebirge (1825)

3 a Beschreiben Sie, wie in Eichendorffs Gedicht die Dinge der Natur belebt werden und wie sie mit der Fantasie des Wanderers verknüpft sind. Was scheint Ihnen romantisch an dieser Verbindung? Ziehen Sie auch Caspar David Friedrichs Gemälde „Das Kreuz im Gebirge“ von 1825 heran.
b Untersuchen Sie, wie in Eichendorffs Gedicht „Die zwei Gesellen“ (▶ S. 284) das Motiv der Gefährdung des Wanderers gestaltet ist.

4 Weibliche Naturwesen wie Nixen, Elfen und Feen tauchen oft in romantischen Liebesgedichten als faszinierende und verführerische Wesen auf. Vergleichen Sie das Gedicht „Der stille Grund“ mit den romantischen Gedichten über die **Loreley** (▶ S. 358) und arbeiten Sie heraus, wie hier Männer- und wie Frauenliebe dargestellt wird.

5 Zwischen Petrarcas (▶ S. 297) und Goethes (▶ S. 298) Gedicht liegen vierhundertvierzig Jahre, zwischen Goethe und Eichendorff noch einmal fünfundfünfzig. Was können Sie in den Gedichten über die Veränderung der Beziehungen des Liebenden zueinander und zur Natur erkennen?

6 Die Buchillustration (▶ S. 297) aus dem 14. Jahrhundert zeigt den Dichter Petrarca in einer frühlingshaften Landschaft, von Amors Pfeil getroffen, vor der überirdischen Laura niedersinkend. Sie krönt ihn mit dem Lorbeer, dem Symbol des Dichterlobs. Vergleichen Sie diese Szene mit den Szenen, die den Gedichten Goethes und Eichendorffs zu Grunde liegen. Wie ändern sich die poetischen „Inszenierungen“ der Liebesgedanken?

Eduard Mörike: **Gesang zu Zweien in der Nacht** (1825)

SIE: Wie süß der Nachtwind nun die Wiese streift,
Und klingend jetzt den jungen Hain durchläuft!
Da noch der freche Tag verstummt,
Hört man der Erdenkräfte flüsterndes Gedränge,
5 Das aufwärts in die zärtlichen Gesänge
Der reingestimmten Lüfte summt.

ER: Vernehm' ich doch die wunderbarsten Stimmen,
Vom lauen Wind wollüstig hingeschleift,
Indes, mit ungewissem Licht gestreift,
10 Der Himmel selber scheinet hinzuschwimmen.

SIE: Wie ein Gewebe zuckt die Luft manchmal,
Durchsichtiger und heller aufzuwehen;
Dazwischen hört man weiche Töne gehen
Von selgen Feen, die im blauen Saal
15 Zum Sphärenklang,
Und fleißig mit Gesang,
Silberne Spindeln hin und wieder drehen.

ER: O holde Nacht, du gehst mit leisem Tritt
Auf schwarzem Samt, der nur am Tage grünet,
20 Und luftig schwirrender Musik bedienet
Sich nun dein Fuß zum leichten Schritt,
Womit du Stund um Stunde missest,
Dich lieblich in dir selbst vergissest –
Du schwärmst, es schwärmt der Schöpfung Seele mit!

Karl Friedrich Schinkel: Die Nacht (1834)

7 In romantischer Dichtung scheinen mitunter die Grenzen der Liebesempfindungen zwischen Menschen und der gefühlten Nähe zur Nacht ineinander zu verschwimmen. Beschreiben Sie anhand von Mörikes Gedicht diese schwärmerische Identifikation von Seele und Natur.
8 Zeichnen Sie im Vergleich zwischen Petrarca, Goethe, Eichendorff und Mörike nach, wie sich der Schwerpunkt der Gedichte vom Thema „Liebe" zum Thema „Natur" verschoben hat.
9 Der für seine klassizistischen Bauten in Berlin berühmte Maler Karl Friedrich Schinkel entwirft ein allegorisches Gemälde „Die Nacht". Welche romantischen Motive und welche romantische Stimmung können Sie in dem Bild feststellen, wenn Sie es neben Mörikes „Gesang zu Zweien in der Nacht" halten?

Die Natur ist nicht nur Umwelt, in der sich der (einsame) Liebende bewegt, sie ist nicht nur Spiegel der Seele und Ansprechpartner(in), sie kann in ihren einzelnen Teilen (als Fluss, Baum, Berg, Regenbogen) im Anschauen erfasstes Symbol oder Metapher für Liebeserfahrungen sein.

Johann Wolfgang Goethe: **Phänomen** (1819)

Wenn zu der Regenwand
Phöbus sich gattet,
Gleich steht ein Bogenrand
Farbig beschattet.

5 Im Nebel gleichen Kreis
Seh' ich gezogen,
Zwar ist der Bogen weiß,
Doch Himmelsbogen.

So sollst du, muntrer Greis,
10 Dich nicht betrüben:
Sind gleich die Haare weiß,
Doch wirst du lieben.

Heinrich Heine: **Lyrisches Intermezzo XIII** (1823)

Ein Fichtenbaum steht einsam
Im Norden auf kahler Höh.
Ihn schläfert; mit weißer Decke
Umhüllen ihn Eis und Schnee.

Er träumt von einer Palme,
Die, fern im Morgenland,
Einsam und schweigend trauert
Auf brennender Felsenwand.

Sarah Kirsch: **Wach** (1992)

Die Bruchweide[1] jammert im Wind.
Der volle Mond hat sich
Auf meinen Mühlstein gesetzt.
Unter der Milchstraße jagt der
5 Schatten des Schwans.

Ich male mir Wiedersehen aus.
So ist die Nacht schlaflos.
Während ich mir den
Buckel volllüge entdeckt das
10 Lachen der Elster den Tag.

1 **Bruchweide:** Weidenart, deren Äste z. B. bei Hochwasser leicht brechen, weitergeschwemmt werden und sich an anderer Stelle wieder anwurzeln

1 Beschreiben Sie in eigenen Worten die Naturerscheinungen, die genannt werden. Versuchen Sie zu bestimmen, in welchem Verhältnis diese zu den Gedanken und Empfindungen der Sprecher stehen.
2 Weidenbaum, Mond, Mühlrad, Sterne und Schwan sind romantische Bildzeichen, die immer wieder in Liebesgedichten vorkommen. Wie hat sich ihre Funktion in dem Gedicht Sarah Kirschs geändert?

3 **Weiterführende Aufgabe:** Sarah Kirsch erhielt 1993 den Literaturpreis der Konrad-Adenauer-Stifung. In der Laudatio hieß es, die Nähe ihrer Gedichte zu „archaischen Formen der Poesie, zum Zauberspruch, zum Märchen, zur Magie" verbinde „erschreckend sanft" den Blick auf das Schreckliche kosmischer Einsamkeit mit der privaten Erfahrung herzlos verspielter Liebe. Dieses mit dem „Pulsschlag der Hoffnung" vermischte „schwarze Wissen" sei weiblicher Natur, verbinde Sarah Kirsch mit Bettina von Arnim und Annette von Droste-Hülshoff.
Suchen Sie ein Gedicht der Annette von Droste-Hülshoff und vergleichen Sie es unter dem Aspekt „weiblichen Schreibens" (▸ S.307) mit „Wach".

Karl Kraus: **Zu Heine und Goethe als Lyriker** (1910)

Wer den Lyriker auf der Suche nach weltläufigen Allegorien und beim Anknüpfen von Beziehungen zur Außenwelt zu betrachten wünscht, wird Heine für den größeren Lyriker halten als Goethe. Wer aber das Gedicht als Offenbarung des im Anschauen der Natur versunkenen Dichters und nicht der im Anschauen des Dichters versunkenen Natur begreift, wird sich bescheiden, ihn als lust- und leidgeübten Techniker, als prompten Bekleider vorhandener Stimmungen schätzen. Wie über allen Gipfeln Ruh ist, teilt sich Goethe, teilt er uns in so groß empfindender Nähe mit, dass die Stille sich als eine Ahnung hören lässt. Wenn aber ein Fichtenbaum im Norden auf kahler Höh steht und von einer Palme im Morgenland träumt, so ist das eine besondere Artigkeit der Natur, die der Sehnsucht Heines allegorisch[1] entgegenkommt. Wer je eine so kunstvolle Attrappe im Schaufenster eines Konditors oder eines Feuilletonisten gesehen hat, mag in Stimmung geraten, wenn er selbst ein Dichter ist. Aber ist ihr Erzeuger darum einer?

1 **allegorisch** ist hier abwertend im Sinne von „verkleidet" zu verstehen: Der träumende Fichtenbaum Heines ist Bild eines im Norden vom Süden träumenden Menschen.

---

4 Nehmen Sie selbst Stellung zu dem Urteil von Karl Kraus über **Goethes** und **Heines** (Liebes-) Gedichte.

5 Fichte und Palme sind in Heines Gedicht Bildzeichen. Ihre Konstellation *kann* auf „Liebe" hin ausgelegt werden, aber auch auf Heines Stellung als deutscher „romantisierender" Dichter und gleichzeitig der morgenländischen jüdischen Literatur verpflichteter Autor.
   a Entwickeln Sie in einer Interpretation sowohl die Deutung „Liebesgedicht" als auch die Deutung „kulturelle Positionsbestimmung eines jüdischen Autors deutscher Sprache".
   b Begründen Sie abschließend, welche Deutungsthese Ihnen plausibler erscheint.

6 **Weiterführende Aufgabe:** Goethes, Eichendorffs, Heines und Mörikes Gedichte sind häufig von den bedeutenden Komponisten der Zeit (Schubert, Schumann, Hugo Wolf, Zelter, Silcher) vertont worden. Suchen Sie Vertonungen zu den bisher im Kapitel abgedruckten Gedichten. Wählen Sie eine aus und begründen Sie, warum Sie diese Vertonung für eine besonders gelungene „Umsetzung" des Gedichts in Musik halten.

II Liebes-Romanzen

Schon die Volkslieder erzählten von Liebenden, die getrennt werden, von Sehnsucht und Schmerz. Romantiker sammeln diese Lieder (**Arnim/Brentano**: „Des Knaben Wunderhorn", [1806]) und erfinden ähnliche „Romanzen", in denen sie eigenes Liebesglück und Liebesleid zum Ausdruck bringen können.

Volkslied: **Edelkönigs-Kinder** (1806)

Es waren zwei Edelkönigs-Kinder,
Die beiden, die hatten sich lieb,
Beisammen konnten sie dir nit kommen,
Das Wasser war viel zu tief.

5 „Ach Liebchen, könntest du schwimmen,
So schwimme doch her zu mir,
Drei Kerzlein wollt ich dir anstecken,
Die sollten auch leuchten dir."

Da saß ein loses Nönnechen,
10 Das tat, als wenn es schlief,
Es tat die Kerzlein ausblasen,
Der Jüngling versank so tief. [...]

Den Fischer sah sie fischen:
„Fisch mir ein verdientes rot Gold,
15 Fisch mir doch einen Toten,
Er ist ein Edelkönigs-Kind."

Der Fischer fischte so lange,
Bis er den Toten fand,
Er griff ihn bei den Haaren
20 Und schleift ihn an das Land.

Sie nahm ihn in ihre Arme
Und küsst ihm seinen Mund:
„Adie, mein Vater und Mutter,
Wir sehn uns nimmermehr."

---

1 Volkslieder und Volksmärchen werden von den Romantikern gesammelt, weil sie darin die Mentalität des eigenen Volkes zu erfassen glaubten. In diesem romantischen „Erzählgedicht" sind deutliche Anklänge an Märchen zu erkennen. Schreiben Sie das Gedicht in ein Märchen um, das dessen „Quelle" hätte sein können.

2 **Weiterführende Aufgabe:** Das Volkslied von den unglücklichen Königskindern ist in verschiedenen textlichen Varianten immer wieder neu vertont worden.
Suchen Sie nach einigen, und vergleichen Sie die unterschiedlichen Fassungen von Text und Vertonung. Begründen Sie, welche Variante Ihnen besonders gelungen erscheint.

Heinrich Heine: **Der Asra** (1851)

Täglich ging die wunderschöne
Sultanstocher auf und nieder
Um die Abendzeit am Springbrunn,
Wo die weißen Wasser plätschern.

5 Täglich stand der junge Sklave
Um die Abendzeit am Springbrunn,
Wo die weißen Wasser plätschern;
Täglich ward er bleich und bleicher.

Eines Abends trat die Fürstin
10 Auf ihn zu mit raschen Worten:
Deinen Namen will ich wissen,
Deine Heimat, deine Sippschaft!

Und der Sklave sprach: Ich heiße
Mohamet, ich bin aus Yemmen,
15 Und mein Stamm sind jene Asra,
Welche sterben, wenn sie lieben.

---

3 Goethe hatte mit dem „West-östlichen Divan" (1819) die Tür zu den Kulturen des Orients aufgestoßen; die Romantiker entdeckten den Osten bis zum kulturellen Ursprungsland Indien.
Untersuchen Sie, wie Heinrich Heine die exotische Welt des Orients mit einer spezifisch romantischen Liebesgeschichte verbindet.

4 Setzen Sie den Dialog zwischen der Sultanstochter und dem jungen Sklaven fort. Sie können dazu die anderen hier abgedruckten Romanzen als Anregungen nehmen. Achten Sie darauf, dass die Stimmung des Textes erhalten bleibt.

Eduard Mörike: Schön-Rohtraut (1838)

Wie heißt König Ringangs Töchterlein?
Rohtraut, Schön-Rohtraut.
Was tut sie denn den ganzen Tag,
Da sie wohl nicht spinnen und nähen mag?
5 Tut fischen und jagen.
O dass ich doch ihr Jäger wär!
Fischen und jagen freute mich sehr.
– Schweig stille, mein Herze!

Und über eine kleine Weil,
10 Rohtraut, Schön-Rohtraut,
So dient der Knab auf Ringangs Schloss
In Jägertracht und hat ein Ross,
Mit Rohtraut zu jagen.
O dass ich doch ein Königssohn wär!
15 Rohtraut, Schön-Rohtraut lieb ich so sehr.
– Schweig stille, mein Herze!

Einsmals sie ruhten am Eichenbaum,
Da lacht Schön-Rohtraut:
Was siehst mich an so wunniglich?
20 Wenn du das Herz hast, küsse mich!
Ach! erschrak der Knabe!
Doch denket er: mir ists vergunnt,
Und küsset Schön-Rohtraut auf den Mund.
– Schweig stille, mein Herze!

25 Darauf sie ritten schweigend heim,
Rohtraut, Schön-Rohtraut.
Es jauchzt der Knab in seinem Sinn:
Und würdst du heute Kaiserin,
Mich sollts nicht kränken:
30 Ihr tausend Blätter im Walde wisst,
Ich hab Schön-Rohtrauts Mund geküsst!
– Schweig stille, mein Herze!

---

5 Die Geschichte wird von einem lyrischen Erzähler vorgetragen.
Versuchen Sie herauszufinden, wie er das Berichtete bewertet, wessen Perspektive er einnimmt und welche Bedeutung der Refrain hat.

6 Mörikes Schön-Rohtraut verhält sich nicht nach dem in Romantik und Biedermeier zu erwarteten Muster. Was könnte den Autor veranlasst haben, eine solche Romanze zu schreiben und zu veröffentlichen, sie aber ins Mittelalter zu verlegen?

Bertolt Brecht: Es lebt eine Gräfin in schwedischem Land (1940/41)

Es lebt eine Gräfin in schwedischem Land
Die war ja so schön und so bleich.
„Herr Förster, Herr Förster, mein Strumpfband ist los
5 Es ist los, es ist los.
Förster, knie nieder und bind es mir gleich!"

„Frau Gräfin, Frau Gräfin, seht so mich nicht an
Ich diene Euch ja für mein Brot.
Eure Brüste sind weiß, doch das Handbeil ist kalt
10 Es ist kalt, es ist kalt.
Süß ist die Liebe, doch bitter der Tod." [...]

Es war eine Lieb zwischen Füchsin und Hahn
„Oh, Goldener, liebst du mich auch?"
Und fein war der Abend, doch dann kam die
15 Früh
Kam die Früh, kam die Früh:
All seine Federn, sie hängen im Strauch. R

---

7 Vergleichen Sie die drei Liebesgeschichten von Heine, Mörike und Brecht.
- Wie ist das Verhältnis von Mann und Frau gesehen?
- Welche Rolle spielen die gesellschaftlichen Umstände und
- welche der Gedanke der Emanzipation?

Information **Romanze**

Erzähllied. Seine Anfänge reichen (in Spanien) bis ins 14. Jahrhundert zurück und stehen in Zusammenhang mit mündlichen Literaturtraditionen. In ihrer Verbindung von Epischem und Lyrischem weist die Romanze große Ähnlichkeiten zur Volksballade auf. Ihren Höhepunkt erreichte die romantische Romanze in **Clemens Brentanos** „Romanzen vom Rosenkranz" (entstanden zwischen 1802 und 1812). Zu den letzten bedeutenden deutschen Romanzen gehört **Heinrich Heines** „Romanzero" (1851).
Im 429. Athenäus-Fragment schreibt **Friedrich Schlegel**: „[Die Romanze] will nicht bloß die Fantasie interessieren, sondern auch den Geist bezaubern und das Gemüt reizen [...]. Das Rührende darin ist zerreißend und doch verführerisch lockend. Einige Stellen könnte man fast burlesk nennen, und eben in diesen erscheint das Schreckliche zermalmend groß."

8 **a** Auf welche der in diesem Teilkapitel gedruckten Gedichte scheint Ihnen Schlegels Definition der Romanze zuzutreffen, auf welche nicht? Begründen Sie.
b Vergleichen Sie die vier Gedichte. Was scheint Ihnen der Romantik verpflichtet, wo finden Sie Brechungen, die auf die Moderne verweisen?

III Glück, Trauer, Melancholie – Nachdenken über die Liebe

Die Sehnsucht und die Melancholie, lang andauernde Gemütszustände, die den Dichter zum Schreiben inspirieren, gelten als charakteristisch für die Liebeslyrik. Grund dafür ist vor allem das Bewusstsein, dass Gefühle nicht beherrschbar und stabil sind wie Gedanken oder Überzeugungen, dass insbesondere die Liebe darüber hinaus ein paradoxes Gefühl ist, weil es zwei Grundbedürfnissen gleichzeitig dienen soll: ganz man selbst zu sein und sich gleichzeitig ganz auf den anderen Menschen einzulassen.

Friedrich Hölderlin: **Menons Klage um Diotima IV** (1800)

Als Friedrich Hölderlin dieses Gedicht verfasst, ist er in Susette Gontard verliebt, die Mutter seiner Frankfurter Zöglinge. Ihr widmet er seinen Roman „Hyperion". Als der Ehemann Susette Gontards das Verhältnis entdeckt, wird Hölderlin entlassen. Susette stirbt bald darauf.

Aber wir, zufrieden gesellt, wie die liebenden Schwäne,
Wenn sie ruhen am See, oder, auf Wellen gewiegt,
Niedersehn in die Wasser, wo silberne Wolken sich spiegeln,
Und ätherisches Blau unter den Schiffenden wallt,
5 So auf Erden wandelten wir. Und drohte der Nord auch,
Er, der Liebenden Feind, klagenbereitend, und fiel
Von den Ästen das Laub, und flog im Winde der Regen,
Ruhig lächelten wir, fühlten den eigenen Gott
Unter trautem Gespräch; in Einem Seelengesange,
10 Ganz in Frieden mit uns kindlich und freudig allein.
Aber das Haus ist öde mir nun, und sie haben mein Auge
Mir genommen, auch mich hab ich verloren mit ihr.
Darum irr ich umher, und wohl, wie die Schatten, so muss ich
Leben, und sinnlos dünkt lange das Übrige mir.

Caspar David Friedrich: Das Eismeer (Die gestrandete Hoffnung, 1824)

Karoline von Günderode: **Die Bande der Liebe** (1804)

Ach! mein Geliebter ist tot! er wandelt im Lande der Schatten
Sterne leuchten ihm nicht, ihm erglänzet kein Tag
Und ihm schweigt die Geschichte; das Schicksal der Zeiten
Gehet den mächtigen Gang, doch ihn erwecket es nicht;
5 Alles starb ihm mit ihm, mir ist er doch nicht gestorben,
Denn ein ewiges Band eint mir noch immer den Freund.
Liebe heißet dies Band, das an den Tag mir geknüpft
Hat die erebische Nacht[1], Tod mit dem Leben vereint.
Ja, ich kenne ein Land, wo Tote zu Lebenden reden,
10 Wo sie, dem Orkus entflohn, wieder sich freuen des Lichts,
Wo, von Erinn'rung erweckt, sie auferstehn von den Toten
Wo ein irdisches Licht glühet im Leichengewand.
Seliges Land der Träume! wo, mit Lebendigen, Tote
Wandeln, im Dämmerschein, freuen des Daseins sich noch.
15 Dort, in dem glücklichen Land, begegnet mir wieder der Teure,
Freuet, der Liebe, sich meiner Umarmung noch;
Und ich hauche die Kraft der Jugend dann in den Schatten,
Dass ein lebendig Rot wieder die Wange ihm färbt,
Dass die erstarreten Pulse vom warmen Hauche sich regen,
20 Und der Liebe Gefühl wieder den Busen ihm hebt.
Darum fraget nicht, Gespielen! was ich so bebe?
Warum das rosigte Rot löscht ein ertötendes Blass?
Teil ich mein Leben doch mit unterirdischen Schatten,
Meiner Jugend Kraft schlürfen sie gierig mir aus.

Marc Chagall: Braut mit blauem Gesicht (1922)

1 **erebische Nacht:** die Nacht der Unterwelt

---

1 Wie ist in Karoline von Günderodes Gedicht die Liebe im Verhältnis von Tod und Leben gedacht?
2 Finden Sie eine Erklärung dafür, dass die Romantikerin für ihre Darstellung der ins Totenreich hineinreichenden Liebe die antiken Versmaße des Hexameters verwendet.

Heinrich Heine: **Das Buch der Lieder – Die Heimkehr III** (1823)

Der Zyklus „Die Heimkehr" behandelt in Gedichten die Heimkehr Heines nach Hamburg. Das folgende Gedicht entstand in Lüneburg, wo seine Eltern wohnten. Es steht gleich hinter Heines wohl berühmtestem Gedicht „Ich weiß nicht, was soll es bedeuten / Dass ich so traurig bin ..." (S. 386). Beide werden oft im Zusammenhang mit seiner unerwiderten Liebe zu seiner reichen Cousine Amalie gesehen. In beiden Gedichten steht nichts von diesem biografischen Hintergrund.

Edvard Munch: Melancholie (1894)

Mein Herz, mein Herz ist traurig,
Doch lustig leuchtet der Mai;
Ich stehe, gelehnt an der Linde,
Hoch auf der alten Bastei.

5 Da drunten fließt der blaue
Stadtgraben in stiller Ruh;
Ein Knabe fährt im Kahne,
Und angelt und pfeift dazu.

Jenseits erheben sich freundlich,
10 In winziger, bunter Gestalt,
Lusthäuser, und Gärten, und Menschen,
Und Ochsen, und Wiesen, und Wald.

Die Mägde bleichen Wäsche,
Und springen im Gras herum:
15 Das Mühlrad stäubt Diamanten,
Ich höre sein fernes Gesumm.

Am alten grauen Turme
Ein Schilderhäuschen steht;
Ein rotgeröckter Bursche
20 Dort auf und nieder geht.

Er spielt mit seiner Flinte,
Die funkelt im Sonnenrot,
Er präsentiert und schultert –
Ich wollt, er schösse mich tot.

3 **a** Überlegen Sie, was dafür sprechen könnte, dass der lyrische Sprecher in „Mein Herz ist traurig" von Liebesleid spricht. Achten Sie auf alle Details und deren mögliche Konnotationen (Mai, Linde, Kahnfahrt, Mühlrad etc.).
b Interpretieren Sie das Gedicht.

Eduard Mörike: **Peregrina V** (1828)

Das Gedicht ist das letzte eines ganzen Zyklus, den Mörike in seinen Roman „Maler Nolten" eingebaut hat. Er verarbeitet darin seine eigene unglückliche Liebe zu Maria Meyer, einer sehr schönen, unstet wandernden (daher: Peregrina) Schweizerin, die aber über ihre Herkunft den Schleier des Geheimnisses breitete. Mörike beendete das Verhältnis, als er Näheres über sie erfuhr. Von den Peregrina-Gedichten entstanden in den Jahren 1824 bis 1867 zehn unterschiedliche Fassungen.

Die Liebe, sagt man, steht am Pfahl gebunden,
Geht endlich arm, zerrüttet, unbeschuht;
Dies edle Haupt hat nicht mehr, wo es ruht,
Mit Tränen netzet sie der Füße Wunden.

5 Ach, Peregrinen hab ich so gefunden!
Schön war ihr Wahnsinn, ihrer Wange Glut,
Noch scherzend in der Frühlingsstürme Wut,
Und wilde Kränze in das Haar gewunden.

Wars möglich, solche Schönheit zu verlassen?
10 – So kehrt nur reizender das alte Glück!
O komm, in diese Arme dich zu fassen!

Doch weh! o weh! was soll mir dieser Blick?
Sie küsst mich zwischen Lieben noch und Hassen,
Sie kehrt sich ab, und kehrt mir nie zurück.

4 Die Gedichte der letzten Gruppe lassen sich als solche lesen, die die Trauer über einen Verlust thematisieren. Untersuchen Sie, wie sich hier die romantische Melancholie entwickelt.

5 Liebe und Tod sind ein ständig wiederkehrendes Thema romantischer Liebeslyrik. Wie unterscheidet sich das melancholische Hinneigen der Romantiker zum Tod von den eingangs in Goethes „Lesebuch" (▶ S. 297) aufgeführten Leiden und Kümmernissen der Liebe?

6 Auch die modernen Bilder von Edvard Munch und Marc Chagall thematisieren, wie das des Romantikers Caspar David Friedrich, Stimmungen und Lebensgefühl. Vergleichen Sie daraufhin die Gedichte und die Bilder. Prüfen Sie die Zuordnung.

Ingeborg Bachmann: Nebelland (1956)

Im Winter ist meine Geliebte
unter den Tieren des Waldes.
Dass ich vor Morgen zurück muss,
weiß die Füchsin und lacht.
5 Wie die Wolken erzittern! Und mir
auf den Schneekragen fällt
eine Lage von brüchigem Eis.

Im Winter ist meine Geliebte
ein Baum unter Bäumen und lädt
10 die glückverlassenen Krähen
ein in ihr schönes Geäst. Sie weiß,
dass der Wind, wenn es dämmert,
ihr starres, mit Reif besetztes
Abendkleid hebt und mich heimjagt.

15 Im Winter ist meine Geliebte
unter den Fischen und stumm.
Hörig den Wassern, die der Strich
ihrer Flossen von innen bewegt,
steh ich am Ufer und seh,
20 bis mich Schollen vertreiben,
wie sie taucht und sich wendet.

Und wieder vom Jagdruf des Vogels
getroffen, der seine Schwingen
über mir steift, stürz ich
25 auf offenem Feld: sie entfiedert
die Hühner und wirft mir ein weißes
Schlüsselbein zu. Ich nehm's um den Hals
und geh fort durch den bitteren Flaum.

Treulos ist meine Geliebte,
30 ich weiß, sie schwebt manchmal
auf hohen Schuh'n nach der Stadt,
sie küßt in den Bars mit dem Strohhalm
die Gläser tief auf den Mund,
und es kommen ihr Worte für alle.
35 Doch diese Sprache verstehe ich nicht.

Nebelland hab ich gesehen
Nebelherz hab ich gegessen.

---

7 **a** Welche Bilder der Geliebten zeichnet der Sprecher in den einzelnen Strophen dieses Gedichts?
b Arbeiten Sie das Bild heraus, das der Sprecher von sich selbst gibt. Aus welcher Stimmung heraus spricht er?

8 Stellen Sie das moderne Gedicht Ingeborg Bachmanns in die romantische Tradition der Romanzen. Was hat sich geändert?

9 In „Nebelland" lässt die Autorin einen männlichen Sprecher zu Wort kommen. Untersuchen Sie das Gedicht auf die in der Information genannten Merkmale „weiblichen" Schreibens hin und nehmen Sie selbst Stellung zu der Frage, inwieweit die in dem Gedicht zur Sprache gebrachten Empfindungen Ihrer Meinung nach „männlich", „weiblich" oder „menschlich" sind.

Information **Weibliches Schreiben**

Die Autorin Ingeborg Bachmann wird oftmals mit „weiblichem" Schreiben in Verbindung gebracht. Gemeint ist damit ein durch weibliche Erfahrung und Perspektive bestimmtes subjektives Schreiben, das sich von den Regeln „männlichen" Schreibens (zum Beispiel der Logik und Folgerichtigkeit der Argumentation) frei macht und assoziativen Gedankenverknüpfungen den Vorzug gibt.

Eugène Delacroix: La Liberté guidant le peuple (1830)

Adolph von Menzel: Abreise König Wilhelms I. zur Armee am 31. Juli 1870 (1871)

1 Die beiden Gemälde können als Illustrationen der „zwei Gesichter“ des 19. Jahrhunderts gelten. Beschreiben Sie, was Sie sehen. Legen Sie sich zu jedem der Gemälde eine Karteikarte an und tragen Sie im Verlauf des Unterrichts ein, was Sie zu den beiden „Gesichtern“ des 19. Jahrhunderts in Erfahrung bringen.

4.1 Frührealismus: Junges Deutschland und Vormärz

Nach den Siegen der Koalition aus Österreich, Preußen, Russland und England über Napoleon war es das wichtigste Anliegen der Herrscher und ihrer Regierungen, die vorrevolutionären Strukturen und Machtverhältnisse wiederherzustellen. Führender Kopf dieser „Restauration“ war der österreichische Kanzler Fürst Metternich.

Kritik an der deutschen Misere – Junges Deutschland und Vormärz

Ganz jedoch konnten auch Metternich und seine Helfer die Zeit nicht zurückdrehen. Die Gedanken der Französischen Revolution waren durch die Niederlage Napoleons nicht aus der Welt geschafft. Überall in Europa meldeten sich liberale Stimmen, die nationale Einheit, bürgerliche Freiheiten, vor allem Pressefreiheit, forderten.
1830 blickte man erneut nach Frankreich, wo die 1815 wieder eingesetzten Bourbonen davongejagt worden waren (Julirevolution). Eugène Delacroix' Gemälde „La Liberté guidant le peuple“(▸ S. 308), heroisiert den Aufstand der Pariser Bevölkerung.
Die Publizisten **Siebenpfeiffer** und **Wirth** gründeten den „Deutschen Press- und Vaterlandsverein“. Sie organisierten ein „Volksfest“, da politische Kundgebungen verboten waren. Aber ca. 30 000 Menschen demonstrierten auf dem (später so genannten) „Hambacher Fest“ vom 27. bis 30. Mai 1832 für Einheit und Freiheit, d. h. für einen „föderativen“ deutschen Staat, für eine Allianz demokratischer Kräfte in Europa und gegen die restaurativen Kräfte der Heiligen Allianz. Siebenpfeiffer hielt eine viel beachtete Rede.

Philipp Jakob Siebenpfeiffer: Aus der Rede auf dem Hambacher Fest (27. 5. 1832)

Wir widmen unser Leben der Wissenschaft und der Kunst, wir messen die Sterne, prüfen Mond und Sonne, wir stellen Gott und Mensch, Höll' und Himmel in poetischen Bildern dar, wir durchwühlen die Körper- und Geisteswelt: Aber die Regungen der Vaterlandsliebe sind uns unbekannt, die Erforschung dessen, was dem Vaterlande nottut, ist Hochverrat, selbst der leise Wunsch, nur erst wieder ein Vaterland, eine freimenschliche Heimat zu erstreben, ist Verbrechen. Wir helfen Griechenland befreien vom türkischen Joche, wir trinken auf Polens Wiedererstehung, wir zürnen, wenn der Despotismus der Könige den Schwung der Völker in Spanien, in Italien, in Frankreich lähmt, wir blicken ängstlich nach der Reformbill Englands, wir preisen die Kraft und die Weisheit des Sultans, der sich mit der Wiedergeburt seiner Völker beschäftigt, wir beneiden den Nordamerikaner um sein glückliches Los, das er sich mutvoll selbst erschaffen: Aber knechtisch beugen wir den Nacken unter das Joch der eigenen Dränger [...].

Und es wird kommen der Tag, der Tag des edelsten Siegstolzes, wo der Deutsche vom Alpengebirg und der Nordsee, vom Rhein, der Donau und der Elbe den Bruder im Bruder umarmt, wo die Zollstöcke und die Schlagbäume, wo alle Hoheitszeichen der Trennung und Hemmung und Bedrückung verschwinden, samt den Konstitutiönchen, die man etlichen mürrischen Kindern der großen Familie als Spielzeug verlieh; wo freie Straßen und freie Ströme den freien Umschwung aller Nationalkräfte und Säfte bezeugen; wo die Fürsten die bunten Hermeline feudalistischer Gottstatthalterschaft mit der männlichen Toga deutscher Nationalwürde vertauschen und der Beamte, der Krieger, statt mit der Bedientenjacke des Herrn und Meisters, mit der Volksbinde sich schmückt; wo nicht 34 Städte und Städtlein, von 34 Höfen das Almosen empfangend, um den Preis hündischer Unterwerfung, sondern wo alle Städte, frei emporblühend aus eigenem Saft, um den Preis patriotischer Tat ringen; wo jeder Stamm, im Innern frei und selbstständig,

zu bürgerlicher Freiheit sich entwickelt und ein starkes, selbst gewobenes Bruderband alle umschließt zu politischer Einheit und Kraft [...].
50 Ja, er wird kommen der Tag, wo ein gemeinsames deutsches Vaterland sich erhebt, das alle Söhne als Bürger begrüßt und alle Bürger mit gleicher Liebe, mit gleichem Schutz umfasst; wo die erhabene Germania dasteht auf dem er-
55 zenen Piedestal[1] der Freiheit und des Rechts, in der Hand die Fackel der Aufklärung, welche zivilisierend hinausleuchtet in die fernsten Winkel der Erde [...].
Es lebe das freie, das einige Deutschland! [...]
60 Hoch leben die Franken, der Deutschen Brüder, die unsere Nationalität und Selbstständigkeit achten! [...]
Vaterland – Volkshoheit – Völkerbund hoch!

1 **Piedestal:** Sockel, hier: Grundlage

1. Welches Bild des gegenwärtigen, welches des zukünftigen Deutschland zeichnet Siebenpfeiffer? Welche Bilder und Vergleiche benutzt er, um politische Einheit und Kraft des Vaterlands als Aufgaben der Zukunft auszuweisen?
2. Stellen Sie Siebenpfeiffers politische Rhetorik auf den Prüfstand. Wo werden jeweils Auf-, wo Abwertungen vorgenommen?
3. Am Schluss seiner Rede entwirft Siebenpfeiffer eine politische Utopie. Was sind deren wesentliche Merkmale?
4. Verfassen Sie einen Zeitungsartikel über Siebenpfeiffers Rede. Was kritisiert und was fordert er?

In den 1840er Jahren traten neue Autoren auf den Plan. Sie griffen auf die Ideen von Hambach zurück, kritisierten scharf die obrigkeitsstaatlichen Bevormundungen der Bürger und forderten Reformen. Sie bereiteten damit der Märzrevolution von 1848 den Weg. Deswegen nennt man die Epoche auch „Vormärz“.

Georg Herwegh: **Die Literatur im Jahre 1840**

Georg Herwegh, geboren 1817 als Sohn eines Gastwirts in Stuttgart, war ein Charakter, dem die Anpassung an die Verhältnisse schwerfiel. Sein Militärdienst endete mit Kerker wegen Offiziersbeleidigung. Seine erste Gedichtsammlung, „Gedichte eines Lebendigen" (1841), verschaffte ihm Popularität. Auf einer Lesereise durch Deutschland wurde er in fast allen großen Städten gefeiert, in Berlin erhielt er eine Audienz bei dem neuen preußischen König Wilhelm IV. Des Hochverrats verdächtig, wurde er aus Preußen ausgewiesen. Herwegh ist einer der wenigen Dichter, die bis zu ihrem Tod den demokratischen Idealen treu blieben. Er verfasste 1863 das „Bundeslied" für den deutschen Arbeiterverein (die Urform der Gewerkschaften): „Mann der Arbeit, aufgewacht! / Und erkenne deine Macht! / Alle Räder stehen still, / Wenn dein starker Arm es will."

Ich wollte über Literatur schreiben und habe mit der Politik angefangen. Natürlich! Das Abzeichen der modernen Literatur ist es eben, dass sie ein Kind der Politik, deutsch gesprochen, ein Kind der Juliusrevolution ist. Das sind (5) nun zehn Jahre her, und sie hat keinem der besseren Schriftsteller ihre Mutter verleugnet. Selbst das industrielle Element, das in den jüngsten Tagen so überwiegend in ihr geworden ist, (10) beweist durch unverfälschte Aktenstücke diese ihre Abkunft. Man möge unbesorgt sein: Dieser literarische Krämersinn wird in Deutschland so gut seine Endschaft (15) erleben wie der politische in Frankreich. Die Freiheit hat in dem letzten Dezennium nur Studien gemacht, die Literatur vielleicht auch. Die Irrfahrten, die Odysseen werden bald aufhören; die Zeit war eine Penelope[1], die bei (20) Nacht das Gewebe immer wieder auftrennte, das sie bei Tage gefertigt; ihre unverschämten Freier werden sie nicht lange mehr umlagern: Der Erwählte wird kommen und das Gewebe vollendet werden. Was sie daraufsticken wird? (25) Ein Schwert oder eine Feder? Auch das weiß ich nicht. Und wüsst' ich's, würde ich es nicht verraten, noch einmal: Die neue Literatur ist ein Kind der Juliusrevolution.

1 **Penelope:** Gattin des Odysseus, die zehn Jahre auf dessen Heimkehr aus dem Krieg um Troja wartet und von Heiratswilligen bedrängt wird. Sie hält die Freier hin, indem sie vorgibt, ein Leintuch weben zu müssen, und nachts das Gewebte wieder auflöst.

1 Welche Parallelen zieht Herwegh zwischen dem Jahrzehnt 1830–1840 in Deutschland und der Heimkehr des Odysseus nach zehnjähriger Irrfahrt? Vervollständigen Sie die nachstehende Tabelle:

Analogie/ Entsprechung	Homer, Heimkehr des Odysseus	Die Zeit nach der Julirevolution
Die Freiheit (und die Literatur) verhalten sich wie Penelope.	Zehn Jahre täuscht Penelope die Freier, die unrechtmäßig Anspruch auf das Erbe des Odysseus erheben.	Zehn Jahre wartet man in Deutschland auf das Ende der Fürstenherrschaft.
...	Odysseus kommt nach Hause und bestraft die Freier.	Es wird ein Befreier kommen, der der Freiheit zu ihrem Recht verhilft.
Die Literatur hat Irrfahrten hinter sich wie Odysseus.	...	Die Literatur wird gegen die Herrschaft der vielen Fürsten kämpfen.

Georg Herwegh: **Wiegenlied** (1842) – Auszug

Schlafe, was willst du mehr? (Goethe)
Deutschland – auf weichem Pfühle[1]
Mach dir den Kopf nicht schwer!
Im irdischen Gewühle
5 Schlafe, was willst du mehr?

Lass jede Freiheit dir rauben,
Setze dich nicht zur Wehr,
Du behältst ja den christlichen Glauben:
Schlafe, was willst du mehr?

10 Und ob man dir alles verböte,
Doch gräme dich nicht so sehr,
Du hast ja Schiller und Goethe:
Schlafe, was willst du mehr? [...]

Kein Kind läuft ohne Höschen
15 Am Rhein, dem freien, umher:
Mein Deutschland, mein Dornröschen,
Schlafe, was willst du mehr?

Johann Wolfgang Goethe: **Nachtgesang** (1804) – Erste Strophe

O gib, vom weichen Pfühle[1],
Träumend, ein halb Gehör!
Bei meinem Saitenspiele
Schlafe! was willst du mehr?

1 **Pfühl:** (veraltet) weiches Kissen

Michel und seine Kappe im Jahr 48.

Frühjahr.

Sommer.

Spätjahr.

Karikatur aus der satirischen Zeitschrift „Der Eulenspiegel", die 1849 bis 1851 in Stuttgart erschien. Sie zeigt den „deutschen Michel" in der Revolution von 1848: Im Frühjahr trägt er die phrygische Mütze, Wahrzeichen der französischen Revolutionäre, und den wallenden Bart des Revolutionsführers Friedrich Hecker.

1 Goethes „Nachtgesang" (1804), das Herwegh als Motto seines „Wiegenlieds" zitiert, war bekannt als einschläfernd-melodisches Wortgemälde; alle Strophen haben die gleiche Schlusszeile. Überlegen Sie, wen und was Herwegh mit seiner Parodie kritisieren wollte.
2 Wie verstehen Sie die letzte Strophe von Herweghs Gedicht? Gehen Sie von der Bedeutung „ohne Hosen" = „Sansculottes" aus (Sansculottes = spottende Bezeichnung für die französischen Revolutionäre, die keine „culottes", die Kniebundhosen der Adeligen und Vornehmen, trugen).
3 Vergleichen Sie das Bild der deutschen Biedermeiergesellschaft in Herweghs Gedicht, das vor der Revolution entstand (1842), mit dem, das die nach 1848 entstandene Karikatur vermittelt.

Literatur als politisches und soziales Gewissen – Büchner, Heine, Weerth

Georg Büchner: **Der hessische Landbote** (1834)

Georg Büchner (1813–1837) stammte aus Darmstadt, studierte 1831 in Straßburg Medizin, wurde mit republikanischen Ideen vertraut, musste sein Studium an der Landesuniversität Gießen fortsetzen. Er gründete dort die geheime „Gesellschaft der Menschenrechte", verfasste 1834 zusammen mit Gleichgesinnten die Flugschrift „Der hessische Landbote". Das führte zur Verhaftung einiger Beteiligter. Büchner floh. Er beendete sein Studium in Zürich, erhielt dort nach seiner Promotion (über die Schädelnerven von Fischen) eine Professur. Nicht einmal ein Jahr nach diesem beruflichen Erfolg starb er an Typhus.
Es existieren zwei Drucke der Flugschrift, zusammen etwa 1000 Exemplare, die heimlich verteilt wurden. Beide sind von Büchners Mitstreiter, dem Theologen Ludwig Weidig, redigiert worden. Büchner hatte die Fakten und materiellen Interessen der Bauern im Blick, Weidig betonte das soziale Unrecht, das der göttlichen Ordnung der Welt widerspreche.

ERSTE BOTSCHAFT Darmstadt, im Nov. 1834

Friede den Hütten! Krieg den Palästen!
Im Jahr 1834 siehet es aus, als würde die Bibel Lügen gestraft. Es sieht aus, als hätte Gott die Bauern und Handwerker am 5ten Tage und die Fürsten und Großen am 6ten gemacht, und als hätte der Herr zu diesen gesagt: Herrschet über alles Getier, das auf Erden kriecht, und hätte die Bauern und Bürger zum Gewürm gezählt. Das Leben der Fürsten ist ein langer Sonntag; das Volk aber liegt vor ihnen wie Dünger auf dem Acker. Der Bauer geht hinter dem Pflug, der Beamte des Fürsten geht aber hinter dem Bauer und treibt ihn mit den Ochsen am Pflug; der Fürst nimmt das Korn und lässt dem Volke die Stoppeln. Das Leben des Bauern ist ein langer Werktag; Fremde verzehren seine Äcker vor seinen Augen, sein Leib ist eine Schwiele, sein Schweiß ist das Salz auf dem Tische des Zwingherren.
Im Großherzogtum Hessen sind 718373 Einwohner, die geben an den Staat jährlich an 6.363.364 Gulden, als

1. Direkte Steuern	2.128.131 fl.[1]
2. Indirekte Steuern	2.478.264 fl.
3. Domänen	1.547.394 fl.
4. Regalien	46.938 fl.
5. Geldstrafen	98.511 fl.
6. Verschiedene Quellen	64.198 fl.
	6.363.363 fl.

Dies Geld ist der Blutzehnte, der von dem Leib des Volkes genommen wird. An 700.000 Menschen schwitzen, stöhnen und hungern dafür. Im Namen des Staates wird es erpresst, die Presser berufen sich auf die Regierung, und die Regierung sagt, das sei nötig, die Ordnung im Staat zu erhalten. [...]
Hebt die Augen auf, und zählt das Häuflein eurer Presser, die nur stark sind durch das Blut, das sie euch aussaugen und durch eure Arme, die ihr ihnen willenlos leihet. Ihrer sind vielleicht 10.000 im Großherzogtum, und Eurer sind es 700.000, und also verhält sich die Zahl des Volkes zu seinen Pressern auch im übrigen Deutschland. Wohl drohen sie mit dem Rüstzeug und den Reisigen[2] der Könige, aber ich sage euch: Wer das Schwert erhebt gegen das Volk, der wird durch das Schwert des Volkes umkommen. Deutschland ist jetzt ein Leichenfeld, bald wird es ein Paradies sein. Das deutsche Volk ist Ein Leib, ihr seid ein Glied dieses Leibes. Es ist einerlei, wo die Scheinleiche zu zucken anfängt. Wann der Herr euch seine Zeichen gibt durch die Männer, durch welche er die Völker aus der Dienstbarkeit zur Freiheit führt, dann erhebet euch, und der ganze Leib wird mit euch aufstehen.
Ihr bücktet euch lange Jahre in den Dornäckern der Knechtschaft, dann schwitzt ihr einen Sommer im Weinberge der Freiheit, und werdet frei sein bis ins tausendste Glied.

1 **fl.:** Abkürzung für Florin (frz. für Gulden)
2 **Reisige:** Söldner, Soldaten

1 **a** Was in Büchners/Weidigs Flugblatt erinnert Sie sprachlich an eine Informationsbroschüre, was an eine Predigt? Belegen Sie die rhetorischen Mittel dieser beiden Textsorten durch Textzitate.
b Ziehen Sie aus Ihren Beobachtungen Rückschlüsse auf Büchners und Weidigs Einschätzungen der Adressaten des Flugblatts.

2 **Weiterführende Aufgabe:** Es gibt zahlreiche Analysen des „Hessischen Landboten".
a Wählen Sie eine der folgenden Fragestellungen aus und machen Sie sich sachkundig, geben Sie einen Überblick über herrschende Meinungen:
- Wer ist der Verfasser? Hat Büchner sich in die Rolle eines Predigers begeben oder ist der Pfarrer Weidig der Verantwortliche?
- Was ist die Absicht des Flugblatts: direkte revolutionäre Aktion? Aufklärung der Landbevölkerung?
- Wie wird der Erfolg des Blattes bewertet?

b Ergänzen Sie Ihre eigenen Beobachtungen am Text durch die Bewertungen des „Landboten", die Sie bei Ihrer Recherche gefunden haben.

Heinrich Heine: **Atta Troll, Caput X** (1846)

Geboren 1797 in Düsseldorf, Sohn jüdischer Eltern. Nach einer Kaufmannslehre Studium der Rechte. Reisen nach Polen, England, Italien: Reisebilder. Erste Gedichtsammlung „Buch der Lieder“ 1827. 1830 (nach der Julirevolution) Übersiedlung nach Paris. In Deutschland wurden seine Schriften 1835 (Erlass gegen das „Junge Deutschland“) verboten. 1843 reiste er zum ersten Mal wieder durch Deutschland („Deutschland. Ein Wintermärchen“, 1844). Die letzten sieben Jahre seines Lebens verbrachte er in seiner „Matratzengruft“, d. h. in einer abgedunkelten Kammer im Bett. Trotzdem schrieb er weiter Gedichte („Romanzero“, 1851) und politische Prosa („Lutezia“, 1854).

In dem Versepos „Atta Troll“ räsoniert ein entlaufener Tanzbär über die menschliche Gesellschaft. Er trägt Gedanken vor, die im Vormärz von den sozialkritischen Autoren wie Herwegh vertreten wurden. Heine selbst distanziert sich nicht von den Inhalten dieser revolutionären Texte, wohl aber von der Art, wie sie dargestellt werden. Daher ist Atta Troll eine komische Figur, die aber Dinge sagt, die durchaus ernsthaft zu erörtern sind.

Zwo Gestalten, wild und mürrisch,
Und auf allen vieren rutschend,
Brechen Bahn sich durch den dunklen
Tannengrund, um Mitternacht.

5 Das ist Atta Troll, der Vater,
Und sein Söhnchen, Junker Einohr.
Wo der Wald sich dämmernd lichtet,
Bei dem Blutstein, stehn sie stille.

„Dieser Stein“ – brummt Atta Troll –
10 „Ist der Altar, wo Druiden
In der Zeit des Aberglaubens
Menschenopfer abgeschlachtet.

O der schauderhaften Gräuel!
Denk ich dran, sträubt sich das Haar
15 Auf dem Rücken mir – Zur Ehre
Gottes wurde Blut vergossen!

Jetzt sind freilich aufgeklärter
Diese Menschen, und sie töten
Nicht einander mehr aus Eifer
20 Für die himmlischen Intressen; –

Nein, nicht mehr der fromme Wahn,
Nicht die Schwärmerei, nicht Tollheit,
Sondern Eigennutz und Selbstsucht
Treibt sie jetzt zu Mord und Totschlag.

25 Nach den Gütern dieser Erde
Greifen alle um die Wette,
Und das ist ein ewges Raufen,
Und ein jeder stiehlt für sich!

Ja, das Erbe der Gesamtheit
30 Wird dem Einzelnen zur Beute,
Und von Rechten des Besitzes
Spricht er dann, von Eigentum!

Eigentum! Recht des Besitzes!
O des Diebstahls! O der Lüge!
35 Solch Gemisch von List und Unsinn
Konnte nur der Mensch erfinden.

Keine Eigentümer schuf
Die Natur, denn taschenlos,
Ohne Taschen in den Pelzen,
40 Kommen wir zur Welt, wir Alle.

Keinem von uns Allen wurden
Angeboren solche Säckchen
In dem äußern Leibesfelle,
Um den Diebstahl zu verbergen.

45 Nur der Mensch, das glatte Wesen,
Das mit fremder Wolle künstlich
Sich bekleidet, wusst auch künstlich
Sich mit Taschen zu versorgen.

Eine Tasche! Unnatürlich
50 Ist sie wie das Eigentum,
Wie die Rechte des Besitzes –
Taschendiebe sind die Menschen!

Glühend hass ich sie! Vererben
Will ich dir, mein Sohn, den Hass.
55 Hier auf diesem Altar sollst du
Ewgen Hass den Menschen schwören!

Sei der Todfeind jener argen
Unterdrücker, unversöhnlich,
Bis ans Ende deiner Tage, –
60 Schwör es, schwör es hier, mein Sohn!"

Und der Jüngling schwur, wie ehmals
Hannibal[1]. Der Mond beschien
Grässlich gelb den alten Blutstein
Und die beiden Misanthropen[2]. – –

65 Später wollen wir berichten,
Wie der Jungbär treu geblieben
Seinem Eidschwur; unsre Leier
Feiert ihn im nächsten Epos.

Was den Atta anbetrifft,
70 So verlassen wir ihn gleichfalls,
Doch um später ihn zu treffen,
Desto sichrer, mit der Kugel.

Deine Untersuchungsakten,
Hochverräter an der Menschheit
75 Majestät! sind jetzt geschlossen;
Morgen wird auf dich gefahndet.

1 **Hannibal** soll als Neunjähriger auf Geheiß seines Vaters den Römern ewige Feindschaft geschworen haben.
2 **Misanthrop:** griech. Menschenfeind

1 Untersuchen Sie die Rede des Bären.
a Stellen Sie in Form von Statements zusammen, was Troll gegen die Entwicklung der menschlichen Zivilisation und gegen das „Menschenrecht" auf Eigentum vorbringt.
b Schreiben Sie die Rede des Bären Troll in eine politische Rede um.
2 Wie steht der Erzähler zu der Figur des Bären? Beschreiben und analysieren Sie seine Haltung.

Seit dem Hambacher Fest und dem Tod des alle überragenden Schriftstellers **Goethe** im Jahre 1832 hatte sich in Deutschland wenig bis nichts geändert. Noch immer schufteten die Bauern auf den Feldern für Steuern und Abgaben. Die liberalen Besitzbürger hingegen hatten ihren Frieden mit den Regierungen gemacht. Handel, Bergbau und Industrie brachten ihnen Profite. Es entstand die Schicht der lohnabhängigen Arbeiter.

Georg Weerth: **Die hundert Männer von Haswell** (1845)

Georg Weerth, 1822 in Detmold geboren, starb 1856 in Havanna/Kuba. Nach einer Kaufmannslehre wurde er Kontorist einer Textilfirma in England. Er schrieb Gedichte, lernte Friedrich Engels und Karl Marx kennen. 1848/1849 war er Redakteur bei der von Marx herausgegebenen „Neuen Rheinischen Zeitung". Friedrich Engels bezeichnete ihn in einem Nachruf als den „ersten deutschen Dichter des Proletariats".

Die hundert Männer von Haswell
Die starben an einem Tag;
Die starben zu einer Stunde;
Die starben auf einen Schlag.

Und als sie still begraben,
Da kamen wohl hundert Fraun;
Wohl hundert Fraun von Haswell,
Gar kläglich anzuschaun.

Sie kamen mit ihren Kindern,
Sie kamen mit Tochter und Sohn:
„Du reicher Herr von Haswell,
Nun gib uns unsern Lohn!"

Der reiche Herr von Haswell,
Der stand nicht lange an;
Er zahlte wohl den Wochenlohn
Für jeden gestorbnen Mann.

Und als der Lohn bezahlet,
Da schloss er die Kiste zu.
Die eisernen Riegel klangen,
Die Weiber weinten dazu.

Heinrich Heine: Weberlied (1844)

Weberlied.

Im düstern Auge keine Thräne,
Sie sitzen am Web'stuhl und fletschen die Zähne;
Alt-Deutschland, wir weben dein Leichentuch,
Wir weben hinein den dreifachen Fluch.
Wir weben, wir weben!

Ein Fluch dem Gotte, dem blinden, dem tauben,
Zu dem wir gebetet mit kindlichem Glauben.
Wir haben vergeblich gehofft und geharrt,
Er hat uns geäfft und gefoppt und genarrt.
Wir weben, wir weben!

Ein Fluch dem König, dem König der Reichen,
Den unser Elend nicht konnte erweichen,
Der uns den letzten Groschen erpreßt
Und uns, wie die Hunde, erschießen läßt.
Wir weben, wir weben!

Ein Fluch dem falschen Vaterlande,
Wo nur gedeihen Trug und Schande,
Wo nur Verwesung und Todtengeruch;
Alt-Deutschland, wir weben dein Leichentuch.
Wir weben, wir weben!

Heinrich Heine.

---

1 Setzen Sie sich mit dem Gedicht des „ersten deutschen Dichters des Proletariats" auseinander.
a Beschreiben Sie es nach Form und Inhalt.
b Ist Georg Weerths Gedicht Ihrer Meinung nach
- politische Satire gegen Gott, Staat und frühe kapitalistische Unternehmer,
- ein Volkslied, das Erfahrungen der Bevölkerung in eine „volkstümliche Form" fasst,
- „Elendspoesie", d.h. literarische (und zumeist sentimentale) Darstellung von Armut?

Wählen Sie eine der drei Deutungen aus und begründen Sie Ihre Sicht aus dem Text selbst, aber auch durch Heranziehung historischer Informationen, die Sie sich beschaffen müssen.

2 Heines „Weberlied" erschien erstmals am 10. Juni 1844 in der Wochenzeitschrift „Vorwärts", die Karl Marx in Paris herausgab. Zudem wurde es als Flugblatt unter den aufständischen Webern verteilt. Handelt es sich Ihrer Meinung nach um ein Rollengedicht (die Sprecher sind die Weber) oder um ein politisches Gedicht, in dem den Webern die allgemeine Unzufriedenheit in der bürgerlichen Bevölkerung des Jahres 1844 in den Mund gelegt wird? Begründen Sie Ihre Meinung durch eine genauere Analyse der „Flüche", die Gegenstand des Liedes sind.

3 **Weiterführende Aufgabe:** Das „Weberlied" ist Heinrich Heines Beitrag zu der politischen Auseinandersetzung um die Weberaufstände 1844 in Schlesien und deren Unterdrückung durch preußisches Militär. Es entstanden Reportagen, polemische Zeitungsartikel und auch Gedichte, in denen die Parteinahme der Regierung für Besitzbürger und Industrie scharf kritisiert wurden. Recherchieren Sie in Geschichtsbüchern und im Internet und verfassen Sie ein Referat über die Ereignisse in Schlesien 1844 und deren Bedeutung für die politische Entwicklung hin zur Revolution von 1848.

4.2 Frührealismus: Biedermeier – Erfüllte Augenblicke statt politischer Tageszeiten

Die Metternich'sche Restauration hatte die Hoffnungen auf eine demokratische Entwicklung in Deutschland sinken lassen. Der wenig erfolgreiche Versuch, es auch in Deutschland „Tag" werden zu lassen (Hambacher Fest 1832, ▸ S. 309 f.), verstärkte bei vielen Dichtern die Tendenz, sich aus den politischen Auseinandersetzungen herauszuhalten. **Adalbert Stifter** und **Eduard Mörike** können als Beispiele dienen. Ihre Gedichte, Erzählungen und Romane nehmen keine politischen Themen auf.

Eduard Mörike: **Septembermorgen** (1827)

Im Nebel ruhet noch die Welt,
Noch träumen Wald und Wiesen:
Bald siehst du, wenn der Schleier fällt,
Den blauen Himmel unverstellt,
Herbstkräftig die gedämpfte Welt
In warmem Golde fließen.

Georg Herwegh: **Morgenruf** (1841) – Erste Strophe

Die Lerche war's, nicht die Nachtigall,
Die eben am Himmel geschlagen:
Schon schwingt er sich auf, der Sonnenball,
Vom Winde des Morgens getragen.
5 Der Tag, der Tag ist erwacht!
Die Nacht,
Die Nacht soll blutig verenden. –
Heraus, wer ans ewige Licht noch glaubt!
Ihr Schläfer, die Rosen der Liebe vom Haupt
10 Und ein flammendes Schwert um die Lenden!

Heinrich Heine: **An Georg Herwegh** (1842)

Herwegh, du eiserne Lerche,
Mit klirrendem Jubel steigst du empor
Zum heilgen Sonnenlichte!
Ward wirklich der Winter zunichte?
5 Steht wirklich Deutschland im Frühlingsflor?

Herwegh, du eiserne Lerche,
Weil du so himmelhoch dich schwingst,
Hast du die Erde aus dem Gesichte
Verloren – Nur in deinem Gedichte
10 Lebt jener Lenz, den du besingst.

Carl Spitzweg: Der Sonntagsspaziergang (1841)

---

1 **a** Untersuchen Sie in Mörikes und Herweghs Gedichten die jeweilige Bedeutung des „Morgens".
b Beziehen Sie die Ergebnisse Ihrer Textbeobachtung auf den Unterschied zwischen der später „Biedermeier" genannten literarischen Strömung und der des Vormärz.

2 Heine „begrüßt" Georg Herwegh bei dessen Ankunft im Pariser Exil mit einem kritischen Gedicht. Wie charakterisiert er darin Herweghs politische Poesie und welche Haltung nimmt er selbst gegenüber den politischen Hoffnungen des Vormärzautors ein?

Adalbert Stifter: Aus der Vorrede zu Bunte Steine (1853)

Adalbert Stifter (1805–1868) studierte Jura in Wien, er war Hauslehrer (u. a. bei der Familie Metternich), Zeitungen druckten seine ersten Erzählungen (z. B. „Der Kondor"). 1849 veröffentlichte er die Erzählung „Die Landschule" und wurde selbst Schulrat. Seine Prosa ist typisch für den biedermeierlichen Realismus.

Die Kraft, welche die Milch im Töpfchen der armen Frau emporschwellen und übergehen macht, ist es auch, die die Lava in dem Feuer speienden Berge emportreibt, und auf den Flächen der Berge hinabgleiten lässt. Nur augenfälliger sind diese Erscheinungen, und reißen den Blick des Unkundigen und Unaufmerksamen mehr an sich, während der Geisteszug des Forschers vorzüglich auf das Ganze und Allgemeine geht, und nur in ihm allein Großartigkeit zu erkennen vermag, weil es allein das Welterhaltende ist. Die Einzelheiten gehen vorüber, und ihre Wirkungen sind nach Kurzem kaum noch erkennbar. [...] Da die Menschen in der Kindheit waren, ihr geistiges Auge von der Wissenschaft noch nicht berührt war, wurden sie von dem Nahestehenden und Auffälligen ergriffen, und zu Furcht und Bewunderung hingerissen: Aber als ihr Sinn geöffnet wurde, da der Blick sich auf den Zusammenhang zu richten begann, so sanken die einzelnen Erscheinungen immer tiefer, und es erhob sich das Gesetz immer höher, die Wunderbarkeiten hörten auf, das Wunder nahm zu.

So wie es in der äußeren Natur ist, so ist es auch in der inneren, in der des menschlichen Geschlechtes. Ein ganzes Leben voll Gerechtigkeit, Einfachheit, Bezwingung seiner selbst, Verstandesgemäßheit, Wirksamkeit in seinem Kreise, Bewunderung des Schönen, verbunden mit einem heiteren gelassenen Sterben, halte ich für groß: Mächtige Bewegungen des Gemütes, furchtbar einherrollender Zorn, die Begier nach Rache, den entzündeten Geist, der nach Tätigkeit strebt, umreißt, ändert, zerstört und in der Erregung oft das eigene Leben hinwirft, halte ich nicht für größer, sondern für kleiner, da diese Dinge so gut nur Hervorbringungen einzelner und einseitiger Kräfte sind, wie Stürme, Feuer speiende Berge, Erdbeben. Wir wollen das sanfte Gesetz zu erblicken suchen, wodurch das menschliche Geschlecht geleitet wird.

Das sanfte Gesetz: Im Kleinen die Gesetze erkennen, die auch das Große regieren

In der „äußeren Natur": das Gesetz der Eruption durch Überhitzung	Die Milch im Topf	Die Lava im Berg
In der „inneren Natur" der Menschen: Regeln des menschlichen Zusammenlebens	Der Einzelne im nahen Umfeld der Familie: Gelassenheit, Vertrauen, Einfachheit, Gerechtigkeit mit Blick auf einzelne Erfahrungen	Der Blick auf große (z. B. politische) Zusammenhänge, auf „mächtige Bewegungen des Gemüts", „furchtbar einherrollender Zorn"
In der Entwicklung der menschlichen Gesellschaft: der Gegensatz der beharrenden und vorwärtsdrängenden Kräfte	Das Nahestehende und Auffällige wahrnehmen und als „Wunderbarkeit" erfassen	Furcht und Bewunderung auslösende große Kräfte und „Wunder" der Wissenschaft erforschen

1 **a** Was versteht Stifter genau unter dem „sanften Gesetz"? Fassen Sie es in eigenen Worten zusammen.
b Suchen Sie weitere Beispiele, an denen das „sanfte Gesetz" erläutert werden könnte.

Eduard Mörike: **Mozart auf der Reise nach Prag** (1856)

Zum hundertsten Geburtstag Mozarts erschien Eduard Mörikes Novelle „Mozart auf der Reise nach Prag". Ohne dass Mörike Stifters „sanftes Gesetz" gekannt hätte, verfährt er als Erzähler nach dessen Prinzipien. Er erfindet eine Episode in Mozarts Biografie, die die Gesetze des schöpferischen Genies in dem Spiegel einer beiläufigen Begebenheit demonstriert: Auf seiner Reise von Wien nach Prag, wo er die Uraufführung des „Don Giovanni" dirigieren wird, machen Mozart und seine Frau Konstanze Halt in einem böhmischen Dorf. Während Konstanze sich im Gasthof ausruht, macht ihr Mann einen Spaziergang im nahe gelegenen Schlossgarten.

Von der Mitte zweier großen, noch reichlich blühenden Blumenparterre ging unser Meister nach den buschigen Teilen der Anlagen zu, berührte ein paar schöne dunkle Piniengruppen und lenkte seine Schritte auf vielfach gewundenen Pfaden, 5 indem er sich allmählich den lichteren Partien wieder näherte, dem lebhaften Rauschen eines Springbrunnens nach, den er sofort erreichte. [...] Das Ohr behaglich dem Geplätscher des Wassers hingegeben, das Aug' auf einen Pomeranzen- 10 baum von mittlerer Größe geheftet, der außerhalb der Reihe, einzeln, ganz dicht an seiner Seite auf dem Boden stand und voll der schönsten Früchte hing, ward unser Freund durch diese Anschauung des Südens alsbald auf eine liebli- 15 che Erinnerung aus seiner Knabenzeit geführt. Nachdenklich lächelnd reicht er hinüber nach der nächsten Frucht, als wie um ihre herrliche Ründe, ihre saftige Kühle in hohler Hand zu fühlen. Ganz im Zusammenhang mit jener Jugend- 20 szene aber, die wieder vor ihm aufgetaucht, stand eine längst verwischte musikalische Reminiszenz, auf deren unbestimmter Spur er sich ein Weilchen träumerisch erging. Jetzt glänzen seine Blicke, sie irren da und dort umher, er ist von 25 einem Gedanken ergriffen, den er sogleich eifrig verfolgt. Zerstreut hat er zum zweiten Mal die Pomeranze angefasst, sie geht vom Zweige los und bleibt ihm in der Hand. Er sieht und sieht es nicht; ja so weit geht die künstlerische 30 Geistesabwesenheit, dass er, die duftige Frucht beständig unter der Nase hin und her wirbelnd und bald den Anfang, bald die Mitte einer Weise unhörbar zwischen den Lippen bewegend, zuletzt instinktmäßig ein emailliertes Etui aus 35 der Seitentasche des Rocks hervorbringt, ein kleines Messer mit silbernem Heft daraus nimmt und die gelbe kugelige Masse von oben nach unten langsam durchschneidet. Es mochte ihn dabei entfernt ein dunkles Durstgefühl 40 geleitet haben, jedoch begnügten sich die angeregten Sinne mit Einatmung des köstlichen Geruchs. Er starrt minutenlang die beiden innern Flächen an, fügt sie sachte wieder zusammen, ganz sachte, trennt und vereinigt sie wieder. 45

Da hört er Tritte in der Nähe, er erschrickt, und das Bewusstsein, wo er ist, was er getan, stellt sich urplötzlich bei ihm ein. Schon im Begriff, die Pomeranze zu verbergen, hält er doch gleich damit inne, sei es aus Stolz, sei's, weil es zu spät 50 dazu war. Ein großer, breitschulteriger Mann in Livree, der Gärtner des Hauses, stand vor ihm.

1 Analysieren Sie diesen Auszug aus der Novelle „Mozart auf der Reise nach Prag".
a Beschreiben Sie, wie Mörike den Komponisten Mozart gestaltet. Achten Sie besonders auf Sinneseindrücke, Erinnerungen und auf die geistige Verfassung des Spaziergängers.
b Welche Korrespondenzen zwischen „Innen" (Mozarts Gemütszustand) und „Außen" (dem Park, dem Brunnen, dem südlichen Ambiente der Orangerie) können Sie beobachten?

2 Vollziehen Sie nach, wie Mörike den Augenblick der musikalischen Inspiration darstellt.
- Wie versteht er die „künstlerische Geistesabwesenheit"?
- Was bedeutet das „dunkle Durstgefühl"?
- Welche Bedeutung hat die „Einatmung des köstlichen Geruchs"?
- Warum zerschneidet Mozart die Orange und starrt auf die „inneren Flächen"?
- Warum fügt er die beiden Teile immer wieder zusammen?

Annette von Droste-Hülshoff: **Am Turme** (1842)

Annette von Droste-Hülshoff (1797–1848) stammte aus einem westfälischen Adelsgeschlecht und führte ein sehr zurückgezogenes Leben. Ihre Novelle „Die Judenbuche" aus dem Jahre 1842 gehört zu den meistgelesenen deutschen Erzählungen. Berühmt wurde die Dichterin vor allem durch ihre Lyrik, in der sie das Verhältnis des Ichs zur Natur, aber auch zu den Lebensbedingungen einer Frau zu ihrer Zeit behandelt.

Ich steh' auf hohem Balkone am Turm,
Umstrichen vom schreienden Stare,
Und lass' gleich einer Mänade[1] den Sturm
Mir wühlen im flatternden Haare;
5 O wilder Geselle, o toller Fant,
Ich möchte dich kräftig umschlingen
Und, Sehne an Sehne, zwei Schritte am Rand
Auf Tod und Leben dann ringen!

Und drunten seh' ich am Strand, so frisch
10 Wie spielende Doggen, die Wellen
Sich tummeln rings mit Geklaff und Gezisch
Und glänzende Flocken schnellen.
O, springen möcht' ich hinein alsbald,
Recht in die tobende Meute,
15 Und jagen durch den korallenen Wald
Das Walross, die lustige Beute!

Und drüben seh' ich ein Wimpel wehn
So keck wie eine Standarte,
Seh' auf und nieder den Kiel sich drehn
20 Von meiner luftigen Warte;
O, sitzen möcht' ich im kämpfenden Schiff,
Das Steuerruder ergreifen
Und zischend über das brandende Riff
Wie eine Seemöwe streifen.

25 Wär' ich ein Jäger auf freier Flur,
Ein Stück nur von einem Soldaten,
Wär' ich ein Mann doch mindestens nur,
So würde der Himmel mir raten;
Nun muss ich sitzen so fein und klar,
30 Gleich einem artigen Kinde,
Und darf nur heimlich lösen mein Haar
Und lassen es flattern im Winde!

1 **Mänade (auch: Bacchantin):** wilde Anhängerin des Weingottes Bacchus

1 Sowohl die Gesten/die Haltung der Sprecherin als auch ihre Gedanken und Wünsche haben hohen symbolischen Wert. Stellen Sie beide dem Verhalten des „artigen Kindes" gegenüber.
2 Die Sprecherin steht in Meersburg am Turm und blickt auf den Bodensee, das Schwäbische Meer. Übersetzen Sie ihre Gedanken in einen inneren Monolog.

Louise Aston: **Lebensmotto** (1846) – Auszug

Louise Aston (1814–1871), Tochter eines evangelischen Pfarrers, wurde im Alter von nur 17 Jahren zur Heirat mit einem englischen Geschäftsmann gezwungen. Nach einer unglücklichen Ehe ließ sie sich scheiden und lebte in Berlin. In einem autobiografischen Roman („Aus dem Leben einer Frau“, 1847) verarbeitete sie ihre Erfahrungen. Ihr Lebenswandel erregte Anstoß. Sie wurde aus Berlin verbannt und veröffentlichte in Brüssel eine politische Kampfschrift („Meine Emancipation, Verweisung und Rechtfertigung“, 1846), in der sie für Frauen das Recht auf Selbstbestimmung als Menschenrecht forderte. Sie nahm aktiv an der Revolution von 1848 teil, schrieb Romane, gab eine Zeitschrift heraus und gründete einen Club emanzipierter Frauen.

[...]
Leben – Meer, das endlos rauschend
Mich auf weiten Fluten trägt:
Deinen Tiefen freudig lauschend
5 *Steh' ich sinnend, stummbewegt.*
Stürzt Gewittersturm, der wilde,
Jauchzend sich in's Meer hinein,
Schau' ich in dem Flammenbilde
Meines Lebens Widerschein.
10 *Freiem Leben, freiem Lieben,*
Bin ich immer treu geblieben!

Liebe – von der Welt geächtet,
Von dem blinden Wahn verkannt,
Oft gemartert, oft geknechtet,
15 Ohne Recht und Vaterland;
Fester Bund von stolzen Seelen
Den des Lebens Glut gebar,
Freier Herzen freies Wählen,
Vor der Schöpfung Hochaltar!
20 *Freiem Leben, freiem Lieben,*
Bin ich immer treu geblieben!

Und solang' die Pulse beben,
Bis zum letzten Atemzug,
Weih' der Liebe ich dies Leben,
25 Ihrem Segen, ihrem Fluch!
Schöne Welt, du blühend Eden,
Deiner Freuden reichen Schatz
Gibt für alle Schicksalsfehden
Vollen, köstlichen Ersatz!
30 *Freiem Lieben, freiem Leben,*
Hab' ich ewig mich ergeben!

---

3 Vergleichen Sie das Manifest-Gedicht Louise Astons mit demjenigen Annette von Droste-Hülshoffs. Welches Frauenbild wird jeweils entworfen?

4 Annette von Droste-Hülshoff wird von den Literaturgeschichten dem „Biedermeier“, Louise Aston dem „Vormärz“ zugerechnet. Nehmen Sie zu dieser Zuordnung Stellung.

Information **Früher Realismus – Junges Deutschland, Vormärz und Biedermeier (1830–1848)**

Geschichte, gesellschaftliche Entwicklung: Nach dem Sturz Napoleons sollten in Europa möglichst die vorrevolutionären Verhältnisse wiederhergestellt werden (**Restauration**). Unter Preußens und Österreichs Führung wurde ein deutscher Staatenbund mit Sitz in Frankfurt gegründet. Gleich nach dem Wiener Kongress (1814/15) sorgte der österreichische Kanzler Fürst **Metternich** vor allem in Deutschland dafür, dass keiner der Fürsten die Versprechungen einhielt, mit denen sie ihre Völker in den Krieg gegen Napoleon gelockt hatten (vor allem das Versprechen einer „Verfassung", die bürgerliche Freiheiten und eine Beteiligung der Bürger an der Regierung garantierte). Um die Forderungen nach mehr bürgerlichen Freiheiten und nationaler Einheit zu unterbinden, wurde eine strenge Zensur eingeführt. Die Maßnahmen wurden verschärft, nachdem 1830 die Julirevolution in Frankreich erneut zu Unruhen auch in Deutschland geführt hatte. 1835 wurden die Schriften des so genannten „Jungen Deutschland" verboten. Gemeint waren die Autoren **Heinrich Heine**, **Ludolf Wienbarg**, **Karl Gutzkow**, **Heinrich Laube**. Den journalistisch und politisch führenden Kopf, **Ludwig Börne**, hatte man in der Eile vergessen zu nennen. Diese Autoren bildeten zwar keine zusammenhängende Gruppe, aber sie verstanden sich alle als politische Schriftsteller und Gegner der 36 Landesherren und ihrer Regierungen. Während Deutschland politisch so zu einem „Wintermärchen" (Heine) erstarrte, nahmen Handel und Gewerbe, Industrie, insbesondere Bergbau und Eisenbahnbau, zu. Der Aufstieg der Bourgeoisie und die Verelendung der arbeitenden Bevölkerung in den schnell wachsenden Städten (Pauperismus) nahmen ihren Anfang.

Weltbild: Die politischen und ökonomischen Prozesse hinterließen auch im Denken der Zeit ihre Spuren. Nun sah man die Abhängigkeit des Einzelnen von den Lebensumständen, in die er hineingeboren wird, und man dachte darüber nach, wie Fortschritte hin zu mehr sozialer Gerechtigkeit und mehr Freiheit in persönlichen, wissenschaftlichen oder religiösen Dingen erzielt werden könnten. Auch Fragen der Emanzipation bisher unterprivilegierter Gruppen (Bauern, Juden, Frauen) wurden diskutiert.

Literatur: Einige der bedeutenden Autoren (**Eduard Mörike**, **Annette von Droste-Hülshoff**, **Adalbert Stifter**) hielten sich aus der Politik heraus und konzentrierten sich auf das „Innenleben" der bürgerlichen Familie und des bürgerlichen Individuums (**Literatur des Biedermeier**). Mit dieser Einstellung gelten sie als Fortführer der Tradition der deutschen Klassik und Wegbereiter des poetischen Realismus. Andere Autoren engagierten sich politisch (**Heinrich Heine**, **Georg Büchner**, **Georg Herwegh**, **Georg Weerth**), um Bewegung in das erstarrte System der Restauration zu bringen (**Literatur des Vormärz**). Sie arbeiteten fast alle sowohl als Schriftsteller wie auch als Journalisten. Denn die Presse war eine entscheidende politische Macht geworden.

Als 1848 in Paris das Regime des „Bürgerkönigs" am Ende war und Frankreich wieder Republik wurde, kam es in Deutschland zur so genannten Märzrevolution. Ein erstes deutsches Parlament wurde gewählt. Einige bedeutende Dichter waren zugleich Abgeordnete des Paulskirchenparlaments (z. B. **Ludwig Uhland**). Die großen politischen Fragen der Zeit, wie die nach der Priorität von Bürgerfreiheit oder nationaler Einheit, die Ausgestaltung von Pressefreiheit, die Organisation einer allgemeinen Volksbewaffnung, eines allgemeinen Wahlrechts und konstitutioneller Verfassungen, wurden in der Frankfurter Nationalversammlung und von den Dichtern des Vormärz in der Presse gleichermaßen ausgetragen.

Nach dem Scheitern der Revolution mussten viele Autoren ins Exil gehen. Sie lebten in der Schweiz, in Frankreich, Belgien, den USA. Nach einer Amnestie 1864 kehrten einige in die Heimat zurück, nur wenige betätigten sich noch politisch (als Journalisten).

Wichtige Autorinnen/Autoren und Werke
Ludwig Börne (1785–1837): „Briefe aus Paris“ (Korrespondentenberichte aus Paris in Briefform)
August Heinrich Hoffmann von Fallersleben (1789–1874): Gedichte (Deutschlandlied)
Annette von Droste-Hülshoff (1797–1848): Gedichte; „Die Judenbuche“ (Novelle)
Heinrich Heine (1797–1856): „Deutschland. Ein Wintermärchen“, „Atta Troll“ (Verserzählungen); „Lutezia“ (Korrespondentenberichte aus Paris); „Neue Gedichte“; „Romanzero“ (Gedichte)
Johann Nestroy (1801–1862): Komödien; Volksstücke
Nikolaus Lenau (1802–1850): Gedichte
Eduard Mörike (1804–1875): Gedichte; „Maler Nolten“ (Roman); „Mozart auf der Reise nach Prag“ (Novelle)
Adalbert Stifter (1805–1868): „Der Nachsommer“ (Roman); „Der Kondor“, „Bunte Steine“ (Erzählungen)
Ferdinand Freiligrath (1810–1876): „Ça ira“ (politische Gedichte)
Karl Gutzkow (1811–1878): „Wally die Zweiflerin“ (Roman)
Georg Büchner (1813–1837): „Dantons Tod“, „Woyzeck“ (Dramen); „Der hessische Landbote“ (Flugschrift); „Lenz“ (Erzählung)
Louise Aston (1814–1871): „Wilde Rosen“ (Gedichte); „Aus dem Leben einer Frau“ (Roman)
Georg Herwegh (1817–1875): „Gedichte eines Lebendigen“
Georg Weerth (1822–1856): Gedichte; „Skizzen aus dem Handelsleben“; „Leben und Taten des berühmten Ritters Schnapphahnski“ (satirische Skizzen)

---

1 Vormärz und Biedermeier werden, was das politische Engagement der Autorinnen und Autoren angeht, für gegensätzliche Strömungen der Literatur gehalten. Beide gehören indes zum frühen Realismus.
Stellen Sie in Form eines Essays (▶ S. 49–56) den nach innen gerichteten Realismus des Biedermeier und den auf öffentliche Wirksamkeit abgestellten Realismus des Vormärz einander gegenüber.

Themenfeld: Was ist „Menschenwürde“? – Determination und Destruktion der Persönlichkeit als Thema der Literatur

Georg Büchner war Naturwissenschaftler – Mediziner – und hoch sensibilisiert für den psychischen Prozess der Zerstörung der Persönlichkeit durch sozialen und familialen Druck. Gleichzeitig beschäftigte er sich als Autor auch mit revolutionären Prozessen in der Gesellschaft (Studium der Französischen Revolution, „Hessischer Landbote“, „Dantons Tod“). Büchner war Anhänger eines konsequent realistischen Prinzips in der Literatur.
Im „Woyzeck“ gestaltet er den „Fall“ eines Affektmörders in einer Folge dramatischer Bilder. Zugleich entfaltet er ein eher philosophisches Problem, nämlich die Abhängigkeit der Persönlichkeit von den Lebensbedingungen, denen sie ausgesetzt ist.

---

1 An welchen literarischen Werken, die Sie kennen, können Sie die Begriffe Determination und Destruktion der Persönlichkeit erläutern?

I Ausbeutung, Fremdbestimmung, Erniedrigung

Georg Büchner: **Woyzeck** (1836/37)

Woyzeck ist (wie sein historisches Vorbild, dessen „Fall" Büchner in den Gerichtsakten studierte) eine unterdrückte Kreatur. Er ist arm und als Soldat abhängig. So muss er die Launen seiner Vorgesetzten ertragen.

Hauptmann auf einem Stuhl, Woyzeck rasiert ihn.

HAUPTMANN: Langsam, Woyzeck, langsam; eins nach dem andern. Er macht mir ganz schwindlich. Was soll ich dann mit den zehn 5 Minuten anfange, die Er heut zu früh fertig wird? Woyzeck, bedenk' Er, Er hat noch seine schöne dreißig Jahr zu leben, dreißig Jahr! macht 360 Monate, und Tage, Stunden, Minuten! Was will Er denn mit der ungeheuren Zeit 10 all anfangen? Teil Er sich ein, Woyzeck.

WOYZECK: Jawohl, Herr Hauptmann.

HAUPTMANN: Es wird mir ganz angst um die Welt, wenn ich an die Ewigkeit denke. Beschäftigung, Woyzeck, Beschäftigung! Ewig, das ist 15 ewig, das ist ewig, das siehst du ein; nun ist es aber wieder nicht ewig, und das ist ein Augenblick, ja, ein Augenblick – Woyzeck, es schaudert mich, wenn ich denk, dass sich die Welt in einem Tag herumdreht, was 'ne Zeitverschwen- 20 dung, wo soll das hinaus? Woyzeck, ich kann kein Mühlrad mehr sehn, oder ich werd' melancholisch.

WOYZECK: Jawohl, Herr Hauptmann.

HAUPTMANN: Woyzeck, Er sieht immer so ver- 25 hetzt aus. Ein guter Mensch tut das nicht, ein guter Mensch, der sein gutes Gewissen hat. – Red' Er doch was Woyzeck. Was ist heut für Wetter?

WOYZECK: Schlimm, Herr Hauptmann, schlimm; 30 Wind.

HAUPTMANN: Ich spür's schon, s' ist so was Geschwindes draußen; so ein Wind macht mir den Effekt wie eine Maus. *Pfiffig.* Ich glaub' wir haben so was aus Süd-Nord.

35 WOYZECK: Jawohl, Herr Hauptmann.

HAUPTMANN: Ha! Ha! Ha! Süd-Nord! Ha! Ha! Ha! Er ist dumm, ganz abscheulich dumm. *Gerührt.* Woyzeck, Er ist ein guter Mensch, ein guter Mensch – aber *mit Würde* Woyzeck, Er hat keine Moral! Moral, das ist, wenn man mora- 40 lisch ist, versteht Er. Es ist ein gutes Wort. Er hat ein Kind, ohne den Segen der Kirche, wie unser hochehrwürdiger Herr Garnisonsprediger sagt, ohne den Segen der Kirche, es ist nicht von mir. 45

WOYZECK: Herr Hauptmann, der liebe Gott wird den armen Wurm nicht drum ansehn, ob das Amen drüber gesagt ist, eh' er gemacht wurde. Der Herr sprach: Lasset die Kindlein zu mir kommen. 50

HAUPTMANN: Was sagt Er da? Was ist das für ne kuriose Antwort? Er macht mich ganz konfus mit seiner Antwort. Wenn ich sag: Er, so mein ich Ihn, Ihn.

WOYZECK: Wir arme Leut. Sehn Sie, Herr 55 Hauptmann, Geld, Geld. Wer kein Geld hat. Da setz eimal einer seinsgleichen auf die Moral in die Welt. Man hat auch sein Fleisch und Blut. Unseins ist doch einmal unselig in der und der andern Welt, ich glaub', wenn wir in Himmel 60 kämen, so müssten wir donnern helfen.

HAUPTMANN: Woyzeck, Er hat keine Tugend, Er ist kein tugendhafter Mensch. Fleisch und Blut? Wenn ich am Fenster lieg, wenn's geregnet hat, und den weißen Strümpfen so nachsehe, wie 65 sie über die Gassen springen – verdammt Woyzeck –, da kommt mir die Liebe. Ich hab auch Fleisch und Blut. Aber Woyzeck, die Tugend, die Tugend! Wie sollte ich dann die Zeit herumbringen? Ich sag' mir immer: Du bist ein tu- 70 gendhafter Mensch, *gerührt* ein guter Mensch, ein guter Mensch.

WOYZECK: Ja, Herr Hauptmann, die Tugend!

Ich hab's noch nicht so aus. Sehn Sie, wir gemeine Leut, das hat keine Tugend, es kommt einem nur so die Natur, aber wenn ich ein Herr wär und hätt ein Hut und eine Uhr und eine Anglaise[1] und könnt vornehm reden, ich wollt schon tugendhaft sein. Es muss was Schöns sein um die Tugend, Herr Hauptmann. Aber ich bin ein armer Kerl.

HAUPTMANN: Gut Woyzeck. Du bist ein guter Mensch, ein guter Mensch. Aber du denkst zu viel, das zehrt, du siehst immer so gehetzt aus. Der Diskurs hat mich ganz angegriffen. Geh' jetzt, und renn nicht so; langsam, hübsch langsam die Straße hinunter.

1 **Anglaise:** tailliertes, vornehmes Kleidungsstück (Rock, Mantel) des 18. Jh.s

---

1 Vergleichen Sie die Redeweise des Hauptmanns mit derjenigen Woyzecks.

2 a Rekonstruieren Sie aus der Rede des Hauptmanns dessen Vorstellung von Moral.
- Was meint der Hauptmann, wenn er feststellt, Woyzeck habe keine „Tugend“, er selbst aber sei „ein guter Mensch“?
- Was meint er, wenn er auch Woyzeck einen „guten Menschen“ nennt?

b Vergleichen Sie die Vorstellung des Hauptmanns mit der Woyzecks: Was will Woyzeck sagen, wenn er „Tugend“ und „Natur“ einander gegenüberstellt und Tugend mit Reichtum verbindet?

3 Halten Sie die Szene für eine „realistische“ Abschilderung der Wirklichkeit in einer kleinen Garnisonsstadt der Zeit oder für eine Satire? Begründen Sie.

Heinrich Heine: **Jammertal** (um 1854)

Der Nachtwind durch die Luken pfeift,
Und auf dem Dachstublager
Zwei arme Seelen gebettet sind;
Sie schauen so blass und mager.

Die eine arme Seele spricht:
Umschling mich mit deinen Armen,
An meinen Mund drück fest deinen Mund,
Ich will an dir erwarmen.

Die andere arme Seele spricht:
Wenn ich dein Auge sehe,
Verschwindet mein Elend, der Hunger, der Frost
Und all mein Erdenwehe.

Sie küssten sich viel, sie weinten noch mehr,
Sie drückten sich seufzend die Hände,
Sie lachten manchmal und sangen sogar,
Und sie verstummten am Ende.

Am Morgen kam der Kommissär,
Und mit ihm kam ein braver
Chirurgus, welcher konstatiert
Den Tod der beiden Kadaver.

Die strenge Wittrung, erklärte er,
Mit Magenleere vereinigt,
Hat beider Ableben verursacht, sie hat
Zum Mindesten solches beschleunigt.

Wenn Fröste eintreten, setzt' er hinzu,
Sei höchst notwendig Verwahrung
Durch wollene Decken; er empfahl
Gleichfalls gesunde Nahrung.

---

4 Zwischen Büchners „Woyzeck“-Fragment und Heines nachgelassenem politischen Gedicht liegt die Revolution von 1848.

a Welche Folgen der Revolution für die Armen können Sie aus Heines Gedicht ableiten?

b Untersuchen Sie, wie die beiden Autoren literarisch mit den sozialen Gegebenheiten ihrer Zeit umgehen.

II Wissenschaftlicher Fortschritt: Die Verantwortung des Wissenschaftlers

Die bahnbrechenden Entdeckungen der Naturwissenschaften führen zu technischen Neuerungen und medizinischen Fortschritten. Gleichzeitig zeichnet sich die negative Seite naturwissenschaftlichen Denkens ab: die wissenschaftliche Errungenschaft als Selbstzweck.

Georg Büchner: **Woyzeck** (1836/37)

[Um für Marie, die Mutter seines Kindes, die Kosten für den Unterhalt zu verdienen, stellt Woyzeck sich für medizinische Versuche zur Verfügung. Marie betrügt ihn mit einem Offizier, dem Tambourmajor.]

Woyzeck. Der Doktor

DOKTOR: Was erleb' ich Woyzeck? Ein Mann von Wort.
WOYZECK: Was denn Herr Doktor?
5 **DOKTOR:** Ich hab's gesehn Woyzeck; Er hat auf die Straß gepisst, an die Wand gepisst wie ein Hund. Und doch 2 Groschen täglich. Woyzeck das ist schlecht. Die Welt wird schlecht, sehr schlecht.
WOYZECK: Aber Herr Doktor, wenn einem die
10 Natur kommt.
DOKTOR: Die Natur kommt, die Natur kommt! Die Natur! Hab' ich nicht nachgewiesen, dass der musculus constrictor vesicae dem Willen unterworfen ist? Die Natur! Woyzeck, der Mensch
15 ist frei, in dem Menschen verklärt sich die Individualität zur Freiheit. Den Harn nicht halten können! *Schüttelt den Kopf, legt die Hände auf den Rücken und geht auf und ab.* Hat Er schon seine Erbsen gegessen, Woyzeck? – Es gibt eine Revo-
20 lution in der Wissenschaft, ich sprenge sie in die Luft. Harnstoff 0,10, salzsaures Ammonium, Hyperoxydul. Woyzeck, muss Er nicht wieder pissen? Geh' Er eimal hinein, und probier Er's.
WOYZECK: Ich kann nit, Herr Doktor. [...]
DOKTOR: Woyzeck, Er philosophiert wieder. 25
WOYZECK *vertraulich:* Herr Doktor, haben Sie schon was von der doppelten Natur gesehn? Wenn die Sonn in Mittag steht, und es ist, als ging die Welt in Feuer auf, hat schon eine fürchterliche Stimme zu mir geredt! 30
DOKTOR: Woyzeck, Er hat eine aberratio.
WOYZECK *legt den Finger an die Nase:* Die Schwämme, Herr Doktor. Da, da steckts. Haben Sie schon gesehn, in was für Figuren die Schwämme auf dem Boden wachsen? Wer das lesen könnt. 35
DOKTOR: Woyzeck, Er hat die schönste aberratio mentalis partialis, die zweite Spezies, sehr schön ausgeprägt. Woyzeck, Er kriegt Zulage. Zweite Spezies, fixe Idee, mit allgemein vernünftigem Zustand. Er tut noch alles wie sonst, 40 rasiert sein Hauptmann?
WOYZECK: Jawohl.
DOKTOR: Isst sei Erbse?
WOYZECK: Immer ordentlich Herr Doktor. Das Geld für die Menage kriegt mei Frau. 45
DOKTOR: Tut sei Dienst?
WOYZECK: Jawohl.
DOKTOR: Er ist ein interessanter Kasus. Subjekt Woyzeck, Er kriegt Zulag. Halt Er sich brav. Zeig Er sei Puls! Ja. 50

---

1 Untersuchen Sie den Dialog des Doktors mit Woyzeck auf versteckte Anzeichen von Hierarchie und Abhängigkeit hin. Beachten Sie dabei auch die Hinweise, die Büchner in den Regieanweisungen gibt.

2 a Charakterisieren Sie den Doktor. Entscheiden Sie:
- Handelt es sich um die Karikatur eines Arztes, eines Naturwissenschaftlers, die Büchner in satirischer Absicht entwirft?
- Handelt es sich um einen Charakter oder um einen Typus, durch den Büchner auf typische Denkmuster der Medizin seiner Zeit aufmerksam machen möchte?
- Ist der Doktor (wie der Hauptmann) als Vertreter der „Oberschicht" zu sehen, die in einer anderen Welt lebt als die armen Leute wie Woyzeck?

b Stellen Sie Vermutungen darüber an, weshalb Büchner die Figur des Doktors so angelegt hat.

Bertolt Brecht: Leben des Galilei (1938/39) – 14. Bild

Brecht greift in seinem Drama auf den historischen Galileo Galilei zurück, hat aber moderne Naturwissenschaftler im Blick.
[Galilei hat die Ergebnisse seiner Forschung aus Angst vor Folter und vor dem Tod auf dem Scheiterhaufen widerrufen, indes heimlich weitergearbeitet. Im Gespräch mit seinem Schüler Andrea Sarti durchdenkt er seine Situation und reflektiert über seine Verantwortung.]

GALILEI: Das Elend der Vielen ist alt wie das Gebirge und wird von Kanzel und Katheder herab für unzerstörbar erklärt wie das Gebirge. Unsere neue Kunst des Zweifelns entzückte das große Publikum. Es riß uns das Teleskop aus der Hand und richtete es auf seine Peiniger. Diese selbstischen und gewalttätigen Männer, die sich die Früchte der Wissenschaft gierig zunutze gemacht haben, fühlten zugleich das kalte Auge der Wissenschaft auf ein tausendjähriges, aber künstliches Elend gerichtet, das deutlich beseitigt werden konnte, indem sie beseitigt wurden. Sie überschütteten uns mit Drohungen und Bestechungen, unwiderstehlich für schwache Seelen. Aber können wir uns der Menge verweigern und doch Wissenschaftler bleiben? Die Bewegungen der Himmelskörper sind übersichtlicher geworden; immer noch unberechenbar sind den Völkern die Bewegungen ihrer Herrscher. Der Kampf um die Meßbarkeit des Himmels ist gewonnen durch Zweifel; durch Gläubigkeit muß der Kampf der römischen Hausfrau um Milch immer aufs neue verlorengehen. Die Wissenschaft, Sarti, hat mit beiden Kämpfen zu tun. Eine Menschheit, stolpernd in diesem tausendjährigen Perlmutterdunst von Aberglauben und alten Wörtern, zu unwissend, ihre eigenen Kräfte voll zu entfalten, wird nicht fähig sein, die Kräfte der Natur zu entfalten, die ihr enthüllt. Wofür arbeitet ihr? Ich halte dafür, daß das einzige Ziel der Wissenschaft darin besteht, die Mühseligkeit der menschlichen Existenz zu erleichtern. Wenn Wissenschaftler, eingeschüchtert durch selbstsüchtige Machthaber, sich damit begnügen, Wissen um des Wissens willen aufzuhäufen, kann die Wissenschaft zum Krüppel gemacht werden, und eure neuen Maschinen mögen nur neue Drangsale bedeuten. Ihr mögt mit der Zeit alles entdecken, was es zu entdecken gibt, und euer Fortschritt wird doch nur ein Fortschreiten von der Menschheit weg sein. Die Kluft zwischen euch und ihr kann eines Tages so groß werden, daß euer Jubelschrei über irgendeine neue Errungenschaft von einem universalen Entsetzensschrei beantwortet werden könnte. — Ich hatte als Wissenschaftler eine einzigartige Möglichkeit. In meiner Zeit erreichte die Astronomie die Marktplätze. Unter diesen ganz besonderen Umständen hätte die Standhaftigkeit eines Mannes große Erschütterungen hervorrufen können. Hätte ich widerstanden, hätten die Naturwissenschaftler etwas wie den hippokratischen Eid der Ärzte entwickeln können, das Gelöbnis, ihr Wissen einzig zum Wohle der Menschheit anzuwenden! Wie es nun steht, ist das Höchste, was man erhoffen kann, ein Geschlecht erfinderischer Zwerge, die für alles gemietet werden können. Ich habe zudem die Überzeugung gewonnen, Sarti, daß ich niemals in wirklicher Gefahr schwebte. Einige Jahre lang war ich ebenso stark wie die Obrigkeit. Und ich überlieferte mein Wissen den Machthabern, es zu gebrauchen, es nicht zu gebrauchen, es zu mißbrauchen, ganz wie es ihren Zwecken diente.

Virginia ist mit einer Schüssel hereingekommen und bleibt stehen.

Galilei: Ich habe meinen Beruf verraten. Ein Mensch, der das tut, was ich getan habe, kann in den Reihen der Wissenschaft nicht geduldet 70 werden. R

3 Welches sind im Einzelnen die Vorwürfe, die Galilei sich selbst (und den Forschern im Allgemeinen) macht? Formulieren Sie diese Selbstvorwürfe als Anklagepunkte einer Anklageschrift.

4 Vergleichen Sie Büchners (▸ S.326) und Brechts Kritik an dem Arzt bzw. dem Naturwissenschaftler.
- Welche Vorwürfe werden erhoben?
- Welche typischen Merkmale der (Natur-)Wissenschaften spielen dabei eine Rolle?

Berücksichtigen Sie den historischen Abstand zwischen den beiden Werken und die dazwischenliegenden offensichtlichen Errungenschaften, die die Forschungen im Bereich der Medizin und der Physik den Menschen gebracht haben.

5 Lesen Sie Fausts Monolog (▸ S.269) und grenzen Sie Fausts Gedanken zu Studium und Wissenschaft gegen Galileis Auffassung von Wissenschaft und Verantwortung der Wissenschaft (▸ S.271 und ▸ S.327) ab.

III Die Rebellion des geschundenen Menschen: Selbstzerstörung und Wahnsinn

Georg Büchner: **Woyzeck** – Szenen um Marie

Marie, Tambour-Major

Tambour-Major: Marie!

Marie *ihn ansehend, mit Ausdruck:* Geh' einmal vor dich hin. Über die Brust wie ein Rind und 5 ein Bart wie ein Löw – So ist keiner – Ich bin stolz vor allen Weibern.

Tambour-Major: Wenn ich am Sonntag erst den großen Federbusch hab' und die weiße Handschuh, Donnerwetter, Marie, der Prinz 10 sagt immer: Mensch, Er ist ein Kerl.

Marie *spöttisch:* Ach was! *Tritt vor ihn hin.* Mann!

Tambour-Major: Und du bist auch ein Weibsbild. Sapperment, wir wollen eine Zucht von 15 Tambour-Majors anlegen. He? *Er umfasst sie.*

Marie *verstimmt:* Lass mich!

Tambour-Major: Wild Tier.

Marie *heftig:* Rühr mich an!

Tambour-Major: Sieht dir der Teufel aus den 20 Augen?

Marie: Meintwegen. Es ist alles eins.

Woyzeck, Marie

Woyzeck *sieht sie starr an, schüttelt den Kopf:* Hm! Ich seh nichts, ich seh nichts. O, man müsst's sehen, man müsst's greifen könne mit 25 Fäusten.

Marie *verschüchtert:* Was hast du, Franz? Du bist hirnwütig, Franz?

Franz: Eine Sünde so dick und so breit. Es stinkt, dass man die Engelchen zum Himmel 30 hinaus rauche könnt. Du hast ein rote Mund, Marie. Keine Blase drauf? Adieu, Marie, du bist schön wie die Sünde –. Kann die Todsünde so schön sein?

Marie: Franz, du red'st im Fieber. 35

Franz: Teufel! – Hat er da gestande, so, so?

Marie: Dieweil der Tag lang und die Welt alt ist, könn' viel Mensche an eim Platz stehn, einer nach dem andern.

Woyzeck: Ich hab ihn gesehn. 40

Marie: Man kann viel sehn, wenn man zwei Auge hat und man nicht blind ist, und die Sonn scheint.

Woyzeck: Mit diesen Augen!

Marie *keck:* Und wenn auch. 45

Wachstube

WOYZECK *unruhig:* Tanz, Andres, sie tanze.
ANDRES: Im Rössel und im Sternen.
WOYZECK: Tanz, Tanz.
50 **ANDRES:** Meintwege.
Sie sitzt in ihrem Garten,
Bis dass das Glöcklein zwölfe schlägt,
Und passt auf die Solda-aten.
WOYZECK: Andres, ich hab kei Ruh.
55 **ANDRES:** Narr!
WOYZECK: Ich muss hinaus. Es dreht sich mir vor den Augen. Tanz. Tanz. Was sie heiße Händ habe. Verdammt Andres!
ANDRES: Was willst du?
60 **WOYZECK:** Ich muss fort.
ANDRES: Mit dem Mensch.
WOYZECK: Ich muss hinaus, s' ist so heiß da hie.

Wirtshaus

65 *Die Fenster offen, Tanz. Bänke vor dem Haus. Bursche.*
1. HANDWERKSBURSCH: Ich hab ein Hemdlein an, das ist nicht mein, Meine Seele stinkt nach Branndewein.[...]

Woyzeck stellt sich ans Fenster. Marie und der Tambourmajor tanzen vorbei, ohne ihn zu bemerken. 70
MARIE *im Vorbeitanzen:* Immerzu, immerzu.
WOYZECK *erstickt:* Immerzu! – Immerzu! *fährt heftig auf und sinkt zurück auf die Bank* Immerzu, immerzu, *schlägt die Hände ineinander* dreht 75 euch, wälzt euch. Warum bläst Gott nicht die Sonn aus, dass alles in Unzucht sich übernanderwälzt, Mann und Weib, Mensch und Vieh. Tut's am hellen Tag, tut's einem auf den Händen, wie die Mücken. – Weib. – Das Weib ist 80 heiß, heiß! – Immerzu, immerzu. Fährt auf. Der Kerl! Wie er an ihr herumtappt, an ihrem Leib, er, er hat sie wie ich zu Anfang!

Freies Feld

WOYZECK: Immerzu! Immerzu! Still Musik! 85 *Reckt sich gegen den Boden.* Ha was, was sagt ihr? Lauter, lauter, – stich, stich die Zickwolfin tot? Stich, stich die Zickwolfin tot. Soll ich? Muss ich? Hör ich's da auch, sagt's der Wind auch? Hör ich's immer, immerzu, stich tot, tot. 90

---

1 Woyzeck hat – so sagte der Doktor – eine „aberratio mentalis". Suchen Sie in seinen Äußerungen nach Indizien für den Prozess eines schrittweise sich entwickelnden Wahns. Überlegen Sie dabei, welches die Gründe für diese Entwicklung sein könnten.

2 Die hier abgedruckten Szenen stammen aus der Entwurfsfassung des Dramas und geben Ihnen einen Einblick in die Entwicklung des Verhältnisses zwischen Woyzeck und Marie. Verfassen Sie zwei innere Monologe, in denen Sie diese Entwicklung aus der Sicht Woyzecks und aus der Sicht Maries darstellen.

Georg Büchner: **Lenz** (1834)

Jakob Michael Reinhold Lenz (1751–1792) gehörte zu Goethes Straßburger Freunden. Zu dem Zeitpunkt, zu dem Büchners Erzählung einsetzt, ist Lenz 27 Jahre alt und Autor mehrerer Theaterstücke. Er ist unbemittelt und hat kein Amt und keine Anstellung. Aus Weimar, wo er sich eine Zeit lang als Freund Goethes aufhielt, wird er ausgewiesen. Sein Vater will ihn zwingen, nach Hause zu kommen und Pfarrer zu werden. Lenz erleidet einen Zusammenbruch und erkrankt psychisch. Er wird nach Waldersbach im Elsass geschickt, wo sich der Pfarrer Oberlin seiner annehmen soll. Büchner studierte Lenz' Krankheit nach den Aufzeichnungen des Pfarrers.

Den 20. ging Lenz durch's Gebirg. Die Gipfel und hohen Bergflächen im Schnee, die Täler hinunter graues Gestein, grüne Flächen, Felsen und Tannen. Es war nasskalt, das Wasser rieselte die Felsen hinunter und sprang über den Weg. Die Äste der Tannen hingen schwer herab in die feuchte Luft. Am Himmel zogen graue Wolken, aber alles so dicht, und dann dampfte der Nebel herauf und strich schwer und feucht durch das Gesträuch, so träg, so plump. Er ging gleichgültig weiter, es lag ihm nichts am Weg, bald auf- bald abwärts. Müdigkeit spürte er keine, nur war es ihm manchmal unangenehm, dass er nicht auf dem Kopf gehn konnte. Anfangs drängte es ihm in der Brust, wenn das Gestein so wegsprang, der graue Wald sich unter ihm schüttelte, und der Nebel die Formen bald verschlang, bald die gewaltigen Glieder halb enthüllte; es drängte in ihm, er suchte nach etwas, wie nach verlornen Träumen, aber er fand nichts. Es war ihm alles so klein, so nahe, so nass, er hätte die Erde hinter den Ofen setzen mögen, er begriff nicht, dass er so viel Zeit brauchte, um einen Abhang hinunterzuklimmen, einen fernen Punkt zu erreichen; er meinte, er müsse alles mit ein paar Schritten ausmessen können. Nur manchmal, wenn der Sturm das Gewölk in die Täler warf, und es den Wald heraufdampfte, und die Stimmen an den Felsen wach wurden, bald wie fern verhallende Donner, und dann gewaltig heranbrausten, in Tönen, als wollten sie in ihrem wilden Jubel die Erde besingen, und die Wolken wie wilde wiehernde Rosse heransprengten, und der Sonnenschein dazwischen durchging und kam und sein blitzendes Schwert an den Schneeflächen zog, sodass ein helles, blendendes Licht über die Gipfel in die Täler schnitt; oder wenn der Sturm das Gewölk abwärtstrieb und einen lichtblauen See hineinriss, und dann der Wind verhallte und tief unten aus den Schluchten, aus den Wipfeln der Tannen wie ein Wiegenlied und Glockengeläute heraufsummte, und am tiefen Blau ein leises Rot hinaufklomm, und kleine Wölkchen auf silbernen Flügeln durchzogen und alle Berggipfel scharf und fest, weit über das Land hin glänzten und blitzten, riss es ihm in der Brust, er stand, keuchend, den Leib vorwärtsgebogen, Augen und Mund weit offen, er meinte, er müsse den Sturm in sich ziehen, alles in sich fassen, er dehnte sich aus und lag über der Erde, er wühlte sich in das All hinein, es war eine Lust, die ihm wehe tat; oder er stand still und legte das Haupt ins Moos und schloss die Augen halb, und dann zog es weit von ihm, die Erde wich unter ihm, sie wurde klein wie ein wandelnder Stern und tauchte sich in einen brausenden Strom, der seine klare Flut unter ihm zog. Aber es waren nur Augenblicke, und dann erhob er sich nüchtern, fest, ruhig, als wäre ein Schattenspiel vor ihm vorübergezogen, er wusste von nichts mehr. Gegen Abend kam er auf die Höhe des Gebirgs, auf das Schneefeld, von wo man wieder hinabstieg in die Ebene nach Westen, er setzte sich oben nieder. Es war gegen Abend ruhiger geworden; das Gewölk lag fest und unbeweglich am Himmel, so weit der Blick reichte, nichts als Gipfel, von denen sich breite Flächen hinabzogen, und alles so still, grau, dämmernd; es wurde ihm entsetzlich einsam, er war allein, ganz allein, er wollte mit sich sprechen, aber er konnte nicht, er wagte kaum zu atmen, das Biegen seines Fußes tönte wie Donner unter ihm, er musste sich niedersetzen; es fasste ihn eine namenlose Angst in diesem Nichts, er war im Leeren, er riss sich auf und flog den Abhang hinunter. Es war finster geworden, Himmel und Erde verschmolzen in Eins. Es war, als ginge ihm was nach, und als müsse ihn was Entsetzliches erreichen, etwas, das Menschen nicht ertragen können, als jage der Wahnsinn auf Rossen hinter ihm. Endlich hörte er Stimmen, er sah Lichter, es wurde ihm leichter, man sagte ihm, er hätte noch eine halbe Stunde nach Waldbach.

3 Beschreiben Sie möglichst nahe am Text, wie die Naturwahrnehmung des Wanderers sich entwickelt und was sie über seinen Gemütszustand aussagt.

4 Welche Teile der Landschaftsbeschreibung könnten Sie auf Lenz' psychischen Zustand beziehen?

5 Vergleichen Sie die Textstellen, an denen Büchner auf den geistigen Zustand Woyzecks aufmerksam macht (▸ S. 326, 328–329), mit solchen, an denen er Lenz charakterisiert.

6 **Weiterführende Aufgabe:** „Woyzeck" war lange verschollen. Erst 1878 wurde Büchners Stück gedruckt und 1913 das erste Mal gespielt. Naturalisten (▸ S. 363 f.) wie Gerhart Hauptmann und Expressionisten (▸ S. 376 f.) wie Georg Heym sahen in Büchner gleichermaßen ihren Vorläufer. Hauptmann hat selbst in seiner Novelle „Bahnwärter Thiel" (1888) Büchners Frage neu gestellt: „Wie viel Demütigung kann ein Mensch ertragen, bis er in Wahnsinn verfällt?"
Besorgen Sie sich diesen Text, und arbeiten Sie die Ähnlichkeit zwischen Woyzeck und Thiel heraus.

Georg Heym: **Der Irre** (1911)

Auch für die Expressionisten war Büchner eine „Entdeckung". In seinem Prosastück „Der Irre" verfolgt Heym – ganz in der Perspektive des Kranken – einen Amoklauf. Die personale Erzählperspektive wird für den Leser quälend, weil er sich konsequent in die Sichtweise eines Paranoikers einfühlen muss. Zuletzt flüchtet sich der Irre in ein Berliner Kaufhaus. Er kennt sich in dieser glitzernden Welt nicht aus.

Er kam an eine vergitterte Tür. Dahinter war ein großer Schacht, in dem einige Seile herauf- und herunterzulaufen schienen. Ein großer Kasten kam von unten herauf, das Gitter wurde zurückgezogen. Jemand sagte: „Bitte aufwärts", er war in dem Kasten und schwebte wie ein Vogel in die Höhe hinauf. Oben begegnete er vielen Menschen, die um große Tische voll von Tellern, Vasen, Gläsern, Gefäßen herumstanden oder sich in den Gängen zwischen einer Reihe von Podien bewegten, auf denen wie ein Feld gläserner Blumen schlanke Kristalle, Leuchter oder bunte Lampen aus gemaltem Porzellan prangten. An der Wand, entlang an diesen Kostbarkeiten, lief, um eine kurze Treppe erhöht, eine schmale Galerie hin.
Er wand sich durch die Massen hindurch, er kam über die Treppe auf die Galerie hinauf. Er lehnte sich an das Geländer, unten sah er die Menschen hinströmen, die wie unzählige schwarze Fliegen mit ihren Köpfen, Beinen und Armen in ewiger Bewegung ein ewiges Summen hervorzubringen schienen. Und eingeschläfert von der Monotonie dieser Geräusche, betäubt von der Schwüle des Nachmittags, krank von den Exaltationen dieses Tages schloss er seine Augen.
Er war ein großer weißer Vogel über einem großen einsamen Meer, gewiegt von einer ewigen Helle, hoch im Blauen. Sein Haupt stieß an die weißen Wolken, er war Nachbar der Sonne, die über seinem Haupte den Himmel füllte, eine große goldene Schale, die gewaltig zu dröhnen begann.
Seine Schwingen, weißer als ein Schneemeer, stark, mit Achsen wie Baumstämme klafterten über den Horizont, unten tief in der Flut schienen purpurne Inseln zu schwimmen, großen rosigen Muscheln gleich. Ein unendlicher Friede, eine ewige Ruhe zitterte unter diesem ewigen Himmel. [...]
Unter ihm wurden ein paar Frauen auf ihn aufmerksam. Sie lachten. Andere kamen, es entstand ein Gedränge, Ladenmädchen rannten nach dem Geschäftsführer.
Er stieg auf die Brüstung, richtete sich auf und schien oben über der Menge zu schweben. Unter ihm in dem Ozean war ein riesiges Licht. Er musste jetzt herabtauchen, jetzt war es Zeit, auf das Meer zu sinken. Aber da war etwas Schwarzes, etwas Feindliches, das störte ihn, das wollte ihn nicht hinunterlassen. Aber er wird das schon kriegen, er ist ja so stark.
Und er holt aus und springt von der Balustrade mitten in die japanischen Gläser, in die chinesischen Lackmalereien, in die Kristalle von Tiffany. Da ist das Schwarze, da ist das, – und er reißt ein Ladenmädchen zu sich herauf, legt ihr die Hände um die Kehle und drückt zu. [...]
Hinter der Tür erschien ein Mann, legte ein Ge-

wehr an die Backe, zielte. Der Schuss traf den Wahnsinnigen in den Hinterkopf. Er schwankte ein paar Mal hin und her, dann fiel er schwer über sein letztes Opfer, unter die klirrenden 65 Gläser.

Und während das Blut aus der Wunde schoss, war es ihm, als sänke er nun in die Tiefe, immer tiefer, leise wie eine Flaumfeder. Eine ewige Musik stieg von unten herauf und sein sterbendes Herz tat sich auf, zitternd in einer uner- 70 messlichen Seligkeit.

1 Untersuchen Sie die in der Perspektivübernahme des Irren durch den Erzähler versteckten Kommentierungen des Geschehens.
   - Wie wird die Fahrt im Fahrstuhl, wie die Ausstellung der Waren, wie der Blick von einer Verkaufs-Empore auf die untere Ebene erlebt?
   - Welche Überlegungen beherrschen den Irren?
   - Welche Verzerrungen werden sichtbar?

2 a Schreiben Sie die Erzählung Heyms in einen Alptraum oder in einen euphorischen (positiven) Traum um. Welche Textstellen müssen Sie weiter ausführen, welche reduzieren?
  b Vergleichen Sie dann Ihre Texte mit dem Original. Was hat sich in der Perspektive des Erzählers geändert?

3 Heyms Text kann als Psychogramm eines Geisteskranken gelesen werden oder als Satire, die sich der Perspektivverzerrung durch den Irren bedient, um Kritik an der Konsumgesellschaft zu üben. Welcher Interpretation würden sie sich eher anschließen? Begründen Sie Ihre Sicht durch die Analyse einzelner Textstellen.

4 **Weiterführende Aufgabe:** Lesen Sie „Die Ermordung einer Butterblume" von Alfred Döblin. Referieren Sie Handlung und Figurencharakteristik. Überlegen Sie, warum der Nervenarzt Döblin an der Darstellung einer Krankengeschichte als Kunstwerk interessiert gewesen sein könnte.

4.3 Poetischer oder bürgerlicher Realismus

Adolf Menzel: Das Eisenwalzwerk (1875)

Realismus ist die künstlerische Wiedergabe (nicht das bloße Abschreiben) des Lebens.
(Theodor Fontane, 1819–1898)

Die französische Gesellschaft sollte selbst der Geschichtsschreiber sein, ich selbst nur der Sekretär.
(Honoré de Balzac, 1799–1850)

Realismus ist nicht, wie die wirklichen Dinge sind, sondern wie die Dinge wirklich sind.
(Bertolt Brecht, 1898–1956)

---

1 Das Gemälde „Das Eisenwalzwerk" (158 x 254 cm) gilt als die erste größere Industriedarstellung in Deutschland. Zur Vorbereitung reiste der Maler Adolf Menzel nach Königshütte in Schlesien, einer der modernsten Industrieregionen Deutschlands, und fertigte in einem Walzwerk etwa hundert Detailzeichnungen an, die als Grundlage für das spätere Gemälde dienten.
a Beschreiben Sie das Gemälde. Achten Sie dabei auf den Bildbestand (Was ist dargestellt?), die Bildgestaltung (Wie ist es dargestellt?) und die Bildwirkung.
b „Heroisierung der Arbeit" oder „Ausbeutung der Arbeiterschaft"? Finden Sie Argumente für beide Deutungen und belegen Sie diese mit Ihren Beobachtungen am Bild.
c Bald nach seiner Fertigstellung erhielt das Bild den Beinamen „Moderne Cyclopen". Erläutern Sie, welche Interpretation des Bildes in diesem Titel zum Ausdruck kommt.
Hinweis: In der griechischen Mythologie sind Zyklopen einäugige Riesen und werden auch als Helfer des Schmiedegottes Hephaistos angesehen.

2 Adolf Menzel gilt als einer der bedeutendsten Maler des Realismus. Erläutern Sie, was Sie unter „realistisch" verstehen, und überprüfen Sie, inwiefern „Das Eisenwalzwerk" Ihrem Verständnis des Begriffs entspricht.
a Arbeiten Sie heraus, welche Auffassung von Realismus in den Äußerungen der Schriftsteller Theodor Fontane, Honoré de Balzac und Bertolt Brecht zum Ausdruck kommen.
b Untersuchen Sie, inwiefern diese Aussagen auf das Gemälde von Menzel zutreffen.

Theodor Fontane: **Was verstehen wir unter Realismus?** (1853)

Vor allen Dingen verstehen wir nicht darunter das nackte Wiedergeben alltäglichen Lebens, am wenigsten seines Elends und seiner Schattenseiten. Traurig genug, dass es nötig ist, der-
5 lei sich von selbst verstehende Dinge noch erst versichern zu müssen. Aber es ist noch nicht allzu lange her, dass man (namentlich in der Malerei) Misere mit Realismus verwechselte und bei Darstellung eines sterbenden Proleta-
10 riers, den hungernde Kinder umstehen, oder gar bei Produktionen jener so genannten Tendenzbilder (schlesische Weber, das Jagdrecht u. dgl. m.) sich einbildete, der Kunst eine glänzende Richtung vorgezeichnet zu haben. Diese
15 Richtung verhält sich zum echten Realismus wie das rohe Erz zum Metall: Die Läuterung fehlt. Wohl ist das Motto des Realismus der Goethe'sche Zuruf:

Greif nur hinein ins volle Menschenleben,
Wo du es packst, da ist's interessant, 20

aber freilich, die Hand, die diesen Griff tut, muss eine künstlerische sein. Das Leben ist doch immer nur der Marmorsteinbruch, der den Stoff zu unendlichen Bildwerken in sich trägt; sie schlummern darin, aber nur dem Auge des Ge- 25
weihten sichtbar und nur durch seine Hand zu erwecken. Der Block an sich, nur herausgerissen aus einem größeren Ganzen, ist noch kein Kunstwerk, und dennoch haben wir die Erkenntnis als einen unbedingten Fortschritt zu 30
begrüßen, dass es zunächst des Stoffes, oder sagen wir lieber des Wirklichen, zu allem künstlerischen Schaffen bedarf. Diese Erkenntnis, sonst nur im Einzelnen mehr oder minder lebendig, ist in einem Jahrzehnt zu fast univer- 35

seller Herrschaft in den Anschauungen und Produktionen unserer Dichter gelangt und bezeichnet einen abermaligen Wendepunkt in unserer Literatur. [...]
Wenn wir in Vorstehendem – mit Ausnahme eines einzigen Kernspruchs – uns lediglich negativ verhalten und überwiegend hervorgehoben haben, was der Realismus nicht ist, so geben wir nunmehr unsere Ansicht über das, was er ist, mit kurzen Worten dahin ab: Er ist die Widerspiegelung alles wirklichen Lebens, aller wahren Kräfte und Interessen im Elemente der Kunst; er ist, wenn man uns diese scherzhafte Wendung verzeiht, eine „Interessenvertretung" auf seine Art. Er umfängt das ganze reiche Leben, das Größte wie das Kleinste: den Kolumbus, der der Welt eine neue zum Geschenk machte, und das Wassertierchen, dessen Weltall der Tropfen ist; den höchsten Gedanken, die tiefste Empfindung zieht er in seinen Bereich, und die Grübeleien eines Goethe wie Lust und Leid eines Gretchen sind sein Stoff. Denn alles das ist wirklich. Der Realismus will nicht die bloße Sinnenwelt und nichts als diese; er will am allerwenigsten das bloß Handgreifliche, aber er will das Wahre. Er schließt nichts aus als die Lüge, das Forcierte, das Nebelhafte, das Abgestorbene – vier Dinge, mit denen wir glauben, eine ganze Literaturepoche bezeichnet zu haben.

1 Das Verhältnis zur Wirklichkeit wird in Kunst und Literatur seit der Antike immer wieder neu diskutiert: Soll Kunst die Wirklichkeit widerspiegeln und nachahmen oder schöpferisch entwerfen und überhöhen?
a Untersuchen Sie, wie Fontane die Aufgabe des realistischen Künstlers gegenüber der Wirklichkeit sieht. Schreiben Sie Schlüsselwörter und zentrale Aussagen aus dem Text heraus.
b Erläutern Sie in eigenen Worten, was Fontane unter dem „Wahren" in der realistischen Kunst und Literatur versteht. Beziehen Sie dabei auch Ihr Wissen über vorausgehende und nachfolgende Epochen mit ein.

2 Stellen Sie verschiedene Definitionen des Begriffs „poetischer/bürgerlicher Realismus" aus Literaturlexika und -geschichten zusammen und erarbeiten Sie ein Glossar der wichtigsten Stichwörter.

Milieus und Figuren – Merkmale realistischen Erzählens

Wilhelm Raabe: **Der Hungerpastor** (1864)

Wilhelm Raabe (1831–1910) stammt aus dem Weserbergland. Nachdem er die Schule und eine Buchhandelslehre abgebrochen hatte, ging er nach Berlin, wo er Philosophie, Literatur und Geschichte studierte. Ab 1854 lebte Raabe als freier Schriftsteller.

Der Roman schildert den Werdegang zweier junger Menschen: Hans Unwirrsch, Sohn eines Schuhmachers, und sein Freund Moses Freudenstein, Sohn eines Trödlers, wachsen in einer Kleinstadt in „einfachster Ärmlichkeit" auf, hungern aber nach Wissen und Bildung und schaffen es, nach der Armenschule auf das Gymnasium zu wechseln. Während

Moses sich zum intriganten opportunistischen Spitzel entwickelt, strebt Hans nach „Wahrheit, Freiheit und Liebe". Nach einem Studium der Theologie wird er Hauslehrer bei einem Fabrikanten, der ihn jedoch wieder entlässt, als er für die meuternden Arbeiter Partei ergreift. Bei der Familie des Geheimen Rates Götz, eines hohen Regierungsbeamten in Berlin, hofft er, eine neue Anstellung zu finden.

Sie hatten erst die lebensvolle, lärmvolle Geschäftsstadt hinter sich gelassen, hatten dann ein stilleres Viertel, vornehmeres Viertel, durchwandert und gelangten jetzt durch einen Teil 5 des Parkes zu der letzten Häuserreihe eines noch vornehmeren Viertels, welche sich den Park entlangzog und von demselben durch Fahr- und Reitwege getrennt war. Durch kleine, aber selbst in dieser frühen Jahreszeit zierlich 10 gehaltene Gärten gelangte man zu den Häusern dieser „Parkstraße"; und vor einem eleganten eisernen Gartentor stand jetzt der Leutnant und deutete grimmig auf das elegante Gebäude jenseits des runden Rasenfleckens und des leeren 15 Fontänenbeckens.

Grimmig zog der Leutnant die Glocke des Gartentores, Sesam tat sich auf, um den Rasen und das Fontänenbecken schritten die beiden Herren. Drei Treppenstufen – eine reich geschnitz- 20 te Tür, die sich ebenfalls von selbst zu öffnen schien – eine dämmerige, vornehme Flur – bunte Glasscheiben – die Töne eines Fortepianos[1] – ein kreischender Papagei irgendwo in einem Zimmer – ein Bedienter in Grün und 25 Gold, welchem Hans Unwirrsch in der Verwirrung auf den Fuß trat, und welcher es verachtete, von den gestammelten Entschuldigungen Notiz zu nehmen.

[Kleophea, die erwachsene Tochter des Geheimen Rates, begrüßt als erstes Familienmitglied Hans Unwirrsch und begleitet ihn zum Zimmer ihres Vaters.]

Durch einen eleganten Salon führte Kleophea 30 den Kandidaten in ein anderes Gemach voll Bücher- und Aktenschränke. Drei Verbeugungen machte Hans Unwirrsch gegen einen umfangreichen, mit grünem Tuch überzogenen Tisch, der auch mit Büchern und Akten bedeckt war. Ein Herr saß hinter dem Tisch und erhob sich 35 bei dem Gruß aus seinem Sessel, wuchs lang, lang, immer länger – dünn, schwarz, schattenhaft – empor und stand zuletzt lang, dünn und schwarz, zugeknöpft bis an die weiße Halsbinde, hinter seinen Akten da, gleich einem Pfahl 40 mit der Warnungstafel: An diesem Ort darf nicht gelacht werden.

Kleophea lachte aber dennoch.

„Der Herr Kandidat Unwirrsch, Papa", sagte sie; wieder verbeugte sich Hans, und der Herr 45 Geheime Rat Götz räusperte sich, schien es sehr zu bedauern, aufgestanden zu sein, blieb jedoch, da er einmal stand, stehen und fuhr mit dem rechten Arm schnell nach dem Rücken, welches in jedem andern als dem Kandidaten 50 die Vermutung erregt hätte, jetzt drücke er auf eine Feder oder drehe eine Schraube oder ziehe an einem Faden.

[...]

[Das Gespräch verläuft recht einsilbig. Schließlich meldet der Diener Jean, dass die Gattin des Geheimen Rates, eine geborene von Lichtenhahn, heimgekehrt sei.]

„Es ist mein Wunsch, dass Sie in diesem Hause 55 bleiben. Sie gefallen mir, soweit sich Ihre Personalakte bis jetzt übersehen ließ, sehr gut, ich wünsche, dass Sie auch meiner Frau gefallen mögen. Tun Sie das Ihrige dazu, und nun kommen Sie." 60

Durch den schon erwähnten Salon führte der Geheime Rat jetzt den Kandidaten zu dem gegenüberliegenden Zimmer, an dessen Tür eine bemerkliche Veränderung über den Mann kam. Die Federn in seinem Innern schienen plötz- 65 lich ihre Spannkraft zu verlieren, das Räder- und Zugwerk versagte seinen Dienst, die ganze Gestalt schien kleiner zu werden; – der Herr Geheime Rat klopfte an die Tür seiner Gemahlin und schien Lust zu haben, vorher durch das 70 Schlüsselloch zu sehen oder doch an demselben zu horchen. Einen Augenblick später stand Hans Unwirrsch vor der *Herrin* des Hauses. Ei-

1 Fortepiano: Klavier

ne stattliche Dame in Schwarz mit Adlernase und Doppelkinn – ernst wie eine sternenlose Nacht, auf einem dunkelfarbigen Diwan, hinter einem dunkelfarbig behängten Tische! Feierlicher Eindruck des ganzen Gemaches! Jeder Stuhl und Sessel ein Altar der Würde. Ernst, keusch, feierlich und würdig Wände, Plafond und Teppiche, Bilder und Vorhänge – alles in stattlicher Ordnung und Gesetztheit bis auf den siebenjährigen, kaffeegesichtigen, geschwollenen kleinen Schlingel, welcher beim Anblick des Präzeptors ein entsetzliches, widerliches, wütendes Geheul erhob und mit einer Kinderpeitsche Angriffe auf die Beine des Kandidaten Unwirrsch machte!

„O Aimé, welch ein Betragen!", sagte die Dame in Schwarz. „Komm zu mir, mein Liebling, rege dich nicht so schrecklich auf. Kleophea, willst du nicht dem Kind das Peitschchen fortnehmen?"

Kleophea zuckte wiederum die Achseln:

„Ich danke, Mama. Aimé und ich –"

Die gnädige Frau, mit der Hand winkend, rief: „Schweige nur; ich weiß schon, was jetzt kommen wird. Sieh, mein Püppchen, was ich dir für deine Peitsche gebe!"

Einer Bonbontüte konnte das liebliche Kind nicht widerstehen, es gab sein Marterinstrument in die Hände der Mutter, die dadurch alles erhielt, was ihr noch zur letzten Vollendung ihrer imponierenden Erscheinung fehlte.

Mit der Peitsche in der Hand widmete sich jetzt die Geheime Rätin gänzlich dem neuen Hauslehrer. Sie unterwarf ihn einem strengen Examen und erbat sich die allergenaueste Auskunft über die „Führung" seines Lebens. Moral und Dogma des jungen Mannes, welchem ein so kostbares Juwel anvertraut werden sollte, war ihr sehr wichtig, und nicht ganz ging's bei einigen Einzelheiten ohne Stirnrunzeln ab. Im ganzen jedoch fiel das Examen zu Gunsten des Examinanden aus, und der Schluss war sogar sehr befriedigend.

„Ich freue mich, hoffen zu können, dass Ihr Wirken in diesem Hause ein gesegnetes sein werde", sagte die gnädige Frau. „Sie werden finden, Herr Kandidat, dass der Herr Sie unter ein christliches Dach geführt hat. Sie werden finden, dass der Same des Heils in dem Herzen dieses kleinen, sensitiven Engels bereits ausgestreut ist. Unter meiner speziellen mütterlichen Aufsicht werden Sie zur Entfaltung aller schönen Blüten in diesem jungen Herzen nach Kräften beitragen, und der Herr wird Ihr Werk zum Segen gereichen lassen. Demütigen und einfältigen Herzens werden Sie unter uns wirken und sich nicht durch weltliches Lächeln und Spötteln" (hier traf ein Blick und ein imaginierter Peitschenhieb die schöne Kleophea) „beirren lassen. Aimé, mein süßes Blümchen, du darfst jetzt dem Herrn Kandidaten die Hand geben."

Das süße Blümchen musste die Aufforderung jedenfalls falsch verstanden haben. Statt dem Herrn Kandidaten die Hand zu geben, brach es von Neuem in jenes vorhin erwähnte, Mark und Bein durchdringende Geschrei aus; und als der Hauslehrer es wagte, sich ihm zu nähern, stieß es mit den Füßen nach den Schienbeinen desselben, sodass er schmerzlich bewegt zurückwich und nur aus der Ferne die Hoffnung aussprach, dass Aimé und er bald vertrauter miteinander werden würden.

„Ich hoffe es auch", sagte die gnädige Frau. „Ich hoffe, dass Sie alles aufbieten werden, sich die Liebe und Zuneigung meines Knaben zu erwerben. Durch ein kindlich einfältigliches und demütiges Wesen lässt sich leicht die Liebe eines Kindes erlangen. O welch einen Schatz lege ich in Ihre Hände, Herr Unwirrsch!"

---

1 **a** Machen Sie sich den Handlungsverlauf des Romanausschnitts klar und resümieren Sie die Handlungsschritte stichpunktartig.

b Stellen Sie sich das Geschehen wie einen Film vor. Halten Sie die Handlung an Ihnen wichtigen Stellen an und bauen Sie dazu in Gruppen **Standbilder** (► S. 121).

c Präsentieren Sie Ihre Standbilder in der Klasse und besprechen Sie deren Aussage und Wirkung. Überprüfen Sie Ihre Ergebnisse am Text.

2 **a** Untersuchen Sie Milieu und Figuren. Untersuchungskriterien können sein:
- Zeit, Ort, Raum, Atmosphäre sowie
- Aussehen, Verhalten und Eigenschaften der Figuren.

b Bestimmen Sie die Erzählperspektive und beschreiben Sie die Haltung, die der Erzähler gegenüber den Figuren und den Vorgängen einnimmt.

c Nennen Sie einige der erzählerischen Mittel, mit denen der Autor hier Atmosphäre erzeugt oder aus denen Sie seine Haltung zu den Figuren ableiten konnten.

3 Gehen Sie von folgender Annahme aus: Hans Unwirrsch denkt am Abend über seine Vorstellung bei der Familie Götz nach. Schreiben Sie aus seiner Sicht einen Tagebucheintrag oder einen Brief an seinen Freund Moses Freudenstein.

Tipp: Stellen Sie zur Vorbereitung alles zusammen, was Sie durch direkte oder indirekte Charakterisierung über Hans und seine Gedanken und Gefühle in dieser Situation erfahren.

Gottfried Keller: **Der grüne Heinrich** (1879/80)

Der Schweizer Gottfried Keller (1819–1890) verlor früh seinen Vater und wandte sich nach abgebrochener Schullaufbahn zunächst der Landschaftsmalerei zu, entdeckte dann aber sein Interesse für die Literatur. Ab Mitte der 1850er Jahre konnte er als freier Schriftsteller leben. Er verfasste v.a. Lyrik sowie Romane und Novellen.
Heinrich Lee, der Ich-Erzähler des autobiografischen Entwicklungsromans, trägt den Spitznamen „grüner Heinrich“, weil seine Kinderkleider aus den grünen Uniformen seines früh verstorbenen Vaters geschneidert waren. Er wächst in einem Schweizer Dorf bei seiner Mutter in einfachen Verhältnissen auf und besucht zunächst die Armenschule.

Das spielende Kind

Meine Mutter kaufte mir nur äußerst wenig Spielzeug, immer und einzig darauf bedacht, jeden Heller für meine Zukunft zu sparen, und 5 erachtete in ihrem Sinne jede Ausgabe für überflüssig, welche nicht unmittelbar für das Notwendigste geopfert wurde. Sie suchte mich dafür durch fortwährende mündliche Unterhaltungen zu beschäftigen und erzählte mir tau- 10 send Dinge aus ihrem vergangenen Leben sowohl wie aus dem Leben anderer Leute, indem sie in unserer Einsamkeit selbst eine süße Gewohnheit darin fand. Aber diese Unterhaltung sowie das Treiben im wunderlichen Nachbar- 15 hause konnte doch zuletzt meine Stunden nicht ausfüllen und ich bedurfte eines sinnlichen Stoffes, welcher meiner Gestaltungslust anheimgegeben war. So war ich bald darauf angewiesen, mir mein Spielzeug selbst zu schaffen. 20 Das Papier, das Holz, die gewöhnlichen Aushelfer in diesem Falle, waren schnell abgebraucht, besonders da ich keinen Mentor hatte, welcher mich mit Handgriffen und Künsten bekannt machte. Was ich so bei den Menschen nicht 25 fand, das gab mir die stumme Natur. Ich sah aus der Ferne bei andern Knaben, dass sie artige kleine Naturaliensammlungen besaßen, besonders Steine und Schmetterlinge, und von ihren Lehrern und Vätern angeleitet wurden, 30 dergleichen selbst auf ihren Ausflügen zu suchen. Ich ahmte dieses nun auf eigene Faust nach und begann, gewagte Reisen längs der

Bach- und Flussbette zu unternehmen, wo ein buntes Geschiebe an der Sonne lag. Bald hatte ich eine gewichtige Sammlung glänzender und farbiger Mineralien beisammen, Glimmer, Quarze und solche Steine, welche mir durch ihre abweichende Form auffielen. Glänzende Schlacken, aus Hüttenwerken in den Strom geworfen, hielt ich ebenfalls für wertvolle Stücke, Glasflüsse für Edelsteine, und der Trödelkram der Frau Margret lieferte mir einigen Abfall an polierten Marmorscherben und halb durchsichtigen Alabasterschnörkeln, welche überdies noch eine antiquarische Glorie durchdrang. Für diese Dinge verfertigte ich Fächer und Behälter und legte ihnen wunderlich beschriebene Zettel bei. Wenn die Sonne in unser Höfchen schien, so schleppte ich den ganzen Schatz hinunter, wusch Stück für Stück in dem kleinen Brünnlein und breitete sie nachher an der Sonne aus, um sie zu trocknen, mich an ihrem Glanze erfreuend. Dann ordnete ich sie wieder in die Schachteln und hüllte die glänzendsten Dinge sorglich in Baumwolle, welche ich aus den großen Ballen am Hafenplatze und beim Kaufhause gezupft hatte. So trieb ich es lange Zeit; allein es war nur der äußere Schein, der mich erbaute, und als ich sah, dass jene Knaben für jeden Stein einen bestimmten Namen besaßen und zugleich viel Merkwürdiges, was mir unzugänglich war, wie Kristalle und Erze, auch ein Verständnis dafür gewannen, welches mir durchaus fremd war, so starb mir das ganze Spiel ab und betrübte mich. Dazumal konnte ich nichts Totes und Weggeworfenes um mich liegen sehen; was ich nicht brauchen konnte, verbrannte ich hastig oder entfernte es weit von mir; so trug ich eines Tages die sämtliche Last meiner Steine mit vieler Mühe an den Strom hinaus, versenkte sie in den Wellen und ging ganz traurig und niedergeschlagen nach Hause.

1 **a** Skizzieren Sie, in welcher Lebenssituation sich der Ich-Erzähler befindet.
b Vergleichen Sie seine Lebensbedingungen und ihre Auswirkungen mit denen des Knaben Aimé in Raabes „Der Hungerpastor".

2 **a** Charakterisieren Sie Standpunkt und Haltung des Ich-Erzählers.
b Schreiben Sie den Text in eine Er-Erzählung um und verwenden Sie dabei einige der erzählerischen Mittel aus dem „Hungerpastor" (▸ S. 334–336, Aufgabe 2c).
c Vergleichen Sie die Wirkung Ihrer Umgestaltung mit der des Originals.

3 Rekapitulieren Sie, was Fontane unter „realistischem Erzählen" versteht (▸ S. 333–334). Überprüfen Sie, inwiefern diese Aussagen auf den oben stehenden Textauszug aus dem Roman „Der grüne Heinrich" zutreffen.

Gottfried Keller: **Romeo und Julia auf dem Dorfe** (1856)

Vor allem in seinen Novellen zeichnet Gottfried Keller ein genaues Bild seiner Schweizer Heimat. Der folgende Novellenauszug stammt aus dem Zyklus „Die Leute von Seldwyla". Im Mittelpunkt der Handlung stehen Sali und Vrenchen, die sich seit ihrer Kindheit kennen und sich als Jugendliche ineinander verlieben. Ihre Väter, zwei Bauern, haben sich aus einem nichtigen Anlass verfeindet und zerstören durch ihren Streit die Existenz ihrer Familien. Die Liebenden treffen sich heimlich auf einer Kirchweih, tanzen ausgelassen mit anderen jungen Leuten hinter einem Geiger her aus dem Dorf hinaus und wandern dann allein durch die abendliche Landschaft hinunter an den Fluss.

Sie horchten ein Weilchen auf diese eingebildeten oder wirklichen Töne, welche von der großen Stille herrührten oder welche sie mit den magischen Wirkungen des Mondlichtes verwechselten, welches nah und fern über die weißen Herbstnebel wallte, welche tief auf den Gründen lagen. Plötzlich fiel Vrenchen etwas ein; es suchte in seinem Brustgewand und sagte: „Ich habe dir noch ein Andenken gekauft, das ich dir geben wollte!“ Und es gab ihm den einfachen Ring und steckte ihm denselben selbst an den Finger. Sali nahm sein Ringlein auch hervor und steckte ihn an Vrenchens Hand, indem er sagte: „So haben wir die gleichen Gedanken gehabt!“ Vrenchen hielt seine Hand in das bleiche Silberlicht und betrachtete den Ring. „Ei, wie ein feiner Ring!“, sagte es lachend. „Nun sind wir aber doch verlobt und versprochen, du bist mein Mann und ich deine Frau, wir wollen es einmal einen Augenblick lang denken, nur bis jener Nebelstreif am Mond vorüber ist oder bis wir zwölf gezählt haben! Küsse mich zwölf Mal!“

Sali liebte gewiss ebenso stark als Vrenchen, aber die Heiratsfrage war in ihm doch nicht so leidenschaftlich lebendig als ein bestimmtes Entweder-Oder, als ein unmittelbares Sein oder Nichtsein, wie in Vrenchen, welches nur das Eine zu fühlen fähig war und mit leidenschaftlicher Entschiedenheit unmittelbar Tod oder Leben darin sah. Aber jetzt ging ihm endlich ein Licht auf, und das weibliche Gefühl des jungen Mädchens ward in ihm auf der Stelle zu einem wilden und heißen Verlangen, und eine glühende Klarheit erhellte ihm die Sinne. So heftig er Vrenchen schon umarmt und liebkost hatte, tat er es jetzt doch ganz anders und stürmischer und übersäte es mit Küssen. Vrenchen fühlte trotz aller eigenen Leidenschaft auf der Stelle diesen Wechsel, und ein heftiges Zittern durchfuhr sein ganzes Wesen, aber ehe jener Nebelstreif am Monde vorüber war, war es auch davon ergriffen. Im heftigen Schmeicheln und Ringen begegneten sich ihre ringgeschmückten Hände und fassten sich fest, wie von selbst eine Trauung vollziehend, ohne den Befehl eines Willens. Salis Herz klopfte bald wie mit Hämmern, bald stand es still, er atmete schwer und sagte leise: „Es gibt eines für uns, Vrenchen, wir halten Hochzeit zu dieser Stunde und gehen dann aus der Welt – dort ist das tiefe Wasser, dort scheidet uns niemand mehr, und wir sind zusammen gewesen – ob kurz oder lang, das kann uns dann gleich sein.“

Vrenchen sagte sogleich: „Sali – was du da sagst, habe ich schon lang bei mir gedacht und ausgemacht, nämlich dass wir sterben könnten und dann alles vorbei wäre – so schwör mir es, dass du es mit mir tun willst!“

„Es ist schon so gut wie getan, es nimmt dich niemand mehr aus meiner Hand als der Tod!“, rief Sali außer sich. Vrenchen aber atmete hoch auf, Tränen der Freude entströmten seinen Augen; es raffte sich auf und sprang leicht wie ein Vogel über das Feld gegen den Fluss hinunter. Sali eilte ihm nach; denn er glaubte, es wolle ihm entfliehen, und Vrenchen glaubte, er wolle es zurückhalten. So sprangen sie einander nach, und Vrenchen lachte wie ein Kind, welches sich nicht will fangen lassen. „Bereust du es schon?“, rief eines zum andern, als sie am Flusse angekommen waren und sich ergriffen. „Nein! Es freut mich immer mehr!“, erwiderte ein jedes. Aller Sorgen ledig gingen sie am Ufer hinunter und überholten die eilenden Wasser, so hastig suchten sie eine Stätte, um sich niederzulassen; denn ihre Leidenschaft sah jetzt nur den Rausch der Seligkeit, der in ihrer Vereinigung lag, und der ganze Wert und Inhalt des übrigen Lebens drängte sich in diesem zusammen; was danach kam, Tod und Untergang, war ihnen ein Hauch, ein Nichts, und sie dachten weniger daran, als ein Leichtsinniger denkt, wie er den andern Tag leben will, wenn er seine letzte Habe verzehrt.

„Meine Blumen gehen mir voraus“, rief Vrenchen, „sieh, sie sind ganz dahin und verwelkt!“ Es nahm sie von der Brust, warf sie ins Wasser und sang laut dazu: „Doch süßer als ein Mandelkern ist meine Lieb zu dir!“

„Halt!“, rief Sali. „Hier ist dein Brautbett!“

Sie waren an einen Fahrweg gekommen, der vom Dorfe her an den Fluss führte, und hier war eine Landungsstelle, wo ein großes Schiff, hoch mit Heu beladen, angebunden lag. In wilder Laune begann er unverweilt, die starken Seile loszubinden. Vrenchen fiel ihm lachend in den Arm und rief: „Was willst du tun? Wollen wir den Bauern ihr Heuschiff stehlen zu guter Letzt?“ „Das soll die Aussteuer sein, die sie uns geben, eine schwimmende Bettstelle und ein Bett, wie noch keine Braut gehabt! Sie werden überdies ihr Eigentum unten wiederfinden, wo es ja doch hinsoll, und werden nicht wissen, was damit geschehen ist. Sieh, schon schwankt es und will hinaus!"

Das Schiff lag einige Schritte vom Ufer entfernt im tiefern Wasser. Sali hob Vrenchen mit seinen Armen hoch empor und schritt durch das Wasser gegen das Schiff; aber es liebkoste ihn so heftig ungebärdig und zappelte wie ein Fisch, dass er im ziehenden Wasser keinen Stand halten konnte. Es strebte Gesicht und Hände ins Wasser zu tauchen und rief: „Ich will auch das kühle Wasser versuchen! Weißt du noch, wie kalt und nass unsere Hände waren, als wir sie uns zum ersten Mal gaben? Fische fingen wir damals, jetzt werden wir selber Fische sein, und zwei schöne große!" – „Sei ruhig, du lieber Teufel!", sagte Sali, der Mühe hatte, zwischen dem tobenden Liebchen und den Wellen sich aufrecht zu halten, „es zieht mich sonst fort!" Er hob seine Last in das Schiff und schwang sich nach; er hob sie auf die hochgebettete weiche und duftende Ladung und schwang sich auch hinauf, und als sie oben saßen, trieb das Schiff allmählich in die Mitte des Stromes hinaus und schwamm dann, sich langsam drehend, zu Tal.

Der Fluss zog bald durch hohe dunkle Wälder, die ihn überschatteten, bald durch offenes Land; bald an stillen Dörfern vorbei, bald an einzelnen Hütten; hier geriet er in eine Stille, dass er einem ruhigen See glich und das Schiff beinah stillhielt, dort strömte er um Felsen und ließ die schlafenden Ufer schnell hinter sich; und als die Morgenröte aufstieg, tauchte zugleich eine Stadt mit ihren Türmen aus dem silbergrauen Strome. Der untergehende Mond, rot wie Gold, legte eine glänzende Bahn den Strom hinauf, und auf dieser kam das Schiff langsam überquer gefahren. Als es sich der Stadt näherte, glitten im Froste des Herbstmorgens zwei bleiche Gestalten, die sich fest umwanden, von der dunklen Masse herunter in die kalten Fluten.

Das Schiff legte sich eine Weile nachher unbeschädigt an eine Brücke und blieb da stehen. Als man später unterhalb der Stadt die Leichen fand und ihre Herkunft ausgemittelt hatte, war in den Zeitungen zu lesen, zwei junge Leute, die Kinder zweier blutarmer zu Grunde gegangener Familien, welche in unversöhnlicher Feindschaft lebten, hätten im Wasser den Tod gesucht, nachdem sie einen ganzen Nachmittag herzlich miteinander getanzt und sich belustigt auf einer Kirchweih. Es sei dies Ereignis vermutlich in Verbindung zu bringen mit einem Heuschiff aus jener Gegend, welches ohne Schiffleute in der Stadt gelandet sei, und man nehme an, die jungen Leute haben das Schiff entwendet, um darauf ihre verzweifelte und gottverlassene Hochzeit zu halten, abermals ein Zeichen von der um sich greifenden Entsittlichung und Verwilderung der Leidenschaften.

1 Erläutern Sie, welche Deutungsmöglichkeiten der Novellentitel eröffnet.

2 Erarbeiten Sie mit der Methode des emotionalen Feldes, in welcher Stimmungslage sich Sali und Vrenchen befinden.

a Beschriften Sie etwa fünf bis sechs DIN-A4-Karten mit Begriffen für die Gefühlslage der Protagonisten und verteilen Sie diese im Raum. Lassen Sie eine Gefühlskarte leer, um gegebenenfalls weitere Emotionen zu besetzen.

Verzweiflung | *Angst* | *Leidenschaft* |

b Fühlen Sie sich in eine der Figuren ein und stellen Sie sich zu der Gefühlskarte, die am besten passt. Reflektieren Sie aus dieser Position heraus das Geschehen und schreiben Sie anschließend Ihre Gedanken als inneren Monolog auf.

c Tauschen Sie sich über Ihre Ergebnisse in der Klasse aus.

3 **a** Untersuchen Sie den Novellenausschnitt: Mit welchen sprachlichen Mitteln gestaltet Kellers Erzähler das Szenario? Welche Haltung nimmt er seinen Figuren gegenüber ein?
b Entspricht die Erzählweise dem Konzept des Realismus, wie es Fontane entwirft (▸ S. 333–334)?

Information **Epochenüberblick: Poetischer oder bürgerlicher Realismus (ca. 1850–1890)**

Allgemeingeschichtlicher Hintergrund: Die Spaltung des Bürgertums in einen konservativen und einen radikaldemokratischen Flügel hatte mit dazu beigetragen, dass die bürgerliche Revolution von 1848/49 ihr Ziel eines einheitlichen und demokratisch verfassten Nationalstaates nicht erreichen konnte. Nun wurde die Initiative zur Bildung eines Nationalstaates von der Regierung Preußens, des mächtigsten deutschen Einzelstaates, ergriffen. Mit den klassischen Mitteln der Machtpolitik – geschickte Diplomatie und Kriege – setzte der preußische Ministerpräsident Otto von Bismarck die **Proklamation des Deutschen Reiches** mit dem preußischen König Wilhelm I. als Kaiser durch (1871). Weite Teile des Bürgertums söhnten sich rasch mit dieser Politik aus. Sie akzeptierten den Mangel an demokratischen Freiheiten und huldigten dem neuen, erfolgreichen Ideal der so genannten „Realpolitik". Vor allem die **wirtschaftliche Expansion** mit dem Aufschwung von Industrie, Technik und Handel in dem neu entstandenen Großraum des Reiches trug dazu bei.
An der Spitze der Gesellschaft stand im Kaiserreich weiterhin der **Adel,** der die führenden Positionen bei Hof, in der Diplomatie, in der Verwaltung und beim Militär einnahm. Daneben entwickelte sich mit der Industrialisierung eine neue Oberschicht, die sich in ihrem Lebensstil stark am Adel orientierte: das wirtschaftlich erfolgreiche Großbürgertum, die **Bourgeoisie,** zu der Unternehmer, Bankiers und Geschäftsleute gehörten. Auch das **Bildungsbürgertum,** also höhere Beamte und Universitätsprofessoren, Ärzte, Rechtsanwälte, Architekten und Ingenieure, zählte sich zu den besseren Kreisen. Es verstand sich als Wahrer der kulturellen Tradition und prägte die Mentalität der Gesellschaft, verlor aber seine Bedeutung als treibende Kraft der gesellschaftlichen Entwicklung. Immer größer und wichtiger wurde dagegen die **Industriearbeiterschaft** im unteren Bereich der Gesellschaftshierarchie. Ihrem Kampf für bessere Arbeits- und Lebensbedingungen sowie für Teilnahme am gesellschaftlichen und politischen Leben begegnete die Regierung unter Bismarck einerseits mit Unterdrückungsmaßnahmen (1878 „Gesetz gegen die gemein-gefährlichen Bestrebungen der Sozialdemokratie"), andererseits mit den Anfängen einer Sozialgesetzgebung (Krankenversicherung 1883, Unfallversicherung 1884, Alters- und Invalidenversicherung 1889).

Weltbild und Lebensauffassung: Der Siegeszug von Naturwissenschaften, Technik und industrieller Produktion, die Nationalstaatsgründung und der ökonomische Aufschwung führten zu **Fortschrittsoptimismus,** aber auch zu Erfahrungen des Verlusts traditioneller Werte und Orientierungen. Die **Religionskritik** Ludwig Feuerbachs definiert Gott als bloße Projektion des menschlichen Vollkommenheitsstrebens, Friedrich Nietzsche schockiert mit dem Schlagwort: „Gott ist tot". Karl Marx erklärt in seinem **philosophischen Materialismus** den gesamten Bereich der Kultur zum bloßen „Überbau", der von der Basis der Produktionsverhältnisse in einer Gesellschaft abhängig ist, vollzieht also einen radikalen Bruch mit dem Idealismus der Klassik. In der **Evolutionstheorie** Charles Darwins verliert die Spezies Mensch, bisher als Krone der Schöpfung betrachtet, ihre biologische Sonderstellung. Die traditionellen bürgerlichen Humanitäts- und Bildungsideale begannen sich aufzulösen, **Pessimismus und Skeptizismus** als geistige Haltungen widersprachen dem weiterhin propagierten Fortschrittsoptimismus.

Literatur: Der Begriff **„Realismus"** bezeichnet einen großen Teil der europäischen Kunst und Literatur des 19. Jahrhunderts. Der Realismus macht die gesellschaftlichen Verhältnisse, in denen der Mensch lebt, zum zentralen Gegenstand seiner Darstellung. Nicht die einfache Wiedergabe und Nachahmung der Wirklichkeit, sondern die Produktion von glaubwürdigen und in sich stimmigen Fiktionen ist das Ziel der realistischen Autoren.
In England, Frankreich und Russland wandten sich die realistischen Schriftsteller wie **Gustave Flaubert** (1821–1880), **Honoré de Balzac** (1799–1850), **Charles Dickens** (1812–1870), **Fjodor M. Dostojewskij** (1821–1881) oder **Leo Tolstoi** (1828–1910) umfassender und genauer der gesellschaftlichen Wirklichkeit in all ihren Fassetten zu. Der Arbeitsweise eines analysierenden Wissenschaftlers vergleichbar, zeichneten sie in ihren Werken ein scharfes Bild vom Menschen, seiner Umwelt und seinem sozialen Milieu. Der bürgerliche Realismus in Deutschland wich davon tendenziell ab und wird deshalb auch als **poetischer Realismus** bezeichnet. Der **poetisch-verklärenden Bearbeitung der Wirklichkeit** kommt eine besondere Bedeutung zu (vgl. Fontanes „Was verstehen wir unter Realismus?"; ► S. 333–334). Die Haltung des Erzählers zu seinen Figuren und ihrer Welt ist weniger distanziert-kritisch als in den anderen europäischen Ländern, zuweilen nicht frei von einer gewissen Sentimentalität, häufig von versöhnendem **Humor** begleitet und damit letztlich resignativ. Charakteristisch für die Stoff- und Themenauswahl der deutschen Realisten ist die Tendenz zum **Regionalismus,** also der Hinwendung zur engeren, oft ländlich-dörflichen Heimat, oder zum **Historismus,** dem Ausweichen in die Vergangenheit. Deswegen wird in Literaturgeschichten **Theodor Storm**, der lange in Husum an der Nordsee lebte, als Dichter der norddeutschen Küsten, **Theodor Fontane**, der Berliner, als Brandenburgs beliebtester Autor, **Gottfried Keller** als Züricher und Schweizer Schriftsteller vorgestellt. Der Historismus findet sich vor allem in den historischen Novellen **Conrad Ferdinand Meyers**.

Wichtige Autoren und Werke
Theodor Storm (1817–1888): „Der Schimmelreiter" (Novelle); Gedichte
Theodor Fontane (1819–1889): „Schach von Wuthenow", „Frau Jenny Treibel", „Effi Briest", „Der Stechlin" (Romane); „Wanderungen durch die Mark Brandenburg" (Reisebeschreibungen)
Gottfried Keller (1819–1890): „Der grüne Heinrich" (Roman); „Die Leute von Seldwyla" (Novellen)
Conrad Ferdinand Meyer (1825–1898): „Das Amulett" (Novelle); „Jürg Jenatsch" (Roman)
Wilhelm Raabe (1831–1910): „Die Chronik der Sperlingsgasse", „Der Hungerpastor" (Romane); „Stopfkuchen" (Kriminalroman)
Wilhelm Busch (1832–1908): „Max und Moritz", „Die fromme Helene" (Bildergeschichten)

---

1 Erarbeiten Sie auf der Grundlage des Epochenüberblicks und der Texte des Kapitels (S. 308–342) eine Ausstellung zum Thema „Realismus".
a Bilden Sie Kleingruppen zu den drei Themenbereichen *Allgemeingeschichtlicher Hintergrund, Weltbild und Lebensauffassung, Literatur.*
b Vertiefen und ergänzen Sie Ihr Wissen durch eine Internetrecherche. Halten Sie wichtige Ergebnisse stichpunktartig fest.
c Suchen Sie nach geeigneten Exponaten (typische Gegenstände, Bildmaterial) und erstellen Sie übersichtliche Informationstafeln. Gestalten Sie damit Ihre Ausstellung im Klassenraum.
Tipp: Vielleicht gibt es in Ihrer Nähe ein Museum mit literarischem Schwerpunkt, in dem Sie fündig werden können.
d Führen Sie einen Museumsgang durch und bestimmen Sie für jede Gruppe eine Person, die in der Rolle des Führers die Ausstellung erläutert.

Themenfeld: Zwischen Anpassung und Widerstand – Frauenleben vom 19. Jahrhundert bis zur Gegenwart

I Frauen im 19. Jahrhundert

1 a Betrachten Sie die Bilder der Frauen und Mädchen im 19. Jahrhundert und beschreiben Sie die Porträts möglichst genau.

b Versetzen Sie sich in eine der abgebildeten Personen. Gestalten Sie aus deren Sicht einen inneren Monolog, in dem Sie über sich, Ihr Leben, Ihre Situation, Ihre Befindlichkeit nachdenken.

2 Suchen Sie Fotografien von jungen Frauen heute. Vergleichen Sie diese mit den Porträts.

Lily Braun: **Memoiren einer Sozialistin** (1908)

Lily von Kretschmann (1865–1916) stammt aus einer alten Aristokratenfamilie und wurde standesgemäß streng erzogen. Sie heiratete den sozialdemokratischen Politiker und Journalisten Heinrich Braun, wurde Schriftstellerin und engagierte sich in der Frauenbewegung. In ihren Memoiren, die sie für ihren Sohn schrieb, erinnert sie sich an ihre „Lehrjahre". Im folgenden Textauszug erzählt sie von ihrem Leben im Alter von 15 Jahren.

Ich war wirklich eine „junge Dame" geworden; ich fühlte nicht einmal mehr, dass die hoffnungsvollsten Triebe meines Lebensbodens niedergetrampelt waren. „Man beurteilt ein junges Mädchen nach seinem Aussehen, weniger nach seinem Wissen", schrieb ich, mir die Ansichten der Tante zu eigen machend, „sie wird mit Recht für arrogant gehalten, wenn sie schon eine eigne Meinung haben will." Mein Tagebuch, das ich seit dem Augsburger Aufenthalt nicht berührt hatte, weil ich es nicht durfte, blieb auch jetzt unausgefüllt, obwohl mich niemand mehr daran hinderte. Großmama frug einmal brieflich danach, und ich antwortete mit schnippischem Selbstbewusstsein: „Ich schreibe keins, weil ich finde, dass man sich in meinem Alter darin Dinge vorlügt, die man nicht denkt, und aus Ereignissen wichtige macht, die man besser vergisst. Mein Leben brauche ich nicht aufzuschreiben, denn die Nachwelt wird es nicht kümmern. Auch Verse mache ich nicht mehr, denn mein Streben ist darauf gerichtet, mein eignes Ich und die Welt um mich so poetisch wie möglich zu gestalten" – durch bemalte

Teller und Schachteln, bestickte Deckchen und ein misshandeltes Klavier! – „damit ich einmal meinem Mann eine hübsche Häuslichkeit schaffen kann.“ [...]

Nur einmal wars, als zerrisse ein dunkler Vorhang vor meinen Augen, und ich sah plötzlich, wie eine Vision, die tiefe, dunkle, kalte Leere meines Herzens. Ich suchte spätabends im Park nach einem Tuch, das ich irgendwo liegen gelassen hatte, als ich vor mir, eng aneinandergeschmiegt, zwei Menschen gehen sah: unsre Lina, das Stubenmädchen, und Johann, den Kutscher. Von Zeit zu Zeit blieben sie stehen und küssten sich – endlos, verzehrend. „Maria und Josef“, schrie die Lina auf, als sie mich sah, „das gnä Fräuln!“ Mit Wangen, die glühten, und Augen, die glänzten, mehr vor Glück als vor Scham, streckte sie die Hände nach mir aus: „Gnä Fräuln werden's nit der Frau Baronin sagen, gel ja?“, bat sie schmeichelnd, „de Liab is ja koan Unrecht nöt. Wer's freili so noblich haben kann wie das gnä Fräuln, der ka ruhig aufn Prinzen warten, der glei mitn Trauring kimmt und gradaus in die Kirch eini führt. Aber mir –“, sie lächelte den verlegen danebenstehenden Johann zärtlich an, „mir haben nix als das bissel Liab – und dös – dös müssen wir haben ... So red' doch auch was, Hannsl!“ Sie stieß ihn aufmunternd in die Seite. „Recht hast!“, stotterte er, „A Freud muss der Mensch haben, so a rechte herzklopfete Freud!“ Es dunkelte mir vor den Augen, laut aufgeschluchzt hätte ich am liebsten. Wie arm, wie schrecklich arm war ich! Aber ich war ja so gut erzogen! So versicherte ich denn das Paar meiner Verschwiegenheit und kehrte in meine „nobliche“ Gefangenschaft zurück.

1 a Formulieren Sie für das Kapitel aus den „Memoiren einer Sozialistin“ eine passende Überschrift.

b Welche Rückschlüsse auf die Erziehung höherer Töchter im 19. Jahrhundert lässt der Textauszug zu?

c Untersuchen Sie, wie Lily Braun ihre Jugenderlebnisse im Rückblick darstellt. Was hat sie, aus späterer Sicht, in ihren „Lehrjahren“ gelernt?

Theodor Fontane: Effi Briest (1895) – Zitate aus einer Unterredung von Mutter und Tochter

„Er ist freilich älter als du, was alles in allem ein Glück ist, dazu ein Mann von Charakter, von Stellung und guten Sitten, und wenn du nicht ‚Nein‘ sagst [...], so stehst du mit zwanzig Jahren da, wo andere mit vierzig stehen. Du wirst deine Mama weit überholen.“

„Gewiss ist er der Richtige. [...] Jeder ist der Richtige. Natürlich muss er von Adel sein und eine Stellung haben und gut aussehen.“

„Geert ist ein Mann, ein schöner Mann, ein Mann, mit dem ich Staat machen kann und aus dem was wird in der Welt.“

1 a Entwickeln Sie einen Dialog zwischen Mutter und Tochter, in dem die oben stehenden Sätze vorkommen.

b Präsentieren Sie die Dialoge im Rollenspiel vor der Klasse.

c Diskutieren Sie, ob die vorgebrachten Argumente für eine Eheschließung in unserem Jahrhundert noch Gültigkeit besitzen. Aus welchen Gründen werden heute Ehen geschlossen?

Die oben stehenden Zitate stammen aus dem Roman „Effi Briest", zu dem der Autor **Theodor Fontane** durch eine wahre Begebenheit angeregt wurde. Im Jahre 1886 sorgte eine Liebesaffäre in der Berliner Gesellschaft für großes Aufsehen: Der preußische Offizier Armand von Ardenne entdeckte geheime Briefe, die seine Ehefrau Elisabeth von ihrem Liebhaber erhalten hatte. Ardenne forderte, um „seine Ehre zu verteidigen", den Liebhaber zu einem Duell, bei dem dieser tödlich verwundet wurde, und reichte die Scheidung ein. Gemäß der gesetzlichen Regelung des Allgemeinen Preußischen Landrechts wurden die Kinder ihm als dem schuldlos geschiedenen Ehepartner zugesprochen.
Armand von Ardenne, der wegen des ungesetzlichen Duells zwar zu einer Festungshaft verurteilt, jedoch kurz darauf begnadigt wurde, konnte seine Karriere im Kriegsministerium fortsetzen. Elisabeth von Ardenne widmete sich fortan der Krankenpflege in einer Berliner Heilanstalt. Als erste Frau bestieg sie den 2970 Meter hohen Alpengipfel Scesaplana, lernte mit 60 Jahren Skilaufen und mit 80 Radfahren. Sie starb nach einem langen und wechselvollen Leben 1952 in Lindau am Bodensee.
Fontanes Roman „Effi Briest" entstand zehn Jahre nach der Ardenne-Affäre.

Theodor Fontane: **Effi Briest** (1895) – Der Romananfang

In Front des schon seit Kurfürst Georg Wilhelm von der Familie von Briest bewohnten Herrenhauses zu Hohen-Cremmen fiel heller Sonnenschein auf die mittagsstille Dorfstraße, während nach der Park- und Gartenseite hin ein rechtwinklig angebauter Seitenflügel einen breiten Schatten erst auf einen weiß und grün quadrierten Fliesengang und dann über diesen hinaus auf ein großes, in seiner Mitte mit einer Sonnenuhr und an seinem Rande mit Canna indica und Rhabarberstauden besetztes Rondell warf. Einige zwanzig Schritte weiter, in Richtung und Lage genau dem Seitenflügel entsprechend, lief eine, ganz in kleinblättrigem Efeu stehende, nur an einer Stelle von einer kleinen weiß gestrichenen Eisentür unterbrochene Kirchhofsmauer, hinter der der Hohen-Cremmener Schindelturm mit seinem blitzenden, weil neuerdings erst wieder vergoldeten Wetterhahn aufragte. Fronthaus, Seitenflügel und Kirchhofsmauer bildeten ein einen kleinen Ziergarten umschließendes Hufeisen, an dessen offener Seite man eines Teiches mit Wassersteg und angekettetem Boot und dicht daneben einer Schaukel gewahr wurde, deren horizontal gelegtes Brett zu Häupten und Füßen an je zwei Stricken hing – die Pfosten der Balkenlage schon etwas schief stehend. Zwischen Teich und Rondell aber und die Schaukel halb versteckend standen ein paar mächtige alte Platanen.
Auch die Front des Herrenhauses – eine mit Aloekübeln und ein paar Gartenstühlen besetzte Rampe – gewährte bei bewölktem Himmel einen angenehmen und zugleich allerlei Zerstreuung bietenden Aufenthalt; an Tagen aber, wo die Sonne niederbrannte, wurde die Gartenseite ganz entschieden bevorzugt, besonders von Frau und Tochter des Hauses, die denn auch heute wieder auf dem im vollen Schatten liegenden Fliesengange saßen, in ihrem Rücken ein paar offene, von wildem Wein umrankte Fenster, neben sich eine vorspringende kleine Treppe, deren vier Steinstufen vom Garten aus in das Hochparterre des Seitenflügels hinaufführten. Beide, Mutter und Tochter, waren fleißig bei der Arbeit, die der Herstellung

eines aus Einzelquadraten zusammenzusetzenden Altarteppichs galt; ungezählte Wollsträhnen und Seidendocken lagen auf einem großen, runden Tisch bunt durcheinander, dazwischen, noch vom Lunch her, ein paar Dessertteller und eine mit großen schönen Stachelbeeren gefüllte Majolikaschale. Rasch und sicher ging die Wollnadel der Damen hin und her, aber während die Mutter kein Auge von der Arbeit ließ, legte die Tochter, die den Rufnamen Effi führte, von Zeit zu Zeit die Nadel nieder und erhob sich, um unter allerlei kunstgerechten Beugungen und Streckungen den ganzen Kursus der Heil- und Zimmergymnastik durchzumachen. Es war ersichtlich, dass sie sich diesen absichtlich ein wenig ins Komische gezogenen Übungen mit ganz besonderer Liebe hingab, und wenn sie dann so dastand und, langsam die Arme hebend, die Handflächen hoch über dem Kopf zusammenlegte, so sah auch wohl die Mama von ihrer Handarbeit auf, aber immer nur flüchtig und verstohlen, weil sie nicht zeigen wollte, wie entzückend sie ihr eigenes Kind finde, zu welcher Regung mütterlichen Stolzes sie voll berechtigt war. Effi trug ein blau und weiß gestreiftes, halb kittelartiges Leinwandkleid, dem erst ein fest zusammengezogener, bronzefarbener Ledergürtel die Taille gab; der Hals war frei, und über Schulter und Nacken fiel ein breiter Matrosenkragen. In allem, was sie tat, paarten sich Übermut und Grazie, während ihre lachenden braunen Augen eine große, natürliche Klugheit und viel Lebenslust und Herzensgüte verrieten. Man nannte sie die „Kleine", was sie sich nur gefallen lassen musste, weil die schöne, schlanke Mama noch um eine Hand breit höher war.

Eben hatte sich Effi wieder erhoben, um abwechselnd nach links und rechts ihre turnerischen Drehungen zu machen, als die von ihrer Stickerei gerade wieder aufblickende Mama ihr zurief: „Effi, eigentlich hättest du doch wohl Kunstreiterin werden müssen. Immer am Trapez, immer Tochter der Luft. Ich glaube beinah, dass du so was möchtest."

„Vielleicht, Mama. Aber wenn es so wäre, wer wäre schuld? Von wem hab' ich es? Doch nur von dir. Oder meinst du, von Papa? Da musst du nun selber lachen. Und dann, warum steckst du mich in diesen Hänger, in diesen Jungenkittel? Mitunter denk' ich, ich komme noch wieder in kurze Kleider. Und wenn ich die erst wiederhabe, dann knicks' ich auch wieder wie ein Backfisch, und wenn dann die Rathenower herüberkommen, setze ich mich auf Oberst Goetzes Schoß und reite hopp, hopp. Warum auch nicht? Drei Viertel ist er Onkel und nur ein Viertel Courmacher. Du bist schuld. Warum kriege ich keine Staatskleider? Warum machst du keine Dame aus mir?"

„Möchtest du's?"

„Nein." Und dabei lief sie auf die Mama zu und umarmte sie stürmisch und küsste sie.

„Nicht so wild, Effi, nicht so leidenschaftlich. Ich beunruhige mich immer, wenn ich dich so sehe ..." Und die Mama schien ernstlich willens, in Äußerung ihrer Sorgen und Ängste fortzufahren. Aber sie kam nicht weit damit, weil in ebendiesem Augenblick drei junge Mädchen aus der kleinen, in der Kirchhofsmauer angebrachten Eisentür in den Garten eintraten und einen Kiesweg entlang auf das Rondell und die Sonnenuhr zuschritten. Alle drei grüßten mit ihren Sonnenschirmen zu Effi herüber und eilten dann auf Frau von Briest zu, um dieser die Hand zu küssen. Diese tat rasch ein paar Fragen und lud dann die Mädchen ein, ihnen oder doch wenigstens Effi auf eine halbe Stunde Gesellschaft zu leisten. „Ich habe ohnehin noch zu tun, und junges Volk ist am liebsten unter sich. Gehabt euch wohl." Und dabei stieg sie die vom Garten in den Seitenflügel führende Steintreppe hinauf.

Und da war nun die Jugend wirklich allein.

1 **a** Fertigen Sie nach einer genauen Lektüre des Textes eine Skizze des Herrensitzes Hohen-Cremmen an.
b Erläutern Sie, was den Lebensraum Effis charakterisiert.
c Welches Frauenbild wird in dem Romananfang deutlich?

Amos Oz: **So fangen die Geschichten an** (1997)

Bei sorgfältiger Lektüre dieses ersten Abschnitts zeigt sich, dass die Ruhe angespannt und die Harmonie des Bildes bedroht ist: Park und Garten sind, im Gegensatz zur sonnenbeschienenen Dorfstraße, teilweise überschattet. [...] Ohne Beachtung der Einzelheiten ist dies nichts als eine hübsche Ansichtskarte mit einem stattlichen Herrenhaus inmitten eines Parks am Ufer eines Teichs, in ruhiger Lage. Ein übereiliger Leser kann leicht irrig denken, wie glücklich sind die Reichen, und weiterhasten.

---

2 Überprüfen Sie die These des israelischen Schriftstellers Amos Oz: Erarbeiten Sie in einer detaillierten Textanalyse, welche Bilder und Motive des Romananfangs (▸ S. 345–346) Vorausdeutungen auf Effis späteres Schicksal – Ehebruch und Verstoßung – enthalten.

3 Suchen Sie in Kunstbänden und im Internet nach Bildern und Gemälden, um den Romananfang interpretierend zu illustrieren. Begründen Sie Ihre Bildauswahl.

II „Werde, die du bist" – Versuche weiblicher Identitätsfindung

Männer und Frauen

Theodor Fontane: **Effi Briest** (1895)

Schon kurz nach ihrer ersten Begegnung hält Baron Geert von Innstetten um die Hand der 17-jährigen Effi an. Deren Mutter Luise von Briest, einstige Jugendliebe Innstettens, sieht in der Verbindung ihrer Tochter mit dem erfolgreichen und karrierebewussten Landrat eine Chance zum gesellschaftlichen Aufstieg. Effi nimmt den Antrag an, und die Verlobung wird noch am selben Tag im Familienkreis gefeiert.

Geert, wenn er nicht irre, habe die Bedeutung von einem schlank aufgeschossenen Stamm, und Effi sei dann also der Efeu, der sich darumzuranken habe.

---

1 Interpretieren Sie die Bemerkung, die Effis Vater, Herr von Briest, anlässlich der Verlobung seiner 17-jährigen Tochter mit dem 22 Jahre älteren Baron von Innstetten macht: Welche Vorstellung von Mann und Frau wird darin deutlich?

2 **a** „Weiber weiblich, Männer männlich" ist einer von Briests Lieblingssätzen. Machen Sie sich in einem Brainstorming Ihre eigenen Vorstellungen von „weiblich" und „männlich" klar. Überprüfen Sie, worauf diese beruhen.

b Suchen Sie, analog zu „Stamm" und „Efeu", Metaphern für das Verhältnis von Mann und Frau, die Sie für zeitgemäß halten. Erläutern und begründen Sie Ihre Vorstellungen.

Hedwig Dohm: **Der Frauen Natur und Recht** (1876)

Hedwig Dohm, geb. Schlesinger (1831–1919), wurde als elftes von 18 Kindern eines Tuchfabrikanten in Berlin geboren. Nach einer Ausbildung zur Lehrerin heiratete sie mit 22 Jahren Ernst Dohm, den späteren Chefredakteur der satirischen Zeitschrift „Kladderadatsch", und verkehrte in den intellektuellen Zirkeln Berlins. Seit 1872 trat sie publizistisch für die Gleichstellung der Frauen ein, ohne sich jedoch aktiv in der Frauenbewegung zu engagieren.

Welche Eigenschaften haben die Frauen wirklich?
Offenbar diejenigen, die eine notwendige Folge ihrer sozialen Stellung, ihrer Lebensweise, ihrer Erziehung sein werden, alle diejenigen Eigenschaften, welche die natürliche Verteidigung des Schwachen bilden.
Welches ist ihre soziale Stellung?
Absolute, das ganze Leben währende Abhängigkeit.
Welche Eigenschaften erzeugt in der Regel absolute Abhängigkeit?
Heuchelei, List, Verstellung, Lüge, Intrige, Mangel an Tatkraft. Manche dieser Eigenschaften sind für denjenigen, der in sklavischer Abhängigkeit lebt, was die Hörner für den Büffel sind, was der Stachel für die Biene ist, das notwendige Mittel zu einer erträglichen Lebensgestaltung. Eine Frau, die nicht zu heucheln gelernt hat und die das Geschick nicht in eine Umgebung ungewöhnlich edler Menschen versetzt hat, wird fast immer in ihrem Leben kläglich scheitern. [...] „Scheine", ruft die Gesellschaft ihr zu, „wie du bist, ist gleichgültig." Und so krümmt und verzerrt die Frau, dieser arme moralische Clown, ihre Seele nach Möglichkeit.
Und dieses chronische Heuchlertum, [...] darauf lassen sich zurückführen alle die dichterischen Anspielungen auf die Sphinxnatur des Weibes. Nein, die Frau ist keine Sphinx, kein Mysterium, keine Hieroglyphe, kein Chamäleon (wenigstens nicht mehr, als der Mensch es im Allgemeinen ist), sie lügt bloß und heuchelt, und sie lügt, weil sie lügen muss. Man könnte es auch höflicher ausdrücken und sagen: Sie passt sich den Verhältnissen an, sie arrangiert sich; es arrangiert sich aber niemand, es sei denn auf Kosten der Wahrheit und Menschenwürde.

---

1 **a** Notieren Sie Schlüsselbegriffe und zentrale Aussagen des Textes. Resümieren Sie ihn in eigenen Worten.
b Wie versucht Dohm ihre Leserschaft zu überzeugen? Arbeiten Sie die Argumentationsstruktur des Textes heraus.
c Überprüfen Sie, ob Dohms Argumente haltbar sind. Ziehen Sie dazu Hintergrundwissen aus anderen Fächern, z.B. Geschichte, mit heran.
2 Informieren Sie sich über die Geschichte der Frauenbewegung im 19. Jahrhundert, z.B. auf der Seite der Bundeszentrale für politische Bildung: www.bpb.de, Suchbegriff „Gleichberechtigung".

Effi Briest und Emma Bovary – Scheiternde Lebensentwürfe von Frauen als Romanthema

Das Motiv des Ehebruchs stand bereits 40 Jahre vor Fontanes „Effi Briest" im Zentrum eines der großen Romane der europäischen Literatur. Der französische Romancier **Gustave Flaubert** gestaltete in „Madame Bovary" (1857) ein Frauenschicksal, das dem der Effi in vielerlei Hinsicht gleicht. Beide Romanheldinnen wachsen behütet auf dem Lande auf und heiraten in jungen Jahren Männer, von denen sie sich einen gesellschaftlichen Aufstieg erhoffen. Beide fühlen sich in ihrer Ehe unverstanden, empfinden ihr Leben als leer und reizlos und versuchen, in einer Liebesaffäre aus ihrer Langeweile auszubrechen. Trotz aller Ähnlichkeiten und Parallelen weisen die Romane auch entscheidende Unterschiede auf.

Theodor Fontane: **Effi Briest** (1895) – 13. Kapitel

Innstetten war lieb und gut, aber ein Liebhaber war er nicht. Er hatte das Gefühl, Effi zu lieben, und das gute Gewissen, dass es so sei, ließ ihn von besonderen Anstrengungen absehen. Es war fast zur Regel geworden, dass er sich, wenn Friedrich die Lampe brachte, aus seiner Frau Zimmer in sein eigenes zurückzog. „Ich habe da noch eine verzwickte Geschichte zu erledigen." Und damit ging er. Die Portiere blieb freilich zurückgeschlagen, sodass Effi das Blättern in dem Aktenstück oder das Kritzeln seiner Feder hören konnte, aber das war auch alles. Rollo kam dann wohl und legte sich vor sie hin auf den Kaminteppich, als ob er sagen wolle: „Muss nur mal wieder nach dir sehen; ein anderer tut's doch nicht." Und dann beugte sie sich nieder und sagte leise: „Ja, Rollo, wir sind allein." Um neun erschien dann Innstetten wieder zum Tee, meist die Zeitung in der Hand, sprach vom Fürsten, der wieder viel Ärger habe, zumal über diesen Eugen Richter, dessen Haltung und Sprache ganz unqualifizierbar seien, und ging dann die Ernennungen und Ordensverleihungen durch, von denen er die meisten beanstandete. Zuletzt sprach er von den Wahlen, und dass es ein Glück sei, einem Kreis vorzustehen, in dem es noch Respekt gäbe. War er damit durch, so bat er Effi, dass sie was spiele, aus Lohengrin oder aus der Walküre, denn er war ein Wagnerschwärmer. Was ihn zu diesem hinübergeführt hatte, war ungewiss; einige sagten, seine Nerven, denn so nüchtern er schien, eigentlich war er nervös; andere schoben es auf Wagners Stellung zur Judenfrage. Wahrscheinlich hatten beide Recht. Um zehn war Innstetten dann abgespannt und erging sich in ein paar wohlgemeinten, aber etwas müden Zärtlichkeiten, die sich Effi gefallen ließ, ohne sie recht zu erwidern.

Gustave Flaubert: **Madame Bovary** (1857)

Er kam spät heim, um zehn Uhr, zuweilen um Mitternacht. Dann wollte er essen, und da die Dienstmagd zu Bett gegangen war, wurde er von Emma bedient. Er zog seinen Gehrock aus, um es sich bequemer munden zu lassen. Er zählte einen nach dem anderen sämtliche Leute auf, denen er begegnet, sämtliche Dörfer, wo er gewesen war, sämtliche Rezepte, die er verschrieben hatte, und mit sich selbst zufrieden aß er den Rest des Zwiebelfleischs, schälte seinen Käse, biss in einen Apfel, leerte seine Karaffe, begab sich sodann zu Bett, legte sich auf den Rücken und schnarchte.

[...]

Immerhin versuchte sie [Emma] nach Theorien, die sie für gut hielt, sich selbst in Liebesstimmung zu versetzen. Bei Mondschein im Garten deklamierte sie alles, was sie an leidenschaftlichen Reimen auswendig kannte, und sang ihm unter Seufzen langsame wehmütige Weisen vor; doch sie fühlte sich danach ebenso ruhig wie davor, und auch Charles schien daraufhin weder verliebter noch ergriffener.

Als sie solchermaßen an ihrem Herzen ein wenig Feuer zu schlagen gewollt hatte, ohne dass ein Funke sprühte, und da sie überdies ebenso unfähig war zu verstehen, was sie nicht empfand, wie an das zu glauben, was sich nicht in den herkömmlichen Formen zeigte, überzeugte sie sich mühelos davon, dass Charles' Leidenschaft für sie nichts Übermäßiges mehr habe; er umarmte sie zu bestimmten Stunden. Es war eine Gewohnheit unter anderen, wie ein nach dem eintönigen Abendessen vorgesehener Nachtisch.

Theodor Fontane: **Effi Briest** (1895) – 19. und 20. Kapitel

Bei einer Schlittenpartie der vornehmen Gesellschaft des Provinzstädtchens Kessin, wo Innstetten Landrat ist, geraten die Pferdeschlitten in ein gefährliches Sumpfgelände. Innstetten übernimmt die Leitung der Rettungsaktion und Major Crampas, der Effi, obwohl selbst verheiratet, schon lange den Hof macht, steigt als Beschützer zu Effi in den Schlitten.

„Ich kann Sie nicht allein lassen, gnäd'ge Frau."
Effi war einen Augenblick unschlüssig, rückte dann aber rasch von der einen Seite nach der anderen hinüber, und Crampas nahm links ne- 5 ben ihr Platz.
All dies hätte vielleicht missdeutet werden können, Crampas selbst aber war zu sehr Frauenkenner, um es sich bloß in Eitelkeit zurechtzulegen. Er sah deutlich, dass Effi nur tat, was nach 10 Lage der Sache das einzig Richtige war. Es war unmöglich für sie, sich seine Gegenwart zu verbitten. Und so ging es denn im Fluge den beiden anderen Schlitten nach, immer dicht an dem Wasserlaufe hin, an dessen anderem Ufer dunkle 15 Waldmassen aufragten. Effi sah hinüber und nahm an, dass schließlich an dem landeinwärts gelegenen Außenrand des Waldes hin die Weiterfahrt gehen würde, genau also den Weg entlang, auf dem man in früher Nachmittagsstunde 20 gekommen war. Innstetten aber hatte sich inzwischen einen anderen Plan gemacht, und im selben Augenblick, wo sein Schlitten die Bohlenbrücke passierte, bog er, statt den Außenweg zu wählen, in einen schmaleren Weg ein, der mitten 25 durch die dichte Waldmasse hindurchführte. Effi schrak zusammen. Bis dahin waren Luft und Licht um sie her gewesen, aber jetzt war es damit vorbei, und die dunklen Kronen wölbten sich über ihr. Ein Zittern überkam sie, und sie schob die 30 Finger fest ineinander, um sich einen Halt zu geben. Gedanken und Bilder jagten sich, und eines dieser Bilder war das Mütterchen in dem Gedichte, das die „Gottesmauer" hieß, und wie das Mütterchen, so betete auch sie jetzt, dass Gott eine Mauer um sie her bauen möge. Zwei, drei 35 Male kam es auch über ihre Lippen, aber mit einem Mal fühlte sie, dass es tote Worte waren. Sie fürchtete sich und war doch zugleich wie in einem Zauberbann und wollte auch nicht heraus.
„Effi", klang es jetzt leise an ihr Ohr, und sie 40 hörte, dass seine Stimme zitterte. Dann nahm er ihre Hand und löste die Finger, die sie noch immer geschlossen hielt, und überdeckte sie mit heißen Küssen. Es war ihr, als wandle sie eine Ohnmacht an. 45
Als sie die Augen wieder öffnete, war man aus dem Wald heraus, und in geringer Entfernung vor sich hörte sie das Geläut der vorauseilenden Schlitten. Immer vernehmlicher klang es, und als man, dicht vor Utpatels Mühle, von den Dünen 50 her in die Stadt einbog, lagen rechts die kleinen Häuser mit ihren Schneedächern neben ihnen. Effi blickte sich um, und im nächsten Augenblick hielt der Schlitten vor dem landrätlichen Hause.
Innstetten, der Effi, als er sie aus dem Schlitten 55 hob, scharf beobachtet, aber doch ein Sprechen über die sonderbare Fahrt zu zweien vermieden hatte, war am anderen Morgen früh auf und suchte seiner Verstimmung, die noch nachwirkte, so gut es ging, Herr zu werden. 60
„Du hast gut geschlafen?", sagte er, als Effi zum Frühstück kam.
„Ja."
„Wohl dir. Ich kann dasselbe von mir nicht sagen. Ich träumte, dass du mit dem Schlitten im 65 Schloon verunglückt seiest, und Crampas mühte sich, dich zu retten; ich muss es so nennen, aber er versank mit dir."

Gustave Flaubert: **Madame Bovary** (1857)

Der Gutsbesitzer Rodolphe, der mit Emma eine Liebschaft beginnen möchte, holt sie mit zwei Pferden zu einem Ausritt ab. In einem Waldstück angekommen, steigen die beiden ab, binden ihre Pferde an und gehen spazieren.

„Wohin gehen wir denn?"
Er antwortete nicht. Sie atmete stoßweise. Rodolphe blickte sich um und biss sich auf den Schnurrbart.
Sie kamen zu einer Lichtung, wo junge Bäume 5

gefällt worden waren. Sie setzten sich auf einen der umgelegten Stämme, und Rodolphe fing an, von seiner Liebe zu sprechen.

Zunächst erschreckte er sie nicht durch Komplimente. Er blieb ruhig, ernst, melancholisch. Emma hörte ihm mit gesenktem Kopf zu und fuhr dabei mit der Schuhspitze in die am Boden umherliegenden Holzspäne.

Doch bei dem Satz:

„Sind nicht unsere Geschicke von jetzt an vereint?“, entgegnete sie: „O nein. Und das wissen Sie sehr wohl. Es ist unmöglich.“

Sie stand auf und wollte gehen. Er fasste sie am Handgelenk. Sie blieb stehen. Ein paar Augenblicke sah sie ihn mit feuchten Augen liebevoll an, dann sagte sie lebhaft:

„Ach, reden wir nicht mehr davon ... Wo sind die Pferde? Kehren wir um.“

Er machte eine zornige, verdrossene Bewegung. Sie wiederholte: „Wo sind die Pferde? Wo sind die Pferde?“

Darauf näherte er sich ihr mit einem sonderbaren Lächeln, starrem Blick, mit zusammengebissenen Zähnen und streckte die Arme nach ihr aus. Sie wich zitternd zurück. Sie stammelte:

„Oh, Sie machen mir Angst! Sie tun mir weh! Gehen wir!“

„Wenn es denn sein muss“, antwortete er und setzte eine andere Miene auf.

Und sogleich wurde er wieder respektvoll, liebenswürdig, schüchtern. Sie gab ihm den Arm. Sie kehrten um. Er sagte:

„Was hatten Sie nur? Weswegen? Ich habe es mir nicht erklären können. Gewiss haben Sie mich missverstanden. Sie thronen in meinem Herzen wie eine Madonna, auf einem Piedestal[1]; in großer Höhe, fest und makellos rein. Aber ich kann ohne Sie nicht leben, nicht ohne Ihre Augen, Ihre Stimme, Ihre Gedanken. Seien Sie meine Freundin, meine Schwester, mein Engel!“

Und er schlang seinen Arm um ihre Taille. Sie versuchte, sich sanft loszumachen. Aber er hielt sie fest, während sie weitergingen.

Dann jedoch hörten sie die beiden Pferde, die das Laub abrupften.

„Oh, schon!“, sagte Rodolphe. „Kehren wir noch nicht zurück. Bleiben Sie noch!“

Er zog sie weiter zu einem kleinen Teich, auf dem Wasserlinsen einen grünen Teppich bildeten. Verwelkte Wasserrosen lagen bewegungslos zwischen den Binsen. Beim Geräusch ihrer Schritte im Gras hüpften Frösche davon und versteckten sich.

„Es ist unrecht von mir, es ist unrecht“, sagte sie. „Es ist Wahnsinn, Sie anzuhören.“

„Warum? ... Emma! Emma!“

„Ach, Rodolphe! ...“, sagte langsam die junge Frau und lehnte sich an seine Schulter.

Der Stoff ihres Kleides blieb am Samt seiner Jacke hängen. Sie bog ihren weißen Hals zurück, den ein Seufzer schwellte, und kraftlos, tränenüberströmt, das Gesicht in den Händen bergend, in einem langen Erschauern gab sie sich hin.

1 **Piedestal:** Sockel

1 Klären Sie Ihre ersten Leseeindrücke im Gespräch. Welchen der Romane würden Sie gern weiterlesen? Warum?

2 Vergleichen Sie die beiden Textauszüge. Welche inhaltlichen Gemeinsamkeiten stellen Sie fest, welche Unterschiede fallen Ihnen auf?

a Untersuchen Sie die Erzählstrategien (▸ S. 110–111) beider Erzähler.

b Betrachten Sie die nebenstehende Karikatur Gustave Flauberts und erläutern Sie, inwiefern sie seine Erzählweise in „Madame Bovary“ kennzeichnet. Entwerfen Sie eine entsprechende Karikatur für den Autor von „Effi Briest“. Ein Foto Fontanes finden Sie auf S. 345.

3 **Weiterführende Aufgabe:** Informieren Sie sich in einem Literaturlexikon über den Roman „Anna Karenina" von Leo Tolstoi. Vergleichen Sie auf der Grundlage Ihres Wissensstandes die drei Protagonistinnen miteinander.

Eine Frage der Ehre

Theodor Fontane: **Effi Briest** (1895) – 27. Kapitel

Effi beendet die Affäre mit Major Crampas, als ihr Mann auf einen hohen Regierungsposten befördert wird. Der Umzug mit Mann und Tochter Annie nach Berlin ist für sie ein Neubeginn. Sechseinhalb Jahre später – die kränkelnde Effi befindet sich auf Kur – entdeckt Innstetten durch Zufall intime Briefe, die Major Crampas seinerzeit an Effi geschrieben hat. Mit dem ihm freundschaftlich verbundenen Ministerialrat Wüllersdorf bespricht er die Situation und entscheidet sich, Crampas zum Duell zu fordern. Für Effi bedeutet dies die Scheidung sowie die Trennung von ihrem Kind, gesellschaftliche Ächtung und sogar Verstoßung aus ihrer Familie.

Wüllersdorf nickte. „Kann ganz folgen, Innstetten, würde mir vielleicht ebenso gehen. Aber wenn Sie so zu der Sache stehen und mir sagen: ‚Ich liebe diese Frau so sehr, dass ich ihr alles verzeihen kann', und wenn wir dann das andere hinzunehmen, dass alles weit, weit zurückliegt, wie ein Geschehnis auf einem andern Stern, ja, wenn es so liegt, Innstetten, so frage ich, wozu die ganze Geschichte?"

„Weil es trotzdem sein muss. Ich habe mir's hin und her überlegt. Man ist nicht bloß ein einzelner Mensch, man gehört einem Ganzen an, und auf das Ganze haben wir beständig Rücksicht zu nehmen, wir sind durchaus abhängig von ihm. Ging' es, in Einsamkeit zu leben, so könnt' ich es gehen lassen; ich trüge dann die mir aufgepackte Last, das rechte Glück wäre hin, aber es müssen so viele leben ohne dies ‚rechte Glück', und ich würde es auch müssen und – auch können. Man braucht nicht glücklich zu sein, am allerwenigsten hat man einen Anspruch darauf, und den, der einem das Glück genommen hat, den braucht man nicht notwendig aus der Welt zu schaffen. Man kann ihn, wenn man weltabgewandt weiterexistieren will, auch laufen lassen. Aber im Zusammenleben mit den Menschen hat sich ein Etwas gebildet, das nun mal da ist und nach dessen Paragrafen wir uns gewöhnt haben, alles zu beurteilen, die andern und uns selbst. Und dagegen zu verstoßen geht nicht; die Gesellschaft verachtet uns, und zuletzt tun wir es selbst und können es nicht aushalten und jagen uns die Kugel durch den Kopf. Verzeihen Sie, dass ich Ihnen solche Vorlesung halte, die schließlich doch nur sagt, was sich jeder selber hundertmal gesagt hat. Aber freilich, wer kann was Neues sagen! Also noch einmal, nichts von Hass oder dergleichen, und um eines Glückes willen, das mir genommen wurde, mag ich nicht Blut an den Händen haben; aber jenes, wenn Sie wollen, uns tyrannisierende Gesellschafts-Etwas, das fragt nicht nach Charme und nicht nach Liebe und nicht nach Verjährung. Ich habe keine Wahl. Ich muss."

1 Untersuchen Sie, wie Innstetten seine Entscheidung begründet.

2 Die Romanhandlung unterscheidet sich von den realen Umständen der Ardenne-Affäre (▶ S. 345), bei der der betrogene Ehemann den Liebhaber seiner Frau noch während der Liebesbeziehung zum Duell fordert. Erklären Sie, welche Absicht der Autor Fontane mit dieser Änderung verfolgt haben könnte.

Ute Frevert: **Ehebrüche** (1995)

Was hatte nun ein Ehebruch, wie er sich im 19. Jahrhundert tagtäglich ereignen mochte, mit Ehre zu tun? Weshalb führte der Seitensprung einer verheirateten Frau einen Ehekonflikt herbei? Und was geschah, wenn der Ehemann fremdging? Würde auch hierdurch die Ehre gekränkt, und wenn ja, wessen Ehre?

Aus heutiger Sicht ist Ehebruch zuallererst eine moralische Verfehlung, ein Vertrauensbruch zwischen Ehepartnern. Er mag eine emotionale Entfremdung des Paares nach sich ziehen, manchmal sogar seine Trennung. Mit Ehre und Ehrverletzung wird er gemeinhin nicht mehr in Verbindung gebracht, und Pistolenduelle zwischen Ehemann und Liebhaber sind ebenfalls seit einigen Jahrzehnten nicht mehr überliefert.

Im 19. und beginnenden 20. Jahrhundert war das anders. Bereits das Strafrecht nahm eine Koppelung von Ehebruch und Ehrverlust vor, und zwar besonders, wenn nicht gar ausschließlich auf Seiten der schuldigen Ehefrau.

Als man im Vormärz über neue Strafrechtskodifikationen nachdachte, bestand mehrheitlich Übereinstimmung darin, den Ehebruch einer Ehefrau strenger als den eines Ehemanns zu bestrafen. Die damit befasste Kommission des preußischen Staatsrats entschied 1843 mit 21 gegen 14 Stimmen, dass „der Ehebruch der Frau im höheren Grade, als der des Mannes, unsittlich sey ... (und) der Mutter die Achtung der Angehörigen entziehe". Der revidierte Strafrechtsentwurf begründete 1845, warum „die Verschuldung der Frau in der Regel eine sehr viel schwerere" sei: „Die Bedeutung der Frau liegt hauptsächlich in der sittlichen und geschlechtlichen Reinheit, und mit dem Verlust derselben ist die Würde des Weibes, sowie der eheliche und häusliche Friede vernichtet." Im Gegensatz dazu werde der Ehebruch des Mannes „in sehr vielen Fällen die Ehre und den Frieden des Hauses nicht untergraben". Noch klarere Worte fand 1848 der preußische Justizminister von Savigny, als er das „allgemeine Gefühl" beschwor, wonach „der Mann in seiner Stellung, in seiner Ehre ungleich tiefer verletzt sei durch den Ehebruch der Frau, als umgekehrt ... Es ist die allgemeine Ansicht, dass der Mann, welcher wissentlich einen fortgesetzten Ehebruch der Frau duldet, gering geschätzt wird, während die den Ehebruch des Mannes still duldende Frau häufig Anspruch auf besondere Achtung und auf Mitgefühl haben wird."

Diese „allgemeine Ansicht" erwies sich zwar letztlich doch als nicht mehr kodifikationsfähig und fand keine Aufnahme in das seit 1851 geltende preußische Strafgesetzbuch. Dennoch ließ der Gesetzgeber sie gleichsam durch die Hintertür wieder ein, indem er es in das Ermessen des Richters stellte, sie bei der Festsetzung der Strafdauer zu berücksichtigen. Offenbar blieb das „allgemeine Gefühl" in dieser Frage erstaunlich stabil. Noch zu Beginn des 20. Jahrhunderts etwa las man in einem Schriftsatz der deutschen Anti-Duell-Liga, der Ehebruch sei die „schwerste Kränkung, die einem Ehemann widerfahren" könne, schwerer als „durch irgendeine Beleidigung zugefügt".

[...]

Die „gute", tonangebende Gesellschaft stimmte offenbar über viele Jahrzehnte hinweg darin überein, dass die Ehre eines Mannes durch den Ehebruch seiner Frau auf das Tiefste verletzt wurde. Umgekehrt aber galten andere Grundsätze. Das „Extragehen" eines Mannes verletzte weder seine eigene Ehre noch die seiner Ehefrau. Es galt lediglich als leicht verzeihlicher „momentaner Fehltritt", wie es der preußische Strafrechtsentwurf 1845 formulierte. In den Worten des Abgeordneten Freiherrn von Gaffron aus dem Jahre 1848: „Ich gebe zu, dass der Mann durch den Ehebruch nicht so tief fällt als die Frau, weil ihm andere Gebiete des Wirkens und Strebens offenstehen. Die Frau fällt aber tiefer als der Mann, weil ihr Beruf als Mutter und Gattin ihr höchster ist."

3 Erläutern Sie, wie Ehebruch und Ehre für den Mann, wie für die Frau im 19. Jh. zusammenhängen.
4 Inwiefern werden Effi und Innstetten Opfer gesellschaftlicher Konventionen?

III Liebesversuche in der Erlebnisgesellschaft – Paare im 21. Jahrhundert

Birgit Vanderbeke: **Alberta empfängt einen Liebhaber** (1999)

Alberta und Nadan begegnen sich zum ersten Mal in den 1970er Jahren und brennen in den Achtzigern gemeinsam durch, finden aber nicht zueinander.

Zuletzt haben wir gesagt: Durchbrennen ist ein Abenteuer und keine Urlaubsreise, die man mit Katalog und Prospekt ein halbes Jahr vorher plant. Das Wichtigste ist das Datum, alles Weitere wird sich finden, und das Datum hatte von vornherein festgestanden, weil es bestimmt war durch Himmelfahrt und bewegliche Feiertage und Überstunden bei Nadan, die etwa bis Pfingsten reichten.
Ich wäre lieber jetzt gleich im April durchgebrannt, weil ich Angst hatte, bis Himmelfahrt überlege ich mir die ganze Angelegenheit noch einmal etwas genauer, und dann komme ich darauf, dass sie völliger Blödsinn ist, weil man nur durchbrennen muss, wenn man dafür einen Grund hat, und wir hatten keinen. Zum Durchbrennen braucht es mindestens einen Feind, noch besser zwei oder gleich eine ganze feindliche Welt. Mindestens ein Gesetz, das man brechen könnte. Weit und breit war kein einziger Feind zu entdecken. Nicht einmal zu erfinden. Kein bissiger Ehepartner, überhaupt keine Ehe, die wir mit Durchbrennen hätten brechen können, kein Verbot, wir waren auch nicht verfolgt, nicht einmal paranoid und längst nicht mehr minderjährig. Wir hatten jeder auf seine Weise ein Leben, eine Arbeit, eine Wohnung, Nadan hatte sogar schon sein Haus, und bis Himmelfahrt würde er sich die Sache auch noch mal überlegen und auch darauf kommen, dass sie Unfug wäre, weil Nadan uns beide genauso durchschaut wie ich und wir uns beide kennen und natürlich beide wissen, dass von allen danebengegangenen Geschichten unsere miteinander die danebengegangenste ist, und zwar schon von Anfang an und daher für alle Zeit bis zum Jüngsten Tag. In unseren Leben ist unsere Geschichte gewissermaßen die Urgeschichte aller danebengegangenen Geschichten. Daher auch fährt sie uns immer wieder dazwischen. Indem diese danebengegangene Urgeschichte uns immer wieder dazwischenfährt, geht jede Folgegeschichte daneben. Wenn man sich selbst die Heuschreckenplage ist, kann Durchbrennen auch nicht nützen.

Dieter Wellershoff: **Der Liebeswunsch** (2000)

Dieter Wellershoff, geboren 1925, ist Mitglied der Gruppe 47. Sein Roman „Der Liebeswunsch" ist aus wechselnden Perspektiven geschrieben. Anja, die Ich-Erzählerin des unten stehenden Ausschnitts, hat ein heimliches Verhältnis mit einem guten Freund der Familie.

Ihm ist etwas anderes wichtig im Leben. Er will für einen bedeutenden Mann gehalten werden. Auch in moralischer Hinsicht sucht er Bewunderung. Er gilt als fortschrittlich, als aufgeklärt. Einige seiner Urteile sind in die Fachliteratur eingegangen. Er scheut sich nicht vor Arbeit, nicht vor Ehrenämtern. Er ist ein Mann, der mit seiner Rolle verwachsen ist. Doch vor allem liebe er sein Zuhause, und seine Familie sei ihm das Höchste, hat er gesagt, als man ihn in der Zeitung nach seinem Leben und seinen Vorlieben befragte. Er wusste natürlich, dass ich das Interview lesen würde. Es war eine indirekte, halboffizielle Mitteilung an mich, eine Verlautbarung.
Was ist mit mir? Warum habe ich Lust, ihm Unrecht zu tun? Warum bin ich so gereizt? Alle scheinen Leonhard anders zu sehen als ich. Er hat Freunde, er ist ein geschätzter Mann.
Das strenge Gesicht meiner Mutter, das aufblüht, wenn sie Leonhard sieht. Ihre Fragen am Telefon: „Wie geht's Daniel, wie geht's Leonhard? Grüß ihn bitte von mir. Sag ihm, er soll

sich schonen. Sag ihm, ich hätte das gesagt. Und gib beiden einen Kuss von mir."

Ich habe den Mann geheiratet, der die Wahl meiner Mutter ist.

„Du hast das große Los gezogen, Anja."

Immer wieder sagte sie es mir. Leonhard, ein guter Hausvater und Ehemann, bei dem Daniel und ich gut aufgehoben sind, ein zuverlässiger, ordentlicher, allgemein geachteter Mann, so viel reifer, so viel erwachsener als ich.

Durch Leonhard lernte ich die Welt kennen. Wenn wir reisten, fuhren wir immer an Orte, die er von einer seiner früheren Reisen kannte. Er führte mich überall herum, erklärte mir alles Wissenswerte. Ich sollte lernen, die Welt mit seinen Augen zu sehen. Ich war für ihn ein leeres Gefäß, bereit, alles aufzunehmen, was er in mich hineinlegte. Von Anfang an gab ich ihm Recht. Ich war die Bedürftige, die Beschenkte. Ich hatte noch kein nennenswertes Leben gehabt.

Von überall schickten wir Ansichtskarten an meine Mutter, die sie alle aufbewahrte. Sie schrieb, sie könne sich alles so gut vorstellen, als ob sie uns begleitet hätte.

„Du hast das große Los gezogen, Anja."

Immer wieder sagte sie es mir, und ich antwortete: „Ja, das habe ich wohl." Ich lebte mich immer mehr ein in diese Rolle einer glücklichen jungen Frau und versuchte alle davon zu überzeugen. Alle um mich herum sollten es bestätigen. Wenn mich jemand beglückwünschte oder

zum Schein beneidete, lächelte ich wie zur Entschuldigung: Ich wisse natürlich auch, dass Glück nicht die Regel sei.

Ich glaubte nicht wirklich, was ich sagte, und versuchte es mir deshalb immer wieder einzureden.

Wenn meine Mutter zu Besuch kommt, hat Leonhard sie vermutlich gerufen. Sie kommt, um mich zu entlasten, weil ich meine Pflichten vernachlässige, depressiv oder neurasthenisch[1] bin. Sie wird sagen: „Überlass mir mal alles hier. Fahrt ruhig einmal zu zweit weg. Ich glaube, das braucht ihr mal." Ich kann nicht antworten, dass ich gerade das fürchte. Nein, ich kann nicht mehr Tage und Wochen mit ihm allein sein. Ich fürchte mein Verstummen, weil ich mein Geständnis fürchte. Ich habe Angst, dass ich alles zerstöre, hoffe immer, dass ich mich wieder fange.

Ich weiß nicht wie.

1 **neurasthenisch:** chronisch erschöpft

---

1 a Vergleichen Sie die beiden Auszüge aus Romanen der Gegenwart hinsichtlich Thema, Erzähltechnik und sprachlicher Gestaltung.

b Welcher Roman trifft am ehesten Ihren literarischen Geschmack? Begründen Sie.

2 a Untersuchen Sie die Romanauszüge: Welche Bilder von Mann und Frau werden darin entworfen? Belegen Sie Ihre Ergebnisse am Text.

b Diskutieren Sie, ob diese Bilder einen realistischen Eindruck der heutigen Gesellschaft vermitteln.

3 a Stellen Sie dar, welche sozialen Rollen die weiblichen Romanfiguren aus dem 19. Jahrhundert und aus der Gegenwart einnehmen, z. B. in einer Mindmap und unter Verwendung grafischer Elemente (Bilder, Symbole u. Ä.).

b Wie beurteilen Sie die Versuche weiblicher Identitätsfindung in den Romanen?

4 Weiterführende Aufgabe: Führen Sie ein **Leseprojekt** (▶ S. 458, 542–544) durch. Lesen Sie in Kleingruppen je einen der Romane und stellen Sie sich diese gegenseitig vor. Weitere geeignete Präsentationsformen sind z. B. ein Gruppenpuzzle oder ein literarischer Abend mit Gästen.

5 Moderne – Vom Naturalismus zur Exilliteratur

Edvard Munch: Der Schrei (1893)

Pablo Picasso: Les Demoiselles d'Avignon (1907)

Gustav Klimt: Der Kuss (1908)

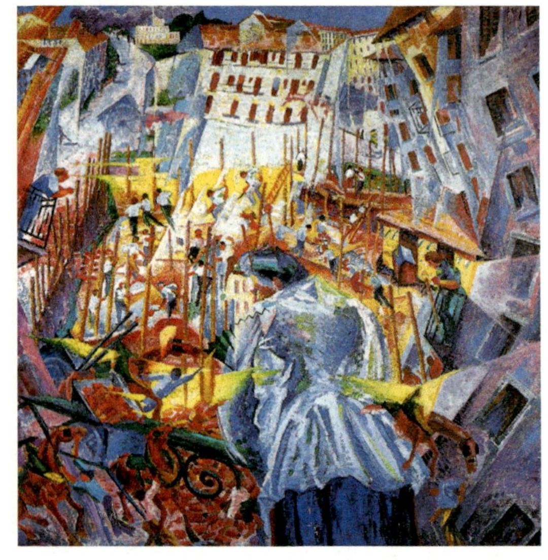

Umberto Boccioni: Der Lärm der Straße dringt ins Haus (1911)

1 Die hier gezeigten Gemälde haben, wie auch Magrittes „La trahision des images" (1929, ▸ S. 476), eines gemeinsam: Sie sind Wegbereiter einer neuen Zeit, bringen bis dahin völlig Unerwartetes und Unbekanntes, öffnen wertvolle Räume für Neues.
Charakterisieren Sie die einzelnen Kunstwerke nach Thema, Stil, Komposition und Farbe. Was könnte das Neue und Besondere daran sein?

2 **a** Einige der Gemälde sind Ihnen sicher bekannt. Versuchen Sie, sie Kunstrichtungen zuzuordnen.
b Beschreiben Sie eines der Bilder in einem zusammenhängenden Text. Begründen Sie Ihre Wahl.
3 Tragen Sie zusammen, welche literarischen Werke Sie aus der Zeit von der Jahrhundertwende 1900 bis 1933 kennen. Sehen Sie Bezüge zwischen deren Themen und den hier gezeigten Kunstwerken?
4 Weiterführende Aufgabe: Stellen Sie weitere wichtige oder Epoche machende Gemälde der Zeit vor.

Johannes Schlaf: **Silvester 1900** (1900)

Es hat zwölf geschlagen. Sie läuten mit allen Glocken in der ganzen Stadt. Sie läuten das neue Jahrhundert ein.
Das neue Jahrhundert. – Wie das klingt! ...
Ja und doch: eigentlich was ist nun weiter? ...
Ich habe meinen Shagstummel[1] unter der Nase, vor mir steht die alte brave Punschterrine und der Pfannkuchenteller, und alles ist beim Alten und im Wesentlichen wie immer. Die liebe, alte, gemütliche Statik des Lebens! Der alte dunkle Märchenweiher des Daseins in seiner beschaulichen Traumruhe! Was tut's, wenn ab und zu ein Stein hineinplumpt und seine stille Fläche ein wenig kräuselt! Was tut's, wenn ein Meteor aufglüht, ein blutrotes Nordlicht emporflammt und für ein paar Minuten seinen Widerschein über die erhabene Ruhe seines Spiegels breitet?
Alle die gewaltigen Temperamentsausbrüche der großen Individualität, von denen so viel Wesens gemacht wird, dies bisschen Oberflächengekräusel, dies bisschen Weltgeschichte, mit all ihren Blut- und Mordgräueln, mit all ihrem Trara von Fortschritten und Errungenschaften des Geistes – nicht das ist die Weihe dieser Stunde, sondern diese ewig unerschütterliche göttliche Statik des Problems.
Darum: im Wesentlichen wird immer und stets alles beim Alten bleiben ...
Und doch: wie schön die Glocken läuten! ... Wie feierlich und fröhlich! ...
Der Grundbass der Domglocke, wie das dröhnende Grollen eines Löwen; das fröhlich-jauchzende Dreiklang-Halleluja von St. Johannis, und das ganze munter-frohlockende Klanggetümmel! ...
Das heilige Kind jener Bethlehemitischen Weihenacht! Noch einmal glüht all meine Liebe zu ihm empor und mit ihr die Liebe zu der großen Individualität und ihrer ewig schöpferischen Freudigkeit. – Sie, deren göttliche Kraft Licht und Gewissheit ist in die Mystik des Ewig-Dunklen und Schweigenden hinein; die Leuchte der mütterlichen Nächte, die Offenbarerin all ihrer unermesslichen Geheimnisse! ...
Sie hat die glorreichen Siege der Wissenschaft und der Technik vollbracht; sie war Goethe, Darwin und Bismarck. Dampf, Elektrizität, Entwicklungstheorie und Erhaltung der Kraft [...].
Ja, es ist doch ein wunderliches Gefühl, so auf der Schwelle von tausend neuen Möglichkeiten zu stehen! So wunderlich, so fromm und feierlich! ... Wie Bangen und Zuversicht! ... Indessen: schenk mir noch ein Glas ein, Beste! und gib mir einen Kuss! ...

1 **Shagstummel:** kurze Tabakspfeife

5 **a** Lesen Sie den Text kursorisch und notieren Sie Schlüsselwörter, die Ihnen im Gedächtnis bleiben.
b Welche Grundstimmung spricht aus dem Text?
6 **a** Analysieren Sie den Text nun genauer. Was für ein Bild des Lebens und des neuen Jahrhunderts wird entworfen? Welche neuen Werte zählen im Leben wie in der Kunst?
b Vergleichen Sie mit den später entstandenen Gedichten Tucholskys, Kästners und Huchels (▸ S. 388–389). Wie ist jeweils der Blick des Sprechers in die Vergangenheit und die Zukunft gerichtet?

5.1 Naturalismus

Kunst und Wirklichkeit

Otto Brahm: **Zum Beginn** (1890)

Eine freie Bühne für das moderne Leben schlagen wir auf.
Im Mittelpunkt unserer Bestrebungen soll die Kunst stehen; die neue Kunst, die die Wirklichkeit anschaut und das gegenwärtige Dasein. Einst gab es eine Kunst, die vor dem Tage auswich, die nur im Dämmerschein der Vergangenheit Poesie suchte und mit scheuer Wirklichkeitsflucht zu jenen idealen Fernen strebte, wo in ewiger Jugend blüht, was sich nie und nirgends hat begeben. Die Kunst der Heutigen umfasst mit klammernden Organen alles, was lebt, Natur und Gesellschaft; darum knüpfen die engsten und die feinsten Wechselwirkungen moderne Kunst und modernes Leben aneinander, und wer jene ergreifen will, muss streben, auch dieses zu durchdringen in seinen tausend verfließenden Linien, seinen sich kreuzenden und bekämpfenden Daseinstrieben.

Guiseppe Pelliza da Volpedo: Der vierte Stand (1901)

Der Bannerspruch der neuen Kunst, mit goldenen Lettern von den führenden Geistern aufgezeichnet, ist das eine Wort: Wahrheit; und Wahrheit, Wahrheit auf jedem Lebenspfade ist es, die auch wir erstreben und fordern. Nicht die objektive Wahrheit, die dem Kämpfenden entgeht, sondern die individuelle Wahrheit, welche aus der innersten Überzeugung frei geschöpft ist und frei ausgesprochen: die Wahrheit des unabhängigen Geistes, der nichts zu beschönigen und nichts zu vertuschen hat. Und der darum nur einen Gegner kennt, seinen Erbfeind und Todfeind: die Lüge in jeglicher Gestalt.

Arno Holz: **Die Kunst. Ihr Wesen und ihre Gesetze** (1891/92)

Arno Holz (1863–1929) kam als junger Mann aus Ostpreußen nach Berlin. Zunächst arbeitete er als Journalist, schlug sich aber schon bald als freier Schriftsteller durch. Gemeinsam mit anderen jungen Autoren wie Otto Brahm (s. o.) wollte er das Theater revolutionieren. Lange Jahre arbeitete er mit Johannes Schlaf (▶ S. 357) zusammen, mit dem er auch eng befreundet war. Holz verfasste neben literarischen auch literaturtheoretische Texte.

Vor mir auf meinem Tisch liegt eine Schiefertafel. Mit einem Steingriffel ist eine Figur auf sie gemalt, aus der ich absolut nicht klug werde. Für ein Dromedar hat sie nicht Beine genug, und für ein Vexierbild „Wo ist die Katz?" kommt sie mir wieder zu primitiv vor. Am ehesten möchte ich sie noch für eine Schlingpflanze oder für den Grundriss einer Landkarte halten. Ich würde sie mir vergeblich zu erklären versuchen, wenn ich nicht wüsste, dass ihr Urheber ein kleiner Junge ist. Ich hole ihn mir also von draußen aus dem Garten her, wo der Bengel eben auf einen Kirschbaum geklettert ist, und frage ihn: „Du, was ist das hier?"
Und der Junge sieht mich ganz verwundert an, dass ich das überhaupt noch fragen kann, und sagt: „Ein Suldat!"
Ein „Suldat!" Richtig! Jetzt erkenne ich ihn deutlich! Dieser unfreiwillige Klumpen hier soll sein Bauch, dieser Mauseschwanz sein Säbel sein und schräg über seinem Rücken hat er sogar noch so eine Art von zerbrochenem Schwefelholz zu hängen, das natürlich wieder nur seine Flinte sein kann. In der Tat! Ein „Suldat"! Und ich schenke dem Jungen einen schönen, blank geputzten Groschen, für den er sich nun wahrscheinlich Knallerbsen, Zündhütchen oder Malzzucker kaufen wird, und er zieht befriedigt ab.

Dieser „Suldat“ ist das, was ich suchte. Nämlich eine jener einfachen künstlerischen Tatsachen, deren Bedingungen ich kontrollieren kann. Mein Wissen sagt mir, zwischen ihm und der Sixtinischen Madonna in Dresden besteht kein Art-, sondern nur ein Gradunterschied. [...] Durch den kleinen Jungen selbst weiß ich, dass die unförmige Figur da vor mir nichts anderes als ein Soldat sein soll. Nun lehrt mich aber bereits ein einziger flüchtiger Blick auf das Zeug, dass es tatsächlich kein Soldat ist. Sondern nur ein lächerliches Gemengsel von Strichen und Punkten auf schwarzem Untergrund.
Ich bin also berechtigt, bereits aus dieser ersten und sich mir geradezu von selbst aufdrängenden Erwägung heraus zu konstatieren, dass hier in diesem kleinen Schiefertafel-Opus das Resultat einer Tätigkeit vorliegt, die auch nicht im Entferntesten ihr Ziel erreicht hat. Ihr Ziel war ein Soldat Nr. 2, und als ihr Resultat offeriert sich mir hier nun dieses Tragikomische! [...] Ich habe also bis jetzt konstatiert, dass zwischen dem Ziel, das sich der Junge gestellt hat, und dem Resultat, das er in Wirklichkeit, hier auf dem kleinen schwarzen Täfelchen vor mir, erreicht hat, eine Lücke klafft, die grauenhaft groß ist. [...]
Schiebe ich nun für das Wörtchen Resultat das sicher auch nicht ganz unbezeichnende „Schmierage“ unter, für Ziel „Soldat“ und für Lücke „x“, so erhalte ich hieraus die folgende niedliche kleine Formel: Schmierage = Soldat – x. Oder weiter, wenn ich für Schmierage „Kunstwerk“ und für Soldat das beliebte „Stück Natur“ setze: Kunstwerk = Stück Natur – x. Oder noch weiter, wenn ich für Kunstwerk vollends „Kunst“ und für Stück Natur „Natur“ selbst setze: Kunst = Natur – x.

1 **a** Welches Verständnis von Kunst und Natur spricht jeweils aus den Texten von Brahm und von Holz?
b Nehmen Sie begründet Stellung zur Aussage Holz', zwischen der Kinderzeichnung und der Sixtinischen Madonna bestünde kein Art-, sondern nur ein Gradunterschied (Z. 32 ff.).

2 **a** „Wahrheit“ in der Kunst – was bedeutet das für Sie? Wie „wahr“ müssen bzw. können Kunst und Literatur sein?
b Holz' Formel „Kunst = Natur – x“ gilt als programmatisch für die naturalistische Kunst. Erörtern Sie diese Position.

Arno Holz: **Phantasus** (1886)

Ihr Dach stieß fast bis an die Sterne,
vom Hof her stampfte die Fabrik,
es war die richtige Mietskaserne
mit Flur- und Leiermannsmusik.
Im Keller nistete die Ratte,
parterre gab's Branntwein, Grog und Bier,
und bis ins fünfte Stockwerk hatte
das Vorstadtelend sein Quartier.

Dort saß er nachts vor seinem Lichte –
duck nieder, nieder, wilder Hohn! –
und fieberte und schrieb Gedichte,
ein Träumer, ein verlorner Sohn.
Sein Stübchen konnte grade fassen
ein Tischchen und ein schmales Bett;
er war so arm und so verlassen
wie jener Gott von Nazareth!

Doch pfiff auch dreist die feile Dirne,
die Welt, ihn aus: „Er ist verrückt!“
Ihm hatte leuchtend auf die Stirne
der Genius seinen Kuss gedrückt.
Und wenn vom holden Wahnsinn trunken
er zitternd Vers an Vers gereiht,
dann schien auf ewig ihm versunken
die Welt und ihre Nüchternheit.

In Fetzen hing ihm seine Bluse,
sein Nachbar lieh ihm trocknes Brot,
er aber stammelte: „O Muse!“,
und wusste nichts von seiner Not.
Er saß nur still vor seinem Lichte,
allnächtlich, wenn der Tag entflohn,
und fieberte und schrieb Gedichte,
ein Träumer, ein verlorner Sohn!

3 **a** Wie inszeniert Holz den Dichter im vorliegenden Gedicht?
b Passt Arno Holz' Gedicht zu seinen späteren kunsttheoretischen Ausführungen? – Erörtern Sie die Frage, ob der Text ironisch gemeint sein könnte. Beachten Sie dabei auch den Titel des Gedichts.
c Setzen Sie das Gedicht in Beziehung zu Brahms kunsttheoretischen Ausführungen.
Welche Kritik an der Figur des Dichters in „Phantasus" ließe sich aus Brahms Text ableiten? Notieren Sie Stichpunkte.

4 Die Texte auf S. 358–360 werden dem Naturalismus zugerechnet. Schließen Sie aus Ihren Untersuchungen der Texte auf mögliche Merkmale dieser Strömung.

Protagonisten des Naturalismus

Gerhart Hauptmann: **Bahnwärter Thiel** (1888)

Hauptmann (1862–1946) gilt als bedeutender deutscher Vertreter des Naturalismus, wandte sich später aber anderen literarischen Strömungen seiner Zeit zu. 1912 erhielt er den Literaturnobelpreis.

Allsonntäglich saß der Bahnwärter Thiel in der Kirche zu Neu-Zittau, ausgenommen die Tage, an denen er Dienst hatte oder krank war und zu Bette lag. Im Verlaufe von zehn Jahren war er 5 zweimal krank gewesen; das eine Mal infolge eines vom Tender einer Maschine während des Vorbeifahrens herabgefallenen Stückes Kohle, welches ihn getroffen und mit zerschmettertem Bein in den Bahngraben geschleudert hatte; das 10 andere Mal einer Weinflasche wegen, die aus dem vorüberrasenden Schnellzuge mitten auf seine Brust geflogen war. Außer diesen beiden Unglücksfällen hatte nichts vermocht, ihn, sobald er frei war, von der Kirche fernzuhalten.
15 Die ersten fünf Jahre hatte er den Weg von Schön-Schornstein, einer Kolonie an der Spree, herüber nach Neu-Zittau allein machen müssen. Eines schönen Tages war er dann in Begleitung eines schmächtigen und kränklich aussehen- 20 den Frauenzimmers erschienen, die, wie die Leute meinten, zu seiner herkulischen Gestalt wenig gepasst hatte. Und wiederum eines schönen Sonntagnachmittags reichte er dieser selben Person am Altare der Kirche feierlich die Hand 25 zum Bunde fürs Leben. Zwei Jahre nun saß das junge, zarte Weib ihm zur Seite in der Kirchenbank; zwei Jahre blickte ihr hohlwangiges, feines Gesicht neben seinem vom Wetter gebräunten in das uralte Gesangbuch –; und plötzlich saß der Bahnwärter wieder allein wie zuvor. 30
An einem der vorangegangenen Wochentage hatte die Sterbeglocke geläutet; das war das Ganze. An dem Wärter hatte man, wie die Leute versicherten, kaum eine Veränderung wahrgenommen. Die Knöpfe seiner sauberen Sonntagsuni- 35 form waren so blank geputzt als je zuvor, seine roten Haare so wohl geölt und militärisch gescheitelt wie immer, nur dass er den breiten, behaarten Nacken ein wenig gesenkt trug und noch eifriger der Predigt lauschte oder sang, als 40 er es früher getan hatte. Es war die allgemeine Ansicht, dass ihm der Tod seiner Frau nicht

sehr nahegegangen sei, und diese Ansicht erhielt eine Bekräftigung, als sich Thiel nach Verlauf eines Jahres zum zweiten Male, und zwar mit einem dicken und starken Frauenzimmer, einer Kuhmagd aus Alte-Grund, verheiratete.
Auch der Pastor gestattete sich, als Thiel die Trauung anzumelden kam, einige Bedenken zu äußern:
„Ihr wollt also schon wieder heiraten?"
„Mit der Toten kann ich nicht wirtschaften, Herr Prediger!"
„Nun ja wohl. Aber ich meine – Ihr eilt ein wenig."
„Der Junge geht mir drauf, Herr Prediger."
Thiels Frau war im Wochenbett gestorben und der Junge, welchen sie zur Welt gebracht, lebte und hatte den Namen Tobias erhalten.
„Ach so, der Junge", sagte der Geistliche und machte eine Bewegung, die deutlich zeigte, dass er sich des Kleinen erst jetzt erinnere. „Das ist etwas andres – wo habt Ihr ihn denn untergebracht, während Ihr im Dienst seid?"
Thiel erzählte nun, wie er Tobias einer alten Frau übergeben, die ihn einmal beinahe habe verbrennen lassen, während er ein anderes Mal von ihrem Schoß auf die Erde gekugelt sei, ohne glücklicherweise mehr als eine große Beule davonzutragen. Das könne nicht so weitergehen, meinte er, zudem da der Junge, schwächlich wie er sei, eine ganz besondre Pflege benötige. Deswegen und ferner, weil er der Verstorbenen in die Hand gelobt, für die Wohlfahrt des Jungen zu jeder Zeit ausgiebig Sorge zu tragen, habe er sich zu dem Schritte entschlossen. –
Gegen das neue Paar, welches nun allsonntäglich zur Kirche kam, hatten die Leute äußerlich durchaus nichts einzuwenden. Die frühere Kuhmagd schien für den Wärter wie geschaffen. Sie war kaum einen halben Kopf kleiner als er und übertraf ihn an Gliederfülle. Auch war ihr Gesicht ganz so grob geschnitten wie das seine, nur dass ihm im Gegensatz zu dem des Wärters die Seele abging.
Wenn Thiel den Wunsch gehegt hatte, in seiner zweiten Frau eine unverwüstliche Arbeiterin, eine musterhafte Wirtschafterin zu haben, so war dieser Wunsch in überraschender Weise in Erfüllung gegangen. Drei Dinge jedoch hatte er, ohne es zu wissen, mit seiner Frau in Kauf genommen: eine harte, herrschsüchtige Gemütsart, Zanksucht und brutale Leidenschaftlichkeit. Nach Verlauf eines halben Jahres war es ortsbekannt, wer in dem Häuschen des Wärters das Regiment führte. Man bedauerte den Wärter.

---

1 Analysieren Sie den Text.
a Untersuchen Sie, wie die Hauptfigur eingeführt wird: Wie wird Thiel charakterisiert? Achten Sie auf direkte wie auch indirekte Charakterisierung.
b Analysieren Sie das Verhältnis von Erzählzeit und erzählter Zeit (▶ S. 112–113). Wo sind sie deckungsgleich? Erläutern Sie Abweichungen.
c Zeigen Sie an Hauptmanns Erzähltechnik, inwiefern auch die Sichtweise der Mitbürger Thiels wiedergegeben wird.
2 **a** Was spricht dafür, dass es sich hier um einen Erzählanfang handelt?
b Wie könnte sich die Handlung um den Bahnwärter Thiel entwickeln? – Entwerfen Sie auf der Basis von Hauptmanns nebenstehender Aussage mögliche Fortsetzungen, die in der Exposition angelegt sind.

Zum Hintergrund der Novelle
Es handelt sich auch hier um einen Unglücksfall – das Kind eines Bahnwärters wurde vom Zug überfahren –, der mich erschüttert und dann produktiv gemacht hatte.
Gerhart Hauptmann (1930)

3 Was weist diesen Text als ein Werk des Naturalismus aus?
4 **Weiterführende Aufgabe:** Vergleichen Sie die Figurendarstellung in Hauptmanns Novelle „Bahnwärter Thiel" und in Georg Büchners Dramenfragment „Woyzeck".

Gerhart Hauptmann: **Der Biberpelz** (1893) – Erster Akt

Kleiner, blau getünchter, flacher Küchenraum mit niedriger Decke; ein Fenster links; eine roh gezimmerte Tür, ins Freie führend, rechts; eine Tür mit ausgehobenem Flügel mitten in der Hinterwand. – Links in der Ecke der Herd, darüber an der Wand Küchengerät am Rahmen, rechts in der Ecke Ruder und Schiffereigerät; gespaltenes Holz, so genannte Stubben, unter dem Fenster in einem Haufen. Eine alte Küchenbank, mehrere Schemel usw. usw. – Durch den leeren Türrahmen der Hinterwand blickt man in einen zweiten Raum. Darin steht ein hochgemachtes, sauber gedecktes Bett, darüber hängen billige Fotografien in noch billigeren Rahmen, Öldruckköpfe in Visitenkartenformat usw. Ein Stuhl aus weichem Holz ist mit der Lehne gegen das Bett gestellt. – Es ist Winter, der Mond scheint. Auf dem Herd in einem Blechleuchter steht ein brennendes Talglicht. Leontine Wolff ist auf einem Schemel am Herd, Kopf und Arme auf der Herdplatte, eingeschlafen. Sie ist ein siebzehnjähriges, hübsches, blondes Mädchen in der Arbeitstracht eines Dienstmädchens. Über die blaue Kattunjacke hat sie ein dickes, wollenes Brusttuch gebunden. – Einige Sekunden bleibt es still, dann hört man, wie jemand bemüht ist, von außen die Tür aufzuschließen, in der jedoch von innen der Schlüssel steckt. Nun pocht es.

FRAU WOLFF, *unsichtbar von außen:* Adelheid! Adelheid! *Stille; dann wird von der andern Seite ans Fenster gepocht.* Wirschte gleich uffmachen!

LEONTINE, *im Schlaf:* Nein, nein, ick lass' mir nich schinden!

FRAU WOLFF: Mach uff, Mädel, sonste komm' ich durchs Fenster. *Sie trommelt sehr stark ans Fenster.*

LEONTINE, *aufwachend:* Ach, du bist's, Mama! Ick komme ja schon! *Sie schließt innen auf.*

FRAU WOLFF, *ohne einen Sack, welchen sie auf der Schulter trägt, abzulegen:* Was willst'n du hier?

LEONTINE, *verschlafen:* 'n Abend, Mama!

FRAU WOLFF: Wie bist'n du reinkommen, hä?

LEONTINE: Na, übern Ziejenstall lag doch der Schlüssel. *Kleine Pause.*

FRAU WOLFF: Was willste denn nu zu Hause, Mädel?

LEONTINE, *läppisch maulend:* Ich soll woll man jar nich mehr bei euch komm?

FRAU WOLFF: Na, sei bloß so gutt und tu dich a bissel. Das hab' ich zu gerne. *Sie lässt den Sack von der Schulter fallen.* Du weeßt woll noch gar nich, wie spät dass schonn is? Mach bloß, dasste fortkommst zu deiner Herrschaft.

LEONTINE: Wenn ick da man ooch wer mal 'n bissken zu spät komm!

FRAU WOLFF: Nu nimm dich in Obacht, hast de verstanden! Und sieh, dasste fortkommst, sonst haste verspielt.

LEONTINE, *weinerlich, trotzig:* Ick jeh' nich mehr bei die Leute, Mama!

FRAU WOLFF, *erstaunt:* Du gehst nich ... *Ironisch.* Ach wo, das ist ja was ganz Neues.

LEONTINE: Na brauch' ick mir immer lassen schinden?

FRAU WOLFF *war bemüht, ein Stück Rehwild aus dem Sack hervorzuziehen:* I, schinden tun se dich also bei Kriegers? Nee, so a armes Kind aber ooch! – Mit so was komm mer ock uffgezogen! A Frauenzimmer wie a Dragoner ...! Nanu fass an, dort unten a Sack! Du kannst dich woll gar nich tälscher anstellen? Bei mir haste damit kee Glicke nich! 's Faullenzen lernste bei mir erscht recht nich! *Beide hängen den Rehbock am Türpfosten auf.* Nu sag' ich dersch aber zum letzten Male ...

LEONTINE: Ick jeh' nich mehr bei die Leute hin. Denn jeh' ick lieber int Wasser, Mama!

FRAU WOLFF: Na, dasste ock bloß keen'n Schnuppen krigst.

LEONTINE: Ick spring' int Wasser!

FRAU WOLFF: Da ruff mich ock, heerschte! Ich wer der an Schubs geben, dass de ooch ja – und fliegst nich daneben.

LEONTINE *schreit heftig:* Na, brauch ick mir das woll jefallen zu lassen, det ick abens muss Holz rinräumen zwee Meter?

FRAU WOLFF *tut erstaunt:* Nee, 's is woll nich meeglich! Holz sollst de reinschleppen! Nee, ieber die Leute aber ooch!

LEONTINE: ... un zwanzich Daler uffs janze Jahr? Denn soll ick mir ooch noch die Poten verfrieren? Un nich ma satt Katoffel und Häring?!

Frau Wolff: Da red erscht nich lange, tummes Mädel. Da hast a Schlissel, geh, schneid d'r Brot ab. Un wenn de satt bist, scheer dich, verstanden!? 's Flaummus steht in der oberschten Reihe.

Leontine *nimmt aus der Schublade ein großes Brot und schneidet davon:* Die Juste von Schulzens kriecht vierzig Daler un ...

Frau Wolff: Renn du bloß mit'n Kopp durch de Wand! – Du wirscht bei da Leuten nich ewig bleiben. Du bist ni vermit't fir ewige Zeiten. – Meinswegen zieh du zum erschten April. – So lange bleibste an Ort und Stelle! – 's Weihnachtsgeschenk in der Tasche, gelt, nu mechtste fortloofen? Das is keene Mode! – Ich geh' bei da Leuten aus und ein. Das wer ich woll uff mir sitzen lassen!

---

1 „Der Biberpelz" ist in schlesischem Dialekt geschrieben. Versuchen Sie, den Text szenisch zu lesen (auf Lautstärke, Stimmlage, Tempo etc. achten!); Sie können dabei den Dialekt Ihren regionalen Sprachgewohnheiten anpassen.

2 **a** Stellen Sie zusammen, was Sie aus dem Textauszug über die Lebensumstände von Mutter und Tochter erfahren. Welche Informationen haben Sie aus den Regieanweisungen, welche aus dem Dialog gewonnen?

b Charakterisieren Sie das vor Augen geführte „Milieu". Was erinnert Sie an das im „Bahnwärter Thiel" (► S. 360–361) geschilderte, wo sind Unterschiede?

3 **a** Weisen Sie nach, dass es sich hier um die Exposition (► S. 120) des Dramas handelt.

b Wie könnte die Handlung weitergehen? Bedenken Sie: Es handelt sich um eine „Diebeskomödie".

Information Naturalismus (ca. 1880 – ca. 1900)

Allgemeingeschichtlicher Hintergrund: In der Außenpolitik des Deutschen Reiches vollzog sich gegen Ende des Jahrhunderts eine Wende. Die vorsichtig-diplomatische Bündnispolitik Bismarcks, die auf eine Akzeptanz der deutschen Reichsgründung bei den europäischen Mächten und damit auf eine friedliche Sicherung des Erreichten abzielte, wich einem aggressiven Großmachtstreben im Zeichen des Imperialismus. Exponent dieser Politik war der seit 1888 regierende Kaiser Wilhelm II., der Bismarck dazu bewegte, das Kanzleramt aufzugeben. Innenpolitisch verschärfte sich die soziale Frage, also die Auseinandersetzung um die Verbesserung der Lebensbedingungen der Arbeiterschaft.

Weltbild und Lebensauffassung: Das Jahrhundertende wurde allgemein als Anbruch einer neuen Zeit empfunden, für die sich das Schlagwort „Moderne" einbürgerte. Während in weiten Kreisen des Besitzbürgertums, das zunehmend von einem expansiven materialistischen Wirtschaftsdenken geprägt war, diese neue Zeit voller Fortschrittsoptimismus begrüßt wurde, blickten ihre bildungsbürgerlichen Kritiker mit Pessimismus auf den Verlust tradierter Werte. Der Glaube an die Allmacht der Naturwissenschaften, von der die Lösung aller Welträtsel erwartet wurde, verlieh religiösen Weltdeutungen den Anstrich des Altmodischen.

Die Theorien von Darwin, Marx und Freud begründeten das neue Denken. Der Mensch erschien als Produkt seines evolutionären Erbguts, seines gesellschaftlichen Milieus und der sein Ich beherrschenden Instanzen.

Prägend für das **neue, moderne Lebensgefühl** wurde der rasant anwachsende Lebensraum Großstadt mit seinem Nebeneinander von repräsentativen staatlichen und privaten Prachtbauten und elenden Mietskasernen und mit der seit der Erfindung der Glühbirne ermöglichten Dauerbeleuchtung, die die Nacht zum Tage machte. Hinzu kam die ungeheure Beschleunigung auf allen Gebieten von den Verkehrsmitteln bis zur Kommunikation (1881 erstes deutsches Fernsprechnetz).

Literatur: Die Künstler, die als erste auf die Moderne reagierten und der Epoche auch diesen Namen gaben, waren die Generation der um 1860 geborenen Naturalisten, wie sie bald genannt wurden. Sie verstanden sich als literarische Avantgarde, der es um eine neue Kunst zu tun war. Ohne Rücksicht auf traditionelle Grenzen des so genannten guten Geschmacks und auf eine bürgerliche Kunstauffassung, die an Klassik, Romantik und poetischem Realismus geschult war, sollten Wirklichkeitsausschnitte möglichst in einer Deckungsgleichheit zwischen Realität und Abbild wiedergegeben werden. **Arno Holz** brachte diese Forderung auf die Formel: **Kunst = Natur – x**. Um Kunst und Wirklichkeit („Natur") in Übereinstimmung zu bringen, wurde oft der „**Sekundenstil**", die Deckung von Erzählzeit und erzählter Zeit, gewählt. Wahrheit und Wirklichkeit wurden zur Parole dieser Kunst, die sich allen Bereichen des Lebens – im Unterschied zu den poetischen Realisten besonders auch seinen hässlichen und schockierenden Seiten – zuwandte. Elendsquartiere der Unterschichten, triste Außenseiterexistenzen und psychische Deformationen konnten Stoff der Literatur werden. Damit wurde der Begriff des Ästhetischen entschieden ausgeweitet. Zur geforderten Wahrheit gehörte, dass die Literatur die neuen wissenschaftlichen Erkenntnisse aus Soziologie, Psychologie und Biologie verarbeitete. Im Mittelpunkt der Erzählungen und Dramen steht nicht mehr der individuelle Held, der sich frei entscheiden kann, sondern der durch Herkunft, psychische Dispositionen, Milieu und Zeitumstände **determinierte Mensch** oder eine **Menschenmasse**, ein Kollektiv. Solche Menschenmassen werden jedoch nicht im Sinne einer Parteinahme für den in jener Zeit politisch an Bedeutung gewinnenden Sozialismus idealisiert, sondern nach genauer Beobachtung bzw. Recherche möglichst objektiv dargestellt. Zur wirklichkeitsgetreuen Menschendarstellung gehörte für die Naturalisten auch die Verwendung der entsprechenden Jargons und Dialekte.

Wichtige ausländische Vorbilder:

Henrik Ibsen (Norweger, 1828–1906): „Nora oder ein Puppenheim", „Gespenster", „Hedda Gabler" (Dramen)

Emile Zola (Franzose, 1840–1902): „Germinal", „Nana", „Thérèse Raquin" (Romane)

August Strindberg (Schwede, 1849–1912): „Der Vater", „Fräulein Julie" (Dramen); „Das rote Zimmer" (Roman)

Wichtige deutschsprachige Autoren und Werke:

Wilhelm Bölsche (1861–1939): „Die naturwissenschaftliche Grundlage der Poesie" (literaturtheoretischer Text)

Johannes Schlaf (1862–1941): „Silvester"; „Papa Hamlet" (Novelle) und „Die Familie Selicke" (Drama, gemeinsam mit Holz)

Gerhart Hauptmann (1862–1946): „Bahnwärter Thiel" (Novelle); „Die Weber", „Der Biberpelz", „Vor Sonnenaufgang" (Dramen)

Arno Holz (1863–1929): „Die Kunst. Ihr Wesen und ihre Gesetze" (literaturtheoretischer Text); „Phantasus" (Gedichte)

1 Entwerfen Sie eine Mindmap, in deren Zentrum der Begriff „Naturalismus" steht.

2 Suchen Sie Beispiele in der heutigen Literatur, Malerei, Fotografie und im Film, die nach Ihrem Verständnis naturalistische Züge aufweisen. Zeigen Sie die Bezüge zum Naturalismus in diesen Werken auf, beschreiben Sie deren Wirkung und versuchen Sie zu einem begründeten Urteil über solche naturalistischen Kunstkonzepte zu gelangen.

5.2 Jahrhundertwende: Ästhetizismus – Fin de Siècle

Von Tieren und Menschen – Das Dinggedicht

„Ästhetik" ist die Lehre von der Schönheit; etwas zu „ästhetisieren" bedeutet, es rein nach den Kategorien der Ästhetik wahrzunehmen oder zu gestalten.

Stefan George: **Meine weißen Ara** (1894)

Meine weißen ara haben safrangelbe kronen
Hinterm gitter wo sie wohnen

Nicken sie in schlanken ringen

Ohne ruf ohne sang
Schlummern lang

Breiten niemals ihre schwingen –

Meine weißen ara träumen
Von den fernen dattelbäumen.

August Macke: Großer Zoologischer Garten, Triptychon (1913)

Rainer Maria Rilke: **Der Panther** (1902)

Im Jardin des Plantes, Paris

Sein Blick ist vom Vorübergehn der Stäbe
so müd geworden, dass er nichts mehr hält.
Ihm ist, als ob es tausend Stäbe gäbe
5 und hinter tausend Stäben keine Welt.

Der weiche Gang geschmeidig starker Schritte,
der sich im allerkleinsten Kreise dreht,
ist wie ein Tanz von Kraft um eine Mitte,
in der betäubt ein großer Wille steht.

10 Nur manchmal schiebt der Vorhang der Pupille
sich lautlos auf –. Dann geht ein Bild hinein,
geht durch der Glieder angespannte Stille –
und hört im Herzen auf zu sein.

Christian Morgenstern: **Mensch und Tier** (1903)

Ich war im Garten, wo sie all die Tiere
gefangen halten; glücklich schienen viele,
in heitern Zwingern treibend muntre Spiele,
doch andre hatten Augen tote, stiere.

5 Ein Silberfuchs, ein wunderzierlich Wesen,
besah mich unbewegt mit stillen Blicken.
Er schien so klug sich in sein Los zu schicken,
doch konnte ich in seinem Innern lesen.

Und andre sah ich mit verwandten Mienen
10 und andre rastlos hinter starren Gittern,
und wunder Liebe fühlt ich mich erzittern
und meine Seele wurde eins mit ihnen.

---

1 **a** Vergleichen Sie die Darstellung der Tiere in den drei Gedichten der Jahrhundertwende. In welchem geht es am ehesten, in welchem am wenigsten um das Tier selbst?
b Warum spricht George von „Ara", wo es sich doch eigentlich um Kakadus handelt? Stellen Sie Vermutungen an. Einen Kakadu sehen Sie auf der mittleren Tafel von Mackes Triptychon „Großer Zoologischer Garten" aus dem Jahr 1913.

2 Welche/s der Gedichte würden Sie gemäß der Information (▸ S. 366) als „Dinggedicht/e" bezeichnen? Begründen Sie, indem Sie aufzeigen, wie die Tiere in den gewählten Texten ästhetisiert werden.

Information **Das Dinggedicht**

Das Dinggedicht thematisiert einen Gegenstand aus der Wirklichkeit und verwandelt ihn in ein Kunstwerk. Das Wesen des dargestellten Dinges weist jedoch in aller Regel auf symbolischem Wege auf eine tiefere, menschliche Sinngebung hin.

Worte wie modrige Pilze – Sprachzerfall

Hugo von Hofmannsthal: **Ein Brief** (1901/02)

Hofmannsthal (1874–1929) veröffentlichte schon als Schüler Gedichte in Zeitungen, verkehrte in den intellektuellen Kreisen Wiens und wurde von Stefan George (▸ S. 367) gefördert. Er studierte anfangs Jura, dann Romanistik, entschied sich aber für ein Leben als freier Schriftsteller. Der folgende so genannte „Chandos-Brief" erschien 1902 in der Berliner Literaturzeitschrift „Der Tag".

Dies ist der Brief, den Philipp Lord Chandos, jüngerer Sohn des Earl of Bath, an Francis Bacon, später Lord Verulam und Viscount St. Albans, schrieb, um sich bei diesem Freund we-
5 gen des gänzlichen Verzichtes auf literarische Betätigung zu entschuldigen. […]
Mein Fall ist, in Kürze, dieser: Es ist mir völlig die Fähigkeit abhandengekommen, über irgendetwas zusammenhängend zu denken oder zu
10 sprechen.
Zuerst wurde es mir allmählich unmöglich, ein höheres oder allgemeineres Thema zu besprechen und dabei jene Worte in den Mund zu nehmen, deren sich doch alle Menschen ohne
15 Bedenken geläufig zu bedienen pflegen. Ich empfand ein unerklärliches Unbehagen, die Worte „Geist", „Seele" oder „Körper" nur auszusprechen. Ich fand es innerlich unmöglich, über die Angelegenheiten des Hofes, die Vorkomm-
20 nisse im Parlament, oder was Sie sonst wollen, ein Urteil herauszubringen. Und dies nicht etwa aus Rücksichten irgendwelcher Art, denn Sie kennen meinen bis zur Leichtfertigkeit gehenden Freimut: sondern die abstrakten Worte, de-
25 ren sich doch die Zunge naturgemäß bedienen muss, um irgendwelches Urteil an den Tag zu geben, zerfielen mir im Munde wie modrige Pilze. […]
Seither führe ich ein Dasein, das Sie, fürchte ich, kaum begreifen können, so geistlos, so ge- 30
dankenlos fließt es dahin; ein Dasein, das sich freilich von dem meiner Nachbarn, meiner Verwandten und der meisten Land besitzenden Edelleute dieses Königreiches kaum unterscheidet und das nicht ganz ohne freudige und bele- 35
bende Augenblicke ist. Es wird mir nicht leicht, Ihnen anzudeuten, worin diese guten Augenblicke bestehen; die Worte lassen mich wiederum im Stich. Denn es ist ja etwas völlig Unbenanntes und auch wohl kaum Benennbares, 40
das in solchen Augenblicken, irgendeine Erscheinung meiner alltäglichen Umgebung mit einer überschwellenden Flut höheren Lebens wie ein Gefäß erfüllend, mir sich ankündet. Ich kann nicht erwarten, dass Sie mich ohne Bei- 45
spiel verstehen, und ich muss Sie um Nachsicht für die Albernheit meiner Beispiele bitten. Eine Gießkanne, eine auf dem Felde verlassene Egge, ein Hund in der Sonne, ein ärmlicher Kirchhof, ein Krüppel, ein kleines Bauernhaus, alles 50
dies kann das Gefäß meiner Offenbarung werden. Jeder dieser Gegenstände und die tausend anderen ähnlichen, über die sonst ein Auge mit selbstverständlicher Gleichgültigkeit hinweggleitet, kann für mich plötzlich in irgendeinem 55
Moment, den herbeizuführen auf keine Weise in meiner Gewalt steht, ein erhabenes und rührendes Gepräge annehmen, das auszudrücken mir alle Worte zu arm erscheinen. […]
Sie waren so gütig, Ihre Unzufriedenheit darü- 60
ber zu äußern, dass kein von mir verfasstes

Buch mehr zu Ihnen kommt, „Sie für das Entbehren meines Umganges zu entschädigen". Ich fühlte in diesem Augenblick mit einer Bestimmtheit, die nicht ganz ohne ein schmerzliches Beigefühl war, dass ich auch im Kommenden und im Folgenden und in allen Jahren dieses meines Lebens kein englisches und kein lateinisches Buch schreiben werde: und dies aus dem einen Grund, dessen mir peinliche Seltsamkeit mit ungeblendetem Blick dem vor Ihnen harmonisch ausgebreiteten Reiche der geistigen und leiblichen Erscheinungen an seiner Stelle einzuordnen ich Ihrer unendlichen geistigen Überlegenheit überlasse: nämlich weil die Sprache, in welcher nicht nur zu schreiben, sondern auch zu denken mir vielleicht gegeben wäre, weder die lateinische noch die englische noch die italienische und spanische ist, sondern eine Sprache, von deren Worten mir auch nicht eines bekannt ist, eine Sprache, in welcher die stummen Dinge zu mir sprechen, und in welcher ich vielleicht einst im Grabe vor einem unbekannten Richter mich verantworten werde. [...]
A. D. 1603, diesen 22. August. Phi. Chandos

1 **a** Beschreiben Sie mit eigenen Worten die Situation des Briefschreibers und die Folgen seiner „Krankheit".
b Überlegen Sie, welche Schwierigkeiten sich für Künstler und Dichter bei der Wahrnehmung von Wirklichkeit und der Benutzung von Begriffen ergeben.
2 Untersuchen Sie die sprachliche Gestaltung des Textes:
- Welche Funktion haben die Vergleiche, Metaphern und Belegbeispiele?
- Aus welchem Grund könnte Hofmannsthal die Briefform und einen fiktiven Schreiber des 17. Jahrhunderts für seinen Text gewählt haben?

Stefan George: **Das Wort** (1928)

George (1868–1933) scharte einen elitären „Dichterkreis" von meist jüngeren Männern um sich, als deren Lehrer und Mentor er sich betrachtete.

Wunder von ferne oder traum
Bracht ich an meines landes saum

Und harrte bis die graue norn[1]
Den namen fand in ihrem born[2] –

Drauf konnt ichs greifen dicht und stark
Nun blüht und glänzt es durch die mark ...

Einst langt ich an nach guter fahrt
Mit einem kleinod reich und zart

Sie suchte lang und gab mir kund:
„So schläft hier nichts auf tiefem grund"

Worauf es meiner hand entrann
Und nie mein land den schatz gewann ...

So lernt ich traurig den verzicht:
Kein ding sei wo das wort gebricht.

1 norn: Norne, Schicksalsgöttin in der nordischen Mythologie
2 born: veraltet für Brunnen, Quelle

Friedrich Nietzsche: **Das Wort** (1882/85)

Lebendgem Worte bin ich gut:
Das springt heran so wohlgemut,
Das grüßt mit artigem Genick,
Ist lieblich selbst im Ungeschick,
Hat Blut in sich, kann herzhaft schnauben,
Kriecht dann zum Ohre selbst dem Tauben,
Und ringelt sich und flattert jetzt,
Und was es tut – das Wort ergetzt.
Doch bleibt das Wort ein zartes Wesen,
Bald krank und aber bald genesen.
Willst ihm sein kleines Leben lassen,
Musst du es leicht und zierlich fassen,
Nicht plump betasten und bedrücken,
Es stirbt oft schon an bösen Blicken –
Und liegt dann da, so ungestalt,
So seelenlos, so arm und kalt,
Sein kleiner Leichnam arg verwandelt,
Von Tod und Sterben missgehandelt.
Ein totes Wort – ein hässlich Ding,
Ein klapperdürres Kling-Kling-Kling.
Pfui allen hässlichen Gewerben,
An denen Wort und Wörtchen sterben!

Rainer Maria Rilke: **Ich fürchte mich so vor der Menschen Wort** (1898)

Rilke (1875–1926) sollte nach dem Willen der Eltern die Militärlaufbahn einschlagen, erkrankte jedoch an der Militärschule. Zeitlebens litt er an Stimmungsschwankungen und Nervosität. Sein lyrisches Schaffen bezeichnete er einmal als „eine Art Selbstbehandlung", die er der aufkommenden Psychoanalyse vorzog.

Ich fürchte mich so vor der Menschen Wort.
Sie sprechen alles so deutlich aus:
Und dieses heißt Hund und jenes heißt Haus,
und hier ist Beginn und das Ende ist dort.

5 Mich bangt auch ihr Sinn, ihr Spiel mit dem Spott,
sie wissen alles, was wird und war;
kein Berg ist ihnen mehr wunderbar;
ihr Garten und Gut grenzt grade an Gott.

Ich will immer warnen und wehren: Bleibt fern.
10 Die Dinge singen hör ich so gern.
Ihr rührt sie an: sie sind starr und stumm.
Ihr bringt mir alle die Dinge um.

Es ist keineswegs gleichgültig, wie man die Sachen nennt ... Der Name schon bringt eine Auffassungstendenz mit sich, kann glücklich treffen oder in die Irre führen. Er legt sich wie Schleier oder Fessel um die Dinge.
Karl Jaspers (1883–1969)

1 Erschließen Sie die Gedichte.
a Wählen Sie aus allen drei Gedichten je zwei Zeilen aus, die Sie für besonders aussagekräftig halten, und vergleichen bzw. begründen Sie.
b Schreiben Sie sich zu jedem der Gedichte zwei bis drei Fragen auf, mittels derer sich die Texte erschließen lassen. Vergleichen Sie dann Ihre Fragen und versuchen Sie, sich diese gegenseitig mit Verweis auf die Texte zu beantworten.

2 Im Zusammenhang mit der Literatur der Jahrhundertwende um 1900 wird häufig von der „Krise der Sprache" oder von „Sprachskepsis" gesprochen.
a Untersuchen Sie, mit welchen Mitteln in den Gedichten der Zusammenhang von Wort und Ding gestaltet wird. Beschreiben Sie diesen Zusammenhang jeweils in eigenen Worten.
b Wo sehen Sie Gemeinsamkeiten, wo Unterschiede in der Aussageabsicht der drei Gedichte? Wo treffen die o.g. Begriffe zu?

3 Erörtern Sie die Aussage von Karl Jaspers. Versuchen Sie, dabei sprachwissenschaftliche Kategorien anzuwenden (▸ S. 465–471).

Frauendarstellungen der Jahrhundertwende

Thomas Mann: **Luischen** (1900)

Thomas Mann (1875–1955) stammte aus einer wohlhabenden Lübecker Kaufmannsfamilie. Er brach die Schule ab, arbeitete in einer Versicherung und strebte einen journalistischen Beruf an. Zur Entstehungszeit der folgenden Erzählung hatte er ein Jahr lang bei der satirischen Münchner Zeitschrift „Simplicissimus" gearbeitet und schrieb am Roman „Buddenbrooks" (1901), der den Verfall einer bürgerlichen Familie thematisiert.

Es gibt Ehen, deren Entstehung die belletristisch geübteste Fantasie sich nicht vorzustellen vermag. Man muss sie hinnehmen, wie man im Theater die abenteuerlichen Verbindungen von Gegensätzen wie Alt und Stupide mit Schön und Lebhaft hinnimmt, die als Voraussetzung gegeben sind und die Grundlage für den mathematischen Aufbau einer Posse bilden.

Was die Gattin des Rechtsanwalts Jacoby betrifft, so war sie jung und schön, eine Frau von ungewöhnlichen Reizen. Vor – sagen wir einmal – dreißig Jahren war sie auf die Namen Anna, Margarethe, Rosa, Amalie getauft worden, aber man hatte sie, indem man die Anfangsbuchstaben dieser Vornamen zusammenstellte, von jeher nicht anders als Amra genannt, ein Name, der mit seinem exotischen Klange zu ihrer Persönlichkeit passte wie kein anderer. Denn obgleich die Dunkelheit ihres starken, weichen Haares, das sie seitwärts gescheitelt und nach beiden Seiten schräg von der schmalen Stirn hinweggestrichen trug, nur die Bräune des Kastanienkernes war, so zeigte ihre Haut doch ein vollkommen südliches mattes und dunkles Gelb, und diese Haut umspannte Formen, die ebenfalls von einer südlichen Sonne gereift erschienen und mit ihrer vegetativen und indolenten[1] Üppigkeit an diejenigen einer Sultanin gemahnten. Mit diesem Eindruck, den jede ihrer begehrlich trägen Bewegungen hervorrief, stimmte durchaus überein, dass höchstwahrscheinlich ihr Verstand von Herzen untergeordnet war. Sie brauchte jemanden ein einziges Mal, indem sie auf originelle Art ihre hübschen Brauen ganz waagerecht in die fast rührend schmale Stirn erhob, aus ihren unwissenden, braunen Augen angeblickt zu haben, und man wusste das. Aber auch sie selbst, sie war nicht einfältig genug, es nicht zu wissen; sie vermied es ganz einfach, sich Blößen zu geben, indem sie selten und wenig sprach, und gegen eine Frau, welche schön ist und schweigt, ist nichts einzuwenden. Oh! das Wort „einfältig“ war überhaupt wohl am wenigsten bezeichnend für sie. Ihr Blick war nicht nur töricht, sondern auch von einer gewissen lüsternen Verschlagenheit. Und man sah wohl, dass diese Frau nicht zu beschränkt war, um geneigt zu sein, Unheil zu stiften ... Übrigens war vielleicht ihre Nase im Profile ein wenig zu stark und fleischig; aber ihr üppiger und breiter Mund war vollendet schön, wenn auch ohne einen anderen Ausdruck als den der Sinnlichkeit.

1 **indolent:** gleichgültig, keine Gemütsbewegung erkennen lassend

Robert Musil: **Die Verwirrungen des Zöglings Törleß** (1906)

Robert Musil (1880–1942) besuchte kurzzeitig eine Kadettenanstalt, schloss ein Maschinenbaustudium ab und studierte anschließend Psychologie und Philosophie. Der Roman, aus dem dieser Auszug stammt, schildert die Internatsjahre des pubertierenden Schülers Törleß. Zusammen mit einem Freund besucht Törleß die Prostituierte Božena.

Božena war als Bauernmädchen in die Großstadt gekommen, wo sie in Dienst trat und später Kammerzofe wurde.

Es ging ihr anfangs ganz gut. Die bäurische Art, welche sie so wenig ganz abstreifte wie ihren breiten, festen Gang, sicherte ihr das Vertrauen ihrer Herrinnen, welche an diesem Kuhstalldufte ihres Wesens seine Einfalt liebten, und die Liebe ihrer Herren, welche daran das Parfum schätzten. Wohl nur aus Laune, vielleicht auch aus Unzufriedenheit und dumpfer Sehnsucht nach Leidenschaft gab sie dieses bequeme Leben auf. Sie wurde Kellnerin, erkrankte, fand in einem eleganten öffentlichen Hause Unterkommen und wurde allgemach, in dem Maße, wie das Lotterleben sie verbrauchte, wieder – und immer weiter – in die Provinz hinausgespült.

Hier endlich, wo sie nun schon seit mehreren Jahren wohnte, nicht weit von ihrem Heimatdorfe, half sie unter Tags in der Wirtschaft mit und las des Abends billige Romane, rauchte Zigaretten und empfing hie und da den Besuch eines Mannes.

Sie war noch nicht geradezu hässlich geworden, aber ihr Gesicht entbehrte in auffallender Weise

jeglicher Anmut, und sie gab sich förmlich Mühe, dies durch ihr Wesen noch mehr zur Geltung zu bringen. Sie ließ mit Vorliebe durchblicken, dass sie die Eleganz und das Getriebe der vornehmen Welt sehr wohl kenne, jetzt aber schon darüber hinaus sei. Sie äußerte gerne, dass sie darauf, wie auf sich selbst, wie überhaupt auf alles, pfeife. Trotz ihrer Verwahrlosung genoss sie deswegen ein gewisses Ansehen bei den Bauernsöhnen der Umgebung. Sie spuckten zwar aus, wenn sie von ihr sprachen, und fühlten sich verpflichtet, mehr noch als gegen andere Mädchen grob gegen sie zu sein, im Grunde waren sie aber doch ganz gewaltig stolz auf dieses „verfluchte Mensch", das aus ihnen hervorgegangen war und der Welt so durch den Lack geguckt hatte. Einzeln zwar und verstohlen, aber doch immer wieder kamen sie, sich mit ihr zu unterhalten. Dadurch fand Božena einen Rest von Stolz und Rechtfertigung in ihrem Leben. Vielleicht eine noch größere Genugtuung bereiteten ihr aber die jungen Herren aus dem Institute. Gegen diese kehrte sie absichtlich ihre rohesten und hässlichsten Eigenschaften heraus, weil sie – wie die Frau sich auszudrücken pflegte – ja trotzdem geradeso zu ihr gekrochen kommen würden.
Als die beiden Freunde eintraten, lag sie wie gewöhnlich rauchend und lesend auf ihrem Bette.
Törleß sog, noch in der Türe stehend, mit begierigen Augen ihr Bild in sich ein.

---

1 Vergleichen Sie, wie die Texte inhaltlich und perspektivisch gestaltet sind.
a Welche Situation liegt jeweils vor? Welche Atmosphäre herrscht in den Texten?
b Welche Erzählstrategie wird verwendet?
c Wie steht der Erzähler zu der dargestellten Figur?
d Auf welche Weise werden die Frauen nicht nur äußerlich beschrieben, sondern auch charakterisiert? Welche Merkmale scheinen besonders bedeutsam? – Unterscheiden Sie zwischen sprachlichen Mitteln der Beschreibung und der Charakterisierung.

2 **a** Eine der parallel laufenden Strömungen zu Beginn des 20. Jahrhunderts wird als „Décadence" bezeichnet. Können Sie in den Textauszügen Anzeichen einer Dekadenz sehen? Gehen Sie dabei von Ihrem Alltagsverständnis des Begriffes aus.
b Verfassen Sie einen abschließenden und knappen vergleichenden Kommentar zu den beiden Frauendarstellungen.

Information **Ästhetizismus – Fin de Siècle (1890–1920)**

Allgemeingeschichtlicher Hintergrund (▸ S. 363–364).
Die Zeit der Jahrhundertwende markiert den Übergang zur so genannten Moderne, die geprägt ist durch eine große Vielfalt unterschiedlichster Stilrichtungen. Verschiedenartigkeit und Widersprüchlichkeit der Konzepte für Kunst und Literatur sind wiederum die Folge einer ganz unterschiedlich erlebten und erfahrenen Wirklichkeit. Die einzelnen Richtungen haben indes eine Gemeinsamkeit: die Ablehnung von Realismus und Naturalismus und deren Streben nach objektiver Wirklichkeitserfassung. Für die Literatur bedeutete das: Gestaltung des subjektiven Eindrucks und visueller Wahrnehmungen durch ein Höchstmaß an sprachlicher Differenzierung sowie Zurückdrängung von fortlaufender Handlung und begrifflicher Reflexion. Die Erfassung des Atmosphärischen hat durchgängig Vorrang. Die Dichter der Jahrhundertwende spürten seismografisch den Seelenzuständen der Menschen als einer Wirklichkeit hinter äußeren Wirklichkeiten nach, wobei sie oft genug den Eindruck hatten, es fehle ihnen die Sprache, dies alles auszudrücken. Eine Avantgarde in Kunst, Musik und Literatur wandte sich gegen den Kultur-

betrieb des Wilhelminismus. Die **Dekadenzdichtung** forciert die Verabsolutierung des Schönen (Ästhetizismus ohne Moral), das durch überfeinerte Sensibilität und durch „Verwandlung" der Dinge der äußeren Welt (Tiere, Pflanzen) in Kunstdinge (Gedicht, Bild) einen Platz in der Wirklichkeit erhält.
Die konkrete Zuordnung einzelner Dichter zu zeitgleichen literarischen Strömungen wie „Décadence", „Jugendstil", „Impressionismus", „Surrealismus", „Sezession", „Neoromantik" usw. ist aus zwei Gründen schwer möglich: Erstens gibt es keine ausreichende Trennschärfe zwischen ihnen, zweitens können einzelne Autoren mit einzelnen Werken unterschiedlichen Strömungen zugerechnet werden. Man spricht deshalb auch vom **Epochenumbruch um 1900.**

Wichtige Autorinnen/Autoren und Werke:
Arthur Schnitzler (1862–1931): „Liebelei", „Reigen" (Dramen); „Leutnant Gustl" (Novelle)
Ricarda Huch (1864–1947): Gedichte
Stefan George (1868–1933): „Algabal", „Das Jahr der Seele" (Gedichtsammlungen)
Hugo von Hoffmannsthal (1874–1929): „Der Tor und der Tod", „Jedermann" (Dramen); Gedichte
Rainer Maria Rilke (1875–1926): „Die Aufzeichnungen des Malte Laurids Brigge" (Roman); „Neue Gedichte" (Gedichtsammlung)
Hermann Hesse (1877–1962): „Peter Camenzind", „Unterm Rad" (Romane); Gedichte
Thomas Mann (1875–1955): „Buddenbrooks" (Roman); „Tonio Kröger", „Der Tod in Venedig" (Novellen); „Betrachtungen eines Unpolitischen" (Essays)
Robert Musil (1810–1942): „Die Verwirrungen des Zöglings Törleß" (Roman)

5.3 Expressionismus

April 1912: Der als unsinkbar geltende Superdampfer „Titanic" geht unter und mit ihm der Glaube vieler Menschen an die Allmacht der Technik. Junge Dichter treten nun auf den Plan, die sich darin einig sind, dass das Alte zu Grunde gehen müsse, damit das Neue, Bessere entstehen könne.

Oskar Jellinek: **Tagebuch I,** 19. April 1912

Der grässliche Untergang des Dampfers „Titanic" ist ein Symbol dieses oberflächlichen Zeitalters. Mehr als 1600 Menschen mussten zu Grunde gehen, weil das Riesenschiff wohl Tennisplätze genug, aber nur 27 Rettungsboote hatte; weil es eine blödsinnige Rekordfahrt unternehmen musste und der dumm-ehrgeizige Kapitän es lieber dem Schicksal überlassen wollte, ob das Schiff an den Eisberg stoße oder nicht – statt dem Eisberg aus dem Wege zu gehn und ein paar Stunden später in New York anzukommen. Da hat sich einmal unsere süße Zeit überweitet, überhastet und hat ein tüchtiges Leck bekommen, die liebe Zeit. Diese Stümper-Zeit – die ihr Sach auf alles stellt, sodass

Die „Titanic" auf dem Meeresboden; im Hintergrund sieht man das kleine U-Boot des Tiefseeforschers, der das Wrack 1985 entdeckte.

kein ordentlicher Mensch mit ihr was zu tun haben kann. „Freut Euch des Lebens“, hat die „Neue Freie Presse“ ausgerufen, als sie noch der Meinung war, dass kein Menschenleben 20 mit dem Schiffe gesunken sei. Das sieht den Tröpfen, den Maschinenanbetern ähnlich: „Freut Euch des Lebens!“ Hätte man diesen Schmierern, wenn sie nicht so gewaltig Lügen gestraft worden wären, je klargemacht, dass dieses Leben 25 hassens-, ja verachtenswert ist, weil es überhaupt zu solchen Eisbergen führen kann, dieses Leben der widerwärtigen äußeren Katastrophen, dieses Dasein, das sich seine Unglücksfälle selbst schafft, statt sich elementaren Tragödien zu überlassen. Diesmal aber sind die Apparat- 30 verzückten mit ihrer Lebensfreude mitten ins Gesicht geschlagen worden. Der Apparat hat versagt! Sogar Seine Majestät, der Apparat, ist ein hohler Götze in unserer Zeit! So sehr hat sie sich verweitet und verhastet, dass ihre Hast und 35 Weite nicht mehr weiter konnte. „Titanic“ wagt ein Weitenfresser sich zu nennen. Da ist die Tiefe, die titanische Tiefe erwacht und hat ihn herrlich empört in ihren Grund gerissen.

1 **a** Geben Sie in eigenen Worten wieder, wie Jellinek den Untergang der „Titanic“ sieht. Erarbeiten Sie am Text die zeitkritischen Elemente des Tagebucheintrags.
b Tragen Sie zusammen, was Sie über das Unglück wissen. Recherchieren Sie ggf. im Internet.

Eine skeptische Haltung gegenüber dem Optimismus des Zeitalters vor dem 1. Weltkrieg nahmen bereits lange vor der Titanic-Katastrophe einzelne Dichter und Dichterinnen ein, die später zu den frühen Expressionisten gezählt wurden.

Else Lasker-Schüler: **Weltende** (1905)

Lasker-Schüler (1869–1945) gehörte zu den vorexpressionistischen Kreisen in Berlin. Sie gilt als eine der wichtigsten Autorinnen vor dem Zweiten Weltkrieg.

Es ist ein Weinen in der Welt,
Als ob der liebe Gott gestorben wär,
Und der bleierne Schatten, der niederfällt,
Lastet grabesschwer.

5 Komm, wir wollen uns näher verbergen ...
Das Leben liegt in aller Herzen
Wie in Särgen.

Du! Wir wollen uns tief küssen –
Es pocht eine Sehnsucht an die Welt,
10 An der wir sterben müssen.

Ludwig Meidner: Weltende (1914)

2 **a** Wie stellt Else Lasker-Schüler ihre Zeit dar? Vergleichen Sie mit Jellineks Tagebucheintrag.
b Aus Lasker-Schülers Gedicht sprechen existenzielle Gefühle. Analysieren Sie die sprachlichen Bilder, in die sie gefasst werden.

Simultaneität als Gestaltungsprinzip

Theodor Däubler: **Expressionismus** (1916)

Der Volksmund sagt: Wenn einer gehängt wird, so erlebt er im letzten Augenblick sein ganzes Leben nochmals. Das kann nur Expressionismus sein!
Schnelligkeit, Simultaneität, höchste Anspannung um die Ineinandergehörigkeiten des Geschauten sind Vorbedingung für den Stil. Er selbst ist Ausdruck der Idee.

Giacomo Balla: Dynamismus eines Hundes an der Leine (1912)

Kurt Pinthus: **Zuvor** (1919)

[...] Man horche in die Dichtung unserer Zeit ..., man horche quer durch, man blicke rundherum, ... nicht vertikal, nicht nacheinander, sondern horizontal; man scheide nicht das Aufeinanderfolgende auseinander, sondern man höre zusammen, zugleich, simultan. Man höre den Zusammenklang dichtender Stimmen: man höre symphonisch. Es ertönt die Musik unserer Zeit, das dröhnende Unisono der Herzen und Gehirne.

Jakob van Hoddis: **Weltende** (1911)

Dem Bürger fliegt vom spitzen Kopf der Hut,
In allen Lüften hallt es wie Geschrei,
Dachdecker stürzen ab und gehn entzwei
Und an den Küsten – liest man – steigt die Flut.

Der Sturm ist da, die wilden Meere hupfen
An Land, um dicke Dämme zu zerdrücken.
Die meisten Menschen haben einen Schnupfen.
Die Eisenbahnen fallen von den Brücken.

---

1 Van Hoddis' Gedicht kommentiert die durch das Erscheinen des Halleyschen Kometen (1910) ausgelöste Furcht der Menschen ironisch. Es wurde bezeichnenderweise auch zuerst in einem Kabarett vorgetragen.
  a Informieren Sie sich über das Naturereignis und seine Auswirkungen.
  b Welchen Nutzen für eine Interpretation des Gedichts könnten diese Informationen haben?

2 Stellen Sie die Verse von van Hoddis' Gedicht versuchsweise um: Welche lassen sich verschieben, welche nicht? Was könnte man choreografisch simultan vortragen?

Information **Zeilenstil/Simultangedicht**

Die Verse eines Gedichts scheinen nur lose oder gar nicht zusammenzuhängen und zum Teil vertauschbar zu sein. Manche der dargestellten Vorgänge könnten simultan ablaufen.

3 Interpretieren Sie van Hoddis' „Weltende" im Vergleich mit Lasker-Schülers Gedicht (▸ S. 372).

4 Erläutern Sie anhand der Texte von Däubler und Pinthus den Begriff „Simultaneität". Welches Weltverständnis, welches Kunstverständnis spricht aus den Texten?

5 **a** Erläutern Sie das Prinzip, nach dem Giacomo Balla sein Gemälde gestaltet.
  b Wie versucht er Bewegungen darzustellen?
  c Verfassen Sie zu dem Gemälde ein Gedicht oder einen kurzen Erzähltext.

6 Gestalten Sie in Gruppen eine **Stimmskulptur** zu dem Gedicht (Methode, ▸ S. 374).

Methode **Stimmskulptur**

Bestimmen Sie eine Spielleiterin oder einen Spielleiter. Die übrigen Gruppenmitglieder wählen jeweils einen Vers oder für eine (Dramen-)Figur typische Aussagen und stellen sich nebeneinander. Nun wiederholen sie den gewählten Vers oder die Aussage mit verschiedener Betonung immer wieder. Der Spielleiter oder die Spielleiterin dirigiert die Verse zu einer Stimmskulptur.

Das Motiv Großstadt

Georg Heym: **Berlin II** (1910)

Beteerte Fässer rollten von den Schwellen
Der dunklen Speicher auf die hohen Kähne.
Die Schlepper zogen an. Des Rauches Mähne
Hing rußig nieder auf die öligen Wellen.

5 Zwei Dampfer kamen mit Musikkapellen.
Den Schornstein kappten sie am Brückenbogen.
Rauch, Ruß, Gestank lag auf den schmutzigen Wogen
Der Gerbereien mit den braunen Fellen.

In allen Brücken, drunter uns die Zille[1]
10 Hindurchgebracht, ertönten die Signale
Gleichwie in Trommeln wachsend in der Stille.

Wir ließen los und trieben im Kanale
An Gärten langsam hin. In dem Idylle
Sahn wir der Riesenschlote Nachtfanale.

Jakob Steinhardt: Die Stadt (1913)

1 **Zille:** flaches Boot, oft zum Kies- und Sand- oder auch zum Personentransport verwendet

Paul Zech: **Zwei Wupperstädte** – Else Lasker-Schüler zum Geschenk (1913)

Die zweite
Schwarze Stadt an schwarzem Gewässer steil aufgebaut –
Grünbeliderte Fenster funkeln;
aus dem gespenstischen Schieferdachdunkeln
5 schnelln Schornsteine von Dampf und Dunst umbraut.

Hellwild rattert und knattert die Pendelbahn
über Brücken und hagre Alleen.
Fabrik dort unten, wo Spindeln sich kreischend drehen,
ist grau wie ein müder vermorschter Kahn.

10 Schweiß kittet die Fugen fest,
Schweiß aus vielerlei Blutsaft gegoren.
Frommsein enteitert dem greisen Gebrest.

Mancher hat hier sein Herz verludert, verloren;
Kinder gezeugt mit schwachen Fraun ...
15 Doch die Kirchen und Krämer stehn hart wie aus Erz gehaun.

1 **a** Wie wird die Großstadt in beiden Gedichten dargestellt? Arbeiten Sie stichwortartig inhaltliche Unterschiede und Gemeinsamkeiten heraus.
b Vergleichen Sie Form und Metrum der beiden Gedichte.
c Interpretieren Sie dann die beiden Gedichte im Vergleich und stellen Sie dabei auch Bezüge zu dem Gemälde Steinhardts her.
2 Stellen Sie weitere Gedichte und Gemälde des Expressionismus zum Thema „Stadt" vor.

Das Motiv Krieg

George Grosz: Ich war immer dabei (1942)

Georg Trakl: **Grodek** (2. Fassung, 1914)

Am Abend tönen die herbstlichen Wälder
Von tödlichen Waffen, die goldnen Ebenen
Und blauen Seen, darüber die Sonne
Düstrer hinrollt; umfängt die Nacht
Sterbende Krieger, die wilde Klage
Ihrer zerbrochenen Münder.
Doch stille sammelt im Weidengrund
Rotes Gewölk, darin ein zürnender Gott wohnt
Das vergossne Blut sich, mondne Kühle;
Alle Straßen münden in schwarze Verwesung.
Unter goldnem Gezweig der Nacht und Sternen
Es schwankt der Schwester Schatten durch den schweigenden Hain,
Zu grüßen die Geister der Helden, die blutenden Häupter;
Und leise tönen im Rohr die dunkeln Flöten des Herbstes.
O stolzere Trauer! ihr ehernen Altäre
Die heiße Flamme des Geistes nährt heute ein gewaltiger Schmerz,
Die ungebornen Enkel.

August Stramm: **Krieg** (1915)

Wehe wühlt
Harren starrt entsetzt
Kreißen schüttert
Bären spannt die Glieder
Die Stunde blutet
Frage hebt das Auge
Die Zeit gebärt
Erschöpfung
Jüngt
Der
Tod.

Alfred Lichtenstein: **Punkt** (1914)

Die wüsten Straßen fließen lichterloh
Durch den erloschnen Kopf. Und tun mir weh.
Ich fühle deutlich, dass ich bald vergeh
Dornrosen meines Fleisches, stecht nicht so.

Die Nacht verschimmelt. Giftlaternenschein
Hat, kriechend, sie mit grünem Dreck beschmiert.
Das Herz ist wie ein Sack. Das Blut erfriert.
Die Welt fällt um. Die Augen stürzen ein.

1 **a** Lesen Sie die Gedichte laut. Experimentieren Sie mit Sprechtempo und Betonungen.

b Untersuchen Sie, was in den Gedichten auf das Thema Krieg hindeutet. Wo und wie bestimmen die Kriegserfahrungen Inhalte und Sprache?
c Versuchen Sie, die Bilder zu deuten und in einen sachlichen Text zum Thema Krieg zu überführen. Wo haben Sie Schwierigkeiten?
d In welcher Situation stellen Sie sich das lyrische Ich jeweils vor?

2 Überprüfen Sie, inwieweit die folgenden Zusatzinformationen helfen, die sprachlichen Bilder in Trakls Gedicht zu deuten.

Information **Biografische Anmerkungen zu Georg Trakl**

Georg Trakl (1887–1914) hatte zeitlebens ein besonders enges Verhältnis zu seiner vier Jahre jüngeren Schwester Margarethe. Er nahm Drogen, die für ihn als Apotheker leicht erreichbar waren. 1914 war Trakl Militärapotheker bei der Schlacht zwischen österreichischen und russischen Truppen in Grodek (Galizien). Wenige Monate später starb er in einem Garnisonshospital an einer Überdosis Kokain.

3 Welches Gedicht hielten Sie am ehesten für einen Vergleich mit einem Kriegsgedicht des Barock geeignet?

4 Informieren Sie sich über weitere Darstellungen des Krieges in Gemälden jener Zeit (Dix, Grosz, Kubin, von Stuck u. a.).

Information **Expressionismus (1910–1925)**

Allgemeingeschichtlicher Hintergrund: Der deutsche Kaiser Wilhelm II. vertrat die Ansicht, dass dem neu gegründeten Deutschen Reich ein „Platz an der Sonne“ gebühre. Die Kolonialpolitik und der Ausbau der deutschen Flotte wurden vorangetrieben. Als 1914 der österreichische Thronfolger und seine Frau ermordet wurden und Österreich diese Tat Serbien anlastete, kam es zum Krieg, der sich auf Grund verschiedener Staatenbündnisse rasch zum **Ersten Weltkrieg** ausweitete. In „Materialschlachten“ wurden durch technisch-militärische Neuerungen wie Maschinengewehre, Flugzeuge und den Einsatz von Giftgas in nie da gewesenem Maße Menschen vernichtet und verstümmelt. 1918 endete der Krieg mit der Niederlage Deutschlands und seiner Verbündeten.
Weltbild und Lebensauffassung: Die Zeit um 1900 wurde von der um 1880 geborenen Generation oft als verkrustet und unbeweglich begriffen. Den Neuerungen, die der immense technische Fortschritt der Zeit mit sich gebracht hatte, stand sie skeptisch gegenüber. Einig war man sich jedoch darin, dass das Alte zu Grunde gehen müsse, damit Neues entstehen könne. Verschiedene Ereignisse galten als Vorboten einer nahenden **Apokalypse,** z. B. das Erscheinen des Halleyschen Kometen (1910) und der Untergang des modernsten und größten Schiffes der Welt, der Titanic (1912). Mit dem Ersten Weltkrieg brach die erwartete Apokalypse besonders über die junge Generation herein, viele verloren im Krieg oder in dessen Folge ihr Leben.
Literatur: „Sie sahen nicht, sie schauten. Sie fotografierten nicht, sie hatten Gesichte“ (Kasimir Edschmid). Diese Aussage eines Zeitgenossen der Expressionisten charakterisiert diese in kürzestmöglicher Form. Junge Dichter probten den Aufstand gegen die angepasste Kultur der Realisten und Ästhetizisten, ohne jedoch wirklich Sozialreformer zu sein. Sie wandten sich gegen Normen und Konventionen jeglicher Art, aber ihr Aufstand brachte eher künstlerische als politische Innovationen. Ein völlig neuer Blick auf die Wirklichkeit war dazu nötig, und dieser äußerte sich in der Malerei in der Abwendung von der Gegenständlichkeit und – damit zusammenhängend – in der Entde-

ckung der Simultaneität als einer Form neuer Wirklichkeitswahrnehmung. Die Gleichzeitigkeit verschiedenster Eindrücke sowie deren künstlerische Darstellung wurde schnell zu einem der wesentlichen Merkmale avantgardistischer Literatur und zu einem Symbol für die Dynamik der Zeit im Umbruch. In der Malerei der Futuristen wie **Balla** leitete sich daraus der Versuch ab, Bewegungen im Einzelbild festzuhalten, und in der expressionistischen Literatur verlieh man der potentiellen Gleichzeitigkeit verschiedener Ereignisse in Vers und Sprache Ausdruck.
Neben der Betonung der **Simultaneität** der Ereignisse ist für die Literatur der Expressionisten charakteristisch, dass sie **starke, einprägsame Bilder** bevorzugten, dass sie jegliche Verschönerung oder Poetisierung der Wirklichkeit vermieden, dass sie oftmals **Sätze zerschlugen,** Worte in Fetzen rissen und so Texte schufen, die sich oft erst bei wiederholter Lektüre erschließen.

Wichtige Autorinnen/Autoren und Werke:
Else Lasker-Schüler (1869–1945): „Die Wupper" (Drama); „Der siebente Tag", „Meine Wunder", „Theben" (Gedichtsammlungen)
August Stramm (1874–1915): „Du", „Tropfblut" (Gedichtsammlungen)
Georg Kaiser (1878–1945): „Die Bürger von Calais", „Gas" (Dramen)
Ernst Stadler (1883–1914): „Der Aufbruch" (Gedichtsammlung)
Gottfried Benn (1886–1956): „Morgue", „Söhne", „Fleisch", „Schutt" (Gedichtsammlungen)
Georg Heym (1887–1912): „Der ewige Tag", „Umbra vitae" (Gedichtsammlungen)
Georg Trakl (1887–1914): Gedichte
Jakob van Hoddis (1887–1942): „Weltende" (Gedichtsammlung)
Alfred Lichtenstein (1889–1914): Gedichte
Franz Werfel (1890–1945): „Wir sind" (Gedichtsammlung)

„Nichtmitteilbares mitteilen" – Franz Kafka

Franz Kafka (1883–1924) wurde als Sohn eines Galanteriewarenhändlers im damals zur österreichisch-ungarischen Doppelmonarchie gehörenden Prag geboren. Über sein Werk sagt Kafka in einem Brief an die befreundete Journalistin Milena Jesenská: „Ich suche immerfort, etwas Nichtmitteilbares mitzuteilen, etwas Unerklärbares zu erklären, von etwas zu erzählen, was ich in den Knochen habe und was nur in diesen Knochen erlebt werden kann." Kafka kann keiner Epoche oder Strömung zugeordnet werden. Er ist ein Einzelgänger, der zur Zeit des Expressionismus schrieb.

Franz Kafka: **Der Prozess** (unvollendet, begonnen 1914)

Als sich K. zufällig umdrehte, sah er nicht weit hinter sich eine hohe, starke an einer Säule befestigte Kerze brennen. So schön das war, zur Beleuchtung der Altarbilder, die meistens in der Finsternis der Seitenaltäre hingen, war das gänzlich unzureichend, es vermehrte vielmehr die Finsternis.

1 **a** Analysieren Sie die Textstelle aus Kafkas Roman „Der Prozess" Wort für Wort.
b Lesen Sie den Anfang des Romans auf S. 104–108. Wie sucht K. sich dort Klarheit über seine Situation zu schaffen? Stellen Sie einen Bezug zu der hier abgedruckten Textstelle her.

Franz Kafka: **Auszüge aus Betrachtungen über Sünde, Leid, Hoffnung und den wahren Weg** (1917/19)

- So fest wie die Hand den Stein hält. Sie hält ihn aber fest, nur um ihn desto weiter zu verwerfen. Aber auch in jene Weite führt der Weg. (21)
- Du bist die Aufgabe. Kein Schüler weit und breit. (22)
- Verstecke sind unzählige, Rettung nur eine, aber Möglichkeiten der Rettung wieder so viele wie Verstecke.

Es gibt ein Ziel, aber keinen Weg; was wir Weg nennen, ist Zögern. (26)
- Unsere Kunst ist ein von der Wahrheit Geblendetsein: Das Licht auf dem zurückweichenden Fratzengesicht ist wahr, sonst nichts. (63)
- Wahrheit ist unteilbar, kann sich also selbst nicht erkennen; wer sie erkennen will, muss Lüge sein. (80)

---

2 a Wählen Sie einen von Kafkas Aphorismen aus und versuchen Sie, ihn in andere Worte zu fassen. Inwieweit lässt er sich erklären, wo sind die Grenzen einer Erläuterung?
b Erkennen Sie Gemeinsamkeiten zwischen den kurzen Texten?

Franz Kafka: **Prometheus** (1918)

Von Prometheus berichten vier Sagen: Nach der ersten wurde er, weil er die Götter an die Menschen verraten hatte, am Kaukasus festgeschmiedet, und die Götter schickten Adler, die von seiner immer wachsenden Leber fraßen.
Nach der zweiten drückte sich Prometheus im Schmerz vor den zuhackenden Schnäbeln immer tiefer in den Felsen, bis er mit ihm eins wurde.
Nach der dritten wurde in den Jahrtausenden sein Verrat vergessen, die Götter vergaßen, die Adler, er selbst.
Nach der vierten wurde man des grundlos Gewordenen müde. Die Götter wurden müde, die Adler wurden müde, die Wunde schloss sich müde.
Blieb das unerklärliche Felsgebirge. – Die Sage versucht, das Unerklärliche zu erklären. Da sie aus einem Wahrheitsgrund kommt, muss sie wieder im Unerklärlichen enden.

Franz Kafka: **Der Geier** (ca. 1920)

Es war ein Geier, der hackte in meine Füße. Stiefel und Strümpfe hatte er schon aufgerissen, nun hackte er schon in die Füße selbst. Immer schlug er zu, flog dann unruhig mehrmals um mich und setzte dann die Arbeit fort. Es kam ein Herr vorüber, sah ein Weilchen zu und fragte dann, warum ich den Geier dulde. „Ich bin ja wehrlos", sagte ich, „er kam und fing zu hacken an, da wollte ich ihn natürlich wegtreiben, versuchte ihn sogar zu würgen, aber ein solches Tier hat große Kräfte, auch wollte er mir schon ins Gesicht springen, da opferte ich lieber die Füße. Nun sind sie schon fast zerrissen." „Dass Sie sich so quälen lassen", sagte der Herr, „ein Schuss und der Geier ist erledigt." „Ist das so?", fragte ich. „Und wollen Sie das besorgen?" „Gern", sagte der Herr, „ich muss nur nach Hause gehn und mein Gewehr holen. Können Sie noch eine halbe Stunde warten?" „Das weiß ich nicht", sagte ich und stand eine Weile starr vor Schmerz, dann sagte ich: „Bitte, versuchen Sie es für jeden Fall." „Gut", sagte der Herr, „ich werde mich beeilen." Der Geier hatte während des Gesprächs ruhig zugehört und die Blicke zwischen mir und dem Herrn wandern lassen. Jetzt sah ich, dass er alles verstanden hatte, er flog auf, weit beugte er sich zurück, um genug Schwung zu bekommen, und stieß dann wie ein Speerwerfer den Schnabel durch meinen Mund tief in mich. Zurückfallend fühlte ich befreit, wie er in meinem alle Tiefen füllenden, alle Ufer überfließenden Blut unrettbar ertrank.

3 Auch „Der Geier" lässt sich als Parabel zum Thema Prometheus lesen.
  a Informieren Sie sich über den Prometheus-Mythos (▸ S. 231).
  b Welche Umarbeitungen nimmt Kafka vor? Untersuchen Sie Inhalt und Erzählstrategie.

4 Lesen Sie die Information zur Parabel (▸ S. 103). Welche Eigenarten dieser Textsorte fehlen bei Kafka?

Franz Kafka: **Tagebucheintrag,** 05.12.1914 – (Auszug)

Ein Bild meiner Existenz [...] gibt eine nutzlose, mit Schnee und Reif überdeckte, schief in den Erdboden leicht eingebohrte Stange auf einem bis in die Tiefe aufgewühlten Feld am Rande einer großen Ebene in einer dunklen Winternacht.

5 **a** Schreiben Sie den Textauszug in Gedichtform, indem Sie die Zeilen umbrechen.
  b Analysieren Sie den Text Wort für Wort.
  c Prüfen Sie dann die Wirkung Ihres Gedichts und probieren Sie Alternativen aus. Kommentieren Sie Ihre Anordnung.
  d Lesen Sie den Text, indem Sie einzelne Attribute weglassen: Was verändert sich?

6 Dass die Einteilung der Literaturgeschichte in Epochen und Strömungen ein Konstrukt ist, wird beim Versuch, Franz Kafka einzuordnen, deutlich. Rekapitulieren Sie, was Sie über die Literatur seiner Zeit erfahren haben (Naturalismus, ▸ S. 363 f.; Ästhetizismus – Fin de Siècle, ▸ S. 370 f. und Expressionismus, ▸ S. 376 f.), und diskutieren Sie, wo Sie Kafkas Werk am ehesten verorten würden.

Themenfeld: Bedrohte Schönheit, bedrohliche Schönheit

Schönheit und Bedrohung tauchen in der Dichtung häufig in Verbindung mit Liebe und mit Frauen auf. Zwei berühmte Frauengestalten, die in der Literatur und Malerei der Jahrhundertwende um 1900 eine besondere Rolle spielten, sollen hier vorgestellt werden: Ophelia und Salome. Beide Figuren kommen schon in der Literatur des Barock vor. Ihre Tradition wird in diesem Kapitel skizzenhaft nachgezeichnet und schließlich durch eine weitere für die Lyrik wichtige Frauengestalt, die Loreley, ergänzt.

Rainer Maria Rilke: **Duineser Elegien** (1912/22) – Anfang

Wer, wenn ich schriee, hörte mich denn aus der Engel
Ordnungen? und gesetzt selbst, es nähme
einer mich plötzlich ans Herz: ich verginge von seinem
stärkeren Dasein. Denn das Schöne ist nichts
als des Schrecklichen Anfang, den wir grade noch ertragen,
und wir bewundern es so, weil es gelassen verschmäht,
uns zu zerstören. Ein jeder Engel ist schrecklich. [...]

Paul Klee,
Es weint (1939)

1 „Denn das Schöne ist nichts / als des Schrecklichen Anfang" (Z. 4 f.). – Notieren Sie Ihre Assoziationen zu diesem Zitat in einem Cluster.

I Schönheit und Tod – Das Ophelia-Motiv

Die moderne Ophelia

Georg Heym: **Die Tote im Wasser** (1910)

Die Masten ragen an dem grauen Wall
Wie ein verbrannter Wald ins frühe Rot,
So schwarz wie Schlacke. Wo das Wasser tot
Zu Speichern stiert, die morsch und im Verfall.

5 Dumpf tönt der Schall, da wiederkehrt die Flut,
Den Kai entlang. Der Stadtnacht Spülicht treibt
Wie eine weiße Haut im Strom und reibt
Sich an dem Dampfer, der im Docke ruht.

Staub, Obst, Papier, in einer dicken Schicht,
10 So treibt der Kot aus seinen Röhren ganz.
Ein weißes Tanzkleid kommt, in fettem Glanz
Ein nackter Hals und bleiweiß ein Gesicht.

Die Leiche wälzt sich ganz heraus. Es bläht
Das Kleid sich wie ein weißes Schiff im Wind.
15 Die toten Augen starren groß und blind
Zum Himmel, der voll rosa Wolken steht

Das lila Wasser bebt von kleiner Welle.
– Der Wasserratten Fährte, die bemannen
Das weiße Schiff. Nun treibt es stolz von dannen,
20 Voll grauer Köpfe und voll schwarzer Felle.

Die Tote segelt froh hinaus, gerissen
Von Wind und Flut. Ihr dicker Bauch entragt
Dem Wasser groß, zerhöhlt und fast zernagt.
Wie eine Grotte dröhnt er von den Bissen.

25 Sie treibt ins Meer. Ihr salutiert Neptun
Von einem Wrack, da sie das Meer verschlingt,
Darinnen sie zur grünen Tiefe sinkt,
Im Arm der feisten Kraken auszuruhn.

Eugène Delacroix: La Mort d'Ophélie (1844)

Gottfried Benn: **Schöne Jugend** (1912)

Der Mund eines Mädchens, das lange im Schilf gelegen hatte,
sah so angeknabbert aus.
Als man die Brust aufbrach, war die Speiseröhre so löcherig.
Schließlich in einer Laube unter dem Zwerchfell
5 fand man ein Nest von jungen Ratten.
Ein kleines Schwesterchen lag tot.
Die andern lebten von Leber und Niere,
tranken das kalte Blut und hatten
hier eine schöne Jugend verlebt.
10 Und schön und schnell kam auch ihr Tod:
Man warf sie allesamt ins Wasser.
Ach, wie die kleinen Schnauzen quietschten! [R]

Odilon Redon: Ophelia ertrinkt (1905)

Bertolt Brecht: Vom ertrunkenen Mädchen (1920)

Als sie ertrunken war und hinunterschwamm
Von den Bächen in die größeren Flüsse
Schien der Opal des Himmels sehr wundersam
Als ob er die Leiche begütigen müsse.

5 Tang und Algen hielten sich an ihr ein
So daß sie langsam viel schwerer ward.
Kühl die Fische schwammen an ihrem Bein
Pflanzen und Tiere beschwerten noch ihre letzte Fahrt.

Und der Himmel ward abends dunkel wie Rauch
10 Und hielt nachts mit den Sternen das Licht in Schwebe.
Aber früh war er hell, daß es auch
Noch für sie Morgen und Abend gebe.

Als ihr bleicher Leib im Wasser verfaulet war
Geschah es (sehr langsam), daß Gott sie allmählich vergaß
15 Erst ihr Gesicht, dann die Hände und ganz zuletzt erst ihr Haar.
Dann ward sie Aas in Flüssen mit vielem Aas. R

Peter Huchel: Ophelia (1972)

Später, am Morgen,
gegen die weiße Dämmerung hin,
das Waten von Stiefeln
im seichten Gewässer,
5 das Stoßen von Stangen,
ein raues Kommando,
sie heben die schlammige
Stacheldrahtreuse.

Kein Königreich,
10 Ophelia,
wo ein Schrei
das Wasser höhlt,
ein Zauber
die Kugel
15 am Weidenblatt zersplittern lässt.

John Everett Millais: Ophelia (1851)

1 **a** Vergleichen Sie die vier Gedichte von Heym, Brecht, Benn und Huchel unter inhaltlichem Aspekt.
b Leiten Sie aus dem Vergleich ab, was man wohl unter dem Ophelia-Motiv versteht. Beziehen Sie auch die Gemälde in Ihre Überlegungen ein.
c Recherchieren Sie den Ursprung des Ophelia-Motivs in Shakespeares „Hamlet". Welche Aspekte des Ursprungstextes werden in der Tradition in besonderer Weise aufgegriffen?
d Suchen Sie weitere Darstellungen der Ophelia in der bildenden Kunst. Stellen Sie eine Bildersequenz zusammen und kommentieren Sie sie.

2 Auf welche der Gedichte und Gemälde trifft der Begriff „Ästhetik des Hässlichen" Ihrer Meinung nach am ehesten zu? Erläutern Sie.

Information **Ästhetik des Hässlichen**

Typisch für die Kunst der Moderne ist der Bruch mit künstlerischen Normen, die angesichts der eigenen Zeit als überlebt empfunden wurden. In einigen Werken geht die Leugnung der bis dahin geltenden Kunstauffassung (Kunst als Darstellung des Guten, Schönen und Wahren) so weit, dass das Hässliche, das Disharmonische und Deformierte Inhalt und Ausdruck der Kunst werden. Im Zusammenhang mit dieser Umkehrung der ästhetischen Kategorien des Schönen ins Negative spricht man von der „Ästhetik des Hässlichen".

3 Gottfried Benn sezierte 1912 als Pathologe auch Wasserleichen. Brechts Gedicht lässt sich vor dem Hintergrund der Ermordung Rosa Luxemburgs lesen (▶ S. 392–393). Huchels Gedicht thematisiert wahrscheinlich einen Vorfall an der ehemaligen deutsch-deutschen Grenze. Inwieweit sind diese Informationen geeignet, die Erweiterung des Motivs durch neue Gesichtspunkte zu belegen?

4 Welche beiden Gedichte würden Sie für einen direkten Gedichtvergleich wählen? Begründen Sie.

Schönheit und Tod – Ein Rückblick

Lange bevor in der „Ästhetik des Hässlichen" weibliche Wasserleichen Gegenstand von Gedichten wurden, waren die Motive „Schönheit" und „Tod" in der Lyrik miteinander verknüpft worden.

Christian Hofmann von Hofmannswaldau: **Vergänglichkeit der Schönheit** (1695)

Es wird der bleiche tod mit seiner kalten hand
Dir endlich mit der zeit umb deine brüste streichen /
Der liebliche corall der lippen wird verbleichen;
Der schultern warmer schnee wird werden kalter sand /

5 Der augen süsser blitz / die kräffte deiner hand /
Für welchen solches fällt / die werden zeitlich weichen /
Das haar/ das itzund kan des goldes glantz erreichen /
Tilgt endlich tag und jahr als ein gemeines band.

Der wohlgesetzte fuß / die lieblichen gebärden /
10 Die werden theils zu staub / theils nichts und nichtig werden /
Denn opfert keiner mehr der gottheit deiner pracht.

Diß und noch mehr als diß muß endlich untergehen /
Dein hertze kan allein zu aller zeit bestehen /
Dieweil es die natur aus diamant gemacht.

Hans Baldung Grien: Der Tod und die Wollust (1517)

Friedrich Schiller: **Nänie** (1800)

Auch das Schöne muss sterben! Das Menschen und Götter bezwinget,
Nicht die eherne Brust rührt es des stygischen Zeus[1].
Einmal nur erweichte die Liebe den Schattenbeherrscher,
Und an der Schwelle noch, streng, rief er zurück sein Geschenk.
5 Nicht stillt Aphrodite dem schönen Knaben die Wunde,
Die in den zierlichen Leib grausam der Eber geritzt.
Nicht errettet den göttlichen Held die unsterbliche Mutter,
Wann er, am skäischen Tor fallend, sein Schicksal erfüllt.
Aber sie steigt aus dem Meer mit allen Töchtern des Nereus,
10 Und die Klage hebt an um den verherrlichten Sohn.
Siehe! Da weinen die Götter, es weinen die Göttinnen alle,
Dass das Schöne vergeht, dass das Vollkommene stirbt.
Auch ein Klaglied zu sein im Mund der Geliebten, ist herrlich,
Denn das Gemeine geht klanglos zum Orkus hinab.

1 stygischer Zeus: Gemeint ist der Gott der Unterwelt, der in der römischen Mythologie Orkus heißt. Die Unterwelt ist durch den Fluss Styx von der Welt der Lebenden getrennt.

1 Analysieren Sie Hofmannswaldaus Sonett. Welche Bedeutungen kommen der Metapher des Herzens als Diamant zu?

2 a Schiller bezieht sich in seinem Gedicht auf drei griechische Sagen. Recherchieren Sie diese mythischen Vorlagen arbeitsteilig und prüfen Sie, inwieweit sie bereits das Thema Schönheit und Tod aufgreifen.
b Nehmen Sie die letzten beiden Verse unter die Lupe. Wie lesen Sie „der Geliebten" (Singular oder Plural)? In welchem Verhältnis stehen „Klaglied" und „Schönheit" zueinander?

3 Vergleichen Sie die beiden Texte:
a Wie werden die „Schönheit" bzw. das „Schöne" dargestellt und was wird darunter verstanden?
b Wie sind Tod und Schönheit in den beiden Gedichten jeweils miteinander verknüpft?

4 Welches Gedicht passt besser zum Umfeld der Ophelia-Thematik? – Diskutieren Sie.

5 Zwischen Hofmannswaldaus Sonett und Schillers Distichen sind 105, zwischen den Distichen und Heyms „Die Tote im Wasser" (▸ S. 380) 110 Jahre vergangen. Überlegen Sie, inwiefern sich in den Gedichten Themen und Haltungen ihrer Entstehungszeit ablesen lassen.

II Die todbringende Verführerin – Das Salome-Motiv

Guillaume Apollinaire: **Die Tänzerin** (1902)

[...] So geschah es, dass sie eines Tages allein am Ufer des gefrorenen Flusses umherirrte, und da sie dem blau schimmernden Eis nicht widerstehen konnte, machte sie einen Sprung und 5 tanzte. Wie immer war sie reich geschmückt und mit Goldketten behängt, die aus winzigen Plättchen bestehen, gleich jenen, die später venezianische Juweliere herstellten, wobei sie schon mit dreißig Jahren an ihrer Arbeit erblin- 10 deten. Sie tanzte lange, stellte Liebe, Tod und Wahnsinn dar. [...]
Dann versuchte sie mit halb offenen Augen beinahe vergessene Schritte: jenen verdammenswerten Tanz, der ihr einst den Kopf des Täufers 15 einbrachte. Plötzlich brach das Eis unter ihr und sie fiel in die Donau, aber so, dass ihr Körper untergetaucht war, während ihr Kopf über dem Eis blieb, das bald wieder näher kam und sich schloss. Ein paar entsetzliche Schreie 20 schreckten die großen Vögel mit schwerem Flug, und als die Unglückselige verstummte, schien ihr Kopf abgeschnitten und auf ein silbernes Tablett gelegt.
Die Nacht kam klar und kalt. Die Sternenbilder 25 leuchteten. Wilde Tiere schlichen um die Sterbende, noch sah sie sie mit Schrecken an.

Franz von Stuck: Salome (1906)

Schließlich wandte sie mit letzter Kraft ihre Augen von den irdischen Bären, blickte zu den Bären des Himmels und hauchte ihr Leben aus. Wie ein matter Edelstein blieb ihr Kopf lange 30 über dem sie umgebenden, blanken Eis. Raubvögel und wilde Tiere verschonten sie. Der Winter verstrich. Dann brach das Eis in der Ostersonne und ihr verzierter, mit Juwelen geschmückter Körper wurde an ein Ufer gewor- 35 fen, wo er endgültig vermoderte.

1 **a** Erläutern Sie, welche Anteile von Apollinaires Text zum Themenkreis „Ophelia" gehören, und stellen Sie mit Blick auf die Gemälde Vermutungen darüber an, um was es in der biblischen Geschichte von Salome gehen könnte, auf die Apollinaire ebenfalls anspielt.
b Recherchieren Sie die neutestamentarische Überlieferung des Geschehens um Johannes den Täufer (Matthäus 14.1–12 und Markus 6.14–29).
c Vergleichen Sie die Gemälde auf dieser und der vorhergehenden Seite miteinander: Welcher Teil der Begebenheit wird ausgewählt und wie wirkt Salome in der jeweiligen Darstellung?

Christian Fürchtegott Gellert: **Herodes und Herodias** (1746)

[...] Der Fürstin Tochter tanzt an einem Freudenfeste,
Der Hof bewundert sie. Herodes wird entzückt
Und fühlt, indem er sie erblickt,
Der Mutter Blick in ihrer Tochter Blicke.
5 Er winkt der Salome: „Gebeut itzt deinem Glücke
Und bitte, was du willst! für meine Lieb' und dich
Ist nichts zu groß und nichts zu königlich."
Die Tochter eilt mit frohen Schritten

Zu der Herodias und fragt: „Was soll ich bitten?" –
10 „Bitt' um des Täufers trotzig Haupt."
O Gott! wer hätte das geglaubt?
Ist für ein weiches Herz und für verbuhlte Blicke
Ein blutig Haupt ein reizungsvolles Glücke?
Ein Weib, das sonst die kleinsten Schmerzen scheut,
15 Find't, da die Wollust ihr gebeut,
Selbst Wollust in der Grausamkeit
Und lehrt zugleich die Tochter ein Verbrechen?

Herodes hört den Wunsch, erschrickt und wird betrübt,
Weil er den frommen Täufer liebt;
20 Allein der Fürstenstolz weist ihn auf sein Verbrechen.
Hat's nicht der Hof gehört? Bist du nicht Herr und Fürst?
Wird sich Herodias nicht gleich durch Kaltsinn rächen,
Wofern du nicht den Wunsch erfüllen wirst?
Gebeut, sprach seine Brunst; und eilig willigt er
25 In dieses grausame Vergnügen.
Man bringt des Täufers Haupt auf einer Schüssel her.

Hier siehst du ja, wie bald nach leichter Gegenwehr
In Einem Laster alle siegen!

Gustav Klimt: Salome (1909)

2 **a** Interpretieren Sie Gellerts Erzählgedicht. Welche Figur rückt er in den Mittelpunkt des Geschehens? Welche Rolle kommt der Tochter der Herodias zu?
b Wie passt die angefügte Moral zu dem erzählten Geschehen?

Sarah Kirsch: **Salome** (1974)

*Sarah Kirsch (*1935) studierte in Leipzig und arbeitet seit 1965 als freie Schriftstellerin. 1977 verließ sie im Zusammenhang mit den Protesten gegen die Ausbürgerung Wolf Biermanns (▸ S. 422) die DDR. Das folgende Gedicht entstammt ihrem Gedichtband „Zaubersprüche", der häufig als Aufruf zur Emanzipation der Frau gelesen wird.*

Das Riesenrad dreht sich nicht, es ist Nacht.
Der Wind bewegt die Gondeln, in der obersten
Auf einer Holzbank die Tänzerin, die Schuhe
Zertanzt. Sie ist achtzehn mit allen Diplomen
5 Seit sie den Roten liebt den mit der weißen Haut
Er über die Welt spricht
Tanzt sie wie eine Feder.

Der Rote wiegelt die Leute auf
Da steht er am Fenster zählt Flugblätter ab
10 Setzt sich aufs Fahrrad rollt über das Pflaster.
Das war das Attentat.
Der Rote hat eine Kugel im Kopf und redet
Irre. Das Riesenrad dreht sich nicht
Salome schaukelt
15 Kommt nicht aus der Gondel, nicht diese Nacht
Salome hat sich
Eingeschlossen. Später
Muß sie gehn und fordert den Kopf.

Sie tanzt wie eine Feder
20 Leicht gebogen, den Kopf zurück, auf den Zehn.

R

Barbara Köhler: **Ach Täufer** (1984–1989)

*Barbara Köhler (*1959 in Burgstätt in Sachsen) war nach dem Literaturstudium am Bezirksliteraturzentrum Karl-Marx-Stadt wissenschaftlich tätig. Sie lebt seit 1994 in Duisburg.*

Ach Täufer, einmal wirst auch du den Kopf verlieren;
Manchmal schon halt ich ihn in meinen Händen
Wie abgetrennt vom Leib, der bei mir ist für eine Zeit.

Der bei mir ist schon eine Zeit: wo ist dein Kopf,
Den ich in meinen Händen halte – manchmal
Sind sie wie abgetrennt vom Leib, der sich an dich verliert.

Den Leib, der sich an dich verliert, ich will ihn halten
In meinen Händen, und nicht abgetrennt von mir –

Einmal, ach Täufer, werde ich den Kopf verlieren

---

1 Erarbeiten Sie zu den beiden Gedichten Fragestellungen für eine Analyse, z. B.:
- Wie wird der Mythos um Salome variiert?
- Was erfährt man über Salome bzw. das lyrische Ich und das Verhältnis zum Partner?
- Welche sprachlichen Bilder werden verwendet?

2 Interpretieren Sie die Gedichte – auch vor dem Hintergrund ihrer Entstehungszeit. Welche Aussageabsicht könnte jeweils mit den Texten verbunden sein?

3 <u>Weiterführende Aufgabe:</u>
- Informieren Sie sich über die literarische Tradition des Ophelia- und des Salome-Motivs und erläutern Sie, inwieweit sich beide Motive ergänzen, oder
- entwerfen Sie eine Collage aus Texten und Bildern um Salome und Ophelia, in die Sie auch eigene Texte und Bilder einbauen.

III Motive im Kontext – Die Loreley

Joseph von Eichendorff: **Waldgespräch** (1812)

Es ist schon spät, es wird schon kalt,
Was reit'st du einsam durch den Wald?
Der Wald ist lang, du bist allein,
Du schöne Braut! Ich führ dich heim!

5 „Groß ist der Männer Trug und List,
Vor Schmerz mein Herz gebrochen ist,
Wohl irrt das Waldhorn her und hin,
O flieh! Du weißt nicht, wer ich bin."

So reich geschmückt ist Ross und Weib,
10 So wunderschön der junge Leib,
Jetzt kenn' ich dich – Gott steh' mir bei!
Du bist die Hexe Loreley.

„Du kennst mich wohl – von hohem Stein
Schaut still mein Schloss tief in den Rhein.
15 Es ist schon spät, es wird schon kalt,
Kommst nimmermehr aus diesem Wald!"

Heinrich Heine: **Ich weiß nicht, was soll es bedeuten** (1823)

Ich weiß nicht was soll es bedeuten,
Dass ich so traurig bin;
Ein Märchen aus alten Zeiten,
Das kommt mir nicht aus dem Sinn.

5 Die Luft ist kühl und es dunkelt,
Und ruhig fließt der Rhein;
Der Gipfel des Berges funkelt
Im Abendsonnenschein.

Die schönste Jungfrau sitzet
10 Dort oben wunderbar;
Ihr goldnes Geschmeide blitzet,
Sie kämmt ihr goldenes Haar.

Sie kämmt es mit goldenem Kamme
Und singt ein Lied dabei;
15 Das hat eine wundersame,
Gewaltige Melodei.

Den Schiffer im kleinen Schiffe
Ergreift es mit wildem Weh;
Er schaut nicht die Felsenriffe,
20 Er schaut nur hinauf in die Höh.

Ich glaube, die Wellen verschlingen
Am Ende Schiffer und Kahn;
Und das hat mit ihrem Singen
Die Lore-Ley getan.

Ulla Hahn: **Meine Loreley** (1981)

Meine Schwester hat sich ertränkt
warum ist es am Rhein so
schön die Loreley zu sehn
mit dem Abwasser angeschwemmt
5 nach einer langen Nacht
bei einem Wirte wundermild
kämmt sie ihr weißes Haar da
war sie jüngst zu Gast als
er sie angefasst mit
10 seinem süßen Mund und
zehn Elektroschocks kühl
in ihr Hirn gebrannt.

Ludwig Thiersch: Die Loreley (um 1860)

1 a Vergleichen Sie die Gedichte von Eichendorff und Heine. Welches Bild der Loreley wird entworfen?
b Erkennen Sie bei Heine Zeichen für ironisches Schreiben?
c Inwieweit können Sie die Bilder als Deutungen der Gedichte verstehen?
2 Weisen Sie in Ulla Hahns Gedicht intertextuelle Bezüge (▸ S. 112) nach.
– Welches der Ophelia-Gedichte (▸ S. 380–381) klingt an?
– Auf welche weiteren Gedichte enthält das Gedicht Anspielungen? Recherchieren Sie: „bei einem Wirte wundermild", „kämmt ihr [...] Haar". Finden Sie noch weitere Reminiszenzen?
3 Ophelia, Salome, Loreley: Erörtern Sie, welche Funktion das Aufgreifen solcher Motive in der Literatur hat.
4 Kommen Sie nun zurück zu dem Cluster, mit dem Sie in diese Einheit eingestiegen sind. Ordnen Sie Ihre Assoziationen. Welche können Sie eher mit dem Ophelia-, welche eher mit dem Salome- oder mit dem Loreley-Motiv in Verbindung bringen, welche lassen sich nicht in diesen Bereichen fassen?
5 Suchen Sie noch weitere berühmte literarische Frauengestalten.

5.4 Neue Sachlichkeit und Exil

Neue Sachlichkeit

1918 verlor Deutschland den Ersten Weltkrieg. Im gleichen Jahr kam es zur Novemberrevolution und 1919 zur Ausrufung der Republik. Die erste Nationalversammlung wurde wegen der unsicheren Lage in der Hauptstadt Berlin nach Weimar einberufen, daher der Name „Weimarer Republik". Die junge Republik hatte von Anfang an mit Schwierigkeiten zu kämpfen: Die Gesellschaft war politisch gespalten, immer wieder gab es Umsturzversuche. Die ökonomischen und sozialen Lasten des verlorenen Krieges sowie Inflation und Massenarbeitslosigkeit prägten die Zeit.

Christian Schad: Bildnis Egon Erwin Kisch (1928)

1 Eine wichtige künstlerische Strömung der Zeit nennt man „Neue Sachlichkeit". Betrachten Sie das Porträt und versuchen Sie zu erklären, was mit diesem Begriff gemeint sein könnte.

Kurt Tucholsky

1. Nichts ist schwerer und nichts erfordert mehr Charakter, als sich in offenem Gegensatz zu seiner Zeit zu befinden und laut zu sagen: Nein.
2. Wenn man's im Leben zu etwas bringen will, muß man's zu etwas gebracht haben – ! (5)
3. Jede Glorifizierung eines Menschen, der im Kriege getötet worden ist, bedeutet drei Tote im nächsten Krieg.
4. Satire hat eine Grenze nach oben: Buddha entzieht sich ihr. Satire hat auch eine Grenze nach unten. In Deutschland etwa die herr- (10)

schenden faschistischen Mächte. Es lohnt nicht – so tief kann man nicht schießen.
5. Im übrigen gilt ja hier derjenige, der auf den Schmutz hinweist, für viel gefährlicher als der, der den Schmutz macht.
6. Politik kann man in diesem Lande definieren als die Durchsetzung wirtschaftlicher Zwecke mit Hilfe der Gesetzgebung. [R]

Erich Kästner

1. Erst wenn die Mutigen klug und die Klugen mutig geworden sind, wird das zu spüren sein, was irrtümlicherweise schon oft festgestellt wurde: ein Fortschritt der Menschheit.
2. An allem Unfug, der passiert, sind nicht etwa nur die schuld, die ihn tun, sondern auch die, die ihn nicht verhindern.
3. Die Dummheiten wechseln, und die Dummheit bleibt.

Karl Kraus

1. Die Deutschen – das Volk der Richter und Henker.
2. Man glaubt gar nicht, wie schwer es oft ist, eine Tat in einen Gedanken umzusetzen!
3. Ich und meine Öffentlichkeit verstehen uns sehr gut: sie hört nicht, was ich sage, und ich sage nicht, was sie hören möchte.
4. Jeder Staat führt den Krieg gegen die eigene Kultur. Anstatt Krieg gegen die eigene Unkultur zu führen.

---

1 Wählen Sie zwei Aphorismen aus, die Sie besonders ansprechen, und erläutern Sie sie.
2 Welche der Aphorismen haben einen deutlichen Zeitbezug zur Weimarer Republik, welche sind eher überzeitlich aktuell? Diskutieren Sie.
3 **a** Tucholsky, Kästner und Kraus begegnen sich heute – entwerfen Sie ein Gespräch über Tendenzen in der Politik heute. Geben Sie dem Gespräch eine passende Rahmensituation.
b Verfassen Sie selbst einen Aphorismus.

Kurt Tucholsky: **Weihnachten** (1918)

Kurt Tucholsky (1890–1935) studierte Jura. Als linksgerichteter, pazifistischer Publizist kommentierte er in zahlreichen Zeitschriften die Politik. 1926 emigrierte er aus Angst vor Mordanschlägen der Nationalsozialisten nach Frankreich.

So steh ich nun vor deutschen Trümmern
und sing mir still mein Weihnachtslied.
Ich brauch mich nicht mehr drum zu kümmern,
was weit in aller Welt geschieht.
Die ist den andern. Uns die Klage.
Ich summe leis, ich merk es kaum,
die Weise meiner Jugendtage:
O Tannebaum!

Wenn ich so der Knecht Ruprecht wäre
und käm in dies Brimborium
– bei Deutschen fruchtet keine Lehre –
weiß Gott! ich kehrte wieder um.
Das letzte Brotkorn geht zur Neige.
Die Gasse grölt. Sie schlagen Schaum.
Ich hing sie gern in deine Zweige,
o Tannebaum!

Ich starre in die Knisterkerzen:
Wer ist an all dem Jammer schuld?
Wer warf uns so in Blut und Schmerzen?
Uns Deutsche mit der Lammsgeduld?
Die leiden nicht. Die warten bieder.
Ich träume meinen alten Traum:
Schlag, Volk, den Kastendünkel nieder!
Glaub diesen Burschen nie, nie wieder!
Dann sing du frei die Weihnachtslieder:
O Tannebaum! O Tannebaum! [R]

Erich Kästner: **Weihnachtslied, chemisch gereinigt** (24.12.1927)

Erich Kästner (1899–1974) war Publizist, Drehbuchautor und Kabarettist. Bekannt ist er durch seine Kinderbücher, seine „Gebrauchslyrik" und seinen Roman „Fabian" (▶ S. 391–392).

(Nach der Melodie „Morgen, Kinder, wird's was geben!")

Morgen, Kinder, wird's nichts geben!
Nur wer hat, kriegt noch geschenkt.
Mutter schenkte euch das Leben.
Das genügt, wenn man's bedenkt.
5 Einmal kommt auch eure Zeit,
morgen ist's noch nicht so weit.

Doch ihr dürft nicht traurig werden.
Reiche haben Armut gern.
Gänsebraten macht Beschwerden.
10 Puppen sind nicht mehr modern.
Morgen kommt der Weihnachtsmann.
Allerdings nur nebenan.

Lauft ein bisschen durch die Straßen!
Dort gibt's Weihnachtsfest genug.
15 Christentum, vom Turm geblasen,
macht die kleinsten Kinder klug.
Kopf gut schütteln vor Gebrauch!
Ohne Christbaum geht es auch.

Tannengrün mit Osrambirnen –
20 lernt drauf pfeifen! Werdet stolz!
Reißt die Bretter von den Stirnen,
denn im Ofen fehlt's an Holz!
Stille Nacht und heil'ge Nacht –
weint, wenn's geht, nicht! Sondern lacht!

25 Morgen, Kinder, wird's nichts geben!
Wer nichts kriegt, der kriegt Geduld!
Morgen, Kinder, lernt fürs Leben!
Gott ist nicht allein dran schuld.
Gottes Güte reicht so weit ...
30 Ach, du liebe Weihnachtszeit!

Peter Huchel: **Weihnachtslied** (1929)

O Jesu, was bist du lang aus gewesen,
o Jesu Christ!
Die sich den Pfennig im Schnee auflesen,
sie wissen nicht mehr, wo du bist.

5 Sie schreien, was hast du sie ganz vergessen,
sie schreien nach dir, o Jesu Christ!
Ach kann denn dein Blut, ach kann es ermessen,
was alles salzig und bitter ist?

Die Trän' der Welt, den Herbst von Müttern,
10 spürst du das noch, o Jesuskind?
Und wie sie alle im Hungerhemd zittern
und krippennackt und elend sind!

O Jesu, was bist du lang ausgeblieben
und ließest die Kindlein irgendstraßfern.
15 Die hätten die Hände gern warm gerieben
im Winter an deinem Stern.

---

1 **a** Vergleichen Sie die drei Gedichte zum Weihnachtsfest. Mögliche Kriterien sind: Sprecher, Angesprochener, Wortwahl, Stil etc. Berücksichtigen Sie auch die Entstehungszeit der Gedichte.
b Texte wie die „Weihnachtsgedichte" werden als „Gebrauchslyrik" bezeichnet. Versuchen Sie, diese Bezeichnung zu erklären.
2 Welches Bild der Zeit erschließt sich Ihnen aus den Gedichten und den Aphorismen?
3 Welche Elemente müsste ein kritisches Weihnachtsgedicht heute enthalten? – Verfassen Sie ein eigenes Weihnachtsgedicht, das sich nicht reimen muss.

Alfred Döblin: **Berlin Alexanderplatz** (1929) – Mit der 41 in die Stadt

Döblin (1878–1957) studierte Medizin, insbesondere Neurologie und Psychiatrie, und arbeitete lange Jahre in Nervenheilanstalten. Aus dem Ersten Weltkrieg, an dem er als Militärarzt teilnahm, kehrte Döblin nach anfänglichem nationalem Enthusiasmus als Pazifist und Sozialist zurück.

Er stand vor dem Tor des Tegeler Gefängnisses und war frei. Gestern hatte er noch hinten auf den Äckern Kartoffeln geharkt mit den anderen, in Sträflingskleidung, jetzt ging er im gelben Sommermantel, sie harkten hinten, er war frei. Er ließ Elektrische auf Elektrische vorbeifahren, drückte den Rücken an die rote Mauer und ging nicht. Der Aufseher am Tor spazierte einige Male an ihm vorbei, zeigte ihm seine Bahn, er ging nicht. Der schreckliche Augenblick war gekommen [schrecklich, Franze, warum schrecklich?], die vier Jahre waren um. Die schwarzen eisernen Torflügel, die er seit einem Jahre mit wachsendem Widerwillen betrachtet hatte [Widerwillen, warum Widerwillen], waren hinter ihm geschlossen. Man setzte ihn wieder aus. Drin saßen die andern, tischlerten, lackierten, sortierten, klebten, hatten noch zwei Jahre, fünf Jahre. Er stand an der Haltestelle.

Die Strafe beginnt.

Er schüttelte sich, schluckte. Er trat sich auf den Fuß. Dann nahm er einen Anlauf und saß in der Elektrischen. Mitten unter den Leuten. Los. Das war zuerst, als wenn man beim Zahnarzt sitzt, der eine Wurzel mit der Zange gepackt hat und zieht, der Schmerz wächst, der Kopf will platzen. Er drehte den Kopf zurück nach der roten Mauer, aber die Elektrische sauste mit ihm auf den Schienen weg, dann stand nur noch sein Kopf in der Richtung des Gefängnisses. Der Wagen machte eine Biegung, Bäume, Häuser traten dazwischen. Lebhafte Straßen tauchten auf, die Seestraße, Leute stiegen ein und aus. In ihm schrie es entsetzt: Achtung, Achtung, es geht los. Seine Nasenspitze vereiste, über seine Backe schwirrte es. „Zwölf Uhr Mittagszeitung", „B. Z.", „Die neuste Illustrierte", „Die Funkstunde neu", „Noch jemand zugestiegen?" Die Schupos haben jetzt blaue Uniformen. Er stieg unbeachtet wieder aus dem Wagen, war unter Menschen. Was war denn? Nichts. Haltung, ausgehungertes Schwein, reiß dich zusammen, kriegst meine Faust zu riechen. Gewimmel, welch Gewimmel. Wie sich das bewegte. Mein Brägen[1] hat wohl kein Schmalz mehr, der ist wohl ganz ausgetrocknet. Was war das alles. Schuhgeschäfte, Hutgeschäfte, Glühlampen, Destillen. Die Menschen müssen doch Schuhe haben, wenn sie so viel rumlaufen, wir hatten ja auch eine Schusterei, wollen das mal festhalten. Hundert blanke Scheiben, lass die doch blitzern, die werden dir doch nicht Bange machen, kannst sie ja kaputt schlagen, was ist denn mit die, sind eben blank geputzt. Man riss das Pflaster am Rosenthaler Platz auf, er ging zwischen den andern auf Holzbohlen. Man mischt sich unter die andern, da vergeht alles, dann merkst du nichts, Kerl. Figuren standen in den Schaufenstern in Anzügen, Mänteln, mit Röcken, mit Strümpfen und Schuhen. Draußen bewegte sich alles, aber – dahinter – war nichts! Es – lebte – nicht! Es hatte fröhliche Gesichter, es lachte, wartete auf der Schutzinsel gegenüber Aschinger[2] zu zweit oder zu dritt, rauchte Zigaretten, blätterte in Zeitungen. So stand das da wie die Laternen – und – wurde immer starrer. Sie gehörten zusammen mit den Häusern, alles weiß, alles Holz.

1 Brägen, auch Bregen: Hirn von Schlachttieren
2 Aschinger: v. a. bei ärmeren Menschen beliebte Wirtshauskette mit günstigem Essen

Schreck fuhr in ihn, als er die Rosenthaler Straße herunterging und in einer kleinen Kneipe ein Mann und eine Frau dicht am Fenster saßen: die gossen sich Bier aus Seideln in den Hals, ja was war dabei, sie tranken eben, sie hatten Gabeln und stachen sich damit Fleischstücke in den Mund, dann zogen sie die Gabeln wieder heraus und bluteten nicht. Oh, krampfte sich sein Leib zusammen, ich kriege es nicht weg, wo soll ich hin? Es antwortete: Die Strafe. Er konnte nicht zurück, er war mit der Elektrischen so weit hierhergefahren, er war aus dem Gefängnis entlassen und musste hierhinein, noch tiefer hinein.

1 **a** Untersuchen Sie Satz für Satz die Erzählstrategie. Wie viele „Erzählerstimmen" erkennen Sie?
b Wie stellt sich die Stadt für Franz Biberkopf dar, den Protagonisten des Romans, der gerade aus dem Gefängnis entlassen worden ist? Wie wird dieser Eindruck sprachlich vermittelt?
2 Wie würden Sie die Szene filmisch umsetzen? Diskutieren Sie verschiedene Möglichkeiten von Kameraeinstellung und -führung, Licht und Ton sowie Schnitttechniken.
3 Schreiben Sie über ein eigenes „Stadterleben". Versuchen Sie, Döblins Erzählweise aufzugreifen.

Erich Kästner: **Fabian** (1931)

In seinem satirischen Roman „Fabian" zeichnet Erich Kästner (1899–1974) ebenfalls ein Bild der Großstadt Berlin und darüber hinaus des Lebens während der Wirtschaftskrise um 1930. In der folgenden Textstelle hat der Protagonist Dr. Jakob Fabian gerade die junge Juristin Cornelia Battenberg kennen gelernt, mit der er eine kurze Zeit gemeinsamen Glücks erleben wird, bis sie sich von ihm trennt, um im Filmgeschäft Karriere zu machen.

„Sogar der Mond scheint in dieser Stadt", bemerkte die Kennerin des internationalen Filmrechts. Fabian drückte ihren Arm ein wenig. „Ist es nicht fast wie zu Hause?", fragte er. „Aber Sie täuschen sich. Der Mondschein und der Blumenduft, die Stille und der kleinstädtische Kuss im Torbogen sind Illusionen. Dort drüben, an dem Platz, ist ein Café, in dem Chinesen mit Berliner Huren zusammensitzen, nur Chinesen. Da vorn ist ein Lokal, wo parfümierte homosexuelle Burschen mit eleganten Schauspielern und smarten Engländern tanzen und ihre Fertigkeiten und den Preis bekannt geben, und zum Schluss bezahlt das Ganze eine blond gefärbte Greisin, die dafür mitkommen darf. Rechts an der Ecke ist ein Hotel, in dem nur Japaner wohnen, daneben liegt ein Restaurant, wo russische und ungarische Juden einander anpumpen oder sonstwie übers Ohr hauen. In einer der Nebenstraßen gibt es eine Pension, wo sich nachmittags minderjährige Gymnasiastinnen verkaufen, um ihr Taschengeld zu erhöhen. Vor einem halben Jahr gab es einen Skandal, der nur schlecht vertuscht wurde; ein älterer Herr fand in dem Zimmer, das er zu Vergnügungszwecken betrat, zwar, wie er erwartet hatte, ein sechzehnjähriges entkleidetes Mädchen vor, aber es war leider seine Tochter, und das hatte er nicht erwartet ... Soweit diese riesige Stadt aus Stein besteht, ist sie fast noch wie einst. Hinsichtlich der Bewohner gleicht sie längst einem Irrenhaus. Im Osten residiert das Verbrechen, im Zentrum die Gaunerei, im Norden das Elend, im Westen die Unzucht und in allen Himmelsrichtungen wohnt der Untergang."
„Und was kommt nach dem Untergang?"
Fabian pflückte einen kleinen Zweig, der über ein Gitter hing, und gab zur Antwort: „Ich fürchte, die Dummheit."
„In der Stadt, aus der ich bin, ist die Dummheit schon eingetroffen", sagte das Mädchen. „Aber was soll man tun?"
„Wer ein Optimist ist, soll verzweifeln. Ich bin ein Melancholiker, mir kann nicht viel passieren. Zum Selbstmord neige ich nicht, denn ich verspüre nichts von jenem Tatendrang, der andere nötigt, so lange mit dem Kopf gegen die Wand zu rennen, bis der Kopf nachgibt. Ich se-

he zu und warte. Ich warte auf den Sieg der Anständigkeit, dann könnte ich mich zur Verfügung stellen. Aber ich warte darauf, wie ein Ungläubiger auf Wunder. Liebes Fräulein, ich kenne Sie noch nicht. Trotzdem, oder vielleicht gerade deswegen, möchte ich Ihnen für den Umgang mit Menschen eine Arbeitshypothese anvertrauen, die sich bewährt hat. Es handelt sich um eine Theorie, die nicht richtig zu sein braucht. Aber sie führt in der Praxis zu verwendbaren Ergebnissen."
„Und wie lautet Ihre Hypothese?"
„Man halte hier jeden Menschen, mit Ausnahme der Kinder und Greise, bevor das Gegenteil nicht unwiderleglich bewiesen ist, für verrückt. Richten Sie sich danach, Sie werden bald erfahren, wie nützlich der Satz sein kann." „Soll ich bei Ihnen damit beginnen?", fragte sie.
„Ich bitte darum", meinte er.
Sie schwiegen und überquerten den Nürnberger Platz. Ein Auto bremste dicht vor ihnen. Das Mädchen zitterte. Sie gingen in die Schaperstraße. In einem verwahrlosten Garten schrien Katzen. An den Rändern der Fußsteige standen Alleebäume, bedeckten den Weg mit Dunkelheit und verbargen den Himmel.

---

4 **a** Untersuchen Sie die Erzählstrategie im Textausschnitt von Kästners Roman und vergleichen Sie diese mit Ihren Ergebnissen zu Döblins Text.
b Döblins Roman wird in Literaturgeschichten häufig dem Expressionismus zugeordnet. Diskutieren Sie diese Zuordnung.
5 Vergleichen Sie die verschiedenen Darstellungen der Stadt Berlin bei Döblin und Kästner. Achten Sie dabei darauf, welche Rolle die Stadt für die Handlung spielt.
6 **a** Es ist Abend in Ihrer Heimatstadt: Stellen Sie diese atmosphärisch dar und geben Sie einem fiktiven Gegenüber „für den Umgang mit Menschen eine Arbeitshypothese". Wird sie ähnlich aussehen wie jene von Dr. Fabian?
b Erläutern Sie Ihre „Arbeitshypothese" knapp und sachlich. Aus welchen Beobachtungen resultiert sie?

Egon Erwin Kisch: **Rettungsgürtel an einer kleinen Brücke** (1924)

Über die Brüstung der Liechtensteinbrücke, einer kleinen Brücke, die vom Hintereingang des Zoologischen Gartens zum Tiergarten führt, ist ein Rettungsring gehängt. Ein Seil, das sich nicht verfitzen kann, ermöglicht es, den tragfähigen Gürtel weithin in den Landwehrkanal zu schleudern. Die Gegend ist, man kann es nicht anders sagen, idyllisch. [...]
Von dem Rettungsgürtel auf Wurfweite entfernt ist die Stelle, wo uniformierte Männer einen Frauenkörper ins Wasser warfen.
Irgendwelche Bürger von der Einwohnerwehr hatten sich Rosa Luxemburgs in dem Haus bemächtigt, in dem sie wohnte, und aus irgendwelchen Gründen gerade ins Eden-Hotel gebracht, wo der Stab der Gardekavallerie-Schützendivision hauste, forsche Herren, monokelnd und näselnd, die nun kurzerhand übereinkamen, die „Galizierin" um die Ecke zu bringen.
Um die Ecke zu bringen – sie machten die Phrase wahr, die sprachliche Wendung zu einer wirklichen Wendung.
Das Haus muss rein bleiben, das ist der Grundsatz jedes biederen Ehemannes, etwas anderes ist das, was man außerhalb des Hauses tut. Das Haus muss rein bleiben, und erst in der Sekunde, da Rosa Luxemburg, vom herbeigeholten Mordkommando begleitet, den Fuß aus dem Hotelportal setzte, zertrümmerten die Helden mit Gewehrkolben von hinten ihr Schädeldach und legten sie ins Auto. Herr Leutnant Vogel fuhr mit, er saß verkehrt neben dem Führersitz, presste seines Revolvers Mündung auf die Stirn der halb toten Rosa Luxemburg und drückte ab. [...]
Um die Ecke zu bringen – an der ersten Ecke, links vom Alten Kurfürstendamm, ist die Gegend finster. Auf der einen Seite die Wirtschaftsgebäude vom Zoo, auf der andern Seite der

Landwehrkanal. Nahe der Liechtensteinbrücke wächst sogar noch Gebüsch zwischen Weg und Wasser, hier hält das Auto. [...]
Dann wurde Rosa Luxemburg ins Wasser geworfen. Da der Körper, tot oder halb tot, auf der Oberfläche schwamm, soll er (gewiss weiß man es nicht; denn die des Meuchelmordes angeklagte Garde-Division stellte selbst den Gerichtshof) wieder herausgefischt worden sein, mit Draht umwickelt und mit Steinen beschwert. Woher nahm man so eilig den Draht? Wahrscheinlich vom Rettungsgürtel. [...]
Dort schwimmt sie, ein dunkler Gegenstand. Die lichten Helden, die sie um die Ecke gebracht haben, fahren um die Ecke zurück, rühmen (zueinander) ihre Tat, zahlen Belohnungen aus, lassen Wein auffahren, sich als Gruppe fotografieren: der Jäger Runge, der den ersten Kolbenhieb drosch, darf mit den Herren Offizieren auf das Bild. Großer Sieg. [...]

Umbo: Der Rasende Reporter E. E. Kisch (1926)

1 Zeigen Sie am Text, mit welchen sprachlichen Mitteln Egon Erwin Kisch den Rezipienten auf seine Seite zieht und wie er Wertungen vermittelt. Welche Intention verfolgt er?
2 Informieren Sie sich über Leben und Werk von Rosa Luxemburg (1871–1919).
3 Lesen und interpretieren Sie das Ophelia-Gedicht von Brecht (▸ S. 381) vor dem Hintergrund des von Kisch berichteten Ereignisses.

Thomas Mann: **Deutsche Ansprache. Ein Appell an die Vernunft** (1930)

[...] Der exzentrischen Seelenlage einer der Idee entlaufenen Menschheit entspricht eine Politik im Groteskstil mit Heilsarmee-Allüren, Massenkrampf, Budengeläut, Halleluja und derwischmäßigem Wiederholen monotoner Schlagworte, bis alles Schaum vor dem Munde hat. Fanatismus wird Heilsprinzip, Begeisterung epileptische Ekstase, Politik wird zum Massenopiat des Dritten Reiches oder einer proletarischen Eschatologie und die Vernunft verhüllt ihr Antlitz.
Ist das deutsch? Ist der Fanatismus, die gliederwerfende Unbesonnenheit, die orgiastische Verleugnung von Vernunft, Menschenwürde, geistiger Haltung in irgendeiner tieferen Seelenschicht des Deutschtums wirklich zu Hause? Dürfen die Verkünder des radikalen Nationalismus sich allzu viel einbilden auf den Stimmungszulauf, den sie gefunden, und ist der Nationalsozialismus parteimäßig gesehen nicht vielleicht ein Koloss auf tönernen Füßen, der an Dauerhaftigkeit nicht zu vergleichen ist mit der sozialdemokratischen Massenorganisation? Nur der Fanatismus, so heißt es, kann Deutschland wieder aufrichten. Goethe schildert im „Epilog zur Glocke" das Verhalten eines großen Menschen zur widerstrebenden Umwelt und spricht

Von jenem Mut, der, früher oder später,
Den Widerstand der stumpfen Welt besiegt,
Von jenem Glauben, der sich, stets erhöhter,
Bald kühn hervordrängt, bald geduldig schmiegt,
Damit das Gute wirke, wachse, fromme,
Damit der Tag dem Edlen endlich komme.

Wäre nicht dieser Mut dem Deutschen, von dem die Menschheit ein Bild der Rechtlichkeit, Mäßigkeit, geistigen Biederkeit im Herzen trägt, angemessener als das Berserkertum der Verzweiflung, als der Fanatismus, der heute deutsch und allein deutsch heißen will? Staatsmänner von echter Deutschheit, die als solche in aller Welt erkannt und geliebt wurden, haben diesen bald sich vordrängenden, bald geschickt sich schmiegenden Mut, den Mut der Geduld bewährt und viel mehr damit erreicht, als zu erreichen wäre, wenn wir der Welt zu ihrem mitleidigen Befremden das Schauspiel ekstatischen Nervenzusammenbruchs böten.

Nun ist freilich der Augenblick schon gekommen, wo der militante Nationalismus sich weniger militant nach außen denn nach innen erweist. Schon sucht er seine außenpolitische Unschuld und vernunftvolle Mäßigkeit der Welt zu beweisen, indem er erklärt, dass Deutschland keinen Krieg führen könne und dass unter seiner Herrschaft keine gewaltsame Veränderung nach außen versucht werden solle, versichert es, um sich weltmöglich zu machen. Sein Hass richtet sich nicht sowohl nach außen wie nach innen, ja, seine fanatische Liebe zu Deutschland erscheint vorwiegend als Hass, nicht auf die Fremden, sondern auf alle Deutschen, die nicht an seine Mittel glauben und die er auszutilgen verspricht, was selbst heute noch ein umständliches Geschäft wäre, als Hass auf alles, was den höheren Ruhm, das geistige Ansehen Deutschlands in der Welt ausmacht. Sein Hauptziel, so scheint es immer mehr, ist die innere Reinigung Deutschlands, die Zurückführung des Deutschen auf den Begriff, den der Radikal-Nationalismus davon hegt. Ist nun, frage ich, eine solche Zurückführung, gesetzt, dass sie wünschenswert sei, auch nur möglich? Ist das Wunschbild einer primitiven, blutreinen, herzens- und verstandesschlichten, Hacken zusammenschlagenden, blauäugig gehorsamen und strammen Biederkeit, diese vollkommene nationale Simplizität, auch nach zehntausend Ausweisungen und Reinigungsexekutionen zu verwirklichen in einem alten, reifen, vielerfahrenen und hochbedürftigen Kulturvolk, das geistige und seelische Abenteuer hinter sich hat wie das deutsche, das eine weltbürgerliche und hohe Klassik, die tiefste und raffinierteste Romantik, Goethe, Schopenhauer, Nietzsche, die erhabene Morbidität von Wagners Tristan-Musik erlebt hat und im Blute trägt? Der Nationalismus will das Fanatische mit dem Würdigen vereinigen; aber die Würde eines Volkes wie des unsrigen kann nicht die der Einfalt, kann nur die Würde des Wissens und des Geistes sein, und die weist den Veitstanz des Fanatismus von sich.

1 **a** Formulieren Sie das Grundanliegen, das Thomas Mann mit dem Text verfolgt.
b Überprüfen Sie Ihre Aussage noch einmal durch eine genaue Lektüre: Wie entwickelt der Autor seinen Gedankengang? Zeichnen Sie ihn in Form eines Flussdiagramms nach.
c Fassen Sie nun das Wesentliche des Texts in eigenen Worten thesenhaft zusammen.

2 Erörtern Sie die Frage, inwieweit Teile von Thomas Manns Rede auch noch heute Gültigkeit haben könnten, und verwenden Sie dazu repräsentative Textzitate.

Information **Die Literatur der Weimarer Republik (1919–1933)**

Allgemeingeschichtlicher Hintergrund: Die Weimarer Republik (1919–1933) war nach der Revolution von 1848/49 der zweite Versuch, Deutschland als demokratischen Staat zu organisieren. Sie war schwer wiegenden politischen, gesellschaftlichen und wirtschaftlichen Belastungen ausgesetzt. So machten konservative Kreise die **Novemberrevolution von 1918/19,** aus der die Republik hervorging, für die **Niederlage im Ersten Weltkrieg** verantwortlich. Im „Versailler Vertrag“ musste Deutschland der Abtretung etlicher Gebiete zustimmen und sich zu hohen Reparationszahlungen

verpflichten. Putschversuche und Separationsbestrebungen sowie die wirtschaftlichen Katastrophen von **Inflation** (1924) und **Weltwirtschaftskrise** (1929) verhinderten eine ruhige Konsolidierung der jungen Demokratie. Die damit verbundene Verelendung vieler Existenzen in Bürgertum und Arbeiterschaft trug zu einer **Radikalisierung der politischen Auseinandersetzung** bis hin zu bürgerkriegsähnlichen Straßenkämpfen bei. Die Folge war eine Erosion der demokratischen Parteien, die für die Weimarer Verfassung standen. 1933 nutzte Hitler nach Wahlerfolgen seiner Partei seine Ernennung zum Reichskanzler an der Spitze einer national-konservativen Koalitionsregierung, um sein von Anfang an verfolgtes Ziel zu erreichen: die Beseitigung der Demokratie.
Weltbild und Lebensauffassung: Ein wesentlicher Grund für das Scheitern der Demokratie lag in ihrer Ablehnung durch öffentlich einflussreiche Kreise in Verwaltung, Sicherheitsorganen, Justiz und Bildungseinrichtungen, die dem Kaiserreich und seiner gesellschaftlichen Verfassung nachtrauerten. So blieb der Nährboden für die **Untertanenmentalität** des so genannten „autoritären Charakters" in Deutschland in hohem Maße erhalten. Die zur Kennzeichnung der Zeit häufig benutzten Begriffe der **„Roaring Twenties"** oder **„Goldenen Zwanziger",** die an Jazzlokale, Kinos und Cabarets und an einen modernen Lebensstil mit einem veränderten Geschlechterverhältnis denken lassen, gelten nur für eine begrenzte Szene im Großstadtmilieu.
Literatur: Der **Pluralismus der Stile,** der schon für die Literatur der Jahrhundertwende kennzeichnend war, setzt sich fort. Dichtungen im Stile des **Ästhetizismus** (**Rainer Maria Rilke**, **Stefan George**) stehen neben solchen in der Tradition des **Expressionismus,** dessen Loslösung von den Konventionen der sprachlichen Alltagsverständigung im **Dadaismus** auf die Spitze getrieben wurde. Besondere Bedeutung errangen daneben Schreibweisen eines neuen Realismus. Sie werden unter dem Begriff **„Neue Sachlichkeit"** zusammengefasst und stehen für eine **kritische Sichtung der Wirklichkeit** zwischen kühl-distanzierter Betrachtung und satirischer Zuspitzung. Es ist die Zeit der großen Gesellschaftsromane, die in aufklärerischer Absicht die Kräfte und Entwicklungen aufzeigen, die in der Gesellschaft und im Individuum wirksam sind. Das moderne, von Reflexionen durchzogene Erzählen erlebt hier seine erste Blütezeit. **Das Theater politisiert sich,** es will gesellschaftliche Mechanismen aufdecken und zur Veränderung aufrufen wie z. B. **Bertolt Brechts** **„episches Theater",** dessen Anfänge in diese Zeit fallen. Die Schreiber von Gedichten gehen mit ihrer Forderung nach einer **„Gebrauchslyrik"** deutlich auf Distanz zu den Nachfolgern eines klassisch-romantischen Bildes vom Dichter. **Erich Kästner** betont den alltagstauglichen Nutzen seiner Gedichte, die entstanden seien „im Umgang mit den Freuden und Schmerzen der Gegenwart" und bestimmt seien „für jeden, der mit der Gegenwart geschäftlich zu tun hat". Die Autoren der **Neuen Sachlichkeit** arbeiteten häufig auch als Journalisten (**Kurt Tucholsky** und **Egon Erwin Kisch**). Sie bedienten den stark **anwachsenden publizistischen Markt** mit kritischen Texten. So wurde die Weimarer Republik zur hohen Zeit literarisch anspruchsvoller Zeitungen und Zeitschriften, für die beispielhaft die „Weltbühne" steht.

Wichtige Autorinnen/Autoren und Werke:
Heinrich Mann (1871–1950): „Der Untertan", „Professor Unrat" (Romane)
Thomas Mann (1875–1955): „Der Zauberberg" (Roman); „Mario und der Zauberer" (Erzählung)
Hermann Hesse (1877–1962): „Der Steppenwolf" (Roman)
Alfred Döblin (1878–1957): „Berlin Alexanderplatz" (Roman)
Egon Erwin Kisch (1885–1948): „Der rasende Reporter" (Reportagen)
Kurt Tucholsky (1890–1935): Lyrik, satirische Texte, journalistische Formen, Romane
Erich Maria Remarque (1898–1970): „Im Westen nichts Neues" (Roman)
Bertolt Brecht (1898–1956): „Die Dreigroschenoper", „Die heilige Johanna der Schlachthöfe" (Theaterstücke); Gedichte

Erich Kästner (1899–1974): „ Herz auf Taille“ (Gedichte); „Fabian“ (Roman); „Emil und die Detektive“ (Kinderbuch)
Ödön von Horváth (1901–1938): „Geschichten aus dem Wiener Wald“, „Kasimir und Karoline“ (Theaterstücke)
Marieluise Fleißer (1901–1974): „Fegefeuer in Ingolstadt“ (Theaterstück)
Mascha Kaléko (1907–1975): „Das lyrische Stenogrammheft“ (Gedichte)
Irmgard Keun (1910–1982): „Das kunstseidene Mädchen“ (Roman)

Exilliteratur

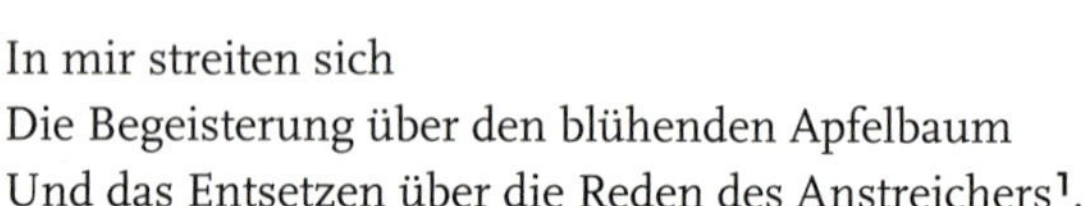

Bertolt Brecht: **Schlechte Zeit für Lyrik** (1938/41)

Ich weiß doch: nur der Glückliche
Ist beliebt. Seine Stimme
Hört man gern. Sein Gesicht ist schön.

Der verkrüppelte Baum im Hof
5 Zeigt auf den schlechten Boden, aber
Die Vorübergehenden schimpfen ihn einen Krüppel
Doch mit Recht.

Die grünen Boote und die lustigen Segel des Sundes
Sehe ich nicht. Von allem
10 Sehe ich nur der Fischer rissiges Garnnetz.
Warum rede ich nur davon
Daß die vierzigjährige Häuslerin gekrümmt geht?
Die Brüste der Mädchen
Sind warm wie ehedem.

15 In meinem Lied ein Reim
Käme mir fast vor wie Übermut.

In mir streiten sich
Die Begeisterung über den blühenden Apfelbaum
Und das Entsetzen über die Reden des Anstreichers[1].
20 Aber nur das zweite
Drängt mich zum Schreibtisch. R

1 **Anstreicher:** Gemeint ist Adolf Hitler.

---

1 Stellen Sie in eigenen Worten den Zwiespalt dar, dem sich das lyrische Ich ausgesetzt sieht.
2 Inwieweit findet sich bei den Motiven und im Aufbau des Gedichts eine dialektische Struktur?

Information **Dialektik**

Dialektik ist eine Methode des Denkens und des Argumentierens, die die Widersprüche in der Wirklichkeit zum „Motor der gedanklichen Entwicklung" macht. Dialektisches Denken geht in drei Schritten vor: These, Antithese, Synthese, wobei die These und Antithese zwei entgegengesetzte Behauptungen formulieren, die Synthese den Widerspruch aufhebt, indem sie ihn relativiert.

3 Erörtern Sie, welche Funktion Brecht mit diesem Gedicht der Literatur, speziell der Lyrik, zuschreibt, und nehmen Sie Stellung dazu.

Bertolt Brecht: Gedanken über die Dauer des Exils (1937)

I
Schlage keinen Nagel in die Wand
Wirf den Rock auf den Stuhl.
Warum vorsorgen für vier Tage?
5 Du kehrst morgen zurück.

Laß den kleinen Baum ohne Wasser.
Wozu noch einen Baum pflanzen?
Bevor er so hoch wie eine Stufe ist
Gehst du froh weg von hier.

10 Zieh die Mütze ins Gesicht, wenn Leute vorbeigehn!
Wozu in einer fremden Grammatik blättern?
Die Nachricht, die dich heimruft
Ist in bekannter Sprache geschrieben.

So wie der Kalk vom Gebälk blättert
15 (Tue nichts dagegen!)
Wird der Zaun der Gewalt zermorschen
Der an der Grenze aufgerichtet ist
Gegen die Gerechtigkeit.

II
20 Sieh den Nagel in der Wand, den du eingeschlagen hast:
Wann, glaubst du, wirst du zurückkehren?
Willst du wissen, was du im Innersten glaubst?

Tag um Tag
Arbeitest du an der Befreiung
25 Sitzend in der Kammer schreibst du.
Willst du wissen, was du von deiner Arbeit hältst?
Sieh den kleinen Kastanienbaum in der Ecke des Hofes
Zu dem du die Kanne voll Wasser schlepptest! R

4 Analysieren Sie den Aufbau von Brechts Gedicht. Beachten Sie dabei auch die Stropheneinteilung und die Tempora.

Hilde Domin: Ziehende Landschaft (1955)

Man muss weggehen können
und doch sein wie ein Baum:
als bliebe die Wurzel im Boden,
als zöge die Landschaft und wir ständen fest.

5 Man muss den Atem anhalten,
bis der Wind nachlässt
und die fremde Luft um uns zu kreisen beginnt,
bis das Spiel von Licht und Schatten,
von Grün und Blau,
10 die alten Muster zeigt
und wir zu Hause sind,
wo es auch sei,
und niedersitzen können und uns anlehnen,
als sei es an das Grab
15 unserer Mutter.

Rose Ausländer: Mutterland (1977/79)

Mein Vaterland ist tot
sie haben es begraben
im Feuer

Ich lebe
in meinem Mutterland
Wort

Mascha Kaléko: Inventar (nach 1945)

1
Haus ohne Dach
Kind ohne Bett
Tisch ohne Brot
Stern ohne Licht. 5

2
Fluss ohne Steg
Berg ohne Seil
Fuß ohne Schuh
Flucht ohne Ziel. 10

3
Dach ohne Haus
Stadt ohne Freund
Mund ohne Wort
Wald ohne Duft. 15

4
Brot ohne Tisch
Bett ohne Kind
Wort ohne Mund
Ziel ohne Flucht. 20

---

5 **a** Vergleichen Sie die Exilgedichte unter folgenden Aspekten:
- Was erfahren wir über Sprecher und Angesprochene, was über das Exilland und das Land, aus dem das lyrische Ich fliehen musste?
- Welchen Stellenwert hat die Sprache für das Leben und Schreiben im Exil?

b Erarbeiten Sie sinnvolle weitergehende Kriterien für einen Vergleich der Gedichte.

6 Welche beiden Gedichte würden Sie für einen Gedichtvergleich auswählen? – Begründen Sie.

7 Wie Mascha Kalékos Gedicht folgt auch Günter Eichs „Inventur" (► S. 409) dem Schema der Aufzählung. Interpretieren Sie die Gedichte „Inventar" und „Inventur" im Vergleich.

Anna Seghers: Das siebte Kreuz (1942)

Der 1938 im französischen Exil begonnene und 1942 in einem Exilverlag in Mexiko erschienene Roman der Anna Seghers gilt als ein Beispiel dafür, dass es gelingen konnte, von außen eine wirklichkeitsgetreue Innensicht der deutschen Gesellschaft unter der Nazidiktatur zu bieten. Erzählt wird die Flucht von sieben Häftlingen aus dem frühen KZ „Westhofen" (= Osthofen bei Worms). An der Geschichte ihrer Flucht wird das Alltagsleben unter dem Terrorregime, wird das Verhalten der Täter, Opfer, Mitläufer und Widerständler, werden der feige Verrat und die mutige Hilfsbereitschaft deutlich. Komponiert ist der Roman aus mehreren Erzählsträngen.

[Wallau, einer der KZ-Flüchtlinge, hat seine Frau in die Fluchtpläne eingeweiht. Sie hat daraufhin Vorbereitungen getroffen.]

Jetzt, am Abend des zweiten Tages, wusste Frau Wallau, dass die Flucht aus dem Lager selbst gelungen war. Sie konnte nicht wissen, wann er in Worms eintraf auf dem Laubengrundstück, wo 5 für ihn Geld und Kleider bereitlagen, ob er vielleicht schon die letzte Nacht dort durchgekommen war. Diese Laube gehörte einer Familie Bachmann. Der Mann war Trambahnschaffner. Beide Frauen waren vor dreißig Jahren zusam- 10 men in die Schule gegangen, ihre Väter schon waren Freunde gewesen und später auch die Männer. Beide Frauen hatten gleichzeitig alle Lasten des gewöhnlichen Lebens getragen und in den letzten drei Jahren auch die Lasten des ungewöhnlichen. Bachmann war freilich nur 15 Anfang 33 kurz verhaftet gewesen. Er lebte seither in Arbeit und ungeschoren.

Auf diesen Mann, den Trambahnschaffner, wartete jetzt Frau Bachmann, während die Wallau auf ihren Mann wartete. Stark beunruhigt, was 20 sich in winzigen, zuckigen, wie zersplitterten Bewegungen ihrer Hände zeigte, wartete Frau Bachmann auf den Mann, der freilich nur zehn Minuten brauchte von der Remise[1] in seine Stadtwohnung. Vielleicht hatte er auch ein- 25 springen müssen, dann kam er erst gegen elf. Die Frau Bachmann fertigte ihre Kinder ab, wobei sie sich selbst etwas beruhigte.

Nichts kann dabei passieren, sagten sie sich zum tausendsten Mal, nichts kann herauskom- 30 men. Ja, selbst wenn es herauskommt, uns kann niemand auch nur das Geringste nachweisen. Geld und Kleider kann er ja einfach gestohlen haben. Wir wohnen hier in der Stadt, seit Wochen ist keiner von uns in die Laube ge- 35

1 **Remise:** Schuppen, in dem die Straßenbahnen nach Dienstschluss abgestellt werden

gangen. Wenn man nur nachsehen könnte, fuhr sie ihren Gedanken fort, ob das Zeug noch da ist. Man kann das schlecht aushalten. Dass das die Wallau fertigbringt!
40 Sie, die Bachmann, hatte damals zu der Wallau gesagt: „Weißt du, Hilde, das hat die Männer, auch unsere, ganz verändert." Die Wallau hatte gesagt: „Den Wallau hat gar nichts verändert." Sie, die Bachmann, hatte gesagt: „Wenn man
45 einmal richtig tief in den Tod reingeguckt hat." Die Wallau hatte gesagt: „Unsinn. Und wir? Und ich? Bei der Geburt meines ältesten Sohnes bin ich fast draufgegangen. Das Jahr drauf wieder einen." Sie, die Bachmann, hatte gesagt:
50 „Die bei der Gestapo wissen alles von einem Menschen." Die Wallau hatte gesagt: „Alles ist übertrieben. Sie wissen, was man ihnen sagt."
Als die Bachmann jetzt still und allein saß, fing das Herumgezucke in ihren Gliedern wieder
55 an. Sie holte sich etwas zum Nähen. Das beruhigte sie. Niemand kann uns was nachweisen, sagte sie sich. Es ist ein Einbruch.
Jetzt kam der Mann die Treppe herauf. Also doch noch. Sie stand auf und richtete ihm sein Abend-
60 essen. Er kam herein in die Küche, ohne ein Wort zu sagen. Noch bevor sich die Frau nach ihm umdrehte, hatte sie nicht nur im Herzen, sondern über die ganze Haut weg ein Gefühl, als sei mit seinem Eintritt die Temperatur im Zim-
65 mer um ein paar Grad gefallen. „Hast du was?", fragte sie, als sie sein Gesicht sah. Der Mann erwiderte nichts. Sie stellte den vollen Teller hin zwischen seine Ellenbogen. In sein Gesicht stieg der Suppendampf. „Otto", sagte sie, „bist du
70 denn krank?" Darauf erwiderte er auch nichts.
Der Frau wurde himmelangst. Aber, dachte sie, mit der Laube kann es nichts sein, denn er ist ja hier. Sicher bedrückte es ihn; wenn nur die Sache vorüber wäre. „Willst du denn nichts mehr
75 essen?", fragte sie. Der Mann erwiderte nichts. „Du musst nicht immer daran denken", sagte die Frau, „wenn man immer dran denkt, kann man verrückt werden." Aus den halb geschlossenen Augen des Mannes schossen ganze
80 Strahlen von Qual. Aber die Frau hatte wieder zu nähen begonnen. Als sie aufsah, hatte der Mann die Augen geschlossen. „Hast du denn was?", sagte da die Frau. „Was hast du?" – „Nichts", sagte der Mann.
85 Aber wie er das sagte! So, als habe die Frau ihn gefragt, ob er denn auf der Welt gar nichts mehr hätte, und als habe er wahrheitsgemäß erwidert: Nichts. – „Otto", sagte sie, und sie nähte, „du hast vielleicht doch was." Aber der Mann
90 erwiderte leer und ruhig: „Gar, gar nichts." Wie sie ihm ins Gesicht sah, rasch einmal von der Näherei weg in seine Augen, wusste sie, dass er wirklich nichts hatte. Alles, was er je gehabt hatte, war verloren.
95 Da wurde der Frau eiskalt. Sie zog die Schultern ein und setzte sich schräg, als säße nicht ihr Mann am Tischende, sondern – Sie nähte und nähte; sie dachte nichts und sie fragte nichts, weil sonst die Antwort kommen konnte, die ihr
100 Leben zerstörte.
[Die nächste Szene, die den Erzählstrang um Wallau fortsetzt, spielt im Dienstraum der Polizeikommissare Fischer und Overkamp.]
Fischer rief: „Sie haben den Wallau." Overkamp
105 langte sich den Hörer, er kritzelte. „Ja, alle vier", sagte er. Dann sagte er: „Wohnung versiegeln." – Dann: „Herbringen." Dann las er Fischer vor: „Also: Als man vorgestern in den in Betracht kommenden Städten die in Betracht kommen-
110 den Serien durchging, kamen außer den Angehörigen Wallaus eine beträchtliche Anzahl Personen in sämtlichen Städten in Betracht. Diese Personen wurden gestern alle noch einmal in Verhör genommen. Machte sich unter den fünf
115 anderen, die aber jetzt natürlich alle ausscheiden, die man im zweiten Verhör aus der letzten Serie herauszog, ein gewisser Bachmann verdächtig, Trambahnschaffner, dreiunddreißig, zwei Monate im Lager, freigelassen zur Beobach-
120 tung des Verkehrs, [...] hat sich seitdem politisch nicht mehr betätigt – hat beim ersten und beim zweiten Verhör alles geleugnet, ist, unter Drohung gesetzt, gestern weich geworden. Wallaus Frau hat Sachen in seiner Laube bei Worms un-
125 tergestellt, will nichts gewusst haben, wozu und was, unter Beobachtung wieder heimgelassen worden zwecks Beobachtung weiteren Verkehrs. Wallau um dreiundzwanzig Uhr zwanzig auf diesem Laubengrundstück verhaftet, verweigert

130 bis jetzt jede Aussage. Bachmann Haus bis jetzt nicht verlassen. Dienst um sechs nicht angetreten, besteht Selbstmordverdacht, von Familie noch keine Meldung – Halt!", sagte Overkamp. *[Später wird dieser Erzählstrang mit einer weiteren* 135 *Szene im Dienstraum der Kommissare fortgesetzt.]* „Man hat die Bachmann in Worms noch verhaften müssen." – „Warum?", fragte Overkamp grob. Er hatte sich gegen diese Verhaftung ausgesprochen, durch die man nur die Neugier und Er- 140 regung der Bevölkerung weckte, während offenkundige Schonung seitens der Polizei die Familie Bachmann am besten isoliert hätte. – „Als man den Bachmann auf der Mansarde abgeknüpft hat, da hat die Frau gebrüllt, er hätte es gestern tun sollen, vor dem Verhör, und ihr 145 Wäscheseil sei ihr zu schade. Sie hat sich auch nicht beruhigt, als man den Mann weggebracht hat. Sie hat die ganze Umgebung verrückt gemacht, geschrien, sie sei unschuldig, und so weiter, und so weiter." – „Wie hat sich denn da 150 die Umgebung verhalten?" – „Teils, teils. Soll ich die Berichte anfordern?" – „Nee, nee", sagte Overkamp, „das hat mit uns nichts mehr zu tun, das gehört ins Ressort der Kollegen in Worms. Wir haben genug Beschäftigung." 155

1 **a** Fassen Sie das Schicksal des Ehepaars Bachmann, das in die Geschichte um den KZ-Flüchtling Wallau verwickelt wird, zusammen.
b Kommentieren und beurteilen Sie das Verhalten und die Beziehung der Eheleute Bachmann. Gehen Sie dabei auch der Frage nach, welchen Einfluss die politischen Verhältnisse auf das Leben der beiden haben.

2 Analysieren Sie die Erzählweise. Achten Sie auf den Einsatz von Leerstellen sowie deren Funktion.

Information **Exilliteratur (1933–1945)**

Geschichtlicher Hintergrund: Nach der so genannten „Machtergreifung" Hitlers im Januar 1933 ging die neue „Regierung der nationalen Konzentration" aus Deutschnationalen und Nationalsozialisten unmittelbar daran, über Notverordnungen „zum Schutze von Volk und Staat" die Artikel der Verfassung außer Kraft zu setzen, die die bürgerlichen Freiheiten garantierten. Anlass war der Brand des Reichstagsgebäudes, der von den Nationalsozialisten den Kommunisten angelastet wurde. Eine groß angelegte Verhaftungswelle richtete sich vor allem gegen prominente Kommunisten und Demokraten. Der nächste Schritt war die Aus- oder Gleichschaltung von Institutionen, Verbänden, Gewerkschaften (Ermächtigungsgesetz). Das gesamte gesellschaftliche Leben sollte nationalsozialistisch ausgerichtet werden. Der Widerstand dagegen wurde massiv unterdrückt. Es entstanden die ersten Konzentrationslager, in denen einige tausend Widerstand leistende Personen aufgrund von „Schutzhaftbestimmungen" festgehalten wurden. In der Bevölkerung herrschte Einschüchterung, es gab aber auch Zustimmung. In den ersten Monaten ihrer Herrschaft verzeichnete die NSDAP eineinhalb Millionen Parteieintritte. Zu den spektakulären Ereignissen, durch die die NSDAP sich zum Vollstrecker des „Willens des deutschen Volkes" aufschwang, gehörten die Boykottaufrufe gegen jüdische Geschäfte und die Bücherverbrennung am 10. Mai 1933. Der Verband der „Deutschen Studentenschaft" sammelte in fast allen Universitätsstädten aus öffentlichen und privaten Büchereien die Werke von 131 Autoren, die zuvor auf einer schwarzen Liste des NS-Studentenbundes indiziert worden waren, und verbrannten sie öffentlich. Es gab Professoren, die diesen nächtlichen Aktionen Beifall zollten und dabei waren. Dies war das Fanal, das das Ende des vielfältigen Geisteslebens aus der Zeit der Weimarer Republik anzeigte. Kunst, Literatur, Presse, Film und Rundfunk wurden der Zensur des neu gegründeten „Reichsministeriums für Volksaufklärung und Propaganda" unterworfen bzw. in dessen Dienst gestellt.

Literatur: Über 2000 Schriftstellerinnen und Schriftsteller wurden auf Grund ihrer politischen Haltung, ihrer Kunstauffassung oder ihrer Herkunft ins Exil gezwungen. Anfangs flohen viele ins benachbarte Ausland, z. B. in die Tschechoslowakei (Prag) oder nach Frankreich (Paris). Nach der Besetzung dieser Länder durch Hitler-Deutschland wurden vermehrt England, die USA, Südamerika, Schweden und Palästina Zufluchtsorte der Exilanten. Viele hatten Schwierigkeiten, sich in den fremden Ländern zu etablieren, und lebten in ärmlichen Verhältnissen (z. B. **Else Lasker-Schüler**), einige hielten sich mit schlecht bezahlten Jobs in der erstarkenden amerikanischen Filmindustrie über Wasser (**Alfred Döblin**, **Heinrich Mann**). Nur wenigen gelang es, an ihren bisherigen Erfolg anzuknüpfen (**Lion Feuchtwanger**, **Thomas Mann**). Trotz der schwierigen Verhältnisse war die Produktivität der Exilautorinnen und -autoren enorm, v. a. im Bereich der erzählenden Literatur mit Exil-, Deutschland- und historischen Romanen. **Bertolt Brechts episches Theater** (▸ S. 129–131) erreichte in den Jahren des Exils einen ersten Höhepunkt, daneben wurden die Traditionslinien, die die Kunst der Weimarer Republik bestimmten, fortgesetzt (z. B. **Neue Sachlichkeit,** ▸ S. 395). Verbindend für die Exilschriftstellerinnen und -schriftsteller unterschiedlicher ästhetischer und politischer Einstellung war jedoch die Überzeugung, Teil des „anderen", des „besseren Deutschland" zu sein.
In Deutschland blieben unter dem Hakenkreuz sowohl die regimetreuen völkischen „Blut-und-Boden"-Schreiber zurück, die auch in der „Reichsschrifttumskammer" das Wort führten, sowie jene, die schon in der Weimarer Republik ihre Literatur aus der Politik „herausgehalten" hatten (vor allem Lyriker wie **Gottfried Benn**, **Oskar Loerke**). Einige erhielten trotzdem Publikationsverbot, veröffentlichten unter Pseudonym oder schrieben Drehbücher für Unterhaltungsfilme (z. B. **Erich Kästner**). Andere zogen sich in die später so genannte „Innere Emigration" zurück, stellten das Schreiben ein oder verschlüsselten ihre Botschaften des Nichteinverständnisses mit dem Regime so, dass die Zensur – aber häufig auch das Publikum – dies nicht bemerkte (**Werner Bergengruen**).

Wichtige Autorinnen/Autoren und Werke:
Thomas Mann (1875–1955): „Joseph und seine Brüder", „Doktor Faustus" (Romane)
Lion Feuchtwanger (1884–1958): „Die Geschwister Oppenheim", „Exil" (Romane)
Bertolt Brecht (1898–1956): „Furcht und Elend des Dritten Reiches", „Leben des Galilei", „Mutter Courage und ihre Kinder", „Der gute Mensch von Sezuan", „Der aufhaltsame Aufstieg des Arturo Ui", „Der kaukasische Kreidekreis" (Theaterstücke); Gedichte
Anna Seghers (1900–1983): „Das siebte Kreuz", „Transit" (Romane)
Klaus Mann (1906–1983): „Mephisto", „Der Vulkan" (Romane)
Mascha Kaléko (1907–1975). Gedichte

---

1 a Schlagen Sie in literaturgeschichtlichen Lehrwerken nach, wie die Literatur vom Naturalismus bis 1945 strukturiert wird. Vergleichen und bewerten Sie die unterschiedlichen Ansätze.
b Erörtern Sie ausgehend von der obigen Übersicht die Frage, wie Literatur und gesellschaftliche Wirklichkeit sich zueinander verhalten.

2 Vorschlag für ein Projekt: Bilden Sie Gruppen von drei bis fünf Personen. Jede Gruppe beschäftigt sich intensiv mit Leben und Werk einer Dichterin/eines Dichters der Zeit.
Anschließend verarbeiten die einzelnen Gruppen die individuellen Ergebnisse zu einer Hörszene, in der die drei bis fünf „Dichter" fiktiv zusammenkommen und über ihre gegenseitigen Ansichten zu Kunst, Literatur, Gesellschaft etc. sprechen. Dabei können Sie Textstellen aus diesem Kapitel als Zitate einbauen.

6 Literatur von 1945 bis zur Gegenwart

1 Betrachten Sie die drei Aufnahmen des Potsdamer Platzes in Berlin.

a Welche Phasen der deutschen Geschichte zwischen 1945 und der Gegenwart werden jeweils widergespiegelt?

b Stellen Sie weitere Ereignisse zusammen, die für die jeweilige Zeit prägend waren und immer noch sind.

6.1 Nachkriegsliteratur – Bestandsaufnahme und Bewältigungsversuche

Unmittelbare Nachkriegszeit – „Trümmerliteratur“

1945 war nichts mehr wie vor dem Krieg. Städte lagen in Schutt und Asche, Familien waren noch oder für immer auseinandergerissen, es gab furchtbare Schicksale von Opfern und Heimkehrern, und immer deutlicher wurde in der Literatur und in der Kunst der Ruf nach einer Bilanzierung und die Suche nach einer tragfähigen Neuorientierung. Hierin sahen die Verfasser der „Trümmerliteratur“ ihre Aufgabe. Wichtig war ihnen vor allem eine unbedingte und schonungslose Wahrhaftigkeit, die engagiert und bisweilen geradezu pathetisch vorgetragen wurde.

Gerda Rotermund: Zerstörtes Berlin (1947)

Wolfdietrich Schnurre: **Anruf** (1948) – Auszug

Reimende Lügner
Feiglinge ihr
flötende Verderber
warum umgrenzt ihr
5 den Schacht eures Abstiegs
mit flirrendem Verswerk [...]
nein
zerbrecht eure Reime
zerreißt eure Verse
10 sagt nackt was ihr müsst.

Ernst Wiechert: **Rede an die deutsche Jugend** (1947)

[...] Wir sahen zu. Wir wussten von allem. Wir zitterten vor Empörung und Grauen, aber wir sahen zu. Die Schuld ging durch das sterbende Land und rührte jeden Einzelnen von uns an. 5 Jeden Einzelnen, außer denen, die auf dem Schafott oder am Galgen oder im Lager den Tod statt der Schuld wählten. Wir können zu leugnen versuchen, wie es einem feigen Volk zukommt, aber es ist nicht gut, zu leugnen und 10 die Schuld damit zu verdoppeln. Wir sahen auch das Ende, und das Ende riss auch die letzten Masken ab. Es war des Anfangs wert. Das Ende des „Übermenschen“, wie er sich in Hüllen und Verkleidungen in die Einöde schlich 15 oder in den Selbstmord stahl. Die Phrasen zerbrachen, die Lüge zerbrach, das heroische Pathos zerbrach. Und dahinter erschien zum ersten Male die Wahrheit, die so lange betrogene und geschändete: die nackte Todesangst der 20 Kreatur, der erbärmlichen Kreatur, und das Verbrecherische des Todes schlang sich sinnbildlich um das Verbrecherische des Lebens. Der Vorhang sank, das Licht erlosch, der Zeiger fiel, und über dem dunklen Theaterrund lag die verödete Bühne mit den Gruben des Todes, von 25 einem gespenstischen Schimmer erhellt, dem Schimmer der Verwesung, indes der Engel der Apokalypse die rote Sichel in einem grauenvollen Schweigen sinken ließ.

Da stehen wir nun vor dem verlassenen Haus 30 und sehen die ewigen Sterne über den Trümmern der Erde funkeln oder hören den Regen hinabrauschen auf die Gräber der Toten und auf das Grab eines Zeitalters. So allein, wie niemals ein Volk allein war auf dieser Erde. So ge- 35 brandmarkt, wie nie ein Volk gebrandmarkt war. Und wir lehnen die Stirnen an die zerbrochenen Mauern, und unsere Lippen flüstern die alte Menschheitsfrage: „Was sollen wir tun?“

Ja, was sollen wir tun? [...] 40

Wolfgang Borchert: Am Fenster eines Wirtshauses beim Steinhuder Meer

Auf dem Nachhausewege 1945

Die Apfelblüten tun sich langsam zu
beim Abendvers der süßen Vogelkehle.
Die Frösche sammeln sich am Fuß des Stegs.
Die Biene summt den Tag zur Ruh –
5 nur meine Seele
ist noch unterwegs.

Die Straße sehnt sich nach der nahen Stadt,
wo in der Nacht das Leben weiterglimmt,
weil hier noch Herzen schlagen.

10 Wer jetzt noch kein Zuhause hat,
wenn ihn die Nacht gefangen nimmt,
der muss noch lange fragen:

Warum die Blumen leidlos sind –
warum die Vögel niemals weinen –
15 und ob der Mond wohl auch so müde ist –

Und dann erbarmt sich leis ein Wind des einen,
bis er – im Schlaf – die Welt vergisst.

---

1 Charakterisieren Sie die Grundstimmung der Texte von Schnurre und Wiechert (▸ S. 403) sowie Borchert.

2 Sowohl die Gedichte als auch Wiecherts Rede an die deutsche Jugend benutzen Metaphern und sprachliche Bilder.
  a Übersetzen Sie dazu zunächst die metaphorische Rede in „direkte":
  „Die Schuld ging durch das sterbende Land …" (Z. 3–4) → Menschen starben in unserem Land und wir waren schuld daran.
  b Bestimmen Sie dann die Wirkung der metaphorischen Rede in den einzelnen Texten.

3 Wie wird die Zeit dargestellt, wie der Mensch in den Jahren nach dem Krieg?
  a Fassen Sie, ausgehend von den zentralen Begriffen „Lügner" und „leugnen", die Aussagen der Texte von Schnurre und Wiechert zusammen.
  b Stellen Sie vor dem Hintergrund von Schnurres „Anruf" Vermutungen an, weshalb gerade die Lyrik und der Reim von Dichtern des Aufbruchs nach 1945 mit Misstrauen betrachtet wurden.
  c Arbeiten Sie die Funktion des Naturmotivs in Borcherts Gedicht heraus.
  Biografische Notiz zu Ernst Wiechert: Ernst Wiechert wurde 1938, nachdem er einen offenen Brief für die Freilassung des Pastors **Martin Niemöller** verfasst hatte, in das KZ Buchwald verschleppt. Über seine Erfahrungen dort verfasste er 1934 einen Bericht, der 1946 unter dem Titel „Der Totenwald" erschien.

4 Wie lesen Sie seine „Rede an die deutsche Jugend" vor dem Hintergrund dieser Information?

Als besonders geeignet für den literarischen Neubeginn im Kontext der „Trümmerliteratur" erwies sich die Form der Kurzgeschichte. Sie ließ sich in Zeitungen abdrucken und erreichte so ein großes Publikum.

Heinrich Böll: Mein teures Bein (1950)

Sie haben mir jetzt eine Chance gegeben. Sie haben mir eine Karte geschrieben, ich soll zum Amt kommen, und ich bin zum Amt gegangen. Auf dem Amt waren sie sehr nett. Sie nahmen 5 meine Karteikarte und sagten: „Hm."
Ich sagte auch: „Hm." – „Welches Bein?", fragte der Beamte.
„Rechts." „Ganz?" „Ganz."
„Hm", machte er wieder. Dann durchsuchte er verschiedene Zettel. Ich durfte mich setzen. 10 Endlich fand der Mann einen Zettel, der ihm der richtige zu sein schien. Er sagte: „Ich denke, hier ist etwas für Sie. Eine nette Sache. Sie können dabei sitzen. Schuhputzer in einer Bedürf-

nisanstalt auf dem Platz der Republik. Wie wäre das?"

„Ich kann nicht Schuhe putzen; ich bin immer schon aufgefallen wegen schlechten Schuhputzens."

„Das können Sie lernen", sagte er. „Man kann alles lernen. Ein Deutscher kann alles. Sie können, wenn Sie wollen, einen kostenlosen Kursus mitmachen."

„Hm", machte ich.

„Also gut?"

„Nein", sagte ich, „ich will nicht. Ich will eine höhere Rente haben."

„Sie sind verrückt", erwiderte er sehr freundlich und milde.

„Ich bin nicht verrückt, kein Mensch kann mir mein Bein ersetzen, ich darf nicht einmal mehr Zigaretten verkaufen, sie machen jetzt schon Schwierigkeiten."

Der Mann lehnte sich weit in seinen Stuhl zurück und schöpfte eine Menge Atem. „Mein lieber Freund", legte er los, „Ihr Bein ist ein verflucht teures Bein. Ich sehe, dass Sie neunundzwanzig Jahre sind, von Herzen gesund, überhaupt vollkommen gesund, bis auf das Bein. Sie werden siebzig Jahre alt. Rechnen Sie sich bitte aus, monatlich siebzig Mark, zwölfmal im Jahr, also einundvierzig mal zwölf mal siebzig. Rechnen Sie das bitte aus, ohne die Zinsen, und denken Sie doch nicht, dass Ihr Bein das einzige Bein ist. Sie sind auch nicht der Einzige, der wahrscheinlich lange leben wird. Und dann Rente erhöhen! Entschuldigen Sie, aber Sie sind verrückt." „Mein Herr", sagte ich, lehnte mich nun gleichfalls zurück und schöpfte eine Menge Atem, „ich denke, dass Sie mein Bein stark unterschätzen. Mein Bein ist viel teurer, es ist ein sehr teures Bein. Ich bin nämlich nicht nur von Herzen, sondern leider auch im Kopf vollkommen gesund. Passen Sie mal auf."

„Meine Zeit ist sehr kurz."

„Passen Sie auf!", sagte ich. „Mein Bein hat nämlich einer Menge von Leuten das Leben gerettet, die heute eine nette Rente beziehen. Die Sache war damals so: Ich lag ganz allein irgendwo vorne und sollte aufpassen, wann sie kämen, damit die anderen zur richtigen Zeit stiften gehen konnten. Die Stäbe hinten waren am Packen und wollten nicht zu früh, aber auch nicht zu spät stiften gehen. Erst waren wir zwei, aber den haben sie totgeschossen, der kostet nichts mehr. Er war zwar verheiratet, aber seine Frau ist gesund und kann arbeiten, Sie brauchen keine Angst zu haben. Der war also furchtbar billig. Er war erst vier Wochen Soldat und hat nichts gekostet wie eine Postkarte und ein bisschen Kommissbrot. Das war einmal ein braver Soldat, der hat sich wenigstens richtig totschießen lassen. Nun lag ich aber da allein und hatte Angst, und es war kalt, und ich wollte auch stiften gehen, ja, ich wollte gerade stiften gehen, da ..."

„Meine Zeit ist sehr kurz", sagte der Mann und fing an, nach seinem Bleistift zu suchen.

„Nein, hören Sie zu", sagte ich, „jetzt wird es erst interessant. Gerade, als ich stiften gehen wollte, kam die Sache mit dem Bein. Und weil ich doch liegen bleiben musste, dachte ich, jetzt kannst du's auch durchgeben, und ich hab's durchgegeben, und sie hauten alle ab, schön der Reihe nach, erst die Division, dann das Regiment, dann das Bataillon, und so weiter, immer hübsch der Reihe nach. Eine dumme Geschichte, sie vergaßen nämlich, mich mitzunehmen, verstehen Sie? Sie hatten's so eilig. Wirklich eine dumme Geschichte, denn hätte ich das Bein nicht verloren, wären sie alle tot, der General, der Oberst, der Major, immer schön der Reihe nach, und Sie brauchten ihnen keine Rente zu zahlen. Nun rechnen Sie mal aus, was mein Bein kostet. Der General ist zweiundfünfzig, der Oberst achtundvierzig und der Major fünfzig, alle kerngesund, von Herzen und im Kopf, und sie werden bei ihrer militärischen Lebensweise mindestens achtzig, wie Hindenburg. Bitte rechnen Sie jetzt aus: einhundertsechzig mal zwölf mal dreißig, sagen wir ruhig durchschnittlich dreißig, nicht wahr?

Mein Bein ist ein wahnsinnig teures Bein geworden, eines der teuersten Beine, die ich mir denken kann, verstehen Sie?"
„Sie sind doch verrückt", sagte der Mann.
„Nein", erwiderte ich, „ich bin nicht verrückt. Leider bin ich von Herzen ebenso gesund wie im Kopf, und es ist schade, dass ich nicht auch, zwei Minuten bevor das mit dem Bein kam, totgeschossen wurde. Wir hätten viel Geld gespart."
„Nehmen Sie die Stelle an?", fragte der Mann.
„Nein", sagte ich und ging.

1 Fassen Sie zusammen, welche gegensätzlichen Positionen der Ich-Erzähler und der Beamte vertreten.
2 a Analysieren Sie die Kurzgeschichte auf die verwendete Sprache und die **Erzählstrategie** (▸ S. 110–112) hin.
b Welche Haltung nimmt der Erzähler zum Erzählten ein?
3 Bauen Sie Standbilder zu verschiedenen Stellen der Geschichte: Wie verhalten sich die beiden Figuren?
4 Gehen Sie von folgender Annahme aus: Beide Männer erzählen am Abend von diesem Gespräch. Gestalten Sie je einen Dialog in einem dazu passenden Rahmen.

Heinrich Böll: **Bekenntnis zur Trümmerliteratur** (1952)

Die ersten schriftstellerischen Versuche unserer Generation nach 1945 hat man als Trümmerliteratur bezeichnet, man hat sie damit abzutun versucht. Wir haben uns gegen diese Bezeichnung nicht gewehrt, weil sie zu Recht bestand: Tatsächlich, die Menschen, von denen wir schrieben, lebten in Trümmern, sie kamen aus dem Kriege, Männer und Frauen in gleichem Maße verletzt, auch Kinder. [...]
Wir schrieben also vom Krieg, von der Heimkehr und dem, was wir im Krieg gesehen hatten und bei der Heimkehr vorfanden: von Trümmern; das ergab drei Schlagwörter, die der jungen Literatur angehängt wurden: Kriegs-, Heimkehrer- und Trümmerliteratur.
[...]
Die Zeitgenossen in die Idylle zu entführen würde uns allzu grausam erscheinen, das Erwachen daraus wäre schrecklich, oder sollen wir wirklich Blindekuh miteinander spielen?
[...]
Wer Augen hat, zu sehen, der sehe! Und in unserer schönen Muttersprache hat Sehen eine Bedeutung, die nicht mit optischen Kategorien allein zu erschöpfen ist: Wer Augen hat, zu sehen, für den werden die Dinge durchsichtig – und es müsste ihm möglich werden, sie zu durchschauen, und man kann versuchen, sie mittels der Sprache zu durchschauen, in sie hineinzusehen. Das Auge des Schriftstellers sollte menschlich und unbestechlich sein: Man braucht nicht gerade Blindekuh zu spielen, es gibt rosarote, blaue, schwarze Brillen – sie färben die Wirklichkeit jeweils so, wie man sie gerade braucht. Rosarot wird gut bezahlt, es ist meistens sehr beliebt – und der Möglichkeiten der Bestechung gibt es viele –, aber auch Schwarz ist hin und wieder beliebt, und wenn es gerade beliebt ist, wird auch Schwarz gut bezahlt. Aber wir wollen es so sehen, wie es ist, mit einem menschlichen Auge, das normalerweise nicht ganz trocken und nicht ganz nass ist, sondern feucht – und wir wollen daran erinnern, dass das lateinische Wort für Feuchtigkeit Humor ist –, ohne zu vergessen, dass unsere Augen auch trocken werden können oder nass; dass es Dinge gibt, bei denen kein Anlass für Humor besteht. Unsere Augen sehen täglich viel: Sie sehen den Bäcker, der unser Brot backt, sehen das Mädchen in der Fabrik – und unsere Augen erinnern sich der Friedhöfe; und unsere Augen sehen Trümmer: die Städte sind zerstört,

die Städte sind Friedhöfe, und um sie herum sehen unsere Augen Gebäude entstehen, die uns an Kulissen erinnern, Gebäude, in denen keine Menschen wohnen, sondern Menschen verwaltet werden, verwaltet als Versicherte, als Staatsbürger, Bürger einer Stadt, als solche, die Geld einzahlen oder Geld entleihen – es gibt unzählige Gründe, um derentwillen ein Mensch verwaltet werden kann.
Es ist unsere Aufgabe, daran zu erinnern, dass der Mensch nicht nur existiert, um verwaltet zu werden – und dass die Zerstörungen in unserer Welt nicht nur äußerer Art sind und nicht so geringfügiger Natur, dass man sich anmaßen kann, sie in wenigen Jahren zu heilen.
Der Name Homer ist der gesamten abendländischen Bildungswelt unverdächtig: Homer ist der Stammvater europäischer Epik, aber Homer erzählt vom Trojanischen Krieg, von der Zerstörung Trojas und von der Heimkehr des Odysseus – Kriegs-, Trümmer- und Heimkehrerliteratur –, wir haben keinen Grund, uns dieser Bezeichnung zu schämen.

1 Untersuchen Sie Borcherts Gedicht und Bölls Kurzgeschichte (▶ S. 404–406): Entsprechen sie dem literarischen Programm der „Trümmerliteratur“?
2 Böll plädiert in seinem „Bekenntnis“ für eine realistische Schreibweise.
   a Erläutern Sie seine Realismusvorstellungen vor dem zeitgeschichtlichen Hintergrund.
   b Vergleichen Sie Bölls Position mit anderen **Realismusbegriffen** (▶ S. 341), die Sie kennen.

Auseinandersetzung mit dem Holocaust

Die beiden folgenden Texte thematisieren das Schicksal vieler Juden im Dritten Reich. Sowohl **Paul Celan** als auch **Nelly Sachs** waren jüdischer Herkunft und wurden im Nationalsozialismus verfolgt. Paul Celan hat im Holocaust seine Angehörigen verloren.
Beide lebten zur Zeit der Entstehung der Gedichte nicht in Deutschland.

Verbrennungsöfen im Konzentrationslager Buchenwald

Paul Celan: **Todesfuge** (1947, erschienen 1952)

Schwarze Milch der Frühe wir trinken sie abends
wir trinken sie mittags und morgens wir trinken sie nachts
wir trinken und trinken
wir schaufeln ein Grab in den Lüften da liegt man nicht eng
Ein Mann wohnt im Haus der spielt mit den Schlangen der schreibt
der schreibt wenn es dunkelt nach Deutschland dein goldenes Haar Margarete
er schreibt es und tritt vor das Haus und es blitzen die Sterne er pfeift seine Rüden herbei
er pfeift seine Juden hervor lässt schaufeln ein Grab in der Erde
er befiehlt uns spielt auf nun zum Tanz

Schwarze Milch der Frühe wir trinken dich nachts
wir trinken dich morgens und mittags wir trinken dich abends
wir trinken und trinken
Ein Mann wohnt im Haus und spielt mit den Schlangen der schreibt
der schreibt wenn es dunkelt nach Deutschland dein goldenes Haar Margarete
Dein aschenes Haar Sulamith wir schaufeln ein Grab in den Lüften da liegt man nicht eng

Er ruft stecht tiefer ins Erdreich ihr einen ihr andern singet und spielt
er greift nach dem Eisen im Gurt er schwingts seine Augen sind blau
stecht tiefer die Spaten ihr einen ihr andern spielt weiter zum Tanz auf

Schwarze Milch der Frühe wir trinken dich nachts
20 wir trinken dich mittags und morgens wir trinken dich abends
wir trinken und trinken
ein Mann wohnt im Haus dein goldenes Haar Margarete
dein aschenes Haar Sulamith er spielt mit den Schlangen

Er ruft spielt süßer den Tod der Tod ist ein Meister aus Deutschland
25 er ruft streicht dunkler die Geigen dann steigt ihr als Rauch in die Luft
dann habt ihr ein Grab in den Wolken da liegt man nicht eng

Schwarze Milch der Frühe wir trinken dich nachts
wir trinken dich mittags der Tod ist ein Meister aus Deutschland
wir trinken dich abends und morgens wir trinken und trinken
30 der Tod ist ein Meister aus Deutschland sein Auge ist blau
er trifft dich mit bleierner Kugel er trifft dich genau
ein Mann wohnt im Haus dein goldenes Haar Margarete
er hetzt seine Rüden auf uns er schenkt uns ein Grab in der Luft
er spielt mit den Schlangen und träumet der Tod ist ein Meister aus Deutschland

35 dein goldenes Haar Margarete
dein aschenes Haar Sulamith

Nelly Sachs: Chor der Geretteten (1947)

Wir Geretteten,
Aus deren hohlem Gebein der Tod schon seine
Flöten schnitt,
An deren Sehnen der Tod schon seinen Bogen
5 strich –
Unsere Leiber klagen noch nach
Mit ihrer verstümmelten Musik.
Wir Geretteten,
Immer noch hängen die Schlingen für unsere
10 Hälse gedreht
Vor uns in der blauen Luft –
Immer noch füllen sich die Stundenuhren mit
unserem tropfenden Blut.
Wir Geretteten,
15 Immer noch essen an uns die Würmer der Angst.
Unser Gestirn ist vergraben im Staub.
Wir Geretteten
Bitten euch:
Zeigt uns langsam eure Sonne.
20 Führt uns von Stern zu Stern im Schritt.
Lasst uns das Leben leise wieder lernen.
Es könnte sonst eines Vogels Lied,
Das Füllen des Eimers am Brunnen
Unseren schlecht versiegelten Schmerz
25 aufbrechen lassen
Und uns wegschäumen –
Wir bitten euch:
Zeigt uns noch nicht einen beißenden Hund –
Es könnte sein, es könnte sein
30 Dass wir zu Staub zerfallen –
Vor euren Augen zerfallen in Staub.
Was hält denn unsere Webe zusammen?
Wir odemlos gewordene,
Deren Seele zu Ihm floh aus der Mitternacht
35 Lange bevor man unseren Leib rettete
In die Arche des Augenblicks.
Wir Geretteten,
Wir drücken eure Hand,
Wir erkennen euer Auge –
40 Aber zusammen hält uns nur noch der Abschied,
Der Abschied im Staub
Hält uns mit euch zusammen.

1 **a** Es existiert eine Tonaufnahme, wie Celan die „Todesfuge" spricht. Besorgen Sie diese Aufnahme und hören Sie sie an.
b Notieren Sie fünf sprachliche Bilder oder Zitate aus der „Todesfuge". Tauschen Sie sich darüber aus, weshalb Ihnen diese Zitate im Gedächtnis geblieben sind und welche Assoziationen sie in Ihnen wachrufen.

2 Untersuchen Sie die Perspektivik der Gedichte: Wer spricht? Wechseln die Sprechenden? Wird ein Angesprochener erkennbar?

3 **a** Entwerfen Sie in Kleingruppen je eine **Stimmskulptur** (▶ S. 374) zum „Chor der Geretteten".
b Begründen Sie nach dem Vortrag Ihre Präsentationsform am Text.

4 Erarbeiten Sie die zentralen Motive der Gedichte. Untersuchen Sie auch die schwer verständlichen (sog. „kühnen") Metaphern und sprachlichen Bilder sowie die Struktur der Wiederholungen. Welche Wirkung geht von ihnen aus?

5 Suchen Sie im Internet nach Interpretationen der Gedichte und bewerten Sie diese. Welche Kriterien legen Sie dabei an?

Bilanz und Neuanfang

Günter Eich: **Inventur** (1945/46)

Dies ist meine Mütze,
dies ist mein Mantel,
hier mein Rasierzeug
im Beutel aus Leinen

5 Konservenbüchse:
mein Teller, mein Becher,
ich hab in das Weißblech
den Namen geritzt.

Geritzt hier mit diesem
10 kostbaren Nagel,
den vor begehrlichen
Augen ich berge.

Im Brotbeutel sind
ein Paar wollene Socken
15 und einiges, was ich
niemand verrate,

so dient es als Kissen
nachts meinem Kopf.
Die Pappe hier liegt
20 zwischen mir und der Erde.

Die Bleistiftmine
lieb ich am meisten:
tags schreibt sie mir Verse,
die nachts ich erdacht.

25 Dies ist mein Notizbuch,
dies meine Zeltbahn,
dies ist mein Handtuch
dies ist mein Zwirn.

1 **a** Aus welchen Bereichen stammen die Dinge, die Eich in seiner „Inventur" aufzählt? Untersuchen Sie auch die Reihenfolge ihrer Erwähnung.
b Bestimmen Sie den Gegenstand oder die Gegenstände, die Ihrer Meinung nach am deutlichsten hervorgehoben werden.

2 Welche Funktion hat die Inventur für das lyrische Ich? Interpretieren Sie das Gedicht vor dem Hintergrund seiner Entstehungszeit.

3 Verfassen Sie für die heutige Zeit und Ihre Situation ein Gedicht mit dem Titel „Inventur". Welche Prioritäten setzen Sie?

1947 lud der Schriftsteller **Hans Werner Richter** einen Kreis politisch engagierter Berufskollegen ein, der sich fortan in der Regel einmal im Jahr traf. Diese später „Gruppe 47“ genannte Schriftstellergruppierung blieb jedoch ohne Vereinsstatus oder feste formale Strukturen.

Hans Werner Richter: **Fünfzehn Jahre** (1962)

Mitglieder der Gruppe 47 im Jahr 1961

Der Ursprung der GRUPPE 47 ist politisch-publizistischer Natur. Nicht Literaten schufen sie, sondern politisch engagierte Publizisten mit literarischen Ambitionen. Ihre Absicht ist nur aus dem Zusammenbruch des Dritten Reiches und aus der Atmosphäre der ersten Nachkriegsjahre zu erklären. Sie wollten unter allen Umständen und für alle Zukunft eine Wiederholung dessen verhindern, was geschehen war, und sie wollten zur gleichen Zeit mit den Grundstein für ein neues demokratisches Deutschland, für eine bessere Zukunft und für eine neue Literatur legen, die sich ihrer Verantwortung auch gegenüber der politischen und gesamtgesellschaftlichen Entwicklung bewusst ist. Sie hielten die deutsche Literatur und Publizistik nicht für schuldlos an dem Geschehenen. So glaubten sie, ganz von vorn beginnen zu müssen, mit neuen Methoden, unter anderen Voraussetzungen und mit besseren Zielen. Ihr ideeller Höhenflug ist symptomatisch für jene ersten Nachkriegsjahre.

Aus dieser Absicht heraus wandten sie sich gegen die „Kalligrafen“, wie sie die Schönschreiber der Vergangenheit nannten, begannen die „Sklavensprache“ zu roden, sie von dem Gestrüpp der Propagandasprache zu reinigen und sie gleichzeitig von der wortreichen, stilistisch übergewandten, nicht mehr klaren und nicht mehr verständlichen „inneren Emigrationsliteratur“ zu befreien. Wolfgang Weyrauch, der damals noch nicht der GRUPPE 47 angehörte, nannte diesen Versuch „den Kahlschlag“ [...].

Die Kahlschlägler fangen in Sprache, Substanz und Konzeption von vorn an. Es sei erlaubt, das, was ich meine, durch ein Gedicht zu exemplifizieren, durch die außerordentlichen Verse Günther Eichs, die er „Inventur“ überschrieben hat [...]

[hier folgt das Gedicht „Inventur“, ▸ *S. 409]*

Indem Eich und die Verfasser der Kahlschlag-Prosa, wie jeder an diesem Gedicht und an den Beispielen in diesem Band ablesen kann, von vorn anfangen, ganz von vorn, bei der Addition der Teile und Teilchen der Handlung, beim A-B-C der Sätze und Wörter, beim Stand der Anabasis[1], widerstreiten sie, manchmal sogar ultimativ, dem Fortbestand der kalligrafischen (Alfred Andersch) Literatur in Deutschland, der Verhängung und dem Verhängnis eines neuen Nebels bei uns ...

Die Männer des Kahlschlags schreiben die Fibel der neuen deutschen Prosa. Sie setzen sich dem Spott der Snobs und dem Verdacht der Nihilisten und Optimisten aus: Ach, diese Leute schreiben so, weil sie es nicht besser verstehen. Aber die vom Kahlschlag wissen, oder sie ahnen es doch mindestens, dass dem neuen Anfang der Prosa in unserem Land allein die Methode und die Intention des Pioniers angemessen sind. Die Methode der Bestandsaufnahme. Die Intention der Wahrheit. Beides um den Preis der Poesie. Wo der Anfang der Existenz ist, ist auch der Anfang der Literatur. [...]

1 **Anabasis:** (altgriech.) Aufmarsch, Kriegszug

1 Wie sieht Hans Werner Richter das Selbstverständnis der Gruppe 47? Wie stellt er es dar?
2 Wählen Sie arbeitsteilig je ein Mitglied der Gruppe und informieren Sie sich über die bekanntesten ihrer Texte. Welche davon kennen Sie bereits?

Johannes R. Becher: **Auferstanden aus Ruinen** (1949)

Einen Neubeginn markiert auch das folgende Gedicht Johannes R. Bechers, jedoch auf eine ganz andere Weise. Es handelt sich um eine neue Nationalhymne, die die DDR-Staatsführung in Auftrag gegeben hatte, um das in Verruf geratene „Deutschland, Deutschland über alles" zu ersetzen.

Auferstanden aus Ruinen
Und der Zukunft zugewandt,
Lass uns dir zum Guten dienen,
Deutschland, einig Vaterland.
5 Alte Not gilt es zu zwingen,
Und wir zwingen sie vereint,
Denn es muss uns doch gelingen,
Dass die Sonne schön wie nie
Über Deutschland scheint.

10 Glück und Frieden sei beschieden
Deutschland, unserm Vaterland.
Alle Welt sehnt sich nach Frieden,
Reicht den Völkern eure Hand.
Wenn wir brüderlich uns einen,
15 Schlagen wir des Volkes Feind!
Lasst das Licht des Friedens scheinen,
Dass nie eine Mutter mehr
Ihren Sohn beweint.

Lasst uns pflügen, lasst uns bauen,
20 Lernt und schafft wie nie zuvor,
Und der eignen Kraft vertrauend,
Steigt ein frei Geschlecht empor.
Deutsche Jugend, bestes Streben
Unsres Volks in dir vereint,
25 Wirst du Deutschlands neues Leben,
Und die Sonne schön wie nie
Über Deutschland scheint.

Bertolt Brecht: **Ich habe dies, du hast das** (ca. 1950)

Ich habe dies. Du hast das.
Mir wurde mein Buch gestohlen.
Dir wurde dein Halstuch entrissen.
Ich nehme nichts von dem an.
5 Er hat mich nicht eingeladen.
Mir schuldet man Geld.
Mir schuldet man Dank.
Ich kann dies und das verlangen.
Ich verweigere es.
10 Genossen, laßt uns nicht ICH sagen
Auch wenn wir so oft ICH zu hören
bekommen!
Laßt uns den Zustand der Gesellschaft
bekämpfen
15 In der all diese Sätze wahr sind! R

1 Analysieren Sie die beiden Gedichte. Inwiefern haben sie eine ähnliche Botschaft?
2 Zeigen Sie, aus welcher Perspektive die Texte jeweils geschrieben sind.
3 **a** Interpretieren Sie die Texte im Vergleich. Berücksichtigen Sie dabei die zeitgeschichtliche Situation.
b Können Sie sich erklären, warum der Text der Hymne seit den siebziger Jahren des 20. Jahrhunderts nicht mehr gesungen wurde?

Ingeborg Bachmann war Mitglied der Gruppe 47, **Hans Magnus Enzensberger** nahm an einigen Sitzungen der Gruppe teil. Beide gehören zu den bedeutendsten Vertretern der deutschen Nachkriegsliteratur. Beide hatten die Befürchtung, dass auch Jahre nach dem Untergang des Dritten Reiches der Nationalismus in den Köpfen vieler Deutscher noch immer lebendig war.

Ingeborg Bachmann: **Alle Tage** (1953)

Der Krieg wird nicht mehr erklärt,
sondern fortgesetzt. Das Unerhörte
ist alltäglich geworden. Der Held
bleibt den Kämpfen fern. Der Schwache
5 ist in die Feuerzonen gerückt.
Die Uniform des Tages ist die Geduld,
die Auszeichnung der armselige Stern
der Hoffnung über dem Herzen.

Er wird verliehen,
10 wenn nichts mehr geschieht,
wenn das Trommelfeuer verstummt,
wenn der Feind unsichtbar geworden ist
und der Schatten ewiger Rüstung
den Himmel bedeckt.

15 Er wird verliehen
für die Flucht von den Fahnen,
für die Tapferkeit vor dem Freund,
für den Verrat unwürdiger Geheimnisse
und die Nichtachtung
20 jeglichen Befehls.

Hans Magnus Enzensberger: **anweisung an sisyphos** (1956)

was du tust, ist aussichtslos. gut:
du hast es begriffen, gib es zu,
aber finde dich nicht damit ab,
mann mit dem stein. niemand
5 dankt dir; kreidestriche,
der regen leckt sie gelangweilt auf,
markieren den tod. freu dich nicht
zu früh, das aussichtslose
ist keine karriere. mit eigner
10 tragik duzen sich wechselbälge,
vogelscheuchen, auguren[1]. schweig,
sprich mit der sonne ein wort,
während der stein rollt, aber
lab dich an deiner ohnmacht nicht,
15 sondern vermehre um einen zentner
den zorn in der welt, um ein gran.
es herrscht ein mangel an männern,
das aussichtslose tuend stumm,
ausraufend wie gras die hoffnung,
20 ihr gelächter, die zukunft,
rollend, rollend ihren zorn auf die berge.

1 **Auguren:** im alten Rom Beamte, deren Aufgabe es war, die Zukunft zu deuten

---

1 Vergleichen Sie die beiden Gedichte.
- Haben die Gedichte eine ähnliche Botschaft oder widersprechen sie sich?
- Inwieweit glauben die Sprecher in den Gedichten Bachmanns und Enzensbergers an die Zukunft? Belegen Sie Ihre Aussagen am Text.

2 Informieren Sie sich über die Sagengestalt „Sisyphos“: Warum hat Enzensberger sein Gedicht gerade ihr gewidmet? Was rät der Sprecher Sisyphos und für wen könnte dieser stehen?

3 **a** Verfassen Sie ein Gegengedicht zum Text Bachmanns, indem Sie einzelne Aussagen aufgreifen und diese propagandistisch verdrehen (z. B. „Tapferkeit vor dem Feind“).
b Untersuchen Sie dann im Vergleich die beiden Fassungen: Welche Perspektive auf menschliches Tun wird bei Bachmann, welche in Ihrem Gegengedicht sichtbar?

Information **Hermetische Lyrik**

Als „hermetisch“ (eigentlich „fest/luftdicht verschlossen“) bezeichnet man Gedichte, die von **Metaphern** und **Chiffren** (▸ S. 147) geprägt sind. Hermetische Lyrik verlangt von den Leserinnen und Lesern das Weiterdenken und -assoziieren. Eine eindeutige „Auflösung“ der sprachlichen Bilder ist jedoch nicht möglich.

4 Nach dem Krieg schrieben Dichterinnen wie Ingeborg Bachmann und Dichter wie Paul Celan (▸ S. 407) hermetische Lyrik. Stellen Sie Vermutungen über die Gründe an.

Gedicht als Bild – Konkrete Poesie

Neben den Autorinnen und Autoren, die „hermetische“, meist gedankenschwere Gedichte schrieben, gab es auch andere, die „von der Sprache her“ arbeiteten. Sie experimentierten mit Wörtern und Sätzen sowie deren grafischer Anordnung.

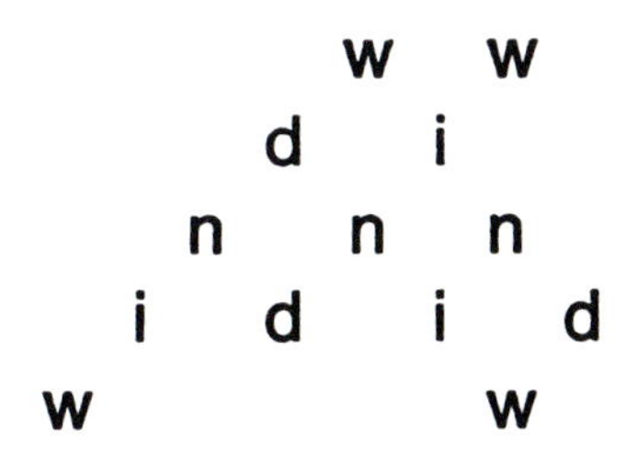

Eugen Gomringer: **schweigen** (1960)

schweigen schweigen schweigen
schweigen schweigen schweigen
schweigen schweigen
schweigen schweigen schweigen
schweigen schweigen schweigen

Gerhard Rühm: **jetzt** (1970)

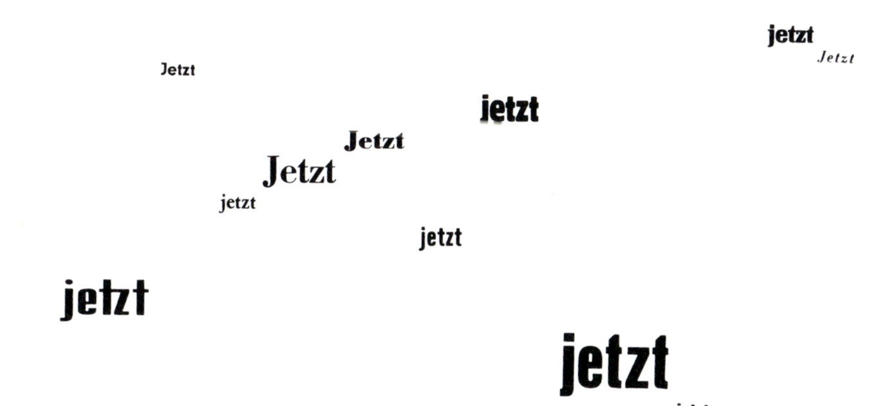

1 Erläutern Sie die Wirkung, die die jeweilige Textgestalt der Bildgedichte auf Sie hat, und versuchen Sie eine Deutung.

2 Transponieren Sie eines der Bildgedichte Rühms oder Gomringers in ein sprachlich ausformuliertes Gedicht (es muss sich nicht reimen!) oder entwerfen Sie ein analog gestaltetes Bildgedicht.
3 Verfassen Sie einen stimmungsvollen, aber nicht kitschigen Text (Gedicht oder Kurzgeschichte), in dem die Begriffe „Wind", „Schweigen" und „jetzt" eine zentrale Rolle spielen.

Information **Nachkriegszeit (1945 – ca. 1960)**

Allgemeingeschichtlicher Hintergrund: Das Ende des Zweiten Weltkriegs markierte einen tiefen Einschnitt in der deutschen Geschichte. Das in Trümmern liegende, in **Besatzungszonen** aufgeteilte Deutschland stand vor der Aufgabe, in Auseinandersetzung mit der Schuld an Krieg und Völkermord einen politisch-gesellschaftlich-kulturellen Neuanfang zu finden. Schon bald stand dieser Neuanfang unter dem Zeichen des **Kalten Krieges**, der die Siegermächte entzweite und zwischen die westlichen Zonen und die Ostzone den **Eisernen Vorhang** zog. Auf die **Gründung der BRD** als parlamentarischer, föderaler Demokratie mit sozialer Marktwirtschaft als Wirtschaftssystem in Westdeutschland im Jahr 1949 folgte im gleichen Jahr in Ostdeutschland die **Gründung der DDR** als sozialistischer Einheitsstaat mit staatlich gelenkter Planwirtschaft. 1952 wurde die Grenze zur Bundesrepublik geschlossen, die Ausreise aus der DDR war nur noch über Berlin möglich.
Zementiert wurde die Teilung Deutschlands durch die Einbindung der beiden Staaten in die Bündnissysteme von westlicher NATO und östlichem Warschauer Pakt 1955.

Weltbild und Lebensauffassung: Die amerikanische Aufbauhilfe und die Währungsreform führten in **Westdeutschland** zu einer raschen Verbesserung der Lebensbedingungen und einem breiten Einverständnis der Bevölkerung mit dem neuen Staatswesen. Das so genannte **Wirtschaftswunder** ließ das Gefühl „Wir sind wieder wer" aufkommen. Privater wirtschaftlicher Erfolg und Ausschöpfen der immer umfassenderen Konsummöglichkeiten bestimmten Leben und Denken weiter Bevölkerungsschichten. Davon beeinflusst nahm man die **Restauration der gesellschaftlichen Strukturen aus der Vorkriegszeit** hin und war bereit, die Rückkehr von treuen Dienern des NS-Systems in das System der Adenauer-Demokratie zu verdrängen. Unruhe in die überwiegend von traditionellen Anschauungen und Konventionen geprägte Alltagskultur brachte seit Mitte der 1950er Jahre in zunehmendem Maße die Jugend, die nach dem Vorbild ihrer amerikanischen Altersgenossen den Rock 'n' Roll entdeckte.

Ganz anders verlief die Entwicklung in der **DDR**. Die von den Interessen der Sowjetunion bestimmte Planwirtschaft und das Bemühen der sozialistischen Einheitspartei (SED), die Bevölkerung zu einer sozialistisch ausgerichteten Gesellschaft zu formieren, befriedigte weder die materiellen Bedürfnisse noch den Wunsch nach freiheitlich-selbstbestimmter Lebensführung. Der **Antifaschismus**, in dessen Folge Verwaltungs- und Justizapparat weitgehend von ehemaligen Nationalsozialisten gesäubert und über die Hälfte der Lehrer mit entsprechender Vergangenheit entlassen wurden, gewann dem kommunistischen Regime trotz aller Zwangsmaßnahmen das Vertrauen auch fortschrittlich denkender bürgerlicher Kreise. Die einsetzenden Zwangskollektivierungen in Landwirtschaft, Gewerbe und Industrie sowie die alle Lebensbereiche erfassende Erziehungsdiktatur zum „richtigen" Denken und der Aufbau einer immer größer und mächtiger werdenden politischen Geheimpolizei, der so genannten Stasi, durch das Ministerium für Staatssicherheit veranlassten jedoch Millionen von Bürgerinnen und Bürgern, die DDR zu verlassen.

Literatur: In Westdeutschland wurden die aus dem Exil (▸ S. 400 f.) zurückkehrenden Autorinnen und Autoren zunächst kaum beachtet. Zu ihrer Enttäuschung waren ihre Erfahrung und ihr Beitrag zum Aufbau einer neuen demokratischen Kultur nicht gefragt. Das Interesse des Lesepublikums wandte sich stärker den Schriftstellern der so genannten „inneren Emigration" (▸ S. 401) zu, die während des „Dritten Reiches" Deutschland nicht verlassen hatten. Eine Ausnahme unter den Exilrückkehrern war **Thomas Mann**, dessen Werk in den 1950er Jahren fester Bestandteil des Literaturkanons wurde und als deutscher Beitrag zur Weltliteratur galt. Die bevorzugte Form der Generation der Nachkriegsautoren war die **Kurzgeschichte** in Anlehnung an die amerikanische Short Story. Sie wurde zur dominierenden Gattung der „**Trümmer- oder Kahlschlagliteratur**" (▸ S. 403–407).
Tonangebend in der Lyrik war **Gottfried Benn**, der eine Zeit lang mit dem Nationalsozialismus sympathisiert hatte und nun in der Abkehr von allem Politischen ein Bekenntnis zum „absoluten Gedicht" ablegte: Im absurden Lauf der Geschichte leuchte sinnhaft nur das dichterische Wort auf. Ergänzt wurde diese Tendenz durch ein bildmächtiges, expressionistischen Traditionen verhaftetes Sprechen im Gedicht und ab den frühen 1950er Jahren durch die optisch bzw. akustisch mit dem Material der Sprache spielenden Gebilde der **konkreten Poesie**. Auch auf dem Gebiet des Dramas stand das avantgardistische Formexperiment im absurden Theater mit seinen witzig-grotesken Szenarien und Ritualen im Vordergrund.

Die Zeit der **kritischen Auseinandersetzung mit der politisch-sozialen Entwicklung in der Bundesrepublik** und der **Aufarbeitung des Nationalsozialismus** begann im Wesentlichen erst Ende der 1950er Jahre. Herausragende Beispiele hierfür waren die Gedichte von **Hans Magnus Enzensberger** und **Günter Grass** sowie dessen 1959 erschienener Roman „Die Blechtrommel". Diese Schriftsteller gehörten zu einer Gruppe von Autoren, die sich einmal jährlich mit Literaturkritikern zu Lesungen und Diskussionen traf. Sie blieb zwar ein ganz informeller, loser Zusammenschluss, ohne Verband oder Verein zu werden, hatte aber dennoch großen Einfluss auf das literarische Leben in der Bundesrepublik. Nach ihrem Gründungsjahr nannte sie sich die **Gruppe 47** (▸ S. 410–411).

In der **DDR** versuchte der Staat, die Schriftsteller in den Dienst zum Aufbau einer sozialistischen Gesellschaft zu stellen, und deklarierte ihr Schreiben in den 1950er Jahren offiziell zur **Aufbauliteratur**. Vorbild sollten die politisch dem Marxismus nahestehenden Exilautoren wie z. B. **Bertolt Brecht**, **Johannes R. Becher** oder **Anna Seghers** sein, die – ganz anders als die Exilautoren in Westdeutschland – bei ihrer Rückkehr mit größter Wertschätzung aufgenommen wurden. Leitende Prinzipien des **sozialistischen Realismus** waren: Verständlichkeit der Literatur für jedermann, Darstellung einer positiven Zukunftsperspektive mit einem vorbildlichen Helden im Zentrum, Primat des Inhalts und Ablehnung aller Formexperimente als Formalismus und Subjektivismus.

Wichtige Autorinnen/Autoren und Werke:
West:
Thomas Mann (1878–1955): „Doktor Faustus", „Die Bekenntnisse des Hochstaplers Felix Krull" (Romane)
Gottfried Benn (1886–1956): „Statische Gedichte", „Fragmente" (Gedichte)
Nelly Sachs (1891–1970): „In den Wohnungen des Todes", „Fahrt ins Staublose" (Gedichte)
Marie Luise Kaschnitz (1901–1974): „Zukunftsmusik" (Gedichte); „Das dicke Kind und andere Erzählungen"

Wolfgang Koeppen (1906–1974): „Das Treibhaus", „Der Tod in Rom" (Romane)
Günter Eich (1907–1972): Hörspiele; „Botschaften des Regens" (Gedichte); „Züge im Nebel" (Kurzgeschichten)
Max Frisch (Schweizer; 1911–1991): „Stiller", „Homo faber" (Romane); „Als der Krieg zu Ende war", „Biedermann und die Brandstifter" (Theaterstücke); „Tagebuch 1946–1949"
Alfred Andersch (1914–1980): „Sansibar oder Der letzte Grund" (Roman)
Heinrich Böll (1917–1985): „Wanderer, kommst du nach Spa" (Kurzgeschichten); „Dr. Murkes gesammeltes Schweigen" (Satiren); „Wo warst du, Adam?", „Und sagte kein einziges Wort", „Haus ohne Hüter", „Billard um halb zehn" (Romane)
Paul Celan (1920–1989): „Der Sand aus den Urnen", „Sprachgitter" (Gedichte)
Wolfdietrich Schnurre (1920–1989): „Als Vaters Bart noch rot war" (Geschichten)
Wolfgang Borchert (1921–1947): „Draußen vor der Tür" (Drama); Kurzgeschichten
Ilse Aichinger (*1921): „Die größere Hoffnung" (Roman); „Der Gefesselte" (Erzählungen)
Friedrich Dürrenmatt (Schweizer; 1921–1991): „Der Richter und sein Henker", „Der Verdacht" (Romane); „Romulus der Große", „Der Besuch der alten Dame" (Theaterstücke)
Ingeborg Bachmann (Österreicherin; 1926–1973): „Die gestundete Zeit", „Anrufung des großen Bären" (Gedichte)
Günter Grass (*1927): „Die Blechtrommel" (Roman); „Die Vorzüge der Windhühner" (Gedichte)
Hans Magnus Enzensberger (*1929): „verteidigung der wölfe" (Gedichte); Essays

Ost:
Johannes R. Becher (1891–1958): „Wiedergeburt. Buch der Sonette" (Gedichte)
Bertolt Brecht (1898–1956): „Der kaukasische Kreidekreis" (Theaterstück); „Bukower Elegien" (Gedichte)
Anna Seghers (1900–1983): „Crisanta" (Erzählung); „Gedanken zur DDR"
Erwin Strittmatter (1912–1994): „Katzgraben" (Komödie)
Erich Loest (*1926): „Das Jahr der Prüfung" (Roman)
Heiner Müller (1929–1995): „Der Lohndrücker" (Theaterstück)

---

1 Viele der in diesem Kapitel vertretenen Autoren gehörten zur oben genannten „Gruppe 47". Stellen Sie in **Gruppenreferaten** diese Gruppe vor:
- Ablauf und Funktion der Treffen,
- Beispiele politisch-gesellschaftlichen Engagements,
- Rolle und Ansehen der Gruppe in der Öffentlichkeit,
- das Ende ihres Bestehens und die Gründe für die Auflösung.

2 **Weiterführende Aufgabe:** Informieren Sie sich in Kleingruppen über folgende Filmklassiker der 1950er Jahre, die alle als DVD erhältlich sind, und stellen Sie sie kurz in ihrer Thematik, ihrem Inhalt und ihrem Zeitbezug vor.
Wählen Sie dann einen der Filme zur Vorführung in Ihrem Kurs aus und reflektieren Sie anschließend in einem Gespräch, welches Bild von der Zeit er vermittelt.
- Wolfgang Staudte: Die Mörder sind unter uns (1946; erster deutscher Spielfilm nach dem Krieg)
- Georg Tressler: Die Halbstarken (1956)
- Kurt Hoffmann: Wir Wunderkinder (1958)
- Rolf Thiele: Das Mädchen Rosemarie (1958)
- Wolfgang Staudte: Rosen für den Staatsanwalt (1959)

6.2 Politisierung der Literatur und Neue Subjektivität

Die Literatur der 1960er und 1970er Jahre nimmt sich unter dem Eindruck des Kalten Krieges zunehmend konkreter politischer Themen an. Diskussionen über die „Stellvertreterkriege“ in den Ländern der Dritten Welt und die atomare Aufrüstung verschärfen die Auseinandersetzung zwischen Literatur und Politik. Hinzu kommen in den 1980er Jahren Themen wie Frieden und Umweltproblematik etc. Gleichzeitig verstärkt sich aber auch eine Tendenz zum Individualismus.

Belastete Vergangenheit – Sich der Verantwortung stellen

Johannes Bobrowski: **Bericht** (1961)

Bajla Gelblung,
entflohen in Warschau
einem Transport aus dem Ghetto,
das Mädchen
5 ist gegangen durch Wälder,
bewaffnet, die Partisanin
wurde ergriffen
in Brest-Litowsk,
trug einen Militärmantel (polnisch),
10 wurde verhört von deutschen
Offizieren, es gibt
ein Foto, die Offiziere sind junge
Leute, tadellos uniformiert,
mit tadellosen Gesichtern,
15 ihre Haltung
ist einwandfrei.

Peter Weiss: **Die Ermittlung – Gesang von der Rampe II** (1965)

Das Material zu diesem Dokumentarstück stammt aus dem Auschwitz-Prozess in Frankfurt am Main (1963–1965), an dem Peter Weiss als Beobachter teilnahm. Die Aussagen der Zeugen und Angeklagten hat er sprachlich nur leicht überarbeitet und in Verse gesetzt.

ZEUGE 3: [...]
Wir fuhren durch eine flache Gegend
die von Scheinwerfern beleuchtet wurde
Dann näherten wir uns einem lang gestreckten
5 scheunenähnlichen Gebäude
Da war ein Turm
und darunter ein gewölbtes Tor
Ehe wir durch das Tor einfuhren
pfiff die Lokomotive
10 Der Zug hielt
Die Waggontüren wurden aufgerissen
Häftlinge in gestreiften Anzügen erschienen
und schrien zu uns herein
Los raus schnell schnell
15 Es waren anderthalb Meter herab zum Boden
Da lag Schotter
Die Alten und Kranken fielen
in die scharfen Steine
Die Toten und das Gepäck wurden herausgeworfen
20 Dann hieß es
Alles liegen lassen
Frauen und Kinder rüber
Männer auf die andere Seite
Ich verlor meine Familie aus den Augen
25 Überall schrien die Menschen
nach ihren Angehörigen
Mit Stöcken wurde auf sie eingeschlagen
Hunde bellten
Von den Wachtürmen waren Scheinwerfer
30 und Maschinengewehre
auf uns gerichtet
Am Ende der Rampe war der Himmel
rot gefärbt
Die Luft war voll von Rauch
35 Der Rauch roch süßlich und versengt
Dies war der Rauch
der fortan blieb
ZEUGIN 4: Ich hörte meinen Mann noch
nach mir rufen

40 Wir wurden aufgestellt
und durften den Platz nicht mehr wechseln
Wir waren eine Gruppe
von 100 Frauen und Kindern
Wir standen zu fünft in einer Reihe
45 Dann mussten wir an ein paar Offizieren
vorbeigehn
Einer von ihnen hielt die Hand in Brusthöhe
und winkte mit dem Finger
nach links und nach rechts
50 Die Kinder und die alten Frauen
kamen nach links
ich kam nach rechts
Die linke Gruppe musste über die Schienen
zu einem Weg gehen
55 Einen Augenblick lang sah ich meine
Mutter
bei den Kindern
da war ich beruhigt und dachte
wir werden uns schon wiederfinden
60 Eine Frau neben mir sagte
Die kommen in ein Schonungslager
Sie zeigte auf die Lastwagen
die auf dem Weg standen
und auf ein Auto vom Roten Kreuz
65 Wir sahen
wie sie auf die Wagen geladen wurden
und wir waren froh dass sie fahren durften
Wir andern mussten zu Fuß weiter
auf den aufgeweichten Wegen
70 [...]
Ankläger: Angeklagter Hofmann[1]
wussten Sie
was mit den ausgesonderten Menschen
geschehen sollte
75 **Angeklagter 8:** Herr Staatsanwalt
Ich persönlich hatte gar nichts
gegen diese Leute
Die gab es ja auch bei uns zu Hause
Ehe sie abgeholt wurden
80 habe ich immer zu meiner Familie gesagt
Kauft nur weiter bei dem Krämer
das sind ja auch Menschen
Ankläger: Hatten Sie diese Einstellung noch
als Sie Dienst auf der Rampe taten
85 **Angeklagter 8:** Also
von kleinen Übeln abgesehen
wie sie solch ein Leben von vielen
auf engem Raum
nun einmal mit sich bringt
90 und abgesehen von den Vergasungen
die natürlich furchtbar waren
hatte durchaus jeder die Chance
zu überleben
Ich persönlich
95 habe mich immer anständig benommen
Was sollte ich denn machen
Befehle mussten ausgeführt werden
Und dafür habe ich jetzt
dieses Verfahren auf dem Hals
100 Herr Staatsanwalt
ich habe ruhig gelebt
wie alle andern auch
und da holt man mich plötzlich raus
und schreit nach Hofmann
105 Das ist der Hofmann
sagt man
Ich weiß überhaupt nicht
was man von mir will

1 Der frühere Schutzhaftlagerführer Franz Johann Hofmann wurde zu lebenslangem Zuchthaus verurteilt.

---

1 Welche Aussagen, welche Sätze in den beiden Texten finden Sie besonders eindrücklich?

2 **a** Zeigen Sie an den beiden Texten, wie dokumentarisches Material durch die sprachliche Form literarische Qualität erlangen kann.
b Welche Funktion erfüllt die Versform der Texte?

3 **a** Prüfen Sie, inwieweit der Auszug aus der „Ermittlung" Peter Weiss' „Notizen zum dokumentarischen Theater" (▸ S. 134–135) entspricht.
b Ist dokumentarisches Theater Ihrer Ansicht nach eher Dokumentation oder eher freie künstlerische Gestaltung eines Stoffes aus der Zeitgeschichte? Diskutieren Sie.

Zwischen Systemkritik und Anpassung

In den 1960er Jahren nimmt auf beiden Seiten des „Eisernen Vorhangs" die kritische Auseinandersetzung mit dem eigenen politischen System zu. In der DDR richtet sich die Kritik anfangs auf zurückliegende Phasen des sozialistischen Aufbaus, wendet sich dann aber vermehrt der aktuellen Situation zu.

Hermann Kant: **Die Aula** (1965)

In Hermann Kants erstem Roman durchdenkt der Journalist Robert Iswall auf der Suche nach Stoff für eine wichtige Rede seine Vergangenheit, und es reihen sich heitere und nachdenkliche Episoden aneinander, die allesamt das Leben in der DDR aufbauend-positiv bis verhalten-kritisch beleuchten. Die hier ausgewählte Episode thematisiert die erste Unterrichtsstunde eines Deutsch-Dozenten an der ABF[1].

Mit Doktor Fuchs hatten sie bittere Erfahrungen gemacht und Doktor Fuchs mit ihnen. Fuchs litt von der ersten Stunde an. [...]
Er war in der schlimmsten Lage, in die ein Lehrer nur geraten kann: Er wurde nicht ernst genommen. Eine einzige Stunde, die erste, hatte genügt. Vielleicht wäre es ohne die Stromsperre nicht so schnell gegangen, aber aufzuhalten wäre es nicht gewesen, denn für Doktor Fuchs bedurfte das Leben vor allem einer korrekten Interpunktion, das andere fügte sich schon. Für ihn war es ein Kompromiss, dass er sich in der ersten Stunde nicht über das Wunder des Beistrichs ausgelassen, sondern einem Gedicht und seiner Erläuterung den Vortritt gegeben hatte.
„Man muss es behutsam angehen", war der Wahlspruch, den Direktor Völschow dem Kollegium eingegeben hatte, und Fuchs war Pädagoge genug, um die Richtigkeit dieser Devise einzusehen. Behutsamer als er konnte man kaum beginnen. Er hatte das Abendlied von Keller ausgewählt, eine schöne, klare Sache. Sie passte auch, denn es war Abend, als er die Klasse betrat. Der elektrische Strom kam erst um sieben, aber jetzt, um sechs, war es schon finster. Fuchs tastete sich durch Dunkelheit und erwartungsvolle Stille an sein Pult, richtete seinen Blick nach vorn, von wo kaum mehr als ein dreißigfaches Atmen zu vernehmen war, und dann gab ihm der Teufel den Satz zu sagen ein: „Ich sehe alles!"
In den nächsten Sekunden starb der Pädagoge Fuchs, und als die Mädchenstimme erklang, war er schon fast tot. Die Stimme, leise und doch klar, lind beinahe und nur mit einem Stäubchen Pfeffer, fragte: „Wie machen Sie das?"
Sie lachten gedämpft, nur Quasi etwas lauter, und als Trullesand rief: „Nun ist ja gut!", schwiegen sie sofort und warteten. Doktor Fuchs sagte: „Ich werde Sie in der deutschen Sprache unterrichten. Es ist eine Sprache des Wohllauts, der Klangfülle und des Wortreichtums. Reichtum und Fülle verlangen nach Maß und Zucht; wie in allen Lebensbereichen so auch in der Sprache. Die Ordnung in ihr stellt sich durch die Grammatik her. Die Grammatik ist ein reiner Ausdruck der Vernunft. Wer für vernünftig gelten will, muss die Grammatik seiner Muttersprache, dies als Mindestes, beherrschen.
Es ist der Wunsch der Direktion, dass am Eingang unseres Lehrens und Lernens ein Gedicht stehe; ich wählte eines von Gottfried Keller; hören Sie denn: Augen, meine lieben Fensterlein, / Gebt mir schon so lange holden Schein ..."

1 **ABF:** Arbeiter-und-Bauern-Fakultät: Einrichtung für Arbeiter- und Bauernkinder zur Erlangung der Hochschulreife

Trullesand bewährte sich ein zweites Mal, als er die wieder aufkommende Unruhe mit einem beinahe väterlichen „Leute!" eindämmte.
65 Doktor Fuchs sprach alle vier Strophen, dann wiederholte er die erste und fragte: „Nun, was sagen Sie?"
„Es reimt sich ja andauernd", rief jemand, „lein, Schein, rein und noch was mit ein – das muss
70 'ne ganz schöne Fummelei gewesen sein."
„Ihre Wahrnehmung ist richtig", sagte Doktor Fuchs, „aber der sprachliche Ausdruck, in den Sie sie fassen, muss als rüde gelten. ‚Fummelei' – finden Sie denn kein besseres Wort?"
75 Der Junge dachte unter stiller Anteilnahme der anderen eine Weile nach, ehe er sich zaghaft erkundigte: „Könnte man vielleicht besser ‚Gefummel' sagen statt ‚Fummelei'?"
Man brauchte kein Licht, um zu merken, wie
80 ärgerlich Fuchs war, als er sagte: „So hören Sie doch mit diesem widerlichen Jargon auf! Warum sagen Sie nicht einfach: ‚Es muss viel Arbeit gemacht haben'? Sie halten wohl nichts von Arbeit?"
85 Es war eine neue Art von Stille, die jetzt folgte, eine böse Stille, die endlich von einem Fingerschnackeln und dann von einer Mädchenstimme beendet wurde, derselben Mädchenstimme, die schon zu Beginn für den Fortgang der Stun-
90 de gesorgt hatte. Das Mädchen sagte, wieder leise und doch klar, aber kaum noch lind und mit weit mehr Pfeffer als zuvor: „Das war Günter Blank, der das gesagt hat, und der ist Aktivist[2]." Leises Knarren von Schuhen und
95 Dielenbrettern, das Quietschen, dann Doktor Fuchs: „Ich korrigiere mich wie folgt: Der von Ihnen, Herr Blank, erreichte sprachliche Leistungsstand scheint weit unter jenem zu liegen, den Sie, wie ich höre, wie ich zu meiner Freude
100 höre, in Ihrem Beruf erlangt haben. Ich muss dabei bleiben, dass sowohl ‚Fummelei' als auch ‚Gefummel' keine hinreichenden Bezeichnungen für die schöpferische Tätigkeit eines Dichters vom Range Gottfried Kellers sein können.
105 Aber da wir nun einmal auf diese, wenn auch etwas missliche Weise in ein Gespräch gekommen sind, so sagen Sie mir, Herr Blank, Sie als Aktivist, was halten Sie, wenn wir von der Form des Gedichts vorerst noch einmal absehen wol-
110 len, von seinem Inhalt. Was ist das für ein Mensch, dieser Dichter Gottfried Keller?"
Es dauerte lange, ehe der gekränkte Aktivist wieder hinter dem rasch aufgeworfenen Wall aus Ärger und Unverständnis hervorkam, und
115 es waren wohl die Vorsicht vor Fuchs und das zum ersten Mal in seinem Leben geweckte Misstrauen in seine eigenen Sprachfähigkeiten, die den Studenten Blank veranlassten, seine Antwort mit einem Wort zu geben: „Atheist."
120 „Wie denn das nun?", rief Doktor Fuchs. „Wie denn das nun wieder? Doch um alle Voreile auszuschließen, will ich Sie bitten, Ihre Antwort zu einem Satz zu formieren, dann werden wir ja sehen."
125 Blank war schon wieder auf halbem Wege hinter seiner Schanze, aber er kam dann doch noch mit einem Satz heraus: „Der Dichter Gottfried Keller ist Atheist."
Er schien sich setzen zu wollen, aber der Lehrer
130 ließ nicht ab von ihm: „Welchen Grund haben Sie für Ihre frappierende Annahme? Lassen Sie uns um Himmels willen den Grund erfahren!"
Da diese Forderung nicht mit der nach korrek-
135 tem Ausdruck verbunden gewesen war, ließ Aktivist Blank nicht lange auf sich warten. Er sprach mit störrischer Gewissheit: „Sie haben gesagt, der Dichter Gottfried Keller meint, wenn er mal die Augen zuklappt, die lieben Fenster-
140 lein, dann ist ganz und gar Feierabend, und dann macht auch die Seele Schluss; sie zieht die Wanderstiefel aus und legt sich mit in den Kasten. Können Sie das nicht noch mal aufsagen, diese Stelle mit den Wanderstiefeln?"
145 Doktor Fuchs marschierte auf und ab, ehe er die zweite Strophe noch einmal sprach. Er tat es, nicht ohne seiner Stimme den Ausdruck unerschöpflicher Geduld zu geben: „Fallen einst die müden Lider zu / Löscht ihr aus, dann hat
150 die Seele Ruh; / Tastend streift sie ab die Wanderschuh, / Legt sich auch in ihre finstre Truh."

2 Aktivist (eigentlich „Aktivist der sozialistischen Arbeit"): häufig verliehene Auszeichnung im Rahmen des „sozialistischen Wettbewerbs"

„Ich korrigiere mich wie folgt“, sagte der Aktivist, „es waren Schuh und keine Stiefel, und der Kasten war eine Truh. Zu, Ruh, Schuh, Truh – 155 es muss viel Arbeit gemacht haben. Und das mit dem Atheismus ist klar: Bei denen, die an den lieben Gott glauben, fliegt die Seele in den Himmel, und bei dem Dichter Gottfried Keller wird sie mit beerdigt.“

160 Als hätte Günter Blank eine Abrede mit dem Elektrizitätswerk gehabt, ging bei seinem letzten Wort das Licht an. Es ließ die Klasse einen wachsam-zufriedenen Aktivisten sehen und einen erschöpften Lehrer.

165 Doktor Fuchs trat an sein Pult und erklärte, diese Diskussion entferne sich zu weit von den Lehraufgaben, mit denen er betraut worden sei, er habe lediglich für einen kleinen feierlichen Auftakt sorgen wollen, und dahin sei man wohl 170 auch gelangt. Was die Meinung des Herrn Blank angehe, so werde er sie sorgfältig prüfen und auch die Frage, ob es mit seinen Pflichten gegenüber dem Lehrplan vereinbar sei, wenn er, der Lehrer, gelegentlich auf die gewiss interessante Angelegenheit, den Atheismus Kellers 175 betreffend, zurückkomme. Sicher, da sei die geistige Nähe Feuerbachs, jedoch, das führe hier zu weit, hier müssten nun die Hausaufgaben festgehalten werden, und dazu möge man sich nunmehr rüsten. 180

Bevor er sich zum Gehen wandte, kam er noch einmal auf das Gedicht zurück. „Herr Blank“, sagte er, „aber das werden Sie doch zugeben, diese Schlusszeilen, diese Worte ‚Trinkt, o Augen, was die Wimper hält, / Von dem goldnen 185 Überfluss der Welt!‘, die sind doch schön, nicht wahr!“

„Und ob die schön sind“, sagte Aktivist Günter Blank, und die Klasse stimmte ihm zu.

---

1 Zeigen Sie durch eine genaue Analyse am Text, wie die frühen Jahre der DDR in der Erinnerung des Journalisten dargestellt werden: eher anekdotisch-positiv oder eher verhalten kritisch?

2 Lesen Sie Gottfried Kellers Gedicht und fertigen Sie sich interpretatorische Notizen dazu an.

3 Was für ein Gedicht hätten Sie, dem „Wunsch der Direktion“ entsprechend, an Doktor Fuchs' Stelle für dieses Auditorium ausgewählt? Begründen Sie Ihre Wahl.

4 **Weiterführende Aufgabe:** Entleihen Sie eine Literaturgeschichte der DDR aus der Zeit vor 1989 und eine aus der Nachwende-Zeit.
Geben Sie in einem Referat einen Überblick darüber, wie Kants Roman in beiden Werken dargestellt und beurteilt wird.

Günter Kunert: **Die Schreie der Fledermäuse** (1974)

Während sie in der Dämmerung durch die Luft schnellen, hierhin, dorthin, schreien sie laut, aber ihr Schreien wird nur von ihresgleichen gehört. Baumkronen und Scheunen, verfallen- 5 de Kirchentürme werfen ein Echo zurück, das sie im Fluge vernehmen und das ihnen meldet, was sich an Hindernissen vor ihnen erhebt und wo ein freier Weg ist. Nimmt man ihnen die Stimme, finden sie keinen Weg mehr; überall 10 anstoßend und gegen Wände fahrend, fallen sie tot zu Boden. Ohne sie nimmt, was sonst sie vertilgen, überhand und großen Aufschwung: das Ungeziefer.

1 **a** Welcher Textsorte ordnen Sie Kunerts Text zu? Begründen Sie.
b Versuchen Sie, den Text zu deuten, und nehmen Sie dabei Stellung zu der These, dass mit den Fledermäusen kritische Autoren der DDR gemeint sein könnten.

Wolf Biermann: **Ballade vom preußischen Ikarus** (1976)

1.
Da, wo die Friedrichstraße sacht
Den Schritt über das Wasser macht
da hängt über der Spree
5 Die Weidendammer Brücke. Schön
Kannst du da Preußens Adler sehn
wenn ich am Geländer steh.

dann steht da der preußische Ikarus
mit grauen Flügeln aus Eisenguss
10 dem tun seine Arme so weh
er fliegt nicht weg – er stürzt nicht ab
macht keinen Wind – und macht nicht schlapp
am Geländer über der Spree

2.
15 Der Stacheldraht wächst langsam ein
Tief in die Haut, in Brust und Bein
ins Hirn, in graue Zelln
Umgürtet mit dem Drahtverband
Ist unser Land ein Inselland
20 umbrandet von bleiernen Welln

da steht der preußische Ikarus
mit grauen Flügeln aus Eisenguss
dem tun seine Arme so weh
er fliegt nicht hoch – und er stürzt nicht ab
25 macht keinen Wind – und macht nicht schlapp
am Geländer über der Spree

3.
Und wenn du wegwillst, musst du gehn
Ich hab schon viele abhaun sehn
30 aus unserm halben Land
Ich halt mich fest hier, bis mich kalt
Dieser verhasste Vogel krallt
und zerrt mich übern Rand

dann bin ich der preußische Ikarus
35 mit grauen Flügeln aus Eisenguss
dann tun mir die Arme so weh
dann flieg ich hoch – dann stürz ich ab
mach bisschen Wind – dann mach ich schlapp
am Geländer über der Spree

2 **a** Analysieren Sie den Text von Wolf Biermann. Achten Sie auf den Wechsel der Personalpronomen.
b Vergegenwärtigen Sie sich die Sage von Ikarus und Dädalus: Inwiefern ist deren Kenntnis für die Interpretation des Gedichts wichtig?

3 Vergleichen Sie, wie die Lebenssituation von Autoren in der DDR in den Texten Kunerts und Biermanns dargestellt wird.

4 **Weiterführende Aufgabe:** Informieren Sie in einem Referat über die Umstände von Wolf Biermanns Ausbürgerung aus der DDR.

Peter Huchel: **Der Garten des Theophrast** (1962)

Peter Huchel (1903–1981) war seit 1949 Chefredakteur der literarischen Zeitschrift „Sinn und Form" in Ostberlin. 1951 wurde er mit dem Nationalpreis der DDR ausgezeichnet. „Sinn und Form" wurde in Ost und West verkauft und galt als Brücke zwischen beiden deutschen Staaten. Nach dem Mauerbau 1961 wurde Huchel gerade deshalb angegriffen. Als er die letzten zwei Zeilen des nachstehenden Gedichts nicht streichen wollte, wurde er seines Postens enthoben. Sein Sohn durfte nicht studieren.
Theophrast (ca. 371–287 v. Chr.) war Schüler des Aristoteles, Philosoph und Verfasser der „Naturgeschichte der Gewächse".

Meinem Sohn
Wenn mittags das weiße Feuer
Der Verse über den Urnen tanzt,
Gedenke, mein Sohn. Gedenke derer,
5 Die einst Gespräche wie Bäume gepflanzt.
Tot ist der Garten, mein Atem wird schwerer,
Bewahre die Stunde, hier ging Theophrast,
Mit Eichenlohe[1] zu düngen den Boden,
Die wunde Rinde zu binden mit Bast.
10 Ein Ölbaum spaltet das mürbe Gemäuer
Und ist noch Stimme im heißen Staub.
Sie gaben Befehl, die Wurzel zu roden.
Es sinkt dein Licht, schutzloses Laub.

1 **Eichenlohe:** Eichenrinde; nach der Nutzung beim Gerben von Leder wurde Eichenlohe als Düngung verwendet.

1 **a** Stellen Sie Vermutungen darüber an, wie das Leitmotiv des Gartens im Gedicht zu verstehen sein könnte, und belegen Sie Ihre Ergebnisse am Text.
b Untersuchen Sie, wie in dem Gedicht die Ebenen „Garten – Bäume – Ölbaum – Wurzel roden" mit der Ebene „Verse – Urne – bewahren – Stimme im Staub" in Beziehung treten.

Was sind das für Zeiten, wo
Ein Gespräch über Bäume fast ein Verbrechen ist
Weil es ein Schweigen über so viele Untaten einschließt!

Bertolt Brecht: Aus: An die Nachgeborenen (1934–1938)

2 Lesen Sie den Auszug aus Brechts Gedicht „An die Nachgeborenen" und stellen Sie einen Bezug zu Huchels Gedicht her.
Beachten Sie dabei dessen Widmung „Meinem Sohn". Welche Mahnung für die Zukunft spricht Huchel aus, welches Bild der Zukunft entwirft er?
3 Welche Funktion spricht Huchel der Literatur, insbesondere der Lyrik, zu?

Brigitte Reimann: **Franziska Linkerhand** (1974)

Brigitte Reimanns (1933–1973) postum herausgegebener Roman „Franziska Linkerhand" blieb ein Fragment. Die Hauptfigur ist eine aus bürgerlichem Milieu stammende Architektin, die alles hinterfragt und gegen Gleichgültigkeit, Brutalität und Konformismus ankämpft.

Sie blieb stehen, auch hier, zwischen den übervertrauten Schränken, Bildern und Portieren, beunruhigt, körperlich bedrängt vom Geruch der Auflösung. In den Bücherreihen klafften 5 breite Lücken. „Deine Bücher, deine Inkunabeln[1] ... Das ist ja wohl nicht drin!" Er beugte sich nach vorn und legte die Hand hinters Ohr, und Franziska schluckte die stumme Rüge für saloppe Redeweise und verbesserte sich folg- 10 sam. „Das ist nicht möglich, Vater, du verkaufst deine Bücher, geht es euch so schlecht?"
Er setzte die Brille ab, Fluchtbewegung, und verwandelte seine Tochter in einen zappelnden kleinen Schemen ohne Gesicht. „Ich habe lange 15 gezögert, dich zu unterrichten", sagte er. „Ich wünschte dich nicht zu belasten, womöglich mit deinem Gewissen in Konflikt zu bringen, da unserem wohlerwogenen Schritt Gesetze entgegenstehen, Gesetze, die inhuman zu nen- 20 nen ich nicht anstehe –" Er unterbrach sich, irritiert, er tastete nach seiner Brille: Hörte er den bunten Schemen Franziska nicht lachen?
„Ach Papa", sagte sie, „da hast [du] nun eine richtige feine Rede vorbereitet und willst doch 25 bloß sagen, dass ihr abhaut – dass ihr euch absetzt, davonmacht, flüchtet, übersiedelt, such dir das passende Wort aus. Erlaubst du, dass ich rauche?"
Er nickte. Er sagte, er sei erleichtert zu hören, 30 dass sie seine Mitteilung mit Gleichmut aufnehme, und Franziska zuckte die Schultern. „Warum nicht? Ich habe darauf gewartet, es ist mir schnuppe." Er schwieg, er drehte den Kopf nach dem Geräusch ihrer Schritte, als sie im 35 Zimmer umherging, rauchend, den Daumen in den Gürtel gehakt, und sie fühlte seine verschwommen farblosen Augen auf sich gerichtet, seinen hilflosen Blick eines Kurzsichtigen, der sie rührte und erbitterte: Der alte Mann, er ist weiß geworden, ein Schatten und überflüs- 40 sig, er kann nicht mal allein über eine Kreuzung gehen, er kommt unter die Räder, in jedem Sinn unter die Räder, und ich wünschte, es wär mir wirklich schnuppe. „Nach Bamberg", sagte sie, „und wieder ein Verlag, du lieber Gott, bei 45 der Konkurrenz, und wie willst du ankommen gegen hundert Etablierte?"
„Zerbrich dir nicht meinen Kopf", sagte Linkerhand. „Unser Name hat noch immer einen guten Klang ... bei einer gewissen Schicht des le- 50 senden Publikums, einer, zugegeben, kleinen Schicht."
„Nach fünfzehn Jahren!", rief sie bestürzt. „Wo lebst du denn? Niemand erinnert sich, niemand, wir sind erledigt und abgeschrieben, und 55 auf den Namen gibt dir kein Mensch mehr Kredit ... Der Zug ist durch." Sie wiederholte bockig, gereizt durch stumme Rüge: „Der Zug ist durch, ein für alle Male, und du hast den Anschluss verpasst. Du sitzt in deinem Zauber- 60 berg und spielst neunzehntes Jahrhundert, und Zola ist dir schon zu modern und ein brutaler Flachkopf, und als du mir den Hemingway zurückgabst, hast du ihn zwischen zwei Fingern gehalten wie eine eklige alte tote Ratte, und 65 dabei hattest du keine drei Seiten gelesen. Und denkst du, ich weiß nicht, warum du nie nach meiner Arbeit fragst? Für dich sind wir Ingenieure ohne einen Funken Esprit, Handwerker ohne Idee, Nichtskönner und Verhunzer. Die 70 Alten haben alles besser gemacht, Michelangelo war ein Titan, und Pöppelmann ist anbetungswürdig, ja ja ja, das kann ich schon singen, und du sollst auch Recht haben – wenn du nur einmal, ich bitte dich, Papa, nur ein ein- 75 ziges Mal zu bedenken geruhtest, dass wir nicht für Könige bauen und nicht aus der Schatztruhe von Königen schöpfen, dass wir – dass ihr, ihr den Krieg verloren habt und dass unsere Stadt zu vierzig Prozent zerbombt war ... Entschuldi- 80 ge. Ich wollte dich nicht anschreien. Es tut mir leid." Sie ging schnell zu ihm hinüber, versagte sich zwar eine herzliche Geste, die beiden peinlich gewesen wäre – etwa, ihn zu umarmen,

1 **Inkunabel:** Werk aus der Frühzeit des Buchdrucks

seine Hand zu drücken, die bleiche, gedunsene, mit braunen Altersflecken gesprenkelte Hand, die auf der Tischplatte herumtappte –, setzte sich aber zu seinen Füßen auf den Teppich, spielte Respekt und kindliche Unterwerfung. „Wir geben ein hübsches Genrebild ab, Vater und Tochter ... Wetten, du hast nicht mal bemerkt, dass ich inzwischen erwachsen bin, ja, erwachsen und verständig – und verständnisvoll, vielleicht zu sehr, bis zur Schwäche."

1 **a** Untersuchen Sie den Dialog zwischen Vater und Tochter und finden Sie heraus, wie Franziska wirklich zu der geplanten Ausreise ihrer Eltern aus der DDR steht.
b Inwiefern passt die verwendete Sprache zu der Auseinandersetzung?

2 Als Folge der Liberalisierungspolitik war es möglich, das Thema „Ausreise" in der Literatur zu behandeln. Die Gründe für die Ausreiseabsicht von Franziskas Vater werden allerdings nicht genannt.
a Stellen Sie sich vor, Franziska führt ein Tagebuch und macht einen Eintrag. Was könnte sie schreiben?
b Der Vater schreibt an Franziska einen Brief, in dem er begründet, warum er die DDR verlassen hat.

Christa Wolf: **Was bleibt** (1979/1990)

In ihrer Erzählung „Was bleibt" beschreibt Christa Wolf eine Episode Ende der 1970er Jahre, als sie in Ostberlin von der Staatssicherheit der DDR wochenlang observiert wurde. Sie schrieb den Text im Sommer 1979; veröffentlicht wurde die Erzählung aber erstmals in überarbeiteter Fassung im Jahr 1990. Im Folgenden wird der Anfang des Prosawerks abgedruckt.

Nur keine Angst. In jener anderen Sprache, die ich im Ohr, noch nicht auf der Zunge habe, werde ich eines Tages auch darüber reden. Heute, das wußte ich, wäre es noch zu früh. Aber würde ich spüren, wenn es an der Zeit ist? Würde ich meine Sprache je finden? Einmal würde ich alt sein. Und wie würde ich mich dieser Tage dann erinnern? Der Schreck zog etwas in mir zusammen, das sich bei Freude ausdehnt. Wann war ich zuletzt froh gewesen? Das wollte ich jetzt nicht wissen. [...]

Übrigens standen sie nicht da. Wenn ich recht sah – die Brille hatte ich mir natürlich aufgesetzt –, waren alle Autos in der ersten und auch die in der zweiten Parkreihe leer. Anfangs, zwei Jahre war es her, daran maß ich die Zeit, hatte ich mich ja von den hohen Kopfstützen mancher Kraftfahrzeuge täuschen lassen, hatte sie für Köpfe gehalten und ob ihrer Unbeweglichkeit beklommen bestaunt; nicht, daß mir gar keine Fehler mehr unterliefen, aber über dieses Stadium war ich hinaus. Köpfe sind ungleichmäßig geformt, beweglich, Kopfstützen gleichförmig, abgerundet, steil – ein gewaltiger Unterschied, den ich irgendwann einmal genau beschreiben könnte, in meiner neuen Sprache, die härter sein würde als die, in der ich immer noch denken mußte. Wie hartnäckig die Stimme die Tonhöhe hält, auf die sie sich einmal eingepegelt hat, und welche Anstrengung es kostet, auch nur Nuancen zu ändern. Von den Wörtern gar nicht zu reden, dachte ich, während ich anfing, mich zu duschen – den Wörtern, die, sich beflissen überstürzend, hervorquellen, wenn ich den Mund aufmache, angeschwollen von Überzeugungen, Vorurteilen, Eitelkeit, Zorn, Enttäuschung und Selbstmitleid.

Wissen möchte ich bloß, warum sie gestern bis nach Mitternacht dastanden und heute früh einfach verschwunden sind.

45 Ich putzte mir die Zähne, kämmte mich, benutzte gedankenlos, doch gewissenhaft verschiedene Sprays, zog mich an, die Sachen von gestern, Hosen, Pullover, ich erwartete keinen Menschen und würde allein sein dürfen, das 50 war die beste Aussicht des Tages. Noch einmal mußte ich schnell zum Fenster laufen, wieder ergebnislos. Eine gewisse Erleichterung war das natürlich auch, sagte ich mir, oder wollte ich etwa behaupten, daß ich auf sie wartete? Mög-55 lich, daß ich mich gestern abend lächerlich gemacht hatte; einmal würde es mir wohl peinlich sein, daran zu denken, daß ich mich alle halbe Stunde im dunklen Zimmer zum Fenster vorgetastet und durch den Vorhangspalt gespäht 60 hatte; peinlich, zugegeben. Aber zu welchem Zweck saßen drei junge Herren viele Stunden lang beharrlich in einem weißen Wartburg direkt gegenüber unserem Fenster. [...]

Keine Angst. Meine andere Sprache, dachte ich, 65 weiter darauf aus, mich zu täuschen, während ich das Geschirr in das Spülbecken stellte, mein Bett machte, ins vordere Zimmer zurückging und endlich am Schreibtisch saß – meine andere Sprache, die in mir zu wachsen begonnen 70 hatte, zu ihrer vollen Ausbildung aber doch nicht gekommen war, würde gelassen das Sichtbare dem Unsichtbaren opfern; würde aufhören, die Gegenstände durch ihr Aussehen zu beschreiben – tomatenrote, weiße Autos, lieber 75 Himmel! –, und würde, mehr und mehr, das unsichtbare Wesentliche aufscheinen lassen. Zupackend würde diese Sprache sein, soviel glaubte ich immerhin zu ahnen, schonend und liebevoll. Niemandem würde sie weh tun als 80 mir selbst. Mir dämmerte, warum ich über diese Zettel, über einzelne Sätze nicht hinauskam. Ich gab vor, ihnen nachzuhängen. In Wirklichkeit dachte ich nichts.

Sie standen wieder da.

Es war neun Uhr fünf. Seit drei Minuten stan- 85 den sie wieder da, ich hatte es sofort gemerkt. Ich hatte einen Ruck gespürt, den Ausschlag eines Zeigers in mir, der nachzitterte. Ein Blick, beinahe überflüssig, bestätigte es. Die Farbe des Autos war heute ein gedecktes Grün, seine Be- 90 satzung bestand aus drei jungen Herren. Ob diese Herren ausgewechselt wurden wie die Autos? Und was wäre mir lieber gewesen – daß es immer dieselben waren oder immer andere? Ich kannte sie nicht, das heißt, doch, einen 95 kannte ich: den, der neulich ausgestiegen und über die Straße auf mich zugekommen war, allerdings nur, um sich an dem Bockwurststand unter unserem Fenster anzustellen, und der mit drei Bockwürsten auf einem großen Papp- 100 teller und mit drei Schrippen in den Taschen seiner graugrünen Kutte zu dem Auto zurückgekehrt war. Zu einem blauen Auto, übrigens, mit der Nummer ... Ich suchte den Zettel, auf dem ich die Autonummern notierte, wenn ich 105 sie erkennen konnte. Dieser junge Herr oder Genosse hatte dunkles Haar gehabt, das sich am Scheitel zu lichten begann, das hatte ich von oben sehen können. Einen Augenblick lang hatte ich mir in der Vorstellung gefallen, daß ich 110 als erste die beginnende Glatze des jungen Herrn bemerkte, eher als seine eigene Frau, die womöglich nie derart aufmerksam auf ihn herabsah. Ich hatte mir vorstellen müssen, wie sie dann gemütlich in ihrem Auto beieinander- 115 hockten (im Auto kann es ja sehr gemütlich sein, besonders wenn draußen Wind geht und sogar einzelne Tropfen fallen), wie sie die Bockwürste aufaßen und nicht einmal frieren muß- ten, denn der Motor lief leise und heizte ihnen 120 ein. Aber was tranken sie dazu? Führten sie, wie andere Werktätige, jeder eine Thermosflasche voll Kaffee mit? [...] R

1 a Beschreiben Sie die Atmosphäre, die in dem Textauszug zum Ausdruck kommt.

b Welche Tätigkeiten der Protagonistin halten Sie für sinnvoll? – Erklären Sie die anderen.

2 Untersuchen Sie die Perspektivik und erläutern Sie in diesem Zusammenhang auch den Gebrauch der Tempora.

In der Bundesrepublik entwickelt sich ab den 1960er Jahren die politische Lyrik, deren Werke zur Wachsamkeit gegen den Staat aufrufen.

Hans Magnus Enzensberger: **Gedicht für die Gedichte nicht lesen** (1960)

Wer ruft mit abgerissenem Mund
aus der Nebelkammer? Wer schwimmt,
einen Gummiring um den Hals,
durch diese kochende Lache
aus Bockbier und Blut?
Er ist es,
für den ich dies in den Staub ritze,
er, der es nicht entziffert.

Wer ist ganz begraben von Zeitungen
und von Mist? Wer hat Uran im Urin?
Wer ist in den zähen Geifer
der Gremien eingenäht? Wer
ist beschissen von Blei?
Siehe,
er ists, im Genick die Antenne,
der sprachlose Fresser mit dem räudigen Hirn.

Was sind das für unbegreifliche Ohren,
von wüstem Zuckerguß triefend,
die sich in Kurszettel wickeln
und in den Registraturen stapeln
zu tauben mürrischen Bündeln?
Geneigte,
Ohren verstörter Verräter, zu denen
rede ich kalt wie die Nacht und beharrlich.

Günter Wallraff: »Zeugen der Anklage – Die BILD-Beschreibung wird fortgesetzt.«
Montag, 30. April 197 · 30 Pf
Killt
Grzimeks Todeswunsch: vom Löwen zerissen
Wer etwas Ehrgefühl hat sollte dieses
Lügenblatt
siehe unten
nicht kaufen
Aus Angst vor Frühjahrsputz: Hausfrau erschlug sich mit Hammer
Nach der »Bild«-Schlagzeile
Die Schande kann ich nicht überwinden
Wer etwas Ehrgefühl und Verstand hat, sollte dieses Lügenblatt nicht kaufen

Und das Geheul, das meine Worte
verschlingt? Es sind die amtlichen
schmierigen Adler, die orgeln
durch den entgeisterten Himmel,
um uns zu behüten.
Von Lebern,
meiner und deiner, zehren sie,
Leser, der du nicht liest. [R]

1 Gegen wen bzw. wogegen richtet sich das Gedicht? Formulieren Sie eine mögliche Aussageabsicht.
2 Zeigen Sie am Text, welche Funktion Enzensberger der Literatur und insbesondere der Lyrik zuweist.
3 Verfassen Sie ausgehend von diesem Gedicht eine Regel über Sprache, Inhalt und Stil eines Gedichts, die Enzensberger damals einem jungen Nachwuchsautor mit auf den Weg hätte geben können.

Peter Rühmkorf: **Bleib erschütterbar und widersteh** (1984)

Also heut: zum Ersten, Zweiten, Letzten:
allen Durchgedrehten, Umgehetzten,
was ich, kaum erhoben, wanken seh,
gestern an und morgen abgeschaltet:
Eh dein Kopf zum Totenkopf erkaltet:
Bleib erschütterbar – doch widersteh!

Die uns Erde, Wasser, Luft versauen
– Fortschritt marsch! mit Gas und Gottvertrauen –
Ehe sie dich einvernehmen, eh
du im Strudel bist und schon im Solde[1],
wartend, dass die Kotze sich vergolde:
Bleib erschütterbar – und widersteh.

1 **Sold:** Lohn der Soldaten

Schön, wie sich die Sterblichen berühren –
15 Knüppel zielen schon auf Herz und Nieren,
dass der Liebe gleich der Mut vergeh …
Wer geduckt steht, will auch andre biegen,
(Sorgen brauchst du dir nicht selber zuzu-
fügen;
20 alles was gefürchtet wird, wird wahr!)
Bleib erschütterbar.
Bleib erschütterbar – doch widersteh.

Widersteht! im Siegen Ungeübte,
zwischen Scylla hier und dort Charybde[2]
25 schwankt der Wechselkurs der Odyssee …
Finsternis kommt reichlich nachgeflossen;
aber du mit – such sie dir! – Genossen!
teilst das Dunkel, und es teilt sich die Gefahr,
leicht und jäh – – –
30 Bleib erschütterbar!
Bleib erschütterbar – und widersteh.

2 Scylla und Charybdis: In der griech. Mythologie Ungeheuer an der Meerenge von Messina, zwischen denen der Kriegsheld Odysseus und seine Gefährten einen Weg finden mussten. Tatsächlich gibt es an der Meerenge durch die Gezeiten ausgelöste Strudel.

Horst Janssen: Über den Gehorsam (1968)

Erich Fried: **Herrschaftsfreiheit** (1984)

Zu sagen
„Hier
herrscht Freiheit“
ist immer
ein Irrtum
oder auch
eine Lüge:

Freiheit
herrscht nicht

Felix Droese: freiheit (2003)

4 a Versuchen Sie, die Bilder, die Rühmkorf verwendet, zu interpretieren: Welchen Versuchungen soll der Angesprochene widerstehen?
b Wie deuten Sie den Aufruf, „erschütterbar“ zu bleiben?

5 Interpretieren Sie Frieds Gedicht.

6 Bewerten Sie die drei politischen Gedichte: Welche scheinen Ihnen zeitgebunden, welche weniger? Begründen Sie Ihre Aussagen.

Wiederentdeckung der Subjektivität und Sprache der Beziehungen

Kurt Marti: **Happy End** (1960)

*Kurt Marti (*1921) ist Theologe und freier Schriftsteller in der Schweiz.*

Sie umarmen sich, und alles ist wieder gut. Das Wort ENDE flimmert über ihrem Kuss. Das Kino ist aus. Zornig schiebt er sich zum Ausgang, sein Weib bleibt im Gedrängel hilflos stecken, 5 weit hinter ihm. Er tritt auf die Straße, bleibt aber nicht stehen und geht, ohne sie abzuwarten, geht voll Zorn, und die Nacht ist dunkel. Atemlos, mit kleinen, verzweifelten Schritten, holt sie ihn ein, er geht und sie holt ihn wieder 10 ein und keucht. Eine Schande, sagt er im Gehen, eine Affenschande, wie du geheult hast, mich nimmt nur wunder warum, sagt er. Sie keucht. Ich hasse diese Heulerei, sagt er, ich hasse das. Sie keucht noch immer. Schweigend 15 geht er und voller Wut, so eine Gans, denkt er, und wie sie nun keucht in ihrem Fett. Ich kann doch nichts dafür, sagt sie endlich, ich kann wahrhaftig nichts dafür, es war so schön, und

Duane Hanson: Altes Ehepaar auf einer Bank (1994)

wenns schön ist, muss ich halt heulen. Schön, sagt er, dieser elende Mist, dieses Liebesgewin- 20 sel, das nennst du schön, dir ist ja nun wirklich nicht mehr zu helfen. Sie schweigt und geht und keucht. Was für ein Klotz, denkt sie, was für ein Klotz.

Herta Müller: **Mutter, Vater und der Kleine** (1982)

Herta Müller wurde 1953 in einem deutschsprachigen Dorf im rumänischen Banat geboren. 1987 siedelte sie in die Bundesrepublik über.

Viele Grüße von der sonnigen Schwarzmeerküste. Wir sind gut angekommen. Das Wetter ist schön. Das Essen ist gut. Die Kantine ist unten im Hotel, und der Strand ist gleich neben 5 dem Hotel.
Und Mutter kann die Lockenwickler nicht zu Hause lassen, und Vaters Schlafanzug und Mutters Morgenrock und Mutters Hausschuhe mit den seidenen Quasten auch nicht.
10 Vater ist der Einzige, der im Anzug und mit Krawatte in der Kantine sitzt. Doch Mutter will's nicht anders.
Das fertige Essen steht auf dem Tisch, dampft und dampft, und die Kellnerin ist wieder mal 15 freundlich zu Vater, und das bestimmt nicht zufällig. Und Mutter welkt das Gesicht, Mutter tropft die Nase. Mutter schwillt eine Ader am Hals, Mutter fällt eine Haarsträhne in die Augen, Mutter zittert der Mund, Mutter senkt den Löffel tief in die Suppe hinein. 20
Vater zuckt die Schultern, Vater schaut weiter auf die Kellnerin und vertropft die Suppe auf dem Weg zum Mund, spitzt dennoch die Lippen vor dem leeren Löffel und schlürft und steckt den Löffel bis zum Stiel in den Mund. Va- 25 ter schwitzt auf der Stirn.
Und schon hat der Kleine das Glas umgekippt. Das Wasser tropft durch Mutters Kleid zu Boden, schon hat er sich den Löffel in den Schuh gesteckt, schon hat er die Blumen aus 30 der Vase zerpflückt und über den grünen Salat gestreut.
Vater reißt die Geduld, Vaters Augen werden milchig und eiskalt, und Mutters Augen werden

dick und heiß. Es ist schließlich auch dein Kind, genauso wie es meines ist. Mutter, Vater und der Kleine gehen am Bierstand vorbei.
Vater verlangsamt den Schritt, und Mutter sagt, dass Biertrinken nicht in Frage kommt, nein, davon kann gar nicht die Rede sein.
Und Vater hasst das vom Sonnenbrand schon am ersten Tag krebsrot verbrannte Kind und hat Mutters schlürfenden Gang hinter sich, weiß, ohne sich umzudrehn, dass ihr auch diese Schuhe zu eng sind, dass auch daraus ihr Fleisch hervorquillt, wie aus allen anderen, dass keine Schuhe der Welt breit genug für ihre Füße sind, für ihren kleinen Zeh, der immer gekrümmt und wund gerieben und bandagiert ist.
Mutter zerrt das Kind neben sich her und sagt einen Satz vor sich hin, der so lang ist wie der Weg, dass Kellnerinnen Huren sind, verdorbene Geschöpfe, armselige Dinger, die es zu nichts bringen auf dieser Welt. Der Kleine weint und lässt sich im Gehen hängen und zu Boden fallen, und Mutters Fingerspuren leuchten röter auf seinen Wangen als der Sonnenbrand.
Mutter findet die Zimmerschlüssel nicht und stülpt die Handtasche um, und Vater ekelt es vor ihrer speckigen Brieftasche, ihrem ewig zerknüllten Geld, ihrem klebrigen Kamm, ihren ewig nassen Taschentüchern.
Da sind die Schlüssel endlich in Vaters Rocktasche, und Mutters Augen werden nass, Mutter krümmt sich und weint.
Und das Licht zuckt, und die Tür klemmt, und der Lift stockt. Vater vergisst das Kind im Lift. Mutter hämmert mit beiden Händen ein auf die Zimmertür.
Nachmittags gibt's das Mittagsschläfchen.
Vater schwitzt und schnarcht, Vater liegt auf dem Bauch, Vater vergräbt sein Gesicht und befleckt im Traum das Kissen mit Speichel. Der Kleine zerrt an der Decke, wühlt mit den Füßen, runzelt die Stirn und sagt im Traum das Gedicht von der Abschlussfeier im Kindergarten auf. Mutter liegt wach und starr in der schlecht gewaschenen Bettwäsche, unter der schlecht geweißten Zimmerdecke, hinter den schlecht gewaschenen Fensterscheiben. Auf dem Stuhl liegt ihre Handarbeit. Mutter strickt einen Arm. Mutter strickt einen Rücken, Mutter strickt einen Kragen, Mutter strickt ein Knopfloch in den Kragen.
Mutter schreibt eine Ansichtskarte: Hier sieht man das Hotel, in dem wir wohnen. Unser Fenster habe ich mit einem Kreuzchen angezeichnet. Das andere Kreuz unten im Sand zeigt den Platz, wo wir immer Sonnenbad machen. Wir gehen schon frühmorgens los, damit wir die Ersten sind, damit uns kein anderer den Platz besetzt.

Duane Hanson: Cheerleader (1986); Surfer (1987)

1 Vergleichen Sie die beiden Kurzprosatexte:

a Fassen Sie das Thema in je einem Satz zusammen.

b Bestimmen Sie die Erzählstrategie: Wer erzählt hier? Wo wird aus der Innensicht, wo aus der Außensicht berichtet?

c Untersuchen Sie das Verhalten der Figuren: Sehen Sie Hinweise auf den Standpunkt des Erzählers?

d Charakterisieren Sie die Sprache der beiden Texte.

2 Verfassen Sie eine gestaltende Interpretation zu Herta Müllers Text: Die „Mutter" vertraut sich ihrem Reisetagebuch an.

3 Prüfen Sie die Aktualität der Texte:
Wo zeigen sich Hinweise auf deren Entstehungszeit und inwiefern sind sie auf heute übertragbar?

Erwin Strittmatter: **Wasser im Spätherbst** (1971)

Erwin Strittmatter (1912–1994) gehörte zu den bekanntesten Schriftstellern der DDR und war Nationalpreisträger. Sein autobiografischer Roman „Der Laden" erzählt von seiner Jugend in einer Kleinstadt in der Niederlausitz. Im Krieg diente Strittmatter in einer Einheit der Ordnungspolizei, die 1943 der SS zugeordnet wurde. Diese Mitgliedschaft verschwieg er zeit seines Lebens.

Der Nebel fällt, und die Gräser glänzen. Die Sonne steht schräg, und die Krähen schwärmen. Klar ist das Wasser in Tümpeln und Teichen, rein und durchschaubar, bis auf den Grund. Alles, was sommers im Wasser schwebte, sank in die Tiefe, lebt dort im Sumpf. Sommer und Winter – Steigen und Sinken. Aber im Frühling entfliegen dem Moder blaue Libellen und schweben im Grün.

Erwin Strittmatter: **Rehe auf der Wiese** (1971)

Der Nebel war gefallen, die Gräser waren voll Tau, und der Morgen war schon fertig.
Ein Vogel rief im Strauch, wie wenn zerschnittene Grünbohnen in eine irdene Schüssel fallen: „Schnipp, schnipp!"
Den Warnruf fingen zwei Rehe auf. Sie standen in einer Wiese, hatten die Köpfe gehoben und spielten mit den Lauschern: Ein Bild, das ich hundertmal sah.
Aber kein Morgen und kein lauschendes Reh gleichen dem anderen. Die Gleichmacher sind unsere unzulänglichen Sinne, und wir täuschen uns, wenn wir von zwei Dingen, denen wir Gattungsnamen gaben, glauben, sie seien danach auch im Wesen gleich.

1 In beiden Texten Strittmatters geht es um die Betrachtung eines Nebelmorgens.
a Analysieren Sie die Texte und arbeiten Sie heraus, durch welche sprachlichen Mittel die unterschiedliche Atmosphäre der Texte erzeugt wird.
b „Rehe auf der Wiese" endet mit einer (sprach)philosophischen Betrachtung.
Verfassen Sie auch zu „Wasser im Spätherbst" einen solchen abschließenden Abschnitt.

Friederike Mayröcker: **Der Aufruf** (1974)

Mein Leben:
ein Guckkasten mit kleinen Landschaften
gemächlichen Menschen
vorüberziehenden Tieren
5 wohl bekannten wiederkehrenden Szenerien

plötzlich aufgerufen bei meinem Namen
steh ich nicht länger im windstillen Panorama
mit den bunten schimmernden Bildern
sondern drehe mich wie ein schrecklich
10 glühendes Rad
einen steilen Abhang hinunter
aller Tabus und Träume von gestern entledigt
auf ein fremdes bewegtes Ziel gesetzt:

ohne Wahl
15 aber mit ungeduldigem Herzen

Rolf Dieter Brinkmann: **Selbstbildnis im Supermarkt** (für Dieter Wellershoff) (1968)

In einer
großen
Fensterscheibe des Super-
markts

5 komme ich mir selbst
entgegen, wie ich bin.

Der Schlag, der trifft, ist
nicht der erwartete Schlag
aber der Schlag trifft mich

10 trotzdem. Und ich geh weiter

bis ich vor einer kahlen
Wand steh und nicht weiter
weiß.

Dort holt mich später dann
15 sicher jemand

ab.

Günter Kunert: Selbstporträt (1949)

1 Was verändert sich an der Aussage der Gedichte, wenn das Personalpronomen „ich" durch das der 2. oder 3. Person Singular ersetzt wird?

2 **a** Analysieren Sie die Gedichte: Was erfahren Sie über das lyrische Ich, was über seine Beziehung zu seiner Umwelt?

b Wie das lyrische Ich in „Der Aufruf" beschäftigt sich auch die Sprecherin in Eva Strittmatters 1970 entstandenem Gedicht „Interruptio" (► S. 279) mit einem Einschnitt in ihrem Leben. Interpretieren Sie die Gedichte im Vergleich.

3 **a** Erläutern Sie, worin sich bildliche und sprachlich gestaltete Selbstporträts unterscheiden.

b Versetzen Sie sich in den Mann in Kunerts „Selbstporträt" und entwerfen Sie ein Gedicht mit dem gleichen Titel.

Information **Deutschsprachige Literatur zwischen 1960 und 1989**

Allgemeingeschichtlicher Hintergrund: 1961 ließ die Regierung der DDR die **Mauer** errichten, um der Republikflucht ein Ende zu setzen. Der **Kalte Krieg** zwischen den USA und ihren Verbündeten einerseits und der Sowjetunion und ihren Verbündeten andererseits setzte sich fort. Beide Bündnisse betrieben die (atomare) Aufrüstung. Es kam zu bedrohlichen Konfrontationen (Kuba-Krise, 1962) und Kriegen (Vietnam-Krieg 1965–75). Obwohl bereits Ende der 1960er Jahre die so genannte **Entspannungspolitik** (Willy Brandt) einsetzte, führten erst die Ostverträge und der wirtschaftliche Niedergang der sozialistischen Staaten zu einem Kurswechsel der Sowjetregierung ab Mitte der 1980er Jahre und zur Öffnung des **Eisernen Vorhangs**.

Weltbild und Lebensauffassung: Während die Wirtschaft in der **Bundesrepublik** expandierte, nahm das Unbehagen der jungen Generation zu. Die **Studentenbewegung** forderte die Veränderung der als autoritär empfundenen staatlichen und gesellschaftlichen Strukturen und eine Aufarbeitung des Nationalsozialismus. Sie fand ihren Höhepunkt in den Unruhen im Jahr **1968.**
In den 1970er Jahren drohten die Aktivitäten der terroristischen **RAF** die Gesellschaft zu spalten (Deutscher Herbst 1977), obwohl es der sozialliberalen Regierung gelang, weite Teile der APO (Außerparlamentarische Opposition) und der Studentenbewegung aufzufangen.
In der **DDR** kam es Anfang der 1960er Jahre zu einer tief greifenden Zäsur: Die Aufbauphase des Sozialismus galt als beendet, es wurde der Beginn der **entwickelten sozialistischen Gesellschaft** ausgerufen (Kollektivierung der Landwirtschaft, Verstaatlichung der Industrie). Der Aufmarsch von Truppen der DDR an der Grenze zur Tschechoslowakei während der Niederschlagung des **Prager Frühlings** im Jahr 1968 zeigte das Auseinanderklaffen von Utopie und Wirklichkeit. Auch die 68er-Bewegung aus dem Westen trug zu einer Politisierung gerade der jungen Generation bei. Nach dem **Machtwechsel** von Walter Ulbricht zu Erich Honecker im Jahre 1971 kam es zu einer Phase relativen wirtschaftlichen Wohlstands für die Bevölkerung. Honecker verkündete das „Ende aller Tabus in der Kunst" der **DDR**, freilich nur, „wenn man von der festen Position des Sozialismus ausgeht". Diese Entspannung in der Kulturpolitik dauerte bis Mitte der 1970er Jahre an. 1976 wurde der Liedermacher Wolf Biermann ausgewiesen, wogegen zahlreiche Autorinnen und Autoren erfolglos protestierten. Etliche verließen das Land. Die Republikflucht blieb das zentrale Problem der deutsch-deutschen Beziehungen. Ab Mitte der 1980er Jahre formierten sich, oft mit Unterstützung der Kirchen, Bürgerrechtsbewegungen mit dem Ziel, eine Demokratisierung in der DDR und eine Öffnung der Grenzen zu erreichen.
In beiden deutschen Staaten entwickelte sich, ausgelöst durch die verstärkte Nutzung der Atomkraft, auf breiterer Basis ein **ökologisches Bewusstsein.** Die Anti-Baby-Pille trug zur **Emanzipation der Frauen** bei.

Literatur: Die um 1960 einsetzende **Politisierung der Literatur in der Bundesrepublik** zeigte sich nicht nur in den zeitkritischen Romanen einiger Autoren der Gruppe 47, die damit der neuen deutschen Literatur auch international Ansehen verschafften, sondern auch in der Lyrik und im Drama. Das **politische Gedicht** gewann wieder wie in den 1920er Jahren, zur Zeit der **„Neuen Sachlichkeit"** (▸ S. 394–396), an Bedeutung. Ein Vorbild für diese Art von gesellschaftlich engagierter Dichtung war das Werk des bis zu seinem Tod 1956 in der DDR lebenden **Bertolt Brecht**. Neben Brechts **epischem Theater** hielten zwei weitere Neuerungen auf den Bühnen Einzug: das **politische Dokumentartheater,** in dem zeitgeschichtliche Themen unter Verwendung von authentischem Material aufgearbeitet wurden, und das **kritisch-realistische Volksstück**.

Ende der 1960er Jahre wurde in dem von **Hans Magnus Enzensberger** herausgegebenen Kulturmagazin „Kursbuch“ der **Tod der politisch ohnmächtigen Literatur** verkündet und zur direkten gesellschaftsverändernden Aktion aufgerufen. Zum ersten Mal wandte sich eine Gruppe von Autoren auch gezielt der **Arbeitswelt** zu, den Fabriken und Großraumbüros, die bis dahin in der Literatur kaum thematisiert worden waren (**Günter Wallraff**).
Bereits 1959 hatte in der **DDR** die 1. Bitterfelder Kulturkonferenz stattgefunden, in deren Folge sich eine neue Spielart des **sozialistischen Realismus** entwickelte: Bis 1964 folgte die Literatur dem **Bitterfelder Weg**. Die Arbeiter selbst wurden zum Schreiben ermuntert unter der Losung „Greif zur Feder, Kumpel – die sozialistische Nationalliteratur braucht dich!“ (A. Kurella). Berufsschriftsteller forderte man auf, sich durch Betriebsaufenthalte stärker als bisher mit der realen Arbeitswelt vertraut zu machen und darüber zu schreiben.
Im April 1964 fand in der **DDR** die 2. Bitterfelder Konferenz statt. Unter den Schriftstellern meldete sich jetzt verstärkt die junge Generation zu Wort. Es entstanden Werke, die oftmals die Eingliederung Jugendlicher in die Gesellschaft sowie das alltägliche Leben in der DDR kritisch beschrieben. **Brigitte Reimanns** programmatische Erzählung „Ankunft im Alltag“ (1961) gab dieser Literatur den Namen **Ankunftsliteratur**. Ihre Generation fragte ungeduldig nach der Verwirklichung der sozialistischen Ideale und erinnerte immer wieder an die marxistische Utopie einer herrschaftsfreien Gesellschaft. Bevorzugte Themen der **Lyrik** waren das Verhältnis des Menschen zur Natur, die wissenschaftlich-technische Revolution, Hoffnung und Realisierung der kommunistischen Ideale, aber auch diesbezügliche Resignation, das Konsumdenken und nicht zuletzt das Thema Liebe. Ab Mitte der 1960er Jahre löste sich die Literatur zunehmend von den ästhetischen Vorgaben des sozialistischen Realismus (s. o.) und experimentierte mit Erzählstrategien und sprachlichem Material.
In den 1970er Jahren setzte sich in **beiden deutschen Staaten** neben der Fortführung der politisch-kritischen Literatur eine Rückbesinnung auf das eigene Ich durch. Romane und Kurzgeschichten der **neuen Subjektivität** behandelten Probleme der Alltagskommunikation, der menschlichen Beziehungen. Erfahrungssplitter und persönliche Impressionen wurden in so genannten **Alltagsgedichten** thematisiert.
In den 1980er Jahren setzte sich **in der Bundesrepublik** die Tendenz, die eigene Lebensgeschichte schreibend zu verarbeiten, in Werken fort, in denen eine Auseinandersetzung mit der Väter-Generation stattfand („Väter-Literatur“). Das auffallendste Schlagwort für die Literatur dieser Zeit war indessen **„Postmoderne“.** Typisch für die als postmodern aufgefasste Literatur ist das Spiel mit tradierten Mustern, Mythen und Motiven.
In der **DDR wie in der Bundesrepublik** entstanden in den 1980er Jahren Werke mit deutlicher erkennbarem politischem Inhalt: wachsendes Katastrophenbewusstsein angesichts der fortschreitenden Umweltzerstörung, Angst vor atomarer Bedrohung und gesellschaftliche Widersprüche. Andererseits wird die Tendenz zum Rückzug in die Innerlichkeit fortgeschrieben.

Wichtige Autorinnen/Autoren und Werke:
West
Max Frisch (Schweizer; 1911–1991): „Mein Name sei Gantenbein“ (Roman); „Andorra“ (Drama)
Peter Weiss (1916–1982): „Die Ermittlung“ (Dokumentarstück); „Abschied von den Eltern“ (Erzählung); „Die Ästhetik des Widerstands“ (Roman-Trilogie)
Friedrich Dürrenmatt (Schweizer; 1921–1990): „Die Physiker“ (Komödie); „Justiz“ (Roman)
Erich Fried (1921–1988): „und Vietnam und“, „Die Beine der größeren Lügen“ (Gedichte)

Heinar Kipphardt (1922–1982): „In der Sache J. Robert Oppenheimer" (Dokumentarstück)
Dieter Wellershoff (*1925): „Die Schattengrenze" (Roman); „Die Sirene" (Novelle)
Siegfried Lenz (*1926): „Deutschstunde" (Roman); „So zärtlich war Suleyken" (Kurzgeschichten)
Martin Walser (*1927): „Ein fliehendes Pferd" (Novelle); „Das Schwanenhaus" (Roman)
Günter Grass (*1927): „Der Butt", „Die Rättin" (Romane); „Katz und Maus" (Novelle)
Hans Magnus Enzensberger (*1929): „Die Furie des Verschwindens" (Gedichte); „Politik und Verbrechen", „Nomaden im Regal" (Essays)
Peter Rühmkorf (1929–2008): „Haltbar bis Ende 1999" (Gedichte)
Rolf Hochhuth (*1931): „Der Stellvertreter" (Dokumentarstück)
Rolf Dieter Brinkmann (1940–1975): „Was fraglich ist wofür", „Rolltreppen im August" (Gedichte); „Rom, Blicke" (Briefe mit Collagen)
Peter Handke (Österreicher; *1942): „Publikumsbeschimpfung" (Theaterstück); „Die Angst des Tormanns beim Elfmeter", „Wunschloses Unglück" (Erzählungen)
Patrick Süskind (*1949): „Das Parfum" (Roman)

Ost
Peter Huchel (1903–1981): „Gezählte Tage" (Gedichte)
Erwin Strittmatter (1912–1994): „Ole Bienkopp" (Roman); Kurzprosa
Stefan Heym (1913–2001): „5 Tage im Juni", „Der König David Bericht" (Romane)
Hermann Kant (*1926): „Die Aula" (Roman)
Peter Hacks (1928–2003): „Die Sorgen und die Macht" (Drama)
Christa Wolf (*1929): „Der geteilte Himmel", „Nachdenken über Christa T.", „Kassandra" (Romane)
Heiner Müller (1929–1995): „Die Umsiedlerin oder das Leben auf dem Lande" (Drama)
Günter Kunert (*1929): „Unschuld der Natur" (Gedichte); „Die Beerdigung findet in aller Stille statt" (Prosa)
Reiner Kunze (*1933): „Sensible Wege" (Gedichte); „Die wunderbaren Jahre" (Kurzprosa, nur in der BRD erschienen)
Brigitte Reimann (1933–1973): „Franziska Linkerhand" (Roman)
Uwe Johnson (1934–1984): „Mutmaßungen über Jakob", „Zwei Ansichten" (Romane)
Ulrich Plenzdorf (1934–2007): „Die neuen Leiden des jungen W." (Roman); „Die Legende von Paul und Paula" (Drehbuch)
Sarah Kirsch (*1935): „Landaufenthalt", „Zaubersprüche" (Gedichte)
Wolf Biermann (*1936): „Mit Marx- und Engelszungen", „Für meine Genossen" (Gedichte)
Jurek Becker (1937–1997): „Jakob der Lügner", „Bronsteins Kinder" (Romane)
Volker Braun (*1939): „Training des aufrechten Gangs" (Gedichte); „Hinze-Kunze-Roman"
Christoph Hein (*1944): „Drachenblut" (Novelle); „Die Ritter der Tafelrunde" (Drama)

1 Stärker als in der Bundesrepublik war das literarische Schaffen der DDR in den frühen Jahren von der Politik geprägt. Erarbeiten Sie wichtige Stationen der Kulturpolitik der DDR in den 1950er bis 1970er Jahren.
2 Politisches Engagement oder Ausdruck der Subjektivität – Erörtern Sie Ihr Verständnis von der Funktion und Aufgabe von Literatur. Sie können dabei auf die Texte des Teilkapitels 6.2 (▶ S. 417–432) zurückgreifen.

6.3 Deutschland – einig Vaterland? – Literatur nach 1989

Die „Wende" und kein Ende

Mit den politischen Veränderungen nach der Maueröffnung 1989 und der Vereinigung der beiden deutschen Staaten 1990 ist auch eine neue Situation für die Literatur entstanden. Während sich die Autorinnen und Autoren in den 1980er Jahren nur sporadisch mit aktuellen politischen Themen auseinandersetzten, entstand nach der so genannten Wende eine Fülle von Literatur zur Wiedervereinigung.

Heinz Czechowski: **Die überstandene Wende** (November 1989)

Was hinter uns liegt,
Wissen wir. Was vor uns liegt,
Wird uns unbekannt bleiben. Bis wir es
Hinter uns haben.

Reiner Kunze: **Die Mauer** (1990)

Als wir sie schleiften[1], ahnten wir nicht,
wie hoch sie ist
in uns

Wir hatten uns gewöhnt
5 an ihren horizont

Und an die windstille

In ihrem schatten warfen
alle keinen schatten

Nun stehen wir entblößt
10 jeder entschuldigung

1 **eine Mauer schleifen:** (militärsprachl.) eine Mauer niederlegen

Adelheid Johanna Hess: **Verfehlt** (1991)

Wir
Fanden
Zusammen
Aber
5 Trafen uns
Nicht
Der Blick
In des andern
Augen
10 Sah nur
Uns selbst
Unser Reden
Kein Verstehen
Unser Schweigen
15 Kein Erkennen
Die Mauer
Im verkopften
Herz

Yaak Karsunke: **zur schönen aussicht** (1990)

die täter – so hört man – sind nicht
nur bereit ihren opfern
voll zu verzeihen nein mehr noch

sie sind entschlossen
5 die vergangenheit ruhen zu lassen
den blick nach vorne zu richten
& mit ihren opfern gemeinsam
einen neuen anfang zu wagen

gänzlich unbelastet von ihren
10 früheren taten

Durs Grünbein: **Novembertage I. 1989** (1999)

An diesem Abend brach ein Stottern die Gesetze,
Ein Lesefehler hob die heiligen Verbote auf.
So nüchtern wie die Meldung in die Welt ging
Vor Mikrofon und Kamera, war jener Spuk vorbei,
5 Den sie verordnet hatten. Erstmals sah man
Die kommunistischen Auguren[1] zögernd lächeln
Wie Spieler, die verlieren, und jetzt wissen sie,
Was sie, gewiegt in Sicherheit, vergessen hatten.
Mit einer letzten Drohung, einer Atempause,
10 Erklärten Greise meine Geiselnahme für beendet.
In dieser Nacht, als man die Schleusen aufzog,
Ergoss ein Menschenstrom sich in den hellen Teil
Der Stadt, die eine Festung war seit dreißig Jahren,
Geschleift von einem falschen Wort im Protokoll.
15 Bevor die Eisentore widerriefen, hob die Menge
Den Bann auf, der hier alle Muskeln lähmte.
Mit offnem Mund am Straßenrand ein Offizier
Stand wie verrenkt, weil kein Befehl mehr lenkte,
Das Machtwort ausblieb wie seit Jahren nie.
20 Als gegen Morgen auf den Boulevards im Westen,
Nach Feuerwerk und Kreisverkehr und Tränen,
Das Freibier ausging, war das Glück vollkommen.
Bei einer Kreuzung stand verlassen, abgebrannt
Bis zu den Rädern, ein *Trabant*, und die Besitzer
25 Hatten den Autoschlüssel an den Baum gehängt.
Von ihren Kindern angetrieben, ganze Clans
Zogen durchs Zentrum, orientierungslos und still.
Die Ersten schliefen schon, sie lagen eingerollt
Vorm Kaufhaus selig unter den Vitrinen,
30 Auf teurem Pflaster träumend freien Grund.

1 **Auguren:** im alten Rom Beamte, deren Aufgabe es war, die Zukunft zu deuten

Sarah Kirsch: **Aus dem Haiku-Gebiet** (1991) – Auszug

Das neue Jahr: Winde
Aus alten Zeiten
Machen mir Zahnweh.

*

5 Unter dem Himmel des
Neuen Jahrs gehen die
Alten Leute.

*

Wie der Schnee sie auch
10 Verklärt – meine Heimat
Sieht erbärmlich aus.

*

Das Jahr geht hin
Noch immer trage ich
15 Reisekleider.

1 Informieren Sie sich über den Herbst 1989. Ziehen Sie möglichst Bild- oder Filmmaterial zur Maueröffnung heran.

2 Vergleichen Sie die Gedichte.

a Welche Gefühlslagen werden in den Gedichten angesprochen, welche Fragestellungen aufgeworfen?

b Inwieweit wird jeweils deutlich, dass sich der lyrische Sprecher/die lyrische Sprecherin in einer historischen Umbruchsituation sieht?

c Charakterisieren Sie jeweils die Sprache der Gedichte.

3 Politische Lyrik im engeren Sinne enthält eine eindeutige politische Aussage. Erörtern Sie, ob man die vorliegenden Gedichte der so verstandenen politischen Lyrik zuordnen kann.

Christa Wolf: Rede am 4. November 1989

Jede revolutionäre Bewegung befreit auch die Sprache. Was bisher so schwer auszusprechen war, geht uns auf einmal frei über die Lippen. Wir staunen, was wir offenbar schon lange gedacht haben und was wir uns jetzt laut zurufen: Demokratie – jetzt oder nie!, und wir meinen Volksherrschaft, und wir erinnern uns der steckengebliebenen oder blutig niedergeschlagenen Ansätze in unserer Geschichte und wollen die Chance, die in dieser Krise steckt, da sie alle unsere produktiven Kräfte weckt, nicht wieder verschlafen; aber wir wollen sie auch nicht vertun durch Unbesonnenheit oder die Umkehrung von Feindbildern.
Mit dem Wort „Wende" habe ich meine Schwierigkeiten. Ich sehe da ein Segelboot, der Kapitän ruft „Klar zur Wende!", weil der Wind sich gedreht hat, und die Mannschaft duckt sich, wenn der Segelbaum über das Boot fegt. Stimmt dieses Bild? Stimmt es *noch* in dieser täglich vorwärtstreibenden Lage? Ich würde von „revolutionärer Erneuerung" sprechen. Revolutionen gehen von unten aus. „Unten" und „oben" wechseln ihre Plätze in dem Wertesystem, und dieser Wechsel stellt die sozialistische Gesellschaft vom Kopf auf die Füße. Große soziale Bewegungen kommen in Gang, soviel wie in diesen Wochen ist in unserem Land noch nie geredet worden, *miteinander* geredet worden, noch nie mit dieser Leidenschaft, mit soviel Zorn und Trauer, und mit soviel Hoffnung. Wir wollen jeden Tag nutzen, wir schlafen nicht oder wenig, wir befreunden uns mit Mengen neuer Menschen, und wir zerstreiten uns schmerzhaft mit anderen. Das nennt sich nun „Dialog", wir haben ihn gefordert, nun können wir das Wort fast nicht mehr hören und haben doch noch nicht wirklich gelernt, was es ausdrücken will. Mißtrauisch starren wir auf manche plötzlich ausgestreckte Hand, in manches vorher so starre Gesicht: „Mißtrauen ist gut, Kontrolle noch besser" – wir drehen alte Losungen um, die uns gedrückt und verletzt haben, und geben sie postwendend zurück. Wir fürchten, benutzt zu werden, „verwendet", und wir fürchten, ein ehrlich gemeintes Angebot auszuschlagen. In diesem Zwiespalt befindet sich nun das ganze Land. Wir wissen, wir müssen die Kunst üben, den Zwiespalt nicht in Konfrontation ausarten zu lassen: Diese Wochen, diese Möglichkeiten werden uns nur einmal gegeben – durch uns selbst. [...] [R]

4 Analysieren Sie den Ausschnitt aus Christa Wolfs Rede.
 a Fassen Sie die wichtigsten Thesen zusammen.
 b Welche Hoffnungen und welche Wünsche kommen hier zum Ausdruck?
 c Untersuchen Sie, welche sprachlichen Mittel Christa Wolf verwendet.

5 Weiterführende Aufgabe: In den Gedichten (▸ S. 436–437) und in Christa Wolfs Rede wird jeweils eine andere Sichtweise deutlich. Arbeiten Sie aus jedem Text die Sicht auf die Ereignisse des Jahres 1989 heraus und stellen Sie einen Infokasten her: Name und Stellung des Autors/der Autorin; Hauptaussage; Intention; sprachliche Besonderheiten.

6 Organisieren Sie eine Talkshow mit vier fiktiven Personen und einem Gesprächsleiter, einer Gesprächsleiterin. Die vier Personen vertreten Standpunkte, wie sie aus den Texten dieses Teilkapitels deutlich werden. Welche Texte fassen Sie dabei für eine der Personen zusammen?

7 Referat: Stellen Sie Ihrem Kurs einen Roman zur deutschen Wiedervereinigung vor, z. B.
- **Hanns-Josef Ortheil**: „Abschied von den Kriegsteilnehmern" (1993),
- **Thomas Brussig**: „Helden wie wir" (1995),
- **Günter Grass**: „Ein weites Feld" (1995),
- **Erich Loest**: „Nicolaikirche" (1995),
- **Christoph Hein**: „Landnahme" (2004).

Einblicke und Ausblicke

Günter Kunert: **Die Botschaft des Hotelzimmers an den Gast** (02.01.2000) – Auszug

Herbert Marcuse[1] hatte in einem Aufsatz gesagt, es sei durchaus möglich, dass die technische Hochzivilisation mit einer Barbarei Hand in Hand gehen könnte. Das ist nicht nur zu bejahen, wir müssen heute als Technik-gebrannte Kinder vielmehr annehmen, dass beide, Technik wie Barbarei, sogar einander bedingen. Wenn es sich auch bei der neuen Barbarei um keine der rohen Gewalt, des grausigen Terrors, der hemmungslosen Unterdrückung handelt, sondern eben um eine bisher unbekannter Qualität, da der Großteil unserer Zeitgenossen, insbesondere der jüngere, derart den Maschinen adaptiert ist, dass alles Menschliche ihm fremd zu werden droht. Die Apparate produzieren Monaden, welche sich umeinander kaum zu kümmern vermögen, weil ihre seelischen Beziehungen untereinander eingeschränkt sind und ständig dürftiger werden. Zum schlimmen Schluss bleibt ein Wesen übrig, das aus sich heraus weder lebens- noch liebesfähig ist. Und sich selber entfremdet.

1 **Herbert Marcuse:** Philosoph und Soziologe. Sein Werk „Der eindimensionale Mensch" (1964) war eines der wichtigsten Bücher der Studentenbewegung.

1 a Erläutern Sie, was Kunert unter der „neuen Barbarei" versteht.
b Vergleichen Sie den Text mit anderen, die ebenfalls zu Beginn eines neuen Jahrhunderts verfasst wurden (z. B. ▸ S. 253–254 und ▸ S. 357).
2 Schreiben Sie selbst einen Text, in dem Sie Kunert antworten und Ihre Erwartungen an unser Jahrhundert formulieren.

Hans Magnus Enzensberger: **Selbstgespräch eines Verwirrten** (2001)

Wir sind die einen, und die andern sind die andern. Nur damit das klar ist! Die andern sind immer schon da, und sie gehen uns immer auf die Nerven. Nie können sie einen in Ruhe lassen! Wenn sie nur anders wären, das ginge ja noch. Aber nein, sie bilden sich ein, sie wären etwas Besseres. Die anderen sind arrogant, wissen alles besser, können uns nicht ausstehen. Schwer zu sagen, was sie sich eigentlich denken. Manchmal haben wir den Eindruck, daß sie verrückt sind. Eines ist sicher: sie wollen was von uns, lassen uns nicht in Frieden. Provozierend, wie sie uns mustern, als wären wir aus einem Zoo entlaufen, oder als wären wir Aliens. Das wenigste, was man sagen kann: wir fühlen uns von ihnen bedroht. Wenn wir uns nicht wehren, werden sie uns alles wegnehmen, was wir haben. Am liebsten würden sie uns umbringen.

Andererseits, eine Welt ohne die anderen können wir uns gar nicht mehr vorstellen. Manche behaupten sogar, daß wir sie brauchen. Unsere ganze Energie verwenden wir auf die andern, den ganzen Tag und sogar in der Nacht denken wir an sie. Obwohl wir sie nicht ausstehen können, hängen wir an ihnen. Natürlich wären wir froh, wenn sie weggingen, irgendwohin, wo wir sie nicht mehr sehen müßten. Aber was dann? Entweder hätten wir andere andere am Hals, und dann ginge das Ganze von vorne an, wir müßten die neuen andern studieren, uns gegen sie wehren, oder noch schlimmer: wir fingen an, uns untereinander zu streiten, und dann wären natürlich die einen von uns die anderen, und es wäre aus und vorbei mit unserem Wir.
Manchmal frage ich mich, ob wir wirklich die einen sind. Denn natürlich sind wir gleichzeitig die anderen der anderen. Auch die brauchen ja

jemanden, den sie nicht ausstehen können, und das sind sicherlich wir. Nicht nur wir hängen an ihnen, sie hängen genauso an uns, und zwar wären sie froh, wenn wir weggingen, irgendwohin, wo sie uns nicht mehr sehen müßten. Aber dann würden sie uns wahrscheinlich vermissen. Kaum hätten sie uns los, würden sie sich untereinander bis aufs Blut streiten, genau wie wir, wenn die anderen verschwänden.

Das darf ich natürlich bei uns nicht laut sagen, es ist nur so ein Hintergedanke von mir, den ich lieber für mich behalte. Denn sonst würden alle sagen: jetzt wissen wir Bescheid, mein Lieber! Du bist im Grunde gar keiner von uns, nie gewesen, du hast uns getäuscht! Du bist einer von den andern! Und dann hätte ich nichts zu lachen. Sie würden mir den Hals umdrehen, das steht fest. Ich sollte nicht soviel darüber nachdenken, das ist nicht gesund.

Vielleicht hätten die Meinigen sogar recht. Manchmal weiß ich selber nicht mehr, ob ich einer von den einen bin oder einer von den anderen. Das ist ja das Schlimme. Je länger ich darüber nachgrüble, desto schwerer fällt es mir, zwischen uns und den andern zu unterscheiden. Jeder von den einen sieht, wenn man genauer hinschaut, den anderen verdammt ähnlich, und umgekehrt. Manchmal weiß ich selber nicht mehr, ob ich einer von den einen bin oder ein anderer. Am liebsten wäre ich ich selber, aber das ist natürlich unmöglich. [R]

1 Fassen Sie den Text in maximal drei Sätzen zusammen und vergleichen Sie anschließend Ihre Ergebnisse. Überprüfen Sie diese am Text.
2 Diskutieren Sie die Funktion der „andern" auf den verschiedenen denkbaren Ebenen und – damit verbunden – auch die Frage nach deren Bedeutung für Ihre eigene Identität.
3 Wie ist der pointierte Schlusssatz zu verstehen?

Botho Strauß: Mikado (2006)

Zu einem Fabrikanten, dessen Gattin ihm während eines Messebesuchs entführt worden war, kehrte nach Zahlung eines hohen Lösegelds eine Frau zurück, die er nicht kannte und die ihm nicht entführt worden war. Als die Beamten sie ihm erleichtert und stolz nach Hause brachten, stutzte er und erklärte: Es ist Ihnen ein Fehler unterlaufen. Dies ist nicht meine Frau.

Die ihm Zu-, jedoch nicht Zurückgeführte stand indessen hübsch und ungezwungen vor ihm, wachsam und eben ganz neu. Außerdem schien sie schlagfertig und geistesgegenwärtig zu sein. Den Beamten, die betreten unter sich blickten, gab sie zu verstehen, ihr Mann habe unter den Strapazen der vergangenen Wochen allzu sehr gelitten, er sei von der Ungewissheit über das Schicksal seiner Frau noch immer so durchdrungen und besetzt, dass er sie nicht auf Anhieb wiedererkenne. Solch eine Verstörung sei bei Opfern einer Entführung und ihren Angehörigen nichts Ungewöhnliches und werde sich bald wieder geben. Darauf nickten die Beamten verständnisvoll, und auch der tatsächlich verwirrte Mann nickte ein wenig mit.

Aus seinen dunkelsten Stunden war also unversehens diese völlig Fremde, diese helle und muntere Person aufgetaucht, die den übernächtigten Fabrikanten von seinen schlimmsten Befürchtungen zwar ablenkte, diese aber keinesfalls zerstreute.

Schon am nächsten Morgen – sie schlief im Gästezimmer – fand er sie in der Garage vor einem am Drahtseil aufgehängten Fahrrad, dem kaum benutzten Fahrrad ihrer Vorgängerin. Sie hatte die Reifen abmontiert, die Schläuche geflickt, die Felgen geputzt und die Pedale geölt. Eine Fahrradflickerin!, dachte der Mann, der ihr eine Weile bei den Verrichtungen zusah. Eine gelehrte Frau habe ich verloren und dafür eine Fahrradflickerin bekommen!

Aber dann spekulierte er für den Bruchteil einer Sekunde, was die Zukunft wohl für sie beide bereithalte und ob er je mit ihr auf große Tour gehen werde. Neben den flüchtigen erbaulichen Momenten bewegten ihn aber Zweifel, ob die Anwesenheit dieser einfühlsamen Unbekannten nicht ein tückischer Hinterhalt sein könnte. Ob die Entführer nicht aus reinem Zynismus und nur um die Liebe zu seiner geraubten Frau, der gelehrten, zu verhöhnen, ihm diese naive, bedenkenlos patente Heimwerkerin geschickt hätten. Als zusätzliche Marter, aber auch zur Vorbereitung neuer Erpressungen.

Ganz verstehe ich es immer noch nicht, sagte er auf einmal mit entwaffnender Unbeholfenheit.

Sie lächelte hinter flimmernden Speichen und sagte: Genau wie seinerzeit in Madrid. Du erinnerst dich? Ich hatte doch immer dies lähmende Vorausgefühl.

In Madrid?, fragte der Mann, schon mit einem Anklang von gewöhnlicher Ehegattennachfrage.

Ja, als wir mit dem ganzen Club, unseren besten Freunden auf der Plaza Mayor –

Natürlich. Ich erinnere mich.

Meine Handtasche war gerade noch da. Und hätte mich nicht dies lähmende Vorausgefühl ergriffen, dass sie mir im nächsten Augenblick gestohlen würde, dann hätte ich besser aufgepasst. Schon war sie weg!

Und das am Morgen deines dreißigsten Geburtstags!

Ausgerechnet. Man lädt die besten Freunde ein, und irgendein Dieb ist immer darunter.

Aufhören!, rief der Mann ungehalten. Schluss mit dem Falschspiel! Du kannst das nicht wissen. Nicht du!

Na, so war's aber. War's nicht so? So war's doch aber.

Am Nachmittag war er mit einem guten Freund verabredet. Er traf ihn in der Hoffnung, einen Zeugen dafür zu gewinnen, dass man ihm die falsche Frau nach Hause gebracht hatte. Es stellte sich jedoch heraus, dass dieser echauffierte[1] Mensch auf einmal über alles anders dachte, als er bisher gedacht hatte – über Politik, Geld, seine Kinder und seine Vergangenheit. Mit einem Schlag hatte sein Geist die Farbe, den Geschmack, die Richtung und sogar die Geschwindigkeit gewechselt. Da dachte der Mann der Entführten: Es muss doch wohl an mir liegen. Die Menschen wechseln offenbar ihr Inneres genauso schnell wie ihr Äußeres. Sie stülpen sich um und bleiben doch dieselben! Mir scheint, ich habe da eine bestimmte Entwicklung nicht ganz mitbekommen. Also wäre die junge Fahrradflickerin am Ende doch niemand anderes als meine umgestülpte Frau, ja, sie ist wohl die meine, wie sie's immer war. Ich habe weit mehr als mein Vermögen für sie geopfert. Da sitzt sie nun auf meinem Bett, hübsch und rund: mein Schuldenberg. Es bleibt mir keine andere Wahl, ich muss nehmen, was sich bietet, ich könnte nie ein zweites Lösegeld bezahlen. Da trat aus seinem Inneren ein Bild hervor, und er sah die Entführte in ihrem Kellerloch, in ihrer Haft. Ein Stuhl, ein Schlafsack und ein Campingklo. Und gänzlich ohne Bücher. So sah er die Gelehrte, und so verharrte sie in der Gefangenschaft.

Eines Tages würde sich alles klären. Oder aber es würde sich niemals klären. Zu beidem war er bereit: zu des Rätsels Lösung wie auch das Rätsel zu leben. Nur eine Entscheidung zwischen dem einen und dem anderen konnte er sich nicht abringen.

Am Abend lud er die Geschickte zu einem Mikadospiel mit kostbaren, uralten japanischen Stäben, die er seit Jahren einmal am Tag auswarf und zusammen mit seiner Frau auflas. *Nur um füreinander die Fingerspitzen ein wenig zu sensibilisieren* – so hatte es stets geheißen, wenn seine Frau ihn zum Spiel bat und sich mit dem schiefen Lächeln der Gelehrten eine dezente Anzüglichkeit erlaubte. Dieselbe Bemerkung kam nun von der Geschickten, und sie lächelte dazu vollkommen ungezwungen.

Die Stäbchen aus lackiertem Zedernholz lagen auseinandergefallen auf dem hellen Birnbaumtisch. Da rieb sich der Mann die Hände und sagte in einem veränderten, aufgeräumten Ton: Nur zu, du kleines Rätsel. Nun zeig, was du kannst!

Dazu gab er ihr einen burschikosen[2] Klaps auf die Schulter. Sie entgegnete mit einem unter-

1 **echauffiert:** erhitzt, aufgeregt
2 **burschikos:** knabenhaft, jungenhaft

135 drückten Fluch, da sie den Arm gerade zum Spiel ausgestreckt hatte. Ihre ruhige Hand löste nun etliche Stäbe aus labilster Lage, ohne andere zu bewegen. Seine unruhige hingegen war nicht einmal fähig, freiliegende Spitzen zu drü-
140 cken, ohne dass sich im Stapel etwas rührte. Schließlich lüpfte die ruhige Hand den ranghöchsten Stab ohne die geringste Einwirkung auf die kreuzenden und überliegenden. Sie nahm ihn in beide Hände und zerbrach den
145 Mikado in stillem Unfrieden. Das Spiel mit den wertvollen Stäben war für immer zerstört. Die unruhige Hand ergriff zitternd einen der untergeordneten Stäbe und hielt ihn wie einen Spieß umklammert. Der Mann betrachtete die nadel-
150 feine Spitze. Er hatte kein anderes Empfinden mehr, als diese Spitze durch die linke Wange der Frau zu stoßen, durch ihre Zunge zu bohren und aus der rechten Wange wieder hinaus.

René Magritte: Die Liebenden (1928)

Gestoßen und gestochen. Nicht jetzt. Aber eines Morgens, ja. Eines Morgens bestimmt. Eines 155
Morgens wird es zu einigen sich überstürzenden Ereignissen kommen ... Man wird sich im Nachhinein fragen, wie es überhaupt so lange hat dauern können, dass nichts geschah.

---

1 Arbeiten Sie heraus, auf welche Weise der Text mit Kontrasten und Äquivalenzen (Entsprechungen) spielt.

a Entwickeln Sie Charakterprofile der Figuren, indem Sie auffällige sprachliche Signale gegenüberstellen. Unterscheiden Sie zwischen der „alten" und der „neuen" Frau.

b Untersuchen Sie Entsprechungen auf der Inhaltsebene, z.B. sich wiederholende Handlungselemente oder in Gedanken ausgeführte Erwartungen.

2 **a** Stellen Sie den inneren Konflikt des Protagonisten dar.

b Schreiben Sie eine Fortsetzung der Kurzgeschichte.

Martin Suter: **Unter Freunden** (2007)

Die „Blue Horse Bar" ist spärlich besucht. Nur ein paar Tischchen sind besetzt, an der Bar sitzen zwei Frauen mit Einkaufstaschen. In der Nische mit dem Vierertisch starren Gelbert und
5 Bender in ihre Drinks.
„Das rechne ich dir hoch an", beginnt Gelbert, „dass du dich extra meinetwegen vom Abendessen abgemeldet hast. Ich hoffe, Monika nimmt es mir nicht übel, Bruno." Bender zerstreut sei-
10 ne Bedenken. „Monika weiß auch, dass du mehr als mein Chef bist. Sie findet es selbstverständlich, dass ich da bin, wenn du mich brauchst."
„Eine wunderbare Frau."
15 „Ich weiß."
Gelbert lässt den Eiswürfel im *Jack Daniel's* kreisen. „Ich wüsste wirklich nicht, mit wem ich so etwas besprechen könnte außer mit dir."
Bender lächelt ihm aufmunternd zu. „Sprich dich aus, Fred." 20
„Sie haben mir das Budget gekürzt."
„Stand zu befürchten. Viel?"
„Sechs Prozent."
Bender stößt einen Pfiff aus, der den Barmann kurz aufblicken lässt. „Statt um fünf erhöht – 25
macht zusammen elf. Wie setzt du das um?"
„Eben. Lohnkürzungen liegen nicht drin, demotiviert die Leute."
„Bin froh, dass du das auch so siehst."
„Offen gestanden: Für mich läge nicht einmal 30

ein Lohnstopp drin. Jetzt mit der Wohnung in Wengen."

„Kann ich mir denken."

„Und mir als Einzigem keinen Lohnstopp verordnen geht irgendwie auch nicht, finde ich."

„Das ist eben deine Fairness. Ein anderer hätte kein Problem damit."

„Du meinst, ein anderer würde die Löhne einfrieren und mit seinem eigenen rauf?"

„Ohne mit der Wimper zu zucken."

Gelbert nimmt einen Schluck und behält das Glas nachdenklich in der Hand. „Und womit würde er das finanzieren?"

„Indem er an den Produktions- und Verwaltungskosten schraubt."

„Und wenn das nicht reicht?"

„Dann kommt er um den Einschnitt nicht herum. Er trennt sich von einer Kostenstelle. Mit den frei gewordenen Mitteln gleicht er die Budgetkürzung aus und finanziert die eigene Gehaltsanpassung."

„Ziemlich unfair dem betroffenen Mitarbeiter gegenüber."

„Nicht wenn er ihn ohne Folgen ersatzlos streichen kann. Dann war es vom Betroffenen unfair, dass er all die Jahre Lohn bezogen hat."

Gelbert legt Bender die Hand auf den Unterarm. „Danke, Bruno. Ich wusste, dass du das auch so sehen würdest."

---

1 An welcher Stelle der Geschichte haben Sie Gelberts Gesprächsstrategie durchschaut? Benennen Sie Indizien.

2 Wählen Sie eine der folgenden gestaltenden Aufgaben:
- Inszenieren Sie Suters Text als Spielszene und führen Sie diese über den Schluss hinaus weiter.
- Im Anschluss an diese Unterredung kommt es zum Gespräch zwischen Bruno Bender und seiner Frau Monika. Verfassen Sie diesen Dialog.

Juli Zeh: **Corpus Delicti** (2007)

Der folgende Ausschnitt entstammt einem Drama, das um 2050 spielt. Die Menschen sind durch eine totalitäre Überwachung gezwungen, gesund – d. h. beispielsweise keimfrei, sportlich und ohne Drogen – zu leben. Dieser Zustand wird in der folgenden Exposition des Dramas vorgestellt.

[Mitten am Tag, in der Mitte des Jahrhunderts. Rings um das Konglomerat aus zusammengewachsenen Städten bedeckt Wald die Hügelketten. Fernsehtürme zielen auf weiche Wolken, deren Bäuche schon lange nicht mehr grau beschmutzt sind vom schlechten Atem einer Zivilisation, die einst glaubte, ihre Anwesenheit auf diesem Planeten vor allem durch den Ausstoß von gewaltigen Schmutzmengen beweisen zu müssen. Hier und da schaut das große Auge eines Sees, bewimpert von frischem Schilfbewuchs, in den Himmel: stillgelegte Kies- und Kohlegruben, vor vielen Jahren geflutet. Unweit der Seen beherbergen stillgelegte Fabriken Kulturzentren; ein Stück stillgelegter Autobahn gehört gemeinsam mit den Glockentürmen einiger stillgelegter Kirchen zu einem malerischen, wenn auch selten besuchten Freilichtmuseum. Hier stinkt nichts mehr. Hier wird nicht mehr gegraben, gerußt, aufgerissen und verbrannt; hier hat eine zur Ruhe gekommene Menschheit aufgehört, die gequälte Natur und damit sich selbst zu bekämpfen. Kleine Würfelhäuser mit weiß verputzten Fassaden purzeln die Hänge hinunter, ballen sich zusammen und wachsen schließlich zu terrassenförmig gestuften Wohnkomplexen an. Die Flachdächer bilden eine schier endlose Landschaft, dehnen sich bis zu den Horizonten und gleichen, das saubere Himmelsblau spiegelnd, den Wellenbergen eines erstarrten Ozeans: Das sind Solarzellen, eng beieinander und in Millionenzahl, von früh bist spät damit beschäftigt, das Licht einer ungetrübten Sonne zu absorbieren.

Von allen Seiten durchziehen Transrapid-Trassen in schnurgeraden Schneisen den Wald. Dort, wo ihre sternförmig aufeinander zulaufenden Linien sich treffen müssten, irgendwo inmitten des reflektierenden Dächermeers, also mitten in der Stadt, mitten am Tag und in der Mitte des einundzwanzigsten Jahrhunderts – dort beginnt unsere Geschichte.

Unter dem besonders lang gezogenen Flachdach des Amtsgerichts geht Justitia ihren alltäglichen Routinegeschäften nach. Die Luft im Raum 20/07, in dem die Güteverhandlungen zu den Buchstaben F bis H stattfinden, ist auf exakt 19,5 Grad klimatisiert, weil der Mensch bei dieser Temperatur am besten denken kann. Sophie kommt niemals ohne ihre Strickjacke zur Arbeit, die sie bei Strafgerichtsverhandlungen sogar unter der Robe trägt. Links von ihr liegt ein Stapel von Akten, die sie bereits erledigt hat; rechter Hand verbleibt ein kleinerer Haufen, den es noch zu bearbeiten gilt. Ihr blondes Haar hat die Richterin zu einem hoch sitzenden Pferdeschwanz gebunden, mit dem sie immer noch aussieht wie jene eifrige Studentin in den Hörsälen der juristischen Fakultät, die sie einmal gewesen ist. Sie kaut an ihrem Bleistift, während sie auf die Projektionswand schaut. Als sie den Augen des öffentlichen Interessenvertreters begegnet, nimmt sie den Stift aus dem Mund. Sie hat mit Bell zusammen studiert, und er konnte schon vor acht Jahren in der Mensa nervtötende Vorträge über Rachenrauminfektionen halten, die durch den oralen Kontakt mit verkeimten Fremdkörpern verursacht werden. Als ob es in irgendeinem öffentlichen Raum im Land Keime gäbe! – Bell sitzt ihr in einiger Entfernung gegenüber und nimmt wie immer mit seinen Unterlagen einen Großteil der Tischplatte ein, während sich der Vertreter des privaten Interesses an die kurze Seite des gemeinsamen Pults zurückgezogen hat. Um die allgemeine Übereinstimmung zu symbolisieren, teilen sich das öffentliche und private Interesse einen Tisch, was für beide Unterhändler ziemlich unbequem, aber nichtsdestoweniger eine schöne Rechtstradition ist. Wenn Bell den rechten Zeigefinger hebt, wechselt die Projektion an der Wand. Momentan zeigt sie das Foto eines gesunden jungen Mannes. [...]]

Sophie: Bagatelldelikt. Oder gibt's Vorbelastungen? Vorstrafen?

Rosentreter: Keine.

Rosentreter ist ein netter Junge. Wenn er in Verlegenheit gerät, fährt er sich mit einer Hand in die Frisur und versucht anschließend, die ausgerissenen Haare unauffällig zu Boden schweben zu lassen.

Sophie: Also einmaliges Überschreiten der Blutwerte im Bereich Koffein: Schriftliche Verwarnung und das war's. Einverstanden?

Rosentreter: Unbedingt.

Rosentreter wendet den Kopf, um zum Vertreter des öffentlichen Interesses hinüberzusehen. Dieser nickt. Sophie schiebt eine weitere Akte vom linken Stapel auf den rechten.

Bell: So, Leute. Der nächste Fall ist leider nicht ganz so einfach. Vor allem dich wird's nicht freuen, Sophie.

Sophie: Oje. Eine Kindersache?

An der Wand wechselt die Projektion. Es erscheint die Fotografie eines Mannes im mittleren Alter. Ganzkörper, nackt. Von vorn und hinten. Von außen und innen. Röntgenbilder, Ultraschall, Kernspintomografie des Gehirns.

Bell: Das ist der Vater. Bereits mehrfach vorbestraft wegen Missbrauchs toxischer Substanzen im Bereich Nikotin und Ethanol. Heute bei uns wegen Verstoßes gegen das Gesetz über Krankheitsfrüherkennung bei Säuglingen.

Sophie: Wie alt ist denn das Kleine?

Bell: Achtzehn Monate. Ein Mädchen. Der Vater hat die Untersuchungspflichten auf den Stufen U2 und U5 bis U7 vernachlässigt. Das Screening des Kindes ist unterblieben. Zerebrale Störungen wurden nicht ausgeschlossen, allergische Sensibilität nicht abgeprüft. Was noch dramatischer ist: Die Hälfte der Routineuntersuchungen wurde nicht durchgeführt.

Sophie: So eine Schlamperei. Wie konnte das passieren?

Bell: Der zuständige Amtsarzt hat den Vater mehrfach auf seine Verpflichtungen hingewiesen und schließlich einen Betreuer bestellt. Aber jetzt kommt's erst. Als sich der Betreuer Zutritt zur Wohnung verschaffte, war das arme Ding völlig verwahrlost. Unterernährt, nervöser Brechdurchfall. Es lag buchstäblich im eigenen Kot. Noch ein paar Wochen, und es wäre vielleicht zu spät gewesen.

Sophie: Wie furchtbar. So ein Würmchen kann sich doch nicht selber helfen!

Rosentreter: Der Mann hat private Probleme. Allein erziehend, und ...

Sophie: Das verstehe ich ja. Aber trotzdem. Das eigene Kind! *Eine resignierte Handbewegung zeigt an, dass Rosentreter im Grunde ihrer Meinung ist. Noch bevor er die Geste ganz zu Ende gebracht hat, hält er inne und sieht auf. Die Tür des Konferenzraums hat sich geöffnet. Der Eintretende hat nicht angeklopft und scheint nicht bemüht, unnötigen Lärm zu vermeiden. Er bewegt sich mit der Selbstverständlichkeit eines Mannes, der überall Zutritt hat. Sein Anzug sitzt vorbildlich mit jenem wohl dosierten Schuss Unachtsamkeit, ohne den wahre Eleganz nicht auskommen kann. Die Haare sind dunkel, die Augen schwarz, die Glieder lang, aber ohne Schlaksigkeit. Seine Bewegungsabläufe erinnern an die trügerische Gelassenheit einer Raubkatze, die, eben noch mit halb geschlossenen Lidern in der Sonne dösend, im nächsten Augenblick zum Angriff übergehen kann. Nur wer ihn besser kennt, weiß, dass er unruhige Finger hat, deren Zittern er gern verbirgt, indem er die Hände in die Hosentaschen schiebt. Auf der Straße trägt er weiße Handschuhe, die er jetzt von den Fingern zieht.*

Kramer: Santé[1], die Herrschaften.

Er legt seine Aktentasche auf einen der Besuchertische und rückt sich den Stuhl zurecht. Sophie und Bell erwidern den Gruß.

Bell: Na, Herr Kramer? Auf der Jagd nach spannenden Geschichten?

Kramer *(lachend):* Das Auge der vierten Gewalt schläft nie.

Dann beugt er sich vor, runzelt die Stirn und mustert den Vertreter des privaten Interesses, als könnte er ihn nicht genau erkennen. [...]

1 **Santé:** (frz.) Gesundheit

---

1 a Wie wird bei Juli Zeh die Welt um 2050 dargestellt?
b Arbeiten Sie aus der Exposition Hinweise auf den weiteren Verlauf des Dramas heraus. Beziehen Sie die vorangestellte Situationsbeschreibung in Ihre Überlegungen ein.
c Wie würden Sie bei einer Inszenierung des Theaterstücks die zum Teil epischen Regieanweisungen szenisch umsetzen?

2 a Vergleichen Sie die Entwürfe, die in den vorliegenden Texten (▶ S. 439–445) von unserer Zukunft gemacht werden.
b Nehmen Sie vor dem Hintergrund der Texte Stellung zu der These Marcuses und Kunerts, dass Technik und Barbarei einander möglicherweise bedingen.

3 Sehen Sie Elemente unserer heutigen Zeit, die eine negative Zukunftsprognose begünstigen oder gar nahelegen? – Oder würden Sie den Blick in die Zukunft literarisch eher positiv ausgestalten?

4 Vergleichen Sie den Textauszug mit anderen bekannten Darstellungen unserer Zukunft, z. B. A. Huxley, „Brave New World“.

Thomas Kraft: **13 Thesen zur Gegenwartsliteratur** (2008)

1 Von den Rändern kommt die Erneuerung. Europa wächst weiter zusammen, so scheint es zumindest, und Menschen und Geschichten machen nicht vor Grenzen halt.

2 Die Pop-Literatur ist mittlerweile ebenso tot wie die Avantgarde, Pop ein inflationär gebrauchter Begriff für viele allzu anspruchslose Texte, in denen es irgendwie um Musik, Partys und ein bisschen Lebensgefühl geht.

3 Die experimentellen Dichter leben in ihren Klüngeln in Köln und Wien und freuen sich über jeden Feuilleton-Artikel, ihre Bücher existieren quasi unter Ausschluss der kaufenden und lesenden Öffentlichkeit.

4 Selbstreferenzielle und hermetische Literatur hat keine Chance mehr; die Leser erwarten sich realistische, gesellschaftsbezogene, irgendwie „authentisch“ erscheinende Literatur.

5 Niemand wartet mittlerweile mehr auf den großen Berlin-Roman oder gar auf den lange und nachhaltig geforderten „Roman der Einheit“, das hat sich alles längst erledigt.

6 Die großen Visionen sind verloren gegangen, das (erzählende) Subjekt fühlt sich etwas orientierungslos, da blickt man in der Not gerne zurück, entweder in die eigene Kindheit und die Zeit des Erwachsenwerdens und reanimiert den guten alten Familienroman. Oder schreibt mal wieder über die NS-seligen Väter und Söhne, über alte Kolonialzeiten, den Luftkrieg und die Nachkriegszeit.

7 Der junge Osten entdeckt sich als Himmelsrichtung, Ort und Vergangenheit, findet zur Sprache und kehrt zum Tatort seiner Kindheit zurück. Die meisten, in der Regel realistisch erzählten Geschichten handeln von Jungpionieren, Kinderhort, Kosmonauten und Intershop. Es sind Erinnerungstexte von ein paar bekannten und vielen unbekannten Autoren, Zeugnisse einer Adoleszenz in der DDR und Dokumente einer allmählichen Selbstvergewisserung.

8 Schreiben hat in Deutschland einen neuen Stellenwert bekommen, gerade die Jungen suchen mit ihren Debüts in wichtigen deutschen Verlagen den Weg in die Öffentlichkeit. Auffallend ist dabei, mit welcher Vehemenz man sich auf Spurensuche begibt und die eigenen Lebenserinnerungen schon in diesem Alter niederschreibt.

9 Eine neue Qualität ist in das Genre des Schul- und Internatsromans eingezogen. Die Beschreibung krimineller Aktionen – Erpressung, Körperverletzung, Mord – reflektiert die gegenwärtige Problematik, der sich Lehrer, Schüler und Eltern in Deutschland ausgesetzt sehen.

10 Einblicke in die Alltags- und Arbeitswelt der Normalen und Randständigen sind eher die Ausnahme, Autoren interessieren sich heute für die IT-Branche, für Banken und Werbeagenturen, Unternehmensberatungen und Medien, für die fiebrige Welt des Glanzes und der Versprechen. Fast alle dieser Geschichten aus der neuen Arbeitswelt erzählen von Verlusten, Niederlagen, Abstürzen, Grenzsituationen.

11 Die Diskussionen um E- und U-Literatur Anfang der neunziger Jahre haben unter anderem bewirkt, dass nun viele „unterhaltend“ sein wollen. Was in Deutschland lange verpönt schien, nimmt eine junge Generation nun als selbstverständlich an.

12 Wir leben gewissermaßen im 3. Weltkrieg, der Terrorismus ist eine globale Gefahr. Doch befinden sich auf dem deutschen Buchmarkt kaum literarische Auseinandersetzungen mit dieser Erfahrungswelt. Die Bild-Medien sind zum entscheidenden Faktor der Politik avanciert, nicht erst seit den Fernsehbildern aus dem Golfkrieg. Während die aktuellen Krisenherde auf unserem Globus von deutschsprachigen Autoren kaum beachtet werden, bleiben Zweiter Weltkrieg, Nationalsozialismus und Holocaust auch nach dem sich allmählich vollziehenden Generationswechsel zentrale Themen.

13 Die neuen „Reiseromane“ sind Beispiele für eine allegorische Aneignung von Wirklichkeit, ohne deren irdische Beschaffenheit aus Schmutz, Ekel und Tod zu übersehen. Sie zeugen alle von einem Interesse, den Spannungsbogen von einem Ursprung hin zu einer Endlichkeit zu schlagen und dabei die Dimensionen individueller Erfahrung zu reflektieren. Es geht nicht um die Erkundung exotischer Regionen, sondern um Konfrontationen mit fremden und eigenen Grenzen. Daher spielen sich diese Reisen zu einem guten Teil auch im Kopf der Figuren ab.

---

1 Setzen Sie die Thesen in Beziehung zu Texten, die Sie in diesem Kapitel oder durch eigene Lektüre kennen gelernt haben.

2 **Referat:** Wählen Sie eine der Thesen aus, suchen Sie ein überzeugendes Beispiel und stellen Sie Ihrem Kurs das jeweilige Werk vor.

3 Literaturgeschichte im 21. Jahrhundert – Wie geht es wohl weiter? Führen Sie zu dieser Frage eine **Podiumsdiskussion** (► S. 27) durch.

Themenfeld: Schreiben gegen das Vergessen – Günter Grass: „Im Krebsgang“

I Der Mensch im Spannungsfeld der Geschichte: Flucht und Vertreibung

„Das neue KdF-Urlaubsschiff[1] ‚Wilhelm Gustloff‘. Das Schiff lief am 5. Mai 1937 vom Stapel und trat am 21. April 1938 seine Jungfernfahrt nach Madeira an. Es hat eine Länge von 208,50 m und eine Breite von 23,50 m und ist ein Meisterwerk deutscher Schiffsbaukunst“ (zeitgenössische Beschreibung). Benannt nach dem 1936 ermordeten NSDAP-Funktionär in der Schweiz Wilhelm Gustloff, ereilte die Gustloff am 30. Januar 1945, genau 12 Jahre nach Hitlers Machtergreifung, ihr schreckliches Schicksal.

Obersteuermann Peter Thiebach, I. WO[2] auf TF 19, erinnert sich [...]: „Es ist eine eisige Nacht, die Nacht vom 30. zum 31. Januar 1945, Schneesturm, kalt und bewegte See, kaum die Hand vor Augen zu sehen. Wir gehen mit der Fahrt herunter, als wir die Untergangsstelle der „Gustloff“ erreichen. Beim Aufblenden unserer großen Scheinwerfer bleibt uns jedes Wort im Halse stecken. Diesen Anblick und die Todesschreie unzähliger Menschen hatten wir nicht erwartet. Damit beginnt eine Nacht, wie ich sie nie vorher im Krieg erlebt habe und auch nachher nicht. Überall Flöße, leere Rettungsboote – und dann immer wieder dieser Furcht erregende Todessschrei. [...] Bis fünf Uhr morgens retten wir, was noch zu retten ist. Immer wieder die gleiche Arbeit, der gleiche Anblick. Runter aufs Floß, Tote ins Meer, Lebende an Bord. Es gibt keine andere Wahl. Nur noch sieben Lebende finden wir. Die letzte ist eine 17-jährige Marinehelferin. Durch Rudern mit einem Stück Holz hatte sie sich ihr Leben erhalten. Um sie herum schwimmen nur noch Tote. Sie schwimmt in einem Leichenfeld. Das Mädchen hat Erfrierungen an beiden Beinen. Doch sie ist glücklich, überlebt zu haben.“

1 **KdF („Kraft durch Freude“):** nationalsozialistische Organisation, die sich um Urlaub und Freizeit kümmerte
2 **WO:** Wachoffizier

Für etwa 14 Millionen Deutsche im Osten geht der Zweite Weltkrieg mit Flucht und Vertreibung zu Ende. Im Januar 1945 wollen sich rund 10.000 Flüchtlinge aus Ostpreußen mit dem ehemaligen KdF Schiff „Wilhelm Gustloff“ über die Ostsee vor der Roten Armee retten. Ein sowjetisches U-Boot torpediert das Schiff, die meisten Passagiere ertrinken im eisigen Wasser.

„Das Vergangene ist nicht tot; es ist nicht einmal vergangen.“ *Christa Wolf, „Kindheitsmuster“*

1 **a** Erläutern Sie die Aussage des Zitats von Christa Wolf.
b Diskutieren Sie, in welcher Weise die Bilder und Texte an das Vergangene erinnern.
c Suchen Sie weiteres Material zum Thema „Flucht und Vertreibung“ in Geschichte und Gegenwart, z. B. in Geschichtsbüchern, in den Medien, in privaten Fotoalben und Archiven.

Günter Grass: „Im Krebsgang“ – Eine Novelle

Interview mit Günter Grass

In der Novelle „Im Krebsgang“ hat Grass 2002 den Untergang der „Wilhelm Gustloff“ literarisch verarbeitet. In einem Interview mit der Wochenzeitung „Die Woche“ nimmt er dazu Stellung.

Frage: Vom Untergang dieses Flüchtlingsschiffes [„Wilhelm Gustloff“] wissen die Deutschen wenig. Im Westen war es kein Thema, weil das einer Relativierung deutscher Verbrechen gleichgekommen wäre; im Osten ebenso wenig, weil man den sowjetischen Freunden diese 9000 Toten nicht vorhalten wollte.

G.G.: Flucht und Vertreibung sind ein ausgespartes Thema. Dafür gibt es Gründe. Da die von uns Deutschen zu verantwortenden Verbrechen so überlastig waren und sind, ist offenbar auch keine Kraft übrig gewesen, die eigene Leidensgeschichte in ausreichendem Maße mitzuberichten.

Frage: Es heißt, von den 12 Millionen vertriebenen und verschleppten Deutschen seien ca. 2 Millionen umgekommen.

G.G.: Das sind alles grobe Schätzungen. Wir wissen, dass es sehr viele gewesen sind. [...] Die Flucht aus Ostpreußen war eine einzige Katastrophe. Aber es ist das nachgeordnete Unrecht – die deutschen Verbrechen bleiben auslösendes Moment. [...]

Frage: Hatten Sie Bedenken, Sie könnten mit dem „Gustloff“-Thema in schlechte Gesellschaft geraten? Erst kürzlich hat Franz Schönhuber[1] in der „Nationalzeitung“ von der „Gustloff“ als dem „sozialen Vorzeigeobjekt des Dritten Reiches“ geschwärmt.

G.G.: Ich habe genügend Selbstvertrauen zu meiner Sprache und zu meiner Darstellungskraft. Da bestand keine Gefahr. Im rechten Milieu ist die Versenkung der „Gustloff“ immer als ein Kriegsverbrechen angesehen worden. Das ist natürlich falsch. [...] Die „Gustloff“ war nicht gekennzeichnet, außerdem waren neben den Flüchtlingen noch 1000 U-Boot-Rekruten und 370 Marinehelferinnen an Bord. Zudem waren Flak[2]-Geschütze montiert. Von Kriegsverbrechen kann man also nicht sprechen, aber es bleibt natürlich eine schreckliche Katastrophe.

1 **Franz Schönhuber:** rechtsextremer Politiker
2 **Flak:** Flugabwehrkanone

---

1 Erläutern Sie, wie sich Grass im Jahr 2002 zum Thema „Flucht und Vertreibung“ positioniert.
2 Tauschen Sie sich darüber aus, mit welchen Leseerwartungen Sie an die Novelle herangehen.
3 Lesen Sie die biografische Notiz zu Günter Grass. Wie beurteilen Sie die späte Information über seine Mitgliedschaft in der Waffen-SS vor dem Hintergrund des oben stehenden Interviews?

Information **Biografische Notiz zu Günter Grass**

Günter Grass wurde am 16. Oktober 1927 als Sohn eines protestantischen Lebensmittelhändlers und einer Katholikin kaschubischer[1] Herkunft in Danzig (heute: Gdansk) geboren. Grass meldete sich mit 15 Jahren freiwillig zur Wehrmacht und wurde nach dem Einsatz als Luftwaffenhelfer und der Ableistung des Arbeitsdienstes am 10. November 1944, im Alter von 17 Jahren, in eine Einheit der Waffen-SS einberufen. Über seine Mitgliedschaft in der Waffen-SS informierte er die Öffentlichkeit mehr als 60 Jahre später im Jahre 2006 in seiner Autobiografie „Beim Häuten der Zwiebel“.

1 **Kaschuben:** westslawischer Volksstamm, in der Gegend um Danzig beheimatet

Grass, der nach dem Krieg zunächst ein Studium der Bildhauerei und Grafik absolvierte, wurde Mitglied der Gruppe 47 und zählt zu den bedeutendsten Autoren der deutschen Nachkriegs- und Gegenwartsliteratur. Für sein Werk, vor allem Romane und Erzählungen (z. B. „Die Blechtrommel“, „Hundejahre“, „Katz und Maus“), erhielt er nach vielen nationalen Auszeichnungen 1999 den Nobelpreis für Literatur.
Günter Grass gilt als Moralist und politisch engagierter Schriftsteller, der der SPD nahesteht.

Günter Grass: **Im Krebsgang** (2002) – in memoriam

„Warum erst jetzt?“ sagte jemand, der nicht ich bin. Weil Mutter mir immer wieder ... Weil ich wie damals, als der Schrei überm Wasser lag, schreien wollte, aber nicht konnte ... Weil die Wahrheit kaum mehr als drei Zeilen ... Weil jetzt erst ... Noch haben die Wörter Schwierigkeiten mit mir. Jemand, der keine Ausreden mag, nagelt mich auf meinen Beruf fest. Schon als junger Spund hätte ich, fix mit Worten, bei einer Springer-Zeitung volontiert, bald gekonnt die Kurve gekriegt, später für die „taz“ Zeilen gegen Springer geschunden, mich dann als Söldner von Nachrichtenagenturen kurz gefaßt und lange Zeit freiberuflich all das zu Artikeln verknappt, was frisch vom Messer gesprungen sei: Täglich Neues. Neues vom Tage. Mag schon sein, sagte ich. Aber nichts anderes hat unsereins gelernt. Wenn ich jetzt beginnen muß, mich selber abzuwickeln, wird alles, was mir schiefgegangen ist, dem Untergang eines Schiffes eingeschrieben sein, weil nämlich, weil Mutter damals hochschwanger, weil ich überhaupt nur zufällig lebe. Und schon bin ich abermals jemand zu Diensten, darf aber vorerst von meinem bißchen Ich absehen, denn diese Geschichte fing lange vor mir, vor mehr als hundert Jahren an, und zwar in der mecklenburgischen Residenzstadt Schwerin, die sich zwischen sieben Seen erstreckt, mit der Schelfstadt und einem vieltürmigen Schloß auf Postkarten ausgewiesen ist und über die Kriege hinweg äußerlich heil blieb. Anfangs glaubte ich nicht, daß ein von der Geschichte längst abgehaktes Provinznest irgendwen, außer Touristen, anlocken könnte, doch dann wurde der Ausgangsort meiner Story plötzlich im Internet aktuell. Ein Namenloser gab mit Daten, Straßennamen und Schulzeugnissen personenbezogene Auskunft, wollte für einen Vergangenheitskrämer wie mich unbedingt eine Fundgrube aufdecken. Bereits als die Dinger auf den Markt kamen, habe ich mir einen Mac mit Modem angeschafft. Mein Beruf verlangt diesen Abruf weltweit vagabundierender Informationen. Lernte leidlich, mit meinem Computer umzugehen. Bald waren mir Wörter wie Browser und Hyperlink nicht mehr böhmisch. Holte Infos für den Gebrauch oder zum Wegschmeißen per Mausklick rein, begann aus Laune oder Langeweile von einem Chatroom zum anderen zu hüpfen und auf die blödeste Junk-Mail zu reagieren, war auch kurz auf zwei, drei Pornosites und stieß nach ziellosem Surfen schließlich auf Homepages, in denen sogenannte Vorgestrige, aber auch frischgebackene Jungnazis ihren Stumpfsinn auf Haßseiten abließen. Und plötzlich – mit einem Schiffsnamen als Suchwort – hatte ich die richtige Adresse angeklickt – „www.blutzeuge.de". In gotischen Lettern klopfte eine „Kameradschaft Schwerin" markige Sprüche. Lauter nachträgliches Zeug. Mehr zum Lachen als zum Kotzen. Seitdem steht fest, wessen Blut zeugen soll. Aber noch weiß ich nicht, ob, wie gelernt, erst das eine, dann das andere und danach dieser oder jener Lebenslauf abgespult werden soll oder ob ich der Zeit eher schrägläufig in die Quere kommen muß, etwa nach Art der Krebse, die den Rückwärtsgang seitlich ausscherend vortäuschen, doch ziemlich schnell vorankommen. Nur soviel ist sicher: Die Natur oder genauer gesagt die Ostsee hat zu all dem, was hier zu berichten sein wird, schon vor länger als einem halben Jahrhundert ihr Ja und Amen gesagt. R

1 **a** Halten Sie Ihre ersten Lektüreeindrücke fest, z. B. in einem **Schreibgespräch** (▶ S. 548).
b Entspricht der Anfang der Novelle Ihren Erwartungen (Aufgabe 2, ▶ S. 448)? Begründen Sie.

2 Untersuchen Sie den Erzählanfang.
a Stellen Sie detailliert zusammen, was Sie über den Ich-Erzähler, seine Schreibmotivation und seine Geschichte erfahren. Achten Sie dabei auch auf das Verhältnis von Erzählzeit zu erzählter Zeit.
b Bestimmen Sie die Erzählhaltung und beschreiben Sie die Erzählstrategie sowie sprachliche Auffälligkeiten. Wie wird das Thema der Flucht eingeführt?
c Erläutern Sie, welche Bedeutung der Titel der Novelle für den Erzähler hat. Welche Assoziationen ruft er bei Ihnen hervor?

II „Die Wahrheit im Plural – Die Vielzahl von Wirklichkeiten" (Günter Grass)

Günter Grass: **Im Krebsgang** (2002) – Geschichte im Film: „Nacht fiel über Gotenhafen"

Nun gibt es diesen Film in Schwarzweiß, der Ende der fünfziger Jahre gedreht wurde. Er heißt „Nacht fiel über Gotenhafen" und ist mit Stars wie Brigitte Horney und Sonja Ziemann besetzt. Der Regisseur, ein Deutschamerikaner namens Frank Wisbar, der zuvor einen Stalingradfilm gedreht hatte, ließ sich von dem Gustloff-Spezialisten Heinz Schön beraten. Im Osten nicht zur Aufführung freigegeben, lief der Film mit mäßigem Erfolg nur im Westen und ist, wie das Unglücksschiff, vergessen und allenfalls Ablagerung in Archiven. Mit Mutters Freundin Jenny Brunies, bei der ich damals als Oberschüler in Westberlin wohnte, habe ich auf ihr Drängen hin – „Meine Freundin Tulla hat mich wissen lassen, wie sehr sie sich unseren gemeinsamen Kinobesuch wünscht" – den Streifen gesehen und war ziemlich enttäuscht. Die Handlung lief nach immer der gleichen Masche ab. Wie bei allen *Titanic*-Filmen mußte auch beim verfilmten *Gustloff*-Untergang eine verquälte, zum Schluß hin heroische Liebesgeschichte als Zusatzstoff und Füllmasse herhalten, als wäre das Sinken eines überbelegten Schiffes nicht spannend, der tausendfache Tod nicht tragisch genug. Eine Beziehungskiste in Kriegszeiten. In „Nacht fiel über Gotenhafen" geben, nach viel zu langem Vorspiel in Berlin, Ostpreußen und sonstwo, ein Soldat an der Ostfront als betrogener Ehemann und späterer Schwerverwundeter auf dem Schiff, die ungetreue Ehefrau mit Säugling, die sich aufs Schiff retten konnte, als hin- und hergerissene Reizfigur und ein leichtlebiger Marineoffizier als Ehebrecher, Vater und Retter des Säuglings das Personal der Dreiecksgeschichte ab. Zwar hat Tante

Jenny, während der Film lief, an bestimmten Stellen weinen können, aber als sie mich hinterher zu meinem ersten Pernod in die Paris-Bar einlud, sagte sie: „Deine liebe Mutter hätte an dem Film wohl kaum Gefallen gefunden, weil vor wie auch nach dem Untergang des Schiffes keine einzige Geburt gezeigt worden ist …“ Und dann sagte sie noch: „Eigentlich kann man so etwas Schreckliches gar nicht verfilmen.“ Ganz sicher bin ich, daß Mutter keinen Geliebten an Bord gehabt hat und auch keinen meiner möglichen Väter. Mag sein, daß sie, wie es ihre Art war und geblieben ist, selbst im hochschwangeren Zustand männliches Schiffspersonal anzuziehen verstand: sie verfügt nun mal über einen inwendigen Magneten, den sie »ainjewisses Etwas« nennt. So soll, kaum daß die Anker gelichtet waren, einer der Marinerekruten und zukünftigen U-Bootfahrer – „Son blasser Bengel mit ieberall Pickel im jesicht“ – die Schwangere aufs oberste Deck begleitet haben. Innere Unruhe hatte sie auf die Beine gebracht. Der Matrose wird, schätze ich, in Mutters Alter gewesen sein, siebzehn oder knapp achtzehn, als er sie übers spiegelglatte, weil vereiste Sonnendeck sorgsam am Arm führte. Und dann hat Mutter mit ihrem Blick, der nichts ausläßt, gesehen, daß die Davits[1], Blöcke und Halterungen der backbord und steuerbord festgezurrten Rettungsboote und deren über Rollen geführtes Tauwerk vereist waren. Wie oft habe ich ihren Satz gehört: »Wie ech das jesehn hab, ist mir janz mulmich jeworden«? Und in Damp, als sie schwarz und schmal von alten Herren umringt stand und mein Sohn Konrad von ihr in die verengte Welt der Überlebenden eingeführt wurde, hörte ich sie sagen: »Da is miä klarjeworden, daß wegen Veraisung mit Rettung nuscht werden konnt. Runterjewoll hab ech von dem Kahn. Hab och geschrien wie dammlich. War aber zu spät schon …“

Davon hat der Film, den ich mit Tante Jenny in einem Kino in der Kantstraße gesehen habe, nichts gezeigt, keine Eisklumpen auf den Davits der Rettungsboote, keine vereiste Reling, nicht mal Eisschollen im Hafenbecken. Dabei steht nicht nur bei Schön, sondern auch im Ta-

schenbuchbericht der Engländer Dobson, Miller, Payne, daß am 30. Januar 1945 eisige Kälte herrschte: 18 Grad unter Null. Eisbrecher hatten in der Danziger Bucht eine Fahrrinne räumen müssen. Schwere See und Sturmböen waren vorausgesagt. Wenn ich mich trotzdem frage, ob Mutter nicht rechtzeitig hätte von Bord gehen können, liegt der Grund für diese an sich sinnlose Erwägung in der verbürgten Tatsache, daß bald nach dem Auslaufen der *Gustloff*, die von vier Schleppern aus dem Oxhöfter Hafenbecken gezogen wurde, ein Küstendampfer, die *Reval*, im Schneegestöber auftauchte und unausweichlich Gegenkurs hielt. Überladen mit Flüchtlingen aus Tilsit und Königsberg kam das Schiff von Pillau her, dem letzten ostpreußischen Hafen. Da im Unterdeck nur beschränkt Platz war, standen die Flüchtlinge dichtgedrängt auf dem Oberdeck. Wie sich zeigen sollte, waren viele während der Überfahrt erfroren, blieben aber dem stehenden Eisblock eingefügt.

R

1 **Davit:** Kran an der Reling eines Schiffes, mit dem die Boote aus dem und in das Wasser gehoben werden

1 a Erläutern Sie, ausgehend von dem Grass-Zitat „Die Wahrheit im Plural", die Schwierigkeiten des Erzählers, die Geschichte des Untergangs der „Gustloff" zu rekonstruieren.
b Stellen Sie die „Vielzahl von Wirklichkeiten" in dem Novellenausschnitt unter Verwendung grafischer Elemente (z.B. Symbole, Figurinen, einfache Skizzen usw.) auf einem Plakat oder einer Folie dar. Ergänzen Sie Ihre Darstellung mit Zitaten aus dem Text.
2 **Weiterführende Aufgabe:** Recherchieren Sie im Internet den Ablauf und die Folgen der Schiffskatastrophe. Stellen Sie Ihre Ergebnisse in einem Referat dem Kurs vor.
3 Unter Beratung des Augenzeugen Heinz Schön wurde der Untergang der „Gustloff" 2007 neu verfilmt. Der zweiteilige Fernsehfilm wurde im März 2008 im ZDF gezeigt.
„Eigentlich kann man so etwas Schreckliches gar nicht verfilmen", lautet der Kommentar von Jenny Brunies, der Freundin von Tulla Pokriefke (Z.44–46). Diskutieren Sie diese Ansicht.
4 a Erinnern, vergessen, ... – Listen Sie weitere Formen des Umgangs mit Vergangenem auf. Was leisten sie jeweils? Wie sind sie zu bewerten?
b Befragen Sie Zeitzeugen aus Ihrer näheren Umgebung nach ihren Erinnerungen an das Jahr 1945. Protokollieren Sie die Aussagen und stellen Sie diese der Klasse vor.

Günter Grass: **Im Krebsgang** (2002) – Drei Generationen

Im Laufe seiner Recherchen über die Geschichte der „Wilhelm Gustloff" stößt der Erzähler immer wieder auf die Website www.blutzeuge.de. Dabei verdichtet sich sein Verdacht, dass sich dahinter keine Gruppierung von Neonazis verbirgt, sondern dass ein Einzelner dafür verantwortlich ist: sein Sohn Konrad. Konrad lebte nach der Scheidung seiner Eltern zuerst bei seiner Mutter in Mölln (Westdeutschland), wo er ein Gymnasium besuchte, und ist nach der Wiedervereinigung zu seiner Großmutter Tulla, der Mutter des Erzählers, nach Schwerin gezogen. Mit ihren Geschichten vom Untergang der Gustloff fasziniert sie ihren Enkel.

Da ist es wieder, das verdammte Datum. Die Geschichte, genauer, die von uns angerührte Geschichte ist ein verstopftes Klo. Wir spülen und spülen, die Scheiße kommt dennoch hoch. Zum Beispiel dieser vermaledeite Dreißigste. Wie er mir anhängt, mich stempelt. Nichts hat es gebracht, daß ich mich jederzeit, ob als Schüler und Student oder als Zeitungsredakteur und Ehemann, geweigert habe, im Freundes-, Kollegen- oder Familienkreis meinen Geburtstag zu feiern. Immer war ich besorgt, es könne mir bei solch einer Fete – und sei es mit einem Trinkspruch – die dreimal verfluchte Bedeutung des Dreißigsten draufgesattelt werden, auch wenn es so aussah, als habe sich das bis kurz vorm Platzen gemästete Datum im Verlauf der Jahre verschlankt, sei nun harmlos, ein Kalendertag wie viele andere geworden. Wir haben ja Wörter für den Umgang mit der Vergangenheit dienstbar gemacht: sie soll gesühnt, bewältigt werden, an ihr sich abzumühen heißt Trauerarbeit leisten. Doch dann sah es so aus, als müsse im Internet noch immer oder schon wieder am Dreißigsten, dem Staatsfeiertag, geflaggt werden. Jedenfalls stellte mein Sohn den Tag der Machtergreifung aller Welt sichtbar als rotes Kalenderblatt aus. In Schwerins Plattenbausiedlung Großer Dreesch, wo er seit Beginn des neuen Schuljahres bei seiner Großmutter wohnte, war er weiterhin als Webmaster tätig. Gabi, meine Ehemalige, hatte den Umzug unseres Sohnes – weg von der linkslastig mütterlichen Dauerbelehrung, hin zur Quelle großmütterlicher Eingebungen – nicht verhindern wollen. Schlimmer noch, sie hat sich jeder Verantwortung entledigt: „Mit demnächst siebzehn kann Konrad selbst entscheiden." Ich wurde nicht gefragt. Die beiden trennten sich, wie es hieß, „einvernehmlich". Und so vollzog sich der Umzug vom Möllner zum Schweriner See lautlos. Selbst der Schulwechsel soll, „dank seiner überdurchschnittlichen Leistungen“, glatt verlaufen sein, wenngleich ich mir meinen Sohn nur schlecht im stehengebliebenen Schulmief der Ossis vorstellen konnte. „Das sind Vorurteile“, sagte Gabi. „Konny zieht nun mal die strenge Lerndisziplin dort unserem eher laxen Schulbetrieb vor.“ Dann gab sich meine Ehemalige abgehoben. Als Pädagogin, die für freie Willensbildung und offene Diskussion eintrete, sei sie zwar enttäuscht, müsse aber als Mutter die Entscheidung ihres Sohnes tolerieren. Sogar Konnys Freundin – so erfuhr ich von der blassen Existenz der Zahnarzthelferin – könne seinen Entschluß verstehen. Allerdings werde Rosi in Ratzeburg bleiben, Konrad aber gerne und so oft wie möglich besuchen. Gleichfalls blieb ihm sein Dialogpartner treu. David, dieser entweder frei erfundene oder irgendwo leibhaftige Stichwortgeber, stieß sich nicht an dem Umzug oder nahm ihn nicht wahr. Jedenfalls tauchte er, als es im Chatroom meines Sohnes um den Dreißigsten ging, nach längerer Pause abermals und mit gleichbleibend antifaschistischen Sprüchen auf. Auch sonst verlief das Gechatte vielstimmig: entweder protestgeladen oder blindlings zustimmend. Eine wahre Quasselbude tat sich auf. Bald war nicht mehr nur die Ernennung des Führers zum Reichskanzler Reizthema, vielmehr und in einem Abwasch Wilhelm Gustloffs Geburtstag: es wurde um die, wie Konny wußte, „von der Vorsehung bestimmte Tatsache“ gestritten, nach der der Blutzeuge vorausahnend am Tag der künftigen Machtergreifung das Licht der Welt erblickt haben soll. Diese Klitterung wurde allen Chattern als schicksalhafte Fügung serviert. Worauf der tatsächliche oder nur ausgedachte David den in Davos zur Strecke gebrachten Goliath[1] verhöhnte: „Dann ist es auch Vorsehung gewesen, daß das nach deinem mickrigen Parteifunktionär getaufte Schiff an dessen Geburtstag und anläßlich der Zwölfjahresfeier des Hitlerputsches mit Mann und Maus abzusaufen begann, und zwar auf Gustloffs Geburtsminute genau, Punkt einundzwanzig Uhr sechzehn hat's dreimal gekracht ...“ R

1 **der in Davos zur Strecke gebrachte Goliath:** Wilhelm Gustloff wurde 1936 in Davos (Schweiz) erschossen.

1 **a** Erklären Sie die dreifache geschichtliche Bedeutung des 30. Januars.
b Untersuchen Sie, welche Bedeutung das Datum für den Erzähler und seine Familie hat. Achten Sie dabei auch auf seine Sprache.
c Wie erklären Sie sich das Verhalten von Konny Pokriefke, dem Sohn des Erzählers? Berücksichtigen Sie dabei auch die Familienkonstellation und das Verhältnis der Generationen zueinander.

Information **Die Novelle**

Die Novelle (von ital. novella) ist eine kürzere Erzählung, die in konzentrierter Form eine tatsächliche oder mögliche ungewöhnliche Begebenheit, oft den Wendepunkt im Leben eines Menschen, darstellt. Sie hat eine straffe, meist einsträngige Handlung, die auf einen deutlich hervorgehobenen Höhe- bzw. Wendepunkt zielt. Weitere Merkmale sind erzählerische Vorausdeutungen und die Verwendung der Leitmotivtechnik. Eine Besonderheit ist das leitmotivische Auftreten von Dingsymbolen, in denen sich die Handlung verdichtet.

2 Untersuchen Sie auf der Grundlage der abgedruckten Textabschnitte, inwiefern die Erzählung „Im Krebsgang“ als Novelle bezeichnet werden kann.

3 Weiterführende Aufgabe: Auch in anderen Werken von Günter Grass geht es um die Rekonstruktion von Vergangenheit. Lesen Sie unter diesem Aspekt die beiden Novellen „Im Krebsgang“ und „Katz und Maus“ und stellen Sie diese Ihrem Kurs vor.

III Erinnerungsarbeit – Familiengeschichten

In den Nachkriegsjahren stehen im zerstörten Deutschland die Anstrengungen des Wiederaufbaus im Vordergrund, der Blick der Menschen richtet sich in die Zukunft. Erst etwa zwei Jahrzehnte später beginnt die Aufarbeitung der Vergangenheit. Zu den neueren literarischen Werken, die historische und biografische Erinnerungsarbeit leisten, gehören das Familienporträt „Pawels Briefe" (1999) von **Monika Maron** (geb. 1941 in Berlin), der Roman „Unscharfe Bilder" (2003) von **Ulla Hahn** (geb. 1946 im Sauerland) und die Erzählung „Am Beispiel meines Bruders" (2003) von **Uwe Timm** (geb. 1940 in Hamburg).

Monika Maron: **Pawels Briefe** (1999)

Anhand von alten Fotos und der lange vergessenen Briefe ihres Großvaters Pawel entwirft Monika Maron das Porträt ihrer Familie, das zugleich ein Längsschnitt durch die deutsche Geschichte des 20. Jahrhunderts ist. Pawel Iglarz, konvertierter Jude, siedelt Anfang des Jahrhunderts nach Berlin über, wird 1939 zurück nach Polen vertrieben und 1942 in den Wäldern um das Ghetto Belchatow oder im Vernichtungslager Kulmhof von den Nazis umgebracht. Sein Vermächtnis für die nachfolgenden Generationen formuliert Pawel Iglarz in einem Brief an die Tochter Hella, die Mutter Monika Marons: „Zeigt niemals dem Kinde, dass es Hass, Neid und Rache gibt. Sie soll ein wertvoller Mensch werden."

Ich war sechsundfünfzig Jahre alt, als ich Pawels Briefe endlich las. Seit wann hatten Hella und Marta vergessen, dass es sie gibt? Seit vierzig Jahren schon? Oder Josefas Brief an ihren 5 Mann, einen Tag vor ihrem Tod datiert, von dem Hella nicht wusste, warum er auf Deutsch und mit der Maschine geschrieben ist. Am 20. Juni 1942 schrieb Pawel an seine Kinder: „Mein lieber Paul, ich schicke dir hier einen Brief mit, 10 den Mama einen Tag vor ihrem Tode an mich diktiert hat. Der Brief zerriss mir das Herz, ich wollte ihn noch mal lesen, aber ich bekomme es nicht fertig. Ich schicke dir also den letzten Brief von Mama an mich mit folgender Bitte: 15 Fahrt mal an einem Sonntag alle raus zu Lades und lasst euch den Brief wortgetreu übersetzen und Hella soll denselben mit der Maschine abschreiben und Original und Abschrift gut aufbewahren. Schließt ihn irgend in ein Fach ein, dass er nicht verloren geht, und wenn Monika 20 groß ist, zeigt ihr den Brief und erzählt ihr, wie tief unglücklich ihre Großeltern gerade in den alten Tagen geworden sind, vielleicht weint sie dann auch eine Träne."

Pawels Kinder haben es offenbar gemacht, wie 25 er es gewünscht hat: Sie sind zu Lades gefahren und haben den Brief wortgetreu übersetzen lassen, Hella hat die Übersetzung mit der Maschine abgeschrieben, und sie haben die Abschrift und das Original, auch das fand sich an, gut 30 aufbewahrt. Und dann müssen sie den Brief vergessen haben, denn sie haben ihn mir nicht gezeigt.

Vor diesem Vergessen stehe ich ratlos, so ratlos wie Hella selbst. Das Jahr 1945 sei für sie wie 35 eine Wiedergeburt gewesen, hat Hella gesagt. Eine Wiedergeburt ohne Eltern, ein Neuanfang ohne die Vergangenheit? Mussten nicht nur die Täter, sondern auch die Opfer ihre Trauer verdrängen, um weiterzuleben? Jeder hatte seine 40 Toten, Söhne, Väter, Männer, Freunde. Regierten die einfachen Sätze: Das Leben muss weitergehn; das macht die Toten nicht wieder lebendig? Und später, als das Leben längst weitergegangen war, als die Zeitungen „Neues 45 Leben", „Neuer Weg", „Neue Zeit" und „Neues Deutschland" hießen, als die Gegenwart der Zukunft weichen musste und die Vergangenheit endgültig überwunden wurde, wurde da auch die eigene Vergangenheit unwichtig? 50

Oder waren die Jahrzehnte davor so aufs Überleben gerichtet, dass zum Innehalten und Zurückblicken keine Zeit war? Wir haben immer so nach vorn gelebt, sagt Hella.

Ulla Hahn: **Unscharfe Bilder** (2003)

Die Hauptfigur des Romans, Dr. Katja Wild, Lehrerin für Deutsch und Englisch in Hamburg, wird durch eine Ausstellung über die Verbrechen der Deutschen Wehrmacht im II. Weltkrieg aufgeschreckt. Auf einer der Fotografien glaubt sie ihren Vater entdeckt zu haben. Als dieser, angeregt vom Ausstellungskatalog, über die Vergangenheit zu sprechen beginnt, wird Katja klar, dass in seiner Erinnerung ganz andere Bilder leben.

Betrifft: Patientin Dr. Katja Wild

Sehr geehrter Herr Kollege,

die oben genannte Patientin, die bereits vor zwei Jahren Rat bei mir gesucht hatte, sprach erneut bei mir vor. 5
[...]
Die damalige Unruhe und Apathie-Stimmungen führte die Patientin selbst auf ein (ihre Worte) „Trennungstrauma" zurück, das sie durch die faktische Auflösung ihrer kinderlosen 10 Ehe verursacht sah. Nach den oben genannten Beratungsgesprächen fand die Patientin ohne jede medikamentöse Behandlung zu ihrem seelischen Gleichgewicht zurück, sodass sie die Beratung mit meiner Zustimmung beenden 15 konnte. Sie nahm ihre berufliche Tätigkeit, wie sie mir in einer telefonischen Rücksprache berichtete, ohne jedes zuvor beklagte Passivitätssyndrom erfolgreich wieder auf.
Nun suchte mich Frau Dr. W. erneut auf, weil 20 die Beschwerden in letzter Zeit wieder aufgetreten sind, und zwar erheblich verstärkt. Die Anamnese ergab eine Schockerfahrung, die sie beim Besuch der gegenwärtig in der Stadt befindlichen Ausstellung „Verbrechen im Osten" 25 gemacht haben will. Dort hätten sie nicht allein die zum Teil unvorstellbaren Brutalitäten auf den ausgestellten Fotos des Russlandkrieges zutiefst verstört; solche Fotos hätte sie auch an anderer Stelle schon öfter gesehen. Vielmehr 30 sei sie sicher, auf einem der Bilder ihren Vater erkannt zu haben als Soldaten und Schützen einer „gnadenlosen" (so ihr Wort) Erschießung.
Der Vater von Frau Dr. W., Herr Dr. Hans Musbach (82), ist Oberstudienrat a. D., ebenfalls eines 35 Hamburger Gymnasiums, für Alte Geschichte, Griechisch und Latein. Herr Dr. Musbach lebt heute in einem Hamburger Seniorenheim.
Frau Dr. W. berichtete mir unter erkennbarer tiefer Erregung, sie habe versucht, ihren Vater, 40 zu dem sie immer, besonders aber nach der Trennung von ihrem Ehemann, eine sehr herzliche Beziehung unterhielt, in einer Reihe von Gesprächen zu einer freiwilligen Stellungnahme zu bewegen. Zu diesem Zweck habe sie dem 45 Vater den Ausstellungskatalog gebracht, in dem allerdings das kritische Bild nicht enthalten sei. Dies habe sie dem Vater dann vorsichtig mit den Worten „Dein Bild wirst du hier nicht finden" angedeutet. Einen direkteren Hinweis ha- 50 be sie nicht für zweckmäßig gehalten, da sie meine, Beteiligte an derartigen Verbrechen müssten von sich aus ihre „Verdrängung" (sie benutzte diese Terminologie) „durchbrechen" und sich zu ihrem Tun bekennen. Der Vater 55 habe aber auf die Fotos des Katalogs und trotz ihrer „Schrecken" (wieder ihre Wortwahl) gänzlich unverständlich reagiert und statt über die Opfer des Russlandkriegs nur über seine, die andere, die „Täterseite" (so Frau W.) gesprochen. 60 Die Leiden der deutschen Soldaten, seine eige-

ne Angst, der Verlust seiner Kameraden und besonders eines engen Freundes dominierten die Gespräche, die an einem toten Punkt angekommen seien. Ihr selbst sei wohl diese unaufgelöste Frage gegenüber ihrem Vater so unerträglich geworden, dass ihre alten Symptome zurückgekehrt seien.
Wiederum sind die organischen Befunde unauffällig oder im Normbereich. [...]
Ich habe – wie mir scheint, vergeblich – versucht, der Patientin zu erklären, dass Vergessen und Verdrängen, wie sie es bei Dr. Musbach meint konstatieren zu müssen, ein äußerst natürlicher Vorgang sei. Auch meine ausführlichen Berichte über wissenschaftliche Untersuchungen bei Tätern und Opfern (bei Letzteren zeigte sie nahezu trotzigen Unglauben) hätten häufig gezeigt, dass traumatische Erfahrungen – und zu solchen müsse die Wissenschaft auch eine solche Tat zählen – nicht in Ausnahmefällen, sondern in der Regel zunächst zu jahrelangem Schweigen, Verdrängen und Über-Arbeiten statt Ver-Arbeiten führen. Eine Reihe der wissenschaftlichen Titel zu diesem Problem hat sich die Patientin notiert.
Ich bin zu der Überzeugung gekommen, dass Frau Dr. W. wegen ihrer Willensstärke und wegen des Schocks, in den die Foto-Entdeckung sie zweifellos versetzt hat, mit der eingetretenen Situation nicht durch Gesprächsberatung geholfen werden kann. Eine psychoanalytische Behandlung ist ebenfalls nicht indiziert. Ich habe Frau Dr. W. deswegen angeraten, trotz der zunehmend schwächlichen Gesundheit ihres Vaters die Gespräche mit diesem fortzuführen, ihre Fragen schonungsloser zu stellen, kurz, den Vorgang aufzuklären. Vermutlich sogar im Interesse beider, Vater und Tochter. [...]
Mit freundlichen Grüßen,
[...].

Uwe Timm: **Am Beispiel meines Bruders** (2003)

[Uwe Timm erzählt die Geschichte seines 16 Jahre älteren Bruders, der sich als junger Mann freiwillig zur SS-Totenkopfdivision meldete und in der Ukraine fiel.]

Erhoben werden – Lachen, Jubel, eine unbändige Freude – diese Empfindung begleitet die Erinnerung an ein Erlebnis, ein Bild, das erste, das sich mir eingeprägt hat, mit ihm beginnt für mich das Wissen von mir selbst, das Gedächtnis: Ich komme aus dem Garten in die Küche, wo die Erwachsenen stehen, meine Mutter, mein Vater, meine Schwester. Sie stehen da und sehen mich an. Sie werden etwas gesagt haben, woran ich mich nicht mehr erinnere, vielleicht: Schau mal, oder sie werden gefragt haben: Siehst du etwas? Und sie werden zu dem weißen Schrank geblickt haben, von dem mir später erzählt wurde, es sei ein Besenschrank gewesen. Dort, das hat sich als Bild mir genau eingeprägt, über dem Schrank, sind Haare zu sehen, blonde Haare. Dahinter hat sich jemand versteckt – und dann kommt er hervor, der Bruder, und hebt mich hoch. An

sein Gesicht kann ich mich nicht erinnern, auch nicht an das, was er trug, wahrscheinlich Uniform, aber ganz deutlich ist diese Situation: Wie mich alle ansehen, wie ich das blonde Haar hinter dem Schrank entdecke, und dann dieses Gefühl, ich werde hochgehoben – ich schwebe.

Es ist die einzige Erinnerung an den 16 Jahre älteren Bruder, der einige Monate später, Ende September, in der Ukraine schwer verwundet wurde.

30 *30. 9. 1943*

Mein Lieber Papi
Leider bin ich am 19. schwer verwundet ich bekam ein Panzerbüchsenschuss durch beide Beine die die sie mir nun abgenommen haben. Dass rechte Bein
35 *haben sie unterm Knie abgenommen und dass linke Bein wurde am Oberschenkel abgenommen sehr große Schmerzen hab ich nicht mehr tröste die Mutti es geht alles vorbei in ein paar Wochen bin ich in Deutschland dann kanns Du Mich besuchem*
40 *ich bin nicht waghalsig gewesen*
Nun will ich schließen
Es Grüßt Dich und Mama, Uwe und alle
Dein Kurdel

Am 16. 10. 1943 um 20 Uhr starb er in dem
45 Feldlazarett 623.
Abwesend und doch anwesend hat er mich durch meine Kindheit begleitet, in der Trauer der Mutter, den Zweifeln des Vaters, den Andeutungen zwischen den Eltern. Von ihm wur-
50 de erzählt, das waren kleine, immer ähnliche Situationen, die ihn als mutig und anständig auswiesen. Auch wenn nicht von ihm die Rede war, war er doch gegenwärtig, gegenwärtiger als andere Tote, durch Erzählungen, Fotos und in
55 den Vergleichen des Vaters, die mich, den Nachkömmling, einbezogen.
Mehrmals habe ich den Versuch gemacht, über den Bruder zu schreiben. Aber es blieb jedes Mal bei dem Versuch. Ich las in seinen Feldpostbriefen und in dem Tagebuch, das er wäh- 60
rend seines Einsatzes in Russland geführt hat. Ein kleines Heft in einem hellbraunen Einband mit der Aufschrift *Notizen*.
Ich wollte die Eintragungen des Bruders mit dem Kriegstagebuch seiner Division, der 65
SS-Totenkopfdivision, vergleichen, um so Genaueres und über seine Stichworte Hinausgehendes zu erfahren. Aber jedes Mal, wenn ich in das Tagebuch oder in die Briefe hineinlas, brach ich die Lektüre schon bald wieder ab. 70
Ein ängstliches Zurückweichen, wie ich es als Kind von einem Märchen her kannte, der Geschichte von Ritter Blaubart. Die Mutter las mir abends die Märchen der Gebrüder Grimm vor, viele mehrmals, auch das Märchen von Blau- 75
bart, doch nur bei diesem mochte ich den Schluss nie hören. So unheimlich war es, wenn Blaubarts Frau nach dessen Abreise, trotz des Verbots, in das verschlossene Zimmer eindringen will. An der Stelle bat ich die Mutter, nicht 80
weiterzulesen. Erst Jahre später, ich war schon erwachsen, habe ich das Märchen zu Ende gelesen.
Da schloss sie auf, und wie die Türe aufging, schwomm ihr ein Strom Blut entgegen, und an den 85
Wänden herum sah sie tote Weiber hängen, und von einigen waren nur die Gerippe noch übrig. Sie erschrak so heftig, dass sie die Türe gleich wieder zuschlug, aber der Schlüssel sprang dabei heraus und fiel in das Blut. Geschwind hob sie ihn auf und 90
wollte das Blut abwaschen, aber es war umsonst, wenn sie es auf der einen Seite abgewischt, kam es auf der anderen Seite wieder zum Vorschein.

1 Vergleichen Sie die drei Textausschnitte:
- Was bewegt die Hauptfiguren bzw. die Erzählerin und die Erzähler, sich mit der Vergangenheit zu befassen?
- Welche Reaktionen löst das, was sie in Erfahrung bringen, in ihnen aus?

2 Der Mensch im Spannungsfeld der Geschichte: Zeigen Sie in Arbeitsgruppen an je einem Text auf, wie sich die historischen Bedingungen über mehrere Generationen hinweg auf Familienstrukturen und biografische Entwicklungen auswirken.

3 Schreiben gegen das Vergessen: Diskutieren Sie, welche Funktion das Schreiben für die Vergangenheitsbewältigung haben kann.

Wider das Vergessen: Ein Leseprojekt

Im 21. Jahrhundert leben nur noch wenige Zeitzeugen des Zweiten Weltkriegs und der nationalsozialistischen Herrschaft in Deutschland. Auch das Leben der Menschen im geteilten Deutschland wird mehr und mehr zur historischen Vergangenheit. Literarische Texte können dazu beitragen, den nachfolgenden Generationen ein differenziertes Bild der Geschichte und damit der Wurzeln unserer Gegenwart zu vermitteln.

Lektürevorschläge:

- **Hans-Ulrich Treichel**: Der Verlorene. Suhrkamp, Frankfurt/M. 1998
- **Wibke Bruhns**: Meines Vaters Land. Geschichte einer deutschen Familie. Econ, München 2004
- **Christina von Braun**: Stille Post. Eine andere Familiengeschichte. Propyläen, Berlin 2007
- **Friedrich Christian Delius**: Der Spaziergang von Rostock nach Syrakus. Rowohlt, Reinbek bei Hamburg 1994
- **Friedrich Christian Delius**: Mein Jahr als Mörder. Rowohlt, Berlin 2004

---

1 Erarbeiten Sie sich ein eigenes Verständnis der Romane und stellen Sie dieses vor. Gehen Sie dabei von der Frage aus, wie das Thema „Erinnern und Vergessen" behandelt wird.
Dabei können Sie eine der folgenden Methoden wählen:
- Stellen Sie Ihre Reflexionen, Ihren Arbeitsprozess und Ihre Ergebnisse in Form eines Portfolios (▸ S. 562–564) in einer Sammelmappe vor.
- Teilen Sie den Kurs in verschiedene Lesegruppen ein. Jede Gruppe wählt einen Titel aus der oben stehenden Liste und erarbeitet den Roman (ungefähre Zeit: sechs bis acht Stunden plus Präsentationsstunden). Orientieren Sie sich an den folgenden Anregungen.

Methode **Anregungen für ein Leseprojekt**

- Knappe und übersichtliche Darstellung des Romaninhalts (Fließtext, Diagramm, Strukturskizze),
- Vorstellung der wichtigsten Romanfiguren (Protagonisten) in Form von
  - Rollenbiografien,
  - Standbild mit Erläuterungen durch eine andere Person,
  - Steckbrief mit Foto und Erläuterungen,
- Untersuchung und Darstellung der Erzählstruktur und des Erzählers (erzählte Zeit, Kapitelüberschriften, kursiv gedruckte Kommentare etc.),
- Informationen über Zeit/Geschichte/Individuum und Gesellschaft in Form von
  - Museumsecke,
  - Informationsplakaten,
  - Vortrag (durch Präsentationsprogramm oder Diaschau gestützt),
- Recherche über den Autor und die Rezeption des Romans (z. B. Rezensionen).

Ludwig Wittgenstein:
Philosophische Untersuchungen, §18 (1953)

Unsere Sprache kann man ansehen als eine alte Stadt: Ein Gewinkel von Gässchen und Plätzen, alten und neuen Häusern und Häusern mit Zubauten aus verschiedenen Zeiten; und dies umgeben von einer Menge neuer Vororte mit geraden und regelmäßigen Straßen und mit einförmigen Häusern.

1 Lassen Sie sich von dem Wittgenstein-Zitat inspirieren: Stellen Sie sich die Sprache als eine Stadt vor und skizzieren Sie Ihre „Sprach-Stadt". Sie können dazu z. B. einen Stadtplan wie nebenstehend zeichnen, einen Spaziergang hindurch schildern oder die Besonderheiten ihrer Gebäude und Viertel beschreiben.

2 **a** Stellen Sie im Kurs Ihre „Sprach-Städte" vor. Halten Sie Gemeinsamkeiten und Unterschiede fest.

b Formulieren Sie zusammenfassend, welche Ideen und Vorstellungen Sie persönlich mit dem Phänomen Sprache verbinden.

Loriot: Das Ei

Das Ehepaar sitzt am Frühstückstisch. Der Ehemann hat sein Ei geöffnet und beginnt nach einer längeren Denkpause das Gespräch.

Er: Berta!
5 **Sie:** Ja ...
Er: Das Ei ist hart!
Sie: *(schweigt)*
Er: Das Ei ist hart!
Sie: Ich habe es gehört ...
10 **Er:** Wie lange hat das Ei denn gekocht ...
Sie: Zuviel Eier sind gar nicht gesund ...
Er: Ich meine, wie lange dieses Ei gekocht hat ...
Sie: Du willst es doch immer viereinhalb
15 Minuten haben ...
Er: Das weiß ich ...
Sie: Was fragst du denn?
Er: Weil dieses Ei nicht viereinhalb Minuten gekocht haben *kann!*
20 **Sie:** Ich koche es aber jeden Morgen viereinhalb Minuten!
Er: Wieso ist es dann mal zu hart und mal zu weich?
Sie: Ich weiß es nicht ... ich bin kein Huhn!
25 **Er:** Ach! ... Und woher weißt du, wann das Ei gut ist?
Sie: Ich nehme es nach viereinhalb Minuten heraus, mein Gott!
Er: Nach der Uhr oder wie?
30 **Sie:** Nach Gefühl ... eine Hausfrau hat das im Gefühl ...
Er: Im Gefühl? ... Was hast du im Gefühl?
Sie: Ich habe es im Gefühl, wann das Ei weich ist ...
35 **Er:** Aber es ist hart ... vielleicht stimmt da mit deinem Gefühl was nicht ...
Sie: Mit meinem Gefühl stimmt was nicht? Ich stehe den ganzen Tag in der Küche, mache die Wäsche, bring deine Sachen in Ordnung, ma-
40 che die Wohnung gemütlich, ärgere mich mit den Kindern rum, und du sagst, mit meinem Gefühl stimmt was nicht!?
Er: Jaja ... jaja ... jaja ... wenn ein Ei nach Gefühl kocht, dann kocht es eben nur *zufällig* ge-
45 nau viereinhalb Minuten!
Sie: Es kann dir doch genau ganz egal sein, ob das Ei *zufällig* viereinhalb Minuten kocht ... Hauptsache, es *kocht* viereinhalb Minuten!
Er: Ich hätte nur gern ein weiches Ei und nicht
50 ein *zufällig* weiches Ei! Es ist mir egal, wie lange es kocht!
Sie: Aha! Das ist dir egal ... es ist dir also egal, ob ich viereinhalb Minuten in der Küche schufte!
55 **Er:** Nein, nein ...
Sie: Aber es ist *nicht* egal ... das Ei *muß* nämlich viereinhalb Minuten kochen ...
Er: Das habe ich doch gesagt ...
Sie: Aber eben hast du doch gesagt, es ist dir
60 egal!
Er: Ich hätte nur gern ein weiches Ei ...
Sie: Gott, was sind Männer primitiv!
Er: *(düster vor sich hin)* Ich bringe sie um ... morgen bringe ich sie um ... R

1 a Überlegen Sie in Kleingruppen, wie in der Szene die beiden Partner miteinander sprechen. Beziehen Sie dabei auch nichtsprachliche Elemente der Kommunikation mit ein.
b Erarbeiten Sie weitere Regieanweisungen für die Szene und spielen Sie sie nach.

2 a Beschreiben Sie anhand konkreter Textstellen das Kommunikationsproblem des Paares.
b Erläutern Sie, warum die Verständigung zwischen den beiden Gesprächspartnern scheitert.
c Diskutieren Sie, ob man hier von typischem Rollenverhalten von Mann und Frau sprechen kann.

In diesem Kapitel erwerben Sie folgende Kenntnisse und Kompetenzen:

- Kommunikationsprobleme in Alltagssituationen beschreiben und analysieren,
- unterschiedliche Theorien und Modelle der Sprache als Zeichen- und Kommunikationssystem kennen und erläutern,
- Kommunikationsmodelle bei der Analyse von Kommunikationsproblemen im Alltag und in literarischen Texten anwenden,
- Möglichkeiten zur Überwindung von Kommunikationsproblemen aufzeigen und beurteilen.

1.1 Kommunikationsprobleme in Alltagssituationen

Deborah Tannen: **Du kannst mich einfach nicht verstehen. Warum Männer und Frauen aneinander vorbeireden** (1991) – Auszug

„Ich reparier dir das“

Männer und Frauen finden es oft gleichermaßen frustrierend, wie der andere auf ihre Probleme reagiert. Und wenn der andere frustriert ist, ist man selbst umso gekränkter. Frauen nehmen es übel, wenn Männer für jedes Problem eine Lösung parat haben, und Männer werfen den Frauen vor, dass sie sich weigern, die Probleme aus der Welt zu schaffen, über die sie sich beklagen. Weil viele Männer sich als Problemlöser sehen, empfinden sie es als Herausforderung ihrer intellektuellen Fähigkeiten, wenn jemand Sorgen oder Kummer hat, genauso, wie eine Frau, die mit einem kaputten Fahrrad oder stotterndem Auto vorstellig wird, eine Herausforderung ihres bastlerischen Geschicks darstellt. Aber während viele Frauen dankbar sind, wenn man ihnen bei der Reparatur technischer Gerätschaften hilft, neigen nur wenige zur Dankbarkeit, wenn man ihre emotionalen Probleme „reparieren“ will. [...]

Der Versuch, ein Problem zu lösen oder zu „reparieren“, konzentriert sich auf die Mitteilungsebene eines Gesprächs. Aber den meisten Frauen, die gern und oft von Problemen bei der Arbeit oder im Freundeskreis berichten, geht es nicht in erster Linie um die reine Information. Für sie zählt die Metamitteilung: Wenn man von einem Problem erzählt, fordert man den anderen auf, Verständnis zu zeigen („Ich weiß, wie du dich fühlst.“) oder von einer ähnlichen Erfahrung zu berichten („Mir ist mal was Ähnliches passiert, da habe ich mich genauso gefühlt.“). Mit anderen Worten, Problemgespräche zielen darauf, eine Beziehung zu festigen, indem man Metamitteilungen aussendet wie: „Wir sind gleich; du bist nicht allein.“ Frauen sind enttäuscht, wenn diese Bestätigung ausbleibt und sie im Gegenteil den Eindruck gewinnen, dass man sich von ihnen distanziert, indem man ihnen Ratschläge gibt, die Metamitteilungen auszusenden scheinen wie: „Wir sind nicht gleich. Du hast die Probleme. Ich habe die Lösungen.“

Darüber hinaus ist gegenseitiges Verständnis symmetrisch, und diese Symmetrie trägt zu einem Gefühl von Gemeinschaft bei. Aber das Erteilen von Ratschlägen ist asymmetrisch. Der Ratgebende rahmt sich als klüger, vernünftiger, kontrollierter – mit anderen Worten als überlegen – ein. Und das vergrößert die Distanz. [...]

Beziehungssprache und Berichtssprache

Wer redet mehr, Männer oder Frauen? Die anscheinend geteilten Meinungen zu dieser Frage lassen sich durch die Unterscheidung in – wie ich es nenne – *öffentliches* und *privates Sprechen* aussöhnen. Männer fühlen sich eher wohl, wenn sie „öffentlich“ reden, während Frauen sich eher wohl fühlen, wenn sie „privat“ reden. Man kann diese Unterschiede auch durch die Begriffe *Beziehungssprache (rapport-talk)* und *Berichtssprache (report-talk)* umschreiben.

Für die meisten Frauen ist die Sprache der Konversation in erster Linie eine Beziehungssprache: eine Möglichkeit, Bindungen zu knüpfen und Gemeinschaft herzustellen. Sie demonstrieren vor allem Gemeinsamkeiten und gleichartige Erfahrungen. Von Kindheit an kritisieren Mädchen Spielgefährtinnen, die sich hervortun oder besser als andere erscheinen wollen. Frauen haben ihre engsten Beziehungen zu Hause oder in einer Umgebung, in der sie sich *zu Hause fühlen* – mit einem oder wenigen Menschen, denen sie sich nah und mit denen sie sich wohl fühlen, mit anderen Worten, bei privaten Gesprächen. Aber selbst an die öffentlichste Situation kann man herangehen, als handele es sich um ein privates Gespräch.

Für die meisten Männer sind Gespräche in erster Linie ein Mittel zur Bewahrung von Unabhängigkeit und zur Statusaushandlung in einer hierarchischen sozialen Ordnung. Zu diesem stellen Männer ihr Wissen und ihre Fähigkeiten zur Schau und glänzen mit sprachlichen Darbietungen wie Anekdoten, Witzen oder Informationen, um sich in den Mittelpunkt zu rücken. Männer lernen von klein auf, Gespräche zu benutzen, um Aufmerksamkeit zu bekommen und zu behalten. Sie fühlen sich also wohler, wenn sie in großen Gruppen sprechen, die sich aus Leuten zusammensetzen, die sie weniger gut kennen – wenn sie, im weitesten Sinne, „öffentlich reden“. Aber selbst die privatesten Situationen lassen sich wie ein öffentliches Gespräch behandeln, so, als ginge es eher um eine Berichterstattung als um die Festigung von Beziehungen.

---

1 Arbeiten Sie die Kernaussagen des Textes in Form von Thesen heraus.

2 **a** Prüfen Sie in Partnerarbeit Deborah Tannens Thesen, indem Sie diese mit Ihren persönlichen Erfahrungen vergleichen.

b Berichten Sie in der Gruppe und diskutieren Sie davon ausgehend Deborah Tannens These, dass Frauen und Männer unterschiedlich sprechen.

Information **Kommunikation, Rolle und Kultur**

Der Begriff der „Rolle“ wird in der Soziologie und Kommunikationsforschung dann verwendet, wenn beschrieben werden soll, welche Erwartungen Einzelne oder die Gesellschaft insgesamt an das Verhalten eines Individuums in einer bestimmten sozialen Position haben. Je nach Situation spielt jeder Mensch unterschiedliche Rollen, die einander widersprechen können (**Rollenkonflikt**). Für die Beschreibung und das Verständnis von Kommunikation ist es oft hilfreich, sich **Rollenvorstellungen** und **Rollenerwartungen** bewusst zu machen. Freilich muss man dabei auch berücksichtigen, dass Rollenvorstellungen und Rollenerwartungen gesellschaftlichem Wandel unterworfen sind und auch kulturelle Unterschiede aufweisen können.

Joseph Ratzinger (nach Søren Kierkegaard): **Der Zirkus brennt** (1968)

Diese Geschichte sagt, dass ein Reisezirkus in Dänemark in Brand geraten war. Der Direktor schickte daraufhin den Clown, der schon zur Vorstellung gerüstet war, in das benachbarte Dorf, um Hilfe zu holen, zumal die Gefahr bestand, dass über die abgeernteten, ausgetrockneten Felder das Feuer auch auf das Dorf übergreifen würde. Der Clown eilte in das Dorf und bat die Bewohner, sie möchten eiligst zu dem brennenden Zirkus kommen und löschen helfen. Aber die Dörfler hielten das Geschrei des Clowns lediglich für einen ausgezeichneten Werbetrick, um sie möglichst zahlreich in die Vorstellung zu locken; sie applaudierten und

15 lachten bis zu Tränen. Dem Clown war mehr zum Weinen als zum Lachen zu Mute; er versuchte vergebens, die Menschen zu beschwören, ihnen klarzumachen, dies sei keine Verstellung, kein Trick, es sei bitterer Ernst, es 20 brenne wirklich. Sein Flehen steigerte nur das Gelächter, man fand, er spiele seine Rolle ausgezeichnet – bis schließlich in der Tat das Feuer auf das Dorf übergegriffen hatte und jede Hilfe zu spät kam, sodass Dorf und Zirkus gleichermaßen verbrannten. 25

1 Erläutern Sie, warum die Kommunikation im vorliegenden Text scheitert.

2 **a** Spielen Sie die Szene nach.

b Stellen Sie ausgehend von der szenischen Interpretation typische nichtsprachliche Elemente der Kommunikation zusammen.

c Erklären Sie anhand von Beispielen, welche Wirkung und Bedeutung solche nichtsprachlichen Aspekte für die Kommunikation haben können.

Friedemann Schulz von Thun: **Berufsrolle und private Rolle** (1998)

Eine Flughafenangestellte berichtet: „Uns wurde beigebracht, mit aufgebrachten Fluggästen angemessen umzugehen, zum Beispiel bei Flugverspätungen oder wenn ein Koffer nicht 5 angekommen war. Zum Teil muss man sich dann schlimmste Beleidigungen und Beschuldigungen anhören. Wir lernten, darauf erstens sachlich und zweitens freundlich einzugehen, keinesfalls beleidigt oder aggressiv. Diese Reak- 10 tionsweise gefiel mir gut. Sie machte mich unangreifbar und überlegen. Als ich damit begann, in dieser Weise auch auf meine Freunde zu reagieren, nämlich betont sachlich und stets mit einem Lächeln, wäre ich sie beinahe 15 losgeworden."

[Das Rollenverhalten, das] in der einen (professionellen) Situation adäquat erscheint, wird in der anderen (privaten) Situation zu Recht als „daneben", als „Abfertigung" empfunden. Die 20 Freundschaft lebt von der authentischen Auseinandersetzung; die Frage „Wie stehen und wie fühlen wir zueinander?" berührt ihren Lebensnerv. Am Flughafenschalter geht es darum aber überhaupt nicht. – Oder nehmen Sie den Vater, der als leitender Angestellter gewohnt ist, Prob- 25 leme auf die schnellste Weise „einer effektiven Lösung zuzuführen". Wenn er mit [diesem beruflichen Rollenverhalten] abends den ehelichen Dialog bestreitet, kann es schiefgehen, obwohl er es wirklich gut meint: 30

Mutter: Stephan hat wieder eine Fünf geschrieben, ich mache mir allmählich Sorgen ...

Vater: Gut, also erstens: Gespräch mit der Lehrerin, bitte Terminabstimmung vornehmen. Zweitens: Disziplin und Arbeitsmoral als Werte 35 stärker implementieren ...

Mutter: Drittens lasse ich mich scheiden!

Vater: Bitte, Carlotta, auch von deiner Seite: viertens etwas mehr Gesprächsdisziplin, sonst kommen wir hier nicht weiter! 40

3 Erklären Sie die im Text dargestellten Probleme anhand der Kategorien „Rollenverhalten" – „Rollenerwartung" – „Rollenkonflikt".

4 Berichten Sie aus eigener Erfahrung, inwieweit Sie ähnliche Situationen bereits erlebt haben.

5 Probieren Sie vergleichbare Konfliktsituationen im Rollenspiel aus.
- Entwerfen Sie in Partnerarbeit eine kurze Szene, in der eine Person oder mehrere Personen ihr typisches Rollenverhalten aus einem Bereich (z. B. Beruf) unangemessen auf einen anderen (z. B. Privatbereich) übertragen, und präsentieren Sie diese Szenen vor Ihrem Kurs.

- Notieren Sie arbeitsteilig Ihre Beobachtungen zu Sprache, Stimme, Gestik, Mimik und Körperhaltung.
- Werten Sie auf der Grundlage Ihrer Beobachtungen die Szene aus und erläutern Sie den beobachteten Rollenkonflikt.

6 Der Soziologe Ralf Dahrendorf vertritt die Ansicht, dass Kommunikation am besten dann gelingt, wenn alle Beteiligten die an sie gerichteten Rollenerwartungen voll erfüllen. Beurteilen Sie diese Auffassung kritisch im Hinblick auf die Beziehung zwischen Lehrkraft und Schülerinnen bzw. Schülern, Eltern und Kindern, Ärzten und Pflegepersonal o. Ä.

Paul Watzlawick u. a.: **Kuss ist nicht Kuss** (1969)

Unter den während des Krieges in England stationierten amerikanischen Soldaten war die Ansicht weit verbreitet, die englischen Mädchen seien sexuell überaus leicht zugänglich. Merkwürdigerweise behaupteten die Mädchen ihrerseits, die amerikanischen Soldaten seien übertrieben stürmisch. Eine Untersuchung, an der u. a. Margaret Mead teilnahm, führte zu einer interessanten Lösung dieses Widerspruchs. Es stellte sich heraus, dass das Paarungsverhalten – vom Kennenlernen der Partner bis zum Geschlechtsverkehr – in England wie in Amerika ungefähr dreißig verschiedene Verhaltensformen durchläuft, dass aber die Reihenfolge dieser Verhaltensformen in den beiden Kulturbereichen verschieden ist. Während z. B. das Küssen in Amerika relativ früh kommt, etwa auf Stufe 5, tritt es im typischen Paarungsverhalten der Engländer relativ spät auf, etwa auf Stufe 25. Praktisch bedeutet dies, dass eine Engländerin, die von ihrem Soldaten geküsst wurde, sich nicht nur um einen Großteil des für sie intuitiv richtigen Paarungsverhaltens (Stufe 5–24) betrogen fühlte, sondern zu entscheiden hatte, ob sie die Beziehung an diesem Punkt abbrechen oder sich dem Partner sexuell hingeben sollte. Entschied sie sich für die letztere Alternative, so fand sich der Amerikaner einem Verhalten gegenüber, das für ihn durchaus nicht in dieses Frühstadium der Beziehung passte und nur als schamlos zu bezeichnen war. Die Lösung eines solchen Beziehungskonflikts durch die beiden Partner selbst ist natürlich deswegen praktisch unmöglich, weil derartige kulturbedingte Verhaltensformen und -abläufe meist völlig außerbewusst sind. Ins Bewusstsein dringt nur das undeutliche Gefühl: der andere benimmt sich falsch.

---

7 **a** Fassen Sie den Inhalt des Textes kurz zusammen.
b Erläutern Sie, worin im Vergleich zu den von Ratzinger (▸ S. 462 f.) und Schulz von Thun (▸ S. 463) beschriebenen Kommunikationssituationen die Besonderheit liegt.

8 Stellen Sie eine Situation dar, in der kulturell unterschiedliches Verhalten zu Missverständnissen in der Kommunikation führt.

9 Metakommunikation („Kommunikation über Kommunikation“) wird häufig als Mittel zur Überwindung von Kommunikationsproblemen angewandt.
a Prüfen Sie grundsätzlich anhand der vorangegangenen Texte die Möglichkeiten der Metakommunikation.
b Arbeiten Sie anhand eines der vorliegenden Fälle konkret aus, wie Metakommunikation funktionieren könnte. Entwerfen Sie ein entsprechendes Gespräch.

10 **a** Welche Faktoren beeinflussen generell die Kommunikation zwischen Personen positiv? Stellen Sie in Gruppen jeweils fünf Regeln für Sprechende und Zuhörende zusammen.
b Diskutieren Sie Ihre Ergebnisse.

Information **Kommunikationsprobleme in Alltagssituationen**

Kommunikation in Alltagssituationen bringt häufig deshalb Probleme mit sich oder scheitert gar, weil einer der Kommunikationspartner sich nicht seiner **Rolle** entsprechend verhält oder die Partner von unterschiedlichen **Rollenerwartungen** ausgehen. Um solche Probleme zu verstehen, ist es oft zweckmäßig, sich den **situativen Kontext** zu vergegenwärtigen, in dem die Kommunikation stattfindet. Kommunikationsprobleme können beispielsweise mit Hilfe von **Metakommunikation** überwunden werden, indem die Kommunikation selbst zum Gegenstand des Gesprächs wird, die Gesprächspartner also über die Art ihrer Kommunikation sprechen.

1.2 Sprache als Zeichen- und Kommunikationssystem

René Magritte: „La clef des songes“ (1930)

1 **a** Halten Sie Ihre Assoziationen zu René Magrittes Bild „Der Schlüssel der Träume“ fest.
b Tauschen Sie sich in der Gruppe über Ihre Assoziationen zu dem Bild aus.

2 Erläutern Sie, mit welchen Gesetzmäßigkeiten von Sprache Magritte hier spielt.

Ferdinand de Saussure: **Die Natur des sprachlichen Zeichens** (1916/dt. 1931)

Der Schweizer Sprachforscher Ferdinand de Saussure (1857–1913) definiert das sprachliche Zeichen als die Verknüpfung eines Lautbildes mit einer Vorstellung (von einem Gegenstand, von einem Sachverhalt).

Das sprachliche Zeichen vereinigt in sich nicht einen Namen und eine Sache, sondern eine Vorstellung und ein Lautbild. [...] Das sprachliche Zeichen ist also etwas im Geist tatsächlich Vorhandenes, das zwei Seiten hat und durch folgende Figur dargestellt werden kann: 5

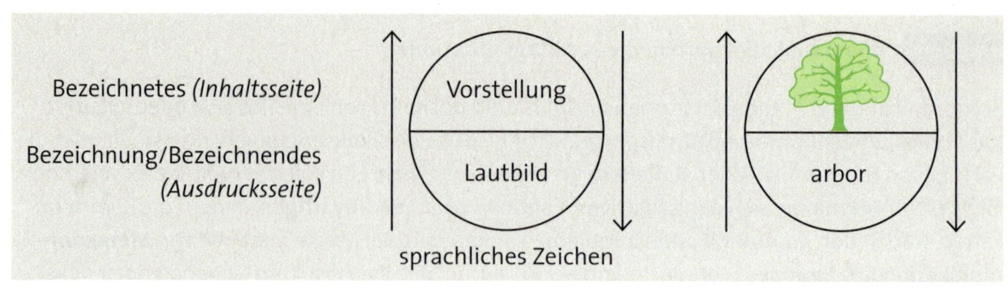

Diese beiden Bestandteile sind eng miteinander verbunden und entsprechen einander. [...] Mit dieser Definition wird eine wichtige terminologische Frage aufgeworfen. Ich nenne die Verbindung der Vorstellung mit dem Lautbild das Zeichen; dem üblichen Gebrauch nach aber bezeichnet dieser Terminus im Allgemeinen das Lautbild allein, z. B. ein Wort (*arbor* usw.). Man vergisst dabei, dass, wenn *arbor* Zeichen genannt wird, dies nur insofern gilt, als es Träger der Vorstellung „Baum" ist, sodass also diese Bezeichnung außer dem Gedanken an den sensorischen Teil den an das Ganze einschließt.

Die Mehrdeutigkeit dieses Ausdrucks verschwindet, wenn man die drei hier in Rede stehenden Begriffe durch Namen bezeichnet, die unter sich in Zusammenhang und zugleich in Gegensatz stehen. Ich schlage also vor, dass man das Wort Zeichen beibehält für das Ganze, und Vorstellung bzw. Lautbild durch Bezeichnetes und Bezeichnung (Bezeichnendes) ersetzt; die beiden letzteren Ausdrücke haben den Vorzug, den Gegensatz hervorzuheben, der sie voneinander trennt und von dem Ganzen, dessen Teile sie sind. Für dieses selbst begnügen wir uns mit dem Ausdruck „Zeichen", weil kein anderer sich dafür finden lässt. [...]

Das Band, welches das Bezeichnete mit der Bezeichnung verknüpft, ist beliebig; und da wir unter Zeichen das durch die assoziative Verbindung einer Bezeichnung mit einem Bezeichneten erzeugte Ganze verstehen, so können wir dafür auch einfacher sagen: Das sprachliche Zeichen ist beliebig.

So ist die Vorstellung „Schwester" durch keinerlei innere Beziehung mit der Lautfolge Schwester verbunden, die ihr als Bezeichnung dient; sie könnte ebenso wohl dargestellt sein durch irgendeine andere Lautfolge: das beweisen die Verschiedenheiten unter den Sprachen und schon das Vorhandensein verschiedener Sprachen: das Bezeichnete „Ochs" hat auf dieser Seite der Grenze als Bezeichnung *o-k-s*, auf jener Seite b-ö-f (boeuf). [...]

Das Wort „beliebig" erfordert hierbei eine Bemerkung. Es soll nicht die Vorstellung erwecken, als ob die Bezeichnung von der freien Wahl der sprechenden Person abhinge [...]; es soll besagen, dass es unmotiviert ist, d.h. beliebig im Verhältnis zum Bezeichneten, mit welchem es in Wirklichkeit keinerlei natürliche Zusammengehörigkeit hat.

---

1 Was assoziieren Sie mit dem Begriff „Zeichen"? Tauschen Sie sich darüber in der Gruppe aus.

2 **a** Definieren Sie den Begriff „sprachliches Zeichen", wie er von Ferdinand de Saussure verwendet wird.
b Erklären Sie, weshalb die Verbindung von Inhalts- und Ausdrucksseite des sprachlichen Zeichens beliebig (arbiträr) und zugleich festgelegt (konventionalisiert) ist.
c Klären Sie den Satz Saussures: „In einem gewissen Sinn kann man zu gleicher Zeit von der Unveränderlichkeit und der Veränderlichkeit des Zeichens sprechen." Berücksichtigen Sie dabei den Begriff der Konvention.

3 Die Übersetzung der Bildunterschriften von Magrittes Gemälde (► S. 465) lautet (von links nach rechts und von oben nach unten): „die Akazie, der Mond, der Schnee, die Decke, das Gewitter, die Wüste". Deuten Sie das Gemälde ausgehend von Saussures Modell des sprachlichen Zeichens.

Ludwig Wittgenstein: Philosophische Untersuchungen (1936–46)

11. Denk an die Werkzeuge in einem Werkzeugkasten: es ist da ein Hammer, eine Zange, eine Säge, ein Schraubenzieher, ein Maßstab, ein Leimtopf, Leim, Nägel und Schrauben. – So verschieden die Funktion dieser Gegenstände, so verschieden sind die Funktionen der Wörter [...].

23. Wie viele Arten der Sätze gibt es aber? Etwa Behauptung, Frage und Befehl? – Es gibt unzählige solcher Arten: *unzählige* verschiedene Arten der Verwendung alles dessen, was wir „Zeichen", „Worte", „Sätze" nennen. Und diese Mannigfaltigkeit ist nichts Festes, ein für alle Mal Gegebenes; sondern neue Typen der Sprache, neue Sprachspiele, wie wir sagen können, entstehen und andre veralten und werden vergessen. (Ein *ungefähres* Bild davon können uns die Wandlungen der Mathematik geben.) Das Wort „Sprach*spiel*" soll hier hervorheben, dass das Sprechen der Sprache ein Teil ist einer Tätigkeit, oder einer Lebensform. Führe dir die Mannigfaltigkeit der Sprachspiele an diesen Beispielen, und anderen, vor Augen:
Befehlen und nach Befehlen handeln –
Beschreiben eines Gegenstands nach dem Ansehen, oder nach Messungen –
Herstellen eines Gegenstands nach einer Beschreibung (Zeichnung) –
Berichten eines Hergangs –
Über den Hergang Vermutungen anstellen –
Eine Hypothese aufstellen und prüfen – [...].

27. „Wir benennen die Dinge und können nun über sie reden. Uns in der Rede auf sie beziehen." – Als ob mit dem Akt des Benennens schon das, was wir weiter tun, gegeben wäre. Als ob es nur eines gäbe, was heißt: „von Dingen reden". Während wir doch das Verschiedenartigste mit unsern Sätzen tun. Denken wir allein an die Ausrufe. Mit ihren ganz verschiedenen Funktionen.

Wasser! Fort! Au!
Hilfe! Schön! Nicht!

Bist du nun noch geneigt, diese Wörter „Benennungen von Gegenständen" zu nennen? [...]

Ludwig Wittgenstein (1889–1951)

31. [...] Betrachte noch diesen Fall: Ich erkläre jemandem das Schachspiel; und fange damit an, indem ich auf eine Figur zeige und sage: „Das ist der König. Er kann so und so ziehen, etc. etc." – In diesem Fall werden wir sagen: die Worte „Das ist der König" (oder „Das heißt ‚König'") sind nur dann eine Worterklärung, wenn der Lernende schon ‚weiß, was eine Spielfigur ist'. Wenn er etwa schon andere Spiele gespielt hat oder, beim Spiele Anderer, ‚mit Verständnis' zugesehen hat – *und dergleichen*. Auch nur dann wird er beim Lernen des Spiels relevant fragen können: „Wie heißt das?" – nämlich, diese Spielfigur.
Wir können sagen: Nach der Benennung fragt nur der sinnvoll, der schon etwas mit ihr anzufangen weiß. Wir können uns ja auch denken, dass der Gefragte antwortet: „Bestimm die Benennung selber!" – und nun müsste, der gefragt hat, für alles selber aufkommen.

1 Welches grundsätzliche Verständnis von Sprache kommt bei Wittgenstein zum Ausdruck?

2 **a** Fassen Sie zusammen, was Wittgenstein unter einem „Sprachspiel" versteht.
b Erläutern Sie mögliche Funktionen der in Abschnitt 27 aufgeführten Einwortsätze anhand verschiedener situativer Kontexte.
c Zeigen Sie, wie „Bedeutung" im Sinne Wittgensteins entsteht.

3 Vergleichen Sie Saussures Verständnis von Sprache mit dem von Wittgenstein.

Karl Bühlers Organon-Modell und seine Erweiterungen

Karl Bühler (1879–1963) hat die Ergebnisse seiner Sprachanalyse in einem **Organon-Modell** grafisch dargestellt:

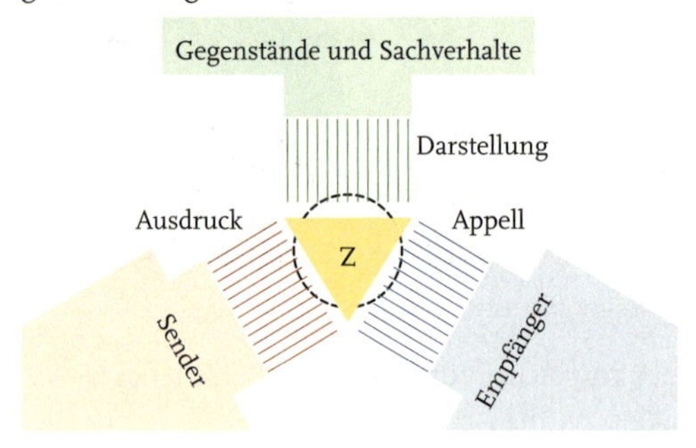

„Die Sprache“, sagt Bühler, „ist dem Werkzeug verwandt; auch sie gehört zu den Geräten des Lebens, ist ein Organon [Werkzeug] wie das dingliche Gerät.“ Nach Bühler sind beim Sprechen immer drei Elemente beteiligt, die über das Sprachzeichen (Z) in Sinnbezug miteinander treten: (mindestens) ein Sender, (mindestens) ein Empfänger und Objekte der gegenständlichen Welt. Diese Gegenstände oder Sachverhalte sind Anlass der Kommunikation zwischen Sender und Empfänger, aber nicht ausschließlich. Die Sprachzeichen, die zwischen Sender und Empfänger gewechselt werden, können sich auch auf diese selbst richten. Wenn sich der Sinnbezug des Sprachzeichens auf den Sender selbst richtet, nennt Bühler diese Funktion des Zeichens Ausdruck; den auf den Empfänger zielenden Sinnbezug bezeichnet er als Appell. Die Darstellung ist der auf Gegenstände und Sachverhalte zielende Sinnbezug des sprachlichen Zeichens.

Die Sprecherabsicht (Intention) entscheidet darüber, welche dieser Funktionen in einer sprachlichen Äußerung jeweils überwiegt. Ein Sender, der beim Adressaten eine bestimmte Handlung auslösen will und der deshalb werbend, überredend, überzeugend oder befehlend spricht, rückt z. B. die Appellfunktion in den Vordergrund.

In jeder Mitteilung sind alle drei Funktionen der Sprache enthalten, wobei jedoch eine Funktion mehr oder weniger stark dominieren kann.

Sprachwissenschaftler wie Roman Jakobson (1896–1982) haben das Organon-Modell Bühlers weiterentwickelt. Für Jakobson hat die Sprache über die von Bühler genannten Funktionen hinaus weitere Aufgaben. Sie lassen sich schematisch so darstellen:

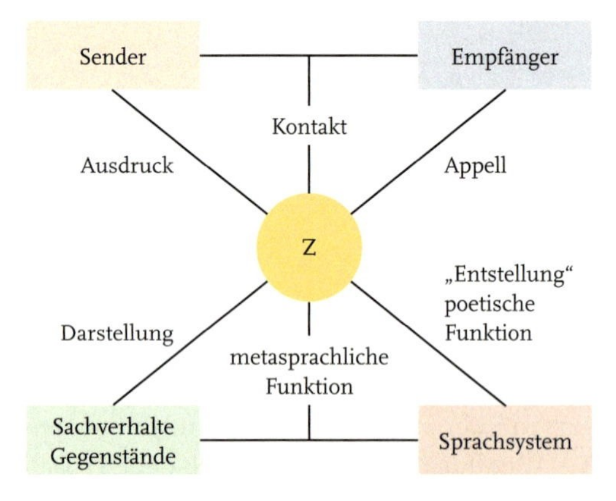

Für Jakobson ist die Aufrechterhaltung des **Kontakts** zwischen Kommunikationspartnern eine wichtige Funktion des sprachlichen Zeichens. Der Wissenschaftler betont hier die soziale Funktion der Sprache.

Weiterhin führt er eine **metasprachliche Funktion** der Sprache an. Damit ist gemeint, dass sprachliche Äußerungen auch dazu dienen können, sich auf sich selbst zu beziehen.

Die **poetische Funktion** der Sprache erläutert Umberto Eco (*1932): „Als dichterisch gilt für gewöhnlich jene Redeweise, die, indem sie Laut und Begriff, Laute und Wörter in ein völlig neues Verhältnis zueinander bringt und Sätze in ungewohnter Weise zusammenfügt, zugleich mit einer bestimmten Bedeutung auch eine neuartige Emotion vermittelt; und dies so sehr, dass die Emotion auch dann entsteht, wenn die Bedeutung nicht sofort klar wird.“

Das Organon-Modell von Bühler und seine Fortentwicklung haben deutlich gemacht, dass jedes Element der Sprache, jedes Wort, in einen sozialen Prozess hineinwirkt, dass es auf unterschiedliche Arten und mit unterschiedlichen Intensitäten auf alle an einem Kommunikationsprozess Beteiligten zielt. Ist das Wort ein dichterisches, so liegt eine von allen anderen verschiedene Wirkungsweise vor. In seiner dichterischen Funktion wirkt das Wort – als ein Element des Sprachsystems – zunächst auf die Sprache selbst, und zwar durch ungewohnten Gebrauch, durch „Entstellung“ seines normalen Sinns.

1 Beschreiben Sie, wie sich Bühlers und Saussures (▶ S.465–466) Modelle des sprachlichen Zeichens voneinander unterscheiden.
2 Ordnen Sie Ihnen bekannte Kommunikationssituationen und -formen schwerpunktmäßig den bühlerschen Sprachfunktionen „Ausdruck“, „Darstellung“ und „Appell“ zu.
3 Klären Sie an Beispielen die metasprachliche und poetische Funktion der Sprache.

Friedemann Schulz von Thun: **Miteinander reden – Das Vier-Seiten-Modell einer Nachricht** (1981)

Dass jede Nachricht ein ganzes Paket mit vielen Botschaften ist, macht den Vorgang der zwischenmenschlichen Kommunikation so kompliziert und störanfällig, aber auch so aufregend und spannend.
Um die Vielfalt der Botschaften, die in einer Nachricht stecken, ordnen zu können, möchte ich vier seelisch bedeutsame Seiten an ihr unterscheiden. Ein Alltagsbeispiel:

Der Mann (= Sender) sagt zu seiner am Steuer sitzenden Frau (= Empfänger): „Du, da vorne ist grün!“ – Was steckt alles drin in dieser Nachricht, was hat der Sender (bewusst oder unbewusst) hineingesteckt, und was kann der Empfänger ihr entnehmen?

1. Sachinhalt (oder: Worüber ich informiere)
Zunächst enthält die Nachricht eine Sachinformation. [...]

2. Selbstoffenbarung (oder: Was ich von mir selbst kundgebe)
In jeder Nachricht stecken nicht nur Informationen über die mitgeteilten Sachinhalte, sondern auch Informationen über die Person des Senders. [...] In jeder Nachricht steckt ein Stück Selbstoffenbarung des Senders. Ich wähle den Begriff der Selbstoffenbarung, um damit sowohl die gewollte *Selbstdarstellung* als auch die unfreiwillige *Selbstenthüllung* einzuschließen. [...]

3. Beziehung (oder: Was ich von dir halte oder wie wir zueinander stehen)
Aus der Nachricht geht ferner hervor, wie der Sender zum Empfänger steht, was er von ihm hält. Oft zeigt sich dies in der gewählten Formulierung, im Tonfall und anderen nichtsprachlichen Begleitsignalen. Für diese Seite der Nachricht hat der Empfänger ein besonders empfindliches Ohr; denn hier fühlt er sich als Person in bestimmter Weise behandelt (oder misshandelt). [...]

4. Appell (oder: Wozu ich dich veranlassen möchte)
Kaum etwas wird „nur so“ gesagt – fast alle Nachrichten haben die Funktion, auf den Empfänger *Einfluss zu nehmen.* [...]
Die Nachricht dient also (auch) dazu, den Emp-

fänger zu veranlassen, bestimmte Dinge zu tun oder zu unterlassen, zu denken oder zu fühlen. Dieser Versuch, Einfluss zu nehmen, kann mehr oder minder offen oder versteckt sein – 50 im letzteren Fall sprechen wir von Manipulation. Der manipulierende Sprecher scheut sich nicht, auch die anderen drei Seiten der Nachricht in den Dienst der Appellwirkung zu stellen. Die Berichterstattung auf der Sachseite ist 55 dann einseitig und tendenziös, die Selbstdarstellung ist darauf ausgerichtet, beim Empfänger bestimmte Wirkung zu erzielen (z. B. Gefühle der Bewunderung oder Hilfsbereitschaft); und auch die Botschaften auf der Beziehungsseite mögen von dem heimlichen Ziel bestimmt 60 sein, den anderen „bei Laune zu halten" (etwa durch unterwürfiges Verhalten oder durch Komplimente). Wenn Sach-, Selbstoffenbarungs- und Beziehungsseite auf die Wirkungsverbesserung der Appellseite ausgerichtet wer- 65 den, werden sie funktionalisiert, d. h. spiegeln nicht wider, was ist, sondern werden zum Mittel der Zielerreichung. [...]

70 Die nun hinlänglich beschriebenen vier Seiten einer Nachricht sind in folgendem Schema zusammengefasst:

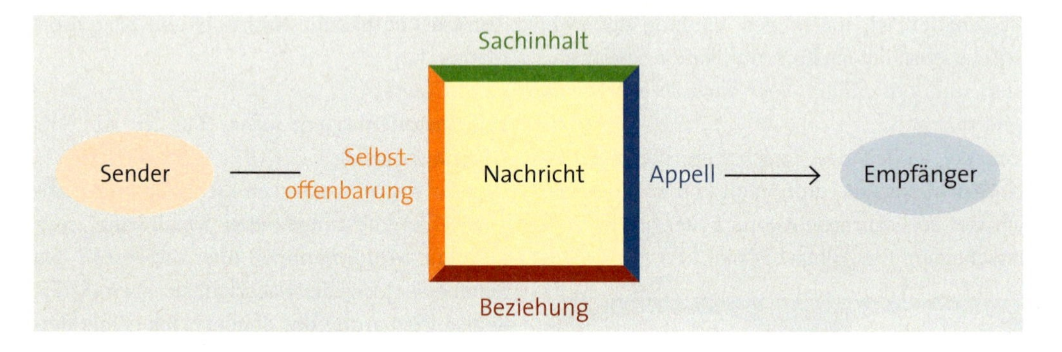

1 Erläutern Sie den in der Abbildung auf S. 469 dargestellten Wortwechsel mit Hilfe des Vier-Seiten-Modells der sprachlichen Nachricht. Unterscheiden Sie dabei zwischen gesendeter und aufgenommener Nachricht.

2 **a** Wo könnte dieses Modell sinnvoll angewendet werden? Erörtern Sie in Partnerarbeit mögliche Bereiche.

b Wenden Sie das Modell auf Beispiele aus Ihrem Alltag an.

3 Inwieweit kann dieses Modell genutzt werden, um Manipulationen in der Kommunikation aufzudecken? Erläutern Sie in diesem Zusammenhang mit Hilfe konkreter Beispiele die Möglichkeiten der Metakommunikation.

4 Der Kommunikationstheoretiker Paul Watzlawick formulierte in seinem Buch „Menschliche Kommunikation" (1969) die Grundannahme „Man kann nicht nicht kommunizieren". Prüfen Sie diese Annahme.

Information **Sprache – ein Gebilde mit komplexen Strukturen und Funktionen**

Sprache ist ein vielschichtiges, komplexes Gebilde. Es gibt viele Ansätze zur Beschreibung und Erklärung ihrer Strukturen und Funktionen. So stellt **Ferdinand de Saussure** den **Zeichencharakter** der Sprache heraus und betont dabei zugleich **Arbitrarität** und **Konventionalität** der Verknüpfung von Vorstellung und Lautbild im sprachlichen Zeichen.

Ludwig Wittgenstein dagegen stellt den **Gebrauchscharakter** von Sprache in den Vordergrund, die Bedeutung eines Wortes ergebe sich durch die Verwendung. In ähnlicher Weise verstehen die Modelle **Karl Bühlers** und die seiner Nachfolger die Sprache als „Werkzeug", das verschiedene **Funktionen** wie z. B. **Darstellung, Ausdruck, Appell** erfülle. Auch **Friedemann Schulz von Thun** geht von mehreren Dimensionen der Sprachverwendung aus. Das Modell der **vier Seiten einer Nachricht** ermöglicht es, Störungen in der zwischenmenschlichen Kommunikation zu diagnostizieren und zu deren Beseitigung beizutragen.

Dimensionen des sprachlichen Zeichens

Damit Sprache – und somit unsere Kommunikation – überhaupt funktionieren kann, müssen sprachliche Zeichen auch im Bezug aufeinander bestimmte Aufgaben erfüllen. Deutlich wird das, wenn man z. B. einen beliebigen Satz wie „Öffne das Fenster!" genauer untersucht:

Information **Die Dreidimensionalität sprachlicher Zeichen** (nach **Helmut Seiffert**)

Semantische Dimension
Gemeintes: gedankliche Vorstellung und Bezug zum Gegenstand/Sachverhalt (Referent); das, wofür das Zeichen steht

Pragmatische Dimension
Handlungsaufforderung
Situativer Kontext

sprachliches Zeichen: „Fenster"

Syntaktische Dimension
Akkusativobjekt
Beziehung der Zeichen untereinander, Formen und Kombinatorik

1. Die **syntaktische** Zeichendimension hat mit den Beziehungen der Zeichen **untereinander** zu tun.

2. Die **semantische** Zeichendimension hat mit den Beziehungen zwischen den Zeichen und dem, **wofür sie stehen,** zu tun.

3. Die **pragmatische** Zeichendimension hat mit den Beziehungen zwischen den Zeichen (dem, wofür sie stehen) und dem, was das Bezeichnete für die beteiligten Personen als **Handlungsaufforderung** darstellt, zu tun.

1 Erklären Sie mit eigenen Worten die Dimensionen des Begriffs „Fenster" am aufgeführten Beispiel.

2 **a** Analysieren Sie die Sätze „Rede kein Blech!", „Da fährt ein Haufen Blech" und „Sind das echte Perlen?" mit Hilfe der Information zur Dreidimensionalität sprachlicher Zeichen.

b Finden Sie eigene Beispielsätze und erläutern Sie diese.

1.3 Beziehungsstörungen als Thema der Gegenwartsliteratur

Thomas Bernhard: **Holzfällen** (1984)

[...] aber ich hielt mir doch jetzt vor, der Auersberger einen Kuß auf die Stirn gegeben zu haben, nach zwanzig Jahren, vielleicht sogar nach zwei- oder dreiundzwanzig Jahren, in welchen 5 ich sie nichts weniger als gehaßt habe, mit dem gleichen Haß, mit dem ich in diesen Jahren auch ihren Mann gehaßt habe, und daß ich ihr auch noch vorgelogen habe, ihr sogenanntes künstlerisches Abendessen sei mir ein Vergnü- 10 gen gewesen, wo es mir doch nichts weniger als abstoßend gewesen war. Um uns aus einer Notsituation zu erretten, denke ich, sind wir selbst genauso verlogen wie die, denen wir diese Verlogenheit andauernd vorwerfen und derentwegen 15 wir alle diese Leute fortwährend in den Schmutz ziehen und verachten, das ist die Wahrheit; wir sind überhaupt um nichts besser, als diese Leute, die wir andauernd nur als unerträgliche und widerliche Leute empfinden, als abstoßende 20 Menschen, mit welchen wir möglichst wenig zu tun haben wollen, während wir doch, wenn wir ehrlich sind, andauernd mit ihnen zu tun haben und genauso sind wie sie. Wir werfen allen diesen Leuten alles mögliche Unerträgliche und 25 Widerwärtige vor und sind selbst um nichts weniger unerträglich und widerwärtig und sind vielleicht noch viel unerträglicher und widerwärtiger als sie, denke ich. Ich habe zur Auersberger gesagt, daß ich froh bin darüber, die Ver- 30 bindung zu ihnen, den Eheleuten Auersberger, wieder aufgenommen zu haben, nach zwanzig Jahren wieder bei ihnen in der Gentzgasse gewesen zu sein und ich hatte, während ich das zu ihr gesagt habe, gedacht, was für ein gemeiner, 35 verlogener Mensch ich bin, der tatsächlich vor nichts, aber auch schon vor gar nichts, nicht vor der gemeinsten Lüge, zurückschreckt. Daß mir der Burgschauspieler gefallen habe, daß mir die Anna Schreker gefallen habe, selbst daß mir die beiden jungen Schriftsteller und die zwei Inge- 40 nieursanwärter gefallen hätten, sagte ich zur Auersberger im Vorhaus oben stehend, während die anderen Gäste die Treppe hinuntergingen, ich sie also als abstoßend empfunden habe, während sie die Treppe hinuntergingen, wäh- 45 rend ich gleichzeitig zur Auersberger gesagt habe, sie hätten mir alle sehr gut gefallen. Daß ich zu einer solchen ganz gemeinen Verlogenheit fähig bin, dachte ich, während ich noch mit der Auersberger gesprochen habe, dazu fähig bin, 50 ihr ganz offen ins Gesicht zu lügen, daß ich imstande bin, ihr genau das Gegenteil von dem, das ich gerade empfand, nur weil es mir den Augenblick erträglicher machte, ins Gesicht zu sagen, und ich hatte ihr auch noch ins Gesicht 55 gesagt, daß es mir leid täte, daß ich an diesem Abend ihre Stimme nicht gehört habe, keine ihrer immer so schön, ja so vorzüglich, ja so einzigartig gesungenen Purcellarien, und daß es mir überhaupt alles in allem leid täte, daß ich 60 zwanzig Jahre lang den Kontakt zu ihr und zu ihrem Mann, dem Auersberger, unterbrochen habe, was wieder nichts als nur gelogen und tatsächlich eine meiner gemeinsten und niederträchtigsten Lügen gewesen war. Daß ich es als 65 besonders bedauerlich empfände, daß die Joana an diesem Abend nicht anwesend sein konnte, hatte ich auch noch gesagt, und daß es wahrscheinlich ganz im Sinne der Joana sei, daß wir, also ich und die Auersberger, jetzt, da ich aus 70 London mehr oder weniger, auf lange, wenn nicht endgültig zurück sei, wieder Kontakt haben und in Zukunft wahrscheinlich wieder einen solchen Kontakt pflegen werden, log ich der Auersberger direkt ins Gesicht, während die an- 75 deren gerade das Haus verließen, wie ich von oben, mit der Auersberger im Vorhaus stehend, hören konnte. R

1 Beschreiben Sie, was im vorliegenden Textausschnitt passiert.

2 a Aus dem Text erfährt man einiges über das Kommunikationsverhalten des Ich-Erzählers. Stellen Sie knappe Thesen zusammen.

b Suchen Sie nach Erklärungen für solches Kommunikationsverhalten. Beziehen Sie dabei eigene Erfahrungen mit ein.

Wilfrid Grote: **Der Anfang vom Ende** (1987)

Er und sie im Bett.
Sie: Wann kommst du wieder?
Er: Ich bin da.
Sie: Ich meine morgen oder übermorgen.
5 *Er lacht.*
Sie: Am liebsten würde ich dich gar nicht fortlassen.
Er: Ich muss fort.
Sie: Warum?
10 **Er:** Damit ich wiederkommen kann.
Sie lacht. Nach einer Weile steht er auf.
Er: Ich muss jetzt gehn.
Sie: Bitte, bleib noch einen Moment.
Er: Es ist spät geworden.
15 **Sie:** Ich will dich umarmen.
Er: Meine Frau wird sich Sorgen machen.
Sie: Nur fünf Minuten.
Er: Du kennst meine Frau nicht.
Er kleidet sich an.
20 **Sie:** Du hast zu Hause nicht, was du bei mir suchst, und findest bei mir nicht, was du zu Hause hast. Warum solltest du dich entscheiden, wenn du alles haben kannst?
Er: Soll ich mich entscheiden?
25 **Sie:** Lieber nicht.
Er: Na also.
Sie: Warum sagst du deiner Frau nicht die Wahrheit?
Er: Das verstehst du nicht.
30 **Sie:** Wenn deine Frau nun heute Abend vielleicht einen alten Freund getroffen hat?
Er: Meine Frau?
Er wird unruhig.
Er: Wo sind meine Schuhe?
35 *Sie steht auf und holt seine Schuhe unter dem Bett hervor.*
Er: Danke.
Sie: Bist du eifersüchtig?
Er: Das Wort kenne ich nicht.
40 **Sie:** Kennst du das Gefühl?
Er: Jetzt verstehe ich, du bist eifersüchtig.
Sie: Ja.
Er: Hör gut zu, bei meiner Frau lebe ich, und dich liebe ich.
45 **Sie:** Für diese Liebe verschwindest du zu schnell.
Er: Warum sollte ich meiner Frau wehtun?
Sie gibt ihm eine Ohrfeige.
Er schlägt zurück.
50 *Sie fällt aufs Bett.*
Er geht.

1 Lesen Sie den Dialog mit verteilten Rollen.
2 Charakterisieren Sie das Gespräch und die Beziehung der Sprechenden in eigenen Worten.
3 Verfassen Sie für eine der Figuren einen inneren Monolog, der das eigene Gesprächsverhalten sowie das des anderen problematisiert.

Daniel Kehlmann: **Ich und Kaminski** (2003)

*In Daniel Kehlmanns (*1975) Roman „Ich und Kaminski" (2003) verfolgt der Ich-Erzähler Zöllner den erfolgreichen, aber inzwischen erblindeten Maler Kaminski in der Hoffnung, eine Biografie über den Künstler verfassen zu können. Zöllner wohnt zu Beginn der Erzählung bei seiner Freundin Elke, die sich eigentlich schon von ihm getrennt hat, befindet sich jedoch während der erzählten Geschichte – z. T. gemeinsam mit Kaminski – auf Reisen. Zöllners Selbstwahrnehmung unterscheidet sich stark von der Art, wie andere ihn sehen. Die aus dieser Differenz resultierenden Kommunikationsschwie-*

rigkeiten werden besonders in seinen Gesprächen mit Elke deutlich.

„Wir müssen reden", sagte Elke.
„Woher hast du diese Nummer?"
„Das ist doch egal. Wir müssen reden."
Es musste wirklich dringend sein. Sie war auf
5 Geschäftsreise für ihre Werbeagentur, normalerweise rief sie nie von unterwegs an.
„Kein guter Moment. Ich bin sehr beschäftigt."
„Jetzt!"
„Natürlich", sagte ich, „warte!" Ich senkte den
10 Hörer. In der Dunkelheit vor dem Fenster konnte ich die Bergspitzen und einen blassen Halbmond erkennen. Ich atmete tief ein und aus.
„Was ist?"
„Ich wollte schon gestern mit dir sprechen, aber
15 du hast es wieder geschafft, erst heimzukommen, als ich abgereist war. Und jetzt ..."
Ich blies in den Hörer: „Die Verbindung ist nicht gut!"
„Sebastian, das ist kein Mobiltelefon. Die Ver-
20 bindung ist in Ordnung."
„Entschuldige!", sagte ich. „Einen Moment."
Ich ließ den Hörer sinken. Sanfte Panik stieg in mir auf. Ich ahnte, was sie mir sagen wollte, und ich durfte es auf keinen Fall hören. Einfach
25 auflegen? Aber das hatte ich schon dreimal gemacht. Zögernd hob ich den Hörer. „Ja?"
„Es geht um die Wohnung."
„Kann ich dich morgen anrufen? Ich habe viel zu tun, nächste Woche komme ich zurück,
30 dann können wir ..."
„Das wirst du nicht."
„Was?"
„Zurückkommen. Nicht hierher. Sebastian, du wohnst hier nicht mehr!"
35 Ich räusperte mich. Jetzt musste mir etwas einfallen. Etwas Einfaches und Überzeugendes. Jetzt! Aber mir fiel nichts ein.
„Damals hast du gesagt, es wäre nur für den Übergang. Bloß ein paar Tage, bis du etwas ge-
40 funden hättest."
„Und?"
„Das war vor drei Monaten."
„Es gibt nicht viele Wohnungen!"
„Es gibt genug, und so kann es nicht weitergehen."
Ich schwieg. Vielleicht war das am wirkungs- 45
vollsten.
„Außerdem habe ich jemanden kennen gelernt."
Ich schwieg. Was erwartete sie? Sollte ich weinen, schreien, bitten? Dazu war ich durchaus
bereit. Ich dachte an ihre Wohnung: den Leder- 50
sessel, den Marmortisch, die teure Couch. Die Zimmerbar, die Stereoanlage und den großen Flachbildfernseher. Sie hatte wirklich jemanden getroffen, der ihr Gerede über die Agentur, über
vegetarische Ernährung, Politik und japanische 55
Filme anhören wollte? Schwer zu glauben.
„Ich weiß, dass das nicht leicht ist", sagte sie mit brüchiger Stimme. „Ich hätte es dir auch nicht ... am Telefon gesagt. Aber es gibt keinen
anderen Weg." 60
Ich schwieg.
„Und du weißt doch, dass es so nicht weitergehen kann."
Das hatte sie schon gesagt. Aber warum nicht?
Ich sah das Wohnzimmer klar vor mir: hundert- 65
dreißig Quadratmeter, weiche Teppiche, die Aussicht auf den Park. An Sommernachmittagen legte sich ein südlich weiches Licht auf die Wände.
„Ich kann das einfach nicht glauben", sagte ich,
„und ich glaube es nicht." 70
„Solltest du aber. Ich habe deine Sachen gepackt."
„Was hast du?"
„Du kannst deine Koffer abholen. Oder nein,
wenn ich nach Hause komme, lasse ich sie dir 75
in die *Abendnachrichten* bringen."
„Nicht in die Redaktion!", rief ich. Das fehlte noch! „Elke, ich werde dieses Gespräch vergessen. Du hast nie angerufen, und ich habe nichts
gehört. Nächste Woche reden wir über alles." 80
„Walter hat gesagt, wenn du noch einmal herkommst, wirft er dich selbst hinaus."
„Walter?"
Sie antwortete nicht. War es wirklich nötig, dass
er auch noch Walter hieß? 85
„Am Sonntag zieht er ein", sagte sie leise.
Ach so! Nun verstand ich: Die Wohnungsknappheit trieb die Menschen doch zu erstaunlichen Dingen. „Wo soll ich denn hin?"
„Ich weiß nicht. In ein Hotel. Zu einem Freund." 90
Einem Freund? Das Gesicht meines Steuerbe-

raters tauchte vor mir auf, dann das eines ehemaligen Schulkollegen, den ich vorige Woche auf der Straße getroffen hatte. Wir hatten ein 95 Bier miteinander getrunken und nicht gewusst, worüber wir reden sollten. Die ganze Zeit hatte ich mein Gedächtnis nach seinem Namen durchsucht.

„Elke, das ist unsere Wohnung!"

100 „Es ist nicht unsere. Hast du dich je an der Miete beteiligt?"

„Ich habe das Badezimmer gestrichen."

„Nein, das waren Maler. Du hast sie bloß angerufen. Bezahlt habe ich."

105 „Willst du mir das vorrechnen?"

„Warum nicht?"

„Ich kann das nicht glauben." Hatte ich das schon gesagt? „Ich hätte nicht gedacht, dass du dazu fähig bist."

110 „Ja, nicht wahr?", sagte sie. „Ich auch nicht. Ich auch nicht! Wie kommst du mit Kaminski zurecht?"

„Wir haben uns sofort verstanden. Ich glaube, er mag mich. Die Tochter ist ein Problem. Sie schirmt ihn von allem ab. Ich muss sie irgend- 115 wie loswerden."

„Ich wünsche dir alles Gute, Sebastian. Vielleicht hast noch eine Chance."

„Was heißt das?"

Sie antwortete nicht. 120

„Einen Moment! Das will ich wissen. Was meinst du damit?"

Sie legte auf.

Sofort wählte ich die Nummer ihres Mobiltelefons, aber sie meldete sich nicht. Ich versuchte 125 es wieder. Eine ruhige Computerstimme bat mich, eine Nachricht zu hinterlassen. Ich versuchte es wieder. Und wieder. Nach dem neunten Mal gab ich auf.

---

1 Klären Sie die Stellung der Kommunikationspartner zueinander, wie sie in diesem Romanausschnitt zum Ausdruck kommt. Charakterisieren Sie die Figur Elke und den Ich-Erzähler genauer.

2 Analysieren Sie das Gespräch mit Hilfe der folgenden Kategorien Schulz von Thuns (▸ S. 469 f.):

a Was ist der **Sachinhalt** des Textes? – Was könnte er eigentlich sein?

b An welchen Stellen sind **Selbstkundgaben** zu erkennen? – Wo wären sie zu erwarten?

c Wie ist die **Beziehung** der Figuren gestaltet? Wie standen und stehen sie zueinander?

d Welche **Appelle** sind erkennbar? – Welche Appelle sind indirekt bzw. versteckt?

3 **a** An welchen Stellen wirkt der Text komisch auf Sie? Erläutern Sie, worin diese Komik besteht und wie sie durch den Erzähler erzielt wird. Beachten Sie dabei Perspektive und Haltung (▸ S. 110 f.).

b Stellen Sie Ihre Ergebnisse in der Gruppe vor.

4 **a** Untersuchen Sie die Textpassagen genauer, an denen sich die Möglichkeit zur **Metakommunikation** (▸ S. 465) eröffnen würde.

b Entwerfen Sie zu einer Textstelle einen alternativen Gesprächsverlauf, indem Sie die Möglichkeiten der Metakommunikation berücksichtigen. Tragen Sie Ihre Gesprächsszene dem Plenum vor.

c Geben Sie den Vortragenden ein Feedback.

Information **Kommunikationsstörungen in der Gegenwartsliteratur**

In literarischen Texten zeigen sich Beziehungsstörungen häufig auch in der Kommunikation. Die Analyse dieser Kommunikation ist damit Voraussetzung für das Verständnis der Figuren und ihrer Beziehungen.

Reflexion und Analyse solcher fiktiven Kommunikationssituationen – auch mit Hilfe von Modellen wie dem von **Friedemann Schulz von Thun** – erlauben darüber hinaus Rückschlüsse auf eigenes sprachliches Verhalten und Handeln in realen Kommunikationssituationen.

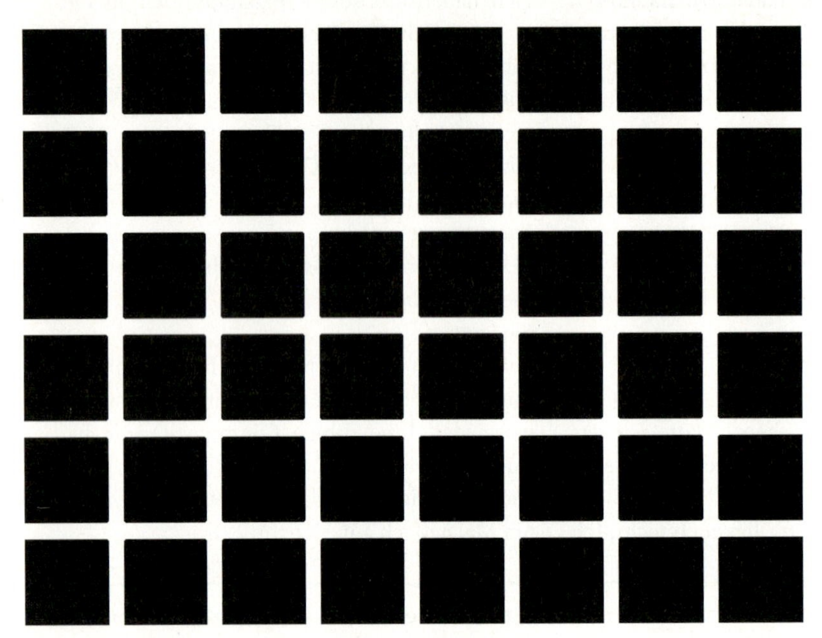

Ludimar Hermann: Gitter-Illusion (1870)

Nam June Paik: TV Buddha (1974)

René Magritte: Dies ist keine Pfeife (1928/29)

1 Teilen Sie den Kurs in drei Gruppen, die sich mit je einem der Bilder auseinandersetzen:

a Jede/r Einzelne hält nach eingehender Betrachtung in Stichworten Assoziationen zum Bild fest.

b Wählen Sie innerhalb Ihrer Gruppe eine Partnerin oder einen Partner, um über einen wechselseitigen Gedankenaustausch zu einer Deutung des Bildes zu gelangen.

c Setzen Sie in Ihrer Gruppe die Bilddeutungen in Beziehung zum Titel des Kapitels „Sprache und Medien – Denken, Bewusstsein und Wirklichkeit". Halten Sie Ihre Ergebnisse auf Folie fest.

2 **a** Präsentieren Sie Ihre Ergebnisse im Plenum.

b Halten Sie vergleichend fest, welche Aspekte nach Ihren Überlegungen zu Bild und Thema für das Verhältnis von Sprache, Medien, Denken und Wirklichkeit bedeutsam sind.

In diesem Kapitel erwerben Sie folgende Kenntnisse und Kompetenzen:

- Mediendefinitionen und Medientheorien kennen und vergleichend bewerten,
- die historische Entwicklung der Medien und der Medienkritik von der Antike bis heute erfassen und besonders den Umgang mit elektronischen Medien kritisch reflektieren,
- epochale und mentalitätsgeschichtliche Hintergründe des Themas „Sprachkrise" in der Literatur aufzeigen,
- die poetische Verarbeitung des Motivs der Sprachnot in unterschiedlichen Texten vergleichen,
- verschiedene Ansätze zur Erklärung des Verhältnisses von Sprache, Denken und Wirklichkeit ermitteln und beurteilen,
- den Begriff des „linguistischen Relativitätsprinzips" erläutern und dazu Stellung nehmen.

2.1 Medien und Realität – Medienkritik

Was sind Medien? – Mediengeschichte von der Antike bis heute

Jochen Hörisch: **Mediendefinitionen** (2001)

Kultur und Hochkultur zumal definiert sich nicht zuletzt über ihre Verachtung von Medien. Und wenn ihr zu schwanen beginnt, dass es ohne Medien auch keine Hochkultur geben kann, 5 definiert sie sich eben über ihre Verwerfung von Massenmedien. Hochkulturell ist, wer Journalisten verachtet, wer nicht ins proletarische Kino geht, wer mit schlechtem Gewissen fernsieht, wer Computerspiele für verderblich hält 10 und wer sich entschuldigt, wenn er nur eine E-Mail und nicht einen handgeschriebenen Brief verfasst.

Medienwissenschaft betrat, weil sie als Schmuddelwissenschaft kaum Aussichten hatte, die Au- 15 ra etwa der klassischen Philologie zu bekommen, erst mit eigentümlicher Verspätung die akademische Bühne. Schwer auszumachen, ob diese Verspätung mit zu den Gründen oder aber zu den Effekten des Umstands zählt, dass es bis 20 heute wohl [...] esoterisch-funktionale, aber keine trennscharfe Definitionen des Begriffs „Medien" gibt. Die alltagssprachliche Verwendungsweise des Wortes ist dennoch klar. Medium – das ist ein Mittel, ein Vermittelndes. Und also ist es 25 nachgeordnet. Denn Analysen, die auf Wesentliches zielen, fragen natürlich danach, was denn dort vermittelt wird. [...] Die Aufmerksamkeit der Literaturwissenschaft gilt der Frage, was Dante, Shakespeare und Goethe uns eigentlich sagen wollten, und nicht der Infrastruktur 30 (Schule, Alphabetisierung) beziehungsweise Technik (Druck, Verlagswesen), die ihre Werke zirkulierbar machte. Die Fokussierung der Nationalökonomie galt den wertvollen Gütern und Dienstleistungen, nicht aber primär dem Me- 35 dium, das ihre Zirkulation steuerte, dem Geld. Kurzum: Medien haftet der Geruch des Sekundären, Handwerklich-Technischen, Unwesentlichen an.

Wer den Verdacht nährte, dieses Unwesentliche 40 sei das, was eigentlich zähle, geriet schnell in eine Außenseiterposition und wurde, ja wird noch heute ab und an mit dem Vorwurf konfrontiert, den Mitteln beziehungsweise dem Medium mehr Aufmerksamkeit zu schenken 45 als dem eigentlichen Inhalt, dem Zweck beziehungsweise der Botschaft. Die Geburt der neueren Medienwissenschaft lässt sich ebendeshalb präzise datieren. Sie betrat die Bühne mit dem Paukenschlagsatz des Exzentrikers McLuhan: 50 „The medium is the message." [...] Das Medium ist die Botschaft. Sinn macht ein Medium nicht so sehr im Hinblick auf die Botschaft, die es transportiert, sondern als das Transport-Medium, das es selbst ist. Was schlicht heißt: Die Welt des Analphabeten ist eine andere als die des Bewohners der Gutenberg-Galaxis als die des Televisionärs als die des Internet-Surfers. Und zwar weitgehend unabhängig davon, was der Bewohner der Gutenberg-Galaxis liest oder der Fern-Seher sieht und hört. Dass jemand liest und nicht fernsieht, macht einen größeren Unterschied, als dass A dieses und B jenes Buch liest beziehungsweise C im TV lieber Sportübertragungen und D lieber Gameshows sieht. McLuhans Grundeinsicht gilt schlicht deshalb, weil die jeweils diensthabenden Medien für gänzlich unterschiedliche Raum-Zeit-Strukturen, Aufmerksamkeitsfokussierungen und Sinn-Sinne-Konstellationen sorgen.

1 a Klären Sie Ihr Vorverständnis des Begriffs „Medien" in Form eines Clusters.
b Gleichen Sie Hörischs Mediendefinitionen mit Ihrem Vorverständnis ab.
2 Diskutieren Sie die beiden Thesen Hörischs: 1. Hochkultur definiert sich über die Verachtung der Medien (vgl. Z. 1 f.), 2. Die Art des Mediums, das ein Mensch nutzt, ist bedeutsamer als seine Beschäftigung mit dem Inhalt, der über das Medium transportiert wird (vgl. Z. 61 ff.).

Werner Faulstich: **„Jetzt geht die Welt zugrunde ..." Kulturkritik, „Kulturschocks" und Mediengeschichte. Vom antiken Theater bis zu Multimedia** (2000)

Platon sah sich um 400 vor unserer Zeitrechnung mit einem Phänomen konfrontiert, das ebenso total war wie entropisch[1] und irreversibel[2]: dem endgültigen Niedergang der Opferprozessionen und Maskentänze des Dionysoskults, mit seiner staatserhaltenden Bedeutung. Kaum mehr als hundert Jahre nachdem ein neues Medium entstanden war, hatte es sich bedrohlich bereits weitgehend durchgesetzt: das Theater. [...] In der Tendenz war das ein Prozess der Profanisierung, von den Göttern als Focus hin zu den Menschen, von den Gesetzen zu deren Auswirkungen.

Was zu Beginn der Antike zu beobachten ist, gilt auch für den Ausgang des Mittelalters. [...] Fahrende, speziell Spielleute, waren hochbegehrt und willkommen – bei der Stadtbevölkerung, bei der Landbevölkerung, beim Adel, beim Klerus. Das lag an ihren unterschiedlichen Funktionen als Menschmedium: Zuallererst waren sie Neuigkeitslieferanten. Sie wurden als die „Journalisten ihrer Zeit" charakterisiert, denen politische Berichterstattung, sensationelle Nachrichten, Chronistenpflicht zugeordnet wurden. [...] Das Auftreten horizontal mobiler Gruppen bedrohte direkt die Herrschaftsausübung – sei es, dass z. B. hier keine Steuern bezahlt und keine Frondienste geleistet wurden, sei es, dass hier die Beteiligung am religiösen Gemeinschaftsleben fehlte und deshalb der Druck der Kirche unwirksam blieb. [...]

Die Medienrevolution, mit der kurioserweise die meisten mediengeschichtlichen Entwürfe erst beginnen, belegt das um ein Weiteres (obwohl gerade dieser Aspekt lange unterschlagen wurde): die Geburt des Mediums Buch als Druckmedium. Das dritte Beispiel ist in der zweiten Phase einer übergreifenden Mediengeschichte angesiedelt, geprägt von der Dominanz der Druckmedien. Das Medium Buch, noch heute von manchen nostalgisch als Kulturmedium par excellence gefeiert, hat zunächst exakt dieselbe Kritik und Abwehr erfahren wie das Theater in der Antike und die fahrenden Spielleute im Mittelalter. [...] Selbst die Vervielfältigung der Bibel, sogar wenn ohne Fehler und in deutscher Sprache, also an sich verständlich, schaffe Verwirrung in der Gemeinschaft der Gläubigen und führe zu ihrer Spaltung, weil nun nicht nur der reiche Pfarrer in der Gemeinde sich eine ganze geschriebene Bibel leisten könne, sondern jeder arme ungelehrte Laie,

1 **entropisch:** hier i. S. v. im Ausgang ungewiss
2 **irreversibel:** unumkehrbar, nicht rückgängig zu machen

und dieser dann mit Notwendigkeit zur falschen Auslegung der Heilslehre gelange. Petrarca benannte in seiner Schrift „Von beiderlei Glück" (1539) kurz und bündig als naheliegende nächste Gefahr: Selber Bücher zu schreiben, sei eine unheilbare Krankheit, eine gemeine Sucht, die beflecke. [...] Es geht um das Monopol im Buchbesitz, im Lesenkönnen, im Auslegen der Texte, im Selberschreiben von Büchern – mithin um ideologische Macht und Herrschaft. [...]

Auch für die zweite Phase der Mediengeschichte sollten weitere Beispiele zumindest erwähnt werden – so vor allem das an der Wende vom sechzehnten zum siebzehnten Jahrhundert neu aufkommende Medium der periodischen Presse: die Zeitung. [...] Die Legitimität[3] von Sakralität und politischer Macht stand hier in Frage. Aber auch schon während des gesamten siebzehnten Jahrhunderts wurden die Zeitungen angeklagt, Lügen und Verleumdungen zu verbreiten. Ihnen wurde vorgeworfen, die öffentliche Meinung zu beeinflussen. Man bezweifelte ganz generell, wozu denn diese gewaltige Menge an wöchentlichen und dann täglichen Informationen und Nachrichten überhaupt nütze sei. Die dauernde Aktualität bringe nur Hektik ins Leben der Menschen. Die Orientierung an Einzelpersonen befördere den Personen- und Starkult statt die Wahrheit. Die Zeitung, als Medium der Lüge, schüre nur den Weltekel. Sie mache Leser süchtig, befördere Parteilichkeit und die primitive Neu-Gier. [...]

Beispiel Nr. 5 kann den Übergang zur Dominanz der elektronischen Medien in unserem zwanzigsten Jahrhundert indizieren[4]: die Fotografie. Die Kulturkritik geschieht hier nicht im Namen der Philosophie (wie bei Platon), im Namen der Politik (wie bei den Fahrenden), im Namen der Theologie (wie beim Buch), im Namen der öffentlichen Ordnung (wie bei der Zeitung), sondern im Namen der Kunst. [...] Erneut finden wir alle typischen Anzeichen der Medienrevolution, die alte, traditionelle Herrschaftsbastionen in Frage stellt und hinwegfegt, die einer wirklichen oder einer selbsternannten Elite die Butter vom Brot nimmt. Noch bei Walter Benjamin gibt es bekanntlich die Klage über das „Kunstwerk im Zeitalter seiner technischen Reproduzierbarkeit" (1936), wenn er gegenüber Malerei und Theater beim Foto und Film die Verkümmerung der „Aura" beweint, das heißt des Hier und Jetzt des Originals, der Echtheit einer Sache, „die Liquidierung des Traditionswertes am Kulturerbe". [...]

Mit dem Foto sind wir fast schon im zwanzigsten Jahrhundert angekommen, bei der Dominanz der elektronischen Medien, der dritten Entwicklungsphase im Rahmen einer übergreifenden Mediengeschichte. Die Übel sind hier Telefon, Fotografie, Fonografie und Telegrafie, Radio, Film, Fernsehen und Video. [...] Insgesamt sind die elektronischen Medien bevorzugt pauschal als Kulturzerstörer ins Rampenlicht der Kritik gerückt worden, speziell unter der Chiffre der Massenmedien. [...] Beim Computer hat man den Schock (Volkszählung, maschinenlesbarer Personalausweis, gläserner Patient usw.) in konkret benannte Gefahren gebannt: Verarmung der Kultur, Allmachtsfantasien der Freaks auf der einen Seite, Ohnmachtsgefühle der Nichtkundigen auf der anderen. Alltagsleben werde rationalisiert und industriellen Effizienzanforderungen unterzogen. Soziale Vereinsamung werde gefördert. Vorgegebene Wahlmöglichkeiten wurden schematisiert und reduziert.

3 **Legitimität:** Rechtmäßigkeit (einer Herrschaftsform)
4 **indizieren:** anzeigen, aufzeigen

1 a Verschaffen Sie sich ausgehend vom Text einen Überblick über die Phasen der Mediengeschichte.
b Untersuchen Sie je ein Medium: Welche traditionellen Medien und welche Werte stellt es in Frage? Welche Gefahren werden in seiner Verbreitung und Nutzung gesehen?

2 Bedrohen Computer und Multimedia unsere Kommunikation, unsere Kultur, unsere Welt? Führen Sie ein **Brainwriting** (▸ S. 480) zur Beantwortung der Frage durch.

Methode **Brainstorming/Brainwriting**

1. In der ersten Phase schreibt jeder für sich Ideen und Assoziationen auf eine Karte. Dabei ist eine Bewertung oder Reflexion verboten, um das Finden neuer Ideen nicht zu behindern.
2. In der zweiten Phase werden alle Karten von allen kritisch gelesen und besprochen. Dann werden die besten Ideen festgehalten.

Fernsehen und Computer – Medienkritische Fallbeispiele reflektieren

Umberto Eco: **Der Verlust der Privatsphäre** (2007)

Um es einerseits mit der Konkurrenz des Fernsehens aufzunehmen und andererseits mit der Erfordernis, eine genügend große Anzahl von Seiten zu füllen, um von der Werbung leben zu können, musste auch die so genannte seriöse Presse, einschließlich der Tageszeitungen, sich immer mehr um gesellschaftliche „Events", „Varieties" und „Gossip" kümmern und sah sich vor allem gezwungen, wenn es keine Nachrichten gab, sie zu erfinden. Eine Nachricht zu erfinden, heißt aber nicht, über ein Ereignis zu berichten, das nicht stattgefunden hat, sondern etwas zu einer Nachricht zu machen, das vorher noch keine gewesen war, die unbedachte Äußerung eines Politikers in den Ferien, die kleinen Geschichten in der Welt des Spektakels. So wurde der Klatsch zum verallgemeinerten Nachrichtenmaterial und drang sogar bis in Räume vor, die bisher stets für die neugierigen Blicke der Regenbogenpresse tabu gewesen waren – regierende Monarchen, politische und religiöse Führer, Staatspräsidenten, Wissenschaftler.

Das Opfer [des Klatsches] war jetzt nicht mehr eine bemitleidenswerte Person, denn es war ja genau in dem Maße Opfer geworden, in dem es berühmt war. Zum Gegenstand öffentlichen Klatsches zu werden, erschien mehr und mehr als Statussymbol.

An diesem Punkt ging man zu einer zweiten Phase über, als das Fernsehen Sendungen erfand, in denen nicht mehr die Henker über die Opfer klatschten, sondern die Opfer sich bereitwillig und mit Freude in Klatsch über sich selbst ergingen, überzeugt, auf diese Weise den gleichen sozialen Status wie Schauspieler oder Politiker zu erlangen. [...]

Nam June Paik: Videoinstallation (1993)

Was mir Sorgen macht, ist die Tatsache, dass der durch seinen Auftritt im Fernsehen glorifizierte Tor zu einem universalen Vorbild wird. Er hat sich zur Schau gestellt, also kann jeder andere das auch. Die Zurschaustellung des Toren bringt das Publikum zu der Überzeugung, dass nichts, nicht einmal das schändlichste aller Missgeschicke, das Recht hat, privat zu bleiben, und dass die Zurschaustellung der Deformation selbst prämiert wird. Die Dynamik des Auftritts im Fernsehen bewirkt, dass der Tor, kaum dass er auf dem Bildschirm erscheint, ein berühmter Tor wird, und seine Berühmtheit misst sich in Werbeverträgen, Einladungen zu

Kongressen und Festen, manchmal auch in sexuellen Angeboten [...]. Ein ähnliches Phänomen spielt sich im Internet ab. Die Durchsicht vieler Homepages zeigt, dass die Erstellung 55 einer Website oft dazu dient, die eigene schale Normalität zur Schau zu stellen, wenn es sich nicht um Abnormität handelt. Vor einigen Jahren fand ich die Homepage eines Herrn, der ein Foto seines Grimmdarms präsentierte (und 60 vielleicht noch immer präsentiert). [...] Das Problem ist, dass die Grimmdärme aller Menschen (außer in Fällen von Tumor im Endstadium) einander gleichen. Daher kann man sich in gewisser Weise für das Foto des eigenen Grimm- 65 darms interessieren, aber der Anblick des Grimmdarms anderer lässt einen kalt. Dennoch hat der Herr, von dem ich spreche, sich die Mühe gemacht, eine Homepage zu installieren, um aller Welt das Foto seines Grimmdarms zu zeigen. Es handelt sich offensichtlich um je- 70 manden, dem das Leben nichts geschenkt hat, keine Erben, an die er seinen Namen weitergeben kann, keine Partner, die sich für sein Gesicht interessieren, keine Freunde, denen er seine Urlaubsfotos zeigen könnte, sodass er zu 75 dieser letzten verzweifelten Möglichkeit gegriffen hat, um ein Minimum an Sichtbarkeit zu ergattern. In diesen wie anderen Fällen von freiwilligem Verzicht auf Privatheit liegen Abgründe von Verzweiflung, die uns zu einem mitleidi- 80 gen Wegschauen bringen müssten. Doch der Exhibitionist – und dies ist sein Drama – gestattet uns nicht, seine Schande zu ignorieren.

1 **a** Erklären Sie, wie Eco den Umbruch in der seriösen Berichterstattung erläutert und begründet.
b Stellen Sie in einem **Flussdiagramm** (▸ S. 175) die von Eco aufgezeigte Entwicklung dar, mit der die Privatsphäre Einzug in die Massenmedien hält.
c Setzen Sie Ecos Ausführungen in Beziehung zu der These des Medienkritikers Neil Postman, dass das Fernsehen die Kultur der Meinungsbildung „verschmutzt".

2 **a** Bereiten Sie eine Pro-und-Kontra-Diskussion zum Thema „Öffentliche Darstellung des Privaten in den Medien" vor. Arbeiten Sie in Kleingruppen:
- Sammeln Sie Ihnen bekannte Beispiele „öffentlicher Selbstausstellung" in den Medien.
- Überlegen Sie, worin der Reiz der Zurschaustellung für Betroffene und Publikum besteht.
- Formulieren Sie auf Karteikarten für jede Position Argumente, die Sie mit Beispielen stützen.
- Wählen Sie aus jeder Gruppe je eine/n Vertreter/in für die Pro- und Kontra-Position.

b Führen Sie die Diskussion durch. Alle, die nicht teilnehmen, beobachten, wie die Diskutanten ihre Argumente auf verbale und nonverbale Art einbringen. Geben Sie am Ende ein Feedback.

Sascha Lehnhartz: **Schlauer schießen** (2007)

Kulturkritiker und Hirnforscher streiten, ob neue Medien ihre Nutzer intelligenter oder dumpfer machen. Wahrscheinlich stimmt beides.

Steven Johnsons Buch „Everything Bad is Good for You" (▸ S. 483) beginnt mit einem Gedankenexperiment: Was wäre, wenn nicht die Bücher zuerst da gewesen wären, sondern Videospiele? 5 Konservative Kulturkritiker, malt der Autor sich aus, würden klagen, Lesen unterfordere die Sinne und treibe in die soziale Isolation. Das traditionelle Computerspiel dagegen öffne eine mehrdimensionale Welt und fördere soziale Beziehungen. Lesen sei eine lineare, fremdbe- 10 stimmte Angelegenheit, die keine interaktiven Einflussmöglichkeiten biete. Wer zu viel lese, der lerne nicht mehr, sein Geschick selbst in die Hand zu nehmen.
Die Idee ist hübsch, und Johnson legt auf diese 15 Weise die Argumentationsstruktur der Kritiker

neuer Medien offen: Problematische Aspekte werden selektiv verstärkt, und eine düstere Zukunftsprognose sagt der jungen Generation den nicht aufzuhaltenden intellektuellen und moralischen Verfall voraus. Aus Überzeugung verteidigt Johnson in seinem Buch Fernsehserien und Computerspiele: Diese seien in den vergangenen Jahrzehnten immer anspruchsvoller und komplexer geworden, man könne sie durchaus als „kognitives Trainingsprogramm", als „Lektionen fürs Leben" begreifen. Die als Verdummungsmaschine verschriene Popkultur mache uns in Wirklichkeit schlauer. [...]

Johnson ist der prominenteste Vertreter einer wachsenden Gemeinde von Medienkritikern, die es wagen, sich der verbreiteten Meinung entgegenzustellen, der Konsum neuer Medien mache zwangsläufig doof, gemein und gefährlich. Ins gleiche Horn stößt der deutsche Journalist David Pfeifer [...]: „Wir alle sind in den letzten fünfzig Jahren nicht dümmer geworden durch das Fernsehen, Computer, Handys, Internet und Videospiele, durch die steigende Menge an Medien, die uns zur Verfügung steht", heißt es dort.

Zu sagen, dass Manfred Spitzer solche Thesen nicht gern hört, ist untertrieben: „Das ist der größte Blödsinn", entrüstet sich der Ulmer Hirnforscher zu den Thesen Johnsons und Pfeifers. [...] „Wären Bildschirme nie erfunden worden, dann gäbe es allein in Amerika jährlich 10 000 Morde und 70 000 Vergewaltigungen weniger sowie 700 000 weniger Gewaltdelikte gegen Personen", lautet eine seiner kühneren Thesen. Spitzer befürwortet ein Verbot von Killerspielen und fordert die Einführung einer Steuer auf Gewaltdarstellungen. Versuche, Kinder zu „Medienkompetenz" zu erziehen, hält er für Unfug: „Das Einzige, was hilft, ist, die Dosis zu reduzieren." [...]

Pfeifer [...] bemüht sich, seine Thesen mit Fakten zu stützen. So erwähnt er etwa den „Flynn-Effekt": Der neuseeländische Politologe James Flynn hatte herausgefunden, dass die Ergebnisse standardisierter IQ-Tests vor allem in westlichen Industrienationen zwischen 1972 und 1989 immer besser geworden waren, vor allem das abstrakte Denken und die visuellräumliche Vorstellungskraft der Teilnehmer verbesserten sich kontinuierlich. Flynn und nach ihm die Entwicklungspsychologin Patricia M. Greenfield von der University of California in Los Angeles vermuten, dass dieser Anstieg auf die Verbreitung von Computerspielen zurückzuführen sei. [...]

Aber Manfred Spitzer hat keine große Lust, sich mit den Argumenten der Verteidiger von Popkulturtechniken im Detail auseinanderzusetzen. „Der Witz an allen diesen Thesen ist", befindet der Professor: „Sie stimmen einfach nicht. Das zeigen nahezu alle wissenschaftlichen Untersuchungen."

Die Fronten sind verhärtet. In ihren jeweiligen Argumentationsgräben verschanzt haben sich auf der einen Seite rigorose Traditionalisten, die glauben, neue Medien beschleunigten den Untergang des Abendlandes; auf der anderen Seite enthusiastische Relativisten, die den Zusammenhang zwischen Medienkonsum und Gewalt vor lauter Pop-Technikbegeisterung gern außer Acht lassen. Moralische, soziologische, neurologische und psychologische Begründungen werden munter aneinander vorbeigereicht, und tatsächlich kann man für jede Position eine hinreichende Anzahl untermauernder wissenschaftlicher Studien finden, wenn man nur lange genug sucht.

Steven Johnson: **Everything Bad is Good for You** (2006)

Die angeblich minderwertigsten Freizeitbeschäftigungen der Massen – Computerspiele, gewalttätige Fernsehdramen und kindische Sitcoms – erweisen sich als wertvolles Futter für das Gehirn. Seit Jahrzehnten gilt es als gesicherte Tatsache, dass die Massenkultur in einer Abwärtsspirale auf ein Niveau zutrudelt, das nur noch als „kleinster gemeinsamer Nenner" bezeichnet werden kann. Denn die „Masse" giere nun mal nach billigen, simplen Vergnügungen und die großen Medienkonzerne befriedigten diese Gier nur zu gerne. Tatsächlich ist jedoch das genaue Gegenteil der Fall: Die Massenkultur wird intellektuell immer anspruchsvoller. [...]
Mit seinem rasanten Aufstieg hat das Internet unseren kognitiven Apparat gleich dreifach auf Touren gebracht. Erstens, weil es uns zur Teilnahme auffordert. Zweitens, weil es uns gezwungen hat, neue Schnittstellen zu meistern, und drittens, weil es uns neue Möglichkeiten bietet, mit anderen Menschen in Kontakt zu treten. [...]
Die immer schnellere Entwicklung neuer Internet-Plattformen und Software-Programme zwingt die Benutzer dazu, neue Umgebungen zu erkunden und beherrschen zu lernen.

Manfred Spitzer: **Vorsicht Bildschirm!** (2005)

Computer- und Videospiele (1) trainieren aktiv (2) durch viele Wiederholungen (3) via Identifikation mit einem Aggressor (4) ganze Handlungssequenzen (5) ohne Pause und (6) mit Belohnung Aggression und Gewalt. Aus diesen Gründen wundert es nicht, dass nach den vorliegenden Daten die Auswirkungen von Video- und Computerspielen mindestens so stark sind wie die Effekte von Gewalt im Fernsehen. Wahrscheinlich sind sie stärker und es kommt zum Erlernen von entsprechenden Emotionen, Gedanken und Verhaltensbereitschaften.
Da das Gehirn immer lernt und bei Kindern und Jugendlichen noch dazu besonders schnell, ist dies gar nicht zu vermeiden [...]. Es lernt, was es tut, d. h., es bildet in Form von synaptischen Verschaltungen in sich ab, was es an Erlebnissen, Erfahrungen und Verhaltensweisen produziert. Es kann gar nicht anders und tut nichts lieber. Wenn also junge Menschen gewalttätige Videospiele spielen, verändern sie ihre Wahrnehmung im Hinblick darauf, dass andere eher

als Gegner und Feind betrachtet werden. Sie üben aggressive Gefühle, Gedanken und Verhaltensweisen. Sie verschwenden ihre Zeit, in der sie etwas anderes lernen könnten. Und sie lernen gerade *nicht*, was sie in jungen Jahren lernen sollten, nämlich sich mit anderen gewaltfrei auseinanderzusetzen. [...] Gelernt wird die positive Einstellung gegenüber Gewalt und die Meinung, dass gewalttätige Konfliktlösungen effektiv und sinnvoll sind.

---

1 **a** Fassen Sie die für Sie zentralen Thesen und Argumente aus Lehnhartz' Artikel zusammen.
b Beziehen Sie Stellung zu den Positionen Johnsons und Spitzers, indem Sie auch Erfahrungen aus Ihrem eigenen Umgang mit Bildschirmmedien und weitere Ihnen bekannte Positionen beispielhaft heranziehen.
2 Nehmen Sie in Form eines Leserbriefs Stellung zu Lehnhartz' Artikel und den von ihm zitierten Büchern.

Wirkungen: Medien-/Internetnutzung – Grafiken und Statistiken

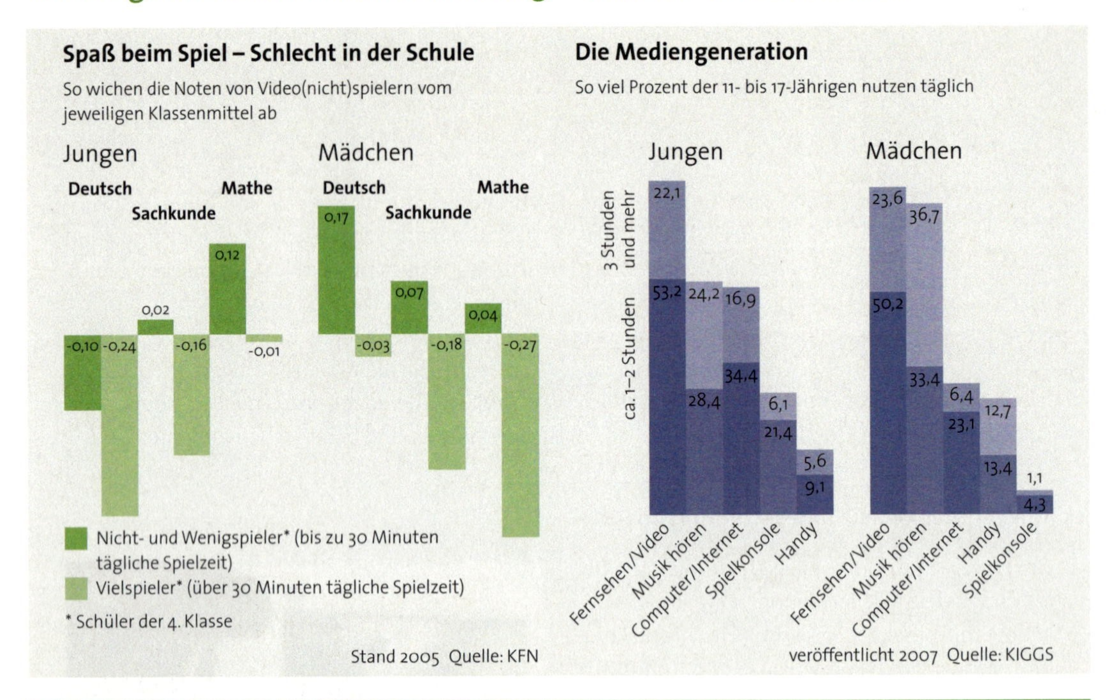

1 a Werten Sie die Informationen der Grafiken aus.

b Stimmen die Angaben mit Ihren eigenen Erfahrungen im Umgang mit Medien überein?

2 Setzen Sie die Aussagen der Grafiken in Beziehung zu den Texten auf S. 481–483.

Information **Medien und Wirklichkeitswahrnehmung**

Medien sind Mittel, die Botschaften wie Informationen, Meinungen und Kulturgüter zwischen Sender und Empfänger transportieren. Die **Medienwissenschaft** beschäftigt sich weniger mit den vermittelten Inhalten als mit Funktionen und Wirkungen von Medien, z. B. damit, inwiefern die Beschäftigung mit unterschiedlichen Medien (wie Buch oder Computer) die Wahrnehmung von Wirklichkeit beeinflusst.

Die **Medienkritik** existiert seit der Antike: Ersetzt ein neues Medium die gewohnte Vermittlung von Inhalten, so befürchten Kritiker oft den Verfall traditioneller Werte und den Verlust bestehender Herrschaftsstrukturen durch die geänderte Weitergabe von Wissen und religiösen, politischen oder kulturellen Inhalten.

Die **Massenmedien** stehen besonders in der Kritik, weil die Vereinfachung der vermittelten Inhalte für den Massengeschmack zu Verflachung und Verdummung führe, so z. B. die zum Zweck der Selbstdarstellung veröffentlichten Bereiche der Privatsphäre in Fernsehen und Internet.

In der aktuellen Diskussion um den Einfluss des **Computers** auf unsere **Wahrnehmungs- und Denkstrukturen** treffen zwei Thesen aufeinander: Computerspiele fördern durch ihre Komplexität und Interaktivität Intelligenz und soziale Beziehungen, bzw. sie fördern durch ihre interaktiven Gewaltdarstellungen aggressive Verhaltensweisen, die sich besonders bei Jugendlichen neurologisch festigen und schädigend auswirken.

2.2 Krise der Wahrnehmung – Krise der Sprache

Sprachnot in der Literatur des 20. Jahrhunderts

Die Literatur der Klassik versprachlichte noch die Ideale des „Wahren, Guten und Schönen". In der gewandelten Welt der Moderne werden diese Ideale brüchig und mit ihnen auch die erhabenen Begriffe, die sie bezeichnen. Sie erstarren zu leeren Hülsen, zu Sprachschablonen. Die These vom Sprachverfall und der Sprachkrise wird in der Literatur des 20. Jahrhunderts poetisch entfaltet.

Robert Musil: **Die Verwirrungen des Zöglings Törleß** (1906)

Von seinen Gedanken beschäftigt, war Törleß allein im Parke spazieren gegangen. Es war um die Mittagszeit, und die Spätherbstsonne legte blasse Erinnerungen über Wiesen und Wege. 5 Da Törleß in seiner Unruhe keine Lust zu weiterem Spaziergange hatte, umschritt er bloß das Gebäude und warf sich am Fuße der fast fensterlosen Seitenmauer in das fahle, raschelnde Gras. Über ihm spannte sich der Himmel, 10 ganz in jenem verblichenen, leidenden Blau, das dem Herbste eigen ist, und kleine, weiße, geballte Wölkchen hasteten darüber hin.

Törleß lag lang ausgestreckt am Rücken und blinzelte unbestimmt träumend zwischen den 15 sich entblätternden Kronen zweier vor ihm stehender Bäume hindurch.

Er dachte an Beineberg[1]; wie sonderbar doch dieser Mensch war! Seine Worte würden zu einem zerbröckelnden indischen Tempel gehö-20 ren, in die Gesellschaft unheimlicher Götzenbilder und zauberkundiger Schlangen in tiefen Verstecken; was sollten sie aber am Tage, im Konvikte[2], im modernen Europa? Und doch schienen diese Worte, nachdem sie sich ewig 25 lange, wie ein Weg ohne Ende und Übersicht in tausend Windungen hingezogen hatten, plötzlich vor einem greifbaren Ziele gestanden zu sein ...

Und plötzlich bemerkte er, – und es war ihm, 30 als geschähe dies zum ersten Male, – wie hoch eigentlich der Himmel sei.

Es war wie ein Erschrecken. Gerade über ihm leuchtete ein kleines, blaues, unsagbar tiefes Loch zwischen den Wolken.

35 Ihm war, als müsste man da mit einer langen, langen Leiter hineinsteigen können. Aber je weiter er hineindrang und sich mit den Augen hob, desto tiefer zog sich der blaue, leuchtende Grund zurück. Und es war doch, als müsste man ihn einmal erreichen und mit den Blicken 40 ihn aufhalten können. Dieser Wunsch wurde quälend heftig.

Es war, als ob die aufs äußerste gespannte Sehkraft Blicke wie Pfeile zwischen die Wolken hineinschleuderte und als ob sie, je weiter sie auch 45 zielte, immer um ein weniges zu kurz träfe.

Darüber dachte nun Törleß nach; er bemühte sich möglichst ruhig und vernünftig zu bleiben. „Freilich gibt es kein Ende", sagte er sich, „es geht immer weiter, fortwährend weiter, ins Un-50 endliche." Er hielt die Augen auf den Himmel gerichtet und sagte sich dies vor, als gälte es, die Kraft einer Beschwörungsformel zu erproben. Aber erfolglos; die Worte sagten nichts, oder vielmehr sie sagten etwas ganz anderes, so als 55 ob sie zwar von dem gleichen Gegenstande, aber von einer anderen, fremden, gleichgültigen Seite desselben redeten.

„Das Unendliche!" Törleß kannte das Wort aus dem Mathematikunterrichte. Er hatte sich nie 60 etwas Besonderes darunter vorgestellt. Es kehrte immer wieder; irgendjemand hatte es einst erfunden, und seither war es möglich, so sicher damit zu rechnen wie nur mit irgendetwas Festem. Es war, was es gerade in der Rechnung 65

1 **Beineberg:** Freund von Törleß. Beinebergs philosophische Gedanken über die Weltseele beschäftigen Törleß.
2 **Konvikt:** Schulheim (meist kirchlich); in einem solchen lebt Törleß derzeit

galt; darüber hinaus hatte Törleß nie etwas gesucht.
Und nun durchzuckte es ihn wie mit einem Schlage, dass an diesem Worte etwas furchtbar Beunruhigendes hafte. Es kam ihm vor wie ein gezähmter Begriff, mit dem er täglich seine kleinen Kunststückchen gemacht hatte und der nun plötzlich entfesselt worden war. Etwas über den Verstand Gehendes, Wildes, Vernichtendes schien durch die Arbeit irgendwelcher Erfinder hineingeschläfert worden zu sein und war nun plötzlich aufgewacht und wieder furchtbar geworden. Da, in diesem Himmel, stand es nun lebendig über ihm und drohte und höhnte.
Endlich schloss er die Augen, weil ihn dieser Anblick so sehr quälte.

1 Kennen Sie ähnliche Situationen wie die, in der sich der junge Törleß befindet? Berichten Sie von Gedanken und Tagträumen, die durch den Blick in die Weite ausgelöst werden.

2 a Analysieren Sie den Reflexionsprozess, den Törleß durchläuft.

b Erläutern Sie, vom Begriff „das Unendliche" ausgehend, den dargestellten Zusammenhang von Sprache, Denken und Wirklichkeit.

c Mit welchen sprachlichen Mitteln wird der Zustand der „Sprachlosigkeit" gestaltet?

Max Frisch: **Das Unaussprechliche (Stiller)** (1954)

Schreiben ist nicht Kommunikation mit Lesern, auch nicht Kommunikation mit sich selbst, sondern Kommunikation mit dem Unaussprechlichen. Je genauer man sich auszusprechen vermöchte, um so reiner erschiene das Unaussprechliche, das heißt die Wirklichkeit, die den Schreiber bedrängt und bewegt. Wir haben die Sprache, um stumm zu werden. Wer schweigt, ist nicht stumm. Wer schweigt, hat nicht einmal eine Ahnung, wer er nicht ist. [R]

3 Setzen Sie die Äußerung von Frisch in Beziehung zu den Aussagen bei Musil.

4 a Lesen Sie Hofmannsthals „Chandos-Brief" (► S. 366). Worin besteht Chandos' „Krankheit"?

b Arbeiten Sie Ähnlichkeiten und Unterschiede zu dem Frisch-Zitat heraus.

Paul Celan: **Weggebeizt** (1967)

Weggebeizt vom
Strahlenwind deiner Sprache
das bunte Gerede des An-
erlebten – das hundert-
züngige Mein-
gedicht, das Genicht.

Aus-
gewirbelt,
frei
der Weg durch den menschen-
gestaltigen Schnee,
den Büßerschnee, zu
den gastlichen
Gletscherstuben und -tischen.

Tief
in der Zeitenschrunde,
beim
Wabeneis
wartet, ein Atemkristall,
dein unumstößliches
Zeugnis.

5 a Analysieren Sie Celans Gedicht vor dem Hintergrund der Sprachnot als Thema moderner Literatur.

b Vergleichen Sie „Weggebeizt" mit Rilkes „Ich fürchte mich so vor der Menschen Wort" (▶ S. 368). Berücksichtigen Sie dabei auch die formale und sprachliche Gestaltung.
c Bringen Sie in einem Vortrag der Gedichte deren Stimmung und den Sinngehalt zum Ausdruck.

Harald Weinrich: **Linguistische Bemerkungen zur modernen Lyrik** (1971)

Paul Celan erfährt die Ohnmacht der Worte. Was Celan findet, sind Wortsand, Worthaufen, Wortaufschüttungen oder – in anderer Metaphorik – vergällte, verkrüppelnde, entmündigte, umröchelte Worte, und die Namen sind „Unnamen". Man muss sie mit dem „Messer des Schweigens" beschneiden. „Das Namengeben hat ein Ende." In seiner Büchner-Rede hat Celan das 1960 so ausgedrückt: „Das Gedicht heute [...] zeigt, das ist unverkennbar, eine starke Neigung zum Verstummen." So sind auch in radikaler Konsequenz Celans späte Gedichte gebaut. [...]
Die Frage ist, ob die solcherart an den Rand des Verstummens geführten Gedichte damit nur an die Grenze geführt werden, wo Poesie anfängt oder wo sie aufhört. Für unsere Überlegungen aber zu den Beziehungen von Lyrik und Linguistik wollen wir festhalten, dass auch der Zweifel und die Verzweiflung an der Zeichenkraft der Sprache genuine Möglichkeiten der linguistischen Reflexion sind.

6 Beurteilen Sie auf der Grundlage Ihrer Textanalysen (▶ S. 485–487) Weinrichs These, dass die literarische Auseinandersetzung mit der Sprachnot eine Möglichkeit der Sprachreflexion sei.
7 Vergleichen Sie die poetische Verarbeitung des Motivs der Sprachnot mit den Prosatexten von Musil, Hofmannsthal und Frisch.
8 Schreiben Sie im Anschluss an die Analyse der Gedichte selbst ein Gedicht zum Thema „Sprache und Schweigen". Sammeln Sie als Vorarbeit Metaphern zu den beiden Begriffen. Entscheiden Sie sich für eine gebundene oder freie Form.
9 **Referat:** Recherchieren Sie die epochalen und mentalitätsgeschichtlichen Hintergründe der Sprachkrise um 1900 (z. B. Friedrich Nietzsche) und in der Nachkriegszeit (z. B. Paul Celan, Gottfried Benn).

Information **Krise der Wahrnehmung – Krise der Sprache**

Die Beziehung von Sprache, Denken und Wahrnehmung ist nicht nur ein Gegenstand von Philosophie und Sprachwissenschaft. Im **Epochenumbruch um 1900** wird der Problemzusammenhang von Sprache und Wahrnehmung der Wirklichkeit zu einer programmatischen Fragestellung der Literatur der Moderne. Schriftsteller wie **Hugo von Hofmannsthal** (1874–1929) formulieren eine **fundamentale Sprachkritik.** Einerseits entlarven die Autoren verlogene konventionelle Sprachgewohnheiten, andererseits äußern sie grundsätzliche Zweifel, ob die Sprache ein geeignetes Medium der Verständigung und der Weltwahrnehmung darstellt. Die These von der **Sprachnot** im Hinblick auf die Versprachlichung von Gedanken und auf zwischenmenschliche Kommunikation wird zugleich verknüpft mit der Suche nach einer **neuen „literarischen Sprache",** die als Metasprache eine Reflexion über die Sprache, das Denken und die Wirklichkeit erst möglich macht. Autoren wie **Rainer Maria Rilke** (1875–1926) und **Robert Musil** (1880–1942) entwerfen um die Jahrhundertwende eine **Ästhetik der Sprachskepsis,** die den literarischen Diskurs bis in die Gegenwart bestimmt, z. B. in den Werken von **Paul Celan** (1920–1970), **Max Frisch** (1911–1991), **Hilde Domin** (1909–2006), **Ulla Hahn** (*1946), **Peter Handke** (*1942) und **Juli Zeh** (*1974).

2.3 Sprache – Denken – Wirklichkeit

Wie hängen Sprache, Denken und Wirklichkeit zusammen? Diese Frage wird seit der Antike gestellt, ohne dass bis heute in den Natur- oder in den Geisteswissenschaften eine eindeutige Antwort gefunden werden konnte. Ab dem Ende des 18. Jahrhunderts überlegten Philosophen und Sprachforscher, wie z. B. **Johann Gottfried Herder** (1744–1803) und **Wilhelm von Humboldt** (1767–1835), ob zwischen dem denkenden Ich und der zu erkennenden Welt nicht die Sprache steht, die unsere Erkenntnisweise überformt, wenn nicht gar lenkt. Dieser Gedanke musste provokant erscheinen im Vergleich zu der bis dahin vorherrschenden Sprachtheorie, nach welcher die Sprache als neutrales Medium zur bloßen Benennung der Gegenstände und Sachverhalte angesehen worden war (so z. B. die biblische Auffassung in „Genesis" 2, 18–20). Schließlich wäre die Konsequenz, dass wir als denkende Subjekte in den Wörtern und Satzbauplänen der Sprache gefangen wären, ihr nicht entrinnen könnten; unsere Wirklichkeitserkenntnis wäre abhängig von unserer Sprache. Ein Befürworter dieser Ansicht ist **Benjamin Lee Whorf** (1897–1941). Sein „linguistisches Relativitätsprinzip" ist Gegenstand einer ausgeprägten wissenschaftlichen Kontroverse. Die Idee einer außersprachlichen, nämlich räumlichen oder bildlichen Steuerung mentaler Prozesse wird gegenwärtig vor allem in den Neurowissenschaften intensiv diskutiert.

Benjamin Lee Whorf: **Das „linguistische Relativitätsprinzip"** (postum veröffentlicht 1956)

Nehmen wir zum Beispiel einmal an, es gebe eine menschliche Art, die auf Grund eines physiologischen[1] Defekts nur die blaue Farbe sehen kann. Die Menschen dieser Art würden wohl kaum in der Lage sein, die Regel zu erkennen und zu formulieren, dass sie nur Blau sehen. Der Terminus „Blau" hätte für sie keinen Sinn. Ihre Sprache würde gar keine Termini für Farben enthalten. Und die Wörter, mit denen sie ihre verschiedenen Blauempfindungen bezeichnen würden, entsprächen unseren Wörtern „hell, dunkel, weiß, schwarz" etc., nicht aber unserem Wort „Blau". Um die Regel oder Norm „Wir sehen nur Blau" erfassen zu können, müssten sie gelegentlich und ausnahmsweise auch Momente haben, in denen sie andere Farben sehen. Das Gesetz der Schwerkraft beherrscht unser Leben als eine Regel ohne Ausnahme, und es bedarf eigentlich keiner besonderen Feststellung, dass ein physikalisch völlig unvorgebildeter Mensch von dieser Tatsache keinerlei Bewusstsein hat. Der Gedanke eines Universums, in dem sich Körper anders verhalten als auf der Oberfläche der Erde, käme ihm gar nicht. Wie die blaue Farbe für jene angenommenen Menschen, so ist das Gravitationsgesetz für den unvorgebildeten Menschen Teil seines Hintergrundes und nicht etwas, das er von diesem isolierend abhebt. Das Gesetz konnte daher erst formuliert werden, als man die fallenden Körper unter dem Aspekt einer weiteren astronomischen Welt sah, in der sie sich auf orbitalen[2] Bahnen oder da und dorthin bewegen.

Als die Linguisten so weit waren, eine größere Anzahl von Sprachen mit sehr verschiedenen Strukturen kritisch und wissenschaftlich untersuchen zu können, erweiterten sich ihre Vergleichsmöglichkeiten. Phänomene, die bis dahin als universal galten, zeigten Unterbrechungen, und ein ganz neuer Bereich von Bedeutungszusammenhängen wurde bekannt. Man fand, dass das linguistische System (mit anderen Worten, die Grammatik) jeder Sprache nicht nur ein reproduktives Instrument zum Ausdruck von Gedanken ist, sondern vielmehr selbst die Gedanken formt, Schema und Anleitung für die geistige Aktivität des Individuums ist, für die Analyse seiner Eindrücke und für die Synthese dessen, was ihm an Vorstellungen zur Verfügung steht. Die Formulierung von Gedanken ist kein unabhängiger Vorgang, der im al-

1 **Physiologie:** Wissenschaft, die Aufbau und Funktionen des Organismus untersucht
2 **orbital:** die Umlaufbahn betreffend

ten Sinne dieses Wortes rational ist, sondern er ist beeinflusst von der jeweiligen Grammatik. Er ist daher für verschiedene Grammatiken mehr oder weniger verschieden. Wir gliedern die Natur an Linien auf, die uns durch unsere Muttersprachen vorgegeben sind. Die Kategorien und Typen, die wir aus der phänomenalen Welt herausheben, finden wir nicht einfach in ihr – etwa weil sie jedem Beobachter in die Augen springen; ganz im Gegenteil präsentiert sich die Welt in einem kaleidoskopartigen[3] Strom von Eindrücken, der durch unseren Geist organisiert werden muss – das aber heißt weitgehend: von dem linguistischen System in unserem Geist. Wie wir die Natur aufgliedern, sie in Begriffen organisieren und ihnen Bedeutungen zuschreiben, das ist weitgehend davon bestimmt, dass wir an einem Abkommen beteiligt sind, sie in dieser Weise zu organisieren – einem Abkommen, das für unsere ganze Sprachgemeinschaft gilt und in den Strukturen unserer Sprache kodifiziert ist. Dieses Übereinkommen ist natürlich nur ein implizites und unausgesprochenes, *aber sein Inhalt ist absolut obligatorisch*[4]; wir können überhaupt nicht sprechen, ohne uns der Ordnung und Klassifikation des Gegebenen zu unterwerfen, die dieses Übereinkommen vorschreibt.

Diese Tatsache ist für die moderne Naturwissenschaft von großer Bedeutung. Sie besagt, dass kein Individuum Freiheit hat, die Natur mit völliger Unparteilichkeit zu beschreiben, sondern eben, während es sich am freiesten glaubt, auf bestimmte Interpretationsweisen beschränkt ist. Die relativ größte Freiheit hätte in dieser Beziehung ein Linguist, der mit sehr vielen äußerst verschiedenen Sprachsystemen vertraut ist. Bis heute findet sich noch kein Linguist in einer solchen Position. Wir gelangen daher zu einem neuen Relativitätsprinzip, das besagt, dass nicht alle Beobachter durch die gleichen physikalischen Sachverhalte zu einem gleichen Weltbild geführt werden, es sei denn, ihre linguistischen Hintergründe sind ähnlich oder können in irgendeiner Weise auf einen gemeinsamen Nenner gebracht werden (be calibrated).

Dieser ziemlich überraschende Schluss wird nicht so deutlich, wenn wir nur unsere modernen europäischen Sprachen miteinander vergleichen und vielleicht zur Sicherheit noch Latein und Griechisch dazunehmen. Unter diesen Sprachen herrscht eine Einstimmigkeit der Grundstrukturen, die auf den ersten Blick der natürlichen Logik Recht zu geben scheint.

Die Einhelligkeit besteht jedoch nur, weil diese Sprachen alle indoeuropäische Dialekte sind, nach dem gleichen Grundriss zugeschnitten und historisch überkommen aus dem, was vor sehr langer Zeit eine Sprachgemeinschaft gewesen war; weil die modernen Dialekte seit Langem am Bau einer gemeinsamen Kultur beteiligt sind; und weil viele der intellektuelleren Züge dieser Kultur sich aus dem linguistischen Hintergrund des Lateinischen und des Griechischen herleiten. Diese Sprachgruppe erfüllt daher die spezielle Bedingung des mit „es sei denn“ beginnenden Nebensatzes in der Formel des linguistischen Relativitätsprinzips am Ende des vorhergehenden Absatzes. Aus dieser Sachlage ergibt sich auch die Einstimmigkeit der Weltbeschreibung in der Gemeinschaft der modernen Naturwissenschaftler. Es muss aber betont werden, dass „alle modernen indoeuropäisch sprechenden Beobachter“ nicht das Gleiche ist wie „alle Beobachter“. Wenn moderne chinesische oder türkische Naturwissenschaftler die Welt in den gleichen Termini wie die westlichen Wissenschaftler beschreiben, so bedeutet dies natürlich nur, dass sie das westliche System der Rationalisierung *in toto*[5] übernommen haben, nicht aber, dass sie dieses System von ihrem eigenen muttersprachlichen Gesichtspunkt aus mit aufgebaut haben. Deutlicher wird die Divergenz[6] in der Analyse der Welt, wenn wir das Semitische, Chinesische, Tibetanische oder afrikanische Sprachen unseren eigenen gegenüberstellen. Bringen wir gar die Eingeborenensprachen Amerikas hinzu, wo sich einige tausend Jahre lang Sprachgemein-

3 **kaleidoskopartig:** ständig das Farbmuster wechselnd
4 **obligatorisch:** verpflichtend, bindend, verbindlich
5 **in toto:** im Ganzen
6 **Divergenz:** Abweichung, Auseinandergehen

schaften unabhängig voneinander und von der Alten Welt entwickelt haben, dann wird die Tatsache, dass Sprachen die Natur in vielen verschiedenen Weisen aufgliedern, unabweisbar. Die Relativität aller begrifflichen Systeme, das unsere eingeschlossen, und ihre Abhängigkeit von der Sprache werden offenbar.

---

1 Wie begründet Whorf den Zusammenhang von Sprache, Denken und Wirklichkeit? Listen Sie seine Thesen und Argumente auf und erklären Sie das „linguistische Relativitätsprinzip" mit eigenen Worten.

Steven Pinker: **Der Sprachinstinkt** (1996)

Wie kam Whorfs radikale Position zu Stande? Nach seinen Worten entstand sie während seiner Arbeit für eine Feuerversicherungs-Gesellschaft, als ihm aufging, welch gefährliche Situationen durch sprachliche Missverständnisse entstehen konnten. So verursachte ein Arbeiter eine schwere Explosion, als er eine Zigarette in eine „leere" Tonne warf, die in Wahrheit voller Benzindämpfe war. Ein anderer schaltete eine Lötlampe in der Nähe eines „Wasserbassins" ein, das in Wirklichkeit sich zersetzende Gerbabfallstoffe enthielt, die – weit davon entfernt, „wässrig" zu sein – entflammbare Gase freisetzten. Whorfs Untersuchungen amerikanischer Sprachen bestätigten ihn in seiner Überzeugung. In Apache zum Beispiel muss der Satz *Es ist eine rieselnde Quelle* folgendermaßen ausgedrückt werden: „Wie Wasser oder Quellen, weiße Abwärtsbewegungen." „Wie wenig ähnelt das unserer Denkweise!", schrieb er.

Doch bei näherem Hinsehen verlieren Whorfs Argumente zunehmend an Schlagkraft. Kehren wir beispielsweise zu der Geschichte von dem Arbeiter und der „leeren" Benzintonne zurück. Angeblich lag die Wurzel des Übels in der Semantik von *leer* bzw. *empty*, denn dieses Wort trägt, laut Whorf, die zwei Bedeutungen, „ohne den üblichen Inhalt" und „null und nichtig, negativ, kraftlos (‚null and void, negative, inert')". Der unglückliche Arbeiter, dessen Blick für die Realität durch seine linguistischen Kategorien getrübt wurde, differenzierte nicht zwischen den Bedeutungen „geleert" und „kraftlos" oder „wirkungslos" – und ... wumm! Aber halt. Benzindämpfe sind unsichtbar. Eine Tonne, in der nur solche Dämpfe sind, sieht genauso aus wie eine, in der sich rein gar nichts befindet. Und so wurden diesem Unglücksraben seine Augen zum Verhängnis und nicht seine Sprache.

Das Beispiel von der weißen Abwärtsbewegung soll zeigen, dass der Apachenverstand Ereignisse nicht in voneinander abgegrenzte Objekte und Handlungen aufteilt. [...] In der Sprache der Nootka auf der Insel Vancouver lautet das Pendant zu *Das Boot ist auf Grund gelegt*: „Es ist auf dem Ufer als punktweises Ereignis von Kanubewegung." *Er lädt Leute zu einem Festessen* wird zu „Er oder jemand holt (lädt ein) Esser von Gekochtem". [...] All das unterscheidet sich tatsächlich grundlegend von unserer Art zu sprechen. Aber woher wissen wir, dass es sich auch grundlegend von unserer Art zu denken unterscheidet?

Schon kurze Zeit nach dem Erscheinen von Whorfs Aufsätzen wiesen die Psycholinguisten Eric Lenneberg und Roger Brown auf zwei Trugschlüsse in seiner Argumentation hin. Erstens hatte sich Whorf nie wirklich mit Apachen befasst. Man weiß nicht einmal, ob er jemals selbst einem begegnet ist. Seine Behauptungen über die Psychologie der Apachen basieren vollständig auf der Apachengrammatik – wodurch seine Argumentation zu einem Zirkelschluss führt. „Apachen sprechen anders, also denken sie anders." „Woher wissen Sie, dass die anders denken?" „Na, hören Sie doch mal, wie die sprechen!"

Zweitens sind die Sätze plumpe Wort-für-Wort-Übersetzungen aus Whorfs eigener Feder, die die wörtliche Bedeutung so merkwürdig wie möglich erscheinen lassen sollten. Doch ausgehend von Whorfs eigenen Übersetzungen könnte man mit gleicher grammatischer Berechtigung den ersten Satz ganz unspektakulär als „Klarer Stoff – Wasser – fällt nieder“ paraphrasieren. Ebenso könnte man den Spieß umdrehen und den deutschen Satz „Er geht“ wiedergeben als „Einzelne Männlichkeit bewegt sich Bebeintheit fort“.

2 Vergegenwärtigen Sie sich noch einmal Whorfs „linguistisches Realitätsprinzip“ (▶ S. 488–490) und erläutern Sie es ausgehend von dem „Benzinfässer-Beispiel“.

3 **a** Stellen Sie die Argumente zusammen, die Pinker anführt, um Whorf zu widerlegen. Ordnen Sie sie nach biografischen, logischen und psychologischen Aspekten.

b Bewerten Sie Pinkers Argumente. Wirken sie auf Sie überzeugend?

David Crystal: **Sprache und Denken** (1995)

Wie eng aber ist nun die Verbindung zwischen Sprache und Denken? Diese Frage betrachtet man meist anhand von zwei Extremen. Auf der einen Seite steht die Hypothese, dass Sprache und Denken zwei vollkommen getrennte Dinge darstellen, wobei das eine vom anderen abhängig sei. Die andere Extremposition behauptet die Identität von Sprache und Denken – rationales Denken ohne Sprache wäre demnach unmöglich. Die Wahrheit liegt wahrscheinlich irgendwo zwischen diesen beiden Polen.

Die erste Position lässt zwei Möglichkeiten zu: Entweder ist die Sprache vom Denken abhängig oder das Denken von der Sprache. Der herkömmlichen und landläufigen Auffassung zufolge gilt Ersteres, d. h., erst kommen die Gedanken, dann werden sie in Worte gefasst. Diese Sichtweise zeigt sich in metaphorischen Ausdrücken, wonach z. B. Gedanken „in Worte gekleidet“ werden oder die Sprache das „Werkzeug des Denkens“ sei. In Bezug auf den Spracherwerb [...] wird diese Ansicht häufig vertreten. Demnach entwickeln Kinder vor dem Spracherwerb eine Reihe kognitiver Fähigkeiten.

Die andere Möglichkeit, wonach die Art der Sprachverwendung die Bahnen diktiert, in denen der Mensch zu denken in der Lage ist, wird ebenfalls weithin verfochten. Shelley[1] brachte sie auf die eindrucksvolle Formel: „Er gab dem Menschen Sprache, die schuf den Gedanken, der das Universum misst“ (*Der entfesselte Prometheus;* Deutsch von Rainer Kirsch). Auch diese Ansicht wird im Bereich der Spracherwerbsforschung vertreten, und zwar mit dem Argument, dass die frühesten Konfrontationen mit Sprache den wesentlichen Einfluss auf die Art und Weise ausüben, wie Begriffe erlernt werden. Ihren einflussreichsten Ausdruck findet diese Position jedoch in der Sapir-Whorf-Hypothese[2].

Noch eine dritte These findet heute viele Anhänger. Sie besagt, dass Sprache und Denken voneinander abhängig seien – was nicht heißen soll, dass sie identisch wären. Die Identitätstheorie, wonach z. B. das Denken nichts anderes sei als innere Vokalisierung[3], wird heute nicht mehr vertreten. Es gibt zu viele Ausnahmen, als dass sich solch eine starre Position halten ließe: Denken wir nur an die zahlreichen Intelligenzleistungen, zu denen wir ohne Sprache in der Lage sind, von der Erinnerung an eine Bewegungsabfolge bei Spiel und Sport bis zur Vergegenwärtigung unseres täglichen Arbeitswegs

1 **Shelley, Mary Wollstonecraft** (1797–1851): englische Schriftstellerin, veröffentlichte 1818 ihren berühmten Debütroman „Frankenstein or The Modern Prometheus“

2 **Sapir-Whorf-Hypothese:** Da sich Whorf bei der Formulierung seiner Hypothese (Annahme) auf den Sprachwissenschaftler Edward Sapir (1884–1939) beruft und diese mit ihm vertritt, wird sie auch mit den Namen beider Forscher in Verbindung gebracht; zur Hypothese selbst vgl. S. 488–489 u. 493.

3 **Vokalisierung:** hier i. S. v. Versprachlichung

vor dem geistigen Auge. Dass Bilder und Modelle hilfreich für die Problemlösung sind und gelegentlich bessere Wirkung zeigen als rein verbale Problemdarstellungen, wird heute kaum bestritten.
Andererseits sind Beispiele dafür erheblich seltener als die Fälle, wo Sprache offenbar das wichtigste Mittel für die Realisierung erfolgreicher Denkabläufe darstellt. Sieht man Sprache und Denken als voneinander abhängig an, dann erkennt man damit die Sprache als regulären Teil des Denkprozesses und gleichzeitig das Denken als notwendige Voraussetzung für das Sprachverständnis an. Es geht dabei nicht darum, ob das eine Vorrang vor dem anderen hat: Beide sind wesentlich, wenn wir Verhalten erklären wollen. Auch hier hat man Metaphern gesucht, um diese Vorstellung zu verdeutlichen. So wurde die Sprache mit der Wölbung eines Tunnels verglichen, das Denken mit dem Tunnel selbst. Doch die komplexe Struktur und Funktion von Sprache spotten solch simplen Analogien.

1 Wie beurteilt Crystal Whorfs These vom „linguistischen Relativitätsprinzip" (▸ S. 488–490)? Nennen Sie die Argumente, die er dazu heranzieht.

2 **a** Der englische Linguist Crystal unterscheidet verschiedene Ansätze zur Erklärung der Verbindung von Sprache und Denken. Stellen Sie jeden Ansatz in einem eigenen Schaubild, z. B. mit Pfeilen, dar.

b Entscheiden Sie sich für eines der Modelle und begründen Sie Ihre Wahl vor der Gruppe.

Alexander Grau: **Das Denken braucht den Raum** (2006)

Einig ist man sich weitgehend darin, dass wirkliche Erkenntnis sprachlich ist. Empirische Erfahrung ist lediglich das Ergebnis kausaler Ereignisse. Wissen aber, das sind begründete Meinungen, und Begründungen und Schlüsse sind sprachlich. [...] In den frühen siebziger Jahren jedoch unternahm schließlich Roger Shepard seine berühmt gewordenen Versuche zur mentalen Rotation, also zur Fähigkeit, einen vorgestellten Gegenstand im Kopf zu drehen. Sie legten nahe, dass es neben der sprachlichen auch noch eine Art bildliche Informationsverarbeitung im Gehirn gibt. Die Forschungsergebnisse des Psychologen Stephen Kosslyn zeigten dann, dass die Verarbeitung eines mentalen Bildes gewisse Ähnlichkeiten mit der Wahrnehmung eines realen Objektes hat. Insbesondere konnte Kosslyn in der Folge plausibel machen, dass eine Reihe von Aufgaben tatsächlich mittels bildlicher Vorstellungen gelöst werden.
Die Frage nach der Rolle bildhaften Denkens für abstraktere Problemlösungen war damit allerdings noch nicht beantwortet. Zu diesem Zweck müsste man zeigen, dass beispielsweise logische Schlussfolgerungen, die keine visuellen oder räumlichen Merkmale betreffen (etwa die Frage: Dieter ist schlauer als Mark; Mark ist schlauer als Kevin; wer ist der Schlaueste?) auf Grund bildlicher Vorstellungen gelöst werden. [...]
Allerdings sind die Ergebnisse der psychologischen Untersuchungen zu diesem Thema nach wie vor alles andere als eindeutig. Das liegt daran, dass bei vielen Untersuchungen nicht zwischen bildlichen und räumlichen Repräsentationen unterschieden wird. Anders als bildliche sind räumliche Repräsentationen eben keine „Bilder", die ein inneres „Auge" anschaut. Sie basieren auf räumlichen Beziehungen, die die Lage von Objekten relativ zueinander auf qualitative Weise darstellen. Solche räumlichen Repräsentationen sind keine visuellen Vorstellungen, sondern mentale Modelle, die kognitiven Verarbeitungsroutinen zu Grunde liegen. Diese räumlichen Repräsentationen sind also nicht die Gedanken, sondern organisieren sie nur.

Für die These, dass abstrakte Denkprozesse auf räumlichen Repräsentationen basieren, sprechen eine Reihe von Untersuchungen [...]. Evoluti-50 onsbiologisch gesehen, sind diese Ergebnisse [gedächtnispsychologischer Untersuchungen] nicht einmal überraschend. Die ersten Schlüsse, die Lebewesen, die sich im Raum bewegen, ziehen mussten, sind räumliche. Sie mussten 55 lernen, Früchte zu erhaschen, gezielt mit einem Sprung zu jagen oder in die Äste eines Baumes zu flüchten. Daher liegt nahe, dass bei der Entwicklung abstrakterer Denkoperationen auf die vorhandenen Verarbeitungsroutinen zurückgegriffen wurde und auch nichträumliche Überle- 60 gungen mittels räumlicher Repräsentationen gelöst werden. Logische Ableitungen basieren nach dieser Sichtweise auf sinnlicher Erfahrung. [...] In diesem Fall bedeuten dann nicht die Grenzen meiner Sprache, sondern die Gren- 65 zen meiner Erfahrung die Grenzen meiner Welt.[1]

1 Entgegnung auf Ludwig Wittgensteins berühmen Satz Nr. 5.6 aus seinem „Tractatus logico-philosophicus" (1921): „Die Grenzen meiner Sprache bedeuten die Grenzen meiner Welt."

1 Stellen Sie mit eigenen Worten dar, welcher neue Ansatz zum Zusammenhang von Sprache, Denken und Wirklichkeit in diesem Text vorgestellt wird.
2 Finden Sie sich in Expertengruppen zusammen, die sich mit je einem der im Kapitel aufgeführten sprachtheoretischen Ansätze noch einmal vertieft auseinandersetzen. Bereiten Sie Argumente und Beispiele vor. Bestimmen Sie je zwei Vertreter/innen für eine Pro-/Kontra-Diskussion im Plenum.
3 Weiterführende Aufgabe: Arbeiten Sie fachübergreifend (Biologie, Pädagogik/Psychologie, Philosophie) zum Thema „Sprache, Denken/Bewusstsein, Wirklichkeit". Bedenken Sie auch historische Positionen, z. B. **Johann Gottfried Herder:** „Abhandlung über den Ursprung der Sprache" (1772), **Wilhelm von Humboldt:** „Über die Verschiedenheit des menschlichen Sprachbaues ..." (1830).

Information **Sprache – Denken – Wirklichkeit**

Die Beziehung zwischen Sprache, Denken und Wirklichkeit zu klären, ist ein Gegenstand philosophischer und sprachwissenschaftlicher Betrachtungen. **Drei Positionen** sind maßgeblich:

- Das **„Prinzip des sprachlichen Relativismus":** Der Ethnologe und Linguist **Benjamin L. Whorf** (1897–1941) vertritt die These, dass die Wahrnehmung der Wirklichkeit durch das Sprachsystem (Lexikon und Grammatik) des jeweiligen Sprechers determiniert wird. Alles Denken und somit die Sicht der Welt sind demnach von der jeweils gesprochenen Sprache abhängig. Diese Position knüpft an **Wilhelm von Humboldt** (1767–1835) an: „Die Sprache ist das bildende Organ des Gedanken."
- **Kognitionstheoretischer Ansatz – Die Sprachkompetenz ist angeboren:** Gegenüber der Annahme einer einseitigen Determination von Sprache und Denken meint die kognitionsorientierte Sprachforschung, z. B. vertreten durch den Amerikaner **Noam Chomsky** (*1928), dass alle Sprachen über gleiche logische Grundstrukturen verfügen, die dem jeweiligen grammatischen System der Einzelsprache zu Grunde liegen. Damit ist allen Sprecherinnen und Sprechern eine identische sprachliche Fähigkeit zur Wirklichkeitserfahrung vorgegeben.
- **Neurolinguistischer Ansatz:** In Kooperation mit der Hirnforschung und Evolutionsbiologie gehen einige Sprachwissenschaftlerinnen und -wissenschaftler gegenwärtig von der Annahme aus, dass das Beziehungsgeflecht von Sprache, Denken und Wahrnehmung sehr komplex gestaltet ist. Nicht nur sprachliche Strukturen steuern den Wahrnehmungsprozess, auch räumliche Kategorien und bildhafte Vorstellungen haben wesentlichen Anteil an Denkvorgängen, Bewusstseinsbildung und Wahrnehmung der Welt.

Anton von Werner:
Luther auf dem Reichstag zu Worms (1900)

1 Legen Sie eine Folie über diese Seite und füllen Sie zu jedem Bild zwei Sprechblasen:
- eine, die wiedergibt, was die Rednerin/der Redner in dem abgebildeten Moment sagen könnte (achten Sie dabei insbesondere auf Stimmigkeit zwischen Aussage, Mimik und Gestik),
- eine, die den Gedanken einer Person aus der Zuhörerschaft wiedergibt.

2 **a** Stellen Sie in Kleingruppen fünf Ratschläge für eine gute Rednerin/einen guten Redner auf.
b Bilden Sie neue Gruppen mit je einem Mitglied aus den ersten Gruppen. Stellen Sie Ihre Ratschläge vor, vergleichen und überarbeiten Sie sie. Diskutieren Sie abschließend Ihre Ergebnisse im Kurs.
c Nutzen Sie die erarbeiteten Ratschläge bei der folgenden Auseinandersetzung mit verschiedenen Reden, um deren Wirksamkeit zu beurteilen.

In diesem Kapitel erwerben Sie folgende Kenntnisse und Kompetenzen:

- die Bedeutung des Sprachgebrauchs und der Redekunst für die Wahrheits- und Entscheidungsfindung wahrnehmen und einschätzen,
- Informationen zu den historischen Umständen ausgewählter Reden sammeln und diese für das Verständnis und die Bedeutung der Reden nutzen,
- Reden unterschiedlicher Zeiten in ihrer zeitgebundenen und überzeitlichen Aussageform und Aussagekraft analysieren und einschätzen,
- rhetorische Gestaltung und inhaltlich-argumentative Überzeugungskraft bei der Beurteilung von Reden unterscheiden.

3.1 Der Fall Sokrates – Rhetorik und Aufrichtigkeit

Der Unterschied zwischen dem richtigen und dem beinahe richtigen Wort ist der gleiche wie zwischen Blitz und Glühwürmchen.
Mark Twain (1835–1910)

Zur Wahrheit gehören immer zwei, einer, der sie sagt, und ein anderer, der sie versteht.
Henry David Thoreau (1817–1862)

Die Wahrheit kommt mit wenigen Worten aus. *Laotse (6. Jh. v. Chr.)*

Da auf dem Weg über die rhetorische Kunst zum Wahren ebenso zugeredet wird wie zum Falschen, wer könnte da wagen zu behaupten, wenn es gegen die Lüge geht, dürfe gerade die Wahrheit es sein, die in ihren Verteidigern waffenlos dasteht. [...]
Steht also die Fähigkeit des beredten Vortrags, die beim Überzeugen vom Ungerechten wie vom Rechten das meiste vermag, beiden Seiten zur Verfügung, warum eignen die Guten sie sich nicht voller Eifer an, damit sie Kriegsdienst leiste für die Wahrheit, wenn doch die Schlechten sie in der Verfechtung verdrehter und windiger Sachen zum Nutzen der Ungerechtigkeit und des Irrtums ausnutzen. *Augustinus (354–430)*

1 **a** Stimmen Sie den Aussagen zu? Veranschaulichen Sie Ihren Standpunkt durch Beispiele. Denken Sie dabei an unterschiedliche Redesituationen: in der Politik, vor Gericht, in privaten Gesprächen, in der Schule, bei Verhandlungen etc.
b Vergleichen Sie die Zitate: Wie werden „Wahrheit" und „Sprache" jeweils ins Verhältnis gesetzt?

2 Wie gehen Redner/innen mit der Wahrheit um: in einer Festrede, in einer politischen Rede, vor Gericht? Stellen Sie Vermutungen an, berichten Sie von Erfahrungen, sammeln Sie Beispiele.

Information **Rhetorik – Redegattungen**

Rhetorik heißt „Redekunst". „Kunst" hat dabei die Bedeutung von „Wissenschaft". Rhetorik ist also die **Lehre von der (richtigen) Rede.** Von jeher war Rhetorik im öffentlichen Leben von großer Bedeutung. Im alten Griechenland war die wichtigste Form der öffentlichen Rede die Gerichtsrede. Später hat man drei Arten von Rhetorik bzw. **drei Redegattungen** unterschieden:

- die Gerichtsrede (genus iudiciale),
- die beratende, politische (Entscheidungs-)Rede (genus deliberativum),
- die Lob- und Festrede (genus demonstrativum).

Allen Redeformen ist gemeinsam, dass ihre wichtigste Funktion der **Appell** (▶ S. 468) ist.

Platon: **Die Verteidigungsrede des Sokrates** (399 v. Chr.)

Besondere Berühmtheit unter den Gerichtsreden erlangte die Verteidigungsrede (Apologie) des Sokrates (470–399 v. Chr.). Dem Philosophen war mit Blick auf seine öffentliche Redetätigkeit „Verderben der Jugend" und „Frevel an den Göttern" vorgeworfen worden. Sokrates verzichtete darauf, sich – wie es eigentlich üblich war – eine Verteidigungsrede von einem Rechtskundigen schreiben zu lassen. Dies begründet er in der Rede selbst durch seinen Angriff auf die in Athen vor allem von den so genannten Sophisten betriebene rhetorische Praxis. Mit einer knappen Mehrheit wurde Sokrates zum Tode durch den Giftbecher verurteilt. Die Verteidigungsrede des Sokrates ist überliefert in der Version von Sokrates' Schüler Platon (427–347 v. Chr.).

Welchen Eindruck, meine athenischen Mitbürger, meine Ankläger auf euch gemacht haben, weiß ich nicht; ich meinesteils stand so unter dem Bann ihrer Worte, dass ich mich beinahe selbst vergaß: So überzeugend klangen ihre Reden. Und doch, von Wahrheit war kaum eine Spur zu finden in dem, was sie gesagt haben. Am meisten aber war ich erstaunt über eine von den vielen Lügen, die sie vorgebracht haben, über die Warnung nämlich, die sie an euch richteten, ihr solltet euch ja nicht von mir täuschen lassen, denn ich sei ein Meister der Rede. Dass sie sich nicht entblödeten, dies zu sagen trotz der Gewissheit, alsbald durch die Tatsachen von mir widerlegt zu werden, wenn es sich nämlich nunmehr herausstellt, dass ich nichts weniger bin als ein Meister der Rede, das schien mir der Gipfel aller Dreistigkeit zu sein, es müsste denn sein, dass sie den einen Meister der Rede nennen, der die Wahrheit sagt. Denn wenn sie es so meinen, dann habe ich keine Bedenken, mich als Redner gelten zu lassen – nur eben nicht als einen von ihrer Art. Sie, die Kläger, haben, wie gesagt, so gut wie nichts Wahres vorgebracht; von mir aber sollt ihr die volle Wahrheit vernehmen. Aber, beim Zeus, meine Mitbürger, was ihr von mir zu hören bekommt, wird kein in Worten und Wendungen schön gedrechseltes und wohl verziertes Redewerk sein wie das dieser Ankläger, sondern ein schlichter Vortrag in ungesuchten Worten. Denn ich bin fest überzeugt von der Gerechtigkeit meiner Sache und keiner von euch möge mich anders als mit Vertrauen anhören. Es wäre doch auch in der Tat ein starker Verstoß, meine Mitbürger, wollte ich in diesen meinen Jahren vor euch auftreten wie ein Jüngling, der sich in künstlichem Redeschmuck gefällt. Und ich richte an euch, meine athenischen Mitbürger, recht dringend die folgende Bitte: Wenn ihr von mir bei meiner Verteidigung die nämliche Redeweise vernehmt, deren ich mich auf dem Markt an den Wechslertischen bediene, wo viele von euch mir zugehört haben, wie auch anderwärts, so wundert euch nicht und machet darob keinen Lärm. Es verhält sich damit nämlich folgendermaßen: Es ist heute das erste Mal, dass ich vor Gericht erscheine, siebenzig Jahre alt. Ich bin also ein völliger Fremdling in der hier üblichen Redeweise. Gesetzt nun, ich wäre hier ein Fremder im eigentlichen Sinne, so würdet ihr es offenbar verzeihlich finden, wenn ich mich derjenigen Sprache und Redeform bediente, in der ich erzogen bin. So wende ich mich denn jetzt an euch mit der, wie mir scheint, nicht unbilligen Bitte: Macht euch keine Gedanken über meine Redeweise, gleichviel, ob sie schlecht oder gut ist; richtet vielmehr euren Sinn und eure ganze Aufmerksamkeit darauf, ob, was ich sage, recht ist oder nicht; denn das ist die Pflicht und Aufgabe des Richters, wie es die des Redners ist, die Wahrheit zu sagen.

1 **a** Zur Zeit des Sokrates ging man davon aus, dass ein Sachverhalt nur mit Hilfe einer geschliffenen Redekunst gedanklich geordnet und überzeugend dargestellt werden könnte. Diskutieren Sie Sokrates' Einschätzung der Rhetorik und ihre mögliche Wirkung auf das Publikum.

b Welche Appelle richtet Sokrates direkt und indirekt an die Zuhörenden?

2 **a** Erklären Sie, wie Sokrates hier das Verhältnis von Wahrheit und Rhetorik versteht.

b Welches Verständnis von Sprache liegt dem Vortrag des Sokrates zu Grunde? Nehmen Sie Stellung zu seiner Wendung vom „schlichten Vortrag in ungesuchten Worten“, mit dem er die Gerechtigkeit seiner Sache darzutun verspricht (vgl. Z. 34–35).

c Untersuchen Sie, welche **rhetorischen Mittel** (► S. 144 ff., 498) Sokrates selbst verwendet.

3 Verfassen Sie für Sokrates in der Ich-Form einen Kommentar zu den drei Aphorismen auf S. 495.

4 Beurteilen Sie Sokrates' Worte aus der Perspektive Augustinus' (▸ S. 495) und Neil Postmans:

> Die Wahrheit kommt nicht ungeschminkt daher und ist niemals so dahergekommen. Sie muss in der ihr angemessenen Kleidung auftreten, sonst wird sie nicht anerkannt, mit anderen Worten: „Wahrheit" ist so etwas wie ein kulturelles Vorurteil. *Neil Postman (1983)*

5 **a** Erläutern Sie Postmans These, Wahrheit sei „so etwas wie ein kulturelles Vorurteil", indem Sie gegenüberstellen, was Menschen in unterschiedlichen Zeiten und in unterschiedlichen Kulturen für wahr gehalten haben bzw. halten (z. B. unterschiedliche Weltbilder im Mittelalter und in der Neuzeit).
b Suchen Sie Beispiele für sprachliche und bildliche Ausdrucksformen (Medien), die in verschiedenen Zeiten und Kulturen als Träger von Wahrheit anerkannt waren oder sind. Welche Ausdrucksformen waren zum Beispiel zur Zeit Luthers besonders glaubwürdig? Nutzen Sie dazu den folgenden Text.

Martin Luther: **Rede auf dem Reichstag zu Worms** (1521)

Papst Leo X. hatte 1520 Luthers Schriften in einer Bulle verurteilt. Unter dem Schutz Friedrichs des Weisen bekam Luther 1521 auf dem Reichstag zu Worms die Gelegenheit, seinen Standpunkt zu erläutern. Auf die ihm zu Beginn gestellte Frage, ob er weiterhin zu den unter seinen Namen veröffentlichten Schriften stehe oder nicht besser, die darin vertretenen Ansichten widerrufen wolle, erbat sich Luther einen Tag Bedenkzeit, bevor er in einer kurzen Rede antwortete.

Allerdurchlauchtigster Großmächtiger Kaiser, Durchlauchtigste Fürsten, Gnädigste und Gnädige Herren! Auf den Termin und Bedenkzeit, mir des gestrigen Abend angestellt und ernennet, erschein ich als der Gehorsame und bitt durch die Barmherzigkeit Gottes, Euer kaiserliche Majestät und Gnaden geruhen, als ich hoff, diese Sachen der Gerechtigkeit und Wahrheit gnädiglich anzuhören. Und so ich von wegen meiner Unerfahrung jemand entweder seine gebührenden Titel nit geben würd oder aber mit einigen Gebärden und Weise wider die hoflichen Sitten handeln, mir solches gnädiglich zu verzeihen als einem, der nicht an fürstlichen Höfe erzogen, sondern in Mönchswinkeln aufkommen und erwachsen, welches ich von mir nicht anders erzeigen kann, denn dass ich bisher mit solcher Einfalt des Gemüts geschrieben und gelehrt habe, dass ich auch auf Erden nichts anders denn Gottes Ehre und die unentgänzte Unterweisung der Christgläubigen gesucht hab. [...] Weil denn Eure Kaiserliche Majestät und Eure Gnade eine schlichte Antwort begehren, so will ich eine Antwort ohne Hörner und Zähne geben diesermaßen: Es sei denn, dass ich durch Zeugnisse der Schrift oder einleuchtende Gründe überwunden werde – denn ich glaube weder dem Papst noch den Konzilien allein, dieweil es am Tag ist, dass sie öfters geirrt und sich selbst widersprochen haben –, so bin ich überwunden durch die heiligen Schriften, so von mir angeführt und mein Gewissen ist gefangen in Gottes Wort. Derhalben kann und will ich nichts widerrufen, dieweil wider das Gewissen zu handeln beschwerlich, unheilsam und gefährlich ist. Ich kann nicht anders. Hier stehe ich. Gott helf mir. Amen.

---

1 **a** Wie antwortet Luther auf die ihm gestellte Frage? Mit welcher Begründung?
b Überprüfen Sie Ihr Verständnis des gesamten Textes, indem Sie ihn vor allem auf der Ebene des Satzbaus in unseren heutigen Sprachgebrauch übertragen.

2 Vergleichen Sie den Beginn von Luthers Rede mit dem von Sokrates' Apologie (▸ S. 495–496). Bedenken Sie dabei besonders die appellative Funktion dieses Redeteils.
3 Stellen Sie unter den Stichworten: Anlass, Sprecher, Adressat, Intention, rhetorische Anforderungen und Möglichkeiten Merkmale des Typus „Gerichtsrede" zusammen.

Methode **Reden analysieren – Grundlegende Aspekte**

1. **Redesituation/politisch-historischer Kontext:** Ort, Zeit, Medium, weltanschaulich-ideologischer Hintergrund
2. **Redeinhalt:** Thema, Problemstellung, Kernaussagen
3. **Redeabsicht:** Intention bei besonderer Beachtung der Appellfunktion
4. **Rhetorische Strategien:** Aufwertung, Abwertung, Beschwichtigung, Ablenkung, Dramatisierung (▸ S. 173)
5. **Struktur der Rede und sprachlich-rhetorische Mittel:** Aufbau der Argumentation, Wortfelder, Schlüsselbegriffe, politische Leitbegriffe (▸ S. 506), Schlagwörter, Leerformeln, rhetorische Figuren (▸ S. 144–146), Satzbau und Stil
6. **Vortrag der Rede/Wirkung**
7. **Beurteilung und Wertung** der Rede

Tipp: Weitere Hinweise zur Analyse von Reden finden Sie auf Seite 173.

„Glanz und Elend der Redekunst" – Reden heute

Marcel Reich-Ranicki: **Gefürchtet, verachtet, gebraucht und geliebt** (2002)

Von Mark Anton über Hitler bis zu uns: Eine Rede über Glanz und Elend der Redekunst

[...] Mit Musik hat man Gottesfurcht erzeugt, mit Musik patriotische Gefühle geweckt, mit 5 Musik die Menschen in die Schlacht und in den Tod getrieben. Lieder wurden von Sklaven gesungen und auch von ihren Aufsehern, von Revolutionären und auch von jenen, die sie niedermachten, von KZ-Häftlingen und auch von 10 KZ-Wächtern. Die Musik ist „eine Hure, die sich zu allem ausgeliehen hat, was schlecht und gut war in der Gesellschaft". Dieser harte Ausspruch stammt nicht etwa von einem amusischen Menschen, er stammt von einem großen 15 deutschen Komponisten unseres Jahrhunderts, von Hanns Eisler[1]. Ist vielleicht, erlaube ich mir zu fragen, auch die Rhetorik eine Hure? [...]
In der Tat: Die Glaubwürdigkeit des Redners hat nichts mit der Wahrhaftigkeit zu tun, son- 20 dern in erster Linie mit seiner Fähigkeit, die Zuhörer zu überzeugen. Die Synthese von Rhetorik und Moral ist eine Illusion geblieben – es ist nach wie vor ein edler Wunschtraum und nicht mehr. Und ich bin keineswegs sicher, ob die Redner in unserem Jahrhundert häufiger 25 das Wort für den Frieden als für den Krieg, häufiger für die Freiheit als für die Tyrannei geführt haben. Aber gerade weil wir in Deutschland einen beispiellosen Missbrauch der Rhetorik erlebt haben, sollte ihre Rolle hier und heute 30 wichtiger denn je sein: Niemals war die Verantwortung der Redner größer, niemals hatten sie ähnliche Möglichkeiten als in der Epoche, die wir das Medienzeitalter nennen.
Täglich werden Reden gehalten: im Bundestag 35 und auf Parteiversammlungen, in den Landtagen und in den Stadtparlamenten, auf Beerdi-

1 **Hanns Eisler** (1898–1962): Komponist und Musiktheoretiker, der u. a. eine große Anzahl von Gedichten, z. B. von Goethe, Hölderlin und Brecht, vertonte

gungen und in Gerichtsverhandlungen. Dass über diese öffentlichen Reden unentwegt ge- 40 klagt wird, versteht sich von selbst: Sie seien nicht klar und anschaulich genug, unbeholfen und langatmig und in den meisten Fällen überflüssig.

So ganz berechtigt ist das ewige Jammern nicht. 45 Der Rundfunk und, natürlich in noch viel höherem Maße, das Fernsehen üben auf die Beredsamkeit einen alles in allem segensreichen Einfluss aus, etwa auf die Reden im Bundestag.

Da den Abgeordneten daran gelegen ist, vom 50 Fernsehen zitiert zu werden, bemühen sie sich, griffig und prägnant zu sprechen. Überhaupt ist das Fernsehen eine unvergleichliche Schule der knappen Formulierung. [...] Unlängst durfte ich dem Kulturdezernenten einer unserer 55 Großstädte lauschen. Seine Laudatio war nicht schlecht, streckenweise sogar recht gut. Doch im Gespräch mit diesem Dezernenten stellte es sich rasch heraus, dass er von seinem Thema nur wenig wusste: Was er vorgetragen hatte, 60 hatte sein Referent verfasst. Wie soll man das nennen? Etwa Betrug? Nein, natürlich nicht. Aber so ganz harmlos scheint mir diese Irreführung der Öffentlichkeit nun doch nicht.

Es hat sich im Laufe der letzten Jahrzehnte, 65 wohl nach amerikanischem Vorbild, ein neuer Berufsstand gebildet: der Redenschreiber. Wer in unserem politischen Leben auf sich hält, der schreibt seine Reden längst nicht mehr, er lässt schreiben – und wenn er die Zeit dazu findet, dann redigiert[2] und ergänzt er das Manuskript. 70 Gerade die bedeutenderen Reden der vorzüglichsten Repräsentanten des Staates und der Parteien sind, wie man hört, individuelle Leistungen nicht mehr, es sind Gemeinschaftsprodukte. Von den Redenschreibern, den Souffleu- 75 ren unseres politischen Lebens, profitieren sie alle: der Bundespräsident und der Bundeskanzler, die Bundesminister und die Ministerpräsidenten der Länder und die vielen Oberbürgermeister. Alle reden sie auch und nicht selten 80 über Themen, von denen sie nichts verstehen. Muss das sein? [...]

Nichts liegt mir ferner, als die Redenschreiber abschaffen zu wollen – es würde auch nie gelingen. Mehr noch: Die Qualität vieler Reden 85 würde auf ein unvorstellbares Niveau sinken. Bessere Ghostwriter? Gewiss, doch vor allem brauchen wir bessere Redner, solche, die die Redenschreiber wenigstens zum Teil entbehrlich machen könnten. Dass es keine Demokratie oh- 90 ne Beredsamkeit gibt, ist von allen Banalitäten die banalste. Was tun? Man muss die Rhetorik zum Bestandteil von Bildung und Erziehung machen. Ist sie denn wirklich die Hure der Demokratie? Oder vielleicht gar deren Mutter? 95

2 **redigieren:** einen (eingesendeten) Text überarbeiten

1 Schreiben Sie einen **Kommentar** (▶ S. 175) für eine Zeitung, der sich mit der Kritik Reich-Ranickis an der politischen Rhetorik in der Bundesrepublik auseinandersetzt.

2 Überlegen Sie, welche **grundlegenden Aspekte einer Redeanalyse** (▶ S. 498) einem Publikum dabei helfen können, den Missbrauch der Redekunst zu erkennen.

Uwe Pörksen: **Rednerschulen als Politikwerkstatt** (2004)

Die Einübung in die „gute Rede" erscheint mir als das beste Mittel zur Wiedergewinnung politischer Findekunst, Streitkunst, Entscheidungskunst, als Weg zu einer Autonomie des Politi- 5 schen.

Ich schlage vor, eine „Akademie zur guten Rede" zu gründen. [...]

Das Ziel ist, anspruchsvolle politische Rhetorik zu entwickeln, die zu einem öffentlichen Orientierungspunkt werden kann. Die Lust am Dis- 10 putieren, am Streitgespräch, wäre vermutlich der wirksamste, nützlichste Impuls in einer solchen Akademie. Er ist die Folge, wenn Leute etwas wollen. Wir brauchen Orte, wo politische

15 Fragen nicht nur als Frage des Machterhalts, sondern von der Sache her erörtert werden. Wo Gesichtspunkte entwickelt und beachtet werden, die über den Machtproporz hinausgehen und die Debatte an die Stelle des Designs tritt. 20 Wo politische Urteilskraft eingeübt und politische Situationsbeherrschung zur zweiten Natur wird. [...] Das Haus, vom Staat oder von Sponsoren finanziert, arbeitet parteiunabhängig und ist nicht an der Tagespolitik orientiert. Sein Gegenstand ist Metapolitik, politische Orientie- 25 rung über den Tag hinaus, sein Ziel die Ausbildung anspruchsvoller politischer Redekunst und deren öffentliche Wirkung.

1 **a** Was möchte Pörksen mit seiner „Akademie zur guten Rede" erreichen?
b Entwickeln Sie die Idee weiter: Wer soll die Akademie besuchen? Wer sollte Lehrer/in, wer Schüler/in sein? Wie müsste die Akademie ausgestattet sein? Was sollte im Lehrplan stehen? Visualisieren Sie Ihre Vorstellungen auf einem Plakat.
2 Diskutieren Sie, wofür man in einem demokratischen Staat rhetorische Kenntnisse einsetzen sollte.

3.2 Thema „Berlin" – Reden in historischen Entscheidungssituationen

In der Politik waren und sind Reden einerseits ein Alltagsgeschäft, andererseits ein zentraler Faktor der Meinungsbildung, wenn nicht gar der Manipulation. In einzelnen, besonders wirkungsmächtigen Reden manifestieren sich zentrale historische Entscheidungs- oder Umbruchssituationen. In der jüngeren Geschichte Deutschlands ist die alte und neue Hauptstadt Berlin häufig Ort, nicht selten auch Gegenstand solcher Reden, in denen z.T. wie z.B. in der folgenden selbst vor der Demagogie (Volksverhetzung) nicht zurückgeschreckt wird.

Joseph Goebbels: **Sportpalastrede** (Berlin 1943)

Im Winter 1942/43 zeichneten sich die deutsche Niederlage im Zweiten Weltkrieg und der Zusammenbruch des nationalsozialistischen Regimes deutlich ab. Die Sinnlosigkeit einer Weiterführung des Krieges wurde durch die Vorgänge um Stalingrad im Januar 1943 offensichtlich. In dieser aussichtslosen Lage hielt der Reichspropagandaminister Goebbels im Berliner Sportpalast am 18. Februar 1943 vor eigens ausgewähltem Publikum eine zweieinhalbstündige Rede, von der hier Auszüge aus dem letzten Teil abgedruckt sind. Diese Rede, die zeitgleich (aber nicht live) über alle deutschen Rundfunksender ausgestrahlt wurde, sollte das Vertrauen zur nationalsozialistischen Führung wiederherstellen, obwohl sich Goebbels selbst wohl keine Illusionen mehr über den „Endsieg" machte. Der Text wurde von ihm mehrfach überarbeitet; er selbst hielt ihn für ein rhetorisches Glanzstück. In einer Tagebuchnotiz schreibt er: „Wenn ich den Leuten gesagt hätte, springt aus dem dritten Stock des Columbushauses, sie hätten es auch getan."

[...] Ihr also, meine Zuhörer, repräsentiert in diesem Augenblick die Nation. Und an euch möchte ich zehn Fragen richten, die ihr mir mit dem deutschen Volke vor der ganzen Welt, insbesondere aber vor unseren Feinden, die uns 5

auch an ihrem Rundfunk zuhören, beantworten sollt: […]

Die Engländer behaupten, das deutsche Volk habe den Glauben an den Sieg verloren. Ich frage euch: Glaubt ihr mit dem Führer und mit uns an den endgültigen Sieg des deutschen Volkes? Ich frage euch: Seid ihr entschlossen, mit dem Führer in der Erkämpfung des Sieges durch dick und dünn und unter Aufnahme auch der schwersten persönlichen Belastungen zu folgen?

Zweitens: Die Engländer behaupten, das deutsche Volk ist des Kampfes müde. Ich frage euch: Seid ihr bereit, mit dem Führer als Phalanx der Heimat hinter der kämpfenden Wehrmacht stehend, diesen Kampf mit wilder Entschlossenheit und unbeirrt durch alle Schicksalsfügungen fortzusetzen, bis der Sieg in unseren Händen ist?

Drittens: Die Engländer behaupten, das deutsche Volk hat keine Lust mehr, sich der überhandnehmenden Kriegsarbeit, die die Regierung von ihm fordert, zu unterziehen. Ich frage euch: Seid ihr und ist das deutsche Volk entschlossen, wenn der Führer es befiehlt, zehn, zwölf und wenn nötig vierzehn und sechzehn Stunden täglich zu arbeiten und das Letzte herzugeben für den Sieg?

Viertens: Die Engländer behaupten, das deutsche Volk wehrt sich gegen die totalen Kriegsmaßnahmen der Regierung. Es will nicht den totalen Krieg, sondern die Kapitulation. […] Ich frage euch: Wollt ihr den totalen Krieg? Wollt ihr ihn, wenn nötig, totaler und radikaler, als wir ihn uns heute überhaupt erst vorstellen können?

Fünftens: Die Engländer behaupten, das deutsche Volk hat sein Vertrauen zum Führer verloren. Ich frage euch: Ist euer Vertrauen zum Führer heute größer, gläubiger und unerschütterlicher denn je? Ist eure Bereitschaft, ihm auf allen seinen Wegen zu folgen und alles zu tun, was nötig ist, um den Krieg zum siegreichen Ende zu führen, eine absolute und uneingeschränkte? […]

Ich frage euch als Sechstes: Seid ihr bereit, von nun ab eure ganze Kraft einzusetzen und der Ostfront die Menschen und Waffen zur Verfügung zu stellen, die sie braucht, um dem Bolschewismus den tödlichen Schlag zu versetzen?

Ich frage euch siebentens: Gelobt ihr mit heiligem Eid der Front, dass die Heimat mit starker Moral hinter ihr steht und ihr alles geben wird, was sie nötig hat, um den Sieg zu erkämpfen?

Ich frage euch achtens: Wollt ihr, insbesondere ihr Frauen selbst, dass die Regierung dafür sorgt, dass auch die deutsche Frau ihre ganze Kraft der Kriegsführung zur Verfügung stellt und überall da, wo es nur möglich ist, einspringt, um Männer für die Front frei zu machen und damit ihren Männern an der Front zu helfen?

Ich frage euch neuntens: Billigt ihr, wenn nötig, die radikalsten Maßnahmen gegen einen kleinen Kreis von Drückebergern und Schiebern, die mitten im Kriege Frieden spielen und die Not des Volkes zu eigensüchtigen Zwecken ausnutzen wollen? Seid ihr damit einverstanden, dass, wer sich am Krieg vergeht, den Kopf verliert?

Ich frage euch zehntens und zuletzt: Wollt ihr, dass, wie das nationalsozialistische Programm es gebietet, gerade im Kriege gleiche Rechte und gleiche Pflichten vorherrschen, dass die Heimat die schweren Belastungen des Krieges solidarisch auf ihre Schultern nimmt und dass sie für Hoch und Niedrig und Arm und Reich in gleicher Weise verteilt werden?

Ich habe euch gefragt: ihr habt mir eure Antwort gegeben. Ihr seid ein Stück Volk, durch euren Mund hat sich damit die Stellungnahme des deutschen Volkes manifestiert. Ihr habt unseren Feinden das zugerufen, was sie wissen müssen, damit sie sich keinen Illusionen und falschen Vorstellungen hingeben. […]

Der Führer erwartet von uns eine Leistung, die alles bisher Dagewesene in den Schatten stellt. Wir wollen uns seiner Forderung nicht versagen. Wie wir stolz auf ihn sind, so soll er stolz auf uns sein können. […]

Der Führer hat befohlen, wir werden ihm folgen. Wenn wir je treu und unverbrüchlich an den Sieg geglaubt haben, dann in dieser Stunde

100 der nationalen Besinnung und der inneren Aufrichtung. Wir sehen ihn greifbar nahe vor uns liegen; wir müssen nur zufassen. Wir müssen nur die Entschlusskraft aufbringen, alles andere seinem Dienst unterzuordnen. Das ist das Gebot der Stunde. Und darum lautet die Parole: 105 Nun, Volk, steh auf, und Sturm, brich los!

---

1 Formulieren Sie Ihren Leseeindruck. Wie wirkt der Redeauszug auf Sie?

2 **a** Stellen Sie den Aufbau des Redeauszugs übersichtlich in einem Schaubild dar.
b Was verlangt Goebbels von den Deutschen? Klären Sie die Bedeutung jeder einzelnen Frage und deren Appellfunktion. Greifen Sie ggf. auch auf den hier nicht abgedruckten Hauptteil der Rede zurück.
c Informieren Sie sich über die Maßnahmen, die nach dieser Rede innenpolitisch durchgeführt wurden.

3 Ist Goebbels' Selbsteinschätzung seiner Rede als „rhetorisches Glanzstück" berechtigt? Wie funktioniert seine Demagogie? Begründen Sie Ihre Meinung auf der Grundlage einer Untersuchung der verwendeten **rhetorischen Mittel** (▸ S. 144–146, 498). Beachten Sie auch die Funktion und Ausgestaltung der Frageform im letzten Teil der Rede.

4 In der Einführung zu dieser Rede (▸ S. 500) wird die Situation, in der Goebbels seine Rede hält, nur skizziert. Recherchieren Sie weitere Informationen (auch Ton- und Bilddokumente), um die **Redesituation** (▸ S. 498) genauer analysieren zu können. Gehen Sie dabei auf folgende Aspekte ein: a Anlass, b Ort/Raumsituation, c gesellschaftliches Umfeld/Publikum, d Übertragungsmedien.

5 **a** Prüfen Sie anhand der Originalaufnahmen die Wirkung der Rede auf das Publikum.
b Wie mag die Rede im Ausland gewirkt haben? Versetzen Sie sich in die Rolle eines britischen Journalisten und schreiben Sie einen Kommentar zu Goebbels' Rede aus dieser Perspektive.

Ernst Reuter: **Schaut auf diese Stadt!** (1948)

Nachdem 1948 alle Zufahrtsmöglichkeiten nach Berlin durch die Sowjets abgeriegelt worden waren, konnten allein drei Luftkorridore von den westlichen Alliierten weiterhin genutzt werden. Über diese Luftwege wurde eine Versorgungsbrücke eingerichtet, die die Stadt mit dem Lebensnotwendigsten versorgte. Auf dem Höhepunkt der Berlinblockade landeten die „Rosinenbomber", die Versorgungsflugzeuge, jede Minute in Berlin. Um die Blockade durchzuhalten, mussten sowohl die Berliner als auch die Alliierten fest an den Erfolg der Luftbrücke glauben. Am 9. September 1948 demonstrierten in Berlin ca. 300 000 Menschen gegen die Blockade und die politische Unterdrückung im sowjetischen Sektor. Vor dem Reichstag hielt Ernst Reuter die folgende Rede. Reuter war 1946 aus dem Exil zurückgekehrt und 1947 zum Berliner Oberbürgermeister gewählt worden, konnte aber sein Amt wegen eines sowjetischen Vetos zunächst nicht antreten.

[...] Heute ist der Tag, wo das Volk von Berlin seine Stimme erhebt. Dieses Volk von Berlin ruft heute die 5 ganze Welt. Denn wir wissen, worum es heute geht bei den Verhandlungen im Kontrollratsgebäude in der Potsdamer Straße, die jetzt zum Stillstand gekommen sind, bei den Verhandlungen später in Moskau in den steinernen Palästen des Kreml. Bei all diesen Verhandlungen 10 wird über unser Schicksal hier gewürfelt. [...] Wenn heute dieses Volk von Berlin zu Hunderttausenden hier aufsteht, dann wissen wir, die ganze Welt sieht dieses Berlin. Denn verhandeln können hier schon nicht mehr die Genera- 15 le, verhandeln können schon nicht mehr die

Kabinette. Hinter diesen politischen Taten steht der Wille freier Völker, die erkannt haben, dass hier in dieser Stadt ein Bollwerk, ein Vorposten der Freiheit aufgerichtet ist, den niemand ungestraft preisgeben kann.

Wer diese Stadt, wer dieses Volk von Berlin preisgeben würde, der würde eine Welt preisgeben, noch mehr, er würde sich selber preisgeben, und er würde nicht nur dieses Volk von Berlin preisgegeben in den Westsektoren und im Ostsektor Berlins. Nein, wir wissen auch, wenn sie nur könnten, heute stünde das Volk von Leipzig, von Halle, von Chemnitz, von Dresden, von all den Städten der Ostzone, so wie wir auf ihren Plätzen und würde unserer Stimme lauschen.

[...] Wenn wir darum heute in dieser Stunde die Welt rufen, so tun wir es, weil wir wissen, dass die Kraft unseres Volkes der Boden ist, auf dem wir groß geworden sind und größer und stärker werden, bis die Macht der Finsternis zerbrochen und zerschlagen sein wird. Und diesen Tag werden wir an dieser Stelle, vor unserem alten Reichstag mit seiner stolzen Inschrift „Dem deutschen Volke", erleben und werden ihn feiern mit dem stolzen Bewusstsein, dass wir ihn in Kümmernissen und Nöten, in Mühsal und Elend, aber mit standhafter Ausdauer herbeigeführt haben. Wenn dieser Tag zu uns kommen wird, der Tag des Sieges, der Tag der Freiheit, an dem die Welt erkennen wird, dass dieses deutsche Volk neu geworden, neu gewandelt und neu gewachsen, ein freies, mündiges, stolzes, seines Wertes und seiner Kraft bewusstes Volk geworden ist, das im Bunde gleicher und freier Völker das Recht hat, sein Wort mitzusprechen, dann werden unsere Züge wieder fahren nicht nur nach Helmstedt[1], sie werden fahren nach München, nach Frankfurt, Dresden, Leipzig, sie werden fahren nach Breslau und nach Stettin.

Und sie werden auf unseren kümmerlichen, elenden, zertrümmerten, alten, ruinierten Bahnhöfen wieder die zweiten Gleise aufmontieren, die das Symbol unserer wiedergewonnenen Freiheit sein werden, die wir uns, Berlinerinnen und Berliner, in den Kämpfen, die hinter uns liegen, und in den Nöten, die vor uns liegen, erkämpfen müssen und erkämpfen werden.

Ihr Völker der Welt, ihr Völker in Amerika, in England, in Frankreich, in Italien! Schaut auf diese Stadt und erkennt, dass ihr diese Stadt und dieses Volk nicht preisgeben dürft und nicht preisgeben könnt! Es gibt nur eine Möglichkeit für uns alle: gemeinsam so lange zusammenzustehen, bis dieser Kampf gewonnen, bis dieser Kampf endlich durch den Sieg über die Feinde, durch den Sieg über die Macht der Finsternis besiegelt ist. Das Volk von Berlin hat gesprochen. Wir haben unsere Pflicht getan, und wir werden unsere Pflicht weiter tun. Völker der Welt! Tut auch ihr eure Pflicht und helft uns in der Zeit, die vor uns steht, nicht nur mit dem Dröhnen eurer Flugzeuge, nicht nur mit den Transportmöglichkeiten, die ihr hierherschafft, sondern mit dem standhaften und unzerstörbaren Einstehen für die gemeinsamen Ideale, die allein unsere Zukunft und die auch allein eure Zukunft sichern können. Völker der Welt, schaut auf Berlin! Und Volk von Berlin, sei dessen gewiss, diesen Kampf, den wollen, diesen Kampf, den werden wir gewinnen.

1 **Helmstedt:** Während der deutschen Teilung befand sich hier an der Bundesautobahn 2 der wichtigste Grenzübergang zwischen der Bundesrepublik Deutschland und der Deutschen Demokratischen Republik sowie der westliche Endpunkt einer der Transitstrecken nach Westberlin.

1 Untersuchen Sie die **Redeabsicht** (▶ S. 498) Reuters auf verschiedenen Ebenen: vor Ort in Berlin, auf nationaler und auf internationaler Ebene.

2 Analysieren Sie, wie Vergangenes, Gegenwärtiges und Zukünftiges argumentativ in die Rede eingeflochten werden. Welche Intention ist Ihres Erachtens damit verbunden?

3 Benennen Sie die **rhetorischen Mittel** (▶ S. 144–146, 498), die in den markierten Textstellen verwendet werden, und erläutern Sie deren Funktion und Wirkung.

Walter Ulbricht: **An die Bevölkerung der DDR zum Bau der Berliner Mauer** (1961)

Seit 1949 hatten auf Grund der politischen und wirtschaftlichen Verhältnisse jährlich Hunderttausende die DDR verlassen. Als 1952 die Grenze zur Bundesrepublik geschlossen wurde, bot Berlin nahezu die einzige Fluchtmöglichkeit. Der Viermächtestatus garantierte Freizügigkeit innerhalb der Stadtgrenzen. Die Führung der Sowjetunion sah in West-Berlin einen Störfaktor bei der Konsolidierung ihres Machtbereichs. Die von Walter Ulbricht, dem Staatsratsvorsitzenden der DDR, angestrebte gewaltsame Lösung der Berlin-Frage wurde vom sowjetischen Ministerpräsidenten Chruschtschow abgelehnt. Stattdessen gab er Anfang August 1961 das Einverständnis zum Bau der Mauer. Am 13. August 1961 begannen bewaffnete Kräfte der DDR, die Grenze zwischen Ost- und Westberlin mit Stacheldraht und Barrikaden abzuriegeln. Am 18. August hielt Ulbricht im DDR-Fernsehfunk eine längere Rede, in der er die Vorgänge in Berlin aus seiner Sicht darstellt.

Meine lieben Bürger der Deutschen Demokratischen Republik und liebe Freunde in Westdeutschland und Westberlin!
Ereignisreiche Tage liegen hinter uns. Hier und
5 da gingen die Wogen etwas hoch. Sie glätten sich allmählich. Die von Schöneberg[1] und Bonn künstlich geschürte Aufregung ist abgeebbt. Natürlich müssen wir weiterhin wachsam sein. Aber das Leben geht seinen ruhigen Gang. Sie
10 erwarten mit Recht, dass ich als Vorsitzender des Staatsrates der Deutschen Demokratischen Republik einiges zu den Geschehnissen und zu der neuen Situation sage.
Doch zuvor drängt es mich, den prächtigen
15 Söhnen und Töchtern unserer Werktätigen, die gegenwärtig Uniform tragen, den prächtigen Jungen in der Nationalen Volksarmee und in der Volkspolizei, den Unteroffizieren, Offizieren und Generalen unserer bewaffneten Kräfte
20 im Namen des Staatsrates, im Namen der Regierung der Deutschen Demokratischen Republik und im Namen der Partei der Arbeiterklasse herzlichen Dank zu sagen. Sie haben die erfolgreiche Aktion vom 13. August hervorragend und diszipliniert, mit großartigem Kampf- 25
geist und großartiger Moral durchgeführt. [...]
Für jeden, der Augen hat zu sehen und Ohren zu hören, wurde es offenkundig, dass Westberlin in der Tat ein äußerst gefährlicher Kriegsbrandherd ist, der zu einem zweiten Sarajevo 30
werden kann. Immer mehr Menschen in Deutschland wie auch in anderen Ländern kamen zu der Einsicht, dass es nicht mehr genügt, allgemein über den Frieden zu reden. Es musste vielmehr dafür gesorgt werden, dass der 35
Brand, der in Westberlin angeblasen worden war und der auf die Häuser der Nachbarn überspringen sollte, rechtzeitig unter Kontrolle kam.
Es war unsere Aufgabe, das zu tun. Denn 40
schließlich befindet sich dieses Westberlin inmitten unseres Territoriums und innerhalb der Grenzen unseres Staates. Unser Haus sollte zuerst angezündet werden. Wir hatten also auch die Verantwortung dafür, dass dieser Brandherd 45
unter Kontrolle kam. [...]
Manche Bürger haben gefragt, ob es denn unbedingt notwendig gewesen sei, bei unseren Maßnahmen, die ja schließlich auch eine pädagogische Lektion waren, mit Panzern und Ge- 50
schützen aufzufahren.
Ich möchte es ganz unmissverständlich sagen: Jawohl, das war notwendig! Das hat nämlich dazu beigetragen, die zur Sicherung des Friedens und der Grenzen der Deutschen Demokrati- 55
schen Republik notwendigen Maßnahmen präzise, schnell und reibungslos durchzuführen. Den Provokateuren ist von vornherein die Lust genommen worden, gefährliche Zwischenfälle heraufzubeschwören. Es ist bei der Durchfüh- 60
rung all unserer Maßnahmen weit, weit weniger passiert als bei einer durchschnittlichen Rock-and-Roll-Veranstaltung im Westberliner Sportpalast. [...]
In Westdeutschland und in Westberlin strapa- 65
zieren manche Politiker jetzt den Begriff der

1 **Schöneberg:** Stadtteil von Westberlin; das dortige Rathaus war bis 1990 Sitz des Abgeordnetenhauses und des Regierenden Bürgermeisters von Westberlin.

Menschlichkeit. Die Menschenhändler, die unmenschlichen Organisatoren des Menschenhandels und des Kindesraubs, die Erpresser, die Lügner und die Verleumder, denen das Handwerk gelegt wird, werfen der Deutschen Demokratischen Republik Unmenschlichkeit vor. Ausgerechnet die! Diese Heuchler trauern ja nur darüber, dass sie ihre Verbrechen nicht fortsetzen können. Ich möchte meinen: Erstes Gebot der Menschlichkeit ist es doch, den Frieden zu sichern, einen Krieg zu verhindern und alle Maßnahmen durchzuführen, die diesem Ziel dienen.

Auch die Hitler und Goebbels missbrauchten den Begriff der Menschlichkeit ohne jeden Skrupel, um unter seinem Deckmantel ihre Aggressionen vorzubereiten. Die Vergewaltigung der Tschechoslowakei, der Einmarsch in Österreich und der Einmarsch in Polen – alles war lautere Menschlichkeit. Aus lauter Liebe zu den Menschen wurden Millionen Menschen zu „Untermenschen“ erklärt und in den Gaskammern umgebracht. Aus lauter Menschlichkeit wollten die deutschen Militaristen ein Land nach dem anderen verschlingen. Und auch jetzt sagen diese Menschenfreunde: Wir wollen die Deutsche Demokratische Republik nur deshalb schlucken, damit sie nicht etwa von innen heraus explodiert. Also auch wieder: Aggression, aber nur aus Menschlichkeit.

Die westdeutschen Konzernherren, Bankiers und Militaristen haben sich da einen netten Propagandaschwindel zusammengebastelt. Sie sagen: Da in der Deutschen Demokratischen Republik die Menschen vor Hunger verkommen, verzehren sich die Arbeiter und Bauern der Deutschen Demokratischen Republik in Sehnsucht danach, sich von den lieben, goldigen Monopolherren und Großgrundbesitzerchen ausbeuten und von Hitlergeneralen auf Kasernenhöfen schikanieren und schließlich in den dritten Weltkrieg jagen zu lassen. [...] Ich möchte diesen Herrschaften sagen: Machen Sie sich keine Sorgen um uns. Die Arbeiter und Bauern in der Deutschen Demokratischen Republik wissen schon ganz genau, was sie wollen. [...]

Niemand kann uns nachsagen, dass wir etwa Stacheldraht besonders gern hätten. Aber Stacheldraht ist zweifellos gut und nötig als Schutz gegen diejenigen, die die Deutsche Demokratische Republik überfallen wollen. [...]

Die von den deutschen Militaristen und den imperialistischen Westmächten vollzogene Spaltung Deutschlands hat auch manche Familien getrennt. Wir bedauern es, dass durch die aggressive Politik der westdeutschen Militaristen die Spaltung für diese Familien fühlbarer geworden ist. Offen gesagt, gibt es aber auf absehbare Zeit, bis in Westdeutschland friedliche Verhältnisse erreicht sind, nur einen Ausweg, dass nämlich Bürger der Deutschen Demokratischen Republik, die die Absicht haben, mit ihren in Westdeutschland wohnenden Angehörigen zusammenzuleben, diese einladen, in die Deutsche Demokratische Republik umzusiedeln. Die Regierung der DDR wird dabei großzügig helfen. [...]

Manches wird jetzt in Berlin leichter sein. Manches wird jetzt schneller gehen, nachdem der Einfluss des Westberliner Frontstadtsumpfes radikal eingeschränkt wurde. Wir können uns unseren eigentlichen Aufgaben, deren Erfüllung der ganzen Bevölkerung der Deutschen Demokratischen Republik zugutekommt, ungestört widmen. Und viele von uns werden auch ein ihrer Arbeit sehr förderliches neues Kraftbewusstsein erhalten haben.

So gehen wir, liebe Bürger der Deutschen Demokratischen Republik, nach diesen ereignisreichen Tagen mit Zuversicht an unsere Arbeit, die dem Frieden und dem Wohle unseres Volkes dient, die auch jeden Einzelnen von uns vorwärtsbringt. Dazu wünsche ich Ihnen allen und Ihren Angehörigen Gesundheit, Glück und Erfolg!

---

1 Für ein genaueres Verständnis der Rede Ulbrichts sind Kurzreferate zu folgenden Begriffen und Themen hilfreich: „Mauerbau“, „Kalter Krieg“, „Viermächtestatus“, „Die deutsche Teilung 1948–1961“.

2 Welches Licht werfen das folgende Bild und die Informationen dazu auf Ulbrichts Ausführungen?

Am 15. August 1961, zwei Tage nach dem Beginn des Mauerbaus, springt Conrad Schumann, ein Soldat der Nationalen Volksarmee, über den Stacheldraht der Sektorengrenze in den Westteil Berlins. Das Foto der Flucht ging um die Welt. 30 Jahre später erklärt er in einem Interview mit der Süddeutschen Zeitung seine Entscheidung wie folgt: „Als Grenzpolizist konnte ich beobachten, wie ein kleines Mädchen, das seine Großmutter im Ostteil Berlins besuchte, von den Grenzsoldaten festgehalten wurde und nicht mehr nach Westberlin rüberdurfte. Obwohl die Eltern nur ein paar Meter von den aufgerollten Stacheldrahtsperren entfernt warteten, wurde das Mädchen einfach wieder nach Ostberlin zurückgeschickt."

3 Untersuchen Sie Anfang und Ende von Ulbrichts Rede in ihrem Verhältnis zum mittleren Teil.

4 **a** Legen Sie eine Liste der in dieser Rede verwendeten **Leitbegriffe** der politischen Auseinandersetzung an (Information „Politische Lexik"). Erläutern Sie insbesondere den Gebrauch der Begriffe „Frieden" und „Militaristen" sowie den anderer **Fahnen- und Stigmawörter** (Information), die Sie im Text entdecken können.

b Untersuchen Sie, welche weiteren rhetorischen **Strategien der Beeinflussung** (wie Aufwertung, Abwertung, Dramatisierung, Beschwichtigung, ► S. 173) eingesetzt werden.

5 **a** Vergleiche mit dem Nationalsozialismus (► S. 505, Z. 80–96) gelten heute in der öffentlichen Rede als äußerst problematische und weitgehend tabuisierte Redestrategie. Erläutern Sie, warum.

b Recherchieren Sie aktuelle Beispiele, wo dieses Tabu gebrochen wurde. Kommentieren Sie diese.

6 Analysieren Sie die Rede von Christa Wolf vom 04.11.1989 zu Mauerfall und „Wende" (► S. 438). Berücksichtigen Sie die grundlegenden **Aspekte zur Redeanalyse** (► S. 173 und S. 498).

Information **Politische Lexik**

Politische Reden enthalten meist bestimmte **persuasive,** d. h. auf Überzeugung bzw. Überredung (► S. 59) zielende **Leitbegriffe,** die in den gesellschaftlichen Auseinandersetzungen der Zeit, in welcher die Reden gehalten werden, eine besondere Rolle spielen. Man unterscheidet:

- **Fahnenwörter:** Diese werden für die eigene weltanschauliche Gruppe, die Ingroup, verwendet. Es handelt sich um Begriffe, mit denen gesellschaftliche Gruppen und politische Parteien „Flagge zeigen", um ihre wesentlichen Standpunkte zu benennen und ihre Anhängerschaft zu mobilisieren.
- **Stigmawörter:** Sie werden für die gegnerische Gruppe, die Outgroup, verwendet. Zweck der Verwendung von Stigmawörtern oder „Unwertwörtern" ist, die weltanschaulichen Positionen der gegnerischen Gruppe in ein schlechtes Licht zu rücken.

Politische Auseinandersetzungen in der Öffentlichkeit können als ein Wechselspiel von Fahnen- und Stigmawörtern, als ein Kampf um Begriffe verstanden werden, z. B.: „Solidarität statt Ellenbogen", „Freiheit statt Sozialismus". Diese zur Bipolarität neigende Wortschatzstruktur der politischen Sprache führt immer wieder zu einer **Emotionalisierung der öffentlichen Meinung.** Die Schlagwörter dienen dazu, die Akzeptanz bestimmter politischer Ansichten zu fördern und andere Ansichten zu diskreditieren.

3.3 Leitbilder für die Zukunft – Reden der Gegenwart

Johannes Rau[1]: Vertrauen in Deutschland – eine Ermutigung (2004)

I. […] Ich will heute über das Thema sprechen, das ich in der politischen Debatte derzeit für das wichtigste halte. […] Ich will über das sprechen, was nach meiner Erfahrung die notwendigen Veränderungen in unserem Land überhaupt erst möglich macht: Ich rede von Vertrauen und Verantwortung. […]

VIII. Es ist höchste Zeit, alles dafür zu tun, dass wir die Vertrauenskrise überwinden, in die unsere Gesellschaft geraten ist. Wir müssen die Grundlagen des Vertrauens wiedergewinnen. Schönreden hilft da nicht. Wir werden uns anstrengen müssen. Die Politik muss die Initiative wiedergewinnen gegenüber wirtschaftlichen und anderen Einzelinteressen. Die politische Gestaltung muss zurück in die Parlamente. Die Abgeordneten müssen mit ihrer Stimme die Richtung bestimmen und nicht bloß Beschlüsse von Kommissionen und Konsensrunden verabschieden. Dazu brauchen wir zunächst einmal eine verständliche politische Sprache. Oft hören wir ja ein seltsames Gemisch aus Abkürzungen und Neubildungen, aus halb verdeutschtem Englisch oder aus absichtlicher Schwammigkeit, aus Verharmlosung und Fachchinesisch.

Was man nicht verstehen kann – und vielleicht auch nicht verstehen soll –, das schafft kein Vertrauen. Manchmal glauben die Menschen auch, die Redner wüssten selber nicht so genau, worüber sie sprechen, so abstrakt und lebensfern hört sich vieles an. Eine verständliche und klare Sprache ist notwendig, auch im öffentlichen Streit mit Wort und Widerwort.

Und nichts stärkt das Vertrauen der Menschen mehr als die Übereinstimmung von Wort und Tat. Das ist der einfachste Weg, um Glaubwürdigkeit zu gewinnen – und der ist schwer genug: Sagen, was man tut, und tun, was man sagt. Wahrhaftigkeit, Glaubwürdigkeit, aber auch Pflichtbewusstsein und Anstand sind Tugenden, auf die wir nicht verzichten können. Wir müssen darauf vertrauen können, dass jede und jeder, da, wo sie Verantwortung tragen, ihre Pflicht tun, dass sie wahrhaftig sind und sich anständig verhalten.

Wir müssen darauf vertrauen können, dass Handwerker ordentlich arbeiten und korrekt abrechnen. Und die müssen darauf vertrauen können, dass ihre Rechnungen pünktlich bezahlt werden. Wir müssen uns darauf verlassen können, dass Manager in erster Linie an das Unternehmen, seine Anteilseigner und Beschäftigten, denken und nicht an ihre eigenen Abfindungen oder Aktienoptionen. Wir müssen uns darauf verlassen können, dass wir richtig beraten werden, bei der Bank, beim Einkaufen, beim Abschluss von Verträgen. Wir müssen uns darauf verlassen können, dass nicht nur bei Lebensmitteln der Grundsatz gilt: „Es ist drin, was draufsteht." Wir müssen uns darauf verlassen können, dass die öffentliche Verwaltung frei von Durchstechereien und unbestechlich arbeitet, wie das dem stolzen Ideal des deutschen Beamtentums entspricht. Wir müssen uns darauf verlassen können, dass Ärzte uns richtig behandeln – und dass sie korrekt abrechnen.

Das sind Forderungen an jeden Einzelnen von uns, da, wo er Verantwortung trägt. Wie aber kann der Einzelne motiviert werden, selber anständig zu handeln und vertrauenswürdig zu sein, wenn er den Eindruck hat, das große Ganze stimme nicht und der Ehrliche sei oft genug wirklich der Dumme? Das kann nur gelingen, wenn in der Politik deutlich wird, dass es noch Zukunftsentwürfe gibt, Ziele – und den nötigen Gestaltungswillen. Politik muss mehr sein als ein Reparaturbetrieb gesellschaftlicher Verwerfungen. Politik muss gestalten und darf nicht der Wirklichkeit hinterherhinken. Politik muss mehr sein als die möglichst geschickte Form, das zu kommentieren, was ohnehin geschieht.

1 **Johannes Rau** (1931–2006): von 1999 bis 2004 der achte Bundespräsident der Bundesrepublik Deutschland; zuvor Kommunal-, Landes- und Bundespolitiker der SPD sowie von 1978 bis 1998 Ministerpräsident des Landes Nordrhein-Westfalen

Wir müssen den Primat der Politik wiedergewinnen – einer Politik, die sich an Werten orientiert und die sich nicht darauf beschränkt, tatsächliche oder vermeintliche Sachzwänge zu exekutieren. Politik muss wieder zeigen, dass es sie gibt und dass sie etwas für die Menschen bewirken kann. [...] Politik muss Probleme lösen. [...] Ich sage das ausdrücklich an die Adresse aller politisch Handelnden in Regierung und Opposition. Es ist ein Ausdruck von Verantwortungslosigkeit, wenn eine Regierung Vorschläge nur deswegen ablehnt, weil sie von der Opposition kommen, obwohl sie sie insgeheim für vernünftig hält. Und es ist genauso Ausdruck von Verantwortungslosigkeit, wenn eine Opposition vernünftige Vorhaben nur deshalb scheitern lässt, weil sie von der Regierung kommen, obwohl sie sie selber genauso durchsetzen würde, wenn sie an der Macht wäre.
Wer das von fast allen als richtig Erkannte allein aus wahltaktischen Motiven blockiert, mag zwar hoffen, kurzfristig Zustimmung zu gewinnen. Langfristig wird aber unser ganzes Land verlieren. [...]

1 Beschreiben und begründen Sie, wie diese Redeauszüge auf Sie wirken.
2 Sprache – Politik – Vertrauen: Welche Beziehungen stellt Rau zwischen diesen drei Begriffen her?
3 Wählen Sie Passagen aus Raus Rede aus, die Ihnen rhetorisch besonders auffallen. Erläutern Sie die eingesetzten **rhetorischen Mittel** (▶ S. 144–146, 498) in Funktion und Wirkung.

Angela Merkel: **Zur Feier des 50. Jahrestages der Unterzeichnung der „Römischen Verträge"** (2007)

Am 25. März 2007 jährte sich zum 50. Mal die Unterzeichnung der Römischen Verträge. 1957 von Belgien, der Bundesrepublik Deutschland, Frankreich, Italien, Luxemburg und den Niederlanden in Rom unterzeichnet, wurden mit dem EWG-Vertrag die Europäische Wirtschaftsgemeinschaft (EWG) und mit dem Vertrag für Europäische Atomgemeinschaft (EURATOM) zwei wesentliche Bestandteile der späteren Europäischen Gemeinschaften begründet.

Sehr geehrte Herren Präsidenten, sehr geehrte Herren Ministerpräsidenten, Exzellenzen, meine Damen und Herren, liebe Bürgerinnen und Bürger der Europäischen Union,
heute feiern wir den 50. Geburtstag der Unterzeichnung der Römischen Verträge. Wir feiern dieses Fest an einem Ort, wie er symbolträchtiger kaum sein könnte: in Berlin – in einer Stadt, die bis vor 18 Jahren durch Mauer, Stacheldraht und Schießbefehl geteilt war, in der Menschen die Flucht in die Freiheit mit ihrem Leben bezahlt haben.
Ich wuchs auf der östlichen Seite dieser Stadt, in der DDR, auf. Bei der Verabschiedung der Römischen Verträge war ich drei Jahre alt. Ich war sieben Jahre alt, als die Mauer gebaut wurde. Sie teilte auch meine Familie. Ich glaubte nicht, dass ich vor meinem Rentenalter frei in den Westen würde reisen können. Wenige Meter von hier endeten meine Wege. Aber dann fiel die Mauer doch. Ich habe am eigenen Leib die Erfahrung gemacht: Nichts muss so bleiben, wie es ist.
Das ist eine große Hoffnung für alle, die sich mit den Ungerechtigkeiten unserer Welt nicht abfinden wollen. Das ist im Übrigen auch eine große Hoffnung für diejenigen in Europa, die noch immer unter Unterdrückung leiden müssen, wie z. B. die Menschen in Weißrussland. Sie feiern heute ihren Unabhängigkeitstag.

Auch an sie denken wir heute und rufen ihnen zu: Die Menschrechte sind unteilbar. Europa ist auf Ihrer Seite. [...]

Es ist wahr: Die Welt heute ist nicht mehr die von vor 50 Jahren. Aus sechs Gründungsmitgliedern sind 27 Mitgliedsstaaten geworden. Aus der ursprünglichen Zollfreiheit ist eine gemeinsame Währung hervorgegangen. Aus der Welt der beiden Blöcke ist eine Welt verschiedener Kraftzentren geworden.

In einer solchen Welt geht es darum, immer wieder aufs Neue zu fragen, was Europa auch in unserem Jahrhundert zusammenhält, was seine Identität ausmacht. Für mich ist die Antwort klar: Europas Selbstverständnis beruht auf gemeinsamen, auf grundlegenden Werten – das hält Europa zusammen. [...] Ein Traum ist wahr geworden. Wahr werden konnte dieser Traum, weil wir Bürger Europas in den letzten 50 Jahren gelernt haben, aus unserer Eigenständigkeit und den vielfältigen Traditionen, aus der lebendigen Vielfalt der Sprachen, Kulturen und Regionen das Beste zu machen. Wahr werden konnte dieser Traum, weil wir uns auf die Eigenschaft besonnen haben, die für mich die Seele Europas ausmacht, in deren Geist die Römischen Verträge möglich wurden. Diese Eigenschaft ist die Toleranz. Wir haben Jahrhunderte gebraucht, um das zu lernen. Auf dem Weg zur Toleranz mussten wir Katastrophen durchleiden. Wir haben uns gegenseitig verfolgt und vernichtet. Wir haben unsere Heimat verwüstet. Wir haben gefährdet, was uns heilig war und ist. Die schlimmste Zeit von Hass und Vernichtung liegt noch kein Menschenleben hinter uns.

Heute aber, meine Damen und Herren, leben wir miteinander, wie es nie zuvor möglich war. Jedes Mitglied der Europäischen Union hat geholfen, Europa zu einigen und Demokratie und Rechtsstaatlichkeit zu stärken. Der Freiheitsliebe der Menschen in Mittel- und Osteuropa verdanken wir, dass heute Europas unnatürliche Teilung endgültig überwunden ist.

Einer der Männer, die die Römischen Verträge 1957 unterzeichnet haben, ist – ich sagte es bereits anlässlich der Eröffnung – heute unter uns: Maurice Faure. Heute, auf den Tag genau 50 Jahre danach, können wir Maurice Faure und seinen Mitstreitern von damals mit den Worten unserer „Berliner Erklärung“ zurufen: Wir Bürgerinnen und Bürger leben und wirken in der Europäischen Union auf eine einzigartige Art und Weise zusammen. Wir Bürgerinnen und Bürger der Europäischen Union sind zu unserem Glück vereint.

Wie können wir das bewahren, stärken, vertiefen – und das mindestens für die nächsten 50 Jahre? Ich meine, indem wir uns auf die stärkste Kraft des Menschen konzentrieren, auf die Kraft der Freiheit, auf die Freiheit in all ihren Ausprägungen, die Freiheit, die eigene Meinung öffentlich zu sagen, auch wenn dies andere stört, die Freiheit, zu glauben und nicht zu glauben, die Freiheit des unternehmerischen Handelns, die Freiheit des Künstlers, sein Werk nach seinen Vorstellungen zu gestalten, die Freiheit des Einzelnen in seiner Verantwortung für das Ganze.

Indem wir auf die Kraft der Freiheit setzen, setzen wir auf den Menschen. Er steht im Mittelpunkt. Seine Würde ist unantastbar. Ich darf persönlich hinzufügen: Für mich ergibt sich dieses Verständnis vom Menschen ganz wesentlich aus den jüdisch-christlichen Wurzeln Europas. [...]

Nur wenn Europa zusammensteht, werden wir den Terrorismus, organisierte Kriminalität und illegale Einwanderung erfolgreich bekämpfen können. Nur dann werden wir die Freiheit und Bürgerrechte im Kampf gegen ihre Gegner erfolgreich verteidigen können. Dann werden Rassismus, Antisemitismus und Fremdenfeindlichkeit nie wieder eine Chance haben. Dann können wir uns dafür einsetzen, dass Konflikte in der Welt friedlich gelöst und Menschen nicht Opfer von Krieg, Terrorismus und Gewalt sind, dass Armut, Hunger und Krankheiten wie Aids in der Welt zurückgedrängt werden. Wir wollen Freiheit und Entwicklung in der Welt fördern. Wir bekennen uns in unserer „Berliner Erklärung“ ausdrücklich dazu, auch weiterhin Demokratie, Stabilität und Wohlstand jenseits der Grenzen der Europäi-

125 schen Union zu fördern. Das ist ein Bekenntnis, das in seiner Bedeutung gar nicht hoch genug eingeschätzt werden kann – ein Bekenntnis, das sehr schnell konkret wird. So denken wir an einem Tag wie heute auch an die Menschen in 130 Simbabwe und Dafur[1]. Das Leiden dort ist unerträglich. Wir appellieren an dieser Stelle an den sudanesischen Präsidenten Bashir, endlich den UN-Resolutionen Folge zu leisten. Und ich sage offen: Wir müssen stärkere Sanktionen ins 135 Auge fassen. Damit, wie etwa auch mit der gestern verabschiedeten neuen UN-Resolution zum Iran, bekennen wir uns dazu, gemeinsam mit unseren Verbündeten und Partnern globale Verantwortung zu übernehmen.

140 Aber, meine Damen und Herren, auch an einem Festtag wie heute sollten wir uns nichts vormachen. Das europäische Lebensmodell stärken, globale Verantwortung wahrnehmen – das verlangt Handlungsfähigkeit, und zwar 145 mehr, als Europa sie heute hat. [...]

Deshalb ist es wichtig und deshalb ist es notwendig, dass wir heute hier in Berlin – 50 Jahre nach der Unterzeichung der Römischen Verträge – in dem Ziel geeint sind, die Europäische 150 Union bis zu den Wahlen zum Europäischen Parlament 2009 auf eine erneuerte gemeinsame Grundlage zu stellen. Ich setze mich dafür ein, dass am Ende der deutschen Ratspräsidentschaft ein Fahrplan verabschiedet werden kann. 155 Und ich setze dabei auf Ihre Unterstützung. Ich bin davon überzeugt: Es ist nicht nur im Interesse Europas, sondern auch der einzelnen Mitgliedsstaaten und in unserem Interesse als Bürger Europas, dass dies gelingt. Ein Scheitern 160 wäre ein historisches Versäumnis. Was wir entscheiden, wird lange nachwirken – im Guten wie im Schlechten. Aber, meine Damen und Herren, eigentlich brauchen wir gar nicht vom Scheitern zu reden. Europa hat schon so oft gro- 165 ße Hürden genommen. Die Verhandlungen der Verträge, deren 50. Geburtstag wir heute feiern, waren ein Paradebeispiel dafür. Ich habe gelesen, dass ein Mitglied einer Verhandlungsdelegation – ich glaube, es war ein britisches – damals gesagt haben soll – ich zitiere: „Der Ver- 170 trag hat keine Chance, unterzeichnet zu werden. Wird er unterzeichnet, scheitert er an der Ratifizierung. Wird er dennoch ratifiziert, dann wird er nie umgesetzt." Ich weiß nicht, meine Damen und Herren, was dieser Verhandler 175 zum heutigen Tag gesagt hätte.

Aber er stand mit seiner Zurückhaltung nicht allein. Ein nicht ganz unbekannter französischer Politiker soll seinerzeit gesagt haben – ich zitiere: „Verträge sind wie Mädchen und Rosen. 180 Sie halten nur eine gewisse Zeit." Ja, meine Damen und Herren, der Rosenstock ist seit 1957 deutlich gewachsen. Und heute kann sogar ein zugegebenermaßen schon etwas älteres Mädchen die „Berliner Erklärung" mit unterzeich- 185 nen. [...]

Wir Bürger Europas – wir sind zu unserem Glück vereint. Europa ist unsere gemeinsame Zukunft. Das war ein Traum von Generationen. Unsere Geschichte mahnt uns, dieses Glück für 190 künftige Generationen zu schützen. Und so wünsche ich mir, dass die Bürgerinnen und Bürger Europas in 50 Jahren sagen werden: Damals, in Berlin, da hat das vereinte Europa die Weichen richtig gestellt. Damals, in Berlin, da 195 hat die Europäische Union den richtigen Weg in eine gute Zukunft eingeschlagen. Sie hat anschließend ihre Grundlagen erneuert, um nach innen, auf diesem alten Kontinent, wie nach außen, in dieser einen großen-kleinen Welt, einen 200 Beitrag zu leisten zum Guten, für die Menschen. Das ist unser Auftrag für die Zukunft. Ich danke Ihnen.

1 **Darfur:** Region im Westen Sudans. Seit 2003 herrscht in der Region der Darfur-Konflikt, der bis zu 400 000 Menschen das Leben gekostet und 2,5 Mio. in die Flucht getrieben hat.

---

1 a Rekonstruieren Sie für Angela Merkels Rede folgendes Szenario: Einige Wochen vor dem Festakt der 50-Jahr-Feier der Römischen Verträge beraten sich die Festrednerin und ihr Redenschreiber: Was gilt es zu beachten? Welche Themen sind anzusprechen? Welche auf keinen Fall? Welcher Ton ist der Situation angemessen? Wer soll persönlich angesprochen werden? Mögliche Fettnäpfchen?

Tipp: Sie können sich bei Ihren Überlegungen an den grundlegenden Aspekten zur Analyse von Reden (▶ S. 498) orientieren.

b Untersuchen Sie auf dieser Basis den **Redeinhalt** (▶ S. 498). Beachten Sie: inhaltliche Gliederung; Hauptaussagen und ihr Zusammenhang; Weltanschauung und Abgrenzung zu anderen Positionen.

2 Sind Festreden überflüssig? Erörtern Sie die Funktionen dieser Redegattung.

Rolf Breitenstein: Patentrede (1981)

Wir wissen alle, um was es heute geht. Wir sind stärker gefordert denn je. Dies verschweigen zu wollen hieße, uns selbst Sand in die Augen zu streuen.
5 Wir müssen auf dem Boden der Tatsachen bleiben. Niemand ist eine Insel, und wir können unsere Zukunft nicht auf Eis legen oder uns mit halben Maßnahmen begnügen.
Wir fordern vielmehr – und, meine Damen und 10 Herren, wir erwarten, dass wir damit das notwendige Gehör finden –, wir fordern eine umfassende Durchführung aller Maßnahmen, die zur Realisierung unserer immer wieder vorgetragenen Zielvorstellungen in diesem unseren 15 Land endlich Platz greifen müssen.
Das möchte ich hier mit allem Nachdruck und mit großer Offenheit aussprechen.
Wer irgendeinen Zweifel haben sollte an der Berechtigung unserer Anliegen, dem rufe ich 20 zu: Dies ist nicht die Stunde der Zweifler! Dies ist die Stunde der Wahrheit, in der die Dinge auf den Tisch gehören und Ross und Reiter genannt werden müssen. Muss ich aufzählen, wie oft wir Geduld bewiesen haben? Wir wissen es. 25 Und wir sind wahrlich keine Extremisten. Aber wir lassen uns nicht länger auf die lange Bank schieben oder mit leeren Versprechungen abspeisen. Was wir wollen, wollen wir nicht für uns, nein – es ist Ausdruck jener Gerechtigkeit, 30 ohne die Menschenwürde nicht denkbar ist.
Meine Damen und Herren! Wir können stolz sein auf das, was wir geleistet haben. Jeder an seinem Platz. Jeder von uns hat nach seinen Kräften dazu beigetragen, dass wir heute da ste-35 hen, wo wir stehen. Das gab es nicht zum Nulltarif.
Aber das kann für uns nicht der Anlass sein, uns auf irgendwelchen Lorbeeren auszuruhen.
Vielmehr: Jetzt gilt es, die Kontinuität der Ent-40 wicklung zu stabilisieren.
Es gilt, diese Stabilisierung durch neue Initiativen fruchtbar zu entfalten.
Und es gilt, diese fruchtbare Kontinuität zu entwickeln. Ich weiß, darin sind wir uns einig. Das 45 erfüllt mich mit Stolz. Ich danke Ihnen, meine Damen und Herren, liebe Freunde, dass Sie mir Gelegenheit gegeben haben, mit großer Direktheit und ohne Umschweife das auszusprechen, was uns alle erfüllt und bewegt.
50 Wir wissen: Auf unserem Weg kommen wir voran in geduldiger Beharrlichkeit.
Es gibt keinen anderen Weg.
Das Ziel lohnt uns die Mühe.
Ich danke Ihnen allen herzlich für Ihre Auf-55 merksamkeit.

---

1 **a** Erläutern Sie, was Breitenstein mit dieser Rede zeigen will. Berücksichtigen Sie den Begriff „Patentrede".

b Passt die „Patentrede" auf alle drei Redegattungen: Gerichtsrede, politische Rede, Festrede? Entwerfen Sie für einzelne Gattungen weitere Mustertexte.

2 **a** Untersuchen Sie aktuelle Reden im Hinblick auf Floskeln und Allgemeinplätze.

b Experimentieren Sie mit Breitensteins Textmaterial: Welche Aussagen lassen sich relativ problemlos in Ihnen bekannte Reden einbauen?

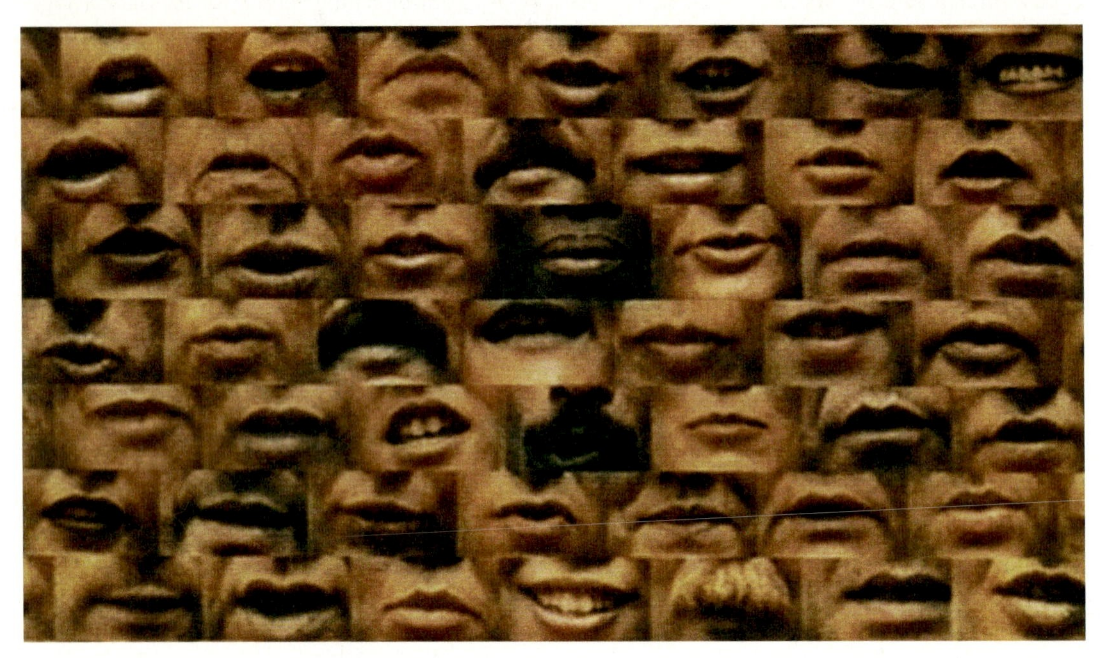

Danika Dakić: Z/D/WALL (1998), Videoinstallation

Menschengeschlechter haben sich ihre Sprache selbst gebildet.
Johann Gottfried Herder: Abhandlung über den Ursprung der Sprache, 1772

Jeder Mensch muss eigentlich seine Sprache erfinden und jeden Begriff in jedem Wort so verstehen, als wenn er ihn erfunden hätte. *Johann Gottfried Herder: Journal meiner Reise, 1769*

Durch die Mannigfaltigkeit der Sprachen wächst unmittelbar für uns der Reichtum der Welt und die Mannigfaltigkeit dessen, was wir in ihr erkennen.
Wilhelm von Humboldt: Fragmente der Monografie über die Basken, 1801/02

Wenn zwei Menschen verschiedene Sprachen sprechen, keinerlei Kenntnis von der Sprache des je anderen aufweisen und auch keine dritte Sprache für beide verfügbar ist, so sind sie mitnichten in die völlige Verständigungslosigkeit geworfen.
Gerd Kegel: Der Turm zu Babel – oder vom Ursprung der Sprache(n), 1999

1 **a** Formulieren Sie die Kernaussagen der Zitate in eigenen Worten.
b Erläutern Sie, wie hier Sprache als Medium der Kommunikation und der Erkenntnis der Welt gesehen wird.

2 **a** Wie erklären Sie sich die Tatsache, dass die Menschheit heute ca. 4000 Sprachen und viele tausend Dialekte spricht?
b Stellen Sie Vermutungen darüber an, weshalb Sprachen sich im Laufe der Zeit – auch nach der Entstehung der Schrift – ständig weiterentwickeln.

4.1 Sprachwandel

Sprachen verändern sich

Rudi Keller/Ilja Kirschbaum: **Bedeutungswandel** (2003)

Können Sie sich vorstellen, dass das Wort *fair* in hundert Jahren „minderwertig" bedeutet, sodass man beispielsweise von einem schlechten Wein sagen kann *Das ist ein ziemlich faires Gesöff*? Oder können Sie sich vorstellen, dass man in ein paar hundert Jahren das Wort *fröhlich* nicht mehr in der Öffentlichkeit verwenden kann, weil es zu einem Tabuwort mit sexueller Bedeutung geworden ist, sodass die Mutter rot wird, wenn die Tochter sagt *Mein Freund ist ein unheimlich fröhlicher Typ*? Sollten Sie diese Entwicklung für völlig ausgeschlossen halten, so bedenken Sie, dass *billig* noch zu Goethes Zeiten ausschließlich in der Bedeutung von „fair" und „angemessen" verwendet wurde; ein billiges Argument war ein angemessenes, kein schlechtes. Und bedenken Sie, dass im hohen Mittelalter, also etwa im 12. Jahrhundert, das Wort *geil* die Bedeutung „fröhlich" und „lustig" hatte und oft in der Zwillingsformel *geil unde frô* verwendet wurde; geile Recken waren nicht wild hinter Frauen her, sondern einfach gut drauf.

Die Bedeutung dieses Adjektivs hat in den letzten 800 Jahren recht turbulente Zeiten durchgemacht: Im Mittelhochdeutschen hatte es, wie bereits angedeutet, noch die unschuldige Bedeutung „fröhlich, übermütig, ausgelassen", konnte allerdings bereits damals gleichsam augenzwinkernd – in sexuellem Sinne verwendet werden. Wenn Alexander von Humboldt die Geilheit des kubanischen Urwaldes bewunderte, so bezog er sich damit auf dessen üppiges Wachstum. Eine solche botanische, gleichsam fachsprachliche Sonderbedeutung hatte dieses Wort schon immer und es hat sie auch heute noch. Mit der Zeit wurde die Bedeutung von *geil* dann offenbar eingeschränkt auf den sexuellen Bereich – ein Schicksal, das übrigens auch *Wollust* ereilte. *Wollust* bedeutete früher nichts anderes als „Vergnügen", und zwar im ganz allgemeinen Sinne. Schließlich wurde *geil* gar zum Tabuwort. Tabuwörter sind Wörter, die man zwar kennen sollte, aber nicht ohne Weiteres verwenden darf. Diese Eigenschaft war es schließlich, die das Wort *geil* sodann dazu prädestinierte, Jugendlichen als ein besonders expressiver Ausdruck der Begeisterung und Wertschätzung zu dienen. Denn besondere Expressivität lässt sich hervorragend durch Tabubruch zum Ausdruck bringen. Man erinnere sich beispielsweise daran, dass die meisten Wörter, die wir zum Fluchen verwenden, aus Bereichen stammen, die mit Tabus belegt sind oder zumindest waren: aus dem religiösen, sexuellen oder fäkalen Bereich. Wenn ein Tabuwort häufig verwendet wird, verliert es jedoch notwendigerweise seinen Tabugehalt. Es könnte so weit kommen, dass wir beim Verwenden des Wortes *geil* so wenig an seinen ehemals sexuellen Sinn denken, wie wir beispielsweise bei dem Adjektiv *toll* daran denken, dass man damit früher den Zustand der Geisteskrankheit meinte. [...] Wenn *geil* seinen Tabuwert verloren hat, so ist zu vermuten, dass früher oder später wieder ein neues Tabuwort mit der ehemaligen sexuellen Bedeutung von *geil* entstehen wird. Das Schicksal des Wortes *geil* könnte sich aber möglicherweise auch wieder wenden: Mit zunehmendem Verlust des Tabugehalts verschwindet nämlich auch die ursprüngliche Motivation, dieses Wort zum Ausdruck emphatischer Begeisterung zu verwenden. Denn der Reiz, das Wort *geil* zu verwenden, bestand ja unter anderem gerade darin, einen Tabubruch zu begehen und dadurch aufzufallen. Frequenz ist der natürliche Feind von Expressivität. Besonders ausdrucksstark ist ein Wort nur dann, wenn seine Verwendung einen gewissen Überraschungseffekt trägt. Dazu aber muss es neu sein oder selten. Es ist gerade die Attraktivität expressiver Ausdrücke, die dafür sorgt, dass sie mit der Zeit ihre Expressivität verlieren: Wer in bestimmten Gruppen besonders expressive Ausdrücke verwendet, „kommt gut an"; weil jeder gerne imponieren möchte, werden solche Ausdrücke häufig verwendet; und wenn sie häufig verwendet werden, verlieren sie ihren expressiven „Pfiff". Imponieren ist ein Spiel, in dem Ausgefallenheit Trumpf ist.

1 Legen Sie eine Tabelle an, in der Sie den Bedeutungswandel des Wortes „geil" und seine jeweilige Funktion dokumentieren.

Verwendung des Adjektivs „geil"

	im 12. Jahrhundert	*in der heutigen Standardsprache*	*in der heutigen Fachsprache (Botanik)*	*in der heutigen Jugendsprache*
Bedeutung	...	*sexuell erregt*	...	...
Funktion	...	*Tabuwort*	...	...

Sprachwandel als Bedeutungswandel (nach Keller/Kirschbaum)

Alle Sprachen unterliegen einem kontinuierlichen Wandel, der alle Aspekte einer Sprache umfasst, die nicht genetisch, sondern kulturell bedingt sind. Betroffen sind: die Lautung, die Syntax sowie Wortschatz und Bedeutung.

Unsere Beschäftigung mit dem Sprachwandel ist meist retrospektiv, die bereits eingetretenen Veränderungen unserer eigenen Sprache werden uns meist erst bei der Betrachtung alter Texte bewusst. Auch unser Neuhochdeutsch entwickelt sich – zu unseren Lebzeiten – zwangsläufig ein Stück weit hin zu einem *Spätneuhochdeutsch.*

Sprachwandel wird von den Sprechern im Allgemeinen weder beabsichtigt noch als Wandel bemerkt. Wenn sie etwas bemerken, so ist es meist nur die systematische Fehlerhaftigkeit und sie schließen daraus auf einen vermeintlich drohenden Sprachverfall.

Anders formuliert ergibt das eine weitere interessante These: Die systematisch angewandten sprachlichen Fehler von heute sind die neuen Regeln von morgen. Ein Beispiel eines solchen Wandlungsprozesses, der gegenwärtig stattfindet und auf einen systematischen Regelverstoß zurückzuführen ist, ist der syntaktische Wandel der Konjunktion „weil". Es handelt sich dabei um einen Bedeutungswandel. *Er ist schon nach Hause gegangen, „weil" ich sehe sein Auto nicht mehr im Hof* hat offenbar eine andere Bedeutung als die „richtige" Version *Er ist schon nach Hause gegangen, „weil" ich sein Auto nicht mehr im Hof sehe.* Der „korrekte" *weil-Satz* mit Verb-Endstellung gibt eine Antwort auf die Frage *Warum ist das so?*, während die neue Version mit Hauptsatz-Wortstellung die Frage beantwortet *Woher weißt du das?*.

Die Zahl der Beispiele für einen Sprachwandel, der den zeitgenössischen Sprechern zunächst als systematischer Regelverstoß oder Sprachverfall erscheint, lässt sich beliebig fortsetzen.

Was ist nun aber die treibende Kraft, die hinter diesem, meist für die Sprecher unbewussten Sprachwandel steht? Diese Kraft liegt in dem Spannungsfeld zwischen *Sinn* und *Bedeutung* begründet. Man muss dabei zwischen dem unterscheiden, was ein Wort in einer Sprache bedeutet, und dem, was ein Sprecher in einer bestimmten Situation mit einem Wort meint. Die Bedeutung eines Ausdrucks kennt man im Allgemeinen, wenn man die betreffende Sprache beherrscht. Um hingegen zu verstehen, was jemand mit einem Ausdruck meint, muss man erstens die Bedeutung dieses Ausdrucks kennen und zweitens die Situation und den Kontext angemessen einschätzen können. So kann man sagen *Es zieht* und damit meinen *Mach das Fenster zu,* oder man kann *Maschine* sagen und damit in einer bestimmten Situation ein Motorrad meinen. Zusammengefasst:

Die Bedeutung eines Wortes ist die Regel (die Konvention) seines Gebrauchs in der Sprache; diese lernt man, wenn man die Sprache lernt. Was ein Sprecher in einer bestimmten Situation mit einer bestimmten Verwendung eines Wortes meint, wollen wir den Sinn dieser Verwendung nennen.

Betrachtet man nun abschließend die beiden angeführten Regeln im Zusammenhang, so stellt sich die Frage, weshalb Sprecher überhaupt in systematischer Weise vom bisher üblichen Sprachgebrauch abweichen? Die Sprachforschung kennt dafür mehrere Gründe, u. a.:

– **Energieersparnis (Sprachökonomie):** Die meisten von uns artikulieren zum Beispiel *haben* als „ham"; in ein paar hundert Jahren wird man möglicherweise auch *ham* schreiben.

– **Streben nach Höflichkeit:** Im Mittelalter wurden nur adlige Damen mit dem heute üblichen Ausdruck *Frau* (mhd. *frowe*) bezeichnet; nichtadligen galt der Ausdruck *Weib* (mhd. *wîp*).

– **Imponieren/Auffallen:** Durch die Verwendung von Tabuwörtern oder besonders farbigen, expressiven Ausdrücken, durch die Verwendung ungewohnter, neuer Metaphern machen Sprecher auf sich aufmerksam. Ihr Sprachgebrauch hebt sie dann aus der Masse heraus.

Die einzelnen Sprecher wollen also beim Kommunizieren fast nie die Sprache als solche verändern, sie gehen lediglich von ihrer eigenen Kommunikationssituation aus. Setzt sich der abweichende Sprachgebrauch durch, sei es, weil andere Sprecher ihn übernehmen oder selbst bilden, entsteht eine neue sprachliche Konvention: Ein Bedeutungswandel hat stattgefunden.

Bedeutungswandel ist ein unbeabsichtigter Nebeneffekt unseres alltäglichen Kommunizierens. Menschen sind bestrebt, ihre alltäglichen kommunikativen Ziele möglichst optimal zu verwirklichen. Wenn es dabei auf Grund ähnlicher Strategien zu gleichgerichteten Wahlen der sprachlichen Mittel kommt, entsteht als Kumulationseffekt mit der Zeit ein Bedeutungswandel.

---

1 **a** Arbeiten Sie die im Text angeführten Gründe dafür heraus, weshalb hier der Bedeutungswandel als die treibende Kraft des Sprachwandels begriffen wird.
b Lesen Sie den Auszug aus Wittgensteins „Philosophischen Untersuchungen" (▶ S. 467) und stellen Sie Bezüge zur im Text zusammengefassten Argumentation Kellers und Kirschbaums heraus.

2 Bilden Sie Gruppen und fertigen Sie auf Grundlage des Textes Lernplakate zum Thema Sprachwandel an.

3 **a** Suchen Sie nach Beispielen für systematisch fehlerhaften Sprachgebrauch im aktuellen Deutsch, bei denen Sie ein Potenzial für Sprachwandel vermuten.
b Ordnen Sie die so gefundenen Beispiele den folgenden im Text (▶ S. 514–515) benannten Kategorien zu:
Faulheit/Ersparnis – Höflichkeit – Imponiergehabe.
Zeigen sich Unterschiede?

4 Erläutern Sie den im Text (Z. 23 ff.) skizzierten syntaktischen Wandel der Konjunktion „weil" vor dem Hintergrund von Seifferts Modell der **Dreidimensionalität des sprachlichen Zeichens** (▶ S. 471).

Historischer Sprachwandel – Sprachgeschichte

Das Ausmaß des konkreten Sprachwandels kann man sich vor Augen führen, wenn man die historische Entwicklung der eigenen Sprache betrachtet. Ein Blick auf die Periodisierung der deutschen Sprachgeschichte zeigt, in welchen Zeiträumen dabei gedacht werden muss.

Damaris Nübling: **Historische Sprachwissenschaft des Deutschen** (2006)

Sprachwandel erstreckt sich oft über so lange Zeit, dass ihn die Sprecher kaum wahrnehmen. Dennoch unterscheidet man sprachliche Perioden, deren Übergänge fließend sind und die wissenschaftliche Konstrukte bilden.

Die Periodisierungen der deutschen Sprachgeschichte basieren in der Regel sowohl auf innersprachlichen (sprachinternen) als auch auf außersprachlichen (sprachexternen) Kriterien. Als innersprachliche Kriterien gelten Veränderungen auf allen sprachlichen Ebenen (Phonologie[1], Morphologie[2], Syntax, Semantik, Lexik, Pragmatik, Graphie[3]), wobei diese Ebenen unterschiedlich stark gewichtet sein können. Als außersprachliche Kriterien können kulturhistorische Ereignisse jeglicher Art herangezogen werden, wie gesellschaftliche Entwicklungen, bestimmte Erfindungen, das Wirken wichtiger Personen, z. B. Martin Luther. Manche Periodisierungen setzen z. B. den Beginn der frühneuhochdeutschen Periode in die Mitte des 15. Jahrhunderts, was mit dem wichtigen medienhistorischen Ereignis der Erfindung und der Ausbreitung des Buchdrucks ab 1450 korreliert. […]

Die Bezeichnung **Althochdeutsch** (Ahd.) enthält – wie alle Periodenbezeichnungen – drei Informationen: Mit *Alt-* wird die zeitliche Einordnung angezeigt. Hier handelt es sich um die früheste schriftlich belegte Sprachstufe des Deutschen (750–1050). Das zweite Element, *-hoch-*, bezeichnet eine räumliche Dimension: Die hochdeutschen Dialekte liegen im höhergelegenen Teil Deutschlands, also im Zentrum und v. a. im südlichen Gebiet (etwa von Köln bis Oberitalien), die nieder- (oder platt)deutschen Dialekte dagegen in Norddeutschland. Die Grenze zwischen Hoch- und Niederdeutsch, die sog. Benrather Linie, basiert auf phonologischen, also innersprachlichen Kriterien, die durch die sog. zweite Lautverschiebung entstanden sind […]. Wichtig ist also, dass der Terminus *Hochdeutsch* in diesem Kontext eine ganz andere Bedeutung hat als heute, wo er die überregionale Standardsprache bezeichnet. Das dritte Element, *-deutsch,* bezeichnet schließlich die Sprache, die sich jedoch bis heute aus zahlreichen Dialekten zusammensetzt. Eine überregionale Standardsprache bildet sich erst langsam in der frühneuhochdeutschen Periode heraus.

1 **Phonologie:** Lautlehre
2 **Morphologie:** Formenlehre
3 **Graphie:** Schreibweise von Wörtern und Texten

Die Aussprache der Konsonanten nach der zweiten Lautverschiebung um 600 n. Chr.

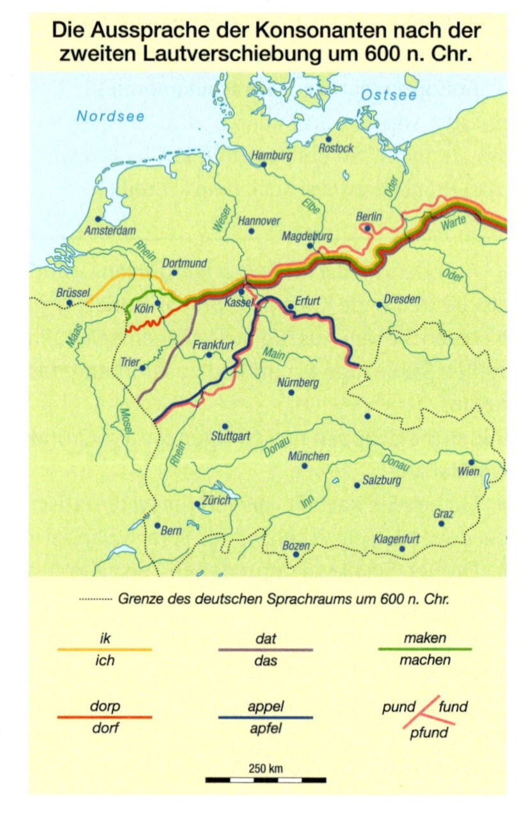

Grenze des deutschen Sprachraums um 600 n. Chr.

ik / ich — dat / das — maken / machen — dorp / dorf — appel / apfel — pund / fund / pfund

1 **a** Werten Sie den Text aus: Welche bisher nicht genannten Wirkkräfte des Sprachwandels nennt der Text? Welche Beispiele führt er dafür an?
b Nennen Sie die bislang noch nicht angeführten Ebenen, auf denen sich Sprachwandel vollzieht. Klären Sie ggf. unbekannte Begriffe.
c Vervollständigen Sie Ihr Lernplakat (► S. 515, 2).
d Informieren Sie sich auf den Seiten 192–196 genauer über die genannten Beispiele.

2 Erklären Sie mit Hilfe des Textes den Begriff „Neuhochdeutsch“ im Unterschied zur alltagssprachlichen Verwendung des Wortes „Hochdeutsch“.

3 Lesen Sie den Auszug aus dem mittelhochdeutschen Roman „Tristan“ (► S. 189). Weisen Sie Veränderungen nach; beachten Sie dabei Lautung, Syntax (Satzbau) und Semantik (Bedeutung).

4 **Weiterführende Aufgabe:** Informieren Sie mit Hilfe geeigneter Literatur Ihren Kurs über
- die Entwicklung vom Mittelhochdeutschen zum Neuhochdeutschen oder
- die Entstehung und Entwicklung des Dialekts Ihrer Region.

Information **Die Entwicklung der deutschen Sprache – Sprachperioden**

Wie sich die deutsche Sprache entwickelt hat, lässt sich auf Grund mangelnder Zeugnisse nicht eindeutig zurückverfolgen. Gegenwärtig geht man von den im Folgenden aufgeführten Sprachperioden aus, wobei z. B. unklar ist, ob es „das Germanische“ wirklich gegeben hat oder ob es sich nicht eher um eine Vielzahl sehr unterschiedlicher germanischer Dialekte handelte.

Germanisch 1. Jt. v. Chr.– ca. 200 n. Chr.	**Westgermanisch** 200–500	**Althochdeutsch** 500/750–1050	**Mittelhochdeutsch** 1050–1350
Frühneuhoch-deutsch 1350–1650	**Neuhochdeutsch** seit 1650	... seit 2...	... ...

Auf dem Weg zum Spätneuhochdeutschen? – Gute Preise: fair oder verführerisch?

Ein Bereich, in dem Sprache als Instrument und Arbeitsmittel genutzt wird, ist das Marketing. Um sich und das beworbene Produkt aus der Masse der Mitbewerber hervorzuheben, verwendet man in der Reklamesprache gerne expressive oder ungewöhnlicher Begriffe.

Wie wir gesehen haben (► S. 513), veränderte das Wort „billig“ in der ersten Hälfte des 19. Jahrhunderts seine Bedeutung von „angemessen“ zu „niedrig“ (bezogen auf Preise). Man kann annehmen, dass bei Händlern damals ein Bedarf entstand für einen Ausdruck, mit dem sich (relativ hohe) Preise rechtfertigen ließen. „Billig“ hatte dazu die geeignete Bedeutung, und heute eignet sich „fair“ dazu: „Meine Preise sind zwar nicht niedrig, aber sie sind fair.“ Man kann annehmen, dass auch der Begriff „fair“ eines Tages abgenutzt sein wird. Ein neuer Begriff wird an seine Stelle treten.

In den folgenden Aufgaben können Sie deshalb versuchen, einen möglichen Sprachwandel zu antizipieren, dem unser heutiges Deutsch auf seinem Wege zu einem „Spätneuhochdeutsch“ unterworfen sein könnte. Bei den Texten handelt es sich um Einladungen zu Studentenpartys.

Z10 – Sommerfest
Erwacht aus müdem Winterschlaf, bündelt alle überschäumenden Frühlingsgefühle und feiert gemeinsam mit uns einen explosiven Start in eine freudig-fröhliche Sommerzeit! [Das] Echovibration-Soundsystem [macht] die Nacht zum strahlenden Tag – aber keine Sorgen, in unserer Chill-out-Zone könnt ihr euren Adrenalinspiegel jederzeit wieder auf Normalmaß kuscheln.
Dass der Eintritt frei,
die Cocktails lecker
und die Preise fair sind,
versteht sich von selbst,
wenn das Z10 einlädt.
Seid mit uns –
ab in den Sommer!

Z10 – Cocktail-Night
Für alle Freunde stylischer Cocktails zu verführerischen Preisen bringt euch das Z10 auch in diesem Semester den heiß ersehnten Cocktailabend!
[...] Wir garantieren gute Musik und 100% original atmosphere.
[...] – so get the shake and try it out!

1 **a** Untersuchen Sie die beiden Reklametexte. Wo entdecken Sie auffällige Verwendungen einzelner Wörter?
b Diskutieren Sie, ob in einem künftigen Bedeutungswandel das Adjektiv „fair" tatsächlich, wie im rechten Beispiel, durch „verführerisch" oder z. B. durch „korrekt" oder „balanciert" ersetzt werden könnte, um ein besonders günstiges Preis-Leistungs-Verhältnis zu kennzeichnen.

2 Gehen Sie von folgender Situation aus. Sie arbeiten als Marketingfachleute und suchen nach einer Alternative für das Wort „fair". Der neue Begriff soll in expressiver und ungewohnter Weise den heutigen Bedeutungsgehalt von „fair" transportieren, muss aber sofort von allen Kunden in dieser Verwendung verstanden werden. Suchen Sie in Gruppen nach einem geeigneten Vorschlag, beginnen Sie die Gruppenarbeit mit einem **Brainstorming** (▸ S. 480). Stellen Sie Ihre Ergebnisse vor und treffen Sie abschließend im Plenum eine Wahl.

3 Prüfen Sie, in welchen Kontexten das Wort „billig" heute häufig verwendet wird. Bestimmen Sie, welcher Art von Bedeutungswandel das Wort seit dem 19. Jh. unterliegt. Nutzen Sie dafür die Information.

Information **Sprachwandel**

Alle Sprachen sind einem Wandel unterworfen. Dieser Wandel umfasst u. a. die **Lautung,** die **syntaktische Verwendung,** die **Schreibung** und die **Bedeutung** der Wörter. Die Veränderungen der Sprache werden im Allgemeinen von den Sprecherinnen und Sprechern weder beabsichtigt noch als Wandel bemerkt. Er entsteht dadurch, dass die Menschen bestrebt sind, ihre kommunikativen Ziele möglichst optimal zu verwirklichen, z. B. aus Gründen der Sprachökonomie oder um durch die Sprache aufzufallen. Sprachwandel hat sich im Bezug auf einzelne Wörter oder grammatische Konstruktionen vollzogen, wenn der bislang abweichende Gebrauch als konventionalisiert, d. h. als normal begriffen wird.
Sprachwandel ist niemals abgeschlossen.

Bestimmte Regelmäßigkeiten im **Lautwandel** werden herangezogen, um die verschiedenen Sprachperioden (z. B. Alt-, Mittel- und Neuhochdeutsch) oder Dialekte gegeneinander abzugrenzen.

Kern des Sprachwandels ist der **Bedeutungswandel:**

Beispiel	frühere Bedeutung	heutige Bedeutung	Bedeutungswandel
dirne	Mädchen, Dienerin	Prostituierte	Verschlechterung
racker	Totengräber	Kind, das lustige Streiche macht	Verbesserung
herberge	Unterkunft für das Heer	Unterkunft für Fremde	Erweiterung
hôchgezîte	kirchliche oder weltliche Feste	Feier einer Eheschlie-ßung	Verengung
mus	Maus	(heute auch:) Navigati-onsgerät am Computer	Übertragung

4.2 Sprachliche Varietäten

Astrid Stedje: **Deutsche Sprache gestern und heute** (2007)

Bei den meisten modernen Sprachen wird festgestellt, dass sich das Tempo des Sprachwandels beschleunigt. Im folgenden Text erfahren Sie mehr dazu.

Der Sprachwandel hängt natürlich mit Veränderungen in der Gesellschaft zusammen, wie wir es wiederholt in der Geschichte der Sprache feststellen konnten. Die Umwelt und die Gesell- 5 schaft haben sich im 20. Jh. verändert, und zwar in einem nie zuvor erlebten Ausmaß. Die Sprache hat sich wie immer den neuen Bedürfnissen angepasst.

Die Entwicklung ist jedoch keineswegs einheit- 10 lich, sondern zeichnet sich durch stark entgegengesetzte Tendenzen aus, teils ausgleichend-vereinfachend, teils differenzierend-intellektualisierend:

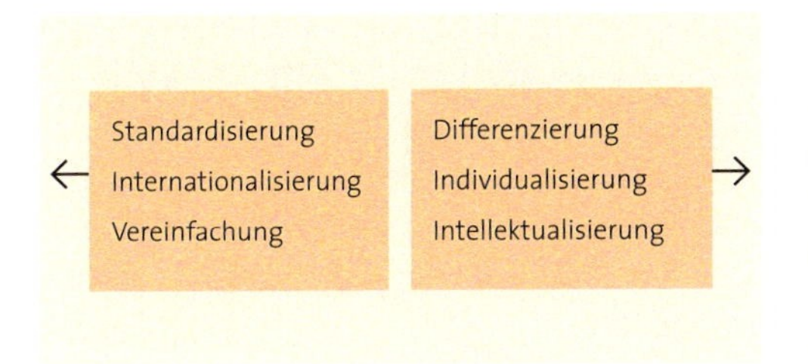

Auf der einen Seite finden wir ausgleichende und vereinfachende Bestrebungen. Mit Hilfe 15 der modernen Massenmedien wirkt die Sprache heute über neue Einflusskanäle und mit größerer Kraft auf das Individuum ein. Dies führt zur Bildung einer Standardsprache, die fast alle Mitglieder der Gesellschaft beherrschen 20 – jedenfalls passiv, ohne Rücksicht auf regionale und soziale Unterschiede.

Ein „horizontaler" Ausgleich der Sprache zeigt sich darin, dass die Dialekte weiterhin zurückgehen und der Geltungsbereich der landschaft- 25 lichen Umgangssprachen anwächst. Einen „vertikalen" Ausgleich erleben wir im allmählichen Abbau der sozialen Sprachbarrieren und in einer gewissen Normveränderung: Einerseits scheint der allgemeine Gebrauch schneller zur 30 Norm zu werden als früher. Andererseits zeigt sich immer häufiger ein bewusstes Bestreben, sich kürzer, einfacher und verständlicher auszudrücken. Die geschriebene Sprache nähert sich der gesprochenen Umgangssprache in der 35 Wortwahl und durch einen einfacheren Satzbau immer mehr an.

Die übergreifende zivilisatorische Entwicklung der Industriestaaten fördert in verschiedenen

Sprachen die gleichen Erscheinungen. Im Interesse der internationalen Kommunikation werden viele Neuwörter zu Internationalismen, teils Lehnwörter anglo-amerikanischen Ursprungs, teils Neubildungen lateinisch-griechischer Herkunft. Die Globalisierung bringt auch Kontakte mit entlegeneren Kulturen und Sprachen.
Auf der anderen Seite sind die differenzierenden Tendenzen in der Sprache ebenso stark. Ein sprachlicher Individualismus zeichnet sich z. B. in dem Bedarf an neuen unverbrauchten Wörtern ab, in der Sprache der Literatur und der Werbung. Er zeigt sich ebenfalls in dem Verlangen, sich auch sprachlich von der großen Masse in der kleinen Gruppe abzugrenzen, z. B. durch die verschiedenen Jugendsprachen, und schließlich wohl auch in einem Wunsch, das Eigenständige beizubehalten. Unter anderem zeugt ein neues Interesse für die Mundarten dafür. Die hoch spezialisierte Wissenschaft und das stark differenzierte Berufsleben von heute bringen eine Vielfalt von Fachsprachen mit sich, die wiederum einen großen Sonderwortschatz brauchen.
Das Bestreben, sich kürzer auszudrücken, führt nicht nur zu einer Vereinfachung des Satzbaus. Es verursacht auch eine manchmal schwer verständliche Verdichtung der Information, mit Hilfe von Nominalstil, längeren Zusammensetzungen und Abkürzungen. Sowohl durch eine präzise Wortwahl als auch durch eine konzentrierte, oft abstrakte Ausdrucksweise, die große Anforderungen an den Leser/Hörer stellt, entfernt man sich daher wieder von der gesprochenen Sprache. Die Fach- und Gruppensprachen schaffen also wieder andere sprachliche Unterschiede innerhalb der Gesellschaft.

1 a Fassen Sie die Informationen des Textes zum aktuellen Sprachwandel tabellarisch zusammen.

Vereinfachende Tendenzen		***Differenzierende Tendenzen***	
Phänomen	*Wirkung*	*Phänomen*	*Wirkung*
Massenmedien	*Vermittlung einer (passiv beherrschten) Standardsprache*	...	...
...	...	...	...

b Stellen Sie Vermutungen darüber an, ob und wie sich die Rolle der Standardsprache ändern wird, wenn sich die von Stedje gezeichnete Entwicklung fortsetzt.

Information **Varietäten des Neuhochdeutschen**

Der permanente Sprachwandel ermöglicht die Periodisierung der Entwicklung einer Sprache nach **diachronen** (geschichtlichen) Zeiträumen.
Die Untersuchung gesprochener Sprachen erbringt aber auch den Nachweis verschiedener **„Sprachvarietäten"**, die **synchron** (zeitgleich) auftreten. Je nach Abgrenzungskriterium kann man hier **Dialekte, Gruppensprachen, Fachsprachen** oder **Soziolekte** unterscheiden.
Innerhalb dieser Varietäten wird weiter differenzert: So rechnet man z. B. auch die Institutionensprachen, die zweckbestimmt innerhalb von Organisationen gesprochen werden, zu den Fachsprachen. Bei Soziolekten kann man z. B. transitorische und habituelle (► S. 530) unterscheiden.
Auch diese Sprachvarietäten sind Träger des Sprachwandels.

Die deutsche Sprache während der deutschen Teilung – Zweimal Deutsch?

Während der 40 Jahre andauernden Spaltung Deutschlands entwickelte sich der Sprachgebrauch in beiden Staaten auseinander. Es entstanden zwei Sprachvarianten. In der DDR stand die Realität des Alltags unter anderen Einflüssen als in der Bundesrepublik. Die Bedingungen einer sozialistischen Diktatur, der offizielle politische Stil der Massenmedien, der Einfluss anderer Fremdsprachen (hier: Russisch) und vieles mehr führten zu einem teils unbewussten, oft aber auch politisch geforderten Sprachwandel und der Ausformung eines eigenständigen Sprachgebrauchs.

Gerhard Neuer u. a.: **Allgemeinbildung – Lehrplanwerk – Unterricht, DDR** (1972)

Muttersprachliche Bildung und Erziehung [...] hat zum Ziel:
[...]
– die Schüler zu sozialistischen Einstellungen
5 zur Muttersprache und zum Verantwortungsbewusstsein gegenüber Inhalt und Form ihrer sprachlichen Äußerungen anzuhalten.

Das bedeutet,
– mit der Befähigung der Schüler zur sprachlichen Gestaltung ihrer Gedanken, Gefühle und 10
Bestrebungen auch zugleich ihren Willen zu entwickeln, mit ihren Äußerungen der Wahrheit und dem gesellschaftlichen Fortschritt zu dienen und jene zu verabscheuen, die die Sprache als Mittel der Verbreitung der Lüge und zur 15
Manipulierung der Menschen benutzen.

---

1 In diesem Lehrplanauszug geht es um den Umgang mit der deutschen Sprache.
a Diskutieren Sie, ob hier auch ein Sprachwandel angeregt werden soll.
b <u>**Weiterführende Aufgabe:**</u> Bringen Sie in Erfahrung, ob sich auch in Ihrem Bildungsplan eine Entsprechung zur „muttersprachlichen Bildung und Erziehung" befindet. Vergleichen Sie die dort formulierten Ziele bzw. Kompeten-zen mit den in dem Lehrplanauszug genannten.

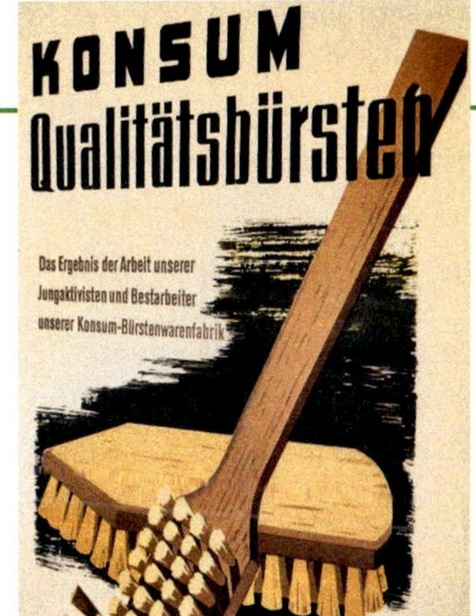

Werbeplakat Konsum-Genossenschaft (1952)

Joachim Schildt: Abriss der Geschichte der deutschen Sprache (1976)

Joachim Schildt, ein Sprachwissenschaftler der DDR, ging 1976 in seiner Sprachgeschichte auch auf den Sprachwandel ein.

Für den Sprachgebrauch in der DDR ist jedoch nicht nur das Aufkommen neuer Wörter für veränderte Verhältnisse typisch, sondern darüber hinaus werden einige früher schon bekann-
5 te Wörter heute besonders häufig herangezogen, um mit ihnen das Wesen sozialistischer Beziehungen der Menschen untereinander sowie ihres Verhältnisses zur Arbeit u. a. zu charakterisieren. Dazu gehören z. B. Adjektive
10 wie *schöpferisch, planmäßig, kollektiv,* Substantive wie *Verpflichtung, Initiative, Verantwortung, Qualität, Effektivität* und Verben wie *durchdenken, mitgestalten, mitbestimmen, beraten, planen, diskutieren.* In einer Devise wie *Plane mit – arbeite mit – regiere mit* wird der Charakter 15
sozialistischer Verhältnisse deutlich: Jeder ist aufgerufen, an der Gestaltung der entwickelten sozialistischen Gesellschaft auf seinem Platz mitzuwirken.

Beispiele für unterschiedlichen Sprachgebrauch in unterschiedlicher Lebensrealität

DDR	BRD
Neues Ökonomisches System (NÖS)	Freie Marktwirtschaft
Kaderleiter	Personalleiter
Arbeitsbrigade	Arbeitsteam
Polytechnische Oberschule	Gesamtschule
Intervision	Eurovision
Serviererin	Kellnerin
Zielstellung	Zielsetzung
Plast; (umgangsspr.) Plaste	Plastik
Kosmonaut	Astronaut
Feierabendheim	Seniorenheim (Altersheim)
Kaufhalle; (umgangsspr.) Halle	Supermarkt
Luftdusche (fachspr.)	Föhn
Feinfrost(gemüse)	Tiefkühl(gemüse)

1 **a** Informieren Sie sich über die politische Situation in den beiden deutschen Staaten zwischen 1949 und 1989.
b Prüfen Sie, welche Vorteile sich die Führung der DDR von einem eigenständigen „DDR-Deutsch" hätte erhoffen können.
c Diskutieren Sie, ob man Ihrer Ansicht nach Sprachwandel „verordnen" kann.

2 **Weiterführende Aufgaben:**
a Recherchieren Sie Besonderheiten der deutschen Sprache in Österreich und in der Schweiz.
b Untersuchen Sie, ob in der deutschsprachigen Schweiz de facto eine Zweisprachigkeit (Diglossie) vorliegt oder ob das „Schweizerhochdeutsch" sich bereits zu einer eigenständigen Sprache entwickelt. Informieren Sie sich dazu in geeigneten Veröffentlichungen oder im Internet über die Bedeutung des Hochdeutschen in Schule, Ausbildung und Universität der Deutschschweiz.

code mixing und Ethnolekt

Als Soziolekt kann man generell den Sprachgebrauch einer Gruppe von Menschen bezeichnen, der durch gesellschaftliche Faktoren bzw. Einflüsse bedingt wird. Eine Art von Soziolekt ist auch das Deutsch, das in hauptsächlich von Einwandererfamilien bewohnten Vierteln der Großstädte gesprochen wird. Man bezeichnet diesen Sprachgebrauch als Ethnolekt.

Ku mal, isch mach nisch nur Tanzen-sch mach Aufwärmung, Aerobic ...

Die kann nich, die muss Bahnhof gehen.

[Ein Jugendlicher hat von einer Sprachwissenschaftlerin Kassetten erhalten und erzählt seinem Freund:]
Die muss ich voll machen mit meiner Sprache,
Türk ve Almanca biliyon mu [Türkisch und Deutsch weißt du],
und das schickt sie nachn dings,
sen de söyle [na sag schon] so deutsch, ich weiß nicht,
so Verlag, weißt du.

1 **a** Bei den ersten beiden Sätzen handelt es sich um Transskriptionen von Äußerungen türkischstämmiger Mädchen aus Mannheim. Untersuchen Sie die Sätze auf Abweichungen vom Standarddeutsch. Achten Sie auf Lautung, Syntax und Stil.
b Berichten Sie von Situationen, in denen Ihnen diese Varietät des Deutschen schon begegnet ist.
2 Im zweiten Beispiel ändert der Sprecher mehrfach unbewusst die Sprache. Dieses Phänomen nennt man „mixing". Analysieren Sie das Zitat: In welchen Fällen wechselt der Sprecher zum Türkischen?

Der Schriftsteller **Feridun Zaimoglu** (*1964) war der Erste, der das Deutsch, wie es in den Einwanderervierteln der Großstädte gesprochen wird, als eigenständige Sprache stilisierte: die „Kanak-Sprak". Dieser Sprachstil wurde schnell von der so genannten „Ethno-Comedy" vereinnahmt und als so genanntes „Türkendeutsch" etabliert. Das latent diskriminierende Nachahmen vermeintlicher, proletenhaft auftretender Migranten ist längst zum gern verwendeten Stilmittel im Alltagsdeutsch geworden.

Schneewittschem (2001)

Es war ma ein krass geile alte Tuss, dem hatte Stiefkind. Dem alte Tuss hat immern in seim Spiegeln geguckt un den angelabert: „Spiegeln, Spiegeln an scheissndreck Wand, wem is dem geilste Tuss in Land?" „Du selbern, isch schwör!", hat dem Spiegeln gesagt. Un weil dem Spiegeln geschwört hat, hat dem dem geglaubt. Abern an eim Tag hat dem scheissndreck Spiegeln gesagt, dass dem Stieftochtern geilern is. Dem alte Tuss hat eim Typ angelabert un hat gesagt: „Fahr mit dem arschnloch Balg in Wald un stesch dem ab, Alder!" Dem Typ hat dem net gemacht, sondern hat dem Balg nur aus Auto geschmeisst. Dann is dem Balg losgelatscht un hat eim susse Haus gesehn un is rein un hat da gepennt. An Abend sin dem siebn krasse Swerge gekommen, wo dem Haus gehört, un ham gesagt: „Geil, Alder, was fur oberngeile Tuss, kuck ma wie geil dem aussieht!" Dem ham am nächstem Morgen dem Tuss gesagt, dass dem da bleiben kann, weil dem obernkrass geil aussieht! Dann sin auf Arbeit gefahrt. Da kam dem alte Tuss an Haus vorbei un hat dem Balg eim krass genmanipulierte Apfeln gegeben. Dem hat dem gegessen un is tot umgefallt, isch schwör! Als dem Swergen von Arbeit gekommen sin, ham die dem Balg in 3ern Cabrio geschmeisst un sin Klinik gefahrt. Weil dem Swergen geheizt sin wie Arschnlöchern, is dem Balg krass schlecht geworden un hat korreckt auf Ledernsitze gekotzt, Alder! Un isch schwör, dem hat wiedern gelebt!!!

1 Der Autor bezeichnet den Text als ein „Märchen auf Kanakisch". Diskutieren Sie, was er mit der Wiedergabe des klassischen Märchens in diesem Sprachstil bezweckt.
2 **a** Stellen Sie die Regelverstöße gegenüber der Standardsprache zusammen, die Sie in dem Text erkennen, und ordnen Sie sie nach Verstößen auf Lautebene, Wortbildungsebene (Flexion) und syntaktischer Ebene.
b Bestimmen Sie die Regelverstöße, die Sie vermuten lassen, dass hier ein Angehöriger einer nichtdeutschen ethnischen Gruppe spricht.
3 Verständigen Sie sich über Situationen, in denen Ihnen vergleichbare Sprachvarianten des Deutschen begegnen.
4 Sie haben sich schon früher im Unterricht mit „Jugendsprachen" auseinandergesetzt. Wo würden Sie Unterschiede zum Ethnolekt sehen?

Peter Auer: Türkenslang (2003)

Der neue Ethnolekt tritt in verschiedenen Formen auf: als *primärer Ethnolekt*, der in den deutschen Großstadt-Ghettos entstanden ist und vor allem von männlichen Jugendlichen mit türkischem Familienhintergrund verwendet wird, die in Deutschland aufgewachsen sind. Dieser primäre Ethnolekt ist der Bezugspunkt für einen *sekundären, medial transformierten Ethnolekt*, der von (fast ausschließlich) deutschen Medienmachern in Filmen, Comedys, Comics, Zeitungsartikeln u.a. eingesetzt wird, die ihn einer bestimmten Gruppe von (v.a.) männlichen türkischen und anderen nichtdeutschen Jugendlichen und jungen Erwachsenen *zuschreiben*. Die mediale Verwendung des Ethnolekts impliziert immer die Usurpierung[1] des primären Ethnolekts durch Personen, denen er nicht „gehört"; [...]. Der sekundäre Ethnolekt wird nun seinerseits von (wiederum v.a. männlichen) deutschen Jugendlichen in Versatzstücken zitiert und weiterentwickelt. Wo dies nicht direkt aus dem Kontakt mit türkischen oder anderen nichtdeutschen Jugendlichen geschieht, sondern lediglich der mediale Input transformiert wird, kann man von einem *tertiären Ethnolekt* sprechen. Die Beziehung zwischen primärem, sekundärem und tertiärem Ethnolekt entspricht dem von Androutsopoulos [...] beschriebenen Weg „from the streets to the screens and back again". Der primäre Ethnolekt wirkt allerdings auch direkt, also ohne mediale Vermittlung, auf das Deutsche von Jugendlichen mit rein deutschsprachigem Familienhintergrund ein, soweit sie in engen sozialen Beziehungen mit den deutsch-türkisch bilingualen Trägern des primären Ethnolekts stehen; dies ist insbesondere in gemischtethnischen Jugendlichennetzwerken in den deutschen Großstädten der Fall. Von diesen Sprechern wird der primäre Ethnolekt eher erworben als zitiert – wie übrigens auch andere sprachliche Stile der Bezugsgruppe, die von *switching* und *mixing* zwischen Deutsch und Türkisch geprägt sind [...].
Schematisch ergibt sich folgendes Bild:

1 Usurpierung: eigentl. widerrechtliche Aneignung der (Staats-) Gewalt

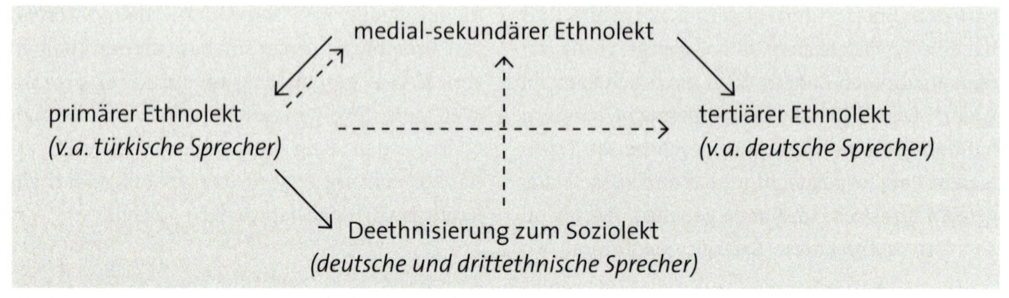

Die gestrichelten Linien deuten an, dass die direkte Wirkung des primären auf den tertiären Ethnolekt nicht notwendig ist, jedoch stattfinden kann; die Rückwirkung des medialen Ethnolekts auf den primären ist nicht ausgeschlossen, jedoch bisher nicht untersucht worden. Die gestrichelte Linie vom deethnisierten Soziolekt hin zur medialen Verarbeitung bezieht sich auf manche Zeitschriftenberichte vor allem aus der Hip-Hop-Szene, die die neu entstehende Sprechweise als *New German Pidgin* „auch ohne türkische roots" propagieren.

1 **a** Klären Sie die Bedeutung von Fachbegriffen, die Ihnen nicht aus dem Text heraus verständlich sind.
b Fassen Sie die zentralen Aussagen zusammen.

2 Diskutieren Sie, ob es sich bei der Entwicklung von sekundären und tertiären Ethnolekten um „vereinfachende" oder „differenzierende Tendenzen" (▸ S. 520) der neuhochdeutschen Sprachentwicklung handelt. Begründen Sie Ihre Ansicht.

Information **Ethnolekt**

„Ein Ethnolekt ist eine Sprechweise (Stil), die von den Sprechern selbst und/oder von anderen mit einer oder mehreren nichtdeutschen ethnischen Gruppen assoziiert wird. Anders als im Falle der bekannten lexikalischen Innovationen der sog. Jugendsprache betrifft er [...] (auch) die Grammatik" (Peter Auer: „Türkenslang").
Typisch für Ethnolekte ist, dass die Sprecher oft unwillkürlich und mitten in einer Äußerung die Sprache wechseln und Ausdrücke aus einer anderen (mitunter auch dritten Sprache) mühelos integrieren. Dieses Phänomen nennt man **„mixing"**.
Vom **„code switching"** spricht man immer dann, wenn in einer Situation die verwendete Sprachvarietät willentlich gewechselt wird, z. B. in folgenden Fällen: Die griechischsprachige Mutter betritt das Zimmer, in dem ihre Kinder auf Deutsch spielen, und diese wechseln die Sprache; Geschäftsleute haben den „offiziellen Teil" ihres Treffens abgeschlossen und gebrauchen Ihren Dialekt.

Sprache und Gesellschaft – Labovs Differenzhypothese

Im letzten Jahrhundert wurde intensiv die so genannte „Defizithypothese" **Basil Bernsteins** diskutiert. Sie besagt, dass die Sprachverwendung sozialer Unterschichten der Sprachverwendung der sozialen Mittelschichten sprachlich und kognitiv unterlegen sei.
Gegen diese Auffassung wandte sich u. a. der US-amerikanische Linguist **William Labov**, dessen „Differenzhypothese" heute allgemein anerkannt ist. Diese besagt, dass die Differenzen zwischen Mittelschichtsprache und Unterschichtsprache lediglich unterschiedliche schichtspezifische Gebrauchsformen darstellen.

Ursula Weber: **Sprache und Gesellschaft** (2001)

Labov nennt sechs Punkte, die aus seiner Sicht die Differenzhypothese stützen und gegen eine Defizitkonzeption vorzubringen sind:

1. Die verbale Reaktion des Unterschichtkindes [...] auf eine formale und bedrohliche Situation wird dazu verwandt, seinen Mangel an verbaler Kapazität oder sein verbales Defizit zu demonstrieren.
2. Dieses verbale Defizit wird als Hauptursache für die schlechte Schulleistung des Unterschichtkindes ausgegeben.
3. Da Kinder der Mittelschicht [...] in der Schule besser sind, werden die Sprachgewohnheiten der Mittelschicht für das Lernen als notwendig erachtet.
4. Unterschiedliche grammatische Formen, je nach sozialer Zugehörigkeit, werden gleichgesetzt mit Unterschieden logischer Analysefähigkeit.

5. Das Nachahmen bestimmter formaler Sprechmuster zu lehren, die von Lehrern der Mittelschicht gebraucht werden, wird als Unterweisung im logischen Denken angesehen.
6. Kinder, die diese formalen Sprechmuster lernen, sollen dann logisch denken und es wird vorausgesetzt, dass sie in den folgenden Jahren im Lesen und in der Arithmetik viel mehr leisten werden. [...]

Labov geht davon aus, dass der mangelnde Schulerfolg von Kindern sozial unterprivilegierter Schichten auf einem Missverständnis der Natur der Sprache bei den sie zu unterrichtenden Lehrern beruht. Die Veränderung im System Schule würde daher sinnvoll zu bewirken sein, wenn der Lehrer ein möglichst umfangreiches Wissen über die verschiedenen Varietäten bzw. Soziolekte verfügt. Labov warnt Lehrer davor, von der Äußerung auf das Äußerungsvermögen des Kindes zu schließen: Das ist eine Sache zu sagen, dass jemand es nicht gewohnt ist, eine bestimmte Fähigkeit anzuwenden; aber zu sagen, dass sein Versagen, diese Fähigkeit zu gebrauchen, genetisch bedingt ist, beinhaltet dramatische Konsequenzen für andere Formen des Verhaltens, die nicht empirisch ermittelt werden können. [...] Daraus ergibt sich die Folgerung: Ein Lehrer kann nur dann pädagogisch erfolgreich sein und nur dann ein Sprachtrainingsprogramm sinnvoll anwenden, wenn er an das vom Kind gewohnte sprachliche System anzuschließen vermag.

1 **a** Bilden Sie Arbeitsgruppen. Jede Gruppe überlegt, welche Konsequenzen die Differenzhypothese im Schulalltag haben müsste, wenn man eine Förderung von Kindern aus sozial schwachen Familien bzw. aus Familien mit Migrationshintergrund erreichen möchte.

b Stellen Sie in den Gruppen konkrete Änderungsvorschläge für bestimmte Bereiche des Schulwesens als Forderungskatalog zusammen: Lehrerausbildung, Lehrplan, Deutschunterricht, Fremdsprachenunterricht, Schülervertretung etc.

c Präsentieren Sie Ihre Ergebnisse dann den anderen Gruppen in geeigneter Weise, z. B. in Form einer Wandzeitung oder eines Portfolios.

2 Organisieren Sie eine Podiumsdiskussion mit Vertretern aller Gruppen zum Thema „Chancengleichheit in der Schule".

3 **Weiterführende Aufgabe:** Setzen Sie sich mit dem Themenkreis „Sprache und soziale Position" auseinander:
- Sprache im Spannungsfeld von Integration und Diskriminierung,
- „Sag mir, wie du sprichst" ... auch Sprache diskriminiert.

Information Soziolekt

Varietäten sind Sammelbezeichnungen für sprachliche Varianten, z. B. Dialekt, Soziolekt oder Fachsprache.

Als Soziolekt werden Sprachvarietäten bezeichnet, denen gesellschaftliche Faktoren bzw. Einflüsse zu Grunde liegen.

Dabei unterscheidet man verschiedene Formen, u. a.:
- **Jugendsprache** als **transitorischer Soziolekt,** der nur während eines bestimmten Lebensalters gesprochen wird (Alterssprache),
- **„Männer- bzw. Frauensprache",** ein jeweils geschlechtsspezifisch unterschiedlicher Sprachgebrauch als **habitueller Soziolekt,**
- klassische **Sondersprachen** wie das Rotwelsch oder die Sprachen der Jenischen, Sinti und Roma,
- **Ethnolekte** (▸ S. 525).

Die **Differenzhypothese** setzt sich mit den sozialen Folgen schichtenspezifischer Gebrauchsformen von Sprache auseinander.

4.3 Spracherwerb

Menschen sprechen nicht nur verschiedene Sprachen, auch ihre Sprachkompetenz ist verschieden ausgeprägt. Schließlich wird der Mensch nicht mit einer entwickelten Sprachfähigkeit geboren, er muss „Sprache" erst erwerben. Vom ersten Schrei bis zum Sprechen vollständiger Sätze vergehen meist drei Jahre. Der menschliche Spracherwerb ist seit Jahrhunderten ein Gegenstand der Forschung.

1 **a** Fassen Sie in Partnerarbeit Ihre Vorkenntnisse über den menschlichen Spracherwerb zusammen. Unterscheiden Sie dabei zwischen gesichertem Wissen, Vermutungen und Überzeugungen.
b Diskutieren Sie Ihre Ergebnisse im Plenum.

2 **Weiterführende Aufgabe:** Lange bevor Kinder sprechen, können sie nonverbal kommunizieren. Informieren Sie sich über die Theorie der so genannten „Babyzeichensprache", das „Signing".

Manfred Spitzer: **Lernen** (2002)

Das Gehirn des Säuglings ist noch sehr unausgereift. Die beim Menschen im Gegensatz zu anderen Arten daher so auffällige Nachreifung des Gehirns nach der Geburt betrifft insbesondere den frontalen Kortex[1], in dem bekanntermaßen die höchsten geistigen Fähigkeiten des Menschen (komplexe Strukturen, abstrakte Regeln) repräsentiert sind. [...]

Erst im Schulalter werden die verbindenden Fasern vollständig myelinisiert[2] und damit dieser Hirnteil in die zerebrale[3] Informationsverarbeitung vollständig integriert. Hierdurch wird verständlich, warum es den so genannten Wolfskindern, die ihre Kindheit ohne Sprache verbringen und von denen es leider bis heute immer wieder Beispiele gibt, zeitlebens nicht gelingt, richtig sprechen zu lernen. Es scheint somit im Hinblick auf die Sprachentwicklung eine kritische Periode zu geben, während der sie durch Auseinandersetzung mit und Verarbeitung von Sprachinput erfolgen muss. Geschieht dies bis zum etwa 12. oder 13. Lebensjahr nicht, kann Sprache nie mehr vollends gelernt werden. Das amerikanische Mädchen „Genie" beispielsweise, das von ihrem Vater bis zu ihrer Entdeckung im Alter von 13 Jahren in völliger Isolation gehalten wurde, lernte trotz intensiver Bemühungen nie richtig sprechen (Mestel 1995, Rymer 1992).

Diese Überlegungen zum Zusammenhang von Reifung und Lernen klären nicht nur die Beobachtung einer kritischen Periode für den Spracherwerb, sondern auch die Tatsache, dass Kinder neue Sprachen erfinden können, Erwachsene dagegen nicht (vgl. Pinker 1994).

Pidgin- und Kreolsprachen sind Formen der Kommunikation, die dann entstehen, wenn Menschen verschiedener sprachlicher Herkunft miteinander kommunizieren müssen, ohne des anderen Sprache richtig zu erlernen. Eine Pidginsprache hat ein stark reduziertes Vokabular (meist zwischen 700 und 1500 Wörtern) und ist auch strukturell extrem simplifiziert. Pidginsprachen werden definitionsgemäß von niemandem als Muttersprache gesprochen. Ist dies der Fall, nennt man die Sprache ein Kreol (Katzner 1995).

Man nahm lange Zeit an, dass der Übergang einer Pidgin- in eine Kreolsprache langsam und graduell geschieht. Detaillierte linguistische Untersuchungen haben jedoch gezeigt, dass es zum Hervorbringen einer Kreolsprache lediglich Kinder braucht, die unter bestimmten Bedingungen aufwachsen. Wenn diese Kinder zum Zeitpunkt des Spracherwerbs (also des Erwerbs ihrer Muttersprache) keine andere Sprache hören als eine Pidginsprache, so kommt es spontan zur Bildung komplexer Strukturen und

1 **frontaler Kortex:** vorderer Teil der Großhirnrinde
2 **Myelinisierung:** Stabilisierung der Verbindung zwischen Hirnzellen durch die Substanz Myelin
3 **zerebral:** zum Gehirn gehörig

Sprachformen, vor allem durch den subtilen Gebrauch der Pidginsprache. Wie Wittgenstein in den „Logischen Untersuchungen“ richtig sagt, ist Sprache immer auch eine Lebensform und schließt das Sichverhalten zur Umwelt und insbesondere zu anderen mit ein. Diese Verhaltensmuster sind komplex, auch dann, wenn die Sprachlaute (wie im Falle des Pidgin) einfach sind.

Pinker (1994) beschreibt linguistische Untersuchungen an Kindern, die um die Jahrhundertwende in Zuckerplantagen auf Hawaii arbeiten mussten und zum Teil nur von Aufsehern betreut wurden, die mit ihnen Pidgin-Englisch sprachen. Diese Kinder entwickelten spontan eine komplexe Sprache nicht nur im Hinblick auf den Wortschatz, sondern auch im Hinblick auf grammatische Strukturen. Erwachsene sind hierzu nicht in der Lage (sie bleiben beim Pidgin), da sie nicht die Fähigkeit haben, ohne Lehrer komplexe Strukturen aus einem Sprach- und Verhaltensgewühl zu extrahieren.

1 Informieren Sie sich über Pidgin- und Kreolsprachen. Stellen Sie auf einem Lernplakat die Besonderheiten dieser Sprachen dar.

2 Welche Unterschiede gibt es laut Spitzer in der Befähigung von Erwachsenen und Kleinkindern zum Erlernen von Sprachen? Wie erklärt Spitzer diese Unterschiede?

Uta Quasthoff: **Erklärungshypothesen zum Spracherwerb** (2003)

Grob gesprochen erreichen alle gesunden Kinder, die in ungestörten sprachsozialisatorischen Kontexten aufwachsen, etwa im selben Zeitraum, nach Durchlaufen bestimmter Phasen, eine Variante muttersprachlicher Kompetenz. Es gibt drei heute noch aktuelle „klassische“ Theorieentwürfe zur Erklärung dieses Phänomens. Jedes dieser Theorieformate setzt jeweils einen anderen Aspekt eines äußerst komplexen Bedingungsgefüges für einen offensichtlich gut funktionierenden Aneignungsmechanismus zentral, den wir *Entwicklung* oder *Erwerb* nennen.

Der Nativismus nimmt eine genetisch gegebene Ausstattung des Menschen an, die u.a. in Form eines autonomen Moduls sprachliches Strukturwissen in Kernbereichen möglicher Grammatiken für menschliche Sprachen enthält. Ohne dieses Wissen sei Spracherwerb in der empirisch vorfindbaren Kürze und angesichts des strukturell defizitären Inputs (Sprachäußerungen in der Umgebung des Kindes) nicht zu erklären.

Kognitivisten versuchen stattdessen Sprachverarbeitungsmechanismen zu ermitteln, die mentale Repräsentationen von sprachlichen Strukturen im Laufe und als Teil kognitiver Entwicklungen erzeugen.

Die soziale Konstitutionshypothese schließlich konzentriert sich auf die Rekonstruktion der erwerbsunterstützenden Funktionen, die den musterhaften sprachlichen Interaktionen zwischen Erwachsenem und dem jungen bzw. älteren Kind zukommen.

3 Diskutieren Sie, ob und inwieweit die von Spitzer (▶ S. 527) angeführten Erkenntnisse der Neurobiologie die von Quasthoff aufgeführten klassischen Theorieentwürfe stützen bzw. widerlegen.

4 **Weiterführende Aufgabe:**

a Recherchieren Sie ergänzende Informationen zum Stand der wissenschaftlichen Diskussion bezüglich des Spracherwerbs. Als Einstieg können Ihnen folgende Begriffe bzw. Namen dienen: Behaviorismus/Nativismus/Kognitivismus/Interaktionismus – Watson/Chomsky/Piaget/Mead.

b Präsentieren Sie die Ergebnisse Ihrer Recherche. Strukturieren Sie dabei die ermittelten Informationen z.B. durch geeignete Überschriften und Visualisierungsformen.

Hans Jürgen Heringer: Sprachentstehung, Sprache und Kommunikation; Sprache und Kultur (2004)

These 1:
Ein Kind vollzieht in seinem Spracherwerb eine Art Entstehung der Sprache nach, aber mit einem entscheidenden Unterschied. Im Spracherwerb geht es darum, individuell eine Sprache herauszubilden, die sozial schon existiert. Es geht darum zu erkennen, wie Äußerungen nach bereits existierenden Schemata wirken. In der Sprachentstehung überhaupt, in der Phylogenese, gibt es diese Schemata noch nicht. Sie müssen sich erst sozial herausbilden.

These 2:
Die Sprache hat mit der Kommunikation angefangen, sich in und mit der Kommunikation entwickelt. [...]
Das Gleiche wie für die Phylogenese gilt [...] für die Ontogenese. Ontogenese ist bestes Beispiel dafür, dass es nicht mit Bedeutungen anfängt. Der Lerner kann seine Kompetenz nur ausbilden in Kommunikation, auf der Grundlage von Äußerungen. Als Kind lernt man die Reaktionen kennen auf bestimmte Kommunikationsversuche. Ja man lernt sogar, dass etwas als Kommunikation verstanden wird. Die Reaktionen, die passen, werden individuell als regulär verarbeitet. [...]
Das semantische Wissen eines Individuums wird im Spracherwerb aufgebaut (und wahrscheinlich nie abgeschlossen). Das Individuum muss sein Wissen gewinnen aus Kommunikationen, also aus Untermengen verwendeter Zeichen und aus den entsprechenden Situationen. Das Wissen kann kaum darin bestehen, dass alle Äußerungen und Situationen im Gedächtnis bleiben. Es findet eine Schematisierung oder Verdichtung statt. Wie dies aussieht, wissen wir nicht.

These 3:
Sprache ist dem Menschen nicht angeboren. Das würde auch ihrem konventionellen Charakter widersprechen.
Angeboren ist nur die Fähigkeit, jede beliebige Sprache zu erwerben und zu erlernen.
Die Sprache wird in kultureller Tradition von Generation zu Generation weitergegeben.

1 Klären Sie die Begriffe „Phylogenese" (Z.16), „Ontogenese" (Z.17) und „Semantik" („semantisch", Z.27).

2 Erörtern Sie, ob Heringers Thesen die beiden Aussagen J. G. Herders (▶ S.512) ergänzen, bestätigen, variieren oder nur wiederholen.

Information Spracherwerb

Erste Voraussetzung für den Spracherwerb des Menschen ist (der Wunsch nach) Kommunikation. Man nimmt an, dass jedes Individuum in seiner sprachlichen Entwicklung die Entwicklung von Sprache überhaupt nachvollzieht, allerdings unter dem Einfluss seiner sozialen Umgebung. Dafür, dass der kindliche Spracherwerb sich bei allen Kindern ungefähr gleich vollzieht, gibt es mehrere Erklärungsversuche:

- Der Nativismus geht schwerpunktmäßig davon aus, dass dem Menschen bestimmte kognitive Modelle angeboren sind, die ihm den Erwerb weiterer Fähigkeiten erst ermöglichen.
- Der Kognitivismus legt den Akzent auf die Erforschung von innerpsychischen Informationsverarbeitungsprozessen, die vom Zusammenspiel von Reiz und Reaktion angestoßen werden.
- Der Interaktionismus verweist darauf, dass Spracherwerb ohne Vorbilder in der sozialen Umgebung eines Kindes und ohne Anregung anderer Menschen nicht möglich ist.

3 Weiterführende Aufgabe: Kaspar Hauser ist ein berühmtes Beispiel für einen Menschen, der vermutlich ohne soziale Kontakte aufgewachsen ist. Stellen Sie Informationen über sein Sprachverhalten zum Zeitpunkt seiner Auffindung und über seine sprachliche Entwicklung zusammen.

5.1 Rechtschreibung, Zeichensetzung und Grammatik

VORSICHT FEHLER!

Sehr beehrte Dame und Herren,
wenngleich die Post kommt, um dieses schreiben mit zunehmen, Blicke ich auf ein ein halb Stunden konzentrische Tätlichkeit am Schreibtisch zurück. Solange habe ich nämlich zur Verfassung dieses Schriebs gebracht.
Das Fern-See-Gerät, dass ich mir von ihrer Firma vor fasst zwei Jahren an schuf, ist unbewegt defekt, weil es mal zu Boden viel. Gleich wohl habe ich mich bis her noch nicht an sie Gewand und Alles selber bezahlt. Aber das jetzt mein Mohrhuhn Video nur mehr schwarz weiß kommt, dass lässt mich für die Zukunft Gans schwarzsehen. Ich biete Sie also, mich als Kulanzfall an zusehen, so, das ich nicht zufiel bezahlen muss.
Fiele Güsse,
Ihr Dick Tat

1 **a** Finden und korrigieren Sie alle im obigen Text enthaltenen Fehler.
b Überlegen Sie, warum die Rechtschreibhilfe am Computer diese Fehler nicht findet.

New York, New York

VORSICHT FEHLER!

(1) im 19. jahrhundert war new york anfangs noch immer eine kleine stadt mit nur rund 35000 einwohnern (2) die straßen waren schlecht und sanitäre einrichtungen waren nahezu unbekannt (3) wen wundert es da ? ? gelbfieber ausbrach (4) einige einwohner flüchteten nach greenwich village dem heutigen stadtteil von manhattan die meisten harrten jedoch in ihren häusern südlich der canal street aus (5) nachdem die besiedlung nördlich der city hall eingesetzt hatte beauftragten die stadtverordneten eine kommission damit eine städtebauliche planung für new york zu erarbeiten (6) die kommission entwarf manch interessantes vieles wurde aber schnell wieder verworfen (7) schließlich legte john randal 1811 ein städtebauliches muster vor ? manhattan in ein rechteck-raster aus 30 meter breiten avenues in nord-süd-richtung und 18 meter breiten durchnummerierten querstraßen einteilte (8) randal sah bereits eine bebauung bis zur 155th street vor wie sie allerdings erst ende des 19. jahrhunderts realisiert wurde

(9) zwischen 1810 und 1840 war ein enormes anwachsen new yorks zu verzeichnen die einwohnerzahl stieg auf 312000 menschen (10) insbesondere europäer kamen um hier ihr glück zu versuchen (11) in den 80er jahren strömten noch viel mehr menschen als je zuvor in die stadt ein (12) in diesem jahrzehnt kamen mehr als 1 million deutsche an und nach den pogromen in russland nahm die anzahl der einwandernden juden stetig zu (13) die Folge war ? 1892 schließlich auf ellis island ein einwanderungszentrum eröffnet wurde ? man in den nächsten jahrzehnten auch dringend benötigte (14) bis zu seiner schließung 1954 betraten rund 17 millionen einwanderer auf ellis island amerikanischen boden

2 **a** Schreiben Sie den Text über die Geschichte New Yorks (▶ S. 530) in korrekter Groß- und Kleinschreibung ab.
b Setzen Sie alle fehlenden Satzzeichen.
c Fügen Sie in die mit **?** gekennzeichneten Stellen „das" bzw. „dass" ein.
Tipp: Schlagen Sie bei Bedarf in einem Rechtschreibwörterbuch nach und/oder lesen Sie die in diesem Kapitel zusammengefassten Regeln zu den einzelnen Problembereichen.

Information **Satzreihe und Satzgefüge**

Entscheidend für die richtige Zeichensetzung ist es, die grammatikalische Struktur eines Satzes zu erkennen:

Ein **Hauptsatz** kann allein stehen, das konjugierte Verb steht an der zweiten Stelle.
Ein **Nebensatz** ist vom Hauptsatz oder einem weiteren Nebensatz abhängig und kann in der Regel nicht allein stehen. Nebensätze werden meist mit einer unterordnenden Konjunktion oder einem Relativpronomen eingeleitet, das konjugierte Verb steht dabei an letzter Stelle.

3 **a** Bestimmen Sie die Satzform der Sätze 2, 4, 5, 7 und 13 in dem Text „New York, New York" (▶ S. 530).
b Begründen Sie Ihre Entscheidung, indem Sie Haupt- und Nebensätze benennen. Unterstreichen Sie dazu in den Teilsätzen jeweils Subjekt und Prädikat und rahmen Sie die gebeugte Verbform ein.
c Bestimmen Sie alle Nebensätze des Textes näher. Welche Satzgliedfunktion nimmt der Nebensatz jeweils ein? Orientieren Sie sich an der nachfolgenden Übersicht.

Information **Gliedsätze und adverbiale Bestimmungen**

Nebensätze, die die Stelle eines Satzglieds einnehmen, werden auch **Gliedsätze** genannt. Sie lassen sich wie Subjekt oder Objekt erfragen:

- **Subjektsatz:** „*Wer die USA kennen will,* muss in New York gewesen sein."
  Wer muss in New York gewesen sein? → *Wer die USA kennen will.*
- **Objektsatz:** „Viele wissen gar nicht, *dass New York vom florentinischen Kaufmann Giovanni da Verranzano im Jahre 1524 entdeckt wurde.*"
  Was wissen viele gar nicht? → *Dass New York [...] im Jahre 1524 entdeckt wurde.*

Auch **adverbiale Bestimmungen** können in Form eines Nebensatzes vorkommen.

Art des Gliedsatzes	Häufig verwendete Konjunktionen	Beispielsatz
■ Temporalsatz (Zeit)	*während, als, bis, sooft, wenn, nachdem, bevor, sobald, seitdem*	*Als wir durch New York spazierten,* trafen wir zufällig Bekannte.
■ Kausalsatz (Grund)	*weil, da, zumal*	Wir fuhren auf das Empire State Building, *weil wir New York von oben sehen wollten.*
■ Konsekutivsatz (Folge)	*dass, sodass*	Viele Einwanderer gelangten nach New York, *sodass sich die Stadt rasant vergrößerte.*
■ Finalsatz (Zweck, Absicht)	*dass, damit, auf dass*	*Damit die Neubebauungen nicht Wildwuchs trieben,* wurde eine städtebauliche Kommission eingesetzt.
■ Konditionalsatz (Bedingung)	*wenn, falls, sofern*	*Sofern einen die Massen nicht schrecken,* ist es leicht, in New York Auto zu fahren.
■ Konzessivsatz (Einräumung)	*obwohl, obgleich, obschon, wenngleich*	*Obwohl jeder schnell ankommen will,* muss vorsichtig und rücksichtsvoll gefahren werden.
■ Modalsatz (Art und Weise)	*dadurch, dass, indem, ohne dass, je ... desto*	*Indem man vorsichtig fährt,* kommt man unfallfrei durch alle Stoßzeiten.
■ Adversativsatz (Gegensatz)	*anstatt dass, während*	*Anstatt dass sie sich anderswo niederlassen,* wollten alle unbedingt nach New York.
■ Komparativsatz (Vergleich)	*wie, als, als ob, wie wenn, als wenn*	*Wie wenn allein New York selig machte,* wollen alle hier ihr Glück versuchen.

Bestimmt der Nebensatz ein Bezugswort im Hauptsatz näher, so handelt es sich um einen **Attributsatz** z. B. einen **Relativsatz:** „Wir mögen diese Stadt, *die auch nachts nie zur Ruhe kommt.*"

Information **Wichtige Kommaregeln im Überblick:**

A **Nebensätze** werden immer durch Kommas vom Hauptsatz abgetrennt:
New York ist eine aufregende Stadt, die viele gerne einmal besuchen würden.

B **Hauptsätze,** die unverbunden nebeneinanderstehen, werden durch Kommas getrennt:
New York ist eine der größten Städte der Welt, die Einwohnerzahl hat sich seit Anfang des 20. Jahrhunderts verdoppelt.

C Wenn die **Konjunktionen** *und, oder, entweder ... oder, weder ... noch, sowohl ... als auch* Hauptsätze verbinden, kann das Komma zur Verdeutlichung gesetzt werden:
Saskia fährt mit den Eltern nach Rom(,) oder sie bleibt bei den Freunden zu Hause.

D Zwischen **Nebensätzen verschiedenen Grades** steht grundsätzlich ein Komma:
New York besitzt zahlreiche architektonische Sehenswürdigkeiten, die sich überwiegend in Manhattan befinden, wo vor allem in Midtown Wolkenkratzer das Stadtbild prägen.

E **Infinitivgruppen** (erweiterte Infinitive mit *zu*) sollte man durch Komma vom Rest des Satzes abtrennen. Es gibt verschiedene Sonderregeln, wann ein Komma gesetzt werden muss. Um Fehler zu vermeiden, empfiehlt es sich, generell ein Komma zu setzen:
Die Freiheitsstatue wurde am 28. Oktober 1886 vor dem New Yorker Hafen eingeweiht, um Heimkehrer und Neuankömmlinge begrüßen zu können.

F Vor den **vergleichenden Konjunktionen** *als* und *wie* steht ein Komma, wenn diese einen Nebensatz einleiten:
Eine Fahrt über die Brooklyn Bridge ist aufregender, als ich es mir vorgestellt hatte.
G **Appositionen** werden durch Kommas abgetrennt:
Die Twin Towers, das frühere Wahrzeichen New Yorks, sind restlos zerstört worden.

4 **a** Finden Sie für jede dieser Regeln ein Beispiel aus dem Text „New York, New York" (▶ S. 530).
b Setzen Sie auch in den folgenden Sätzen die Kommas und ordnen Sie zur Begründung den entsprechenden Kennbuchstaben der oben genannten Regeln zu.

David Fischer: **Glanz und Elend einer großen Stadt** (1)

VORSICHT FEHLER!

In New-Yorker Stadtplänen sind häufig konzentrische Kreise eingezeichnet die die Entfernung „vom Mittelpunkt der Stadt" angeben.
Als Mittelpunkt gilt die Kolumbussäule auf der 5 sich das Denkmal des Genuesen erhebt ein Geschenk Italiens an die Stadt.
Mit stolzem Auge schaut Kolumbus in unbekannte Fernen doch sein strenger Blick wird nach wenigen Metern von den nackten Mauern und Glasfassaden der Ge- 10 schäftshäuser und Hotels am Broadway und an der Seventh Avenue gebrochen.
Statt der Wellen des Ozeans die seine Füße umspielen sollten flutet der moderne Großstadtverkehr um ihn herum. 15

Information **Komma vor „und"**

- Es darf **kein Komma** stehen, wenn aufgezählte Satzglieder durch „und" verbunden sind: „New York ist die größte, aufregendste *und* sicher auch schillerndste Stadt der USA."
- Es **kann** ein Komma stehen, wenn gleichrangige Teilsätze (Hauptsatz + Hauptsatz) durch „und" verbunden sind: „Das Museum of Modern Art ist ein Muss für Liebhaber zeitgenössischer Kunst*(,) und* es besitzt die größte Film- und Fotokollektion Amerikas."
- Es **muss** ein Komma stehen, wenn nach einem eingeschobenen Nebensatz der Hauptsatz fortgeführt wird: „Die Wall Street, in der sich die höchste Konzentration von Banken auf dem Globus befindet, *und* die Broad Street mit der Wertpapierbörse sind für die Finanzwelt von größter Bedeutung."

David Fischer: **Glanz und Elend einer großen Stadt** (2)

Sobald sich der Neuling an die Verkehrsdichte gewöhnt hat, merkt er, **?** es gar nicht so schwierig ist, in New York Auto zu fahren. Man fährt ziemlich rücksichtsvoll, vielleicht mit Ausnah- 5 me der Taxis, denn dort geht es um **?** Geldverdienen. Jeder weiß, **?** er auf die Rücksicht des anderen angewiesen ist, und er gewährt sie selbst, wenn es erforderlich wird. So gibt es keine Vorfahrt, die man erzwingen kann. **?** Schild an der Einmündung einer Nebenstraße heißt 10 „merge", **?** so viel wie „einfädeln" bedeutet und besagen soll, **?** der andere eigentlich warten muss, aber wenn Stauungen entstanden sind, sollte es nach dem Reißverschlussprinzip weitergehen. 15

1 Setzen Sie „das" oder „dass" richtig ein. Begründen Sie Ihre Entscheidung.

2 Jetzt wird es richtig kompliziert, aber Sie schaffen *das!* Schreiben Sie in Ihr Heft:
Ich weiß, **? ? ? ?** ist, **?** mit ss geschrieben wird.
Ich glaube, **? ? ?** Fahrrad ist, **?** mir gestohlen wurde.

Information **„das" oder „dass"**

Die richtige Schreibung von „das" oder „dass" kann man durch Ersatzproben ermitteln:

- Am wenigsten Fehler gibt es beim **Artikel** „das":
  „*Das* Stadtzentrum befindet sich auf der Insel Manhattan."
- Das **Demonstrativpronomen** „das" kann man ersetzen durch „dieses":
  „*Das/Dieses* ist das traurigste Kapitel in der Geschichte New Yorks."
- Das **Relativpronomen** „das" leitet einen Nebensatz ein und kann durch „welches" ersetzt werden:
  „Das Wetter von New York, *das/welches* überwiegend von den kontinentalen Landmassen im Westen beeinflusst wird, ist gekennzeichnet durch heiße Sommer und kalte Winter."
- Die **Konjunktion** „dass", die einen Nebensatz einleitet, kann nicht ersetzt werden:
  „Ich glaube, *dass* New York eine der lebhaftesten Städte der Welt ist."

Im (a/A)llgemeinen sind die New Yorker trotz des hektischen (l/L)ebens meist sehr (g/G)ast-freundlich.
Er hatte auf der Stadtrundfahrt viel (w/W)is-
5 senswertes erfahren.
Die (w/W)enigsten hätten geglaubt, dass New York (n/N)achts derart belebt ist.
Wir treffen uns (m/M)orgen (v/V)ormittag im Madison Square Garden.
Das (u/U)nglaublichste in New York war der 10
ständige Autoverkehr, am (s/S)chönsten hin-gegen der Blick auf die Skyline.
Der Stadtführer hatte manch (i/I)nteressantes zu berichten, ich war der (a/A)ufmerksamste unter seinen Zuhörern. 15
Beim (e/E)inchecken für unseren Rückflug ist mir das (g/G)roßartige meiner Reise erst so richtig deutlich geworden.

3 Entscheiden Sie: groß oder klein?

Information **Regeln zur Groß- und Kleinschreibung im Überblick**

- Grundregel: Substantive/Nomen schreibt man groß.
- Wörter anderer Wortarten schreibt man groß, wenn sie im Satz als Substantive/Nomen gebraucht, sie also **substantiviert/nominalisiert** werden. Man erkennt sie am vorausgehenden Artikel, einer Präposition, die auch mit einem Artikel verschmolzen sein kann, einem vorangestellten Pronomen, Zahlwort, Adjektiv oder Partizip: „*das* Schönste", „*zum* Überleben", „*das* Für und Wider", „*alles* Gute".
- Die Artikelprobe ist ein zuverlässiges Hilfsmittel. Allerdings gibt es **Ausnahmen,** bei denen man trotz des Artikels kleinschreiben kann bzw. muss: „die *meisten*/die *Meisten*", „der *eine* oder *andere*/der *Eine* oder *Andere*"; „Er war der *interessierteste* unter allen Teilnehmern." („interessierteste" als Attribut zu Teilnehmer).
- Die Bezeichnungen von **Tageszeiten nach Adverbien** wie „gestern", „heute", „morgen" werden großgeschrieben, z. B: „heute Nacht", „morgen Vormittag". Klein schreibt man hingegen die von ihnen abgeleiteten Zeitadverbien: „nachts",„vormittags".

5.2 Tempusgebrauch, Modus, Satzbau und Zitiertechnik

In Textanalysen oder Interpretationsaufsätzen zeigen sich auch noch in der Oberstufe immer wieder formalsprachliche Unsicherheiten. Prüfen Sie im folgenden Kapitel, ob dies auch für Ihre Textproduktion zutrifft.

Tempusgebrauch

Gotthold Ephraim Lessing: **Der Esel mit dem Löwen**

Als der Esel mit dem Löwen des Aesopus[1], der ihn statt seines Jägerhorns brauchte, nach dem Walde ging, begegnete ihm ein andrer Esel von seiner Bekanntschaft und rief ihm zu: „Guten Tag, mein Bruder!" – „Unverschämter!", war die Antwort. – „Und warum das?", fuhr jener Esel fort. „Bist du deswegen, weil du mit einem Löwen gehst, besser als ich? mehr als ein Esel?"

1 **Äsop** (6. Jh. v. Chr.), berühmter Fabeldichter

Die folgenden Beispiele sind Interpretationsaufsätzen zu Lessings Parabel entnommen.

VORSICHT FEHLER!

Die Fabel handelt von einem Esel, der einen Löwen begleitete. Im Wald treffen die beiden nun einen anderen Esel. Dieser grüßte freundlich, doch sein Gruß wurde abgewiesen.

Nachdem der Esel seinen Bekannten als seinen Bruder begrüßt hat, entgegnete dieser: „Unverschämter!" Der Esel wunderte sich, und als er diese hochnäsige Zurechtweisung für sich verarbeitet hatte, findet er die richtigen Worte.

1 Überarbeiten Sie die Textentwürfe in Hinsicht auf den Tempusgebrauch.

Information **Tempusgebrauch in Aufsätzen**

- Sätze zur Textzusammenfassung stehen im Analyse- bzw. Interpretationsaufsatz grundsätzlich im Präsens.
- Zur Darstellung eines zeitlichen Nacheinanders gibt es in Satzgefügen eine festgelegte Tempusfolge:
  → Perfekt vorzeitig zum Präsens:
  „Nachdem er den Esel *erkannt hat, geht* er auf ihn zu und *begrüßt* ihn freudig."
  → Plusquamperfekt vorzeitig zum Präteritum:
  „Als er den Esel *erkannt hatte, ging* er auf ihn zu und *begrüßte* ihn freudig."

Modus bei der Redewiedergabe

VORSICHT FEHLER!

Der so Zurückgewiesene fragt den Esel, der den Löwen begleitet, warum dieser ihn wohl einen Unverschämten nennt und ob er selbst, nur weil er mit einem Löwen geht, besser ist, ob er vielleicht gar mehr als ein Esel ist.

1 **a** Was ist in dem Schülerbeispiel oben bei der Redewiedergabe schiefgelaufen?
b Überarbeiten Sie den Textentwurf, nachdem Sie sich die maßgeblichen Regeln dazu noch einmal vergegenwärtigen.
2 Ergänzen Sie in Ihrem Heft die fehlenden Modusformen.

Indikativ	*Konjunktiv I*	*Konjunktiv II*
er geht	…	…
…	*du habest nachgedacht*	…
…	…	*ich wäre angekommen*
wir singen	…	…
…	*sie sparen*	…

Information **Redewiedergabe in indirekter Rede**

Zur Redewiedergabe wird häufig der **Konjunktiv I** verwendet:
„Der Löwe sagte, sie *kommen*."
Ist der Konjunktiv I im Textzusammenhang nicht vom Indikativ Präsens zu unterscheiden, wählt man als Ersatz den **Konjunktiv II:**
„Der Löwe sagte, sie *kämen*."
Wenn aber auch der Konjunktiv II (im Textzusammenhang) nicht vom Indikativ zu unterscheiden ist, greift man auf die **Ersatzform mit würde** zurück:
„Er sagte, sie *machen* (Konjunktiv I)/*machten* (Konjunktiv II) das schon/sie *würden* das schon *machen*."
Tipp: Diese Ersatzform setzt sich vor allem im mündlichen Sprachgebrauch und bei veraltet klingenden Konjunktiven immer mehr durch:
„Er sagte, er *würde* ein Buch *lesen*." → an Stelle von: „Er sagte, er *läse* ein Buch."

Satzbau und Grammatik

VORSICHT FEHLER!

Lessing will mit seiner Fabel, die aus der Zeit der Aufklärung stammt und wie die meisten Texte aus dieser Zeit die Leser zum Nachdenken über ihre Verhaltensweisen bringen möchte, zum Ausdruck, dass man sich nicht über seinesgleichen stellen sollte. Nur weil man einen niederen Dienst für eine höhergestellte Person, immerhin sollte der Esel ja lediglich dem Löwen das Jägerhorn ersetzen, ist man nicht gleich ein Teil der „besseren Gesellschaft".

1 Bei komplexen Sätzen ist die Gefahr groß, dass der einmal gewählte Satzbauplan aus dem Blick gerät. Resultat: Ein grammatikalisch nicht korrekter Satz. Korrigieren Sie entsprechende Fehler im obigen Entwurf.
2 Benennen und korrigieren Sie ebenso die grammatikalischen Fehler in den folgenden Sätzen.
– *Er will seinen Stiefsohn das Erbe übergeben.*
– *Sie lebt zusammen mit seiner Mutter und ihrem damaligem Liebhaber.*

- *Das Ganze geht von vorne los, nur dass es diesmal zu einem spannenden Entscheidungskampf kommt, bei dem der Agent als Gewinner hervorgeht.*
- *Es beginnt wie gewöhnlich mit dem Ausblick über das Meer, mit den sich an den Klippen brechenden Wellen und die prachtvolle Landschaft.*
- *Sie erzählen, wie interessant es doch sei, dass Arnold Schwarzenegger Kleider träge und Queen Mum ihr Tattoo bekäme.*
- *Ich würde auch mal gerne Lehrer sein und würden wir ja sehen, wer der bessere ist.*
- *Während der letzten Worte wurde er immer leiser, sodass er es am Ende nur noch dachte, was er eigentlich sagte. Betrübt trottet er in die letzte Reihe. Und findet einen leeren Tisch.*

Zitieren von Textbelegen

VORSICHT FEHLER!

Die Antwort des Esels „Unverschämter!“ zeigt sehr deutlich, dass dieser die Anrede mein Bruder ablehnt. Doch der freundlich Grüßende nimmt diese Zurechtweisung nicht hin und fragt, „Warum bin ich ein Unverschämter?“ „Bist du, weil du mit einem Löwen gehst, besser als ich?“ setzt er fort „Mehr als ein Esel?

1 a Tragen Sie alle Fehler zusammen, die der Textentwurf in Bezug auf die Zitiertechnik aufweist.
b Überarbeiten Sie den Entwurf. Schreiben Sie dabei in Ihr Heft.

Methode **Textbelege richtig zitieren**

Grundsätzlich gilt, dass Zitate in Anführungszeichen gesetzt werden. In Wortlaut und Schreibung müssen sie mit der Quelle übereinstimmen. Auslassungen oder Anpassungen an den Satzbau werden durch eckige Klammern [...] ausgewiesen.

Möglich sind folgende Varianten:

- Das Zitat wird mit einem Doppelpunkt angekündigt:
  Freundlich grüßt der Esel seinen Bekannten: „Guten Tag, mein Bruder!“
- Das Zitat folgt zur Veranschaulichung des Gesagten in Klammern:
  Der Gruß wird von dem anderen Esel zurückgewiesen („Unverschämter!“).
- Das Zitat wird in einen Trägersatz eingebaut und dabei grammatisch leicht angepasst:
  Der Esel nennt seinen Bekannten einen „Unverschämte[n]“.
- Das Zitat wird gekürzt wiedergegeben:
  Die Fabel beginnt mit einer kurzen Situationsschilderung: „Als der Esel mit dem Löwen des Aesopus [...] nach dem Walde ging [...].“
- Bei der sinngemäßen Wiedergabe entfallen die Anführungszeichen:
  Der Esel entgegnet, ob der andere, nur weil er mit einem Löwen gehe, besser sei als er, mehr sei als ein Esel.

Wird ein ganzer Satz zitiert, ist Folgendes zu beachten:
- Folgt der zitierte Satz einem hinführenden Begleitsatz, steht das Zitat nach einem Doppelpunkt zwischen Anführungszeichen und endet mit einem Punkt: ...: „..." (Z.x–y).
- Steht der zitierte Satz am Anfang, bleibt er ohne Punkt, wird aber durch ein Komma vom nachfolgenden Begleitsatz getrennt: „..." (Z.x–y), ...
- Man kann den zitierten Satz auch in den eigenen Satz einfügen. Der zitierte Satz bleibt dann ohne Punkt (Ausrufezeichen oder Fragezeichen müssen aber mitzitiert werden) und es wird kein Komma gesetzt: ... „..." (Z.x–y) ... .

5.3 Textüberarbeitung: Stil und Kohärenz

Der Textentwurf ist erst ein Teil der Arbeit. Eine gründliche Überarbeitung desselben sollte sich unmittelbar anschließen. Dabei sind vor allem die stilistische Gestaltung und die Textkohärenz in den Blick zu nehmen, denn gerade in diesen Bereichen liegt Optimierungspotenzial.

Information **Textkohärenz**

Kohärenz nennt man den textbildenden Zusammenhang von Sätzen, der sich durch die semantischen und grammatischen Beziehungen herstellt. Ein wesentliches Kohärenz stiftendes Mittel in einem Text ist die pronominale Verkettung seiner sprachlichen Einheiten. Damit sind alle Wörter gemeint, die für ein im Text einmal gesetztes Substantiv/Nomen verwendet werden können (Synonyme), Fürwörter im eigentlichen Sinne (Pronomen), die im Text stellvertretend für ein vorab genanntes Nomen stehen:
„Meine Eltern haben mir *ein Buch* geschenkt."
↓
„*Es* handelt von den Kreuzzügen im Mittelalter."

Das Ministerium für Liebe war zweifellos das beängstigendste von allen. Es hatte überhaupt keine Fenster. Winston war weder jemals im Ministerium für Liebe gewesen, noch hatte er sich ihm jemals auch nur auf einen halben Kilometer genähert.

George Orwell: 1984

Mädchen lieben Pferde. Sie betreuen sie gern.
Von draußen klang das Gelächter der restlichen Clique herein – sie vergnügten sich im Swimmingpool.
Das Brautpaar trat aus der Kirche. Er strahlte über das ganze Gesicht.
Ich für meinen Teil hatte die ganze Zeit weitergegessen. Sie machten mir nichts aus, die Gespräche über zerquetschte Finger und so.

Thomas Brussig: Wasserfarben

Diese Szenen bewundern die Leute und deswegen führten sie einige Polizeiserien ein.
Er überwältigt eine Wache und verkleidet sich mit dessen Rüstung.
Das Publikum fühlt sich an ihre eigenen Erlebnisse erinnert.

---

1 **a** Prüfen Sie den pronominalen Zusammenhang in den oben stehenden Sätzen.
b Welche Besonderheiten stellen Sie fest? Bewerten Sie die von Ihnen beobachteten Phänomene in Bezug auf ihre Akzeptabilität.

2 Der folgende Auszug aus einem Schüleraufsatz (Interpretation zur 5. Szene des 3. Aufzugs von Shakespeares „Romeo und Julia") enthält bezüglich der Verwendung von Pronomina zahlreiche Mängel. Machen Sie Vorschläge, diese zu beheben.

3 Im zweiten Teil der Interpretation finden sich viele umgangssprachliche Formulierungen. Schlagen Sie angemessene Ausdrucksvarianten vor.

VORSICHT FEHLER!

Romeo und Julia sind Kinder zweier verfeindeter Häuser, der Montagues und der Capulets. Romeo und Julia haben sich unsterblich ineinander verliebt und heimlich geheiratet. Doch nach dem Willen ihres Vaters, des Grafen Capulet, soll Julia den jungen Grafen Paris heiraten, obwohl sie schon heimlich mit ihm verheiratet ist.
Zu allem Unglück kommt noch hinzu, dass Romeo aus der Stadt nach Mantua verbannt worden ist, weil Romeo Tybalt, den Neffen Julias, erschlagen hat. (5)
In der 5. Szene des 3. Aktes ist Romeo heimlich bei Julia im Zimmer, um die letzten Stunden vor seiner Verbannung mit Julia zu verbringen.
Kurz nach dem Abgang Romeos kommt Julias Mutter, die Gräfin, in Julias Gemach und erkundigt sich nach Julias Befinden. Sie sagt, dass es ihr nicht gut ginge, vorgeblich immer noch wegen dem verstorbenen Vetter. (10)
Die Gräfin schneidet nun ein neues Thema an, ein für sie (ihrer Meinung nach) erfreuliches Thema, welches sie glücklich machen sollte. Sie redet um das Ereignis herum mit Umschreibungen wie „ein Freudenfest" oder „von deinem Trübsinn abzubringen". Julia wird dadurch immer neugieriger, bis sie ihr erzählt, dass sie am Donnerstagmorgen den Grafen Paris heiraten solle. (15)

Doch die Beschimpfungen gehen selbst der Mutter zu weit. Sie bremst den Vater, dass er sich zügeln solle. Julia erkennt ihre Lage und versucht, ihren Vater wieder gut zu stimmen: „Ich fleh euch auf den Knien, mein guter Vater: Hört mit Geduld ein einzig Wort nur an."
Der Graf denkt aber gar nicht daran, er ist so sehr in seinen Zorn vertieft, dass er nur noch damit beschäftigt ist, seine Tochter zu beschimpfen und ihr ein schlechtes Gewissen einzureden. Da platzt der Gräfin der Kragen, und sie meint zum Grafen: „Ihr seid zu hitzig." (5)
Der Graf lässt sich davon überhaupt nicht beeindrucken. Er wird nur noch wütender und beschimpft Julia nochmals. Er sagt ihr, dass er sie vor die Tür setzen werde, wenn sie nicht heirate, und geht aus dem Zimmer raus. Shakespeare möchte damit rüberbringen, wie superwichtig dem Vater diese Heirat ist, weil sein Ansehen davon abhängt, denn er hat Paris die Heirat versprochen. (10)

Information **Umgangssprache, Standardsprache**

Für Schulaufsätze wie für öffentliche Kommunikation überhaupt gilt die **Standardsprache** (Hochsprache) als verbindlich einzuhaltende Stilebene.
Die Standardsprache ist zu unterscheiden von der so genannten **Umgangssprache**, dem alltäglichen mündlichen Sprachgebrauch.
Die Umgangssprache zeichnet sich durch kurze und einfache, mitunter unvollständige Sätze aus, in denen oft auch Ausdrücke aus Gruppen- oder Szenesprachen Verwendung finden.
Wichtig ist es, ein Gefühl für den Gebrauch der angemessenen Sprache in den verschiedenen Kommunikationssituationen zu entwickeln. Standardsprache und Umgangssprache bilden somit Sprachvarianten, die sich im aktiven Sprechen überlagern oder mischen.

VORSICHT FEHLER!

Julias Abneigung gegen eine Heirat mit dem Grafen Paris soll sie nach dem Willen der Mutter ihrem Vater gegenüber, der Julias Zimmer betritt, selbst ausdrücken. Doch der ahnungslose Vater holt zunächst Erkundigungen ein über das Erreichen der freudigen Nachricht von der bevorstehenden Hochzeit Julias mit dem Grafen. Er bittet seine Tochter auch um ein Ende des Trauerns um den verstorbenen Vetter Tybalt. Doch da kommt an Stelle einer Antwort Julias eine Reaktion ihrer Mutter bezüglich der ablehnenden Haltung Julias zur Verheiratung mit dem Grafen.

4 In dieser Passage aus einem Interpretationsaufsatz zu „Romeo und Julia" häufen sich Substantive und Substantivgruppen. Überarbeiten Sie den Text, indem Sie auf anschaulichere und leichter verständliche Verben zurückgreifen.

Information **Nominalstil**

Man unterscheidet zwischen **verbaler Ausdrucksweise** und dem so genannten **Nominalstil**. Letzterer zeichnet sich durch eine über das übliche Maß hinausgehende Bevorzugung von Substantiven/Nomen und Pronomen aus. Der Nominalstil wird z.B. in der Verwaltungs- und Juristensprache oder in wissenschaftlichen Texten angewendet, weil er eine knappe, komprimierte Information ermöglicht. Er wirkt jedoch hölzern und umständlich.
In Aufsätzen ist daher eine verbale Ausdrucksweise zu bevorzugen, da diese einfacher und leichter verständlich ist.

5 Suchen Sie weitere sprachliche Mängel der Auszüge aus den Schüleraufsätzen auf den vorausgehenden Seiten und verfassen Sie jeweils einen überarbeiteten Entwurf.
Vergewissern Sie sich dabei noch einmal der Funktion und Bedeutung der Wortarten.

Die Wortarten im Überblick:

flektierbar (veränderlich)		**nicht flektierbar** (unveränderlich)
konjugierbar	**deklinierbar**	
Verb (Tätigkeitswort) z.B.: *lachen, wachsen, sein*	**Substantiv/Nomen** (Hauptwort) z.B.: *Haus, Liebe, Entwicklung* **Artikel** (Geschlechtswort) z.B.: *der, die, das, ein, eine* **Adjektiv** (Eigenschaftswort) z.B.: *schön, rechteckig, grün* **Pronomen** (Fürwort) z.B.: *ich, du, er* (Personalpronomen) z.B.: *mein, unser* (Possessivpronomen) z.B.: *diese, jene* (Demonstrativpronomen) z.B.: *der, welches* (Relativpronomen) z.B.: *wer?, was?* (Interrogativpronomen)	**Adverb** (Umstandswort) z.B.: *oben, hier, rechts* (lokal) *heute, bald* (temporal) **Präposition** (Verhältniswort) z.B.: *mit, nach, für, vor, auf, in* **Konjunktion** (Bindewort) z.B.: *und, oder, aber, weil, denn* **Interjektion** (Ausrufewort) z.B.: *ach, oh, aua!*

1 Betrachten Sie die Bildimpulse. Spiegeln die dargestellten Arbeitsformen Ihre eigenen Erfahrungen wider?

2 Ergänzen Sie um weitere Arbeitsmethoden, die Sie im Unterricht der Oberstufe erwarten.

In der Oberstufe gewinnt das eigenverantwortliche Lernen zunehmend an Bedeutung. Sie lernen Methoden und Strategien anzuwenden und zu beherrschen, mit denen Sie

- im Unterricht erworbene Kompetenzen selbstständig umsetzen,
- Techniken wissenschaftlichen Arbeitens perfektionieren,
- Inhalte und Themen vertiefen und dabei individuelle Schwerpunkte setzen,
- Leistungsnachweise wie Portfolio, Präsentationen oder Facharbeiten erbringen,
- Ihr Lernverhalten mit einer geeigneten Sozialform verbinden (Einzelarbeit, Partnerarbeit, Gruppenarbeit) und dabei Ihren Lernprozess reflektieren.

Phasen und Arbeitsformen eines Projekts – Exemplarischer Durchgang

Projekte können in unterschiedlichen Formen auftreten. Das Spektrum möglicher Varianten reicht von klasseninternen Vorhaben in einem oder mehreren Unterrichtsfächern über Thementage für eine bestimmte Klassenstufe bis zur Projektwoche für die ganze Schule, bei der auch außerschulische Partner mit einbezogen werden.

Projekte unterscheiden sich vom traditionellen Fachunterricht in vielerlei Hinsicht. Frühzeitige und sorgfältige Planung gehört zu den Voraussetzungen für ihr Gelingen.

1 **a** Erläutern Sie die Kriterien, die in der Projektarbeit eine Rolle spielen, und verdeutlichen Sie diese durch konkrete Beispiele.
b Prüfen Sie, welche dieser Kriterien für die Projekte zutreffen, an denen Sie bereits teilgenommen haben.

2 Teamfähigkeit gilt heute als eine wichtige Schlüsselqualifikation. Diskutieren Sie, inwiefern und unter welchen Bedingungen Projekte die Teamfähigkeit fördern. Beziehen Sie die Kriterien aus obigem Diagramm mit ein.

Die im Folgenden exemplarisch vorgestellten Phasen der Projektarbeit beziehen sich auf das Kapitel C 6.3 „Schreiben gegen das Vergessen: Günter Grass, Im Krebsgang“. Arbeiten Sie das Kapitel erst im Ganzen durch, bevor Sie mit Ihrem eigenen Projekt beginnen.

Phase I: Initiativ- und Informationsphase

Lange bevor die konkrete Planungsphase beginnt, müssen Ideen gefunden werden. In dieser Phase sollten Sie Ihrer Kreativität freien Lauf lassen und auch ungewöhnliche Einfälle zunächst einmal zulassen.

1 Übertragen Sie den Ideenballon auf ein DIN-A4-Blatt und kopieren Sie ihn im Klassensatz. Schreiben Sie Ihre Projektideen jeweils in einen Ballon.

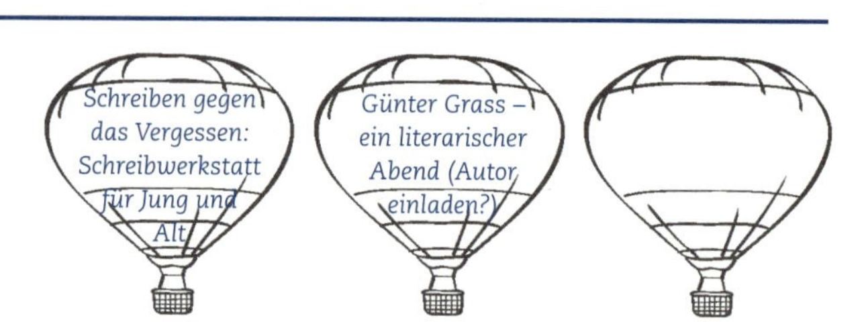

2 Hängen Sie die Ballons an einer Pinnwand auf und besprechen Sie Ihre Ideen.
3 Legen Sie gemeinsam das Thema für Ihr Projekt fest.
4 Klären Sie, welche äußeren Rahmenbedingungen für Ihre Projektideen gegeben sind bzw. stellen Sie soweit möglich die erforderlichen Rahmenbedingungen her.

Methode **Planung und Durchführung eines Projekts**

Für die erfolgreiche Planung und Durchführung eines Projekts müssen auch die konkreten Rahmenbedingungen frühzeitig geklärt werden. Folgende Fragen sind wichtig:
- **Form:** Findet der Projektunterricht in Form einer eigenen Phase im Schuljahr statt, z. B. als Projektwoche, themenorientierte Projekttage (TOP-Tage)?
- **Beteiligung:** Wer ist beteiligt? Die ganze Schule, eine Klassenstufe, eine Klasse bzw. ein Kurs; Personen und Institutionen von außerhalb?
- **Zeitraum:** Welcher Zeitrahmen steht für die Projektarbeit zur Verfügung? Wann muss das Projekt abgeschlossen sein?
- **Umsetzung:** Wird für die Projektarbeit der normale Stundenplan außer Kraft gesetzt?

Kostet das Projekt Geld (Material, Exkursionen, Expertenhonorare)?
Wenn ja: Wer könnte als Sponsor oder Förderer gewonnen werden?

Phase II: Planungsphase

In der Planungsphase wird die Projektarbeit eingeleitet und der Projektverlauf geplant. Damit dies gelingt, müssen die Rollen aller Beteiligten geklärt werden.
Folgende methodische Schritte sind dabei zu leisten:
1. Präzisierung der Themenstellung und der Aspekte des Themas
2. Formulierung einer zentralen Forschungsfrage bzw. eines Projektziels
3. Bestimmung von Arbeitsmethoden, Herstellung von Kontakten
4. Einteilung der Gruppen, Festlegung der Rollen und Aufgaben innerhalb der Gruppen
5. Bestimmung des angestrebten Produkts und der angesprochenen Adressaten
6. Erstellung eines Projektplans

1 Führen Sie die Schritte 1 bis 6 am Beispiel des Kapitels „Schreiben gegen das Vergessen: Günter Grass, Im Krebsgang“ (► S. 447–458) durch. Die Reihenfolge kann verändert werden. Halten Sie Ihre Ergebnisse auf einem Protokollblatt fest.

Protokoll der Planungsgruppe: ***Schreiben gegen das Vergessen: Günter Grass, Im Krebsgang***
1. *Thema: Vergangenheitsbewältigung in der Literatur der Gegenwart*
2. *Ziele: Auseinandersetzung mit der Aufarbeitung von Geschichte, Täter-Opfer-Problematik, Vergangenheitsbewältigung in der und mit Literatur; jeder liest drei Romane!*
3. *Methoden, Kontakte: …*
4. …
5. …
6. *Projektplan: Projektbeginn nach den Osterferien, zwei Wochen Lesephase, Präsentation: Literaturcafé am vorletzten Schultag vor den Pfingstferien*

Phase III: Arbeits- oder Produktionsphase

Motivation und Durchhaltevermögen sind auch bei Projekten wichtige Faktoren, die über Erfolg oder Misserfolg entscheiden. Der Einstieg in die Arbeits- und Produktionsphase sollte deshalb alle Beteiligten „mit ins Boot nehmen“ und sie zu Eigenaktivität anregen. Beginnen und beenden Sie daher in der Arbeitsphase jede Stunde bzw. jeden Zeitabschnitt gemeinsam.

---

1 Ergänzen Sie die folgende Vorschlagsliste für den Auftakt des Literaturprojekts „Schreiben gegen das Vergessen“ mit eigenen Vorschlägen: *Besuch einer Buchhandlung zur Information über Neuerscheinungen zum Thema „Wider das Vergessen“, Internetrecherche zu den Autoren …*

2 **a** Besprechen Sie die Vorschläge für die Arbeitsphase des Projekts, die im Kapitel C 6.3 (► S. 458) gemacht werden, und diskutieren Sie in Ihrer Gruppe, welche davon Sie umsetzen wollen. Begründen Sie Ihre Position, z. B.: *Rollenbiografien und Standbilder zu den Romanfiguren – gute Idee, leicht umzusetzen, fördert die Auseinandersetzung mit den Figuren, macht außerdem Spaß!*

b Strukturieren und organisieren Sie die Arbeitsphase. Achten Sie darauf, dass sich alle Gruppenmitglieder mit ihren besonderen Stärken einbringen können, z. B.: *Standbilder bauen und mit der Digitalkamera aufnehmen – gute Gelegenheit für die Mitglieder der Theater- und der Foto-AG!*

Phase IV: Präsentations- bzw. Aktionsphase

In dieser Phase zeigen Sie, ob sich die Arbeit und Mühe gelohnt hat und was Sie dabei gelernt haben. Für die Vorstellung Ihrer Projektarbeit gibt es ein vielfältiges Angebot:
Matinée mit Buchvorstellungen in der Stadtbücherei, Schaufenstergestaltung einer Buchhandlung …

---

1 **a** Setzen Sie die Liste mit eigenen Vorschlägen fort.

b Ordnen Sie die Vorschläge in folgende Kategorien ein. Mischformen sind möglich.

szenische Darstellung	*mediales Produkt*	*schriftliches Produkt*	*mündlicher Vortrag*
Literaturcafé	…	…	…

2 Machen Sie sich Notizen, was bei der Umsetzung der Präsentationsmöglichkeiten jeweils zu beachten ist, z. B: *Schaufenstergestaltung: Kontakt mit der Buchhandlung x, Terminabsprache, …*

3 Treffen Sie auf der Grundlage Ihrer Vorüberlegungen eine begründete Entscheidung für die Vorstellung Ihres Projekts.

Phase V: Evaluationsphase

Reflektieren Sie am Ende der Projektarbeit Ihre Vorgehensweise, indem Sie folgende Fragen auswerten:

- Wurden die gesetzten Ziele erreicht?
- Was haben wir als Team, Gruppe oder Kurs, was habe ich als Einzelperson gelernt?
- Wie funktionierte die Arbeit in der Gruppe? Wie haben wir Entscheidungen getroffen?
- War unsere/meine Arbeitszeit angemessen?
- Welchen Ertrag hat das Projekt im Vergleich zum Regelunterricht?

Mitschriften – Aktiv zuhören

Mitschriften und Protokolle sind wichtige Arbeitstechniken in Schule und Wissenschaft, aber auch im Arbeits- und Geschäftsleben sowie in Politik und Gesellschaft. Sie trainieren das **aktive Zuhören** und dienen zugleich dazu, mündliche Abläufe von Gesprächen, Verhandlungen, Diskussionen oder Vorträgen für eine spätere Nutzung festzuhalten. Im Unterricht können Sie Mitschriften zur Vorbereitung einer Klausur nutzen oder zur Grundlage eines Protokolls machen, das dem gesamten Kurs zur Verfügung gestellt werden kann.

1 Orientieren Sie sich bei Mitschriften im Unterricht an folgenden Hinweisen.

Methode **Mitschriften anfertigen**

- Notieren Sie bereits vor Beginn der Mitschrift wichtige Fakten für den Protokollkopf: Thema, Mitwirkende, Uhrzeit etc. So entlasten Sie den Prozess der Informationsaufnahme.
- Füllen Sie Seiten nur teilweise, lassen Sie einen breiten Rand. So können Sie nach der Mitschrift oder in Gesprächspausen Ergänzungen vornehmen.
- Notieren Sie nur Stichworte und verwenden Sie möglichst viele Kürzel.

2 Stellen Sie sich eine Liste von Kürzeln zusammen, die Sie für Mitschriften nutzen können, z. B.: „n" für nicht oder „Def" für Definition.

Stichwortprotokoll – Formalisierte Stichworte

Stichwortprotokolle legen den Grundstein für nachfolgende Arbeitsschritte. In ihnen erfassen Sie Inhalte einer Unterrichtsstunde mit Hilfe vorgegebener, formalisierter Stichworte, die dann zu Ergebnis- oder Verlaufsprotokollen (▶ S. 546–547) ausgearbeitet werden können.

1 Nutzen Sie die folgenden Stichworte, um Ihrer Unterrichtsmitschrift schon vorab eine Struktur zu geben. Ordnen Sie dazu die Stichworte handschriftlich in sinnvollen Abständen und Zuordnungen auf einem Protokollblatt an oder erstellen Sie am Computer ein entsprechendes Dokument. Nutzen Sie das Blatt als Kopiervorlage.

Methode **Struktur eines Stichwortprotokolls**

- Rahmendaten (Teilnehmende, Uhrzeit etc.)
- Thema der Stunde
- Text-/Materialgrundlage der Stunde
- steuernde Fragestellungen (der Lehrperson oder von Mitschülern/Mitschülerinnen)
- Hauptergebnisse (z. B. Tafelanschrieb, von der Lehrperson hervorgehobene Ergebnisse etc.)
- offengebliebene Fragen
- Hausaufgaben

2 **Mindmap** und **Flussdiagramm** (▶ S. 17) sind alternative Methoden zur Stichwort-Mitschrift. Wenden Sie auch diese Notationsmöglichkeit an und vergleichen Sie ihre Leistungen.

Ergebnisprotokoll – Resultate festhalten

Information **Ergebnisprotokoll**

Protokolle sind Sonderformen des Berichts. Sie stehen im Präsens. Im Unterschied zu Mitschriften, die meist zum Eigengebrauch angefertigt werden, richten sich Protokolle an andere. Sie sollen neutral und sachlich informieren. Im Ergebnisprotokoll werden ohne Namensnennungen nur die Resultate, nicht aber der Verlauf von Diskussionen und Beratungen festgehalten. Über die Ergebnisse des zu protokollierenden Gesprächs hinaus darf nichts hinzugefügt werden. Protokolle einer Unterrichtsstunde bzw. einer Diskussion sollten zeitnah und auf umfangreiche Notizen gestützt fertig gestellt werden (vgl. Stichwortprotokoll), bevor wichtige Zusammenhänge aus dem Gedächtnis verloren gehen.

1 Entwickeln Sie aus einem Stichwortprotokoll ein Ergebnisprotokoll.

a Formulieren Sie dazu Ihre Notizen in ganze Sätze aus und stellen Sie Einzelheiten in einen gedanklichen Zusammenhang.

b Nutzen Sie die Kategorie der „steuernden Fragestellungen" aus dem Stichwortprotokoll, um Ihr Ergebnisprotokoll inhaltlich zu gliedern.

c Gestalten Sie den Protokollkopf nach dem folgenden Muster.

Protokoll der Deutschstunde am 17.2.20xx

Thema: *Vergleich zwischen Schillers „Don Karlos" und Büchners „Dantons Tod"*
Teilnehmer/innen: *Kurs Deutsch 1/I (20 Schüler/innen)*
Leitung: *Herr Bauer*
Zeit: *7.55–9.30*
Protokollführung: *Clara Assmann*

*Die beiden Theaterstücke weisen **einige Gemeinsamkeiten,** aber auch **deutliche Unterschiede** auf.*

– *In beiden Dramen werden **revolutionäre politische Bewegungen** thematisiert.*

- *Die Dramenhandlung rückt dabei aber* ***unterschiedlich nahe*** *an den politischen Wandel heran. Während die Umwälzungen in Schillers „Don Karlos" weit vom Schauplatz des Geschehens entfernt in den Niederlanden stattfinden, ist Büchners Theaterstück im Zentrum der Französischen Revolution, im Paris des späten 18. Jahrhunderts, angesiedelt.*
- *Weiterhin ist festzuhalten, dass beide Stücke ganz* ***verschiedene Stadien einer politischen Umwälzung*** *thematisieren. Während die politischen Wandlungen in „Don Karlos" sich noch ganz am Anfang befinden …*
- *In beiden Dramen …*

2 Untersuchen Sie die Anordnung des Materials. Eignet sich eine entsprechende Gliederung auch für Ihr Protokoll?

Verlaufsprotokoll – Erarbeitung von Resultaten

Information **Verlaufsprotokoll**

In einem Verlaufsprotokoll wird der Fortgang einer Diskussion bis zum endgültigen Ergebnis bzw. bis zum zuletzt erreichten Diskussionsstand wiedergegeben. Die Diskutanten werden namentlich genannt. Im Unterschied zum Wortprotokoll (z. B. in Parlamenten) werden im Verlaufsprotokoll nicht alle Äußerungen festgehalten. Die das Protokoll führende Person muss eine Auswahl treffen, also entscheiden, welche Äußerungen dem Gespräch besondere Impulse gegeben haben und welche eher nicht.

1 Nutzen Sie auch bei der Abfassung und Gliederung eines Verlaufsprotokolls ein vorbereitendes Stichwortprotokoll.

2 Geben Sie die Äußerungen der Diskussionsteilnehmer im Konjunktiv der **indirekten Rede** (► S. 536) wieder.

Protokoll der Deutschstunde am 17.2.20xx

Thema:	*Vergleich zwischen Schillers „Don Karlos" und Büchners „Dantons Tod"*
Teilnehmer/innen:	*Kurs Deutsch 1/I (20 Schüler/innen)*
Leitung:	*Herr Bauer*
Zeit:	*7.55–9.30*
Protokollführung:	*Clara Assmann*

Verlauf:

1. *Vorstellung von Friedrich Schillers „Don Karlos" durch Isabel Heinzle. Isabel macht Schillers politischen Ansatz deutlich, wie er sich in dem Theaterstück nachweisen lässt.*
2. *Inhaltsreferat zu „Dantons Tod" von Georg Büchner. Alexander Schulz weist anhand mehrerer Textbelege darauf hin, dass man das Theaterstück vor dem Hintergrund der Französischen Revolution sehen muss.*
3. *Angeleitet durch pointierte Fragen Herrn Bauers, die sich auf Zeit und Rahmenbedingungen der beiden Stücke beziehen, kommt der Kurs zu folgendem Untersuchungsergebnis: …*

Mit Schreiben und Lesen fängt eigentlich das Leben an.

Eintragung auf einer Wachstafel mit Schulübungen aus Mesopotamien, 4. bis 5. Jahrhundert n. Chr.

1 Schreiben Sie den Satz in die Mitte eines großen Papierbogens und führen Sie in Vierergruppen ein **Schreibgespräch** durch.

a Notieren Sie in einer Ecke des Papierbogens Ihre Gedanken und Assoziationen zu dem Satz. Drehen Sie nach zwei bis drei Minuten das Blatt um 90 Grad, sodass Sie mit dem vorherigen Schreiber in Dialog treten. Setzen Sie das Schreibgespräch fort, bis Sie wieder am Ausgangspunkt angekommen sind.

b Besprechen Sie Ihre Ergebnisse im Plenum.

2 Im Schreibgespräch sind sicher Begriffe wie „Schreiben als Kommunikationsmittel" oder „Schreiben als Möglichkeit, sich auszudrücken" gefallen. Listen Sie weitere Funktionen des Schreibens auf und ergänzen Sie diese durch konkrete Beispiele.

3 Diskutieren Sie diese Schreibfunktionen im Kontext schulischer Schreibaufgaben.

Schreiben als Prozess – Schreibstrategien anwenden

Zu den zentralen Schreibaufgaben im Deutschunterricht zählt der Aufsatz. Interpretationen und Analysen, Erörterungen und gestaltende Aufgaben sind anspruchsvolle Schreibformen, die man schrittweise erlernen muss. Von professionellen Schreibern – Schriftstellern, Journalisten, Werbetextern usw. – kann man lernen, dass Schreiben ein komplexer Prozess ist, der lange vor der Textproduktion beginnt und mit dem ersten Textprodukt nicht abgeschlossen ist.
Man unterscheidet grob folgende Phasen:

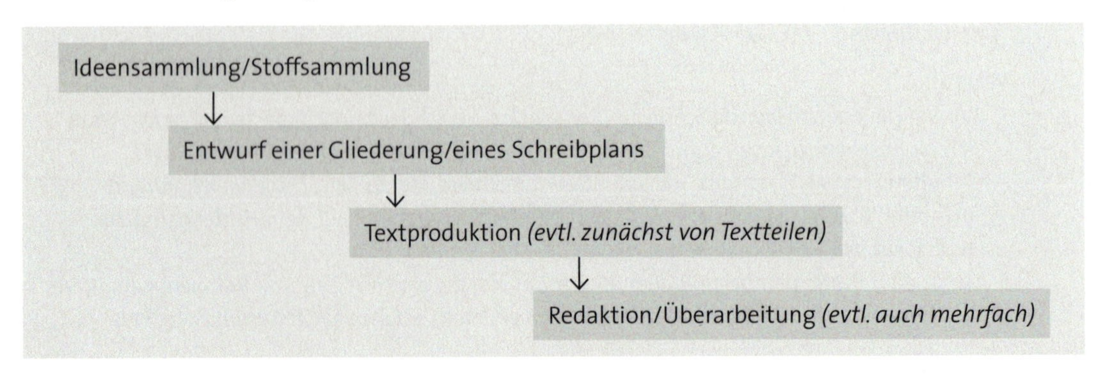

1 Zeichnen Sie ein Kreisdiagramm mit Segmenten für die unterschiedlichen Phasen: Wie groß ist der zeitliche Anteil der einzelnen Phasen in Ihrem persönlichen Schreibprozess? Unterscheiden Sie gegebenenfalls verschiedene Schreibsituationen: Klausur, Hausaufgabe, besondere Lernleistungen, wie z. B. Facharbeit, Handout für ein Referat usw.

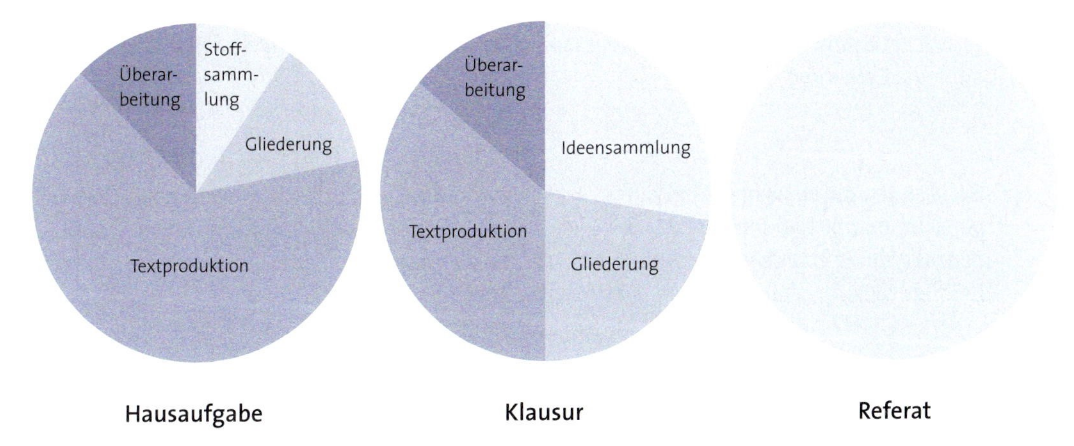

2 Bewerten Sie Ihr Zeitbudget für die verschiedenen Phasen des Schreibprozesses: Führt Ihre Schwerpunktsetzung zum Erfolg?
3 Suchen Sie in den Kapiteln A1 (► S. 14–29) und E1–6 (► S. 542–574) nach Strategien für die einzelnen Phasen und notieren Sie diese auf Karteikärtchen.

Ideensammlung:

Brainstorming, Cluster

…

Schreibplan:

…

Textproduktion:

Textbausteine verwenden

…

Überarbeitung:

Fehler verbessern (mit Wörterbuch)

…

Schreibprobleme – Beratung hilft

Probleme beim Schreiben lassen sich leicht lösen, wenn man sie kennt. Machen Sie sich mit dem folgenden Gedankenexperiment Ihr Schreibverhalten in Klausuren bewusst.

1 Stellen Sie sich vor, eine (versteckte) Kamera hat Sie beim Schreiben der letzten Klausur gefilmt. Schreiben Sie aus der Perspektive eines „allwissenden“ Kameramanns das „Drehbuch“ zu diesem Film. Verwenden Sie dabei die 3. Person Singular.
2 Lesen Sie sich Ihre Ergebnisse gegenseitig vor und besprechen Sie, welche Verhaltens- und Vorgehensweisen Sie bei sich und anderen entdecken können.

In einer 12. Klasse haben Schülerinnen und Schüler nach einer Klausur (Aufsatztyp: Analyse und Erörterung pragmatischer Texte) unten stehende Selbstbeobachtungen aufgeschrieben. Diese wiederum waren Grundlage für eine sich anschließende Schreibberatung durch die Lehrerin:

Er sieht die Themen und sortiert sie nach dem Ausschlussprinzip aus. Dann liest er sich den Text durch und wählt die Farben, die er beim zweiten Lesen verwenden wird. Nachdem er sich ein System ausgedacht hat, mit dem er arbeitet, schreibt er zuerst den Schluss und dann die Einleitung.

Daniel

Sie liest den ausgesuchten Text zuerst sehr genau und intensiv durch, markiert den Text und versieht ihn mit Randnotizen. Nach kurzer Überlegungsphase beginnt sie mit dem Schreiben, allerdings erst sehr unsicher und in einem nicht formvollendeten Deutsch. Nach einiger Zeit hat sie sich „eingeschrieben" und kommt besser voran.

Lea

Er liest sich die Aufgaben durch und überlegt sich kurz, wozu ihm am meisten einfällt. Dann entscheidet er sich für eine Aufgabe und sammelt alles, was ihm zu diesem Thema in den Sinn kommt. Anschließend schreibt er seinen Aufsatz als Konzept und überträgt ihn dann in Reinschrift.

Renato

3 **a** Untersuchen Sie, welche Schreibstrategien Daniel, Lea und Renato anwenden.
b Welche dieser Vorgehensweisen halten Sie für Erfolg versprechend? Warum?

4 Zu welchem der Schülertexte passt die folgende Schreibberatung? Begründen Sie.

Liebe/r …,
Sie gehen bei der Erschließung des Textes sehr zielorientiert und strukturiert vor. Ihnen ist klar, dass man beim Schreiben ein Ziel vor Augen haben muss und dass guten Texten daher eine innere Logik zu Grunde liegt.

Strukturieren Sie auch das, was zwischen Einleitung und Schluss steht, und aktivieren Sie, was Sie über das Thema bereits wissen. Eine Mindmap kann Ihnen dabei helfen.

Planen Sie genügend Zeit ein, um Ihren Aufsatz am Ende noch einmal kritisch durchzulesen und sprachliche Fehler zu verbessern. Wenn Sie sich klarmachen, wo Ihre Hauptfehlerquellen liegen (Kategorien z. B. Groß-/Kleinschreibung, s-Laute, Kommafehler usw.), können Sie diese Fehler gezielt suchen und – u. U. mit Hilfe eines Wörterbuchs – korrigieren.

5 Verfassen Sie für die anderen beiden Selbstbeobachtungen ebenfalls eine schriftliche Beratung.

6 Inwiefern kann eine solche Schreibberatung dazu beitragen, Schreibprobleme zu beheben?

7 Erarbeiten Sie auf der Grundlage der ermittelten Schreibstrategien eine Kriterienliste für gelungene Schreibaufgaben, z. B. Aufsätze und schriftliche Hausaufgaben. Beachten Sie dabei folgende Kategorien: Inhalt und Gedankenführung, sprachliche Richtigkeit, Sprachstil, Wortwahl/Ausdruck, Aufgabenorientierung. Ergänzen Sie gegebenenfalls weitere Kategorien.

Der Computer als Schreibhilfe – Kooperatives Schreiben

In allen Phasen des Schreibprozesses kann die Arbeit im Team entscheidende Impulse geben. Ideen sammeln und prüfen, Formulierungen finden und verbessern, Rechtschreibung und Grammatik kontrollieren und korrigieren, erste Entwürfe kritisch sichten und überarbeiten – bei all diesen Tätigkeiten können Sie von den unterschiedlichen Sichtweisen und Stärken der Teammitglieder profitieren. Die Möglichkeiten der digitalen Medien erleichtern die Kooperation.

Methode **Der Computer als Schreibwerkzeug**

Kooperatives Schreiben lässt sich besonders effizient am Computer durchführen:

- Nutzen Sie E-Mail-Kommunikation oder virtuelle Lernplattformen (moodle, lo-net u.Ä.) zum Austausch von Ideen.
- Entwickeln Sie auf der Grundlage eines gemeinsamen Schreibplans einen Hypertext, d.h. ein Netzwerk einzeln erstellter Dokumente. Binden Sie auch nicht kontinuierliche Texte (Diagramme, Tabellen), Bild- und Tondokumente mit ein.
- Überarbeiten Sie Ihre Texte:
  - im Hinblick auf Inhalt und Aufbau mit der Kommentarfunktion des Schreibprogramms (Einfügen/Kommentar),
  - im Hinblick auf Sprachrichtigkeit mit der automatischen Rechtschreib- und Grammatikprüfung. Überprüfen Sie deren Ergebnisse kritisch!
- Legen Sie mit Hilfe von Formatvorlagen ein einheitliches Layout fest, wenn Sie Ihre Texte veröffentlichen wollen, z.B. auf einer Website oder in Form einer Kurszeitung.

Textrevision – Schreibkonferenz und Textlupe

Auch die Fähigkeit, Stärken und Schwächen von Texten zu erkennen, lässt sich am besten im Team trainieren. Erproben Sie die Textüberarbeitung im Rahmen einer **Schreibkonferenz** am Beispiel des folgenden Textauszugs aus einem Interpretationsaufsatz zu Patrick Süskinds Roman „Das Parfum“ (► B 4.1). Er enthält einige typische Darstellungsmängel und Formfehler.

VORSICHT FEHLER!

In dem historischen Roman von Patrick Süskind „Das Parfüm“, wird die Geschichte des Maßenmörders Genouille erzählt, der eine besondere Fähigkeit besitzt: Er kann besser riechen als jeder andere Mensch
Grenouille wird an einem Fischstand, wo er nach der Geburt von seiner Mutter liegen gelassen wird
5 *Da Grenouille durch seinen Schrei gefunden wird und seine Mutter hingerichtet wird, wird er also von verschiedenen Hebammen aufgezogen. Am Ende seiner Kindheit, arbeitete er zuerst bei einem Gerber und danach als Parfumeur. Nachdem er die Kunst des Konservierens von Gerüchen gelernt hat verlässt er also seinen Meister Baldini und lebt sieben Jahre lang in einer Höhle, wo er ganz alleine war. Als er wieder raus in die Welt geht, erregt er bei den ganzen Leuten Aufsehen. …*
10 *Schließlich gelingt es Grenouille, ein neues Opfer zu finden das er umbringt. Auf den Seiten 277 bis 280 kann man durch folgende Textstellen auf Bezugstexte des Romans wie die Weihnachtsmesse schließen. Auf Seite 278 kann man auf den Bezugstext, dass Evangelium nach Lukas, schließen, denn auf der Seite 278 sagt er: „… in tiefster Nach bei seinem Opfer saß und wachend wartete“.*
15 *Im Evangelium sagt Lukas: „… Hirten, die auf dem Felde Nachtwache hielten …“. …*

1 Überarbeiten Sie die drei Textabschnitte arbeitsteilig nach der Methode der **Schreibkonferenz** und besprechen Sie die neu entstandenen Texte in der Gruppe.

2 Nutzen Sie die Methode für einen selbst produzierten Text, der reihum von allen aus der Gruppe kommentiert wird. Die Kommentare der **Textlupe** sollen sich orientieren:
- an den Anforderungen der Schreibaufgabe (textsortenspezifische Kriterien),
- an allgemeinen Kriterien des Schreibens (z.B. sprachliche Richtigkeit, Gliederung, Textkohärenz),
- am Adressaten: Ist der Kommentar verständlich, plausibel, präzise? Hilft er, die Schreibkompetenz zu verbessern?

Tipp: Auch die **Textlupe** ist ein kooperatives Verfahren zur Textüberarbeitung. Sie kann als wichtiger Teilschritt in der Schreibkonferenz verstanden werden, indem sie gezielt Textausschnitte „unter die Lupe" nimmt.

a Übertragen Sie dazu die Tabelle unten auf ein Blatt Papier, lassen Sie ausreichend Platz für Kommentare.

b Lesen Sie reihum alle Texte Ihres Teams und kommentieren Sie diese nach dem Muster unten.

c Lesen Sie in der Schlussrunde Ihren eigenen Text und die Kommentare Ihrer Mitschülerinnen und Mitschüler. Besprechen Sie in der Gruppe, welche Vorschläge und Anmerkungen Sie annehmen können und welche Sie zurückweisen. Überarbeiten Sie Ihren Text entsprechend.

Name des Verfassers/der Verfasserin:

Kindheit	*Das finde ich gelungen:*	*Hier fällt mir etwas auf, hier habe ich Fragen, hier stört mich etwas, ist etwas falsch:*	*Meine Tipps, meine Vorschläge:*
Kommentar 1: *Name:*		*Was genau meinst du mit „Am Ende seiner Kindheit" (Z. 6)? War Grenouille zu dem Zeitpunkt, als er zu einem Gerber in die Lehre kam, schon erwachsen oder noch Kind?*	*An Stelle von „Am Ende seiner Kindheit" würde ich konkret das Alter der Figur nennen, z.B: „Als Grenouille zwölf Jahre alt war."*
Kommentar 2: *Name:*			

Strategien des Überarbeitens

Überarbeiten durch Ersetzen

- Ersetzen Sie falsch geschriebene Wörter mit Hilfe der Tipps auf S. 534 und eines Wörterbuchs durch die richtige Schreibung.
- Schlagen Sie zu unpassenden Wörtern mit Hilfe eines Stilwörterbuchs Alternativen vor.
- Ersetzen Sie umgangssprachliche Begriffe durch schriftsprachliche, z.B.: „die ganzen Leute" durch „alle", „rauflaufen" durch „hinauflaufen".
- Suchen Sie mit Hilfe des Thesaurus am PC Alternativen zu unpassenden Wörtern.

- Nutzen Sie Wortfelder, z.B.:

Wortfeld „sagen"

Der Autor/die Autorin

sagt	behauptet/stellt die Behauptung auf	versichert
weist darauf hin	wirft die Frage auf	lässt durchblicken
führt aus	überlegt	berichtet
macht deutlich/klar	macht sich Gedanken darüber	beschreibt
stellt fest	will wissen	schildert
erklärt	fordert dazu auf	erzählt
geht davon aus	gibt zu verstehen	kündigt an
meint/vertritt die Meinung	lässt einfließen	klagt
ist der Ansicht	stellt dar	gibt Hinweise
lässt erkennen	vertritt die These	fährt fort
gibt zu bedenken	argumentiert	ergänzt
zweifelt daran	verkündet	triumphiert

- Bei Interpretationen, Erörterungen etc.: Legen Sie Wortspeicher von Fachbegriffen an und nutzen Sie diese, um ihre richtige Verwendung im Text zu überprüfen.
- Achten Sie bei Fremdwörtern darauf, dass diese jeweils zum Kontext passen. Verwenden Sie Fremdwörter nur dann, wenn Sie sich sicher sind, z.B.:
  er konstatiert = er stellt fest,
  er dokumentiert = er weist nach,
  er postuliert = er fordert.

Überarbeiten durch Weglassen

- Suchen Sie im Text Wörter, die wenig aussagen und die man streichen könnte.
- Prüfen Sie, ob der Text Wörter aus der folgenden Liste enthält, und klären Sie an der konkreten Textstelle, ob das Wort entfallen kann.

Füllwörter
Wörter wie die folgenden werden manchmal ohne einen besonderen Grund verwendet und sind im Textzusammenhang sinnlos.

also	irgendwie	eigentlich	natürlich
ja	gewissermaßen	(ein)mal	letztendlich

- Streichen Sie Sätze oder ganze Abschnitte, die eher vom Kern der Sache wegführen.

Überarbeiten durch Erweitern

- Prüfen Sie, an welchen Stellen Wörter ergänzt werden müssten, um eine optimale Information der Leserin/des Lesers zu erreichen.
- Notieren Sie, wo es nötig erscheint, zusätzliche, weiterführende Gedanken, die eine Aussage mehr entfalten und präzisieren.

- Verwenden Sie in Satzgefügen Konjunktionen, um die logische Struktur des Textes zu verbessern.

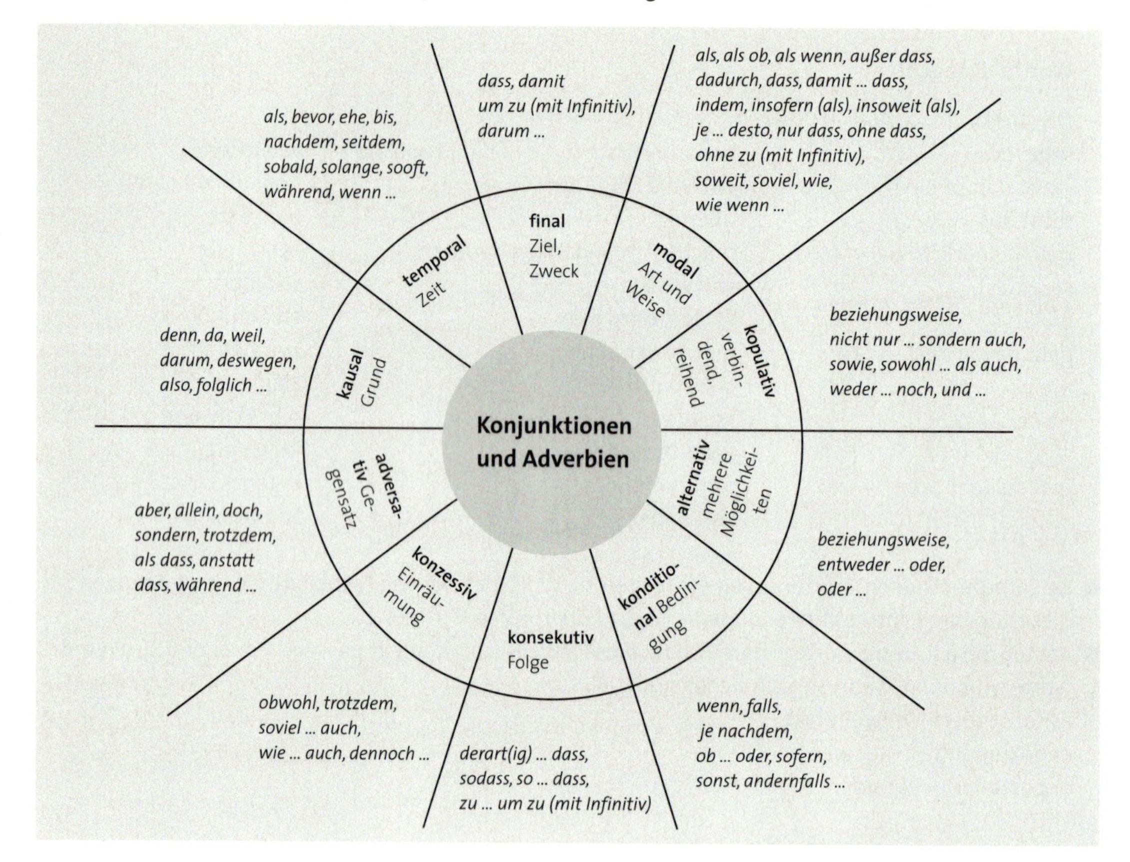

Überarbeiten durch Umstellen

- Verbessern Sie den Satzbau, indem Sie Satzglieder umstellen.
- Verschieben Sie Textaussagen, um einen klareren Aufbau der Gesamtaussage zu erzielen.

Die folgenden Informationen und Aufgaben beziehen sich vor allem auf das Lesen von Sachtexten. Um für diese entsprechende Lesestrategien auswählen zu können, ist es wichtig, sich bewusst zu werden, wann man welchen Text mit welchem Ziel liest. Sie lernen schrittweise grundlegende Methoden zur Erschließung von Sachtexten kennen und erproben diese.

Wozu lese ich? – Die Leseabsicht bestimmen

1 Notieren Sie Situationen, in denen Sie lesen. Benennen Sie auch, welche Textsorten Sie jeweils lesen.

2 Klären Sie im Plenum:
Wozu lesen Sie z. B. Zeitungs- oder Zeitschriftenartikel, Spielregeln, Fachliteratur, Tabellen, Fahrpläne, das „Kleingedruckte" in einem Vertrag, einen Roman oder eine Erzählung, einen Lexikonartikel, eine Gebrauchsanweisung, Blogs im Netz etc.?

3 Formulieren Sie:
Wann ist Ihr Lesen Selbstzweck, wann ist es Mittel zum Zweck?

Die Leseabsicht bestimmt die Lesestrategie

Lesen Sie Texte zu einem bestimmten Zweck mit einem bestimmten Ziel, dann legt Ihre individuelle Leseabsicht die jeweilige Lesestrategie fest. Sie gibt den Ausschlag, ob ein Text z. B. rasch überflogen, nur an einigen Stellen genau wahrgenommen oder Satz für Satz gründlich gelesen wird.

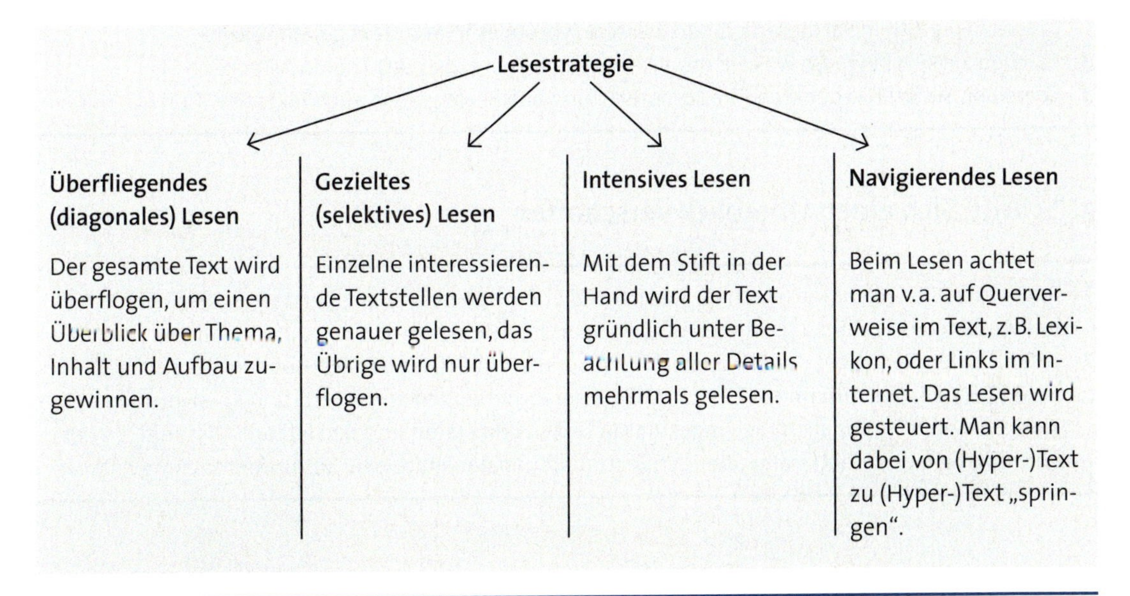

1 **a** Welche Lesestrategien haben Sie bereits praktiziert? Wie sind Sie damit zurechtgekommen?
b Wie gehen Sie insbesondere zur Erschließung eines Sachtextes vor?

2 Erproben Sie die **erweiterte „Fünf-Schritt-Lesemethode"** anhand des Textes auf S. 556 ff.

Methode **Die erweiterte „Fünf-Schritt-Lesemethode"**

Die „Fünf-Schritt-Lesemethode", auch als „SQ3R-Methode" (Survey, Question, Read, Recite, Review) bekannt, ist eine effektive Lesetechnik, die mehrere Lesestrategien miteinander verbindet. Sie stammt aus den 1950er Jahren. Mittlerweile ist die Leseforschung allerdings zu neueren Erkenntnissen gelangt, die eine Erweiterung um zwei zusätzliche Schritte erfordern: einen vorher und einen zum Schluss (Schritt 1 und 7). Aus den ursprünglich fünf Schritten (Schritt 2 bis 6) werden also **sieben Schritte:**

1. **Schritt: Vorwissen aktivieren – Den erwarteten Inhalt antizipieren**
2. Schritt: Sich einen Überblick verschaffen
3. Schritt: Fragen an den Text stellen
4. Schritt: Den Text gründlich und „aktiv" lesen
5. Schritt: Den Text abschnittweise rekapitulieren
6. Schritt: Den ganzen Text rekapitulieren
7. **Schritt: Das Gelesene mit dem Vorwissen verknüpfen**

1. Schritt: Vorwissen aktivieren – Den erwarteten Inhalt antizipieren

1 Lesen Sie zunächst nur den Titel – er verweist oft schon auf zentrale Inhalte des Textes – und tauschen Sie sich in Partnerarbeit darüber aus, worum es in dem Text gehen könnte.
2 Machen Sie sich bewusst, was Sie möglicherweise bereits über das Thema wissen.
3 Schreiben Sie in Stichpunkten Ihre Leseerwartung auf. Beziehen Sie auch Textsorte, Titel etc. mit ein.

2. Schritt: Sich einen Überblick verschaffen

1 Begründen Sie, welcher Lesetechnik Sie sich bedienen wollen, um einen ersten Eindruck von Inhalt und Aufbau des Textes zu gewinnen und rasch erfassbare Informationen aufzunehmen.
2 Lesen Sie den Text zügig durch. Konzentrieren Sie sich zunächst auf die besonders gekennzeichneten Teile: Gibt es Abschnitte, Überschriften, Hervorhebungen durch Fett- und Kursivdruck usw.?
Tipp: Beachten Sie vor allem bei ungekürzten Texten den ersten und den letzten Abschnitt, da der erste häufig eine Orientierung über den Textinhalt und der letzte eine Zusammenfassung enthält.

Hans Magnus Enzensberger: **Das Nullmedium oder Warum alle Klagen über das Fernsehen gegenstandslos sind** (1988)

[...] Neu an den Neuen Medien ist die Tatsache, daß sie auf Programme nicht mehr angewiesen sind. Zu ihrer wahren Bestimmung kommen sie in dem Maß, in dem sie sich dem Zustand des Nullmediums nähern. 5
Diese Neigung war, wie sich im Rückblick zeigt,

schon den Alten Medien nicht fremd. Auch der Buchdruck hat es nicht an Versuchen fehlen lassen, sich der immer lästiger werdenden Inhal- 10 te zu entledigen. Die ersten Pionierleistungen auf diesem mühevollen Weg wurden im Trivialroman erzielt. Weitere Marksteine haben Boulevard-Presse, „Heftchenliteratur" und Illustrierte gesetzt. Einen triumphalen Rekord, der in der 15 Druckindustrie bis heute unübertroffen blieb, hat, bis an die Traumgrenze des Analphabetentums gehend, die Bild-Zeitung aufgestellt.

Den entscheidenden Fortschritt haben jedoch erst die elektronischen Medien gebracht. Es hat 20 sich nämlich herausgestellt, daß dem Versuch, ein gedrucktes Nullmedium zu schaffen, unüberwindliche Hindernisse im Wege stehen. [...] Das liegt vermutlich daran, daß die Idee der Nullektüre selbstwidersprüchlich ist. Der Leser, 25 jeder Leser, hat nämlich den fatalen Hang, Zusammenhänge herzustellen und noch in der trübsten Buchstabensuppe nach so etwas wie einem Sinn herumzustochern.

Von einem jüngeren Medium wie dem Radio 30 durfte man sich da schon weniger, und das heißt in diesem Zusammenhang: mehr versprechen. Die Emanzipation von der Schrift eröffnete zumindest neue Perspektiven. In der Praxis zeigte sich allerdings, daß im Rundfunk ziemlich viel vorgelesen wurde. Doch auch dort, 35 wo die freie Rede sich Bahn brach, in Ansprachen und Diskussionen, ja sogar im schieren Gequassel, stifteten die Wörter immer wieder so etwas wie Bedeutungen. Es ist bekanntlich recht schwierig und erfordert Übung und Kon- 40 zentration, über längere Strecken hinweg absolute Nonsens-Sätze zu produzieren, denen keine wie auch immer geartete Deutung unterlegt werden kann. Es ist die Sprache selbst, die hier so etwas wie ein Minimalprogramm produziert. 45 Um diesen Störfaktor loszuwerden, haben die Neuerer, die seit geraumer Zeit im Rundfunk am Werk sind, die Wortsendungen konsequent reduziert. Ein gewisser Brabbelrest ist jedoch geblieben: zumindest die Namen von Idolen 50 und anderen Markenartikeln müssen, aus ökonomischen Gründen, in regelmäßigen Abständen hervorgestoßen werden.

Erst die visuellen Techniken, allen voran das Fernsehen, sind in der Lage, die Last der Spra- 55 che wirklich abzuwerfen und alles, was einst Programm, Bedeutung, „Inhalt" hieß, zu liquidieren. [...]

Manche Fernsehveteranen, die die Zeichen der Zeit nicht erkannt haben, leiden auch unter der 60 Vorstellung, es könnte ihnen der Stoff ausgehen. Die fixe Idee, es müsse etwas und nicht vielmehr nichts gesendet werden, verleitet sie zur Kannibalisierung der Alten Medien. Das führt vor allem zur Ausschlachtung eines Medi- 65 ums, von dem man glauben mochte, es sei dem Fernsehen verwandt, nämlich des Films. Natürlich hat sich bald herausgestellt, daß hier eine Verwechslung vorliegt. Die ästhetische Faszination des Kinos ist auf dem Bildschirm nicht wie- 70 derholbar; sie wird durch das lächerliche Format, die Unterbrechung durch Werbespots und das indifferente[1], endlose Abspielen zerstört; die Geheimwaffe des Zuschauers, das gefürchtete Zapping, gibt dem Film den Rest. 75

Überhaupt der Zuschauer! Er weiß genau,

1 **indifferent:** unbestimmt, gleichgültig, teilnahmslos

womit er es zu tun hat. Vor jeder Programm-Illusion ist er gefeit. Die Richtlinien des Gesetzgebers zerplatzen vor seiner Praxis wie Seifenblasen. Weit davon entfernt, sich manipulieren (erziehen, informieren, bilden, aufklären, mahnen) zu lassen, manipuliert er das Medium, um seine Wünsche durchzusetzen. Wer sich ihnen nicht fügt, wird per Tastendruck mit Liebesentzug bestraft, wer sie erfüllt, durch herrliche Quoten belohnt. Der Zuschauer ist sich völlig darüber im klaren, daß er es nicht mit einem Kommunikationsmittel zu tun hat, sondern mit einem Mittel zur Verweigerung von Kommunikation, und in dieser Überzeugung läßt er sich nicht erschüttern. Gerade das, was ihm vorgeworfen wird, macht in seinen Augen den Charme des Nullmediums aus. So erklärt sich auch eine Eigenschaft des Fernsehens, die unter jeder anderen Prämisse rätselhaft wäre: seine transkulturelle[2] Reichweite. Ein und dieselbe Serie, ein und derselbe Video-Clip, ein und dieselbe Show entfaltet, unabhängig von allen gesellschaftlichen Voraussetzungen, die gleiche Anziehungskraft in Lüdenscheid, Hongkong und Mogadischu. So unabhängig von jedem Kontext, so unwiderstehlich, so universell kann kein Inhalt sein.

In der Nullstellung liegt also nicht die Schwäche, sondern die Stärke des Fernsehens. Sie macht seinen Gebrauchswert aus. Man schaltet das Gerät ein, um abzuschalten. [...]

Das Fernsehen wird primär als eine wohldefinierte Methode zur genußreichen Gehirnwäsche eingesetzt; es dient der individuellen Hygiene, der Selbstmedikation. Das Nullmedium ist die einzige universelle und massenhaft verbreitete Form der Psychotherapie. Insofern wäre es absurd, seine gesellschaftliche Notwendigkeit in Frage zu stellen. Wer es abschaffen möchte, sollte die Alternativen ins Auge fassen, die zur Verfügung stehen. Hier ist in erster Linie an den Drogenkonsum zu denken, von der Schlaftablette bis zum Koks, vom Alkohol bis zum Betablocker[3], vom Tranquilizer bis zum Heroin. Fernsehen statt Chemie ist sicherlich die elegantere Lösung. Wenn man an die sozialen Kosten und an die sogenannten Nebenwirkungen denkt, wird man einräumen müssen, daß der Nutzer des Nullmediums eine weise Wahl getroffen hat – ganz zu schweigen von anderen Lösungsmöglichkeiten wie die Flucht in den Autowahn, die Gewaltkriminalität, die Psychose, den Amoklauf und den Selbstmord. Wem diese Argumentation *ex negativo*[4] zu düster ist, dem kann geholfen werden. Er braucht seinen Blick nur von den unangenehmen Tatsachen fort in höhere Sphären zu richten und die derzeit wieder einmal so beliebten ältesten Weisheitslehren der Menschheit zurate zu ziehen. Wenn nämlich unsere Konzentration ihr Maximum erreicht – das geht aus jedem esoterischen Taschenbuch einwandfrei hervor –, ist sie von Geistesabwesenheit nicht mehr zu unterscheiden und umgekehrt: die extremste Zerstreuung schlägt in hypnotische Versenkung um. Insofern kommt der Wattebausch vor den Augen der Transzendentalen Meditation[5] recht nahe. So ließe sich auch die quasi-religiöse Verehrung, die das Nullmedium genießt, zwanglos erklären: Es stellt die technische Annäherung an das Nirwana[6] dar. Der Fernseher ist die buddhistische Maschine. R

2 **transkulturell:** einzelne Kulturgrenzen überschreitend
3 **Betablocker:** den Herzschlag beruhigendes Medikament
4 **ex negativo:** vom Gegensatz her
5 **Transzendentale Meditation:** fernöstliche Methode, sich in einen Zustand konzentrierter Ruhe zu versetzen
6 **Nirwana:** (sanskrit: „Erlöschen, Verwehen") im Buddhismus die völlige, selige Ruhe als erhoffter Endzustand

---

3 Formulieren Sie mit eigenen Worten, wie der Text auf Sie wirkt:
Eindrücke und evtl. erste Thesen, z. B.:
Enzensberger befasst sich mit einem aktuellen gesellschaftlichen Thema, schreibt provokant (z. B. TV-Konsum als „genußreiche Gehirnwäsche", „Selbstmedikation", „massenhaft verbreitete Form der Psychotherapie" (Z. 109–113); verwendet Ironie („wahre Bestimmung" (Z. 3), „entscheidender Fortschritt" (Z. 18)), will Denkanstöße liefern → Essay?

3. Schritt: Fragen an den Text stellen

1 Rekapitulieren Sie Ihre Ergebnisse aus Schritt 1 und 2, um Fragen an den Text zu stellen. Sie können ausgelöst werden durch den ersten Leseeindruck, durch Ihr Vorwissen, durch Ihre Leseabsicht bzw. Ihr Erkenntnisinteresse oder auch durch weitere W-Fragen.
Tipp: Dieser Schritt kann auch als Gruppenarbeit erfolgen (**reziprokes Lesen**).

Methode **Reziprokes Lesen – Texte abschnittweise im Team erschließen**

Bei dieser Methode wechseln Einzel- und Teamarbeit miteinander ab.

- Lesen Sie den ersten (Sinn-)Abschnitt des Textes in Einzelarbeit: *Erster Abschnitt, Z. 1–53: Nach einem Einleitungssatz, der das Textthema vorgibt, werden verschiedene Medien im Hinblick auf den durch sie vermittelten Inhalt beleuchtet. Dabei geht es zunächst um die „alten" Medien, namentlich verschiedene Druckerzeugnisse, dann um „jüngere" Medien wie das Radio.*
- Bilden Sie 4er-Teams mit folgender Aufgabenverteilung:
  A stellt Fragen zum Textabschnitt, die Teammitglieder beantworten sie, z. B.: *Was ist für den Autor neu an den Neuen Medien? Wieso sind nach ihm den Medien Inhalte „lästig"? …*
  B trägt eine Zusammenfassung des Textabschnittes vor, die Teammitglieder beraten über Ergänzungen und ggf. Korrekturen, z. B.: *Enzensberger definiert auf provokante Weise, was seiner Meinung nach das Besondere an den Neuen Medien ist: Sie haben und wollen kein Programm, sie sind inhaltslos. Diese Entwicklung sei nicht neu …*
  C lässt unklare Begriffe und Textstellen erläutern, z. B.: *Was bedeutet „Nullmedium" (Z. 21)? Was ist mit „[…] die Idee der Nullektüre [ist] selbstwidersprüchlich […]" (Z. 23 f.) gemeint?*
  D formuliert eine Vorhersage darüber, wie der Text (im nächsten Abschnitt) weitergehen könnte, z. B.: *Im nächsten Abschnitt könnte Enzensberger eventuell ausführen, wie es die jüngeren Medien „schaffen", inhaltsleer zu sein, und was das für Konsequenzen für uns hat.*
- Lesen Sie den nächsten Abschnitt wieder in Einzelarbeit. Die Aufgabenverteilung innerhalb des Teams wechselt beim Erarbeiten des ganzen Textes im Uhrzeigersinn.

4. Schritt: Den Text gründlich und „aktiv" lesen

1 **a** Legen Sie eine Folie auf den Text und lesen Sie ihn gründlich und „aktiv", d. h. mit einem Stift in der Hand (Methode, ▸ S. 560). Zur Übung können Sie zunächst die folgenden Notizen dem Textbeginn zuordnen:
- *beginnt mit Hauptthese, zugleich Themenvorgabe: die Inhaltslosigkeit der Neuen Medien*
- *plakative und provokante Bezeichnung als „Nullmedien"*
- *These wird durch verschiedene Beispiele belegt (Buchdruck, Radio, TV)*
- *Gegenargument: der Druckvorgang selbst, der zwangsläufig Worte festhalte und so Sinn ermögliche → belegt, dass Inhaltsleere in Neuen Medien stärker ist („Emanzipation von der Schrift", Z. 32)*

b Markieren Sie auch, um die Argumentationsweise zu durchschauen, Auffälligkeiten der Textstruktur.

Methode **Aktiv lesen – Stifte oder Textmarker verwenden**

- **Stifte** „kreativ" verwenden: Sie können den Text mit unterschiedlichen Symbolen, Farben, Zeichen markieren. Unterstreichen Sie z. B. einfach, doppelt, gestrichelt, geschlängelt; umkreisen Sie einzelne Begriffe, streichen Sie für Ihre Leseabsicht Unwichtiges.
- **Textmarker:** Sie können verschiedene Farben zur Unterscheidung einsetzen, um z. B. verschiedene
  - Textebenen (Thesen, Einleitung, Zusammenfassungen, Schlüsselwörter, Zitate, Oberbegriffe etc.),
  - Angaben (Namen, Jahres- und andere Zahlen ...) und
  - semantische und syntaktische Besonderheiten zu kennzeichnen (z. B. saloppe Wörter und Wendungen, Neologismen, Metaphern und Vergleiche, ironische oder provokante Aussagen, Übertreibungen, Ellipsen, Schachtelsätze etc.).
- **Notizen am Rand (Randglossen, Marginalien):** Sehr hilfreich sind persönlich festgelegte Bedeutungen für Symbole, Zeichen und Abkürzungen am Textrand. Sie sind für Sie umso eindeutiger, wenn Sie diese für alle Texte mit einer bestimmten „persönlichen" Bedeutung/Farbe belegen, z. B.:
  - Ausrufe-, Frage-, Plus- und Minuszeichen, Ziffern zur Kennzeichnung der Textgliederung: **?** (Klärung notwendig), **+** (gute Idee, zur Übernahme geeignet), **()** (zitierbarer Text von ... bis), **!**, *****, **~**
- **Stichworte und Abkürzungen,** z. B.:
  - **vgl. Z. 13–15** (Verweis), **Lex.** (nachschlagen), **T** (These), **Arg.** (Argument), **Bsp.** (Beispiel), **Def.** (Definition), **I** (Ironie), **Folg.** (Folgerung), **prov.** (provokant), **;o)** (nicht ganz ernst gemeint), **Sb** (Satzbau) ...

Tipp: Bei all den Möglichkeiten sollten Sie sich auf Ihre Leseabsicht oder Deutungsthese konzentrieren. Markieren Sie also nicht zu viel, sonst verfehlen die Markierungen ihren Zweck als Hervorhebung.

5. Schritt: Den Text abschnittweise rekapitulieren

1. Machen Sie sich nach jedem (Sinn-)Abschnitt bewusst, was Sie inhaltlich verstanden haben.
2. Formulieren Sie abschnittweise **Exzerpte,** und zwar mit eigenen Worten; nur so können Sie sicher sein, dass Sie das Gelesene auch richtig verstanden haben.

Information **Exzerpte**

Beim Exzerpieren (lat. „herausklauben, auslesen") werden gezielt Informationen aus einem Text ausgewählt und in komprimierter Form aufgeschrieben. Wichtig ist, dass Sie die Vielzahl der Textinformationen reduzieren und sie mit eigenen Worten formulieren. Das **objektive Exzerpt** gibt den Text als Ganzes wieder, d. h., alle wesentlichen Informationen werden chronologisch in knapper Form schriftlich fixiert. Beim **subjektiven Exzerpt** geht man „aspektorientiert" vor und filtert die Inhalte heraus, die für das eigene Erkenntnisinteresse und die jeweilige Fragestellung relevant sind.

6. Schritt: Den ganzen Text rekapitulieren

1 Gewinnen Sie zum Schluss einen zusammenhängenden Gesamtüberblick über den Text. Vergegenwärtigen Sie sich dazu den Inhalt des ganzen Textes, indem Sie die Schritte 2 bis 5 gedanklich noch einmal durchgehen.

2 **a** Machen Sie sich für ein vertieftes und ganzheitliches Verständnis des Textes seine gedankliche Struktur bewusst, also das Verhältnis, in dem die einzelnen Abschnitte zueinander stehen. Zur besseren Orientierung eignet sich besonders gut ein Strukturdiagramm.

b Prüfen Sie den Anfang des folgenden Strukturdiagramms eines Schülers und überarbeiten bzw. ergänzen Sie es in Ihrem Heft mit Ihren eigenen Ergebnissen.

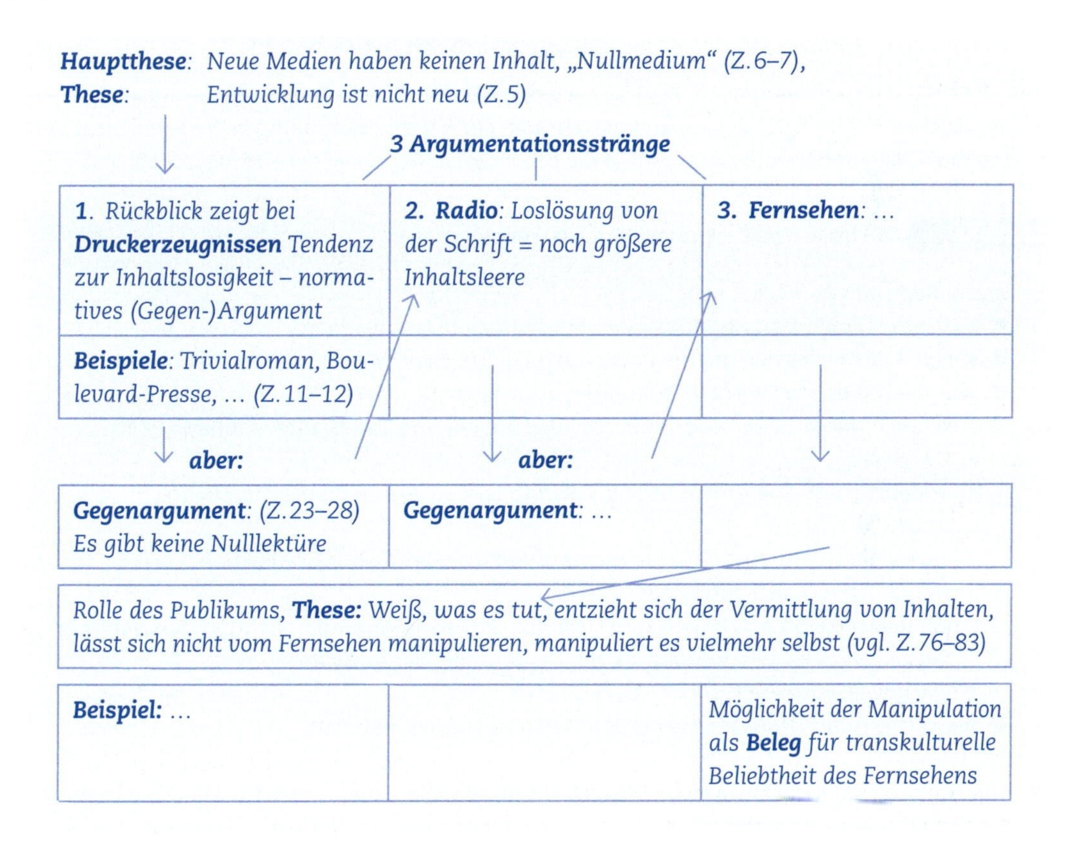

7. Schritt: Das Gelesene mit dem Vorwissen verknüpfen

1 Vergegenwärtigen Sie sich erneut Ihre Notizen zu Schritt 1 (Vorwissen aktivieren).

2 Verknüpfen Sie die Informationen, die Sie durch den Text bekommen haben, mit Ihrem Vorwissen. Notieren Sie, inwiefern sich Ihr Vorwissen erweitert und/oder verändert hat und wie Sie den Enzensberger-Text beurteilen, z. B.: *Das wusste ich schon; das ist neu für mich; das habe ich bisher nicht so gesehen …; meine persönliche Reaktion ist …*

Information **Das Unterrichtsportfolio**

Portfolios (von lat. *portare* „tragen“ und *folium* „Blatt“) sind zielgerichtete Sammlungen von eigenen und fremden Materialien zu einem bestimmten Thema und nach einem vorher konzipierten Arbeitsplan. Man unterscheidet Unterrichtsportfolios und Bewerbungsportfolios (► S. 574).

Unterrichtsportfolios geben Auskunft über Ihre Leistungen und Fortschritte im Hinblick auf das zu Beginn der Portfolioarbeit formulierte Erkenntnisinteresse. Ein Unterrichtsportfolio dokumentiert Ihre Leistung, informiert über Ihren individuellen Lernprozesses und Ihre Leistungsentwicklung. Wichtig ist, dass Sie notieren, welche Inhalte Sie warum ausgewählt haben, welche Schwierigkeiten sich möglicherweise ergaben, welche Beurteilungskriterien von wem festgelegt wurden und – ganz wichtig – wie Sie Ihren Lernprozess selbst einschätzen.

1 Vergleichen Sie das Portfolio mit anderen Formen der Materialsammlung in der Schule (z. B. Lesetagebuch, Kursheft) und bestimmen Sie die besonderen Merkmale der Portfolioarbeit.

Methode **Portfolioarbeit – Phase 1: Vereinbarungen**

Legen Sie im Kurs zunächst fest:

- Zu welcher Fragestellung soll mit welcher Aufgabenstellung gearbeitet werden?
- Welches Ziel wollen Sie mit der Portfolioarbeit erreichen? Welchem Zweck dient sie?
- Wie viel Zeit haben Sie zur Verfügung?
- Welchen Anforderungen soll das Portfolio genügen? Wie soll es aufgebaut sein? Z. B.:
  - a Deckblatt,
  - b Vorwort (Thema, Themenfindung, Erkenntnisinteresse/Ziel), Vorgehensweise,
  - c Inhaltsverzeichnis,
  - d eigene Texte (z. B. Zusammenfassungen, Kommentare, Bilder, Grafiken),
  - e fremde Texte, Bilder, Interview,
  - f persönliche Einschätzungen zum Gelingen der jeweiligen Arbeitsschritte; Auswahl von Beispielen zu einzelnen Schritten mit Begründung der Auswahl,
  - g Nachwort, Ausblick.
- An welche Adressaten ist es gerichtet? Wer darf Einsicht nehmen?

2 Überlegen Sie gemeinsam, welche Möglichkeiten der Selbst- und Mitbestimmung Sie in der Portfolioarbeit sehen und welche Kompetenzen von Ihnen erwartet werden.
<u>Tipp</u>: Das Themenfeld „Ohnmächtige Väter, liebende Töchter“ (► S. 238–251) bietet die Möglichkeit, sich entweder im Team oder allein intensiv mit der Gattung Drama auseinanderzusetzen. Ein Portfolio eignet sich dazu, Ihre selbstständige Arbeit zu begleiten und zu dokumentieren.

3 Lesen Sie das folgende Vorwort aus einem Portfolio. Was halten Sie für gelungen, was nicht?

Lieber Leser meines Portfolios! Mein Name ist Felicitas Brauer. Im Rahmen unserer Arbeit zum Themenfeld „Ohnmächtige Väter, liebende Töchter“ fiel mir die Ähnlichkeit zu einem Drama auf, das ich kürzlich im Schauspielhaus gesehen hatte: Lessings „Emilia Galotti“. Ich konnte mich gleich gut daran erinnern, weil ich nicht verstehen konnte, wie man überhaupt in eine Situation wie Emilia geraten kann. Entsprechend wollte ich mich zunächst näher mit den Frauenfiguren der Dramen beschäftigen. Dann aber wurde mir klar, dass mich mehr die beiden „Schurken hinter den Schurken" – Wurm und Marinelli – interessieren, da sie die wesentlichen Intriganten sind. So lautet die zentrale Frage meiner Arbeit: „Marinelli oder Wurm – wer ist der ‚bessere' Intrigant?" Zur Beantwortung werde ich zunächst klären, was eine „Intrige" ist, ihre Bedingungen und Umstände erforschen, ihr jeweiliges Ziel und ihren Verlauf darstellen, um abschließend die Machenschaften der beiden zu vergleichen und zu bewerten. Ich wünsche viel Spaß beim Lesen meines Portfolios!

Methode **Portfolioarbeit – Phase 2 und 3: Materialrecherche und -auswertung**

Suchen Sie Materialien zum Thema. Sichten und werten Sie diese aus. Versehen Sie jedes Dokument mit Stichworten:

a Welchen inhaltlichen Beitrag bietet das Dokument zur Lösung bzw. zum Lernfortschritt?
b Was zeigt es über das eigene Lernen bzw. die Lernbedingungen?

4 Welche Möglichkeiten der Materialrecherche kennen Sie? (► S. 567)
5 Welche der folgenden Stichworte belegen den inhaltlichen Beitrag des Dokuments – hier ein Fachbuch – zum Lernfortschritt, welche geben Auskunft über die Lernbedingungen?

Schülerbeispiel zum Thema „Intrige"

- *besonders hilfreich: Peter v. Matt: „Die Intrige – Theorie und Praxis der Hinterlist", München 2006*
- *zwei Intrigen-Beispiele kopiert und kommentiert, um verschiedene Intrigen-Varianten vorzustellen und in Beziehung zu den Intrigen von Wurm und Marinelli zu setzen*
- *Autor führt zahlreiche Facetten der Intrige anhand von Beispielen aus Weltliteratur auf; es geht ihm wie mir um die Täter und um das Wesen der Intrigen*
- *konnte das Buch nur diagonal lesen, da es über 500 Seiten hat und nicht ganz einfach zu verstehen ist (Zeitproblem!); schade eigentlich – ist sehr unterhaltsam!*

Methode **Portfolioarbeit – Phase 4 und 5: Reflexion des Arbeitsprozesses – Nachwort, Ausblick**

Diese Reflexion können Sie an unterschiedlichen Stellen in Ihrem Portfolio verorten: im Vorwort, im Nachwort und/oder in Form von Zwischenüberlegungen. Geben Sie Auskunft darüber:

- auf welche Art und Weise Sie gelernt haben,
- wie Sie mit der Zeit zurechtgekommen sind (Aspekt der Zeitökonomie),
- welche Irr- und Umwege Sie gegebenenfalls genommen haben,
- wie Sie Schwierigkeiten evtl. gelöst haben,
- welche Ziele Sie erreicht haben und was diese Ziele für Sie bedeuten,
- welche zukünftigen Arbeits- und Lernziele sich für Sie aus der Arbeit ergeben.

6 Notieren Sie, worüber Sie im folgenden Schülerbeispiel eines Nachworts informiert werden:

Intrigen und ihre Drahtzieher miteinander zu vergleichen und zu bewerten, ist zwar eine spannende Aufgabe, doch auch eine sehr schwierige: Zunächst musste ich mir überlegen, inwiefern man die Texte überhaupt vergleichen kann. Dazu habe ich mir folgende Fragen

gestellt: Was macht die Kunst des Intrigenspinnens aus? Für wen behaupten Wurm und Marinelli jeweils ihre Intrige zu planen? Welche eigenen Absichten verfolgen sie? Wie gehen sie vor? Usw.
Trotz der beschriebenen Schwierigkeiten bin ich der Meinung, die im Vorwort gestellte Frage nach dem „besseren“ Intriganten fundiert beantworten zu können: Wurm ist der „Sieger“. Er kennt sich in der Welt des Adels aus und ist auf Grund seiner bürgerlichen Herkunft in der Lage, das Verhalten seiner bürgerlichen Opfer erfolgreich zu manipulieren. Marinelli hingegen kennt nur die Welt des Adels, weshalb ihm das nötige Verständnis für die betroffenen Bürger fehlt. […] Ich bin neugierig auf weitere Beispiele von List und Täuschung in der Literatur geworden – …

Methode **Portfolioarbeit – Phase 6: Präsentation**

Je nach Absprache kann das Portfolio gemeinsam mit den Kursmitgliedern und Lehrkräften, ggf. auch mit den Eltern und anderen Kursen betrachtet werden. Vielleicht planen Sie eine Ausstellung, organisieren eine Matinee oder gestalten eine Seite auf der Homepage Ihrer Schule.

Die Intriganten im Vergleich:

Begriffsklärung: Was ist eine Intrige?
(→ Siehe hierzu Portfolioseite 8)

Leitfragen für den Vergleich der Protagonisten in den beiden bürgerlichen Trauerspielen:
- Welche Absicht liegt ihrem Handeln zu Grunde?
- Wer ist ihr Auftraggeber?
- Wie sieht ihre Vorgehensweise aus?
- Worin besteht die Kunst ihrer Intrige?

Portfolio

Marinelli oder Wurm?
Wer ist der bessere Intrigant?

Gotthold Ephraim Lessings
„Emilia Galotti“ und
Friedrich Schillers
„Kabale und Liebe“ –

Die beiden bürgerlichen
Trauerspiele im Vergleich

vorgelegt von
Felicitas Brauer
Deutschkurs 1/I
April 20xx

Die Intriganten:
Gotthold Ephraim Lessing: Emilia Galotti:
→ Marinelli:
- Ist auf die bürgerliche Welt bezogen ein Außenseiter.
- Als Adliger kann er nur die eigene Peergroup verstehen, d. h., für seine Intrigen muss er ziemlich um die Ecke denken.

Friedrich Schiller: Kabale und Liebe:
→ Wurm:
- Geht als Sieger aus dem Vergleich hervor!
- Sein Vorteil: als Mitglied der bürgerlichen Gesellschaft hat er Insiderkenntnisse, was ihm die Manipulation seiner Opfer erleichtert.
- Sein Posten als Sekretär verschafft ihm Zugang zum Adel, d. h., er wandert zwischen den Welten.

Über die gängigen Leistungsnachweise, wie z. B. Klausur und Referat, hinaus werden Ihnen in der Oberstufe vielfältige Formen besonderer Lernleistungen abverlangt. An einem anspruchsvollen Gegenstand sollen Sie dabei selbstständiges wissenschaftliches Arbeiten nachweisen, das meist in die Präsentation Ihrer Arbeit vor dem Kurs mündet. Sie zeigen damit, dass Sie:

- ein Thema selbstständig bearbeiten können,
- in der Lage sind, die notwendige Recherche durchzuführen,
- Ihr Thema sinnvoll eingrenzen, klar strukturieren und logisch gliedern können,
- Arbeitsprozess und -ergebnisse in angemessener Form und Sprache darstellen und
- vor einem Publikum wirkungsvoll präsentieren können.

Themen finden – Bereiche eingrenzen

Themenbereiche für eine besondere Lernleistung im Fach Deutsch

- *Leben und Werk zeitgenössischer Autorinnen und Autoren*
- *Schriftsteller/innen in ihrem zeitgeschichtlichen Kontext*
- *Sprache/Sprachgeschichte/lokaler Dialekt*
- *Medien*
- *Theaterinszenierungen*
- …

1 Ergänzen Sie die Liste um weitere Themenbereiche aus dem Deutschunterricht. Beziehen Sie auch fächerübergreifende Aspekte mit ein.

2 Wählen Sie einen Bereich aus, der Ihr Interesse weckt. Begründen Sie Ihre Wahl.

3 Formulieren Sie konkrete Themenvorschläge zu den oben genannten oder den eigenen Themenbereichen, z. B.: Autor xy und sein neuester Roman, das Unwort des Jahres, eine aktuelle Theaterinszenierung usw.

4 Untersuchen Sie die folgenden Themenstellungen zum Werk Franz Kafkas. Wo wurde sinnvoll eingegrenzt, wo nicht? Begründen Sie Ihre Antworten und formulieren Sie gegebenenfalls um.

Themenvorschläge zu einem Autor: Franz Kafka

a Franz Kafkas Verhältnis zu seiner Familie – Auswirkungen auf sein literarisches Werk
b Orte, Räume, Welten – Eine virtuelle Führung durch Kafkas Prag
c Verfilmungen von Kafkas Werken
d Lebensspuren im literarischen Werk: Möglichkeiten und Grenzen biografischer Zugänge zu Kafkas Erzählung „Die Verwandlung“
e Der Film zum Buch: Michael Hanekes „Das Schloss“ (1997) – Ein Filmabend für die Oberstufe mit Einführung und anschließender Diskussion
f Franz Kafkas „Vor dem Gesetz“ und Botho Strauß' „Wann merkt ein Mann“ – Ein literarisches Gespräch über intertextuelle Bezüge zwischen Kafkas Parabel und Strauß' Kurzprosatext (Vorbereitung und Durchführung einer Unterrichtsstunde, Gruppenarbeit)
g Funktionen des literarischen Schreibens bei Kafka

Methode **Ein eigenes Thema festlegen**

Bei der Auswahl und Festlegung eines Themas empfiehlt sich in allen Fächern eine systematische Vorgehensweise.

- Wählen Sie aus einer Angebotsliste oder machen Sie einen eigenen Themenvorschlag, den Sie mit der betreuenden Lehrkraft besprechen: Entspricht Ihr Thema den fachlichen Anforderungen? Soll es weiter eingegrenzt werden? Formulieren Sie das Thema verbindlich.
- Erkundigen Sie sich bezüglich der formalen Vorgaben: Umfang der Arbeit, Zeitrahmen, Formatierung des Textes (Schrifttyp und -größe, Seitenränder etc.) usw.
- Klären Sie mit Ihrer Lehrkraft das methodische Vorgehen: Literaturrecherche in einer Bibliothek/im Internet, Experteninterview, Umfrage, Erkundung etc. (vgl. die Mindmap zu Informationsquellen ▸ S. 567).

Die Arbeitszeit planen – Zeitkonten im Blick

Für besondere Lernleistungen gibt es in der Regel feste Termine, die häufig mit dem Unterricht abgestimmt sind. Ein gutes Zeitmanagement ist sowohl für die schriftliche Dokumentation als auch die Präsentation wichtig.

Arbeitsphasen	geplante Zeit	benötigte Zeit
– Informationsquellen erschließen – Recherche – Informationen prüfen, dokumentieren – Informationsauswertung und Stoffgliederung – erster Textentwurf, Zitate einarbeiten etc. – Vorüberlegungen zur Präsentation bzw. zur Projektgestaltung – Bibliografie/Materialliste erstellen – Gestaltung der Arbeit inkl. Materialanhang/Vorbereitung der Präsentation bzw. des Projekts – Textüberarbeitung – Ausdruck des Texts – Präsentationsmaterialien erstellen (z. B.: Folien, PowerPoint, Plakate, Handouts usw.) – Präsentation trainieren (vor dem Spiegel, mit einem Partner/einer Partnerin)/konkrete Vorbereitung des Projekts		

1 Legen Sie am Computer ein Dokument mit oben stehender Tabelle an. Bestimmen Sie für jede Arbeitsphase einen angemessenen Zeitraum (Wochen, Tage). Planen Sie für Überarbeitung, Ausdruck und das Üben der Präsentation ausreichend Zeit ein.

2 Besprechen Sie Ihren Zeitplan mit der betreuenden Lehrkraft.

3 Prüfen Sie während der Arbeitsphasen, ob Sie den Zeitplan einhalten, und passen Sie bei Abweichungen Ihren Zeitplan entsprechend an. Reflektieren Sie abschließend Ihr persönliches „Zeitkonto“: Stehen Aufwand und Ertrag in einem für Sie sinnvollen Verhältnis?

Informationen beschaffen und prüfen – Quellenprotokoll

Informationen zu beschaffen ist im Zeitalter der digitalen Medien kein Problem mehr. Bei der Vorbereitung einer besonderen Lernleistung sollten Sie sich jedoch nicht allein auf das Internet verlassen, sondern ein möglichst breites Spektrum zuverlässiger Quellen nutzen. Bedenken Sie dabei bereits in der Planungsphase den jeweils zu erwartenden Zeitaufwand.

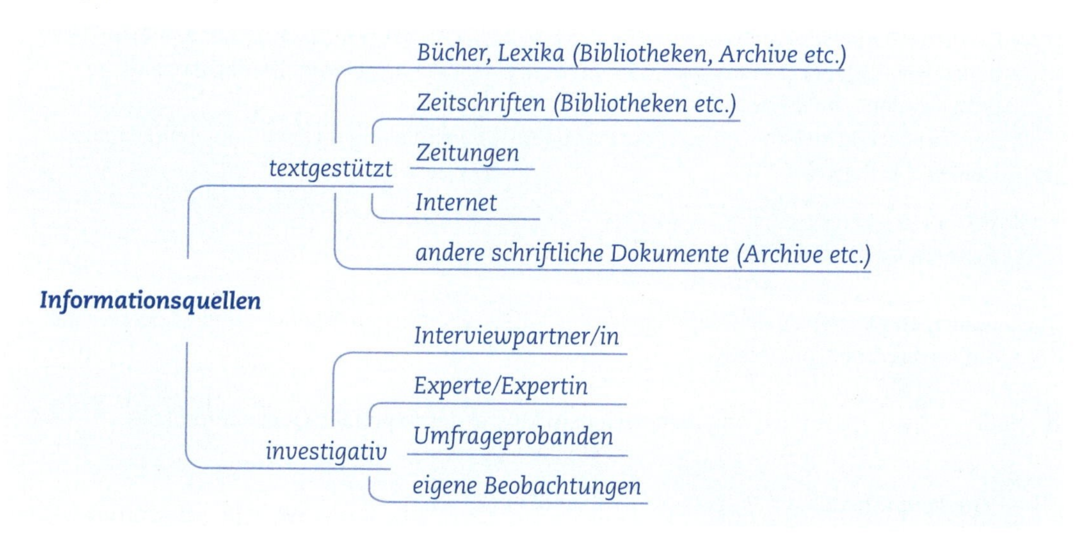

1 Entscheiden Sie, welche Quellen Sie bei Ihrer Arbeit sinnvoll und effizient nutzen können.
a Erkunden Sie die konkreten Zugangsbedingungen der ausgewählten Quellen, z. B. Standorte und Öffnungszeiten von Bibliotheken und Archiven, Internetadressen.
b Stellen Sie für Befragungen gegebenenfalls Kontakte her.

2 Führen Sie Ihre Recherchen durch:
- Katalog-Recherche in Bibliotheken (auch elektronische Recherche, z. B. über den OPAC)
- Internetrecherche: Suchbegriffe, Operatoren-Abfrage (AND-Abfrage, NOT-Abfrage, Volltextsuche etc.)
- Erkundungen/Feldrecherche/Befragung usw.

3 Sichten Sie die gefundenen Informationen (**Lesestrategien,** ▸ S. 555–561) und treffen Sie eine erste Auswahl für Ihre Arbeit.

4 Kopieren bzw. exzerpieren Sie wichtige Texte. Speichern Sie Informationen aus dem Internet in einem dafür angelegten Ordner ab und halten Sie das Referenzdatum fest. (**Exzerpt** ▸ S. 560, Portfolio)

5 Prüfen und bewerten Sie die Qualität Ihrer Quellen – besonders die der Internetquellen – mit Hilfe des Punktsystems in folgender Checkliste.

Methode **Checkliste zur Einschätzung und Bewertung von Print- und Internetquellen**

Informationsquellen sind nicht in gleichem Maße zuverlässig. Bei der Vorbereitung einer Facharbeit sollten Sie sich nur auf zuverlässige Quellen stützen. Geben Sie Ihrer Quelle für jedes Kriterium der Checkliste Punkte. Die Summe der vergebenen Punkte ist ein Hinweis auf die Zuverlässigkeit der Quelle.

- Die Autorin/der Autor des Textes gibt ihren/seinen Namen an. 3 Punkte
- Die Autorin/der Autor bzw. die publizierende Instanz (z.B. eine Behörde oder Organisation) gibt eine Adresse an (postalische Adresse, Website, E-Mail-Adresse). 2 Punkte
- Die Verfasserin/der Verfasser ist als Expertin/Experte auf dem jeweiligen Fachgebiet erkennbar (z.B. durch eine Berufsangabe) bzw. die Information stammt von einer Behörde oder einer anderen öffentlichen Institution. 3 Punkte
- Der Text ist von einer angegebenen Redaktion (Redaktionsanschrift) und/oder einem angegebenen Herausgeber (Herausgebernamen) bzw. einem Verlagslektorat (Verlagsangabe) geprüft worden. 3 Punkte
- Der Text bezieht sich mit seinen Informationen auf weitere angegebene und überprüfbare Quellen. 2 Punkte

Höchstpunktzahl: 13
Anzustrebende Mindestpunktzahl: 8

Quellenangaben gehören zu den Gepflogenheiten wissenschaftlichen Arbeitens und erleichtern die Organisation des Arbeitsprozesses.

6 Notieren Sie zu jedem Text Angaben nach dem Muster des folgenden Quellenprotokolls:

Quellenprotokoll

Bibliografische Angaben	***Wichtiger Aspekt für die Facharbeit:***
Verfasser/in: Peter-André Alt *Quelle (Buch/Zeitschrift/Internet-Adresse): Der ewige Sohn, Eine Biografie* *Erscheinungsort und -jahr: München 2005* *Seitenzahl: 762*	*lebensgeschichtliche und historische Hintergründe zu Kafkas Werk* ***Kurze Notizen zum Inhalt:*** *Erfahrungen mit einem übermächtigen Vater, Einsamkeit, eingeschränkter Lebensraum, Angst, sich zu binden*

Informationen auswerten – Gliederung

1 Arbeiten Sie die von Ihnen recherchierten Texte genau und kritisch durch.

a Nutzen Sie dabei die Methode des intensiven Lesens (Lesestrategien, ▸ S. 555–556).

b Stellen Sie einen Bezug der verschiedenen Texte her (Methoden der Aspekte- und Stoffsammlung, ▸ S. 42).

c Ergänzen Sie Ihr Textstudium durch weiterführende eigene Gedanken.

d Formulieren Sie gliedernde Überschriften, die Ihnen helfen, das gesamte Material zu sichten und zu ordnen. Hilfreich ist hier auch eine Mindmap.

2 Entwerfen Sie eine Gesamtgliederung Ihrer Arbeit: entweder als gemischte Gliederung (mit Großbuchstaben und arabischen Ziffern, vgl. das Inhaltsverzeichnis dieses Buchs) oder als numerische Gliederung (siehe nachfolgende Seite).

a Entscheiden Sie sich für eines der Gliederungsprinzipien.

b Nutzen Sie den Computer und verwenden Sie eine Formatvorlage (Nummerierung und Aufzählungszeichen, Gliederung).
Tipp: Legen Sie einen Ausdruck der Gliederung an Ihren Arbeitsplatz. Er dient Ihnen als Leitfaden für das Überschriftensystem.

Lebensspuren im literarischen Werk: Möglichkeiten und Grenzen biografischer Zugänge zu Kafkas Erzählung „Die Verwandlung"

1. Familienerfahrungen
1.1 Franz Kafka, der „ewige Sohn"
1.1.1 Erdrückende Übermacht des Vaters
1.1.2 ...
1.2 Die Rolle der Schwestern in Kafkas Leben
1.3 Kafkas enger Lebenskreis
1.3.1 Kontaktarmut, Schüchternheit und Vereinsamung
1.3.2 Der Wunsch nach Freundschaft und Gemeinschaft

2. „Die Verwandlung"
2.1 Vorstellung des Textes, Veröffentlichungsdaten
2.2 ...

3. Literatur und Leben: Erzählen als Verarbeitung biografischer Erfahrungen
3.1 ...

Den Text verfassen – Schreibstrategien

Schreiben ist ein komplexer Prozess, der individuell sehr verschieden ablaufen kann. Stellen Sie Vorüberlegungen an, zu welchem Schreibtyp Sie gehören: Wenn Sie dem Typus des „Top-down-Schreibers" entsprechen, dann haben Sie bereits vor dem Schreiben ein gut ausgearbeitetes Konzept im Kopf, das Sie beim Schreiben nach und nach ausformulieren. Gehören Sie eher zum Typus des „Bottom-up-Schreibers", dann entwickeln Sie Ihre Gedanken erst beim Schreiben.
Die meisten Menschen sind allerdings Mischtypen und verwenden je nach Schreibaufgabe Strategien beider Typen. Generell gilt für alle: Schreiben beginnt vor dem Schreiben!

1 Erstellen Sie auf der Grundlage Ihrer Vorarbeiten die erste Fassung Ihres Textes. Sie können dabei unterschiedliche Strategien anwenden:
- Schreiben Sie erste Entwürfe für einzelne Kapitel Ihrer Arbeit. Beginnen Sie mit Inhalten, die Sie gedanklich am besten vorbereitet haben. Formulieren Sie Ihre Überlegungen jeweils unter den vorbereiteten Kapitelüberschriften.
- Nutzen Sie Textbausteine (vgl. Wiedergabe von Sachtexten auf S. 61).
- Schreiben Sie Ihre Entwürfe zu einzelnen Teilkapiteln zunächst ins „Unreine" und formulieren Sie Ihre Stichpunkte später aus.

2 Lesen Sie Ihren Text bzw. die Textteile immer wieder durch und prüfen Sie die Stringenz Ihrer Gedankenführung.
Tipp: Legen Sie Ihren Text einer interessierten Freundin/einem interessierten Freund zum Lesen vor. So zeigt sich, ob Ihre Ausführungen für die Adressaten verständlich sind.

Fremdaussagen integrieren – Zitieren und Paraphrasieren

Bei der wörtlichen Übernahme von Aussagen anderer gilt: Es handelt sich um „geistiges Eigentum", das rechtlich geschützt ist. Zitate müssen deshalb formal durch Anführungszeichen („...") ausgewiesen werden. Beachten Sie dabei die wissenschaftlichen Standards des Zitierens.

Zitatbeispiele	Regeln des Zitierens
a Kafka betont die „Verschiedenheit" zwischen sich und dem Vater (Kafka 1966, S.XX).	**A** Zitate innerhalb eines eigenen Satzes müssen grammatisch angepasst werden. Veränderungen werden durch eckige Klammern angezeigt.
b Kafka teilt dem Vater mit, er habe immer befürchtet, dieser werde ihn „einfach niederstampfen" (ebd., S.XX).	**B** Vollständig zitierte Sätze werden allein gestellt und durch einen Doppelpunkt abgetrennt. Ausgelassene Wörter werden durch drei Punkte in eckigen Klammern angezeigt.
c Kafka bekennt außerdem: „[...] offen gesprochen habe ich mit dir niemals." (Kafka 1966, S.XX).	**C** Zitate werden am Anfang und am Ende durch Anführungszeichen kenntlich gemacht. Nach einem Zitat wird am Ende des Satzes oder Abschnitts in einer Klammer die Quelle in Kurzform angegeben.
d Kafka gesteht dem Vater zu, er habe „[s]ein ganzes Leben lang schwer gearbeitet" (ebd., S.XX).	**D** Kurze Zitate werden in einen selbst formulierten Satz integriert. Wird eine Quelle wiederholt, kann der Kurztitel durch „ebd." ersetzt werden.

1 Ordnen Sie den Zitatbeispielen die jeweils passende Regel des Zitierens zu.

2 Prüfen Sie in Ihrem Text, ob Ihre Zitierweise den Standards entspricht.

Methode **Checkliste für richtiges Zitieren und korrekte Quellenangaben**

- Sind alle wörtlich übernommenen Stellen aus fremden Werken als Zitat kenntlich gemacht?
- Ist die ursprüngliche Aussageabsicht einer Autorin/eines Autors erkennbar? Wird der Kontext des Zitats deutlich?
- Passt das Zitat in den Sinn- und Satzzusammenhang?
- Werden längere Zitate in angemessener Weise kommentiert und für den eigenen Gedankengang genutzt?
- Betreffen die Zitate die Kernaussagen einer Autorin/eines Autors?
- Ist die Quellenangabe richtig platziert?
  - Die Quellenangabe kann im laufenden Text erfolgen. Dabei wird eine Kurzform der bibliografischen Angaben verwendet, z.B. Maier 2005, S.12. Die vollständigen Quellenangaben stehen in der Bibliografie im Anhang (▸ S.571–572).
  - Die Quellenangabe erfolgt über Endnoten. Dabei werden alle Zitate im laufenden Text durch hochgestellte Ziffern kenntlich gemacht, die Quellenangaben stehen am Ende des Dokuments.
  - Die Quellenangabe erfolgt über Fußnoten am Ende der Seite, Zitate werden durch hochgestellte Ziffern kenntlich gemacht.

Die **Paraphrase** (Umschreibung oder sinngemäße Wiedergabe) ist eine Form des indirekten Zitierens, für die entsprechende Regeln gelten.

Methode **Checkliste für richtiges Paraphrasieren**

- Sind die Aussagen der Autorin/des Autors sinngemäß richtig wiedergegeben?
- Wird die Aussageabsicht der Autorin/des Autors deutlich?
- Wird deutlich, dass fremde Gedanken referiert werden, z.B. durch sprachlich angemessene Markierungen (Konjunktiv der indirekten Rede, Formulierungen wie „Nach Ansicht ...", „Laut ...", „X zufolge ..." usw.)?
- Wird auf die Quelle verwiesen? Dies geschieht in der Regel durch ein „vgl." (Abkürzung für „vergleiche"; Beispiel: „vgl. Maier 2005, S.12").

3 Kontrollieren Sie anhand der Checkliste, ob Sie diese Regeln eingehalten haben.

Bibliografieren – Quellen nachweisen

Zum wissenschaftlichen Arbeiten gehört der Nachweis verwendeter Quellen.
Die Leserin/der Leser erhält damit die Möglichkeit, die verwendeten Zitate und Textverweise zu überprüfen.

In dieser Bibliografie (Literaturverzeichnis) stellen Sie alle Titel zusammen, auf die Sie sich bei der Erstellung Ihrer Arbeit gestützt haben (**Quellenprotokolle,** ► S.567–568). Ordnen Sie das Literaturverzeichnis alphabetisch nach dem Nachnamen der Verfasser. Titel (Dr., Prof. usw.) gehören nicht in eine Bibliografie.
Bei der Zusammenstellung des Literaturverzeichnisses ist es sinnvoll, Primär- und Sekundärliteratur sowie verschiedene Quellentypen zu unterscheiden.

Information **Quellentypen**

- Buchveröffentlichung einer Autorin/eines Autors
- Buchveröffentlichung mehrerer Autorinnen/Autoren
- Text aus einem von der Autorin/dem Autor selbst veröffentlichten Sammelwerk
- Sammelwerk, das einen oder mehrere Herausgeber hat (z.B. gesammelte Werke einer Autorin/eines Autors)
- Zeitschriftenaufsatz
- Zeitungstext
- Internetquelle

1 Untersuchen Sie das Autoren- und Quellenverzeichnis dieses Buches (► S.587ff.): Wie werden Fundstellen in Büchern, Zeitschriften etc. angegeben?
Hinweis: Im Unterschied zu den Lehrwerken für schulische Zwecke werden in Bibliografien Lebensdaten von Autorinnen und Autoren in der Regel nicht genannt.

2 Wie werden Internetquellen ausgewiesen?
Nennen Sie Kriterien, anhand derer Sie zuverlässige Internetquellen erkennen können.

3 Stellen Sie anhand des Quellenverzeichnisses auf S. 587 ff. für die verschiedenen Quellentypen einen Leitfaden nach folgendem Muster zusammen:

Systematik bibliografischer Angaben

1. *Buchveröffentlichungen eines Autors/einer Autorin*
   Name des Autors, Vorname: Titel des Buches. Untertitel, Verlag (kann evtl. entfallen), Verlagsort und Publikationsjahr, Seite(n)
2. …
3. *Text aus einem vom Autor/der Autorin selbst veröffentlichten Sammelwerk:*
   Name des Autors, Vorname: Titel des Textes. Aus: Titel des Buches

Den Text überarbeiten, die Arbeit präsentieren und reflektieren

Unterziehen Sie Ihre schriftliche Arbeit einer gründlichen Durchsicht. Nutzen Sie hierzu die Methoden der **Schreibkonferenz,** der **Textlupe** (► S. 552) und die unten abgedruckte Checkliste.

Besondere Lernleistungen dienen nicht nur Ihrem persönlichen Lernfortschritt, sondern sollen auch Ihren Mitschülerinnen und Mitschülern neue Inhalte und Themen vermitteln. Deshalb schließt sich der Erarbeitungsphase sinnvollerweise meist eine Präsentation an.

1 Prüfen Sie Ihre letzte Fassung mit Hilfe der unten stehenden Checkliste.

Methode **Checkliste zur Prüfung und Überarbeitung von Manuskripten**

- Ist mein methodisches Vorgehen begründet und informiere ich meine Leser darüber?
- Berücksichtige ich wichtige Veröffentlichungen zum Thema? Bin ich (im Rahmen meiner Möglichkeiten) auf der Höhe der fachlichen Diskussion?
- Stelle ich den Gegenstand meiner Arbeit sachlich und aus kritischer Distanz dar?
- Ist das Material meiner Arbeit übersichtlich gegliedert?
- Habe ich die von mir zusammengetragenen Materialien intensiv gedanklich verarbeitet?
- Habe ich alle Quellen nachgewiesen?
- Habe ich Fachbegriffe, die zur Darstellung des gewählten Gegenstandes sinnvoll sind, in einem angemessenen Umfang und korrekt verwendet?
- Habe ich Zitate wortgetreu und mit genauen Quellenangaben wiedergegeben und diese fachgerecht in meinen Text integriert?
- Habe ich die Ergebnisse meiner Untersuchung am Ende prägnant zusammengefasst?
- Ist die Arbeit vollständig (Inhaltsverzeichnis, Bibliografie, Selbstständigkeitserklärung, in der ich versichere, dass ich die Arbeit selbstständig verfasst habe, etc.)?
- Sind Schriftbild, Seitenaufbau, Systematik der (Zwischen-)Überschriften etc. einheitlich und entsprechen sie den schulischen Vorgaben?
- Ist meine Arbeit in der Standardsprache und in einem angemessenen Stil verfasst?
- Sind meine Ausführungen sprachlich korrekt (Rechtschreibung, Ausdruck, Grammatik, Zeichensetzung)?

2 Wählen Sie zur Vorstellung Ihrer Untersuchungsergebnisse eine der unten genannten Möglichkeiten (s. auch Kapitel A 1.1, **Referate und Kurzvorträge erarbeiten und präsentieren,** ▶ S. 14–21).

3 Ergänzen Sie die Liste durch weitere Möglichkeiten.

4 An jede besondere Lernleistung sollte sich eine Evaluationsphase anschließen. Holen Sie Feedback von der Klasse ein, z. B. durch einen Fragebogen zu Inhalt und Wirkung Ihrer Arbeit oder in einer Diskussion, bei der Sie Ihre Mitschüler/innen zum Nachfragen auffordern.

5 Testen Sie, was Ihre Mitschülerinnen und Mitschüler aus Ihrer Arbeit mitnehmen:

a durch ein kleines Quiz.

b durch einen kurzen schriftlichen Test.

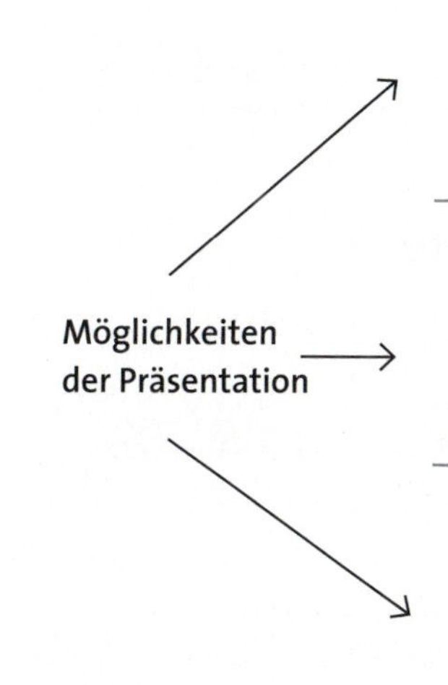

Möglichkeiten der Präsentation

1. mündliche Präsentation
- freier Thesenvortrag im eigenen Kurs
- mediengestützte Präsentation im eigenen Kurs
- ...

2. schriftliche Präsentation
- Einstellen der Arbeit in die Schulbibliothek (evtl. Präsentation auf einem Novitäten-Regal)
- Veröffentlichung im Schuljahrbuch (evtl. in Teilen)
- ...

3. mediale Präsentation
- Veröffentlichung auf der Homepage der Schule (evtl. in Teilen)
- Ausstellung von Teilergebnissen an Präsentationswänden in der Schule
- Vorstellung in der Lokalzeitung bzw. im Lokalradio, falls die Arbeit einen lokalen Bezug hat
- ...

Spätestens in der Oberstufe machen Sie sich Gedanken über Ihren weiteren Lebensweg. Ob Auslandsaufenthalt, Ausbildungsplatz oder Studium und Stipendium: Sie werden sich überall zunächst bewerben müssen. Bewerbungsverfahren beruhen auf Konventionen, die sich je nach Branche und Land erheblich unterscheiden können. Informieren Sie sich frühzeitig und genau über die jeweiligen Gepflogenheiten.
Für die meisten Bewerbungen sind Bewerbungsportfolios Standard. Darin stellen Sie Ihre Unterlagen so zusammen, dass ein positives Bild von Ihnen entsteht. Gestalten Sie ihr Bewerbungsportfolio daher ansprechend und halten Sie die formalen Vorgaben ein.
Hinweis: Viele Firmen sind zu elektronischen Bewerbungen per E-Mail übergegangen. Erkundigen Sie sich über die entsprechenden Vorgaben und Erwartungen.

Das Bewerbungsportfolio – Ihre Visitenkarte

Ihr Bewerbungsportfolio vermittelt einem möglichen zukünftigen Arbeitgeber, mit wem er es zu tun hat. Nutzen Sie diese Chance!

Für drei Viertel aller Bewerbungen wendet der Personalentscheider zunächst nicht mehr als 30 Sekunden auf. Dabei prüft er zunächst, ob die Bewerbung formalen Kriterien gerecht wird. 5 Bewerbungen, die einfachste Formalkriterien nicht erfüllen, werden am schnellsten aussortiert. Oft sichtet noch nicht einmal der Personalverantwortliche selbst die eingehenden Bewerbungen, sondern ein(e) Assistent(in). Hier stehen die Chancen noch schlechter, mit Inhal- 10 ten zu überzeugen, wenn schon die Form nicht stimmt.

Information **Folgende Dokumente sollten enthalten sein:**

- **Anschreiben:** maximal eine Seite in fehlerlosem Deutsch; nicht eingeheftet, sondern lose auf der Portfoliomappe liegend
- **Deckblatt:** in der Mappe, mit Anschrift und Telefonnummern, damit alle Kontaktdaten für den Arbeitgeber schnell greifbar sind
- **Bewerbungsfoto:** zwischen 4,5 x 6,5 und 9 x 13 cm; kein Automaten-, Urlaubs- oder Ganzkörperfoto; auf dem Deckblatt oder rechts oben auf dem Lebenslauf fixiert; bei internationalen Bewerbungen ist kein Foto üblich
- **Lebenslauf:** maximal zwei Seiten
- Kopie des **Schulzeugnisses**: letzter erreichter Abschluss bzw. letztes Versetzungszeugnis; in späteren Bewerbungen: Studien- bzw. Ausbildungszeugnis
- **Bescheinigungen** über schulisches/außerschulische Engagement: z. B. Praktika, ehrenamtliche Tätigkeiten, Vereinsarbeit

Tipp: Erkundigen Sie sich, ob eine einseitige Darstellung Ihrer persönlichen Stärken (als dritte Seite des Portfolios) von Ihnen erwartet wird.

1 Bereiten Sie für zukünftige Bewerbungen ein Portfolio vor. Besorgen Sie sich dafür eine Bewerbungsmappe und fügen Sie vorhandene Unterlagen ein.

Das Anschreiben

Im Anschreiben eines Bewerbungsportfolios „werben“ Sie für Ihre eigene Person und stellen zugleich einen Bezug zu dem Unternehmen bzw. der Behörde oder Institution her, bei dem/der Sie sich bewerben. Das sollte in wenigen Sätzen geschehen. Orientieren Sie sich an folgenden Fragen:

- Welche Anforderungen stellt der Arbeitgeber an die ausgeschriebene Stelle?
- Über welche Qualifikationen (z. B. Schulabschluss) und Kompetenzen (Fähigkeiten) verfüge ich?
- Welche meiner persönlichen Interessen und Vorlieben kann ich konkret einbringen?
- Warum passen meine Kompetenzen und Interessen zum Stellenangebot?

---

1 Suchen Sie sich im Internet oder in der Regionalpresse die Ausschreibung einer Ausbildungs- oder Arbeitsstelle, die Ihren Interessen und Kompetenzen entsprechen könnte. Simulieren Sie für diese Stelle eine Bewerbung. Verfassen Sie zunächst ein Anschreiben für ein Bewerbungsportfolio.

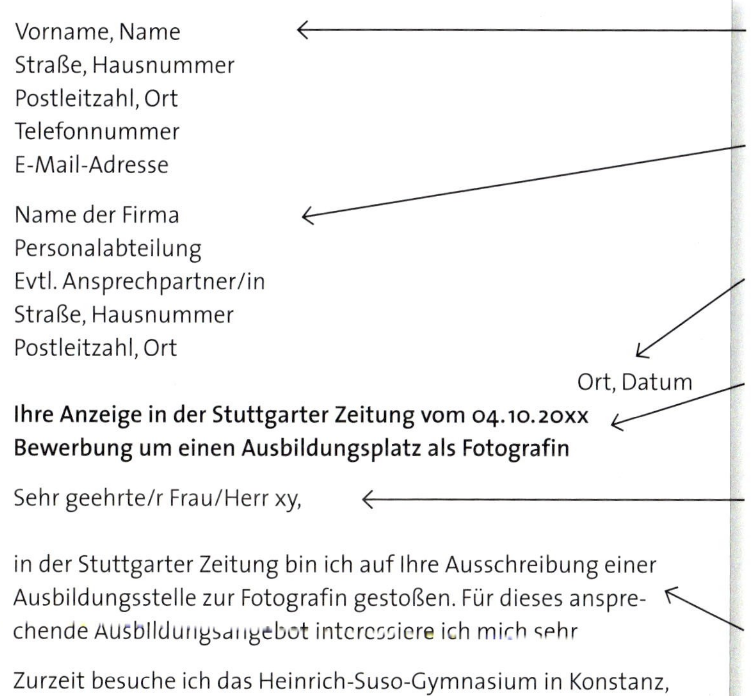

Vorname, Name
Straße, Hausnummer
Postleitzahl, Ort
Telefonnummer
E-Mail-Adresse

Name der Firma
Personalabteilung
Evtl. Ansprechpartner/in
Straße, Hausnummer
Postleitzahl, Ort

Ort, Datum

Ihre Anzeige in der Stuttgarter Zeitung vom 04.10.20xx
Bewerbung um einen Ausbildungsplatz als Fotografin

Sehr geehrte/r Frau/Herr xy,

in der Stuttgarter Zeitung bin ich auf Ihre Ausschreibung einer Ausbildungsstelle zur Fotografin gestoßen. Für dieses ansprechende Ausbildungsangebot interessiere ich mich sehr

Zurzeit besuche ich das Heinrich-Suso-Gymnasium in Konstanz, das ich im kommenden Jahr mit dem Abitur abschließen werde. Im Prüfungsfach Kunst sowie in den Fächern Deutsch und Psychologie habe ich bisher überwiegend gute Leistungen erzielt.

Für die von Ihnen beschriebenen Anforderungen bringe ich die entsprechenden Voraussetzungen mit: Seit mehreren Jahren beschäftige ich mich in meiner Freizeit mit Fotografie; ich habe an einer schulischen Foto-AG teilgenommen und bei einem landesweiten Foto-Wettbewerb einen Preis erhalten. Am Computer konnte ich erste Erfahrungen mit der digitalen Bildgestaltung sammeln.

- Name und Adresse
- vollständige Anschrift der Firma, möglichst Ansprechpartner/in und/oder Abteilung angeben
- Ort und Datum
- Betreffzeile: Hinweis auf Anlass/Gegenstand des Briefs
- Anrede: möglichst namentlich, sonst „Sehr geehrte Damen und Herren“
- Hinweis auf den Auslöser der Bewerbung
- Angaben zur derzeitigen Tätigkeit und zum angestrebten Schulabschluss
- stichhaltige und persönliche Begründung für den Ausbildungswunsch: Aufzeigen individueller Eignung, Bezug auf Anzeige

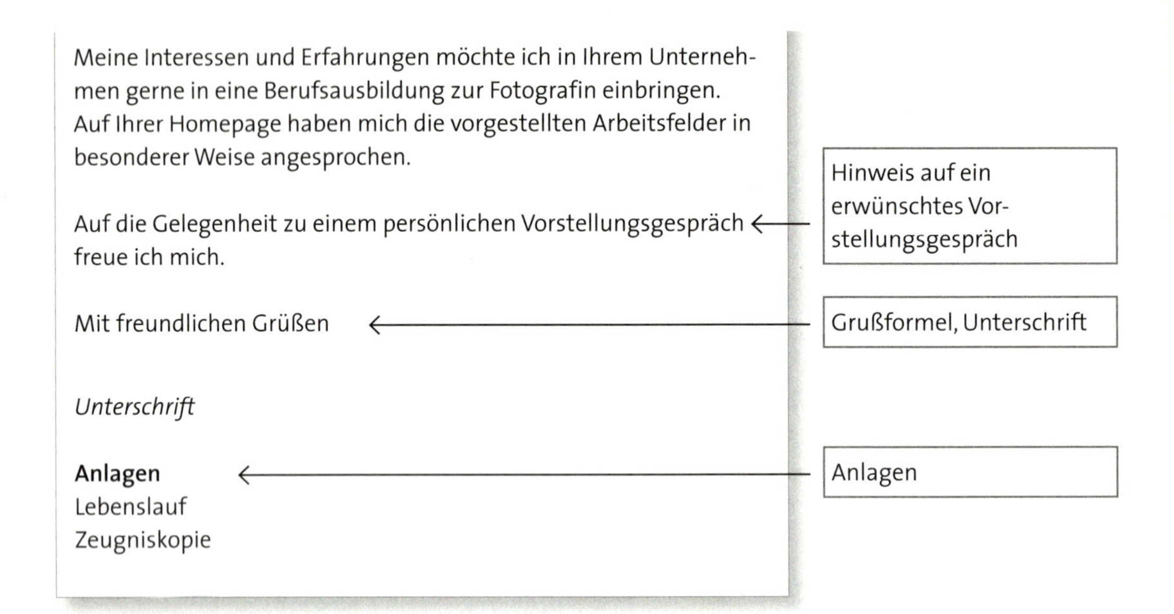
Meine Interessen und Erfahrungen möchte ich in Ihrem Unternehmen gerne in eine Berufsausbildung zur Fotografin einbringen. Auf Ihrer Homepage haben mich die vorgestellten Arbeitsfelder in besonderer Weise angesprochen.

Auf die Gelegenheit zu einem persönlichen Vorstellungsgespräch freue ich mich.

Mit freundlichen Grüßen

Unterschrift

Anlagen
Lebenslauf
Zeugniskopie

Methode **Fehler vermeiden**

- Verfassen Sie für jede Bewerbung ein individuelles, möglichst passgenaues Anschreiben.
- Lesen Sie die Stellenausschreibung genau und berücksichtigen Sie wichtige Bedingungen für die Bewerbung.
- Geben Sie Auskunft über Ihre persönlichen Qualifikationen.
- Achten Sie darauf, dass Ihr Anschreiben keinerlei Fehler enthält.
- Setzen Sie Ihre Unterschrift unter das Anschreiben.

Information **Initiativbewerbungen**

Neben Bewerbungen, mit denen Sie auf Stellenanzeigen in Zeitungen oder im Internet reagieren, sind auch Initiativbewerbungen möglich. Darunter versteht man Bewerbungen, die auf keine ausgeschriebene Stelle Bezug nehmen; vielmehr bekunden Sie einem Unternehmen bzw. einer Behörde gegenüber von sich aus das Interesse an einer Ausbildung bzw. einer Zusammenarbeit.
In Initiativbewerbungen muss die Einleitung des Anschreibens entsprechend angepasst werden. Bevor Sie sich auf diese Weise bewerben, sollten Sie eine/n Ansprechpartner/in in dem Unternehmen bzw. der Behörde herausfinden und kontaktieren.

Der Lebenslauf

Der Lebenslauf für die Portfoliomappe sollte übersichtlich und klar gegliedert sein. Bei Stellenbewerbungen sind tabellarische Lebensläufe üblich; aber auch ein ausformulierter Text ist möglich. Wird ein handschriftlicher Lebenslauf erwartet, ist dies ausdrücklich vermerkt. Ihr Lebenslauf sollte folgende Elemente enthalten.

Lebenslauf

Persönliche Daten

Name	Niklas Heine
Anschrift	Ekkehardstraße 78 78224 Singen/Hohentwiel
geboren am	7. Januar 19xx in Dresden

Schullaufbahn

08/19xx – 07/20xx	Grundschule Überlingen am Ried
08/20xx – 07/20xx	Friedrich-Wöhler-Gymnasium Singen/Hohentwiel angestrebter Abschluss: allgemeine Hochschulreife
09/20xx – 06/20xx	Auslandsaufenthalt mit Besuch der Highschool in Lincoln (USA)

Berufserfahrung/Praktika

01/20xx – 02/20xx	Praktikum in einer Praxis für Physiotherapie
04/20xx – 12/20xx	Leitung einer Jugendgruppe der Katholischen Jungen Gemeinde (KJG)
07/20xx	Praktikum beim „Südkurier“
9/20xx	Erwerb der Juleica (JugendleiterCard) als Abschluss einer Qualifizierung zum Gruppenleiter in der Verbands-Jugendarbeit

Sonstige Kenntnisse

Sprachen	Englisch fließend, Schulkenntnisse in Französisch und Spanisch
Computer	Alle gängigen Anwendungen eines Office-Programms

Persönliche Interessen

Reiten, Computer, Lesen

Singen, den 20.11.20xx

Niklas Heine

---

1 Legen Sie am Computer eine Lebenslauf-Datei nach dem obigen Muster an, in die Sie alle für Sie relevanten Daten eingeben.
Tipp: Neben dem oben vorgestellten Muster eines Lebenslaufs setzt sich immer mehr der Typ des amerikanischen oder französischen Lebenslaufs durch: Die Daten werden in umgekehrter Reihenfolge, mit der Gegenwart beginnend, aufgeführt. Dies ist vor allem dann sinnvoll, wenn Schul- und Studienzeit lange zurückliegen.

Das Vorstellungsgespräch

Wenn Ihre Bewerbungsunterlagen überzeugt haben, folgt eine Einladung zu einem Vorstellungsgespräch. Im persönlichen Kontakt will Ihr potenzieller Arbeitgeber Ihre Persönlichkeit, Ihre Leistungsmotivation und Ihre Kompetenzen kennen lernen. Bereiten Sie sich auf diese entscheidende Phase Ihrer Bewerbung gut vor.
Rechnen Sie auch mit unangenehmen und provokanten Fragen Ihres Gesprächspartners. Auf Fragen nach Partei-, Religions- und Gewerkschaftszugehörigkeit müssen Sie nach deutschem Arbeitsrecht nicht eingehen. Ebenso sind Erkundigungen nach Heiratsplänen, Kinderwunsch, Schwangerschaft, Vorstrafen und Vermögensverhältnissen tabu.

Information **Fragen im Vorstellungsgespräch**

- Was haben Ihre Recherchen zu unserem Unternehmen ergeben?
- Warum bewerben Sie sich ausgerechnet hier bei uns?
  Was interessiert Sie an uns?
- Sagen Sie doch einmal, was passiert, wenn Sie in Stress geraten?
- Was macht Ihnen im Moment in der Schule Spaß?
- Was empfinden Sie in der Schule als besondere Belastung?
- Was ist aus Ihrer Sicht entscheidend für eine gute Zusammenarbeit?
- Wann haben Sie den Eindruck, dass Sie gute Arbeit geleistet haben?
- Was sind Ihre größten persönlichen Stärken?
- Was sind Ihre größten Schwächen?
- Was sind Ihre weiteren Ziele?
  Was möchten Sie in den nächsten zehn Jahren erreichen?

1 Gehen Sie in Gedanken ein Vorstellungsgespräch durch, in dem Sie mit den oben stehenden Fragen konfrontiert werden.
2 Klären Sie, auf welche Fragen Sie sich gezielt vorbereiten können.
3 Manche der Fragen erfordern ein offenes, zugleich aber geschicktes Verhalten. Proben Sie in Rollenspielen die folgenden Strategien.

Methode **Strategien im Vorstellungsgespräch**

- Zu den eigenen Schwächen stehen!
  Nennen Sie nur eine persönliche Schwäche und setzen Sie sich kritisch mit dieser auseinander.
- Die Privatsphäre wahren!
  Vermeiden Sie zu große Offenheit in privaten Angelegenheiten.
- Selbst Fragen stellen!
  Überlegen Sie sich im Vorfeld mindestens eine Frage zu den erwartbaren Arbeitsabläufen bei der angestrebten Ausbildung oder Tätigkeit.

Tipp: Kommen Sie pünktlich, ausgeruht und in angemessener Kleidung zum Vorstellungsgespräch. Nehmen Sie Kopien Ihrer Bewerbungsunterlagen mit.

Arbeitstechniken und Methoden

Diese thematische Auflistung verweist auf Seiten, auf denen die Methoden erklärt oder in Übersichten kategorisiert werden. Seiten, auf denen die Methoden angewendet werden, sind nicht aufgeführt.

Sprechen und Schreiben

Sprechen und Zuhören

- **Referate und Kurzvorträge** (▸ S. 14) dienen vorrangig der Informationsvermittlung zu einem abgegrenzten Thema. Ihr Schwerpunkt liegt auf der **Darstellungsfunktion** (▸ S. 468). Um dem Publikum die Informationsaufnahme zu erleichtern, sollten verschiedene **Formen der Visualisierung** und der **Präsentation** (▸ S. 16–19) eingesetzt werden.
- Im Unterschied zu Referat und Kurzvortrag soll mit einer **Rede** ein Publikum in erster Linie von etwas überzeugt oder zu etwas überredet werden (persuasive Textsignale, ▸ S. 59). Im Vordergrund steht die **Appellfunktion** (▸ S. 468). Mit der **Gerichtsrede,** der **beratenden, politischen (Entscheidungs-)Rede** sowie der **Lob- und Festrede** werden primär drei Redegattungen unterschieden (▸ S. 22, 495). Zur Redeanalyse siehe unten die Ausführungen zur „Analyse eines Sachtextes".
- Rhetorische Fähigkeiten spielen auch in **Gesprächsformen** wie **Diskussionen** (runder Tisch, Podiums- bzw. Forumsdiskussionen, Fishbowl, ▸ S. 27) eine wichtige Rolle. Das gilt ebenso für die **Debatte** (▸ S. 28), unter der man eine genau geregelte Form der Diskussion versteht, und zwar mit klar abgegrenzten Pro- und Kontra-Positionen zu einem Antrag, der gestellt worden ist und über den zu entscheiden ist.
  Der korrekte Ablauf einer Diskussion kann durch eine/n **Moderator/in** gewährleistet werden. Aufgabe ist, in das Thema einzuführen, zu verschiedenen Aspekten des Themas überzuleiten, über angemessene Redezeiten zu wachen, aber auch zu provozieren und Diskussionsbeiträge zu unterbinden (▸ S. 27–28). Für diese Gesprächsformen gilt: Wer überzeugen will, sollte Thesen, Argumente und Beispiele zum richtigen Zeitpunkt formulieren (Angriffs- und Verteidigungstechniken, ▸ S. 29).

Analysieren und Erörtern

Eine Erörterung ist eine Textform, die der **Meinungsbildung und Entscheidungsfindung** dient. Erörtert werden strittige Wertungsfragen oder noch nicht hinreichend geklärte Sachfragen. Im Unterschied zum Interpretieren geht es nicht um eine Textdeutung, sondern um eine **Text- bzw. Problem(er)klärung.**

- Bei der **Analyse eines Sachtextes mit anschließender Stellungnahme** (▸ S. 57–61, 169–178) ist der Erörterungsteil knapp zu halten; er sollte nicht mehr als etwa 1/3 Ihres Aufsatzes umfassen. Im **Vordergrund** steht vielmehr die **Analyse,** die etwa einen Umfang von 2/3 Ihres Aufsatzes haben sollte. Darin sind **ausführlich** die zentrale **Problemstellung des Textes,** seine **Intention,** der **gedankliche Zusammenhang der Thesen, Argumente, Erläuterungen und Beispiele,** außerdem die **Strukturierung** des Textes und seine **sprachlich-rhetorische Gestaltung** (linear steigernde oder dialektische Argumentationsstruktur, ▸ S. 37) zu untersuchen, zu beschreiben und zu erläutern. Insgesamt ist also zu klären, mit welchen Positionen ein/e Autor/in in einen Meinungsstreit eingreift und welche Mittel sie/er dabei nutzt.
  Auch die **Redeanalyse** (▸ S. 173, 498) mit anschließender Stellungnahme lässt sich hier einordnen. Dabei sind v. a. folgende Aspekte einer Sachtextanalyse (▸ S. 58–61) zu beachten: **Redesituation** bzw. der politisch-historische Kontext, **Inhalt** und **Intention, rhetorische Strategien** (z. B. Auf- oder Abwertung), **Redestruktur** (insbesondere die **Argumentation,** ▸ S. 37, 43–44) und **sprachlich-rhetorische Mittel** (z. B. Euphemismen, Personifikationen etc. und politischer Leitbegriffe bzw. Fahnen- und Stigmawörter, ▸ S. 144–146, S. 506) sowie die **Wirkung der Rede** auf das Publikum.

- Bei einer **textgebundenen Erörterung** (▶ S. 30–41) liegt dagegen der **Schwerpunkt** in der Regel auf dem **Erörterungsteil.** Es genügt eine **knappe Beschreibung und Erläuterung der Argumentation** im vorgelegten Text (Darlegung zentraler Thesen und Argumente, Aufgabenstellung, ▶ S. 31). Anschließend legen Sie ausführlich und systematisch-argumentativ Ihre Position zu dem im Text aufgeworfenen Problem dar (Grundtypen kritischer Texterörterung, ▶ S. 35–36). Das Verhältnis von Analyse und Erörterung sollte in Ihrem Aufsatz umgekehrt zu einer Sachtextanalyse mit Stellungnahme etwa 1/3 zu 2/3 betragen.
- Die **literarische Erörterung** (▶ S. 46–49) befasst sich speziell mit einer Problemstellung der Literatur bzw. der Literaturwissenschaft. Textgebunden oder ohne Textgrundlage werden z. B. literaturgeschichtliche oder gattungstheoretische Fragen erörtert oder Fragen der literarischen Wertung zur Diskussion gestellt.
- In einer **freien Erörterung,** auch **Problemerörterung,** (▶ S. 41–46) tragen Sie ohne Analyse einer vorgegebenen Textvorlage Positionen und Gegenpositionen zu einem in der Aufgabenstellung genannten Problem selbstständig in geordneter Form vor, gewichten die aufgeführten Argumente und gelangen schließlich zu einem wertenden Fazit.
- Assoziativer, sprunghafter, pointierter, provozierender und weniger streng-systematisch als eine Erörterung ist die subjektiv-reflektierende Textform des **Essays** (▶ S. 177). Um einen solchen zu verfassen (▶ S. 49–56), wird Ihnen in der Regel ein **Dossier,** das ist eine themenbezogene Materialsammlung (▶ S. 50–53), zur Verfügung gestellt. Auf dessen Grundlage legen Sie in durchaus lockerer Art und Weise Ihre begründete Haltung zu einem Thema dar.

Interpretieren und gestaltendes Interpretieren

Mit einer Interpretation legt man seine **Deutung eines literarischen Textes** vor. Um einen literarischen Text in seiner Komplexität zu erschließen bzw. um ein vertieftes Textverständnis zu erlangen, sind die durch die **persönliche Lektüre** und durch eine **systematische Analyse von Inhalt, Sprache und Form** gewonnenen **Einsichten in Beziehung zueinander zu setzen** (werkimmanentes Vorgehen, ▶ S. 70). Dabei sollten **werkübergreifend** (▶ S. 70–71) auch Informationen einbezogen werden, die in der Regel jenseits des Textes liegen, wie z. B. Informationen zur Autorin/zum Autor, zur Realgeschichte, zu einer literarischen Epoche, zur Gattungstheorie und -geschichte etc.

- Bei der **Interpretation eines epischen Textes** (▶ S. 62–72) ist vor allem zu beachten, wie die Geschichte durch **einen Erzähler** (Ich- oder Er-/Sie-Erzähler/in) präsentiert wird und welche **Erzählstrategien** (auktorial, personal, neutral, ▶ S. 110–112) mit welcher Funktion eingesetzt werden.
- Bei der **Interpretation eines Dramentextes** (▶ S. 72–78) muss die Aufmerksamkeit vor allem der **Gesprächsanalyse** (▶ S. 120–121) gelten, da es im Drama ganz wesentlich die **Monologe** (▶ S. 74) und **Dialoge** der Figuren sind, durch die die Handlung vorangetrieben wird und durch die **Konflikte** entstehen. Von diesem **Haupttext** zu unterscheiden ist der **Nebentext** mit den Regieanweisungen.
- Bei der **Interpretation** oder dem **Vergleich von Gedichten** (▶ S. 79–86) setzt man insbesondere formale Aspekte wie – falls vorhanden – **Reimform** (▶ S. 141), **Versmaß** (▶ S. 142), **Strophengliederung** bzw. **Gedichtform** (▶ S. 142–143) und **rhetorische Figuren** (▶ S. 144–146) in ihrer Funktion mit dem Inhalt in Beziehung.
- Zu allen drei Gattungen sind Aufgaben zum **gestaltenden Interpretieren** (▶ S. 86–92) möglich. Hierbei sollen Sie Ihr Textverständnis produktiv entfalten, indem Sie **auf der Grundlage einer Analyse einer literarischen Vorlage einen eigenen fiktionalen Text verfassen,** der den Ausgangstext sinnvoll ergänzt oder weiterführt (z. B. Tagebucheintrag, Brief an eine andere Figur, Fortsetzung eines Monologs/Dialogs, ▶ S. 91–92). Den Gattungen entsprechend sind deren Besonderheiten bei der eigenen produktiven Gestaltung zu berücksichtigen.

Gattungen und Textsorten

Die traditionelle Gliederung der (literarischen) Gattungen unterscheidet im Rückgriff auf die aristotelische Poetik **Epik, Dramatik** und **Lyrik.** Im „Informationszeitalter" gewinnt auch die Gattung der Sachtexte immer mehr an Bedeutung und auch beim Film gibt es verschiedene Genres.

Gattungen	**Epik** (Kapitel B 1, S. 93–115) Der Begriff Epik umfasst viele Fomen erzählender Literatur, heute in der Regel Prosatexte.			**Dramatik** (Kapitel B 2, S. 116–135) Dramen sind meist für eine Theateraufführung verfasst, die Handlung wird in Form von Dialogen und Monologen der Figuren vorangetrieben.	
	Epische Großformen	Mittlere Formen	Epische Kleinformen	Klassisches (aristotelisches) Drama (► S. 127–128)	Modernes Drama (offene Form)
Textsorten	– Roman (► S. 104–113) – Epos (► S. 95)	– Erzählung – Novelle (► S. 453)	– Kurzgeschichte (► S. 99–100) – Parabel (► S. 103) – Fabel (► S. 211) – Anekdote – Kalendergeschichte – Märchen – Schwank	– klassische Tragödie – klassische Komödie – bürgerliches Trauerspiel (► S. 238)	– episches Theater (► S. 129–131) – Dokumentartheater (► S. 134; S. 433–435) – absurdes Theater – experimentelles Theater

Lyrik (Kapitel B 3, S. 136–149) Kennzeichnend für lyrische Texte ist die „Verdichtung“ durch sprachliche Gestaltungsmittel und eine häufig in Versen gebundene Sprache.	**Film** (Kapitel B 4, S. 150–167) Wie alle anderen Gattungen hat auch der Film eigene Gestaltungsregeln und verschiedene Genres.		**Sachtexte** (Kapitel B 5, S. 168–180) Sachtexte haben im Unterschied zu fiktionalen Textsorten einen pragmatischen Zweck. Dabei kommen in einem Text häufig verschiedene Intentionen (▸ S. 170) zum Tragen, es lassen sich jedoch Schwerpunkte bestimmen.			
	Spielfilm	Dokumentarfilm	informativ: darstellende Intention	argumentativ: darstellende, appellative Intention	persuasiv: appellative Intention	ausdrucksbetont: expressive Intention
– Ballade (▸ S. 143) und Romanze (▸ S. 304) – Elegie (▸ S. 143) – Hymne (▸ S. 143) – Sonett (▸ S. 143) – Lied (▸ S. 143) – Figurengedicht (▸ S. 199) – Konkrete Poesie (▸ S. 413; S. 415)	– Literaturverfilmung – Fantasy-Film – Science-Fiction – Liebesfilm – Thriller – Horror-Film – Action-Film	– Reportage – Portrait – etc.	– Wissenschaftlicher Text – erörternde Texte (▸ S. 30–61) – Lexikonartikel	– Rezension (▸ S. 241) – Reportage (▸ S. 180) – Essay (▸ S. 177) – Kommentar (▸ S. 175)	– Rede (▸ S. 173) – Werbung	– Werbung – Brief – Tagebuch

Literarische Epochen und Strömungen im Überblick

Beginn und Ende literarischer Epochen und Strömungen lassen sich nur selten konkreten Jahreszahlen zuordnen, die chronologische Einteilung dient aber der Orientierung. Die folgende Übersicht gibt daher einen groben Überblick über die gängige Einteilung der Literaturgeschichte.

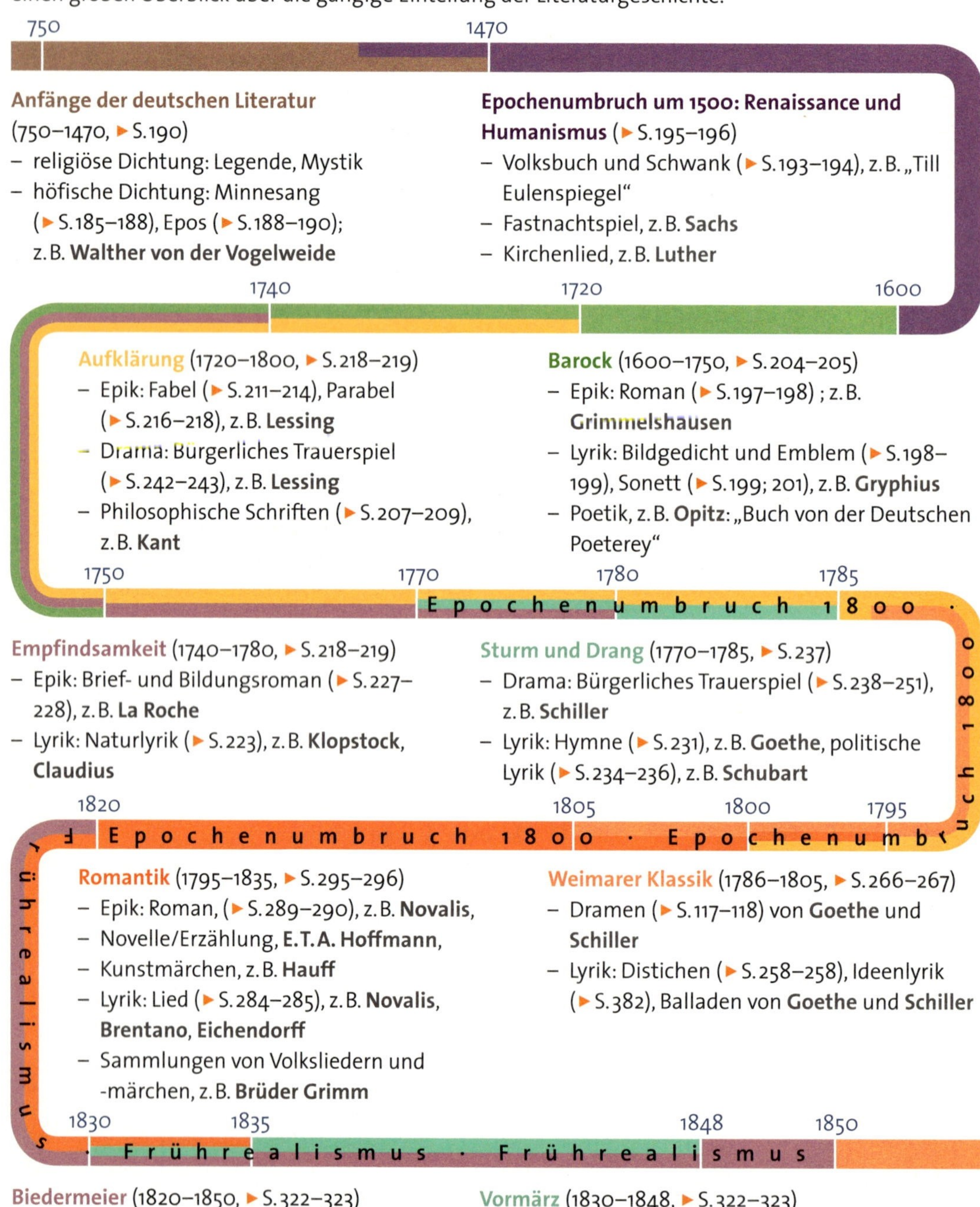

Anfänge der deutschen Literatur (750–1470, ▶ S. 190)
- religiöse Dichtung: Legende, Mystik
- höfische Dichtung: Minnesang (▶ S. 185–188), Epos (▶ S. 188–190); z. B. **Walther von der Vogelweide**

Epochenumbruch um 1500: Renaissance und Humanismus (▶ S. 195–196)
- Volksbuch und Schwank (▶ S. 193–194), z. B. „Till Eulenspiegel"
- Fastnachtspiel, z. B. **Sachs**
- Kirchenlied, z. B. **Luther**

Aufklärung (1720–1800, ▶ S. 218–219)
- Epik: Fabel (▶ S. 211–214), Parabel (▶ S. 216–218), z. B. **Lessing**
- Drama: Bürgerliches Trauerspiel (▶ S. 242–243), z. B. **Lessing**
- Philosophische Schriften (▶ S. 207–209), z. B. **Kant**

Barock (1600–1750, ▶ S. 204–205)
- Epik: Roman (▶ S. 197–198) ; z. B. **Grimmelshausen**
- Lyrik: Bildgedicht und Emblem (▶ S. 198–199), Sonett (▶ S. 199; 201), z. B. **Gryphius**
- Poetik, z. B. **Opitz**: „Buch von der Deutschen Poeterey"

Empfindsamkeit (1740–1780, ▶ S. 218–219)
- Epik: Brief- und Bildungsroman (▶ S. 227–228), z. B. **La Roche**
- Lyrik: Naturlyrik (▶ S. 223), z. B. **Klopstock**, **Claudius**

Sturm und Drang (1770–1785, ▶ S. 237)
- Drama: Bürgerliches Trauerspiel (▶ S. 238–251), z. B. **Schiller**
- Lyrik: Hymne (▶ S. 231), z. B. **Goethe**, politische Lyrik (▶ S. 234–236), z. B. **Schubart**

Romantik (1795–1835, ▶ S. 295–296)
- Epik: Roman, (▶ S. 289–290), z. B. **Novalis**,
- Novelle/Erzählung, **E. T. A. Hoffmann**,
- Kunstmärchen, z. B. **Hauff**
- Lyrik: Lied (▶ S. 284–285), z. B. **Novalis**, **Brentano**, **Eichendorff**
- Sammlungen von Volksliedern und -märchen, z. B. **Brüder Grimm**

Weimarer Klassik (1786–1805, ▶ S. 266–267)
- Dramen (▶ S. 117–118) von **Goethe** und **Schiller**
- Lyrik: Distichen (▶ S. 258–258), Ideenlyrik (▶ S. 382), Balladen von **Goethe** und **Schiller**

Biedermeier (1820–1850, ▶ S. 322–323)
- Epik: Novelle, Erzählung (▶ S. 318–319), z. B. **Mörike**, **Stifter**
- Lyrik (▶ S. 317, 320), z. B. **Droste-Hülshoff**

Vormärz (1830–1848, ▶ S. 322–323)
- Lyrik: politische Lyrik (▶ S. 314–317), z. B. **Heine**
- Flugblatt, journalistische Schriften (▶ S. 312–313), z. B. **Büchner**, **Heine**

1880 1890

Moderne/Epochenumbruch 1900

Poetischer/bürgerlicher Realismus (1850–1890, ▶ S. 341–342)
- Epik: Roman (▶ S. 334–338), Novelle (▶ S. 338–340), z. B. **Keller, Fontane**

Naturalismus (1880–1900, ▶ S. 363–364)
- Epik: Novelle (▶ S. 361–362), z. B. **Holz/Schlaf**
- Drama (▶ S. 362–363), z. B. **Hauptmann**

1910 1900

1900 · Moderne/Epochenumbruch

Expessionismus (1910–1925, ▶ S. 376–377)
- Drama, z. B. **G. Kaiser**: „Die Bürger von Calais"
- Lyrik: z. B. Sonett (▶ S. 374), z. B. **Benn, Heym, Trakl**

Wichtiger Autor zur Zeit des Expressionismus: **Kafka** (▶ S. 377–378)

Ästhetizismus – Fin de siècle (1890–1920, ▶ S. 370–371): Impressionismus, Jugendstil, Décadence, Sezession, Neoromantik, Surrealismus
- Epik: Roman (▶ S. 369–370), z. B. **Musil**, Erzählung, Novelle (▶ S. 368–369), z. B. **Th. Mann**
- Lyrik : z. B. Dinggedicht (▶ S. 365–366), z. B. **Rilke**

1920 1925 1933 1945

Literatur der Weimarer Republik (1919–1933, ▶ S. 394–396): z. B. Neue Sachlichkeit
- Drama: episches Theater, z. B. **Brecht**: „Die Dreigroschenoper"
- Lyrik: Gebrauchslyrik (▶ S. 388–389)
- Journalistische Texte: Reportagen (▶ S. 392–393), z. B. **Kisch**

Exilliteratur (1933–1945, ▶ S. 399)
- Epik: Roman (▶ S. 398–400), z. B. **Seghers, K. Mann**
- Drama: episches Theater (▶ S. 118–120), z. B. **Brecht**
- Lyrik: Gebrauchslyrik (▶ S. 398)
- Journalistische Texte, z. B. **Tucholsky, E. Mann**

1989 1980 1960

Vielfalt der Stile · Vielfalt der Stile · Vielfalt der Stile

Literatur der BRD und der DDR zwischen 1960 und 1989 (▶ S. 433–435)
- Epik: postmoderner Roman, z. B. **Süskind** (▶ S. 150–159)
- Drama: politisches Dokumentartheater (▶ S. 417–418), z. B. **Weiss**
- Lyrik: politische Lyrik (▶ S. 422–423, 427–428), z. B. **Enzenberger, Rühmkorf, Biermann**

Nachkriegsliteratur (1945–1960, ▶ S. 414–416)
- Epik: Kurzgeschichte (▶ S. 404–406), z. B. **Borchert, Böll**
- Lyrik: konkrete Poesie (▶ S. 413), z. B. **Gomringer, Rühm**

Vielfalt der Stile/Postmoderne, Neorealismus, Popliteratur (1989–Gegenwart)
- Epik: postmoderne Erzählliteratur (▶ S. 440–442), z. B. **B. Strauß, Ransmayr**, neorealistische Erzählliteratur (▶ S. 449–453, z. B. **Grass, M. Walser, Zeh**, Popliteratur, z. B. **Berg, R. Goetz**)

Sprachbetrachtung

Beziehung zwischen Inhalt und Ausdruck von Zeichen – Semantik

- Ein Zeichen ist etwas, das für etwas anderes steht, also auf mehr verweist als auf sich selbst. Da sprachliche Ausdrücke für eine bestimmte Vorstellung stehen, kann Sprache als Zeichensystem begriffen werden.
- Diesen **Zeichencharakter der Sprache** betonen sprachwissenschaftliche Modelle wie das von Ferdinand de Saussure (▸ S. 465–466).

(kommunikatives) Handeln durch Sprache – Pragmatik

- Bei der Betrachtung der **pragmatischen Dimension** von Sprache (abgeleitet von griech.: pragma = Handlung ▸ S. 468–469) geht es um die Beziehung zwischen den Zeichen (dem, wofür sie stehen) und dem, was das Bezeichnete für die beteiligten Personen als Handlungsaufforderung darstellt.
- Verschiedene Modelle versuchen, diese pragmatische Dimension von Sprache zu verdeutlichen, indem sie auch die Beziehung von Sender und Empfänger berücksichtigen, etwa das **Organon-Modell** (griech.: **Werkzeug**) Bühlers oder das Modell der **vier Seiten einer Nachricht** (▸ S. 469–470) Friedemann Schulz von Thuns.
- Die **appellative** Funktion (Aufforderungsfunktion) von Sprache steht in der **Rhetorik** („Redekunst", ▸ S. 494–511) im Vordergrund.

Die Kombination von Zeichen untereinander – Syntaktik

Als dritte Zeichendimension ist auch die **syntaktische Dimension** (▸ S. 471) zu berücksichtigen: die Kombination der Zeichen untereinander. Hierzu gehört u. a. die Beschäftigung mit **Satzarten** (▸ S. 531–532) und **Wortarten** (▸ S. 540) sowie **Tempus** (▸ S. 535) und **Modus** (▸ S. 535–536) der Verben.

Sprachentwicklung und sprachliche Varietäten

Sprache ist einem steten Wandel (▸ S. 520–521) unterworfen.

- Die **diachrone** Betrachtung von Sprache hat den historischen **Sprachwandel**, die Sprachgeschichte (▸ S. 516–519) zum Gegenstand.
- Die Untersuchung gesprochener Sprachen zeigt aber auch **synchrone** (zeitgleiche) Änderungen im Sprachsystem, so genannte **sprachliche Varietäten** (▸ S. 519–526), welche z. B. in lokale (**Dialekte**, ▸ S. 516–517), gesellschaftsbedingte (z. B. **Soziolekte, Ethnolekte, Jugendsprachen** ▸ S. 526) oder stilistische Varianten (**Stil**, ▸ S. 538–540) differenziert werden können.
- Mit den Beziehungen zwischen Sprache, sprachlichen Varietäten und Gesellschaft beschäftigt sich die **Soziolinguistik.** So beschreibt die **Differenzhypothese** (▸ S. 525–526) die sozialen Folgen von Schichtzugehörigkeit und Sprachvermögen.

Sprache – Denken – Wirklichkeit

- Die Frage nach dem Zusammenhang der drei Kategorien Denken, Sprache und Wirklichkeit stellen sich Philosophen und Sprachwissenschaftler gleichermaßen. Dazu gibt es unterschiedliche Ansätze, z. B. den **sprachlichen Relativismus** (Denkstrukturen werden durch das jeweilige Sprachsystem determiniert ▸ S. 488–490, 493) oder **kognitionstheoretisch** orientierte Ansätze (jeder Sprache liegen die gleichen logischen Muster zu Grunde ▸ S. 493).
- Mit den Kategorien Denken, Sprache und Wirklichkeit arbeiten auch Theorien zum **Spracherwerb** (▸ S. 527–529) wie der **Nativismus** (dem Menschen sind bestimmte kognitive Modelle angeboren sind, die ihm u. a. den Erwerb der Sprache ermöglichen) oder der **Interaktionismus** (ohne Anregungen aus der sozialen Umgebung ist kein Spracherwerb möglich).

Althen, Michael (*1962): *Ich will doch nur, dass ihr mich liebt,* S. 164 f. In: Frankfurter Allgemeine Zeitung Nr. 214 vom 14. 9. 2006

Apollinaire, Guillaume (1880–1918): *Die Tänzerin,* S. 383. In: Mythos Salome. Hg. von Thomas Rohde. Reclam, Leipzig 2000, S. 172–173

Aristoteles (384–322 v. Chr.): *Kennzeichen der Tragödie,* S. 127. Aus: Theorie des Dramas. Hg. von Ulrich Staehle. Reclam, Stuttgart 1973, S. 8–12, gekürzt

Aston, Louise (1814–1871): *Lebensmotto,* S. 321. Aus: Wilde Rosen. In: Louise Aston. Ein Lesebuch. Gedichte, Romane, Schriften in Auswahl (1846–1849). Hg. v. Karlheinz Fingerhut. Akademischer Verlag, Stuttgart 1983, S. 24 f.

Auer, Peter (*1954): *Türkenslang,* S. 524. Aus: „Türkenslang" – Ein jugendsprachlicher Ethnolekt des Deutschen und seine Transformationen. In: Spracherwerb und Lebensalter. Hg. von Annelies Häcki Buhofer. Francke, Tübingen/Basel 2003, S. 255–264

Ausländer, Rose (1901–1988): *Mutterland,* S. 397. In: Gesammelte Werke in sieben Bdn. und einem Nachtragsband. Hg. von Helmut Braun. Fischer, Frankfurt/M. 1984–1990, Bd. 5, S. 98

Bachmann, Ingeborg (1926–1973): *Alle Tage,* S. 412. In: Werke. Hg. von Christine Koschel, Inge von Weidenbaum, Clemens Münster. Piper, München 1978, Bd. 1, S. 46; *Nebelland,* S. 307. Ebd. S. 105 f.

Becher, Johannes Robert (1891–1958): *Auferstanden aus Ruinen,* S. 411. In: Ein Staat wie unser Staat. Gedichte und Prosa vom Werden und Wachsen der Deutschen Demokratischen Republik. Aufbau, Berlin 1959, S. 9 f.

Benn, Gottfried (1886–1956): *Probleme der Lyrik,* S. 148. In: Essays und Reden in der Fassung der Erstdrucke. Mit einer Einführung hg. von Bruno Hillbrand. Fischer, Frankfurt/M. 1989, S. 505–507; *Schöne Jugend,* S. 380. In: Sämtliche Gedichte. Klett-Cotta, Stuttgart 1978, Bd. 1, S. 11

Berger, Ruth (*1967): *Gretchen. Ein Frankfurter Kriminalfall,* S. 276 f. Aus: Gretchen. Ein Frankfurter Kriminalfall. Historischer Roman. Rowohlt, Reinbek 2007, S. 394 ff.

Bernhard, Thomas (1931–1989): *Der junge Mann,* S. 100. In: Ereignisse. Suhrkamp, Frankfurt/M. 1994, S. 39–40; *Holzfällen,* S. 472. Aus: Holzfällen. Eine Erregung. Suhrkamp, Frankfurt/M. 1988, S. 315–318

Berzbach, Frank (*1971): *Die alten Herren und der Kanon,* S. 115. In: Sciencegarden vom 01. 11. 2002. http://www.sciencegarden.de/content/2002-11/die-alten-herren-und-der-kanon (abgerufen am 25. 08. 2008)

Biermann, Wolf (*1936): *Ballade vom preußischen Ikarus,* S. 422. In: Preußischer Ikarus. Lieder/Balladen/Gedichte/Prosa. Kiepenheuer & Witsch, Köln 1978, S. 103–104

Birken, Sigmund von (1626–1681): *Willkommen Lenz,* S. 202. In: Die deutsche Literatur. Hg. v. Renate Fischetti, Otto F. Best und Hans-Jürgen Schmitt. Reclam, Stuttgart 1975, Bd. 4, S. 99 f., behutsam modernisiert

Birkin, Andrew (*1945)/**Eichinger, Bernd** (*1949)/**Tykwer, Tom** (*1965): *Das Drehbuch,* S. 153 f.; 155 f.; 157. Aus: Das Parfum. Das Buch zum Film. Diogenes Verlag, Zürich 2006, S. 32–34; 42

Bobrowski, Johannes (1917–1965): *Bericht,* S. 417. In: Schattenland Ströme. Gedichte. Union, Berlin 1963, S. 73

Böll, Heinrich (1917–1985): *Bekenntnis zur Trümmerliteratur,* S. 406 f. In: Essayistische Schriften und Reden 1952–1963. Hg. von B. Balzer. Kiepenheuer & Witsch, Köln 1979, S. 31–35; *Mein teures Bein,* S. 404 ff. In: Erzählungen. Hg. von Viktor Böll u. Karl Heiner Busse. Kiepenheuer & Witsch, Köln 1994, S. 226–228

Borchert, Wolfgang (1921–1947): *Am Fenster eines Wirtshauses beim Steinhuder Meer,* S. 404. In: Das Gesamtwerk. Rowohlt, Reinbek 1949, S. 273; *Das Brot,* S. 95 f. In: Das Gesamtwerk. Mit einem biografischen Nachwort von Bernhard Meyer-Marwitz. Rowohlt, Reinbek 1989, S. 304–306

Brahm, Otto (1856–1912): *Zum Beginn,* S. 358. In: Zeichen der Zeit. Ein deutsches Lesebuch in vier Bdn. Hg. von Walter Killy. Suhrkamp, Frankfurt/M. 1958, Bd. 4, S. 41 f.

Brant, Sebastian (1457–1521): *Das Narrenschiff,* S. 193 f. Aus: Das Narrenschiff. Übertragen von Hermann A. Junghans. Durchgesehen und mit Anmerkungen sowie einem Nachwort neu hg. v. Hans-Joachim Mähl. Reclam, Stuttgart 1964, S. 12–14; *Eine Vorrede zu dem Narrenschiff,* S. 193. Ebd. S. 5; *Gedicht über die Trefflichkeit (Jüngst hat der Geiste ...),* S. 192. In: Gedicht über die Trefflichkeit der Druckkunst. Basel 1498

Braun, Lily (1865–1916): *Memoiren einer Sozialistin,* S. 343 f. In: Gesammelte Werke. Verlagsanstalt Hermann Klemm, Berlin 1923, Bd. 2, S. 149–150

Braun, Volker (*1939): *Im Ilmtal,* S. 226. In: Gedichte. Reclam, Leipzig 1976, S. 92–93

Brecht, Bertolt (1898–1956): *Leben des Galilei,* S. 271; 327 f. In: Gesammelte Werke in 20 Bdn. Suhrkamp, Frankfurt/M. 1967, Bd. 3, S. 1254 f.; 1340 f.; *Der gute Mensch von Sezuan,* S. 118 ff. Ebd. Bd. 4, S. 1489–1494; *Die Bühne begann zu erzählen,* S. 130. Aus: Über eine nicht-aristotelische Dramatik. Ebd. Bd. 15, S. 264–265; *Entdeckung an einer jungen Frau,* S. 138. Ebd. Bd. 8, S. 82 f.; *Erinnerung an die Marie A.,* S. 80. Ebd. Bd. 8, S. 232; *Es lebt eine Gräfin in schwedischem Land,* S. 303. Ebd. Bd. 4, S. 1694; *Gedanken über die Dauer des Exils,* S. 397. Ebd. Bd. 9, S. 719; *Ich habe dies, du hast das,* S. 411. Ebd. Bd. 10, S. 964; *Schlechte Zeit für Lyrik,* S. 396. Ebd. Bd. 9, S. 743–744; *Vom ertrunkenen Mädchen,* S. 381. Ebd. Bd. 8, S. 252; *Was ist mit dem epischen Theater gewonnen?,* S. 132. Aus: Über eine nicht-aristotelische Dramatik. Ebd. Bd. 15, S. 302–303; *Maßnahmen gegen die Gewalt,* S. 101. Ebd. Bd. 12, S. 375–376

Breitenstein, Rolf: *Patentrede,* S. 511. In: Uwe Pörksen: Was ist eine gute Regierungserklärung? Grundriss einer politischen Erklärung. Wallstein, Göttingen 2004, S. 11–12

Brenner, Peter J. (*1953): *Über Robert Schneider, „Schlafes Bruder",* S. 169 f. In: Rainer Moritz: Robert Schneider, Schlafes Bruder. Erläuterungen und Dokumente. Reclam, Stuttgart 1999, S. 84

Brentano, Clemens (1778–1842): *Wiegenlied,* S. 291. In: Werke. Hg. von Friedhelm Kemp. Hanser, München 1963–1968, Bd. 1, S. 247–248

Brinkmann, Rolf Dieter (1940–1975): *Selbstbildnis im Supermarkt,* S. 432. In: Standphotos. Gedichte 1962–1970. Rowohlt, Reinbek 1980, S. 204

Brockes, Barthold Hinrich (1680–1747): *Frühlingsbetrachtungen,* S. 203. In: Herrn B. H. Brockes Irdisches Vergnügen in Gott, bestehend in Physicalisch- und Moralischen Gedichten. Achter Theil. Hg. von B. H. Brockes jun. Neu verlegt bei Herbert Lang, Bern 1970, S. 56 f.

Büchner, Georg (1813–1837): *Der hessische Landbote,* S. 312 f. In: Sämtliche Werke und Briefe. Hg. von Werner R. Lehmann. Wiss. Buchgesellschaft, Darmstadt 1967, Bd. 2, S. 35 f.; *Lenz,* S. 329 f. Ebd. Bd. 1, S. 437; 439; *Woyzeck,* S. 324 f.; 326; 328 f. Ebd. S. 171 f.; 174 f.; 173 f.; 177 f.

Bürger, Gottfried August (1747–1794): *Für wen, du gutes deutsches Volk,* S. 234. In: Bürgers Werke in einem Band. Hg. von Lore Kaim-Klook, Aufbau, Berlin/Weimar 1973, S. 222 f.

Cavalli-Sforza, Luigi Luca (*1922): *Stammbäume von Völkern und Menschen,* S. 178 f. In: Spektrum der Wissenschaft – Dossier Sprachen. Heft 1. Spektrum der Wissenschaft, Heidelberg 2000, S. 20

Celan, Paul (1920–1970): *Todesfuge,* S. 407 f. In: Gedichte. Zehnte Auflage. Suhrkamp, Frankfurt/M. 1991, Bd. 1, S. 41–42; *Weggebeizt,* S. 486. In: Gesammelte Werke in fünf Bdn. Suhrkamp, Frankfurt/M. 1983, Bd. 5, S. 31

Claudius, Matthias (1740–1815): *Die Liebe,* S. 216. In: Deutsche Dichtung im 18. Jahrhundert. Hg. von Adalbert Elschenbroich. Wiss. Buchgesellschaft, Darmstadt 1968, S. 329; *Motett,* S. 216. Ebd. S. 317

Conrady, Karl Otto (*1926): *Von der Verführung durch vertraute Epochenbegriffe,* S. 183. In: Literatur und Sprache im historischen Prozess. Vorträge des Deutschen Germanistentages. Aachen 1982. Hg. von Thomas Cramer. Niemeyer, Tübingen 1983, Bd. 1, S. 19 f.

Crystal, David (*1941): *Sprache und Denken,* S. 491 f. In: Die Cambridge-Enzyklopädie der Sprache. Übers. und bearb. von Stefan Röhrich, Ariane Böckler und Manfred Jansen. Campus, Frankfurt/M./New York 1995, S. 14

Czechowski, Heinz (*1935): *Die überstandene Wende,* S. 436. In: Nachtspur. Gedichte und Prosa 1987–1992. Amman, Zürich 1993, S. 148

Dach, Simon (1605–1659): *Letzte Rede Einer vormals stoltzen und gleich jetzt sterbenden Jungfrawen,* S. 199. In: Arbeitstexte. Gedichte des Barock. Mit einer Einführung in die Interpretation. Hg. von Peter Jentzsch. Reclam, Stuttgart 1993, S. 49 f.

Däubler, Theodor (1876–1934): *Expressionismus,* S. 373. In: Im Kampf um die moderne Literatur und andere Schriften. Hg. von Friedhelm Kemp und Friedrich Pfäfflin. Luchterhand, Darmstadt 1988, S. 110

Döblin, Alfred (1878–1957): *Berlin Alexanderplatz,* S. 390 f. Aus: Berlin Alexanderplatz. dtv, München 1997, S. 8–9

Dohm, Hedwig (1831–1919): *Der Frauen Natur und Recht,* S. 348. In: Der Frauen Natur und Recht – zur Frauenfrage; zwei Abhandlungen über Eigenschaften und Stimmrecht der Frauen. Ala, Neunkirch 1986
Domin, Hilde (1909–2006): *Ziehende Landschaft,* S. 397. In: Gesammelte Gedichte. Fischer, Frankfurt/M. 1987, S. 13
Drechsler, Hanno (1931–2003)/**Hiligen, Wolfgang** (1916–2003)/ **Neumann, Franz** (1904–1974): *Kalter Krieg,* S. 69. In: Gesellschaft und Staat. Lexikon der Politik. Achte neubearb. und erw. Auflage. Franz Vahlen, München 1992, S. 387–388
Droste-Hülshoff, Annette von (1797–1848): *Am Turme,* S. 320. In: Sämtliche Werke. Hg. von Clemens Heselhaus. Wiss. Buchgesellschaft, Darmstadt 1966, S. 124 f.
Dürrenmatt, Friedrich (1921–1991): *Die Physiker,* S. 272 f. In: Werkausgabe in 37 Bdn. Diogenes Verlag, Zürich 1998, Bd. 7, S. 68 ff.; *Uns kommt nur noch die Komödie bei,* S. 133. Aus: Theaterprobleme. In: Theater. Diogenes Verlag, Zürich 1998, S. 62–63
Eckermann, Johann Peter (1792–1854): *Gespräche mit Goethe,* S. 255. Aus: Gespräche mit Goethe in den letzten Jahren seines Lebens. Aufbau, Berlin/Weimar 1984, S. 472
Eco, Umberto (*1932): *Der Verlust der Privatsphäre,* S. 480 f. In: Im Krebsgang voran. Heiße Kriege und medialer Populismus. Aus dem Ital. von Burkhart Kroeber. Hanser, München 2007, S. 79–84
Eich, Günter (1907–1972): *Inventur,* S. 409. In: Gedichte. Ausgew. von Ilse Aichinger. Suhrkamp, Frankfurt/M. 1973, S. 10–11
Eichendorff, Joseph von (1788–1857): *Der stille Grund,* S. 298. In: Ausgewählte Werke. Sonderausgabe die Tempel-Klassiker. Hg. von Paul Stapf. Vollmer, Wiesbaden o. J., Bd. 1, S. 338; *Die zwei Gesellen,* S. 284. Ebd. S. 63 f.; *Sehnsucht,* S. 284. Ebd. S. 35; *Waldgespräch,* S. 386. Ebd. S. 342; *Wünschelrute,* S. 291. Ebd. S. 112
Enzensberger, Hans Magnus (*1929): *anweisung an sisyphos,* S. 412. In: Verteidigung der Wölfe. Suhrkamp, Frankfurt/M. 1962, S. 70; *Bescheidener Vorschlag zum Schutze der Jugend vor den Erzeugnissen der Poesie,* S. 149. In: Mittelmaß und Wahn. Gesammelte Zerstreuungen. Suhrkamp, Frankfurt/M. 1998, S. 26–35; *Das Nullmedium oder Warum alle Klagen über das Fernsehen gegenstandslos sind,* S. 556 ff. Ebd. S. 100 ff.; *Gedicht für die Gedichte nicht lesen,* S. 427. In: Gedichte 1955–1970. Suhrkamp, Frankfurt/M. 1986, S. 27; *Selbstgespräch eines Verwirrten,* S. 439 f. In: Nomaden im Regal. Essays. Suhrkamp, Frankfurt/M. 2003, S. 194–195
Faulstich, Werner (*1946): *„Jetzt geht die Welt zugrunde ...", „Kulturschocks" und Mediengeschichten. Vom antiken Theater bis zu Multimedia,* S. 478 f. In: Medienkulturen. Fink, München 2000, S. 171–187
Fischer, David: *Glanz und Elend einer großen Stadt,* S. 533. Aus: Glanz und Elend einer großen Stadt. Fischer, Frankfurt/M. 1983, S. 14, leicht bearbeitet
Flaubert, Gustave (1821–1880): *Madame Bovary,* S. 349; 350 f. Aus: Madame Bovary. Aus dem Französischen von Maria Dessauer. Insel, Frankfurt/M. 2002, S. 59–61; 210–215
Fontane, Theodor (1819–1898): *Effi Briest,* S. 344; 345 f.; 347; 349; 350; 352. In: Große Brandenburgische Ausgabe. Das erzählerische Werk. Hg. von Gotthard Erler und Christine Hehle. Aufbau, Berlin 1998, S. 18; 21; 37; 5 ff.; 19; 119 f.; 189 f.; 227 f.; *Frau Jenny Treibel,* S. 104 f. In: Romane und Erzählungen in acht Bdn. Hg. von Peter Golammer u. a. vierte Aufl. Aufbau, Berlin/Weimar 1993, Bd. 6, S. 258–260; *Was verstehen wir unter Realismus?,* S. 333 f. In: Sämtliche Werke. Romane. Erzählungen. Gedichte. Hg. von Walter Keitel. Wiss. Buchgesellschaft, Darmstadt 1963
Frevert, Ute (*1954): *Ehebrüche,* S. 353. In: „Mann und Weib, und Weib und Mann". Geschlechter-Differenzen in der Moderne. C. H. Beck, München 1995, S. 182 f.
Fried, Erich (1921–1988): *Herrschaftsfreiheit,* S. 428. In: Beunruhigungen. Wagenbach, Berlin 1984, S. 53
Frisch, Max (1911–1991): *Das Unaussprechliche (Stiller),* S. 486. Aus: Stiller. Fünfte Auflage. Suhrkamp, Franfurt/M. 1975, S. 330–331
Gellert, Christian Fürchtegott (1715–1769): *Herodes und Herodias,* S. 384. In: Werke. Hg. von Gottfried Honnefelder. Insel, Frankfurt/M. 1979, Bd. 1, S. 133
George, Stefan (1868–1933): *Meine weißen Ara,* S. 365. In: Sämtliche Werke. Klett-Cotta, Stuttgart 1991, Bd. 3, S. 78; *Das Wort,* S. 367. In: Ebd. Bd. 1, S. 107
Goebbels, Joseph (1897–1945): *Sportpalastrede,* S. 500 ff. In: Günter Moltmann: Goebbels' Rede zum totalen Krieg am 18. Februar 1943. Vierteljahreshefte für Zeitgeschichte (12/1). IfZ, München/Berlin 1964, S. 13–43
Goethe, Johann Wolfgang (1749–1832): *An den Mond,* S. 225. In: Werke. Hamburger Ausgabe. Durchgesehen und kommentiert von Erich Trunz. dtv, München 1998, Bd. 1, S. 129, 130; *Bedenken und Ergebung,* S. 263 f. In: Werke. Hamburger Ausgabe. Durchgesehen von Dorothea Kuhn und Rike Wankmüller. dtv, München 1998, Bd. 13, S. 31 f.; *Das Göttliche,* S. 259. In: Werke. Hamburger Ausgabe. Durchgesehen und kommentiert von Erich Trunz. dtv, München 1998, Bd. 1, S. 147 ff.; *Die Leiden des jungen Werthers,* S. 221 f.; S. 228 ff. In: Sämtliche Werke. Artemis/dtv, Zürich/München 1977, Bd. 4, S. 375; 270–271, 314–315; *Faust I,* S. 268; 269; 269 f.; 274; 275; 275 f. In: Werke. Hamburger Ausgabe. Durchgesehen und kommentiert von Erich Trunz. dtv, München 1998, Bd. 3, S. 17 f.; 20; 55 ff.; 101 f., 104 ff.; 107 ff.; 108 f.; *Freundliches Begegnen,* S. 142. Ebd. Bd. 1, S. 294 f; *Ganymed,* S. 224. Ebd. S. 46–47; *Grenzen der Menschheit,* S. 261 f. Ebd. S. 146 f.; *Iphigenie auf Tauris,* S. 72 f.; 117 f. Ebd. Bd. 5, S. 44–46; 7–13; *Italienische Reise – Den 20. September,* S. 257. Ebd. Bd. 11, S. 150; *Lesebuch,* S. 297. Ebd. Bd. 2, S. 28; *Maifest,* S. 79. Ebd. Bd. 1, S. 30–31; *Nachtgesang,* S. 312. In: Sämtliche Werke. Artemis/ dtv, Zürich/München 1977, Bd. 1, S. 63; *Natur und Kunst,* S. 258. In: Werke. Hamburger Ausgabe. Durchgesehen und kommentiert von Erich Trunz. dtv, München 1998, Bd. 1, S. 245; *Phänomen,* S. 300. Ebd. Bd. 2, S. 13; *Prometheus,* S. 231. Ebd. Bd. 1, S. 44 ff.; *Prooemion,* S. 264. Ebd. S. 357; *Rastlose Liebe,* S. 298. Ebd. S. 124; *Wer Wissenschaft und Kunst ...,* S. 264. Ebd. S. 367
Gomringer, Eugen (*1925): *schweigen,* S. 413. In: konstellationen. ideogramme. stundenbuch. Reclam, Stuttgart 1977, S. 77; *wind,* S. 413. Ebd. S. 82
Gottfried von Straßburg († um 1215). *Tristan,* S. 189. Aus: Tristan. Nach dem Text von Friedrich Ranke. Neu hg., ins Nhd. übersetzt, mit einem Stellenkommentar und einem Nachwort von Rüdiger Krohn. Dritte, durchgesehene Auflage. Reclam, Stuttgart 1985, Bd. 2, S. 110
Grass, Günter (*1927): *Im Krebsgang,* S. 449 f.; 450 f.; 452 f. Aus: Im Krebsgang. Steidl, Göttingen 2002, S. 7–9; 113–115; 116–118
Grau, Alexander (*1968): *Das Denken braucht den Raum,* S. 492 f. In: Frankfurter Allgemeine Zeitung Nr. 25 vom 25. 06. 2006
Greiner, Ulrich (*1945): *Lebhafter Grenzverkehr. Wie deutsch ist unsere Literatur?,* S. 57 f. In: DIE ZEIT vom 14. 12. 2006, S. 65; *Weshalb wir einen literarischen Kanon brauchen,* S. 51 f. In: DIE ZEIT Nr. 42 vom 10. 10. 2002
Grimmelshausen, Hans Jakob Christoffel von (1621–1676): *Der Abenteuerliche Simplicissimus Teutsch,* S. 197 f. Aus: Der Abenteuerliche Simplicissimus Teutsch. Winkler, München o. J., S. 11–15
Grote, Wilfried (*1940): *Der Anfang vom Ende,* S. 473. In: Minidramen. Hg. von Karlheinz Braun, Verlag der Autoren, Frankfurt/M. 1987, S. 135–136
Grünbein, Durs (*1962): *Novembertage I. 1989,* S. 437. In: Nach den Satiren. Suhrkamp, Frankfurt/M. 1999, S. 64 f.
Gryphius, Andreas (1616–1664): *Abend,* S. 138. In: Werke in einem Band. Aufbau, Berlin/Weimar 1969, S. 22; *Es ist alles eitel,* S. 201. Ebd. S. 5
Günderode, Karoline von (1780–1806): *Die Bande der Liebe,* S. 305. In: Gedichte. Hg. von Franz Josef Görtz. Insel, Frankfurt/M./Leipzig 1985, S. 22 f.; Tendenz des Künstlers, S. 293. Ebd. S. 85
Günther, Johann Christian (1695–1723): *Als er der Phillis einen Ring mit einem Totenkopf überreichte,* S. 200. In: Werke in einem Band. Hg. v. Hans Dahlke. Fünfte Auflage. Aufbau, Berlin 1977
Hahn, Gerhard (*1954): *Walther von der Vogelweide,* S. 186. Aus: Walther von der Vogelweide. Eine Einführung. Artemis, München/ Zürich 1986, S. 12–14
Hahn, Ulla (*1946): *Angeschaut,* S. 140. In: Herz über Kopf. Gedichte. DVA, Stuttgart 1981, S. 21; *Meine Loreley,* S. 386. In: Die Loreley. Gedichte, Prosa, Bilder. Ein Lesebuch von Wolfgang Minaty. Insel, Frankfurt/M. 1988, S. 233; *Unscharfe Bilder,* S. 455 f. Aus: Unscharfe Bilder. DVA, München 2003, S. 260–263
Hamann, Götz (*1969): *Fernsehen ohne Grenzen,* S. 174. In: DIE ZEIT Nr. 51 vom 15. 12. 2005. Zit. nach www.zeit.de/2005/51/ Kolumne_51 (abgerufen am 20. 05. 2008)
Handke, Peter (*1942): *Über Reich-Ranicki,* S. 114 f. In: Ich bin ein Bewohner des Elfenbeinturms. Suhrkamp, Frankfurt/M. 1972, S. 203–207

Harsdörffer, Georg Philipp (1607–1658): *Das Leben ist,* S. 201. In: Die Pegnitz Schäfer: Georg Philipp Harsdörffer, Johann Klaj, Sigmund von Birken. Gedichte. Hg. von Gerhard Rühm. gerhard, Berlin 1964, S. 51; Der Frühling, S. 202. In: Texte deutscher Literatur 1500–1800. Hg. von Karl Otto Conrady. Lyrik des Barock I. Hg. von Marian Szyrocki. Rowohlt, Reinbek 1971, S. 189 f., behutsam modernisiert

Hauptmann, Gerhart (1862–1946): *Der Biberpelz,* S. 362 f. In: Sämtliche Werke. Hg. von Hans-Egon Hass. Propyläen, Berlin/Frankfurt/M. 1966, Bd. 1, S. 485–487; *Bahnwärter Thiel,* S. 360 f. Ebd. Bd. 6, S. 37–38

Hebbel, Friedrich (1813–1863): *Maria Magdalene,* S. 243 f.; 247 f. In: Werke. Hg. von Gerhard Fricke, Werner Keller und Karl Pörnbacher. Hanser, München 1963, Bd. 1, S. 366–371; 351 ff.

Heine, Heinrich (1797–1856): *An Georg Herwegh,* S. 317. In: Sämtliche Schriften in 12 Bdn. Hg. von Klaus Briegleb. Hanser, München 1976, Bd. 7, S. 485 f.; *Atta Troll, Caput X,* S. 314 f. Ebd. Bd. 7, S. 517–519; *Die Heimkehr III,* S. 305 f. Ebd. Bd. 1, S. 108; *Der Asra,* S. 302. Ebd. Bd. 11, S. 41; *Ich weiß nicht, was soll es bedeuten,* S. 386. Ebd. Bd. 1. S. 107; *Jammertal,* S. 325. Ebd. Bd. 11, S. 305.; *Lyrisches Intermezzo XXXIII,* S. 300. Ebd. Bd. 1, S. 88; *Weberlied,* S. 316. In: Heinrich Heine und seine Zeit. Hg. von Joseph A. Kruse. Heinrich-Heine-Institut, Düsseldorf 1980, S. 94

Henrichs, Benjamin: *Über die Frankfurter Inszenierung von Christof Nel,* S. 250. Zit. nach Erläuterungen und Dokumente zu Friedrich Schiller, Kabale und Liebe. Hg. von Walter Schafarschik. Reclam, Stuttgart 1980, S. 132

Heringer, Hans Jürgen (*1939): *Sprachentstehung, Sprache und Kommunikation; Sprache und Kultur,* S. 529. In: Interkulturelle Kommunikation. Grundlagen und Konzepte. Francke, Tübingen u. a. 2004, S. 36 f.; 114; 128

Herwegh, Georg (1817–1875): *Die Literatur im Jahre 1840,* S. 311. In: Herweghs Werke in einem Band. Ausgewählt und eingeleitet von Hans-Georg Werner. Aufbau, Berlin/Weimar 1967, S. 318 f.; *Morgenruf,* S. 317. Ebd. S. 94; *Wiegenlied,* S. 312. Ebd. S. 123 f.

Hess, Adelheid Johanna (*1949): *Verfehlt,* S. 436. In: Wortstau. Corvinius Presse, Berlin 1992, S. 424

Heym, Georg (1887–1912): *Berlin II,* S. 374. In: Dichtungen und Schriften. Hg. von Karl L. Schneider. Ellermann, Hamburg 1962, Bd. 1, S. 58; *Der Irre,* S. 331 f. Ebd. Bd. 2, S. 32–34; *Die Tote im Wasser,* S. 380. Ebd. Bd. 1, S. 117–118

Hickethier, Knut (*1945): *Der Film nach der Literatur ist Film,* S. 167. In: Literaturverfilmung. Hg. von Franz-Josef Albersmeier und Volker Roloff. Suhrkamp, Frankfurt/M. 1989, S. 183–184

Hinderer, Walter (*1934): *Zum Thema „Kanon",* S. 55. Aus: Was sollen Schüler lesen? Prominente beantworten die ZEIT-Umfrage nach einem neuen Literatur-Kanon. In: DIE ZEIT online. http://www.zeit.de/1997/21/kanon1.txt.19970516.xml (abgerufen am 01. 09. 2008)

Hoddis, Jakob van (1887–1942) *Weltende,* S. 373. In: Gesammelte Dichtungen. Hg. von Paul Pörtner. Arche, Zürich 1958, S. 28

Hoffmann, Ernst Theodor Amadeus (1776–1822): *Nachrichten von den neuesten Schicksalen des Hundes Berganza,* S. 292. In: Sämtliche Werke in drei Bdn. Hg. von Rainer Schönhaar und Alexander Heine. Phaidon, Essen o. J., S. 80

Hofmann von Hofmannswaldau, Christian (1616–1679): *Vergänglichkeit der Schönheit,* S. 382. In: Gedichte. Ausgew. von Helmut Heißenbüttel. Fischer, Frankfurt/M. 1968, S. 68

Hofmannsthal, Hugo von (1874–1929): *Ein Brief,* S. 366 f. In: Erzählungen. Fischer, Frankfurt/M. 1986, S. 126–141

Hölderlin, Friedrich (1770–1843): *Hyperions Schicksalslied,* S. 262. In: Sämtliche Werke. Hg. von Friedrich Beißner (Kleine Stuttgarter Ausgabe). Kohlhammer, Stuttgart 1953, Bd. 1, S. 260; *Menons Klage um Diotima IV,* S. 304. Ebd. Bd. 2, S. 80 f.

Holz, Arno (1863–1929): *Phantasus,* S. 359. In: Das Werk. Hg. von Hans W. Fischer. Dietz, Berlin 1925, Bd. 10, S. 9–10; *Die Kunst. Ihr Wesen und ihre Gesetze,* S. 358 f. Ebd. S. 76–81

Hörisch, Jochen (*1951): *Mediendefinitionen,* S. 477 f. In: Der Sinn und die Sinne. Eine Geschichte der Medien. Eichhorn, Frankfurt/M. 2001, S. 69–71

Horkheimer, Max (1895–1973)/**Adorno, Theodor W.** (1903–1969): *Dialektik der Aufklärung,* S. 209 f. Aus: Dialektik der Aufklärung. Fischer, Frankfurt 1947, S. 7 ff.

Huchel, Peter (1903–1981): *Der Garten des Theophrast,* S. 423. In: Gesammelte Werke in zwei Bdn. Suhrkamp, Frankfurt/M. 1984, Bd. 1, S. 155; *Ophelia,* S. 381. Ebd. S. 175; *Weihnachtslied,* S. 389. Ebd. S. 67–68

Hugo, Victor (1802–1885): *Der menschliche Geist entdeckte ...,* S. 182. Aus: Notre-Dame de Paris. o. O. 1831

Humboldt, Alexander von (1769–1859): *Brief an Karoline von Wolzogen 14. 5. 1806,* S. 264. Aus: Stiftung Weimarer Klassik, Goethe-Museum. Zit. nach: Reinhard Lindenhahn: Weimarer Klassik. Cornelsen, Berlin 1998, S. 75

Jandl, Ernst (1925–2000): *Gehören Gedichte in den Unterricht?,* S. 148. In: Praxis Deutsch. Friedrich, Velber 1975, Heft 11, S. 5

Jaspers, Karl (1883–1969): *Es ist keinesfalls gleichgültig ...,* S. 368. Aus: http://www.vds-evonde/literatur/zitate.php (abgerufen am 02. 10. 2008)

Jellinek, Oskar (1886–1949): *Tagebuch I,* S. 371 f. In: Marbacher Katalog 42/1. Hg. von Ulrich Ott. Deutsches Literaturarchiv Marbach, Marbach am Neckar 1990, Bd. 1, S. 3274

Johnson, Steven (*1968): *Everything Bad is Good for You,* S. 483. In: Neue Intelligenz. Warum wir durch Computerspiele und TV klüger werden. Kiepenheuer & Witsch, Köln 2006, S. 13; 125–126; 129

Kafka, Franz (1883–1924): *Betrachtungen über Sünde, Leid, Hoffnung und den wahren Weg,* S. 378. In: Werke. Hg. von Max Brod. Fischer, Frankfurt/M. o. J., Bd. 6, S. 31–36; *Der Geier,* S. 378. In: Sämtliche Erzählungen. Hg. von Paul Raabe. Fischer, Frankfurt/M. 1985, S. 318 f.; *Der Prozess,* S. 105 ff.; 377. In: Ebd. Bd. 2, S. 7–10; 175; *Ein Kommentar,* S. 101. In: Kritische Ausgabe. Nachgelassene Schriften und Fragmente II. Hg. v. Jost Schillemeit. Fischer, Frankfurt/M. 1992, S. 530; *Prometheus,* S. 378. In: Sämtliche Erzählungen. Hg. von Paul Raabe. Fischer, Frankfurt/M. 1985, S. 306 f.; *Tagebucheintrag,* S. 379. In: Tagebücher. Hg. von Hans-Gerd Koch u. a. Fischer, Frankfurt/M. 1990, S. 703; *Vor dem Gesetz,* S. 102. In: Werke. Hg. von Max Brod. Fischer, Frankfurt/M. 1986, Bd. 4, S. 120–121

Kaléko, Mascha (1907–1975): *Inventar,* S. 398. In: In meinen Träumen läutet es Sturm. Hg. von Gisela Zoch-Westphal. dtv, München 1977, S. 86

Kant, Hermann (*1926): *Die Aula,* S. 419 ff. Aus: Die Aula. Rütten & Loening, Berlin 1979, S. 110–115

Kant, Immanuel (1724–1804): *Beantwortung der Frage: Was ist Aufklärung?,* S. 208 f. In: Was ist Aufklärung? Thesen und Definitionen. Hg. von Erhard Bahr. Reclam, Stuttgart 1974, S. 9 ff.; *Kritik der praktischen Vernunft,* S. 215. Aus: Kritik der praktischen Vernunft. §7 Grundgesetz der reinen praktischen Vernunft. In: Werke, Bd. 6. Hg. von Wilhelm Weischedel. Wiss. Buchgesellschaft, Darmstadt 1968, S. 110

Karsunke, Yaak (*1934): *zur schönen aussicht,* S. 436. In: Grenzfallgedichte. Hg. von Anna Chiaroni und Helga Pankoke. Aufbau, Berlin 1991, S. 60

Kästner, Erich (1899–1974): *An allem Unfug ...,* S. 388. Aus: Das fliegende Klassenzimmer. Dressler/Atrium, Hamburg/Zürich 1990, S. 96; *Fabian,* S. 391 f. Aus: Fabian. Die Geschichte eines Moralisten. Kiepenheuer & Witsch, Köln/Berlin 1961, S. 96–97; *Die Dummheiten ...,* S. 388. Aus: Wer nicht hören will, muss lesen. Fischer, Frankfurt/M. 1972, S. 6; *Erst wenn die Mutigen ....,* S. 388. Aus: Das fliegende Klassenzimmer. Dressler/Atrium Hamburg/Zürich 1990, S. 15; *Sachliche Romanze,* S. 140. In: Werke. Hg. von Harald Hartung in Zusammenarbeit mit Nicola Brinkmann. Hanser, München/Wien 1998, Bd. 1, S. 65; *Weihnachtslied, chemisch gereinigt, (24. 12. 1927),* S. 389. In: Frankfurter Anthologie, Gedichte und Interpretationen. Hg. von Marcel Reich-Ranicki. Insel, Frankfurt/M. 2006, Bd. 29, S. 167 f.

Kehlmann, Daniel (*1975): *Ich und Kaminski,* S. 473 ff. Aus: Ich und Kaminski. Suhrkamp, Frankfurt/M. 2003, S. 40–44

Keller, Gottfried (1819–1890): *Der grüne Heinrich,* S. 337 f. In: Sämtliche Werke. Hg. v. Jonas Fränkel und Carl Helbling. Eugen Rentsch, Erlenbach/Benteli, Zürich und München/Bern 1926–1939, Bd. 4, S. 83–84; *Romeo und Julia auf dem Dorfe,* S. 338 ff. Ebd. Bd. 6, S. 144–147

Keller, Rudi (*1942)/**Kirschbaum, Ilja**: *Bedeutungswandel,* S. 513 f. Aus: Bedeutungswandel. Eine Einführung. De Gruyter, Berlin 2003, S. 1–14

Kirsch, Sarah (*1935): *Aus dem Haiku-Gebiet,* S. 437. In: Erlkönigs Tochter. Gedichte. Zweite Auflage. DVA, Stuttgart 1992, S. 5; *Salome,* S. 385. In: Zaubersprüche. Langewiesche-Brandt, Ebenhausen 1974, S. 16; *Wach,* S. 300. In: Erlkönigs Tochter. Gedichte. Zweite Auflage. DVA, Stuttgart 1992, S. 56

Kisch, Egon Erwin (1885–1948): *Rettungsgürtel an einer kleinen Brücke,* S. 392 f. In: Gesammelte Werke. Hg. von Bodo Uhse und Gisela Kisch. Aufbau, Berlin/Weimar 1976, Bd. 6, S. 287–289

Kiwus, Karin (*1942): *Im ersten Licht,* S. 137. In: Von beiden Seiten der Gegenwart. Suhrkamp, Frankfurt/M. 1976, S. 46

Kleist, Heinrich von (1777–1811): *Berliner Abendblätter,* S. 288. In: Sämtliche Werke und Briefe. Hg. von Helmut Sembdner. Neunte vermehrte und revidierte Auflage. Hanser, München 1993, Bd. 2, S. 1048; *Brief an Otto August Rühle von Lilienstern,* Nov. 1805, S. 287. Aus: Heinrich von Kleist. Der Dichter über sein Werk. Hg. von Helmut Sembdner. Wiss. Buchgesellschaft, Darmstadt 1996, S. 73–74

Klopstock, Friedrich Gottlieb (1724–1803): *Der Zürchersee,* S. 223. In: Deutsche Dichtung im 18. Jahrhundert. Hg. von Adalbert Elschenbroich. Wiss. Buchgesellschaft, Darmstadt 1968, S. 280

Köhler, Barbara (*1959): *Ach Täufer,* S. 385. In: Deutsches Roulette. Gedichte 1984–89. Suhrkamp, Frankfurt/M. 1991, S. 16

Köhler, Horst (*1943): *Bildung für alle,* S. 171 f. In: www.bundespraesident.de/-,2.633054/Berliner-Rede-von-Bundespraesi.htm (abgerufen am 20. 05. 2008)

Kornfeld, Theodor (1636–1698): *Eine Sand=Uhr,* S. 198. In: Die Deutsche Literatur. Hg. v. Albrecht Schöne. Zweite Auflage. C. H. Beck, München, 1978, Bd. 3, S. 739

Körte, Peter (*1958): *Du spürst kaum einen Hauch,* S. 164. In: Frankfurter Allgemeine Sonntagszeitung Nr. 36 vom 10. 9. 2006, S. 27

Kraft, Thomas (*1959): *13 Thesen zur Gegenwartsliteratur,* S. 445 f. In: Deutschmagazin. Ideen und Materialien für die Unterrichtspraxis 5–13. 2008, Heft 1, S. 8

Kraus, Karl (1874–1936): *Die Deutschen – ...,* S. 388. In: Deutsche Aphorismen. Hg. von Gerhard Fieguth. Reclam, Stuttgart 1978, S. 221; 227; *Zu Heine und Goethe als Lyriker,* S. 301. In: Werke. Hg. von Heinrich Fischer, München 1960, Bd. 8, S. 200

Kühn, Dieter (*1935): *Tristan und Isolde des Gottfried von Straßburg,* S. 189. Aus: Tristan und Isolde des Gottfried von Straßburg. Insel, Frankfurt/M./Leipzig 1994, S. 363–366

Kunert, Günter (*1929): *Die Botschaft des Hotelzimmers an den Gast,* S. 439. In: Die Botschaft des Hotelzimmers an den Gast. Aufzeichnungen. Hg. von Hubert Witt. Hanser, München/Wien 2004, S. 254; *Schillers Bett,* S. 265. In: Warnung vor Spiegeln. dtv, München 1982, S. 39; *Die Schreie der Fledermäuse,* S. 421. In: Tagträume in Berlin und andernorts. Fischer, Frankfurt/M. 1974, S. 23

Kunze, Reiner (*1933): *Die Mauer,* S. 436. In: ein tag auf dieser erde. Fischer, Frankfurt/M. 1998, S. 60

La Roche, Sophie (1730–1807): *Geschichte des Fräuleins von Sternheim,* S. 227 f. In: Aufklärung und Empfindsamkeit. Hg. von Adalbert Elschenbroich. Hanser, München o. J., S. 489–492

Lasker-Schüler, Else (1869–1945): *Weltende,* S. 372. In: Sämtliche Werke. Hg. von Friedhelm Kemp. Kösel, München 1966, Bd. 1, S. 88

Le Goff, Jacques (*1924): *Tristan und Isolde,* S. 190. In: Ritter, Einhorn, Troubadoure. Helden und Wunder des Mittelalters. C. H. Beck, München 2005, S. 216

Lehnhartz, Sascha (*1969): *Schlauer schießen,* S. 481 f. In: Frankfurter Allgemeine Sonntagszeitung Nr. 8 vom 25. 02. 2007, S. 51

Lessing, Ephraim Gotthold (1729–1781): *Brief an Friedrich Nicolai über das Trauerspiel,* S. 131. In: Ausgewählte Werke. Ausgewählt und mit einem Nachwort versehen von Wolfgang Stammler. Hanser, München o. J., Bd. 3, S. 269 f.; *Der Esel mit dem Löwen,* S. 535. Ebd. Bd. 5, S. 135; *Der Rangstreit der Tiere,* S. 211 f. In: Lessings Werke in fünf Bdn. Ausgewählt von Karl Balser und hg. von der Nationalen Forschungs- und Gedenkstätte der klassischen deutschen Literatur in Weimar. Aufbau, Berlin/Weimar 1978, Bd. 5, S. 148; *Emilia Galotti,* S. 242 f. Ebd. Bd. 1. S. 303 ff.; *Die Ringparabel,* S. 216 f. Aus: Nathan der Weise. Ebd. Bd. 2, S. 5

Lichtenberg, Georg Christoph (1742–1799): *Aus den „Sudelbüchern",* S. 215. In: Werke in einem Band. Hg. von Peter Plett. Hoffmann & Campe, Hamburg o. J., S. 68; 160; 38; 75; 44 f.

Lichtenstein, Alfred (1889–1914): *Punkt,* S. 375. In: Dichtungen. Hg. von Klaus Kanzog und Hartmut Vollmer. Arche, Zürich 1989, S. 80

Logau, Friedrich von (1605–1655): *Das Beste der Welt,* S. 201. In: Sämtliche Sinngedichte. Hg. von Gustav Eitner. Georg Olms, Hildesheim/New York 1974, S. 45

Loriot (d. i. Vicco von Bülow, *1923): *Das Ei,* S. 460. In: Loriots dramatische Werke. Diogenes Verlag, Zürich 1981, S. 118–119

Luther, Martin (1483–1456): *Die hohen Wohltaten der Buchdruckerei ...,* S. 192. In: Johannes Aurifaber: Tischreden oder Colloquia Doctor Martin Luthers. Frankfurt/M. 1566; *Rede auf dem Reichstag zu Worms,* S. 497. In: Martin Kaufhold: Die großen Reden der Weltgeschichte. Matrix, Wiesbaden 2007, S. 80–84; *Sendbrief vom Dolmetschen,* S. 194 f. In: D. Martin Luthers Werke. Kritische Gesamtausgabe. Böhlau, Weimar 1909, Bd. 30, S. 636 f.

Mann, Thomas (1875–1955): *Deutsche Ansprache. Ein Appell an die Vernunft,* S. 393 f. In: Stockholmer Gesamtausgabe, Reden und Aufsätze II. Fischer, Frankfurt/M. 1965, S. 71 f.; *Luischen,* S. 368 f. In: Die Erzählungen. Fischer, Frankfurt/M. 1986, S. 165 f.

Maron, Monika (*1941): *Pawels Briefe,* S. 454. Aus: Pawels Briefe. Fischer, Frankfurt/M. 1999, S. 112–114

Marti, Kurt (*1921): *Happy End,* S. 429. In: Dorfgeschichten. Luchterhand Literatur, Hamburg 1983, S. 20

Mast, Rudolf: *So wenig hält dieser Faust es mit der Religion,* S. 280. In: FREITAG vom 29. 10. 2004

Matzig, Gerhard (*1963): *Formen des Zorns,* S. 31 f. In: Süddeutsche Zeitung vom 12. 11. 2005, S. 13

Mayröcker, Friederike (*1924): *Der Aufruf,* S. 432. In: Ausgewählte Gedichte 1944–1978. Suhrkamp, Frankfurt/M. 1979, S. 63

Mehring, Franz (1846–1919): *Über eine Inszenierung von Schillers „Kabale und Liebe" an der Neuen Volksbühne Berlin in „Die Volksbühne",* S. 249. Aus: Die Volksbühne, 1984. Zit. nach: Erläuterungen und Dokumente zu Friedrich Schiller, Kabale und Liebe. Hg. von Walter Schafarschik. Reclam, Stuttgart 1980, S. 112–114

Merck, Nikolaus (*1957): *Über die Berliner Inszenierung von Florian Fiedler im Maxim-Gorki-Theater,* S. 250 f. In: www.nachtkritik.de/index.php?option=com_alphacontent§ion=5&cat=52ltemid=75 - 37k (abgerufen am 09. 09. 2008)

Mereau, Sophie (1770–1806): *Amanda und Eduard,* S. 287. In: Ein Glück, das keine Wirklichkeit umspannt. Gedichte und Erzählungen. Hg. von Katharina von Hammerstein. dtv, München 1996, Bd. 1, S. 237; *Erinnerung und Fantasie,* S. 293 f. Ebd. S. 26 f.

Merkel, Angela (*1954): *Zur Feier des 50. Jahrestages der Unterzeichnung der „Römischen Verträge",* S. 508 ff. In: http://www.bundesregierung.de/Content/DE/Rede/2007/03/2007-03-25-rede-bk-berliner-erklaerung.html (abgerufen am 09. 09. 2008)

Morgenstern, Christian (1871–1914): *Mensch und Tier,* S. 365. In: Werke und Briefe. Hg. von Martin Kießig. Urachhaus, Stuttgart 1988, Bd. 1, S. 646

Mörike, Eduard (1804–1875): *Gesang zu Zweien in der Nacht,* S. 299. In: Gedichte. Auswahl und Nachwort von Bernhard Zeller. Reclam, Stuttgart 1977, S. 26 f.; *In der Frühe,* S. 138. Ebd. S. 15; *Mozart auf der Reise nach Prag,* S. 319. In: Werke. Sonderausgabe. Die Tempel-Klassiker. Hg. von Hannsludwig Geiger. Vollmer, Wiesbaden o. J., S. 970 ff.; *Peregrina V,* S. 306. In: Gedichte. Auswahl und Nachwort von Bernhard Zeller. Reclam, Stuttgart 1977, S. 70 f.; *Schön-Rohtraut,* S. 303. Ebd. S. 30 f.; *Septembermorgen,* S. 317. Ebd., S. 65

Müller, Herta (*1953): *Vater, Mutter und der Kleine,* S. 429 f. In: Niederungen. Prosa. Rotbuch, Berlin 1984, S. 135–137

Müller, Wilhelm (1794–1827): *Gute Nacht,* S. 285. In: Die Winterreise. Diogenes Verlag, Zürich 2001, S. 9 f.

Musil, Robert (1880–1942): *Die Verwirrungen des Zöglings Törleß,* S. 369 f.; 485 f. In: Sämtliche Erzählungen. Rowohlt, Hamburg 1970, S. 30 f. Aus: Die Verwirrungen des Zöglings Törleß. Rowohlt, Reinbek 1983, S. 62–63

Neuner, Gerhart, u. a.: *Allgemeinbildung – Lehrplanwerk – Unterricht, DDR,* S. 521. Aus: Allgemeinbildung Lehrplanwerk Unterricht. Eine Interpretation des Lehrplanwerks der sozialistischen Schule der DDR. Ausgearbeitet von einem Autorenkollektiv unter der Leitung von Gerhart Neuner. Volk und Wissen, Berlin 1972, S. 294

Nietzsche, Friedrich (1844–1900): *Das Wort,* S. 367. In: Gedichte. Hg. von Jost Hermand. Reclam, Stuttgart 1964, S. 43

Novalis (d. i. Georg Philipp Friedrich von Hardenberg, 1772–1801): *Heinrich von Ofterdingen,* S. 289 f. In: Werke in einem Band, Aufbau, Berlin/Weimar 1984, S. 112 ff.; *Wenn nicht mehr Zahlen und Figuren,* S. 291. Ebd. S. 264–265

Nübling, Damaris (*1963): *Historische Sprachwissenschaft des Deutschen,* S. 516. Aus: Historische Sprachwissenschaft des Deutschen. Eine Einführung in die Prinzipien des Sprachwandels. Narr, Tübingen 2006, S. 4 f.

Ohrlinger, Herbert (*1961): *Ein Neuer aus Österreich,* S. 169. Aus: Die Presse vom 22. 08. 1992. In: Rainer Moritz: Robert Schneider, Schlafes Bruder. Erläuterungen und Dokumente. Reclam, Stuttgart 1999, S. 47 f.

Oz, Amos (*1939): *So fangen die Geschichten an*, S. 347. Aus: So fangen die Geschichten an. Suhrkamp, Frankfurt/M. 1997
Petrarca, Francesco (1304–1374): *Canzoniere 35*, S. 297. In: Canzoniere. Eine Auswahl Italienisch/Deutsch. Hg. von W. Tilmann. Reclam, Stuttgart 2000, S. 58 (Übersetzung K. Fingerhut)
Pfeffel, Gottlieb Konrad (1736–1809): *Die Reichsgeschichte der Tiere*, S. 214. In: Deutsche Fabeln und Lieder der Aufklärung. Hg. von Ingrid Sommer. Insel, Frankfurt/M. 1976, S. 246 ff.
Pickerodt-Uthleb, Erdmute/Pickerodt, Gerhard: *Johann Wolfgang Goethe – Faust I*, S. 276. In: Faust I. Unterrichtskommentar. Hg. von E. Mittelberg. Cornelsen, Berlin 1999, S. 17
Pinker, Steven (*1954): *Der Sprachinstinkt*, S. 490 f. Aus: Der Sprachinstinkt: wie der Geist die Sprache bildet. Aus dem Amerikanischen übersetzt von Martina Wiese. Kindler, München 1996, S. 70–72
Pinthus, Kurt (1886–1975): *Zuvor*, S. 373. In: Menschheitsdämmerung – Ein Dokument des Expressionismus. Rowohlt, Reinbek 1997, S. 22
Piontek, Heinz (1925–2003): *Um 1800*, S. 265. In: Werke in sechs Bdn. Schneekluth, München 1981, Bd. 1, S. 165
Platon (427–347 v. Chr.): *Die Verteidigungsrede des Sokrates*, S. 495 f. In: Apologie des Sokrates und Kriton. Übersetzt und erläutert v. Otto Apelt. Felix Meiner Verlag, Leipzig, 1922, S. 23 f.
Pörksen, Uwe (*1935): *Rednerschulen als Politikwerkstatt*, S. 499 f. In: Was ist eine gute Regierungserklärung? Grundriss einer politischen Poetik. Wallstein, Göttingen 2004, S. 71–73
Primavesi, Patrick: *Die Ablösung des Literaturtheaters*, S. 135. Aus: Orte und Strategien postdramatischer Theaterformen. In: Text + Kritik. Sonderband Theater fürs 21. Jahrhundert. Hg. v. Heinz Ludwig Arnold. Richard Boorberg, München 2004, S. 8–9
Quasthoff, Uta (*1944): *Erklärungshypothesen zum Spracherwerb*, S. 528. In: Didaktik der deutschen Sprache. Hg. von Ursula Bredel u. a. Schöningh, Paderborn u. a. 2003, Bd. 1, S. 107–120
Raabe, Wilhelm (1831–1910): *Der Hungerpastor*, S. 334 ff. In: Ausgewählte Werke in sechs Bdn. Hg. von Peter Goldammer und Helmut Richter. Aufbau, Berlin 1964–1966, Bd. 3, S. 219; 222 ff.
Radisch, Iris (*1959): *Tendenzen der zeitgenössischen Literatur*, S. 175 f. In: Schlafes Brüder. Aus: DIE ZEIT Nr. 46 vom 06. 11. 1992. Zit. nach: www.zeit.de/1992/46/Schlafes-Brueder (abgerufen am 22. 08. 2008)
Ratzinger, Josef (*1927): *Der Zirkus brennt*, S. 462 f. In: Einführung in das Christentum. Vorlesungen über das Apostolische Glaubensbekenntnis. Mit einleitendem Essay. Sechste Auflage (der völlig unveränderten, mit einer neuen Einführung versehenen Neuauflage 2000). Kösel, München 2005, S. 33–34
Rau, Johannes (1931–2006): *Vertrauen in Deutschland – eine Ermutigung*, S. 507 f. In: http://www.bundespraesident.de/Anlage/original_600226/test.pdf (abgerufen am 09. 09. 2008)
Reich-Ranicki, Marcel (*1920): *Gefürchtet, verachtet, gebraucht und geliebt*, S. 498 f. In: Frankfurter Allgemeine Zeitung Nr. 189 vom 16. 08. 1997; *Zehn Gebote für Literaturkritiker*, S. 114. In: www.literaturkritik.de/reich-ranicki/content_themen_literaturkritik_10_Gebote.htm. Aufgezeichnet zum 2. Juni 2003 von Thomas Anz © T. Anz & dtv
Reimann, Brigitte (1933–1973): *Franziska Linkerhand*, S. 424 f. Aus: Franziska Linkerhand. Aufbau, Berlin 1998, S. 130–132
Reinig, Christa (1926–2008): *Der Enkel trinkt*, S. 147. In: Gesammelte Gedichte 1960–1979. Luchterhand, Darmstadt/Neuwied 1985, S. 43
Reuter, Ernst (1889–1953): *Schaut auf diese Stadt!*, S. 502 f. In: Martin Kaufhold: Die großen Reden der Weltgeschichte. Matrix, Wiesbaden 2007, S. 192–195
Richter, Hans Werner (1908–1993): *Fünfzehn Jahre*, S. 410. In: Almanach der Gruppe 47. Hg. von Hans Werner Richter in Zusammenarbeit mit Walter Mannzen. 1947–1962. Rowohlt, Reinbek 1962, S. 8–14
Rilke, Rainer Maria (1875–1926): *Der Panther*, S. 365. In: Werke. Hg. von Manfred Engel u. Ulrich Fülleborn. Insel, Frankfurt/M./Leipzig 1996, Bd. 1, S. 469; *Duineser Elegien*, S. 379. In: Sämtliche Werke. Hg. vom Rilke-Archiv in Verb. mit Ruth Sieber-Rilke. Insel, Frankfurt/M. 1955, Bd. 1, S. 685; *Ich fürchte mich so vor der Menschen Wort*, S. 368. In: Werke. Kommentierte Ausgabe in vier Bdn. Hg. von Manfred Engel u. Ulrich Fülleborn. Insel, Frankfurt/M./Leipzig 1996, Bd. 1, S. 106; *Das Karussell*, S. 141. Ebd. S. 290 f.
Ritter, Roman (*1943): *Zeilenbruch und Wortsalat*, S. 139. Aus: Zeilenbruch und Wortsalat. Eine Polemik gegen die Laberlyrik. In: Kürbiskern. Literatur, Kritik, Klassenkampf. Hg. von Friedrich Hitzer u. a. Damnitz, München, Heft 1/ 1982 Januar, S. 88
Rühm, Gerhard (*1930): *jetzt*, S. 413. In: Gesammelte Werke. Parthas, Berlin 2005, Bd. 1, S. 110
Rühmkorf, Peter (1928–2008): *Bleib erschütterbar und widersteh*, S. 427 f. In: Selbstredend und selbstreimend. Gedichte – Gedanken – Lichtblicke. Reclam, Stuttgart 1987, S. 7
Sachs, Nelly (1891–1970): *Chor der Geretteten*, S. 408. In: Gedichte. Hg. u. mit einem Nachwort versehen von Hilde Domin. Suhrkamp, Frankfurt/M. 1988, S. 27 f.
Saussure, Ferdinand de (1857–1913): *Die Natur des sprachlichen Zeichens*, S. 465 f. In: Grundfragen der allgemeinen Sprachwissenschaft. Zweite Auflage. De Gruyter, Berlin 1967, S. 76–80
Schildt, Joachim (1934–2005): *Abriss der Geschichte der deutschen Sprache*, S. 521. Aus: Abriss der Geschichte der deutschen Sprache. Zum Verhältnis von Gesellschafts- und Sprachgeschichte. Akademie, Berlin 1976. Zit. nach Astrid Stedje: Deutsche Sprache gestern und heute. Einführung in Sprachgeschichte und Sprachkunde. Sechste Auflage. UTB, Stuttgart 2007, S. 207
Schiller, Friedrich (1758–1805): *Brief an Herzog Friedrich Christian von Augustenburg vom 13. 07. 1793*, S. 254 f. Aus: Über die ästhetische Erziehung des Menschen. In: Schillers Briefe. Kritische Gesamtausgabe. Hg. von Fritz Jonas. DVA, Stuttgart u. ö. 1982–1996, Bd. 3, S. 709 f.; *Der Antritt des neuen Jahrhunderts*, S. 253 f. In: Sämtliche Werke. Hg. von Gerhard Fricke und Herbert G. Göpfert in Verbindung mit Herbert Stubenrauch. Hanser, München 1965, Bd. 1, S. 459 f.; *Die Räuber*, S. 232 f. Ebd. S. 491 ff.; *Die Schaubühne als moralische Anstalt betrachtet*, S. 131 f. Ebd. Bd. 5, S. 823–831; *Die Verschwörung des Fiesco zu Genua*, S. 212 f. Ebd. S. 639 ff.; *Kabale und Liebe*, S. 238 ff.; 240 f.; 244 f.; 245 f. Ebd. S. 757 ff.; 835 ff.; 765 ff.; 850 ff; *Nänie*, S. 382. Ebd. S. 242; *Wallenstein*, S. 260 f. Ebd. S. 520 f.
Schiller, Friedrich/Goethe, Johann Wolfgang: *Aufgabe*, S. 259. In: Ebd. Bd. 1, S. 309; *Das Deutsche Reich*, S. 256. Ebd. S. 267; *Das Höchste*, S. 258. Ebd. S. 243; *Deutscher Nationalcharakter*, S. 256. Ebd. S. 267; *Schöne Individualität*, S. 259; 310; *Würde des Menschen*, S. 258. Ebd. S. 248
Schlaf, Johannes (1862–1941): *Silvester 1900*, S. 357. In: Prosa des Jugendstils. Hg. von Jürg Mathes. Reclam, Stuttgart 1982, S. 232
Schlaffer, Heinz (*1939): *Die kurze Geschichte der deutschen Literatur*, S. 51. Aus: Die kurze Geschichte der deutschen Literatur. Hanser, München/Wien 2002, S. 153
Schlegel, Friedrich (1772–1829): *116. Atthenäum-Fragment*, S. 286. In: Kritische Schriften und Fragmente. Studienausgabe. Hg. von Ernst Behler und Hans Eichner. Schöningh, Paderborn u. a. 1988, Bd. 2, S. 114–115
Schlink, Bernhard (*1944): *Der Vorleser*, S. 108 f. Aus: Der Vorleser. Diogenes Verlag, Zürich 1997, S. 5–7
Schloemann, Johan: *Dampfmaschinenpauker*, S. 25 f. In: Süddeutsche Zeitung vom 27. 01. 2007, S. 15
Schnell, Ralf (*1943): *Literarischer Film*, S. 166. In: Medienästhetik. Metzler, Stuttgart/Weimar 2000, S. 157–159
Schnurre, Wolfdietrich (1920–1989): *Anruf*, S. 403. In: Der Schattenfotograf. List, München 1978, S. 58–59
Schubart, Christian Friedrich Daniel (1739–1791): *Die Fürstengruft*, S. 235 f. In: Schubarts Werke in einem Band. Hg. von Ursula Wertheim und Hans Böhm. Vierte Auflage. Aufbau, Berlin/Weimar 1988, S. 303–306
Schulz von Thun, Friedemann (*1944): *Miteinander reden. Das Vier-Seiten-Modell einer Nachricht*, S. 469 f. In: Miteinander reden 1 – Störungen und Klärungen. Rowohlt, Reinbek 2001, S. 26–30; 62 ff.; *Berufsrolle und private Rolle*, S. 463. In: Miteinander reden 3 – Das „innere Team" und situationsgerechte Kommunikation. Rowohlt, Reinbek 1998, S. 274–275
Seghers, Anna (1900–1983): *Das siebte Kreuz*, S. 398 ff. In: Das siebte Kreuz. 28. Auflage. Aufbau, Berlin 2007, S. 136–139; 147; 195 f.
Sichtermann, Barbara (*1943)/**Scholl, Joachim** (*1960): *Überall und nirgends. Wo das Gedicht geblieben ist*, S. 149. In: 50 Klassiker – Lyrik. Bedeutende deutsche Gedichte. Gerstenberg, Hildesheim 2004, S. 6 ff.
Siebenpfeiffer, Philipp Jakob (1789–1845): *Aus der Rede auf dem Hambacher Fest*, S. 309 f. In: Johann Georg August Wirth: Das Nationalfest der Deutschen zu Hambach. Neustadt a. H. 1832 (Nachdruck Neustadt 1881), S. 31 ff.
Spitzer, Manfred (*1958): *Vorsicht Bildschirm!*, S. 483. In: Vorsicht Bildschirm! dtv, München 2005, S. 217–218; *Lernen*, S. 527 f. Aus: Lernen. Gehirnforschung und die Schule des Lebens. Spektrum Akademischer Verlag, Heidelberg/Berlin 2002, S. 235 ff.

Stedje, Astrid: *Beispiele für unterschiedlichen Sprachgebrauch in unterschiedlicher Lebensrealität,* S. 522. Aus: Deutsche Sprache gestern und heute. Einführung in Sprachgeschichte und Sprachkunde. Sechste Aufl. UTB, Stuttgart 2007, S. 195 f.; *Deutsche Sprache gestern und heute,* S. 519 f. Ebd. S. 195 f.

Stifter, Adalbert (1805–1868): *Aus der Vorrede zu Bunte Steine,* S. 318. In: Bunte Steine. Späte Erzählungen. Hg. von Max Stefl. Kraft, Augsburg 1954, S. 7 ff.

Stolberg, Friedrich Leopold Graf zu (1750–1819): *Über die Fülle des Herzens,* S. 222. Aus: Über die Fülle des Herzens. Frühe Prosa. Hg. von Jürgen Behrens. Reclam, Stuttgart 1970, S. 9 f.

Stramm, August (1874–1915): *Krieg,* S. 375. In: Die Dichtungen. Sämtliche Gedichte, Dramen, Prosa. Hg. von Jeremy Adler. Piper, München 1990, S. 96

Strauß, Botho (*1944): *Mikado,* S. 440 ff. In: Mikado. Hanser, München/Wien 2006, S. 5–9; *Über die Bremer Inszenierung von Peter Stein,* S. 250. In: Theater heute 8 (1967) 12, S. 32

Strittmatter, Erwin (1912–1994): *Rehe auf der Wiese,* S. 431. In: 3/4 hundert Kleingeschichten. Aufbau Taschenbuch, Berlin 2000, S. 89; *Wasser im Spätherbst,* S. 431. Ebd. S. 109

Strittmatter, Eva (*1930): *Interruptio,* S. 279. In: Sämtliche Gedichte. Aufbau, Berlin 2006, S. 334–335

Süskind, Patrick (*1949): *Das Parfum,* S. 151 ff.; 157 f. Aus: Das Parfum. Die Geschichte eines Mörders. Diogenes Verlag, Zürich 1985, S. 5–9; 55–56

Suter, Martin (*1948): *Unter Freunden,* S. 442 f. In: Unter Freunden und andere Geschichten aus der Business Class. Diogenes Verlag, Zürich 2007, S. 7–8; *Weidmanns Nachtgespräche,* S. 98 f. In: Business Class. Geschichten aus der Welt des Managements. Diogenes Verlag, Zürich 2002, S. 124–126

Tannen, Deborah (*1945): *Du kannst mich einfach nicht verstehen. Warum Männer und Frauen aneinander vorbeireden,* S. 461 f. In: Du kannst mich einfach nicht verstehen. Warum Männer und Frauen aneinander vorbeireden. Aus dem Amerikanischen von Maren Klostermann. Goldmann, Hamburg 1993, S. 50–52

Tieck, Ludwig (1773–1853): *Franz Sternbalds Wanderungen,* S. 282 f. In: Dichtung der Romantik. Hg. von Karl Balser, Reinhard Buchwald u. a. Standard, Hamburg 1960, Bd. 6, S. 26–27; *Kaiser Octavianus,* S. 291. In: Schriften. Reimer, Berlin 1828, Bd. 1, S. 36

Timm, Uwe (*1940): *Am Beispiel meines Bruders,* S. 456 f. Aus: Am Beispiel meines Bruders. Kiepenheuer & Witsch, Köln 2003, S. 9–11

Trakl, Georg (1887–1914): *Grodek,* S. 375. In: Dichtungen und Briefe. Hg. von Walther Killy und Hans Szklenar. Dritte Auflage. Otto Müller, Salzburg 1974, S. 94

Tucholsky, Kurt (1890–1935): *Nichts ist schwerer ...,* S. 387 f. In: Schnipsel. Hg. von Mary Gerold-Tucholsky und Fritz J. Raddatz. Rowohlt, Reinbek 1974, S. 67; 87; 112; 119; 136; 137; *Weihnachten,* S. 388. In: Frankfurter Anthologie. Gedichte und Interpretationen. Hg. von Marcel Reich-Ranicki. Insel, Frankfurt/M. 2006, Bd. 29, S. 141 f.

Ulbricht, Walter (1893–1973): *An die Bevölkerung der DDR zum Bau der Berliner Mauer,* S. 504 f. Aus: Zur Geschichte der deutschen Arbeiterbewegung. In: Reden und Aufsätze; Bd. X (1961/62). Dietz, Berlin 1966, S. 11–35

Updike, John (*1932): *Dialog im Cyberspace,* S. 192. Aus: Wenn ich schon gefragt werde. Essays. Übers. von Susanne Höbel. Rowohlt, Reinbek 2001

Vanderbeke, Birgit (*1956): *Alberta empfängt einen Liebhaber,* S. 354. Aus: Alberta empfängt einen Liebhaber. Fischer, Frankfurt/M. 1999, S. 11–12

Varnhagen, Rahel (1771–1833): *An August Varnhagen in Prag,* S. 294. In: Hannah Arendt: Rahel Varnhagen. Lebensgeschichte einer deutschen Jüdin aus der Zeit der Romantik. Piper, München/Zürich, 1995, S. 229

Wagner, Heinrich Leopold (1747–1779): *Die Kindermörderin,* S. 278. In: Sturm und Drang. Dramatische Schriften II. Lambert Schneider, Heidelberg o. J., S. 600 f.

Walther von der Vogelweide (um 1770–um 1230): *Ich hân mîn lêhen,* S. 185. In: Gedichte. Mittelhochdeutscher Text und Übertragung. Ausgewählt, übersetzt und mit einem Kommentar versehen von Peter Wapnewski. Fischer, Frankfurt/M. 1962, S. 174; *Si wunderwol gemachet wîp,* S. 187 f. Ebd. S. 20–23

Watzlawick, Paul (1921–2007)/**Beavin, Janet H.** (*1940)/**Jackson, Don D.** (1920–1968): *Kuss ist nicht Kuss,* S. 464. In: Menschliche Kommunikation. Formen, Störungen, Paradoxien. Hans Huber, Bern/Göttingen/Toronto/Seattle 1969, S. 20

Weber, Ursula: *Sprache und Gesellschaft,* S. 525 f. Aus: Sprache und Gesellschaft. Zusammenfassung einer Vorlesung. http://phil-fak.uni-duesseldorf.de/ew/bf/bf_veranstaltungen/ss06/HS_Bildungssoziologie/sprache_und_gesellschaft.pdf (abgerufen am 02. 10. 2008)

Weerth, Georg (1822–1856): *Die hundert Männer von Haswell,* S. 315 f. In: Weerths Werke in zwei Bdn. Ausgewählt und eingeleitet von Bruno Kaiser. Aufbau, Berlin/Weimar 1976, Bd. 1, S. 52

Weinrich, Harald (*1927): *Linguistische Bemerkungen zur modernen Lyrik,* S. 487. In: Literatur für Leser. Essays und Aufsätze zur Literaturwissenschaft. Kohlhammer, Stuttgart u. ö. 1971, S. 117–118

Weiss, Peter (1916–1982): *Die Ermittlung,* S. 417 f. Aus: Die Ermittlung. Suhrkamp, Frankfurt/M. 1965, S. 14–23; *Notizen zum dokumentarischen Theater,* S. 134. In: Rapporte. Suhrkamp, Frankfurt/M. 1981, S. 91 f.

Wellershoff, Dieter (*1925): *Der Liebeswunsch,* S. 354 f. Aus: Der Liebeswunsch. btb, München 2002, S. 83–85

Werfel, Franz (1890–1945): *Der gute Mensch,* S. 273. In: Gedichte des Expressionismus. Hg. von Dietrich Bode. Reclam, Stuttgart 1966, S. 37 f.

Whorf, Benjamin Lee (1897–1941): *Das „linguistische Relativitätsprinzip",* S. 488 ff. In: Sprache – Denken – Wirklichkeit. Beiträge zur Metalinguistik und Sprachphilosophie. 24. Aufl. Hg. und übers. von Peter Krausser. Rowohlt, Reinbek 2003, S. 12–13

Widmann, Arno (*1946): *So hat man Faust noch nie gesehen ...,* S. 280. In: Berliner Zeitung vom 27. 10. 2004

Wiechert, Ernst (1887–1950): *Rede an die deutsche Jugend,* S. 403. In: Rede an die deutsche Jugend. Aufbau, Berlin 1947, S. 26 f.

Wieland, Christoph Martin (1733–1813): *Sechs Antworten auf sechs Fragen zur Aufklärung,* S. 207 f. In: Wielands Werke in vier Bdn. Ausgewählt und eingeleitet von Hans Böhm. Aufbau, Berlin/Weimar 1969, Bd. 4, S. 144; 146

Winckelmann, Johann Joachim (1717–1768): *Gedanken über die Nachahmung der griechischen Werke in der Malerei und Bildhauerkunst,* S. 256. In: Winckelmanns Werke in einem Band. Hg. von Helmut Holtzhauer. Aufbau, Berlin/Weimar 1969, S. 17–18

Winkler, Willi: *Lasst die Zuchtmeister ihre Rute schwingen. Kein Kanon ist der beste Kanon: Kinder, lest doch, was ihr wollt!,* S. 54. In: Literaturen 1+2/II. Friedrich, Berlin 2002, S. 38–41

Wittgenstein, Ludwig (1889–1951): *Philosophische Untersuchungen, §18,* S. 459. In: Philosophische Untersuchungen. Werkausgabe. Suhrkamp, Frankfurt/M. 1984, Bd. 1, S. 235; *Philosophische Untersuchungen,* S. 467. Ebd. S. 237 ff.

Wizlaw von Rügen (um 1265–1325): *Der Weckruf,* S. 137. Zit. nach: http://www.minnesang.com/Themen/tagelied.htm, Übersetzung von Lothar Jahn (abgerufen am 19. 08. 2008)

Wohmann, Gabriele (*1932): *Die Klavierstunde,* S. 96 ff. In: Erzählungen. Langewiesche-Brandt, Ebenhausen 1966, S. 17 ff.; *Flitterwochen, dritter Tag,* S. 87 f. In: Ländliches Fest. Luchterhand, Darmstadt/Neuwied 1968, S. 103 f.

Wolf, Christa (*1929): *Arbeitstagebuch zu „Kassandra",* S. 68 f. In: Voraussetzungen einer Erzählung: Kassandra. Frankfurter Poetik-Vorlesungen. Luchterhand, Darmstadt/Neuwied 1983, S. 87 f.; *Kassandra,* S. 63 f. Aus: Kassandra. Erzählung. Siebte Auflage. Luchterhand, Darmstadt/Neuwied 1988, S. 84–87; *Rede am 4. November 1989,* S. 438. In: Vaterland, Muttersprache. Offene Briefe, Reden, Aufsätze, Gedichte, Manifeste, Polemiken. Hg. v. Klaus Wagenbach, Winfried Stephan, Michael Krüger, Susanne Schüssler. Wagenbach, Berlin 2004, S. 426 f.; *Was bleibt,* S. 425 f. Aus: Was bleibt. Erzählung. Aufbau, Berlin 1990, S. 5–12

Wolfger von Passau (um 1140–1218): *Aus dem Reiserechnungsbuch des Bischofs Wolfger von Passau,* S. 185. Aus: Wolfger von Passau. Zit. nach Manfred Günter Scholz: Walther von der Vogelweide. Metzler, Stuttgart 2005, S. 12

Zech, Paul (1881–1946): *Zwei Wupperstädte,* S. 374. In: Ausgewählte Werke. Shaker, Aachen 1999, Bd. 1, S. 75 f.

Zeh, Juli (*1974): *Adler und Engel,* S. 107 f. Aus: Adler und Engel. Zweite Auflage. btb, Frankfurt/M. 2003, S. 9–11; *Corpus Delicti,* S. 443 ff. Aus: Corpus Delicti. Rowohlt, Reinbek 2007

Unbekannte/Unbenannte Autorinnen und Autoren
Das neue KdF-Urlaubsschiff ..., S. 477. Aus: Flucht und Vertreibung. Dokumente einer deutschen Tragödie. St. Gallen, OTUS 2005, S. 142
Die Inszenierung wirkt wie ein Film ..., S. 280. In: RBB Inforadio. Zit. nach: http://www.deutsches-theater.berlin.net/programm/stuecke/repertoire_detail.php?sid=440 (abgerufen am 16.04.2008)
Die kann nich ..., S. 522. Zit. nach: Inken Keim: Sprachvariation und sozialer Stil am Beispiel jugendlicher Migrantinnen türkischer Herkunft in Mannheim. In: Deutsche Sprache. Zeitschrift für Theorie, Praxis, Dokumentation. 2004, S. 118
Die muss ich vollmachen mit meiner Sprache..., S. 522. Zit. nach: Peter Auer/Inci Dirim: Türkisch sprechen nicht nur die Türken. Über die Unschärfebeziehung zwischen Sprache und Ethnie in Deutschland. De Gruyter, Berlin/New York 2004, S. 197
Edelkönigs-Kinder, S. 302. In: Des Knaben Wunderhorn. Hg. von Achim von Arnim und Clemens Brentano. Nachdruck der Ausgabe von 1806, besorgt von Willi A. Koch. Winkler, München 1966, S. 471–473
Ex maximo minimum, S. 198. Aus: Emblemata. Handbuch zur Sinnbildkunst des XVI. und XVII. Jahrhunderts. Hg. v. Arthur Henkel u. Albrecht Schöne. Taschenausgabe. Metzler, Stuttgart 1996, Spalte 997
Freidank, Michael: *Schneewittschem*, S. 523. Aus: Wem ist dem geilste Tuss im Land – Märchen auf Kanakisch und so. Eichborn, Frankfurt/M. 2001, S. 75
Interview mit Günter Grass, S. 448. In: Die Woche vom 08.02.2002
Ku mal, isch mach nisch nur ..., S. 522. Zit. nach: Inken Keim: Sprachvariation und sozialer Stil am Beispiel jugendlicher Migrantinnen türkischer Herkunft in Mannheim. In: Deutsche Sprache. Zeitschrift für Theorie, Praxis, Dokumentation, 2004, S. 112
Reich-Ranicki, Marcel: *Brauchen wir einen Kanon?*, S. 52 f. Aus: Literatur muss Spaß machen. In: Der Spiegel vom 18.06.2001
New York, New York, S. 530. Aus: www.onlinereisefuehrer.de/newyork (abgerufen am 03.11.2007)
Schön, Heinz: *Obersteuermann Peter Thiebach ...*, S. 447. Aus: Die Gustloff-Katastrophe. Bericht eines Überlebenden. Motorbuch, Stuttgart 2002, S. 382 f.
Stadelmaier, Gerhard: *Jetzt, vielleicht zum ersten Mal ...*, S. 280. In: Frankfurter Allgemeine Zeitung. Zit. nach: http://www.deutsches-theater.berlin.net/programm/stuecke/repertoire_detail.php?sid=440 (abgerufen am 16.04.2008)
Thalheimer schießt seine Akteure ..., S. 280. In: Der Standard, Wien. Zitiert nach: http://www.deutsches-theater.berlin.net/programm/stuecke/repertoire_detail.php?sid=440 (abgerufen am 16.04.2008)
Z10-Sommerfest, S. 518. In: http://www.z10.info/index2.php?topic=archiv&y=2004 (abgerufen am 14.07.2008)
Z10-Cocktail-Night, S. 518. In: http://www.z10.info/index2.php?topic=archiv&y=2004 (abgerufen am 14.07.2008)

Bildquellenverzeichnis

S. 13 (1): © Gerhard Mester/CCC.www.c5.net; **S. 13 (2):** © Bildagentur-online; **S. 13 (3):** © Marco Fileccia, www.goodschool.de; **S. 13 (4, 6):** © Intro/David Ausserhofer, Berlin; **S. 13 (5):** © Dirk Gebhardt/Fotoagentur visum, Hamburg; **S. 13 (7), 39, 168 oben, 541, 545, 573:** Thomas Schulz, Teupitz; **S. 22 links:** © Thomas Koehler/photothek.net; **S. 22 Mitte:** © picture alliance/Sven Simon; **S. 22 rechts:** © ullstein bild/Sven Simon; **S. 26:** © ario images, Hamburg; **S. 49:** © Suhrkamp Verlag, Frankfurt/M. ; **S. 51:** © Peter Ending, picture alliance/dpa ; **S. 52:** © Martin Oeser/ddp; **S. 62:** PEANUTS ©/Schulz, United Feature Syndicate.Inc.; **S. 64:** bpk/Hermann Buresch, Berlin; **S. 73, 184 rechts oben, 192, 207 unten, 208, 220 Mitte, 221, 227, 235, 243, 245, 252, 255, 264, 270, 283, 293, 299, 308 oben, 314, 321, 345, 360, 374, 381, 393, 548:** bpk, Berlin; **S. 76:** bpk/Press-Photo-Dienst Schmidt, Berlin; **S. 77:** akg/Erich Lessing, Berlin; **S. 93 oben links:** © Presseamt Münster/Roman Mensing; **S. 93 oben rechts:** © Iko Freese/Agentur Drama, Berlin; **S. 93 links unten:** © cintext Bildarchiv Frankfurt/M.; **S. 93 Mitte:** © plainpicture; **S. 94 links:** bridgemann, Berlin; **S. 94 rechts:** © Gerhard Richter/2008 VG Bild-Kunst, Bonn; **S. 102 rechts unten:** © picture-aliance/KPA/TopFoto © KPA; **S. 114:** © Hanel/CCC.www.c5.net; **S. 115 links, 118, 123:** © Mara Eggert, Frankfurt/M.; **S. 115 rechts, 119, 120, 126, 279:** © Iko Freese/Agentur Drama, Berlin; **S. 136 links, 202, 281, 380 oben, 383:** Artothek, Weilheim; **S. 136 rechts:** Peter Willi/Artothek, © VG-Bild Kunst, Bonn; **S. 138 oben:** bpk, Berlin, © 2008 VG Bild-Kunst, Bonn; **S. 138 unten:** © Kunstkontor Ramboldt, Berlin; **S. 147:** Stadtmuseum Bonn; **S. 150 oben:** © Diogenes Verlag, Zürich 1994; **S. 150 unten:** © cintetext, Frankfurt/M.; **S. 153, 154, 155, 157, 160, 161:** Szenenfotos aus dem Film „Das Parfum", © Regie Tom Tykwer, Produktion Bernd Eichinger, Constantin Film, München; **S. 168 links:** picture-alliance /ZB; **S. 168 rechts:** picture-alliance/EB Stock; **S. 169 Umschlagbild:** Albert Anker, Brustbild eines Knaben, Umschlaggestaltung: Friederike Pondelik, © Reclam Verlag Leipzig,1992; **S. 179:** © Mauritius images/phototake; **S. 181:** Deutsche Literatur in Epochen, Max Hueber Verlag, München 1985; Peter Nusser, Deutsche Literatur von 1500 bis 1800, Alfred Kröner Verlag; A New History of German Literature, David E. Wellbery, Editor in Chief, Harvard University Press, Cambridge; Frauen Literatur Geschichte, Metzler Verlag, Stuttgart; Herbert A. Frenzel, Daten deutsche Dichtung, Deutscher Taschenbuch Verlag, München 1971; Schütz, Eure Sprache ist auch meine, Pendo Verlag, Zürich; Heinz Schlaffer, Die kurze Geschichte der deutschen Literatur, Deutscher Taschenbuch Verlag, München 2003; **S. 137, 211, 214, 220 links, rechts, 224, 226, 231, 234, 236, 238, 241, 252 links, rechts oben, Mitte, 253 links, 254, 254, 262, 284, 286, 287, 288, 289, 291, 298, 304, 308 unten, 311, 312, 317, 320, 347, 351, 356 rechts unten, 358, 365, 368, 380 unten, 382, 384, 386 links, 402 oben, 405, 407, 480, 498 (2), 496, 500, 502, 506:** akg-images, Berlin; **S. 206:** Bayerische Schlösserverwaltung, Gärtenabteilung, Plansammlung; **S. 206:** Landesmuseum Baden-Württemberg, Stuttgart; **S. 207 oben, 210, 250 unten, 297, 315, 327, 334, 343 (3), 389, 402 Mitte, unten, 390, 508, 530:** ullstein bild, Berlin; **S. 213, 233:** Deutsches Literaturarchiv, Marbach; **S. 228:** Freies Deutsches Hochstift – Frankfurter Goethe-Museum, Frankfurt/M.; **S. 229:** Goethe Museum, Düsseldorf; **S. 247:** aus: Claudia Held, Familienglück auf Bilderbogen. Die bürgerliche Familie des 19. Jahrhunderts im Spiegel der Neuruppiner Druckgrafik. Habelt Verlag, Bonn 1992; **S. 250 oben, 324:** © Mara Eggert, Frankfurt/M.; **S. 253 rechts, 409, 421, 423, 425, 43 (2), 447(2), 483:** picture alliance/dpa; **S. 256:** bpk/scalaarchives, Florenz; **S. 305 oben und unten:** Artothek, © 2008 VG Bild-Kunst, Bonn; **S. 310, 332:** picture alliance/akg; **S. 316:** Heinrich-Heine-Institut, Düsseldorf; **S. 337:** Grafische Sammlung der Zentralbibliothek Zürich; **S. 349 (2):** Deutsches Filmmuseum, Frankfurt/M.; **S. 355:** © cinetext Bildarchiv, Frankfurt/M.; **S. 356 links oben:** Artothek, Weilheim/© The Munch Museum/Munch Elingen Group, © 2008 VG Bild-Kunst, Bonn; **S. 356 rechts oben, 387:** bpk, Berlin/© 2008 VG Bild-Kunst, Bonn; **S. 358:** aus: Donald Lynch, Titanic, Königin der Meere, Heyne Verlag, München 1992; **S. 372:** bpk/© Jüdisches Museum Frankfurt am Main Ludwig Meidner Archiv; **S. 373, 442:** scalaarchives/© 2008 VG Bild-Kunst, Bonn; **S. 375:** Privatbesitz, © VG Bild-Kunst, Bonn; **S. 377:** Edsweb – Fotolia.com; **S. 379:** Zentrum Paul Klee, Bern/© 2008 VG Bild-Kunst, Bonn; **S. 386:** © Alfred Büllesbach/visum; **S. 396:** Archiv der sozialen Demokratie der Friedrich-Ebert-Stiftung, Bonn; **S. 403:** aus: Die Stunde Null – ÜberLeben 1945, Staatliche Museen zu Berlin, S. 120, Privatbesitz; **S. 410:** Akademie der Künste, Berlin/© Hans-Werner-Richter-Stiftung, Remagen; **S. 419:** Bundesarchiv Koblenz; **S. 422:** © Roger Melis, Berlin; **S. 427:** www.edition-staeck.de/© 2008 VG Bild-Kunst, Bonn; **S. 428 oben, 439, 430, 465:** akg-images, Berlin/© 2008 VG Bild-Kunst, Bonn; **S. 428 unten:** © Edition Horst Jansen/© 2008 VG Bild-Kunst, Bonn; **S. 431:** ullstein bild/NTPL, Berlin; **S. 432:** © Günter Kunert, Kaysborstel; **S. 448:** picture alliance/Keystone USA k03; **S. 449:** Coverillustration: Günter Grass, © Gerhard Steidl Verlag, Göttingen 2002; **S. 451:** Bundesfilmarchiv, Berlin; **S. 455:** Coverabbildung: Umschlagfoto: PhotoAlto/Matthieu Spohn, Umschlagkonzept: Balks & Brumshagen, © 2003 Deutscher Taschenbuch Verlag, München; **S. 456:** Coverabbildung: Privatbesitz des Autors, Umschlagkonzept: Balks & Brumshagen, © 2003 Kiepenheuer & Witsch, Köln; **S. 459 oben:** www.altrofoto.de; **S. 460:** aus: Loriot. Katalog zu den Ausstellungen zu seinem 70. Geburtstag. © 1993 Diogenes Verlag AG Zürich; **S. 467:** S. Fischer Verlag, Frankfurt/M.; **S. 476 oben:** www.scientificpsychic.com/graphics; **S. 476 links:** © June Paik, picture aliance/dpa; **S. 476 rechts:** County Museum, Los Angeles, © 2008 VG Bild-Kunst, Bonn; **S. 482:** picture alliance/Godong; **S. 484:** nach: Globus Infografik Nr. 0781 und Nr. 1733, Quelle: KNF 2005 und KiGGS 2007; **S. 494 links unten:** Hennig Schacht/Action Press; **S. 512:** © Danika Dakić, aus: Katalog der Ausstellung „Babylon Mythos und Wahrheit" der Staatlichen Museen zu Berlin, Hirmer Verlag, München; **S. 521:** picture alliance/ZB; **S. 537:** aus: Heinrich Steinhöwel, Aesopus, Vita et Fabulae, Ulm 1476. Faksimileausgabe, Edition Libri Illustri, Ludwigsburg; **S. 564:** © Barbara Braun/Agentur Drama, Berlin
Nicht in allen Fällen war es möglich, die Rechteinhaber der Abbildungen ausfindig zu machen. Berechtigte Ansprüche werden im Rahmen der üblichen Vereinbarungen abgegolten.

Aphorismen

Autobiografischer Text

Briefe

Dialogische und szenische Texte

Epen

Erzählungen/Novellen (Auszüge)

Essays

Fabeln

Flugblatt

Gedichte/Liedtexte

Interviews

Kurzgeschichten/Kurzprosa

Literaturtheoretische Texte

Medientheoretische Texte

Moralsatire

Parabeln

Philosophische Texte/Abhandlungen

Reden

Reportage

Rezensionen

Romanauszüge

Sachtexte

Sprachtheoretische Texte

Sachregister

Die Grundlage für dieses Werk wurde erarbeitet von: Lisa Böcker, Gerd Brenner, Dietrich Erlach, Margret Fingerhut, Karlheinz Fingerhut, Heinz Gierlich, Cordula Grunow, Markus Langner, Angela Mielke, Norbert Pabelick, Angelika Thönneßen, Bernd Schurf und Andrea Wagener.
Wichtige Hinweise verdankt das Werk: Kerstin Förster, Breitungen; Hannelore Flaemig, Potsdam; Ute Glathe, Markkleeberg; Jens Richter, Grimma und Maria Wittich, Quedlinburg.

Redaktion: Amelie Ihering (verantwortlich), Thorsten Feldbusch, Ilka Pescheck, Birgit Wernz
Bildrecherche: Gabi Sprickerhof, Toni Preiskowski
Illustration: Reto Flückiger, Winterthur
Umschlaggestaltung: Rosendahl Grafikdesign, Berlin
Layoutkonzept: Katrin Tengler, Berlin
Layout und technische Umsetzung: werkstatt für gebrauchsgrafik, Berlin

www.cornelsen.de

Druck: CS-Druck CornelsenStürtz, Berlin

Ausgabe für Baden-Württemberg
mit CD 1. Auflage, 1. Druck 2009
ISBN 978-3-464-69102-1

ohne CD 1. Auflage, 1. Druck 2009
ISBN 978-3-464-69085-7

Ausgabe für die östlichen Bundesländer und Berlin
mit CD 1. Auflage, 1. Druck 2009
ISBN 978-3-464-69104-5

ohne CD 1. Auflage, 1. Druck 2009
ISBN 978-3-464-69089-5

Inhalt gedruckt auf säurefreiem Papier aus nachhaltiger Forstwirtschaft.

Allgemeine Geschichte

1849 Ende der Frankfurter Nationalversammlung
1866 Preußisch-österreichischer „Bruderkrieg"; Gründung des Norddeutschen Bundes unter preußischer Führung
1870–1871 **Deutsch-Französischer Krieg,** 1871 wird der preuß. König Wilhelm I. in Versailles zum dt. Kaiser proklamiert („klein-dt. Lösung")
1871 **O. v. Bismarck** dt. Reichskanzler (bis 1890); „Kulturkampf" mit dem Ziel der Trennung Kirche – Staat
1878 „Gesetz gegen die Ausschreitungen der Sozialdemokratie"
1888 Wilhelm II. dt. Kaiser; im Zeitalter des Imperialismus Bemühungen des Dt. Reiches um einen „Platz an der Sonne" (Kolonien)

1905 Marokko-Krise (1906 nach dt. Zurückweichen beigelegt)
1911 Das Dt. Reich sendet zwecks Einschüchterung ein Kanonenboot nach Agadir („Kanonenboot-Politik")
1914–1918 **Erster Weltkrieg**
1917 Oktoberrevolution in Russland
1918 revolutionäre Unruhen in Deutschland

1918 allgemeines Wahlrecht für Frauen
1919 Weimarer Nationalversammlung; **Unterzeichnung des Friedensvertrages in Versailles**
1920 Kapp-Putsch (von rechts) in Berlin, Freikorps, kommunistische Aufstände
1929 **„Schwarzer Freitag"** an der New-Yorker Börse, Weltwirtschaftskrise

1933 **Hitlers „Machtergreifung"**
1939–1945 **Zweiter Weltkrieg**
1945 **Atombombenabwürfe** über Hiroshima und Nagasaki durch die Amerikaner

1948 UNO-Erklärung der Menschenrechte
1949 **Gründung der Bundesrepublik Deutschland und der Deutschen Demokratischen Republik**
1958 EWG-Vertrag tritt in Kraft
1961 **Bau der Berliner Mauer**
1968 Studentenunruhen in der Bundesrepublik
1970 **„Ostpolitik"** (Willy Brandt)
ab 1985 Liberalisierung Osteuropas (Gorbatschow)
ab 1986 verschärftes Bewusstsein der Umweltprobleme
ab 1989 Reformprozess auch in der DDR
1990 **3. Oktober 1990 Deutsche Einheit**
1991 1. Golfkrieg; Zerfall der UdSSR und des Ostblocks
1999 **Europäische Währungsunion**
2001 Terroranschlag auf das World-Trade-Center in New York (11.09.2001)
2002 Einführung des Euro als gesetzliches Zahlungsmittel
2003 2. Golfkrieg; Erstarken der Wirtschaftsmacht China

Deutsche Literaturgeschichte (Groborientierung)

Poetischer Realismus 1848–1890

F. Hebbel (1813–1863): „Maria Magdalena"; G. Freytag;
Th. Storm (1817–1888): „Der Schimmelreiter";
Th. Fontane (1819–1898): „Effi Briest";
G. Keller (1819–1890): „Der grüne Heinrich";
C. F. Meyer; W. Raabe; W. Busch

Naturalismus 1880–1900

G. Hauptmann: „Die Weber" (1892);
A. Holz, J. Schlaf

Ästhetizismus – Fin de Siècle (1890–1920)

A. Schnitzler (1862–1931); H. v. Hofmannsthal (1874–1929);

St. George (1868–1933); R. M. Rilke (1875–1926); H. Hesse (1877–1962);

Th. Mann erste Werke: „Buddenbrooks" (1901), „Der Tod in Venedig" (1912)

Expressionismus 1910–1925

E. Lasker-Schüler, A. Stramm, G. Benn, G. Heym, G. Trakl, F. Werfel
1919: **„Menschheitsdämmerung"** als expressionist. Gedichtsammlung;
1912–1926 Werke **F. Kafkas**

seit 1926 entwickelt **Bertolt Brecht** (1898–1956) das **„epische Theater"**;
E. M. Remarque: „Im Westen nichts Neues" (1929);
große **Romane der Moderne** von H. Mann (1871–1950), **Th. Mann** (1875–1955), A. Döblin (1878–1957), R. Musil (1880–1942);
Reportagen von Egon Erwin Kisch (1889–1948); Literatur der sozialistischen Bewegung: W. Bredel, E. Mühsam

„Literatur unterm Hakenkreuz": W. Vesper u. a.;
„Innere Emigration": Ina Seidel, W. Bergengruen u. a.;
Exilliteratur: Th. u. H. Mann, B. Brecht, L. Feuchtwanger;
M. Horkheimer/Th. W. Adorno: „Dialektik der Aufklärung" (ersch. 1947 in Amsterdam); **„Trümmerliteratur":**
W. Borchert: „Draußen vor der Tür" (1947), H. Böll

Zwei deutsche Literaturen: BRD – DDR (1949–1989)

Gruppe 47 (–1967) Richter, Bachmann, Böll u. a.;
Sozialistischer Realismus der DDR-Literatur;
F. Dürrenmatt (Schweiz): „Besuch der alten Dame" (1956);
M. Frisch (Schweiz): „Homo faber" (1957);
G. Grass: „Die Blechtrommel" (1959);
1960–1970: **Politisierung** der bundesdeutschen Literatur;
seit 1970: **„Neue Subjektivität und Innerlichkeit"**
1972: **H. Böll Nobelpreis;**

Vielfalt der Stile (seit 1980): Postmoderne, Neorealismus, Popliteratur

Thomas Brussig, Durs Grünbein, Rainald Götz, Julia Franck, Ulla Hahn, Daniel Kehlmann, Sarah Kirsch, Heiner Müller, Ingo Schulz, Bernhard Schlink, Botho Strauß, Uwe Timm, Hans-Ulrich Treichel, Christa Wolf, Juli Zeh, Feridun Zaimoglu
1999: **Günther Grass Literaturnobelpreis**